易林

易經占卦標準範本

附：10分鐘學會易經4096條占法

聯合報繽紛版
自由電子報等專欄作家
林金郎——著

PLAIN LANGUAGE TRANSLATION OF JIAO'S COMMENTARY ON THE I CHING

序

《易經》占卦不是為了預告宿命，而是營造更圓滿的結局

筆者自大學時代開始研究易理，先後出版相關書籍，承蒙讀者抬愛，因而都有革新版，而完成《易林》逐字註釋翻譯，是我易理治學的最後一站，很高興終於在今日完成，而這正巧也是我的花甲之年，人生剛好走了一個循環的圓，又回到原點。

從義理解釋易理

《易經》是漢族百經之首，兼具倫理思想與預測功能（占卦），是國政與人生的策略與行為指導最高寶典，所以去理解它是一件很美好的事。

《易經》可分為象數派與義理派，作者偏向義理派，亦即，是從行為倫理去判斷應該做甚麼，也從行為倫理去預測會得甚麼結果，同時更應該用倫理去改變行為，這樣自然會改變結果。雖然作者出版有多種命理著作，但並不拘泥象數，也不宿命，因為我認為預測的功能和目的不是告訴人一個不變的結果，來顯示自己有超凡的預知能力，反而是在告訴人該如何改變行為，引導出一個更圓滿的結局，所以易理功能不是在鐵口直斷，而在是在做心理檢測、提供建議、解決問題、改善現狀，這才是易理的原意。

因此，我的《易經》治學是大量融合佛學和行為科學，佛學讓我們更通透人生的意義和本質，行為科學讓我們更懂得人性、策略、分析、實踐，如此一來，我們即可不必再陷入宿命裡，而

是在進行自我覺知與精進，並創造更輝煌的命運，將人的尊嚴、自主和價值做最大的發揚。

同樣的，我也是用義理的角度來詮釋《易林》。

關於本書的書寫

在易學中，我又選擇《易林》做為占卦工具，《易林》是歷代公認的《易經》占卦標準範本，除了有深遠的文化底蘊，我也親身體驗了它的高準確度。但《易林》只留下4096條卦辭（稱為林辭），沒有其他任何說明，兩千多年來，多有賢人片段註釋，惜因《易林》用典過度龐雜，且古今用字取義亦不盡相同（甚至相反），所以未能解其全貌，多處以不詳、難解、再考，乃至衍文、有訛、義不能通……等否定帶過，而以文言註釋文言當然也是令人難解的原因之一。現今幸因電子資料庫建構的發達，作者因而得以悠遊於古籍書海之中，並逐一搜尋訓詁，反覆檢視確認，給予林辭「最佳解釋」（非標準答案），在此要特別感謝「中國哲學書電子化計劃」、「5000言：國學經典-傳統文化」和「漢典」、「教育部重編國語辭典修訂本」、「維基」等免費資料庫網站。

本書的功能界定在，使讀者可以快速學會《易林》占卦方法，所以重點在4096條林辭的完整考證、註釋，以及通曉的白話翻譯。文字力求通暢曉白，沒有閱讀障礙，祈使讀者能輕鬆的完全掌握林辭意旨，同時用義理角度點出中心思想，回歸《易經》中正哲學的預測價值和行為指導。另外，本書更忠於原本，完全未加擅改，所以讀者看到的都是原著原味。

因為本書直接切入《易林》占卦，如果有需通盤瞭解《易經》者，可參考筆者另一本拙著《學易經，沒有那麼難》及任何《周易》

教科書；另外，本書是義理派註釋，象數派註釋可以參考尚秉和先生《焦氏易林注》（請搜尋「焦氏易林注 - 中國哲學書電子化計劃」，網路免費版）。

宇宙建構於良善的緣起

　　《易經》展現的是天地運行的規則與軌道，《易經》占卦則是透過虔誠與寧靜的心靈與宇宙的波動共振，因而產生連結、發現軌跡、追蹤答案，所謂「心誠則靈」，所以最重要的是一顆清明的心，並瞭解《易經》中正的精神去為人解答，完全與鬼神無關，切莫落入鬼神論，也不要請神明幫忙賜卦。《易經》占卦只是一個入門，它背後更大的意義是行為倫理哲學，乃至與天地和合的心靈修養，期待在新的世紀，透過學習《易經》，我們的個人、社會、國家、世界，都可以因而變得更好。

　　最後，感謝父親林志勳、母親陳玉霞、兄姊、妻女、白象文化，以及知青頻道（紅螞蟻圖書）的感動出版。當然，還要感謝所有幫助過我的親友，是你們的良緣，幫助我完成了這個善願。

2025 年　母親節

目錄

序　《易經》占卦不是為了預告宿命，而是營造更圓滿的結局·····2

第一篇　《易林》導讀　　　　　　　　　　　　10

第一章　《易林》及其版本，象數和義理·················12
第二章　《易林》用到的歷史背景·····················16
第三章　《易林》中的微言大義：名詞解釋與象徵············26
第四章　《易林》林辭的解讀密碼·····················74

第二篇　如何做《易林》占卦　　　　　　　　　　82

第三篇　《易林》4096 條卦辭註釋與翻譯　　　　　92

1　乾（頁次）····································94
2　坤·······································114
3　屯·······································133
4　蒙·······································152
5　需·······································171

6　訟	191
7　師	210
8　比	229
9　小畜	248
10　履	267
11　泰	286
12　否	304
13　同人	321
14　大有	339
15　謙	358
16　豫	376
17　隨	394
18　蠱	413
19　臨	432
20　觀	450
21　噬嗑	468
22　賁	485
23　剝	503
24　復	521
25　無妄	540
26　大畜	560

27 頤 582

28 大過 601

29 坎 620

30 離 639

31 咸 658

32 恆 677

33 遯 697

34 大壯 716

35 晉 735

36 明夷 754

37 家人 771

38 睽 790

39 蹇 809

40 解 827

41 損 845

42 益 862

43 夬 879

44 姤 897

45 萃 914

46 升 932

47 困 950

48 井 969

49 革 988

50 鼎 1006

51 震 1024

52 艮 1041

53 漸 1058

54 歸妹 1075

55 豐 1093

56 旅 1110

57 巽 1128

58 兌 1145

59 渙 1162

60 節 1178

61 中孚 1195

62 小過 1212

63 既濟 1229

64 未濟 1246

第一篇

《易林》導讀

第一篇　《易林》導讀

《易經》是漢族的百經之首，兼具義理的行為指引與象數的預測功能，其預測功能表現在占卦上，《易林》則是公認的《易經》占卦標準範本，所以欲用《易經》占卦者，必參佐《易林》。

第一章　《易林》及其版本，象數和義理

一、關於《易林》原著

《易林》題為西漢焦延壽（字贛）所做，故又稱《焦氏易林》，焦贛約為漢昭帝（前94年—前74）時的官吏，故為西漢中期人士，所以《易林》也有兩千年餘年的歷史。

《易經》共有64卦，每卦又有64變，所以共有4096變，那要如何解釋這4096變？很多人都是採取自己主觀的自由心證，以致各言其是，乃致自己的說法都前後不一，這樣沒有「信度」的解釋，又怎會有「效度」？《易林》是最早逐一將4096變賦予卦辭（稱為林辭）的重要經典，同時它在兩千年來也受到官方和易者的認同，所以它是《易經》占卦的標準範本。而沒學過《易經》的人，只要學會占卦程序，也可以直接用《易林》占卦，完全沒有障礙（不過有基礎當然是更好的）。

但很可惜的是，這樣一本經典解卦範本，兩千年前只留下林辭，並無其它推演過程與內容說明，且其元素包納廣泛，除《易

經》外，還包含文科的《詩經》、《山海經》、《楚辭》、《老子》、《左傳》、《史記》、《戰國策》、四書、諸子百家、音韻、方言俚語等；以及術科的陰陽五行、天干地支、天文星象、身面相學等。又，書中大量應用譬喻與象徵，且古人用字的取義與現今並不完全相同，以致許多林辭隱晦難懂，人們很難在其言簡意賅的辭句中，去正解其意，令使用者頗有霧裡看花之慨！今拜古籍電子資料庫之發達，作者方得以完成此書。

二、陸敕先校宋本

　　《易林》因年代久遠，流傳多種版本，各版有些出入，較著名的有：宋本（宋）、明內閣本（明）、四庫全書版（清）、陸敕先校宋本（清）、尚秉和注本（民）。本書採用陸敕先校宋本，本版經清代著名圖書資料家黃丕烈先生印行，黃先生的《士禮居叢書》被譽為「可矯近世輕改古書之弊」，「實用性更勝於原本」。

　　如前所言，《易林》年代久遠，所以也被修改得面目全非，尤其林辭有四分之三強的「句型」是重複的，內容相近但又有一兩字不同，但這正是它們的差異所在，有些版本卻將差異處統一起來，反而破壞原先的微言大義，如「大步『小』車」並非「大步『上』車」之誤，因為前者為節之觀，需節度又觀省，故用小字（由此亦可證明用義理解釋林辭的必要）。再如有些字辭、指涉、用典，註釋者不解其意，即認為是訛字而擅自變動，也都犯了僭越原著的嚴重錯誤，如代鄉乃代戎所建立的代國，或其後改設的代郡地區，象徵遠方蠻荒之地，將其改成「我鄉」反而沒有遠行之意了！又如許多字彙，一字多意，且字意相反，意義就全相反了，最典型當屬「反」，有反背、返回之意，兩意剛好相反，

此外又有「難」的意思；再如「倍」有加倍與反背（如：倍室夜行）二意，那「利倍」終究是賺還是賠？又如，離亦有「罹」遭受之意，那是遠離還是遭受？這都需視全文乃至「本之卦」的變動而定（如乾之隨，乾為本卦，隨為之卦）。此外，在古代許多字也是通用的，如北背倍、梁粱樑、載戴、畔叛、增憎……，所以黍梁、稻梁並無錯誤，無須將其拆成黍與粱，因為梁通粱……

筆者以校宋本為底本逐條訓詁後發現，該本錯誤不多，或者是可以解釋的，故不予竄改，若干有疑慮處，皆註明於註釋內，供讀者參酌。

三、用義理解釋《易林》

《易林》只留下4096條林辭，並無推演過程與說明，但可以確定的是，它是從本卦變成之卦的爻變與卦變去推演的，包含象數的、義理的因素。

1、象數的：從焦延壽的師徒傳承來看，他是象數派，而後代大多數人也是從象數的角度來註釋，其中又以民國尚秉和的《焦氏易林注》最著。但四川大學教授杜志國的〈尚秉和《焦氏易林》研究質疑〉（《漢族學術》，2002年第2期）卻認為，尚先生的解析方式文無定法，取象隨意：「全書都是隨文生象，由辭比象，正象不通，則用覆、伏象；覆、伏象不通，又用遇卦象；又不通，則用半象，在取象上表現出了極大的不確定性和隨意性。」而且其由辭比象、由象生辭卻未說明辭義，令人懵懂，可見象數派註釋仍存有許多盲點。

2、義理的：雖然焦延壽是象數派，但他寫《易林》顯然同時參

酌義理，譬如，《易經・乾卦》：「乾，元亨利貞。」（最吉），但《易林》的「乾之乾」（六爻均無變化）卻是「道陟石阪，胡言連蹇。譯瘖且聾，莫使道通。請謁不行，求事無功」（凶），因為在《易林》裡「乾之乾」已不是原本的乾卦，而是「強之又強」，因而造成亢龍有悔，故反而為凶。又如《易經・謙卦》：「亨，君子有終。」（終吉），但《易林》的「謙之謙」（六爻均無變化）卻是「王喬無病，苟頭不痛。亡破失履，乏我送從」（先吉後凶），因為謙之又謙，始謙無咎，再謙則咎……。這都說明，《易林》絕對有參酌義理性，而且可能勝過象數。

本書採用義理派註釋是為了彌補象數派的不足與盲點，同時在解釋林辭的吉凶轉折、林辭的典故與涵義。譬如，大過之萃：「鼻移在頭，枯葦復生。」革之臨：「鼻移在項，枯葉傷生。」同樣都是鼻子移動，為何一個復生，一個傷生？這是千古誤抄嗎（字形又確實很像），應該判為是訛傳嗎？如果從義理來解釋就通了。《老子河上公章句・成象》：「魂者雄也，主出入於人鼻，與天通。」大過之萃經過眾多薈萃故「鼻移在頭」，象徵靈魂已由鼻子「上達」到頭頂，故能與天通，靈魂盎然，所以「枯葦復生」；而革之臨，應改革之後才能臨政，故「鼻移在項」，象徵靈魂已由鼻子「下沉」到脖子，與天通相悖，靈魂暗藏，所以「枯葉傷生」。（《易林》亦多次以天門地戶象徵氣息。）

從上例可知，從義理角度解析，很多疑惑就通透了。

第二章 《易林》用到的歷史背景

從義理解釋《易林》，自該對相關歷史、地理、典故、文字表現方式等有所了解，而非只是略解其義卻過多自我解釋，所以下面介紹《易林》中有提及的相關資料，讀畢即能對《易林》寫作基本背景與手法有所掌握。

一、先秦時代簡史

時代	《易林》有關大紀事
三皇	燧人氏、伏羲氏、神農氏。
五帝	黃帝為五帝之首，先後打敗炎帝（阪泉之戰）、蚩尤（涿鹿之戰），統一華夏成為大聯盟，後稱中國；《禮記・王制》：「中國戎夷，五方之民。」 →顓頊（音專旭）。 →嚳（音酷）。 堯帝國號唐（中國第一個國號，之前稱為氏，部落之意），禹、稷、契和皋陶為四大輔臣。禪讓於舜，並嫁予二女。 舜帝國號虞，耕於歷山，重用皋陶、八愷、八元，禪讓於夏禹。 ＊堯舜的唐虞之治為中國第一個治世。
夏	大禹國號夏，第一個世襲王朝，以國號為朝代名稱（以下諸朝同），其父鯀，其母有莘氏之女。 →禪讓於伯益，伯益還位於禹之子啟，開啟世襲王朝制→…… →少康中興→…… →夏桀（寵妹嬉）亡國，桀之子移徙北方建立匈奴國。 ＊商滅夏後由夏遺族建立杞國祭祀大禹。
商	商湯開國（鳴條之戰，漢族第一場革命，伊尹輔政）→…… →盤庚遷殷（行湯之政，殷道復興）→…… →武丁中興（用傅說）→…… →商紂（寵妲己、害殷三仁：比干、箕子、微子）亡國。 ＊周滅商後仍由紂子祭祀香火（仍稱商國），後商國參與三監之亂，平定後改由宋國祭祀商朝亳社。

西周		后稷（始祖）→……→公劉（周部落第一位宗主）→…… →古公亶父（追封周國第一代君王：太王）→王季（季歷） →周文王（姬昌），后太姒，姜子牙輔政。 →周武王（姬發，周朝第一位天子），以姜子牙為師滅商開國（牧野之戰），後以周公旦、召公奭、姜子牙為三公，並封三位弟弟為三監。 →周成王，周公旦輔政，平三監之亂，建東都雒邑（或稱成周）。 →周康王，成康之治→…… →周厲王，發生國人暴動被驅逐，改為周召共和（非周公與召公奭）。 →周宣王，宣王中興，後暴虐，死於杜伯鬼魅的報復→…… →周幽王，寵褒姒，烽火戲諸侯，亡於犬戎，西周亡。
東周	春秋	1、周平王遷都雒邑，東周始。因中央弱、諸侯大，故任命特定諸侯為「霸主」維安，首先以鄭國為霸主。 2、春秋五霸：因國勢消長，諸侯開始相互征伐，最大諸侯大會諸侯，並獲周王認可成為「霸主」，為「稱霸」。周室先後任命齊桓公（管仲輔政）、宋襄公（實力不足，諸侯不服）、晉文公（早年被誣陷逃亡，秦穆公助其回國登基）、秦穆公（百里奚輔政，活殉子車三良）、楚莊王（南方進入中原稱霸者）。 3、吳王闔閭（夫差之父，夫差以伍員輔政）、越王勾踐（范蠡輔政）亦一度稱霸。 4、田氏篡齊未改國號，姜齊成為田齊。 5、其他：魯國（孔子為大司寇，三桓亂政，陽虎控制三桓）、鄭國（七穆亂政，子產輔政）、陳國（靈公亂倫夏姬，荒淫代表）、晉國（中期三郤、後期六卿亂政，最終三家分晉）。 6、三家（魏、趙、韓）分晉，周天子承認，宗禮全毀，春秋結束。
	戰國	1、周室更加衰微，實際上只控制首都雒邑，僅被視為一個小國。2、戰國七雄：秦、齊、燕、楚、魏、趙、韓（倒列為被秦滅亡的順序）。 3、秦孝公商鞅變法。 4、齊、秦並稱東西帝，楚國亦為南霸。 5、公孫衍、孟嘗君、蘇秦等提倡合縱抗秦；張儀提倡連橫親秦。 6、周赧王亡於秦，周朝結束。 7、末期只剩趙國有實力抗秦，但長平之戰後趙衰。 8、最後採獨安政策的齊國無條件投降，秦統一六國。 ＊秦滅周後，仍由周人後裔祭祀香火稱周社，統一六國後取消。
秦		1、秦始皇（嬴政）開國→秦二世胡亥（趙高亂政，殺太子扶蘇）→子嬰去帝號改稱秦王（故未稱秦三世），為項羽所殺。 2、陳勝、吳廣首先起義，為漢族第一個平民起義。 3、楚（項羽）漢（劉邦）相爭，滎陽之戰氣勢已定，後以垓下之戰為決戰。
西漢		劉邦開國，功臣韓信、張良、蕭何（漢初三傑）；與匈奴平城之戰，漢高祖敗逃。 →呂后請出商山四皓，太子登基為漢惠帝。 →文景之治（景帝平七國之亂）。 →漢武帝（李陵征匈奴、司馬遷著《史記》）。 →漢昭帝，四夷來朝（賢但早天，年21歲）。 ＊《易林》紀事止於漢昭帝。

二、春秋重要國家

春秋並非只有五霸,戰國亦並非只有七雄,五霸、七雄言說的只是重要國家,實際上小國林立。

《春秋繁露・王道》:「周發兵,不期會於孟津者八百諸侯,共誅紂。」顯現在商紂時至少就有八百諸侯。西周伊始時,《呂氏春秋・觀世》言:「周之所封四百餘,服國八百餘。」至春秋有紀錄者 170 餘國,經兼併後,至戰國約 20 國。

地區	地區	國家	地理	由來
華北	北	燕國	今北京及河北中、北部	宗姓諸侯國(即周天子王室成員之分封)
華北	中	晉國	今山西省	宗姓諸侯國(原名唐)
華北	中	周王室	今河南洛陽,黃河中游	天子之國,姬姓
華北	東	齊、魯	山東一帶	齊為異姓諸侯國 魯為宗姓諸侯國
華北	西	秦	甘肅河東到陝西一帶	異姓諸侯國
華中	西	楚	漢水(長江中游左岸)一帶	原為商朝諸侯國
華中	東	吳、越	長江下游一帶	吳為宗姓諸侯國,越為異姓諸侯國,但都被視為蠻夷

三、春秋重要邊國

地區	民族	國家	《易林》提及國家
塞北	北狄	燕國	獵狁、鬼方（後之匈奴）。
華東	東夷	晉國	東萊等東方九夷（從東北到東南）；《爾雅注》：「九夷在東。」九形容眾多，而非九個。
華西	西戎	周王室	北戎（代戎）、犬戎、驪戎、義渠。（原稱西夷，與東夷相對，至周朝時改稱西戎）
華南	南蠻	齊、魯	南方八蠻：《爾雅》注：「一曰天竺，二曰咳首，三曰僬僥（僵離），四曰跂踵，五曰穿胸，六曰儋耳，七曰狗軹（狗邦），八曰旁春。」

四、戰國重要國家

　　春秋最強的國家，依稱霸時間前後分別是鄭國、春秋五霸。

　　至於戰國，依《戰國策》稱，「萬乘之國」者七，即為戰國七雄，是尚能與秦國對抗的國家。1) 初期齊、秦分稱東西帝；《史記‧穰侯列傳》：「秦稱西帝，齊稱東帝。」2) 中期為楚國；《新序‧善謀》：「天下莫強於秦楚。」3) 後期只剩趙國能與秦抗衡；《新序‧善謀》：「夫秦、趙構難而天下皆說（悅）。」

五、先秦及秦漢的統治形態

1、**炎黃之前**：部落分治。

2、**炎帝**：中原部落聯盟。炎帝為當時中原（黃河中下游，河洛）部落聯盟的共主。

3、**黃帝**：華夏部落聯盟。黃帝打敗炎帝、蚩尤，將中原聯盟擴

充為華夏聯盟，建立華夏民族雛形，並為五帝之首。

3、**五帝**：禪讓制。華夏聯盟共主之位以禪讓方式延續，但考察五帝，都是黃帝氏族，故亦可見，當時已有封建現象，且共主為宗親相襲。另亦有言，禪讓只是一種政治角力或征伐結果的美言，如《鶡冠子・世兵》：「堯伐有虞（舜）。」又《竹書紀年》：「昔堯德衰，為舜所囚也。」

4、**夏**：世襲與封建，第一個王朝。為部落聯盟到封建制度的過渡期，部落對夏國朝貢、服役表示臣服（聯盟），同時夏國也在權力範圍內分封諸侯（封建），共主透過自身實力強大與號召合攻，對部落族長行使統治權（王權），如《國語・魯語》：「昔禹致群神於會稽之山，防風氏後至，禹殺而戮之。」1) 大禹傳位予益，益還權於禹之子啟，成為第一個君主世襲制的王朝。2) 朝內設有行政制度、機構與官員，但因還屬於半游牧狀態，故尚無京城，亦無丞相。3) 大禹分天下為九州，修治通往九州的九道，方便統治各方。

5、**商**：商國為宗主國可控制諸侯國。此時部落已進化為國家型態，稱為「方」或「方國」，如商國原先為商方，周國原為西方的周方，方國對商國入貢、服役表示臣服，商王對諸侯有調度指揮權，政治架構由聯盟進化為聯邦。1) 朝內設有宰相一人，後改為三公三人（商紂三公為西伯昌、鬼侯、鄂侯）。2) 設京城，但經常遷都。3) 諸侯以其大小而有侯、伯、子、男四級之分，如商紂囚西伯（文王）、烹鬼侯。

6、**周**：完成封建與天子主權，周已是一個中央王室，不再只是一個國家或宗主國（周公於鎬京的封地稱周邑，後稱周國，

屬諸侯國）。華夏大抵初定，諸侯國之君由周王重新分封親族功臣擔任（故言封建），或承認其他方國為諸侯國，諸侯國聽命於天子；周王亦擁有地邑、軍隊、人民，且大於各諸侯國，此乃實力要大於各諸侯方能加以節制。1) 朝中設三公、六卿。2) 完全封建制；「封建親戚，以藩屏周」，封國四百餘。3) 諸侯國有大有小，大者稱邦，小者稱國。4) 諸侯等級分明，《孟子・萬章篇》：「天子之制，地方千里；公、侯皆百里；伯七十里；子、男五十里。」封地大小有別但皆為一國之君。5) 周朝末年大國兼併小國，所併土地多不再分封，改設郡縣（一郡有數縣）由中央直轄，為郡縣制之始。

7、秦：帝國，全郡縣制。1) 統一華夏諸國，成為中央集權帝國，設三公，丞相為三公之一，下設九卿。2) 為免天下再度陷入分裂與互相爭伐，採完全郡縣制，分天下為36郡，皆隸屬中央管理，郡下設縣、鄉、里，每十里再設亭，相當派出所。3) 過度極權，易產生一人毀一國現象。

8、漢：郡國制。1) 楚漢相爭時為犒賞功臣，恢復分封制。2) 封國相當郡或縣大小。3) 漢開國後採郡縣與封國並行制，朝中設「丞相」，諸侯國設「國相」，國相由朝廷直接任免，王侯只是虛君。

　　＊因夏、商為聯盟之共主，夏國與商國本身還是一個國家，故商代夏、周代商，只是取代其共主地位與權力。至周時，周國擊敗商國，後又初定天下，天下諸國國君皆由周王冊封或承認，周成為一個王室，不再是一個國家。同理，秦國原本是一個諸侯國後來統一列國，秦成為王朝或大秦帝國。

六、周王朝的官員制度

1) **三公**：最高三官位，相當今日院長——太師、太傅、太保，為天子之師暨輔政大臣，對皇帝有約制作用，由諸侯兼任，如周成王初期，《大戴禮記》：「召公為太保，周公為太傅，太公為太師。」

2) **六卿**：相當今日部長——太宰、太宗、太史、太祝、太士、太卜，為管理「朝中事務」（象天事）頂級官員，因三公為諸侯兼任，故以太宰為實質的百官之首（周公又兼任太宰）。

3) **五官**：地位相當於六卿——司徒（內政）、司馬（軍事）、司空（水利、工程）、司士（監察）、司寇（法務），為管理「民間事務」（象地事）頂級官員。

4) **大夫**：相當今日政務委員：約分為長大夫、上大夫、中大夫等，無一定名稱與職務，視狀況指派。

5) **士**：以上之外的朝中官員，地位再低一級。

註：天子百官之長為「宰相」，諸侯國為「相國」但名稱不一，各國多設有六卿，並多以正卿為相。

七、西周的宗族政治結構

1、西周天子稱為「王」，諸侯分為公侯伯子男五級，統稱為侯，故曰諸侯、侯國，諸侯皆為一國之「君」，稱國君、君主，不可稱國王或君王（見註）。（戰國時諸侯又封邑於貴族或賢良，亦稱君，如戰國四大公子。）

2、諸侯為天子家臣，大諸侯並擔任周天子的三公，《逸周書》：

「成周之會,唐叔、荀叔、周公在左,太公望在右。」
3、諸侯國設有卿、大夫、士為家臣。
4、卿、大夫、士各自豢養家臣。

　　天子、諸侯、卿都擁有各自的領地、武力、幕僚,依禮法,權利義務、勢力多寡都有所規範,以確保上大下小,及上下協同運作,後來法禮逐漸瓦解,導致結構失衡,因而發生上小下大,天子勢弱反需諸侯保護(如任命春秋五霸)、諸侯國相互干政和征伐;同樣的,卿大夫也左右甚至取代諸侯權位,如 1) 鄭國七穆。2) 魯國三桓,《韓非子・內儲說下》:「三桓攻昭公。」3) 晉國三郤、六卿先後亂政,後變魏趙韓三家分晉,並獲周王認可;《史記・魏世家第十四》:「魏趙韓列為諸侯。」4) 齊國田氏篡齊,《韓非子・忠孝》:「是故田氏奪呂氏於齊。」前二者為大夫擅權,後二者為篡國,故《孟子・梁惠王上》:「萬乘之國(天子),弒其君者必千乘之家(諸侯)。千乘之國,弒其君者必百乘之家(卿)。」

　　註1:原本只有周天子能稱「王」,但春秋王室衰敗,國力強大且野心勃勃的邊陲國家楚國首開先例稱王,後吳、越亦稱王。戰國時,齊魏(同時)、秦、韓燕(同年)、趙,陸續稱王。

　　註2:秦統天下一之後,天子稱為「皇帝」,為帝國(中國)之首,其他已無諸侯之國;漢以後受封之郡國或縣國為「王爺」,不為君主、國君更不為君王、國王。

　　註3:齊始祖原本為姜子牙,稱姜齊;戰國田氏篡齊後,稱田齊。

八、法統繼承人

原為兄終弟及、嫡子繼承混用，但為避免爭奪，周公改以嫡長子（正妻長子）為倫理第一優先，但因非法定之必然，故亦時常發生奪位，除兄弟相奪，亦有父子相奪，如衛靈公長子蒯聵逃亡，由長孫衛輒繼位，後來蒯聵借兵出征又策動國內政變討位，史稱「父子爭國」。

1、《春秋傳》：「天子之子稱太子。」又《大戴禮記・保傅》：「古之王者，太子乃生。」天子、王之子為王子，預定繼承人為太子。

2、《孟子・滕文公上》：「滕文公為世子，將之楚。」諸侯之子為公子，預定繼承人為世子，如晉獻公之世子申生，公子重耳。但因東周時王室已衰微，國君多已稱王，故史書亦會以太子稱世子，如太子申生。

3、公卿、大夫亦為嫡世襲，預定繼承人稱元士嫡子。

4、宗族、家族亦以嫡系為宗，預定繼承人稱正室嫡子。

九、姓氏的演變

姓氏初始目的在稱呼與辨識統治族類，故初始姓氏有其政治階級意涵。

1、三皇時代：泛稱部落酋長為氏（氏象形為支起將傾之物，為支之本字），如神農氏是神農族的首領（後改稱部落族或部落國為氏）。

2、五帝：以各部族自治為基礎形成的大部落聯盟，為區分統治

族類因而產生「姓」，常以地方為姓，《說文》：「黃帝居姬水，以爲姓。」以黃帝為首的五帝皆姓姬，亦可見其為宗族相襲政治。平民為半奴隸沒有姓。

又，嫡傳直接繼承姓，庶傳者又分出氏，故氏為姓底下之分支，如大禹，姒姓，夏后氏（故稱其朝代為夏朝）。

3、夏朝以後除了有統治者的姓（夏室姓姒、商室姓子、周室姓姬）和氏外，也開始產生分封、官吏制度，故非王室血統之貴族階級亦以國名、地名、官名、祖父諡號或字為氏；平民如獲得賜封後可以立氏。

4、春秋時宗法制度開始瓦解，象徵源頭的姓衰微，分支與新立眾多的氏能作更細緻的識別，如齊國姜姓，分出孟孫氏、仲孫氏、季孫氏等三桓，氏反成為日後區分族類的主要依據，並成為今日之姓（以上三孫後改姓孫）。

5、戰國時，周室與貴族瓦解，法禮制度亦徹底瓦解，平民開始有姓，如蘇秦，己姓，蘇氏。

6、秦漢以後，以氏為現今之姓，並與人名合構成姓名，如劉邦，劉原為祁之氏，但已單稱劉邦。

第三章　《易林》中的微言大義：名詞解釋與象徵

　　《易傳》（十翼）對八卦的象徵物有許多描述，見本章附表，此外《易林》也經常使用各類經典中的物類作為象徵，必須了解這個象徵，才能理解林辭內涵。如《論衡・是應》：「儒者論太平瑞應，皆言氣物卓異，朱草、醴泉、翔鳳、甘露、景星、嘉禾、蓂脯、莢莢、屈軼之屬。」「其盛茂者，致黃龍、騏驎、鳳皇。」又如《詩經・潛》：「有鱣有鮪，鰷鱨鰋鯉。以享以祀，以介景福。」再如《禮記・禮運》：「故天降膏露，地出醴泉，山出器車，河出馬圖，鳳凰麒麟皆在郊棷，龜龍在宮沼，其餘鳥獸之卵胎，皆可俯而窺也。」以上諸多祥物象徵都被《易林》採用，亦可見物類象徵有其時代下的普同性意義。

　　以上是祥瑞的象徵，當然也有凶惡的象徵，《漢書・武五子傳》：「虹下屬宮中飲井水，水泉竭……烏鵲鬥死，鼠舞殿端門中……天火燒城門……流星下墮，后妃已下皆恐，王驚病。」以上是《易林》有採用者。

　　除了動物、植物，其他諸如人名、地名、數字、方向、顏色、天文、星宿、干支、五行、制度、現象……等也都具有象徵意義，但其中有些是專有名詞、事實陳述、引述原文，如：「八哲五教」指八位才子與五種德行，是專有名詞，與象徵無關。又如「日新東從，魁杓為禍。」東是事實陳述（太陽從東邊升起），魁杓是專有名詞，故本句亦無使用象徵與指涉。

又如「與胡寇戰,平城道西,七日絕糧。」乃出自《史記・樊酈滕灌列傳》所載:「(高帝)追北至平城,為胡所圍,七日不得通。」所以本句中的胡、平城、七日是事實陳述,道西是象徵。又如「彭祖九子」,彭祖雖有其人,但彭祖傳說生子五十四,九在這裡是象徵。

這些象徵用詞是用文學性來表達辭意,並非信手捻來豪無意義,這些象徵已表明了象數的含意,因此使用者可針對這些象徵名詞多做留意與探討,譬如:二與三的意義並不相同,又如被鵠鶴(象徵君子)所盜,與虎狼所盜自當截然不同,如此便能掌握卦辭的象數性與指涉,而深切理解辭意,如蹇之坤「兔(象徵光明)聚東郭(象徵粗鄙方向與地方)」,即表示光明被困在粗鄙的小人勢力範圍。

但,「象徵」即表示它「不是事件的本體」,所以千萬不可拘泥其數、其象,如三人並非指三個人,而是多人;如南行並非真的向南行,而是向光明的方向行進,但也可能孤獨而行之意,應視全而定。又如蛇,並非真的蛇,而是君王、諸侯或豪傑,乃或是土霸、山賊……。此外,也不要太過拘泥吉凶禍福的程度,譬如「祿命徹天,封為燕王」真是洪福齊天,位及諸侯,但就是福氣很大的意思,不要認為可以選總統;又如「神明祐助,銷散皆去」也是福氣很好可以逢凶化吉,但不必解釋成有神明護體;再如「亡我考妣,久迷不來」當然更沒有指涉父母亡故的意思……。凡此種種,取其意旨,不可反而陷入譬喻的物象裡面。一個譬喻,經常視整句文意而有不同的指涉,故應活用。

整理說明《易林》常見的各種語彙與象徵如下,內文註釋時,則不再詳細說明。

一、數字

一：單獨。

二：左右周邊的人；《說文解字注》：「耦者，二人竝耕之偁。」

兩：1) 同二。2) 比喻彼此、敵我、對立面。

三：《周語》：「人三為眾。」1) 約三五成群的多數，如：三人、三羊、三癡。2) 有時象徵少，如：三言、三日、三里。

四：象徵四方、四季、四時；《詩經‧下泉》：「四國有王，郇伯勞之。」

五：象徵全部，即五行全；《春秋繁露‧五行對》：「天有五行，木火土金水是也。」

六：1) 齊全，即六爻；《京氏易傳‧復》：「六爻盛卦之體總稱也。」2) 六為居於中位的偶數，故象徵中正溫良。

七：1) 一卦六爻，故七為返回，象徵循環週期；《易經‧復》：「七日來復。」2) 陽正之數；《說文》：「七，陽之正也。」

八：1) 象徵八方；《說苑‧辨物》：「天子處中州而制八方耳。」2) 亦為子嗣之數，見八子。

九：1) 象徵最多，如：九子、九重、九天。2) 最高的陽數；《管子‧五行》：「天道以九制。」

十：1) 滿數，小範圍的所有，如十子中傷。2) 十方，八方加上下，比喻天地宇宙。

百、千、萬、眾：極多並齊全滿數，國家或世界的所有。

‧ 以下非象徵，為真實數目。

二女：1) 比喻共事一夫；《孔子家語・五帝德》：「（舜）承受大命，依于二女。」堯禪讓天子之位給舜，並將兩個女兒娥皇、女英嫁給他。2) 比喻妖女；《韓詩》：「鄭交甫過漢皋，遇二女妖，服佩兩珠。」

三國：唐、虞、夏或夏、商、周。

三王：堯、舜、禹。

三聖：《漢書・諸侯王表序》：「三聖製法。」顏師古註：「文王、武王及周公也。」即開周三聖。

三公（周初）：呂尚為太公、召公為太保，周公為太師。

三仁：紂王的兩位庶兄微子、箕子和叔叔比干。《論語・微子》：「殷有三仁焉。」

三桓：魯桓公以嫡長子為魯公，其他三個兒子封為魯卿稱三桓，三桓把持魯國朝政兩百多年，孔子曾以「墮三都」抵制。後沒落。

三郤：晉獻公將郤邑封給叔虎，後郤氏壯大，前後三人掌握晉國大權，後被鎮壓覆滅，《國語》：「三郤皆自殺。」

三女：1) 為滅亡之兆；《周語上》載，密康得到三個漂亮女子卻不獻給恭王，被恭王所殺。2) 象徵妖人眾多。

三爵：古以飲酒三爵為禮；《禮記・小戴禮記》：「禮已三爵而油油以退。」

三足烏：1) 太陽；《春秋元命苞》：「日中有三足烏。」2) 三足「孤」烏，僅剩的太陽，象徵孤暴的上位者；《楚辭・天問》王逸注曰：「羿仰射十日，中其九日，日中九烏比皆死，

墜其羽翼。」3) 孤烏（非三足孤烏）、虛烏，僅象徵太陽，無孤暴之指涉。

四時：1) 四季。2) 一天的朝、晝、夕、夜。

四門：天子舉行大典的宮殿（明堂）四方之門；《書・舜典》：「賓于四門，四門穆穆。」

四瀆：四大入海的大河，比喻富庶之地；《說苑・辨物》：「四瀆者，何謂也？江、河、淮、濟也……民陵居，殖五穀也。」

五教：五種教化；《左傳・文公十八年》：「舉八元，使布五教于四方，父義、母慈、兄友、弟共、子孝，內平外成。」

五色：1) 五官氣色；《呂氏春秋・知分》：「黃龍負舟，舟中之人五色無主。」2) 五行之色。

五羖：《史記・秦本紀》載，百里奚原為虞國人，晉滅虞，被降為奴隸，後秦穆公得知他的賢能，用五張黑羊皮將其贖回為相，奠定秦國富強之基，世稱五羖大夫。

五子：管仲向齊桓公推薦的五位人才；《新序・雜事四》：「君如欲治國強兵，則此五子者足矣。」

六龍：1) 天子所駕六匹馬的車；《王度記》：「天子駕六。」2) 六爻皆陽：《彖傳・乾》：「六位時成，時乘六龍以御天。」3) 比喻爭奪至尊的各路豪傑。

六師：周天子可統御六師，大諸侯三師，小諸侯二師（一師二千人）；《三略・中略》：「故諸侯二師，方伯三師，天子六師。」

六親：1) 指至親；《漢書》以父母、兄弟、妻子為六親。2) 亦指親近的族人，說法不一；《管子・牧民》：「上服度，則六親固。」

六子、六位：六爻；《漢書・郊祀志下》：「易有八卦，乾坤六子。」

六體：1) 卦體的六爻；《左傳・閔公元年》：「六體不易，合而能固，安而能殺，公侯之卦也。」2) 頭、身、四肢；《漢書・翼奉傳》：「猶人之五臟六體。」

六鷁：見宋襄公。

七日：《史記・樊酈滕灌列傳》：「（高帝）追北至平城，為胡所圍，七日不得通。」

七子：子嗣陽健中正。《詩經・曹風》：「鳲鳩在桑，其子七兮；淑人君子，其儀一兮。」又，《說文》：「七，陽之正也。」

八哲、八才：比喻眾賢良；《史記・五帝本紀》：「昔高陽氏有才子八人，世得其利，謂之八愷。高辛氏有才子八人，世謂之八元。」此十六族者，堯未能舉，舜舉之。

八子：八為子嗣之數。1) 陰陽生八卦。2) 周公和劉邦有八子。3) 廣喻八方子民；《列子・黃帝》：「次達八方人民。」

九州：夏禹分天下為九州：冀、兗、青、徐、揚、荊、豫、梁、雍，象徵中國；《大戴禮記・五帝德》：「巡九州，通九道，陂九澤，度九山。」

九山：九州的名山，可為泛指，亦可為專指九座名山。

九鼎：1) 夏禹鑄九鼎以象九州政權；《史記‧孝武本紀》：「禹收九牧之金，鑄九鼎。」2) 夏後為商與周所得：《墨子‧耕柱》：「九鼎既成，遷於三國。」3) 周末霸國垂涎九鼎，以圖挾天子以令諸侯，最後為秦所得，《史記‧秦本紀》：「周民東亡，其器九鼎入秦。」4) 秦末戰亂，九鼎沉於江底失蹤，《竹書紀年‧顯王》：「九鼎淪泗，沒于淵。」

十五：《穀梁傳》：「女子十五而許嫁。」

三十：1)《禮記‧曲禮》：「（男）三十曰壯，有室。」2) 女子已加倍超過婚齡，見十五。

十里：比喻鄉里之內，短距離；《漢書‧百官公卿表‧第七上》：「十里一亭，亭有長。」（劉邦曾任亭長、韓信曾寄食亭長家）

百里：1) 封國之內，故亦比喻侯國，如百里侯；《孟子‧萬章篇》：「天子之制，地方千里，公侯皆百里。」2) 秦穆公相國百里奚。3) 強行的速度；《孫子兵法‧軍爭》：「倍道兼行，百里而爭利。」

千里：1) 天子國之內，比喻中國之天下，見上。2) 比喻遙遠。3) 神馬的速度；《商君書‧畫策》：「麒麟騄駬，日行千里。」

萬里：1) 天子國之外，比喻極為遙遠、蠻荒。2) 統一後的大中國之內；《說苑‧奉使》：「中國之人以億計，地方萬里。」

二、方向

東：1) 象徵粗鄙，黃帝征服蚩尤後，在山東一帶還有東夷集團；另，

周公東征商代殘餘勢力和東方諸小國；《文選・演連珠》：「東國多衰弊之政。」2) 東方海濱，比喻極為之地。3) 東海簡稱，比喻福祿之地。4) 東囿，皇宮園林。

西：1) 象徵西山王母娘娘，為吉。2) 象徵福澤不降之地，因西方為日落之地，又小畜卦：「密雲不雨，自我西郊。」

南：象徵光明、溫暖之地，因南方為日正當中之位；升卦辭：「南征吉。」

北：1) 候鳥飛到北方，象徵遷徙、返鄉、尋找歸宿。2) 象徵陰晦、敗北之地。3) 北，背也，相背、背叛。4)《廣韻》：「奔也。」

西南：1) 為坤位，主順，好方位，蹇卦辭：「利西南，不利東北。」2) 主人坐處；《禮記・鄉飲酒義》：「（主人）坐介於西南以輔賓。」3) 壞方位，《論衡・說日》：「冬日短之時，日出東南，入於西南。」

西北：天門的方向；《勾踐歸國外傳・勾踐七年》：「西北立龍飛翼之樓，以象天門，東南伏漏石竇，以象地戶。」

東南：1) 地戶的方向，見上。2) 比喻德厚；《禮記・鄉飲酒義》：「天地溫厚之氣，始於東北，而盛於東南……接人以德厚者也，故坐於東南。」

東西、南北：象徵四面八方。

東行：1) 象徵行進陰晦；《楚辭・東君》：「杳冥冥兮以東行。」2) 如江河大地順行。3) 西夷人東進到中原。

南行：1) 陽氣運行的有利方向；《春秋繁露・陰陽位》：「陽氣始出東北而南行。」2) 不利的方向；《楚辭》、《詩經》

中南行多為不利,被南放,如「獨煢煢而南行兮」、「魂佌佌而南行兮」、「狂顧南行」、「悠悠(遙遠)南行」、「我獨南行」等。

北行:1) 陰氣運行的陰晦方向;《春秋繁露‧陰陽位》:「陰氣始出東南而北行。」2) 侯鳥遷徙的方向。3) 中原不產良馬,需向北尋驥。

左:1) 先秦「右尊左卑」;《增韻》:「手足便右,以左為僻,故凡幽猥,皆曰僻左。」故稱違背、偏斜者為相左、左道。2) 漢後以左方為東方、日出方,方改為「左尊右卑」。

右:為尊方,與左相反,見上,故曰「無出其右」。

左右:1) 意為佐佑,皆輔助之益(但佑優於佐),為周邊貼身輔助的人。2) 比喻左右兩邊。

道左:《白虎通德論‧三正》:「天道左旋。」故古時道路左行;《儀禮‧既夕禮》:「車至道左,北面立,東上。」

高的地方:1) 平安,陰氣或洪水侵犯不到。2) 高貴。3) 險峻。

低的地方:1) 不平安,如山根容易坍方。2) 低微。

三、人物

・聖人賢母

堯、舜、禹、湯、文、武:象徵聖王。

周公、姜太公等賢人:象徵賢能。

孔子:素王、陰聖,有王者的道德而無王者的權位。《莊子‧天道》:

「以此處下,玄聖素王之道也。」

太姒(文母):周文王(文君)的正妻,周武王之母,女德表徵。

嫫母:1) 嫫音模,黃帝第四個妻子,以醜聞名;《論衡・譏日》:「使醜如嫫母,以子日沐,能得愛乎?」2)《荀子・賦》:「閭娵子奢,莫之媒也;嫫母力父,是之喜也。」嫫母雖醜但賢,不媒而嫁黃帝,但《易林》以反向手法,以嫫母象徵醜女急想出嫁致禮儀不對,僅為借喻。

• 暴君或昏君

蚩尤:象徵興戰之君與失敗。

桀、紂、幽王、子嬰:象徵亡國之君。

周幽王:西周滅朝者。1) 寵褒姒,烽火戲諸侯。2)《詩經・十月之交》:「皇父卿士,番維司徒,家伯維宰,仲允膳夫。」說出其周圍之佞臣。

齊襄公:與其妹文姜私通,象徵淫蕩亂倫。

靈公:有三人,皆被弒而死。1) 陳靈公(媯平國),與夏姬亂倫,象徵淫亂。2) 晉靈公,喜用彈弓射人取樂,並屠殺忠臣趙盾家族,引發「趙氏孤兒」故事,象徵殘暴。3) 鄭靈公,與群臣分享鱉湯時故意不分給公子宋以羞辱他,公子宋因而將手指伸進鱉湯裡沾了一下品嚐洩憤,兩人結怨,後公子宋殺了鄭靈公。

景公:在《易林》中有三人,皆指昏昧:晉平有疾、齊景惑疑、景公耄老,故雖春秋戰國諡號景公者雖皆未失位,但曰景

公失位。

衛侯：象徵昏君；《史記・衛康叔世家》載，1) 衛宣公向齊國請婚，準備為太子伋娶妻，後因女方（宣姜）貌美，強行拆散相戀的兩人，佔為己有。後衛宣公與宣姜怕被報復，因而害太子伋。2) 衛懿公無道被狄人所殺，衛國僅剩五千遺民寄居於曹國。

・賢劣人材

伯夷、叔齊：商亡不食周穀餓死，聖之清者；《論語・季氏》：「伯夷叔齊餓于首陽之下，民到于今稱之。」

季：1) 季札，三次推辭皇位，春秋賢人的表徵，並於出使魯國時觀賞周樂，做出準確的評論與預言。2) 劉季，漢高祖劉邦，本名季。3) 叔季或季叔，指周文王第四子周公。

顏回：孔門賢良第一，世稱復聖。1) 安貧樂道，不仕，象徵賢良隱士。2) 早夭，象徵不得志。

伯樂：能識千里馬，象徵人才。

王良：趙國駕馭能手，後以其名命驛馬星，象徵人才。

桀跖：夏桀和柳下跖（音直），前者暴君，後者惡盜，泛指兇惡殘暴之人。

羿：1) 堯時射下九個太陽的射師大羿。2) 夏時東夷部落首領后羿（夷羿），後掌控夏朝政權，此為真正后羿（后為君主之意）。一般常將射師大羿混淆為后羿，《易林》亦有混用情況。

- **女性姬字（周朝姬姓，故象徵貴族女子）**

夏姬：1) 蕩女，和陳靈公及兩位臣子，四人亂倫，又與多人私通。2) 妖女，「三為王后，七為夫人，公侯爭之，莫不迷惑失意。」3) 禍女，後嫁予巫臣，兩人逃亡導致夫家全族被誅，一生紀錄為「殺三夫，一君、一子，而亡一國、兩卿」。4) 有時則僅借喻為妻子，無不吉象徵。

王姬：周天子嫁予齊桓公的女兒，比喻美滿的歸宿或結盟；《左傳‧莊公十一年》：「王姬歸於齊。」

季姬：1) 象徵伴侶背叛；《史記‧齊太公世家》載，齊悼公未即位時逃難於魯國，娶季姬為妻，後齊悼公回國登基，季姬亂倫其叔不想跟從，齊悼公不惜興兵索人。2) 齊國姜姓，故有時也寫成季姜，但季姜另有其人，見季姜條。3) 季者幼，姬者美女，故指少女。

驪姬：驪戎人，為使自己兒子登位，慫恿晉獻公殺世子申生（恭世子），迫使公子重耳（晉文公）、夷吳逃亡，後被權臣活活鞭死。

叔姬：齊國發生政變，單伯到齊國請求釋放子叔姬回魯，象徵盼望人來。

少姬：1) 象徵年少美女或少婦。2) 象徵力量薄弱。

- **女性齊或姜字（齊國姜姓，故象徵貴族女子）**

齊子、文姜：《毛傳》：「齊子，文姜也。」齊襄公與其妹文姜私通，象徵蕩婦。

齊姜：有三意，皆指良婦美眷。1) 貴族的良婦；《詩經‧衡門》：《詩經‧衡門》：「豈其取妻，必齊之姜？」「豈其取妻，必宋之子？」2) 周武王夫人邑姜，為齊太公呂尚之女。3) 少齊，見下。

少齊：齊景公女兒少姜，嫁給晉平公，公暱稱為少齊；《左傳‧昭公二年》：「少姜有寵於晉侯，晉侯謂之少齊。」象徵新婦。

姜呂：同上，呂姓出自姜姓，故在《易林》姜呂即為齊景公（姜姓）女兒少姜。

齊女、姜氏（姜子）、宋女：賢良貴族婦女代表；見齊姜註。

季姜：紀國（姜姓）國君之女，後嫁為周桓公，象徵于歸得洪福。

姬姜：1) 周王室姓姬，齊國姓姜，象徵王室貴族。2) 二姓經常政治聯姻維持穩定，象徵兩姓合婚。3) 象徵貴族婦女或對婦女的美稱。

- **子字男性**

子都：鄭國大夫，當代美男子，世人因而引以為良人（實則不良）；《詩經‧山有扶蘇》：「不見子都，乃見狂且。不見子充，乃見狡童。」

子充：即子都；《唐韻》：「充，美也。子充猶言子都，故為良人。」

子貞、子懽、子家：仿上例，取其貞節、歡喜、家人之意。

子車（子輿）：見下。

- **以下為常用典故，非比喻**

唐叔：唐叔虞，周武王之子、周成王之弟。1)《左傳‧魯昭公元

年》載：叔子將生時，周武王夢見上帝命令他將孩子取名虞，並封於唐國，等到孩子生下時，手紋果然為「虞」字。2) 周成王平定故唐國之亂後，封叔子於唐。3) 叔子之子改國號為晉。4)《逸周書》：「成周之會，唐叔、荀叔、周公在左，太公望在右。」唐叔除了為三公，並安撫治理四周的戎狄功勞甚大。5) 唐叔亦指劉邦，《新唐書‧宰相世系表》載，漢高祖祖先為帝堯陶唐氏。

康叔、康侯：原為周武王的親弟，封於康國，後徙封於衛。《易經》與《易林》將唐叔（見上）當成康叔，意味康強的諸侯，如萃之噬嗑：「文（紋）定吉祥，康叔受福。」

子車（子輿）：子車三雄，皆秦豪傑，但被殉葬。《左傳‧文公六年》：「秦伯任好卒，以子車氏三奄息、仲行、針虎為殉，皆秦之良也，國人哀之，為之賦〈黃鳥〉。」

晉文公：公子重耳。1) 驪姬（見上）勾結寵臣梁五和東關嬖五設計謀害，致晉獻公殺太子申生（恭太子），並迫使公子重耳、夷吾逃亡。2) 後重耳在秦國支持下回國復位，成為春秋五霸。

晉獻公：重耳之父。1) 國政足與齊桓公爭霸。) 家務凌亂，發生上列驪姬之亂。2) 又曾謀害親生太子申生；《左傳‧閔公二年》：「晉侯使太子申生伐東山皋落氏。」晉獻公讓太子申伐東山皋落氏，但讓他穿非純色的兩色衣，佩帶青銅製的玉玦。二色衣、銅玦不合禮節，又玦表示訣，象徵晉獻公希望太子申生戰死。最後，申生不願作亂而自殺身亡。

宋襄公：1)《左傳・僖公十六年》：「六鷁退飛，過宋都。」後宋襄公會諸侯抵抗淮夷，不待築城完畢皆返。2) 後宋襄公與楚戰於泓，誤解仁義，楚人渡河中、已渡未陣，皆不出擊，待楚陣成，大敗宋師，襄公大腿被箭射中，後因而重傷而薨。

鄭昭公：象徵失國。《史記・鄭世家》載，1)，先被其弟篡位逃亡，復位後又被暗殺。2) 逃亡期間，齊侯想將女兒嫁給他，他以國力懸殊不敢高攀而辭卻，後其遇難，齊國不救。

季平子：魯國三桓之一，季孫氏，名意如。1) 魯君為三桓掌控，魯昭公曾征討季平子，征討失敗後昭公逃至齊國。2) 季平子死後，齊國伐魯，取鄆。

陽虎：陽貨。1) 原為季平子家宰，季平子死後陽虎囚禁新主公，掌控三桓並進而掌控魯政三年，最後政變失敗，逃奔晉國。2) 曾拜訪孔子，並勸孔子出仕。3) 陽虎曾攻打鄭國匡邑，後因孔子與陽虎長相相似，故孔子周遊列國至匡邑時被誤認包圍；《論語・子罕篇》：「子畏於匡。」

顏叔：顏叔子（非顏回），象徵貞節；《毛傳》：「夜暴雨至而室壞，婦人趨而至，顏叔子納之而使執燭，放乎旦而蒸盡，縮屋而繼之。」此事蹟被人誤傳為柳下惠臨懷不亂。

柳下惠：孟子稱為「聖之和者」；《孔子家語・好生》：「子何不如柳下惠然？嫗不逮門之女，國人不稱其亂。」此事未見於其他史載，並經常被誤以為出自《荀子・大略》，實無，應是上例顏叔子之誤傳。

昭君：漢昭帝，相傳為堯帝降生，在位時休生養息，境內富裕，

四夷來朝,死時只有二十一歲。此處非指和番的王昭君。

四、姓氏

張:張氏始祖觀弧矢星(象徵弓箭,主兵亂)因而發明弓箭(張),故姓張。《焦延壽傳》:「天弓張,天下盡兵,主與臣相謀。」故《易林》慣以張氏為戰爭、失利之象徵,如隨之頤:「亡羊捕牢,張氏失牛。」旅之賁:「張氏易公,憂禍重凶。」

韓:《戰國策・齊策三》:「韓子盧者,天下之疾犬也。」本為天下疾犬,故象徵人才。

東郭:1)同上,「東郭逡者,海內之狡兔也。」2)東城外人家,以地為稱呼,如東郭牙,管仲時期的諫官,管仲讚為聖人;《論衡・知實》:「管仲謂國必有聖人……及見東郭牙,云此必是已。」3)東郭姓者,如東郭姜,嫁予齊國大夫棠公,又亂倫崔杼。

張、李、王:如今日之張三、李四、王五,並非特定人物的指涉,僅表示有某人,如遯之師:「張伯李季,各坐關門。」大壯之無妄:「張氏揖酒,請謁左右,王叔枯槁,獨不蒙所。」
　*張、李、王原本皆為對人之尊稱,後成為泛稱,小考如下。

1、張,古字為長,長為尊長、長上之意,亦為對人之尊稱,如平輩亦互稱兄長,《說文解字》:「兄:長也。」

2、李,指桃李,比喻公子王孫,後泛指青年才俊,《詩經・何彼襛矣》:「何彼襛矣,華如桃李。平王之孫,齊侯之子。」

3、王,首領、尊上、偉大之意,也是對人之尊稱,如王父為祖父或老人家、王伯為大伯,明夷之否:「王伯遠宿,長婦在室。」

今漢族姓氏人口以王、李、張為前三名(維基百科「常見姓氏列表」),故古時此三姓亦可能為最常見之姓,故取為泛稱。

五、國家

唐國:1) 堯建立的國家(陶唐氏),象徵聖人之邦。2) 古唐國為周所滅,封予唐叔虞。3) 唐之分野見「二十、天象、星曜實沈參墟」。

虞國:舜建立的國家,象徵聖人之邦。

夏國:禹建立的國家,象徵聖人之邦。

齊國:姜子牙的封國,後為春秋五霸與戰國七雄,象徵強盛。

魯國:為文化象徵。1) 制禮作樂的周公封長子於魯國。2) 魯國繼承殷民六族,具較高之王族文化水準。3) 孔子生於魯國。

齊魯:1)周公和姜太公分別為魯國和齊國始君,象徵禮義之鄉;《史記・三王世家》:「生子當置之齊魯禮義之鄉。」2)。齊魯兩國相鄰,比喻鄰國,亦因領土糾紛為世仇。

齊燕:1) 兩國相鄰互伐,為世仇。如濟西之戰,燕將樂毅破齊,後齊將田單復國。2) 是離秦國最遠的兩個國家,故比喻連最遠的國家都投降或結盟了。

齊晉:春秋時兩個霸國,比喻爭霸;〈琅邪王傅蔡君碑〉:「周

祚微缺,王室遂卑,齊晉交爭。」

齊鄭：比喻結盟；《左傳・隱公三年》：「冬,齊、鄭盟於石門,尋盧之盟也。」

齊宋：比喻美眷；《詩經・衡門》：「豈其取妻,必齊之姜？」「豈其取妻,必宋之子？」齊國的姜姓、宋國的子姓,是貴族的良婦。

秦晉：春秋時兩國世代通婚,後稱兩姓聯姻或雙方和睦相處為「秦晉之好」。

秦楚：戰國中期最強的兩個大國,因爭霸且相鄰故經常征戰；《新序・善謀》：「天下莫強於秦、楚。」

鄒魯：孟子為鄒人,孔子為魯人,象徵文教鼎盛；《莊子・天下》：「其在於詩書禮樂者,鄒魯之士。」

宋國：微子為殷末三仁之一,紂之庶兄,勸紂不聽而去,周建國後招之,後封於宋,並繼續祭祀商朝亳社,象徵君子之國。

鄭國：象徵亂國。1) 原為春秋初年霸國,匡扶周室。後因宮鬥不斷、宋國外戚介入致國政敗壞,不需外患亦會自我滅亡。2) 春秋第一賢人子產執政時曾出現短暫復甦。3) 子產死後又淪為盜賊之鄉；《左傳・昭公二十年》：「鄭國多盜,取人於萑苻之澤。」

宋鄭：1) 飢荒之國；《左傳・襄公二十八年》：「蛇乘龍。龍,宋鄭之星也,宋鄭必饑。」2) 無道之國；《新書・先醒》：「周室壞微,天子失制。宋鄭無道,欺昧諸侯,莊王圍宋伐鄭。」

陳國：象徵邪惡之地。1) 陳靈公和兩位臣子去和守寡的夏姬四人一起亂倫，後被夏姬之子所殺。2) 孔子曾斷糧於陳。

陳鄭：陳國、鄭國在同一個分野，比喻鄰國；《漢書・五行志下之下》：「角、亢、氐，陳、鄭也。」

郭國（郭氏）：1) 比喻不能用善逐惡而滅亡；《新序・雜事四》：「為郭氏之墟……善善而不能行，惡惡而不能去，是以為墟也。」後為齊所滅。2) 凡「郭氏＋墟」皆指本例。

長股：蠻荒之國，取其長腳善於奔行之意；《山海經・海外西經》：「長股之國在雒棠北，被髮。一曰長腳。」

大足：象徵善於行走；《山海經・海外北經》：¬「跂踵國在拘纓東，其為人大，兩足亦大。」

代：代鄉、代山。北戎兵敗逃至代地，稱代戎，建立代國，秦後設代郡；《史記正義》註：「代郡城，北狄代國，秦漢代縣城也。」象徵遠方蠻荒之地。

侯國、郡國：取其字面之意，如：陰安（陰氣安定，相對於南陽）、魯陽（文教光明）、高鄉與高邑（高貴之地）、平鄉及平州（平和之地）、東昌（東方日出昌盛）、東野（象徵東郊鄉野，也是齊東野語、齊東野人的略語）。

八荒等邊族：象徵遠方蠻荒之地。

六、地名

五山：遠古五大神山，喻有神居；《史記・孝武本紀》：「中國華山、首山、太室、泰山、東萊，此五山黃帝之所常遊，與神會。」

四嶽：《堯典》：「舜巡狩東至岱宗（泰山），南至霍山，西至太華，北至恆山。以為四嶽者，四方之中。」

五嶽：配合五行，增中嶽為五嶽；《周禮》：「五嶽，東曰岱宗、南嶽曰衡山（取代霍山）、西嶽曰華山、北嶽曰恆山、中嶽曰嵩山。」皆象徵大地、吉祥。

華山：遠古五大神山之首，喻有神居，亦為中原文明發祥地，為華夏名稱之由來；《尚書・武成》：「華夏蠻貊，罔不率俾。」

首山：位於河南，為八百里伏牛之首，故名，比喻神居之處。

華首：華山和首山，見五山。

泰山（太山）：1) 漢族五嶽之首，象徵尊貴吉祥。2) 帝王多在此封禪（祭天與祭地的最高大典，以象徵受命于天），象徵政權；《大戴禮記・執節》：「成王生……是以封泰山而禪梁甫。」又，《白虎通德論・封禪》：「王者易姓而起，必升封泰山何？教告之義也。始受命之時，改制應天，天下太平，功成封禪，以告太平也。」3) 象徵仙人住所；《韓非子・十過》：「黃帝合鬼神於泰山之上。」

崑崙山（西山）：1) 西王母娘娘和神仙居住之處；《論衡・感虛》：「神棲崑崙。」《周易・隨》：「王用亨于西山。」2) 天下江河總源頭；《論衡・異虛》：「河源出於崑崙，其流播於九河。」3) 漢族最高的山脈（非山峰）；《禹本紀》：「河山崑崙，其高三千五百餘里，日月所於辟隱為光明也。」

驪山：周幽王被殺、秦始皇陵寢之處，象徵災難。

文山：汶山。1) 漢族江河發源地，比喻江山（國土）之首；《新序・

雜事四》：「江出汶山，其源若甕口。」2) 比喻為沃土；《史記・貨殖列傳》：「汶山之下，沃野，下有蹲鴟，至死不饑。」

東海：今黃海。1) 象徵富饒之地；《荀子・王制》：「東海則有紫紶、魚鹽焉，然而中國得而衣食之。」。2) 象徵遙遠的海邊、大海；《呂氏春秋・古樂》：「疏三江五湖，注之東海。」

東萊：遠古五大神山之一，位於山東，臨海，故象徵遙遠的美好之地。

北海：1) 神話中的北方大海，神仙居住之處；《論衡・道虛》：「盧敖學道求仙，游乎北海，離眾遠去。」2) 北荒極遠之地；《漢書・蘇武傳》：「乃徒武北海無人處。」

江淮：長江與淮河，象徵環境富庶；《管子・封禪》：「所以為盛，江淮之間，一茅三脊。」

淮海：淮河以北的近海地區，為富庶之地；《史記・夏本紀》：「淮海維揚州……」記錄其盛況（維揚州即今揚州）。

弱水：1) 聖河；《淮南子・墬形訓》：「西王母在流沙之瀕，樂民、拏閭，在昆侖弱水之洲。」2) 因位於西極，故比喻遙遠，常與東海遙望。

龍門：龍門山，於今陝西、山西之間的黃河峽谷。1) 禹鑿龍門：《淮南子・人閒訓》：「水為民害，禹鑿龍門。」象徵掃除障礙而亨通。2) 戰於龍門：為險要關隘，象徵攻防之地；《志・五行志上》：「四國共伐魯，大破之於龍門。」3) 魚躍龍門：《三秦記》載，每年三月冰化雪消之時，鯉魚神龜集於龍門之下，竟相跳躍登上龍門，故象徵吉地。

石門：1) 比喻遙遠富庶之地；《山海經・西山經》：「其下有石門……萬物無不有焉。」2) 魯國城外門，比喻賢良之地。

玉門、玉關：1) 來往西域最重要的交通、軍事、經濟要塞，比喻遠出塞外。2) 比喻天宮、皇宮大門。

洛陽：洛都、洛邑，周公東征後建東都於洛陽，後東周、秦、漢初皆定都洛陽，比喻國都。

成周：1) 成立周朝。2) 周朝東都洛邑之別名。3) 周公輔成王的興盛時代。

會稽：1) 比喻聖地；《論衡・書虛》：「夏禹巡守，會計於此山，因以名郡，故曰會稽。」「會稽，眾鳥所居。」「禹葬於會稽者。」又，《管子・封禪》：「禹封泰山，禪會稽。」2) 夫差曾敗勾踐於會稽。

夏臺：比喻君子受困；《史記・夏本紀》：「（桀）乃召湯而囚之夏臺。」

羑里：羑音有，比喻君子受困；《史記・殷本紀》：「紂囚西伯羑里。」

平陸：1) 齊邊邑名，經常發生戰爭；如《淮南子・人閒訓》：「三國伐齊，圍平陸。」2) 平坦的陸地；《孫子兵法・行軍》：「平陸處易。」

蒼梧、鬱林、合浦：設於南越之郡，比喻南方蠻夷或偏遠之地；《漢書・武帝紀》：「遂定越地以為南海、蒼梧、鬱林、合浦、交阯、九真、日南、珠崖、儋耳郡。」

雲夢：古楚國的大沼澤地，比喻富庶；《墨子・公輸》：「荊有

雲夢，犀兕麋鹿滿之，江漢之魚鱉黿鼉為天下富。」

空桑：1) 比喻空乏之地；《山海經・北山經》：「曰空桑之山，無草木，冬夏有雪。」2) 比喻賢良治理美好的聖地；《呂氏春秋》載，帝顓頊實處空桑；伊尹生乎空桑。

除此之外，許多地名乃取字面意義，如不飲「盜泉」、不過「聖母」，因其字義不當。

七、地方

天門：1) 上天門戶，在天西北方；《勾踐歸國外傳・勾踐七年》：「西北立龍飛翼之樓，以象天門；東南伏漏石竇，以象地戶。」2) 皇宮大門。3) 鼻孔；《太清調氣經》說：「凡調氣者，先須依門戶。依門戶者，鼻為天門，口為地戶。」4) 天機之門，心；《莊子・天運》：「其心以為不然者，天門弗開矣。」

地戶：1) 大地門戶，在地東南方，見上。2) 口部，見上。

東山：1) 象徵遠征或遠行之地；《詩經・東山》：「我徂東山，慆慆不歸。」2) 魯國，象徵有禮教；《孟子・盡心上》：「孔子登東山而小魯。」

東齊：齊國於中土東方，象徵強盛之地。

東國：東夷諸國，象徵粗鄙；《文選・演連珠》：「東國多衰弊之政。」

東門：比喻美女如雲地方；《詩經・出其東門》：「出其東門，有女如雲。」

東囿：皇宮園林；《說苑・辨物》：「於是鳳乃遂集東囿。」

東家：1) 屋宅主人、宴會主人、老闆、聘僱雙方的約聘人，皆比喻當家、領導。2) 主人翁（當事者）。3) 東邊的鄰居，比喻不良的鄰居，見東鄰。5) 美女；《登徒子好色賦》：「楚國之麗者，莫若臣里，臣里之美者，莫若臣東家之子。」

東鄰：1) 東夷鄰國。2) 不好的鄰居；《易經・既濟》：「東鄰殺牛，不如西鄰之禴祭，實受其福。」3) 同東家美女。

南山：1) 山南水北為陽，象徵光明。2) 南山向日，植物易成長良好。3) 南嶽衡山。4) 比喻高山；《詩經・南山》：「南山崔崔。」5) 象徵暴虐；《詩經・蓼莪》：「昊天罔極，南山烈烈（風聲淒厲）。」

南海：象徵遙遠或險惡之地；《論衡・言毒》：「溫（瘟）氣天下有，路畏入南海。」

南國：1) 光明的國度；《詩經・序》：「文王之道，被於南國，美化行乎。」2) 南方蠻國；《列子・湯問》：「南國之人，被髮而裸。」

西山（崑崙山）：西王母娘娘和神仙居住之處，象徵吉地；《易經・隨》：「王用亨于西山。」

西鄰：1) 西戎、秦國。2) 好的鄰居，見東鄰。

北山：比喻美好之地；《詩經・南山有臺》載，北山有萊、楊、李、杻、楰，樂只君子。《易林》依此句型言「北山有棗」。

北陸：北方陸地，也是二十八宿的虛宿，象徵冬天；《漢書・律歷志下》：「日行北陸謂之冬。」

江南：多毒蛇之地。《論衡・言毒》：「江南地濕，故多蝮、虵。」

邦國：國家；《周禮・大宰》鄭玄注：「（諸侯國）大曰邦，小曰國。」

邦：可視為國。

山：山陵，高貴或險惡。

谷：山谷，易迂積氾濫的低處，或清淨的幽谷。

阪下：坂下，山坡下。1) 比喻危險的地方；《玉篇》：「阪，險也。」 2) 象徵決戰攻防的險地，義如谷口。

山腳：同上。

高地、高阜：陰氣往下不處高地、洪水淹不及，象徵安全。

沙丘：1) 風吹沙堆積而成的小丘。2) 地名，秦始皇與諸多君王皆橫死於此。3) 丘亦有墳墓之意，故都象徵死亡之地。

丘墓、空丘、丘墟、虛丘：延伸上意，皆象徵墳墓。

鄉、里、鄰：居住的鄉里、鄉鄰。

邑：土地之意，可有國邑、封邑、都邑、縣邑、城邑、鄉邑、里邑、居邑、邊邑等諸意。

澤：1) 象徵富饒之地，如：海澤、膏澤、皋澤。2) 象徵惡人潛伏之處，如：空澤、萑澤、澤陂、東澤、中澤。

郭（廓）：城牆外又築的一道城牆。1) 象徵偏遠粗鄙之地。2) 比喻防護安全。

虛、墟：殘破之地、廢墟、故城、墳墓。

墳：丘、室、宅、封、兆、虛（墟）、蒿（蒿里、蒿廬）：皆有墳墓之意，象徵滅亡。

八、輩分

皇：1) 原為對先人的尊稱，如皇祖。2) 皇亦為王，大之意，如王伯即大伯，故《易林》慣以皇母稱母親，皇女稱大女兒。

祖、公、母：家系的源頭，象徵法統、尊貴的親密貴人。

父、公：對老年男子的尊稱。

母：1) 西王母。2) 象徵根地，如母國、故鄉、團隊。3) 象徵基業，如母業、母錢。

主母：掌權的女性。1) 皇母。2) 女酋長。3) 祖母。4) 正妻。5) 女主人。

＊古代如天下太平則遂行養老制度，不平則無法實施，故，祖、公、父、母平安則象徵國家或宗族平安，反之則否，見「廿一、其他　老」。

舅：對異姓之尊親。1) 帝王稱異姓大邦諸侯為伯舅，異姓小邦諸侯為叔舅。2) 母之兄弟曰母舅。

孟：排行最大的哥哥或姊姊。

伯仲叔季：1) 大哥、二哥、三弟、小弟；有時後加「氏」（如伯氏），意思相同。2) 經常姓氏後直接加伯仲叔季做為稱呼。3) 比喻成員、夥伴。

孟、伯、姐：平輩年長者、貴人。

伯：1)對年長平輩、官員的尊稱。2)對中年人的尊稱，猶如先生，如商伯、使伯、行伯、媒伯。3) 伯者霸也，霸主，諸侯之領袖。4) 統有封土的諸侯、封主。5)《易林》會以伯稱呼失格的皇上，如姬伯（周幽王）、商伯（商紂）、秦伯（秦始皇）。

叔：1)對年輕平輩、官員的尊稱。2)對青年的尊稱，猶如小哥。3)對小諸侯的稱呼；《儀禮・覲禮》：「同姓小邦，則曰叔父，異姓小邦，則曰叔舅。」4)對諸侯國臣子的稱呼。

季：對小輩、青少年的稱呼。

稚叔、少叔、幼叔：年幼弟弟或青少年，比喻新血或少不經事。

長子：1) 已長成的男子。2) 比喻最得力接班人、繼承者。

老女：年長未嫁的女子。

長女：1) 已過婚配繁衍之女、年長的女子。2) 已長成的女子。3) 比喻位高的小人。

中女：1)婚配繁衍年齡適中之女。2)在《易林》比喻為該婚而未婚。

季女：少女，可開始婚配繁衍之女。

幼女、童女、嬰女：1) 女童、女嬰。2) 少不經事。

子：1) 繁衍的子嗣或利息。2) 摯也。

子孫：象徵家系的繁衍與傳承。

九、稱謂

我、吾：1)非專言自己，當「其」使用，可指涉任何人或大家。2)

虛詞。

　君：1)領袖、大人。2)君子。3)對人的美稱，泛指任何人，如諸君。

　民：成員。

王孫：貴族後代，演變成對人的尊稱，尤對青年。

公孫：公子王孫，貴族後代，演變成對人的尊稱，尤對青年。

　使：原為奉皇命的使者或官員，延伸為對人的尊稱，如使君、使伯、使叔、使士。

事、吏：古字同「使」，亦延伸為對人的尊稱。

　子：對男子的尊稱，如孔子。

　姬：周朝姬姓，故象徵貴族女子，演變成女性姓氏後直接加姬，做為美稱，如夏姬，猶如男子稱○子。

十、植物

瓜、匏：瓜為葫蘆科植物的總稱，《易經》之瓜皆指匏瓜。1) 古稱蒲蘆，諧音福祿，象徵之。2) 匏瓠，音袍戶，象徵包容、養育；《說文》：「取其可包藏物也。」3) 比喻才華；《易經‧姤》：「以杞包瓜，含章。」

　桑：桑葉是蠶的食物，桑果能食，象徵衣食民生。

桑柘：柘（音這）亦能養蠶，故桑柘並稱；《後漢書‧循吏列傳》：「教民種殖桑柘麻紵之屬。」

　檀：材質堅硬細緻，有香氣，是高級建材，亦作為牆垣，在《易林》象徵家園；《詩經‧將仲子》：「無逾我園，無折我

樹檀。」

蘭、芝、若等：美花香草，象徵君子。

　粒：《書・益稷》傳：「米食曰粒。」

　茅：1) 一般茅草。2) 白茅，用來過濾祭酒或鋪墊供品，象徵虔誠。

荊、蓬等雜草：象徵落難。

　棗：甜棗，象徵甜美的果實；《禮記》：「棗栗飴蜜以甘之。」

棗栗：《易林》多次棗栗前後並用，見上；又《儀禮・士昏禮》：「婦摯舅用棗子栗。」用棗栗當見面禮，故為美物。

黍稷：黃米（最重要糧作之一）和小米（百穀之長），象徵五穀。

葛藟：音格壘，可食用的葡萄科植物，比喻君子；《左傳・文公七年》：「葛藟猶能庇其本根，故君子以為比。」

甘棠：一種梨樹，象徵賢吏；《說苑・貴德》：「（召公）舍于甘棠之下而聽斷焉。」

神木：梓梗、豫章；《墨子・公輸》：「荊（楚國）有長松、文梓梗、枏、豫章。」

各類水果：甜美的結果。

十一、獸類

鼠：竊取的小人；《漢書・五行志》：「鼠小蟲，性盜竊。」

　牛：1) 正直之人；《象》：「執用黃牛，固志也。」2) 牛屬丑，比喻小丑（肖小醜惡）之徒；《國語・周語上》：「小丑

備物，終必亡。」

虎：1) 凶狠惡人，遇虎必危，如虎口、虎穴、虎廬、虎邑、虎鄉；繫虎鬚（髯）、騎虎尾、履虎尾。2) 英雄豪傑。

虎的方言：1) 李耳、李父，《方言》：「虎，陳魏宋楚之間或謂之李父，江淮南楚之間謂之李耳。」2) 班（斑）；《說文解字註》：「楚人謂虎文曰斑。」

虎、蝟：蝟（猬）雖小但有刺，老虎凶猛亦不敢動之，引申為虎怕刺蝟，惡人忌憚官曹（法治）。

虎、蝟、鵲：《史記・龜策列傳》：「蝟辱於鵲。」《集解》：「蝟能制虎，見鵲仰地。」虎怕蝟、蝟怕鵲、鵲怕虎，虎怕蝟有刺，蝟怕鵲好鬥啄其眼，鵲怕老虎撲食，循環相剋之理。

兔：1) 象徵光明；《韻會》：「兔，吐也。明月之精，視月而生，故曰明視。」2) 兔子善於繁衍。3) 獵物。

龍：1) 帝王。2) 爭奪天下的豪傑。3) 八尺或青色的駿馬。4) 祥瑞尊寵。

蛇：1) 大惡人。2) 象徵君主（龍象徵天子）；《左傳》：「有蛇自泉宮出，入於國，如先君之數。」3) 冬眠、不出，知進退，合理節；兌之巽：「秋蛇向穴，不失其節。」

馬：1) 驪、駒、駿……各類馬多象徵良馬、人才。2) 周穆王有八駿馬，《易林》提及有：驊騮、飛黃（黃）、綠耳（蒼）、盜驪（驪）。3) 驪黃、楚駥為寶馬名。3) 白指白駒，指賢人。

驢：馬喻人才，驢喻庸才。

羊：祥。

猴：1) 似人但無禮教，亦無法教化，象徵小人；《史記・項羽本紀》：「人言楚人（項羽）沐猴而冠耳，果然。」2) 最聰明的猴類，象徵可造人才；《楚辭・招隱士》：「獼猴兮熊羆。」

狗：1)《禮記・曲禮》疏：「大者為犬，小者為狗。」故犬為褒，狗為貶；《晏子春秋》：「使狗國者，從狗門入。」2) 苟也，語助詞，乃；《埤雅》：「狗從苟。」

犬：同上，如良犬、獵犬、犬馬。

豬、豕、豨：1) 一般家畜，象徵居家日常。2) 性喜水，故好居於溝渠。

鹿：1) 祿。2) 象徵天下；《史記・淮陰侯列傳》：「秦失其鹿，天下共逐之。」又《春秋・襄公十四年》：「譬如捕鹿，晉人角之，諸戎掎之，與晉踣之。」

獐：獐鹿，麝，麋，有香味象徵珍貴。

狐：1) 皮毛貴重故象徵珍貴；《韓詩外傳》：「千羊之皮，不若一狐之腋。」2) 狡猾、卑鄙；《新書・耳痺》：「狐狸之醜類也，生之為患，殺之無咎。」3) 老狐成精；《莊子・庚桑楚》：「孽狐為（偽）之祥。」

狸：貍也，山貓，行止善於度量；《禮記・射人》：「諸侯以〈貍首〉為節獲。」註：「貍，善搏者也。行則止而擬度焉，其發必獲。」

象：賢才；《說苑・奉使》：「《易》曰：『渙其群，元吉。』渙者賢也，群者象也。」

蝟、猬、彙：皆刺蝟；《爾雅・釋獸》：「彙，毛刺。」刺猬也。

熊羆：比喻人才或珍貴。

蝦蟆：1) 醜而小，無力承擔。2) 會吸氣鼓脹身體，比喻虛張聲勢。3) 月亮；《淮南子・精神訓》：「日中有踆烏，而月中有蟾蜍。」

殺牛：不合禮節且殘暴；《禮記・玉藻》：「君無故不殺牛，大夫無故不殺羊……凡有血氣之類，弗身踐也。」《風俗通義・城陽景王祠》：「備物而已，不得殺牛。」故《易》曰：「東鄰殺牛，不如西鄰之禴祭。」

殺羊：同上，故《易》曰：「士刲羊無血，女承筐無實。」

生狗、生魚、生蛇、生龍、生馬：《呂氏春秋・明理》：「其妖孽有生如帶，有鬼投其陴，有菟生雉，雉亦生鴳……有豕生狗。」凡不同種而生則為妖孽。

蛇生兩角：蛇無角，龍有兩角，故為蛇進化為龍，比喻惡人更為壯大；《述異記》：「虺五百年化為蛟，蛟千年化為龍。」

有蛇三足：同上句型。

狐狸渡河：《風俗通義・宋均令虎渡江》：「俚語：『狐欲渡河，無奈尾何。』」狐狸渡河但尾巴過大經常濡尾而生險，故乃魯莽之行為，為經常性象徵用語。

十二、禽類

鵠：天鵝，為大鳥，比喻君子、豪傑；《說苑・政理》：「鴻鵠高飛不就汙池。」

鶴：習仙道者、修德君子；《史記・滑稽列傳》：「鶴鳴九皋，聲聞于天。苟能修身，何患不榮！」

雉：1) 長尾雞用於祭祀，尊貴。2) 獵物。

鴻：大雁子。1) 為候鳥，比喻遷徙或返鄉。2) 比喻大人物。

雁：1) 為候鳥，同上。2) 雁固定遷徙且排列整齊順乎義禮，又固定配偶合乎陰陽，故古人以雁為提親見面禮。

雀：1) 雀鳥類小鳥，比喻弱小。2) 比喻爵祿，古雀爵同音，後書雀爵同。

烏：1) 先秦烏不為凶鳥，《論衡・指瑞》：「武王誅紂，出遇魚烏。」2) 慈烏，能養育後代，後代亦能反哺。3) 三足烏、金烏、神烏：指太陽。3) 白烏：祥瑞之兆；《東觀漢記・王阜》：「甘露降，芝草生，白烏見，連有瑞應。」4) 赤烏，祥瑞之鳥，周朝象徵物；《史記・封禪書》：「周得火德，有赤烏之符。」5) 漢後因聲惡形醜謂為凶兆，如「坤之蒙」：「城上有烏，自名破家。」

烏鵲：兩者同科，古代烏鵲同稱。1) 象徵養育後代；《莊子・天運篇》：「烏鵲孺，魚傅沫。」2) 俱為大型肉食雀鳥，性凶狠；《淮南子・說林訓》：「赤肉縣則烏鵲集。」

鵲：1) 喜鵲，行人至而鵲噪，因以鵲比喻遠人將歸或喜事將來。2) 獵鵲，肉食、性猛，故烏鵲、鵲鴟、鵲鸇同稱，且猾懼鵲。

鵲巢：鵲善築巢以養育後代，比喻結婚或結盟共居；《詩經・鵲巢》：「維鵲有巢，維鳩居之。之子于歸、百兩御之。」

鳩：1) 象徵聚集、安定；《左傳・隱公八年》：「君釋三國之圖，以鳩其民。」2) 象徵鳩佔鵲巢；《詩經・鵲巢》：「維鵲有巢，維鳩居之。」

雎鳩：雎音居，布穀鳥；《周南・關雎》：「關關雎鳩。」象徵男女貞堅或合婚。

布穀鳥：杜鵑鳥，古名鳲鳩、鶻鵃，一夫一妻制，象徵貞節；《詩經・鳲鳩》：「鳲鳩在桑、其子七兮。淑人君子、其儀一兮。」

黃鳥：黃鶯。1) 比喻哀戚的弱者；《詩經・黃鳥》：「交交黃鳥，止於棘。」2) 人民離鄉背井卻夢碎；《詩經・黃鳥》：「黃鳥黃鳥，無集於栩，無啄我黍。此邦之人，不可與處。言旋言歸，復我諸父。」3) 見子車（子輿）。

青雀（竊脂、桑扈）：1) 力小志小；《青雀歌》：「青雀翅羽短，未能遠食玉山禾。」2) 因竊脂名而比喻為小偷。

晨風、鸇：一種猛禽，響風搖翻，因風急疾，象徵遷徙。

文翰：錦雞，一種漂亮的雉鳥，為祭典禮品。

小鳥：桃雀（鷦鷯、蕉鳥）、竊脂、雀等，比喻無力百姓、弱者、被獵者。

猛禽：象徵暴政、惡人、狩獵者；《白鳩辭》：「鷹、鸇、雕、鶚，貪而好殺。」又如鶌鳩、鴟鴞等。

候鳥：鴻、燕、鳧（野鴨）、鵠（布穀鳥）等，象徵就溫（尋找好環境）、遷徙。

候鳥：1) 有二類：夏候鳥，春來秋南回，多於南方；冬候鳥，秋來春北回，多於北方。以後者種類較多，且中原位於華北，故《易林》所指候鳥多為秋來春北回型。2) 有爪、蹼二類。爪類者腳長、喙長，亦能於立於水濱捕魚，但蹼類者方能

悠游於水面。

有鳥來（鵲、烏、鸛）：象徵顯現徵兆，多為不祥。

十三、魚類

鯉：比喻吉祥；《說苑・佚文》：「初下得鮒，次得鯉，刳腹得書。」

鮒：鯽魚，比喻吉祥；見前。

魴：鯉科魚類，象徵吉祥。

鰌：1) 泥鰍，生於淺水，象徵美食。2) 海鰌，露脊鯨；《嶺表錄異・卷下》：「海鰌，即海上最偉者也。」

鰕：1) 蝦也，象徵美食。2) 雌鯨；《爾雅・釋魚》疏：「鯢，雌鯨也。大者長八九尺。別名鰕。」

鱉：甲魚。1) 美好食材；《詩經・六月》：「飲御諸友，炰鱉膾鯉。」2) 比喻小人，如魚鱉傾側。

黿：大鱉。

鮑：不指鮮美鮑魚，指鹽醃的鹹魚，味腥臭；《釋名》：「鮑魚，鮑，腐也。」故《孔子家語・六本》：「如入鮑魚之肆，久而不聞其臭。」

螺：閉塞（有身殼）又黑醜，眾人莫取；《後漢書・禮儀中》：「慎其閉塞，使如螺也。」

龜：1) 因其長壽，故比喻寶物珍品；《禮記・禮器》：「諸侯以龜為寶，以圭為瑞。」2) 比喻肖小，如龜黽讒囂。3) 靈

龜皆指海龜（非陸龜）與龍同類，《孔子家語・禮運》：「麟、鳳、龜、龍，謂之四靈。」麟鳳為山靈、龜龍為水靈，故靈龜陸處、龜至都市為落難。

魚：魚之鱗如兵之甲，故象徵兵卒；《史記・周本紀》馬融註：「魚者介鱗之物，兵象也。」

巨蛇大魚（鰆），戰於國郊：比喻王侯相爭。1) 原句型為《史記・鄭世家》：「內蛇與外蛇鬬於鄭南門中。」2)《史記・秦始皇本紀》：「以大魚蛟龍為候。」將句中魚蛟改為魚蛇。各種魚類多表示美好的食物與事物。

十四、顏色

白：1) 光潔。2) 神聖，如白茅、白雉。3) 衰老毛色變白，如老狼白貙。

蒼：1) 蒼龍。2) 周穆王神馬綠耳。3) 蒼耳，馬的別稱。

朱：1) 正紅色，如朱雀。2) 象徵吉祥。

玄：黑色，主水，北方。

紫：象徵君主與至高祥瑞，如紫宮。1) 紫色為可見光波長最短者，故最為鮮豔，故子曰：「惡紫之奪朱也。」後因其最為奪目，用以象徵帝王尊貴與神仙祥瑞，且世界各地都有此現象。2) 日出時，天藍日紅，相映為紫，故為最蓬勃之生氣。

黃：1) 五正色之最尊者，比喻尊貴；《春秋繁露・五行對》：「五色莫盛於黃。」2) 中正；《文言》：「君子黃中通理。」3) 周穆王神馬飛黃。

黃離：1) 日旁的雲彩，色黃亮麗，象徵中正、光明。2) 因於日旁發亮，故象徵太子。

玄黃：1) 天地；《文言》：「天玄而地黃。」2) 生病的馬；《蔡中郎集・述行賦》：「我馬虺隤以玄黃。」3) 彩色的絲織物；《孔子家語・六本》：「而作玄黃華麗之飾。」

五行相勝（五色相剋）：1)《文選》李善註：「虞土、夏木、殷金、周火。」後世引為黃帝黃色（土）、夏朝青色（木），商朝白色（金），周朝紅色（火）、秦朝黑色（水）、漢朝黃色（土）。2)《史記・高祖本紀》：「嫗曰：吾子白帝子也，化為蛇，當道，今為赤帝子斬之。」以秦為白（金），漢為紅（火）。＊漢初及之前為五行相勝說，後改為五行相生說，使符合朝代更替之政治正確。

十五、神鬼

王母：1) 西山王母娘娘，象徵福澤綿長，居於西方崑崙山天池，是漢族第一位女神、群仙的領袖，《穆天子傳》記載周穆王曾拜訪祂。2) 王母的原型，原始部落的女酋長，比喻惡人頭目；《山海經・大荒西經》：「有人戴勝，虎齒，有豹尾，穴處，名曰西王母。」3) 母后。4) 家中地位最長的女性，如祖母、女主人。

彭祖、王子喬、赤松子：皆為長壽仙人。

河伯、風伯、雨師、雷公：執自然之事的神仙，各象其所職之事。

赤頭：天沖星，主謀篡；《晉書・天文志中》：「天沖，出如人，

蒼衣赤頭，不動。見則臣謀主，武卒發，天子亡。」

嬰鬼：旦生夕死，化為無形。

貧鬼：使人貧窮的鬼。

傷鬼：使人受傷的鬼。

三尸：人體內的三種神，產生三種慾望，斬三尸，乃成仙；《列仙傳・朱璜》：「卿除腹中三尸，有真人之業可度教也。」

蓐收：肅殺之神；《白虎通德論・五行》載，西方其神蓐收，其精白虎。

魃：音拔，旱神。

十六、神話動物

蒼龍：即東方青龍，四神獸之最尊者，象徵帝王、豪傑。

麒麟、鳳、凰：1) 吉祥。2) 賢良。3) 盛世出現的祥瑞動物。

鸞：1) 比喻神仙；《說文・鳥部》：「鸞，亦神靈之精也。」2) 鳳凰；《廣雅・釋鳥》：「鸞鳥，鳳凰的一種。」

委蛇：1) 螝蛇，人首蛇身，吃了牠的肉能稱霸天下。《山海經・海內經》：「人主得而饗食之，伯天下。」2) 彎曲蜷繞的蛇，形容大蛇。3) 逶迤之古字，蜿蜒曲折。

騶虞：一種仁慈的祥獸；也是行射禮時所用的樂章，比喻天子任職有節；《禮記・射義》：「天子以〈騶虞〉為節。」

青禽：青鳥，象徵弔念死者的信使；《藝文類聚》：「鉤弋夫人卒，上為起通靈臺，常有一青鳥集臺上。」

駮：音伯。1) 食虎豹；《山海經・西山經》：「中曲之山有獸焉，其狀如馬而白身黑尾，一角，虎牙爪，音如鼓音，其名曰駮，是食虎豹。」2) 同駁，顏色不純的牛或馬，比喻人才；《潛夫論・實貢》：「夫聖人純，賢者駮。」

猾：《山海經・南山經》：「有獸焉，其狀如人而彘鬛，穴居而冬蟄，其名曰猾褢（懷）。」

玃：一種大猿，雄玃善攫人也；《太平御覽・獸部》：「蜀中南高山上有物似獼猴，長七尺，能行健步，名曰猴玃，同行道婦人有好者，輒盜之以去。」

鮫：《述異記》：「鮫人水居如魚，不廢機織，眼淚則成珠。」

四方神獸：見二十、天象、星曜。

十七、器官

頭：思想、理智、精神，《春秋緯元命苞》：「頭者，神所居。」

額、顙：人奔行、跌倒，額頭必先傾，故比喻前行主力。

面：頭臉、聲譽。

顏：臉面，同額、顙，故象徵前進；《管子・輕重甲》：「則士爭前戰為顏行。」

頤：下頜，比喻頤養。

目：目良為明，不良為盲（比喻無法分辨）。

耳：耳良為聰，不良為聵（比喻愚昧）。

口：口才或口舌（見口部）。

心：心思、意念。

身：力量。

手：執行。

足、脛、踦：1) 行動。2)《廣韻》：「足，止也。」

心腹、胸臆：要害。

肌膚：亦指身命；《禮運・哀公》：「若性命肌膚之不可易也。」

角、距：武器。

翅、翼：行動。

大尾：累贅或下人勢力過大。《左傳・昭公十一年》：「末大必折，尾大不掉（掉頭），君所知也。」

口部：象徵口才好，如大口、廣口、方口、方喙、宣舌、緩（軟）唇等。

舌：兩舌、長舌，比喻妄言；重舌為翻譯、多話之意。

齒：1) 金牙、鐵齒、金齒、齨齒，《禮記·文王世子》：「古者謂年齡，齒亦齡也。」故象徵牙齒象徵年齡、健康。2) 疏（大）齒，象徵口才。3)《釋名》：「齒，始也。」

十八、雌性與幼獸

雌性：婦女、童女、季女、妾、牝/牂（母羊）、雌（母鳥）……，指涉可以繁衍的機會。

幼獸：子、雛（幼鳥）、羔（小羊）、豚（小豬）……，指涉繁

衍的結果。

十九、季節、時間

孟：每季第一個月，如：孟春。

仲：每季第二個月，如：仲春。

季：1) 每季第三個月，如：季春。2) 後面的日子，如：不為季憂。3) 末季，衰微時代或末世。

霜降：十二節氣之一，秋末進入冬天。1) 比喻環境蕭瑟。2) 成婚時機；《荀子・大略》：「霜降逆（迎）女。」霜降開始迎娶女子。3) 執行秋決；《禮記・月令》：「白露降……用始行戮。」

當年：1) 壯年，三十歲，當室之年，見三十。2) 當年度。3) 過去某一時期。

中年：1) 期間；《論衡・論死》：「隨壽而死，若中年夭亡，以億萬數。」2) 隔一年；《禮記・學記》：「比年入學，中年考校。」3) 中等收成之年；《管子・大匡》：「上年什取三，中年什取二，下年什取一，歲飢不稅。」

昏：黃昏，亦婚也；《儀禮・士昏禮註》：「士娶妻之禮，以昏為期。」以象黃昏時「陽往陰來」，男方去接女方回來。

二十、天象、星曜

古時分天空為東西南北中五方，其中，中方為三垣，其餘四

方為四象。

中方三垣：北極周邊的天空為三垣，象螣蛇。太微垣象徵天庭或朝廷；紫微垣象徵天宮或皇宮；天市垣象徵市集和民居。

四方四象：1) 天空四方為四象，東青龍（《易林》用蒼龍）、南朱雀（《易林》用朱鳥）、西白虎、北玄武（蛇與龜，《易林》用靈龜）。2) 四象其下各有 7 星宿（中國星座），故共有 28 星宿。3) 星宿下又各有若干個星官（小星座或單星），總計共星官 306 個，恆星 1764 個。

三垣、四象、星宿、星官、星曜，各有不同性質的象徵。如不知曉的話，便只能做字面虛解。而 28 星宿與其代表的動物也構成後世十二生肖的由來，見拙作《紫微斗數原來這麼算》。

十二辰：古人將黃道（太陽在地球的運行軌跡）分成十二等分，自東向西配以子丑寅卯……等十二支。

十二次：與十二辰運行順序相反，配以十二星次，以日月星曜入十二次的位置給予紀年、紀月、紀日，並做為分野之用。

四象	西方白虎			南方朱雀			東方蒼龍			北方玄武		
12辰	戌	酉	申	未	午	巳	辰	卯	寅	丑	子	亥
12次	降婁	大梁	實沈	鶉首	鶉火	鶉尾	壽星	大火	析木	星紀	玄枵	娵訾
28宿	奎．婁	胃．昴．畢	觜．參	井．鬼	柳．星．張	翼．軫	角．亢	氐．房．心	尾．箕	斗．牛	女．虛．危	室．壁

67

分野：比照十二次，將國土劃分為十二個區域，使兩者相互對應，並以天上星官的吉凶來斷定地上國土的吉凶，星官狀況若吉，對應之地則吉，星官若凶，對應之地則凶。

實沈參墟：1) 參、墟為二十八星宿之一；實沈原為高辛氏八元之一，後封為參墟之神；《左傳・魯昭公元年》：「則實沈，參神也。」2) 實沈參墟以星象分野在唐，周成王滅唐後將領土封給其弟唐叔虞，其子又改國名晉；同前書：「及成王滅唐而封大叔焉，故參為晉星。」3) 因上故，實沈參墟於《易林》象徵唐叔虞、唐國、晉國。《左傳・昭公十五年》：「唐叔受之，以處參虛。」

景星、黃龍：象徵吉祥的星曜；《春秋繁露》：「王正則元氣和順、風雨時、景星見、黃龍下。」

其他諸曜：如：小畜之渙「鶉尾奔奔，火中成軍」。

廿一、各類數術

1) 陰陽；五行、五色、五音；十天干；十二地支、十二生肖、十二月分、十二時辰等，各依其屬性而各有所指與刑剋。（後來演變成後世的六十納音，見拙著《紫微斗數原來這麼算》。）

2) 面相、身相，如：履之小畜「龍額重顙」，散見《論衡・骨相》及諸子之作。

廿二、其他

鼎：1) 象徵政權，見九鼎。2) 鼎足，鼎三足象徵三公；《論衡・

語增》：「夫三公，鼎足之臣。」3) 鼎耳，抬起鼎的地方，比喻德政；《書序》：「高宗祭成湯，有飛雉升鼎耳而雊。」

陰陽：陰氣與陽氣。1) 比喻天地之氣、天時運行。2) 比喻人倫。3) 比喻男女。

君子：1) 有操守的人。2) 有地位的人，即大人、士大夫。3) 仁人君子，對人尊稱。

衣服：古人對服裝儀禮等，都有嚴格規定，故比喻禮制；《禮記・王制》：「禮樂制度衣服正之。」

易服：古人尚五行，改朝換代必換衣服顏色與規定；《禮記・大傳》：「改正朔，易服色。」

衣冠：象徵禮儀；《論語》：「君子正其衣冠，尊其瞻視。」

垂衣（垂衣裳、垂裳）：1) 頒布衣裳制度，比喻制定禮法；《風俗通義・五帝》：「黃帝始制冠冕，垂衣裳……禮文法度，興事創業。」2) 垂掛衣服，象徵無為而治；《荀子・王霸》：「垂衣裳，不下簟席之上，而海內之人莫不願得以為帝王。」

黃裳：黃色的下衣，比喻中正謙卑，能以柔處尊；《左傳・昭公十二年》：「黃裳元吉，黃，中之色也；裳，下之飾也。」

蜩螗：蟬，《詩經・七月》：「五月鳴蜩。」1) 夏天陽氣旺時。2) 開始活躍。3) 喧鬧紛擾不寧。

機關：漢及先秦，尚未有機構之意。1) 器械的組合。2) 嘴巴；《鬼谷子・權篇》：「故口者，機關也；所以開閉情意也。」

功曹：掌管人事並參議政務的郡官，需為眾吏表率，故經常與獸

王老虎並稱，《論衡・遭虎》：「功曹，眾吏之率，虎亦諸禽之雄也。」《易林》則比喻官府能使惡霸生畏。

鐘鼓：1) 原為禮樂之意。2) 古代作戰以鳴鼓、鳴金（鉦，似有把的扁鐘）做為士兵進攻、撤退之信號，亦作鐘鼓；《說苑・奉使》：「鐘鼓無聲，則將無以整齊其士卒而理君軍。」

官吏：官指主官、主管；吏指低級公務員或役卒。

燎獵：1) 夜間舉火炬狩獵，古人尚武，以此為慶功休閒活動，《易林》採此意，同時比喻在黑暗中光明行動。2) 放火燒林打獵，此為大惡之事，《易林》未採此意。

履危：1) 經歷危險。2) 置身險境；《禮記・喪大記》：「中屋履危。」

水、雨：1) 能滋潤大地，比喻福澤。2) 過多成為洪水，比喻災禍。

徭、役：皆指強迫的無償王事，前者指非戰事的；後者戰事、非戰事皆指。

賦、稅：賦為百姓應上繳的軍需；稅為應上繳的錢糧。後混用。

轅、衡：比喻車。套住拉車牲畜的木架，聯結車身者為轅，至於牲肩者為衡。

老：古代如天下太平則遂行養老制度，不平則無法實施；《文王世子》：「凡大合樂，必遂養老。」

雲：積雲能降雨，象徵福澤；《說苑・辨物》：「能潤澤物焉，能生雲雨，為恩多。」

福：祭祀的酒肉；《孔子家語・子貢問》：「祭則受福。」

床：1) 古時無現今之床，乃指當時坐卧的器具，故「同床」不一定指夫妻，亦可為親友親密同處坐卧。2) 玉床，天床星，指帝位。3) 停床，死者未入棺前，停屍床上。

玉：比喻美德、君子；《禮記》：「君子比德如玉。」

珠：表示光明的德行；《通雅》：「古有辟塵珠，辟寒珠，夜光照乘。」

角：1) 指龍或牛。2) 星星的光芒像角。3) 馬、蛇、狗、雞等生角，因不當而生，故為凶兆。

口：出入之狹隘地段，象徵險惡之地，如虎口、海口、谷口、患口。

魚口：魚鱗象徵兵甲（見上「魚」），故魚口象徵兵災之地。

蜺：霓也。1) 因陽光折射關係，彩虹外偶會出現之第二道彩虹，因雨後見之，故為吉，並象龍。2) 古人認為霓虹會至地面飲水，此時則為妖；《蔡中郎集・荅詔問災異》：「天投虹者也，不見尾足者，不得勝龍。《易》曰：蜺之比無德，以色親也。」

求玉，求橘、逐兔（光明）、逐狐（珍貴）：表示求取美好的事物。

居止：起居行止，比喻生活。

昏以為期：昏同婚，象徵親密結盟；《儀禮・士昏禮》註：「士娶妻之禮，以昏為期。」又《禮記》：「娶婦以昏時，婦人陰也，故曰婚（迎昏）。」

各種車之組件：轄、軛、軌、轍、轅、軔……比喻車。

廿三、常用歧義字

以下《易林》常用字，不一定做現今解讀。

相：不一定是互相，動作由一方來而有一定接受對象也稱「相」，可視為「來」等動詞助詞，如神明相助，捨身相救。

香：本字為上黍下甘，本義為五穀的香味；《春秋傳》：「黍稷馨香。」

旅：外出並住宿於外，非旅遊遊玩。《旅卦疏》：「失其本居而寄他方，謂之為旅。」

歸：除歸返外，亦有趨往之意，如歸趨。《釋名》：「往，睢也，歸往於彼也。」

嫁、適：亦作「至」解；《列子‧天瑞》：「（子列子）將嫁於衛。」

家：1) 朝廷，即國家；《呂氏春秋‧貴卒》：「爭先入公家。」註：「公之朝也。」2) 帝王或太子。

稍：1) 稍微；2) 甚為；〈恨賦〉：「紫臺稍遠，關山無極。」3) 逐漸，如：稍稍；4) 隨即，如：稍縱即逝。

疾：除了疾病，也指苦楚（疾苦）、憂患（疾患）、災惡（疾惡）、禍害。

悔：1) 後悔。2) 怨恨；《說文》：「悔，恨也。」3) 過失。

病：也指損壞、禍害。

后：君主；《易‧姤》：「后以施命誥四方。」

娛：快樂，非取樂。

嫉、妬（妒）：皆憎惡之意。

田：畋也，打獵。田獲三狐，乃獵獲三狐，非田中獲三狐。

禽：擒也。

雖：每每；《爾雅・釋訓》：「每有，雖也。」

貪：《釋名》：「貪，探也。」

留連：連續停留，留戀不去；《東觀漢記・杜林》：「乃留連貪位，不能早退。」

徘徊：1) 來回走動。2) 經常處於危險邊緣；《楚辭・思古》：「愁悇憛於山陸，旦徘徊於長阪兮，夕仿偟而獨宿。」

逍遙：1) 自在。2) 傍偟、徘徊；《孔子家語・終記解》：「（孔子）逍遙於門而歌曰：泰山其頹乎！梁木其壞乎！哲人其萎乎！」

遊戲：兩字皆悠遊之意，非嬉戲或娛樂活動。《後漢書・王充王符仲長統列傳》：「躑躅畦苑，遊戲平林。」

嫁娶：買賣交易，《易林》常言：「嫁娶有息，商人悅喜。」1) 嫁：賣；《韓非子・六反》：「天飢歲荒，嫁妻賣子。」娶：取也；《玉篇》：「資也，收也。」2) 故嫁娶為買賣交易；《韓詩外傳》：「有無相貸，飲食相召，嫁娶相謀，漁獵分得，仁恩施行。」3) 比喻結盟式的買賣。

田獵、夜獠、舉釣，田弋、獵禽：古人尚武，故以狩獵為太平時代之慶功、同樂、休閒活動，並舉行賞賜。
以上僅為舉例說明，詳細註釋在本書。

第四章　《易林》林辭的解讀密碼

一、特殊詞句解析

　　經由以上的眾多理解產生綜觀，一些難解、被竄改的字詞，便能有合理圓滿的解析。

1. 怪物的描述：《易林》受《山海經》影響頗多，卦辭中亦多有怪物的呈現，如：三手六目、三手六身、兩足四翼、九頭無身……，皆有其象徵意義，並非真有其物。

2. 神明句：卦辭中出現上天、王母、神明、仙人、祭祀、巫等，如：賴其天幸、拜謁王母、拜祠禱神、天地配享……，這是象徵手法，因為有德行所以有天賜之福，但得卦辭者如有宗教信仰可去「香火鼎盛的大廟」祈福答謝。

3. 鬼怪句：卦辭中出現鬼怪作亂，如：逢五赤頭、眾鬼凡聚、貧鬼、傷鬼、嬰鬼……，這是象徵手法，因為沒有德行所以有魅亂凶災，但得卦辭者如有宗教信仰亦可去「香火鼎盛的大廟」請求庇佑。

4. 娶婦：1) 河伯、雨師、宜昌娶婦，象徵良人結盟繁衍，有風調雨順的喜事。2) 鷦鴟取婦，象徵惡人結合，繁衍凶事。

5、相近卦辭，一兩個用字不同，有其微言大義差異之處，不要輕易篡改或全部統一，反而更應注重兩者的差異性。如：同人之謙「寧我『伯子』」，為男性；豐之明夷「寧我『伯姊』」，同時有男性與女性。

6、難解之字可從史地淵源及《易林》筆法尋找答案。如：睽之漸「求金東山，利在代鄉」，外出求財所以代鄉是代戎地區，不是我鄉之訛，《易林》經常以蠻邦象徵出外到遠方蠻荒之地，又如長股、大足等。

7、《易林》筆法強調多樣性，所以應多考證，如：《左傳‧哀十六年》：「夏，四月，己丑，孔丘卒。」歸妹之夬表現為「孟夏己丑，哀呼尼父」，孟為每季第一個月，孟夏即夏季第一個月，即夏，四月，故與《左傳》並無不符。而睽之恆表現為「孟巳乙丑，哀呼尼父」孟為每季第一個月、巳為四月（漢朝寅為正月），孟巳即為夏季第一個月四月，故與《左傳》亦無不符。又，乙屬陰木，丑屬陰土，陰木尅陰土，所以乙丑象徵刑剋，亦非己丑之誤。

二、義理派解釋《易林》卦辭的原理

義理派解釋本之卦，理論上是從本卦變動的爻辭去綜合同參，這需注意三件事：

1、非就兩個卦義去連結：如：乾是「元亨利貞」，坤是「元亨」，兩者連結也頗有天地會合、天上地下、吉上加吉之意，但乾之坤卻是「招殃來螟，害我邦國。病在手足，不得安息」的凶卦，可見本之卦不是照兩個卦義去連結的。有人不用《易林》林辭去解卦，而是用兩個卦義去連結，做自由心證的解讀，錯誤必當頗多（而個人的解讀也極可能前後次不一樣）。

2、仍帶有卦義連結的參考：本之卦相同（如乾之乾），即是沒有變爻，那乾卦卦辭和乾之乾的林辭意思應該一樣，但事實卻不然。又如：隨卦「元亨利貞」（最吉），但隨之隨「鳥鳴東西，迎其群侶。不得自專，空返獨還」（凶），一直在尋找跟隨者，忽東忽西，沒有定性，所以最後還是一個人。這種本之卦相同，但《易經》卦辭和《易林》林辭吉凶相反的情形，在六十四卦比比皆是，並非個案，這同時也說明，用《易林》解卦就用專用《易林》，不能跟《易經》同參，否則會有衝突。

又，在同樣的「坤之」系列，立即出現坤之觀、坤之解兩個相同的林辭：「北辰紫宮，衣冠立中。含和建德，常受天福。」此時也是應用卦義的差異做出解讀區隔。

3、以《易林》林辭為範本：焦贛在解釋 64*64 卦變時，至少參考了卦變、爻變、本之卦卦辭連結等因素，不宜自行直觀解讀，應該還是以《易林》林辭為範本。

三、4096 條林辭吉凶

占卦不應以「直斷吉凶」角度來解讀，而是行為建議，也就是「宜……」，如能以此角度來解讀，就一通百通了！《左傳・襄公九年》：「葬我小君穆姜。」之前魯宣公夫人穆姜與人私通並干政，在被送到東宮軟禁之前，她找史官占了一卦，得「隨，元亨利貞，無咎。」穆姜自己說：「有元亨利貞四德的人才能隨而無咎，我一德皆無，必亡！」後來穆姜就死於東宮，這就說明了，**占卦是建議她「宜元亨利貞」，而非「斷她無咎」**。

《易林》也是一樣，林辭是在建議人的行為，而非斷人的吉凶，譬如乾之同人：「子號索哺，母行求食。反見空巢，訾我長息。」為何乾和同人都是好卦，可是林辭卻是凶？因為它是在建議「宜陽健且同仁」如此就可避免災禍了，該辭中，只有母親一人辛勞，其餘都怠惰的坐享其成，沒做到陽健且同仁，所以就覆滅了！

林辭除了是「行為建議」外，本之卦的變化，可能會因下列狀況而產生吉凶變化。

1、飛龍在天型：吉—吉＝吉，能繼續保持或突破現況而成就功業。

2、亢龍有悔型：吉—吉＝凶，好事已達頂點，物極必反，富極而腐。

3、潛龍飛天型：凶—凶＝吉，否極泰來、壞事被破壞了，展開新契機。

4、死龍沉海型：凶—凶＝凶，凶之又凶，前絕後窮，因而覆滅。

5、祥龍知悔型：吉—凶＝吉，吉祥遇難，克服挫折，又保福澤。

6、福龍享盡型：吉—凶＝凶，因富足而腐敗、好事原本不恆常。

7、困龍返海型：凶—吉＝吉，由衰轉盛，春天復來。

8、龍力不足型：凶—吉＝凶，壞事雖遇轉機，但最後仍功敗垂成。

9、龍懷若谷型：不論吉凶，因能有德行，所以平安、康泰、有聲望。

至於為何都是「吉—吉」，有的持續保持吉，有的翻轉為物極必反？（其他狀況亦然），想必焦贛有嚴密的飛變與推演，但

這不在本書的探討之列，本書僅提供一個幫助讀者容易理解的型態去理解林辭的意旨。

四、《易林》卦辭吉凶類型

　　一般認為《易經》有十個吉凶等級：元亨利貞、吉、亨、利、無咎、悔、吝、厲、咎、凶。《易林》因用辭並無統一性，所以只能分門別類說明吉凶等級如後，但這只是學術分類，實務上因世間狀況千千萬萬，其實不用過於拘泥等級。

1、可以外出前進（發展、經營、結盟）且建立大功業（建立王國或成為一方之霸）。
2、可以外出前進，有大成就（成為鉅富或高官）。
3、可以透過經營、交易、賞賜等而獲得利益（主利不主貴）。
4、可以安居樂業、豐收歲安（但不適合外出發展）。
5、沒有災禍（可以平安，但不要妄求）。
6、先遇難，後因有德性、時運轉好、貴人相助，否極泰來而脫險。
7、先有福，後因沒德性、時運變壞、奸惡相害，物極必反而蒙難。
8、自始至終都呈現危難狀態，但能低調沉潛，尚可維持平安。
9、自始至終都呈現危難狀態，但能刻苦艱貞，韜光養晦。
10、朝生夕死，形煙消散，無名無號。

　　又，占卦最在意吉凶或勝敗，但很多時候，林辭表現的是兩敗俱傷，而非論斷你贏了或輸了，如「齊魯寇戰，敗於犬丘」，至於誰敗於犬丘，並未言明，故旨在提醒不要好強爭勝，否則結局堪憂。

　　此外，「息」在《易林》裡是很高的福祉，息是孳生、繁衍，

這有兩個意思，一是後代子孫的繁衍，二是資財的繁衍。先說後代子孫的繁衍，漢族人的觀念是，個人不管有多大的地位、尊榮與福祿，都會隨生命結束而結束，唯有後代可以繼承這個福祿，而且家族開枝散葉自己的功蹟和聲望也會隨之擴大，所以當卦辭出現「息」相關意義時，象徵這個福分不會止於自己，還會延續給下一代，是很高的福祉；相對的，如果禍及子孫，便是凶惡的象徵。再說資財的繁衍，資財如果不能再繁衍資財便是死財，再富有也有窮盡的一天，所以資財要能生息才會遠源不絕。當卦辭出現性用別辭（童女、季女、牝、牂、雌、長子、雄……）及幼獸用辭（子、雛、羔、㹠……）時，便是在象徵「息」的狀況。雖然現代人不一定重視子息，但得卦者可以視為是財務、工作孳生拓展等的好運。

五、本書翻譯《易林》的原則

翻譯古籍需要完全揭露語意但又必須通順曉暢，不能只取其意旨，而遺漏微言大義，尤其《易林》這樣的一本書，每個字都有可能對應一個卦象、爻變、象徵，所以本書採取逐字註釋的方式，但為了通暢，有些倒裝必須回正，另外有些虛字（語助詞，無義）則不需理會，這些虛字包括如下，讀者對照時可以不用理會：

1、名詞的：我、其、他等。
2、動詞的：所、以、為、曰、來、有等。
3、口語助詞：惟、厥、攸、爾、耳、苟（乃，非苟且）、獨等。

本篇總結論：預測與指引

　　《易經》和《易林》雖然提供預測的功能，但預測流於宿命，也無濟於事，所以主要還是指引正確的思考與行動方向才能改變事務的結局，達到造命的效果，因而事前占卦的結果是給我們一個「先設」（預先假設）答案，讓我們推演如果依照這態勢走下去，便會有這樣的結果。那結果可以改變嗎？大多數的時候是可以的，只要改變先前的觀點、行為，自然會改變之後的結果。

　　綜觀《易林》全書，**《易林》的行為原則秉持《易經》的君子中正思想，而它的政治（管理）思維則同時包含王道仁政與無為而治**，亦即，上位效法古聖先賢，除廣行仁政與教化外，也要休生養息，息戰輕徭役，讓人民自由發展，如此則會四方來歸，萬世安康，如需之震：「卷領遁世，仁德不舍。三聖攸同，周家茂興。」大有之坎：「天地九重，堯舜履中；正冠垂裳，宇宙平康。」如能細細體會，則可掌握《易林》的精神了。

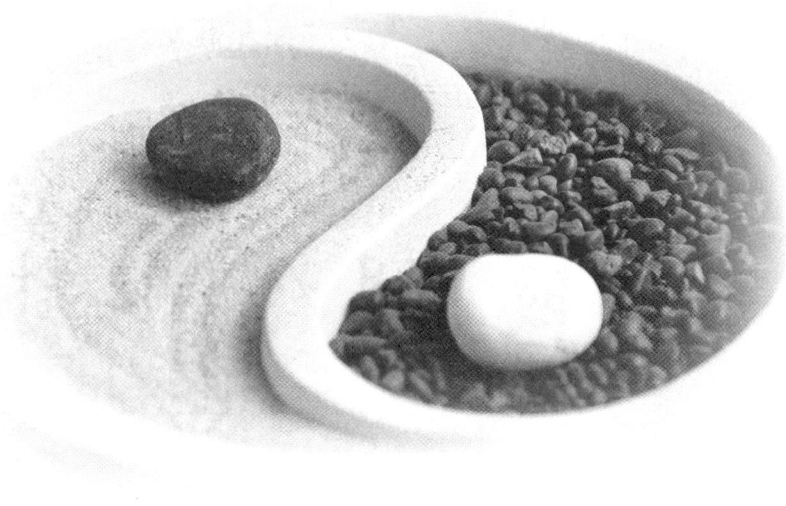

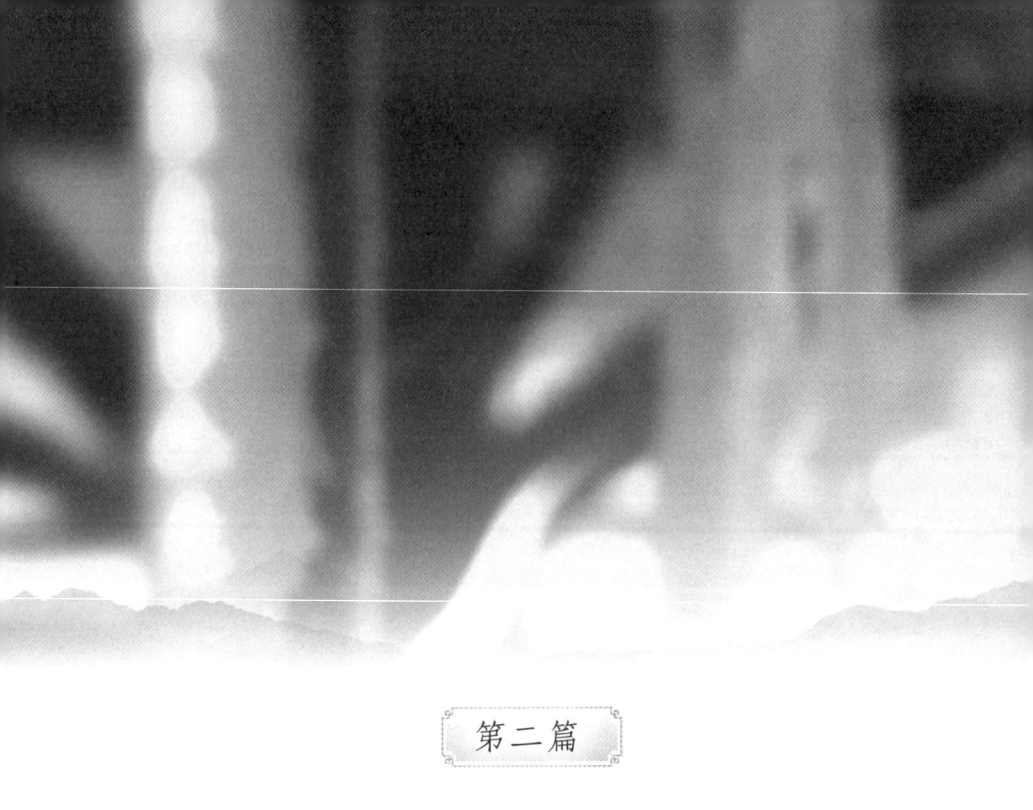

第二篇

如何做《易林》占卦

第二篇　如何做《易林》占卦

一、8卦、64卦、4096卦

陰陽的三爻排列可構成 8 個卦（8 個母卦），8 個母卦各有其象徵與指涉，見表一及表二。

兩個母卦交躔可得 64 卦，見表三；每卦各有其卦意，見表四，1~64 卦排列順序，就是天地生成的順序。

兩個 64 卦交躔可得 4096 卦，即可得簡單的宇宙萬物之現象。

表一　八卦基本涵義表

卦象	卦名	自然象徵	性情	家族關係	器官	臟器	方位	五行	先天數字	後天數字	季節
☰	乾	天	健	父	頭	腦	西北	金	1	6	秋末冬初
☱	兌	澤	悅	少女	口	肺	西	金	2	7	秋
☲	離	火	麗	中女	目	心	南	火	3	9	夏
☳	震	雷	動	長男	足	肝	東	木	4	3	春
☴	巽	風	入	長女	股	膽	東南	木	5	4	春末夏初
☵	坎	水	陷	中男	耳	腎	北	水	6	1	冬
☶	艮	山	止	少男	手	胃	東北	土	7	8	冬末春初
☷	坤	地	順	母	腹	脾	西南	土	8	2	夏末秋初

說明：一般占卦用後天數字。

表二　《說卦傳》、《九家易》提及的八卦對應象徵物

卦	動物	植物	物體	人體	個性	性質
乾	各種馬、龍	結果之木	天、玉、金、圓、寒、冰、衣	首	剛、直	堅硬
坤	牛、雌禽、雌獸	凡大地之木	地、布、釜、大輿、文、眾、柄、囊、裳、帛、漿	腹	吝	順、均、迷、方
震	龍、良馬	小青竹、萑葦	雷、天地、大路、玉、鵠、鼓、旺盛之物	足、額	改革魄力	孳生、迅速
巽	雞、鸛	高長大木、楊柳	木、風、繩直、工、味道	股、白眼、寡髮、廣額	不果決、躁鬱、好大利	長、高、徘徊
坎	豬、疲馬、狐	實心之木、叢棘、蒺藜	水、溝瀆、弓輪、堅木、破車、月、桎梏、宮、律、棟	耳痛、心病、血光	憂	隱伏、矯揉、通、盜
離	雉、鱉、蟹、蠃、蚌、龜、母牛	枯木	火、日、電、甲冑、兵戈	目、大腹	外陽內陰	華麗
艮	狗、鼠、虎、狐、黑嘴之禽與獸	瓜果、松柏之木	山、路徑、小石、門禁	手、指、鼻	拒絕改變	困阻
兌	羊	水邊樹木	澤、水澤生物、巫妾	口、頰	喜言、過度樂觀而魯莽	毀折、依附掉落

說明：本稿作者依原文翻譯編整過。

表三　64 卦表

	天 ☰	澤 ☱	火 ☲	雷 ☳	風 ☴	水 ☵	山 ☶	地 ☷
天 ☰	乾	履	同人	無妄	姤	訟	遯	否
澤 ☱	夬	兌	革	隨	大過	困	咸	萃
火 ☲	大有	睽	離	噬嗑	鼎	未濟	旅	晉
雷 ☳	大壯	歸妹	豐	震	恆	解	小過	豫
風 ☴	小畜	中孚	家人	益	巽	渙	漸	觀
水 ☵	需	節	既濟	屯	井	坎	蹇	比
山 ☶	大畜	損	賁	頤	蠱	蒙	艮	剝
地 ☷	泰	臨	明夷	復	升	師	謙	坤

二、六十四卦卦義及變異表

　　64 卦卦辭雖有吉凶之分，但細分每卦的六爻則會發現都是吉凶摻雜，國學大師南懷瑾曾說，64 卦沒有大吉大利的，勉強說只有謙卦是六爻皆吉。（筆者按：謙卦有吉、貞吉、終吉、利用、無不利，亦並非全吉。）所以，「卦無吉凶定性」，如果 64 卦再 64 變，性質轉換的便更多變，不能一概而論。下表將 64 卦以吉、凶簡單略分，不過這都是「意會」的，讀者切莫強做文字解釋。

表四　六十四卦卦義吉凶表

卦	卦義	吉	凶
1 乾	陽氣	好的陽氣（陽健）	壞的陽氣（陽亢）
2 坤	陰氣	好的陰氣（溫良）	壞的陰氣（陰晦）
3 屯	屯聚	好事屯聚	壞事屯聚（困屯）
4 蒙	童蒙	已啟蒙	未啟蒙（蒙昧）
5 需	等待	能耐心等待（整備）	等待變停滯，好事還需等待
6 訟	訟辯	以德性發起、面對訴訟	發生爭訟
7 師	出師	好的出師（外出開拓）	壞的出師（戰亂）
8 比	相比附	好的人事相比附	壞的人事相比附
9 小畜	小積蓄	持續小蓄（終能蓄小成大）	蓄小勢弱（不能蓄勢待發）
10 履	履行	履行好事	履行壞事
11 泰	康泰	康泰	過於康泰
12 否	閉塞	壞事閉塞了（否極泰來）	好事閉塞了
13 同人	相同仁	好的同仁	壞的同仁
14 大有	大富有	大富有、好事大大有之	大富生腐、壞事大大有之
15 謙	謙恭	謙恭低調	恭謙太過變怯懦
16 豫	安育	安育	過於安育
17 隨	相追隨	追隨天理（隨理）	追隨惡人
18 蠱	整治蠱敗	治蠱順利	治蠱不利
19 臨	臨政	好的臨政	壞的臨政
20 觀	觀省	觀省順利	觀省不順
21 噬嗑	法治	法治適當	法治不當
22 賁	整飾	整飾順利	整飾不利
23 剝	剝落	壞事剝落，剝極必復	好事剝落
24 復	恢復	好事恢復	壞事恢復
25 無妄	不虛妄	不虛妄	無妄之災
26 大畜	大積蓄	好事大蓄積	壞事大蓄積
27 頤	頤養	好事頤養	壞事頤養
28 大過	太過多	好事太過多（大超越）	壞事太過多（大過錯）
29 坎	落陷	壞事落陷了（否極泰來）	好事落陷
30 離	附著（註1）	好事相附著	壞事相附著
31 咸	相感應	好事相感應	壞事相感應

87

32 恒	恆久	好事恆久	壞事恆久
33 遯	隱遁	壞事隱遁、隱遁沉潛	好事隱遁
34 大壯	壯大	好事壯大	壞事壯大、太過壯大
35 晉	前進	好事前進	壞事前進
36 明夷	痍傷	壞事瘡痍了（否極泰來）	好事瘡痍
37 家人	親如家人	與好人親如家人	與壞人親如家人
38 睽	睽離	壞事睽離了（否極泰來）	好事睽離
39 蹇	蹇跛	壞事蹇跛了（否極泰來）	好事蹇跛
40 解	解除	解除壞事	解除好事（解離）
41 損	減損	壞事減損、損己益民	好事減損
42 益	益增	好事益增	壞事益增、益己損民
43 夬	解決	解決問題（明決）	解決問題未果（斷決）
44 姤	相邂逅	邂逅君子	不當邂逅
45 萃	相薈萃	薈萃菁英	薈萃惡人
46 升	上升	好事上升	壞事上升
47 困	受困	壞事受困了（否極泰來）	好事受困
48 井	井然	井然	井然未果
49 革	革新	革新順利	革新未果（被革除）
50 鼎	鼎立	好事鼎立（鼎盛）	壞事鼎立（覆鼎）
51 震	震動	好的震動（震奮）	壞的震動（震盪）
52 艮	受阻停止	壞事受阻了（否極泰來）	好事受阻
53 漸	循序漸進	好事漸生、壞事漸遠	壞事漸生、好事漸遠
54 歸妹	相歸依	好事相歸依	壞事相歸依
55 豐	豐盛	好事豐盛	壞事盛大
56 旅	旅歷（註2）	良好的旅歷	不好的旅歷（羈旅）
57 巽	順服	順服理法（安順）	順服暴力
58 兌	欣悅	欣悅	沉溺歡悅
59 渙	發散	好的發散（渙發）	壞的發散（渙散）
60 節	節度	節度	不當的節度
61 中孚	忠信	忠信	不當的忠信
62 小過	小為超過	好事小為超過（小超越）	壞事小為超過（小過錯）
63 既濟	已完成	好事已形成、壞事已終結	好事已終結、壞事已形成
64 未濟	未完成	好事未終結、壞事未形成	好事未形成、壞事未終結

以往我們都會以「上對下、弱依強」的態度來解讀卦意，但改以「互相」解讀更通順，尤其是下列諸卦尤然：比（相比附）、同人（相同仁）、隨（相追隨）、咸（相感應）、家人（一起家人）、姤（相邂逅）、萃（相薈萃）、歸妹（相歸依）。

註1：離有亮麗與相附著二意。《廣韻》：「美也。」又《小爾雅》：「麗，兩也。」

註2：旅非指旅行遊玩，乃指外出經歷並住宿於外。

三、如何做4096占卦

一）取林辭

取三銅錢，以正面為陽▢，背面為陰 --，反之亦可，但方式要固定。

出現狀況為：

兩陰一陽為陽（寡為貴，取其寡）。

兩陽一陰為陰（寡為貴，取其寡）。

三陽為○，為變爻，可變為陰。

三陰為✗，為變爻，可變為陽。

卦誕生：經過六占（先得到的爻在下面），可以得兩個64卦（查表三），範例如下，得「革之否」，革稱本卦，否稱之卦。

查書：「革之否」之林辭。

範例說明：

原本是「革」卦，但因為老陽可變成陰，老陰可變成陽，所以變成「否」卦。「革」卦稱「本卦」，「否」卦稱「之卦」，合稱為「革之否」。

擲次	結果	本爻	本卦	變爻	變卦
第六次	三陰✕	陰 --	澤	陽	乾
第五次	二陰一陽	陽		陽	
第四次	二陰一陽	陽		陽	
第三次	三陽〇	陽	離	陰 --	坤
第二次	二陽一陰	陰 --		陰 --	
第一次	三陽〇	陽		陰 --	
得卦			革		否

二）取更多資訊

「事動則有變」，同樣的，「事變則爻變，爻變則卦變」，所以變爻（變卦）之所在，即為事變之所在，亦即**變卦為占卜答案之所在**。以上列範例而言，離變為坤，澤變為乾，所以坤與乾（變卦後的之卦）可提供更多想要的資訊，查詢表一、表二，即可得到人、方位、數字、季節、象徵物⋯⋯等之指涉。

上例中有兩個變卦，指涉的象徵不同，如何處理？有三個方法。1) 同時參佐，因為事物常常不是只有一種可能，有兩個變卦是很正常的，可以參考事實去判斷，取比較貼合現實的那個主，另一個為輔。2) 時間較近的以下卦（本例中的坤）為主，較遠的以上卦（本例中的乾）為主。3) 內部的事以內卦（本例中的坤）為主，外部的事以外卦（本例中的坤）為主。

四、《易林》的可信度和誤差

《易經》有 64 卦，每卦的六爻都可能產生爻變，所以每卦都

有 64 變，因而 64 卦共有 64*64=4096 種變化。以往占卦的人常常會以自我的解讀去解析這種變化，因而形成自我主觀、人言各殊，甚至別有居心的情況，《易林》的出現與被認可顯然把這個問題解決了。當然，眾人一定會疑惑，《易林》解釋的都對嗎？何況，因為年代久遠，現在流傳不同版本，有的林辭位置不同，有的內容不同，有的缺漏、有的一字之差意思全反、有的明顯有誤，那當如何處理？

依作者的實務經驗是，任何占卦都建立在兩個基本規則上：1) 一個標準的 SOP，務必遵守遊戲規則，不可任意更換。2) 心誠則靈。如果符合這兩個原則，那不管是用甚麼占，說辭怎麼設，大抵都是會有一定的準度。

《易林》占卦可以被接受的原因如下：1) 它依循《易經》占卦陰陽分裂與變化的原理而來，在程序上並沒有問題。2) 它的林辭兩千年來頗受肯定，也沒太大問題。3) 它有兩千年歷史，已形成天地人的最大共識。4) 它的林辭豐富，共有 4096 條，最能充分給予明確解答，減少占卦者各說各話的情況。

因此，《易林》一直以來都是最好的占卦範本，至於它上述存在的誤差可以這樣看待：1) 占卦者只要使用一種版本，不要多版合參，也不要任意變更版本，久之它就是你的 SOP，自然就有可信度。2) 承認誤差的存在，給任何事情留一個轉圜和餘地，不要把話說死，這個誤差是美麗的，也是生機的。

最後再度提醒，因各版本差異略大，有時一字之差意思即全部相反，所以建議用《易林》占卦者，不要多邊合參或版本不定，應慣用一版，以此形成一個標準 SOP 中的說明範本即可。

第三篇

《易林》4096條卦辭註釋與翻譯

第三篇
《易林》4096 條卦辭註釋與翻譯

1 乾

1 乾：道陟石阪，胡言連蹇。譯瘖且聾，莫使道通。請謁不行，求事無功。

　　高聳的道路，石頭的山坡，胡人語言難以理解，翻譯者又啞又聾，出使的道路不能通行。請求晉見但不能通行，所求之事沒有成功。

註釋：陽之又陽，亢龍有悔。地不利，人不和，遠方異族發展不成，徒勞無功。

陟：音至，高。**阪**：山坡。**連蹇**：蹇音檢，艱難。**瘖**：音因，啞不能言。**謁**：音葉，晉見。

2 坤：招殃來螫，害我邦國。病在手足，不得安息。

　　招致災殃並被蛇蟲叮咬，還危害了國家。病害在手和腳，不得安心養息。

註釋：陽健轉為陰晦。小人作亂，招致災禍，更危害團隊，無法再執行與行進，也無法安定。

螫：音遮，被蛇蟲的牙刺所叮，比喻小人為害。

3 屯：陽孤亢極，多所恨惑。車傾蓋亡，身常憂惶。乃得

其願,雌雄相從。

陽剛孤慢,高傲至極,且有很多怨恨迷亂。車子傾頹,車蓋毀壞,身命經常憂慮驚惶。最後如其所願,陰氣陽氣相互追從。
註釋:應陽健的屯聚,不要貿進。過度剛愎,造成專斷,以致出師不利,折損後收斂鋒芒,陰陽開始調和。
亢:高傲。

4 蒙:鶌鶋鳲鳩,專一無尤。君子是則,長受嘉福。

布穀鳥貞節專一,沒有怨尤。君子肯定的效法,長久蒙受美好的福澤。
註釋:陽健且啟蒙。君子堅持貞節,因而福澤綿長。
鶌鶋:音及菊,布穀鳥,一夫一妻制,象徵貞節。鳲鳩,音詩糾,布穀鳥。是:肯定的。
則:效法。

5 需:目瞤足動,喜如其願,舉家蒙寵。

眼珠動了,腳也動了,歡喜的如其所願,全家都蒙受恩寵。
註釋:陽健的等待,之後開始行動。時機已至可以行動了,團隊如願以償。
瞤:音順,眼珠轉動。

6 訟:罷馬上山,絕無水泉。喉焦唇乾,舌不能言。

騎著疲憊的馬上山,泉水都斷絕了。喉嚨與嘴唇焦乾無比,舌頭也不能說話。
註釋:陽健才能面對爭訟。資源不足的強進,以致精疲力竭,無法求援。
罷:疲也。

7 師：倉盈庾億，宜稼黍稷。國家富有，人民蕃息。

　　穀倉滿盈安全，耕種的五穀豐收。國家富有，人民繁衍生息。
註釋：陽健的雄師。努力生產，實力雄厚，資源與成員繁衍。
庾：音與，露天穀倉。**億**：安全。**宜**：豐收。**稼**：耕作。**黍稷**：黃米和小米，象徵五穀。
蕃：繁衍。**息**：子息，兒女。

8 比：中夜狗吠，盜在牆外。神明祐助，銷散皆去。

　　午夜時狗聲吠起，盜賊就在牆外。有神明保佑相助，全部都消退散去。
註釋：陽健的相比附。惡人就要發難，但防護堅實且有神明保佑，最後惡人都散去。

9 小畜：據斗運樞，順天無憂。與樂並居。

　　根據北斗星座的樞星運轉，順從天道沒有憂慮，和樂的一起生活。
註釋：陽健的持續小蓄。根據天道運行因而一起安居樂業。（尚不能對外發展）
斗：北斗星座。**樞**：北斗星座的第一顆星。古時以北斗星座指向來判斷時令與吉凶。

10 履：空拳握手，倒地更起。富饒豐衍，快樂無已。

　　雖然赤手空拳，但能彼此手握著手，倒地了重新爬起來。富有肥饒，豐富繁衍，快樂無比。
註釋：陽健的去履行。白手起家，團結一致，克服挫敗，最後快樂的大豐收。
空拳：徒手、空著手。

11 泰：不風不雨，白日皎皎。宜出驅馳，通理大道。

沒有風雨，太陽明亮。安順的外出，策馬奔走，大道暢通又有治理。

註釋：陽健且泰康。時令與外在環境都美好，外出大為發展。

皎：明亮。**宜**：安順。**驅馳**：策馬奔走。

12 否：載日晶光，驂駕六龍。祿命徹天，封為燕王。

日光充滿且閃亮，召公乘駕六條龍馬拉的王車。天生命運上達至天，受封為燕國君主。

註釋：陽健能突破閉塞。有如召公助周武王滅紂，成就王侯大業。

載：充滿。**晶光**：閃亮。**驂**：乘、駕。**六龍**：天子駕的六匹馬車。龍：馬八尺稱為龍。**祿命**：天生註定的命運。**徹天**：上達至天，形容盛大。**燕王**：召公奭（音是），助周武王滅紂，與周公齊名，封為燕王。

13 同人：子號索哺，母行求食。反見空巢，訾我長息。

孩子哭號索取餵食，母親外出尋找食物。返回只見空蕩的窩巢，只能長長嘆息。

註釋：應陽健的同仁在一起。資源不足，上位辛勤，下位坐享其成，最後還離開團隊。

哺：音補，餵食。**訾**：音紫，嗟嘆聲。**息**：嘆息。

14 大有：上帝之生，福祐日成。脩德行惠，樂安且寧。

上帝有生養之德，福祿保佑每日都成長。修養德性，施行恩惠，康樂並且安寧。

註釋：陽健且大富有。上天有好生之德，有福有成，且能修德行善，長保康泰。

脩：修也。

15 謙：山險難登，澗中多石。車馳轊擊，載重傷軸。儋負善躓，跌踒右足。

　　　　山勢危險難以攀登，山中溪流裡又有很多石頭。馬車快速前進輪子被撞擊，承載過重，損害了車軸。擔荷背負，容易跌倒，跌倒骨折了右腳。

註釋：陽健應該謙恭，不可貿進。前途處處艱險，卻快速前進，
　　　因無法承當，部屬折損，無法再前進。

澗：山中溪流。**馳**：車馬疾走。**轊**：音位，套在車軸末端的金屬筒狀防套，比喻輪子。**儋**：擔也。**善**：容易，如善感。**躓**：音至，跌倒。**踒**：音威，骨折。**右**：佑，輔助的人。**足**：比喻前進。

16 豫：禹鑿龍門，通利水源。東注滄海，民得安存。

　　　　大禹鑿開龍門山，水源暢通流利。河水往東注入滄滄大海，人民得以安全生存。

註釋：陽健的安育。排除險困，致力建設，環境平安暢通，人民
　　　安居樂業。

*《淮南子・人閒訓》：「水為民害，禹鑿龍門。」

17 隨：乘龍上天，兩蛇為輔。湧躍雲中，遊觀滄海，安樂長處。

　　　　乘著龍飛上天空，還有兩蛇輔助。在雲中氣勢盛大的跳躍，遊歷觀察滄海，長久處於安樂之中。

註釋：陽健且隨理。君主直上青天，有左右賢良輔助，王氣浩瀚，
　　　四海昇平，長富久安。

兩：象徵左右，周邊的人。**湧**：洶湧，氣勢盛大。
*《史記・晉世家》：「龍欲上天，五蛇為輔。」

18 蠱：彭祖<u>九子</u>，據德不殆。<u>南山松柏</u>，長受嘉福。

　　彭祖有九個子嗣，據有德行不曾敗壞。南山上的松柏，長久受到美好的福澤。

註釋：陽健且整治蠱敗。維持德行不腐敗，長久康泰，子嗣福祿
　　　浩瀚。

九：至多之數。**南山、松柏**：南山向陽，松柏長青，都是長壽之意。
*《列仙傳・彭祖》載，彭祖活八百歲，娶四十九妻，生五十四子，九子象徵至多子孫。

19 臨：南山<u>昊天</u>，<u>剌</u>政<u>關</u>身。疾悲<u>無辜</u>，背憎<u>為仇</u>。

　　南山風聲淒厲，蒼天無垠，天子實行殺人的暴政，被拘禁身體，無罪之人疾苦悲憂，心中悖逆憎惡敵對。

註釋：陽健才能臨政。政令暴虐又嚴酷，百姓無辜被入罪折磨，
　　　心中充滿怨恨。

昊天：音浩，蒼天。**剌**：殺，傷。**關**：拘禁。**無辜**：無罪之人。**為仇**：敵對。
*《詩經・蓼莪》：「昊天罔極，南山烈烈（風聲淒厲），飄風發發，民莫不穀！」諷刺周幽王暴政。

20 觀：江河<u>淮海</u>，天之<u>奧府</u>。眾利所聚，可以饒有。樂我君子，百福是受。

　　長江、黃河、淮海，是上天聚藏物產的地方。眾多利祿在此聚集，可以豐饒富有。君子安樂，各種福澤都蒙受。

註釋：陽健又能觀省。得天時地利又有德行，享有各種福澤安樂。

淮海：淮河以北的近海地區，為富庶之地。**奧府**：物產聚藏之地。

21 噬嗑：堅冰黃鳥，啼哀悲愁。不見甘粒，但觀藜蒿。數驚鷙鳥，為我心憂。

堅硬的厚冰，黃鶯哀啼滿是悲傷憂愁。不見甘美的米粒，只看到野菜，還數次被凶猛的禽鳥驚嚇，令人憂心。

註釋：應陽健且法治。冰天雪地，下民難以維生，又處處盜匪，驚惶恐懼。

黃鳥：黃鶯，比喻哀戚的弱者。**粒**：米食曰粒。**藜蒿**：一種野生蔬菜名。**鷙**：鷙音至，一種凶猛的鳥類。

22 賁：室如懸磬，既危且殆。早見之士，依山谷處。

居室像懸磬一樣空蕩，既危險而且困乏。有先見之明的人，依傍著山谷而居住。

註釋：應陽健且整飾。人民貧窮危殆，有人早就遁逃山野去了。

懸磬：磬中空，家徒四壁好似懸盪的磬。**磬**：音慶，一種中空，懸掛的打擊樂器。

*《國語·魯語上》：「室如懸磬，野無青草。」

23 剝：大禹式路，蚩尤除道。周匝萬里，不危不殆。見其所使，無所不在。

大禹建造九條道路，蚩尤加以清除修整，周圍有萬餘里，都沒有危險敗壞。見到他們的使者，無所不在。

註釋：陽健克服剝落。天下恢復太平，君主致力建設，國境平安，國際關係良好。

式：制，製。**路**：大禹建九道；《說苑·脩文》：「禹陂九澤，通九道，定九州。」
除：清除、修整。**周匝**：周圍一圈。

* 大禹、蚩尤無實際關係，本條比喻敵我、善惡能和同協力。

24 復：<u>三人為旅，俱歸北海</u>。入門上堂，拜謁王母，勞賜我酒。

　　三人行旅，一起趨往北海。進入大門登上廳堂，拜見王母娘娘，被慰勞賞賜美酒。

註釋：陽健復返。一起尋求聖道，獲得神明保佑而有福澤。

三：象徵多。**歸**：趨往，如歸趨。**北海**：神話中的北方大海，神仙居住之處。
＊後三句，《穆天子傳》載，周穆王瑤池會西王母。

25 無妄：傳言<u>相</u>誤，非干徑路。鳴鼓逐<u>狐</u>，不知<u>迹</u>處。

　　被傳言所誤，走到不相干的路徑。鳴打著鼓追逐狐狸，狐狸不知蹤跡去處。

註釋：陽健應不虛妄。聽信流言而失策，又大張聲勢打草驚蛇，獵物早就逃之夭夭。

相：此為單方面的動作，如相瞞。**干**：相關。**狐**：象徵珍貴。**迹**：跡也。

26 大畜：<u>三羊</u>爭雌，相逐奔馳。終日不食，精氣勞疲。

　　三隻公羊爭奪母羊，相互追逐奔馳。整天下來沒進食，精氣大為疲勞。

註釋：要陽健應大蓄。眾人競相爭奪，過度競爭消耗，最後都精疲力竭。

三：象徵多。**羊**：比喻追求吉祥。

27 頤：<u>純服黃裳</u>，<u>戴</u>上與興。德義既生，天下歸仁。

　　帝王穿著純色祭服和黃裙，擁戴皇上一起興盛邦國。德義已生成，天下歸附仁政。

註釋：陽健且安養。君主遵行禮制，臣民大力擁戴，國家振興，
　　　實行德政，天下歸心。
純服：帝王祭祀穿的純色衣服，象徵遵行禮制。**黃裳**：黃色的下衣，比喻中正謙卑，能以柔處尊。**戴上**：見註。
*《管子・國蓄》：「故民之戴上如日月。」

28 大過：桀跖並處，人民愁苦。擁兵荷糧，戰於齊魯。

　　夏桀和柳下跖併處在一起，人民哀愁悲苦。聚集士兵揹負糧食，齊魯兩國展開大戰。
註釋：應陽健卻大過錯。國內惡人併起，民不聊生，君主還要窮
　　　兵黷武對鄰國興戰。
桀跖：夏桀和柳下跖（音直），暴君和惡盜，泛指惡人。**擁**：聚集。**齊魯**：齊魯兩國相鄰，比喻鄰國。

29 坎：黃鳥采菉，既嫁不荅。念我父兄，思復邦國。

　　黃鶯摘採菉草心思飄忽，已前往了卻沒人答理。思念父兄，想要返回國家。
註釋：陽健已落陷。離鄉背井前往異地發展卻沒人搭理，煩憂無
　　　成想要返回。
黃鳥：黃鶯，以物喻人。**采**：採也。**菉**：菉音綠，一種綠色藥草。**嫁**：往，赴。**荅**：荅也，答理。
*《詩經・黃鳥》：「黃鳥黃鳥……此邦之人，不可與處。言旋言歸，復我諸父。」描寫人民離鄉背井卻夢碎，因而思返。
*《詩經・采菉》：「終朝采菉，不盈一匊。」表示心思不寧，工作低落。

30 離：胎生孚乳，長息成就。充滿帝室，家國昌富。

　　懷胎生產並且孵育哺乳，生育兒女成長完成。王孫充滿皇室，

家運國運都昌隆康富。

註釋：陽健且相附著。繁衍後代，成長茁壯，王孫眾多團聚，家富國強。

孚：孵也。**長**：生育。**息**：子息，兒女。**就**：完成。

31 咸：<u>三人求橘，反得丹穴</u>。<u>女貴以富，黃金百鎰</u>。

　　三個人尋求橘子，反而得到丹砂寶穴。巴寡婦因而富有，得到黃金百鎰。

註釋：陽健且相感應。同心協力，獲利超乎預期，遵守德行，大
　　　大富有。

三：比喻多。**丹穴**：產丹砂（朱砂）的寶穴。**女**：指巴寡婦清，象徵有女德且富有。
鎰：二十兩。

* 橘、丹、金皆屬赤色，象徵尊貴、光明，且一物勝過一物。
*《史記‧貨殖列傳》：「巴寡婦清，其先得丹穴，而擅其利數世，家亦不訾……始皇以為貞婦而客之。」

32 恆：<u>東山西岳，會合俱食</u>。<u>百家送從，以成恩福</u>。

　　東邊跟西邊山岳的人民會合在一起飲食。大家相互護送隨從，成就恩惠福澤。

註釋：陽健且能持恆。打破彼此，聚集會合，共同生活，互相追隨，
　　　成就事業。

百家：泛指許多人家或家族。

33 遯：<u>弱雞無距</u>，與鵲交鬥。翅折目盲，為鳩所傷。

　　軟弱的雞沒有後爪，跟鵲鳥相鬥，翅膀折了，眼睛瞎了，還被鳩鳥所傷。

註釋：陽健已遁逃。失去優勢不再具有戰力，連面對弱小者，也
　　　接連被其所傷。

距：雞的後爪。

34 大壯：隙大墻壞，蠹眾木折。狼虎為政，天降罪罰。高弒望夷，胡亥以斃。

　　縫隙過大牆壁毀壞，蛀蟲眾多木頭折毀。狼與虎當政，上天降下罪罰。趙高在望夷宮謀殺皇上，胡亥因而斃命。

註釋：陽健又壯大，物極必反。秦國雖然強大，但過剛則折，趙
　　　高等奸人專政，毀壞體制，又殺害二世，因而遭受天譴滅
　　　亡。

蠹：音杜，蛀蟲。為：治理，如為政。弒：地位低的人殺死地位高的人。望夷：秦國皇宮名稱。

*《史記‧秦始皇本紀》載，秦始皇暴斃後，趙高與李斯擁立胡亥為秦二世，後趙高又發動望夷宮之變，強迫胡亥自盡。

35 晉：三癡俱走，迷路失道。惑不知歸，反入患口。

　　三個癡人一起行走，迷失了道路。迷惑不知返回，反而進入患難之地。

註釋：陽健才能前進。眾人一起行動卻昏聵迷亂，還不知悔改，
　　　終於陷入災難。

三：象徵多。患口：如虎口。

36 明夷：弓矢俱張，把彈折絃。丸發不至，道遇害患。

　　弓和箭都張開，也拿好彈弓，但絃都折斷了，彈丸發射卻到達不了，在道路上便遇到禍害。

註釋：應陽健卻瘡痍。全面開戰但戰力破敗，中途就遇害。

矢：箭。把：持。

37 家人：<u>三女</u>求夫，<u>伺</u>候山<u>隅</u>。不見復關，長思歎憂。

　　三個女人找尋丈夫，在山邊等候。不見丈夫返復鄉關，長長的思念，嘆息憂慮。

註釋：應陽健且親如家人。陽氣（有能力的人）離去不返，只剩
　　　眾多陰氣（小人），團隊無法維繫繁衍。

三：象徵多。**女**：象徵陰氣、小人。**伺**：等候。**隅**：音於，邊或角。

38 睽：**陽旱**炎炎，傷害禾穀。**穑**人無食，耕夫嘆息。

　　乾旱且熾熱，傷害了稻禾和穀粒。農夫沒有食物，只能嘆息。
註釋：陽健已睽離。環境惡劣至極，眾人無法生產收穫，難以存活。
陽旱：乾旱。**穑**：音色，耕種。

39 蹇：騎<u>狖</u>逐<u>羊</u>，不見所望。<u>徑涉</u>虎穴，亡羊失<u>羔</u>。

　　騎著小豬驅趕羊群，甚麼也望不見。途經虎穴，失去了羊和小羊。

註釋：陽健已蹇跛。想追求吉祥但用人和方法不對，因而迷茫陷
　　　入險境，失去資產和孳息。

狖：豚，小豬。**羊**：象徵吉祥。**徑涉**：經過。**羔**：小羊，象徵繁衍。

40 解：<u>暗昧冥</u>語，相傳<u>詿</u>誤。鬼魅所舍，誰知臥處？

　　幽靈的話真假難辨，卻相互流傳貽誤。鬼魅住宿之所，誰又知他的寢臥之處在哪裡？

註釋：陽健已解離。鬼（小人）的話不能相信，卻到處流傳貽誤，
　　　卻又沒人知道鬼（小人）在哪裡。

暗昧：真假難辨。**冥**：幽靈。**詿誤**：貽誤；錯誤引領，使入歧途。

41 損：<u>姬姜</u>祥淑，<u>二人偶食</u>。論仁議福，以安王室。

　　貴族們吉祥美好，兩人共伴同食。議論仁義與福德，用來安定王室。

註釋：陽健且能損已益人。賢良好似伴侶一樣親密同心，討論用
　　　行仁施福來安定國家。

姬姜：象徵王室貴族。**二**：比喻左右同夥。**偶**：同伴。

42 益：<u>公孫駕驪</u>，載聘東齊。<u>延陵說產</u>，<u>遺季紵衣</u>。

　　公孫敖的大馬車，載著他出使到東方的齊國。延陵季子出使鄭國取悅子產，子產也贈送延陵季子值錢的麻衣。

註釋：陽健且益增。賢良為加強合作而奔波，與人和好共享，大
　　　家互蒙其利。

公孫：公孫敖，又名孟穆伯，魯國公卿。**駕**：馬車之總稱。**驪**：黑馬或多匹馬併拉的馬車。**聘**：兩國通使。**延陵**：季札，吳國公子，封於延陵，故稱延陵季子。**說**：悅也，使愉快。**產**：子產。**遺**：音位，饋贈。**季**：季札。**紵衣**：用紵（音註）麻編織的值錢衣服。

* 前兩句見《春秋‧文公元年》：「穆伯如齊，始聘焉，禮也。」
* 後兩句見《左傳‧襄公二十九年》：「聘於鄭，見子產，如舊相識，與之縞帶，子產獻紵衣焉。」延陵與子產互贈本國名貴的布與衣。

43 夬：孤竹之墟，失婦亡夫。傷於蒺藜，不見少妻。東郭棠姜，武氏以亡。

　　孤竹古國的廢墟，女人和男人都流失死亡。被蒺藜割傷，不見年少的妻子。東郭棠姜和崔武子因不倫而自殺身亡。

註釋：陽健已斷決。賢人不在了，國家滅亡，人民流亡，無力受創，
　　　無法再繁衍，都是因為敗德所致。

孤竹：古代小國，春秋中期即滅亡；見註。**蒺藜**：帶刺的草生植物。**少妻**：比喻力弱。

東郭棠姜：東郭姜，嫁給齊棠公之後又叫棠姜，棠公死後因貌美多次淫亂，造成政亂。
武氏：崔武子，崔杼，不倫戀娶東郭姜為妾，兩人後因後宮之亂而自殺。
* 第一句，《列子‧楊朱》：「伯夷、叔齊實以孤竹君讓，而終亡其國。」伯夷、叔齊兩兄弟互辭孤竹國王位歸隱，因國無賢人，導致孤竹國滅亡。
* 後兩句見《左傳》襄公二十五年、二十七年。

44 姤：仁政不暴，鳳凰來舍。四時順節，民安其處。

行仁政而不殘暴，鳳凰都來棲宿。四季時序順應節令，人民在此安心居處。

註釋：陽健且相邂逅。君主仁德，賢能都來附會，天時人和，人民安居樂業。

45 萃：任劣力薄，孱駑恐怯。如蝟見鵲，不敢拒格。

任職能力低劣薄弱，孱弱駑鈍又恐懼畏怯，好像刺蝟見到鵲鳥，不敢抗拒格鬥。

註釋：應陽健且相薈萃。沒能力又膽怯，遇到小事便好像看到天敵不敢稍動。

* 《史記‧龜策列傳》：「蝟辱於鵲。」鵲好鬥，蝟怕鵲啄其眼。

46 升：衛侯東遊，惑於少姬。亡我考妣，久迷不來。

衛宣公向東方的齊國遊歷，因為他迷戀年少美女宣姜。即使父母過亡了，也滯留迷戀不回來。

註釋：陽健才能上升。外出發展卻被小人妖惑而長久迷失，連親情、倫理都置之不顧。

考妣：已死的父親和母親。**久**：滯留。

* 《史記‧衛康叔世家》載，衛宣公向東方的齊國請婚，準備為太子伋娶妻，後因女方（宣姜）貌美，強行拆散已相戀的兩人，占為己有，後衛宣公與宣姜怕被報復，

因而害太子伋。太子伋被父母所害,故識為「亡我考妣」。本條未盡合史實,僅為借喻。

47 困:噂噂所言,莫如我垣。歡喜堅固,可以長安。

嘈雜的聚集發言,不如築牆護衛,如此便能歡喜又堅固,可以長住久安。

註釋:陽健受困。面臨困境,大家動口不如一起動手,做好防護便能常固久安。

噂噂:音尊三聲,聚語貌、嘈雜聲。**垣**:音元,築牆圍繞護衛。

48 井:鷟鳴岐山,龜應幽淵。男女媾精,萬物化生。文王以成,為周開庭。

鳳凰在岐山鳴叫,靈龜在幽遠的深淵相應。男女交合精氣,萬物因而化生。文王經營有成,為周朝開了廟庭。

註釋:陽健且井然。吉兆興現,人民開始繁衍,之後奠定宏大基業。

鷟:音月,鸑鷟,鳳凰。**岐山**:周國發祥地。**媾**:交合。**庭**:廟庭,宗廟。

* 《國語》:「周之興也,鸑鷟鳴於岐山。」
* 《太上老君內觀經》:「天地媾精,陰陽布化,萬物以生。」

49 革:玄黃虺隤,行者勞疲。役夫憔悴,踰時不歸。

馬匹生病頹喪,行進的人疲勞不堪。服役的人憔悴病弱,踰越時限還能不歸返。

註釋:陽健已被革除。君王好戰又興傜役,遠行人馬憔悴不堪,沒有歸期。

玄黃:有病的馬。**虺隤**:音灰頹,灰心頹喪。

* 《蔡中郎集 · 述行賦》:「僕夫疲而劬瘁兮,我馬虺隤以玄黃。」

50 鼎：弱足刖跟，不利出門。市賈不利，折亡為患。

腳部衰弱無力，足跟也被砍去，不利於出門。市集買賣沒有獲利，還有折損死亡之患！

註釋：陽健已覆鼎。殘破衰弱，窒礙難行，無法經營，招致禍患。

刖：音月，砍去腳部。**賈**：音古，買賣。

51 震：懸狟素餐，居非其安。失輿剝廬，休坐徒居。

不去狩獵卻有獵物（狟）可以懸吊晾乾，平白的進餐，所居並非合適的職位。最後失去車子，被剝奪房子，只能坐下休息無業閒居。

註釋：陽健已震盪。只會尸位素餐，最後被剝奪資產，並免官去職。

狟：音環，貛。**素**：平白的。**素餐**：無功勞而空享俸祿。**安**：合適的位置。**徒居**：無業閒居。

*《詩經‧伐檀》：「不狩不獵，胡瞻爾庭有縣狟兮？彼君子兮，不素餐兮！」諷刺無功而受祿者。

52 艮：民怯城惡，姦人所伏。寇賊大至，入我郛郭，妻子俘獲。

人民膽怯，城池險惡，奸人在此處所埋伏。賊寇大量湧至，進入外城，妻子被俘虜。

註釋：陽健已停止。面對險惡，卻只會驚慌，後來龐大外患入侵，失去資產和繁衍的機會。

郛郭：郛音湖，城外的城市。

53 漸：陽低頭，陰仰首。水為災，傷我足。進不利，難生子。

陽氣垂頭喪氣，陰氣抬頭得意。水患成災，傷了腳足。前進不利，難以產生子嗣。

註釋：陽健已漸行漸遠。君子道消，小人道長，禍害造成危難，無法前進與孳生。

54 歸妹：<u>背</u>北相憎，心意不同，如火與金。

互相背離憎恨，心意不相同，好像火與金相剋。

註釋：應陽健的相歸依。彼此心意違背，相互怨恨，並且水火不容。

北：背也。

55 豐：<u>太微帝室，黃帝所宜</u>。<u>藩屏</u>周衛，不可得入，常安無患。

皇宮就像太微垣，黃帝在此安順居住。有邊防屏障和周全保衛，無法進入，常保安全沒有災患。

註釋：陽健且豐盛。政權中正安順，內外固若金湯，執政長固久安。

太微：上垣太微，象徵天上天庭與人間政府。　**宜**：安順。　**藩屏**：在邊防屏障。

56 旅：<u>繭栗犧牲</u>，<u>敬享</u>鬼神。神<u>嗜</u>飲食，受福多孫。

用初生的小牛當祭祀的牲禮，誠敬祭祀鬼神。神明喜好供獻的飲食，因而蒙受很多福澤和子孫。

註釋：可以陽健的去旅歷。虔誠的執行法禮，神明賜予豐厚的福澤和後代。

繭栗：初生的小牛。　**犧牲**：祭祀的牲畜。　**享**：祭祀。　**嗜**：喜好。

57 巽：出門逢惡，與禍為怨。<u>更相擊刺</u>，傷我手端。

出門逢到惡人，並惹禍結怨。繼而相互攻擊刺殺，傷到手的前端。

註釋：應陽健且安順。外出與人交惡招惹禍端，而且爭鬥受傷，無法執行。

更相：相繼。

58 兑：<u>鷁</u>飛中退，舉事不進，眾人亂潰。

　　鷁鳥飛到江中便退返，發起行動卻沒有前進，眾人紛亂潰散。
註釋：應陽健且相悅。一起行進但不能團結，半途而廢，團隊潰散。
鷁：音益，一種水鳥。**舉事**：發起行動。
* 《左傳‧僖公十六年》：「六鷁退飛，過宋都。」象徵宋襄公將得諸侯擁戴但不得終之兆。後襄公會諸侯抵抗淮夷，不待築城完畢皆返。

59 渙：跛<u>踦</u>相隨，日暮牛罷。<u>陵遲</u>後旅，失利亡<u>雌</u>。

　　成員跛著腳跟隨，日暮時牛隻也疲憊了。歷經磨難，落後旅程，失去了利益，也丟了女成員。
註釋：陽健已渙散。團隊成員傷病，又歷經折難延誤，最後失去利益和繁衍機會。
踦：音幾，跛。**罷**：疲也。**陵遲**：磨難。**雌**：母，象徵繁衍。

60 節：龍角博預，位至公卿。世祿久長，起動安寧。

　　有極貴之相，廣為參與政務，官位直到公卿。世襲的官祿長長久久，起居活動平安康寧。
註釋：陽健且有節度。豪傑被國家重用，忠心輔佐，福澤傳予後代。
龍角：日角（額骨中央）壟起，好像龍角，極貴之相；見註。**預**：參與；見註。**起動**：起居活動，指日常生活。
* 《東觀漢記‧順烈梁皇后》：「此所謂日角偃月，相之極貴。」
* 博「預」或為博「顙」（額頭）之誤，寬大的額頭，極貴之相，《孔子家語‧困誓》：「河目隆顙，其頭似堯。」

111

61 中孚：舜升大禹，石夷之野。徵詣王庭，并治水土。

舜提拔大禹，從石紐西夷的鄉野，被徵召前往皇宮，一起治理洪水和土地。

註釋：陽健且忠信。賢良受聖君提拔，從鄉野調到中央，參與重
　　　要國事。

石夷：西夷石紐。**徵詣**：徵召前往。
＊《帝王世家》注：「孟子曰，禹生石紐，西夷人也。」
＊《尚書‧舜典》：「（舜帝曰）禹汝平水土，惟時懋哉！」

62 小過：從風放火，荻芝俱死。三害集房，叔子中傷。

順從風向放火，蘆荻、艾草都燒死了。三個朝廷禍害聚集在廟堂，忠臣也遭受傷害。

註釋：陽健才能小超越。小人順勢作亂，不分俗賢全都不能倖免，
　　　朝廷充滿危害，忠臣都受傷，國政難行。

三害：三種對忠臣的患害；見註。**房**：廟宇、祠堂。**叔子**：對侯國臣子的稱呼。
＊《淮南子‧俶真訓》：「勇力聖知與疲怯不肖者同命，巫山之上，順風縱火，膏夏紫芝與蕭艾俱死。」
＊《論衡‧累害》：「（節）朝廷有三害，將昧不明、清吏謗罪、正仕毀傷，古今才洪行淑之人，遇此多矣。」

63 既濟：梗生荊山，命制輸班。袍衣剝脫，夏熱冬寒。飢餓枯槁，莫人莫憐。

刺榆長在荊山上，皇帝命令公輸班去那兒採取美石。做到衣服都剝除脫掉，還忍受夏天炎熱和冬天酷寒。飢餓憔悴，沒人不憐憫。

註釋：陽健已結束。任務過於艱鉅，賢良雖奮力以赴，滿身創傷

仍無法達成,令人同情。

梗:刺榆,有刺的草木。**荊山**:和氏璧璞石的出處;見註。**命制**:皇帝詔命。**輸班**:公輸班,即巧聖魯班。**枯槁**:憔悴。

*《韓非子 · 和氏篇》:「楚人和氏得玉璞楚山中。」楚又名荊。

64 未濟:長面大鼻,來解己憂。遺吾福子,與我惠妻,惠吾嘉喜。

　　長面大鼻(面相雄偉),解除己身憂慮。上天賜予福澤、孩子和賢慧的妻子,也惠施美好的喜事。

註釋:陽健尚未結束。相貌俊偉,自助天助,家庭美滿,子孫繁衍,
　　　充滿喜樂。

來:語助詞。**遺、與**:餽贈。

*《漢書 · 游俠傳》:「長頭大鼻,容貌甚偉。」

2 坤

2 坤：不風不雨，白日皎皎。<u>宜</u>出<u>驅馳</u>，通利大道。

　　沒有風，沒有雨，太陽皎潔明亮，安順的外出騎馬馳騁，在通暢利捷的大道上。

註釋：溫良又溫良。風調雨順，晴空朗朗，可以安順的外出經營。

宜：安順。**驅馳**：策馬快奔。

1 乾：<u>谷風</u>布氣，萬物出生。<u>萌庶</u>長養，華葉茂成。

　　東風散布春天氣息，萬物長出生育。發芽眾多成長養育，花葉茂密長成。

註釋：溫良又能陽健。有如春天來到，生命力旺盛，萬物大成。

谷風：春天颳的東風。**萌庶**：發芽眾多，亦為百姓。

3 屯：<u>蒼龍</u>單獨，與石<u>相觸</u>。摧折兩角，<u>室家</u>不<u>足</u>。

　　青龍獨自與巨石相鬥。摧毀折斷了兩隻角，家人破敗不完整。

註釋：應溫良的屯聚。雖然強大，但蒙昧剛愎，獨自做莫名的鬥爭，以致自身和親密夥伴都遭受重大傷害。

蒼龍：東方青龍，象徵豪傑。**相觸**：相互牴觸，相鬥。**室家**：配偶家眷。**足**：完整。

4 蒙：城上有烏，<u>自名破家</u>。招呼酖毒，為國患災。

　　城上有烏鴉，因而明白顯示會破敗家園。招喚呼叫毒鳥進來，為國家造成災患。

註釋：應溫良卻蒙昧。破敗徵兆已現，還去引狼入室，為團隊帶來災禍

自：因而。**名**：明也。**酖**：音鎮，一種毒鳥，引申為惡毒奸人。

5 需：<u>霜降閉戶</u>，蟄虫隱處。不見日月，與死為伍。

　　霜降時封閉洞穴，蟄伏的蟲隱藏而居。不見太陽和月亮，與死神為伍。

註釋：應溫良的等待。時令大壞，不能作為，不見生機與光明，
　　　只能和蟲一樣蟄伏等死。

霜降：二十四節氣之一，象徵秋末。**戶**：洞穴。
*《淮南子・天文訓》：「至秋三月……百蟲蟄伏，靜居閉戶。」

6 訟：天之德<u>室</u>，溫仁受福。<u>衣裳</u>所在，凶惡不起。

　　上天的德行滿實，溫良仁厚的蒙受福澤。有禮法所在之處，凶惡的事不會生起。

註釋：溫良的面對爭訟。上天有大德，人有溫良和禮法，便不起
　　　禍事。

室：《釋名》：「室，實也，人物實滿其中也。」**衣裳**：制定衣裳制度，比喻禮法。

7 師：<u>皇陛九重</u>，<u>絕</u>不可登。未見王公，<u>謂</u>天<u>蓋</u>高。

　　皇帝聽政之處好像天最高的地方，遙遠絕盡不可攀登。見不到天子與諸侯，因為天超乎的高。

註釋：應溫良的出師。目標太過玄遠，難以達成，不宜急躁。

陛：宮殿最高之處，皇帝聽政之處。**九重**：天之最高處。**絕**：遙遠沒有盡頭。**謂**：是、為。**蓋**：超出，如武功蓋世。

8 比：<u>孔德如玉</u>，出於幽谷。升高鼓翼，輝光照國。

　　博大的德行像玉一樣，出自幽深的山谷。鼓動羽翼上升高飛，

115

光輝照耀國家。
註釋：溫良的相比附。有高潔無染的大德行，能由低升高，最後照亮大地。

孔：大。

9 小畜：五軛四軌，復得饒有。陳力就列，騶虞悅喜。

五張軛，四根車軸，反覆獲得，豐饒富有。施展能力就其職位，騶虞也欣悅歡喜。

註釋：溫良並持續小畜。百姓一起勞動生產，官員就職施展才能，國家吉祥喜樂。

五：象徵全部。**軛**：擱在牛馬頸背上，幫助拖曳的曲木，比喻車。**四**：象徵四方。**軌**：車軸，比喻車。**列**：職位。**騶虞**：太平時代出現的祥獸。
＊《論語・季氏》：「陳力就列，不能者止。」

10 履：四足無角，君子所服。南征述職，以惠我國。

馬有四足善於奔跑，沒有角不會牴人，被大人馴服使用。朝南方行進，向天子報告職務，使國家受惠。

註釋：溫良的履行。有行動力且個性溫良，受重用且光明任事，造福國家。

四足：《墨子・經下》：「謂四足獸，與牛馬與。」**角**：比喻攻擊性。**南**：比喻光明的方向。**征**：《爾雅》：「征，行也。」非征討。**述職**：諸侯朝見天子報告職務狀況。
＊《易・升》：「用見大人，勿恤。南征吉。」

11 泰：雷行相逐，無有攸息。戰于平陸，為夷所覆。

像雷一樣奔行相互追逐，沒有休息。在平陸大戰，被痍平覆滅。

註釋：溫良才能康泰，不要激躁。雷厲風行，過度疲乏，結果被

痍平覆滅。

攸：語助詞。**平陸**：齊國邊邑名，後改為郡國，經常發生戰爭。**夷**：痍也，受創。

12 否：六龍爭極，服在下飾。謹慎管鑰，結禁毋出。

　　各路豪傑爭奪至尊，降服者正在下放整飭。謹慎管制鑰匙，繫縛拘禁，無法出逃。

註釋：溫良已閉塞。天下陷入混戰，敗者成為階下囚，環境肅殺。
六：比喻齊全。**龍**：爭奪至尊的豪傑。**在**：正在進行某項動作，如：我在工作。**下**：投放到。**飾**：飭也。**結**：繫縛。**禁**：拘押。

13 同人：長男少女，相向共語，福祿歡喜。

　　長男和少女，面對面一起說話，福祿雙全，歡喜洋溢。

註釋：溫良的同仁在一起。彼此就像長男照顧少女，融洽生活，
　　　生出福祿和子嗣。

14 大有：奸延惡人，使德不通。炎火為殃，禾穀大傷。

　　奸人延請惡人為夥，使得道德阻礙不通。赤焰大火造成災殃，稻穀受到重大損傷。

註釋：溫良才能大富有。壞人相互勾結，世道中落，引發災難，
　　　難以生產。

15 謙：修其翰翼，隨風向北。至虞夏國，與舜相得。年歲大樂，邑無盜賊。

　　候鳥修整好長而堅硬的羽翼，隨風向北方飛去。到了虞國和夏國，和舜相遇。年年大為歡樂，國家沒有盜賊。

註釋：溫良又謙恭。追隨歸附聖明之主，因而富足安樂。
翰：長而堅硬的羽毛。北：候鳥故鄉在北方。虞、夏：分別為舜和禹建立的國家，比喻聖人國度。相得：相遇。邑：《說文》：「邑，國也。」

16 豫：鈆刀攻玉，堅不可得。盡我筋力，眠蠒為疾。

用鉛刀去銼磨玉石，玉石太堅硬無法得願。耗盡筋骨之力，還患了眼翳的病。

註釋：溫良才能安育。缺乏戰鬥力，卻挑戰艱難目標，不堪勞累，還積勞成疾。

鈆：鉛也。攻：銼磨玉石。眠：視。蠒：繭也。眠蠒：視力被繭包覆，即眼翳。

17 隨：舉被覆目，不見日月。衣裳簠簋，就長夜室。

舉起被子覆住眼睛，見不到日月。最後和衣裳、祭籃，一起長久的放入墓穴。

註釋：應溫良且隨理。自我蒙昧，不辨是非，失去光明，最後滅絕。

簠簋：音府軌，裝供品的籃子。夜室：墓穴。

18 蠱：賊仁傷德，天怒不福。斬刈宗社，失其邦域。

傷害仁義和道德，上天憤怒不予賜福。被砍伐了宗廟和社稷，失去了邦國的疆域。

註釋：溫良變蠱敗。傷害仁義道德，遭受天譴，國家破亡。

斬刈：砍伐、斬殺。刈：音億，割取。宗社：宗廟與社稷，比喻國家。

19 臨：白龍赤虎，戰鬭俱怒。蚩尤敗走，死於魚口。

白龍和赤虎，兩相氣勢熾盛的戰鬥。蚩尤失敗逃走，死在兵災之地。

註釋：溫良時代來臨。正邪大戰，惡人覆滅，聖人統一天下。
白、赤：白屬金，赤屬火，火剋金。**怒**：氣勢熾盛。**魚**：魚之鱗如兵之甲，故象徵兵卒。
魚口：象徵兵災之地。

20 觀：<u>北辰紫宮</u>，<u>衣冠</u>立中。含和建德，常受天福。

帝王在皇宮整飾衣冠，樹立中正之道。蘊含仁和之氣建立德業，恆常蒙受上天的福澤。

註釋：溫良並能觀省。建立國家禮制與德政，上天賜予浩大福澤。
北辰：北極星，比喻帝王或受尊崇的人。**紫宮**：天宮，象徵皇宮。**衣冠**：象徵禮儀。

21 噬嗑：<u>稷</u>為堯使，西見王母。拜請百福，賜我善子。

后稷做為堯的特使，去西方拜見王母娘娘。禮拜請求各種福澤，賜予優秀的子嗣。

註釋：溫良且有法治。君王聖明，國家豐足，並且追求聖道，神
　　　明賜予福祿與子孫。
稷：周朝的先祖后稷，堯舜的農師。
*《史記・周本紀》：「帝堯聞之，舉棄（后稷之名）為農師。」後世封為穀神。

22 賁：<u>三</u>人異<u>趣</u>，反覆迷惑。一身<u>五</u>心，亂無所得。

三個人有相異的去處，反覆的迷惘困惑。一個身體有五個心思，迷亂所以沒有獲得。

註釋：應溫良且整飾。眾人異心且反覆不定，行動全都亂掉，一
　　　無所獲。
三：比喻多。**趣**：去也。**五**：象徵全部。

23 剝：南山大饗，盜我媚妾。怯不敢逐，退而獨宿。

南山裡的大猴玃，搶去漂亮的妻妾。膽怯不敢追逐，退返獨自住宿。

註釋：溫良變剝落。惡人來侵犯，溫吞不敢抵抗，失去親密夥伴，不能再繁衍。

玃：古書中的一種大猿，玃父善攫人。

24 復：眾鬼所趨，反作大怪。九身無頭，魂驚魄去。不可以居。

眾多鬼怪去依附造反的大妖怪。大怪有九個身體卻沒有頭，令人驚嚇到魂飛魄散。此地不可居住。

註釋：溫良狀態應恢復。大惡人力量奇大卻毫無理性，眾多惡人去依附他一起作亂，無法再安居。

趨：朝向、依附。反作：作反，造反。九：象徵極多。

25 無妄：延頭遠望，眯為目疾。不見叔姬，使伯心憂。

伸長頭望向遠處，沙草飛入眼中生出眼疾。沒有見到子叔姬，使得單伯內心憂慮。

註釋：溫良卻遭無妄之災。發生變故，只能一直焦慮的等待，以致患疾。

延：伸長。眯：沙草飛入眼中；見註一。叔姬：子叔姬，春秋周天子公主，後嫁為齊國夫人。伯：單伯，單國國君。

＊《字林》：「眯物入眼為病。」

＊《左傳‧文公十五年》：「單伯至自齊。」單伯奉周天子之令送公主子叔姬至齊國為后，後因齊國政變又去接子叔姬至魯。

26 大畜：典冊法書，藏在蘭臺。雖遭亂潰，獨不遇災。

政府的文書法令和法律書籍，收藏在朝廷的圖書館裡。雖然遭逢動亂潰散，但不會遇到災禍。

註釋：溫良可以大蓄積。堅守制度法令，爭亂來臨，沒有災禍。

典冊：朝廷的文書、法令。**蘭臺**：宮廷的藏書館，象徵保護典藏，如為「閣」則為收藏不用。**獨**：其，語助詞。

27 頤：自衛反魯，時不我與。冰炭異室，仁道隔塞。

孔子自衛國返回魯國，乃因時運沒有給予。冰炭無法同在一室，仁義之道被隔離。

註釋：溫良才能頤養。世道敗壞，正邪不兩立，仁義無法立足，連聖人也生不逢時。

與：給予。**冰炭**：《鹽鐵論‧刺復》：「冰炭不同器。」比喻立場對立。
*《白虎通德論‧五經》：「自衛反魯，自知不用。」自知不受用，孔子六十八歲自衛國返回魯國。

28 大過：瘤癭禿疥，為身瘡害。疾病癃殘，常不遠逮。

長了頸瘤、毛髮掉盡、傳染性皮膚病，身體為潰瘍所殘害。疾病纏身使得駝背殘廢，長久無法到達遠方。

註釋：溫良才能大超越。全身傷病（道德敗壞），殘破不全，以致力不遠逮。

癭：音影，頸瘤。**疥**：傳染性皮膚病。**瘡**：音窗，潰瘍。**癃**：駝背或小便不通。**逮**：到達。

29 坎：東齊郭盧，嫁於洛都。俊良美好，媒利過倍。

人才到洛陽首都發展，因為德行俊美優良，彼此謀合的利益超過倍數。

註釋：溫良能突破落陷。俊才能前進且守護美德，雙方大有獲利。
東齊郭盧：齊國狡兔東郭逡，和韓國疾狗韓子盧，比喻人才。**嫁**：至。**洛都**：周公東征後建東都於洛陽，後東周、秦、漢初皆定都洛陽，比喻國都。**媒**：《說文》：「媒，謀也。」

30 離：**齊魯**爭言，戰於**龍門**。**搆**怨連禍，**三**世不安。

　　齊國與魯國爭吵，在龍門關戰鬥。構成怨恨而災禍連連，三世都不平安。

註釋：應溫良的相附著。相鄰不合且反目成仇，征戰不已，世代
　　　都不安。
齊魯：齊魯兩國相鄰，為世仇。**龍門**：今山西、陝西之間的險要關隘。**搆**：構也。**三**：比喻多。
*《漢書‧五行志上》：「（齊等）四國共伐魯，大破之於龍門。」

31 咸：**膏澤**肥壤，農人豐**敵**。**利**居長安，歷世無患。

　　滋潤的雨水，肥沃的土壤，農人豐富滿足。安順居住，長久平安，歷代都無禍患。

註釋：溫良的相感應。時令與環境美好，生產豐收，歷代長住久安。
膏澤：滋潤土壤的雨水，比喻恩惠。**敵**：適也，滿足。**利**：安順。

32 恆：倉盈**庾億**，**宜**種**黍稷**。年豐**歲熟**，民得安息。

　　穀倉滿盈安定，安順的種植五穀。年度豐足歲收成熟，人民得以安心養息。

註釋：溫良且能持恆。天順人和，年度豐收，人民安居樂業。
庾：音與，露天穀倉。**億**：安定。**宜**：安順。**黍稷**：黃米和小米，象徵五穀。**歲熟**：年度作物成熟。

33 遯：鴟鴞破斧，邦人危殆。賴其忠德，轉禍為福。傾危復立。

暴政與戰亂，國人危險不安。仰賴忠誠的德行，轉禍為福，傾倒危險的又恢復屹立。

註釋：溫良又隱遁沉潛。原本實行暴政，發動戰爭，人民顛沛，後來修身養德，轉危為安，獲得重建。

鴟鴞：音吃消，貓頭鷹；《詩經》篇名。**破斧**：戰斧破裂；《詩經》篇名。
*〈鴟鴞〉、〈破斧〉在哀嘆暴政與戰亂使得百姓民不聊生。

34 大壯：歲飢無年，虐政害民。乾溪驪山，秦楚結冤。

年年飢荒，暴政殘害人民。楚國的乾溪，秦國的驪山，都是施展暴政的地方，兩國也結冤互伐。

註釋：溫良才能壯大。內行暴政民不聊生，外面還與敵國結怨征戰。

歲飢、無年：飢荒之年。**乾溪**：楚靈王於此建宮淫樂。**驪山**：秦始皇陵寢之處。**秦楚**：戰國初期最強的兩個大國，因爭霸且相鄰經常征戰。

35 晉：栵潔累累，締結難解。嫫母衒嫁，媒不得坐。自為身禍。

成行的樹木彼此束縛重疊，糾結難以解開。像嫫母一樣醜的女人自薦求嫁，媒人無法入坐，因而造成身命禍害。

註釋：溫良才能前進。眾多弊端盤根錯節，難以解決，又醜陋無恥的想與人合併，因而被拒絕，無法繁衍。

栵：音立，成行而生的樹木。**潔**：絜也；《通俗文》：「束縛謂之絜。」**累累**：重疊。**締**：《說文》：「結不解也。」**嫫母**：嫫音模，以醜聞名。**衒嫁**：自薦求嫁。**自**：因而。

36 明夷：訾陬開門，鶴鳴彈冠。章甫進用，舞韶和鸞。三人翼事，國無災患。

　　正月立春打開宮門，聘請隱士整理帽冠出來為官。士子被進用，舞蹈虞舜的樂曲，有和諧的節操。三公輔助政事，國家沒有災患。

註釋：溫良克服瘖痪。新春重啟政事，進用隱士與士子，政通人和，
　　　賢能用事，國家安定。

訾陬：音資鄒，十二次之一，乃正月立春之時。**鶴鳴**：《詩經》篇名，徵召隱士出仕。
彈冠：彈帽子使其清潔整齊，比喻引薦出仕。**章甫**：禮冠，後為學子帽，比喻士子。
韶：音ㄕㄠˊ，虞舜時的樂曲名稱。**和鸞**：繫在車上的鈴鐺，象徵和諧的節操。**三人**：指周初三公、呂尚、召公、周公。**翼**：輔助。

37 家人：弟妹合居，與類相扶。願慕群醜，不離其處。

　　與弟妹合住共居，同類相互扶持。愛慕眾伴侶，不離開此地。

註釋：溫良且親如家人。保護幼小與同類，愛護他們，不願分離。

弟妹：比喻新血。**與、醜**：同類。**願、慕**：愛慕，眷念不忘。**群醜**：眾伴侶。

38 睽：邯鄲反言，兄弟生患。涉叔憂恨，卒死不還。

　　邯鄲之約違反諾言，兄弟相殘生出憂患。臣子涉賓憂心懷恨，老死都不返回。

註釋：溫良已睽離。至親失信而決裂鬥爭，親信憂恨也離去不回。

邯鄲：趙國首都。**兄弟**：指趙鞅、趙午。**涉**：涉賓，趙午的家臣。**叔**：對侯國臣子的稱呼。
*《左傳・定公十三年》載，趙鞅命令親弟趙午率民遷徙離開邯鄲，趙午應而未行，被趙鞅所殺，趙午的家臣涉趙賓於是立趙午之子為君叛亂未果，處死。本條與史實不合，僅為借喻。

39 蹇：三人逐兔，各爭有得。愛亡善走，多獲鹿子。

三個人追逐兔子,各自爭取都有所得。喜愛外出,善於奔走,獵得許多小鹿。

註釋:溫良克服蹇跛。眾人追逐光明,各自努力都有收穫,因樂於奔忙,得到眾多福祿和子嗣。

三:象徵多。兔:象徵光明。亡:外出,出門。子:象徵繁衍。

40 解:北辰紫宮,衣冠立中。含和建德,常受天福。

　　見坤之觀。

註釋:溫良的解決問題。建立國家禮制與德政,上天賜予浩大福澤。

41 損:拜跪請免,不得其哺。俛首銜枚,低頭北去。

　　跪拜請求恩賜,但沒有獲得餵養。俯著頭,啣著筷子,向北方而去。

註釋:溫良已減損。百姓卑屈的拜求,但沒獲得上位恩澤,只能默默的流亡。

免:勉也,給予獎勵或恩賜。哺:餵養。俛:俯也,身體向下。銜枚:口中啣著筷子,防止出聲。北:象徵陰晦之地。

42 益:鶴盜我珠,逃於東隅。求之郭墟,不見所居。

　　祥鶴盜走明珠,逃到東方的角落。尋找到了外城牆的廢墟,還是沒發現牠的居處。

註釋:溫良應該益增。君子為惡,失去寶貴的光明德性,變得卑賤,已無法尋回。

鶴:象徵仙道、君子。珠:象徵珍貴與光明。東:象徵粗鄙之地。隅:音於,邊或角。之:至。郭:外城牆。

43 夬：一簧兩舌，妄言謬語。三姦成虎，曾母投杼。

　　一片簧片，兩條舌頭，盡說虛妄謬誤的話。三個奸人說老虎來了，眾人就信以為真；曾子母親聽說曾子殺人了，也丟下織布梭子逃跑。

註釋：溫良已斷決。喉舌（人言）可畏，到處都是小人造謠生事，
　　　連至親也聽信遠離。

簧：吹奏樂器的發聲片，比喻喉嚨能發聲說話。**姦**：奸也，奸詐小人。**杼**：音住，織布器上的梭子。

* 「三姦成虎」出自《戰國策・魏策二》：「三人言市有虎，王信之乎？王曰，寡人信之矣。」
* 「曾母投杼」出處同上：「（有三人）告之曰曾參殺人。其母懼，投杼逾牆而走。」

44 姤：孤獨特處，莫與為旅，身日勞苦。使布五穀，陰陽順序。

　　孤獨單處，不與人在一起，身心每日勞苦。驅使他播種五穀，依照陰陽節氣的順序。

註釋：溫良的相邂逅。原先孤僻勞苦，現在賢良教導他遵行時令
　　　生產。

特：獨，單一。**旅**：俱，一同。**布**：播種，如布穀鳥。**谷**：穀也。
* 典故見泰之隨。

45 萃：褰衣涉河，澗流浚多。賴遇舟子，濟脫無他。

　　提起衣服過河，山間的溪流又深又多。幸而遇到船夫救助，脫離險境沒有危難。

註釋：溫良的相薈萃。原本多災難行，後因遇到貴人，轉危為安。

褰：音牽，提起。**澗**：音建，山間流水。**浚**：音俊，深。**賴**：幸。**舟子**：船夫。**濟脫**：救助而使脫離。**無他**：無恙。

46 升：<u>憑河</u>登山，道路阻難，求事少<u>便</u>。

　　徒步過河登山，道路阻礙難行，謀求工作不順利。
註釋：溫良才能上升。有勇無謀，前進多難，發展有阻礙。
憑河：徒步渡河，比喻有勇無謀。**便**：順利。

47 困：<u>兔罝</u>之<u>容</u>，不失其恭。和謙致樂，君子<u>攸</u>同。

　　在野賢人眾多，都沒失去恭敬。和藹謙恭，致力禮樂，君子同心同德。
註釋：以溫良克服困阻。賢人雖沒任事，但態度恭敬，一起同心
　　　實行禮樂。
兔罝：罝音居，捕兔的網子，比喻在野賢人。**容**：《說文》：「容，盛也。」**攸**：語助詞。
*《箋》：「罝兔之人，鄙賤之事，猶能恭敬，則是賢者眾多也。」

48 井：三女求夫，伺候山<u>隅</u>。不見復關，<u>泣涕漣如</u>。

　　見乾之家人。
註釋：應溫良且井然。有能力的人離去不返，只剩眾多小人，團
　　　隊無法維繫繁衍。
隅：音於，邊或角。**泣涕、漣如**：哭泣流淚的樣子。

49 革：<u>螟蟲</u>為賊，害我五穀。<u>中霤</u>空虛，家無所食。

　　螟蟲賊害五穀，房中空蕩虛無，家裡沒有食物。
註釋：溫良已被革除。惡人作怪，無法收成，沒有積蓄，民不聊生。
螟蟲：蛀食稻莖的害蟲。**中霤**：霤音六，正房的中央。

50 鼎：<u>望尚阿衡</u>，<u>太宰國公</u>。<u>藩屏輔弼</u>，福祿來同。

姜太公、伊尹、周公等封國公爵,一起屏障保護國家,輔佐政事,福祿一同來到。

註釋:溫良且鼎盛。有眾多大賢能一起輔政衛國,國安民富。

望尚:太公望、姜尚,即姜太公。**阿衡**:商代宰相,後專指伊尹。**太宰**:首相,周公為周成王太宰。**國公**:有封國的公爵。**藩屏**:屏障保護。**輔、弼**:輔佐幫忙。

51 震:<u>三年生狗,以戌為母。荊夷上侵,姬伯出走。</u>

三年後生出狗,還以狗為母親,蠻族的西夷入侵,周幽王倉惶出走。

註釋:溫良發生震盪。日久之後生出卑賤小人,大家並以賤人為依歸,外患也入侵,團隊裂解。

三:象徵多。**狗**:比喻卑賤小人。**戌**:十二地支裡,戌屬狗,與前句狗對應。**荊**:比喻蠻族;見註。**姬伯**:周朝姬姓,此處指周幽王,西夷犬戎進攻而亡國。**伯**:《易林》會以伯稱呼失格皇上,如商伯(商紂)。

*《說苑‧尊賢》:「攘戎狄,卒脅荊蠻,以尊周室。」

52 艮:<u>塗遏道塞,求事不得。</u>

道路都被阻塞,謀求工作而不可得。

註釋:溫良狀態已停止。前途窒礙,謀事不成。

塗:道路。**遏**:音俄,阻止。

53 漸:<u>探懷得蚤,無有凶憂。所願失道,善居漸好。</u>

探尋懷裡抓到跳蚤,還好並非凶險堪憂之事。願意去的地方已失去道路,好好安居會逐漸好轉。

註釋:溫良才能循序漸進。環境不好但也沒有大災害,既然無法前進,那就好好安居,會逐漸好轉。

所願:願意去的地方。

54 歸妹：飛樓屬道，趾多攪垣。居之不安，覆厭為患。

高樓連接著道路，行人太多（趾多）攪亂了圍牆。居住在此不安寧，又有翻覆壓倒的憂患。

註釋：溫良才能相歸依。開放進出但雜人眾多，破壞環境，不得
　　　安寧且危機四伏。

飛樓：高樓。**屬**：連接，如冠蓋相屬。**垣**：音元，矮牆。**厭**：壓也，覆。

55 豐：義不勝情，以欲自傾。幾危利寵，折角摧頸。

公義勝不過私情，因為慾望而傾覆。危及利祿與恩寵，角折斷，頸子也摧毀了。

註釋：溫良才能豐盛。情與慾勝過道與義，財富地位與生命都發
　　　生危害。

自：因而。**幾**：危。

56 旅：潼瀚蔚薈，扶首來會。津液來降，流淹滂霈。

盛多的雲霧瀰漫，百姓來會合跪拜叩首（祈雨）。滋潤的水液降下，水流淹沒且浩大。

註釋：溫良的旅歷前進。時勢美好，大家謙卑虔誠的祈禱，上天
　　　降下恩澤。

潼瀚：比喻盛多。**蔚薈**：雲霧瀰漫。**扶**：以手著地的跪拜禮。**首**：行頭部禮。**津**：滋潤。
流淹：逗留。**滂霈**：水流廣大，象徵恩澤豐沛。

57 巽：白駒生芻，猗猗盛姝。赫喧君子，樂以忘憂。

白色駿馬生了小馬，還有美麗茂盛的美女。聲勢顯赫的君子，快樂而忘記憂愁。

註釋：溫良且安順。清白君子與美好淑女繁衍後代，聲勢顯赫，

歡樂無憂。

白：象徵德行清白。**駒**：音居，駿馬，比喻人才。**芻**：幼小。**猗猗**：音——，美麗茂盛。
姝：音書，美女。**赫喧**：聲勢或權勢盛大。

58 兌：車馳人趁，卷甲相仇。齊魯寇戰，敗於犬丘。

　　車子與人都快速前進，捲起戰甲相互敵對。齊魯兩國相互征戰，在犬丘被打敗。

　　註釋：應溫良且相悅。激進強烈的與鄰人仇視對決，結果落敗。

趁：趨也，快步前進。**卷甲**：捲起鎧甲，輕裝利於軍事行動。**仇**：敵對。**齊魯**：齊魯兩國相鄰，比喻鄰國。**寇戰**：同外敵作戰。**犬丘**：位於秦國，戰略要地，齊魯未戰於犬丘，此僅借喻。

59 渙：舉首望城，不見子貞，使我悔生。

　　舉頭翹望城牆，沒見到貞節君子，令人生起怨恨。

註釋：溫良已渙散。君子都已消失，絕望而怨恨。

子貞：同《詩經・山有扶蘇》：「不見子都，乃見狂且。」**悔**：恨。

60 節：龍鬭時門，失理傷賢。內畔外賊，則生禍難。

　　龍在時門爭鬥，失去理法，傷害賢良。內部叛亂，外部有賊寇，因而生出禍難。

註釋：應溫良且節度。朝廷惡孽互鬥，理法與賢良蕩然無存，導致內憂外患。

時門：鄭國城門名，迎接賓客之處。**畔**：叛也。**則**：因而。

＊《漢書・五行志下之上》：「龍鬥於鄭時門之外洧淵。劉向以為近龍孽也。」

61 中孚：安如泰山，福喜屢臻。雖有豺虎，不致危身。

安穩就像泰山，福祉與喜慶屢屢來到。雖有豺虎，不至於危害身命。

註釋：溫良且有忠信。安穩吉祥，常有福澤，雖有惡人也無法加害。

泰山：象徵尊貴吉祥。**臻**：音貞，到達。

62 小過：初憂後喜，與福為市。八佾列陳，飲御嘉友。

初始憂慮，後來歡喜，交易獲得福祿。陳列八佾舞，以美酒侍候好友。

註釋：溫良且小超越。初始有憂慮，後來發達，獲得天子最高規格賞賜，並與人共好。

為市：交易。**八佾**：佾音意，天子專用的最高規格禮樂，周公與魯國獲賜得享之；見註。
御：侍。

＊《禮記‧祭統》載，周公旦有勳勞於天下，八佾此天子之樂也，康周公，故以賜魯也（魯國為周公長子封國）。

63 既濟：持刀操肉，對酒不食。夫行從軍，小子入獄，抱膝獨宿。

持著刀和肉，對著酒卻不飲食。丈夫遠行從軍，年幼的兒子入獄，抱著雙膝獨自過夜。

註釋：溫良已結束。擁有財富也無法歡喜享受，男丁都被充軍或入罪，女子孤單無法孳生。（強者已折損，只剩孤獨的弱者獨守資源）

操：持、拿。

64 未濟：陰衰老極，陽健其德。履離戴光，天下昭明。功

業不長，蝦蟆代王。

陰氣衰老至極，陽氣開始建立德業。腳踩著、頭戴著光明（地下天上都光明），天下昭彰明亮。但因陽氣剛生養，功業尚未長成，目前只是鼓脹的蟾蜍充當大王。

註釋：溫良尚未形成。陰衰陽起，可建立光明功業，但目前還仍虛弱。

履：踩。**離**：離卦象徵火，亮麗光明。**蝦蟆**：蟾蜍，蛙類會吸氣鼓脹身體偽裝自己的壯大。

3 屯

3 屯：兵征大宛，北出玉關。與胡寇戰，平城道西。七日絕糧，身幾不全。

　　出兵征伐大宛國，北出玉門關。與匈奴激戰於平城道路西邊，經過七日斷絕糧食，身命危險不安全。

註釋：屯聚又屯聚，不要妄動。貿然前進，與人爭戰，結果陷入
　　　絕境，幾乎覆滅。

大宛：西域國名。**玉關**：玉門關，通往西域最重要的關塞。**寇戰**：同外敵作戰。**平城**：山西縣名。**西**：象徵福澤不降之處。**幾**：危險。

＊前兩句見《史記‧大宛列傳》，漢武帝兩次出關攻打大宛，結果慘勝。此處借喻出兵不當。

＊後四句見《史記‧陳丞相世家》：「（高帝）卒至平城，為匈奴所圍，七日不得食。」史稱白登之圍。

1 乾：汎汎柏舟，流行不休。耿耿寤寐，心懷大憂。仁不逢時，復隱窮居。

　　乘著柏舟，順流而行不停止，起床或就寢心中都掛念著，心中懷著偌大的憂慮。仁者沒遇到時機，又恢復隱居不出。

註釋：應屯聚陽氣。仁者時時憂國憂民，想要出仕淑世，但時不
　　　我予，又返回隱居。

汎汎：順流無阻。**柏舟**：柏木作的小舟；《詩經‧柏舟》言仁而不遇。**耿耿**：心中掛念。**寤寐**：音位妹，起床與就寢，形容無時不刻。**窮居**：隱居不仕。

＊《詩經‧柏舟》：「泛彼柏舟，亦泛其流。耿耿不寐，如有隱憂。」衛頃公時，仁人不遇，小人在側。

2 坤：**採薪得麟**，大命隕顛。豪雄爭名，天下**四分**。

　　採拾柴火的人捕得麒麟，孔子的天命殞落顛覆。豪傑英雄爭奪名位，天下四方分裂。

註釋：屯聚陰氣。小人崛起，聖人敗亡，天下陷入混戰與分裂。

採薪：比喻低微的人。**四分**：天有四方，故以四分象徵天下分裂。

*《左傳‧哀公十四年》載：西狩獲麟，狩之薪采者也，薪采者則微者也。子曰，「噫！天喪予。」

4 蒙：山崩谷絕，天福盡竭。**涇渭失紀，玉庲盡已**。

　　山崩塌，谷裂絕，上天所賜福澤已竭盡。涇水和渭水失去綱紀不再分明，國運已窮盡。

註釋：屯聚蒙昧。環境崩絕，地利、天時、人和皆不復存在，國家敗紀滅亡。

涇渭：涇水和渭水，一濁一清，向來涇渭分明。**玉庲**：國運。**已**：盡。

5 需：夏臺羑里，**湯文**所厄。**鬼侯俞賄，商王解舍**。

　　成湯被夏桀關在夏臺，周文王被商紂關在羑里，兩人因而困厄。鬼侯進行貪汙賄賂，商王紂免除他的徭役。

註釋：屯聚等待時機，準備日後行動。上位殘暴昏昧，君子被囚禁，小人卻得利。

湯：商湯，以革命推翻夏朝。**文**：周文王。**鬼侯**：殷時之諸侯。**俞賄**：貪污與賄絡。

解舍：免除徭役。

*《戰國策‧趙策三》：「鬼侯有子（女）而好，故入之於紂，紂以為惡，醢鬼侯。」故後兩句僅為借喻。

6 訟：**泥津汙辱**，棄捐溝瀆。所共笑哭，終不顯錄。

　　被泥水玷汙，丟棄於溝渠。被人所共同嘲笑或哀嘆，終身不

能顯達錄用。
註釋：屯聚爭訟。一身汙穢，眾人唾棄或憐憫，終身無法顯達。
泥津：泥水。**汙辱**：玷汙。**捐**：棄。**瀆**：溝渠。**哭**：《玉篇》：「哀之發聲。」

7 師：李梅冬實，國多盜賊。擾亂並作，君不能息。

　　李子跟梅子冬天結果（本應夏天），天候異常，國度裡多有盜賊。騷擾作亂並起，國君無法憩息。
註釋：屯聚變成戰亂。天時顛倒，盜賊併作，動亂不已，國政不安。
*《漢書‧楚元王傳》：「李梅冬實，七月霜降……禍亂輒應。」

8 比：獐鹿逐牧，飽歸其居。反還次舍，無有疾故。

　　香麝追逐牧草，飽食之後歸返居處。返回到住處，沒有疾病傷亡。
註釋：屯聚且比附。日出而做，日落而息，安居樂業。
獐鹿：麝，有香味，象徵珍貴。**逐**：追求。**牧**：比喻頤養。**次舍**：息宿之處。

9 小畜：夾河為婚，期至無船。淫心失望，不見所歡。

　　在河邊指定婚約，時期到了卻沒有船來。大心願失去所望，不見伴侶來到。
註釋：屯聚但蓄小勢弱。與人約定要親密結盟，但沒有實現，無法發展，大失所望。
夾：邊側；《集韻》：「俠與夾通，傍也。」見註。**為婚**：指定婚約，如指腹為婚。
淫：大。**所歡**：伴侶。
*《史記‧秦本紀》：「晉厲公初立，與秦桓公夾河而盟。」

10 履：百足俱行，相輔為強。三聖翼事，王室寵光。

一百隻腳一起行動，相輔相成成為強國。三位聖人輔佐政事，王室尊寵光耀。

註釋：屯聚之後履行。所有都行動起來，合作成就大力量，有眾多大賢能輔政，國家康強。

百足：比喻眾人行動。**三聖**：指周文王、周武王、周公建立周朝。**翼**：輔助。

11 泰：坐位失處，不能自居。賊破王邑，陰陽顛倒。

皇帝執政但處置失當，百姓不能自在安居。亂賊攻破京城，陰陽因而顛倒。

註釋：屯聚才能康泰。君主執政失策，人民不能安居，叛賊起兵，篡位變天。

坐位：皇帝坐上龍椅執政。**王邑**：京城。

12 否：登几上輿，駕駟南遊。合從散橫，燕齊以強。

登上凳子上車，駕著四匹馬拉的大車向南方遊說各國。以合縱破解連橫政策，燕齊因而圖強。

註釋：屯聚狀態閉塞，開始交流。拓展國際關係，團結抵禦強權，各國盡棄前嫌，共同圖強。

几：凳，上馬或上車時踩的小凳。**輿**：車或轎。**駟**：四匹馬拉的大車。**南**：象徵光明的方向。**合從**：合縱政策，聯合六國抗秦。**散**：分解。**橫**：連橫政策，利誘六國分別與秦國和好。**燕齊**：兩國相鄰為世仇，此處比喻放棄間隙，形成合縱。

＊ 公孫衍等人倡導合縱政策，六國聯合抗秦。

＊ 後兩句另解，燕、齊是離秦國最遠的國家，故比喻連最疏遠的國家都結盟了。

13 同人：三孫荷弩，無益於輔。城弱不守，邦君受討。

三個退縮的人揹著弓弩，無益於輔衛京城。城池疲弱無法防

守,國君受到討伐。
註釋:應該屯聚且同仁。雖有實力一戰,但部屬退縮潰散,沒有
　　　守護之力,團隊因而被擊敗。
三:比喻多。**孫**:遜也,逃避。**弩**:用機械發射的弓箭。**輔**:護衛。

14 大有:河伯大呼,<u>津</u>不得渡。船空無人,往來<u>亦</u>難。

　　　河神大聲呼喊,渡口不能渡過。船裡空無一人,往來非常困難。
註釋:屯聚之勢大大有之。對外發展充滿危險,又沒有夥伴同行,
　　　止步才是上策。
津:渡口。**亦**:語助詞,無義。

15 謙:甘露<u>醴</u>泉,太平<u>機關</u>。仁德感應,<u>歲樂</u>民安。

　　　天降甘露,地湧甘泉,太平時代出現器車。以仁德相感應,
年歲歡樂豐收,人民平安。
註釋:屯聚且謙恭。天下太平,瑞兆一一出現,行仁德而安樂,
　　　一切豐盛美好。
醴:甘泉。**機關**:器械,此處指器車,即美器和山車(篷車,車篷隆起如山,故名);
見註二。**歲樂**:豐年。
* 《禮斗威儀》:「其政太平,則醴泉湧。」
* 《禮記‧禮運》:「天降膏露,地出醴泉,山出器車。」

16 豫:重<u>茵</u>厚席,循<u>皋</u>採<u>藿</u>。雖<u>躓</u>不懼,返復其宅。

　　　重重的坐墊,厚厚的蓆子,循著高地採取豆葉。雖然跌倒但
不懼怕,又返復回家宅。
註釋:屯聚且安育。生活安定舒適,努力在鄉工作,雖有一點波折,

137

但能安居。

茵：坐墊。**皋**：音高，高地。**藿**：可食用的豆葉。**躓**：音至，跌倒。

17 隨：<u>太乙駕騮</u>，從天上來。徵我叔季，封為魯侯。

天帝駕著騼騮，從天上下來。徵召周公，封為魯國君侯。

註釋：屯聚又能隨理。上天提拔賢能，使其成立大業。

太乙：天帝，比喻皇帝。**騮**：騼騮（音流），周穆王八匹駿馬之一。**叔季**：此處指周文王第四子周公。兄弟輩分為伯仲叔季。

* 周武王封其四弟周公長子為魯公。

18 蠱：南巴六安，<u>石斛戟天</u>。所指不已，<u>耋</u>老復丁。弊室舊墟，更為新家。

南巴和六安，分別生產巴戟天和石斛。眾人指望不已，八十老人恢復成壯丁。壞掉的房室老舊的廢墟，變為新的屋室。

註釋：屯聚又整治蠱敗。猶如獲得回春的補藥，又有眾人支持，
　　　團隊再度新生。

石斛：斛，音湖，可抗衰老之藥草。**戟天**：巴戟（音己）天，滋補之藥草。**耋**：音跌，八十老人。

*《神農本草經》載，巴戟天生巴郡及下邳。又，《計然傳》載，石斛出六安。

19 臨：家<u>給</u>人足，頌聲並作。四夷<u>賓伏</u>，<u>干戈韜</u>閣。

每戶人家都充裕富足，頌揚的聲音一起大作。四方蠻夷都來進貢臣服，兵器收藏在樓閣。

註釋：屯聚而臨政。內部康泰，人民都讚美支持，外族也臣服，
　　　天下休兵太平。

給：充裕。**賓伏**：朝貢，表示臣服。**干戈**：象徵兵器。**韜**：音滔，收藏。

20 觀：東鄰嫁女，為王妃后。莊公築館，以尊王母。歸于京師，季姜悅喜。

美女要出嫁，成為國王的妃后。鄭莊公修築公館，用來尊奉母后。嫁到京師，季姜愉悅喜慶。

註釋：屯聚又能觀省。溫良美好，並能與人親密結盟，歡喜的獲得尊貴的好歸宿。

東鄰：象徵美女。**莊公**：鄭莊公，初和母親斷絕，後又和好。**館**：仕宦的寓所。**歸**：嫁。**季姜**：紀國國君之女，後嫁為周桓公。
* 本條用三位女性以強調溫良，以及能夠孳生繁衍。

21 噬嗑：陳妻敬仲，兆興齊姜。營丘是適，八世大昌。

嫁女兒給陳敬仲，並預言將興盛於姜姓的齊國。到了齊國首都營丘，八世之後大為昌旺。

註釋：屯聚又有法治。有好的徵兆，轉換地方後定居深耕，將來註定大為顯貴。

妻：以女嫁人。**敬仲**：陳國公子陳完，諡敬仲，至齊後改姓田，為田姓始祖。**兆**：預言。
齊姜：齊國分為姜齊和田齊兩個時代。**營丘**：齊國首都，後稱臨淄。**適**：至。
*《史記·田敬仲完世家》載，陳國公子完逃至齊國，受齊桓公重用，並改姓田（古陳田同音），齊懿仲想將女兒嫁給他，卜卦得知，八世之後他的子孫將為京城最大。（後田氏子孫篡齊，稱田齊。）

22 賁：路多枳棘，步刺我足。不利旅客，為心作毒。

路上有很多枳木和荊棘，步行便刺傷腳足。不利於行旅外出，心中生起惡念。

註釋：應屯聚且整飾。前途布滿危險，動輒受傷，應該屯居整備，不要怨怒。

枳、棘：皆枝有刺的植物。**客**：外出。

23 剝：<u>天官列宿</u>，<u>五神共舍</u>。宮<u>闕</u>光堅，君安其居。

天上的神仙、星宿、五行星神共同住宿。皇宮光耀堅固，國君安居在其中。

註釋：屯聚克服剝落。眾神都聚集在一起，國家也光耀安全。

天官：天上神仙。**列宿**：天上的星宿。**五神**：木火土金水，五星神與五行神。**舍**：居住。
闕：音卻，皇宮。

24 復：<u>牧羊稻園</u>，聞虎呻喧。懼畏<u>惕息</u>，終無禍患。

牧羊並在田園種稻，聽見老虎呻吟喧鬧。恐懼驚畏的喘息，最終沒有禍患。

註釋：屯聚狀態恢復。經營家業，但有惡人覬覦，能慎戒恐懼，所以化險為夷。

稻：此處做動詞。**惕息**：害怕而喘息。

25 無妄：<u>鳴條</u>之<u>圖</u>，北奔<u>犬胡</u>。<u>左衽</u>為長，國號匈奴。主君<u>旄頭</u>，立尊<u>單于</u>。

夏桀的兒子在鳴條這地方，向北方投奔像狗一樣的胡人，成為夷狄領袖，國號匈奴。君主侍衛隊持著國王的旗幟，尊立他為單于。

註釋：屯聚且不虛妄。被人襲擊後，轉移陣營生聚教訓，仍為一方之霸。

鳴條：商湯打敗夏桀的地方，後夏桀及其族人被放逐在此。**圖**：版圖，疆域。**犬胡**：像狗一樣的胡人；見註二。**左衽**：夷狄服裝前襟向左側開，象徵夷狄。**旄頭**：旄音毛，侍衛隊國王的旗幟。**單于**：匈奴的領袖。

＊《史記‧索隱》：「夏桀無道，湯放之鳴條，三年而死。其子獯粥妻桀之眾妾，避居北野，隨畜移徙，漢族謂之匈奴。」

＊《漢書‧匈奴傳上》：「胡者……單于身殺其父代立，常妻後母，禽獸行也！」

26 大畜：剋身潔己，逢禹巡狩。錫我玄珪，拜受福佑。

約束己身，潔身自愛，遇到大禹巡行視察天下。被賜予黑色的諸侯珪玉，跪拜接受福祿與庇佑。

註釋：屯聚而有大積蓄。遵守德行因而受貴人提拔，尊貴且有福澤。

剋：約束。**巡狩**：狩音受，天子巡行視察諸國。**錫**：賜也。**玄珪**：黑色的珪玉，諸侯在大典時所持的玉器。

*《書‧禹貢》：「禹錫玄圭，告厥成功。」

27 頤：冬華不實，國多盜賊。疾病難醫，鬼哭其室。

冬天的花朵不會結果實，國家多有盜賊。禍害難以醫治，鬼魂在墓穴哭泣。

註釋：屯聚才能頤養。物質缺乏，法治敗壞，無法挽回，死期已至。

華：花也。**疾、病**：禍害。**室**：墓穴。

28 大過：襄送季女，至于蕩道。齊子旦夕，留連久處。

齊襄公送行文姜去嫁人，到達魯國平蕩的大道。文姜早上和晚上，都在連續停留，長久滯留不去。

註釋：屯積大過錯。不遵行禮法，放蕩淫逸，應該放手卻還一直留戀。

襄：齊襄公，與妹文姜亂倫。**季女**：少女，此處指文姜。**齊子**：指文姜。

*《詩經‧南山》：「魯道有蕩，齊子由歸。既曰歸止，曷又懷止？」

29 坎：朽根倒樹，花葉落去。卒逢火焱，隨風偃仆。

根部朽爛樹木倒下，花與葉零落凋去。突然遭逢火焰，隨風倒下。

註釋：屯聚狀態已落陷。根基腐敗，團隊崩壞，成員離散，突遇

劫難，隨即覆滅。

卒：猝也。**焱**：焰也。**偃仆**：音演撲，倒下。

30 離：陰變為陽，女化作男。治道得通，君臣相承。

　　陰變為陽，女化作男（小人變為君子）。治國之道通暢，君臣相互承托。

註釋：屯聚且相附著。君臣無間，政通人和，小人被教化成君子。

＊《史記‧魏世家》：「張儀相魏，魏有女子化為丈夫。」

31 咸：炎絕續光，火滅復明。簡易理得，以成乾功。

　　火焰滅絕了又接續恢復光明，簡單平易，真理能被得知，完成上天的功德。

註釋：屯聚且感應正道。感應大道至簡的真理，所以起死回生，順天而行而立業。

炎：火焰。**乾**：以乾卦象徵上天。

＊《繫辭上》：「易簡而天下之理得矣。」

32 恆：多載重負，捐棄于野。予母誰子，但自勞苦。

　　承載太多，負荷太重，被丟棄在郊野。每個母親和孩子，只能自己勞苦活著。

註釋：屯聚才能頤養。能力不足，無法多負荷，夥伴相互拋棄各自謀生。

捐：棄。**予、誰**：在此泛指任何人。**但**：只、僅。

33 遯：江河海澤，眾利安宅。可以富有，飲御嘉客。

　　江河大海水澤，有眾多利祿能安定家宅。可以富饒豐有，用

美酒侍候嘉賓貴客。
註釋：屯聚且隱遁沉潛。環境美好豐盛，可以安家致富，大家分
　　　享共好。（但不宜前進發展）
御：侍。

34 大壯：冬採薇蘭，地凍堅坼。利走室北，暮無所得。

冬天要摘採薇菜和澤蘭，但大地凍結，堅硬裂開。追逐利益，離開屋室，到了日暮仍無所得。
註釋：屯聚才能壯大。先前沒有積蓄，如今蕭條敗壞才要行動，
　　　一切徒勞無功。
薇：野豌豆，平民常摘食。**蘭**：古時多指澤蘭，多有藥效。**坼**：音撤，裂開。**走**：趨，追逐而往。**北**：背也。

35 晉：烏鳴嘻嘻，天火將起。燔我室屋，災及姬后。

烏鴉不斷鳴叫，閃電引起的大火即將發生。燒了房室屋舍，災禍波及宋伯姬身上。
註釋：屯聚後應前進。意外災難發生，不懂變通遠離，就會遇害。
嘻嘻：烏鳴聲。**天火**：閃電引起的大火。**燔**：音凡，焚燒。**姬后**：宋伯姬，宋共公夫人，象徵貞節。
*《左傳‧襄公三十年》：「烏鳴于亳社，如日譆譆，甲午，宋大災，宋伯姬卒，待姆也。」宋國大火，宋伯姬因保母未來夫人不能離開的規定，堅持不去而被燒死。

36 明夷：蠆室蜂戶，螫我手足。不可進取，為身害速。

想要摘取蟲穴與蜂巢，卻被叮咬手腳。不可以前進求取，身命很快會受到傷害。
註釋：應屯聚且不虛妄。鋌而走險，很快就受到傷害，應留止安駐。
蠆：音柴四聲，像蠍子的毒蟲。**螫**：音遮，被蛇蟲的牙刺所叮。

143

37 家人：崔嵬北嶽，天神貴客。溫仁正直，主布恩德。閔哀不已，蒙受大福。

　　高聳的北嶽恆山，有天神貴客。溫良仁厚公正剛直，散布恩惠德澤。哀憫不曾停止，眾生蒙受大福澤。

註釋：屯聚且親如家人。國家有如仙境，君主施仁布恩，體恤百姓，
　　　人民深受福澤。

崔嵬：音催維，山勢高聳。**北嶽**：恆山，象徵天道永恆。**閔**：憫也，憐恤。**哀**：《說文》：「哀，閔也。」

38 睽：伯蹇叔盲，莫與守床。失我衣裘，伐民除鄉。

　　兄長跛腳，小弟眼盲，又不一起守護床鋪。失去衣裳和皮衣，轄伐鄉民。

註釋：屯聚已睽離。成員喪能失德又不同心協力，遭受損失還向
　　　他人興師問罪。

蹇：跛腳。**裘**：皮衣。**伐、除**：誅滅。

39 蹇：為季求婦，家在東海。水長無船，不見所歡。

　　為小弟求取媳婦，婦家在遙遠的東海。河水已漲卻不見船隻，沒見到伴侶。

註釋：屯聚變蹇跛。想要與人結盟孳生，但一直等待，對方毫無
　　　訊息，無法繁衍。

季：最小的兄弟。**長**：漲也。**所歡**：伴侶。

40 解：山陵丘墓，魂魄失舍。精神盡竭，長寢不覺。

　　山陵上的墳墓，魂魄找不著舍處（魂魄找不著山陵上的舍

處──墳墓）。最後精力與心神絕盡耗竭，長眠不醒。
註釋：屯聚狀態解離。家國滅亡，亡民找不到歸宿，最後也滅亡了。
丘：墳墓。**失**：找不著。**舍**：鬼魂的舍處是墳墓。**長寢**：死亡。

41 損：<u>跛牛失角，下山傷軸</u>。失其利祿。

跛腳的牛又失去犄角，下山時傷了車軸。失去利益與福祿。
註釋：屯聚狀態受損。工作受創，連回家時都受到傷害，失去資產。
跛：音其，跛。**軸**：貫穿車輪中心，控制輪子轉動的橫桿。

42 益：<u>水戴船舟，無根以浮</u>。<u>往往溶溶</u>，心勞且憂。

水載著船舟，沒有根而漂浮著。每處都水勢盛大，心力勞累且憂慮。
註釋：屯聚才能益增。動盪漂泊，沒有根本，四處遷徙艱難，身心疲勞。
戴：載也。**往往**：處處。**溶溶**：水勢盛大。

43 夬：有鳥來飛，集于<u>古</u>樹。鳴聲可惡，主<u>將出去</u>。

有鳥飛過來，聚集在古樹上。鳴叫聲令人厭惡，主人執行驅離。
註釋：要屯聚應明決。小人過來聚集，盤據別人既有地盤，形成喧賓奪主，因而被主人驅逐。
古：本來就有的。**將**：執行。**出**、**去**：驅逐。

44 姤：東徙不時，<u>觸患離憂</u>。井泥無<u>濡</u>，思<u>叔</u>舊居。

向東遷徙，時局不佳，遭遇患難，罹患憂傷。井底的泥土不潮濕，思念叔父的舊居。

註釋：應屯聚且相邂逅。不能團結整治，遭逢禍患，只能逃難，
　　　去處蕭索，思念故地。
觸：遇到。**離**：罹也，遭受苦難或不幸。**濡**：音儒，潮濕。**叔**：對小諸侯稱呼叔父
或叔舅。
＊《史記・周本紀》：「至犬戎敗幽王，周（平王）乃東徙于洛邑。」

45 萃：黃帝所生，伏羲之宇。兵刃不至，利以居止。

　　　黃帝所生的後代，住在伏羲的國境，戰爭不會到達，安順的起居行止。

註釋：屯聚且相薈萃。傳承聖人道統，生活在文明國度，沒有戰亂，
　　　生活安定。
黃帝：華夏始祖；見註。**伏羲**：曾稱王天下，建立文明；見註。**宇**：國境。**兵刃**：戰爭。
利：安順。
＊《論衡・奇怪》：「五帝、三王（夏、商、周）皆祖黃帝。」
＊《白虎通德論・聖人》：「古者伏羲氏之王天下也，於是始作八卦。」

46 升：東山救亂，處婦思夫。勞我君子，役無休已。

　　　男丁到東山拯救戰亂，處在家裡的婦女思念丈夫。人民備極辛勞，勞役無法休止。

註釋：屯聚才能上升，宜休生養息。男丁被徵召遠行，婦人在家
　　　無法孳生，百姓備極艱辛，王事遙遙無期。
東山：象徵遠征或遠行之地。**君子**：對人的尊稱。

47 困：跛躓未起，先利後市，不得鹿子。

　　　跛腳跌倒沒爬起來，原先有利機後卻延遲交易，沒有得到小鹿。

註釋：屯聚變受困。遇到波折未能振作，無法延續利機與繁衍狀態。

躓：音至，跌倒。市：交易。鹿：象徵祿。子：象徵孳息。

48 井：大蛇當路，使季畏懼。湯火之災，切近我膚。賴其天幸，趨於王廬。

　　大蛇擋住道路，使劉邦心生畏懼。沸水和熾火的災難，靠近肌膚。仰賴上天的福分，還是快步走向大屋。

註釋：屯聚且井然。原本前途險惡，嚴重災害降臨，但處變不驚又獲得天助，於是平安返回。

當：擋也。季：漢高祖劉邦，本名季。湯：沸水。切：靠近。切膚：即切身。幸：福分。
趨：快步向前走。王：大。

*《史記・高祖本紀》載，嫗曰：「吾，白帝子也，化為蛇，當道，今為赤帝子斬之，故哭。」漢高祖為赤帝之子，於路上斬殺白帝之子化身的白蛇，推翻秦朝登上皇位。

49 革：從容長閒，遊戲南山。拜祠禱神，使神無患。

　　從容不迫，恭謹嫻雅，在南山悠遊。祭拜禱告神明，神靈未起憂患。

註釋：屯聚且能革新。從容自守而且虔誠，有神明保佑。

長：恭謹敦厚。閒：嫻也，雍容嫻雅。戲：嬉，遊。南山：山南水北為陽，象徵光明。
祠：祭祀。

50 鼎：區脫康居，慕義入朝。湛露之歡，三爵畢恩。復歸野廬，與母相扶。

　　康居人從國界崗哨，仰慕漢族的德義入朝晉見（仰慕漢族德義，康居人從國界崗哨入朝晉見）。君主賜予歡喜的厚澤，三杯美酒的恩賜完畢，又返復到野外的草廬，和母親共相扶持。

註釋：屯聚且鼎盛。外族慕德都來尋求教化，君主給予許多恩澤，

147

使其回去傳播禮教,並且與原族人安居。

區脫:與匈奴邊界的土堡崗哨。**康居**:漢時西域的外族。**湛露**:濃重的露水,象徵君主恩惠深厚。**三爵**:古以飲酒三爵為禮。**爵**:有三隻腳的小酒器。

*《西域傳》:「至成帝時,康居遣子侍漢,貢獻。」

51 震:<u>龜鱉列市,河海饒有</u>。<u>長錢善價,商李悅喜</u>。

龜與鱉陳列於市集,河流和大海富饒多有。收足錢數且價格美好,商旅喜悅。

註釋:屯聚之後震奮。擁有美好豐沛的環境與物資,經營牟利,歡喜有成。

龜:比喻美好之物,如元龜象齒。**鱉**:比喻美好的食物,如炰鱉膾鯉。**長錢**:足數的錢。
商李:商旅。

52 艮:年常蒙慶,今歲受福。<u>三夫採葩,出必有得</u>。

長年蒙受吉慶,今年也蒙受福澤。三個農夫採取美麗花朵,出去必有所得。

註釋:屯聚克服受阻。一直都有福澤,今年眾人也一起生產,美好豐收。

三:象徵多。**葩**:音趴,華麗的花。

53 漸:二人俱東,道路爭訟。意<u>乖</u>不同,使君<u>怓怓</u>。

兩人一起去東方,路上發生爭訟。意見乖離相異,使人吵擾不安。

註釋:應屯聚且循序漸進,不要躁進。團隊出發之後,意見強烈不合而內鬥。

二人:象徵周邊的人。**東**:象徵粗鄙之地。**乖**:違背,乖離。**怓怓**:音兄,吵嚷、動亂不安。

54 歸妹：樹我藿豆，鹿兔為食。君不恤護，秋無收入。

種植豆子，鹿和兔子將其吃掉。不好好培育保護，秋天時沒有收入。

註釋：應屯聚且相歸依。成果被外人竊取，不能好好守護，後來一無所得。

樹：種植。**藿**：豆類植物。**恤**：撫養。

55 豐：黃鳥悲鳴，愁不見星。困於鷙鳥，鸇使我驚。

黃鶯悲戚的鳴叫，哀愁不能見到星光。被鷙鳥圍困，鸇鳥也使人驚怕。

註釋：屯聚才能豐盛。環境陰晦，百姓哀戚，惡人也一直伺機進攻，應團結守護。

黃鳥：黃鶯，比喻哀戚的弱者。**鷙**：鷙音至，凶猛的鳥類。**鸇**：音沾，一種猛禽。

56 旅：雙鳧俱飛，欲歸稻食。經涉萑澤，為矢所射，傷我胸臆。

兩隻野鴨一起飛行，打算前往稻田覓食。經過蘆灘時，被箭所射中，傷到胸膛。

註釋：該屯聚卻去旅歷。與夥伴外出謀生，中途被惡人埋伏加害，傷勢嚴重。

雙：象徵周遭的人。**鳧**：音服，野鴨。**歸**：趨往，如歸趨。**經、涉**：經歷。**萑澤**：萑音環，長蘆葦的沙洲或沙灘，象徵盜賊隱藏之處。**矢**：箭。**臆**：胸膛，比喻要害。

57 巽：久客無依，思歸我鄉。雷雨盛溢，道未得通。

長久客居在外，沒有依靠，想要歸返故鄉。雷雨大作，水流盛大滿溢，道路無法通行。

註釋：應屯聚才能安順。滯留在外孤苦營生，想返家安居，歸途又滿是險阻，無法通行。

58 兌：道路僻除，南至東遼。衛子善辭，使國無憂。

　　道路已開闢整治，光明的到達遼東。衛滿善於辭令，使國家沒有憂患。

註釋：屯聚且相悅。建設有成，並向外發展外交到遠方，國家安定。

僻：闢也。**除**：整治。**南**：光明的方向。**東遼**：遼東。**衛子**：衛滿。

*《史記．孝武皇帝紀五》：漢高祖時燕王盧綰造反，燕將衛滿率眾逃亡盤據遼東，後入韓推翻古朝鮮建立衛滿朝鮮，最後封為漢朝藩屬，保護塞外安全。

59 渙：同枕同袍，中年相知。少賈無失，獨居愁思。

　　共用睡枕與衣袍，期間相知相惜。少有買賣，空無失落，獨自居住憂愁思念。

註釋：屯聚狀態已渙散。原本親愛團結，同甘共苦，後來各自發展，卻都不順利。

中年：期間。**賈**：音古，買賣。

60 節：眾神集眾，相與議語。南國虐亂，百姓愁苦。興師征討，更立賢主。

　　眾神聚集，互相發言議論。南方國度暴虐紛亂，百姓憂愁艱苦。興兵出師征討，更換新立了賢主。

註釋：應屯聚且有節度。美好的國度被暴君肆虐，天祐百姓加以殲滅，新立賢君。

南國：比喻光明的國度。

61 中孚：**北陸**閉蟄，隱伏不出。目盲耳聾，道路不通。

冬天時閉鎖蟄伏，隱藏潛伏不出。眼睛盲了，耳朵聾了，道路也不通。

註釋：應屯聚且忠信。環境蕭條，人又蒙昧不清，難以外出發展，應好好蟄伏。

北陸：北方陸地，比喻冬天。

62 小過：痴狂妄作，心**誑善**惑。迷**行**失路，不知南北。

愚痴瘋狂，妄作非為，心性容易迷亂。迷失了路途，不知道方向。

註釋：屯聚小過，成為大過。癡心妄想，胡作非為，終於迷失了自我與方向。

誑：《玉篇》：「惑也。」**善**：容易，如善感。**行**：道路。

63 既濟：棟隆輔強，寵貴日光。福善並作，樂以高明。

棟樑隆起，輔助力強大，尊寵高貴有如日光。做了善事，福氣也會並生，高潔明亮而喜樂。

註釋：屯聚已完成。強大而且尊貴，有德性能行善，因此有福樂。

64 未濟：愛我嬰女，牽衣不與。冀幸高貴，反曰賤下。

愛護年幼的女兒，牽她衣服卻不跟隨。期盼她高雅尊貴，反而輕佻卑下。

註釋：屯聚尚未形成。給予無知者關愛，期待能茁壯尊榮，但卻自甘墮落。

嬰：《集韻》：「關中謂孩子曰嬰。」**冀、幸**：期盼。**曰**：語助詞，無義。

4 蒙

4 蒙：何草不黃，至未盡玄。室家分離，悲愁於心。

　　有甚麼草木不枯黃？到後來全部焦黑。家眷分離，悲傷憂愁在心裡。

註釋：應啟蒙又啟蒙，太過蒙昧。上位倒行逆施，出征徭役不止，
　　　環境都乾焦了，家人都別離分開。

未：未來。**玄**：黑色。**室家**：配偶家眷。

*《詩經・何草不黃》：「何草不黃……何草不玄？何人不矜？哀我征夫，獨為匪民。」諷刺周幽王暴政。

1 乾：海為水王，聰聖且明。百流歸德，無有叛逆，常饒優足。

　　大海是萬水之王，聰敏神聖而且光明。百川有趨向它的德行，沒有背叛違逆，長久富饒優渥豐足。

註釋：啟蒙又陽健。有大海包納百川的智慧和德行，四海歸心，
　　　國家長富久安。

水：泛指各種大小河流。**歸**：趨往，如歸趨。

2 坤：天之所有，禍不過家。左輔右弼，金玉滿堂。常盈不亡，富如敖倉。

　　天下所有地方，禍患不會經過家裡。周邊都有輔助，金玉堆滿房堂。長久充盈，不會缺無，富有的好像糧食產地一樣。

註釋：啟蒙又溫良。普天之下，災禍不至，周邊都有輔助的人，
　　　大為富足。

左、右：比喻周邊。**輔、弼**：幫助。**敖倉**：河南縣名，為重要穀作產地，後世喻為糧倉。

3 屯：<u>安息康居</u>，異國<u>穹廬</u>。非吾習俗，使我心憂。

安息和康居，住的是異國的氈帳。不是我們的習俗，使人心情憂悶。

註釋：啟蒙才能屯聚。風俗相異難以和同，加強教化才能共處。

安息、康居：漢朝西域兩個相鄰的外族國家。**穹廬**：遊牧民族用毛氈搭的帳篷。

5 需：<u>范公鴟夷</u>，善<u>賈</u>飾資。東<u>之</u>營丘，易字子皮。把珠<u>載</u>金，多得利歸。

范蠡，善於買賣和治理資產。向東到了齊國營丘，更易名字為子皮。手拿寶珠身戴黃金，得到很多利益又都歸還鄉里。

註釋：啟蒙又能耐心等待。有智慧，知所進退，另謀發展，也獲
　　　得龐大財富，又能布施出去。

范公、鴟夷：范蠡，後改名為鴟夷子皮，人稱陶朱公。**賈**：音古，買賣。**飾**：治理。
之：至。**營丘**：姜太公封於齊，定都於此。**載**：戴也。
*《史記‧越王句踐世家》：「范蠡浮海出齊，變姓名，自謂鴟夷子皮……致產數十萬……盡散其財，以分與知友鄉黨。」

6 訟：老楊日衰，條多枯枝。爵級不進，<u>遂下摧隤</u>。

老邁的楊樹日漸衰落，枝條多所枯萎。爵位等級沒有晉升，還被下貶折毀。

註釋：應啟蒙卻爭訟。已經太為枯衰，沒有成長，還被貶抑。

遂：墜也。**摧隤**：摧頹、摧折。

7 師：小<u>狐</u>渡水，污<u>濡</u>其尾。利得無幾，與道合契。

153

小狐狸要渡水過河，污水浸濕了尾巴。利祿所得沒多少，這與道理相契合。

註釋：應啟蒙卻出師。還未長成就行動因而遭遇風險，獲利微薄乃理所當然。

狐：象徵貿進。**濡**：音儒，浸濕。

8 比：豕生魚魴，鼠舞庭堂。奸佞施毒，上下昏荒，君失其國。

豬生出魴魚（註一），老鼠在廳堂亂舞（註二）。花言巧語的諂媚，施用毒計，朝廷上下都昏惑荒誕，君主失去國家。

註釋：啟蒙應比附君子。奸人像妖孽繁衍並變得尊貴，而且在廟堂作亂，小人口蜜腹劍，上下都昏昧終於顛覆。

豕：音史，家豬。**魴**：音防，鯉科魚類，鯿魚，象徵尊貴。**庭**：廳堂。**奸佞**：花言巧語的諂媚。

*《呂氏春秋‧明理》：「其妖孽有生如帶……有豕生狗。」依此句型，凡不合常理而生則為妖孽。

*《漢書‧五行志》：「燕有黃鼠銜其尾舞王宮端門中……時燕剌王旦謀反將死之象也。」

9 小畜：天地配享，六位光明。陰陽順序，以成和平。

祭祀天地並以先祖配祭，六爻都光明。陰陽順序調和，成就了和平之業。

註釋：啟蒙且持續小蓄。順從天道與倫理，天下光明，陰陽和諧，萬物以成。

配享：古帝王祭天，以先祖配祭。**六位**：以六爻象徵萬物。

10 履：踝腫足傷，右指病癃。失旅後時，利走不來。

腳踝和後腳跟受傷,右指患了膿瘡。與旅團失聯,延誤時機,利益離走不再來臨。

註釋:啟蒙才能履行。前進執行和夥伴都受到傷害,進度落後大
　　　眾,損失機會和利益。

踵:後腳跟,指地位低下。**右**:佑也,比喻協助者。**癰**:音雍,音庸,膿瘡。

11 泰:異體殊患,各有所屬。四鄰孤媼,欲寄我室。王母罵詈,求不可得。

不同的群體有不同的憂患,各有各的屬類。四方鄰里的孤苦老婦,希望寄居我家。祖母責罵她們,請求沒有獲得允許。

註釋:啟蒙才能康泰。不相隸屬,各有各的問題,大家不互相支援,
　　　無法解決問題。

殊:不同。**四**:象徵四方各地。**媼**:音襖,老婦。**王母**:祖母。**詈**:音利,責罵。

12 否:操耜鄉畝,折貨稷黍。飲食充口,安利無咎。

操著鐵鍬在家鄉田畝耕作,對換貨物和五穀。飲食能夠填飽口腹,平安順利沒有災禍。

註釋:啟蒙克服閉塞。在家生產,交換有無,能夠溫飽,安順無虞。

耜:音四,鐵鍬。**折**:對換,以物抵算他物。**稷黍**:泛指五穀。**充**:填滿。

13 同人:所受大喜,福祿重來。樂且日富,蒙慶得財。

蒙受很大喜慶,福祿雙重來到。快樂且每日富足,蒙受吉慶並得到財富。

註釋:啟蒙且同仁。時時蒙受碩大的福祿和財富。

14 大有：舉盃飲酒，無益溫寒。指直失取，亡利不懌。

舉起杯子飲酒，卻無益於身體暖和。手指僵直失去取得的物品，失去利祿，心不歡喜。

註釋：啟蒙才能大富有。有資源也無濟於事，因不靈巧，到手的利益都失去了。

盃：杯也。懌：歡也。

15 謙：日月相望，光明盛昌。三聖茂承，功德大隆。

日月相互對照，光明昌盛。三位聖人接續繁榮，功績與德行盛大昌隆。

註釋：啟蒙且能謙恭。君主德行光明，繁榮代代相傳，相承碩大的德業。

三聖：指周文王、周武王、周公建立周朝。

16 豫：狷夫爭強，民去其鄉。公孫叔子，戰於瀟湘。

狡猾的人爭勝好強，人民離開故鄉。段叔和公孫滑父子謀反，在湘瀟二水大戰。

註釋：啟蒙才能安育。奸人爭權，百姓流離失所，最後奸人發動篡位大戰，國家紛亂。

狷、公孫：公孫滑，共叔段之子。叔子：共叔段，鄭莊公之弟，舉兵篡位攻入京城。

瀟湘：湖南的瀟水與湘水，象徵鄭莊公定都之湖南。

＊《左傳・隱公元年》：「鄭共叔之亂，公孫滑出奔衛。」

17 隨：猿墮高木，不踒手足。還歸其室，保我金玉。

猿猴自高木墜下，手腳沒有骨折。回到房室，保存了金玉珍寶。

註釋：啟蒙且隨理。縱使受到折難，也沒有災禍，一切完好如初。
踒：音威，腳骨折。

18 蠱：逐狐東山，水遏我前。深不可涉，失利後便。

　　追逐狐狸到達東山，河水遏止前進。水深無法涉過，失去利益並延誤時機。

註釋：應啟蒙且整治蠱敗。想追求美好，但目標過遠、障礙過大，
　　　能力不足無法達成，失去利益和機會。

狐：象徵珍貴。**東山**：象徵遠征或遠行之地。**遏**：音俄，阻止。**便**：有利的機會。

19 臨：鑿井求玉，非卞氏寶。名困身辱，勞無所得。

　　鑿井想要求得美玉，但採得的並非和氏璧。聲名困厄人身受辱，勞苦而無所得。

註釋：啟蒙才能臨政。想追求美境但作為疏懶，未達成目標，徒
　　　勞無功還身敗名裂。

卞氏寶：和氏璧為楚國卞和所發現，故亦名之。
*《韓非子 · 和氏篇》：「楚人和氏得玉璞楚山中。」寶玉藏於荊棘之山，而非平地井底。

20 觀：黃玉溫厚，君子所服。甘露溽暑，萬物生茂。

　　黃玉性質溫潤厚實，為君子所佩戴。甘甜的露珠，潮濕的夏天，萬物生長茂盛。

註釋：啟蒙且能觀省。持守良好的美德，時令又大好，天下茂盛
　　　昌旺。

黃玉：比喻中正的德行。**服**：佩戴。**溽**：潮濕。

21 噬嗑：**畫龍頭頸**，<u>文章</u>不成。甘言善語，説辭無<u>名</u>。

畫了龍的頭跟頸部，斑斕的花紋沒有完成。善於說甜言蜜語，說的話毫無信譽。

註釋：應啟蒙且法治。虛有其表，實無才華，只會甜言蜜語，名聲不佳。

畫龍：比喻虛有其表而無其實的事物。**文章**：紋彰也，紋彩燦美。**名**：名望、聲望。

22 賁：招禍致凶，來弊我邦。病在<u>手足</u>，不得安息。

招來禍害，延攬凶災，弊害邦國。疾病長在手腳上，不能安心養息。

註釋：應啟蒙且整飾。手足親信滿是小人，團隊招來災禍，無法安居。

手足：象徵親信。

23 剝：**履位乘勢**，**靡有**絕黻。皆為**隸圉**，與**眾庶**伍。

趁機起義登基，反正一無所有且將滅絕黻命，參與者都是奴隸，並與百姓為伍。

註釋：啟蒙克服剝落。已經無法存活，號召奴隸和百姓揭竿起義成立新政權。

履位：登基。**乘勢**：趁機。**靡有**：沒有。**隸圉**：奴隸。**眾庶**：平民。

*《史記・高祖本紀》載，劉邦押解犯人延遲將被問罪，乾脆起義反秦，後又徵召三千子弟攻占沛縣等地，終至稱帝。

24 復：獐鹿雉兔，群聚東圃。<u>盧黃白脊</u>，俱往趨逐。<u>九斔十得</u>。君子有喜。

獐鹿雉雞兔子，群聚在皇宮的園林。黑色和黃色的獵犬，弓

身露出脊背，一起趕往趨前追逐。九次咬啄，十次有所得。有德性的人有喜慶。

註釋：啟蒙狀態恢復。國家累積美好資源，英雄豪傑皆能唾手可得，君子都人盡其用。

獐鹿：麝，有香味，象徵珍貴。**雉**：音至，長尾巴的雉雞。**東囿**：皇宮園林。**盧**：韓盧，黑色獵犬，韓國之名犬。**黃**：黃犬，即獵犬。**白**：露出。**九**：象徵極多。**酢**：音則，咬。**十**：象徵滿數。

25 無妄：織金未成，緯畫無名。長子逐兔，鹿起失路。後利不得，因無所據。

　　金絲織衣尚未完成，編織的畫綢也難以描述形容。長子追逐兔子，又起身追鹿，結果迷了路。延誤利益都沒獲得，因為沒有依據。

註釋：應啟蒙且不虛妄。基業尚未完成還一團凌亂，雖已長成但未壯大，就要兩頭追逐顯耀和利祿，結果迷失延誤一無所得，因為沒有根基可作依據。

織金：用金絲織出圖案的珍貴織物。**緯**：編織。**無名**：難以描述形容。**長子**：象徵已經長大。**兔**：象徵光明。**鹿**：象徵祿。

26 大畜：天厭周德，命與仁國。以禮靖民，兵革休息。

　　上天厭惡周朝德治，將天命給予仁義之國。用禮教安定人民，兵器與戰甲都休止停息。

註釋：啟蒙才能大積蓄。舊主德性已敗，上天賦命予新主，讓他對人民施行禮教並休養生息。

靖：靜，安定。**革**：甲冑。

27 頤：**重譯賀芝，來除我憂。善說遂良，與喜相求**。

輾轉翻譯，獻上慶賀的靈芝，解除了憂患。善於言說，薦舉賢良，歡喜的相聚合。

註釋：啟蒙且頤養。諸侯對外開通和好，對內善諫舉才，與天子歡喜和合。

重譯：輾轉翻譯。**賀**：《說文》：「以禮物相奉慶也。」**芝**：比喻寶物，亦象徵德行。
遂良：薦舉賢良之士。**求**：述也，聚合。

28 大過：**膏澤肥壤，人民孔樂。宜利俱止，長安富貴**。

滋潤的雨水，肥沃的土壤，人民有大安樂。安順的一起居止，長久富裕顯貴。

註釋：啟蒙並大超越。天時地利，人民大為安居樂業，並富足尊貴。

膏澤：滋潤土壤的雨水，比喻恩惠。**孔**：大。**宜、利**：安順。

29 坎：**白龍黑虎，起鬣暴怒。戰於涿鹿，蚩尤敗走。居止不殆，君安其所**。

白龍和黑虎，豎起了背鰭和鬃毛，氣勢熾盛暴烈。在涿鹿決戰，蚩尤失敗逃走。起居行止沒有凶險，君子安居於住所。

註釋：啟蒙克服落陷。經過激烈決鬥，終於邪不勝正，開始安居行德。

白、黑：取其相對之意。**鬣**：音其，鬃毛或魚鰭。**怒**：氣勢熾盛。**涿鹿**：涿音卓，黃帝與蚩尤決戰因而統一華夏之地。

30 離：**抱關傳語，聾跛摧殆。眾賤無下，災殃所在**。

守門的人來傳達訊息，但他又聾又跛且重傷疲憊。眾人都卑賤，無出其下（見註），處處災殃。

註釋：應啟蒙且相附著。主公昏昧，幹部無能，郡國殘破，面臨
　　　崩解。
抱關：守門的人。**摧**：毀壞。**殆**：怠也，疲乏。**所在**：處處。
*《春秋繁露 ‧ 順命》：「其卑至賤，冥冥其無下矣。」

31 咸：憂禍解除，喜至慶來。坐立歡門，與樂為鄰。

憂患和禍害解除，喜事和吉慶來到。生活在歡樂的門戶裡，和喜樂親近。
註釋：啟蒙且相感應。否極泰來，大家歡樂的安居共處。
坐立：坐著和站立，比喻起居作息。**鄰**：親近。

32 恆：折鋒載殳，輿馬放休。狩軍依營，天下安寧。

折毀刀鋒和長殳，拉車的馬放牧休息。出征的軍人藏匿在兵營裡，天下安詳寧靜。
註釋：啟蒙且能持恆。搗毀各種軍備，休兵停戰，天下太平。
載：且、又。**殳**：音書，長柄勾頭的長兵器。**輿**：車。**狩**：音受，征伐。**依**：隱也，藏匿。

33 遯：至德之君，仁政且溫。伊呂股肱，國富民安。

至高德行的君主，實行仁政而且溫良。伊尹和呂尚大力輔佐，國家富有人民安康。
註釋：啟蒙且隱遁沉潛。君主不崇尚武力，任用賢良，實行德政，
　　　國富民安。
伊呂：伊尹和呂尚（姜子牙），商和周兩大開國名相。**股肱**：大腿和胳膊，象徵輔助的大力量。

34 大壯：千里望城，不見山青。老兔蝦蟆，遠絕無家。

在千里之外望向城關，沒見到山巒的青翠。老兔和蝦蟆力量薄弱，路途遙遠斷絕，無處為家。

註釋：啟蒙才能壯大。歸途遙遠，四處蕭瑟，力量薄弱，無法找到棲身之處。

蝦蟆：會吸氣鼓脹身體，虛張聲勢醜，實則小而無力。

＊ 兔與蝦蟆皆指月亮，象徵光明，加老字，亦比喻光明黯淡。

35 晉：有莘季女，為夏妃后。貴夫壽子，母字四海。

有莘氏的少女，是夏禹的母后。丈夫榮貴、兒子長壽，母親孕養的子女遍及四海。

註釋：啟蒙且前進。君子受提拔重用，德性溫良，安定君王百姓，人民繁衍遍及天下。

有莘：夏商的一個部落。**季女**：少女。**字**：嫁、孕、撫育。

＊《史記‧夏本紀》：「鯀取有莘氏女謂之女志，是生高密。」鯀是大禹的父親，高密是禹的封國。

36 明夷：不虞之患，禍至無門。奄忽暴卒，痛傷我心。

意外的患難，禍害無門而至。突然暴斃，傷痛了心扉。

註釋：啟蒙遭遇瘡痍。平白無故降臨大禍而突然覆滅，令人痛絕。

不虞：不料。**奄忽**：忽然。**卒**：死亡。

37 家人：飛鷹退去，不食鄰鳥。憂患解除，君主安居。

飛翔的老鷹撤退了，不再掠食附近的小鳥。憂慮與禍患解除，君主安心居住。

註釋：啟蒙且親如家人。禍害已遠離，雖然弱小但不再受到威脅，

能夠安居樂業。

鄰：附近的。

38 瞑：跬蹉側跌，申酉為祟。亥戌滅明，顏子隱藏。

走路跌跌撞撞，傾斜跌倒，申酉時陰氣開始作怪。亥戌時陰氣消滅了光明，顏子隱匿消失了。

註釋：啟蒙已瞑離。陽氣式微，世道便中落；陰氣旺盛，君子便殞滅。

跬蹉：音跌搓，走路跌跌撞撞。**側**：傾斜。**申酉**：分別是下午三到五點、五到七點；太陽正在偏斜與落下，陰氣開始升起。**祟**：危害。**亥戌**：分別是晚七到九點、九到十一點；陰氣在壯大、將至中天。**顏子**：顏回，復聖，安貧樂道，三十九歲早夭。

39 蹇：司祿憑怒，謀議無道。商民失政，殷人乏祀。

司祿星勃然大怒，謀劃計議消滅無道的紂王。商國人民失去政權，商人沒人祭祀。

註釋：應啟蒙卻蹇跛。荒淫無道，因而遭受天譴，國運斷絕終止。

司祿：星官名，掌管爵祿及增壽。**憑怒**：勃然大怒。**殷**：商朝。**乏**：缺，沒有。

*《史記‧宋微子世家》載，微子為紂之庶兄，不滿商紂暴政因而叛商降周，周建國後受封於宋，祭祀殷商香火。

40 解：望雞得雉，冀馬獲駒。大德生少，有瘳從居。

盼望雞卻得到雉，期待馬卻獲得駿馬。因天地大德生出子嗣，有病者痊癒並與家人同住。

註釋：啟蒙且解決問題。成果良好超乎預期，上天保佑，不但繁衍子孫，而且健康團聚。

少：小孩。**瘳**：音抽，病癒。**從居**：同住一處。

*《申鑒‧政體》：「天地之大德曰生。」

41 損：忉忉怛怛，如將不活。黍稷之恩，靈輒以存。

憂慮勞心，有如即將無法存活。趙盾有施予五穀的恩澤，靈輒存懷於心。

註釋：啟蒙且能損己益人。局勢憂患將亡，但因之前有行善積福，所以獲得回報而存活。

忉忉：音刀，憂心。**怛怛**：音達，憂勞。**黍稷**：黃米和小米，象徵五穀。**存**：心懷。

*《左傳・宣公二年》載，靈輒飢困時食客於趙盾，盾並饋食輒母。後趙盾遇伏，靈輒倒戈相救。後稱其為恩不忘報。

42 益：莫莫輯輯，夜作晝匿。謀議我資，來攻我室。空盡我財，幾無以食。

盜賊昏昧的群聚，夜晚活動，白晝隱匿。計謀商議我的資產，要來攻擊屋宅。財富被掠空，危險而且沒有食物。

註釋：啟蒙才能增益。惡人覬覦，不知防衛，被掠奪一空，招致危險貧窮。

莫莫：昏昧無知。**輯輯**：群集。**幾**：危險。

43 夬：天之所壞，不可強支。眾口指笑，雖貴必危。

天意將其毀壞，無法強力去支撐。眾人口中所指點嘲笑，雖然尊貴必定有危險。

註釋：啟蒙已斷決，轉為蒙昧。遭受天譴的，無法挽回；眾夫所指的，權勢也無法保護。

*《左傳・定公元年》：「天之所壞，不可支也，眾之所為，不可奸也。」

44 姤：目動睫瞤，喜來加身。舉家蒙歡，吉利無殃。

眼皮和睫毛跳動，有喜事來加諸身上。全家蒙受歡樂，吉祥

順利沒有災殃。

註釋：啟蒙並相邂逅。吉兆先到，喜事隨至，眾人都吉祥順利。

目動、瞤：眼皮跳動；《說文解字》：「目動也。」
*《蔡中郎集‧廣連珠》：「云有瑞應……夫目瞤得酒食。」目瞤是為吉兆。

45 萃：黿羹芬香，染指弗嘗。口飢於手，子公恨饞。

　　鱉魚羹湯芬芳香美，用手指頭沾染，違逆品嘗。口腹飢餓所以伸手動作，公子宋因嘴饞而悔恨。

註釋：應啟蒙且相薈萃。彼此不合，故意做出羞辱對方的事，因
　　　而惹禍悔恨。

黿：音元，大鱉，大甲魚。**羹**：音耕，濃湯或勾芡。**染指**：用手指頭去沾染物品，象徵貪圖非分之物。**弗**：拂也，違逆。
*《左傳‧宣公四年》載，鄭靈公與群臣分享鱉湯時故意不分給公子宋以羞辱他，公子宋因而將手指伸進鱉湯裡沾了一下品嘗洩憤，兩人結怨後，公子宋殺了鄭靈公。《東周列國志》載，公子宋後來也因而被殺曝屍。

46 升：天福所豐，兆如飛龍。成子得志，六三以興。

　　天賜福澤因而豐饒，吉兆有如飛龍在天。田成子得志，九世孫興起。

註釋：啟蒙且上升。充滿福澤與富足，有稱王之相，最後終於登
　　　上帝位。

飛龍：比喻帝王。」**六三**：合為九。
* 田成子為齊國田氏第八任領袖（田完的第七世孫，典故見屯之噬嗑），弒齊君獨攬大權。後田完的第九世孫田和廢齊君自立，並獲周王承認。史稱「田氏代齊」。

47 困：氓伯以婚，抱布自媒。棄禮急情，卒罹悔憂。

　　一個老百姓想要成婚，抱著布疋來自我做媒。因情緒急躁而

捨棄禮儀，最後遭受悔恨憂傷。

註釋：啟蒙狀態受困。想要與人合謀，雖無惡意但魯莽，因而失
　　　　敗悔恨。

氓：平民百姓，象徵不諳禮節。**伯**：對人的尊稱。**罹**：音離，遭受。

*《詩經‧氓》：「氓之蚩蚩，抱布貿絲。匪來貿絲，來即我謀。」蚩蚩，敦厚老實。

48 井：三人為旅，俱歸北海。入門上堂，拜謁王母。勞賜我酒，懽樂無疆。

　　見乾之復。

註釋：啟蒙且井然。集體尋求聖道，獲得神明保佑而有無限福澤。

三：象徵多。**懽**：歡也。**疆**：疆也，邊界。

49 革：恣淫旱疾，傷害稼穡。喪制病來，農人無食。

　　水災、旱災和傳染病，傷害了的農事。居喪期間疾病又來襲，農人沒有糧食。

註釋：啟蒙已被革除。環境惡劣至極，無法生產收穫，民不聊生，
　　　　卻又雪上加霜，生活無法繼續。

恣淫：水災。**疾**：疫癘，急性傳染病。**稼穡**：音架色，播種與收穀，泛指農事。**喪制**：居喪期限。

50 鼎：攫飯把肉，以就口食。所往必得，無有虛乏。

　　拿著飯和肉，靠近嘴巴食用。所往之處必有所得，沒有虛無困乏。

註釋：啟蒙而鼎盛。謀生易如反掌，而且生活美好，四處都能發展。

攫：音決，執。**就**：靠近。

51 震：夏姬親附，心聽悅喜。利以搏取，無言不許。

　　夏姬來親近依附，心裡聽從欣悅歡喜。為了博取利益，沒有說的話不允許的。
註釋：應啟蒙卻震盪。寵信妖女，為了利益對小人詭計言聽計從。
夏姬：妖女的象徵三為王后，七為夫人，公侯爭之，莫不迷惑失意。

52 艮：南山昊天，刺政閔身。疾悲無辜，背憎為仇。

　　見乾之臨。
註釋：啟蒙已停止。政令暴虐又殘忍，百姓無辜被入罪折磨，心
　　　中充滿怨恨敵對。
閔：憂患。**閔身**：身命有憂患。

53 漸：鳥飛無翼，兔走折足。雖欲會同，未得所欲。

　　鳥兒要飛卻無羽翼，兔子要奔走卻折斷了腳。雖然想要會合同聚，但沒有得其所願。
註釋：啟蒙才能漸進。想要前進，但實力殘缺，無法與大家會合，
　　　終而停滯。

54 歸妹：體重飛難，不得踰關，不離室垣。

　　身體沉重難以飛翔，無法逾越關口，不能離開屋室的矮牆。
註釋：啟蒙才能相歸依。想要飛越返鄉，但沉苛太重，寸步難行。
踰：音於，越過。**垣**：矮牆。

55 豐：四雄並處，人民愁苦。擁兵西東，不得安所。

　　四方豪雄並列共處，人民憂愁艱苦。四處都聚集兵馬，無法

安於居所。
註釋：啟蒙才能豐盛。天下軍閥各地擁兵自重，人民愁苦無法安
　　　居。
擁：聚集。

56 旅：**譯重關牢，求解己憂。心感乃成，與喜俱居。**

輾轉翻譯但關口牢固，求得解決自己的憂慮（為求得解決自己的憂慮，在牢固的關口輾轉翻譯）。心相感應因而成功，和喜事同在。
註釋：啟蒙之後旅歷。不斷溝通，解決強烈異見，終於獲得和同，
　　　可以喜悅通行。
譯重：輾轉翻譯。

57 巽：**患解憂除，王母相於。與喜俱來，使我安居。**

患難和憂慮都解除，和祖母互相親近，喜慶也隨著一起來到，因而安心居住。
註釋：啟蒙且安順。原先的憂患都解除，家人團聚，從此喜樂平安。
相於：互相親近。**與**：隨著。

58 兌：**冬生不華，老女無家。霜冷蓬室，更為枯株。**

冬天生不出花朵，年長未嫁的女子沒有家室。嚴霜寒凍只有蓬草屋室，樹木也更加枯萎了。
註釋：啟蒙才能欣悅。年少不努力，到頭來終老孤獨，貧苦淒寒，雪上加霜。

59 渙：**震慄恐懼，多所畏惡。行道留難，不可以步。**

震驚恐懼而戰慄，多所畏懼厭惡。道路通行被阻留刁難，無

法行步。
註釋：啟蒙狀態渙散。心態畏懼，不能克服困難，因而無法前進。
慄：音利，戰慄，恐懼而發抖。

60 節：三人共妻，莫適為雌。子無名氏，公不可知。

　　三個男人共同一個妻子，沒有婚嫁就成為人母。孩子沒有姓名，父親也不知是誰。
註釋：應啟蒙且節度。行事倫理極為錯亂，後果無法收拾。
三：象徵多。**適**：嫁。**雌**：母鳥，比喻人母。

61 中孚：早凋被霜，花葉不長。非時為災，家受其殃。

　　樹木早凋又遭受寒霜，花與葉無法成長。時令不對造成災害，家國蒙受災殃。
註釋：應啟蒙且忠信。天時錯亂（隱喻人倫），沒有及早因應，
　　　團隊蒙受災難。
被：遭受。

62 小過：雉兔之東，狼虎所從。貪叨凶惡，不可止息。

　　長尾野雞和兔子到了東囿，惡狼和老虎跟從而至。貪婪凶惡，無法居止休息。
註釋：要啟蒙卻一直小過錯。君子要遷徙到美好之地，卻被惡人
　　　跟蹤逼迫，無法休生養息。
雉：長尾野雞，象徵尊貴。**兔**：象徵光明。**之**：至。**東**：東囿，皇宮園林。**叨**：音掏，貪心。

63 既濟：馬驚破車，主墮深溝。身死魂去，離其室廬。

馬兒驚慌，車子破損，主人墜入深深的壕溝。身命死亡，最後魂魄也離開家裡。

註釋：啟蒙已結束。行動徹底毀壞，陷入絕境，終而覆滅。

64 未濟：山林<u>麓藪</u>，非人所往。鳥獸無禮，使我心苦。

山上的樹林和山腳的雜草沼澤，並非人前往的地方。鳥獸沒有人的禮儀，因而心情苦惱。

註釋：啟蒙尚未形成。好像野地的蠻人，沒有禮教，令人苦惱。

麓：音鹿，山腳。**藪**：音搜三聲，雜草叢生的沼澤。

*《禮記‧曲禮上》：「夫唯禽獸無禮。」比喻人如無禮，乃禽獸。

5 需

5 需：久旱三年，草木不生。粢盛空之，無以供靈。

　　長久乾旱已有三年，草木生長不出來。祭祀時穀物的盛具空空蕩蕩，沒有可以供養神靈的。

註釋：等待又等待，沒有盡頭。環境艱困，長久無法生產收穫，
　　　終至空空如也，神人都挨餓。

三：象徵多。**粢**：音資，黍稷稻粱麥菰六種穀物的總稱，泛稱穀物。**粢盛**：祭祀時將穀物放在祭器裡。

1 乾：火滅復息，君明其德。仁人可遇，身受利福。

　　火滅了又恢復氣息，君子顯明他的德性。遇到仁德之人，身命蒙受利益與福澤。

註釋：等待時能陽健。德行昭然，東山再起，有貴人照顧，平安
　　　美好。

可：語助詞，無義。

2 坤：溫山松柏，常茂不落。鸞凰以庇，得其歡樂。

　　溫山的松柏，長青茂盛不會凋落。有鸞鳥和鳳凰保庇，得到歡欣與快樂。

註釋：等待時能溫良。秉持聖道，長青茂盛，吉祥有保佑，祥瑞
　　　歡樂。

溫山：神話中的仙境聖山。**鸞**：鳳凰的一種

3 屯：西誅不服，恃強負力。倍道趨敵，師徒敗覆。

往西討伐不服者，依仗自己強而有力，加倍力道趨向敵軍，軍隊戰敗覆滅。

註釋：應等待屯聚，勿急躁好戰。高估自我實力，加倍行軍應敵，因而被殲滅。

誅：討伐。**恃**：依仗。**負力**：自恃其力。**倍道**：一日走兩日的路程。**師徒**：軍隊。

*《史記‧韓信盧綰列傳》載，匈奴復聚兵樓煩西北，漢軍破之，高皇帝復追至平城，為胡所圍，七日不得通。

4 蒙：**三塗五岳，陽城太室。神明所伏，獨無兵革。**

三塗、五岳、陽城、太室是險要的靈山，神明藏伏，沒有戰亂。

註釋：等待且能啟蒙。國家險要安全，虔誠聖道，神明庇佑，一切安定。

三塗：河南三座大山，大行、轘轅、崤澠。**五岳**：五嶽。**陽城**：山名，位於太室山東麓。
太室：亦名大室，中嶽嵩山。**獨**：其，語助詞。**革**：甲冑。

*《新序‧善謀》：「四嶽三塗，陽城大室，荊山終南，九州之險也。」後配合五行增為五嶽。

6 訟：**二牛生狗，以戌為母。荊夷上侵，姬伯出走。**

兩隻牛生出狗，還以狗為母親。蠻族的西夷入侵，周幽王出離奔走。

註釋：等待變成爭訟，姑息生奸。周邊的醜惡之徒生出妖孽，還以妖孽為母，內憂引發外患，君主覆滅。

二：比喻左右的人。**牛**：牛屬丑，比喻小丑，肖小醜惡之徒。**生狗**：凡不合常理而生則為妖孽。**戌**：十二地支裡，戌屬狗，與前句狗對應。**荊**：比喻蠻族；見註。**姬伯**：周朝姬姓，此處指周幽王，西夷犬戎進攻而亡國。**伯**：《易林》會以伯稱呼失格皇上，如商伯（商紂）。

*《管子‧小匡》：「荊夷之國，莫違寡人之命。」

7 師：鳧遊江海，役行千里。以為死亡，復見空素。長主凶憂。

  好像野鴨遊蕩在江海上，因戍邊行進了千里。以為死了，卻又在虛空中看到一絲陽氣。年長的君主凶惡憂患。

註釋：應等待卻出師。久年長途飄盪遠方征戰，不斷出生入死，
   死裡求生，全因君王年老昏昧。

鳧：音福，野鴨。**役**：戍邊。**空素**：虛空中的太素之氣。**素**：太素，質之始也，為一陽氣升起。

8 比：太乙駕騮，從天上來。徵君叔季，封為魯侯。無有凶憂。

  見屯之隨。

註釋：等待時相比附。有上天保佑，徵召賢良加以重用，國家安康。

9 小畜：紝績獨居，寡處無夫。陰陽失忘，為人僕使。

  獨自居住織布，單獨居處沒有丈夫。陰氣陽氣兩相忘，成為人家的奴僕被差使。

註釋：等待但蓄小勢弱。孤陰無陽，生產力微弱，也無法結合繁衍，
   低賤被差使。

紝：音任，織布帛的絲縷。**績**：將麻或其他纖維搓成細線。**紝績**：引申為織布。**失忘**：忘記。

10 履：兵征大宛，北出玉門。與胡寇戰，平城道西。七日絕糧，身幾不全。

  見屯之屯。

173

註釋：應等待卻去履行。貿然前進，與人爭戰，結果陷入絕境，幾乎覆滅。

11 泰：**楚靈暴虐，罷極民力。禍起乾溪，棄疾作毒。扶仗奔逃，身死亥室。**

楚靈王殘暴縱慾，民力已疲憊至極。災禍起於乾溪宮，他的二弟棄疾作亂篡位。楚靈王扶著兵仗奔走逃亡，身亡死在大臣申亥家裡。

註釋：等待泰然來到。君主殘暴不仁，人民疾苦，終於引起背叛災亂，推翻暴政。

楚靈、乾溪：楚靈王於乾溪建宮淫樂。**虐**：無節制的縱情。**罷**：疲也。**棄疾**：楚平王之名，楚靈王之弟。**作毒**：為非作歹。**仗**：兵器的總稱。**亥室**：楚國大臣申亥的屋室裡。

* 見《戰國策‧楚策》。

12 否：**雌單獨居，歸其本巢。毛羽憔悴，志如死灰。**

母鳥單獨居住，返回原本的窩巢。羽毛憔悴枯乾，心志好像完全熄滅的灰燼。

註釋：等待變閉塞。勢單力薄，找不到夥伴，最後身心毀敗。

雌：母鳥。

13 同人：**兩矛相刺，勇力鈞敵。交綏結和，不破不缺。**

兩根矛相互刺擊，勇猛有力勢均力敵。交戰前撤兵締結和好，沒破損也沒殘缺。

註釋：等待同仁狀態來到。勢均力敵互相試探挑釁，大戰前和解交好，彼此都安好。

鈞：均，相等。**交綏**：綏音雖，尚未交戰，雙方即撤退。

14 大有：乘船渡濟，載水逢火。賴幸免禍，蒙我生全。

　　搭乘船隻度河，搭舟水上遇到火災，幸而免去災禍，蒙受生命安全之恩。

註釋：等待才能大有。前進遇難，雖能化解，還是不要前進為宜。
渡濟：過河。**載**：搭乘。**賴**：幸而。

15 謙：喪寵溢尤，政傾家覆。我宗失國，秦滅周室。

　　喪失尊寵過甚，政務傾壞家族覆滅。宗室失去國家，秦朝消滅了周朝王室。

註釋：應等待且謙恭。地位與政務敗壞過甚，不再受人擁戴，被人消滅。
寵：尊敬。**溢尤**：過甚。**宗**：宗室，皇族。
*〈過秦論〉：「秦滅周祀。」

16 豫：冬無藏冰，春陽不通。陰流為賊，國被其殃。

　　冬天大地沒有積藏結冰（春天時不能融化滋潤大地），春天陽光又不調和，陰氣流動為害，國家被其禍殃。

註釋：等待安育來到。之前環境不良，之後又不安順，局勢失調，小人結夥作亂，國家有難。
通：調和。

17 隨：田鼠雉雞，意常欲逃。拘制籠檻，不得動搖。

　　田鼠和雉雞，時常想要逃跑。拘捕限制在籠子和柵欄裡，但不能動搖牠們的意念。

175

註釋：應耐心等待且隨理，不要躁動。好像野生動物野性難馴，雖然嚴密拘禁，仍不順服。

檻：音建，柵欄。

18 蠱：佩玉蕊兮，無所繫之。旨酒一盛，莫與笑語。孤寡獨特，常愁憂苦。

玉珮和花蕊，我都沒得配戴。他有美酒一壺，卻不和我談笑。孤家寡人獨自單一，經常憂愁煩苦。

註釋：只會等待又蠱敗。傾頹落魄，他人都不偕同支助，總是孤立無援。

旨酒：美酒。盛：盛裝的器皿，如杯、碗。特：獨，單一。

*《左傳・哀十三年傳》：「佩玉鎣兮，余無所繫之，旨酒一盛兮，余與褐之父睨之。」

19 臨：沒游源口，求鮫為寶。家危自懼，復出生道。

沒入水中游到源水出口，想要求得鮫人的寶物（珍珠和鮫綃）。家人擔憂自己畏懼，又出來獲得活路。

註釋：等待狀態降臨，不要躁進。涉險想要求得珍貴的利益，幸好知危而退，得以保全。

鮫：鮫人，傳說的人魚。危：擔憂。

*《述異記》：「鮫人水居如魚，不廢機織，眼泣則成珠。」

20 觀：河水孔穴，壞敗我室。水深無岸，魚鱉傾側。

河水從大洞穴奔出，毀壞了房室。水深卻沒有岸地，魚鱉全在身邊。

註釋：等待時應觀省。平日不知察覺，造成災難氾濫，傷害嚴重無法挽救，而且小人橫行。

孔：大。**傾**：全部。**側**：身邊。
*《說文解字》：「汌，水從孔穴疾出也。」

21 噬嗑：教羊牧兔，使魚捕鼠。任非其人，費日無功。

　　教導羊去放牧兔子，讓魚去捕捉老鼠。委任不得其人，耗費時日沒有功效。

註釋：等待能實行法治。不依法理任用蠢材，一切行動都徒勞無功。

22 賁：升戶入室，就溫燠食。冰凍北陸，不能相賊。

　　登上門戶進入屋室，靠近微火，食用熱食。冬天雖冰凍，但不能危害。

註釋：等待時能整飾。環境惡劣但有所準備，沒受到賊害。

溫：熅也，沒有火焰的微火。**燠**：音玉，熱。**北陸**：北方陸地，比喻冬天。

23 剝：孤竹之墟，老婦無夫。傷於蒺藜，不見少妻。東郭堂姜，武氏破亡。

　　見乾之夬。

註釋：等待又剝落，怠惰沉淪。賢人不在了，國家滅亡，人民流亡無力受創，無法再繁衍，都是因為敗德所致。

24 復：凶禍災殃，日益明彰。福不可釐，三郤夷傷。

　　凶禍和災殃，每日益加明顯昭彰。福澤不再吉祥，三郤氏族遭受創傷。

註釋：應等待且復返，不可激進。強大卻猖狂，災難日益明顯，

177

不再有福澤，最後覆滅。

釐：喜，吉祥。**三郤**：晉國的權臣集團，盛極一時後被鎮壓覆滅。**夷**：痍也，創傷。
*《左傳‧成公十七年》：「必先三郤，族大多怨，去大族不逼。」又，《國語》：「三郤皆自殺。」

25 無妄：**載璧秉珪，請命于河。周公作誓，沖人瘳愈**。

配戴璧玉，手拿玉圭，向河神請求保全周成王性命。周公發誓請求代罪受過，年幼的皇帝周成王大病痊癒。

註釋：等待時不虛妄。賢能虔誠且鞠躬盡瘁，君主和國家轉危為安。

載：戴也。**秉**：拿、握。**珪**：音規，諸侯在大典時所持的玉器。**請命**：代人請求保全生命。**作誓**：發誓。**沖人**：年幼帝王的自稱。**瘳**：音抽，痊癒。**愈**：癒也。
*《尚書‧金縢》：「植璧秉珪，乃告太王王季文王。」
*《史記‧魯周公世家》：「成王少時病，周公乃自揃其蚤（剪指甲）沈之河，以祝於神曰：王少未有識，奸神命者乃旦也。……成王病有瘳。」

26 大畜：**鳥升鵲舉，照臨東海，龍降庭堅。為陶叔後，封圻英六，履祿綏厚**。

像鳥兒和喜鵲舉翅飛升，蒞臨東海，有龍降、庭堅等八愷。皋陶的後代受封國土於英國和六國，享有福祿安詳。

註釋：耐心等待必有大積蓄。聖君任用八方才子，治理大成，世代相傳，永享安樂。

照臨：蒞臨，賓客到來。**龍降、庭堅**：八愷中的龍（尨／厖）降、庭堅。**陶**：皋陶，堯舜的重臣，禹封其後。**叔**：對侯國臣子的稱呼。**封圻**：圻音其，封畿。**英**：今安徽六安西，遠古稱英國。**六**：今安徽六安，遠古稱六國。**履祿綏厚**：皆福祿安詳之意。
*《左傳‧文公十八年》：「昔高陽氏有才子八人⋯⋯舜臣堯，舉八愷。」
*《史記‧夏本紀》：「禹封皋陶之後於英、六。」

27 頤：危坐至暮，請求不得。膏澤不降，政戾民忒。

挺直跪到日暮，請求沒有獲得。恩惠沒有降下，政令暴戾，人民凶惡。

註釋：等待被頤養。百姓懇切請求，君主始終不為所動，依然暴政虐民。

危：端正、挺直。**坐**：《禮記‧玉藻》正義：「坐，跪也。」**膏澤**：滋潤土壤的雨水，比喻恩惠。**忒**：音特，凶惡。

28 大過：宜昌娶婦，東家歌舞。宴樂有序，長樂嘉喜。

迎娶媳婦帶來安順昌盛，主人家載歌載舞。宴席歡樂有秩序，有長久的歡樂美好和喜慶。

註釋：等待之後大超越。與他人歡樂的結盟且能秉持倫理，因而大為吉昌。

宜昌：鳳卜宜昌，女子出嫁給夫家帶來安順昌盛。**東家**：婚宴主人。

29 坎：鑿井求玉，非卞氏寶。名困身辱，勞無所得。

見蒙之臨。

註釋：等待且落陷。想追求美境但作為疏懶，未達成目標，徒勞無功還身敗名裂。

30 離：鵠思其雄，欲隨鳳東。順理羽翼，出次須日。中留北邑，復反其室。

母天鵝想念雄天鵝，想要隨著鳳凰到東方。整理服順了羽翼，駐紮等待數日。途中在北方的城市停留，之後又返復窩巢。

註釋：等待不如去相附著。想要追隨賢人前進，與人結合繁衍，

179

雖準備好了，但走走停停，又返回原地。
鵠：音胡，天鵝。**出次**：出軍駐紮。**須**：等待。**邑**：國家、城市。
* 本條有東、北，比喻四方遊歷；有須、中、反，比喻經歷一輪。

31 咸：早霜晚雪，傷害禾麥。損功棄力，飢無所食。

　　白天下霜，晚上降雪，傷害稻禾以及麥子。損害功效，耗費力氣，飢餓沒有食物。
註釋：應等待且相感應。局勢一直震盪，破壞生產，徒勞無功因而貧困。
棄力：費力。

32 恆：蝙螺生子，深目黑醜。雖飾相就，眾人莫取。

　　扁螺生了孩子，眼睛深陷又黑又醜。雖然裝飾了才會面，但眾人沒接受。
註釋：等待已成恆久。天生本質低劣無法改變，裝飾表象永遠也無法解決問題。
蝙螺：蜆，其形黑且小，隨處可得。**相就**：會面。**取**：接受。

33 遯：去如飛鴻，避凶且東。遂得全脫，與福相逢。

　　離去就如高飛的鴻鳥，逃避凶難去往東山。最後得以安全逃脫，逢到福澤。
註釋：等待變隱遁。沒有遲疑，迅速遠離凶地，他處避難，因而健全平安。
鴻：大的雁鳥，候鳥。**且**：徂也，去往。**且東**：徂東，去往東山遙遠之地；見註。**遂**：最後。
* 《詩經・東山》：「我徂東山，慆慆不歸。」

34 大壯：婚姻合配，同枕共牢。以降休嘉，子孫封侯。

和條件相當的人和合匹配，同一個枕頭休眠，共食一個牲禮。上天降下庇廕和嘉譽，子孫被封為諸侯。

註釋：等待之後壯大。和匹配的對象親密結合並同心繁衍，有福氣且子孫成就大業。

合配：和條件相當的人成婚。**共牢**：婚禮時夫婦共食同一個牲禮。**休**：廕也，庇蔭。

35 晉：咸陽辰巳，長安戌亥。丘陵生止，非魚鱛市。不可辭阻，終無悔咎。

咸陽在東南方，長安在西北方。在丘陵生長居住的植物，不是海洋大魚市集的商品。不要抗拒，最終就沒有悔恨過錯。

註釋：等待之後再前進。環境不同，所需才能也不同，不要抗拒，最終才會沒有錯失。（應先停留整治）

辰巳：《論衡‧言毒》：「辰、巳之位在東南。」**戌亥**：《後漢書‧祭祀中》：「西北戌亥之地。」**鱛**：露脊鯨，海上最巨大的魚。**辭阻**：推辭、阻攔。

* 咸陽於今陝西省西安市東方，長安於西北方。又或，東南是地戶的方向，西北是天門的方向。都比喻截然不同。

36 明夷：螟蟁為賊，害我五穀。簞食空虛，家無所食。

螟蟲造成危害，傷害了五穀。竹簞裡的食物都空了，家裡無可食之物。

註釋：等待變瘡痍。惡人群起為害，不加整治，因而產物被掠奪，民不聊生。

螟：蛀食稻莖的害蟲。**蟁**：同虫（音毀），蟲。**簞**：音單，盛飯的竹筒。

37 家人：謀恩拜德，東歸吾國。慷慨宴笑，歡樂有福。

謀取恩澤，拜謝仁德，東夷歸順我國。志氣昂揚的宴飲歡笑，歡喜和樂且有福祿。

註釋：等待且親如家人。不前進征討，施恩懷柔，等外人來歸順，賓主都歡喜和樂。

慷慨：志氣昂揚。

38 睽：齋具贖狸，不聽我辭。係於虎鬚，牽不得來。

用齋戒的器具去換回狐狸，不聽從勸言。被綁在老虎鬍鬚上，牽不回來。

註釋：等待變睽離。勸告回心轉意，但還是違反正道去跟小人合謀，陷自己於萬劫不復。

齋：執行宗教戒律。**贖**：以財物換回。**係**：繫也。**虎鬚**：如虎口，比喻凶惡之地。

39 蹇：比目附翼，歡樂相得。行止集周，終不離忒。

眼睛和羽翼依附在一起，歡喜快樂互相契合。行動都聚集圍繞在一起，始終沒有罹患凶惡。

註釋：等待狀態已經蹇跛，開始行動。與人共行共好，團結不離，始終安樂無憂。

比、附：依附。**相得**：契合。**行止**：行動。**周**：圍繞。**離**：罹也，遭受。**忒**：音特，凶惡。

40 解：一指食肉，口無所得。染其鼎鼐，舌饞於腹。

用一根手指沾染肉食，嘴巴並沒有吃到。沾染烹食的鼎具，舌頭比肚腹還饞嘴。

註釋：等待已解離，開始蠢動。染指但無實質收穫，做出失節的行為只因貪念，並非真有需求。

鼐：音奈，大鼎。**於**：比。
* 典故見蒙之萃。

41 損：<u>曳綸江海，釣挂魴鯉</u>。<u>王孫得利，以享仲友</u>。

　　牽引魚線在江海之上，釣到鉤住魴與鯉（未出海網魚，僅牽線垂釣）。公子得到利祿，宴請親密好友。

註釋：等待時能損己益人。小心經營但收穫美好，並跟親密朋友
　　　分享。

曳：牽引。**綸**：音倫，釣魚用的絲線。**挂**：鉤住。**魴**：音防，鯉科魚類，象徵吉祥。
鯉：鯉躍龍門化為龍，祥瑞之兆。**王孫**：貴族後代，對青年的尊稱。**享**：設宴請客。
仲友：像兄弟一樣的朋友。

42 益：<u>商紂牧野，顛敗所在</u>。<u>賦斂重數，黎元愁苦</u>。

　　商紂在牧野戰敗，這是他傾覆的所在。徵收賦稅既重且繁，黎民憂愁痛苦。

註釋：等待時益己損民。太過貪婪斂財，百姓不堪負荷，因而被
　　　革命推翻。

賦斂：徵收賦稅。**重數**：既重且繁。**黎元**：黎民百姓。
*《說苑・權謀》：「（武王）禽紂於牧野。」

43 夬：<u>北辰紫宮，衣冠立中</u>。<u>含和建德，常受天福</u>。

　　見坤之觀。

註釋：等待時能明決，確實整備。建立國家禮制與德業，上天賜
　　　予浩大福澤。

44 姤：<u>輕戰尚勇，不知兵權</u>。<u>為敵所制，從師北奔</u>。

183

輕蔑戰事，崇尚武勇，不知用兵的權衡。被敵人所制伏，放下軍隊敗北奔逃。

註釋：應等待且相邂近。魯莽不知權衡並且貿進，失敗後還丟下眾人獨自落荒而逃。

從：縱也，放，如：縱虎歸山。**北**：象徵敗北。

45 萃：大口宣舌，神使仲言。黃龍景星，出應德門。與福上天，天下安昌。

大大的嘴巴和舌頭，神明差使魯仲連來宣說。黃龍星和景星出現應照有德之家。上天賜予福澤，天下安定昌盛。

註釋：等待時能相薈萃。廣為宣說聚集正義人士，吉星高照，積德之家都有餘慶，天下泰平。

宣：大。**仲**：魯仲連，以遊說技巧卓越著稱，並號召各國義不帝秦。**黃龍、景星**：象徵吉祥的星曜。

*《春秋繁露‧王道》：「元氣和順，風雨時，景星見，黃龍下。」

46 升：凶子禍孫，把劍向門。凶訟讙嚚，驚駭我家。

逞凶闖禍的子孫，拿劍走向門口。凶狠興訟還喧嘩叫囂，驚嚇騷動家人。

註釋：應等待卻要上升。下人魯莽殘暴，好鬥爭勝，團隊都受害。

讙：音歡，喧譁。**駭**：驚嚇、騷動。

47 困：祝伯善言，能事鬼神。辭祈萬歲，使君延年。

祭祀的官員善於言語，能服侍鬼神。用頌辭祈求萬年長壽，讓君主延年益壽。

註釋：以等待克服受困。虔誠敬神，獲得保佑，可以永保團隊安康。

祝伯：掌管宗廟祭祀的官員。

48 井：**珪璧琮璋，執贄見王。百里甯戚，應聘齊秦。**

　　手執祭祀的美玉，當做初次見面的禮物晉見君主。百里奚和甯戚分別到秦國和齊國接受聘用。

註釋：等待時井然。初始不得志，但能依禮循序漸進，後被大貴
　　　人提拔重用。

珪璧琮璋：祭祀天地四方的玉器。**贄**：音至，初次見面時所送的禮物。**百里**：百里奚，原為奴隸，被秦穆公用五張黑羊皮贖回當相國，奠定秦國霸基。**甯戚**：甯戚求官不成，擊牛角唱歌，齊桓公驚嘆他是位奇人，重用為相。

*《周禮・大宗伯》：「以蒼璧禮天，以黃琮禮地，以青圭禮東方，以赤璋禮南方，以白琥禮西方，以玄璜禮北方。」

49 革：**昧旦乘車，履危蹈溝。亡失裙襦，摧折兩軸。**

　　凌晨時乘車外出，涉歷危險和深溝。失去了裙子和衣服，也摧毀折斷了兩個輪軸。

註釋：應等待且革新。蒙昧貿進，陷入險境，蒙受損失傷害，無
　　　法再前行。

昧旦：天將明未明之時。**履、蹈**：涉歷。**襦**：音儒，短的厚上衣。

50 鼎：**膠著木連，不出牛欄。斯饗羔羊，家室相安。**

　　用膠黏著，木頭連在一起，牛無法走出柵欄。饗宴有羔羊，家人相安無事。

註釋：等待之後鼎盛。資產管理牢靠，與眾人好和分享，家人都
　　　平安。

膠著：比喻牢固地黏住。**斯**：這個，語助詞。**家室**：配偶眷屬。

*《詩經・七月》：「朋酒斯饗，曰殺羔羊。」

51 震：卷領遁世，仁德不舍。三聖攸同，周家茂興。

綣領遁逃出世，但仁義道德沒有捨去。三位聖人偕同，周朝皇家茂盛興盛。

註釋：等待之後震奮。無為而治，以仁治世，又有賢良輔佐，成就大業。

卷：綣也，彎曲。**卷領**：綣領，原始之人直接將衣服頂部反褶為領，比喻返璞。**舍**：捨也。**三聖**：指周文王、周武王、周公建立周朝。**攸**：語助詞，無義。

*《淮南子・氾論訓》「古者有鍪（披髮）而綣領，以王天下者矣。其德生而不辱，予而不奪殺。」

52 艮：黍稷苗稻，垂秀方造。中旱不雨，傷風枯槁。

五穀稻禾的秧苗，將要吐穗開花開始養成。中途卻乾旱沒有下雨，又被寒風所傷而枯萎瘦弱。

註釋：等待變停止。事情原本安好可以期待，但中途時令不佳造成損毀。

黍稷：黃米和小米，象徵五穀。**垂**：將要。**秀**：穀類吐穗開花。**方造**：開始養成。**槁**：音搞，乾瘪枯瘦。

53 漸：冠帶南遊，與福喜逢。期於嘉貞，拜為公卿。

穿戴好頂冠與腰帶向南方遊歷，逢到福祿與歡喜。會合美好貞節的人，官拜三公六卿。

註釋：等待後循序漸進。養成禮教後去追求光明福澤，與君子交往會合，成為國家重臣。

冠帶：頂冠與腰帶，象徵有禮儀教化。**南**：光明的方向。**期**：會合。

54 歸妹：一巢九子，同公共母。溫良利貞，出入不殆，福

祿**所在**。

　　一窩巢生了九個孩子，和公鳥與母鳥同住共處。溫良又和諧貞正，外出入門都沒危險，處處福祿。

註釋：等待時能相歸依。團隊親密，繁衍眾多，有德行所以生活
　　　舉止都平安福泰。

九：象徵最多。**利貞**：和諧貞正。**所在**：處處。

55 豐：**韓氏**長女，嫁於東海。**宜**家富**主**，溫良以**居**。利得過倍。

　　韓姞是長成的女子，嫁到福氣的東海。安順家庭，財富旺盛，以溫和善良自居。利益超過倍數。

註釋：等待之後豐盛。人才長成之後與貴人結盟，有德行善經營，
　　　繁衍倍增。

韓氏：韓姞，古稱女為氏。**宜**：安順。**主**：旺也。**居**：懷著。
＊《詩經・韓奕》：「為韓姞相攸，莫如韓樂。」為韓姞相夫家，韓國最佳。

56 旅：因禍受福，喜盈我室，所願必得。

　　因禍而蒙受福澤，喜慶充滿房室，所求的願望必能獲得。

註釋：等待之後旅歷。因行善天下，而離禍納福，結果因禍得福，
　　　如今喜氣洋洋，心想事成。

＊《新書・銅布》：「故善為天下者，因禍而為福。」

57 巽：**晉平**有疾，迎**醫**秦國。病乃大患，分為兩**豎**。逃匿**膏肓**，和不能愈。

　　晉景公平時即有疾病，迎請秦國的醫和。此病乃是大禍患，

分成兩個僮僕，遁逃藏匿到膏肓，醫和無法治癒。

註釋：應等待且安順。致命之患，分裂延生，病入膏肓，神醫無
　　　策。

晉：晉景公。**平**：一向。**醫**：醫和，秦國名醫。**豎**：童僕。**膏肓**：心臟與橫膈膜之間的部位，古人認為此處藥效無法到達。**和**：醫和。**愈**：癒也。

*《左傳‧成公十年》：「（晉）公疾病，求醫於秦。秦伯使醫緩為之。未至，公夢疾為二豎子曰，彼良醫也，懼傷我，焉逃之？其一曰，居肓之上，膏之下，若我何？」

58 兌：<u>杜</u>飛門啟，患憂大解。<u>脩</u>福行善，不為身禍。

關閉的門飛揚開啟，禍患和憂慮大為解除。修福德行善事，身命不會有禍害。

註釋：等待後欣悅。閉塞與憂患都解除，行善修福便能一切平安。

杜：關閉，如杜絕。**脩**：修也。

59 渙：追亡逐北，<u>至止</u>而得。<u>稚叔</u><u>相</u>呼，反其室廬。

追逐逃亡和敗北的獵物，最後捕得。並呼喚年幼的弟弟，返回屋室。

註釋：等待之後渙發。追擊小人，直到除盡，並號召新血加入團隊。

至止：到最後。**稚叔**：年幼弟弟或青少年，比喻新血。**相**：此為單方面的動作，如相瞞。

60 節：鳥鳴既<u>端</u>，一呼<u>三</u>顛。動搖東西，危<u>慄</u>不安。<u>疾病無患</u>。

鳥在樹梢末端鳴叫，一次呼喚三次顛簸。東西搖動不止，危險戰慄而不安。禍害沒有造成患難。

註釋：等待且有節度。環境極度動盪，隨時會顛覆，但能慎戒恐懼，

沒釀成災難。
既：《博雅》：「盡也。」**三**：象徵多。**慄**：音立,害怕發抖。**疾、病**：禍害。

61 中孚：龍化為虎,泰山之陽。眾多從者,莫敢救藏。

　　魯國君王（龍）變為陽虎。有眾多追從者,沒人敢搭救藏匿受害者。
註釋：應等待且忠信。權臣掌控王權,勢力龐大無人敢作對拯救。
龍：比喻君王。**虎**：陽虎,見註一。**泰山之陽**：指魯國；見註二。
*《孔叢子 ‧ 詰墨》：「陽虎亂魯。」陽虎囚禁主公季桓子,進而掌握魯國實權。
*《史記 ‧ 貨殖列傳》：「泰山之陽則魯。」

62 小過：焱風忽起,車馳揭揭。棄名追亡,失其和節,憂心惙惙。

　　火焰般的風忽然颳起,車子奔馳搖擺不穩,拋卻名望,追隨著去逃亡,失去合適的節度,令人擔憂,
註釋：應等待但一直小過錯。發生凶險發生,應停下處理卻相隨
　　　倉皇逃離,名聲掃地。
焱：焰也。**揭揭**：搖擺不穩。**惙惙**：憂愁。

63 既濟：遊居石門,祿安身全。受福西鄰,歸飲玉泉。

　　旅遊居住在石門,財祿和身命都安全。接受西方鄰邦的福澤,趨往玉泉山飲酒作樂。
註釋：等待已結束,開始前進。到遠方遊歷平安無虞,並和四方
　　　鄰國建立美好關係。
石門：比喻遙遠富庶之地。**西鄰**：比喻好的鄰居。**歸**：趨往,如歸趨。**玉泉**：傳說中崑崙山上的泉名,亦是清泉的美稱。

64 未濟：登高上山，見王自言。申理我讒，得職蒙恩。

　　登上高處爬上山頂，見到了君主向他自我陳述。請其為讒言伸張正理，得到職位並蒙受恩惠。

註釋：等待不能完成，應前進。積極尋求脫困之道，遇到貴人而　　　平反並受其重用。

自言：自我陳述。**讒**：中傷、陷害別人的壞話。

6 訟

6 訟：<u>文巧</u><u>俗弊</u>，將<u>反</u>大<u>質</u>。僵死<u>如麻</u>，流血<u>濡櫓</u>。皆知其母，不識其父，<u>干戈</u>乃止。

引用嚴苛的法律條文巧妙的詆毀別人，是敗壞的流俗。將人帶回大木砧上砍頭，僵硬的死屍密密麻麻，流出的血浸濕了船櫓。男人死盡，人人只知母親不知父親，爭亂就停止了。

註釋：訴訟又訴訟，毀滅到來。不斷構陷他人，死傷無數，直到
　　　最後陽氣滅盡，爭亂才停止，但孤陰不長，世界也將毀滅。

文巧：深文巧詆，引用嚴苛的法律條文，巧妙的詆毀別人。**俗弊**：敗壞的習俗。**反**：返也，送回。**質**：用斧砍人時下面墊的木砧。**如麻**：眾多，如：殺人如麻。**濡**：音儒，浸濕。**櫓**：長的槳，比喻血流成河。**干戈**：兵器，此處象徵爭亂。

*《史記・禮樂志》：「刀筆吏專深文巧詆，陷人於罪，使不得反其真。」

1 乾：**文王四乳，仁愛篤厚。子畜<u>十</u><u>男</u>，夭折無有。**

文王有四個乳房，仁民愛物篤實仁厚。子嗣養育有十個男孩，都沒有夭折。

註釋：訴訟之後開始陽健。聖王執政，仁民愛物，化育萬物，健
　　　康強盛。

十：象徵滿數。**男**：象徵子嗣強力。

*《論衡・骨相》：「文王四乳在帝王之位。」
* 周文王有十八個兒子，且有夭折者，此處僅為借喻。

2 坤：**日入望東，不見子家。長女無夫，<u>左手搔頭</u>。**

太陽落山，望向東山，不見家人歸來。長成的女子沒有丈夫，左手搔弄頭髮。

註釋：訴訟且陰晦。陽氣不再，征夫不歸，婦女不能婚配，開始
　　　不安於室。

東：東山，象徵遠征或遠行之地。**子家**：家人，同《詩經・山有扶蘇》：「不見子都，乃見狂且。」**左**：凡幽猥，皆曰僻左。**搔頭**：象徵故弄姿色；《後漢書・李杜列傳》：「胡粉飾貌，搔頭弄姿。」

3 屯：東上泰山，見堯自言。<u>申理我冤，以解憂患</u>。

　　登上了東嶽泰山，見到堯帝向他自我說明。請其為冤屈伸張正理，解除憂慮患難。

註釋：訴訟過後屯聚。積極的向聖王伸冤，終於洗刷冤情，從此
　　　可以安居。

申理：洗刷冤情。

4 蒙：<u>奎軫溫湯，過角宿房</u>。宣時布和，無所不通。

　　太陽從溫源湯谷出發，經過奎星、軫星，又過了角星，最後住宿於房宿，在此宣揚四時政令，散布和平，政務沒有不通順的。

註釋：訴訟之後開始啟蒙。陽氣開始運轉，從此一路吉星高照，
　　　最後朝廷安穩，政通人和，四海安順。

奎、軫、角：二十八星宿之三，分別象徵文運亨通（奎）、福澤豐厚（軫）、頭角崢嶸（角）。**溫湯**：溫源谷，又名湯谷，古代傳說日出之處；在此象徵皇宮。**房**：二十八星宿之一，東方七宿第四宿，象徵天子布政之宮的明堂；見註。

*《晉書・天文志》：「房四星為明堂，天子布政之宮也。」

5 需：引船牽頭，雖拘無憂。王母善禱，禍不成災。

　　牽著船頭引動船身（此為正確方式），雖然被拘禁但沒有憂慮。王母娘娘善於祝禱，禍患沒有構成災難。

註釋：訴訟時應耐心等待，莫急躁。正確的行動，雖陷入困厄但

神明會保佑平安。

7 師：**鳧得水沒，喜笑自啄。毛羽悅澤，利以攻玉。公出不復，伯氏客宿。**

　　野鴨怡然自得的沒入水裡，喜悅歡笑自己啄理羽毛。羽毛美好潤澤，有利於用來銼磨玉石。父親外出沒有返復，兄長也客宿在外。

註釋：訴訟又出師。原本怡然自養，實力與戰力雄厚，後來向外
　　　征戰，結果團隊出而未返。

鳧：音服，野鴨。**悅澤**：美好潤澤。**攻**：攻錯，銼磨玉石。**伯**：長兄。

8 比：**水流趍下，欲至東海。求我所有，買魴與鯉。**

　　順著水流趨向下游，想到東海去。求得所有物品，買了魴魚和鯉魚。

註釋：訴訟結束開始相比附。順從法理去追求，到達美好的地方，
　　　如願的獲得財富和尊榮。

趍：趨也。**魴**：音防，鯉科魚類，象徵吉祥。

9 小畜：**獐鹿逐牧，安飽其居。反還次舍，無有疾故。**

　　見屯之比。

註釋：訴訟結束開始小蓄。日出而作，日落而息，可以安居。（不
　　　能外出發展）

10 履：**樹植藿豆，不得芸鋤。王事靡鹽，秋無所收。**

　　要種植豆子，但沒有耕耘的鋤頭（收民器做王器）。君主的

徭役無休無止,秋天時一無所獲。
註釋:訴訟已行履,發生爭訟。政令繁苛不止,百姓無法生產,
　　　到頭一無所有。
樹:種植。**藋**:豆葉。**靡**:沒有。**鹽**:音鼓,停止(此字非鹽)。
*《唐風・鴇羽》:「王事靡鹽,不能蓺稷黍。」

11 泰:弱水之西,有西王母。生不知死,與天相保。

　　弱水的西邊,有西王母娘娘。永生不知死為何物,與上天相互保護。
註釋:訴訟結束開始康泰。追求仙道,神明永保平安。
弱水:西山的聖河。
*《史記・大宛傳》:「安息長老傳聞條枝有弱水、西王母。」

12 否:數窮廓落,困於歷室。卒登玉堂,與堯侑食。

　　天數窮盡而孤寂,燕王被困在王宮裡。最後登上皇宮,陪伴堯帝一起用餐。
註釋:訴訟狀態已閉塞,結束紛爭。原本窮盡受困,後來再度攀
　　　上高峰。
廓落:孤寂的樣子。**歷室**:戰國時燕國宮名。**卒**:最後。**玉堂**:皇宮。**侑食**:陪伴尊長或賓客而食。
*《史記・燕世家》載,燕王噲期間內部叛亂,致齊國攻破燕國,後秦韓魏聯軍破齊,燕昭王繼位,勵精圖治,反將齊國打得只剩莒、即墨二城。

13 同人:子鉏執麟,春秋作元。陰聖將終,尼父悲心。

　　子鉏商捕獲了麒麟,孔子開始著述《春秋》。被遮蔽的聖道即將終盡,孔子悲戚傷心。
註釋:訴訟的同仁狀態,環境紛亂。世道殞落,聖道與君子隨之

一起消滅。

子鉏：子鉏商。**執**：拘捕。**作元**：開始。**陰**：蔭也，遮蔽。**尼父**：魯哀公封賜孔子的諡號。

*《左傳・哀公十四年》：「叔孫氏之車子鉏商獲麟。」孔子聽聞後認為，神獸麒麟落難，可見世道已衰，便開始寫作《春秋》。

14 大有：<u>尹氏</u>伯奇，父子生離。無罪被辜，長舌所為。

尹吉甫和伯奇，父子活生生的分離。孝子沒罪卻被加罪，是長舌之人所害。

註釋：訴訟大大有之。賢能又親密之人決離，都是小人撥弄是非所致。

尹氏：尹吉甫，尹國國君，性賢，卻聽信妄言放逐其子伯奇。**伯奇**：尹吉甫之子，上古孝子模範。**辜**：罪、過錯。

*《風俗通義・彭城相袁元服》：「以吉甫之賢，伯奇之孝，尚有放逐之敗，我何人哉！」

15 謙：<u>播木折枝</u>，與母別離。<u>九皋難扣</u>，絕不相知。

樹木搖動，樹枝折斷，與母親別離。水澤深處難以貼緊，隔絕互不相知。

註釋：訴訟時應謙恭，才能息訟。環境動盪，親人無法相依而失散，從此斷絕音訊。

播：搖動。**九皋**：水澤深處。**扣**：貼緊，如絲絲入扣。

16 豫：<u>弱雞無距</u>，與鵲格鬥。翅折目盲，為鳩所傷。

見乾之遯。

註釋：訴訟的安育狀態，即將覆巢。沒有實力與資源，連弱者也可加以傷害。

17 隨：**甲乙丙丁**，俱歸我庭。**三丑六子**，入門見母。

十天干都依序和合的歸返門庭。十二地支也依序和合的入門拜見母親。

註釋：訴訟結束開始隨理。天道地道人道都已調和的回歸道體，宇宙諧和相生。

甲乙、丙丁：十天干的前四個，象徵天道有序；又甲乙合木，丙丁合火，木火相生，比喻和合。**三、六**：象徵三爻、六爻，即齊全。**丑、子**：十二地支的前兩個，象徵地道；又子丑合土，比喻和合。

18 蠱：桑葉螟盡，衣弊如絡。**女工不成**，絲布為玉。

桑葉被蛀蟲蛀蝕，衣服敗壞變成棉絮。婦女無法製作衣物，絲布像玉一樣珍貴。

註釋：訴訟且蠱敗。小人作亂，民生凋蔽，無法生產收穫，物質稀缺，價格飛漲。

螟：啃食稻稈的蛀蟲。**蠱**：音度，蛀蝕。**弊**：敗壞。**絡**：棉絮。**女工**：女紅，女子所做的紡織、刺繡、縫紉等事。

19 臨：開牢闢門，**巡狩**釋冤。夏臺羑里，湯文悅喜。

打開監牢大門，天子巡行時釋放了冤犯。被夏桀關在夏臺的成湯，被商紂關在羑里的周文王，都欣悅歡喜。

註釋：訴訟結束開始臨政。原本的冤獄，因上位明察，君子獲得清白與自由。

闢：《說文》：「開也。」**巡狩**：天子巡行諸侯國。

20 觀：**欽明之德**，坐前玉食。必保嘉美，長受安福。

敬肅明察的德行，坐在美食之前仍然保持。必然保有美好的

嘉譽,長久蒙受平安和福澤。
註釋:訴訟結束開始觀省。面對誘惑能保持理法,因而尊榮平安。
欽明:敬肅明察。

21 噬嗑:**武夫司空,多口爭訟。金火當戶,民不安處。年飢無有。**

　　武夫擔任御史大夫,導致眾人發生爭訟。金星、火星對著門戶,人民無法安居,飢荒之年沒有物資。
註釋:發生訴訟的法治。執法人員不良引發眾多爭訟,環境大為崩壞,民不聊生。

司空:秦漢時的御史大夫,主管彈劾、糾察。**金火**:因金火相剋,故金星火星同在為大喪;見註釋。**當戶**:對著門戶。**年飢**:飢荒之年。
*《漢書‧天文中》載,孝和帝永元七年二月癸酉,金、火俱在參。戊寅,金、火俱在東井。十一月甲戌,金、火俱在心。十二月丙辰,火、金、水俱在斗;金、火在心。皆為大喪。

22 賁:**紫閣九重,尊嚴在中。黃帝堯舜,履行至公。冠帶垂衣,天下康寧。**

　　金碧輝煌的殿閣共有九重,尊貴莊嚴的帝王居於其中。黃帝、堯、舜履行帝職至為公正。整理好帽冠和腰帶,頒布衣裳制度,天下康泰安寧。
註釋:訴訟之後開始整飾。君王臨政,大中至正,施行教化,頒布禮儀,天下安定。

紫閣:金碧輝煌的殿閣,指帝居或仙人之居。**九重**:比喻帝居或天宮。**冠帶**:頂冠與腰帶,象徵有禮儀教化。**垂衣**:頒布衣裳制度,比喻制定禮法。

23 剝：負牛上山，力劣行難。烈風雨雪，遮遏我前。中道復還，憂者自歡。

負重之牛上山，力量拙劣行進困難。激烈的風雨和雪，遮蔽遏止前進。中途返復回來，憂慮因而變成歡喜。

註釋：訴訟已剝落，變好和。能力不足勉強前進，陷入艱難的困境，迷途知返便安樂了。

自：因而。

24 復：褰兔缺唇，行難齒寒。口痛不言，為身生患。

蜷縮的兔子缺了上唇，行動困難，牙齒受寒。嘴巴痛楚苦不堪言，身體生出疾患。

註釋：訴訟狀態恢復。光明已隱藏，貧病的縮於角落，苦不堪言，且有病害。

褰：音千，縮。**兔**：象徵光明。

25 無妄：合體比附，嘉耦相得。與君同好，使我有福。

結合身體相附依附，好的伴侶相互契合。跟君子同享美好，使人有福澤。

註釋：訴訟結束開始不虛妄。彼此同心好合，有福同好，都有福澤。

比：依附。**耦**：偶也，伴侶。**相得**：互相契合。

26 大畜：口啄卒卒，憂從中出。喪我寶貝，妻妾失位。

急迫的用嘴啄咬，憂患從心中生出。喪失了寶物錢財，妻妾也失去地位。

註釋：訴訟態勢大為蓄積。心急貪婪，生出憂慮和禍患，失去資財，

家人也失勢。
卒：猝也，急迫。

27 頤：兩心不同，或從西東。明論終日，莫適相從。

　　兩人心志不同，有的要去西，有的要去東。高談闊論了一整天，不相合追從。

註釋：訴訟的頤養狀態。心志相異，各有高見，討論許久最後還是沒有共識。

兩：比喻周邊的人。**或**：不確定為誰，如或者。**從**：就，前去靠近。**明論**：高明的議論。
適：相合。

28 大過：啞啞笑言，與善飲食。長樂行觴，千秋起舞，拜受大福。

　　歡樂說笑，與善人共同飲食。長久歡樂，依次敬酒，田千秋起身舞蹈，接受祭祀的酒肉。

註釋：訴訟之後大超越。與人和樂共好，善良有禮節，正直諫言，與人為善，歡樂有大福。

啞啞：音俄，歡笑聲。**行觴**：依次敬酒。觴，酒杯。**千秋**：田千秋，直諫漢武帝之過，因而封侯拜相。**拜受**：接受他人的拜禮或贈予。**福**：祭祀的酒肉。
*《史記‧張丞相列傳》：「（田千秋）拜為大鴻臚，征和四年為丞相。」

29 坎：初憂後喜，與福為市。八佾列陳，飲御諸友。

　　見坤之小過。

註釋：訴訟已落陷，轉為合作。初始有憂慮，後來發達，獲得天子最高規格賞賜，並與人共好。

30 離：**西**徙無家，破其新車。**王孫**失利，不如止居。

往西方遷徙，找不到家園，新車也破損了。公子前進失利，不如停止下來定居。

註釋：訴訟的相附著狀態。獨自前進受到損傷，難以另謀發展，應該停下共居。

西：象徵福澤不降之地。**王孫**：貴族後代，對人的尊稱。

31 咸：**鳳凰在左，麒麟處右。仁聖相遇，伊呂集聚。時無殃咎，福為我母。**

鳳凰在左，麒麟在右。仁者與聖人相遇，伊尹和呂尚聚集在一起。天時沒有災殃，王母賜予福澤。

註釋：訴訟結束開始相感應。人才都來會聚，大賢能共事，天時人和，上天賜福。

伊呂：伊尹和呂尚（姜子牙），分別為商和周開國名相。

* 最後一句見《易經‧說卦》：「受茲介福，於其王母。」

32 恆：**區脫康居，慕仁入朝。湛露之歡，三爵畢恩，復歸舊廬。**

見屯之鼎。

註釋：訴訟結束開始和好。外族都來尋求教化，給予許多恩澤，使其回去傳播禮教並且安居。

33 遯：**疾貧望幸，使伯行販。關牢擇羊，多得大牂。**

疾病又貧窮，希望得到幸福，先生去從事商販。關起牢籠選擇羊隻，得到很多大母羊。（得到很多羊隻，選擇大母羊關進牢

籠）

註釋：訴訟已隱遁，轉為安和。為擺脫困境，行動發展，開啟經營，所得美好，並加以貯存孳息。

使伯：對人的尊稱。**行販**：外出經商。**牂**：音臧，母羊，象徵吉祥、繁衍。

34 大壯：處高不傷，雖危不亡。握珠懷玉，還歸其鄉。

處在高處卻沒有傷害，雖然危險卻沒有覆亡。手握寶珠身懷美玉，歸還鄉里。

註釋：訴訟結束開始壯大。歷經險難，幸無損傷，返回安居，保有富有。

35 晉：右手棄酒，左手牧牂。行逢禮御，餌得玉杯。

右手潑灑祭酒於地，左手拿著為祭祀牧養的母羊。行為符合禮節的進獻，有食物和玉杯。（進獻食物和玉杯，行為符合禮節）

註釋：訴訟結束開始前進。虔誠行事，符合禮儀，安好吉祥。

棄酒：灑酒於地的祭祀禮儀。**牧**：《周禮．地官》載，掌牧六牲，以供祭祀。**牂**：音臧，母羊。**逢**：迎合。**御**：進獻。**餌**：食物。**得**：語助詞。

36 明夷：養虎牧狼，還自賊傷。大勇小捷，雖危不亡。

豢養老虎、畜牧野狼，還因而被傷害。勇氣宏大有小勝利，雖然危險但不會敗亡。

註釋：訴訟狀態已瘡痍，開始轉好。原本養虎為患，但能勇於制止，危險並未消除，仍需防範。

自：因而。

37 家人：戴堯扶禹，松喬彭祖。西遇王母，道路夷易，無

敢難者。

擁戴堯帝，護持大禹，還有赤松子、王子喬和彭祖。向西要會面王母，道路平坦，沒有敢為難的人。

註釋：訴訟結束後親如家人。擁護聖人和仙人之道，虔誠共進，常保康泰，一帆風順。

扶：護持，如扶靈。松、喬、彭祖：赤松子、王子喬、彭祖，都是長壽仙人。西：王母居於西山。遇：會面。夷、易：平。

38 睽：秋冬探巢，不得鵲鶵。銜指北去，媿我少姬。

秋冬探尋鳥巢，得不到喜鵲的雛鳥。啣著手指向北方逃去，愧對年少的妻子。

註釋：訴訟而睽離。局勢破敗，無法收穫，拋下力弱的成員獨自飢渴逃去，無法繁衍。

鵲鶵：分別象徵喜慶與孳生。銜指：啣著手指，比喻飢餓。北：象徵陰晦之地。媿：愧也，羞愧。少姬：原指齊桓公的妾子少姬，此處僅借喻為年少的妻子，比喻力弱的女子。

39 蹇：兩羝三羘，俱之代鄉。留連多難，損其食糧。

兩隻公羊、三隻母羊，一起來到代戎之鄉。接連滯留且多刁難，損失了食物糧草。

註釋：訴訟而蹇跛。大家一起到遠方經營，但對方野蠻，遭遇重重波折，難以為繼。

兩：象徵左右親密的人。羝：音低，公羊。三：象徵多。羘：音髒，母羊。之：到。代：代戎建立代國，後設代郡，象徵遠方蠻荒之地。

40 解：南徙無廬，鳥破其巢。伐木思初，不利動搖。

鳥兒往南遷徙，沒有房舍，毀壞了窩巢。砍伐樹木築巢之初要思慮好，否則會不安順又動搖不穩。
註釋：訴訟又解離。不聽親友規勸，做事欠缺考慮，導致遷徙喬
　　　　遷失利，無處可歸。
南徙：候鳥應北徙，故方向不對。**利**：安順。
＊《詩經・伐木》：「伐木丁丁，鳥鳴嚶嚶。出自幽谷，遷于喬木。」伐木築巢然後喬遷，並宴請親友。本條為反向敘述。

41 損：爭訟不已，<u>更相</u>擊劍。<u>張季弱口</u>，被髮北走。

　　爭論訴訟不止，繼而相互以劍攻擊。張家小弟不善爭訟，披著散髮敗北逃走。
註釋：訴訟而損失。口鬥演變成武鬥，能力不足落敗而逃。
更相：相繼。**張**：《易林》慣以張氏為戰爭、失利之象徵。**季**：泛指年幼者，比喻能力尚不足。**弱口**：不善言談。
＊張季非指漢張釋之（字季），曾彈劾太子過司馬門不下車，為忠臣。

42 益：延頸望酒，不入我口。初喜後<u>否</u>，得利無有。

　　伸長脖子看著美酒，但沒有進入嘴巴。初始歡喜後來閉塞，沒有得到利益。
註釋：訴訟狀態益增。貪心垂涎，只能心裡歡喜的幻想著，到後
　　　　來還是一無所獲。
否：閉塞。

43 夬：被髮傾走，寇逐我後。亡失刀兵，身全不傷。

　　披散著頭髮，身體傾斜的逃走，盜匪追逐在身後。消滅兵器，身體完整沒有受傷。

註釋：訴訟時應明決。爭鬥失敗被倉皇追捕，避開戰爭，才能明哲保身。

被：披也。**寇**：盜匪。**亡**、**失**：消滅。**刀兵**：比喻兵器、戰爭。

44 姤：麟鳳所遊，安樂無憂。君子撫民，世代千秋。

麒麟和鳳凰悠遊，安全歡樂沒有憂慮。大人撫育人民，世代不絕。

註釋：訴訟結束開始邂逅。君子相交，吉祥安樂，頤養百姓並世代相傳。

45 萃：褰衣涉河，水深漬罷。賴幸舟子，濟脫無他。

見坤之萃。

註釋：訴訟轉為相薈萃。初始險難疲憊，後來遇到貴人，便沒有憂患了。

漬罷：浸泡且疲乏。

46 升：憒憒不悅，憂從中出。喪我金罌，無妄失位。

煩擾不愉悅，憂慮從心中湧出。遺失了金罌（見註），又意外的失去職位。

註釋：訴訟狀態上升。憂慮不歡，更失去寶貴資產和地位。

憒憒：音潰，擾亂。**罌**：音嬰，小口大肚的缸。**無妄**：意外。**失位**：失去王位。

*《穆天子傳》：「天子賜之黃金之罌。」金罌為古時貴重寶物。

47 困：絆跳不遠，心與言反。尼父望家，菡萏未華。

被絆住跳不遠，心裡想的與說的相反。孔子遠望家園，荷花並未開花。

註釋：訴訟且受困。被牽絆無法發展，只能言不由衷，君子不得
　　　志而思歸，聖道閉塞。
尼父：魯哀公封賜孔子的諡號。**菡萏**：音和但，未開的荷花。**華**：花也。

48 井：**大壯肥牸**，**惠**我諸**舅**。內外和睦，不憂飢渴。

　　將壯大肥碩的母牛，惠贈給侯舅。國家內外都和睦，不用憂慮飢渴。

註釋：訴訟結束開始井然。君王主動與諸侯好和，內外和合，平
　　　定安好。
牸：音伯，母牛。**惠**：贈送。**舅**：帝王稱異姓諸侯為舅。

49 革：**黃帝建元**，**文德在身**。祿若**陽春**，封為**魯**君。

　　中正的帝王設立建元年號，禮樂教化自身做起。福祿好像溫暖的春天，封為魯國的君主。

註釋：訴訟之後開始革新。全新開始，施行教化，以身作則，養
　　　育百姓，建立文明國家。
黃：比喻中正。**建元**：建立年號；見註。**文德**：禮樂教化。**在身**：自身。**陽春**：溫暖的春天。**魯**：周公長子封為魯公，比喻有教化的國度。
＊中國第一個年號為漢武帝的建元。

50 鼎：**虎聚摩牙**，人待**豚**豬。往必傷亡，**宜利**止居。

　　老虎聚在一起摩擦牙齒，人等待豬隻來到。前往必定受到傷亡，應安順的止駐定居。

註釋：訴訟會覆鼎。惡人摩拳擦掌等待獵物，不要去靠近，安分
　　　守己可平安。
摩：磨也。**豚**：音屯，豬。**宜、利**：安順。

51 震：天地配享，六位光明。陰陽順序，以成和平。

見蒙之小畜。

註釋：訴訟結束開始震奮。順從天道與倫理，天下光明，萬物和諧生成。

52 艮：猿墜高木，不踒手足。保我金玉，還歸其室。

見蒙之隨。

註釋：訴訟已停止。先前有危險，還好有驚無險，保全身命財富，不再行動。

53 漸：<u>營室紫宮</u>，堅不可攻。<u>明神建德</u>，君受大福。

時令走到營室星時建造皇宮，堅牢無法攻破。日月山川之神建立德業，君主蒙受浩大福澤。

註釋：訴訟結束開始漸進。時令好轉，君主臨政，建設良好，神明保佑，成就仁德大業。

營室：二十八星宿之一，時令至此，可以營建宮室。**紫宮**：皇宮。**明神**：神明，指日、月、山、川之神。

54 歸妹：孤翁寡婦，獨宿悲苦。目<u>張</u>耳鳴，無與笑語。

孤單的老翁和守寡的老婦，獨自住宿悲傷愁苦。眼睛鼓脹，耳朵幻鳴，沒人與他說笑。

註釋：訴訟的相歸依狀態。孤老又不肯相依靠，五氣失調生病，沒人陪伴。

張：脹也。

*《黃帝內經・五常政大論》：「風行太虛，雲物搖動，目轉耳鳴。」

55 豐：**低頭窺視，有所畏避。行者不利，酒酸魚敗。眾莫貪嗜。**

低著頭偷看，有所畏懼與逃避，行進的人不順利，只得到酸的酒，腐敗的魚。眾人不要貪愛。
註釋：訴訟盛大，變殘敗。膽怯不順，只得到殘羹剩飯，都是大家貪心相爭所致。
貪、嗜：愛。

56 旅：**載金販狗，利棄我走。藏匿淵底，悔折為咎。**

以金子裝飾土狗（偽裝高貴）去販賣，利益離而遠去。藏匿在深淵底部，懊悔責難過錯。
註釋：訴訟的旅歷。劣物偽裝珍品，到處欺騙矇混，沒獲得利益還被唾棄，遠遠躲起來懊悔。
載：飾也。**狗**：此處引申為卑賤。**折**：責難。

57 巽：**行觸大忌，與司命牾。執囚束縛，拘制於吏。**

行為觸犯重大忌諱，與掌管生命的神明牴觸。被拘捕囚禁綑綁，拘禁在吏部監獄。
註釋：訴訟的安順狀態。原本尊貴，犯下牢獄之災，生命岌岌可危。
司命：掌管人生命的神。**牾**：音五，牴觸。**執**：拘捕。**束、縛**：捆綁。**拘、制**：限制。
吏：吏部監獄，關押官員的牢獄。

58 兌：**執玉歡喜，佩之解攣。危詳及安，使我無患。**

拿著玉珮心裡歡喜，解開繫繩將它佩戴起來。連微細的危險都平安，沒有憂患。

註釋：訴訟但能欣悅以對。用美德操行，化解任何危險，完全平安無虞。

玉：象徵潔白、美好。**攣**：繫、綁。**危詳**：微細的危險。

59 渙：**機杼**紛擾，**女功**不成。**長妹**許嫁，衣無**襦**袴。聞禍不成，凶惡消去。

織布機的梭子紛亂擾攘，女子織繡沒有完成，長大的妹妹許佩婚嫁，沒有上衣和袴子。聽聞的災禍沒有成真，凶災惡禍都消除退去。

註釋：訴訟已渙散，轉為安好。原本紛擾而且生產停滯，因而無法結合孳生。後來災禍解除，轉為安好。

杼：音住，織布器上的梭子。**女功**：女子所做的針線、刺繡、縫紉等工作。**長妹**：在此比喻已長大可婚。**襦**：音儒，短的厚上衣。

60 節：**金人鐵距**，火燒左右。雖懼不恐，**獨**得全處。

銅人拿著鐵距，熾火在左右燃燒，雖然可怕但不構成威脅，仍然得以安全存在。

註釋：面臨訴訟能調節。本身堅實，縱使身邊有危難，也不會造成災害。

金人：銅人。**距**：刀鋒有倒刺的武器。**恐**：威脅。**獨**：語助詞。

61 中孚：謝恩拜德，東歸吾國。舞蹈欣躍，歡樂受福。

拜謝恩澤與仁德，東夷來歸順我國。欣悅雀躍的舞蹈，歡樂的蒙受福澤。

註釋：訴訟時能忠信。因為有仁德，蠻人也會歸順，並給予恩惠，大家歡樂相處。

62 小過：<u>青牛白咽</u>，呼我俱田。<u>歷山</u>之下，可以<u>多</u>耕。<u>歲樂</u>時節，民人安寧。

　　春天的牛隻呼告鳴叫，呼喚大家都來田裡耕種。歷山山下可以豐富的耕種。年度豐收時令調和，人民安寧無憂。

註釋：訟訟之後開始小超越。時令轉好，號召大家一齊來美好的
　　　地方共同經營，團隊歡樂富足。

青牛：原為黑牛，因青屬春，比喻春天的牛隻。**白**：呼告。**咽**：低鳴聲。**歷山**：舜生活耕種之處。**多**：豐富。**歲樂**：豐年。

63 既濟：<u>白雉群雊</u>，慕德朝貢。<u>湛露</u>之恩，使我得<u>懽</u>。

　　白色野雞群聚在一起鳴叫，仰慕周朝德義而入朝進貢。君主深厚的恩澤，使人得以歡欣。

註釋：訟訟已結束。尊貴有德義，外人仰慕前來獻禮，給予深厚
　　　的回饋，眾人共歡。

白雉：白色長尾野雞，用於餽贈尊者。**雊**：音構，雄雉鳴叫。**湛露**：濃重的露水，象徵君恩深厚。**懽**：歡也。

*《論衡‧儒增》：「周時天下太平，越裳獻白雉。」

64 未濟：避患東西，反入禍門。<u>糟糠</u>不足，憂愁我心。

　　逃避患難東躲西藏，反而進入禍害之地。連粗食都不足夠，憂慮愁苦在心裡。

註釋：訟訟尚未結束。想逃難但又墜入險境，生活困迫，憂心忡忡。

糟：釀酒後濾下的渣滓。**糠**：穀粒的外皮。**糟糠**：象徵粗食。

7 師

7 師：<u>烏</u>鳴呼子，<u>哺</u>以酒<u>脯</u>。<u>高樓</u>之處，子來歸母。<u>穡人</u>成功，年歲大有。<u>妬</u>婦無子。

　　慈烏鳴叫呼喚孩子，用酒和肉乾餵食牠。從高樓的地方，孩子前來歸附母親。農夫種植有成，年年大為富有。憎惡的婦人沒有子女。

註釋：出師又出師，無法孳息。慈愛的以富足安居吸引百姓來歸附，國家就會豐收。反之，憎惡不慈，就會失去子民。

烏：慈烏，能養育後代，後代亦能反哺。**哺**：音卜，餵食。**脯**：肉乾。**高樓**：非樹林，不是鳥類適居之處。**穡人**：農夫。**妬**：嫉，憎惡。

1 乾：一簧兩舌，佞言諂語。三姦成<u>市</u>，曾母投杼。

　　見坤之夬。

註釋：出師應該陽健，不可陰晦。喉舌（人言）可畏，到處都是小人造謠生事，連至親也聽信遠離。

市：比喻聚集且眾多，相互交換利益。

2 坤：春桃生花，<u>季女宜家</u>，受福且多。在師中<u>吉</u>，男為<u>封君</u>。

　　春天的桃樹生出花朵，少女也嫁人，蒙受很多福澤。男方領軍能夠中正謹慎，是有封邑的貴族。

註釋：出師且能溫良。時機大好，與人親密結合，成長繁衍，蒙受福澤，對方大有德性與成就。

季女：少女。**宜家**：女子出嫁。**吉**：《集韻》：「謹也。」**封君**：受有封邑的貴族。

＊《詩經・桃夭》：「之子於歸，宜其室家。」
＊《象》：「在師中吉，承天寵也。」

3 屯：殊類異路，心不相慕。牝牛牡豭，獨無室家。

不同族類有相異的路途，心裡不相互愛慕。母牛和公豬無法交配，孤獨沒有配偶家眷。

註釋：出師但困屯。彼此好像異族之人，不能同行同心，無法偕同開發孳生。

殊類：不同的類別。**牝**：音聘，雌性動物。**牡**：音母，雄性動物。**豭**：音蝦，豝，公豬。
室家：配偶家眷。

4 蒙：折葉蔽目，不見稚叔。三足孤烏，遠其元夫。

折下樹葉用來遮蔽眼睛，沒見到年幼的弟弟。君主剛烈孤僻，遠離善良之士。

註釋：要出師卻蒙昧。自我蒙蔽，招募不到新成員，剛愎自用，遠離君子。

稚叔：年幼弟弟或青少年，比喻新血。**三足孤烏**：孤暴的太陽，比喻上位剛烈孤僻。
元夫：善士。

5 需：雀東求粒，誤入罘域。賴逢君子，脫復歸息。

雀鳥向東方尋求米粒，誤入捕捉動物的繩網。幸好遇到君子相救，逃脫返復棲息。

註釋：出師應等待時機。想要尋找發展，但誤入惡人圈套，幸得貴人幫忙脫困，不要再前進了。

東：象徵粗鄙之地。**粒**：米食曰粒。**罘**：捕捉動物的繩網。**域**：罠也，魚網。**賴**：幸而。

6 訟：王孫季子，相與孝友，明允篤誠。升擢薦舉，為國

幹輔。

　　青年和少年，孝順父母，友愛兄弟，清明公允，篤實誠信。被提升拔擢推薦舉用，成為國家的幹才和輔臣。

註釋：可出師面對爭訟，已壯大。新血修身、齊家、出仕，國家茁壯有成。

王孫：貴族後代，對青年的尊稱。**季子**：年齡最小的兒子，比喻年幼者。**相**：此為單方面的動作，如相瞞。**友**：兄弟相親相愛。**擢**：音卓，提拔任用。

8 比：削樹無枝，與子分離。飢寒莫食，獨泣哀悲。

　　被砍削的樹沒了枝枒，與孩子分開別離。飢寒交迫沒有食物，獨自悲哀哭泣。

註釋：出師事態比附而來。國家裂解，家庭破碎，民生赤貧，百姓悲哀。

9 小畜：舜升大禹，石夷之野。徵詣玉闕，拜理水土。

　　見乾之中孚。

註釋：出師又持續小畜。賢君拔擢賢能，授於重任，一起建設國家。

玉闕：皇宮。**拜理**：拜官而治理公務。

10 履：義不勝情，以欲自營。見利危寵，滅君令名。

　　德義沒有戰勝情慾，因慾望而自我迷亂。見到利益便偏頗貪愛，損滅君主美好的聲譽。

註釋：出師被履行。理性戰輸慾望，愛貪贓而枉法，最後英名掃地。

營：迷惑，惑亂。**危**：偏頗的。**寵**：貪愛。**令名**：美好的聲譽。

11 泰：三人北行，六位光明。道逢淑女，與我驪子。

三人往北前進，萬物光耀明亮。道路上逢到淑良女子，贈與幼小的良馬。

註釋：出師且康泰。團隊出發，天時地利，並與君子會合，獲得美好的繁衍。

三：象徵多。**北行**：中原不產良馬，需向北尋驥。**六位**：一卦六爻，象徵世界萬物。
驥：良馬。**子**：比喻孳生。

12 否：羿張烏號，彀射天狼。柱國雄勇，鬭死滎陽。

后羿張開王弓，拉滿弓要射擊天狼星。上將軍雄壯英勇，還是戰鬥死於滎陽。

註釋：出師但閉塞。項羽戰力堅實，鬥志勃勃的出征，雖然英勇但魯莽，最後仍遭慘敗。

烏號：黃帝所用過的弓，象徵王弓。**彀**：音夠，將弓拉滿。**天狼**：天狼星，為貪殘及侵掠之星。**柱國**：楚國最高階軍階之上將軍，後項羽為諸侯上將軍。**滎陽**：劉邦與項羽展開滎陽之戰，項羽魯莽剛愎戰敗從此沒落（項羽並未死亡，本條借喻）。

13 同人：季姬跙躇，結袊待時。終日至暮，百兩不來。

少女還在猶豫不決，但已施衿結褵等待時間嫁人。一整天直到日暮，迎娶的禮車沒有來到。

註釋：要出師應同仁。雖已約定結盟但雙方卻都態度猶豫，最後失信毀約。

季姬：季者為幼，姬者女之美稱，故指少女。**跙躇**：音持除，徘徊不前。**結袊**：施衿結褵，女子出嫁。**百兩**：百輛大車，也特指結婚時所用的車輛；見註。

*《詩經 · 鵲巢》：「之子于歸、百兩御之。」

14 大有：鴻鴈翩翩，始怨勞苦。災疫病民，鰥寡愁憂。

大雁子往來不停，孳生抱怨辛勞苦楚。災難和疫情危害人民，

鰥夫和寡婦愁苦憂慮。

註釋：出師之事大大有之。不斷勞師動眾，民怨沸騰，百姓傷病，無法再繁衍。

鴻：大雁子。**鴈**：雁也。**翩翩**：往來不停的樣子。**始**：《禮記》鄭玄注：「始，猶生也。」
病：為其所害。**鰥**：婦死之夫。**寡**：夫死之婦。

15 謙：穿胸狗邦，僵離旁春。天地易紀，日月更始。

　　南方的蠻族建立新政，天下變更新年號，日月也重新開始。

註釋：出師完成轉為謙恭。蠻族被馴服，重新教化，開啟新紀元。

易紀：新皇帝變換新的年號紀元。**更始**：重新開始。

＊ 前兩句為南方八蠻，見導讀。

16 豫：北山有棗，使叔壽考。東嶺多栗，宜行賈市。陸梁雌雉，所至利喜。

　　北山的棗子，使人高壽安康。東山多產栗子，安順的行進到市場買賣。跳躍的母雉雞，所到之處都順利歡喜。

註釋：出師且安育。四方都有美好豐富的資源可交易，雖然路途有些艱難，但能審時度勢且不懈怠，所以無所不利。

有：音節的襯字，無意。**使叔**：對人的尊稱。**考**：長壽。**宜**：安順。**賈**：音古，買賣。
陸梁：跳躍的樣子。**雌雉**：母的長尾野雞。

＊ 本條以北、東比喻四方。山、嶺比喻艱難。棗、栗象徵果實。

＊《論語‧鄉黨》：「山梁雌雉，時哉時哉！」雌雉不若雄雉強壯，但能識時務。

17 隨：干旄旌旗，撫幟在郊。雖有寶玉，無路致之。

　　儀仗和軍旗已排列，在國郊上握著旗幟。雖然有寶玉，卻無路可以到達。

註釋：出師應隨理，不應盲目。軍隊已準備好出征卻無法前往，

因為師出無名。

干旄：旄音毛；用旄牛尾繫在頂端的儀仗。**旌**：旌音經，軍旗。**撫**：握、扶。**郊**：國都周圍百里之地。**路**：道也，象徵道理。

18 蠱：<u>精潔淵塞，為讒所言</u>。<u>證訊詰請，繫於枳溫</u>。<u>甘棠聽斷，怡然蒙恩</u>。

　　精緻清潔的深潭阻塞了，被讒言所中傷。被審訊責問，綁在刺枳的喪車上。仁官聽訊後裁斷無罪，欣悅的蒙受恩澤。

註釋：出師整治蠱敗。世道敗壞，君子被小人構陷即將覆滅，後
　　　經過賢吏整治，阻止頹勢。

讒：中傷、陷害別人的壞話。**證訊**：審訊。**詰**：責問。**請**：《玉篇》：「問也。」**枳**：多刺的灌木。**溫**：溫車，輼車，可以臥息的車，後因載喪，遂為喪車。**甘棠**：一種梨樹，比喻有仁德的官吏。**聽**：審理決斷，如聽案。**怡然**：欣悅。

19 臨：<u>玄黃虺隤，行者勞罷</u>。<u>役夫憔悴，踰時不歸</u>。

　　見乾之革。

註釋：出師一直迫臨。君王好戰又興徭役，遠行人馬憔悴不堪，
　　　又沒有歸期。

20 觀：<u>膚敏之德，發憤忘食</u>。<u>虜豹禽說，以成主德</u>。

　　有優美敏捷的德性，發憤圖強且廢寢忘食。俘虜了魏豹，擒拿了夏說，因此成就漢王的德業。

註釋：出師且能觀省。敏捷有德行，又勵精圖治，擊敗敵人，建
　　　立功勳。

膚敏：優美敏捷。**豹**：魏豹，項羽封為西魏王，後降漢又叛漢，被漢所殺。**禽**：擒也。
說：夏說，項羽時期的政治人物，後為漢所殺。

21 噬嗑：采唐沬鄉，要我桑中。失信不會，憂思約帶。

採集菟絲子在沬都的鄉野，被邀請到桑林之中幽會。對方卻失信不來相會，憂慮思念而消瘦，因而纏緊了衣帶。

註釋：出師應有法治。原本共同協議結合，但誠信不足，因而未成。

采：採也。**唐**：菟絲子。**沬**：衛國邑，即牧野。**要**：邀請。**桑中**：桑林之中，喻男女苟合之處。**約**：纏束。

＊《詩經・桑中》：「爰采唐矣，沬之鄉矣……期我乎桑中。」

22 賁：伯寧子福，惠我邦國。蠲除苛殘，使季無患。

長輩安寧，子孫有福，嘉惠國家。免除苛刻殘忍的暴政，使孩童沒有禍患。

註釋：要出師應整飭。摒除暴政，施行仁德，國家和百姓老小都有福澤，順利繁衍。

伯：比喻長輩。**蠲**：音捐，免除。**季**：幼稚未成熟的孩童。

23 剝：讒父佞雄，賊亂邦國。生雖忠孝，敗恩不福。

讒言妄語的大奸人，危害擾亂國家。忠孝每有生存，敗壞恩情就沒有福澤。

註釋：出師又剝落。大惡人亂國，失去德行，福澤不再。

讒：中傷、陷害別人的壞話。**父、雄**：此處指擁有大能力者。**佞**：音寧四聲，花言巧語。**雖**：每有。

24 復：淵泉隄防，水道通利。順注湖海，邦國富有。

在泉源深處建築堤防，水流的渠道通暢順利。順利注入大湖和海洋，國家富足多有。

註釋：出師之後復返，開始養息。積極開發建設，資源流暢豐盛，

國家安定富足。

淵泉：深泉、泉源。

25 無妄：江南多蝮，螫我手足。冤繁詰屈，痛徹心腹。

　　江南有很多毒蛇，叮咬了手腳。毒蛇繁多又彎曲，痛楚貫穿了心腹。

註釋：出師遭逢無妄之災。前進卻被眾多惡人交相陷害，冤屈難解，痛徹心肺又致命。

蝮：一種毒蛇。**螫**：音遮，被蛇蟲的牙刺所叮。**冤、詰屈**：曲折的樣子。**心腹**：心臟和腹部，象徵要害。

26 大畜：三人俱行，別離獨食。一身五心，反覆迷惑，亂無所得。

　　三個人一起行進，卻各別分離獨自用食。一個身體有五個心思，反覆的迷惘困惑，紛亂無所獲得。

註釋：要出師應該大蓄（聚集）。團隊要前進，成員卻完全離心離德，一直迷亂不明，因而一無所得。

三：象徵多。**五**：象徵全部。

27 頤：鴉鳴庭中，以戒災凶。重門擊柝，備不速客。

　　烏鴉在庭院中鳴叫，因而戒備災難和凶惡。雙重的門，敲擊巡邏的梆子，防備不速之客。

註釋：出師轉為頤養。有凶險的徵兆，不要前進，加強守護防備。

鴉：烏鴉，不祥的象徵。**柝**：音拓，巡夜時敲打的梆子。**速**：邀請。

28 大過：功成事就，拱手安居。立德有言，坐飾貢賦。

217

功德事業都已成就，拱手做禮，安居樂業。樹立德行，言語良善，主持治理貢品和賦稅。

註釋：出師之後大超越。成就功業之後，實行禮教，百姓安居，樹立典範，維安理政。

就：完成。**拱手**：兩拳抱於胸前做禮，象徵禮儀。**有言**：善言。**坐**：主持。**飾**：飭也，治理。

＊《左傳・襄公二十四年》：「大上有立德，其次有立功，其次有立言。」本條三立皆具。

29 坎：國亂不安，兵革為患。掠我妻子，家中飢寒。

國家動亂不安，戰爭釀為禍患。妻子被掠奪，家中飢餓寒凍。

註釋：出師但落陷。因為戰爭，國家動盪，百姓資產眷屬被掠奪一空，也無法繁衍。

兵革：武器和盔甲，比喻戰爭。

30 離：戴堯扶禹，從喬彭祖。西遇王母，道路夷易，無敢難者。

見訟之家人。

註釋：出師去附著聖道。擁護聖人和仙人之道，虔誠共進，常保康泰，一帆風順。

31 咸：長尾委蛇，畫地成河。深不可涉，絕無以比，惆悵會息。

長長尾巴的蜥蛇，劃開地面成為大河（見註），深浚不能涉過，隔絕無法相附，哀傷而發出嘆息聲。

註釋：要出師應相感應。大惡人阻礙，險峻不能越過，無法會合

而悲傷。

長尾：比喻蛇大隻。**委蛇**：蝼蛇，神話中的蛇，人首蛇身。**畫**：劃也，分開。**比**：相附。
惆悵：悲愁、失意。**會**：喉嚨發出聲音；《說文解字》注：「噲者，會也，聲氣所會也。」
＊《楚辭》王逸注：「有神龍以尾畫地，導水徑所當決者。」今以蛇代龍，象徵惡人為惡。

32 恆：乘龍從蜺，徵詣北闕。乃見宣室，拜守東城。鎮慰黎元，舉家蒙福。

　　乘著龍追從霓虹，接受君主的旨意前往朝廷。在皇居正室晉見皇帝，官拜鎮守東城的職務。安定撫慰百姓，全家蒙受福澤。
註釋：出師且能持恆。賢良受上位徵召提攜，防衛國家要塞，百
　　　姓與自家都蒙利。

蜺：彩虹外圈的第二道虹，象龍。**徵詣**：接受君主的旨意。**北闕**：臣子等候朝見之處，朝廷的別稱。**宣室**：帝王所居的正室。**拜**：任職。**東城**：侯國名，比喻要塞；《史記・項羽本紀》：「（霸王）身死東城。」**鎮慰**：安定撫慰。**黎元**：百姓。

33 遯：土與山連，終身無患。天地高明，萬歲長安。

　　土地與山丘連接在一起（沒有地塌山崩，見註），終其一生都沒有禍患。天地高遠光明，高壽而且長久安康。
註釋：出師狀態隱遁，轉為連結。彼此謙和相附，沒有裂解，天
　　　下太平，人民安康。

＊土地為低位者、人民；山為高位者、大人；上下相連，沒有斷裂。又土為坤，山為艮，坤艮為謙。

34 大壯：久旱水涸，枯槁無澤。虛修其德，未有所獲。

　　長久旱災，水源乾涸，乾燥沒有水澤。虛假的修養德行，從未有所收穫。

註釋：出師必須壯大。資源竭盡已久，只是虛假的表面裝飾，還是一無所獲。

涸：音河，水乾竭。**枯槁**：乾燥、憔悴。

35 晉：依天倚地，凶危不至。上清下淨，受福大明，君受其利。

依據天理地道，凶惡和危險不會到來。上天清明，地下潔淨，蒙受福澤，大為光明，君主有利。

註釋：出師改為前進，前進但不再征戰。依天道倫理行事，所以沒有危險，天下清淨光明，國家也有利。

36 明夷：火烈不去，必殪僵仆。燔我衣裾，福不可悔。

火勢猛烈無法去除，必定會死亡倒下。已焚燒到衣襟了，祭祀祈福不要怨恨。

註釋：出師遭受瘡痍。遇到災禍無法滅除必會覆滅，如今已身陷大難，必須虔誠以對，不要心存怨恨。

殪：音亦，死亡。**僵仆**：仆音撲，倒下、死亡。**燔**：音凡，焚燒。**衣裾**：裾音居，衣襟。
福：祭祀祈求致福。**悔**：恨。

37 家人：配合相迎，利之四鄉。欣喜興釋，所言得當。

匹配應和，相互接迎，順利到達四方之鄉。欣悅歡喜的展開解釋，所說的話得體適當。

註釋：出師轉為親如家人。與人和諧配合，四方發展無往不利，滿臉歡喜，說明得體，大家認同。

之：至。**興**：舉辦、發動。

38 睽：清人高子，久屯外野。道遙不歸，思我慈母。

　　清白高雅的君子，長久困頓於野外。道路遙遠無法歸回，思念慈祥的母親。
註釋：出師造成睽離。君子被迫離開，一直於野外困頓生活無法返回，只能思念故鄉。
屯：困頓。

39 蹇：武庫軍府，甲兵所聚。非里邑居，不可舍止。

　　放置武器的府庫和執行軍務的官府，是軍隊聚集的處所，不是里民聚集而居的地方，不可在此住宿停留。
註釋：出師就會蹇跛。戰爭使環境肅殺，人民受到限制與發展。
甲兵：武裝的士兵，亦泛指軍隊。**邑**：居民聚居的地方。

40 解：三德五才，和合四時。陰陽順序，國無咎災。

　　天地人有三德和五才（見註），四時節令諧和好合，陰陽也依照順序運行，國家沒有過錯災難。
註釋：出師狀態已解離，轉為和合。天地諧和，人倫有序，陰陽調和，國家安定。
＊《大戴禮記・四代》：「有天德，有地德，有人德，此謂三德。」
＊《白虎通德論・情性》：「得五氣（行）以為常，仁、義、禮、智、信是也。」

41 損：解衣毛羽，飛入大都。晨門戒守，鄭忽失家。

　　解開衣服，露出羽翼，飛入王子的封地。城門衛士警戒守衛，鄭忽失去國家。
註釋：出師遭受損失。想向外發展，但柔弱又不與人和謀，對方固若金湯，因而失敗。

毛羽：翅膀。**大都**：王畿外圍，王子們的轄區。**晨門**：掌管城門開閉的人。**鄭忽**：衛國世子。
*《穀梁傳・桓公十一年》：「鄭忽出奔衛。」鄭忽以齊國是大國，不宜攀附婚約為由，拒絕齊國的邀婚，後鄭國被奸臣所篡，齊國不來救援，鄭忽逃至衛國。

42 益：削根燒株，不生肌膚。病在心腹，日以燋枯。

　　削去根部，燒燬樹幹，無法生長肌膚。病生在心臟和腹部，每日都火燒枯焦。

註釋：出師事態益增，毀及根本。整株連根毀亡，無法再生存，
　　　受到致命傷害，每日都煎熬。

肌膚：亦指身命。**心腹**：象徵要害。**燋**：火燒。

43 夬：文山紫芝，朱草雍梁。生長和氣，福祿來處。

　　汶山長出紫芝，朱草長在雍梁。整個國境生育成長，陰陽之氣交和，福澤和利祿來此安處。

註釋：出師狀態已斷決，轉為太平。君聖臣賢，國土從頭至尾祥
　　　瑞又陰陽和合，充滿福祿。

文山：汶山，漢族江河發源地，比喻江山（國土）之首。**紫芝**：祥瑞之物，紫象徵帝王。
朱草：祥瑞之物，朱象徵大臣。**雍梁**：天下九州的末兩州，後為邊秦之地，比喻國土之尾。**和氣**：陰氣與陽氣交合而成之氣。
*《論衡・初稟》：「朱草之莖如鍼，紫芝之栽如豆，成為瑞矣。」

44 姤：多載重負，捐棄于野。予母誰子，但自勞苦。

　　見屯之恆。

註釋：出師應相邂逅。前進但能力不足，無法多負荷，夥伴相互
　　　拋棄各自謀生。

45 萃：鳧雁啞啞，以水為家。雌雄相和，心志娛樂，得其歡欲。

野鴨和雁子鳴叫著，以河湖為家。母鳥和公鳥相互應和，心情意志快樂，得到喜歡的願望。

註釋：出師並相薈萃。相互響應，找到美好環境，希望如願以償，快樂繁衍。

鳧：音福，野鴨。**啞啞**：音押，鳥鳴聲。**娛**：樂。

* 鳧、雁（鴈）俱為水鳥類候鳥常並稱，候鳥象徵遷徙，此條表示鳧雁遷徙後找到歸宿。

46 升：耳目盲聾，所言不通。佇立以泣，事無成功。

耳朵聾了，眼睛瞎了，所說的話也不通暢。站立著哭泣，事情沒有成功。

註釋：出師必須提升。蒙昧無法溝通，只會悲觀滯止，無法成功。

47 困：天宮列宿，五神所舍。宮闕堅固，君安其居。

天宮有群星和五方神明住宿。皇宮堅牢穩固，國君安心居止。

註釋：出師狀態受困，轉為生養。各路星宿神明回到天宮安處，不再推演禍福，人間朝廷也政局安定。

天宮：天帝與天神的住所。**列宿**：群星。**五神**：五方（五行）之神。**宮闕**：闕音卻，皇宮。

*《論衡‧命義》：「國命繫於眾星，列宿吉凶，國有禍福，眾星推移。」

48 井：范子妙材，戮辱傷膚。然後相國，封為應侯。

范雎有絕妙的才華，卻遭到刑殺羞辱傷害至大。之後成為相國，並封為應侯。

註釋：出師情勢轉為井然。初始出師不利，遭遇大禍，後來扭轉情勢，獲得成功。

范子：范睢（音居）。**戮**：音鹿，刑殺。**膚**：大。

*《史記・范睢蔡澤列傳》載，范睢被魏國相國懷疑通敵，因而被鞭打差點喪命，後逃至秦國受到重用，為秦相封應侯。

49 革：秋冬探巢，不得鵲雛。銜指北去，慚我少夫。

見訟之睽。

註釋：出師而被革除。行動時機不對，沒有收穫又獨自飢渴逃去，愧對力弱的夥伴。

少夫：年輕男子，比喻力弱。（出師需少夫，而非少姬）

50 鼎：子畏於匡，厄困陳蔡。德行不危，竟脫厄害。

孔子在匡邑遭遇驚駭，又險惡的被圍困在陳國和蔡國之間。但他道德品行不偏頗，最後脫離困厄和危害。

註釋：出師但覆鼎。君子去旅歷，受到惡人加害，因為有德行，終於度過危機。（但旅歷未完成）

畏：驚駭。**危**：偏頗。**竟**：究竟，最後。

*《論語・子罕篇》：「子畏于匡。」又《呂氏春秋・卷十七》：「孔子窮乎陳蔡之間。」

51 震：鴻飛在陸，公出不復。仲氏任止，伯氏客宿。

大雁子飛翔在水岸，父親外出沒有返復。二哥照顧家裡，長兄客宿在外。

註釋：出師發生震盪。好像雁子一去不回，尊長外出也都未返回。

鴻：大雁子，候鳥。**陸**：高出水面的土地。**仲、伯**：兄弟排行伯仲叔季。**任**：照顧。**止**：只也，感嘆詞。**客宿**：在外居住。

*《詩經・九罳》:「鴻飛遵陸,公歸不復。」
*《詩經・燕燕》:「仲氏任只。」原詩意思為,(大姑要嫁人了)二姑會照顧你。

52 艮:鶴鳴九皋,避世隱居。抱朴守真,竟不隨時。

　　鶴在水澤深處鳴叫,避開世俗隱匿而居。懷抱樸素本質,守住天生真性,完全不跟隨時俗。

註釋:出師停止,不再出師。擺脫世俗,清靜無為,返璞歸真,
　　　不隨俗世變化而改變。

九皋:水澤深處。**朴**:樸也,天然樸素的本質。**竟**:全部、整個。

53 漸:舜升大禹,石夷之野。徵詣玉闕,拜治水土。

　　見乾之中孚。

註釋:出師能循序漸進。明君能擢升賢良承擔重責大任,一起治
　　　理國家。

54 歸妹:左輔右弼,金玉滿匱。常盈不亡,富如廒倉。

　　左右相互輔助,金子和寶玉堆滿櫃子。經常滿盈沒有缺無,米倉富足。

註釋:出師並相歸依。彼此輔助扶正,資源滿盈,總是富足。

左、右:象徵周邊。**輔、弼**:輔助。**匱**:櫃也。**如**:語助詞。**廒倉**:廒音敖,儲藏米穀的倉庫。

55 豐:崔嵬北岳,天神貴客。衣冠不已,蒙被恩德。

　　高峻的北嶽恆山,有天上神仙為貴客。不停整飾禮儀,蒙受披覆恩惠與德澤。

註釋:出師之後開始富足。環境安詳,天神庇廕,實行文教,充

滿福澤。

崔嵬：音催維，山勢高峻。**北岳**：恆山，象徵長壽與永恆。**衣冠**：象徵整飾禮儀。

56 旅：空槽注豬，獖毼不到。張弓祝雞，雄父飛去。

用空蕩的飼料槽要攏聚豬，豬隻不來到。張開弓箭，發出「祝祝」聲引誘雞隻，公雞卻飛走離去了。

註釋：出師變羈旅。沒有資源，不能利誘，無法聚集人才，行動無成。

槽：放飼料餵牲畜的器具。**注**：聚。**獖**：音焚，閹過的豬。**毼**：音至，豬。**祝雞**：發出「祝祝」聲呼喚雞隻。**雄父**：公雞。

57 巽：胡蠻戎狄，大陰所積。涸冰凍寒，君子不存。

東胡、南蠻、西戎、北狄，在大地累積。乾硬的堅冰嚴凍酷寒，大人不復存在。

註釋：出師才能安順。四方惡人到處積聚，禍害太深無法破除，朝廷終於破敗。

大陰：大地。**涸**：乾。

58 兌：甘露醴泉，太平機關。仁德感應，歲樂民安。

見屯之謙。

註釋：出師之後開始欣悅。天下太平，瑞兆一一出現，行仁德而安樂，一切豐盛美好。

59 渙：惡來呼伯，慎驚外客。甲守閉宅，以備凶急。臨折之憂，將滅無災。

惡人前來呼叫主人，謹慎害怕外寇。穿上盔甲守護並關閉宅園，以防備凶惡急難。面臨的折損憂慮，將會消滅沒有災害。
註釋：出師會渙散，轉為防衛。有外面惡人來挑釁，但能慎戒恐懼，採取堅強防衛，因而可化險為夷。

伯：對人的尊稱。**外客**：外寇。**甲**：動詞使用。

60 節：日月相望，光明盛昌。三聖茂功，仁德大隆。

見蒙之謙。
註釋：出師並能節度。光明積極，成就功業，眾多賢良輔佐，大興功業與仁政。

61 中孚：葛藟蒙棘，華不得實。讒佞亂政，使恩壅塞。

葛藟蒙受荊棘包覆，花朵無法長成果實。讒言佞語擾亂國政，使得君恩閉塞不通。
註釋：應出師維護忠信。君子被小人重重包圍，政務無法開花結果，小人妖言亂政，皇恩無法執行。

葛藟：音格壘，可食用的葡萄科植物，比喻君子。**讒**：中傷、陷害別人的壞話。**壅**：阻塞。

62 小過：鄰不我顧，而望玉女。身多癩疾，誰肯媚者。

鄰居都不看一眼，而去瞧望如玉的美女。身上有很多疥瘡和疾病，誰會喜愛呢？
註釋：想出師但持續小過。缺陷太多一直沒改進，令人厭惡，周邊的人轉因靠近良人。

癩：生癬或疥瘡而使毛髮脫落。**媚**：愛。

227

63 既濟：精誠所在，神為之輔。德教尚忠，彌世長久。三聖尚功，多受福祉。

　　至誠的精神有所存在，神明也為他輔助。德行教化崇尚忠信，充滿世間並且恆常久遠。三位聖人功德崇高，蒙受許多福澤。

　　註釋：出師結束，轉施聖道。因為虔誠受到神明保佑，實行倫理教化。

彌：音迷，滿。**三聖**：指周文王、周武王、周公建立周朝。**祉**：福澤。

64 未濟：鑽木取火，掘地索泉。主母飢渴，手為心禍。

　　鑽木取火，掘地探索泉水。女酋長因為飢渴，用手去執行心思，因而肇禍。

　　註釋：出師狀態尚未結束。野蠻落後，生活困苦，進行掠奪，導致禍患。

主母：女酋長，比喻惡人頭目。

8 比

8 比：鹿得美草，鳴呼其友。九族和睦，不憂飢乏。長子入獄，霜降族哭。

　　鹿兒尋得甘美的鮮草，鳴叫呼喚牠的朋友。宗族血親和睦相處，不憂慮飢餓貧乏。長子入獄，霜降時要秋斬，族人號哭。
註釋：比附又比附。原本家人相親相愛，繁衍茂盛，和樂而富足。
　　　但只同仁家人，引來宗族災難（見註），難以繁衍。

九族：自己以及往上四代、往下四代的直系血親。**長子**：比喻繼承人。**霜降**：二十四節氣之一，秋末，古時執行秋決。
*《易經》：「同人于宗，吝。」

1 乾：繼祖復宗，追明成康。光照萬國，享世久長。

　　繼承並復興祖宗功業，追隨光明的成康之治。光明照耀千萬個國家，王朝統治恆長久遠。
註釋：比附且陽健。持續祖宗光榮的功業，天下太平又光明，國
　　　祚綿長。

享世：王朝統治的年代。
*《史記‧周本紀》：「故成康之際，天下安寧，刑錯四十餘年不用。」

2 坤：麟子鳳雛，生長家國。和氣所居，康樂無憂，邦多聖人。

　　麒麟生出兒子，鳳凰生出雛鳥，在家國中孳生成長。和氣敦睦的居住，康寧歡樂沒有憂慮，邦國有許多聖人。
註釋：比附且溫良。君子們和國家都孳生茁壯，陰陽調和，氣息

充沛,賢能輩出,國家康樂。

3 屯:取火流泉,釣鱍山巔。魚不可得,火不肯燃。

在流動的泉水中取火,在山巔垂釣鱍魚。魚無法獲得,火不能燃燒。

註釋:比附而來的困屯。經營方法都不對,一直無法收穫,失去吉祥和光明。

鱍:音旁,魴魚,鯉科魚類,象徵吉祥。**肯**:可。

4 蒙:彭生為娛,白虎行菑。盜堯衣裳,桀跖荷兵。青禽照火,三日夷傷。

彭生化為妖怪,白虎傳播災難。盜取了堯的衣裳,夏桀和柳下跖扛著兵器。青鳥照映著火光,三天就瘐傷了。

註釋:比附而來的蒙昧。惡人四處作孽,破壞法禮,興兵作亂,沒多久國家就破敗了。

彭生:齊國大夫,枉死後疑似化為豬妖驚嚇齊襄公。**娛**:妖之誤,見革之大過與附註。**白虎**:象徵凶神。**菑**:災也。**衣裳**:比喻禮法。**桀跖**:夏桀和柳下跖(音直),暴君和惡盜,泛指惡人。**荷**:音賀,扛。**青禽**:青鳥,為弔念死者的信使。**三日**:象徵不出幾日。**夷**:瘐也,創傷。

*《論衡‧訂鬼》載,「先見大豕於路,則襄公且死之『妖』也,人謂之彭生者。」當晚襄公即遭政變身亡。

5 需:黍稷醇醴,敬奉山宗。神嗜飲食,甘雨嘉降。黎庶蕃殖,獨蒙福祉。

用五穀和濃烈的美酒,敬奉泰山。山神喜好進供的飲食,甘甜的雨水,美好的降下,百姓繁殖,蒙受福澤。

註釋：比附且耐心等待，必有福臨。對禮法虔誠執行，天降福澤，
　　　得以繁衍受福。
黍稷：黃米和小米，象徵五穀。**醇醴**：濃烈的美酒。**山宗**：泰山或山神。**嗜**：愛好。
黎庶：黎民與庶民，百姓。**蕃殖**：繁殖。**獨**：語助詞，無義。**祉**：福。

6 訟：李花再實，鴻飛降集。仁哲權輿，蔭國受福。

　　春天李花再次結實，大雁子也飛來降臨聚集。仁慈和智慧萌生，庇蔭國家，蒙受福澤。

註釋：相比附克服爭訟。有如春天來臨，人才都來聚集，孳生德智，
　　　保護國家，自己也有福澤。
實：熟成的瓜、果、穀穗。**鴻**：大雁子，候鳥。**哲**：智慧。**權輿**：萌芽、新生。

7 師：千歲之墟，大國所屠。不見子都，城空無家。

　　千年的廢墟，是被大國屠殺所遺留。不見子都，城池空蕩，沒有家戶。

註釋：比附而來的出師。被大國出征，古國變成廢墟，沒有百姓
　　　與子嗣。
子都：鄭國的美男子，原喻良人，此處比喻所有人（都）和子嗣（子）。
*《詩經‧山有扶蘇》：「不見子都，乃見狂且。」套用此句型。

9 小畜：公子王孫，把彈捪丸。發輒有得，室家饒足。

　　公子們持著彈弓和彈丸，發射總是會有所得，家庭豐饒富足。
註釋：比附且持續小蓄。合作行動，雖然小經營，但每發必中，
　　　因而富足。
公子、王孫：貴族後代，對人的尊稱。**捪**：攝也，持。**輒**：總是。

231

10 履：驪姬讒喜，與二嬖謀。譖殺恭子，賊害忠孝。申生以縊，重耳奔逃。

晉獻公愛妾驪姬要立自己的兒子為世子，所以喜愛進讒言，並與兩個寵臣串謀，毀謗恭世子（申生）非禮，迫害忠良。申生因而上吊自殺，其弟重耳也奔離逃亡。

註釋：比附才能履行。奸人合謀危害忠良以自利，君子都已滅盡，國家紛亂。

讒：中傷、陷害別人的壞話。**嬖**：音必，受寵的人。**譖**：怎四聲，毀謗。**縊**：用繩索勒緊脖子而死亡。

*《左傳‧魯莊公二十八年》：「驪姬嬖，欲立其子，賂外嬖梁五，與東關嬖五。」晉獻公愛妾驪姬要立自己的兒子為世子，便東關嬖五與梁五和兩個寵臣串謀，誣賴世子申生（恭世子）非禮，申生因而自殺，其弟重耳、夷吾也逃亡。（後重耳在秦國支持下推翻在位的晉懷公，重掌政權，成為春秋五霸。）

11 泰：長生無極，子孫千億。柏柱載青，堅固不傾。

恆常的生命沒有極限，子孫成千上億。柏樹的棟柱年年青翠，堅固不會倒。

註釋：比附且康泰。長壽安康，後代廣大繁衍，都是棟樑之材，屹立不搖。

柏：比喻松柏長青。**載**：年。

12 否：失意懷憂，如幽狴牢。亡子喪夫，附托寄居。

不得意而心懷憂慮，好像幽禁在監牢裡。死了丈夫和兒子，只能托附寄居人下。

註釋：比附而來的閉塞。走不出困境，至親離散，最後無所依靠，只能寄人籬下。

狉：音必，畫在獄門上虎類野獸，亦指監獄。

13 同人：仁智隱伏，麟不可得。龍蛇潛藏，虛居堂室。

　　仁者與智者隱匿潛伏，麒麟無法尋得。像龍蛇一樣非凡的人，潛伏躲藏，空閒的居於廳堂和內室。
註釋：應相比附且同仁。有德行和才能的人都不出來任事，個人
　　　和國家不會安好。
虛：空閒。

14 大有：捌絜累累，締結難解。嫫母銜嫁，媒不得坐，自為身禍。

　　見坤之晉。
註釋：比附才能大有。眾多弊端盤根錯節，難以解決，又醜陋無
　　　恥的想與人合併，因而被拒絕，無法繁衍。
絜：潔也。

15 謙：蜩飛墜木，不毀頭足。保我羽翼，復歸其室。

　　蟬兒飛翔墜落下來，頭部到足部都沒有毀傷。保有翅膀，又歸回返復到家中。
註釋：要比附應謙恭。太過喧鬧躁動因而墜落，還好沒有喪德，
　　　所以沒有受傷，又回到團隊。
蜩：音調，蟬也，比喻過度喧鬧、擾攘不寧。**頭足**：從頭到腳，比喻全身。
＊《詩經・蕩》：「如蜩如螗，如沸如羹。」

16 豫：陳媯敬仲，兆興齊姜。乃適營丘，八世大昌。

　　媯姓陳氏的田敬仲，被預言將興盛於姜姓的齊國。到了齊國

首都營丘，八世之後便大為昌旺。
註釋：比附且安育。親密結盟，一起開拓發展，終於成就大業。
陳媯敬仲：陳國公子陳完，媯姓，陳氏，名完，諡敬仲，至齊後改姓田。**兆**：預言。
齊姜：齊國分為姜齊和田齊兩個時代。**適**：至。**營丘**：姜子牙封於齊，定都於此。
*《史記‧田敬仲完世家》載，公子完逃至齊國，受齊桓公重用，並改姓田（古時陳田同音），齊懿仲想將女兒嫁給他，卜卦得知，八世之後他的子孫將成為京城最大。後田氏子孫篡齊，稱田齊。

17 隨：過時不歸，雌雄苦悲。徘徊外國，與母分離。

　　過了時限還沒歸返，男女都苦楚悲痛。在外邦處於危險邊緣，與母親分離。
註釋：應比附且隨理。男子遠行未返，女子在家悲愁，在外瀕臨
　　　危險，不能歸返繁衍與奉老。
徘徊：經常處於危險邊緣。

18 蠱：齊魯爭言，戰於龍門。構怨結禍，三世不安。

　　見坤之離。
註釋：應比附卻蠱敗。相鄰不合且反目成仇，征戰不已，世代都
　　　不安。

19 臨：府藏之富，王以賑貸。捕魚河海，苟願多得。

　　官府庫藏豐富，君主用來賑災施予。在河川海洋捕魚，每每捕獲眾多。
註釋：比附且臨政。國家富足又能照顧百姓，因而總是生產眾多。
貸：施予。**苟**：乃，語助詞。**願**：《集韻》：「願，每也。」

20 觀：鳴鶴北飛，下就稻池。鱣鮪鰥鯉，眾多饒有。一狗獲兩，利得過倍。

　　白鶴鳴叫著往北飛，來到稻田和水池。珍貴的鱣鮪鰥鯉魚，為數眾多豐富饒有。一次獲得兩隻，得利超過一倍。

註釋：比附且觀省。君子一起前進經營，慎選安全美好之地，資
　　　源豐美，獲利加倍。

北：白鶴是候鳥，故往北飛回故鄉。**下、就**：到。**鱣鮪鰥鯉**：都是祭祀用的魚類，比喻尊貴；見註；**狗**：苟也，乃，語助詞；《埤雅》：「狗從苟。」
* 《詩經・潛》：「有鱣有鮪，鰷鱨鰥鯉。以享以祀，以介景福。」

21 噬嗑：蒼梧鬱林，道易利通。元龜象齒，寶貝南金，為吾福功。

　　南越的蒼梧和鬱林，道路平易便利暢通。大龜、象牙、珍貴貝殼、荊揚的黃金，得到大福利。

註釋：比附且法治。遠方資源豐富，諧和前往發展順利，獲得珍
　　　貴的財富福澤。

元龜：大的烏龜。**南金**：荊、揚二州所產品質純良的黃金。**福功**：福利。
* 《漢書・武帝紀》載，遂定越地以為蒼梧、鬱林等九郡。
* 《魯頌・泮水》：「元龜象齒，大賂南金。」

22 賁：兩火爭明，雖鬬不傷。分離且忍，全我弟兄。

　　兩把火爭相照明，雖然相鬥但無傷害，姑且忍耐的分開別離，成全兄弟。

註釋：應比附且整飾。相互爭霸，但還沒構成傷害，後來讓步成
　　　全夥伴。

23 剝：伯夷叔齊，貞廉之師。以德防患，憂禍不存。

伯夷和叔齊，是貞節清廉的導師。用德行來防範災患，憂慮和災禍便不存在了。

註釋：比附克服剝落。君子們以道德自持並相互砥礪，所以防範了災禍發生。

*《史記·伯夷傳》載，周武王伐紂成功，伯夷、叔齊兩兄弟認為臣不該伐君，所以寧願餓死也不為周朝的臣民。

24 復：季去我東，髮櫛如蓬。展轉空床，內懷憂傷。

小弟離開去東方，頭髮梳理的跟蓬草一樣凌亂。大哥輾轉在空蕩的床，內心滿懷憂慮與悲傷。

註釋：比附狀態需恢復。兄弟分離，孤單落魄都沒有好的發展，徒留感傷。

季：兄弟輩分為伯仲叔季。**東**：象徵粗鄙之地。**櫛**：髮梳。**空床**：比喻無偶獨居。

25 無妄：百足俱行，相輔為強。三聖翼事，王室寵光。

見屯之履。

註釋：比附且不虛妄。眾人合作行動，力量強大又敏捷，有眾多賢能輔佐，國家尊寵興盛。

26 大畜：壅遏隄防，水不得行。火盛陽光，陰蜺伏藏。退還其鄉。

堤防阻塞，河水無法通行。陽光像火一樣旺盛，霓虹潛伏藏匿。退回還返故鄉。

註釋：比附才能大蓄。水道賭塞，又乾旱熾熱，與其前進，不如

返回團圓。
壅遏：阻塞。**陰蜺**：彩虹外圈的第二道彩虹。

27 頤：<u>螣蛇乘龍</u>，年歲飢凶，民食草蓬。

飛蛇騎乘著龍，年度飢荒凶災，人民食用蓬草。
註釋：比附才能頤養。奸人凌駕君主，造成環境凶惡與人民飢荒。
螣蛇：騰蛇，能飛行的蛇，主虛驚怪異。
＊《左傳‧襄公二十八年》：「蛇乘龍。龍，宋鄭之星也。宋鄭必饑。」

28 大過：鉛刀攻玉，堅不可得。盡我筋力，<u>胝蠒</u>為<u>候</u>。

見坤之豫。
註釋：比附才能大超越。實力不足，獨自挑戰重任，胼手胝足，精疲力竭。
胝、蠒：長繭。**候**：病候，疾病症狀。

29 坎：恆山<u>浦壽</u>，高邑所在。陰氣下淋，洪水不處。牢人開戶。

浦吾、靈壽為高處之所在，陰氣往下降淋（註），洪水淹不到此處。囚犯被打開牢門釋放。
註釋：比附克服落陷。險要牢固，不受災禍侵犯，釋放囚犯，一起守護。
浦壽：《漢書‧地理志》：常山郡（亦稱恆山郡）有靈壽、浦吾等十八縣。**邑**：地區。
＊陽升陰降，故陰不處高邑。

30 離：<u>比目四翼</u>，來安我國。福善上堂，與我同床。

兩隻鳥緊靠而飛，眼睛相並在一起，四張羽翼，來我國安住，

有福德善行,登上廳堂,一起同床而眠。

註釋:比附又相附著。君子感情恩愛,攜手來歸附,行善積德,大家甜蜜共居。

比:緊靠、相並。**比目**:將彼此的眼睛相並在一起,比喻形影不離。

31 咸:杜口結舌,心中怫鬱。去菑患生,莫所告冤。

閉上嘴巴,舌頭打結,心裡憂鬱。離開災厄,禍患又生起,沒有處所可申告冤屈。

註釋:應相比附且相感應。有苦難言,一直遭受橫禍,卻沒人可以幫助。

杜:阻塞、杜絕。**怫**:音福,憂鬱。**菑**:災也。

32 恆:牽尾不前,逆理失臣。忠莫往來,惠朔以奔。

牽尾巴不會前進(應該牽頭),違逆道理,失去臣子。與忠臣不相往來,惠朔奔逃到國外。

註釋:比附才能恆久。手段不正確,倒行逆施,不用忠良,被推翻逃亡。

惠朔:衛惠公,名朔。

*《左傳‧桓公十六年》:「惠公奔齊。」陷害兄長而登基,後被權臣推翻奔逃齊國。

33 遯:早霜晚雪,傷害禾麥。損功棄力,飢無所食。

見需之咸。

註釋:比附狀態已遁逃。局勢一直敗壞,破壞生產,徒勞無功因而貧困。

34 大壯:適戍失期,患生無聊,懼以發憂。發藏閉塞,邦

國騷愁。

　　被懲罰去邊疆戍守但錯失期限，憂患生起，無所依靠，恐懼引發憂慮。發放庫藏之事封閉阻塞，國家騷動愁苦。
註釋：比附才能壯大。嚴刑峻法，動輒死刑；應該賑災，卻不放行。
　　　百姓騷動國家動亂。

適戍：懲罰戍邊。**聊**：依靠。**發藏**：發放庫藏。
*《史記‧陳涉世家》載，陳勝、吳廣謫戍漁陽九百人屯大澤鄉，因雨失期，依法皆應斬，轉而起義。

35 晉：<u>昊天白日</u>，照臨我國。萬民康樂，<u>咸賴嘉福</u>。

　　蒼天的太陽，照射在邦國上。所有人民都安康樂利，全都幸福而有美好的福澤。
註釋：比附著前進。晴天朗朗，天時人和，人民福澤豐厚。

昊天：蒼天，昊音皓。**咸**：全都。**賴**：幸，福。

36 明夷：<u>元吉無咎，安寧不殆。實行<u>則</u>行，勿之有悔</u>。

　　大吉利沒有過錯，安康祥寧沒有危險。實際行動能依規則去執行，不用悔疑。
註釋：比附克服瘡痍。依規則行動，不擅自胡為，便可吉祥安好，
　　　不用焦慮。

元：大。**則**：法度、規章，做動詞。

37 家人：<u>懿公淺愚，不深受謀。無援失國，為狄所賊</u>。

　　衛懿公膚淺愚昧，不接受深遠的計謀。沒有救援因而失去國家，為狄人所賊殺。
註釋：應比附且親如家人。愚昧不聽善言，孤立不與人結合，遇

難無人救援，最後覆滅。

*《列女傳・仁智許穆夫人傳》載，衛懿公不聽勸告，未將女兒嫁給大且近的齊國，反而嫁給小且遠的許國，後來狄人來攻，齊未軍援，因而被消滅。

38 睽：城上有烏，自號破家。呼喚鴆毒，為國患災。

見坤之蒙。

註釋：比附狀態已睽離。破敗跡象已出現，仍招來奸人一起淫蕩為惡，引發國家災禍。

號：《玉篇》：「名，號也。」

39 蹇：長股喜走，趍步千里。王良嘉言，伯來在道。申見王母。

長股國的人善於行走，可以快步日行千里。王良讚賞，伯樂內行。開展去見王母娘娘。

註釋：比附克服蹇跛。自身卓越又勤奮，獲得能人讚譽支持，不辭千里一起發展追求聖道。

長股：邊荒之國，象徵善於奔行。**趍**：趨也，快步行走。**王良**：趙國駕馭能手，後以其名命驛馬星。**伯**：伯樂，秦國將軍，以能視千里馬而著世。**在道**：內行。**申**：伸也，展。

40 解：耕石山巔，費種家貧。無聊處作，苗髮不生。

在石頭和山巔上耕作，浪費種子家裡貧窮。沒有可依靠的處所勞作，幼苗和草木不生長。

註釋：比附而來的解除狀態。石礫之地，浪費資源又無法收成，無以聊賴，寸草不生。

無聊：無所依賴。**髮**：《地理書》：「山以草木為髮。」

41 損：二人異路，東趄西步。千里之行，不相知處。

兩個人不同道路，分別向東向西快步行走。行走千里之後，不知彼此位於何處。

註釋：比附狀態已減損。同伴不同路，各分東西，漸行漸遠，從此失聯。

二人：象徵左右親密的人。**趄**：趨也，快步行走。

42 益：純服黃裳，載土以興。德義茂生，天下歸仁。

見乾之頤。

註釋：比附而受益。君主遵行禮制，臣民愛護家園土地，國家振興，實行德政，天下歸心。

土：土地神，後作「社」。

43 夬：五銑鐵頤，倉庫空虛。買市無盈，與利為仇。

全是金弓和鐵弓，倉庫裡空蕩虛無。買賣交易沒有盈餘，與利益敵對。

註釋：相比附已斷決。窮兵黷武，資源耗盡，無法交易牟利。

五：象徵全部。**銑**：音顯，以金屬裝備弓的兩頭。**頤**：弫也，弓名。**買、市**：買賣交易。
為仇：敵對。

44 姤：登崑崙，入天門。過糟丘，宿玉泉。問惠觀，見仁君。

登上崑崙山，進入天宮大門。經過糟丘，住宿在玉泉山。拜會惠民的皇宮，晉見仁愛的君王。

註釋：比附且邂逅。追求聖道，過程和結果都十分美好，最後返

回與仁君相會。

崑崙：崑崙山，傳說是神仙與西王母的住處，象徵祥瑞。**糟丘**：堆積酒糟成丘，比喻美酒豐盈。**玉泉**：傳說中崑崙山上的泉名，亦是清泉的美稱。**問**：周代諸侯國間相互訪問的禮節，今拜會。**惠**：《書‧皋陶謨》：「安民則惠。」**觀**：宮闕；《爾雅‧釋宮》：「觀謂之闕。」
*《漢書‧禮樂志》：「神之斿，過天門，車千乘，敦崑侖。」

45 萃：團團白日，為月所食。損上毀下，鄭昭出走。

圓圓的太陽，被月亮所吞蝕。上上下下都已毀損，鄭昭公出走逃難。

註釋：應比附且相薈萃。原本清明卻變陰晦，光明已被上下的小人毀壞，領袖只能逃難。

團團：圓的樣子。
*《史記‧鄭世家》載，鄭昭公，先被其弟篡位逃亡，復位後又被暗殺。

46 升：倉盈庾億，宜稼黍稷。年歲有息，國家富有。

見乾之師。

註釋：比附且上升。收穫滿盈，工作順遂，團隊大富有。

47 困：虎狼結謀，相聚為保。伺嚙牛羊，道絕不通，傷我商人。

老虎與野狼結盟同謀，聚在一起相互依仗。伺機啃食牛羊，道路阻絕不能通行，傷害來往的商人。

註釋：比附狀態受困，轉為狼狽為奸。惡人相互勾結，危害百姓與繁榮。

保：仗恃。**嚙**：齧，音捏四聲，啃咬。

48 井：木年摧折，常恐不活。老賴福慶，光榮相輔。

樹木每年遭受摧毀折損，經常恐懼無法存活。歷時長久後就幸福且有福澤吉慶，光明和榮耀相互輔助。

註釋：比附而井然。初始災害一直侵害，始終岌岌不保，但能相輔一起清除禍患，最後常保安康。

老：歷時長久，如老是。**賴**：幸，福。

49 革：同載共車，中道分去。喪我元夫，獨為孤苦。

共同搭乘車子，中途分別離去。喪失善良的同伴，獨自孤苦。

註釋：比附狀態已革除。團隊前進但中途分道揚鑣，賢良離去，陷入孤獨無助。

載：搭乘。**元夫**：善士。

50 鼎：飲酒醉酗，跳躍爭鬪。伯傷叔僵，東家治喪。

飲酒卻爛醉且酗酒，跳躍著相互爭鬥。大哥受傷，三弟倒下，宴會主人治理喪事。

註釋：比附狀態已覆鼎。毫無節制與倫理，引發同室操戈，成員重傷，領導只能處理後事。

伯、叔：兄弟排行分別為伯仲叔季，此處比喻大小成員。**僵**：跌倒。**東家**：比喻領導。

51 震：出值凶災，逢五赤頭，跳言死格。扶杖伏聽，不敢動搖。

外出遇到凶惡的災患，又遇到五方的赤頭妖怪，逃走時說要殺死我，扶著拐杖趴伏聽從，不敢搖晃。

註釋：比附而來的震盪。行進遇到凶禍，到處都碰到大惡人，即

將面臨覆滅，極為恐懼卑微的服從。
值：遇到。**五**：象徵全部。**赤頭**：天沖星化變的蒼衣赤頭妖怪，見則臣殺主。**跳**：逃也。
格：格鬥，擊殺。

52 艮：狼虎爭強，禮義不行。兼吞其國，齊晉無主。

野狼與老虎爭奪強權，禮義無法通行。兼併侵吞其他國家，但最後齊國與晉國都沒有君主。
註釋：相比附狀態停止。強國爭霸，倫理淪喪，相互征戰，同歸於盡。
齊晉：春秋初期兩個爭霸的強國。

53 漸：南國少子，方略美好。求我長女，薄賤不與。反得醜惡，後乃大悔。

南方國家的少年，方法謀略都美好。請求與長成的女子婚配，被嫌惡淺薄低賤而不同意。反而找到醜陋凶惡的人，事後才大大的悔恨。
註釋：應比附且循序漸進。年少君子來附和未應允，自以為高貴拒絕，結果錯失良機，反而跟卑劣者結合。
南國：象徵光明之國。**少子**：比喻尚未茁大。**長女**：比喻已長成且能孳生。**得**：找到。

54 歸妹：一身兩頭，莫適其軀。亂不可治，孰為湯漢？

一個身體有兩個頭，身軀無所適從。混亂無法整治，誰是商湯這樣的大丈夫？
註釋：應比附且相歸依。有兩個領袖，團體無所適從，因而混亂，需要賢能出來重整局面。
兩：象徵左右周遭之人。**湯**：商湯，商朝的開國之君。

55 豐：李耳彙鵲，更相恐怯。偃爾以腹，不能距格。

老虎、刺蝟、鵲鳥，三者交替相互恐懼害怕。腹部伏下來，無法對抗格鬥。

註釋：比附才能豐盛。一物剋一物，環環相剋，最後大家都無法行動。

李耳：老虎方語。**彙**：刺蝟方語。**更**：交替。**偃**：伏。**爾**：語助詞，無義。**距**：對抗。

《廣雅疏義》：「彙與虎、鵲三物相遇，如蛇與蜈蚣、蝦蟆之互相制然，故更相恐怯也。」《續博物志》：「蝟能跳入虎耳，見鵲便自仰腹受啄。」循環相剋之理。

56 旅：松柏棟梁，相輔為強。八哲五教，王室康寧。

松柏做的棟樑，輔佐國家富強。用八位才子施行五教，王室安康祥寧。

註釋：比附一起旅歷。眾多賢能齊心輔政，四處宣揚教化，國家康泰。

相：輔助。**八哲**：昔高陽氏有才子八人。**五教**：見註釋。**寧**：安定。

*《左傳‧文公十八年》：「舉八元，使布五教于四方，父義、母慈、兄友、弟共、子孝，內平外成。」

57 巽：雀行求食，暮歸孚乳。反其屋室，安寧如故。

雀鳥外出覓求食物，日暮時歸來孵卵。返回住屋居室，平安康寧一如故往。

註釋：比附且安順。日出而作，日暮而息，生養後代，不作外出，一直安詳。

孚、乳：孵卵。**寧**：安定。

58 兌：四尾六頭，為凶作妖。陰不奉陽，上失其明。

四條尾巴、六顆頭,是作凶為惡的妖怪。陰不遵奉陽,上位失去光明。

註釋:比附才能歡悅。團隊都是小人,一起為凶作亂,陰陽顛倒,下不尊上,最後還僭越。

四、六:《易經》以二、四、六為陰爻,陰象徵小人,並應下面「陰不奉陽」;又,四、六合為十,為滿數。**尾、頭**:量詞。

59 渙:一衣三闋,結緝不便。歧道異路,日暮不到。

一件衣服有三個破損,縫補又不順利。遇到分歧相異的道路,日暮時還沒到達。

註釋:比附已渙散。組織破敗,難以修補,前途分歧,一直無法達到目的。

三:象徵多。**闋**:音卻,破損。**結**:用繩或線鉤連。**緝**:音七,一針對一針的細縫。**便**:順利。**歧**:分岔。

60 節:牙蘖生齒,室當啟戶。幽人利貞,鼓翼起舞。

草木新發枝芽,開始生長,蟄蟲的洞穴正當開啟。幽隱山林的人和諧貞正,鼓動羽翼起飛舞動。

註釋:比附且能節度。開始重生與成長,不再封閉,潛修的君子,也出世發揮。

牙蘖:草木新生的枝芽。**齒**:開始。**室、戶**:洞穴。**利貞**:和諧貞正。

*《禮記‧月令》:「仲春之月⋯⋯蟄蟲咸動,啟戶始出。」

61 中孚:春鴻飛東,以馬質金。利得十倍,重載歸鄉。

春天鴻鳥飛去東海,用馬去質借黃金。獲利得到十倍,累積載著歸返故鄉。

註釋：比附且能忠信。到美好之地發展，以寶物交換寶物，獲利滿滿並平安返回。

鴻：大雁子，比喻遷徙。**東**：東海，比喻多福。**質**：抵押。**十**：比喻滿數。**重**：相疊、累積。

62 小過：歡悅以喜，子孫俱在。守發能忍，不見殃咎。

歡欣喜悅，子孫都在一起。守成或發展都能忍耐住性子，不見災殃過錯。

註釋：比附而小超越。宗族歡欣團結，進退有據，安康無災。

63 既濟：精神消落，形骸醜惡。齬齚頓挫，枯槁腐蠱。

精力心神消散失落，形體身骸醜陋惡劣。牙齒參差不齊，講話停頓不順，乾枯憔悴，腐爛生出蛀蟲。

註釋：比附已結束。心理與生理皆已萎靡，難以溝通合作，步入滅亡。

骸：音孩，身軀。**齬齚**：音雨則，牙齒參差不齊。**挫**：不順利。**枯槁**：乾枯憔悴。**蠱**：音杜，蛀蟲。

64 未濟：登高上山，見王自言。申理我冤，得職蒙恩。

見需之未濟。

註釋：比附尚未結束。雖有冤屈，但持續努力，獲得上位平反與授職。

9 小畜

9 小畜：<u>白鳥銜餌</u>，鳴呼其子。<u>斡</u>枝張翅，來從其母。<u>伯仲叔季</u>，<u>尢賀舉手</u>。

　　白鳥啣著食物，鳴叫呼喚牠的孩子。小鳥繞旋枝幹張開翅膀，飛來追從母親，全家兄弟都推舉為人才，大為慶賀。
註釋：能持續小蓄，終能成大。雖然體小但能保持清白，養育子孫，
　　　全家大小相從，兄弟全都被舉用，喜樂無比。
白鳥：象徵潔白。**銜**：啣也，叨在口中。**餌**：泛指各種食品。**斡**：旋轉。**伯仲叔季**：兄弟的排行順序，象徵全家兄弟。**尢**：尤也，多，大。**舉**：選拔、徵選。**手**：專業人才，如國手、棋手。
＊《詩經‧靈臺》：「白鳥皜皜（皓也，潔白）。」

1 乾：<u>東遇虎地，牛馬奔驚。道絕不通，南困無功</u>。

　　東行遇到老虎的地域，牛馬驚慌奔逃。道路阻絕不能通行，往南也受困沒有功效。
註釋：蓄小勢弱的陽健之氣。實力虛弱，外出四處發展都遇到凶
　　　人與險阻。
東、南：象徵四方。

2 坤：<u>子鉏執麟，春秋作元。陰將以終，尼父悲心</u>。

　　見訟之同人。
註釋：蓄小勢弱的溫良之氣。世道衰落，最後聖道與君子都消滅
　　　了。

3 屯：**取火泉源，釣魚山巔。魚不可得，火不可然**。

　　見比之屯。

註釋：蓄小勢弱的屯聚。經營方法都不對，徒勞無功，凡事不成。
然：燃也。

4 蒙：**機關不便，不能出言。精誠不通，為人所冤**。

　　口部不便給，不能開口說話。真摯的誠心卻無法溝通，被人所冤枉。

註釋：蓄小勢弱又蒙昧。說話不便，誠心又不被接受，只能含冤莫白。

機關：口部。**便**：順利。
*《鬼谷子・權篇》：「故口者，機關也。」

5 需：**故室舊廬，稍弊且徐。不如新巢，可治樂居**。

　　老舊的房室和草屋，甚為弊衰並且歪斜。不如另覓新的窩巢，可以安定歡樂居住。

註釋：蓄小勢弱還在等待。已完敗壞了，應另覓他處安居。
故：舊有的。**稍**：甚為。**徐**：《箋》：「邪。」**治**：安定。

6 訟：**蟋蛇循流，東求大魚。預且舉網，庖人歌謳**。

　　蜿蜒曲折的循著河流，要到東海尋求大魚。豫且舉起網子，廚師也唱著歌。

註釋：蓄小勢弱態勢發生爭訟，變開始大蓄。歷經艱難的前進追求美好，最終收穫豐足美好。

蟋蛇：逶迤也，蜿蜒曲折。**預且**：豫且，漁夫名；見註。**庖人**：廚師。**謳**：音歐，唱歌。
*《史記・龜策列傳》：「漁者豫且舉網得而囚之。」

7 師：鑿山通道，南至嘉國。周公祝祖，襄適荊楚。

鑿開山脈，打通道路，向南到達美好的國度。夢見周公祭祀路神，魯襄公因而前往楚國時。

註釋：蓄小勢弱轉為出師。努力建設，克服難關，外出到光明美好境地。

南：象徵光明的方向。**周公**：周公長子封為魯公，故周公為魯國始祖。**祝**：向鬼神求福。
祖：出行時祭祀路神。**適**：至。**荊楚**：楚國位於荊州，故稱荊楚。
*《左傳‧昭公七年》：「襄公之適楚也，夢周公祖而行。」楚強魯弱，魯襄公怕受羞辱不欲前往楚國晉見，因夢周公祖而行。

8 比：鵲近卻縮，不見頭目。日以困急，不能自復。

喜鵲靠近卻縮回去，看不見牠的頭和眼睛。每日都受困急迫，無法自己返復。

註釋：蓄小勢弱比附而來。體態弱小且畏首畏尾，每日都困迫，因而無法自己回家。

鵲：比喻小鳥。

10 履：五舌啄難，各自有言。異國殊俗，使心迷惑，所求不得。

有五條舌頭，叮啄困難，各自有其語言。相異的國度有不同的習俗，心裡迷惘困惑，所求無法得到。

註釋：蓄小勢弱卻去履行。心志皆異，難以行動，說法也各不同，難以溝通偕同，迷惘不明所以一無所得。

五：象徵全部。**殊**：不同。

11 泰：天門開闢，牢戶寥廓。桎梏解脫，拘囚縱釋。

天宮大門打開，監獄冷清空洞。腳鐐手銬都解開脫掉，拘禁的囚犯被縱放開釋。

註釋：蓄小勢弱變康泰。上天有好生之德，君主行開明之策，解除拘押與禁錮。

天門：天宮或皇宮大門。**闢**：《說文》：「開也。」**牢戶**：監獄。**寥廓**：冷清空洞。
桎：腳鐐。**梏**：音故，手銬。

*《史記‧天官書》：「蒼帝行德，天門為之開。」

12 否：堅冰黃鳥，常哀愁悲。數驚鷙鳥，雛為我憂。

　　見乾之噬嗑。

註釋：蓄小勢弱且閉塞。局勢艱難又有大惡人一直驚擾，百姓難以繁衍。

雛：幼禽。

13 同人：日走月步，趣不同舍。夫妻反目，主君失居。

　　日日月月走路步行，同去卻不同住宿。夫妻反目不合，一家之主失去居處。

註釋：蓄小勢弱的同仁狀態。漸行漸遠，同行不相為伍，最後反目成仇，下人篡位。

趣：去也。**主君**：一國之主或一家之主。

14 大有：金牙鐵齒，西王母子，無有患殃。扶舍陟道，到來不久。

　　金的牙，鐵的齒，西王母的子民，都沒有患難災殃。相互扶持施予，登上步道，不久便來到了。

註釋：蓄小勢弱變大富有。蒙受神明保佑，人民健康長壽，也平

安無災,一起休息前進,很快達成目標。

金牙、鐵齒:牙齒堅固,象徵健康。**舍**:捨也,施捨。**陟**:音至,登、升。

15 謙:式微式微,憂禍相半。隔以岩山,室家分散。

衰敗啊,衰敗啊,憂慮和禍害伴隨。被高峻的山脈阻隔,家人分別離散。

註釋:蓄小勢弱時只能更謙卑。日復衰敗,非憂即禍,家人被阻隔無法團聚。

式微:衰敗。**半**:伴也。**岩**:巖也,高峻的山。**室家**:配偶家眷。

*《詩經‧三家義集疏》:「式微式微,怳禍相伴,隔以岩山,室家分散。」

16 豫:眾神集聚,相與議語。南國虛亂,百姓勞苦。興師征伐,更立賢主。

見屯之節。

註釋:蓄小勢弱變安育。美好的國度被暴君肆虐,天祐百姓加以征伐,新立仁君賢政。

17 隨:虎狼爭食,禮義不行。兼吞其國,齊魯無主。

見比之艮。

註釋:蓄小勢弱的相隨狀態。兩強爭霸,倫理沉淪,相互兼併,相俱滅亡。

齊魯:齊魯兩國相鄰,比喻鄰國,亦為世仇。

18 蠱:寄生無根,如過浮雲。本立不固,斯須落去,更為枯樹。

寄附他人生活沒有根基,有如過往的浮雲。根本豎立不穩固,一會兒就零落凋去,更是成為枯萎的樹木。

註釋:蓄小勢弱而蠱敗。沒有建立根基只能寄生,有如浮雲飄搖,很快就會凋零覆滅。

斯須:須臾,短暫的時間。

19 臨:子啼索哺,母行求食。反見空巢,長息訾弋。

　　孩子啼哭索取餵食,母親外行尋找食物。返回只見空蕩的窩巢,長長嘆息,咒罵獵人。

註釋:蓄小勢弱的臨政。辛勤培養子息但能力不足,子息受害,詛咒不良惡人。

哺:餵食。**訾**:責罵。**弋**:音亦,射獵的人。

20 觀:駕駟逐狐,輪掛荊棘。車不結轍,公子無得。

　　駕駛四匹馬拉的馬車追逐狐狸,輪子掛在荊棘裡。車子無法退車回駛,公子一無所得。

註釋:蓄小勢弱的觀省。年輕經驗不足,自恃壯大展開追求,結果受困無法脫離。

駟:由四匹馬拉駕的車子。**狐**:比喻珍貴。**結轍**:退車回駛。**公子**:對年輕人的尊稱。

21 噬嗑:方啄廣口,仁智聖厚。釋解倒懸,唐國太安。

　　方整的嘴唇,寬闊的嘴巴,又仁慈智慧,聖明敦厚。釋放解除百姓的危難顛倒,國家聖明,太平安康。

註釋:蓄小勢弱但能法治。善於宣說教化,又仁厚聖明,百姓危難獲得解決,國家太平。

啄:鳥嘴,比喻人的嘴唇。**倒懸**:倒起來懸吊,象徵環境苦危。**唐國**:堯建立的國家,

253

象徵聖人之邦。

22 賁：駕福乘喜，來至家國。戴慶南行，離我安居。

駕駛搭乘福喜的馬車，來到我國。載著吉慶向南方行進，一起附著安居。

註釋：蓄小勢弱但能整飾。朝光明之地追求喜慶福澤，找到美好
　　　歸宿共居。

南：比喻四光明的方向。**離**：麗也，相附著。

23 剝：孔鯉伯魚，北至高奴。木馬金車，駕遊大都。王母送我，來牝字駒。

孔鯉向北來到高奴，搭乘溫順馬匹和金屬車子，駕駛遊歷大都城。王母娘娘贈送懷孕的母駿馬。

註釋：蓄小勢弱狀態剝落，開始積蓄。君子後來去到遠方蠻族，
　　　遊歷和順平安，也獲神明保佑，孳生繁衍。

孔鯉、伯魚：孔子兒子名鯉，字伯魚；比喻君子之後（君子後來的際遇）。**高奴**：春秋時為北蠻之地，以字義比喻為壯大的蠻族。孔鯉並未至高奴，本句僅借喻。**木**：比喻溫順。**金**：比喻牢固。**來**：語助詞，無義。**牝**：音聘：母畜。**字**：孕也。**駒**：駿馬。

24 復：三足無頭，不知所之。心狂精傷，莫使為明，不見日光。

有三隻腳卻沒有頭，不知哪裡去。心智狂亂，精神損傷，沒有明亮，見不到陽光。

註釋：蓄小勢弱狀態恢復。雖有行動力，卻沒頭沒腦，不知往何
　　　方去，焦躁瘋狂，陷於隱晦黑暗。

三足：比常人多一隻腳，比喻善於奔跑。**之**：至、往。

25 無妄：**騋牝龍身**，日馭**三千**。南止蒼梧，與福為婚。**道里夷易**，安全無忌。

馬化成龍的身形，每日駕馭三千里，向南到達蒼梧，與人親密結合並孳生福澤。路程平坦，安全沒有顧忌。

註釋：蓄小勢弱但不虛妄。雖然平凡但積極進取，向遠方富庶之
　　　地求取發展，並與人親密結合，一路順利平安。

騋牝：音來聘，泛指馬。**三千**：見註。**止**：達到。**蒼梧**：設於南越之郡，比喻偏遠富饒之地；見比之噬嗑。**婚**：比喻與人親密結合並孳生。**道里**：路程。**夷、易**：平。
*《商君書‧畫策》：「麒麟騄駬，日行千里。」三千又更勝之。

26 大畜：**辰次降婁**，王駕巡時。廣佑施惠，安國無憂。

十二辰次走到降婁，為君王坐駕巡狩之時。廣大的保佑百姓施予恩惠，安定國家沒有憂患。

註釋：蓄小勢弱變大蓄。時機已到，君主勤政，廣為行仁施惠，
　　　國家平安。

辰、次：見導讀，二十、天象、星曜。**降婁**：十二星次之一，為春分。

27 頤：望幸不到，**文章**未就。王子逐走，馬騎**啣**傷。**昳**跡不得，曷其有常？

盼望帝王親臨卻沒來到，煥然的事功未能完成。王子追逐奔走，馬匹座騎的啣木損壞。太陽過午後，蹤跡不見了，日光怎會經常都在呢？

註釋：蓄小勢弱應好好頤養。羽翼未豐，沒有貴人支助，無法完
　　　成功蹟，獨自去追求，結果一路挫敗，覓無蹤跡。

幸：帝王親臨。**文章**：紋彰也，事功煥然。**啣**：馬口銜的橫木，用以駕馭馬匹。**昳**：音跌，未時的別稱，下午一至三點，日光過午開始傾斜。**曷**：怎會。

28 大過：中原有菽，以待饔食。飲御諸友，所求大得。

中原有各種豆類，當成招待的熟食。用飲食侍奉諸位好友，所求有很大獲得。

註釋：蓄小勢弱變大超越。雖然飲食普通，但能熱心與人共享，因而大有收穫。

菽：音淑，豆類總稱，象徵平民食物。**饔**：音庸，熟食。**御**：侍奉。

*《詩經‧小宛》：「中原有菽，庶民采之。」

29 坎：亂茅縮酒，靈巫拜禱。神怒不許，瘁愁憂苦。

用散亂的茅草過濾酒渣，侍奉神靈的巫師祭拜祈禱，神明憤怒沒有應許，因而憔悴憂愁痛苦。

註釋：蓄小勢弱又落陷。散漫不經，毫無虔誠，觸犯神明，難以脫困。

縮酒：縮音宿，把酒去掉渣滓。**瘁**：憔悴。

30 離：李華再實，鴻卵降集。仁哲以興，蔭國受福。

春天李花再次結果，鴻鳥降臨聚集來下卵。用仁慈智慧來興邦，庇蔭國家，使之蒙受福澤。

註釋：蓄小勢弱但能相附著。有如春天來臨，人才都來聚集繁衍，運用仁慈才智，興旺國家，蒙受福澤。

華：花也。**鴻**：大雁子，為候鳥。**哲**：智慧。**蔭**：掩護照顧。

31 咸：源出陵足，行於山趾。不為暴害，民得安居。

水源出自山陵的下邊，也流行在山腳下。不成為殘暴禍害，人民得以安定居住。

註釋：蓄小勢弱但能相感應。只在周邊低調活動，不求遠行發達，

這樣不會製造禍患，大家都平安。

陵足、山趾：皆為山腳下之意，在此象徵在低處活動。

32 恆：客入其門，奔走東西。童女不織，士棄耕畎。暴骨千里，歲寒無年。

外來者進入國門，東西來回奔走。女童不再織布，男子放棄耕田。曝露的屍骨有千里之遠，最寒凍的季節又逢到饑荒。

註釋：蓄小勢弱已成持恆。惡人入侵，肆意橫行，男女都無法生產、
　　　繁衍，幾乎都滅絕了。

客：外來者。**暴骨**：曝露屍骨，未加收埋。**歲寒**：一年中最寒凍的季節。**無年**：饑荒之年。

33 遯：天之所予，福祿常在。以永康寧，不憂危殆。

上天所賜予，福澤和財祿恆常存在，因而永遠安康祥寧，不用憂慮危險災難。

註釋：蓄小勢弱已隱遁，轉為持續小畜。上天賜予福澤與安寧，
　　　永遠康祥，不用憂慮。

34 大壯：蝗食我稻，驅不可去。實穗無有，但見空藁。

蝗蟲啃食稻禾，驅逐不肯離去。結成穀實的稻穗都沒有了，只見到空蕩的莖稈。

註釋：蓄小勢弱態勢壯大。奸人成群到處掠奪，無法懲奸除惡，
　　　因而無法生產收穫，空空如也。

穗：植物莖端成串的碎花或結實。**但**：只。**藁**：稿也，草本植物的莖稈。

35 晉：牛驥同堂，郭氏已亡。國破空虛，君奔走逃。

牛和千里馬同在一堂，郭國人民已滅亡。國家破亡，空無虛渺，君主奔走逃亡。

註釋：蓄小勢弱的前進，終會顛覆。不會分辨優劣，不能去惡存善，遭受擊滅。

騏：音記，千里馬。**郭氏**：郭君不能用善逐惡而亡國。

36 明夷：<u>狗</u>無前足，陰謀其<u>北</u>。為身賊害，何以安息？

卑賤小人陰謀背叛，身命受到傷害，如何安心養息呢？

註釋：蓄小勢弱又瘡痍。卑賤小人作亂，百姓受創，難以休養繁衍。

狗：比喻卑賤小人。**北**：背也，背叛。

*《爾雅・釋獸》：「貀無前足。」貀（音那），傳說的野獸，似狗，是一種害獸，故《漢律》：「能捕豺貀，購百錢（虎三千）。」此句以狗代貀，比喻更為卑賤不值。

37 家人：<u>兩</u>輪自轉，<u>南</u>上大<u>阪</u>。<u>四馬</u>共<u>轅</u>，無有重難。與禹笑言，鶴鳴<u>竅</u>穴，不離其室。

兩個車輪自己轉動，上了南面的大山坡。四匹馬共用一根轅木，沒有重大困難。與禹歡笑言談，鶴在洞穴裡鳴叫，沒離開屋室。

註釋：蓄小勢弱但能親如家人。夥伴自動自發且相互合作，完成艱難任務，沒有大波折，更樂於聖道，吉祥的一起隱匿安居。

兩：象徵左右周遭之人。**南**：象徵光明的地方。**阪**：山坡。**四馬**：四馬共成一部駟車。**轅**：音元，套住拉車牲畜的直木。**竅**：孔穴。

*《詩經・鶴鳴》：「鶴鳴于九皋，聲聞于天。」今鶴鳴竅穴，則不出。

38 睽：芽櫱生達，陽昌於外。左手執<u>籥</u>，公言<u>錫</u>爵。

旁出的枝枒已生長通達，鮮明昌盛於檻外。左手執著吹奏的

樂器，君主宣布封賜爵位。

註釋：蓄小勢弱狀態已睽離，持續小畜。終於由劣等茁壯成優等，並在外顯貴，受君主任用，成就大業。

芽：《廣雅・釋草》：「芽，櫱也。」**櫱**：樹木再生的枝節或庶子。**陽**：鮮明。**籥**：音月，短管形的吹奏樂器。**錫**：賜也。

*《詩經・簡兮》：「左手執籥，右手秉翟。赫如渥赭，公言錫爵。」

39 蹇：秋花冬萼，數被嚴霜。甲兵當庭，萬物不生。雄犬夜鳴，民擾大驚。

秋天的花和冬天的萼，數度遭受嚴寒酷霜。軍人掌管王庭，萬物不能生長。公狗在夜晚鳴叫，人民擾動大為驚駭。

註釋：蓄小勢弱又塞堵。時令一直蕭條嚴酷，朝廷又發生兵變，大地荒蕪，人心惶惶。

萼：未開花時包覆花苞的輪片，花開後包覆在花瓣的下方。**被**：遭受。**甲兵**：鎧甲和兵器，比喻軍人。**當**：主持。

40 解：霜降閉戶，蟄蟲隱處。不見日月，與死為伍。

見坤之需。

註釋：蓄小勢弱又解離。時令大壞，不能作為，不見生機與光明，只能和蟲一樣蟄伏等死。

41 損：身載百里，功加四海。為文開基，武立大柱。

身載重任的百里奚，要將功業加諸四海。為文治開創基礎，為武功豎立大支柱。

註釋：蓄小勢弱狀態已損害，轉為持續小畜。秦原本為小侯國，但任用百里奚治理，文治武功都奠定大基柱，終將功至四

259

海。

百里：百里奚，原為奴隸，被秦穆公用五張黑羊皮贖回當相國，奠定秦國霸基。**文**：以禮樂施行教化的文治。**武**：增強國防軍事力量的武功。

42 益：禹作神鼎，伯益銜指，斧斤高閣。憧位獨坐，賣庸不售，苦困為禍。

　　大禹鑄造神鼎，伯益奉旨將戰斧束之高閣。搖晃的位置上獨自跪坐著，賣價低劣還不能售出，困苦災厄。（天下統一，不再戰爭，落拓的武夫一文不值，處境凶危。）

註釋：蓄小勢弱態勢益增。處境變遷，英雄再無用武之地，只能
　　　等待衰亡。

伯益：禹的繼承人。**銜**：銜也。**銜指**：奉旨。**斤**：斧。**憧**：搖曳不定。**坐**：《禮記‧玉藻》正義：「坐，跪也。」**庸**：低劣。

＊《史記‧孝武本紀》：「禹收九牧之金，鑄九鼎。」象徵統一九州王權。

＊《史記‧夏本紀》：「（帝禹）以天下授益。」

43 夬：福祚之家，喜至憂除。如風兼雨，出車入魚。

　　有福澤的人家，喜慶來到憂患解除。風和雨都到了，駕車外出，載入漁獲。

註釋：蓄小勢弱但能明決。因為行善積德所以轉憂為福，風調雨
　　　順，外出經營，吉祥豐收。

祚：音作，福氣。**如**：往、到。**魚**：《易林》以漁獲象徵珍貴的豐收。

44 姤：蒼龍隱伏，麟鳳遠匿。寇來同處，未得安息。

　　青龍隱居潛伏，麒麟和鳳凰遠處藏匿。賊寇前來一同共處，未能得到安心養息。

註釋：與蓄小勢弱相邂逅。豪傑和賢良遠離藏匿，惡人前來定居，不得安寧。

蒼龍：東方青龍，象徵豪傑。

45 萃：旦生夕死，名曰嬰鬼，不可得視。

早晨出生晚上就死亡，名字叫做嬰鬼，無法見到。

註釋：蓄小勢弱的薈萃態勢。新血瞬間即滅，幾乎不存在。

46 升：白鶴啣珠，夜食為明。懷安德音，身受光榮。

白鶴含著夜明珠，夜間覓食仍然光明。百姓歸向德政來安居樂業，名聲美好，身命蒙受光耀與榮譽。

註釋：蓄小勢弱但保持上升。君子秉持光明之道行動，縱使環境黑暗也能獲得夥伴和聲望。

懷安：歸向德政而安居樂業。**德音**：好名聲。

47 困：行役未已，新事復起。姬姜勞苦，不得休息。

男人勞役外出還沒結束，新的王事又再興起。婦女也辛勞疲苦，無法休息。

註釋：蓄小勢弱又困阻。暴政不止，男女百姓都離別勞苦，無法繁衍。

行役：因兵役或公務而出行。**姬姜**：婦女的美稱。

48 井：憂患解除，喜至慶來。坐立懽忻，與樂為鄰。

憂慮與災患解除，喜事和吉慶到來。生活歡樂欣喜，和喜樂相親近。

註釋：蓄小勢弱但能井然。憂患解除，接著喜慶歡樂生活行動。
坐立：坐著和站立，比喻起居作息。**懽忻**：歡欣。**鄰**：親近。

49 革：晨風之翰，大舉就溫。昧過我邑，羿無所得。

　　鸇鷹和文翰，大規模的趨往溫暖的地方。趁凌晨時飛過鄉邑，連后羿也沒有獵得。

註釋：蓄小勢弱但能革新。不分彼此為追求美好而前進，小心慎戒，所以躲過至大凶險。

晨風：鸇，類似老鷹的猛禽，象徵遷徙。**之**：與、及；《尚書‧立政》：「惟有司之牧夫。」**翰**：文翰，錦雞。**大舉**：大規模的行動。**就**：趨向。**昧**：天未全亮的時候。

50 鼎：下田稷黍，芳華生齒。大雨集降，紛潦滿甕。

　　下等田溉耕種植五穀，芬芳的花朵開始生長。大雨聚集降下，眾多的水集滿了水甕。

註釋：蓄小勢弱變鼎立。持續改善，努力不懈，天時又良好，有豐富資源和機會。

稷黍：象徵五穀。**華**：花也。**齒**：始。**紛**：眾多。**潦**：大水。
＊《漢書‧溝洫志》：「若有渠溉……高田五倍，下田十倍。」

51 震：君子碌碌，鳥庇茂木。見春百穀，心勞願德。

　　君子忙忙碌碌，鳥兒受到茂盛樹木的庇護。春天出現各種穀物，雖然心思勞碌，但能仰慕德行。

註釋：蓄小勢弱轉為震奮。時機已到，工作忙碌但安全，環境大好，保持德性的勤奮著。

碌碌：忙碌。**願**：仰慕。

52 艮：折臂蹉足，不能進酒。祠祀闊曠，神怒不喜。

折斷手臂，腳腿骨折，無法進獻美酒。立祠祭祀卻空空曠曠，神明憤怒不歡喜。

註釋：蓄小勢弱而停止。實力損傷，禮節也荒廢，神明惱怒，不再賜福。

蹉：音威，腳骨折。**祠祀**：立祠祭祀。**闊曠**：空曠。

53 漸：學靈三年，聖且神明。光見善祥，吉喜福慶。鳴鳩飛來，告我無憂。

學習仙術已三年，德行高尚而且精神明亮。光芒顯現出慈善祥和，吉祥喜樂而且福澤喜慶。鳴叫的鳩鳥飛來，告知沒有憂患。

註釋：蓄小勢弱但能循序漸進。長久歸依仙道，成就德行與精神，因而光明祥瑞，貞潔吉祥。

靈：關於神仙的。**三**：象徵多。**見**：現也。**鳩**：像鴿的鳥，象徵貞節。

54 歸妹：三婦同夫，志不相思。心懷不平，志常愁悲。

三個婦人共事一夫，心志互相不包容。心裡懷著不滿，心志經常憂愁悲傷。

註釋：蓄小勢弱的歸依。眾多小人在同一團隊，互相排斥與怨懟，氣氛愁苦。

三：比喻多。**婦**：比喻小人。**思**：《說文》：「思，容也。」

55 豐：中田膏黍，以享王母。受福千億，所求大得。

中等田灌溉長出美好的黍穀，用來祭祀王母娘娘。蒙受福澤成千上億，請求的都大有所得。

註釋：蓄小勢弱轉為豐盛。持續改善，努力不懈，並且虔誠，上
　　　天賜予福氣，因而大豐收。
中田：田分上中下三等。**膏**：美好的。**享**：祭祀。
*《漢書‧溝洫志》：「若有渠溉……高田五倍，下田十倍。」

56 旅：**陽火不災，喜至慶來。降福送喜，鼓琴歌謳**。

　　太陽的火熱之氣（見註）沒造成災禍，喜事和吉慶都來到。
降下福澤送來喜慶，一起彈琴唱歌。
註釋：蓄小勢弱狀態已去旅歷，開始積蓄。危害沒造成災難，喜
　　　慶福樂隨之而來。
鼓：彈奏。**謳**：唱歌。
*《論衡‧言毒》：「太陽火氣，常為毒螫，氣熱也。」

57 巽：**燕雀銜茅，以生孚乳。兄弟六人，姣好孝悌。各得其願，和悅相樂**。

　　燕子和麻雀啣著茅草築巢，用來生育孵化下一代。生下兄弟
六人，貌好孝順，友愛兄弟。各個得其所願，和諧喜悅，安樂相處。
註釋：蓄小勢弱轉為安順。雖然弱小，但努力工作繁衍，子嗣齊全，
　　　品貌俱佳，家族和諧，大家都如願以償。
銜：啣也，叼在口中。**孚、乳**：孵。**六**：齊全。**姣**：美貌。**悌**：友愛兄弟。

58 兌：**陽明不息，君無恩德。伯氏失利，農喪其力**。

　　陽光不曾停息以致熾烈，君主暴虐沒有恩澤德行。封主失去
利祿，人民喪失農耕之力。
註釋：蓄小勢弱卻歡欣。君主一直暴虐的橫征暴斂，地方都無法
　　　生產，民力大失。

陽明：陽光。**伯氏**：統有封土的諸侯、封主。

59 渙：<u>鶉尾奔奔</u>，<u>火中成軍</u>。<u>虢叔出奔</u>，下失其君。

　　鶉尾炯炯發光，鶉火在日月中間時成立軍隊。虢國君主出離奔逃，下民失去君主。

註釋：蓄小勢弱且渙散。敵人成軍來征伐，小國不敵因而覆滅。

鶉尾：見註一。**奔奔**：星體發光。**火**：鶉火；見註一。**火中**：鶉火在日月中間；見註二。**叔**：對小諸侯稱呼叔父或叔舅。

＊南方有井、鬼；柳、星、張；翼、軫七宿，合稱朱鳥七宿。井鬼稱鶉首；中間柳星張稱鶉火（鶉心）；翼軫稱鶉尾。

＊《左傳‧僖公五年》：「丙子旦，日在尾，月在策，鶉火中，必是時也。」

＊同上，「鶉之賁賁，天策焞焞，火中成軍，虢公其奔。其九月、十月之交。」晉獻公問卜官，攻打虢國應在何時，答覆如上。

60 節：<u>兩人相距</u>，止不同舍。夫妻離散，<u>衛侯失居</u>。

　　兩人相互排拒，休止時不一同住宿。夫妻離開分散，衛侯失去大位。

註釋：蓄小勢弱應節度。成員不能同心同行，最後親密夥伴拆夥，領導下臺。

距：拒也，抵抗。**舍**：休息、住宿。**衛侯**：太子伋。**失居**：失去官居之位。

＊《史記‧衛康叔世家》載，衛宣公為太子伋娶妻，後因女方貌美，強行拆散已相戀的兩人（故曰夫妻離散），占為己有，並害死太子。

61 中孚：<u>魃為燔虐</u>，風吹雲卻。欲上不得，反歸其宅。

　　魃鬼造成灼燒的災害，風吹動，雲卻向後退。想要上前卻不可得，返回還歸居宅。

註釋：蓄小勢弱時應忠信，勿躁動。局勢有災難，向前進卻往後退，

留守為宜。

魃：音拔，造成旱災的鬼神。**燔**：音凡，《韻》：「炙也。」**虐**：災害。**卻**：後退。

62 小過：關雎淑女，配我君子。少妻在門，君子嘉喜。

鳲鳩和鳴，賢淑的女子與君子匹配。年少的妻子在家門裡，君子歡樂喜悅。

註釋：蓄小勢弱變小超越。力弱但賢良，堅貞的與人親密結盟，歡喜繁衍。

關：水鳥和鳴之聲。**雎**：音居，鳲鳩，一夫一妻制。**少妻**：比喻力弱。

＊《詩經・關雎》：「關關雎鳩，在河之洲。窈窕淑女，君子好逑。」

63 既濟：慈母赤子，饗賜得士。夷狄服除，以安王家。

就像慈母疼愛剛出生的嬰兒，君主宴饗賞賜，士人都來歸附。東夷和北狄都已服從整治，王室得以安定。

註釋：蓄小勢弱已結束，開始積蓄。慈愛且禮賢下士，內部與外族都歸順，國家安定。

得士：士人來歸附。**除**：整治。

64 未濟：三足孤烏，靈鳴督卸。思過罰惡，自賊其家。

太陽之神靈妙的鳴叫著，督察卸責的人，司察過錯，懲罰罪惡，卻竊取自家的財物。

註釋：蓄小勢弱尚未結束。上位應該嚴明督察，懲奸罰惡，但卻剛烈孤僻又監守自盜。

三足孤烏：孤暴的太陽，比喻上位剛烈孤僻。**思**：《釋名》：「思，司也。」

266

10 履

10 履：<u>十烏俱飛</u>，<u>羿得九齜</u>。<u>雖得淂全</u>，<u>且驚不危</u>。

　　十個太陽一起飛翔，后羿射得九個齜牙之徒。另一個雖然得以得到保全，但受到驚嚇，沒有危難。

註釋：履行又履行，變逾越。集體全力出發太過剛愎張揚，十之
　　　八九遭到殲滅，只剩一個生還。

十烏：三足金烏為太陽，原有十個被后羿射下九個。**齜**：齜也，齜牙露嘴，形容凶狠。
淂：得也。**且**：加強語氣。

1 乾：<u>東嚮藩垣</u>，相與笑言。<u>子般執鞭</u>，<u>圉人作患</u>。

　　向東要去藩國，並互相說笑。子般拿起鞭子責打圉人犖，圉人犖因而製造禍亂。

註釋：履行應陽剛，不應陽亢。原本諧和的一起進行，後來上位
　　　暴戾，下位作亂。

東：象徵粗鄙之地。**嚮**：向也。**藩垣**：藩籬和垣牆，比喻藩國。**子般**：魯國君主，被立兩個月即被圉人犖弒殺。**圉人**：圉音與，負責養馬畜牧的官員；此處指名為犖的圉人。

*《左傳‧莊公三十二年》載，圉人犖調戲子般的愛人，受子般鞭打，後因而挾恨刺殺子般。

2 坤：<u>循河楠舟</u>，<u>旁淮東游</u>。漁父舉網，先得大<u>鮨</u>。

　　循著河流行船，依著淮水游到東海。漁夫舉起漁網，一開始便捕獲大海鮨。

註釋：履行且能溫良。依循規矩並選擇平坦之路行進，到達富饒
　　　之地，然後開始經營便大有斬獲。

267

摘舟：行船。旁：傍也，依傍。淮：《春秋‧說題辭》：「淮者，均其勢也。」鰌：音秋，露脊鯨，海上最巨大的魚。

3 屯：轅折輪破，馬倚僕臥。後旅先宿，右足跌踒。

　　轅木折毀，輪子破損，馬匹偏斜，僕人倒臥。延後旅程卻提先歇宿，右腳跌倒骨折。

註釋：履行遭遇困屯。出師不利，人仰馬翻，夥伴損傷，無法再
　　　行進。

轅：音元，套住拉車牲畜的直木。**倚**：偏斜。**右**：佑也，輔助的人。**足**：比喻前進。
踒：音威，腳骨折。

4 蒙：兩人相絆，相與悖戾。心不同爭，訟恼恼然。

　　兩人互相牽絆，相互違逆。心意不同而爭執，爭訟吵嚷不安。

註釋：履行卻蒙昧。同行卻不同心，還相互牽制鬥爭，團隊不安定。

悖戾：違逆、乖張。**訟**：爭辯。**恼恼**：音凶，吵嚷、動亂不安。

5 需：北辰紫宮，衣冠立中。含和建德，常受天福。

　　見坤之觀。

註釋：以行履克服等待。建立國家禮制與德業，上天賜予浩大福
　　　澤。

6 訟：遊居石門，祿身安全。受福西鄰，歸飲玉泉。

　　見需之既濟。

註釋：履行並面對爭訟。到遠方遊歷平安無虞，並和四方鄰國建
　　　立美好關係。

7 師:羊腸九縈,相推併前。止須王孫,乃能上天。

　　羊腸小徑太多迴繞,相互推擠勉強地前進。停止等待吧公子,這樣才能登上青天。

註釋:履行又出師,太過急躁。路途太過狹隘曲折,前進壅塞勉強,
　　　先停止等候,疏通好了才能登升。

羊腸:小而曲折的路。**九**:象徵極多。**縈**:纏繞。**併**:催逼,勉強地前進。**須**:等待。
王孫:貴族後代,對人的尊稱。

8 比:爭訟相倍,和氣不處。陰陽俱否,穀風母子。

　　爭執訴訟相互背逆,陰陽交合之氣不存在了。陰氣和陽氣都已閉塞,東風中母子相互拋棄。

註釋:要履行應比附。相互背叛,爭訟不止,最後生機與倫理都
　　　消滅了。

倍:背也。**和氣**:陰氣與陽氣交合而成之氣。**否**:閉塞。**穀風**:東風;見註。
*《詩經・穀風》:「昔育恐育鞠,及爾顛覆。既生既育,比予於毒。」昔日育養,共患難,今日拋棄,如毒物。

9 小畜:郭叔距頤,為棘所拘。龍額重顙,禍不成殃,復歸其鄉。

　　郭叔被倒刺傷到面頰,為荊棘所鉤住。有壟起又高大的額頭(相貌尊貴),禍害才沒有釀成災殃,又返復歸回故鄉。

註釋:要履行應持續小蓄。前進受困,還好天命尊貴,脫困而返,
　　　應再整備。

郭叔:一作虢叔,周武王的叔叔,封為西虢國君主,後因犬戎騷亂,西虢東遷。**距**:倒刺。**頤**:面頰,比喻安養。**拘**:鉤也。**龍額**:壟(隆)額,極貴之相,見乾之節。
重顙:高大的額頭,極貴之相,見乾之節。

11 泰：蠆室蜂戶，螫我手足。不得進止，為吾害咎。

毒蜂的窩巢，叮咬手腳。無法前進停止，成為禍害和災難。

註釋：履行才能康泰。惡人群起攻擊，受到傷害，進退不得，應該遠離禍地。

蠆：音柴四聲，有毒的蜂。**螫**：音遮，被蛇蟲的牙刺所叮。

12 否：怒非其怨，因拘有遷。貪妒腐鼠，而呼鴟鳶，失反被困。

憤怒的非議責怪，接著將他拘捕又流放。貪婪嫉妒腐敗的老鼠，因而呼喚鷹群，卻被違背反而受困。

註釋：應履行卻閉塞。貪圖汙穢小利而與惡人掛勾，結果反遭背叛被捕，遭受責難與放逐。

非：責怪。**怨**：仇恨。**因**：連接。**有**：又。**遷**：流放。**腐鼠**：比喻毫無價值。**鴟**：音消，俗稱貓頭鷹。**鳶**：俗稱老鷹。**失**：違背。

13 同人：嬰孩求乳，母歸其子。黃麑悅喜，自樂甘餌。

嬰孩尋求乳汁，母親回到孩子身邊。黃色小鹿欣悅歡喜，怡然自樂於甘美的食物。

註釋：履行且能同仁。君子尚未長成但品行中正，所求得到慈祥貴人的照護而獲得滿足。

黃：中正的顏色。**麑**：音迷，小鹿，比喻新血。**餌**：泛指食物。

14 大有：鍼鏤勝服，錦繡不成。鷹逐雉兔，爪折不得。

想要縫製刻鏤華美的衣服，但織錦刺繡沒有完成。老鷹追逐雉雞和兔子，爪子折斷沒有獵得。

註釋：履行才能大有。夢想宏偉，但沒有整備，強行追逐，反而
　　　遭受損傷。
鍼：針也。**鏤**：音漏，雕塑金屬。**勝**：優美的。**錦繡**：織錦刺繡，象徵美好的事物。
雉：音至，長尾野雞，象徵尊貴。**兔**：象徵光明。

15 謙：雨潦集降，河梁不通。鄒魯閉塞，破費市空。

　　大雨聚集降下，河川和橋梁不通。鄒國和魯國封閉阻塞，破
敗耗損，交易空蕩。
註釋：履行變為謙退。環境惡劣，不能前進，禮教和經濟都敗壞了，
　　　應沉潛退居。
潦：雨水大。**鄒魯**：孟子為鄒人，孔子為魯人，象徵文教鼎盛。**費**：耗損。

16 豫：封豕溝瀆，水潦空谷。客止舍宿，泥塗至腹，處無黍稷。

　　大豬泡在溝瀆，要下大雨了，雨水積滿了空曠的山谷。客人
留止在房舍，泥濘淹到了腹部，處所又沒有食糧。
註釋：要履行應做好安育。災難來臨，異常危險又缺乏資糧，受
　　　困不能出來。
封豕：豕音史，大豬。**封豕溝瀆**：大豬喜水，常生活於有水的大豬，故比喻天雨之兆。
潦：雨後積水。**塗**：泥濘。**黍稷**：黃米和小米，象徵五穀。
＊《史記・天官書》：「奎曰封豕，為溝瀆。」

17 隨：三姦相擾，桀跖為交。上下騷離，隔絕天道。

　　三個奸人相互騷擾，夏桀和柳下跖結交在一起。全國上下憂
恨離散，天道已被隔離斷絕。
註釋：應履行隨理之道。內部奸人作亂，外部惡人併起，全體水

深火熱，天理隱沒。

三：象徵多。桀跖：夏桀和柳下跖（音直），暴君和惡盜，泛指惡人。騷離：憂愁憤恨，離心離德。

18 蠱：齊景惑疑，為孺子牛。嫡庶不明，賊孽為患。

齊景公迷惑不清，讓小孩（庶子荼）當成牛來騎。正室與偏房的子女搞不清楚，盜賊作孽製造禍患。

註釋：應履行卻蠱敗。應傳承卻蒙昧不清，上下倫理顛倒，致使小人作亂為患。

孺子：小孩兒。嫡：正妻所生子女。庶：非正妻所生子女。
*《左傳‧哀公六年》載，齊景公從小寵溺庶子荼，讓他當牛來騎，死前還立他為君，致諸子為爭王位而相互殘殺。

19 臨：三羊俱亡，走奔南行。會暮失跡，不知所藏。

三隻羊一起逃亡，奔跑往南方行進。到了日暮時失去蹤跡，不知藏到哪裡。

註釋：正確履行才能蒞臨。一起逃脫想要追求光明，最後都不知去向了。

三：象徵多。羊：象徵吉祥。南行：比喻朝不利方向前進。會：適、值。

20 觀：請伯行賈，代山之野。夜歷險阻，不逢危殆，利如澆酒。

恭敬求利的先生去行商，到代戎的山郊野外，夜間經歷了危險和阻礙，但沒有遭逢危險和災難，利益來到，灑酒祭祀謝神。

註釋：履行且能觀省。恭敬的冒險開發，歷經艱辛，因為虔誠所以雖危無災且有收穫。

請：有所要求的敬詞。**伯**：對人的尊稱。**行賈**：到各地做買賣的商人。**代**：代戎建立代國，後設代郡，象徵遠方蠻荒之地。**如**：至。**澆酒**：祭祀時灑酒於地以饗之。

21 噬嗑：<u>桑</u>之將落，殞其黃葉。失勢傾<u>側</u>，而無所立。

桑樹將要凋落，殞落枯黃的樹葉。失去情勢傾倒歪斜，沒有處所立足。

註釋：應履行法治。環境敗壞，民生凋蔽，不加整治，後來便覆
　　　滅了。

桑：象徵衣食民生。**側**：歪斜。

22 賁：上山求魚，入水捕狸。市非其<u>歸</u>，<u>自令</u>久留。

到山上尋求漁獲，進入水裡捕捉狐狸（兩者顛倒）。無法到市場交易，因而導致長久滯留。

註釋：要履行應整飭。策略和方法倒置，沒有生產進行交易，一
　　　直原地打轉。

歸：趨往，如歸趨。**自**：因而。**令**：致使。

23 剝：名成德就，<u>項領</u>不<u>試</u>。<u>景公耋</u>老，<u>尼父逝</u>去。

名望和德業都有成就的最強者都不被任用。齊景公年老無大志，孔子便離去不返。

註釋：履行已剝落。上位胸無大志，不勵精圖治，大賢良只能絕
　　　望離去。

項領：肥大的頸項，象徵頭等、首要。**試**：用。**景公**：齊景公，任用賢人晏嬰，晏嬰不認同孔子理念，於是景公未用孔子。**耋**：音跌，八十歲以上，泛指老人。**尼父**：魯哀公封賜孔子的謚號。**逝**：去而不返。

*《論語‧微子》：「（齊景公）曰，吾老矣，不能用也。孔子行。」

24 復：天之奧隅，堯舜所居。以存保身，為我國家。

天的西南處，為堯和舜居的居所。在此生活養護身命，治理國家。

註釋：履行後復返，回來養息。已有美好的境界，開始以聖道安居，無為而治。

奧隅：房室西南處，尊者居處，比喻重要地區。**為**：治理，如為政。

25 無妄：雎鳩淑女，賢聖配偶。宜家壽福，吉慶長久。

新婚的賢淑女子，和賢明高尚的君子配成佳偶。安順家庭，長壽有福澤，吉祥喜慶長長久久。

註釋：履行且不虛妄。君子以正道親密結盟，可以長久喜樂安居，繁衍子孫。

雎鳩：雎音居，水鳥，象徵新婚之喜。**宜**：安順。

*《詩經‧關雎》：「關關雎鳩，在河之洲。窈窕淑女，君子好逑。」

26 大畜：兩人俱爭，莫能有定。心乖不同，訟言起凶。

兩人一起爭鬥，不能安定。心念違背不相同，爭訟責備，生起凶禍。

註釋：正確履行才能大蓄積。成員乖離，相互攻擊，不能安定，只有災禍。

兩：象徵左右的人。**有**：語助詞。**乖**：乖離、相背。**訟言**：責備的話。

27 頤：涉伯徇名，棄禮誅身。不得其道，成子奔燕。

涉佗以身求名，拋棄禮義而被誅殺身命。沒有依循正道，成何因而奔逃到燕國。

註釋：履行正道才能頤養。為求名望而失去禮法，不依理而行，

因而身敗名裂。

徇名：以身求名。**誅**：殺戮。
*《左傳・定公八年》：「（晉衛）將歃，涉佗捘衛侯之手及捥。」晉人便殺涉佗，同行的成何逃往燕國。雖是為了國家，但君子謂之棄禮，因而惹禍。

28 大過：踰江求橘，并得大栗。烹羊食肉，飲酒歌笑。

越過長江尋求橘子，一併得到碩大的栗子。烹煮羊肉食用，並飲酒高歌歡笑。

註釋：履行並大超越。積極的超越行動，收穫美好且超乎預期，
　　　歡愉的享樂。

踰：越過。**橘**：比喻甜美的果實。
*《韓詩外傳》：「江南之樹乎，名橘，樹之江北，則化為枳。」橘美於枳。

29 坎：山險難升，澗中多石。車馳轓擊，重傷載軸。擔負善躓，跌踒右足。

見乾之謙。

註釋：履行遇到落陷。前途艱難危險，前進人馬受到毀傷，無法
　　　再前進。

30 離：元利孔福，神所子畜。般樂無苦，得其歡欲。

有碩大的利益和福澤，神明所養育的子民。遊樂沒有苦難，得以實現歡樂的願望。

註釋：履行且附著聖道。神明保佑，大有福澤，大家歡樂無憂，
　　　心想事成。

元、孔：大。**畜**：養育。**般樂**：遊樂。

31 咸：<u>烏鵲</u>食穀，張口受哺。蒙<u>被</u>恩福，長大成<u>就</u>。溫良<u>利貞</u>，君臣合好。

　　烏鵲食用穀物，張開嘴巴接受哺育。蒙受披覆恩寵與福澤，成長壯大完成發育。溫良且和諧貞正，君臣和合美好。

註釋：履行且相感應。慈愛的培育新血，新血成長茁壯完成，德
　　　行良好，與上位合作美好。

烏鵲：比喻養育後代。**被**：披也。**就**：完成。**利貞**：和諧貞正。

32 恆：<u>潼瀚蔚薈</u>，<u>膚寸來會</u>。<u>津液下降</u>，<u>流潦滂沛</u>。

　　眾多的雲霧瀰漫，雲氣密集會聚。滋潤的雨水降下，地面的積水流動廣遠。

註釋：履行且持恆。眾多資源雲集深厚，蘊為龐大實力，到遠方
　　　無往不利。

潼瀚：雲起，引申盛多。**蔚薈**：雲霧彌漫。**膚寸**：雲氣密集。**來**：語氣詞。**津液**：滋潤的水液。**流潦**：地面流動的積水。**滂沛**：水流廣遠。

33 遯：路多枳棘，步刺我足。不利旅客，為心作毒。

　　見屯之賁。

註釋：履行變成遁逃。路途艱辛，動輒受害，不能前進，心生毒念。

34 大壯：<u>虺蝮所聚</u>，難以居處。毒螫痛甚，<u>瘡不可愈</u>。

　　毒蛇所聚之處，難以居住安處。被毒牙咬到甚為痛楚，創傷無法痊癒。

註釋：履行才能壯大。環境非常毒惡，受創難以復原，應該遷徙
　　　另謀發展。

276

虺蝮：音悔復，蝮蛇類毒蛇。螫：音遮，被蛇蟲的牙刺所叮。瘡：音窗，創傷或潰爛。
愈：癒也。

35 晉：麟鳳相隨，觀察安危。東郭聖人，后稷周公。共和政令，君子攸同。利以居止，長無憂凶。

　　麒麟和鳳凰相互伴隨，觀察環境的安危。有東郭牙聖人、后稷和周公輔佐。良相共同執行政令，大人有志一同。安順的起居行止，恆長沒有憂患凶災。
註釋：履行又前進，之後休養生息。人才共事守護安祥，賢良共同主政，幹部和同。一起安居樂業，常保安康。
東郭：東郭牙；管仲時期的諫官，管仲讚為聖人；見註。**后稷**：周朝的始祖，舜命令禹、后稷與益一起治水。**共和**：周厲王暴虐，人民逐之，後由周定公、召穆公二相立宣王，並共同執政，稱「周召共和」。**利**：安順。
*《論衡‧知實》：「管仲謂國必有聖人……及見東郭牙，云此必是已。」

36 明夷：築亂不時，使民恨憂。立祉為笑，君危臣騷。

　　不時營造動亂，人民悲恨憂慮。應建立福祉卻嘻嘻笑笑，君主危險，臣子騷亂。
註釋：應履行卻瘡痍。君臣德儀與行事散漫嬉鬧，因而國務荒廢，民間動亂不已，百姓憂憤。
築：營造。

37 家人：黃帝所生，伏羲之宅。兵刃不至，利以居止。

　　見屯之萃。
註釋：履行家人之道。傳承聖人道統，生活在文明國度，沒有戰亂，生活安定。

38 睽：雀行求食，暮歸屋宿。反其室舍，安寧無故。

見比之巽。

註釋：履行狀態已睽離，轉為安住。日出而作，日落而息，不外出發展，長保安康。

39 蹇：太倉積穀，天下饒食。陰陽調和，年歲時熟。

官倉積滿穀物，天下糧食富饒。陰氣和陽氣調和，年年都按時成熟。

註釋：履行克服蹇跛。風調雨順，人倫諧和，四季都有收穫，生產豐盛。

太倉：官府積藏糧食的倉庫。**饒**：富足。

40 解：竿旄旗旌，執幟在郊。雖有寶珠，無路致之。

見師之隨。

註釋：履行已解除。軍隊已準備好出征卻無法前往，因為師出無名。

41 損：履機蹈顛，墜入寒淵。行不能前，足矮不便。

踩到機關而跌倒，墜落到寒凍的深淵。不能行進向前，腳短人矮不順利。

註釋：履行遭受損害。條件不足，前進遭遇障礙，陷入絕境。

履、蹈：踩踏。**機**：捕鳥獸的機關。**顛**：跌落。**便**：順利。

42 益：啣命止車，和合兩家。蛾眉皓齒，二國率疆。

奉命停止戰車，兩國皇家要和好結合，用美麗的女子合婚，

兩國部隊統帥停止行動。

註釋：履行受益之事。原本要開戰，但改以通親和好，彼此偃兵息鼓。

啣命：奉命。**蛾眉**：細長而彎曲的眉毛，象徵美人。**皓齒**：牙齒潔白，象徵美麗。**率**：部隊、統帥。**殭**：僵也，停止；《正韻》：「偃也。」

43 夬：<u>吉日車攻，田弋獲禽</u>。宣王飲酒，以告嘉功。

吉祥的日子出動堅固的車輛，進行狩獵擒獲。周宣王飲用美酒，昭告美好的功績。

註釋：履行能且明決。賢君治理大成，符合法禮進行狩獵，和眾人慶功昭告功績。

車攻：車輛堅固。**田**：畋也，打獵。**弋**：射獵。**禽**：擒也。

*《後漢書‧班彪列傳下》：「乃順時節而蒐狩……嘉車攻，采吉日。」比喻符合法禮。
*《詩經‧序》：「〈車攻〉，宣王復古也。」周宣王中興，會諸侯於東都，「因田獵而選車徒焉。」

44 姤：<u>重伯黃寶，宜以我市</u>。嫁娶有恩，利得過母。

尊敬的人有黃金寶物，安順的拿去交易。結盟買賣互有恩惠，利益所得超過母錢。

註釋：履行邂逅。君子以純正寶物交易，誠信結盟互蒙其惠，彼此都孳生盈餘。

重：音仲，尊敬的。**伯**：對人的尊稱。**黃**：比喻中正。**宜**：安順。**市**：交易。**嫁娶**：賣出與收取，比喻結盟式的買賣。

45 萃：<u>延頸望酒，不入我口</u>。深以自喜，利得無有。

見訟之益。

註釋：履行應該相薈萃。貪心垂涎，只能心裡歡喜的幻想著，到

後來還是一無所獲。

46 升：牧為代守，饗食甘賜，得吏士意。戰大破胡，長安國家。

　　李牧為代雁門的守將，賞賜甘美的食物給予享用，取得官吏和士兵的感情。作戰時大破胡人，使國家長治久安。
註釋：履行且上升。賢能善待夥伴，以鼓舞團隊士氣，冒險犯難，
　　　大為成功。
饗：享用。**意**：情感。
*《史記‧廉頗藺相如列傳》載，李牧者，常居代雁門，備匈奴，日擊數牛饗士，邊士皆願一戰，後大破殺匈奴十餘萬騎。

47 困：日出溫谷，臨照萬國。高明淑仁，虞夏配德。

　　太陽出自溫源谷，臨空照耀所有國家。高超明智，美好仁厚，可和虞舜、夏禹匹配德行。
註釋：履行克服受困。博愛無私，恩惠普及眾生，有崇高德行，
　　　國家安康。
溫谷：溫源谷，古代傳說日出之處；在此象徵皇宮。**臨照**：天日照耀，比喻君主恩德。
淑：善良美好。

48 井：逐兔索烏，破我弓車。日暮不及，失利後時。

　　追逐兔子、搜索烏鴉，破損了弓箭和車子。日暮時還沒追到，失去利益，延誤時機。
註釋：履行應該井然。夜以繼日的追逐目標，過度好進造成毀損，
　　　最後反而喪失利益和時機。
兔：玉兔，為月亮，比喻晚上。**烏**：金烏，為太陽，比喻白天。

49 革：譌言妄語，傳相註誤。道左失迹，不知所處。

錯誤和虛妄的語言，互相傳播欺騙誤導。道路左側前進卻失去了蹤跡，不知所在之處。

註釋：履行已被革除。謠言四起，人心疑亂，失去正路，茫然渾噩。

譌：訛也，錯誤的。**註**：音卦，欺騙、擾亂。**道左**：古時車行靠左。**迹**：跡也。

50 鼎：履虎躢蛇，貶損我威。君子失車，去其國家。

踐踏到老虎和猛蛇，貶低折損威勢。大人失去車子，離開他的國家。

註釋：履行已覆鼎。前進時遭遇惡人及其反撲，失去威嚴與資材，落敗逃亡。

履、躢：踩踏。

51 震：本根不固，花葉落去。更為孤嫗，不得相親。

根部不牢固，花和葉子都零落凋去。更加成為孤獨的老婦，沒人與她相互親近。

註釋：應履行卻震盪。不加增生，根基不穩，組織衰敗，最後更加貧弱，無人相互依靠。

本：根。**嫗**：音玉，老婦人；比喻原本可孳生，今已不能。

52 艮：五輗四軏，優得饒有。陳力就列，騶虞喜悅。

見坤之小畜。

註釋：履行克服受阻。百姓一起勞動生產，官員就職施展才能，國家吉祥喜樂。

軏：音月，車轅前端和車衡相連接的插銷，比喻車。

53 漸：**黃帝紫雲**，聖且神明。光見福祥，告我無殃。

　　黃帝搭乘紫色祥雲，品德聖潔且神靈明亮。光明顯現，福澤吉祥，告示我沒有災殃。

註釋：履行且能循序漸進。君主依聖道虔誠執事，因而光明與康泰。

紫雲：象徵祥瑞與王氣的雲。

54 歸妹：**五利四福，俱佃高邑**。**黍稷盛茂，多獲藁稻**。

　　獲得全部利祿與四方福澤，一起在高地耕種。五穀豐盛茂密，收穫了很多稻子。

註釋：履行且相歸依。一起在安好之地生產經營，收穫豐盛，賺取所有利祿。

五：象徵全部。**四**：象徵四方。**佃**：音田，耕種。**高邑**：比喻安全。**黍稷**：黃米和小米，象徵五穀。**藁**：稿也，禾稈。

55 豐：群虎入邑，求索肉食。大人衛守，君不失國。

　　一群老虎進入城邑，尋求搜索肉類。官員防衛守護，君主沒有失去國家。

註釋：履行且豐盛，也善加守護。資產美好豐富，惡人覬覦入侵，嚴密防守，安然無恙。

56 旅：**烏子鵲雛，常與母居**。**願慕群侶，不離其巢**。

　　慈烏的孩子和喜鵲的雛鳥，長久與母親同居。愛慕群體和伴侶，不離開窩巢。

註釋：履行狀態已去遊歷，變為安住。父慈母愛子孝一起同居，

並與族人相愛同在。

烏、鵲：烏鵲象徵養育後代。**願、慕**：愛慕，眷念不忘。

57 巽：**蹇驢不材，駿驥失時。筋勞力盡，罷於沙丘。**

跛腳的驢子不能成材，良好的千里馬失去時機。筋骨勞碌力量耗盡，終止在沙丘上。

註釋：履行應安理順法。蠢材無用，人才不用，如此前進，最後
　　　人疲馬翻，懨懨一息。

蹇：音檢，跛腳、行動不便。**駿**：良馬。**驥**：音記，千里馬。**罷**：終了。**沙丘**：象徵死亡之地。

58 兌：**玄鬣黑顙，東歸高鄉。朱鳥道引，靈龜載莊。遂抵天門，見我貞君。**

騎著黑鬣黑頭的禮馬（見註一），向東趨向高鄉。朱雀引導道路，靈龜充滿四通八達的道路。最後抵達皇宮大門，見到貞節的君主。

註釋：履行且相悅。秉持禮節前進，一路順暢四通八達，夥伴相
　　　互合作，最後又回京面聖。

玄：黑色。**鬣**：獸頸上的長毛。**顙**：音嗓，泛指頭。**歸**：趨往，如歸趨。**高鄉**：侯國名，位於山東，於此象徵高貴。**朱鳥**：朱雀，象徵南方。**靈龜**：玄龜，象徵北方。**載**：充滿，象徵陣容浩大。**莊**：四通八達的道路，如康莊大道。**遂**：最後。**天門**：天宮或皇宮的大門。

* 《禮記‧明堂位》：「夏后氏駱馬，黑鬣。」夏朝禮馬為黑鬣。
* （自西）東歸、南朱鳥、北靈龜，象徵西、東、南、北方，即四通八達。

59 渙：**探巢得雛，鳩鵲來俱，使我音娛。**

探索窩巢，得到雛鳥，雎鳩和喜鵲一併來到，鳥鳴聲令人歡

樂。

註釋：履行而煥發。行動有所得，一舉兩獲（貞節和喜慶），令人喜悅。

鳩：象徵貞節。**鵲**：象徵喜事。**娛**：樂。

60 節：安上<u>宜</u>官，一日九遷。升<u>擢</u>超等，<u>牧養常山</u>。君臣<u>獲安</u>。

　　安居上位，為官安順，一日九次升遷。提升拔擢超過了等級，在常山治理養護百姓，君主和臣子都獲得安康。

註釋：履行且有節度。行為安順，卓然有成，成功超乎預期而且迅速，得到高貴又恆久的位置，君臣百姓都安康。

宜：安順。**擢**：音卓，提拔任用。**牧**：治理。**常山**：即北嶽恆山，象徵永恆。

61 中孚：大頭目明，載受嘉福。<u>三雀</u>飛來，與祿<u>相得</u>。

　　大大的頭，眼睛明亮，承載蒙受美好的福澤。三隻雀鳥飛了過來，有福祿並互相契合。

註釋：履行且有忠信。善於思考、觀察敏銳，蒙受眾多福澤與官祿。

三：象徵多。**雀**：象徵官爵，古雀、爵同。**相得**：互相契合。

62 小過：遠視千里，不見<u>黑子</u>。<u>離婁</u>之明，無益于光。

　　能遠遠探視千里之外，卻見不到小黑痣。有離婁明亮的視力，卻無助益於光明。

註釋：履行但有小過錯。有卓越能力卻不能明察，因而沒有助益。

黑子：黑痣。**離婁**：黃帝時人，能視百步之外，見秋毫之末。

63 既濟：<u>三女為姦</u>，俱遊<u>高園</u>。<u>倍</u>室夜行，與伯笑言。不

284

忍主母，失禮酒冤，皇天誰告？

　　三個女人為姦作惡，在高園殿遊樂。背離房室夜晚外行，和皇上說笑。不收斂的太后，失去禮節未依禮獻酒，這樣上帝由誰禱告呢？

註釋：履行已結束，轉為沉淪。很多奸人開始為惡，背地做出違反禮節和倫常的事，連上位都如此，還有誰可以主持祭祀？

三：比喻多。**女**：比喻小人。**高園**：高園殿，象徵不合禮儀。**倍**：背也。**伯**：《易林》會以伯稱呼失格皇上，如姬伯（周幽王）。**不忍**：不收斂。**酒冤**：未依禮獻酒。**皇天**：昊天上帝，只有帝王可祭天。

* 《漢書 · 五行志上》載，漢武帝時高祖陵園旁的高園殿大火，乃於禮不當立。
* 與伯笑言：古代後宮兄妹亂倫者多，如《易林》提及的齊襄公與文姜。

64 未濟：日辰不和，強弱相振。一雌兩雄，客勝主人。

　　日子和時辰不和合，強者和弱者相互震盪。一隻母鳥有兩隻雄鳥相爭，客人戰勝主人。

註釋：履行尚未完成，前途仍然多難。天時不佳、人和不睦，為了爭奪勢不兩立，結果被喧賓奪主，難以繁衍。

振：震也。**雌**：母鳥。**兩雄**：《史記 · 孟嘗君列傳》：「此勢不兩雄。」

11 泰

11 泰：求玉陳國，留連東域。須我王孫，四月來復。主君有德，蒙恩受福。

　　為求得美玉去陳國，接連滯留在東方國域。延遲了公子進度，四月時才返復歸來。君王有德行，蒙受了恩寵和福澤。
註釋：康泰又康泰。冒險犯難去追求美好，初期經歷波折，後來恢復生機完成任務安然而還，被賞賜大恩澤。
陳國：象徵邪惡之地。**東**：象徵粗鄙之地。**須**：遲緩。**王孫**：貴族後代，對人的尊稱。
四月：春回時；《論衡‧明雩》：「春謂四月也。」

1 乾：伯夷叔齊，貞廉之師。以德防患，憂禍不存。

　　見比之剝。
註釋：康泰且陽健。以君子為師，以德行防範禍端，沒有憂患。

2 坤：濟深難渡，濡我衣袴。五子善櫂，脫無他故。

　　要過河但水深難渡，浸濕了衣服袴子。五位君子善於划船，脫困沒有變故。
註釋：康泰且溫良。挑戰艱難的發展，雖有波折，但大家有德行又有能力，所以化險為夷。
濟：過河。**濡**：音儒，浸濕。**五**：比喻全部。**櫂**：音照，划船。**無他**：無害、無恙。

3 屯：倚立相望，適得道通。驅駕奔馳，比目同床。

　　站著探望，出嫁的道路暢通。驅車駕馬快速奔馳，眼睛相互依附，同床而眠。

註釋：康泰且屯聚。心意相通，道路順暢，親密結盟，很快成為恩愛的一家人。

倚：立。**適**：女子出嫁。**馳**：快速。**比目**：比喻形影不離的夫妻、情侶。

4 蒙：葛藟蒙棘，花不得實。讒佞為政，使恩壅塞。

見師之中孚。

註釋：康泰變蒙昧。小人被君子包圍，德政不能有成，上位執政被蒙蔽，不再施恩。

5 需：四足無角，君子所服。南征述職，與福相得。

見坤之履。

註釋：康泰的耐心等待，之後出發。有能力與道德，後被大貴人拔用，事業光明遠大，獲得福澤。

6 訟：踝踵之傷，<u>左</u>指病癰。失旅後時，利走不來。

見蒙之履。

註釋：康泰變爭訟。行動執行和夥伴都受到傷害，延誤發展也失去利益。

左：佐也，比喻輔佐者。**癰**：音庸，皮膚化膿。

7 師：春城夏國，生長之域。可以服食，保全家國。

城國春耕夏耘，是生育成長的地方。有衣服與飲食，家國保護健全。

註釋：康泰後再出師。努力耕耘，成長茁壯，累積充沛物資，國家保衛安好。

8 比：望驥不來，駒蹇為憂。雨驚我心，風撼我肌。

盼望的千里馬沒有來到，駿馬跛腳了造成憂患。大雨驚擾心神，強風撼動身體。

註釋：要康泰需比附。優秀人才受傷未來協力，內部人才又損傷，面對惡境大為驚撼。

驥：音記，千里馬。**蹇**：音檢，跛腳、行動不便。**肌**：《集韻》：「體也。」

9 小畜：久客無床，思歸我鄉。雷雨涌盈，道不得通。

見屯之巽。

註釋：康泰變蓄小勢弱。外出被滯留，又不能返回，前途多險，也無法前進。

涌：湧也，水湧出。

10 履：舫船備水，旁可燃火。積善有徵，終身無禍。

船上有準備儲水，旁邊可以燃火。積福行善被上天徵驗，終其一生都沒有禍害。

註釋：康泰的去履行。物資和善福都準備充分，前進可以應付橫生的災難，始終平安。

舫：音訪，船的通稱。**徵**：驗證。

12 否：陟岵望母，役事未已。王政無盬，不得相保。

登上山想要瞻望母親，但徭役和王令沒有停止，無法相互保護。

註釋：康泰已閉塞。國家役事過多，百姓被徵召別離，無法保護尊親和家人。

陟：音至，登高。**岵**：音互，有草木的山。**役事**：兵役、徭役等王事。**盬**：音谷，停止（此

字非鹽)。
*《詩經・陟岵》：「陟彼屺兮，瞻望母兮。」

13 同人：多載重負，捐棄于野。予母誰子，但自勞苦。
見屯之恆。
註釋：要康泰需同仁。能力不足，無法多負荷，夥伴相互拋棄各自謀生。

14 大有：生<u>直地乳</u>，<u>上皇</u>大喜。賜我福祉，受命無極。
生育繁殖周國，天帝大為喜悅。賜給福澤，授予壽命沒有極限。
註釋：康泰且大富有。賢良養育繁衍後代，上天賜予無限的福分和平安。
直：殖也，繁衍後代。**地乳**：地母的乳房，指岐山，周國的發祥地；見註。**上皇**：天帝。
*《太平御覽・敘山》：「岐山在崑崙東南，為地乳。」古公亶父為避狄人，帶領族人遷至岐山，追封為周國第一位君王。

15 謙：<u>翕翕</u><u>軥軥</u>，<u>稍</u>墮山顛。滅其<u>令名</u>，長<u>沒</u>不全。
車輛次序顛倒並發出聲音，隨即從山巔墜落。毀滅美好的名聲，永久殞落，身軀不全。
註釋：康泰應謙恭。躁動不安，凌亂前進，從高處墜毀，身敗名裂。
翕翕：音系，次序顛倒。**軥軥**：音田，車輛發出的聲音。**稍**：隨即。**令名**：美好的名聲。
沒：歿，死亡。

16 豫：東鄰嫁女，為王妃后。莊公築館，以尊王母。歸于京師，季姜悅喜。

見屯之觀。
註釋：康泰且安育。溫良美好，並能與人親密結盟，歡喜的獲得尊貴的好歸宿。

17 隨：伯虎仲熊，德義淵閎。使布五穀，陰陽順敘。

伯虎與仲熊（見註），道德仁義深遠宏大。派遣他們傳佈種植五穀之道，順著陰陽時令的次序。

註釋：康泰且相隨。有賢能指導，百姓遵從天時進行生產，天時人和。

淵閎：深遠宏大。**使**：派遣。**順敘**：順著次序。**敘**：次序。
*《左傳‧文公十八年》：「舉八元，使布五教于四方。」八元中兩人為伯虎、仲熊。

18 蠱：敏捷敬疾，如猨升木。彤弓雖調，終不能獲。

靈敏快捷，慎重迅速，好像猿猴爬樹。紅色戰弓雖已調整好了，但至終未能獲取獵物。

註釋：康泰開始蠱敗。我方資源優秀，但對手行動敏捷，無法拿下。

敬：慎重。**疾**：快速。**猨**：猿也。**升木**：爬樹。**彤弓**：朱漆弓，天子賜予有功的諸侯或大臣使專征伐。

19 臨：舉被覆目，不見日月。衣裘簟床，就長夜室。

舉起被子覆蓋眼睛，見不到太陽月亮。和皮衣和蓆床，一起長久的放到墓穴裡。

註釋：康泰才能臨政。自我蒙蔽，不辨是非，最後滅亡。

裘：皮衣。**簟**：音店，竹蓆。**就**：趨往。**夜室**：墓穴。

20 觀：忍醜少羞，無面有頭。虛日以弊，消寡耗減。

忍受恥辱，缺少羞恥，有頭卻沒有顏面。荒廢度日以致凋蔽，因為消耗，越減越少。

註釋：要康泰應該觀省。無恥的包容羞惡，一點顏面都不要，混噩度日，日日減損。

醜：恥辱。**虛**：荒廢。**弊**：敝，破損。

21 噬嗑：<u>涸陰冱寒</u>，常冰不溫。令人墮怠，雹大為災。

隆冬陰氣至盛，極凍結冰酷寒，長久結冰沒有溫度。令人墮落懈怠，大冰雹又造成災害。

註釋：要康泰應該法治。環境極度惡劣，民心瓦解不振，引起更大災難。

涸陰：隆冬陰氣極盛。**冱**：極凍結冰，冱音互。

22 賁：<u>夏麥麩麴</u>，霜擊其芒。疾君敗國，使民夭傷。

夏天麥子長出皮殼，寒霜卻襲擊麥芒。疾惡的君主敗壞國家，使人民夭折損傷。

註釋：要康泰應整飾。成長中的事物被摧毀，暴君腐敗，人民妄死。

麩：小麥的皮殼。**麴**：麥麩。**芒**：草木或穀實上的細刺。

23 剝：<u>淵涸龍憂</u>，箕子為奴。午叔隕命，殷破其家。

深淵乾涸了，龍很憂慮，箕子被貶為奴隸。忤逆叔叔比干使其喪命，商殷家國破敗。

註釋：康泰已剝落。資源耗盡，君王於是橫征暴斂，不聽勸諫還迫害忠良，因而徹底毀滅。

淵：深潭。**涸**：音何，水乾竭。**午**：忤也。**隕命**：死亡。

*《史記‧殷本記》載，商紂王無道，太師箕子屢諫被囚禁，假裝發瘋，貶為奴隸；

紂王叔叔比干屢諫，被挖去心臟。

24 復：跛踦相隨，日暮牛罷。陵遲後旅，失利亡雌。

見乾之渙。

註釋：要康泰應復返，不可前進。團隊實力破散，歷經折難延誤，最後失去利益和繁衍機會。

25 無妄：桑之將落，隕其黃葉。失勢傾側，如無所立。

見履之噬嗑。

註釋：康泰應該不虛妄。生命力逐漸消失，即將凋落，後來更覆滅了。

26 大畜：生長以時，長育根本。陰陽和德，歲樂無憂。

以時令來生育長大，長久培育根基和本源。陰陽德行諧和，年度豐收沒有憂患。

註釋：康泰且大蓄。依天時成長，厚植根基，天時人倫都諧和，安樂融融。

歲樂：豐年。

27 頤：童女無夫，未有匹配。陰陽不和，空坐獨宿。

少女沒有丈夫，也尚未有匹配的對象。男女倫理不諧和，空虛坐著，獨自住宿。

註釋：康泰才能頤養。能力不足，一直沒人與他結盟，關係不協調，只能獨處，無法繁衍。

匹配：與相當的對象結合。

28 大過：春令原宥，仁德不合。三聖攸同，周國茂興。

春天頒布獎耕政令，仁政和恩德不閉合。三位聖人一同治國，周朝邦國茂盛興盛。

註釋：康泰且大超越。寬厚鼓勵生產，賢良們用仁德治理不已，
　　　國強民安。

春令：春季所行的政令，多為鼓勵耕生的寬和政令。**原宥**：寬大處理。**合**：闔也，閉也。
三聖：指周文王、周武王、周公建立周朝。

29 坎：金精耀怒，帶劍過午。兩虎相距，雖驚無咎。

太陽光耀且氣勢熾盛，帶著劍通過午宮。兩隻老虎相互對抗，雖然驚險但沒有災難。

註釋：康泰開始落陷。氣勢如日中天，帶著精兵前進，兩強爭霸
　　　對抗，暫時處於恐怖平衡。

金精：太陽。**怒**：氣勢熾盛。**午**：午宮，正午時太陽所在的宮位。**兩虎**：指戰國中期秦楚二強，見註。**距**：拒也，對抗。
*《戰國策‧張儀為秦破從連橫》：「楚王大怒，興師襲秦，戰於藍田，又郤，此所謂兩虎相搏者也。」

30 離：危坐至暮，請求不得。膏澤不降，政戾民忒。

見需之頤。

註釋：要康泰應相附著。始終不顧百姓請求，上位殘暴不施恩，
　　　百姓困厄，君民離心離德。

31 咸：老楊日衰，條多枯枝。爵級不進，日下摧隤。

見蒙之訟。

註釋：要康泰應相感應。沒有加入新血，組織衰老，成員枯萎，

無法再進步,還每況愈下。

32 恆:蔡侯適楚,留連江濱。踰時歷月,思其君后。

蔡侯朱逃到楚國,接連滯留在江岸上。時間經歷超過數月,思念他的皇后。

註釋:要康泰應該持恆。未加鞏固,被人襲擊而逃亡,徘徊流連不知所措,最後時機已過,無法挽回。

適:至。**江濱**:江岸。

*《左傳‧昭公二十一年》:「蔡侯朱出奔楚。」蔡國君主去世,蔡侯朱本應繼位,但其弟聯合內外勢力篡位,蔡侯朱逃到楚國。

33 遯:右撫劍頭,左受鉤帶。凶訟不止,相與爭戾。失利市肆。

右手摸著劍頭,左手承接鉤上的帶子。凶惡的爭訟沒有停止,互相暴戾的爭奪。市集的商店失去利益。

註釋:康泰已隱遁。互相劍拔弩張,逞凶鬥狠,交易變成爭訟,失去利益。

撫:摸。**劍頭**:劍把上的小環孔,比喻劍把。**受**:授也,承接。**市肆**:市集的商店。

*《左傳‧襄公二十三年》:「(鞅)右撫劍,左援帶,命驅之出。」

34 大壯:水流趨下,遠至東海。求我所有,買鮪與鯉。

見訟之比。

註釋:康泰且壯大。順從法理去追求,到達美好的地方,如願的獲得財富和尊榮。

35 晉:登几上輿,駕馴南遊。合縱散衡,燕秦以強。

登上凳子，上到車子，駕著四匹馬拉的大車向南方遊說。提倡用合縱破解連橫，燕國和秦國因而僵持不下（見註二）。

註釋：為了康泰而前進。拓展國際關係，以團結破解強權分化計謀，一起與惡勢力抗衡。

几：凳，上馬或上車時踩的小凳。**輿**：車或轎。**駟**：四匹馬拉的大車。**南**：象徵光明的方向。**合縱**：合縱政策，聯合六國抗秦。**散**：分解。**衡**：連橫政策，利誘六國分別與秦國和好。**燕秦**：見註。**強**：倔強，僵也。

* 公孫衍等人倡導合縱政策，六國聯合抗秦。
* 秦位於西南，燕位於最東北，燕秦比喻敵對的兩陣營已形成。

36 明夷：求兔得獐，過其所望。歡以相迎，高位夷傷。

想求得兔子，卻得到獐鹿，超過了期望。歡喜的互相迎接，居高位傷人者都自傷了。

註釋：康泰克服瘡痍。大家共同奮鬥，豐收超乎預期，惡人也自取滅亡了。

獐：麝，有香味，象徵珍貴。**夷**：痍也，創傷。

* 《周易本義》：「始則處高位以傷人，人之明，終必至於自傷而墜其命。」

37 家人：過時不歸，道遠且迷。旅人心悲，使我徘徊。

過了時間還沒歸返，道路遙遠而且迷亂。行旅的人心裡悲傷，又瀕臨危險。

註釋：要康泰應親如家人。一直獨自闖蕩，未能迷途知返，瀕臨危險只能獨自哀傷。

徘徊：經常處於危險邊緣。

38 睽：魂孤無室，銜指含食。盜張民饋，見敵失肉。

孤獨的靈魂沒有墓穴可歸，只能啣著指頭吸食。盜匪張網掠

取人民的食物，敵人出現，肉就失去了。

註釋：康泰已睽離。飢寒的遊民如孤魂野鬼無家可歸，因為資源被惡人網羅殆盡。

室：墓穴。**銜**：啣也，叼在口中，比喻飢餓。**張**：張網掠取。**饋**：飲食。**見**：出現。

39 蹇：居如轉丸，危不得安。東西不寧，動生憂患。

居處就像小糞球，危險不得安全。東西奔波不得安寧，動輒生出憂慮和患難。

註釋：康泰已塞堵。居住與行動都極為險惡，動輒得咎。

轉丸：蜣螂用糞便推轉成的丸球，當成食物與產卵處。

40 解：坤厚地德，庶物蕃息。平康正直，以綏大福。

大地有深厚的德性，眾多生物繁衍。和平安康，公正剛直，安定有大福澤。

註釋：康泰且解決問題。仁德浩大而繁衍眾多，有德行且安康享福。

坤：大地。**庶**：眾多。**蕃息**：繁衍。**綏**：安定。

41 損：捯蔽牡荊，生賢山傍。仇敵背憎，孰肯相迎？

成行的樹木遮蔽牡荊，牡荊生長眾多在山旁（牡荊吸收土地營養，有礙樹木成長）。彼此對立背離憎恨，誰人肯相迎？

註釋：康泰已受損。利益衝突，無法和同，因而一直對立。

捯：栵也，音立，成行而生的樹木。**牡荊**：一種矮小樹木，生於山坡路旁。**賢**：多。

仇、敵：對立。

42 益：鳳凰銜書，賜我玄珪，封為晉侯。

鳳凰啣來書卷，天子賜予諸侯的黑色玉珪，封為晉國君侯。
註釋：康泰並受益。上天賜福，受封為尊貴的諸侯。
銜：啣也，叼在口中。**玄**：黑色。**珪**：音規，諸侯在大典時所持的玉器。
*《古微書‧卷三十五》：「有鳳凰銜書，游文王之都，書文曰：殷帝無道虐亂天下，皇命已移。」
*《史記‧周本紀》載，周成王封弟唐叔於唐國，唐叔之子改代國號為晉。

43 夬：作凶不善，相牽入井。溺陷辜罪，禍至憂有。

多做凶惡不仁善，相牽掉入井裡。淹沒深陷在罪惡裡，禍難來到有憂患。
註釋：康泰已斷決。攜手作惡多端，終於陷入萬劫不復的深淵。
溺：淹沒。**辜**：罪。

44 姤：悲鳴北行，失其長兄。伯仲不幸，骸骨散亡。

悲傷哀鳴的向北方行進，失去了長兄，兄弟也遭遇不幸，屍骨散失不見。
註釋：要康泰應相邂姤。分散獨自在陰晦的路上哭泣行走，親密夥伴都遇害了。
北：象徵陰晦的方向。**伯仲**：老大和老二，比喻兄弟手足。**骸骨**：屍骨。

45 萃：羔衣豹袞，高易我家。君子維好。

穿著小羊、豹袖的皮衣，就變得高傲對待我們，君子只是和他表面和好。
註釋：要康泰應相薈萃。小人成功後就變高踞，輕慢舊交，人們不再與之交心。
羔：小羊。**豹**：卿大夫的衣服在袖口上用豹皮制成裝飾。**袞**：皮衣。**易**：變易。**我家**：我們。**維**：只。

*《詩經 · 羔裘》：「羔裘豹袪，自我人居居。豈無他人？維子之故。」晉身士大夫就對我們高倨，不是沒有其他朋友，只因你是故交。

46 升：日中為市，各抱所有，交易資貨。貪珠懷寶，心悅歡喜。

　　日正當中時開市，各自抱著所有物品，交換買賣物資貨品。探求玉珠、懷抱寶貝，心裡欣悅歡喜。

註釋：康泰且上升。循規經營，互通有無，各蒙其利，大家都探
　　　詢並得到美好的資財。

為市：開市。**貪**：探也。

*《繫辭 · 下》：「日中為市，致天下之民，聚天下之貨，交易而退，各得其所。」

47 困：振急絕理，常陽不雨。物病焦乾，華實無有。

　　震盪危急，棄絕常理，長久旱陽沒有下雨。萬物患病，焦枯乾萎，花朵和果實都沒有。

註釋：康泰已受困。動盪嚴重緊急，違反常理，而且乾旱無期，
　　　無法生產收穫。

振：震也，震盪。**華**：花也。

48 井：狐貉載剝，徙溫厚蓐。寒棘為疾，有所不足。

　　將狐貉的皮剝下穿戴，並轉移到溫暖厚重的床褥。但寒凍和荊棘成為疾患，仍然有所不足。

註釋：康泰應井然。雖富足美好，但環境更為惡劣，沒準備充分，
　　　因而受苦。

狐貉：狐和貉，珍貴的皮料。**貉**：音合，狸貓。**載**：戴也。**徙溫**：遷徙到溫暖之處。
蓐：音入，墊褥，亦指床。

49 革：履踐危難，脫執去患。入福喜門，見誨大君。

經歷危險和急難，終於擺脫執押去除禍患。進入福澤喜慶的大門，晉見皇帝接受教誨。

註釋：要康泰應革新。歷經艱難危險，終於擺脫禍患返回，再度蒙受上位青睞，並獲得教誨。

履、踐：踩踏，比喻經歷。**執**：拘禁。**大君**：皇帝。

50 鼎：四亂不安，東西為患。退止我足，毋出國城。乃得全完，賴其生福。

四處動亂不安，東西都是禍患。退卻停止腳步，不要出離國都，才能獲得完整保全，幸運的得到生命福澤。

註釋：康泰已覆鼎。到處都動亂，唯有安駐不動，低調隱蔽，才能保全。

東西：象徵到處。**賴**：幸而。

51 震：南國少子，才略美好。求我長女，賤薄不與。反得醜惡，後乃大悔。

見比之漸。

註釋：康泰發生震盪。自以為尊貴，拒絕少年君子，最終反而與醜人為伍，難以孳生。

52 艮：妄怒失理，陽孤無輔。物病焦枯，年飢於黍。

狂妄憤怒失去理性，陽亢孤僻沒人輔佐。萬物患病乾焦枯萎，飢荒缺少黍米。

註釋：康泰已停止。君王狂妄囂張，剛愎自用，天時又惡劣，百

姓貧困無食。

年飢：飢荒。

53 漸：倬然遠咎，避患害早。田獲三狐，見民為寶。

　　光明正大，遠離過失，避開禍患和穀實成熟的災害。打獵捕獲三隻狐狸，向人展現寶貴的獵物。

註釋：康泰且循序漸進。保持光明德行，避開災禍，保存發育，前進收穫珍貴豐富，並不吝分享。

倬然：光大。**早**：皁之古字，穀實成而未熟。**田**：畋也，打獵。**三**：象徵多。**狐**：比喻珍貴。**見**：現也。

54 歸妹：逐鹿山巔，利去我西。維邪南北，無所不得。

　　追逐鹿到達山巔，順利去往西邊。八方南北，沒有不能有所收穫。

註釋：康泰且相歸依。一起追逐利祿，四面八方無所不利，並達到高峰。

鹿：象徵祿。**維**：四正方位，東南西北為四維。**邪**：斜也，東北、東南、西南、西北為四斜。**維邪**：合共八方。

＊西、南、北：象徵四通八達。

55 豐：龍蛇所聚，大水來處。滑滑沛沛，使我無賴。

　　龍與蛇聚集的地方，正是大水所來之處。泥濘滑溜，洪水瀰漫，使人沒有依靠。

註釋：康泰又豐盛，富極必腐。王權轉衰，大惡人製造大災難，人民苦難又顛沛流離。

龍蛇：皆比喻大惡人。**滑滑**：泥濘滑溜。**沛沛**：濟濟也，水眾多。**賴**：依靠。

＊《漢書・五行志下之上》：「皇之不極……時則有龍蛇之孽。」

56 旅：從風吹火，牽騏驥尾。易為功力，因催受福。

依從風向對火吹氣，牽著麒麟和千里馬的尾巴。簡易就產生功效力量，快速蒙受福澤。

註釋：康泰的旅歷。跟著情勢和賢能行進，輕易且快速的獲得功效和福澤。

牽尾：牛羊豬牽頭，牽引其行動；騏驥牽尾，跟從人才步伐即可；見註。**驥**：音記，千里馬，比喻人才。**催**：趣，疾也，古有趣無催。

*《史記‧伯夷列傳》：「顏淵雖篤學，附驥尾而行益顯。」

57 巽：澤狗水鳧，難畜少雛。不為家饒，心其函逋。

水鳥和水鴨，難以畜養也少生雛鳥。不能使家裡富饒，心思又陷入逃離。

註釋：要康泰應安順，不要躁動。野性難馴，不能安居，難以繁殖，無法致富。

澤狗：水鳥名，能在水中捉魚故名。**鳧**：音福，水鴨。**函**：陷入。**逋**：音補一聲，逃亡。

58 兌：水壞我里，東流為海。龜鳧讙嚻，不覩慈母。

洪水損壞了鄉里，向東流去成為大海。烏龜和水鴨喧鬧叫囂，見不到慈祥的母親。

註釋：康泰又歡悅，樂極生悲。環境崩壞，一片荒蕪，小人歡騰，上位失位。

鳧：音福，水鴨。**讙**：音歡，喧鬧。**覩**：睹也，見到。

59 渙：褰衣涉行，水深漬多。賴幸舟子，濟脫無他。

見訟之萃。

註釋：要康泰應渙發。路途險難難行，幸遇貴人才轉危為安，要

再補強實力。

60 節：龜厭河海，陸行不止，自令枯槁。失其都市，憂悔為咎，亦無及已。

海龜厭惡河川和大海，跑到陸地行進不停，因而導致乾枯憔悴。找不著繁華之地，憂慮後悔所犯過錯，但也無法追回過去。

註釋：康泰應節度。原本美好但不滿現狀，貿然前進改變，陷入憔悴困頓，找不到好的棲處，後悔莫及。

自：因而。**令**：致使。**枯槁**：乾枯憔悴。**失**：找不著。**都市**：比喻繁華之地。**及**：逮。**已**：過去。

61 中孚：同本異業，樂仁政德。東鄰慕義，來興我國。

修身齊家治國平天下（見註），和樂仁厚，實施德政。東夷鄰國仰慕德義，派遣使者來我國。

註釋：康泰且忠信。逐次修為完成，施仁佈德，外族都來學習敦睦。

興：派遣。

＊《呂氏春秋・執一》：「（天下、國、家、身）此四者，異位同本。」

62 小過：桃李花實，累累日息。長大成熟，甘美可食，為我利福。

桃子和李子的花朵與果實，繁多累積，每天繁殖。長大成熟了，甘甜美味食用可口，創造出利益福澤。

註釋：康泰並小超越。總是成長茂盛，成果豐碩積存，美好有福澤。

累累：纍纍也，繁多而重複堆積。**息**：繁衍、繁殖。

63 既濟：重瞳四乳，聰明順理。無隱不形，微視千里。災

害不作，君子集聚。

　　舜眼睛有兩個瞳孔，周文王有四個乳房，聖人耳聰目明並且順從天理。沒有可隱藏的，沒有不現形的，能見到細微之物，也能見到千里之外。災難禍害不會發生，君子聚集在一起。

註釋：康泰已完成。有聖人德行，聰明穎慧，順從天理，省察鉅細靡遺，因此沒有災禍，君子來歡聚。

重瞳：一眼兩個瞳孔。**聰明**：耳好是聰，眼好是明；引申為有智商和智慧。

* 《尸子》：「舜兩眸子，是謂重瞳。」

* 《論衡・骨相》：「文王四乳在帝王之位。」

64 未濟：**實沈參墟，以義討尤。次止結盟，以成霸功。**

　　參星與墟星高照，唐叔以仁義討伐過失者。軍隊駐紮下來結盟，成就稱霸的功業。

註釋：康泰尚未結束。賢人的仁義之軍，先以武力制伏，再來以德服人，停戰結盟，成就大業。

實沈參墟：見導讀，二十、天象、星曜。**尤**：過失。**次止**：駐紮、停宿。

* 《左傳・昭公十五年》：「唐叔受之，以處參虛。」叔虞受封於唐，安撫治理四周的戎狄功勞甚大。

12 否

12 否：秦為虎狼，與晉爭強。併吞其國，號曰始皇。

秦國像虎狼一樣，與日俱進爭奪強權。併吞他國，名號稱做始皇。

註釋：閉塞又閉塞，否極泰來。天下紛亂，霸者終於以武力統一。

晉：進也。晉國於春秋末年已被三家瓜分，非被秦消滅。**其**：他。

1 乾：天之奧府，眾利所聚。可以饒有，樂我君子。

上天聚藏物產的地方，是眾多利祿聚集的所在。能夠豐饒富有，君子安樂。

註釋：閉塞時能陽健。有德行所以可以富饒歡樂的安居。（但不能對外發展）

奧府：物產聚藏之地。

2 坤：天之所災，凶不可居。轉徙獲福，留止危憂。

上天降下災禍的所在，凶惡不可居住。轉移遷徙可獲得福祉，滯留停止有危險憂慮。

註釋：閉塞卻溫良，無法改善。局勢凶險，不可不變動，轉變才能活命，溫吞有危險。

3 屯：名成德就，項領不試。景公耋老，尼父逝去。

見履之剝。

註釋：閉塞且困屯。上位老昏不勵精圖治，人才不受用，賢能只能凋去。

4 蒙：**特善避患，福祿常存。雖有豺虎，不能危患。**

　　祭天的公牛美好，因而避開禍患，福澤和利祿長久存在。雖然有豺虎，但沒能危害和患難。

註釋：閉塞但能啟蒙。因位虔誠所以神明賜福，常保平安，雖有大惡人但不能為害。

特：祭天的雄牛。

5 需：**避患東西，反入禍門。糠糟不屬，憂動我心。**

　　見訟之未濟。

註釋：閉塞卻只能等待，無法逃避。禍患到處橫行，無法躲避，連低賤的物質都三餐不繼，憂心忡忡。

屬：連接，如冠蓋相屬。

6 訟：**珪璧琮璋，執贄見王。百里甯越，應聘齊秦。**

　　見需之井。

註釋：閉塞狀態被爭訟，否極泰來。擺脫閉塞，遠行他處可成就功業。

越：戉也，古字通戚。

7 師：**揚水潛鑿，使君潔白。衣素朱表，遊戲皋沃。得君所願，心志娛樂。**

　　激揚的河水，深邃鮮明，長官純淨潔白，穿著白中衣和繡有半黑半白花紋的朱色衣領，悠遊在曲沃水邊的高地。君子得其所願，心情意志喜樂。

註釋：閉塞的出師，轉為養息。領袖清白如水花，符合禮節，百

姓追隨生活，從容自在，達成心願，歡樂喜悅。
潛：深。**鑿**：鮮明，如確鑿。**使君**：對長官的尊稱，此處指桓叔。**衣素**：白衣，古用為中衣。**表**：見註二。**戲**：嬉，遊。**皋**：音高，水邊的高地。**娛**：樂。
＊《詩經‧揚之水》：「揚之水，白石鑿鑿。素衣朱襮，從子于沃。既見君子，云何不樂？」激揚的河水，白石鮮明。穿著白衣和繡有半黑半白花紋的朱色衣領，從曲沃就跟從你。見了賢者，怎不歡樂？——歌詠封於曲沃的桓叔深得民心。
＊《班固‧幽通賦》註：「襮，表也。」又《傳》：「襮，領也。諸侯繡黼丹朱中衣。」黼音府，古代禮服上繡的半黑半白花紋。

8 比：官爵相保，居之無咎。求免不得，怕使恨悔。

高官諸侯互相保護，安居不互相違背。百姓請求恩賜卻不可得，因懼怕以致生出怨恨。

註釋：閉塞的相附狀態。上位狠狠為奸，卻苛刻百姓，人民懼怕怨恨。

咎：違背。**免**：勉也，給予獎勵或恩賜。**悔**：恨。
＊「求免」相當謙之豐「請兔」。

9 小畜：載元無褌，臝裎出門。小兒作笑，君為憂患。

整飾了頭部卻沒穿袴子，裸體露出身體就出門。小孩兒因而大笑，君子卻深為憂慮。

註釋：閉塞且蓄小勢弱。有頭有臉卻不知羞恥到處遊走，幼稚的人覺得好笑，君子卻深感憂慮。

載：飾，如載以銀錫。**元**：頭，元服即為帽冠。**褌**：音坤，袴子。**臝**：裸也，沒穿衣服。
裎：音成，露出身體。

10 履：把珠入口，為我利寶。得吾所有，欣然嘉喜。

把寶珠放入口中，成為獲利的珍寶。得到所有東西，欣悅且吉祥歡喜。

註釋：閉塞變履行。本身擁有德行是最好的資產，可以歡欣吉祥
　　　的得其所願。
珠：象徵德行。

11 泰：行不如還，直不如屈。進不若退，可以安吉。

　　　行進不如還回，剛直不如彎曲。前進不如後退，可以平安吉祥。
註釋：閉塞但能康泰。雖不能剛直的發展，但沉潛低調，可以安康。

13 同人：眾鬼凡聚，還生大怪，九身無頭。魂驚魄去，不可以居。

　　　眾多鬼魂全都聚集，還生了一個大妖怪，九個身體沒有頭，令人驚嚇到魂飛魄散，此地不可居住。
註釋：閉塞的同仁狀態。奸人都聚集在一起，因而產生大妖孽，
　　　力量無窮，卻沒有理智，太為恐怖，應趁早離開。
凡：全部。**還**：更加。**九**：象徵極多。

14 大有：家給人足，頌聲並作。四夷賓服，干戈囊閣。

　　　每戶人家都充裕富足，稱頌的聲音一併興起。四方夷族臣服，兵器放到袋子和樓閣不再使用。
註釋：閉塞之後開始大富有。不再四處征戰，休生養息，家戶充裕，
　　　人民歡欣歌頌，外敵也都來歸順。
給：充裕。**四夷**：東夷、西戎、南蠻、北狄的總稱。**賓服**：臣服。**干戈**：泛指武器。
囊：袋子。

15 謙：人面鬼口，長舌為斧。斲破瑚璉，殷商絕祀。

長著人的臉，卻有鬼的嘴巴，長長的舌頭就像斧頭一樣。斧頭砍破了祭祀的器皿，商朝斷絕了祭祀。

註釋：閉塞的謙謙君子。小人險惡挑撥，造成嚴重禍害，治國君子被戕害，國家命脈滅絕。

斀：音卓，斧頭。**瑚璉**：宗廟裏盛黍稷的祭器，象徵治國之才。

16 豫：南山之峻，真人所在。德配唐虞，天命為子。保佑飲享，身受大慶。

南嶽衡山的峻嶺，是真人所在之處。德行匹配唐堯虞舜，是上天授命的天子。祈求保佑，用飲食祭祀，身命蒙受大吉慶。

註釋：閉塞轉為安育。天子崇尚仙道，無為而治，德性浩大虔誠，上天授予帝位，國家平安吉慶。

南山：南嶽衡山，象徵永恆。**峻**：高。**真人**：已達返璞歸真的修行人。**享**：祭祀。

17 隨：春桃生花，季女宜家。受福多年，男為邦君。

春天的桃樹生出花朵，少女出嫁。蒙受福澤長長久久，男方還是邦國君主。

註釋：閉塞之後開始相隨行。時機已到，開始繁衍，與大貴人親密結盟，蒙受永久的福澤。

季女：少女。**宜家**：女子出嫁。**多年**：歲月長久。**邦**：大者稱邦，小者稱國。

＊《詩經·桃夭》：「桃之夭夭，其葉蓁蓁。之子于歸，宜其家人。」

18 蠱：鴟鵃破斧，冲人危殆。賴其忠德，轉禍為福，傾危復立。

見坤之遯。

註釋：閉塞狀態已蠱敗，轉為通達。原本實行暴政，發動戰爭，皇

帝自己也岌岌可危，後來修身養德，轉危為安，獲得重建。
沖人：年幼帝王的自稱，比喻王權衰弱。

19 臨：猿墮高木，不踒手足。保我金玉，還歸其室。

　　見蒙之隨。
註釋：閉塞降臨。從高位墜落，還好沒受傷，隱遁便能保有資產，不要再前進。

20 觀：天之奧隅，堯舜所居。可以存身，保我邦家。

　　見履之復。
註釋：閉塞但能觀省。環境美好，品德優異，個人和國家豐盛安居。（但不能前進）

21 噬嗑：伯蹇叔盲，足病難行。終日至暮，不離其鄉。

　　大哥跛腳，二哥眼盲，腳部患病難以行走。一整天到了日暮，還沒離開鄉里。
註釋：閉塞的法治。所有人都盲目且無法動，只能一直滯留不前。

22 賁：日月相望，光明盛昌。三聖茂功，仁德大隆。

　　見蒙之謙。
註釋：閉塞之後整飾，變昌達。天地光明又昌盛，眾多聖人輔政，仁德的功業大為興隆。

23 剝：桃李花實，累累日息。長大成就，甘美可食。

　　見泰之小過。

註釋：閉塞狀態已剝落，開始茁壯。春暖花開，結果纍纍，成長壯大，發育完成，美好豐收。

24 復：入和出明，動作有光。運轉休息，動作尤康。

出入都和順光明，活動運作大為光明。營運轉動休憩棲息、行動作務，都甚為康泰。

註釋：閉塞之後恢復安好，否極泰來。外出、入門、活動、休息都和順光明，因而大為安樂。

有：大。**尤**：甚。

25 無妄：陰冥老極，陽健其德。履離載光，天下昭明。功業不長，蝦蟆代王。

見坤之未濟。

註釋：閉塞轉為不虛妄。小人已過度老衰，君子開始建立德業，雖然天下光明，但因未成氣候，尚仍虛有其表，更要忠信。

載：戴也。

26 大畜：行役未已，新事復起。姬姜勞苦，不得休息。

見小畜之困。

註釋：閉塞之事大為蓄積。上位不停壓迫，男女都勞苦不止，無法休養生息。

27 頤：狐鳴苑北，飢無所食。困於空丘，莫與同力。

狐狸在皇室園林哀鳴，飢餓沒有食物。被困在空蕩的沙丘，沒人與之共同協力。

註釋：閉塞的頤養。原本美好尊貴，如今受困而且毫無物資與支

援,只能等死。

狐:比喻珍貴。**苑北**:北苑,泛稱皇室園林。**丘**:亦作墳墓,故影射之。

28 大過:雄聖伏名,人匿麟遠。走鳳飛北,擾亂未息。

　　英雄與聖人都隱伏埋名,賢人隱匿,麒麟遠走。奔走的鳳凰飛向北邊,煩擾和禍亂未曾停息。

註釋:閉塞的太過。豪傑賢良全部走避,天下紛擾不止。

北:象徵陰晦之地。

29 坎:病貧望幸,使伯行販。開牢擇羊,多得大羘。

　　疾病又貧窮,希望得到幸福,先生去從事商販。打開牢籠選擇羊隻,得到很多大母羊。

註釋:閉塞已落陷,轉為通達。為擺脫貧窮,轉而外出行動,開
　　　啟經營,所得美好,並加以貯存孳息。

使伯:對人的尊稱。

30 離:翕翕呴呴,稍稍崩顛。滅其令名,長沒不存。

　　見泰之謙。

註釋:閉塞的附著狀態。躁動不安,前進凌亂,以致從高位墜落,
　　　身敗名裂。

31 咸:花薄實槁,衣弊如絡。女功不成,絲布如玉。

　　見訟之蠱。

註釋:閉塞的感應狀態。花朵稀少,果實枯瘦,衣裳破損,生產
　　　蕭條,物價飛漲。

槁:枯瘦。

32 恆：溫山松柏，常茂不落。鸞鳳所止，得以歡樂。

　　見需之坤。

註釋：閉塞之後後開始恆久。秉持聖道，長青茂盛，君子都來居止，祥瑞歡樂。

33 遯：失恃母友，嘉偶出走。矍如失兔，傑如虐狗。

　　失去母親和相愛的兄弟，美好的配偶也出走了。搏鬥有如迷路的兔子，頹喪的好像被虐的狗。

註釋：閉塞又遁逃。至親伴侶都離而遠去，只能做困獸之鬥，落魄狼狽。

失恃：喪母。**友**：相親的兄弟。**矍**：古同攫，搏鬥；《荀子‧哀公》：「獸窮則攫」。
傑：音累，頹喪。
＊《論衡‧骨相》：「（孔子）傑傑若喪家之狗。」

34 大壯：太乙駕驪，從天上求。徵我叔季，封為魯侯。

　　見屯之隨。

註釋：閉塞之後後開始壯大。上天指定賢良成為君主，維護天下安定。

求：徵求。

35 晉：雙鳧俱飛，欲歸稻池。徑涉葦澤，為矢所射，傷我胸臆。

　　見屯之旅。

註釋：閉塞的前進狀態。與夥伴外出謀生，中途被惡人埋伏加害，傷勢嚴重。

葦澤：蘆葦叢生的沼澤。**矢**：箭。

36 明夷：深坑復平，天下安寧。意娛心樂，賴福長生。

深深的坑洞恢復平坦，天下康泰祥寧。意識歡愉心情快樂，幸福且長命百歲。

註釋：閉塞狀態已瘉痿，恢復通達。敗壞恢復正常，從此天下太平，歡愉幸福又安康。

娛：樂。**賴**：幸，福。

37 家人：俱為天民，雲過吾西。風伯雨師，與我無恩。

都是上天的子民，雲朵只經過西郊卻沒下雨。風神和雨神，都不施予恩澤。

註釋：閉塞的家人。有雲卻不下雨，風不調雨不順，上天不願賜福給我。

西：象徵福澤不降之處。

＊《易經‧小畜》：「密雲不雨，自我西郊。」

38 睽：野鳥山鵲，來集六博。三鳥四散，主人勝客。

野鳥和山鵲，聚集來玩六博棋。三隻鳥四處飛散，主人勝了客人。

註釋：閉塞狀態已睽離，開始通行。眾多山野之徒聚集，喧賓奪主為非作歹，後來被主人擊敗而解散。

六博：六博棋，古代的棋戲。**三**：象徵多。

39 蹇：北陰司寒，堅冰不溫。凌人情怠，大雹為災。

北方陰晦之地有冬神，堅硬的冰沒有溫度。掌冰政的官吏情緒怠惰，巨大的冰雹釀為災禍。

註釋：閉塞又蹇跛。環境極度惡劣，上位卻怠忽職守，釀成重大

313

天災人禍。

司寒：冬神。**凌人**：掌冰政的官吏。

40 解：伊尹致仕，去桀耕野。執順以傳，反和無咎。

　　伊尹辭官，離開夏桀去郊野耕種。商湯執政順良並加以召見，轉去會合並無過失。

註釋：閉塞被解決。賢良離開暴君，溫良的聖君加以招攬，轉而與他合作，一起推翻暴政。

伊尹：成湯的宰相。**致仕**：辭官。**去**：離開。**傳**：召見。**反**：轉。**和**：合也。

＊《孟子・萬章上》：「伊尹耕於有莘之野，而樂堯舜之道焉。」伊尹曾事夏桀，夏桀無道不用，轉事商湯，並偕同滅夏。

41 損：北風牽手，相從笑語。伯歌季舞，讌樂以喜。

　　在北風中手牽著手，互相跟從歡笑聊天。大哥唱歌，小弟跳舞，宴會歡樂欣喜。

註釋：閉塞狀態受損，轉為通行。環境不佳但能牽手共行，最後在宴會上，大家唱歌跳舞其樂融融。

北風：冬風。**讌**：宴。

＊《詩經・北風》：「北風其涼，雨雪其雱。惠而好我，攜手同行。」

42 益：從巢去家，南過白馬。東西受福，與母相得。

　　捨棄窩巢離開家宅，向南經過白馬津。東西四方蒙受福澤，最後與母親相遇。

註釋：閉塞之後開始受益。離鄉發展，歷經險難，但四處都順利，最後獲得歸宿。

從：縱也，捨；《說文》：「縱，一曰舍也。」**白馬**：黃河渡口，是兵事和商旅要道，比喻險要之地。**得**：遇。

314

* 南、東、西，象徵四通八達。

43 夬：鳥飛跌跛，兩兩相和。不病四支，但去莫疑。

　　鳥兒飛翔但傾倒又歪斜，但能成雙成對互相應和。四隻翅膀沒有患病，儘管前去莫要遲疑。

註釋：閉塞已斷決。初期似有危險，但能同心同德，所以前進安好，
　　　不用遲疑。

跌：傾倒。**跛**：音必，歪斜。

44 姤：三年生駒，以戌為母。荊夷上侵，姬伯出走。

　　見坤之震。

註釋：閉塞的邂逅狀態。小人過了時日又衍生小人，成為共犯集
　　　團導致內憂外患，領導人逃亡。

駒：幼獸，此處以幼小象徵小人。**戌**：為狗，象徵小人。

45 萃：破筐敝筥，棄捐於道。壞落穿敗，不復為寶。

　　破損的盛飯竹器，丟棄在道路上。毀壞剝落，穿透破敗，不再是寶物。

註釋：閉塞的薈萃狀態。受損就遺棄，不再任用，任其毀壞。

筐、筥：盛米飯的竹器，方形為筐，圓形為筥（音莒）。**敝**：破。**捐**：棄。

46 升：結紐得解，憂不為禍。食利供家，受福安坐。

　　打結的紐帶得以解開，憂患沒成為禍害。獲利供養家庭，蒙受福澤，安穩坐著。

註釋：閉塞轉為提升。問題獲得解決，開始獲利養家，家族安居
　　　無憂。

紐：繫帶。**食利**：獲利。**安坐**：比喻不勞神費力。

47 困：白日陽光，雷車避藏。雲雨不行，各自止鄉。

太陽光耀，雷神的車子去逃避躲藏。雲和雨不流動，只能各自停留在家鄉。

註釋：閉塞且受困。太陽熾熱，乾旱連連，無法前進，都只能停滯。

白日：太陽。**行**：流動。

48 井：杜口結舌，心中怫鬱。凶災生患，無所告冤。

見比之咸。

註釋：閉塞時應井然。有苦難言，遭受橫禍，卻沒人可以幫助。

49 革：齎貝贖狸，不聽我辭。繫於虎髯，牽不得來。

拿寶貝去贖回狐狸，不聽從勸說言辭。被綁在老虎鬍鬚上，牽不回來了。

註釋：閉塞且被革除。勸告回心轉意，但還是違反正道去跟小人合謀，結果反被牽制，無法返回。

齎：音機，拿。**贖**：以財物換回。**髯**：音然，兩頰上的鬍鬚。**虎髯**：即虎鬚，如虎口，比喻凶惡之地。

50 鼎：持鶴抱子，見蛇何咎？室家俱在，不失其所。

鶴對抗蛇，並圍繞著孩子，見到蛇有何災禍？家人都在，沒有失去安宜。

註釋：閉塞時能夠鼎立。惡人來犯，加以對抗，保護子嗣，家人資產都安好。

持：對抗，如相持不下。**抱**：環抱。**室家**：配偶家眷。**其所**：合宜的。

51 震：逐兔山西，利走入門。賴我仁德，獲為我福。

　　追逐兔子在山的西邊，利祿走入家門。依賴仁愛和德行，獲得福澤。

註釋：閉塞轉為震奮。以聖道光明追逐，利祿自來，秉持仁德，
　　　有大福澤。

兔：象徵光明。**山西**：象徵西王母福澤之居。

52 艮：興役不休，與民爭時。牛生五趾，行危為憂。

　　發動勞役沒有休止，與人民爭搶生產的時令。牛生出五個腳趾，君主行為危險令人擔憂。

註釋：閉塞且停止。不顧人民，橫行暴政，不祥異象出現，君主
　　　即將傾覆。

五趾：牛一腳四趾，五趾為變異不祥。

* 《漢書 · 五行志下》：「（秦孝文王）興繇役，奪民時，厥妖牛生五足。」

53 漸：春粟夏梨，少鮮希有。斗千石萬，貴不可販。

　　春天的粟和夏天的梨（見註一），稀少罕有（粟梨為秋熟植物），值得千斗萬石的錢（見註二），珍貴還不販售。

註釋：閉塞漸漸增加。物質奇缺，無法購得，民生困苦。

鮮、希：稀少。**斗、石**：容量的單位，石音旦。

* 《漢書 · 東方朔傳》：「又有秔稻、梨栗、桑麻、竹箭之饒。」古時栗梨並稱，為一般民生糧食。
* 《後漢書 · 李陳龐陳橋列傳》：「湟中諸縣粟石萬錢，百姓死亡不可勝數。」

54 歸妹：悲號北行，失其長兄。伯仲不幸，骸骨散亡。

　　見泰之姤。

註釋：閉塞的相歸依。分散獨自在陰晦的路上哭泣行走，親密夥
　　　伴都遇害了。

55 豐：賦斂重數，政為民賊。杼軸空盡，家去其室。

　　賦稅斂取既重且繁，為政者賊害人民。織布機上空無竭盡，家人都離開屋室。

註釋：閉塞的豐盛狀態。一再橫賦暴斂，荼毒百姓，人民無法生
　　　產存活，逃亡流離。

重數：既重且繁。**杼軸**：織布機上的兩個部件，比喻織布機，借指民生生產。**去**：離開。
*《揚子法言・先知卷第九》：「杼軸空之謂斁（敗壞）。」

56 旅：履服白縞，殃咎並到，憂不敢笑。

　　穿著白絹做的鞋子和衣服，災殃和禍害一併到來，憂患不敢言笑。

註釋：閉塞的旅歷。凶事連連，禍不單行，憂心重重，只能躲藏。

履服：鞋子和衣服。**縞**：音搞，白色的絲織品。**白縞**：古時居喪或遭遇凶事時所著衣服。

57 巽：杜口結舌，言為禍母。代伯受患，無所禱冤。

　　閉上嘴巴，舌頭打結，母后讒言生禍。趙代王蒙受禍患，無法禱訴冤屈。

註釋：閉塞的安順。尊上非為生禍，下位被陷，只能承受禍害，
　　　無法申冤。

杜：關閉，如杜絕。**代伯**：趙代王，本為有為之王儲，惜被陷害。
*《史記・趙世家》載，趙國王子嘉之父皇聽信寵妾之言廢皇后與王子嘉，並立寵妾為后（故曰言為禍母），後秦軍擄趙新君，王子嘉與群臣逃至代郡，立為趙代王，抵抗六年後亦被秦所滅，成為亡國之君。

58 兌：**免冠進賢**，步行出朝。**門體不正**，賊孽為患。

不戴禮帽晉見皇帝，用步行的離開朝廷（見註）。門面跟體統都不端正，盜賊作孽製造禍患。

註釋：閉塞的欣悅狀態。小人狂妄並不遵守禮節，導致體制敗壞，奸人和盜賊為禍。

免：免除。**進賢**：進賢冠，朝見皇帝的一種禮帽。
*《史記 · 蕭相國世家》：「乃令蕭何……入朝不趨。」入朝需小步快走，以示慎戒。

59 渙：**娶於姜女**，駕迎新婦。**少齊在門**，**夫子悅喜**。

迎娶少姜，駕車迎接新娘。少齊被迎娶進門，丈夫欣悅歡喜。

註釋：閉塞變渙發。君子親密結盟，展開嶄新契機，大家喜氣洋洋。

姜女、少齊：齊景公女兒，嫁給晉平公，在此比喻為良婦。**新婦**：新娘。**夫子**：此處為丈夫。
*《左傳 · 昭公二年》：「少姜有寵於晉侯，晉侯謂之少齊。」

60 節：牧羊稻園，聞虎喧嚄。思恐悚息，終無禍患。

見屯之復。

註釋：閉塞但能節度。經營家業，但有惡人覬覦，能慎戒恐懼，所以化險為夷。

嚄：音歡，喧鬧。**悚**：恐懼。

61 中孚：老妾**据**機，**緯**絕不知。**女功**不成，冬寒無衣。

年老的妾子佔據紡織機，織線用盡還不知道。織布製衣沒有完成，冬天寒凍無衣可穿。

註釋：閉塞的忠信。小人佔據職位，但能力不足無法完成工作，造成大家貧困。

据：據也。**緯**：編織時的橫線。**女功**：紡織、縫紉、刺繡等工作。

62 小過：乘龍吐光，使陰復明。燎獵載聖，六師以昌。

乘坐飛龍散發光芒，讓陰暗恢復為光明。載著聖上在夜間舉火炬狩獵，天子的六軍昌盛。

註釋：閉塞之後開始小超越。天子光明行動，破除黑暗，王師戰力強盛。

吐：散發。**燎**：音暸，燃燒。**燎獵**：夜間舉火炬狩獵；比喻黑暗中光明行動。**六師**：周天子可統御六軍。

63 既濟：東鄰嫁女，為王妃后。莊公築館，以尊主母。歸於京師，季姜悅喜。

見屯之觀。

註釋：閉塞結束，轉為通達。溫良美好，並能與人親密結盟，歡喜的獲得尊貴的好歸宿。

64 未濟：灌鵠東從，道頓跌踖。日食不退，病為身禍。

叢聚的布穀鳥向東海飛馳，但在路上跌倒而停頓。日蝕沒有退去，患病身命有災禍。

註釋：閉塞尚未結束。君子想要遷徙求得平安，但是遭遇折難，小人當權作亂沒有消退，禍患嚴重。

灌：叢聚的。**鵠**：音吉，布穀鳥，一夫一妻制，象徵貞節。**東**：東海，比喻福澤。**從**：縱也，奔馳。**頓、踖**：停止，踖音至。**日食**：日蝕，比喻陽氣被陰氣遮蔽。

13 同人

13 同人：密橐山巔，銷鋒鑄刃。示不復用，天下大勸。

用袋子密裝後置於山巔，銷鎔刀鋒和煉鑄的刀刃。宣示不再使用，天下大為歡樂。

註釋：同仁再同仁。停止征戰，削毀兵器，宣示和平，世人歡欣。

橐：音陀，用袋子裝藏。**鋒**：刀劍邊緣銳利的部分。**勸**：歡也。

1 乾：一臂六手，不便於口。莫肯與用，利棄我走。

一條手臂有六隻手，但嘴巴不合宜。沒人肯任用，利祿棄而遠走。

註釋：要同仁應陽健，不應陽亢。能力極強但說話違逆，不被任用，無法發揮。

六：象徵齊全。**便**：合宜。

2 坤：獐鹿逐牧，飽歸其居。安寧無悔。

見屯之比。

註釋：同仁且溫良。一起行動安居，不遠行，飽足平安。

3 屯：鴻魚逆流，至人潛渚。蓬蒿代柱，大屋顛倒。

大魚逆流而游（應順水而游），聖人潛伏到河中小洲。用雜草替代棟柱，大房屋顛覆傾倒。

註釋：同仁狀態已困屯。賢能都背走隱藏，喜歡任用劣才，團隊崩毀。

鴻：大。**至人**：聖人。**渚**：音主，水中的小陸地；比喻江渚之野。**蓬、蒿**：音朋、

好一聲，都是雜草名。

4 蒙：三羖五牂，相隨俱行。迷入空澤，經涉六駁，為所傷賊。

　　三隻公羊、五隻母羊，相隨一起前行。迷路進入空蕩的沼澤，經過時遇到六隻食虎豹，被牠們所傷害。

註釋：同仁卻一起蒙昧。全體一起行動，卻缺乏清明意識，進入
　　　危險之地，被眾多惡人所傷害。

三：象徵多。**羖**：音古，黑色公羊。**五**：象徵全部。**牂**：音髒，母羊。**空澤**：見註。
經涉：經歷。**六**：象徵齊全。**駁**：《山海經》中的食虎豹。
＊《詩經・晨風》：「隰有六駁。」隰即低溼的地方，本條代以空澤，意同。

5 需：黃帝出遊，駕龍乘馬。東上太山，南過齊魯。邦國咸喜。

　　黃帝外出遊歷，駕乘龍馬拉的車。向東登上泰山，向南經過齊魯。各國全都欣樂。

註釋：同仁相等待，然後一起出發。尊貴有德行，光明的前進，
　　　吉祥有禮義，天下太平安樂。

龍：馬八尺稱為龍。**太山**：東嶽泰山，象徵尊貴吉祥。**齊魯**：象徵禮義之鄉。**咸**：全都。
＊以東、南象徵光明的方向。

6 訟：履危不安，心欲東西。步走逐鹿，空無所得。

　　處於危險不安全，因而想要往東西四方發展。徒步走路追逐麋鹿，空乏沒有穫得。

註釋：應同仁面對爭訟。環境不安，想要改變去追求利祿，但實
　　　力不足，一無所獲。（應結伴出發）

履危：置身險境。**鹿**：象徵祿。

7 師：望尚阿衡，太宰周公。藩屏湯武，立為侯王。

　　見坤之鼎。

註釋：同仁一起出師。眾多賢能共事，協助君主創立並穩固大業。

8 比：白龍黑虎，起伏俱怒，戰於阪兆。蚩尤走敗，死於魯首。

　　白龍和黑虎，身軀忽而升起忽而低伏，氣勢都很熾盛，這是阪泉大戰的前兆。蚩尤逃走敗亡，在魯地伏罪而死。

註釋：同仁且相比附。黃帝先克炎帝，再敗蚩尤，華夏成立統一
　　　聯盟。

白、黑：象徵對立。**怒**：氣勢熾盛。**阪兆**：戰於阪泉的徵兆。**魯**：蚩尤乃九黎首領，位於山東（魯）一帶。**首**：伏罪。

* 前三句出自《左傳‧僖公二十五年》：「（偃卜曰吉）遇黃帝戰於阪泉之兆。」阪泉為黃帝與炎帝大戰之地。

* 後兩句出自《史記‧五帝本紀》：「黃帝乃徵師諸侯，與蚩尤戰於涿鹿之野，遂禽殺蚩尤。」

9 小畜：載石上山，步跌不前。顰眉之憂，不得所歡。

　　載著石頭上山，步伐跌倒不能前進。憂愁不樂而皺眉，因為沒有伴侶。

註釋：同仁狀態蓄小勢弱。負擔過重無法完成任務，因為沒有同
　　　夥支援。

顰：顰也，音頻，憂愁不樂而皺眉。**所歡**：伴侶。

10 履：周德既成，杼軸不傾。申酉跌暮，耋老衰去，箴石不祐。

　　周朝德業已經完成，紡織機不再傾斜。申酉交會時太陽在山腳落下，八十歲的老人衰弱老去，石針也無法幫助他。

註釋：同仁才能履行。已完成德業且生產無虞，但日中必斜，最
　　　後老去無法挽救。（應補充新血共事）

既：已。**杼軸**：織布機上的兩個部件，比喻織布機，借指民生生產。**申酉**：分別是下午三到五點、五到七點；申酉交會時為下午五點。**跌**：音夫，山腳。**暮**：太陽落下。**耋**：音跌，八十歲老人。**箴石**：治病用的石針。

11 泰：乘雲帶雨，與飛鳥俱。動舉千里，見我慈母。

　　乘著雲，帶著雨，與鳥一起飛翔。一舉行動千里，見到慈祥的母親。

註釋：同仁且康泰。有潤澤的資源，眾人一起大舉前進，尋找到
　　　安詳的歸宿。

鳥：此處指候鳥返回故鄉。**舉**：行動。

12 否：齎貝贖狸，不聽我辭。繫我虎鬚，牽不得來。

　　見否之革。

註釋：同仁狀態已閉塞。勸告回心轉意，但還是違反正道去跟小
　　　人合謀，結果反被牽制，無法返回。

14 大有：三翼飛來，是我逢時。俱行先至，多得大利。

　　三對羽翼（三隻鳥）飛了過來，逢到好時機。一起行動所以搶先到達，得到許多大利潤。

註釋：同仁而大富有。正逢其時，大家一起追逐，因而拔得頭籌
　　　　獲得大利。
三：象徵多。

15 謙：<u>兩足</u><u>四翼</u>，飛入家國。<u>寧</u>我<u>伯子</u>，與母<u>相得</u>。

　　兩隻鳥相揹飛入家國。回來探視兄長，並與母親互相契合。
註釋：同仁且謙恭。成員依附前來，奉對方為尊長，成為一家。
兩足：指鳥。**四翼**：指兩隻鳥，比喻左右的人。**寧**：回來探視。**伯子**：大哥的尊稱。
相得：互相契合。

16 豫：<u>按</u>民<u>呼池</u>，<u>玉盃</u><u>文</u><u>案</u>。<u>魚</u>如白雲，一國獲願。

　　為安定人民來祭拜呼池，玉杯和紋彩桌子都準備好了。魚像白雲一樣多，一國之人都如願以得。
註釋：同仁且安育。依禮豐盛祭祀，人民安康，享用美好資源，
　　　　人人都如願以償。
按：安定。**呼池**：滹沱河，亦名惡池；見註一。**玉盃**：玉杯，比喻要朵頤珍貴美食；
見註二。**文**：紋也。**案**：桌子。**魚**：河產魚，又《易林》以魚象徵珍貴的收穫。
＊《禮記・禮器》：「晉人將有事（祭）於河，必先有事于惡池。」
＊《論衡・龍虛》：「玉杯所盈，象箸所挾，則必龍肝豹胎。」

17 隨：<u>季姬</u><u>踟躕</u>，望我城<u>隅</u>。終日至暮，不見<u>齊侯</u>，君上無憂。

　　季姬徘徊不安，眺望著城邊。經過一整天直到日暮，沒見到齊悼公來到，君上並無憂患，而是失信。
註釋：應同仁且相隨。親密夥伴背信，只能一直不安的原地翹盼，
　　　　無法會合。

季姬：齊悼公夫人。踟躕：音持除，徘徊不安。隅：音於，邊或角。齊侯：齊悼公。
*《史記・齊太公世家》載，季姬亂倫其叔，不想跟從齊悼公返國，後悼公興兵索人。本條僅為借喻伴侶背叛。

18 蠱：龍渴求飲，黑雲影從。河伯奉觴，跪進酒漿。流潦滂滂。

龍王口渴尋求飲水，烏雲如影隨形的跟從著牠。河神奉上酒杯，跪著進獻美酒。雨勢盛大，路上都是流水。
註釋：同仁一起整治蠱敗。君主面臨弊端急欲解決，大家一起追隨愛戴，奉獻資源，於是福澤滾滾而來。
黑雲：聚雨之雲。觴：音傷，酒杯。酒漿：美酒。流潦：路上的流水。滂滂：音乓，雨勢盛大。

19 臨：出門逢患，與福為怨。更相擊刺，傷我手端。

見乾之巽。
註釋：要同仁才能臨政。外出經營，逢到禍患，轉福為怨，更與人爭鬥而受傷，無法執行。

20 觀：播天舞地，神明所守，安樂無咎。

播遷飛舞於天地之間，為神明所守護，平安和樂沒有過失。
註釋：同仁且能觀省。廣為散佈繁衍，有上天保佑，安康吉祥。
播：播遷，遷徙，指人口散佈繁衍。

21 噬嗑：兩金相擊，勇氣鈞敵。終日大戰，不破不缺。

兩個兵器互相攻擊，勇敢氣魄勢均力敵。一整天大戰下來，彼此都沒有破損殘缺。

註釋：同仁且能法治。實力相當，彼此良性競爭，沒有不良影響。
金：金屬類的武器。**鈞**：均也，相等。

22 賁：車雖駕，兩紖絕。馬奔出，雙輪脫。行不至，道遇害。

車子雖然在駕駛中，但兩條穿繫馬鼻的繩子卻斷絕了。馬匹奔逃出去，兩個輪子脫落。行進無法到達，道路上遇到禍害。
註釋：應同仁且整飾。前進中危機爆發，團隊崩毀，沒達成目標還中途遇害。
紖：音振，穿繫牛馬鼻子的繩子。

23 剝：文山紫芝，雍梁朱草，長生和氣。王以為寶，公尸侑食，福祿來處。

汶山有紫芝，雍梁有朱草，整個國境恆長生出陰陽交合之氣。天子把公卿當成珍寶，祭祀時將他們當成祖靈助興勸食，福祿都來到。
註釋：同仁克服剝落。君聖臣賢，國土從頭至尾祥瑞又陰陽和合，君主視臣為寶，對他們虔誠的執行禮儀，國家福祿滾滾而來。
文山：汶山，漢族江河發源地，比喻江山（國土）之首。**紫芝**：祥瑞之物，紫象徵帝王。
雍梁：天下九州的末兩州，後為邊秦之地，比喻國土之尾。**朱草**：祥瑞之物，朱象徵大臣。**和氣**：陰氣與陽氣交合而成之氣。**公尸**：天子祭祀時以公卿替代被祭的神靈。
侑食：祭祀中為先人助興勸食。
* 《論衡 · 初稟》：「朱草之莖如鍼，紫芝之栽如豆，成為瑞矣。」
* 《詩經 · 鳧鷖》：「公尸燕飲、福祿來成。」

24 復：把珠入口，為我畜寶。得吾所有，欣然嘉喜。

見否之履。

註釋：同仁狀態恢復。擁有德行是最好的資產，大家可以歡欣的得其所願。

畜寶：珍藏的寶物。

25 無妄：負牛上山，力劣行難。烈風雨雪，遮遏我前。中道復還，憂者得歡。

見訟之剝。

註釋：應同仁且不虛妄。能力不足勉強前進，陷入艱難的困境，迷途知返，得到同伴歡迎。

26 大畜：陶朱白珪，善賈息資。三致千金，德施上人。

陶朱公性如白珪，善於買賣繁衍財物。三次致贈龐大錢財，是施予恩德的賢能出眾之人。

註釋：能同仁且有大積蓄。個性清白且善於經營，極為樂善好施，是個仁德的大賢良。

陶朱：范蠡，助句踐復國後隱歸從商，三次贈財遷徙，都成為巨富。**白珪**：喻清白之身，象其完全隱歸、贈盡財富。**賈**：音古，買賣。**息**：繁衍。**資**：財物。**上人**：賢能於眾人之上者。

*《史記‧越王句踐世家》載：「（節）范蠡浮海出齊，致產數十萬，盡散其財，以分與知友鄉黨，范蠡三遷，皆有榮名。」

27 頤：子鉏執麟，春秋作元。陰聖將終，尼父悲心。

見訟之同人。

註釋：要同仁才能頤養。小人道義淪喪，君子哀莫大於心死。

28 大過：春日載陽，福履齊長。四時不忒，與樂為昌。

春天充滿陽光，福祿齊全長久。四季沒有差錯，一起歡樂昌盛。

註釋：同仁且大超越。時令大好，一起努力，福澤綿長，春耕秋收，一起昌旺。

載：充滿。**履**：福祿。**忒**：音特，差錯。

*《詩經‧豳風》：「春日載陽。」

29 坎：孔德如玉，出於幽谷。飛上喬木，鼓其羽翼，大光照國。

見坤之比。

註釋：同仁克服落陷。有大才德的君子韜光養晦，後來還飛上枝頭，造福國家。

喬木：高大而有主幹的樹木。

30 離：甌脫康居，慕仁入朝。湛露之歡，三爵畢恩。復歸窮廬，以安其居。

見屯之鼎。

註釋：同仁且相附著。外族前來尋求教化，給予許多恩澤，使其回去傳播禮教並且安居。

甌脫：即區脫。

31 咸：秋冬夜行，照覽星辰。道理利通，終身何患？

在秋天和冬天的夜裡行走，能明察星辰（見註）。有道義倫理便能順利通達，終其一生有甚何憂患呢？

註釋：能同仁且相感應。環境不佳但能察照方向，秉持理義而行，
　　　　暢行無阻，沒有禍害。
照覽：明察。
* 古人以星辰位置配合時令，作為方向判斷依據。

32 恆：鳴鵠抱子，見虵何咎？室家俱在，不失其所。

見否之鼎。
註釋：同仁且能持恆。相互示警，保護子嗣，惡人沒造成傷害，
　　　　家人資產都安順。
鵠：音胡，天鵝。虵：蛇也。

33 遯：安和泰山，福祿屢臻。雖有豺虎，不能危身。

安詳和諧有如泰山，福澤與利祿屢屢來到。雖然有豺虎，但不能危害身命。
註釋：能同仁且隱遁低調。穩如泰山，經常迎受各種福利，縱使有危機，也能安然無恙。
臻：至。

34 大壯：老目瞢眠，不知東西。君失理命，以直為傴，王珍其寶。

老眼昏花像睡覺作夢，不能知曉東西方向。君主不能敬事天命，將直的當為彎的，還珍愛他的寶物。
註釋：同仁才能壯大。蒙昧不知事理，不能承擔大業，視忠為惡，反而重用奸人。
瞢：夢也。理命：敬事天命。傴：音與，背脊彎曲。

330

35 晉：植璧秉珪，請命于河。周公剋敏，沖人瘳愈。

見需之無妄。

註釋：同仁一起前進。賢能虔誠且鞠躬盡瘁，君主和國家轉危為安。

植：放置。**剋敏**：勝任且奮勉。

36 明夷：大王執政，歲熟民富。國家豐有，主者有喜。

君主執行政務，年度農作成熟豐收，人民富足。國家豐盛富有，君主有吉慶喜事。

註釋：同仁克服瘡痍。君主致力政務，國家與人民都因豐收而歡喜。

大王：諸侯國的君主。**歲熟**：年度農作成熟。**主者**：為人主者，君主。

37 家人：爭訟相背，和氣不處。陰陽俱否，穀風無子。

見履之比。

註釋：應同仁且親如家人。相互猜忌，爭訟不止，最後生機與子嗣都喪失了。

38 睽：齊魯爭言，戰於龍門。搆怨結禍，三世不安。

見坤之離。

註釋：同仁已睽離。相鄰不合且反目成仇，征戰不已，世代都不安。

39 蹇：鹿得美草，鳴呼其友。九族和穆，不離邦域。

鹿兒尋得甘美的鮮草，鳴叫呼喚牠的朋友。九族血親都和睦，不離開邦國的地域。

註釋：同仁克服蹇跛。夥伴無私共好，團隊親密，如同家人不分開。
九族：自己以及往上四代、往下四代的直系血親。**穆**：睦也。

40 解：百里南行，雖懲復明。去虞適秦，為穆國卿。

百里奚向南方行進，雖被懲罰但恢復光明。離開虞國到秦國，成為秦穆公的相國。

註釋：同仁且解決問題。賢能雖然遇到阻礙，但能另謀發展，獲得上位提拔，一起成立大功業。

百里：百里奚，原為虞國大夫後貶為奴隸，被秦穆公用五張黑羊皮贖回當相國，奠定秦國霸基。**南**：象徵光明的方向。**懲**：懲也，百里奚曾被貶為陪嫁的奴隸。**適**：到。**穆**：秦穆公。**國卿**：諸侯國的上卿，相當侯國相國。

41 損：梅李冬實，國多寇賊。亂擾並作，王不能制。

見屯之師。

註釋：同仁狀態已受損。天時顛倒，盜賊併作，動亂不已，國政不安。

42 益：府藏之富，王以賑貸。捕魚河海，苟罔多得。巨蛇大䱐，戰於國郊，君遂走逃。

官府的庫藏豐富，君王用來賑災。在河川海洋捕魚，網子多有所得。大蛇和大魚在國都郊區戰鬥，君主最後奔走逃亡。

註釋：同仁變益已損人。君主原本愛護百姓，國家豐收，後來大權臣內鬨巨鬥，君主逃亡。

賑、貸：救濟。**苟**：乃，語助詞。**罔**：網也。**䱐**：為鰌之誤，露脊鯨。見剝之艮。**國郊**：國都周圍百里之地。

43 夬：<u>杜</u>飛門啟，患憂大解。去老<u>乘馬</u>，不為身禍。

關閉的門飛揚開啟，禍患和憂慮大為解除。去除衰老的騎乘馬匹，身命沒有災禍。

註釋：同仁且明決。閉塞與憂患都大為解除，革除腐舊敗吏，引用新進良才，身命平安。

杜：關閉，如杜絕。**乘馬**：原比喻運籌謀劃，此處比喻任重道遠；《繫辭下》：「服牛乘馬，引重致遠。」

44 姤：應昌娶婦，東家歌舞，長樂歡喜。

見需之大過。

註釋：同仁且邂逅。與他人載歌載舞的結盟，長久的歡樂喜悅。

45 萃：<u>正陽</u>之<u>央</u>，甲氏以亡。禍及留吁，<u>堙</u>滅為墟。

正月中，甲氏滅亡，戰禍波及留吁，也被消滅埋沒成為廢墟。

註釋：同仁應該相薈萃。同為赤狄族的甲氏與留吁不能相互支援，所以先後被晉國消滅。

正陽：夏曆四月、周曆六月為正月，稱正陽之月。**央**：中央。**堙**：音因，埋沒。
*《春秋‧宣公十六年》：「十有六年春王正月。晉人滅赤狄甲氏及留吁。」

46 升：鳥<u>過</u>稻<u>廬</u>，<u>甘樂</u><u>䵖鰌</u>。雖驅不去，田<u>畯</u>懷憂。

鳥兒來到穀倉，喜好大麥和泥鰍。雖然驅趕了但不離去，田裡的農夫心懷憂慮。

註釋：同仁應該一起上升，不可狐群狗黨。一起前進尋獲美好生活，卻是一直進行偷盜，且驅之不去。

過：來訪。**稻廬**：貯藏稻穀的屋舍。**甘、樂**：喜好。**䵖**：音礦，大麥。**鰌**：鰍也。**畯**：音俊，農夫。

47 困：跂踦俱行，日暮車傷，失旅乏糧。

　　腳跂一起行動，日暮時車子毀傷，跟旅隊迷失了，缺乏糧食。
註釋：同仁狀態受困。實力損傷還一起前進，最後資材也毀壞了，跟團隊離散沒有資源。

踦：音幾，跛。

48 井：龍門水穴，流行不害。民安其土，君臣相保。

　　打開龍門山水源的洞穴，水流暢行沒有災害。人民安居土地上，君主和臣子相互守護。
註釋：同仁且井然。剷除障礙，環境順暢，百姓安居樂業，君臣上下一心。

*《淮南子‧人閒訓》：「水為民害，禹鑿龍門。」

49 革：山陵四塞，遏我徑路。欲前不得，復還故處。

　　山岳丘陵四面都阻塞，遏止山徑道路。想要前進卻不可得，又還復原處。
註釋：同仁狀態被革除。到處都是障礙，不能前進會合，也無法外出經營。

四：象徵四面八方。

50 鼎：兩虎爭鬪，血流漂杵。城郭空墟，蒿藜塞道。

　　兩隻老虎相互爭鬥，血流多到漂浮杵棒。城牆成為空蕩的廢墟，只有野菜充塞通道。
註釋：同仁狀態覆鼎。不能和同，相互征伐，戰況慘烈，都變成荒蕪的廢墟。

兩虎：比喻戰國中期秦楚爭霸。**杵**：音處，像舂米棒的兵器。**城郭**：城牆。**藜蒿**：

一種野生蔬菜名。
*《新序・善謀》：「天下莫強於秦楚……此猶兩虎相與鬥。」

51 震：依叔墻隅，志下心勞。楚亭晨食，韓子低頭。

依附在人的牆角下，意志低下，心情勞苦。楚國亭長早飯時給予難堪，韓信低頭受辱。

註釋：同仁發生震盪。寄人籬下，心志落魄，夥伴給予刁難，英雄氣短。

叔：對年輕夥伴的尊稱。**隅**：音於，邊或角。**韓子**：韓信。
*《史記・淮陰侯列傳》載，韓信，楚國人，少年時在南昌亭長家裡吃閒飯，亭長妻子一早把飯煮好，全家在床上食用，不分給韓信。

52 艮：龍生無常，或托空葉。憑乘風雲，為堯立功。

龍的生活漂泊無常，有時只能託付在空蕩的葉子上。最後憑藉著風，搭乘著雲，為堯立下大功。

註釋：同仁克服受阻。英雄出身卑微，無所依託，但成長完成後遇到大貴人提攜，一飛衝天，創立大業。

*此處龍指舜，《孟子》：「（舜）東夷之人也。」為夷人、平民、家貧、喪母，父瞎，後母與其弟欲害之，故曰無常、托空。

53 漸：魁行搖尾，逐雲吹水。汙泥為陸，下田為稷。

雄偉的行動，搖手招喚尾隨者，追逐雲氣吹拂而成的雨水（見註），汙泥變成陸地，下等田長出五穀。

註釋：同仁一起前進。爭先前進並相互鼓舞，追求美好資源，在荒蕪中建設富足之地。

魁：雄偉。**搖**：搖手以招喚，招搖。**稷**：粟黍黃米和小米，象徵五穀。
*《莊子・逍遙遊》：「生物之以息相吹也。」故雲能吹息為雨（水）。

54 歸妹：跛踦相隨，日暮牛罷。陵遲後旅，失利亡雌。

見乾之渙。

註釋：應同仁且邂逅。傷病的夥伴無法跟上進度，歷經折難延誤，最後失去利益和繁衍機會。（應救援傷友並增添新血）

55 豐：三人俱行，北求大牂。長孟病足，請季負囊。柳下之寶，不失驪黃。

三人一起行進，到北方尋求大母羊。大哥患了腳病，請小弟背負行囊。柳下惠有和節的寶貴德性，所以沒失去寶馬。

註釋：同仁而豐盛。大家一起向外尋求利祿，雖有損傷但互相救援，因為有貞節，保有優秀夥伴。

三：象徵多。**北**：象徵陰晦的方向。**牂**：音髒，母羊，比喻孳生。**孟**：最長的兄或姐。**季**：兄弟排行最小者。**柳下**：柳下季，即柳下惠、孟子稱為「聖之和者」。**驪黃**：寶馬名，比喻優秀人才。

56 旅：鳳凰在左，麒麟在右。仁聖相遇，伊呂集聚。傷害不至，時無殃咎，福為我母。

見訟之咸。

註釋：同仁一起旅歷。號召眾多賢能一起輔佐，共同創造大功業，平安且繁衍福氣。

57 巽：乘筏渡海，雖深不殆。曾孫皇祖，累累具在。

乘坐木筏渡過海洋，雖然深浚但沒有危害。歷代子孫和祖先，繁衍眾多且都在一起。

註釋：同仁且安順。遠行發展，艱險但是平安，血脈綿長並繁衍

旺盛。

曾孫：第三代子孫，也泛指後代子孫。**皇祖**：第四代祖先，也泛指遠代的祖先。**累累**：累積眾多。

58 兌：比目四翼，來安吾國。齎福上堂，與我同床。

見比之離。

註釋：同仁且相悅。君子感情恩愛，攜手來歸附，帶來福澤，大家甜蜜共居。

齎：音基，攜帶。

59 渙：娶於姜呂，駕迎新婦。少齊在門，夫子悅喜。

見否之渙。

註釋：同仁且煥發。君子親密結盟，展開嶄新契機，大家喜氣洋洋。

姜呂：即齊景公女兒少姜，嫁給晉平公，公暱稱為少齊。

60 節：螟虫為賊，害我稼穡。盡禾單麥，秋無所得。

蛀食稻稈的螟蟲為害，傷害農事。稻禾和麥子都竭盡了，秋天時一無所得。

註釋：同仁應節度。小人侵蝕嚴重，團隊資產被侵吞一空，往後無法維持。

螟：蛀食稻莖的害蟲。**虫**：同虫（音毀），蟲。**稼穡**：音嫁色，播種與收穀，泛指農事。
單：殫也，竭盡。

61 中孚：衣裳顛倒，為王來呼。成就東周，邦國大休。

衣裳穿著顛倒，因為君王來呼喚。周公完成建立東都，國家大有福澤。

註釋：同仁且忠信。誠惶誠恐為君王謀事，完成中興大業，國家大福。

東周：周公東征後建立東都，名成周或東周；見註二。**休**：庥也，福祿。
*《詩經・東方未明》：「東方未明，顛倒衣裳。顛之倒之，自公召之。」
*《說苑・脩文》：「成周者何？東周也。」借指周公輔成王的興盛時代。

62 小過：王孫季子，相與為友。明允篤誠，升擢慶舉。

見師之訟。

註釋：同仁一起小超越。年輕的君子結交為友，德性良好，歡欣的獲得提拔。

63 既濟：踊泉滑滑，流行不絕。汙為江海，敗毀邑里，家無所處。聞虎不懼，向我笑喜。

踴躍的泉水使泥濘滑溜，流動行進不停。汙水成為大江海洋，敗壞毀損鄉里，沒有處所可以為家。聽聞老虎的聲音不恐懼，還嬉戲歡笑。

註釋：同仁狀態結束。問題不斷湧現，終於氾濫成災，團隊崩潰，團員離散。因為大難來臨，還嘻皮笑臉。

踊：踴也，跳躍。**滑滑**：泥濘滑溜。**邑里**：鄉里。**喜**：嬉也。

64 未濟：桑戶竊脂，啄粟不宜。亂政無常，使心孔明。

青雀啄食粟米，因而不豐收。政治混亂無常，心智沒有光明。

註釋：同仁狀態尚未完成。小人掠取，百姓遭害，君主政務混亂，心智蒙昧。

桑戶、竊脂：鳥名，即桑扈、青雀，好盜脂膏，又名竊脂。**宜**：豐收。**孔**：空。
*《詩經・小宛》：「交交桑扈，率場啄粟。」

14 大有

14 大有：白虎張牙，征伐東來。朱雀前驅，讚道說辭。敵人請服，銜璧前趨。

　　白虎張開利牙，征戰討伐東方而來，朱雀當前導開路，以言辭說明道理，敵人請求臣服，國君啣著王璧快步走來投降。

註釋：大富有又大富有。實力堅強，對敵人武功文治並用（見註
　　　一），四蠻投降屈服。

白虎：四象之一，象徵西方。**朱雀**：四象之一，象徵南方、光明。**前驅**：前導。**讚**：解釋說明。**銜璧**：國君投降時，縛手於後跪行，口銜王璧為禮。**趨**：快步走。
* 《本紀・夏本紀》：「天討有罪，五刑五用哉。」即刑（征伐）與用（讚道）並用。
* 此條以白虎（西）、東來、朱雀（南），象徵四方。

1 乾：南山大行，困於空桑。老沙為石，牛馬無糧。

　　在高山大步行進，被困於空桑。陳年老沙凝結為石頭，牛馬沒有糧食可吃。

註釋：要大富有應陽健。冒險前進但陷入困境，資源乾涸竭盡，
　　　團隊陷入貧乏。

南山：比喻高山。**空桑**：比喻空乏之地。

2 坤：蟠枝失岐，與母別離，絕不相知。

　　攀著枝條但錯失分枝因而墜落，與母親別離，斷絕不能互相知曉。

註釋：要大富有應溫良。前途迷亂卻要貿進，結果墜落失蹤，無
　　　法歸返故土。

蟠：盤也；又，盤者攀也。**岐**：歧也，分叉的樹枝；《集韻》：「或作枝歧。」

3 屯：譐譐所言，莫知我恆。懽樂堅固，可以長安。

　　議論紛紛的陳言，不知要持恆。歡樂堅牢鞏固，可以長久安康。

註釋：要大富有需屯聚。眾人不要想躁動貿進，堅守才能長久保持安樂。

譐譐：譐音尊三聲，議論紛紛。懽：歡也。

4 蒙：李梅零墜，心思憒憒。懷憂少愧，亂我魂氣。

　　李花和梅花飄零墜落，心神思緒紛擾。懷著憂憤卻少有羞愧，亂了魂魄與氣息。

註釋：大富有但蒙昧。心智淩亂，資產凋零，心有不甘，但不知羞恥反省，精神都潰亂了。

憒憒：擾亂。

5 需：火雖熾，在吾後。寇雖多，在吾右。身安吉，不危殆。

　　火雖然熾熱，但在身後。盜賊雖多，卻在右邊。身命平安吉祥，沒有危險過失。

註釋：要大富有需耐心等待。雖然危險不構成直接災難，且有輔佑的人，但還是要加強防範，不要貿進。

後：象徵不重要的位置。右：輔佑的人。

6 訟：虎臥山隅，鹿過後朐。弓矢設張，猬為功曹，伏不敢起。逐至平野，得我美草。

　　老虎伏臥在山邊，鹿要過去後面的朐草原。弓箭已擺設張開了，刺蝟擔任官長，老虎伏趴著不敢起身。鹿最後到了平坦的原

野,得到甘美的鮮草。

註釋:大富有並面對爭訟。想前進經營卻有惡人覬覦,但有官府
　　　應援,惡人不敢妄動,最後收穫美好。

隅:音於,邊或角。**朐**:音取二聲,草名,蒟蒻、魔芋,可食。**矢**:箭。**猬**:刺蝟,
虎怕刺蝟有刺,比喻惡人忌憚官曹。**功曹**:掌管人事並參議政務的郡官,需為眾吏
表率。**逐**:最後。

7 師:<u>三火起明,兩滅其光。高位疾巔,驕恣誅傷</u>。

　　三把火生起明亮,但兩把熄滅了火光。高位的人快速殞落,
因驕傲放縱被誅殺。

註釋:大富有就出師。自以為強大而蠻橫,結果實力毀敗,最後
　　　被自己所害,迅速殞落。

三:象徵多。**疾**:快速。**巔**:顛,殞落。**恣**:放縱。**誅傷**:誅殺。

*《周易本義》:「始則處高位以傷人,人之明,終必至於自傷而墜其命。」

8 比:<u>匹君楚馬,遇讒無辜,久旅離憂</u>。

　　項羽騎著楚騅,遇到讒言被無辜入罪,長久羈旅,罹患憂傷。

註釋:要大富有應比附正道。上位魯莽剛愎,被讒言中傷無法申
　　　冤,因而被入罪流放。

匹君:卑劣的君主,此處指項羽。**楚馬**:項羽所騎的烏騅馬,名楚騅。**讒**:中傷、陷
害別人的壞話。**辜**:罪。**離**:罹也,遭受。

9 小畜:<u>一室百子,同公異母。以義防患,禍災不起</u>。

　　一個家室有一百個孩子,都是同父異母。用道義來防止患難,
禍害和災殃不會興起。

註釋:大富有仍持續小蓄。同源的子孫分支繁衍廣闊,因為有德

341

義,所以家族沒有災禍。

百:比喻極多並齊全。

10 履:商人行旅,<u>資</u>所無有。貪貝利珠,留連<u>王</u>市。還<u>旋</u><u>內顧</u>,公子何咎?

商人進行商旅,卻沒有財物。貪戀寶貝和有價值的珠寶,在大市集裡連續停留。立即還返回頭,公子有何過失?

註釋:想大富有而去履行,應先整備。想到繁華之都發展致富,但沒有實力所以沒有機會,立即返回,這是對的。

資:財物。**王**:大。**旋**:立即。**內顧**:回頭看。

11 泰:禹<u>將</u>為君,<u>北</u>入崑崙。<u>稍</u>進<u>揚光</u>,登入<u>溫湯</u>。<u>代</u>舜為治,功德昭明。

大禹奉行君職,奔行進入崑崙山。奮力前進發出光輝,登上溫源湯谷。繼承舜治理國家,功業德行昭顯光明。

註釋:大富有且康泰。執行王政與聖道,努力光明奔波,普施百姓恩澤,繼承聖主並成就大德業。

將:奉行。**北**:《廣韻》:「奔也。」**崑崙**:崑崙山,西王母和眾神居住之處,象徵祥瑞。**稍**:頗、甚。**揚光**:發出光輝。**溫湯**:溫源谷,又名湯谷,古代傳說日出之處;在此象徵皇宮。**代**:繼承。

12 否:<u>乾</u>行天德,覆幬無極。嘔呼烹熟,使各自得。

上天的行跡與德性,覆蓋沒有極限。歡喜的呼喚飯菜已煮熟,大家可各得所需。

註釋:大富有遇到閉塞,應廣為布施。效法上天浩大的道理與德行,仁愛的造福眾生,讓每個人都溫飽。

乾：天。**天德**：大自然的德性，為至德。**幬**：音到，覆蓋。**嘔**：嘔嘔，喜。**烹**：泛指飯菜。

13 同人：<u>南國盛茂</u>，<u>黍稷醴酒</u>。可以<u>享</u>老，樂以嘉友。

南方國度物產茂盛，五穀用來釀造甜酒，可以拿來宴請老者，並與美好的朋友一起享樂。
註釋：大富有且同仁。收穫豐富而且美好，不分老少，都獲得分享。
南國：比喻光明的國度。**黍稷**：黃米和小米，象徵五穀。**醴酒**：甜酒。**享**：宴請。

15 謙：<u>方船</u>備水，旁河<u>然</u>火。終身無禍。

大船準備用水，在河旁燃火，終其一生都沒有禍害。
註釋：大富有且能謙恭。雖然業大但仍小心謹慎，所以始終沒有災禍。
方船：泛指大船。**然**：燃也。

16 豫：雷行相逐，無有休息。戰於平陸，為夷所覆。

見坤之泰。
註釋：大富有應安育，不要驕縱。雷屬風行，過度疲乏，結果被痍平覆滅。

17 隨：<u>躑躅踟躕</u>，<u>拊</u>心搔頭。<u>五</u>晝<u>四</u>夜，賭我齊侯。

來回徘徊，撫摸心頭，搔著頭顱。等了五天四夜，終於看到齊侯。
註釋：要大富有應該相隨。長期焦慮的等待，終於等到親密夥伴前來相迎。
躑躅、踟躕：音質竹、持除，徘徊不前。**拊**：撫也。**五**：象徵全部。**四**：五晝則有四夜。

賭：看。
*《史記‧齊太公世家》載，季姬亂倫其叔，不想跟從齊悼公返國，後悼公興兵索人。本句僅為借喻。

18 蠱：大口宣唇，神使伸言。黃龍景星，出應侯門。與福上天，天下安昌。

　　大大的嘴巴和嘴唇，神明差使他來申明言說。黃龍星和景星出現照應顯貴之家。上天賜與福澤，天下安定昌盛。

註釋：大富有且整治蠱敗。政令宣導有成，吉星高照，家戶顯貴，
　　　上天賜福，天下安定。

宣：大。伸言：再三明確說明。黃龍、景星：象徵吉祥的星曜。侯門：顯貴之家。
*《春秋繁露‧王道》：「元氣和順、風雨時、景星見、黃龍下。」

19 臨：陰衰老極，陽健其德。離陽載光，天下昭明。

　　陰氣衰老至極，陽氣開始建立德業。亮麗的太陽滿載光輝，天下昭顯光明。

註釋：大富有來臨。小人盛極轉衰，君子建立德業，生機盎然，
　　　天下光明。

離：亮麗。

20 觀：三塗五岳，陽城太室。神明所伏，獨無兵革。

　　見需之蒙。

註釋：大富有卻能觀省。國家險要安全，虔誠聖道，神明庇佑，
　　　一切安定。

21 噬嗑：年豐歲熟，政仁民樂。利以居止，旅人獲福。

年度豐收，農作成熟，施政仁德，人民安樂。安順的起居行止，行旅的人也獲得福祿。
註釋：大富有且能法治。仁厚愛民，大為豐收，不管在家經營或向外發展都能蒙受福祿。

歲熟：年度農作成熟。**利**：安順。

22 賁：楚烏逢天，不時久放。離居無群，意昧精喪。作此哀詩，以告孔憂。

烏鴉充滿天空，沒多久就遭到長久的放逐。離開居所，沒有朋友，意識蒙昧，精神頹喪。做了哀傷的詩，表明巨大的憂傷。
註釋：大富有應該整飾。大厄運來臨，不久就被流放，失去家園和夥伴，精神萎靡不振，只能哀嘆呻吟。

楚烏：烏鴉別名。**逢**：多、盛。**群**：朋輩。**孔**：大。

23 剝：出門大步，與凶惡忤。罵公詈母，為我憂恥。

出門大步走著，遇到凶煞而中邪。責罵父親和母親，讓人感到憂慮羞恥。
註釋：大富有已剝落。行事招搖，被惡人妖惑，還大逆不道，令人不恥。

惡忤：觸犯鬼物邪氣而得暴病。**詈**：音立，責罵。

24 復：火至井谷，陽芒生角。犯歷天戶，闚觀太微。登上玉床，家易六公。

火星到達井宿和太陽住處，明亮的光芒有如生出角，冒犯經過天庭門戶，窺視天庭，最後登上皇位，國家更換首長。

註釋：要大富有應恢復綱紀。惡人張揚的進攻，破壞民間和京師安定，還進犯朝廷，最後推翻帝王，改朝換代。

火：火星，一名熒惑，象徵凶惡、災禍。**井**：井宿，象徵民生井然。**谷**：湯谷，日出的地方，太陽亦為帝星；參鼎之臨。**陽**：明亮的。**角**：星辰的光芒如角；《前漢‧律歷志》：「戴芒角也。」**闚**：窺也。**太微**：上垣太微，象徵天上天庭與人間政府。**玉床**：天床星，象徵帝位。**家**：朝廷，即國家。**易**：變更。**六公**：六卿、六官，周代掌理國政的六種首長。

25 無妄：牧羊逢狼，雖憂不傷。畏怖既息，終無禍殃。

放牧羊群遭逢野狼，雖然憂慮卻沒有傷害。畏懼恐怖又喘息，最終沒有禍害和災殃。

註釋：大富有且不虛妄。經營家業遭受惡人覬覦，但慎戒恐懼，最後依然安好。

既：又。

26 大畜：繭栗犧牲，敬奉貴神。享者飲食，受福多孫。望季不來，孔聖厄陳。

用初生的小牛當成祭祀的牲禮，恭敬奉獻給尊貴的神明。獻上供品的飲食，蒙受福澤和很多子孫。盼望到後來還是沒受青睞，孔子聖人遭受險厄於陳國。

註釋：大富有又大積蓄，富極必腐。恭敬虔誠，福澤眾多又延續子孫。後來不顧聖道，使君子落難。

繭栗：初生的小牛。**犧牲**：祭祀的牲禮。**享**：獻上供品。**季**：後面的，如末季。**來**：睞也，眷顧。

27 頤：大蓋治床，南歸殺羊。長伯為我，多得牛馬。利於

徙居。

　　大車裡床已整理好了，帶羊隻去往南方。兄長得到許多牛馬，順利的遷徙居所。

註釋：大富有且頤養。帶著豐富的資源向外發展，順利又豐收。

大蓋：大的車蓋，比喻大車。**治**：整理。**南**：象徵光明的方向。**歸**：趨往，如歸趨。
羖：音古，黑色的公羊，在此比喻珍貴。

28 大過：枯樹無枝，與子分離。飢寒莫養，獨立哀悲。

　　見師之比。

註釋：大富有變大過錯，富極必腐。無法繁衍，家族瓦解，無人
　　　依靠供應，孤獨悲哀。

29 坎：天地九重，堯舜履中。正冠垂裳，宇宙平康。

　　天有九層，地也分為九州，堯和舜履行中正之道。制定帽子、衣服規則，天下太平安康。

註釋：大富有遇到落陷，應秉持禮儀。秉持天地和聖人之道，制
　　　定並遵行禮節，便天下平安。

正：制定。**垂裳**：定衣服之制，示天下以禮。**宇宙**：天下。
* 《淮南子・天文訓》：「天有九重。」又《夏書・禹貢》：「別天下為九州。」
* 《風俗通義・五帝》：「黃帝始制冠冕，垂衣裳……禮文法度，興事創業。」

30 離：鳧鷖遊涇，君子以寧。履德不愆，福祿來成。

　　野鴨和海鷗遊歷在涇河上，君子安詳。履行德義沒有過失，福澤和利祿雙重來成就。

註釋：要大富有應相附著。君子一起前進，溫良安定且遵守倫理，
　　　福祿滾滾而來。

347

鳧：音福，野鴨。**鷖**：音衣，鷗鳥。**涇**：涇河，為清淨的河流。**寧**：安。**愆**：音千，過失。**來成**：《詩經・通釋》：「來成，猶言來崇，成亦重也。」

*《詩經・鳧鷖》：「鳧鷖在涇……福祿來成。」

31 咸：贏襢逐狐，為人觀笑。牝雞司晨，主作亂根。

裸體袒露去追逐狐狸，被人看見嘲笑。母雞主掌報曉的事，這是主要的作亂根源。

註釋：要大富有應感應正道。為追逐利祿完全忽略法禮，因而被人不恥譏笑，小人掌權，是禍亂之源。

贏：裸也，音羅三聲，沒穿衣服。**襢**：袒也，露出身體。**狐**：象徵珍貴。**牝**：音聘，雌性動物。**司晨**：主掌報曉的事。

32 恆：典冊法書，藏在蘭臺。雖遭亂潰，獨不遇災。

見坤之大畜。

註釋：大富有且能持恆。堅守制度和法治，爭亂來臨，也不會有災害。

33 遯：三癡俱狂，欲之平鄉。迷惑失道，不知昏明。

三個癡人一起發狂，想到去平鄉。迷路困惑且迷失路途，不知道天暗或天亮。

註釋：大富有已隱遁。眾多愚人想一起去尋求美好，卻因昏昧不辨黑白而迷失了。

三：象徵多。**之**：至，到。**平鄉**：侯國名，取其字義平和的地方。

34 大壯：癭瘤瘍疥，為身瘡害。疾病癃痢，常不屬逮。

脖子長了囊狀瘤，身體也有腫瘤、傳染性皮膚病，全身潰爛傷害。

疾病纏身,小便不通又痢疾,經常力有未逮。
註釋:要大富有必須壯大。傷病太重,沒有健康活力。

瘻:音影,脖子上的囊狀瘤。**瘍**:潰爛。**疥**:傳染性皮膚病。**瘡**:潰爛。**癃**:小便不通。
痢:痢疾,腹瀉不止。**屬**:《孔叢子‧廣義》:「屬,逮也。」**逮**:及得上。

35 晉:<u>三豕</u>俱走,鬪於<u>虎口</u>。<u>白</u>豕不勝,死於<u>坂下</u>。

　　三隻豬一起奔走,在危險的地方戰鬥。白豬失利,死在山坡下。

註釋:想大富有而前進,躁然貿進。大家一起追逐,不顧生死的
　　　爭奪,實力相背被消滅。

三:象徵多。**豕**:音史,豬;比喻豬入虎口。**虎口**:比喻吞噬之險地。**白**:豬屬亥,屬黑,故白豬為相背。**坂下**:山坡下,比喻危險的地方。

36 明夷:賴先之光,受德之佑。雖遭顛沛,<u>獨</u>不凶咎。

　　仰賴祖先的榮光,受到福德的保佑。雖然遭受顛沛流離,但是沒有凶難。

註釋:大富有變瘡痍。子孫沒落,顛沛流離,仰賴家族餘蔭才得
　　　以保身。

獨:其,語助詞。

37 家人:<u>上</u>義崇德,以建大福。明<u>哲</u>且<u>聰</u>,周武立功。

　　崇尚道義和德性,因而建立碩大的福澤。光明睿智而且明察是非,周武王推翻商紂建立功業。

註釋:大富有的家人。具有高超的德行所以有大福澤,加上敏捷
　　　睿智,因而建立大家業。

上:尚也。**哲**:明智。**聰**:明察是非。

38 睽：四亂不安，東西為患，身止無功。不出國城，乃得全完，賴其生福。

　　四方動亂不安定，東西到處都是災患，身體停止行動，沒有功績。沒走出國都，因而保全完整，有生存的福澤。
註釋：大富有已睽離。四處都局勢動盪，無法展開行動與收穫。
　　　安住不動，還能維持身命平安。
四、東西：象徵四處。賴：福。

39 蹇：金牙鐵齒，西王母子。無有患殆，滅害道利。

　　見小畜之大有。
註釋：大富有遇到蹇跛，安住等待即可。虔誠有神助，長久保持
　　　安康，禍害會減少，道路會通暢。

40 解：賀喜從福，曰利蕃息，歡樂有得。

　　恭賀喜慶，福澤跟從而來，利祿繁衍，歡喜安樂有所獲得。
註釋：大富有又解決困難。吉慶福澤相隨而來，又衍生更多利益。
曰：語助詞，無義。蕃、息：繁衍。

41 損：昊天白日，照臨我國。萬民康寧，咸賴嘉福。

　　見比之晉。
註釋：大富有且能損己益人。有如天上的太陽可以照亮國家和百
　　　姓，使大家都獲得福澤。

42 益：左眇右盲，視闇不明。下民多孽，君失其常。

　　左右眼都瞎了，視線昏暗不明。百姓多災多難，君主失去倫

常。
註釋：想大富有而益己損民。眼裡只有利益，看不清真相，造成大眾災禍，自己也失德。
眇：音秒，瞎。**闇**：暗也。

43 夬：吾家黍<u>梁</u>，積<u>委</u>道傍。有<u>囊服箱</u>，運到我鄉，藏於嘉倉。

黍米黃粱聚積在道路旁，有袋子並駕駛馬車，搬運到鄉里來，藏在良好的倉庫中。
註釋：大富有且明決。收穫滿溢，妥善集中管理，長久富足。
梁：粱也。**委**：聚積。**囊**：袋子。**服箱**：負載車廂，比喻駕駛馬車（非騎馬）。

44 姤：殊類異路，心不相慕。<u>牝豢</u>無<u>豭</u>，<u>鰥</u>無室家。

不同族類有相異的路途，心裡不相互愛慕。母豬發情卻沒有公豬，鰥夫沒有妻子。
註釋：想大富有需相邂逅。不能物以類聚，無法結合，孤寂又無法繁衍。
殊：不同的。**牝**：音聘，雌性動物。**豢**：音串，獸發情。**豭**：豭，公豬。**鰥**：音官，死去妻子的男人。**室家**：夫婦。

45 萃：雀行求食，出門見<u>鷂</u>。顛<u>蹶</u>上下，<u>幾</u>無所處。

雀鳥外出尋求食物，出門見到老鷹。顛簸跌倒，上下起伏不定，危險卻無處容身。
註釋：想大富有應相薈萃。能力弱小又單獨外出謀生，遇見凶惡歹徒，驚險至極卻沒有救援。
鷂：音要，老鷹。**蹶**：跌倒。**幾**：危險。

46 升：野有積庚，穡人駕取。不逢虎狼，暮歸其宇。

田野有堆積的稻穀，農夫駕車去搬取。沒有逢到老虎野狼，日暮時歸返屋宇裡。

註釋：大富有且上升。經營大有所成，沒有災禍，並且滿載而歸，進行儲存。

庚：《左傳正義·哀公十三年》：「庚，西方，主穀。」**穡人**：農夫。

47 困：膚敏之德，發憤忘食。虎豹禽説，為王求福。

見師之觀。

註釋：大富有遭遇困阻，可克服阻礙。敏捷有德行，又勵精圖治，擊敗敵人建立功勳。

虎：比喻捕殺，蓋凡捕食之物類，以虎名之，如壁虎等。

48 井：光祀春成，陳項雞鳴。陽明失道，不能自守。

光明潔淨的春祀已經完成，陳倉的大雞鳴叫。光明失去正道，不能自我持守。

註釋：大富有應井然。循禮虔誠，神明賜予光明美好，後來卻失德，監守自盜。

光祀：光明潔淨的祭祀。**項**：《傳》：「項，大也。」**陽明**：光明。

*《漢書·郊祀志》載，秦文公獲若石（隕石）雲，于陳倉北阪城祠之。其神來也常以夜，光輝若流星，若雄雞，其聲殷雲，野雞夜雛。以一牢祠，命曰陳寶。

49 革：左抱金玉，右得熊足。常盈不亡，獲心所欲。

左邊抱著黃金玉石，右邊得到熊掌。長久滿盈，沒有缺乏，獲得心之所愛。

註釋：大富有且能革新。左右逢源且秉持德義，常保富足，總是

如願以償。

熊足：熊掌，象徵德義。
*《孟子・告子上》：「舍魚而取熊掌者也……舍生而取義者也。」

50 鼎：履泥汙足，名困身辱。兩仇相得，身為痛瘧。

踩著泥濘，汙穢了腳部，名望受困，身命受辱。兩個敵對者相遇，身受痛苦虐害。

註釋：大富有已覆鼎。身陷泥淖，身敗名裂，並與人敵對爭鬥，因而身命受到傷害。

履：踩、踏。**兩**：比喻彼此、敵我。**仇**：敵對。**得**：遇到。**瘧**：虐也，殘害。

51 震：安居重遷，不去其亶。未來相聞，樂得常產。

安定居住，不輕易遷徙，不離開家園。沒來到卻能相互聽聞（小國寡民），歡樂的擁有恆常的財產。

註釋：要大富有應振奮。安土重遷，不離開家園，守著小村能持恆樂守產業。（但不能大富）

亶：檀也，比喻家園。**聞**：聽到對方發出的聲音、訊息等。

52 艮：天災所遊，凶不可居。轉徙獲福，留止危憂。

天然災害流傳，凶惡無法居住。輾轉遷徙會獲得福澤，滯留停止會危險憂慮。

註釋：大富有已停止。頻起的無妄之災嚴重破壞現狀，重起爐灶還有福澤，抱殘守缺只有患難。

53 漸：昧昧墨墨，不知白黑。景雲亂擾，光明隱伏。犬戎來攻，幽主失國。

353

蒙昧昏暗，無法知曉黑白。祥雲紛亂渾濁，光明隱遁潛伏。犬戎來攻擊，周幽王失去了國家。

註釋：大富有應循序漸進。蒙昧昏庸，胡亂作為，不再有祥瑞光明，終被惡人侵佔產業。

昧昧、墨墨：昏暗不明。**景雲**：祥雲。**擾**：渾濁。**幽主**：周幽王無道，犬戎來攻被殺，西周滅亡。

54 歸妹：鳧雁啞啞，以水為宅。雌雄相和，心志娛樂。得其所欲。

見師之萃。

註釋：大富有並相歸依。君子唱和安居，並結合孳生，愉悅的如願以償。

55 豐：長生無極，子孫千億。柏柱載器，堅固不傾。

見比之泰。

註釋：大富有且豐盛。康泰長壽又繁衍眾多，有賢良當棟樑，基業永固不朽。

器：人才。

56 旅：麒麟鳳凰，善政得祥。陰陽和調，國無災殃。

麒麟和鳳凰出現，仁善的施政得到祥瑞。陰氣和陽氣和諧調順，國家沒有災殃禍害。

註釋：有大財富且能流通，不會為富不仁。施行仁德，國家祥瑞，天時人倫都調和，常保康泰。

57 巽：天之奧隅，堯舜所居。可以存身，保我室家。

見履之復。

註釋：大富有且安順。有如居住在聖人富饒之地，財德雙全，永保康泰。

58 兌：配合相迎，利之四鄰。昏以為期，與福笑喜。

匹配應和，相互接迎，安順的到達四方鄰國。以黃昏為約定，有福澤而歡笑喜樂。

註釋：大富有且相悅。與人相迎相合，無往不利，大家親密結盟，歡樂有福氣。

利：安順的。**之**：至。**昏**：黃昏，亦婚也；見註。**期**：約定。
*《儀禮．士昏禮註》：「士娶妻之禮，以昏為期。」黃昏時「陽往陰來」，以象男方去接女方回來。

59 渙：砥德礪材，果當成周。拜受大命，封為齊侯。

姜子牙磨練自己的德行和才能，結果承當成立周朝的大任。接受君主的任命，封為齊國諸侯。

註釋：大富有且煥發。淬鍊才德，幫助領袖成立大業，自己也功成名就。

砥、礪：磨刀石，引申為磨鍊。**拜受**：接受任命。**大命**：天命、君命。**齊侯**：姜子牙輔助建立周朝，封於齊國。

60 節：與福俱坐，畜水備火。思患豫防，終無殃禍。

與福澤坐在一起，儲蓄用水防備火災。考慮憂患並做預防，始終沒有災殃禍害。

註釋：大富有卻能節度。雖有福澤但仍能憂患防備，所以一直沒

有災難。

畜：蓄也。豫：預也。

61 中孚：**晨昏潛處，候明昭昭**。**卒連白日**，**為世榮主**。

　　從早晨到黃昏都潛藏隱處，等候光明。最後是連續不止的白天，英君治理世代。

註釋：要大富有應忠信。一直都陰晦，因而隱居韜光養晦，終於
　　　等到時運轉變，天下光明，英君當世。

昭昭：光明。**卒**：最後。**連**：連續，不停止。**為**：治理，如為政。**榮主**：榮耀榮華的君主，即英君。

62 小過：**視日再光**，**與天相望**。**長牛懽悅**，**以福為多**。

　　視線有雙重光線，與上天互相遙望。牛兒生長，歡欣喜悅，因為有很多福澤。

註釋：大富有又小超越。有加倍的光明，所以和上天呼應，有德
　　　行因而壯大，喜獲眾多福澤。

日：動詞助詞，無義。**再**：雙重。**牛**：比喻正直，如黃牛。**懽**：歡也。

63 既濟：**大頭明目**，**載受嘉福**。**三雀飛來**，**與祿相單**。

　　見履之中孚。

註釋：大富有已完成。聰明且善於觀察，蒙受美好福澤，喜氣連連，
　　　利祿不斷。

單：蟬也，蟬聯不斷。

64 未濟：**梗生荊山**，**命載輸班**。袍衣剝脫，夏熱冬寒。**立
餓枯槁**，眾人莫憐。

梓梗生在楚國山上，皇帝詔命公輸班前往採取。做到衣袍都剝除脫去，夏天炎熱冬天酷寒。顯現飢餓憔悴，眾人卻不憐憫。
註釋：大富有尚未完成。任務過於艱鉅，人才奮力以赴，做到狼狽憔悴，但因沒有完成，沒有收穫，沒人贊聲。

梗：梓梗，楚國神木名。**荊**：楚國。**命載**：皇帝詔命。**輸班**：公輸班，即巧聖魯班。
立：顯現。**枯槁**：憔悴。

15 謙

15 謙：王喬無病，苟頭不痛。亡破失履，乏我送從。

　　王喬沒有生病，頭也不疼痛。後來鞋子破損遺失，也缺乏護送和隨從。

註釋：謙恭又恭謙，變退縮。只求平安清爽，不想前進，因而失
　　　去資產和夥伴。

王喬：王子喬，與赤松子同為長壽的代表。**苟**：乃，語助詞。**頭**：比喻精神。**履**：鞋子。

1 乾：喋囁處曜，昧冥相待。多言少實，終無成事。

　　私下耳語，停止光明，蒙昧陰晦的對待他人。多話說，少真實，終究一事無成。

註釋：應謙恭且陽健。愛挑撥使環境昏暗，與人相處陰晦，浮誇
　　　不實，無法成事。

喋囁：耳語，私語。**處**：《說文》：「止也。」**曜**：耀也，自誇。**相**：此為單方面的動作，如相瞞。

2 坤：北辰紫宮，衣冠立中。含和建德，常受大福。鈆刀攻玉，堅不可得。

　　帝王在皇宮裡，制定文明禮制，樹立中正之道。包懷仁和建立德業，長久蒙受碩大福澤。用鉛刀銼磨玉石，但玉石太過堅硬無法得願。

註釋：謙恭又溫良。能夠立規矩、行仁政，但難以成霸業。

北辰：北極星，比喻帝王或受尊崇的人。**紫宮**：皇宮。**衣冠**：比喻文明禮制。**鈆**：鉛也。**攻**：銼磨玉石。

3 屯：**東璧餘光，數暗不明。主母嫉妬，亂我事業。**

　　東璧星宿殘餘的光芒，總是昏暗不明亮。正妻嫉妬，擾亂小妾的事業。

註釋：謙恭變困屯。上位心態嫉妬，不給予下位偕同和資源，還加以阻擾。

東璧：同東壁，壁宿，見註。**數**：音碩，頻頻。**嫉、妬**：憎恨。

*《列女傳・齊女徐吾》：「何愛東『壁』之餘光？」小妾被虐待，未能同室使用燭光，只得獨自藉東壁餘光照明。

*《康熙字典》：「『壁』居南則在室東，故因名東『壁』也。」

4 蒙：**下背其上，盜明相讓。嬰子兩頭，陳破其虛。**

　　下位背叛他的上位，盜取光明進行侵奪。子嬰內外兩頭受敵，陳勝攻破了村落。

註釋：謙恭但卻蒙昧。為人溫良，但遭下人背叛篡位，內憂外患不止，終至覆滅。

相：此為單方面的動作，如相瞞。**讓**：攘也，侵奪。**嬰子**：子嬰，秦朝第三任皇帝，內有趙高專權，外有反秦義軍。**陳**：陳勝，第一個反秦的義軍領袖。**虛**：墟也，村落。

5 需：**鳳生會稽，稍巨能飛。翱翔往來，為眾鳥雄。**

　　鳳凰出生在會稽山，已經長大能夠飛翔。翱遊飛翔來來往往，成為眾鳥的豪傑。

註釋：謙恭的耐心等待，之後稱霸。賢良已經安詳的培育完成，然後四方發展，成為盟主。

會稽：大禹大會天下於會稽，比喻康強之地。**稍**：已。

*《論衡・書虛》：「會稽，眾鳥所居。」

6 訟：鑿井求玉，非卞氏寶。名困身辱，勞無所得。

　　　　見蒙之臨。

註釋：應謙恭面對爭訟。想追求美境但作為疏懶，未達成目標，
　　　徒勞無功還身敗名裂。

7 師：邦桀載役，道至東萊。百僚具舉，君主嘉喜。

　　　　邦國的傑出人才，載往承擔公職，路程抵達東萊。百官都薦
　　舉了，君主吉慶歡喜。

註釋：謙恭的王師，以德服人。官僚布建遍及四海，建構已完備，
　　　國家強盛歡欣。

桀：傑也。**役**：承擔公職，以事天子。**東萊**：象徵遙遠的美好之地。**僚**：官吏。**具**：都。

8 比：安息康居，異國同廬。非吾邦域，使伯憂惑。

　　　　見蒙之屯。

註釋：應謙恭的相比附。好像跟異族人同住在一個屋子裡，生疏
　　　又惶恐。

使伯：出使的官員。

9 小畜：江河淮海，天之都市。商人受福，國家富有。

　　　　長江、黃河、淮海，猶如天上的繁華城都。商人蒙受福澤，
　　國家富饒多有。

註釋：謙恭的持續小蓄，變大蓄。環境富庶，都市繁榮，貿易發達，
　　　國家大為富有。

淮海：淮河以北的近海地區，為富庶之地。

10 履：同本異葉，樂仁上德。東鄰慕義，來興吾國。

修身齊家治國平天下（見註），喜愛仁和崇尚德義。東夷鄰國仰慕仁義，派遣使者來我國。
註釋：謙恭的履行。逐次修為完成，施仁佈德，外族都來學習敦睦。
樂：音要，喜愛。**上**：崇尚。**興**：派遣，如興兵。
*《呂氏春秋・執一》：「（天下、國、家、身）此四者，異位同本。」

11 泰：白鶴銜珠，夜食為明。懷我德音，身受光榮。

見小畜之升。
註釋：謙恭又康泰。君子秉持光明之道行動，縱使環境黑暗也能獲得夥伴和聲望。
懷我：歸向於我。

12 否：踐履危難，脫厄去患。入福喜門，見吾邦君。

見泰之革。
註釋：謙恭克服閉塞。經歷的災難已解除，返回獲得福分，並接受君王慰勉。

13 同人：宮商既和，聲音相隨。驪駒在門，主君以歡。

音律全都和合，聲音相互伴隨。黑色良馬在門庭，君主因而歡喜。
註釋：謙恭的同仁。大家和諧共鳴，人才到齊準備出發，國家大有發展。
宮商：五音中的二音，泛指音律；見註。**既**：都。**驪駒**：純黑色的馬，亦泛指馬，比喻人才。
* 宮屬土，商屬金，土生金，故曰和；此處亦引申為音律諧和。

361

14 大有：天地配享，六位光明。陰陽順序，以成厥功。

見蒙之小畜。

註釋：謙恭而大富有。對天地虔誠，世界光明，時令與人倫有序，成就功業。

厥：語助詞，其，無義。

16 豫：江河淮海，天之奧府。眾利所聚，可以饒有。樂我君子。

見否之乾。

註釋：謙恭而安育。環境富庶，都市繁榮，眾多利益聚集，有德行且安樂。

17 隨：雙鳥俱飛，欲歸稻池。經涉萑澤，為矢所射。傷我胸臆。

見屯之旅。

註釋：應謙恭的相隨。與一起外出謀生，卻都粗心大意，中途被惡人埋伏加害，傷勢嚴重。

18 蠱：留仲叔季，日暮寢寐。羸臥失限，虐我具囊。街卻道傍。

大哥不在，留宿的弟弟們在日暮後睡覺，因臥病在床，失去了門檻，還被破壞器具行囊，拆卸拋卻在路旁。

註釋：謙恭變蠱敗。上位不在，成員都軟弱無能，團隊被入侵，還被搗毀基業。

仲叔季：兄弟大小分別是伯仲叔季，此處無伯，只有弟弟們。寢、寐：睡覺。羸臥：

音雷,臥病在床。**限**:限制,約束。**囊**:袋子。**衘**:卸也。**卻**:丟掉。

19 臨:受終文祖,承衰復起。以義自閉,雖苦無咎。

　　皇帝繼承祖先的王業與文教,繼承衰敗,復興再起。因為義理而閉塞,雖然辛苦但沒有過錯。

註釋:謙恭的臨政。擔當承先啟後、振衰起敝的責任,辛苦堅守
　　　道義是對的。

受終:繼承先帝終止的皇位。**文祖**:繼承家業與文教的祖先。**自**:因而。
*《尚書 · 舜典》:「正月上日,受終于文祖。」

20 觀:据斗運樞,順天無憂,與天並居。

　　見乾之小畜。

註釋:謙恭且能觀省。依據天道律理而行,可以與天同在。

据:據也。

21 噬嗑:周師伐紂,戰於牧野。甲子平旦,天下悅喜。

　　周國出師征伐商紂,在牧野決戰。甲子日黎明時,天下欣悅喜慶。

註釋:謙恭且能法治。君子與小人對決並撥亂反正,展開光明新
　　　世代,天下太平歡樂。

平旦:黎明。
*《尚書 · 牧誓》:「時甲子昧爽(黎明),王朝至于商郊牧野。」

22 賁:十雌百雛,常與母俱。抱雞搏虎,誰敢害諸?

　　十隻母鳥生了百隻雛鳥,長久與母親在一起。雞群圍繞在一起跟老虎搏鬥,誰敢加害牠們?

363

註釋：謙恭並能整飾。繁衍眾多俱全，遵守倫理，團結對抗惡敵，無人可以破壞。

十、百：象徵俱全。**雌**：母鳥。**抱**：環抱。**諸**：他。

23 剝：桀跖並處，人民愁苦。擁兵荷糧，戰於齊魯。

見乾之大過。

註釋：謙恭狀態剝落。國內惡人併起，民不聊生，君主還要窮兵黷武對鄰國興戰。

24 復：南山昊天，剌政閔身。疾悲無辜，背憎為仇。

見乾之臨。

註釋：謙恭才能恢復民心。君王暴虐又嚴酷，百姓無辜被入罪折磨，心中充滿怨恨，與朝廷敵對。

閔：憂患。**閔身**：身命有憂患。

25 無妄：百川朝海，流行不止。道雖遼遠，無不到者。

百川朝向大海，奔流行進沒有休止。道路雖然遙遠，沒有不能到達的。

註釋：謙恭且不虛妄。有浩大的包容德行，各界追隨者不辭千里滾滾來到。

遼：遙遠。

26 大畜：目不可合，憂來搖足。悚惕為懼，去我邦域。

眼睛不可闔上，憂慮有人來搖動小腳阻礙休止。驚悚畏懼，於是離開邦國的疆域。

註釋：謙退才能大蓄積。稍不注意便被騷擾不能休止，遑遑不可終日，退讓遠離另謀發展。
足：《廣韻》：「止也。」**悚、惕**：恐懼。

27 頤：鳥升鵠舉，照臨東海。龍降庭堅，為陶叔後。封於英六，履祿綏厚。

　　見需之大畜。
註釋：謙恭且頤養。聖君任用八方才子，治理大成，世代相傳，永享安樂。
鵠：音胡，天鵝。

28 大過：北方多棗，橘柚所聚。荷囊載黍，盈我筐筥。

　　北方有很多甜棗，南方（見註）橘柚聚集。扛著袋子載著黍米，籮筐都充盈了。
註釋：謙恭且大超越。四處都有豐富資源，努力工作，收穫滿盈。
荷：扛著。**囊**：袋子。**筐筥**：方形和圓形的竹器，泛指竹器。
＊《新書・胎教》：「棗者，北方之草。」又《鹽鐵論・相刺》：「橘柚生於江南。」

29 坎：懸狟素餐，食非其任。失望遠民，實勞我心。

　　不去狩獵卻有獵物（狟）可以懸吊晾乾，平白的進餐，食祿非由任職而來。失去聲望，遠離人民，充滿憂勞煩心。
註釋：應謙恭卻落陷。上位坐享其成，素餐尸位，聲名狼藉又與百姓疏離，足堪憂慮。
狟：貆也，音環，貛。**素**：平白的。**素餐**：無功勞而空享俸祿。**食**：俸祿。**實**：充滿。
＊《詩經・伐檀》：「不狩不獵，胡瞻爾庭有縣貆兮。彼君子兮，不素餐兮。」

365

30 離：羔羊皮革，君子朝服。輔政扶德，以合萬國。

小羊皮革縫成的衣裳，是士大夫上朝時的服裝。輔佐政務，扶持德業，和合諸國。

註釋：謙恭且相附著。賢能符合禮節，輔佐上位實施德政，君臣一心，四海歸心。

羔羊皮革：小羊皮衣，士大夫的服裝。

＊《詩經‧羔羊》載：羔羊之皮、羔羊之革、羔羊之縫。

31 咸：齊魯爭言，戰於龍門。搆怨致禍，三歲不安。

見坤之離。

註釋：應謙恭的相感應。相鄰不合且反目成仇，征戰不已，世代都不安。

32 恆：久陰霖雨，塗行泥濘。商人休止，市無所有。

長久陰晦大雨，道路泥濘淹水。商人休息停止，市集裡一無所有。

註釋：應謙恭且持恆。環境一直艱困，不能經營發展，只能持續耐心等待。

霖雨：大雨。**塗行**：道路。**濘**：音落四聲，淹水。

33 遯：桃雀竊脂，巢於小枝。搖動不安，為風所吹。寒心慄慄，常憂殆危。

桃雀和青雀，築巢在細小的樹枝，動搖不安，被風吹動，害怕戰慄，長久的憂慮著危險。

註釋：謙恭卻成遁縮。力小志小，選擇偷安，但風吹草動，還是

隨時擔心危難降臨。
桃雀：鷦鷯，形小而尾羽短，象徵才能弱小。**竊脂**：青雀、桑扈，形小，象徵才能弱小。
寒心：害怕。**慄慄**：戰慄。

34 大壯：防患備災，凶惡不來。雖困無憂，未獲安休。

　　防患未然，以備災禍，凶難險惡不會來到。雖然受困但沒有憂患，不過還是沒能獲得安心的休息。
註釋：謙恭才能壯大。雖然能預防災害，遏止禍患，但不能調和
　　　問題，也無法好好休生養息。

35 晉：引順絕糧，與母異門。不見所懽，孰與共言？

　　向後退卻糧食絕盡，又與母親分開門戶獨立。見不到所愛的人，誰可以共話呢？
註釋：謙恭才能前進。前進受挫，向後撤退，資源斷絕又與尊長
　　　離別，沒有人奧援。
引：退卻，如引退。**順**：《小爾雅》：「順，退也。」**異**：分開不相隸屬，如離異。
所懽：所歡，所心愛的人。

36 明夷：鯺鰕去海，藏於枯里。街巷褊隘，不得自在。南北極遠，渴餒成疾。

　　海鯺和鯨魚離開大海，藏身於乾枯的鄉里。街弄巷道窄小狹隘，不能自在活動。從南到北極為遙遠，口渴飢餓釀成疾患。
註釋：應謙恭卻瘡痍。強大卻自負，離開如魚得水的環境，陷入
　　　淒涼處境，前途險峻，折磨成傷。
鯺：露脊鯨，海上最巨大的魚。**鰕**：雌鯨。**褊**：音扁，狹小。**南北**：比喻四方。**餒**：飢餓。

37 家人：恭寬信敏，功加四海。辟去不祥，喜來從母。

　　恭敬寬恕誠信聰敏，功德加於四海。驅除不祥之物，歡喜的來追從母親。

註釋：謙恭的家人。有各種溫良德性，福澤施加於每個人，因而避凶趨吉，家人歡喜團聚。

辟：音必，驅除。

38 睽：歲飢無年，虐政害民。乾谿驪山，秦楚結怨。

　　見坤之大壯。

註釋：應謙恭卻睽離。君王執行暴政致使國家荒惡，並和外國結怨。

39 蹇：右目無瞳，偏視寡明。十步之外，不知何公。

　　右眼沒有瞳孔，觀看偏斜很少看明白（見註一）。十步以外，不知是何人。

註釋：應謙恭卻蹇跛。殘缺沒見識，偏頗難以看清，人在不遠處，也都看不清。

十步：比喻短距離；見註。**公**：男子尊稱。

*《太玄經・晦》：「視非其直，夷其右目。」射箭時睜右眼，右目無瞳則射不能直。

*《說苑・談叢》：「十步之澤，必有香草。」

40 解：蜩螗歡喜，草木嘉茂。百菓蕃熾，日益多有。

　　蟬兒歡欣喜悅，草木美好旺盛。各種水果繁衍茂盛，每日增益更多收穫。

註釋：謙恭的解決問題。時令轉為美好，萬物繁衍茂盛，一天比一天富有。

蜩螗：蟬。**蕃**：繁衍。**熾**：旺盛。
* 《詩經‧七月》：「五月鳴蜩。」

41 損：常德自如，安坐無尤。莘入貴鄉，到老安榮。

　　常保德性，自在如意，安穩端坐，沒有過失。眾人進入寶貴的鄉里，到老都安定繁榮。

註釋：謙恭且損己益人。保有德性，身心安頓，沒有過失，眾人都來追隨，一輩子富足安詳。

尤：過失。**莘**：眾多，如莘莘學子。

42 益：狡兔趯趯，良犬逐咋。雄雉受害，為鷹所獲。

　　狡猾的兔子跳躍著，良好的獵犬去追逐囓咬。雄的雉鳥受到傷害，被老鷹所捕獲。

註釋：謙恭才能益增。雖然聰明、敏捷又尊貴（兔、雉），但還是被更強的敵人（犬、鷹）擊敗。

趯趯：音替，跳躍的樣子。**咋**：音則，囓、咬。**雉**：長尾野雞，象徵尊貴。

43 夬：春桃生花，季女宜家。受福多年，男為封君。

　　見否之隨。

註釋：謙恭且能明決。溫良的與尊貴的人親密結盟，繁衍眾多福澤。

44 姤：山石朽弊，稍崩墜落。上下離心，君受其祟。

　　山巖磨滅敗壞，大為崩陷墜落。上下離心離德，君主受到危害。

註釋：應謙恭的相邂逅。體制敗壞崩潰，上下交相賊，領袖遭受

災難。

山石：石質的山地，即岩、巖。**朽**：磨滅。**稍**：頗、甚。**祟**：危害。

45 萃：水壞我里，東流為海。龜黿謹嚚，不睹我家。

見泰之兌。

註釋：應謙恭的相薈萃。禍害如洪水肆虐，小人開始作亂，家園全面淪陷。

睹：見。

46 升：七竅龍身，造易八元，法天則地。順時施恩，富貴長存。

聖人伏羲氏，創造《易經》和八卦，是效法天地的法則。順著天時施予恩惠，富有尊貴恆長存在。

註釋：謙恭的上升。有聖人德性，開創新紀元，效法天地法則，順天應人，因而常富久安。

七竅：比喻聖人；見註一。**龍身**：指伏羲氏；見註二。**八元**：八個基本單元，此處指八卦。
* 《史記・殷本紀》：「吾聞聖人心有七竅。」
* 《文選王延壽》：「伏羲鱗身。」伏羲人首蛇身，美言為龍身，蛇龍身上皆有鱗。
* 《白虎通德論・五經》：「伏羲作八卦何？……故仰則觀象於天，俯則察法於地。」

47 困：四夷慕德，來興我國。文君陟降，同受福德。

四方蠻夷仰慕德行，派遣使者來我國。周文王升天並降到天帝左右，一同蒙受福祿和德業。

註釋：謙恭克服困阻。因為承天帝之志，四方蠻人不再為亂都來跟從，一起蒙受天賜的福澤。

興：派遣，如興兵。**文君**：此處指周文王。**陟**：升、登。

*《詩經・文王》：「文王陟降，在帝左右。」文王的靈魂上升到天上，並降到上帝的左右，比喻承天帝之志而成周朝德業。

48 井：華首山頭，仙道所遊。利以居止，長無咎憂。

華山、首山的山頭，是修仙得道者悠遊的處所。安順的起居行止，恆長沒有災禍憂患。

註釋：謙恭並井然。追崇聖道，無為而治，長久起居行止，無禍無災。

華：西嶽華山，比喻神居之處。**首**：首山，比喻神居之處。**利**：安順。
*《史記・孝武本紀》：「中國華山、首山、太室、泰山、東萊，此五山黃帝之所常遊，與神會。」

49 革：鷮鳩徒巢，西至平州。遭逢雷雹，闢我葦蘆。室家飢寒，思吾故初。

鷮鳥聚集一起遷徙窩巢，向西想到平州。遭逢雷電和冰雹，躲避到蘆葦巢裡。家人飢餓寒凍，思念往昔當初。

註釋：應謙恭且革新。自恃壯大，結夥想追求美好，中途遭遇災難，只能躲藏不出，成員飢寒，悔不當初。

鷮：音詹，一種猛禽。**鳩**：聚集。**西**：候鳥遷徙應往北，方向不對。**平州**：侯國名，取其平坦之意。**闢**：避。**蘆**：草屋，此處指鳥巢。**室家**：配偶家眷。

50 鼎：狗無前足，陰謀叛背。為身害賊。

見小畜之明夷。

註釋：謙恭態勢已覆鼎。小人卑賤，為了利益陰謀背叛，身命受到賊人傷害。

51 震：陽孤亢極，多所恨惑。車傾蓋亡，身常驚惶。乃得其願，雌雄相從。

見乾之屯。

註釋：謙恭才能震奮。陽氣剛愎，高傲至極，因而遭受摧毀損傷，之後與陰氣調和結合，終於如願以償。

52 艮：空槽注豬，豚彘不到。張弓祝雞，雄父飛去。

見師之旅。

註釋：謙恭態度已停止。不願付出，只想獲得，徒具空想的行動，無法聚集人才。

豚：豬。

53 漸：長夜短日，陰為陽賊。萬物空枯，藏於北陸。

長長的夜晚，短暫的白天，陰氣成為陽氣的賊寇。萬物空乏枯萎，隱藏在冬天中。

註釋：應謙恭且循序漸進。陰氣壯大，危害陽氣，不能整治，最終萬物蕭條，君子躲藏。

北陸：北方陸地，比喻冬天。

54 歸妹：爪牙之士，怨毒祈父。轉憂與己，傷不及母。

英勇的士兵，怨恨將軍。遠行服役自己充滿憂患，感傷不能顧及母親。

註釋：應謙恭的相歸依。長久爭戰，子女遠征無法奉養父母，宜早日和解，令親人團圓。

爪牙：勇士。 毒：怨恨。 祈父：掌封畿內軍事的武將，泛指武將。 轉：遷徙，此處指遠行服役。

*《詩經‧祈父》：「祈父！予，王之爪牙！」「祈父，亶不聰！胡轉予於恤,有母之尸饔？」軍士怨於久役，母親飲食無人負責。

55 豐：拜跪請兔，不德臭腐。挽眉銜指，低頭北去。

跪著拜請賜於兔子，但上位沒有德行又發臭腐敗。皺著眉頭、啣著手指，低著頭向北而去。

註釋：謙恭才能豐盛。上位失德腐敗，人民渴求光明而不可得，因而離去。

兔：象徵光明。**挽眉**：皺眉頭。**銜指**：手指啣在口中,比喻飢餓。**北**：象徵陰晦的方向。

56 旅：有莘季女，為夏妃后。貴夫壽子，母字四海。

見蒙之晉。

註釋：謙恭的旅歷。培養才德有成，與人親密結盟，母儀天下，繁衍眾多。

57 巽：季姜踟躕，待孟城隅。終日至暮，不見齊侯。

季姜徘徊不安，冒失的待在城邊。終日下來直到日暮，還沒見到齊悼公。

註釋：應謙恭又安順。因不合理節，只能一直不安的原地翹盼，無法相隨。

季姜：齊悼公夫人，齊為姜姓。**踟躕**：音持除，徘徊不安。**孟**：冒失，如孟浪。**隅**：音於，邊或角。**齊侯**：齊悼公。

*《史記‧齊太公世家》載，季姬亂倫其叔，不想跟從齊悼公返國，後悼公興兵索人。本條僅為借喻伴侶未到。

58 兌：邯鄲反言，父兄生患。涉叔援俎，一死不還。

見坤之睽。

註釋：應謙恭且相悅。至親失信而決裂鬥爭，親信曉以法禮，離去死也不回。

父兄：對長兄之尊稱。**援俎**：拿著禮器。**俎**：裝盛祭品的禮器，象徵法禮。

59 渙：逐鹿山巔，利去我西。維邪南北，利無不得。

見泰之歸妹。

註釋：謙恭且渙發。追逐利祿，四面八方無所不利，並達到高峰。

60 節：穿鼻繫株，為虎所拘。王母祝榴，禍不成災。突然自來。

被穿過鼻子綁在樹幹上，為老虎所拘捕。女酋長施予祝禱符咒，禍患沒有成為災害，因而突圍然後回來。

註釋：應謙恭且有節度。被惡人控制囚禁，幸有貴人與神明幫助，突圍歸來，不可再造次。

祝榴：以祝禱符咒治病的方術。**自**：因而。

61 中孚：虎豹熊羆，遊戲山谷。君子仁賢，皆得所欲。

老虎、花豹、熊、大熊，悠遊在山谷裡。君子仁德賢能，都得其所願。

註釋：謙恭且有忠信。人才濟濟的會聚，低調自在，有德行所以皆能如願。

羆：音皮，大熊。**戲**：嬉，遊。**山谷**：比喻低調。

62 小過：梅李冬實，國多賊盜。擾亂並作，王不能制。

見屯之師。

註釋：謙恭變持續小過。環境變壞，無法產生，盜賊併作，國君
　　　　不能治理。

63 既濟：望幸不到，文章未就。王子逐兔，犬踦不得。

　　盼望帝王親臨卻沒來到，煥然的事功還未完成。王子追逐兔子，獵犬腳跛因而不可得。

註釋：謙恭才能完成。雖然尊貴，但羽翼未豐，不獲貴人支助，
　　　　無法完成功蹟，獨自去追求，也遭受損失傷害。

幸：帝王親臨。**文章**：紋彰也，事功煥然。**兔**：象徵光明。**踦**：音奇，跛。

64 未濟：千柱百梁，終不傾僵。仁智輔聖，周宗寧康。

　　有千百枝柱子和棟樑，終究不會傾斜倒塌。仁者和智者輔佐聖上，周朝宗室祥寧康泰。

註釋：謙恭尚未結束。有聖人的德行，吸引眾多棟樑之材輔助，
　　　　國家永遠安康。

僵：傾倒。

16 豫

16 豫：冰將泮散，鳴雁嗈嗈。丁男長女，可以會同，生育聖人。

　　堅冰即將解凍散開，鳴叫的雁子聲音應和。成年的男子和已長成的女子，可以會合同處，生育聖人。

註釋：安育又安育。時令到了，條件已成熟而且良好，結合繁衍優秀的子嗣。

泮：音畔，冰解凍。**雁**：雁為固定配偶，古人以雁為提親見面禮。**嗈嗈**：鳥聲和鳴。**丁**：成年男子。

*《詩經·匏有苦葉》：「雝雝鳴雁，旭日始旦。士如歸妻，迨冰未泮。」本句反向使用。

1 乾：龍馬上山，絕無水泉。喉燋唇乾，口不能言。

　　騎著龍馬上山，泉水都斷絕缺無了。喉嚨與嘴唇焦乾無比，嘴巴不能說話。

註釋：安育應陽健，不應陽亢。自恃條件優異而貿進，結果資源耗盡，痛苦難言。

龍：馬八尺稱為龍。**燋**：焦也。

2 坤：蔡侯朝楚，留連江濱。踰時歷月，思其后君。

　　見泰之恆。

註釋：安育但溫良，死於安樂。未加鞏固，被人襲擊而逃亡，徘徊流連不知所措，最後時機已過，無法挽回。

朝：拜訪。

3 屯：**文厄羑里，湯拘夏臺。仁聖不害，數困何憂？免於縲索**，為世雄侯。

　　周文王被商紂困於羑里，商湯被夏桀拘禁於夏臺。但仁德的聖人沒有災害，數次被囚困有何憂慮？除去粗大的繩索，成為世上英雄王侯。

註釋：安育且屯聚。君子雖被小人屢屢陷害，但因為有德行所以都能化險為夷，並成就大功業。

厄：受到困阻。**縲**：音雷，大繩。**索**：粗繩。

4 蒙：典冊法書，藏在蘭臺。雖遭亂潰，獨不遇災。

　　見坤之大畜。

註釋：安育且啟蒙。有制度和法治，爭亂來臨，也不會有災害。

5 需：**氈裘羶國，文禮不飭。跨馬控弦，伐我都邑**。

　　胡人生活在羊腥味的國度，文教禮儀都不整飭，跨坐著馬，拉著戰弓，征伐我國都城。

註釋：要安育還要等待。沒有禮儀的蠻人大肆來犯，國家告急。

氈：音沾，獸毛加工的織物。**裘**：皮衣。**氈裘**：比喻北方民族或其酋長。**羶**：音山，羊腥味。**飭**：音斥，整頓、治理。**控弦**：拉弓，持弓，彎弓；借指士兵。**都邑**：都市。

6 訟：**星隕如雨，弓弱無輔。強陽制陰，不得安土**。

　　星星隕落就如雨一樣，弓箭疲弱無法護衛。剛暴者制伏陰弱者，不能安居本土。

註釋：安育發生爭訟。局勢凶險，天子式微，霸主無力保護王室，諸侯以強凌弱，天下戰亂。

隕：墜落。**輔**：護衛。**強陽**：如強梁，剛暴者。
*《史記‧天官書》：「宋襄公時星隕如雨，天子微，……自是之後，眾暴寡，大并小。」

7 師：蝗嚙我稻，驅不可去。實穗無有，但見空藁。

　　見小畜之大壯。

註釋：安育變戰亂。惡人有如蝗蟲過境，無法消滅，不能生產收穫，
　　　　最後一無所有！

嚙：啃、咬。

8 比：虎飢欲食，為蝟而伏。禹導龍門，辟咎除患。元醜以安。

　　老虎飢餓想要進食，為了刺蝟而趴伏。大禹疏導龍門，驅除過失清除災患，首惡之徒也變安定。

註釋：安育的相比附。惡人覬覦，但因有防備而停止行動。致力
　　　　建設，消滅禍害，惡霸也安順了。

蝟：虎怕刺蝟有刺，比喻惡人忌憚官曹。**辟**：音必，驅除。**元醜**：首惡。
*《淮南子‧人間訓》：「水為民害，禹鑿龍門。」

9 小畜：蝙蝠夜藏，不敢晝行。酒為酸漿，魴臭鮑羹。

　　蝙蝠夜間藏匿，也不敢在白晝行動。酒變為酸掉的漿汁，魴魚臭了變成鹹魚濃湯。

註釋：安育變蓄小勢弱。道德喪失，君子藏匿，美好生活變敗壞。

蝙蝠：比喻君子；見註。**漿**：濃稠的液體。**魴**：音防，鯉科魚類，象徵吉祥。**鮑**：鹽醃的鹹魚，味腥臭。**羹**：勾芡的濃湯。
*《孝經援神契》曰：「道德遺遠，蝙蝠伏匿，故夜食。」蝙蝠晝伏夜出，今夜間亦藏匿不敢出。

10 履：**精華**墮落，形體醜惡。**齟齬挫頓**，**枯槁腐蠹**。

精神元氣下墜掉落，形貌體態醜陋可惡。牙齒不齊，講話壓抑停頓。憔悴不堪，腐敗生蟲。

註釋：安育應被履行。心理疲弱，生理衰敗，語無倫次，瀕臨毀滅。

精華：精神元氣。**齟齬**：音舉語，牙齒上下不整齊。**挫**：壓抑。**枯槁**：乾枯憔悴。**蠹**：音杜，蛀蟲。

11 泰：兩足不**獲**，難以遠行。**疾**步不能，後旅失時。

兩腳不夠大，難以行進到遠方。不能快步行走，落後旅程，失去時機。

註釋：安育又康泰，嬌生慣養。能力不足無法及時履行大任，失去了好機會。

獲：大；《集韻》：「獲，恢廓兒。」**疾**：快速。

12 否：**令**妻壽母，**宜**家無咎。君子之歡，得以長久。

美好的妻子和長壽的母親，家庭安順，沒有過失。君子歡喜，且得以長久。

註釋：安育克服閉塞。大家相親相愛、各盡本分，有德行，能長久安居。

令：美好的。**宜**：安順。

＊《詩經・閟宮》：「魯侯燕喜，令妻壽母。」

13 同人：**蠶**飢**作室**，昏多亂纏。**緒**不可得。

飢餓的蠶結繭，昏沉而多所胡亂纏繞，繭絲的端頭找不到。

註釋：應安育且同仁。人員飢餓，物質貧乏，生產混亂，毫無頭緒。

蠶：蠶也。**作室**：製作房室，此處指結繭。**緒**：剝繭抽絲的端頭。

14 大有：子鉏執麟，春秋作元。陰聖將終，尼父悲心。

　　見訟之同人。

註釋：安育才能大有。世道沉淪，亂世到來，君子哀莫大於心死。

15 謙：螟虫為賊，害我稼穡。禾殫麥盡，秋無所得。

　　見同人之節。

註釋：安育卻謙恭，孳生小人。小人侵蝕嚴重，資產被侵吞一空，
　　　往後無法維持。

殫：盡。

17 隨：憂在腹內，山崩為疾。禍起蕭墙，竟制其國。

　　憂患在腹部裡面，山丘崩塌成為疾患。災禍起在自家內部，
最後斷絕國家。

註釋：要安育應相隨。自家人為禍，導致嚴重內鬥，體制崩潰，
　　　國家滅亡。

蕭墙：大門內的屏風或屏牆，象徵家裡。**墙**：牆也。**竟**：最後。**制**：《玉篇》：「制，
斷也。」

＊《蔡中郎集・劉鎮南碑》：「禍起蕭牆，賊臣專政……天下土崩，四海大壞。」

18 蠱：茹芝餌黃，飲食玉瑛。與神流通，長無憂凶。

　　吃靈芝和餌黃，也服用玉瑛，與神明交流溝通，恆常沒有憂
患凶災。

註釋：安育且能整治蠱敗。遵崇仙道，加強維護，長治久安。

茹：吃。**餌黃**：主要用黃金鍛煉的丹藥。**玉瑛**：水晶，透明的石英，古時亦當丹藥食用。

＊《詩經・著》：「充耳以黃乎而，尚之以瓊英乎而。」

19 臨：一夫兩心，枝刺不深。所為無功，求事不成。

一個人有兩個心意，樹枝的刺無法長得茂密。所作所為沒有功效，所求的事不能達成。

註釋：安育才能臨政。三心兩意，沒有主道，無法興旺，不能成事。

刺：刺短而尖，無法長成枝條。**深**：茂密。

20 觀：十里望烟，散渙四方。形容滅亡，終不見君。

看著十里之內的烟，飄散四方。人的形體容貌消滅，最後都看不到。

註釋：要安育需觀省。鄉里杳無煙火，人民形銷骨毀，最後死亡殆盡。

十里：十里為一亭，比喻鄉里。**渙**：離散。

21 噬嗑：張弓廓弩，經涉山道。雖有伏虎，誰敢害諸？

弓弩張開拉滿，經歷的山路雖有埋伏老虎，誰敢加害？

註釋：安育且能法治。有積極防備的行動，惡人覬覦但不敢妄動。

廓弩：拉滿的弓弩。**經涉**：經歷。

22 賁：泉閉澤竭，王母飢渴。君子困窮，乃徐有說。

泉源閉塞，水澤乾竭，祖母飢餓口渴。君子困厄貧窮，但會慢慢脫離。

註釋：要安育必須整飾。環境敗壞，難以奉養尊上，堅守德行，慢慢就會脫離困境。

徐：緩慢。**說**：脫也。

*《象》：「乃徐有說，以中直也。」

23 剝：野鳶山鵲，奕棊六博。三梟四散，主人勝客。

野鷹和山鵲，一起下棋。三隻猛梟四處飛散，主人勝了客人。

註釋：安育克服剝落。眾多山野之徒不分大小前來齊聚遊蕩，最終主人驅離惡徒，重新掌握主權。

鳶：老鷹。**奕**：弈也，圍棋。**棊**：棋也。**六博**：六博棋，古代的棋戲。**三**：比喻多。
梟：猛禽泛稱。**四**：象徵四方。

24 復：羊驚馬走，上下揮擾。鼓音不絕，頃公奔敗。

羊兒受驚馬匹奔走，全體上下動亂紛擾。戰鼓聲音不絕，齊頃公失敗奔走。

註釋：要安育需復返，不能妄進。雖有福澤，但傲慢好戰，導致重大戰亂，君王逃亡。

揮擾：動亂。

＊《說苑・敬慎》：「夫福生於隱約，而禍生於得意，齊頃公是也。」「四國相輔期戰於鞍，大敗齊師，獲齊頃公！」齊國從此衰敗。

25 無妄：黃帝神明，八子聖聰。俱受大福，天下康平。

黃帝神聖光明，八才子聖賢聰慧。一起蒙受宏大福澤，天下安康太平。

註釋：安育且不虛妄。聖王賢明，八方人才聚集，創造大福澤，天下泰平。

八子：昔高陽氏有才子八人。

26 大畜：住車釂酒，疾風暴起。泛亂福器，飛揚位草。明神降祿，道無害寇。

停住車子祭祀，把酒灑在地上，此時急風暴烈的吹起，祈福

的器具傾覆零亂，位置都飛揚凌亂了。但昭明的神靈降下福祿，路途中沒有加害的寇賊。

註釋：安育且有大積蓄。行進的時候也能虔誠禮法，雖然有災難突然興起加以搗亂，但神明仍會賜福，保佑路上平安。

醊：音輟，祭祀時把酒潑在地上。**泛**：傾覆。**草**：草率，凌亂。

27 頤：<u>滕虵乘龍</u>，宋鄭<u>飢凶</u>。民食草<u>蓬</u>。

飛騰的蛇凌駕天龍，宋鄭發生飢荒，人民食用雜草。

註釋：安育又頤養，致小人壯大。王侯凌駕帝王，國家受難、百姓飢荒。

滕虵：騰蛇，傳說會飛的蛇。**乘**：凌駕。**飢凶**：飢荒。**蓬**：一種雜草。
*《左傳・襄公二十八年》：「蛇乘龍。龍，宋鄭之星也。宋鄭必饑。」

28 大過：揚水潛鑿，使石潔白。裡素表朱，遨遊<u>皋澤</u>。得君所願。心志娛樂。

見否之師。

註釋：安育且大超越。領袖清白如水花，符合禮節，百姓追隨生活，從容自在，達成心願，歡樂喜悅。

皋澤：靠水池邊的岸地，比喻富饒之處。

29 坎：<u>西</u>過虎廬，驚其前<u>樞</u>。雖憂無<u>尤</u>。

往西經過老虎的洞穴，震動了牠的前門（尚未進入）。雖然憂慮但沒造成過失。

註釋：安育克服落陷。即將步入險境，但停步留止，沒造成災害。

西：象徵福澤不降之處。**樞**：門戶的轉軸，比喻門。**尤**：過失。

30 離：衣成無袖，不知所穿。客指東西，未得便安。

衣服完成了，卻沒有袖子，不知如何穿著。要外出到四方去，都不安順。

註釋：要安育需相附著。準備草率卻要外出，不管到哪裡都不會順利。應先與人偕同合作。

客：外出。**指**：趨也。**東西**：比喻四方，全面。**便**：順利。

31 咸：晨風文翰，隨時就溫。雄雌相和，不憂危殆。

鷹鸇和錦雞，隨著時令去到溫暖之處。雄性和雌性互相和合，不會憂慮危險不安。

註釋：安育且相感應。不分大小一起順勢行動，親密結盟繁衍，一切安好。

晨風：鸇，一種猛禽。**文翰**：錦雞。**就**：去到。
* 晨風為猛禽，文翰為溫鳥，此處比喻強弱諧和，一起遷徙過冬。

32 恆：心多恨悔，出言為怪。梟鳴于北，聲醜可惡。請謁不得。

心裡有很多怨恨，說出的話都很奇怪。猛禽在北方鳴叫，聲音醜惡令人厭惡，請求謁見而不可得。

註釋：應安育且持恆。心理與言行都有異狀，叫囂作怪，惡名昭彰，被人憎惡排斥。

悔：恨。**梟**：猛禽的泛稱。**北**：象徵陰晦之地。**聲醜**：也比喻名聲醜惡。**謁**：音葉，晉見。

33 遯：離女去夫，閔思苦憂。齊子無良，使我心愁。

男子離開妻女，女子離開丈夫，哀傷的思念，勞苦憂慮。齊

子不遵守法紀，使人心裡憂愁。
註釋：安育已遁逃。不相依靠，家庭破裂，沒有貞潔，造成悲苦。
閔：憫也，哀傷。**良**：遵守法紀，如良民。
*《毛傳》：「齊子，文姜也。」文姜與其兄齊襄公私通。

34 大壯：過時不歸，雌雄苦悲。徘徊外國，與叔分離。

　　見比之隨。

註釋：要安育才能壯大。男子遠行未返，女子在家悲愁，在外瀕
　　　臨危險，不能歸返繁衍與奉老。

35 晉：鵲巢柳樹，鳩集其處。任力薄德，天命不佑。

　　鵲鳥結巢在柳樹上，鳩鳥聚集在那地方。任事的力量與福德淺薄，天神不保佑。

註釋：安育才能前進。沒有才又不確實扎根，還有惡人環繞覬
　　　覦，沒有力量與福德，上天也無法保佑。

柳：枝軟易顫。**鳩**：鳩欲佔鵲巢；見註。**天命**：天神所主宰的命運。
*《詩經・鵲巢》：「維鵲有巢，維鳩居之。」

36 明夷：鶴盜我珠，逃於東都。懷怒追求，郭氏之墟。不見蹤跡，使伯心憂。

　　仙鶴盜走明珠，逃到東方的城市。懷抱著憤怒追討索求，到了郭國的廢墟。沒見到牠的蹤跡，讓人心裡憂慮。

註釋：安育已瘡痍。君子失去光明德性而且逃逸，昔日行誼已死，
　　　無法追回，只能等待滅亡。

東：象徵粗鄙之地。**郭氏**：郭君不能用善逐惡而亡國。**使伯**：對人的尊稱。

385

37 家人：夫婦相背，和氣弗處。陰陽俱否，莊姜無子。

　　丈夫與妻子相互背離，陰陽交合之氣不存在。陰氣與陽氣都閉塞，莊姜沒有子嗣。

註釋：要安育應親如家人。親密夥伴反目成仇，倫理不彰，小人亂政，君子無法孳生繁衍。

和氣：陰氣與陽氣交合而成之氣。**弗**：不。**否**：閉塞。**莊姜**：衛前莊公之后。

*《史記・衛康叔世家》載，莊姜美賢但不孕，後收莊公小妾之子為太子，並繼任皇位，但後又被莊公庶子殺害篡位，故曰莊姜無子。

38 睽：月走日步，逃不同舍。夫妻反目，主君失位。

　　見小畜之同人。

註釋：安育已睽離。漸行漸遠終致破裂脫離，親密夥伴反目成仇，領袖被篡位。

逃：《集韻》：跳與逃通，謂走也。

39 蹇：雛陽嫁女，善逐人走。三寡失夫，婦妒無子。

　　秦國嫁女兒，美好的人被驅逐離去（見註）。三個寡婦失去丈夫，憎惡的婦人沒有孩子。

註釋：安育已塞堵。被人蒙蔽，逼害忠良，只有一群奸惡小人，沒有君子，國家無法繁衍。

雛陽：秦朝首都，指秦國。**善**：美好的。**三**：象徵多。**妒**：嫉，憎惡。

*《新序・節士》載，秦以嫁女于楚為餌，欲與楚懷王會，屈原以為不可，楚懷王不聽，逐屈原。後屈原投水自殺。

40 解：周德既成，杼軸不傾。太宰東西，夏國康寧。

　　周朝的德業已完成，紡織機不再傾斜。周公東西奔波，國家

壯大康泰安寧。

註釋：安育並解決問題。德業告成，民生鞏固，賢能勞心勞力，國家富強。

杼軸：織布機上的兩個部件，比喻織布機，借指民生之事。**太宰**：統理百官之長，此處指周公，兼任太宰。**夏**：高大。

41 損：日中為市，交易資寶。各利所有，心悅以喜。

見泰之升。

註釋：安育且損已益人。依照制度光明經營，大家都各自獲得利潤而歡欣。

42 益：童妾獨宿，長女未室。利無所得。

小妾獨自過夜，長成的女子也還沒成婚。沒有利祿可以獲得。

註釋：安育才能益增。獨陰不生，卻始終不願與人結盟，無利可得。

童妾：小妾。**室**：成婚。

43 夬：忠言輔成，王政不傾。公劉兆基，文武綏之。

忠誠的言語輔佐有成，王朝的政務不會傾倒。公劉開創基業，文王和武王續而安定邦國。

註釋：安育且明決。任用賢能輔佐，團隊穩健，開創基業之後持續經營，終於稱霸。

公劉：周部落第一位宗主。**兆基**：開創基業。**綏**：安定。

44 姤：牛驥同堂，郭氏以亡。國破為虛，主君奔逃。

見小畜之晉。

註釋：要安育應邂逅賢良。良莠不齊卻一視同仁，不能用善逐惡

導致滅亡。

45 萃：中原有菽，以待雉食。飲御諸友，所求大得。

見小畜之大過。

註釋：安育而且相薈萃。雖然食物普通，但能烹飪與好友共享，因而獲得更多。

雉：治理；《揚子・方言》：「雉，理也。」

46 升：多虛少實，語不可覆。尊虛無酒，飛言如雨。

多虛假少真實，說的話無法詳察。罇裡虛空無酒，飛言流語如雨紛飛。

註釋：安育才能上升。虛而不實，言而無信，一無所有，只有流言滿天飛。

覆：詳察。**尊**：罇也，盛酒器具。**飛言**：沒有根據的話。

47 困：青蠅集蕃，君子信讒。害賢傷忠，患生婦人。

蒼蠅聚集繁衍，大人聽信讒言。傷害賢良與忠臣，婦女生出憂患。

註釋：安育已受困。小人聚集孳生，上位聽信讒言，驅逐忠良，小人為患。

蕃：繁衍。**讒**：中傷、陷害別人的壞話。**婦人**：此處比喻小人。

*《詩經・青蠅》：「營營青蠅、止于樊。豈弟君子、無信讒言。」

48 井：履株覆輿，馬驚傷車，步為我憂。

踩到露出的樹根，車子翻覆，馬匹受驚車子毀傷，每步都充滿憂患。

註釋：要安育應該井然。貿然行動，遭遇危難，大受損傷，行動變得更危險。

株：樹木露在地面上的根部。**輿**：車。

49 革：<u>商風召寇</u>，呼我北盜。間諜內應，與我爭鬥。<u>殫已</u>寶藏，主人不勝。

　　秋風召喚賊寇，呼來北方的盜賊。間諜在內部相應，展開爭鬥。寶藏被掠奪殆盡，主人沒有獲勝。

註釋：安育已被革除。局勢蕭條，家賊召喚惡徒來掠奪，並擔任內奸裡應外合，美好成果全被掠奪。

商風：秋風；比喻蕭條之時。**寇**：盜匪。**北**：象徵陰晦之地。**殫、已**：竭盡。
*《楚辭‧沈江》：「商風肅而害生兮。」

50 鼎：逸豫好遊，不安其家。<u>惑於少姬</u>，久迷不來。

　　放逸安樂喜好遊樂，不能安住在家。被年少的女子迷惑，滯留迷戀不回來。

註釋：安育已覆鼎。放逸成性，不安於室，長久被酒色迷惑，無法挽救。

少姬：原指齊桓公的妾子少姬，此處僅借喻為年少的美女。**久**：滯留。

51 震：吾有<u>驊騮</u>，畜之以時。<u>東家翁孺</u>，來請我車。價極可與，後無賤悔。

　　我有一匹駿馬，已畜養多時。僱主要載老人和小孩，前來雇請馬車。給予極高的價格，後來也沒有輕慢後悔。

註釋：安育且震奮。長久培養才華，終於被領導青睞，加以重用來保護老小，並有尊重信任。

騞騮：音華流，周穆王八匹駿馬之一。**東家**：聘僱雙方的約聘人。**孺**：小孩。

52 艮：陀窮上通，與堯相逢。登升大麓，國無凶人。

　　舜的困厄已經窮盡，開始往上通達，與堯帝相逢。榮登升任三公，國家沒有凶惡的人。

註釋：安育克服受阻。走出困厄往上進取，受到領袖提拔重用，
　　　治理良好國家安定。

大麓：《論衡・正說》：「言大麓，三公之位也。」
* 舜為夷人、平民、家貧、喪母，父瞎，後母與其弟欲害之，故曰「陀」。
* 《史記・五帝本紀》：「舜入于大麓，烈風雷雨不迷，堯乃知舜之足授天下。」

53 漸：眾兔俱走，熊羆在後。跂不能進，失信寡處。

　　眾多兔子一起奔走，大熊就在後面。跛腳不能前進，失去信用，只能自己獨處。

註釋：要安育應循序漸進。自恃強大而躁進追逐，結果受傷無法
　　　再前進，還不被信任理睬。

羆：音皮，大熊。**跂**：音其，跛。

54 歸妹：旁行不遠，三思復返。心多畏惡，中日止舍。

　　步履歪斜無法走遠，三思之後又返復。心裡有很多畏懼厭惡，日正當中也留止在房舍裡。

註釋：想安育需相歸依。顧慮太多，時日大好卻猶豫懦弱，一開
　　　始就放棄，不如與人同行。

旁行：步履歪斜。**三**：象徵多。

55 豐：倉唐奉使，中山以孝。文侯悅喜，擊子徵召。

倉唐奉命出使，中山太子擊得以盡孝。魏文侯欣悅歡喜，太子擊被徵召晉見。

註釋：安育而且豐盛。有賢能輔助，盡釋前嫌，倫理和諧，團結
　　　安好。

中山、擊子：魏文侯封太子擊於中山。
*《說苑》載，魏文侯與太子因誤會三年互不往來。後倉唐進諫，太子乃遣倉唐獻於文侯。文侯於是召見太子來見，因成慈父子孝美事。

56 旅：入天門，守地戶。居安樂，不勞苦。

呼吸空氣進入鼻子，守在口部。居住安樂，沒有勞累辛苦。

註釋：安育的旅歷。調息修行，安居養息，以魂魄神遊太虛。

*《太上養生胎息氣經》：「鼻為天門，服氣魂魄歸天門；口為地戶，服氣魂魄歸地戶。」

（一說）文山蹲鴟，肥腯多脂。王孫獲願，載福巍巍。

汶山出產的芋頭，肥碩又多油脂。公子如願獲得，滿載福澤浩大繁多。

註釋：安育的旅歷。到美好的地方經營，如願獲得龐大的福祿。

文山：汶山，比喻沃土。**蹲鴟**：鴟音吃，芋頭。**腯**：音途，肥。**王孫**：對青年的尊稱。
巍巍：崇高雄偉。

*《史書貨‧殖列傳》：「汶山之下，沃野，下有蹲鴟，至死不饑。」

57 巽：登階上堂，見吾父兄。左酒右漿，與福相迎。

登上臺階，進入廳堂，見到父親與兄長。左邊是美酒，右邊是玉漿，迎來了福澤。

註釋：安育且安順。依禮順序行事，有貴人親密照應，左右逢源，
　　　獲得福澤。

58 兌：秋虵向穴，不失其節。夫人姜氏，自齊復入。

　　秋天的蛇朝向巢穴，沒違失節令。夫人少姜，自齊國嫁入晉國。

註釋：安育且相悅。遵行天道禮節，與人親密結盟，美滿相愛。

虵：蛇也，冬眠為自然法則。**姜氏**：齊景公女兒少姜，嫁給晉平公。

59 渙：忍醜少羞，無面有頭。滅耗寡虛，日以削銷。

　　容忍醜惡缺少羞恥心，有頭卻沒有臉。熄滅、耗損、缺少、虛弱，每日都在削弱銷毀。

註釋：安育變渙散。藏汙納垢，恬不知恥，不要顏面，資產身命日益耗損。

60 節：景星照堂，麟鳳遊翔。仁施大行，頌聲以興。

　　景星高照家堂，麒麟和鳳凰悠遊翱翔。大為施行仁政，歌頌的讚聲興起。

註釋：安育且有節度。天時吉祥，君子賢能自在發揮，君王大行仁政，得到名望和愛戴。

景星：象徵吉祥的星曜。

61 中孚：竿旄旌旗，執幟在郊。雖有寶珠，無路致之。

　　見師之隨。

註釋：安育需要忠信。軍隊已準備好出征卻無法前往，因為師出無名。

62 小過：李華再實，鴻卵降集。仁德以興，陰國受福。

見小畜之離。

註釋：安育並小超越。時令再度美好，人才聚集繁衍，實踐仁德而興盛，獲得福澤。

陰：廕也，庇蔭。

63 既濟：<u>白馬赤烏</u>，戰於<u>東都</u>。天輔有德，敗悔為憂。

　　商朝和周朝，在東方商國的國都決戰。上天輔佐有德性者，商紂大敗，悔恨憂患。

註釋：安育已完成。多行不義者遭到豪傑革命和上天譴責而覆滅。

白馬：商朝尚色，以白馬駕車。**赤烏**：周朝尚紅，以赤烏（太陽）為象徵。**東都**：周國東征商國，決戰於商都朝歌旁的牧野。

*《禮記・明堂位》：「殷人白馬，黑首。」又《史記・封禪書》：「周得火德，有赤烏之符。」

64 未濟：採薪得麟，大命隕顛。豪雄爭名，天下四分。

　　見屯之坤。

註釋：安育狀態尚未形成。世道中落，天命殞落，梟雄群起，天下四分五裂。

17 隨

17 隨：鳥鳴<u>東西</u>，迎其<u>群</u>侶。不得自專，空返獨還。

　　鳥兒鳴叫東西飛翔，迎接朋友伴侶。但不能自己專一，空手獨自返還。
註釋：追隨這又追隨那。到處迎合，不夠專一，最後沒有得到任
　　　何伙伴。
東西：象徵四處。**群**：朋輩。

1 乾：鼻目易處，不知香臭。君<u>迷</u>於事，失其寵位。

　　鼻子和眼睛交換位置，不知道香或臭。君主分辨不清國事，失去了尊寵的大位。
註釋：應相隨陽健，不應沉淪。體制顛倒失去機能，上位對國政
　　　昏昧，最終失去大位。
迷：迷失，分辨不清。

2 坤：唐虞相輔，鳥獸喜舞。安樂無事，國家富有。

　　唐堯和虞舜相輔相成，鳥獸歡喜舞蹈。平安歡樂沒有事端，國家富足饒有。
註釋：相隨且溫良。賢良相隨又相成，德及萬物，太平富強。

3 屯：左輔右弼，金玉滿櫃。常盈不亡，富如<u>敖倉</u>。

　　見師之歸妹。
註釋：相隨且相聚。相互輔佐，大為富有，常保珍貴福泰。
敖倉：河南縣名，為重要穀作產地，後世喻為糧倉。

4 蒙：**蒼龍單獨，與石相觸，摧折兩角。**

　　見坤之屯。

註釋：應相隨卻蒙昧。雖然強大，但蒙昧孤僻，獨自做莫名的鬥爭，受到致命傷害。

蒼龍：東方青龍，象徵豪傑。

5 需：**釣目厭部，善逐人走。來嫁無夫，不安其廬。**

　　以騙取的名目，來飽足賄賂任官的錢，把美善的人驅逐離開。來嫁人卻沒有丈夫，不能安於屋室。

註釋：要相隨還需等待，無可相隨者。上位巧立名目以職權斂財，並把適任的人驅離。新來任職者沒有主管可跟隨，因而不能安定。

釣：騙取，如釣譽。**目**：名目，如巧立名目。**厭**：滿足。**部**：部費，向吏部行賄以便批准任職的錢。

6 訟：**逐虎驅狼，避者不祥。凶惡北行，與喜相逢。**

　　驅逐老虎和野狼，避開不祥之物，凶惡者敗北逃去，逢到喜慶。

註釋：相隨並面對爭訟。團結將惡人擊敗驅離，趨吉避凶，迎來喜慶。

7 師：**齎貝贖狸，不聽我辭。繫於虎鬚，牽不得來。**

　　見否之革。

註釋：相隨變戰亂。勸告回心轉意，但還是違反正道去跟小人合謀，結果反被牽制，無法返回。

8 比：同載共輿，中道別去。喪我元夫，獨與孤居。

見比之革。

註釋：應相隨且相比附。初始同車共行，中途分別。善人離去，孤單一人，無法再前進。

9 小畜：奮翅鼓翼，將之嘉國。愆期失時，反得所欲。

振動翅膀鼓動羽翼，將要到美好的國度。錯過期限失去時機，難以得其所願。

註釋：想相隨但蓄小勢弱。躍躍欲試要做美好的發展，但實力不足，錯過時機，未能達成。

奮：鳥振動翅膀。**之**：至。**愆**：音千，錯過。**反**：《集韻》：「音販，難也。」

10 履：目傾心惑，夏姬在側。申公顛倒，巫臣亂國。

眼睛傾斜，心裡迷惑，夏姬就在身旁。申公巫臣顛倒倫理，淫亂國政。

註釋：相隨君子才能履行。昏昧不清，被身邊小人迷惑，一起顛倒倫理與國政。

夏姬：妖女的象徵三為王后，七為夫人，公侯爭之，莫不迷惑失意。**申公、巫臣**：楚國申公巫臣，後與夏姬私奔，致家族被誅滅。

11 泰：搏鳩彈鵲，逐兔山北。九盡日暮，失獲無得。

捕捉鳩鳥，用彈弓射擊喜鵲，追逐兔子到了山的北邊。最後到了盡頭又日暮，失去獵物，一無所得。

註釋：相隨才能康泰。想追逐各種美好，但單獨行動終究一無所獲。

搏：捕捉。**鳩**：象徵貞節。**鵲**：象徵喜事。**兔**：象徵光明。**山北**：象徵陰晦凶險之地。

九：《列子・天瑞》：「九變者，究也。」獲：獵物。

12 否：鹿求其子，虎廬之里。唐伯季耳，貪不我許。

　　鹿尋找牠的孩子，進入老虎居住的地方。大老虎和小老虎，不容許鹿再探求了。

註釋：相隨狀態已阻塞。尋找親密的人卻誤入險地，大小凶惡太
　　　多，無法再尋找。

里：居住的地方，如故里。**唐**：大；《說文解字注》：「（唐）大言也，引伸為大也。」
伯：老虎別名伯都。**季**：稚。**耳**：老虎別名李耳。**貪**：探也。

13 同人：敗魚鮑室，臭不可息。上山履塗，歸傷我足。

　　腐敗的魚放在鹹魚收藏室，臭氣無法停息。上山時踩到泥濘，歸返時傷了腳。

註釋：應相隨且同仁，不要臭氣相同。本質低劣的人在一起，令
　　　人厭惡，外出返家，都不順利。

鮑：鹽醃的鹹魚，味腥臭。**履**：踩、踏。**塗**：泥巴。

14 大有：華燈百枝，消衰暗微。精光訖盡，奄有灰靡。

　　華麗的燈火有一百盞，但消耗衰減，暗淡微弱。明亮的光芒終於殆盡，全部變成灰燼。

註釋：相隨才能大有。原本極為旺盛，但沒有增添新血，慢慢衰敗，
　　　最後繁華落盡，只留殘痕。

百：象徵很多。**訖**：終止。**奄有**：全部所有。**灰靡**：灰燼。

15 謙：顏叔子夏，遨遊仁宇。溫良受福，不失其所。

　　顏回和子夏，是逍遙悠遊的仁德賢士。溫和善良蒙受福澤，

不失合宜。

註釋：相隨且謙恭。君子一起自在生活，有仁德所以有福澤，行為合宜。

顏叔：顏回，復聖，安貧樂道，未仕。**子夏**：孔子晚年第一門生，《論語》可能多出其手，先仕後隱。**遨遊**：逍遙自在的悠遊。**仁宇**：對仁德者的美稱。**所**：合宜的。

16 豫：梁柱堅固，子孫蕃盛。福喜盈積，終無禍悔。

棟樑和支柱堅強牢固，子孫繁衍興盛。福祿喜慶盈滿累積，始終都沒有禍害悔恨。

註釋：相隨而安育。團隊幹才濟濟，繁衍眾多，充滿喜福，沒有災難。

蕃：繁衍。

18 蠱：邊鄙不聳，民狎其野。穡人成功，年歲大有。

邊遠偏僻地區不高雅，人民狎褻又野蠻。農夫種植成功，年年大有所得。

註釋：相隨且整治蠱敗。原本低劣粗鄙，過經學習整治，學會農耕（文明），並大有所獲。

邊鄙：邊遠偏僻地區。**聳**：高。**狎**：音俠，狎褻，淫蕩。**穡人**：農夫。

19 臨：虵牛鳴呴，呼求水潦。雲雨大會，流成河海。

蛇和牛都發出鳴叫聲，呼喚求救大水淹沒。雲和雨大為會聚，水流成了河川和大海。

註釋：相隨才能蒞臨。災難降臨，一起面對，解決問題，才能度過難關。

虵、牛：中原（華北）蛇與牛是陸生動物，不擅水性。**呴**：音許，喉中發出聲音。**水潦**：

雨水過多淹積。

20 觀：志合意同，姬姜相從。嘉耦在門，夫子悅喜。

　　志向相合，意氣相同，兩姓合婚互相隨從。美好的配偶在門裡，丈夫欣悅歡喜。

註釋：相隨且能觀省。君子同心同德，親密和諧，因而美好繁衍。

姬姜：象徵兩姓合婚，亦為婦女的美稱。**耦**：偶也，伴侶。

21 噬嗑：白馬駁騮，更生不休。富有商人，利得如丘。

　　白色禮馬和紅毛黑鬃良馬，更加生育不止。富有的商人，得到的利益有如山丘。

註釋：相隨且能法治。團隊人才生生不息，獲利也越來越多。

白馬：商朝尚色，以白馬駕車，比喻人才或珍財。**駁騮**：駁騮，毛色斑駁的紅身黑鬃尾良馬。

22 賁：大姒夏禹，經啟九道。各有攸家，民得安所。

　　姓姒的夏朝大禹，經營開啟通往九州的道路。各人都有安定的家庭，人民得到安定的居所。

註釋：相隨且能整飾。像聖人有浩大的建設和功績，人人各得其
　　　所，安居樂業。

大姒：夏禹姓姒（音似）。**九道**：通往九州的道路。**攸**：安定的樣子。

＊《左傳・襄公四年》：「芒芒禹跡，畫為九州，經啟九道。」

23 剝：甲戌己庚，隨時轉行。不失其心，得且安寧。

　　相剋與相生，隨著時令運轉行進。不要失去靈明之心，都可以安康祥寧。

註釋：相隨與剝落。分合生剋是為天時常理，只要保有靈明之心，
　　　就一切安好。
甲戌：甲（陽木）與戌（陽土）相剋。**己庚**：己（陰土）與庚（陽金）相生。**心**：
此處指靈明的心；見註。**得且**：都可以。
*《荀子・解蔽篇》：「心者，形之君也，而神明之主也。」

24 復：穆違百里，使孟厲武。將帥襲戰，敗於殽口。

　　秦穆公違背百里奚的建議，派遣他振興武備。將軍帥兵襲擊作戰，在殽口戰敗。

註釋：相隨才能復返回來。上位不聽勸誡，執意大肆行動，終令
　　　部屬受難，團隊重傷。
穆：秦穆公。**百里、孟**：百里奚，亦名孟明，穆公首相。**厲武**：振興武備。
*《史記・秦本紀》載，秦穆公違背百里奚與蹇叔建議，執意出征鄭國，結果被晉國敗於殽，百里奚被擒。

25 無妄：茅茹本居，與類相扶。顧慕群旅，不離其巢。

　　茅草互相牽連，原本同居一起，同類而相互扶持。眷顧愛慕團體，不離開窩巢。

註釋：相隨且不虛妄。彼此包含共生，相互扶持，成員親密都不
　　　離開團隊。
茹：互相牽連之貌。**與**：類。**群旅**：團體。
*《易・泰》：「拔茅茹，以其彙。」

26 大畜：伯仲叔季，日暮寢寐。坐臥失明，喪其貝囊。

　　全家兄弟，日暮就寢。坐臥休眠時失去明察，喪失了錢袋。

註釋：相隨才能大蓄。整個團隊的人，都各自放逸鬆懈，資產被
　　　趁虛而入竊走。

伯仲叔季：老大、老二、老三、老四。**寢、寐**：睡。**貝囊**：錢袋。

27 頤：亡羊捕牢，張氏失牛。騂駟奔走，鵠盜我魚。

遺失羊隻趕緊搜尋獸牢，張氏也遺失了牛。赤色的駟馬奔跑逃走，天鵝也盜走了魚。

註釋：相隨才能頤養。不能好好照護，遺失了資產，也失去人才
　　　與君子。

亡：遺失。**捕**：搜尋。**牢**：養牲畜的圈。**張氏**：《易林》慣以張氏為戰爭、失利之象徵。
騂：音星，紅馬。**駟**：四匹馬的車。**鵠**：音胡，天鵝。

28 大過：雀目燕頟，畏昏無光。思我狡童，不見子充。

眼睛像麻雀夜盲，額頭像燕子一樣短窄，畏懼昏暗，卻沒有光亮。思慕姣美無才的人，沒有見到俊美的子充。

註釋：相隨君子才能大超越。蒙昧不明，氣度狹小，應該與光明
　　　為伍，卻陷於黑暗之中，周邊只有小人，沒有君子。

雀目：比喻夜盲；見註一。**燕**：燕狎，接近，距離短。**頟**：額頭。**燕頟**：比喻氣度狹小，相對於履之小蓄「重頟」。**狡童**：姣美而無實才的人。**子充**：鄭國美男子，象徵美好的人。
* 《聖濟總錄》：「晝而明視，暮不睹物，名曰雀目。」
* 《詩經‧山有扶蘇》：「不見子充，乃見狡童。」

29 坎：入暗出明，動作有光。運轉休息，常樂允康。

入門保持隱密，出門則明潔，活動運作正大光明。營運轉動配合休憩歇息，常保歡樂確實安康。

註釋：相隨君子克服落陷。出入得宜，行為光明，動靜調和，常
　　　保安康。

有：大。**允**：允妥，確實。

30 離：不勝私情，以利自嬰。北室出孤，毀其良家。

不能克制私人情感，為了利益自我束縛。離開居室獨自出去，毀壞原本美好的家庭。

註釋：應相隨又相附著。自私自利，作繭自縛，背義離去，使團隊崩解。

勝：克制。**嬰**：纓也，繫。**北**：背也。**出**：遺棄。**孤**：獨處，如孤家寡人。

31 咸：稱幸上靈，媚悅於神。受福重重，子孫蕃功。

讚頌上帝降予福澤，取悅神明。蒙受重重的福澤，子孫繁衍且有功績。

註釋：追隨且感應正道。虔誠法禮，上天保佑，賜予眾多福澤、子孫和功業。

稱幸：稱頌降予福澤。**上靈**：上帝。**媚悅**：取悅。**蕃**：繁衍。

32 恆：齊姜叔子，天文在位。實沉參墟，封為康侯。

周武王的夫人齊姜產下叔子，他天生有手紋形成的字在手的部位。將他封在唐國，成為康強邦國的侯王。

註釋：追隨正理且持恆。持續正統與聖道，上天註定子孫會康寧安定。

齊姜：邑姜，周武王夫人，齊太公呂尚之女，故稱齊姜。**叔子**：唐叔虞，周成王滅唐後封予叔子，其子又改國號晉。**文**：紋也，指手紋。**實沉參墟**：見導讀，二十、天象、星曜。**康侯**：比喻康強邦國之侯（康侯為周武王弟姬封）。

*《左傳‧魯昭公元年》載：齊姜生叔子前，周武王夢見上帝命令他將兒子取名虞，並封於唐，這裡分野屬於參星，讓他繁衍子孫。等到叔子生下時，手紋果然有「虞」字。等到周成王滅唐國後，便將唐封給叔子。

33 遯：遨遊無患，出入安全。長受其懽，君子萬年。

翱翔悠遊沒有憂患，外出入門都平安保全。長久蒙受歡愛，君子存活萬年。

註釋：追隨正理且隱遁低調。有幽人之貞，自由自在，生活安好，永遠喜樂平安。

懽：歡也。

34 大壯：被服文德，升入大麓。四門雍肅，登受大福。

舜親自實行禮樂教化，入朝升任總領。明堂四方的大門和睦莊重，就位蒙受大福澤。

註釋：追隨聖人且壯大。以身作則，實行教化，被領袖提拔重用，尊貴且有福澤。

被服：親身體會實行。**文德**：禮樂教化。**大麓**：《論衡・正說》：「言大麓，三公之位也。」**四門**：天子舉行大典的宮殿（明堂）四方之門。**雍肅**：和睦莊重。**登**：就位。
*《論衡・正說》：「堯老求禪，四嶽舉舜……四門穆穆，入于大麓。」

35 晉：負金懷玉，南歸嘉國。蜂蠆不螫，利入我室。

背負黃金，懷抱美玉，向南趨往美好的國度。蜜蜂毒蟲沒有叮咬，利益進入房室。

註釋：相隨著前進。帶著全部資產去追求美好，一片光明，危險不來為害，利潤自來。

南：象徵光明的方向。**歸**：趨往，如歸趨。**蠆**：音柴四聲，像蠍子的毒蟲。**螫**：音遮，被蛇蟲的牙刺所叮。

36 明夷：日在阜巔，鄉昧為昏。小人成群，君子傷倫。

白日在山巔，即將是幽昧的黃昏。小人成群，君子也傷害倫

常。
註釋：相隨狀態已瘡痍。光明即將傾壞，天地轉為陰晦，小人成群亂舞，君子也沉淪為惡。

阜巔：山頂。**鄉**：嚮也，將近。

37 家人：水父海母，先來鳴呴。澤皋之土，從高而處。

父親如同水，母親如同大海，先來到的雉雞鳴叫著，這裡是有沼澤的土地，從高處搬來此地居處。

註釋：相隨的家人。尊長恩澤浩瀚，發現滋潤充沛的環境，呼喚他們遷來此地安居。

鳴呴：呴音許，雉鳴叫。**澤皋**：沼澤。

38 睽：東鄰少女，為王長婦。溫良利貞，宜夫壽子。

美麗的少女，成為君王長子之妻。溫順善良和諧貞正，安順丈夫，使子孫長壽。

註釋：以相隨治理睽離。德行美好，受大貴人青睞，親密結盟，安家且繁衍。

東鄰：象徵美女。**長婦**：長子之妻，未來家族之母。**利貞**：和諧貞正。**宜**：安順。

39 蹇：戴缾望天，不見星辰。願小失大，福逃於外。

戴著瓶子望向天空，看不見星星。願望太小失去大利祿，福澤向外逃離。

註釋：相隨已塞堵。自我蒙蔽，不能見到大局和光明，因小失大，失去福澤。

缾：瓶也。

40 解：王喬不病，狗頭不痛。三尸失履，乏我逆從。

王喬沒有疾病，頭也不疼痛。三尸神失去行蹤，沒有違逆的舉動了。

註釋：追隨正理解決問題。健康長壽，清神清爽，斬除慾望，不再有過失。

王喬：王子喬，與赤松子合為長壽的代表。**狗**：苟也，語助詞；《埤雅》：「狗從苟。」**頭**：比喻精神。**三尸**：人體內的三種惡神，產生癡貪嗔三種慾望，並定期向天帝呈奏人的過惡，故修行應斬三尸；見註。**履**：鞋子、步伐、經歷，比喻行蹤。**乏**：無。**從**：舉動。

*《列仙傳・朱璜》：「卿除腹中三尸，有真人之業可度教也。」

41 損：使燕築室，身無庇宿。家不容車，微我衣服。

燕子在築巢，士兵身體卻沒有庇護的處所。死了家裡沒發喪車，因為沒有死者的衣服。

註釋：相隨狀態已損壞。戰爭不止，士兵沒有藏身之處。最後戰死沙場，家裡無法發喪，因為屍骨衣物無存。

使：從事，如使得。**容車**：送葬時載運死者衣冠、畫像的車。**微**：沒有。

*〈戰城南〉：「為我謂烏：……梁築室，何以南？何以北？」哀悼戰場上的陣亡者。

42 益：威權分離，烏夜徘徊。爭蔽月光，大人誅傷。

威勢權力被分離出去，烏鴉在午夜徘徊，爭相遮蔽月光，高位者受到討伐而受傷。

註釋：相隨卻益已損民。大人自私自利因而失去威勢，小民聚集，遮蔽公權力，最後大人受到討伐傷害。

誅：討伐。

43 夬：辯變白黑，巧言亂國。大人失福，君子迷惑。

以強辯變換黑白，花巧的語言擾亂國家。大人失去福澤，君子也迷失困惑。

註釋：相隨已斷決。用迷亂的語言顛倒是非與國政，大人與君子也都迷失了。

44 姤：依踞甲鎧，敝筐受貝。大人不顧，少婦不取，棄捐於道。

依靠鎧甲坐著，破的籮筐裝著寶貝。大人不觀看，年少的婦人也不取用，於是丟棄在道路上。

註釋：應相隨且邂逅。有戰鬥力和才華，但狼狼的被動等待被發掘，從上到下無人青睞，被棄如敝履。

踞：蹲或坐。**甲鎧**：鎧甲，金屬片綴成的戰服。**筐**：盛物的方形竹器。**受**：容納。**少婦**：相對於大人。**捐**：棄。

45 萃：燕雀銜茹，以生孚乳。兄弟六人，妓好悌孝。得心歡欣，和悅相樂。

燕子和鳥雀啣著茅草築巢，作為生育孵化。兄弟六人，技能良好，友悌孝順。得意順心歡樂欣喜，和諧喜悅相處歡樂。

註釋：相隨且能相薈萃。像孕育子女一樣培育新血，全面繁衍，都是賢良，彼此相愛，共享歡樂。

銜：啣也，叼在口中。**茹**：茅也。**孚、乳**：孵。**六**：象徵齊全。**妓**：古做伎，技也，《道德經》：「多人伎巧。」

46 升：登几上輿，駕駟南遊。合從散衡，燕秦以僵。

見泰之晉。

註釋：相隨且上升。拓展國際關係，以團結破解強權分化計謀，一起與惡勢力抗衡。

僵：雙方僵持不下。

47 困：<u>齛齛許許</u>，<u>仇偶相得</u>。冰入炭室，消亡不息。

頻頻發出共同出力的聲音，配合的同伴互相契合。冰放入燒炭的屋室，消失滅亡沒有生息。

註釋：相隨克服受困。同心努力，親密無間，問題很快冰消瓦解。

齛齛：音讀，頻繁。**許許**：音虎，共同出力時所發的聲音。**仇**：述也，相配合的人。**偶**：同伴。**相得**：互相契合。

48 井：鴟鴞破斧，邦人危殆。賴其忠德，轉禍為福。傾亡復立。

見坤之遯。

註釋：相隨應井然。原本實行暴政，發動戰爭，人民顛沛，後來修身養德，轉危為安，獲得重建。

49 革：載金販狗，利棄我走。藏匿淵渠，悔折為咎。

見訟之旅。

註釋：相隨已被革除。劣物偽裝珍品，到處欺騙矇混，沒獲得利益還被唾棄，遠遠躲起來懊悔。

50 鼎：泉坑復平，宇室安寧。憂患解除，賴福長生。

冒出泉水的坑穴恢復平坦，屋宇房室安康祥寧。憂慮與患難

407

解除，幸福且長命百歲。
註釋：相隨而鼎立。解決問題，恢復安定，不再患難，長久安康。
賴：幸，福。

51 震：驪姬讒嬉，與二孽謀。譖啄恭子，賊害忠孝。駕出嘉門，商伯有喜。

　　晉獻公愛妾驪姬讒言恭世子調戲她，並與兩個作孽之人串謀，毀謗攻擊恭世子，迫害忠孝的人。駕車出了美好的門戶，商人先生有喜事。

註釋：相隨變震盪。小人為了牟取私利，相互勾結，陷害君子，
　　　君子另謀發展，這是對的。

讒：中傷、陷害別人的壞話。嬉：玩弄。譖：怎四聲，毀謗。啄：比喻用嘴（讒言）攻擊。賊害：迫害。伯：對人的尊稱。

* 前四句典故見比之履。

52 艮：刺羊不當，血少無羹。女執空筐，不得採桑。

　　殺羊的方式不當，血很少，肉的味道不鮮美。婦女手執空籠筐，採取桑葚一無所得。

註釋：相隨狀態停止。彼此禮節不當，無法產生實效，大家都不
　　　會有收穫。

刺：《爾雅》：「刺，殺也。」羹：肉的味道鮮美。筐：方形竹器。

*《易經‧歸妹》：「女承筐，無實；士刲羊，無血。無攸利。」禮不當也。

53 漸：牧羊稻園，聞虎喧嘩。畏懼悚息，終無禍患。

　　見屯之復。

註釋：相隨且循序漸進。經營家業，但有惡人覬覦，一起慎戒恐懼，

所以化險為夷。

嚾：音歡，喧鬧。**悚**：恐懼。

54 歸妹：明德隱伏，麟鳳遠匿。周室傾側，不知所息。

　　光明的德性隱藏潛伏，麒麟和鳳凰遠躲藏匿。周朝王室傾頹歪斜，不知哪裡棲息。

註釋：應相隨且相歸依。君主失去德行，賢能遠離，團隊崩壞，
　　　無法立足。

側：歪斜。

55 豐：鄰不我顧，而求玉女。身多禿癩，誰肯媚者？

　　鄰人不看我一眼，而去追求美麗的女子。身上多處髮毛脫落和皮膚病，誰會喜愛呢？

註釋：追隨正理才能豐盛。諸多醜惡的缺憾，周遭嫌惡，人們喜
　　　歡光潔的君子。

癩：生癬或化膿性皮膚病。**媚**：喜愛。

56 旅：初雖無輿，後得戰車。賴幸逢福，不罹兵革。

　　初始雖然沒有車子，後來卻得到作戰的車輛。幸而逢到福澤，沒有罹患兵災。

註釋：相隨去旅歷。初始貧乏難行，後來形成強大戰力，只有福澤，
　　　沒有險難。

輿：車。**賴、幸**：幸而。**罹**：遭遇。

57 巽：水壞我里，東流為海。龜梟謹囂，不睹王母。

　　見泰之兌。

註釋：應相隨且相順，莫潰亂。惡人破壞作亂，環境大為崩解，小人囂張狂呼，法統不再。

58 兌：兩心不同，或欲西東。明論終始，莫適所從。

見訟之頤。

註釋：相隨應相悅，莫相鬥。同行不能同心，各有高見，最後還是無所適從，沒有進度。

明論：高明的議論。

59 渙：天帝懸車，廢禮不朝。禳福不制，失其寵家。

天帝隱居不仕，廢棄禮制不上朝問政。祭祀消災祈福不按制度，失去尊貴的帝位。

註釋：相隨狀態已渙散。君主怠廢，不理朝政，也荒廢禮儀制度，因而覆滅了。

懸車：隱居不仕。**禳**：音讓二聲，消災除厄的祭祀。**寵**：尊貴的。**家**：帝王或太子。

60 節：交川合浦，遠濕難處。水土不同，思吾皇祖。

交阯和合浦，遙遠潮濕難以居住。環境水土大不相同，思念祖先。

註釋：相隨應相節度。不同背景難以共同生活，因而不能諧合，調節尚待加強。

交川：交阯，其俗男女同川而浴，故名。**合浦**：設於南越的郡，比喻蠻荒之地。**水土**：比喻生活環境。**皇祖**：第四代祖先，也泛指遠代的祖先。

＊《漢書‧地理志下》：「合浦、交阯……皆粵分也。」

61 中孚：勾踐之危，棲於會稽。太宰䛊言，越國復存。

越王勾踐發生危難，滯留在會稽山。太宰伯嚭謀劃獻言，越國恢復存在。

註釋：應相隨且忠信。剛愎貿進，陷入絕境，幸得用計才死裡逃生。

棲：停留。**太宰**：諸侯國百官之長，此處指伯嚭。**機**：謀劃。

*《史記‧越王勾踐世家》載，越王勾踐被吳王夫差困於會稽山，於是賄賂吳國太宰伯嚭進言，接受越國投降稱臣，未滅越國。

62 小過：慈烏鳴鳩，執一無尤。寢門內治，君子悅喜。

慈烏會反哺，斑鳩執著專一沒有怨尤。在家裡修身治理，君子欣悅歡喜。

註釋：相隨而小超越。堅持孝貞的德行，不怨天尤人，修身齊家，一切順利。

慈烏：烏鴉的一種。**鳴鳩**：斑鳩，一夫一妻制。**寢門**：內室的門，引申家裡。**內治**：治理家務或約束自己。

63 既濟：當年早寡，獨立孤居。雞鳴犬吠，無敢問諸。我生不遇，獨離寒苦。

過去早早就守寡，獨自生存孤單居住。只有雞鳴和狗吠，沒人來問候。生來不得志，孤獨離群，貧寒艱苦。

註釋：相隨已結束。早早就失去伴侶，離群隱居沒人理睬，生不逢時，一生貧苦。

當年：過去某一時期。**諸**：之。**遇**：得志。

64 未濟：江河變服，淫涵無側。高位顛崩，寵祿反覆。

江山國土已改變服制，沉溺酒色，沒有左右手。顯貴的職位顛毀崩壞，榮寵與祿位翻轉覆滅。

註釋：相隨尚未形成。君王淫逸荒誕，輔臣離去，國家被推翻，失去帝位和尊貴，身敗名裂。

江河：江山國土。**變服**：改朝換代而改變衣服制度。**淫湎**：沉溺於酒。**側**：旁邊的副手，如君側。

*《詩經‧蕩》：「不明爾德、時無背無側……天不湎爾以酒，不義從式。」詛咒商紂之詩。

18 蠱

18 蠱：魴生江淮，一轉為百。周流天下，無有難惡。

　　魴魚生長在長江和淮河，一隻輾轉孳生百隻。遍流天下，沒有災難凶惡。

註釋：一直整治蠱敗。君子生活在良好的環境，並且大量繁殖，
　　　力量擴散到全世界，過程安好。

魴：音防，鯉科魚類，象徵吉祥。**江淮**：象徵環境富庶。**周**：遍。

1 乾：首澤與目，載受福慶。我有好爵，與汝相迎。

　　頭部的油脂多到接近眼睛，承載蒙受幸福吉慶。我有好的美酒，用來迎接您。

註釋：整治蠱敗且陽健。福澤滿溢，蒙受極多喜慶，與人相互共好。

首澤：頭部的油脂，比喻恩澤。**與**：接近。**爵**：有三隻腳的小酒器。

2 坤：鞫鞫輴輴，歲莫偏蔽。寵名捐棄，君衰在位。

　　馬車發出聲響，時已歲末，遍地敗壞。恩寵和名望都被丟棄，君主所居的大位已衰敗。

註釋：應整治蠱敗的陰氣。局勢敗壞，倉皇逃亡，失去地位和聲望。

鞫鞫：音田，車輛發出的聲音。**輴輴**：車馬聲。**歲莫**：歲暮，一年將盡。**偏**：遍也。
捐：棄。**在位**：居於君主的地位。

3 屯：折若蔽日，蘭屏王目。司馬無良，平子沒傷。

　　折斷若草來遮蔽太陽，阻攔遮蔽君主的眼睛。軍事首長不良好戰，但韓平子以柔克剛，所以完好無傷。

註釋：整治蠱敗且屯聚。奸臣傷害君子、蒙蔽光明與君主，並擴大衝突，但忠臣遵行天道與仁和，加以克制。

若：一種香草。**蘭**：闌也，阻攔；《戰國策‧魏策三》：「千里有餘，河山以蘭之。」**屏**：遮蔽。**司馬**：軍事首長。**良**：遵守法紀，如良民。**平子**：韓平子，晉國韓氏的領袖，性好和平。

＊《說苑‧敬慎》：「天之道，微者勝，是以兩軍相加而柔者克之……平子曰善！」

4 蒙：家在海隅，撓繞深流。王孫單行，無妄以趍。

家在海邊，環繞著深浚的洋流。公子單獨行進，趨往而遭遇不測。

註釋：應整治蠱敗與蒙昧。環境險象環生，卻貿然獨往，因而遇害。

隅：音於，邊或角。**撓**：繞也。**王孫**：貴族後代，對人的尊稱。**無妄**：不測、意外。**趍**：趨也，快步前進。

5 需：執義秉德，不危不殆。延頸盤桓，安其室檀。屯耗未得，終無大恤。

執守義理秉持德行，不會有危險，延伸脖子停留觀察，安護屋室家園。屯守拖延未能有得，但終究沒有大憂患。

註釋：整治蠱敗且耐心等待。行為正當，小心觀察，好好守護家園，雖然停頓不能增產，但因而安穩。

盤桓：停留觀察。**檀**：象徵家園。**耗**：拖延。**大恤**：大憂患。

＊《尚書‧盤庚中》：「永敬（警）大恤，無胥（相）絕遠。」

6 訟：長舌亂家，大斧破車。陽陰不得，姬姜衰憂。

搬弄是非擾亂家國，大斧頭砍破了車子。陽氣與陰氣不相得，婦女衰敗憂慮。

註釋：應整治蠱敗與爭訟。小人撥弄是非，惡人大肆破壞，天時與人倫不和諧，無法結合繁衍。

姬姜：象徵兩姓合婚，亦為婦女的美稱。

7 師：二人異路，東趍西步。千里之外，不相知處。

　　見比之損。

註釋：整治蠱敗才能出師。不能同心，各分東西，越行越遠，從此斷絕。

8 比：視暗不見，雲蔽日光。不見子都，鄭人心傷。

　　視線昏暗不能看見，烏雲遮蔽了日光。沒見到子都，鄭國人民心裡感傷。

註釋：應整治蠱敗且相比附。德行被遮蔽，黯淡無光，美好的人消失了，百姓悲哀。

子都：鄭國美男子。
*《詩經・山有扶蘇》：「不見子都，乃見狂且。」

9 小畜：初憂後喜，與福為市。八佾列陳，飲御嘉友。

　　見坤之小過。

註釋：整治蠱敗且持續小蓄。初始有憂慮，後來發達，獲得天子最高規格賞賜，並與人共好。

10 履：童妾獨宿，長女未室。利無所得。

　　見豫之益。

註釋：整治蠱敗才能履行。自己無法孳生，也不願與人結盟，無

利可得。

11 泰：**玄黃四塞，陰雌伏謀。呼我墻屋，為巫所識。**

　　天地四方都閉塞，鬼怪齜牙裂嘴的潛伏圖謀。吹動牆壁和屋頂，被巫師識破。

註釋：整治蠱敗才能康泰。天道閉塞，險惡小人伺機作亂，因賢
　　　良警覺而拆穿。

玄黃：天玄地黃，故指天地。**陰**：鬼怪。**雌**：齜也。**呼**：吹動。

12 否：**中復摧頹，常恐衰微。老復賴慶，五羖為相。**

　　期中反復遭受摧毀而頹壞，經常恐懼會衰弱式微。歷時長久後回復幸福吉慶，五羖大夫成為相國。

註釋：整治蠱敗與閉塞。中途屢遭襲擊而岌岌可危，但能堅持不
　　　輟，最後成就功業。

老：歷時長久。**賴**：幸，福。**五羖**：五羖（音古）大夫，百里奚，原為奴隸，被秦穆公用五張黑羊皮贖回當相國，奠定秦國霸基。

13 同人：**伯氏殺羊，行悖天時。亳社夷燒，朝歌丘墟。**

　　皇上殺羊，行為違背天理時序。亳都的祭祀場所被夷平燒毀，首都朝歌也成為墳墓。

註釋：應整治蠱敗的同仁。君王行為違背天道倫理，王朝因而毀
　　　滅。

伯：商紂，《易林》會以伯稱呼失格皇上，如姬伯（周幽王）。**亳社**：商朝故都亳（音播）的祭祀之所。**夷**：痍也，創傷。**朝歌**：商紂的京城，商紂後於此自焚。**丘、墟**：墳墓。

＊《禮記‧玉藻》：「君無故不殺牛，大夫無故不殺羊。」故伯氏殺羊，行悖天時。

14 大有：日短夜長，祿命分張。早離父兄，免見憂傷。

白日短，夜間長，天生命運註定要分離。早年就離開父親兄長，不能相見而憂愁哀傷。

註釋：整治蠱敗才能大有。明亮少，陰晦多，註定孤獨，過去以來都沒人照護。（自強才能改變命運）

祿命：天生註定的命運。**張**：分開。**免**：不能，如閒人免進。

15 謙：采唐沬鄉，期于桑中。失期不會，憂思約帶。

見師之噬嗑。

註釋：應整治蠱敗且謙恭。與人約定結盟但不合倫理，失信又毀約，因而黯然無成。

期：約定。

16 豫：昧視無光，夜不見明。冥抵空床，季葉逃亡。

眼睛看不清楚，沒有光線，夜裡見不到明亮（夜裡不明亮，沒有光線眼睛看不清楚）。幽暗中碰撞到空蕩的床，末世裡只能逃亡。

註釋：整治蠱敗才能安育。環境蒙昧不明，百姓孤獨，行動牴觸，在衰世裡只好逃難。

昧：目不明。**冥**：幽暗。**抵**：牴觸，碰撞。**空床**：比喻無偶獨居。**季葉**：末世，衰世。

17 隨：舉趾振翼，南至嘉國。見我伯姊，與惠相得。

舉起腳趾振動羽翼，向南去到美好的國家。見到大哥與姐姐，給予恩惠互相契合。

註釋：整治蠱敗且能相隨。行動追求美好境地，與親密貴人互惠共好。

舉趾：比喻舉足。**與**：給予。**相得**：互相契合。
* 《詩經‧七月》：「四之日（周歷四月）舉趾，同我婦子，饁彼南畝。」

19 臨：<u>則天順時，周流其墟。與樂並居，元有咎憂</u>。

　　效法天理順應時令，遍布流傳整個廢墟。歡樂共居，原本有過失憂患。（本句倒裝：原本有過失憂患，但效法天理順應時令，德行遍布流傳整個廢墟，又開始歡樂共居。）

註釋：整治蠱敗後臨政。順天應人，仁德遍施各處，原本憂患毀壞都已消除，大家和樂生活。

則：效法。**周**：遍。**元**：原。

20 觀：<u>蠶室蜂戶，螫我手足。不可進取，為吾害咎</u>。

　　見履之泰。

註釋：應整治蠱敗且觀省。惡人集體造成傷害，以致不能執事與前進，還釀成災禍。

21 噬嗑：<u>公孫駕驪，載遊東齊。延陵悅產，遺季紵衣</u>。

　　見乾之益。

註釋：整治蠱敗的法治。為加強合作而奔波，與人和好共享，大家互蒙其利。

22 賁：<u>轉作驪山，大失人心。劉季發怒，禽滅子嬰</u>。

　　遷徙百姓去做驪山陵寢，大大失去人心。劉邦生氣動怒，擒拿並消滅子嬰。

註釋：整治蠱敗且整飾。暴君為求私慾荼毒百姓，豪傑起義推翻朝廷。

轉：遷徙。**驪山**：秦始皇陵寢之處。**劉季**：劉邦，本名季。**禽**：擒也。**子嬰**：秦朝最後一個皇帝。
* 本條僅為借典，建驪山靈寢者為秦始皇非子嬰，又劉邦未殺子嬰，子嬰為項羽所殺。

23 剝：羊腸九縈，相推稍前。止須王孫，乃能上天。

　　見履之師。
註釋：應整治蠱敗與剝落。路途太過狹隘曲折，前進壅塞勉強，
　　　先停止等候，疏通好了才能登升。

24 復：蝃蝀充側，佞人傾惑。女謁橫行，正道壅塞。

　　淫女充斥兩側，被諂媚的人傾倒迷惑。得勢嬪妃進言且仗勢非為，正道阻塞不通。
註釋：整治蠱敗才能恢復。上位周邊充斥奸人迷惑，又到處關說
　　　干政，正道阻礙不通。

蝃蝀：音定東，彩虹，象徵淫女；見註一。**佞**：巧言諂媚。**女謁**：宮中得勢嬪妃的進言；見註。**橫行**：不依直道而行，比喻仗勢非為。**壅**：阻塞。
*《釋名・釋天》載，虹，又曰蝃蝀，又曰美人，婚姻錯亂，淫風流行。
*《說苑・遵義章》：「女謁公行者亂。」

25 無妄：福祿不遂，家多怪祟。麋鹿悲啼，思其大雄。

　　福澤與利祿不順遂，家裡有很多鬼怪作祟。麋鹿悲傷哭啼，思念他偉大的英雄。
註釋：整治蠱敗才能不虛妄。諸事不順，連鬼神也作怪，福祿變
　　　成災禍，豪傑也消失了。

遂：順利。**祟**：作怪、為害。**麋鹿**：象徵福祿。**大雄**：勇敢傑出者。

26 大畜：雲雷<u>因</u>積，大雨重疊。久不見日，使心<u>悒悒</u>。

　　雲層和雷電累積，大雨重重相疊。許久沒見到太陽，心情憂愁鬱悶。

註釋：整治蠱敗才能大蓄積。禍端一直累積，終致災難不斷，光明長久消失，不能生產滿心憂慮。

因：積累。**悒悒**：憂愁鬱悶。

27 頤：<u>三河</u>俱合，水<u>怒</u>踊躍。壞我<u>王</u>室，民困無食。

　　全國江河一起會合，水流浩大勁急又洶湧。毀壞大屋，人民受困沒有食物。

註釋：整治蠱敗才能頤養。萬禍齊發，災難氾濫洶湧，人民流離顛沛。

三河：泛指全國江河。**怒**：聲勢浩大勁急。**踊、躍**：跳躍、上漲。**王**：大。

28 大過：旦雨夜行，<u>早</u>遍<u>辟</u>城。<u>更相</u>覆傾，終無所<u>成</u>。

　　白天下的雨，夜晚還在流動，洪水早已流遍王城。國土相繼翻覆傾倒，最終沒有一處完整。

註釋：整治蠱敗才能大超越。禍害夜以繼日發生，京城淪陷，終於造成毀敗，全國無一完整。

早：已經。**辟**：天子、君主。**更相**：相繼。**成**：完整的。

29 坎：褎后生<u>虵</u>，垂老盲微。側跌哀公，<u>酉</u>滅<u>黃離</u>。

　　褎妣生出蛇，但君主垂垂老矣，眼盲體衰。魯哀公傾斜跌倒，酉時陰氣上升，消滅了中正光明（或太子）。

註釋：要整治蠱敗卻落陷。大奸人又衍生小奸人，上位昏昧沒有

能力整治，以致陰氣消滅陽氣，斷絕光明與後嗣。

褒后：褒姒，導致周幽王亡國的妖女；見註。**虵**：蛇也。**垂**：垂落。**微**：衰弱。**側**：傾斜。**酉**：下午五到七點，月亮（陰氣）上升之時。**黃離**：日旁的雲彩；象徵中正光明，或太子。

* 《史記‧魯周公世家》載，褒姒傳說為龍漦（唾液）所化生，故其所生曰蛇。
* 後兩句，《史記‧魯周公世家》載，魯哀公試圖整治擅權的三桓大夫，卻被驅逐，太子繼位更卑屈於三桓。

30 離：鴻雁南飛，隨時休息。轉逐天和，千歲不衰。

　　大雁子向南飛，隨順時宜而休息，遷徙追逐天地祥和之氣，千年不會衰敗。

註釋：整治蠱敗且相附著。一起追求光明前途，隨順時宜調整節
　　　奏，不躁進也不緩慢，跟隨正理，長久康泰。

鴻：大。**南**：候鳥飛往南方溫地。**轉**：遷徙。**天和**：天地祥和之氣。

31 咸：後時失利，不得所欲。莫亨偕結，自逐自逐。

　　延誤時機失去利益，沒有得其所願。沒有順利的偕同結合，分開各自追逐。

註釋：整治蠱敗需相感應。想要一起追求利益，但未能協同合作，
　　　延誤時機而失敗，最後分道揚鑣。

亨：亨通，順利。

32 恆：心多恨悔，出言為怪。梟鳴室北，醜聲可惡。請謁不得。

　　見豫之恆。

註釋：整治蠱敗才能持恆。心理與言行都病態，外出叫囂作怪，

421

惡名昭彰，被人排斥。

梟：泛指鷹類猛禽。**北**：比喻陰晦的方向。

33 遯：四馬過隙，時難再得。尼父孔聖，繫而不食。

四匹馬拉的車，從洞孔前跑過去，稍縱即逝，時間難以再次復得。孔子聖人的才華好像匏瓜被聯綴著，沒有食用。

註釋：整治蠱敗的狀態已隱遁。時間忽倐而過，時機不再，賢良的才能被擱置。

四馬：駟馬，四匹馬拉的馬車。**過隙**：從洞孔前跑過去，象徵短暫。**尼父**：魯哀公封賜孔子的諡號。**繫**：聯綴。

*《莊子・知北遊》：「人生天地之間，若白駒之過隙，忽然而已。」
*《論語・陽貨》：「吾豈匏瓜也哉？焉能繫而不食？」

34 大壯：陰變為陽，女化為男。治道得通，君臣相承。

見屯之離。

註釋：整治蠱敗而壯大。小人轉成君子，政務通暢，上下齊心無間。

35 晉：崑崙源口，流行不止。龍門砥柱，民不安處。母歸孩子，黃麑悅喜。

崑崙山的泉水源頭，流動盛行沒有停止。龍門山和砥柱山阻礙水流，人民無法安然居住。母親歸返孩子身旁，黃色小鹿欣悅歡喜。

註釋：整治蠱敗才能前進。豐沛的資源遇到阻礙不能通暢，並造成災害，經過整治後母子團聚，培育繁衍。

崑崙：崑崙山，天下江河總源。**黃**：象徵尊貴。**麑**，音尼，小鹿。

*《史記・夏本紀》：「道河積石，至于龍門，南至華陰，東至砥柱……」後禹鑿龍門。

422

36 明夷：葛虆蒙棘，華不得實。讒佞亂政，使恩壅塞。

見師之中孚。

註釋：應整治蠱敗與痍傷。君子被小人重重包圍，政務無法開花結果，小人妖言亂政，皇恩無法執行。

虆：繁多、累積。

37 家人：公無長驅，大王駿馬。非其當所，傷折為害。

君主沒有向遠方挺進，君主卻有駿馬（君主有駿馬卻沒有向遠方挺進，見註），這並非他所應當的作為，因而傷病折損受到殘害。

註釋：整治蠱敗才能家人。上位不圖振作，未克盡職責，還沉迷享樂，導致國家損傷。

公、大王：諸侯國的君主。**長驅**：向遠方挺進。**駿**：良馬。

*《新序·雜事三》：「古公亶父，來朝走馬……」古公亶父為避狄人，騎馬沿著西邊河岸奔走，直到岐山山下，為周國開基。孟子以此勉勵梁惠王要勵精圖治（駿馬長驅），不要好色。

38 睽：大倉充盈，庶民蕃盛，年歲熟榮。

京城的國家糧庫充沛滿盈，百姓平民繁衍昌盛，年年成熟繁榮。

註釋：整治蠱敗與睽離。國家豐收，收藏良好，人民安樂，繁衍眾多。

大倉：京城的國家糧庫。**蕃**：繁衍。

39 蹇：執蕡炤犧，為風所吹。火滅無光，不見玄黃。

手執麻籽火炬照亮祭祀的牲禮，但被風吹動，火滅了沒有光

亮，見不到天和地。

註釋：應整治蠱敗與蹇跛。執行國家法禮，卻遭受破壞，天地陷入黑暗。

蕡：音焚，大麻的籽，可做火炬。**炤**：照明。**犧**：祭祀的牲禮。**玄黃**：天玄地黃，指天地。

40 解：鳥反故巢，歸其室家。心平意正，與叔相和。登高殞墜，失其寵貴。

鳥兒返回本來的窩巢，歸返到家人身邊。心情平和，意念正當，與夥伴和諧相處。登上高處墜落下來，失去了榮寵和尊貴。

註釋：應整治蠱敗並解決問題。返回安居樂業，秉持正念和家人和諧相處。如果好高騖遠，會失去美好的一切。

室家：配偶家眷。**叔**：對夥伴的尊稱。**殞**：隕也，墜落。

41 損：弩弛弓藏，良犬不行。內無怨女，征夫在堂。

弓箭調為鬆弛並收藏起來，良好的獵犬也不再奔行。房內不再有哀怨的女子，出征的男子都在家堂了。

註釋：整治蠱敗與損失。戰鬥與紛爭停止，並不再征戰，恢復倫理與繁衍。

弩：機械式弓箭。**弛**：放鬆。

*《吳越春秋・勾踐二十一年》：「高鳥已散，良弓將藏；狡兔已盡，良犬就烹。」

42 益：特犧孔博，日新其德。文公燎獵，姜氏受福。

雄性的牲禮非常碩大，商湯每日精進盛德。周文王夜間舉火炬狩獵，姜子牙接受祭祀的酒肉。

註釋：整治蠱敗而受益。聖人虔誠守禮，日新又新，也在黑暗中光明行動，大家都獲得福澤。

特：公牛、雄性牲畜。**犧**：祭祀的牲禮。**孔、博**：大。**新**：變得更好，如自新。**燎獵**：夜間舉火炬狩獵。**姜氏**：姜太公受周文王拔用，後助武王克殷，並封於齊。**福**：祭祀用的酒肉。

* 《盤銘》：「苟日新，日日新，又日新。」又《繫辭上》：「日新之謂盛德。」

43 夬：<u>季秋孟冬</u>，<u>寒露霜降</u>。大陰在<u>庭</u>，<u>品物</u>不生。雞犬夜鳴，家擾<u>數</u>驚。

秋末冬初，已是寒露和霜降。重大陰氣充塞宮廷，萬物不能生長。雞和狗夜晚鳴叫，家戶受擾屢屢驚怖。

註釋：應整治蠱敗與斷決。時局變陰晦，朝廷惡人當道，國家無
　　　法生產，百姓也總是驚慌。

季、孟：一季三個月分別是孟、仲、季。**寒露、霜降**：二十四節氣中，秋季的最後兩個節氣。**庭**：廷也；《說文解字》：「庭，宮中也。」**品物**：萬物、眾物。**數**：屢屢。

44 姤：心多恨<u>悔</u>，出門見怪。有<u>虵</u>三足，醜聲可惡。<u>嫫母</u>為媒，請求不得。

心中多有怨恨，出門見到怪物。蛇有很三隻腳（見註），相貌與聲音都醜陋厭惡。為嫫母做媒，請求都沒有成功。

註釋：應整治蠱敗的邂逅狀態。心念陰晦，只能碰見醜惡的大怪
　　　人，想要與人和同，人們都不願意。

悔：恨。**虵**：蛇也。**嫫母**：嫫音模，以醜聞名。
* 蛇無角無足，龍兩角四足，如蛇有生角、有足，意味即將變成惡龍形狀，如頤之巽「虵子兩角」。

45 萃：虎豹爭強，道閉不通。小人<u>讙</u>訟，貪夫<u>受空</u>。

老虎和豹子好強爭鬥，道路封閉不通。小人喧鬧爭訟，貪心

的人甚麼也沒得到。

註釋：英整治蠱敗的薈萃狀態。凶狠惡人相互鬥爭，致使世道閉塞，雖然貪婪但最後一無所得。

讙：音歡，喧鬧。受：得到。

46 升：雞方啄粟，為狐所逐。走不得食，惶懼惕息。

雞方要啄食粟米，卻為狐狸所驅逐。逃走沒得到食物，惶恐懼怕，害怕喘息。

註釋：整治蠱敗才能上升。小民資產被惡人掠奪，只能挨餓逃難，國家無法壯大。

惕息：害怕而喘息。

47 困：陳媯敬仲，兆興齊姜。乃適營丘，八世大昌。

見屯之噬嗑。

註釋：整治蠱敗與困境。遇到美好伴侶並相互結盟，奠定基礎並繁衍子孫，將來必定稱霸。

48 井：昊天白日，照臨我國。萬民康寧，咸賴嘉福。

見比之晉。

註釋：整治蠱敗且井然。如青天白日普照天下，所有百姓都康祥有福澤。

49 革：雲夢大藪，嘉有所在。虞人共職，驪駒樂喜。

雲夢大藪，是美好所在之處。掌管山澤的官員供獻職務，黑色良馬歡樂喜悅。

註釋：整治蠱敗又能革新。地方富饒美好，大人盡心奉獻，人才
　　　歡喜發揮。

雲夢：古楚國的大沼澤地，為天下富。**大藪**：大沼澤地。**虞人**：掌管山澤之官。**共職**：供職也，在職務上供獻。**驪駒**：黑色良馬，象徵人才。

50 鼎：獐鹿雞兔，群聚東國。俱往逐追，九齚十得。主君有喜。

　　　見蒙之復。

註釋：整治蠱敗而鼎立。美好的人才已聚集，行動如探囊取物，
　　　收穫超乎預期，國家有喜。

東國：指東囿，皇宮園林。

51 震：德惠孔明，雖衰復章，保其室堂。

　　有德澤恩惠，大為光明，雖然衰微恢復彰顯，保有宗室和廟堂。

註釋：整治蠱敗而震奮。施政仁德恩惠，因而振衰起敝，國家安然。

孔：大。**章**：彰也，光彩。

52 艮：天之所壞，不可強支。眾口嘈嘈，雖貴必危。

　　　見蒙之夬。

註釋：整治蠱敗已停止。上天要使之衰亡，誰都無法勉強支持，
　　　眾人喧鬧相鬥，雖然尊貴也必會遭受危難。

嘈嘈：喧鬧。

53 漸：天之奧隅，堯舜所居。可以全身，保我邦家。

　　　見履之復。

註釋：整治蠱敗且能漸進。環境美好，且有賢良主政，個人和國家可以安然。

54 歸妹：下泉苞稂，十年無王。荀伯遇時，憂念周京。

往下流的泉水，浸泡叢生的野草，國家十年沒有君王救治。荀伯依時令接待四方諸侯，如今只能憂愁的懷念周朝京城。

註釋：應整治蠱敗且相歸依。君王暴虐，民間災害無人整治，懷念朝廷有賢良治國，四方安治的時代。

苞稂：叢生的野草。**十年**：象徵一個執政期間；見註二。**荀伯**：郇（荀）國首任君主，周初四大輔佐諸侯之一。**遇**：接待。

*《詩經・下泉》：「冽彼下泉，浸彼苞稂。……念彼周京。……四國有王，郇伯勞之。」周共王虐民，百姓懷念昔日荀伯的辛勞。

*《新書・無蓄》：「禹有十年之蓄，故免九年之水；湯有十年之積，故勝七歲之旱。」

55 豐：江河海隅，眾利聚居。可以遨遊，卒歲無憂。

江河和大海的邊岸，眾人安順的聚集居住。可以自在悠游，一整年都沒有憂患。

註釋：整治蠱敗且豐盛。維持環境良好，眾人安居樂業，自在無憂。

隅：音於，邊或角。**利**：安順。**卒歲**：一整年。

56 旅：南山黃竹，三身六目。出入制命，東皇宣政。主尊君安，鄭國無患。

在南方的嵩山，天子作詩〈黃竹〉悲憫百姓，眾人奉皇帝的命令往來各處，在春天時宣導政令。尊奉主上國君定定（見註二），鄭國沒有憂患。

註釋：整治蠱敗才能旅歷。君王體恤百姓停止遊樂，並命令官吏

四處奔波施政，賢臣忠心維護王室，國家安定。

黃竹：毛竹，周穆王做〈黃竹〉三章，哀憫人民，後以「黃竹」為帝王詩作。**三身六目**：三人有六目，以三、六象徵多。**出入**：往來。**制命**：帝王下達命令。**東皇**：春神。**鄭國**：鄭國由盛轉敗，子產執政時，出現安定繁榮。

* 《穆天子傳》載，穆天子南遊黃室（太室，即嵩山），天寒地凍，黃竹凋死，百姓躲藏，作〈黃竹〉哀民，並結束旅程。

* 鄭國七穆長期專權干政，子產執政時抑穆尊君，鄭國相對富強。本條與離之損同參。

57 巽：<u>重驛置之，來除我憂</u>。與喜俱居，同其福<u>休</u>。

　　官員用加倍的馬力來到驛站（見註），解除了憂慮。喜樂的一起居住，和福澤同在。

註釋：整治蠱敗而安順。朝廷加速整飭，百姓沒有憂患，歡樂共居，
　　　福澤常在。

重：加倍。**驛**：遞送公文或官員的馬匹或驛站。**置**：驛站的一種，五十里一置。**之**：至。**來**：語助詞。**休**：庥也，福祿。

* 《鹽鐵論・論勇》「疾於馳傳重驛。」用多匹馬拉車或增多驛站換班，以加強馬力，增加速度與距離。

58 兌：<u>南山高崗</u>，麟鳳室堂。含和履中，國無災殃。

　　南山的高崗，是麒麟和鳳凰的棲息處。包容和諧，履行中道，國家沒有災難禍害。

註釋：整治蠱敗且相悅。光明又高貴，賢能合心共處，德行貞節，
　　　國家平安。

南山：山南水北為陽，象徵光明。**崗**：山嶺。

* 《詩經・卷阿》：「鳳凰鳴矣，于彼高岡。」

59 渙：<u>紫芝朱草</u>，與仙為侶。<u>公尸侑食</u>，福祿<u>來</u>下。

紫色的靈芝，吉祥的朱草，是神仙的伴侶。祭祀時天子將公卿當成祖靈助興勸食，福祿來臨降下。

註釋：整治蠱敗且煥發。君聖臣賢，像神仙伴侶般共事。君主對大臣虔誠的禮敬照護，國家有福祿。

紫芝：祥瑞之物，紫象徵帝王。**朱草**：祥瑞之物，朱象徵大臣。**公尸**：天子祭祀，以公卿替代被祭的神靈受祭。**侑食**：祭祀中為先人助興勸食。**來下**：降臨。

* 《論衡・初稟》：「朱草之莖如鍼，紫芝之栽如豆，成為瑞矣。」
* 《詩經・鳧鷖》：「公尸燕飲、福祿來成。」

60 節：宮成室就，進樂相舞。英俊在堂，福祿光明。

皇宮王室興建完成，進獻音樂一起舞蹈，英明俊秀的人才聚在廟堂，充滿福祿光明。

註釋：整治蠱敗並能節度。體制建構完成，眾人有序同歡，人才都有所用，國家康強。

61 中孚：商人子孫，資無所有。貪狼逐狐，留連都市。還轅內鄉，嘉喜何咎？

商人的子孫資財一無所有，卻像貪心的野狼追逐狐狸，連續停留在都城。調還車子朝家裡趨駛，美好歡喜，有何過錯呢？

註釋：應整治蠱敗且忠信。沒有資產卻貪心好取，想要買空賣空，到繁華之地流連徘徊，趕快返回才是對的。

狐：比喻珍貴。**轅**：音元，套住拉車牲畜的直木，象徵車。**鄉**：嚮也，趨向。

* 漢代重農抑商，認為商人家族都是賤買貴賣乃至買空賣空，不足取。

62 小過：執贄入朝，獻其狐裘。元戎燮安，沙漠以懽。

手執見面禮入朝，獻上狐狸皮衣。大軍諧和相安，匈奴居住

的沙漠地區（見註）因而歡欣。

註釋：整治蠱敗且小超越。接受野蠻敵人的進獻，大家息鼓停戰，和諧相處。

贄：音至，初次見面時所送的禮物。**裘**：皮衣。**元戎**：大軍。**燮**：音謝，調和。**懽**：歡也。

＊《鹽鐵論・備胡》：「匈奴處沙漠之中。」

63 既濟：湧泉汩汩，南流不絕。壞敗邑里，家無所處。

湧出的泉水湍急，向南方流去源源不絕。損壞破敗鄉里，沒有家可以居處。

註釋：整治蠱敗已結束。大禍迸發，逆流到處橫行，家園被破壞，人民流離失所。

汩汩：水急湍流。**南**：河水向東流，南流為決堤徙道。**邑里**：鄉里。

64 未濟：固陰冱寒，常冰不溫。凌人情怠，大雹為災。

見否之蹇。

註釋：整治蠱敗尚未完成。環境惡劣，主管怠惰，釀成重大天災人禍。

19 臨

19 臨：<u>弱水之上</u>，有西王母。生不知老，與天相保。行者危怠，<u>利</u>居善喜。

　　弱水的上方，有西王母娘娘。祂永生而不知死為何物，與上天相互保護。行進的人有危險，到此安順居住美好歡喜。

註釋：一直臨政，永遠安康。以聖道建立神仙國度，漂泊危險的人都可獲得安居。

弱水：西山的聖河。**利**：安順。

＊《史記‧大宛傳》：「條枝有弱水、西王母。」

1 乾：<u>黃獹生馬</u>，<u>白戌為母</u>。<u>晉師在郊</u>，虞公出走。

　　黃狗生出馬，馬卻以白狗為母親。晉國軍隊已在國郊，虞國主公出走逃亡。

註釋：臨政應陽健。原本相生，但小人見利忘義，背棄盟友，本國也遭到毀滅。

黃、白：見註一。**獹**：一種良狗。**獹生馬**：見註二。**戌**：屬狗。**郊**：國都周圍百里之地。

＊黃屬土，白屬金，金比土貴重，故黃獹以白戌為母，為見利忘義。

＊狗為戌屬土，馬為午屬火，土生火，故曰獹（狗）生馬；但凡不同種而生則為妖孽，故為生出妖孽。

＊《左傳‧僖公二年》載，晉國獻寶給虞國君主以借道伐虢，虞虢兩小國原本唇齒相依以抗強國，但虞公見利忘義便借道，晉國滅了虢之後，回程也將虞滅了。

2 坤：倉唐奉使，中山以孝。文侯悅喜，擊子徵召。

　　見豫之豐。

註釋：臨政且溫良。有賢能輔助，盡釋前嫌，倫理和諧，團結安好。

3 屯：機關不便，不能出言。精誠不通，為人所冤。

　　小畜之蒙。

註釋：臨政卻困屯。口部不便給，不能開口說話。真摯的誠心也
　　　行不通，被人所冤枉。

4 蒙：白茅醴酒，靈巫拜禱。神嗜飲食，使君壽考。

　　用白茅過濾甜酒，奉靈的巫師祭拜祝禱。神明喜歡進獻的飲食，讓君主壽命綿長。

註釋：臨政且能啟蒙。恭敬虔誠，遵守禮法，神明歡喜，賜予福澤。

醴酒：甜酒。**嗜**：喜愛。**考**：長壽。

5 需：重瞳四乳，耳聰目明。普為仁表，聖作元輔。

　　舜眼睛有兩個瞳孔，周文王有四個乳房，聖人耳聰目明，全面獎勵仁政，聖上有所作為，元老也加以輔佐。

註釋：臨政能耐心等待，不躁進。君主有聖人明察、育民的特質，
　　　聰慧的任用賢能輔政，廣為實施惠民的建言。

重瞳：一眼兩個瞳孔。**聰、明**：耳好是聰，眼好是明；引申觀察敏銳。**普**：全面。**表**：表彰，獎勵。**聖作**：帝王有所作為。**元輔**：大的輔佐，重臣。

*《尸子》：「舜兩眸子，是謂重瞳。」

*《論衡 ‧ 骨相》：「文王四乳在帝王之位。」

6 訟：水長無船，破城壞堤。大夫從役，困于泥塗。一朝喪殂，不見少妻。

　　河水高漲卻沒有船，還破壞了城市和堤防。年壯的丈夫去從事勞役，困於泥濘的道路上。有朝一日喪命殞落，見不到年少的妻子了。

註釋：臨政卻面臨爭訟。環境敗壞，難以前進，壯丁服役身亡，只剩弱女子，也無法再繁衍。

長：漲也。**大夫**：年壯的丈夫，以「大」對應後面之「少」妻。**塗**：道路。**殯**：死亡。

7 師：二人俱行，各遺其囊。鴻鵠失珠，無以為明。

兩人一起行走，各自遺失行囊。大天鵝失去了明珠，無法照亮光明。

註釋：臨政才能出師，應先招兵買馬。人員不足就行動，結果都丟失資產，也失去德行，前途黯淡無光。

二人：象徵只有左右的人，應以三多數為宜。**囊**：袋子。**鴻**：大。**鵠**：鵠音胡，天鵝。

8 比：隨時轉行，不失其常。咸樂厥類，身無咎殃。

隨著時令運轉行動，沒有失去常規。和睦歡樂的類聚，身命沒有過錯災殃。

註釋：臨政且相比附。隨從天理，遵守人倫，大家同樂共處，安康無恙。

咸：和睦。**厥**：其。**類**：動詞，同類相聚。

9 小畜：蔡女蕩舟，為國患憂。褒后在側，屏蔽王目。搔擾六國。

蔡姬劇烈晃動齊桓公的小舟，成為國家的禍患憂慮。褒姒在身邊，遮蔽周幽王的眼睛。秦國擾亂六國。

註釋：臨政但蓄小勢弱。奸人罔顧禮制為害，並妖惑君主，國家紛亂，強國趁機騷擾侵略。

褒后：褒姒，誘惑周幽王亡國的妖女。**屏**：遮蔽。**搔**：騷也。

*《左傳·僖公三年》：「齊侯與蔡姬乘舟於囿，蕩公，公懼，變色，禁之不可，公怒，

歸之。」

10 履：駕龍騎虎，<u>周</u>遍天下。為人所使，西見王母。不憂不殆。

　　駕著龍，騎著虎，環繞遍行天下。被人民差譴，到西方晉見王母娘娘。沒有憂慮和危險。
註釋：臨政且履行職務。豪健的前進，行遍天下，被人民託付，
　　　追求聖道與康寧，一切安好。
周：環繞。

11 泰：<u>員</u>怨之吳，畫策<u>闔閭</u>。鞭平服<u>荊</u>，除大咎殃。威震敵國，還受<u>上卿</u>。

　　伍員含怨到了吳國，為吳王闔閭規畫策謀。征服楚國，鞭楚平王墓，除掉碩大的禍患災殃。威勢震驚敵國，還受封為上卿。
註釋：臨政且康泰。原先受挫，經過勵精圖治，結果東山再起，
　　　消滅敵人，完成大業。
員：伍員，伍子胥。**之**：至。**闔閭**：吳王，為夫差之父，《荀子·王霸》列為春秋五霸之一。**荊**：楚國。**上卿**：三卿的最高級，亦為相國。
*《史記‧伍子胥列傳》載，伍子胥家族在楚國被迫害，投奔到吳國受到重用，後來征服楚國、鞭楚平王墓，官拜相國公。

12 否：<u>唐邑之墟</u>，晉人之居。虞叔受福，<u>寔沈</u>是國，世載其樂。

　　唐國的故城，由晉國人民居所。唐虞叔接受福澤，在此建立國家，世代承載歡樂。
註釋：臨政克服閉塞。起死回生，展現新生，就地努力，經營有成，

435

世代相傳。

唐：周成王滅了古唐國後封予其弟唐叔虞，其子又改國名為晉。**邑**：國家。**墟**：故城。
寔沈：實沈，見導讀，二十、天象、星曜。

＊《左傳・昭公十五年》：「唐叔受之，以處參虛。」唐國位置在星象學分野上位於參宿。唐叔虞安撫治理四周的戎狄功勞甚大。

13 同人：管鮑相知，至德不離。三言相桓，齊國以安。

　　管仲和鮑叔兩人相知相惜，有至高德性不離不棄。用三句話輔佐齊桓公，齊國因而安定。

註釋：臨政且能同仁。與人知心交往，道德崇高不背離，用仁慈
　　　樸實的簡單語言把國家治理良好。

＊《呂氏春秋・慎小》：「齊桓公即位，三年三言而天下稱賢，群臣皆說。去肉食之獸；去食粟之鳥；去絲置之網。」

14 大有：三十無室，長女獨宿。心勞未得，憂在胸臆。

　　三十歲還沒有成婚，長成的女子獨自住宿。心神勞碌卻無所得，憂慮在胸懷之中。

註釋：相臨才能大富有。長久無法和同，時機錯過，難以繁衍。
三十：女子已加倍超過婚齡，見註。**室**：成婚。**臆**：胸膛。

＊《穀梁傳》：「女子十五而許嫁。」

15 謙：散渙水長，風吹我鄉。火滅無光，墮敗桓公。

　　洪水四散又高漲，強風吹襲家鄉。火滅了沒有光亮，齊桓公殞落滅亡。

註釋：臨政應恭謙，方能持恆。小人橫行，環境敗壞，光明殞滅，
　　　明君也墜落了。
散渙：水四散而流。**長**：漲也。**墮**：掉落。

*《史記・齊太公世家》載，齊桓公雖一世英明，但管仲死後重用奸人殺群吏，諸公子並將桓公軟禁直到餓死，身死不葬，蟲流出戶。

16 豫：飛蜎蠕動，各有配偶。小大相保，咸得其所。

　　昆蟲飛翔爬行，緩慢移動，各自有匹配的伴侶。弱小和壯大的相互保護，全部都合宜。

註釋：臨政且安育。大地回春，開始活動，與人結合繁衍，大家
　　　相互養護，各得所需。

蜎：音娟，蟲類爬行。**蠕動**：蟲類緩慢移動。**咸**：全部。**其所**：合宜的。
*《難經・藏府井俞》：「蜎飛蠕動，當生之物，莫不以春而生。」

17 隨：安樂几筵，未出王門。

　　安然享樂於桌几和蓆子，不走出王室大門。

註釋：臨政應相隨。關起門來怠惰享樂，不理會外面百姓。

几筵：古人坐臥時憑靠的小桌和躺的蓆子。

18 蠱：火生月窟，上下恩塞。觝亂我國。

　　火星在月亮升起，朝廷上下恩澤塞絕，國家衝突紛亂。

註釋：臨政卻蠱敗。天兆不祥，光明痿傷，朝廷百官不再為民施恩，
　　　國家陷入紛亂。

火：火星，主災禍。**月窟**：月亮的歸宿處，月亮象徵光明。**觝**：牴也，牴觸，衝突。

20 觀：長生無極，子孫千億。柏柱載青，堅固不傾。

　　見比之泰。

註釋：臨政且能觀省。長治久安，繁衍眾多，幹部堅強，國家牢固。

21 噬嗑：**欽敬昊天**，**曆象星辰**。**宣授民時**，**陰陽和調**。

　　欽仰尊敬上天，遵循日月星球的運行。宣導傳授依時令農作，陰氣和陽氣和合協調。

註釋：臨政且能法治。尊崇天道，教化百姓，生產與人倫和合有序。
欽：尊敬。**昊天**：蒼天。**曆象、星辰**：日月星球運行的天象。**民時**：農時。
*《中論‧曆數》：「《書》曰：乃命羲和，欽若昊天。曆象日月星辰，敬授民時。於是陰陽調和，災厲不作。」

22 賁：**三河俱合**，**水怒踴躍**。**壞我王屋**，**民困於食**。

　　見蠱之頤。

註釋：要臨政應整飾。萬禍齊發，災難氾濫洶湧，人民流離又飢餓。
踴：踊也。**困**：窮盡。

23 剝：**壽如松喬**，**與日月俱**。**常安康樂**，**不見禍憂**。

　　長壽有如赤松子、王子喬，與日月同在。長久保持康泰安樂，不見災禍與憂患。

註釋：臨政遇到環境剝落。崇尚仙道，休生養息，能常保安康。
松喬：仙人赤松子和王子喬，象徵高壽。

24 復：**天之所予**，**福祿常在**。**不憂危殆**。

　　見小畜之瓣。

註釋：臨政狀態恢復。上天賜予福澤與安寧，永遠康祥，不用憂慮。

25 無妄：**受讖六符**，**招搖空虛**。**雖跌無憂**，**保我全財**。

　　接獲對朝廷的災異預言，三臺六星在天空搖動（見註）。雖然跌宕但沒有憂患，保有全部的資財。

註釋：臨政能不虛妄。國家出現內憂和外患的徵兆，確實應對，
　　　最後化險為夷，沒有任何損失。
受：接獲。**識**：音趁，預測災異吉凶。**六符**：三臺六星的符驗（徵兆），專對朝廷或大臣；三臺（星宿名）每臺有兩星，合稱六星。**招**：搖動。**空、虛**：天空。**跌**：跌宕，頓挫波折。
*《漢書．天文志》：「星搖者，民勞也。」不吉之兆。

26 大畜：齎金買車，失道後時。勞罷為會，我心則休。

　　　拿黃金去買車輛，迷失道路延誤時機。辛勞疲乏聚集，心志停止了。
註釋：臨政應大蓄，不能耗費。耗費重資整備重裝，前進後卻迷
　　　失方向，未能達成目標，疲乏放棄。
齎：音機，拿。**罷**：疲也。**會**：聚集。

27 頤：華首山頭，仙道所遊。利以居止，長無憂咎。

　　　見謙之井。
註釋：臨政並能頤養。追崇聖道，無為而治，長久起居行止，無
　　　禍無災。

28 大過：采唐沫鄉，要期桑中。失信不會，憂思約帶。

　　　見師之噬嗑。
註釋：臨政發生大過錯。與人約定結盟但不合倫理，失信又毀約，
　　　因而黯然無成。

29 坎：八面九口，長舌為斧。斲破瑚璉，殷商絕後。

　　　見否之謙。

註釋：臨政已落陷。四面八方極多的小人，全在搬弄口舌是非，殺傷力強大，國家法統斷絕。

八：象徵八方。**九**：象徵最多之數。

30 離：臨溪蟠枝，雖恐不危，樂以笑歌。

臨近溪流，攀著樹枝，雖然恐怖但沒危險，快樂的歡笑唱歌。

註釋：臨政且相附著。面臨危險能相互攀附，所以有驚無險，大家歡欣。

蟠：盤也；又，盤者攀也。

31 咸：泱泱沸溢，水泉為害，使我無賴。

水澤深廣，動盪滿溢，泉水造成災害，使我失去依賴。

註釋：臨政應感應民心。災害嚴重泛濫，沒有整治，百姓頓失所依。

泱泱：水深廣的樣子。**沸**：動盪。**水泉**：泉水。

32 恆：蝗螟為賊，傷害稼穡。愁飢於年，農夫鮮食。

蝗蟲和螟蟲危害，傷害農事。憂愁飢荒之年，農夫缺少食物。

註釋：臨政應持恆努力。小人群起為害，沒有整治，導致生產敗壞，民生艱困。

螟：蛀食水稻的害蟲。**稼穡**：音架色，播種與收穀，泛指農事。**鮮**：少。

33 遯：八百諸侯，不期同時。慕西文德，興我宗族，家門雍雍。

八百位諸侯，沒有約定但同時來到。學習西方周朝的禮樂教化，以振興宗族，家戶都和樂融融。

註釋：臨政變遁逃。暴君被眾人不約而同推翻，學習新聖主的禮
　　　樂教化，各國振興，家家和樂。
期：約定。**慕**：《說文》：「慕，習也，愛而習翫模範之也。」**西**：周國在殷商西邊。
文德：禮樂教化。**家門**：借指家。**雍雍**：和諧。
*《春秋繁露・王道》：「周發兵，不期會於孟津者八百諸侯。」

34 大壯：長男少女，相向笑語。來歡致福，和悅樂喜。

　　長男和少女（見註），彼此歡笑談話。歡喜和福澤來到，和諧欣悅快樂歡喜。

註釋：臨政且壯大。振奮喜悅，歡樂的結合繁衍，充滿喜樂和幸福。
*澤雷隨，震（長男）在下為先，兌（少女）在上為後，故為少女追隨長男，兩情相悅，凡事皆成。

35 晉：平國不君，夏氏作亂。烏號竊發，靈公殞命。

　　媯平國沒有君主德行，夏姬之子作亂弒君。以彈弓暗中發射為樂，晉靈公殞落性命。（兩位皆為靈公，但不同人）

註釋：臨政應前進，不應荒廢。領袖沒有倫理法度，又殘害百姓，
　　　因而自取滅亡。

平國：陳靈公，媯姓名平國。**烏號**：黃帝所用過的弓，此處比喻彈弓。**竊發**：暗中發動。
殞：死亡。
*《史記・陳杞世家第六》載，陳靈公和兩位臣子去和守寡的夏姬四人一起亂倫，後被夏姬之子所殺。
*《左傳・宣公二年》載，晉靈公性情殘暴，喜愛在高臺上用彈弓射擊行人，觀看他們躲避的樣子取樂，後被臣子所弒。

36 明夷：春多膏澤，夏潤優渥。稼穡熟成，畝獲百斛。

　　春天有許多滋潤的雨水，夏天潤澤優美肥沃。秋天農事成熟，

田畝獲得眾多穀物。
註釋：臨政克服瘡痍。努力工作四季風調雨順，生產良好豐收，
　　　可以安居樂業。
膏澤：滋潤土壤的雨水，比喻恩惠。**稼穡**：音架色，播種與收穀，泛指農事。**百**：象徵極多。**斛**：音胡，五斗為一斛。

37 家人：客宿臥寒，席蓐不安。行危為害，留止得歡。

在外住宿，臥具寒凍，墊席也不安穩。行動會有危害，停留居止得以歡樂。
註釋：臨政應如家人團聚，不宜躁進。行動不會安適，且有危險，
　　　安住可以歡樂。
席、蓐：墊子。

38 睽：乘桴於海，雖懼不殆。母載其子，終焉何咎？

在海上搭乘木筏，雖然恐懼但沒有危險。母親載著孩子，終究有何過錯呢？
註釋：臨政克服睽離。環境雖然激盪危險，但上位能守護下位，
　　　不會有災難。
桴：木筏或竹筏。**焉**：疑問詞。

39 蹇：手拙不便，不能伐檀。車無軸轅，行者苦難。

手臂笨拙不便給，不能砍伐檀木。車子沒有輪軸和轅木，行進的人蒙受苦難。
註釋：臨政但蹇跛。能力笨拙，無法成事，行動受難。
便：靈巧。**轅**：音元，套住拉車牲畜的直木。
*《詩經・伐檀》：「坎坎伐檀兮……坎坎伐輻兮。」古代車子多用檀木製作，曰檀車。

40 解：唐虞相輔，鳥獸喜舞。民安無事，國家富有。

見隨之坤。

註釋：臨政且解決問題。賢能合作努力，人民與萬物都歡喜，家國安康。

41 損：秋蛇向穴，不失其節。夫人姜氏，自齊復入。

見豫之兌。

註釋：臨政但能損人利己。能守禮安住，自己和人民都可得到好歸宿。

42 益：病篤難醫，和不能治。命終永訖，下即蒿廬。

病情深重難以醫療，醫和也不能治療。生命終止永遠結束，下放到草廬等待埋葬。

註釋：臨政但益己損民。上位荒淫凶暴，最後藥石罔救，一命嗚呼。

篤：深。**和**：醫和，秦國名醫。**訖**：結束。**下**：往、到。**蒿**：一種野草。**廬**：守喪而構築在墓旁的小屋。

* 晉平公好色又陷害忠良，《左傳・成公十年》：「（節）晉侯求醫，醫和視之，曰，疾不可為也，是謂近女室，惑以喪志，良臣將死，天命不祐。」

43 夬：青蛉如雲，城邑閑門。國君衛守，民困於患。

蜻蜓和雲一樣多，城市門庭清閒，國君只會自我保衛防守，人民被災患所困。

註釋：臨政面臨斷決。環境蕭條，城門冷冷清清，君主只求自保不發展，人民陷入苦難。

青蛉：蜻蜓，會聚在一起捕食，故望之如雲。**城邑**：城市。**閑門**：進出稀少，門庭清閒。

44 姤：牙蘖生齒，室堂啟戶。幽人利貞，鼓翼起舞。

見比之節。

註釋：臨政且相邂逅。開始重生與成長，不再封閉，潛修的君子，也出世發揮。

蘖：櫱也。

45 萃：鳧游江海，沒行千里，以為死亡。復見空桑，長生樂鄉。

野鴨在江海游泳，隱沒水中潛行千里，以為死了。但又見到空桑，到達永生的歡樂之鄉。

註釋：要臨政應相薈萃。人民顛沛流離的遷徙即將滅絕，但遇到賢良治理之地，又獲得重生。

鳧：音福，野鴨。**空桑**：伊尹生於空桑，比喻聖地。

46 升：黃帝出遊，駕龍乘馬。東上太山，南遊齊魯。邦國咸喜。

見同人之需。

註釋：臨政且上升。聖王成就統一功業，視察四方，執行禮義，天下太平。

47 困：履危不止，與鬼相視。驚恐失氣，如騎虎尾。

處於危險中不曾休止，還與鬼怪互相對視。驚慌恐懼失去元氣，好像騎在老虎的尾巴上。

註釋：臨政但受困。一直處於危難，還與妖孽面對，驚魂失魄，難以脫身。

履危：置身險境。**虎尾**：比喻險境。

48 井：秋<u>南</u>春<u>北</u>，不失消息。<u>涉</u>和<u>履</u>中，時無隱<u>慝</u>。

　　春夏秋冬，不違背陰陽消滅與生息的規律。行動和諧中道，隨時都沒有別人不知的罪惡。

註釋：臨政且井然。依循天道與倫理行動，和諧中正，光明正大。
南：指夏天。**北**：指冬天。**涉、履**：行走。**慝**：音特，邪惡。
*《韓詩外傳‧卷一》：「陰陽消息，則變化有時矣；時得則治，時失則亂。」

49 革：龍門砥柱，通利水道。百川順流，民安其居。

　　龍門山和砥柱山被鑿通，水道通達便利。所有的河川都順暢而流，人民安定居住。

註釋：臨政且能革新。致力掃除重重阻礙，振興建設，環境與政
　　　務通暢，人民安居樂業。
*《史記‧夏本紀》：「道河積石，至于龍門，南至華陰，東至砥柱……」後禹鑿龍門。

50 鼎：千歲廟堂，棟<u>橈</u>傾<u>僵</u>。天<u>厭</u>周德，失其寵光。

　　千年的宗廟，棟樑彎曲傾斜倒塌。上天厭惡周朝的德業，使其失去榮寵光耀。

註釋：臨政已覆鼎。長久執政，體制敗壞，上天不再保佑，令其
　　　下位。
廟堂：宗廟。**橈**：彎曲。**僵**：倒。**厭**：憎惡。

51 震：折<u>若</u>蔽目，不見稚叔。三足孤烏，遠離室家。

　　見師之萌。

註釋：臨政發生震盪。自我蒙蔽，招募不到新成員，上位剛愎自

用,成員都遠離了。

若:一種香草。

52 艮:**望叔山北,陵隔我目。不見所得,使我憂惑。**

小叔在山北遙望,丘陵隔絕了視線。沒得見到人,憂慮疑惑。

註釋:臨政受阻。尋找夥伴,但阻隔重重,無法覓得,處境堪憂。

山北:山南為陽,山北為陰。

53 漸:**匏瓠之恩,一畝千室。萬國都邑,北門有福。**

匏瓠有包容養育的恩德,一位母親生出千個家室。每個國家首都的北門,都給不得志的仕子福澤。

註釋:臨政且循序漸進。像母親一樣包容繁衍,大為開枝散葉,國政大為運行,不得志的仕子都獲進用。

匏瓠:音袍戶,都是葫蘆,象徵包容、養育。**畝**:母也。**北門**:《詩·邶風》篇名,北向的門,象徵仕人不得志;見註。

*《詩經·北門》:「出自北門、憂心殷殷。終窶且貧、莫知我艱。」

54 歸妹:**域域牧牧,憂禍相半。隔以巖山,室家分散。**

淺狹無知的牧令牧養百姓,憂慮和禍害各佔一半。被高峻的山崖阻隔,家人分開離散。

註釋:臨政應相歸依。上位執政蒙昧無知,百姓不是憂就是禍,像被高山阻礙,人民分散相隔。

域域:淺狹無知。**牧**:牧令,地方長官。**牧**:牧民,治理人民。**巖**:高峻的山崖。**室家**:配偶家眷。

55 豐:**騏驎騄耳,遊食萍草。逍遙石門,循山上下,不失**

其<u>所</u>。

　　麒麟和駿馬，悠遊進食萍草，在石門逍遙自在，依循著山勢上山下山，沒有失去安宜。

註釋：臨政且豐盛。賢能們都可飽足，並到遠方自在遊歷，進退
　　　　有據，一切順利。

騄耳：周穆王八駿馬之一。**萍**：苹也，非浮萍，青蒿，較荊蒿為細。**石門**：比喻遙遠富庶之地。**所**：合宜的。

＊《詩經‧鹿鳴》：「呦呦鹿鳴，食野之苹。」

56 旅：天所祚昌，文以為良。<u>篤生</u>武王，<u>姬</u>受其福。

　　上天賜予福澤昌盛，因為周文王賢良。天生得天獨厚的周武王，姬姓宗族蒙受福澤。

註釋：臨政且能旅歷。勤政又有德行，老天賜福，子嗣優異，王
　　　　族康泰福祿。

祚：音作，福氣。**篤生**：天生得天獨厚。**姬**：周朝姓姬。

＊《詩經‧大明》：「篤生武王，保右命爾。」

57 巽：羊腸九縈，相推稍前。止須王孫，乃能上天。

　　見履之師。

註釋：要臨政需安順。路途太過狹隘曲折，前進壅塞勉強，先停
　　　　止等候，疏通好了才能登升。

58 兌：貧鬼守門，日破我盆。<u>孤牝</u>不駒，雞不成雛。

　　使人貧窮的鬼守住家門，每天打破盆子。單獨一隻母獸生不出幼獸，雞孵不出小雞。

註釋：臨政才能歡悅。不勵精圖治，小人像鬼怪一樣當道破壞，

最後孑然一身，無法孳生繁衍。

貧鬼：迷信中使人貧窮的鬼。**孤**：單獨。**牝**：雌性動物。**駒**：幼獸。

59 渙：飽食從容，出門上堂。不失其常，家無凶殃。

從容的吃飽飯，出門到公堂執行業務。沒失去倫常，家中沒有凶惡災殃。

註釋：臨政且渙發。生活穩定，執政如常，遵守規矩，一切安好。

上：到。

60 節：陰淫不止，白馬為洵。皋澤之子，就高而處。

陰晦霪雨久下不止，白馬津水勢洶湧。靠近水邊的幼小鳥獸，跑向高處居住。

註釋：臨政應該節度。酷政滔滔不絕，局勢變得險惡，為了生存繁衍，小民背離逃走。

淫：霪也，久雨。**白馬**：白馬津，黃河南岸渡口，兵事和行旅要道，比喻險要渡口。
皋澤：靠水邊的地方。**子**：幼小的鳥獸。**就**：趨向。

61 中孚：執戈俱立，以備暴急，千人守門。因以益卑，終安何畏？

手持武器一起站立，以便防備緊急事故，有一千人守住城門。因為益加謙卑，終究安全，有何畏懼？

註釋：臨政能夠忠信。大家都堅實防衛，雖然力量不大，但因為慎戒用謀，因而患難不能成害。

戈：長柄橫刃的武器。**暴急**：急迫。**千人**：千人雖不能武攻，但能先以權謀牽制，使敵人分散心力；見註。

*《尉繚子‧十二陵第七》：「千人而成權，權先加人者，敵不力交。」

448

62 小過：夾河為婚，水長無船。遙心失望，不見歡君。

見屯之小畜。

註釋：臨政發生小過錯。原本已協議結盟，但對方卻爽約，大願無法成真。

遙：搖也。

63 既濟：陰陽變化，各得其宜。上下順通，奏為膚功。

陰與陽的變換轉化，各個都很安順。上位與下位和順通暢，稟奏碩大的功勞。

註釋：臨政已完成。變化有序，陰陽調和，上下政通人和，成就大功業。

膚：大。

*《小雅・六月》：「薄伐玁狁，以奏膚公。」歌詠周宣王。

64 未濟：任劣德薄，失其臣妾。田不見禽，犬無所齚。

任事能力卑劣，德行淺薄，失去了臣和妾。田野見不到禽鳥，獵犬沒有追咬的獵物。

註釋：臨政尚未完成。能力與德行低劣，下屬都脫離，一片荒蕪，無所可謀。

齚：音則，咬。

20 觀

20 觀：<u>歷山</u>之下，<u>虞舜</u>所處。<u>躬</u>耕致孝，名聞四海。為堯所薦，<u>纘</u>位天子。

　　歷山的下方，是虞國大舜的處所，親自耕種致力孝道，名聲通達四海。後為堯帝推薦，繼位為天子。
註釋：觀省又觀省。努力工作，又有大德行，備受讚譽，因而被
　　　貴人拔擢，齊家而後治國、治天下。

歷山：舜原初生活耕種之處。**虞舜**：大舜的國號虞。**躬**：親自。**纘**：音鑽三聲，繼承。
＊《墨子・尚賢中》：「古者舜耕歷山……（堯）授之政，天下平。」

1 乾：蜎飛蠕動，各有所配。歡悅相逢，咸得其處。

　　見臨之豫。
註釋：觀省且陽健。大家都活力旺盛，匹配繁衍，歡喜相迎，都
　　　能安居。

2 坤：繼祀<u>宗邑</u>，追明成康。光照萬國，<u>享</u>世久長。疾病不醫，<u>下</u>即<u>蒿廬</u>。

　　繼承祭祀宗廟所在的城邑，追隨聖明的成王和康王。光明照耀所有國家，祭祀長長久久。疾病無法醫治，下放到草廬等待埋葬。
註釋：應觀省且溫良。繼承祖先功業，想明聖治理，國運光明綿長。
　　　但卻因喜功好戰而滅亡。

宗邑：宗廟所在的城邑，比喻法統。**享**：祭祀。**下**：往、到。**蒿**：一種野草。**廬**：守喪而構築在墓旁的小屋。

*《史記正義》:「昭王德衰,南征……沒於水中而崩。」成康之治後,繼任的周昭王三次南征皆敗,最後於途中沒水而死。

3 屯:秋冬探巢,不得鵲雛。銜指北去,媿我少姬。

　　見訟之睽。

註釋:應觀省且屯聚。早先不積蓄,現時局蕭條,無法收穫,拋
　　　下力弱的成員獨自飢渴逃去,無法繁衍。

4 蒙:童妾獨宿,長女未室。利無所得。

　　見豫之益。

註釋:應觀省且啟蒙。自己無法孳生,也不願與人結盟,無利可得。

5 需:鴻波逆流,主人潛去。蒿蓬代柱,大屋顛仆。

　　洪水逆向而流,主人沉沒到水裡去。用雜草替代柱子,大屋顛覆傾倒。

註釋:應觀省且耐心等待,不能妄為。災難逆向來襲,領導者被
　　　淹沒,因為用劣才替代賢能,團隊覆滅。

鴻波:洪水。**潛**:《揚子‧方言》:「潛涵,沉也。」**蒿蓬**:蒿音好一聲,都是雜草名。**仆**:傾倒。

6 訟:日闇不明,讒夫在堂。左辟疾瘁,君失其光。

　　日光陰暗沒有光明,讒人就在廟堂上。環境幽猥,毀敗損壞,君子失去光采。

註釋:應觀省卻爭訟。朝廷昏暗,小人作亂,世道衰微,再無德
　　　行光明。

闇:暗也。**讒**:中傷、陷害別人的壞話。**左辟**:左僻;《增韻》:「故凡幽猥,皆

曰僻左。」**疾、瘁**：損壞。

7 師：王孫季子，相與孝友，明允篤誠。昇擢薦舉，為國幹輔。

　　見師之訟。

註釋：觀省之後再出師。君子倫理持家，惕勵德行，受到提拔，
　　　成為國家棟梁。

8 比：麟趾龍身，日取三千。南上蒼梧，與福為昏。道里夷易，安全無患。

　　駿馬有麒麟的腳趾和龍的身形，每日進取三千里，到南越蒼梧，與人幸福的結婚。路程平坦易行，安全無憂。

註釋：觀省且比附。君子有德行和名望，並且勤奮矯健，到遠方
　　　與人結合獲得福澤，一路安全無虞。

麟趾：比喻崇尚道德。**龍身**：比喻人有聲名。**三千**：見註。**上**：到。**蒼梧**：設於南越之郡，比喻偏遠富饒之地；見比之噬嗑。**昏**：婚也，比喻結合。**道里**：路程。**夷**：平。
*《詩經・麟之趾》：「麟之趾，振振公子，于嗟麟兮。」
*《商君書・畫策》：「麒麟騄駬，日行千里。」三千又更勝之。

9 小畜：三子成駒，破其堅車。輪載空輿，後時失期。

　　三隻幼畜長成良馬，但堅固的車子卻破損了。輪子載著空蕩的車子，延誤時間而失約。

註釋：應觀省才能持續小蓄。雖然有新血，但團隊敗壞，這樣人
　　　才仍然無法完成任務。

三：象徵多。**子**：幼畜。**期**：約定。

10 履：逐禍除患，道德神仙。遏惡萬里，常歡以安。

　　驅逐禍害清除災患，道德像神仙崇高。遏止罪惡直到萬里之地，長久歡樂平安。

註釋：觀省且履行。清除罪惡，培養道德，整肅到很遠的地方，大家都安定歡樂。

遏：阻止。

11 泰：黃池之盟，吳晉爭強。勾踐為患，夷國不安。

　　諸候盟會於黃池，吳國和晉國爭奪霸主之位。越國勾踐趁機作亂，吳國被夷平而不安。

註釋：觀省才能康泰。與人爭強爭勝，卻疏於本業防範，反而被人趁機消滅。

夷：痍也，剷平。

*《史記・吳太伯世家》載，魯國和晉國邀吳王夫差於黃池盟會，吳國調盡精兵與會，與晉國競爭霸主之位。但此時越王勾踐乘吳國空虛攻下吳都，最後消滅吳國。

12 否：青牛白咽，呼我俱田。歷山之下，可以多耕。歲露時節，人民安寧。

　　見訟之小過。

註釋：觀省克服閉塞。相互召喚勤勉工作，有仁德又能依照天候與時令節氣勞作，人民安居樂業。

歲露：一年內的風雨情況。

13 同人：有頭無目，不見菽粟。消耗為疾，三年不復。

　　有頭但沒有眼睛，不能見到豆子和粟米。一直消減耗損成為弊病，三年之後無法復原。

註釋：應觀省且同仁。有地位但不能明察，沒見到民生糧食一直
耗損，最後積重難返。
菽：豆類的總稱。**菽粟**：最重要的民生糧食；見註。**三**：象徵多。
＊《孟子・盡心上》：「聖人治天下，使有菽粟如水火。」

14 大有：山沒丘浮，陸為水魚。燕雀無巢，民無室廬。

大水為患，高山沉沒，山丘浮在水上，陸地成為魚類之鄉。
燕子和鳥雀沒有窩巢，人民沒有房室屋廬。

註釋：觀省才能大有。災難氾濫，環境崩壞，小人橫行，以致家
園毀損，萬物流離失所。

15 謙：高崗鳳凰，朝陽梧桐。嗈嗈喈喈，莘莘萋萋。陳辭不多，以告孔嘉。

高高的山崗上有鳳凰，朝陽照著梧桐。鳥聲和鳴、草木茂盛。
政令發布不繁多，只在宣告大為美好的政策。

註釋：觀省又謙恭。賢能高雅光明，彼此和諧，生產旺盛，減少
政令，多施恩澤。

梧桐：比喻品格高潔。**嗈嗈、喈喈**：嗈音庸，喈音皆，皆鳥聲和鳴。**莘莘、萋萋**：
莘音蹦三聲，萋音妻，皆草木茂盛。**陳辭**：發佈命令。**孔**：大。
＊《詩經・卷阿》：「鳳凰鳴矣，于彼高岡。梧桐生矣，于彼朝陽。莘莘萋萋，雝
雝喈喈。」

16 豫：鰥寡獨宿，憂動胸臆。莫與宿食。

失去伴侶的男子和女子，各自獨自住宿，憂慮悲慟充滿胸懷，
沒人與他們同宿共食。

註釋：觀省才能安育。孤獨無伴又無依無靠，不能找到新伴侶，

只能悲痛不已。

鰥：音官，妻子去世的男子。**寡**：丈夫去世的女子。**慟**：慟也，過度悲傷。**臆**：胸。

17 隨：馬躓破車，惡婦破家。青蠅汙白，共子離居。

　　馬匹跌倒，車子破損。邪惡的婦女破敗了家族。蒼蠅染汙了白玉，欒共子離開居處。

註釋：應觀省且追隨君子。團隊被奸人傷害而破敗，小人玷汙倫
　　　理德性，君子都離開了。

躓：音至，跌倒。**共子**：欒共子，三家分晉時他擁護晉王不願變節而戰死。
＊〈厲志賦〉：「疾青蠅之染白。」

18 蠱：長女三嫁，進退不羞。逐狐作妖，行者離憂。

　　年長的女子嫁了三次，應對進退不知羞恥。追隨狐狸施展妖術，行進的人遭受憂患。

註釋：應觀省且整治蠱敗。小人恬不知恥長期行為不檢，還相互
　　　勾搭去迷惑他人，使人受害。

三：象徵多。**逐**：隨。**狐**：指狐仙。**妖**：邪惡而迷惑人的。**離**：罹也，遭遇。

19 臨：人無定法，緩除才出。地雄走歸，陽不制陰，男失其家。

　　人民沒有定規成法，怠慢任命官職，人才出走，惡人首領奔走回來，陽氣無法克服陰氣，男子失去了家室。

註釋：觀省才能臨政。法令不彰，用人凌亂，人才出走，惡人重返，
　　　導致陰氣剋陽，君子失位。

緩：怠慢。**除**：任命官職。**地雄**：指蛇王，見旅之坤，虵雄。**男**：指陽氣。

21 噬嗑：茹芝餌黃，飲食玉英。與神流通，長無憂凶。

　　見豫之蠱。

註釋：觀省並能法治。好像食用靈芝、餌黃和玉瑛等丹藥，且與神明交流溝通，恆久沒有憂患凶災。

22 賁：東行無門，西出華山。道塞畏難，遊子為患。

　　向東行進卻無有門路，於是外出到西邊的華山，但道路阻塞，恐怖艱難，遠遊的人充滿憂患。

註釋：應觀省且整飾。反覆尋找出路要到美好之地，但道路險難，行進堪憂。（應先規劃整備，勿貿進）

東、西：象徵四方。**華山**：西嶽，象徵吉祥之地。

23 剝：壽如松喬，與日月俱。常安康樂，不罹禍憂。

　　見臨之剝。

註釋：觀省克服剝落。崇尚仙道，休生養息，能常保安康。

24 復：探鷇得蝨，所願不喜。道宜小人，君子咎蹇。

　　探求雛鳥卻得到蝗蟲，願望得到不好的結果。世道適宜小人，君子災禍難行。

註釋：觀省才能恢復。望福得禍，小人得志，君子失意。

鷇：音扣，初生的小鳥。**蝨**：音中，蝗蟲一類的害蟲。**蹇**：跛腳、難行。

25 無妄：蝸螺生子，深目黑醜。雖飾相就，眾人莫取。

　　見需之恆。

註釋：應觀省且不虛妄。本質不良，所生不佳，雖然裝飾美化，

仍不被大眾接受。（應徹底反省改變）
蝸螺：類似蝙螺的水生動物。

26 大畜：<u>喜怒不時</u>，雪霜為災。**稼穡無功，后稷飢憂。**

上天喜怒無常（見註），雪和霜釀為災害。農事徒勞無功，后稷擔憂百姓飢餓。

註釋：觀省才能大蓄積。天候難測，降下災害，生產停頓，百姓
　　　飢餓，官員應先行整備。

稼穡：音架色，播種與收穀，泛指農事。**后稷**：周朝始祖，堯舜的農師，後封為穀神。
＊《春秋繁露・陰陽義》：「天亦有喜怒之氣、哀樂之心，與人相副。」

27 頤：<u>烏升鵲舉</u>，照流東海。厖降庭堅，為陶叔後。封圻蓼六，履祿綏厚。

見需之大畜。

註釋：觀省且能頤養。聖君任用八方才子，治理大成，世代相傳，
　　　永享安樂。

烏：古時烏鵲並稱。

28 大過：<u>黃離</u>白日，照我四國，元首<u>昭</u>明，民賴其福。

中正光明的白日，照耀四海諸國。君主光明，人民仰賴他的福澤。

註釋：觀省並大超越。天下光明，普世同慶，領袖聖能，人民豐足。
黃離：日旁的雲彩；象徵中正光明、太子。**昭**：明。

29 坎：<u>黍稷醇醴</u>，敬奉<u>山宗</u>。神嗜飲食，甘雨嘉降。<u>獨蒙福力，時災</u>不至。

457

用五穀和醇濃美酒，恭敬的供奉泰山。山神喜愛供奉的飲食，甘甜雨水美好的降下。蒙受賜福的神力，天災沒有來到。

註釋：以觀省克服落陷。恭敬虔誠，遵奉聖道，天神保佑，安居
　　　樂業，沒有災害。

黍稷：黃米和小米，象徵五穀。**醇**：酒味純濃。**醲**：酒味醇厚。**山宗**：泰山或山神。
嗜：喜愛。**獨**：語助詞。**時災**：天災。

30 離：福過我里，入門笑喜。與吾利市。

　　福祿拜訪鄉里，進入門裡歡笑喜樂，賜予交易利潤。

註釋：觀省且相附著。福祿來臨，家戶鄉里都喜慶，和氣生財。

過：拜訪。

31 咸：晝臥里門，悚惕不安。目不得闔，鬼搔我足。

　　白天倒臥在鄰里的門坊，驚悚害怕不得安寧。雙眼不敢闔閉，有鬼搔癢雙腳。

註釋：應觀省且感應君子。大白天行為不合法禮，所以心神恐慌，
　　　無法安心。

里門：古時城中設里，每里設有圍牆與門坊。**悚、惕**：恐懼。**闔**：闔，閉塞。

32 恆：春草榮華，長女宜夫。受福多年，世有封祿。

　　春天的草繁榮茂盛，長成的女子安順丈夫。長久蒙受福澤，世代有受封爵祿。

註釋：觀省且能持恆。生機盎然，與人親密結合，準備繁衍，世
　　　代有福。

宜：安順。

33 遯：**雍門**內崩，賊賢傷人。暴亂狂**悖**，簡公失位。

雍門內部崩毀，傷害賢能與人民。殘暴淫亂猖狂違悖，齊簡公失去了王位。

註釋：觀省已遁逃。朝廷內部崩壞，君子與人民遭受禍害，亂臣賊子興亂，國君失去大位。

雍門：齊國城門，齊景公在此築王宮的正殿；見註。**悖**：音背，違背。
*《韓非子・難三》：「齊景公築雍門，為路寢（正殿）。」
*《史記・齊太公世家》載，齊簡公被自家權臣田氏所弒。

34 大壯：心志無良，**昌披**妄行。**觸抵**墻壁，不見戶房。

心志不良，猖獗敗壞，胡妄行動。衝撞牆壁，住戶房子不見了。

註釋：觀省才能壯大。心念邪惡，胡作非為，破壞基業，難以生存。

昌：猖也。**披**：披靡，潰散、衰敗。**觸**、**抵**：撞。

35 晉：**膠車木馬**，不利遠**賈**。出門為患，安止得全。

用膠黏的車，木頭做的馬，不適宜遠行經商。出門會有憂患，安心駐止得以安全。

註釋：觀省才能前進。整備胡亂，不要外出經營，否則會有凶險，安居才得平安。

膠車：遇水分解。**木馬**：《說苑：談叢》：「木馬不能行。」**賈**：音古，買賣。

36 明夷：家在海隅，**橈短流深**。**企立望宋**，無木以趨。

家在海邊，船槳很短，海流卻很深。踮著腳尖站立望向木架家屋，但沒有浮木可以前往。

註釋：觀省但仍瘡痍。環境艱難危險，盼望遷徙到平安之處，但實力短缺，也沒資源，難以成行。

隅：音於，邊或角。**橈**：音腦二聲，船槳。**企**：踮著腳尖站立。**宋**：《說文》：「居也，從宀從木。」

37 家人：冬葉枯槁，當風於道。蒙被塵埃，左右勞苦。

冬天的葉子焦枯乾瘦，面對著風在道路上。蒙蔽披覆著塵埃，左搖右晃辛勞苦楚。

註釋：應觀省且依附家人。憔悴不堪又面對惡劣環境的侵擾，越來越狼狽衰弱，飄盪艱辛。

槁：乾瘦枯瘦。**當**：面對。**埃**：塵土。**左右**：比喻東西方、四方。

38 睽：過時不行，妄逐王公。老女失度，不安其居。

時機已過無法行動，卻還妄想追逐王公之位。就像年老的婦女失去節度，不能安分居住。

註釋：觀省已睽離。行為怠惰卻想高就，一直欲求不得而失節，不能安分。

39 蹇：履泥污足，名困身辱。兩仇相當，身為疾病。

見大有之鼎。

註釋：觀省已塞堵。在汙穢中行動，身敗名裂，還與人敵對，身心受創。

疾、病：禍害。

40 解：精華墮落，形體醜惡。齟齬挫頓，枯槁腐蠹。

見豫之履。

註釋：觀省已解離。美好不再，變得醜惡虛弱又憔悴，終於腐蝕滅亡。

460

41 損：長生無極，子孫千億。柏柱載青，堅固不傾。

　　見比之泰。
註釋：觀省且損己益人。長治久安，繁衍眾多，幹部堅強，國家牢固。

42 益：去辛就蓼，毒愈酷毒。避穽入坑，憂患日生。

　　離開辛味蔬菜又趨往蓼草，毒又更毒。避開陷阱卻掉入坑洞，憂患每日都產生。
註釋：觀省才能益增。到哪都遇到災厄，而且愈加嚴重，無法逃脫，時時憂患。

辛：如蔥薑蒜等帶辛味的蔬菜。**就**：趨往。**蓼**：音路，味極辛的草，只能調味入藥，不能當菜。**酷**：甚深。**穽**：陷阱。

43 夬：行堯欽德，養賢致福。眾英積聚，國無寇賊。

　　實行堯帝可欽的德性，養護賢人招致福澤。眾多菁英累積聚集，國家沒有強盜匪賊。
註釋：觀省且明決。有聖德且能延攬眾多賢良，因而大有福澤並且國家安定。

致：招引。

44 姤：狗逐兔走，俱入谷口。與虎逢晤，迫不得去。

　　狗追逐著兔子奔走，一起進入山谷的出入口。與老虎相逢見面，太過靠近無法離去。
註釋：應觀省且邂逅君子。急於追逐目標反而陷入險境，災難臨身，無法脫離。

谷口：比喻凶險之地。**迫**：近。

45 萃：望尚阿衡，太宰周公。藩屏湯武，立為侯王。

見坤之鼎。

註釋：觀省且相薈萃。眾多賢能聚集，國家獲得保障，人才也成就功業。

46 升：清人高子，久屯野外。逍遙不歸，思我慈母。

見師之睽。

註釋：觀省才能上升。君子被迫離開，一直於野外屯居，百姓徬徨徘徊無法返回，只能思念故鄉。

逍遙：徬徨、徘徊。

47 困：三虫作蠱，削跡無與。勝母盜泉，君不安處。

三種惡蟲作祟，人都消蹤匿跡，不與之相處。勝母縣名不副實，盜泉縣名號敗俗，君子不在此處安住。

註釋：觀省狀態受困。小人叢生，君子離去。欺名盜譽、名聲醜陋，君子也不與之相處。

三虫：蒼蠅、老鼠、蝗蟲。**蠱**：迷惑。**削跡**：除去足跡以隱匿。

*《史記‧魯仲連鄒陽列傳》：曾子因勝母縣其名不實故不入。
*《尸子》：孔子因厭惡盜泉之名，渴亦不飲其水。

48 井：驢作龍身，進所無前。三日五夜，得其所欽。

驢子化作龍的身形，行進卻沒有向前。三天五夜之後，得以成為被欽佩的人。

註釋：能觀省且井然。庸才茁壯成人才，初始沒進度，但經過一番努力，終於備受敬仰。

驢：馬喻人才，驢喻庸才。**龍身**：龍的身軀，比喻良駒。**三**：象徵多。**五**：象徵全部。

所欽：所欽佩的人。

49 革：黃裡綠衣，君服不宜。淫洇毀常，失其寵光。

　　黃色襯裡，綠色外衣（見註），君主的服裝不合禮儀。沉溺酒色，毀壞倫常，失去尊寵與光榮。

註釋：觀省已被革除。不合禮節，荒淫無道，終於失去地位與榮耀。

宜：儀也。**淫洇**：沉溺於酒色。

＊《詩經‧綠衣》：「綠衣黃裡，心之憂矣。」周朝服裝以白絹為襯裡，以五正色（青、赤、黃、白、黑）為外衣，故黃裡綠衣違反禮制。

50 鼎：天所顧祐，禍災不至。安吉不懼。

　　上天眷顧保佑，禍害災難不會來到。安全吉祥不用恐懼。

註釋：觀省而鼎立。上天賜福保佑，平安吉祥沒有災難恐懼。

51 震：盤紆九廻，行道留難。止須子丘，乃睹所歡。

　　彎彎曲曲，極多迴繞，行走的道路滯留阻難。在小丘停止等待，才能看到伴侶。

註釋：觀省才能震奮。波折叢生，前進受挫，要先暫停，等待伙
　　　伴來到。

盤、紆：彎曲。**九**：象徵最多。**須**：等待。**子**：小。**所歡**：伴侶。

52 艮：暴虐失國，為下所逐。北奔陰月，王居旄頭。

　　凶暴殘忍，失去國家，被下民所驅逐。陰暗的月夜奔逃到北方，居於胡人的王位。

註釋：觀省狀態停止。殘暴不仁被驅逐，逃亡後還成為盜賊頭子。

旄頭：昴，星宿名，象徵胡人；見註二。

＊《括地譜》：「夏桀無道，湯放之鳴條，三年而死。其子獯粥妻桀之眾妾，避居北

野，隨畜移徙，漢族謂之匈奴。」鳴條之戰後，夏桀的兒子逃至北方建立匈奴國。
* 《天官書》：「昴曰髦頭，胡星也。」

53 漸：銜驛從龍，至于華東。與離相逢，送致于邦。

　　駕著紅色龍馬，奔馳到達華山東方。與君子相逢，並護送我到該地。

註釋：觀省並循序漸進。人才積極的前進，到達神聖光明的地方，
　　　與君子好合，偕同到達。

銜：御也，駕馬。**驛**：音星，紅色毛的馬，象徵良馬。**從**：縱也，奔馳。**龍**：馬八尺稱為龍。**華**：華山，五嶽之西嶽，象徵神聖。**東**：日出的方向；秦漢尚無華東一詞。**離**：鸝之本字，黃鸝比喻君子。**邦**：地方。

54 歸妹：銅人鐵距，雨露勞苦。終日卒歲，無有休息。

　　銅人拿著鐵距，下雨降露都辛勞疲苦的作戰。一天到晚，一年到尾，都沒有休憩歇息。

註釋：應觀省且相歸依。雖然壯大，但一直都在辛苦作戰，不得
　　　休息，也會耗損。（應和解偕同）

距：刀鋒有倒刺的武器。
* 銅人鐵距雖強大，遇雨露則鏽之，亦比喻耗損。

55 豐：大人失宜，盈滿復虧。長冬之木，盛者滅衰。

　　上位行為失儀，充盈滿溢返為虧損。漫漫長冬裡的樹木，茂盛的也轉為滅亡衰弱。

註釋：觀省才能豐盛。失去德行，轉盈為虧，長久不思改進，最
　　　後衰滅。

宜：儀也。

56 旅：梅李冬實，國多盜賊。亂擾並作，王不能制。

見屯之師。

註釋：觀省已去羈旅。環境變壞，無法產生，盜賊併作，國君不能治理。

制：管制。

57 巽：澤枯無魚，山童無株。長女嫉妬，使身空虛。

沼澤乾枯了沒有魚，山上草木不生，沒有樹木。年長的女性生性憎惡，使得身體空乏虛弱。

註釋：觀省才能安順。小人在高位卻只會忌恨，致使環境衰敗，大地荒蕪，自己也身心重創。

童：禿，頭髮或草木不生。**長女**：比喻位高的小人。**嫉、妬**：憎惡。

58 兌：天門東虛，既盡為災。脰朕黯蒼，秦伯受殃。

皇宮門戶的東方六國廢墟，已完全遭受災害。祭祀的頸部肉醜陋黝黑，秦始皇也遭受災殃。

註釋：觀省才能歡悅。因為不虔誠，殘暴剛愎，將東方六國痍為廢墟，自己也十五年就亡國。

天門：皇宮的大門。**東**：指原本的東方六國。**虛**：墟也。**脰**：頸部的肉，取作祭祀用。**朕**：醜也。**黯蒼**：黝黑。**秦伯**：秦始皇。**伯**：《易林》會以伯稱呼失格皇上，如姬伯（周幽王）。

59 渙：褰衣涉河，水深漬衣。賴幸舟子，濟脫無他。

見訟之萃。

註釋：觀省已渙散。實力不足卻想涉險因而遇到阻難，幸有貴人來助因而脫險，應該檢討整備。

60 節：推車上山，高仰重難。終日至暮，惟見阜顛。

　　推著車子要上山，高峻陡峭困難重重。整日下來到了日暮，只見到山頂卻沒到達。

註釋：應觀省且節度。不自量力，挑戰重任，最後徒勞無功。

仰：朝上，象徵山勢陡峭。**阜顛**：山頂。

61 中孚：鼎易其耳，熱不可舉。大路壅塞，旅人心苦。

　　鼎更換了鼎耳，卻因而熾熱無法舉起。大道路阻礙閉塞，行旅的人心神勞苦。

註釋：應觀省且忠信。改變原本的德政，變得窒礙嚴酷，寬大的道路，變得壅塞難行，無法經營。

易：變易，改變。**耳**：鼎之耳用以抬鼎，比喻德政。**壅**：阻塞。

62 小過：四亂不安，東西為患。退身止足，無出邦域。乃得完全，賴其生福。

　　見泰之鼎。

註釋：觀省才能小超越。四處都動盪不安，無法外出經營，應先留守保全，之後再做打算。

63 既濟：班馬還師，以息勞罷。役夫嘉喜，入戶見妻。

　　兵馬和軍隊已回來，停息勞動疲累。勞役的男人稱讚欣喜，進入門戶和妻子見面。

註釋：觀省已完成。放棄激烈行動返回，從此安心養息，團圓繁衍。

班：還回。**罷**：疲也。

64 未濟：積德不怠，遇主逢時。載喜渭陽，身受榮光。

累積福德不怠惰，遇到良主逢到時機。滿載歡喜的來到渭陽，身命蒙受了尊榮和光耀。

註釋：觀省尚未結束。因為持續積德且勤奮，所以受到貴人鼎力協助，成就顯耀的大功業。

*《詩經・秦風》：「我送舅氏，曰至渭陽。」秦康公送其舅重耳返晉，直到渭水之北（山南水北為陽）。重耳返國後成為霸主晉文公。

21 噬嗑

21 噬嗑：麒麟鳳凰，善政德祥。陰陽和調，國無災殃。

見大有之旅。

註釋：一直維持法治。有德性的善政，君子都前來聚集因而大為吉祥，天時與人倫調和，康泰平安。

1 乾：北風相牽，提笑語言。伯歌叔舞，讌樂以喜。

見否之損。

註釋：法治且陽健。牽手共行面對逆風，宴會上大家唱歌跳舞其樂融融，因而通達。

讌：宴也。

2 坤：甲戌己庚，隨時運行。不失常節，達性任情。各樂其類。

相剋與相生，隨著時令運轉進行。沒失去倫常禮節，宏達真性，自在情意。各各都和樂類聚。

註釋：法治且溫良。隨著天道生滅，一直遵循倫常，保持真性，和樂融融，大家都得到歸屬。

甲戌：甲（陽木）與戌（陽土）相剋。**己庚**：己（陰土）與庚（陽金）相生。**任**：自在。

3 屯：破亡之虛，神祇哀憂。進往無光，留止有慶。

破敗滅亡的廢墟，天地神明哀戚憂傷。行進前往沒有光明，停留居止有餘慶。

註釋：應法治且屯聚。環境破敗，上天也無法幫忙，前進艱

辛坎坷，留守才有生機。

神祇：天神與地祇，泛指神明。

4 蒙：注斯膏澤，扞衛百毒。防以江南，虺不能螫。

　　注入滋潤的雨水，並捍衛各種毒害。在江南須防備，毒蛇才不能叮咬。

　　註釋：法治且啟蒙。做好支援和防護，再惡劣的環境，也不怕諸惡侵害。

斯：此。**膏澤**：滋潤土壤的雨水，比喻恩惠。**扞**：捍也。**虺**：音毀，一種毒蛇。**螫**：音遮，被蛇蟲的牙刺所叮。

5 需：日月相望，光輝盛昌。三聖茂功，仁德大隆。

　　見蒙之謙。

　　註釋：有法治且耐心等待，必有大成。有日月光輝，世代有賢能主事，成就仁德大功業。

6 訟：大蛇巨魚，戰於國郊。上下隔塞，衛侯廬曹。

　　巨大的蛇和魚，在國都郊區交戰。上位和下位隔絕阻塞，衛侯只能在曹國守墓。

　　註釋：應法治卻興訟。大梟雄相爭，國家內戰。上下反目，領袖失位逃難。

國郊：國都周圍百里的地區。**廬**：服喪期間在墓旁搭蓋小屋居住，比喻守墓。
*《史記‧衛康叔世家》載，衛懿公無道被狄人所殺，衛國僅剩五千遺民寄居於曹國。

7 師：龍入天關，經歷九山。登高上下，道里險難。日晏不食，絕無甘酸。

龍進入地勢險要的關隘，歷經了九州的大山。攀登高處上上下下，旅程危險又困難。日夜都沒進食，困絕沒有食物。

註釋：法治才能出師。實力雄厚因而想要強度關山，歷經重重艱難，最後陷困境，資源耗盡。

天關：地勢險要的關隘。**九山**：九州的名山，可為泛指，亦可為專指九座名山。**道里**：旅程。**晏**：晚。**甘酸**：各色美味，龍尊貴故用美食。

8 比：沙漠北塞，絕無水泉。君子征凶，役夫苦艱。

北方要塞的沙漠，困絕沒有水源。大人出征凶險，勞役的人痛苦艱辛。

註釋：法治才能相比附。環境凶惡，未能慎度，上位強行出征，下位痛苦艱辛，上下離心。

9 小畜：關折門啟，衿帶解墮。福與善坐，憂不為禍。

關閉的大門開啟，衣帶解開脫落。福澤和善良同處，憂慮沒有成為禍害。

註釋：法治且持續小蓄。解除禁錮和束縛，但能持續行善積福，所以不會有禍害。

折：閉。**衿帶**：衣帶，比喻束縛。**墮**：脫落。**坐**：居處。

10 履：狼虎所嘷，患害必遭。不利有為，宜以遁逃。

野狼和老虎嚎叫的地方，必定遭受患難禍害。不利於有所作為，適宜遁匿逃跑。

註釋：法治應被履行。惡人為患，無法整治，百姓受迫，只能逃難。

嘷：嚎。

11 泰：金精耀怒，帶劍過午。兩虎相距，弓弩滿野。雖憂無苦。

　　見泰之坎。

註釋：法治才能康泰。氣勢如日中天，帶著精兵前進，兩強爭霸對抗，暫時處於恐怖平衡。

弩：用機械力量發射的硬弓。

12 否：朽根枯樹，葉落花去。卒逢火焱，相隨傴仆。

　　見屯之坎。

註釋：法治已閉塞。體制崩毀，根腐花落，一遇到危機就毀滅了。

焱：焰也。**傴、仆**：倒下。

13 同人：入和出明，動作有光。轉運休息，常樂永康。

　　見否之復。

註釋：法治且同仁。出入與行為都和順光明，作息有規矩，常保康樂。

14 大有：國多忌諱，大人恆畏。結口無患，可以長存。

　　國家有很多顧忌避諱，官員們總是畏懼著。閉口不說話才能沒有憂患，可以長久生存。

註釋：法治大大有之，變酷刑。專制統治，官員噤若寒蟬，百姓裝聾作啞，只求明哲保身。

結口：閉口不言。

15 謙：天地淳厚，六合光明。陰陽順序，以成厥功。

見蒙之小畜。

註釋：法治且能謙恭。天下質樸敦厚又光明，陰陽調和，倫理有序，成就功業。

淳厚：質樸敦厚。**厥**：其。

16 豫：嬴裎逐狐，為人觀笑。牝雞雄晨，主作亂妖。

見大有之咸。

註釋：有法治才能安育。為追逐利祿完全忽略法禮，因而被人不恥譏笑，小人掌權，是禍亂之源。

17 隨：陰升陽伏，桀失其室。相餒不食。

陰氣上升，陽氣潛伏，豪傑失去家室，挨餓沒有食物。

註釋：法治才有追隨者。小人興起，君子衰敗，百姓民不聊生。

桀：傑也。**相**：此為單方面的動作，如相瞞。**餒**：饑餓。

18 蠱：蜎飛蠢動，各有配偶。小大相保，咸得其所。

見臨之豫。

註釋：法治且整治蠱敗。生機盎然，生生不息，大家相互養護，上下都安宜。

蠢：蟲類蠕動。

19 臨：鬼守我廬，欲呼伯去。曾孫壽考，司命不許，與生相保。

鬼魅守住房舍，想把大哥呼喊過去。但子孫有高壽，掌管生命的神明不允許，保護他們的生命。

註釋：以法治臨政。奸人在朝廷想要陷害青年才俊，但法紀嚴明，

確保子民平安且繁衍。

廬：房舍。**曾孫**：孫子的兒子，泛稱後代子孫。**壽考**：高壽。**司命**：掌管人生命的神。
相：此為單方面的動作，如相瞞。

20 觀：禍走患伏，喜為我福。凶惡消亡，災害不作。

　　禍害逃走，患難潛伏，歡喜得到了福澤。凶禍惡事消失不見，災難和禍害不會發生。

註釋：法治且能觀省。消除災禍，有福澤喜慶，沒有惡事發生。

亡：無也。

22 賁：智不別揚，張狂妄行。蹈淵仆顛，傷殺伯身。

　　智慧閉塞、背離張揚，囂張狂亂胡妄行動。踩到深淵跌倒墜落，傷害毀傷了身命。

註釋：應法治且整飾。愚蠢卻荒誕，恣意妄為，犯下大錯，因而
　　　滅亡。

不：否也，閉塞。**別**：離。**蹈**：踩、踏。**淵**：深水。**仆**：音撲，跌倒而伏在地上。**顛**：
跌落。**殺**：敗壞。**伯**：對人的尊稱。

23 剝：凶憂災殃，日益章明。禍不可休，三郤夷傷。

　　見需之復。

註釋：法治已剝落。強大卻猖狂，災難日益明顯，不再有福澤，
　　　最後覆滅。

章：彰也。

24 復：長尾螟蛇，畫地為河。深不可涉，阻絕以無。惆然憤息。

見師之咸。

註釋：法治才能恢復。大惡人阻礙，險峻不能越過，被阻絕而一無所有，感嘆沒有整治。

25 無妄：愛我嬰女，牽引不與。冀幸高貴，反得賤下。

見屯之未濟。

註釋：應法治且不虛妄。給予無知者輔助，期待能茁壯尊榮，但卻自甘墮落。

26 大畜：鳧游江海，甘樂其餌。既不近人，雖驚不駭。

野鴨悠遊在江海，喜好那裡的食物。都不親近人類，雖然驚險，但沒有騷亂。

註釋：法治而有大積蓄。生活自在美好，不接觸危險事務，所以有驚疑也不恐慌。

鳧：音福，野鴨。**甘、樂**：喜好。**餌**：泛指食物。**既**：全部。**駭**：騷動。

27 頤：明滅光息，不能復食。精魄既喪，以夜為室。

靈魂滅失，容光停息，不能再進食。精神魂魄已喪失，黑夜就是墓穴。

註釋：法治才能頤養。失去光明，就如失去生命，葬在黑暗的墓穴。

明：靈明，靈魂。**光**：容光，臉上的光彩。**既**：已。**室**：墓穴。

28 大過：奇適無偶，習靖獨處。所願不從，心思勞苦。

男性要匹配但沒女性（反之亦然），只能幽靜生活，獨自居處。卻又沒有順其願望，心神思慮勞碌苦楚。

註釋：法治太過，變苛政。百姓無法匹配繁衍甚至也無法獨自安

居,總是事與願違,心神勞苦。

奇:象徵陽,男。**適**:相合、相當。**偶**:象徵陰,女。**習靖**:過幽靜生活。
*《孔子家語 ‧ 本命解》:「一陽一陰,奇偶相配,然後道合化成。」

29 坎:<u>葛藟蒙棘,華不得實。讒佞亂政,使忠壅塞</u>。

見師之中孚。
註釋:法治已落陷。君子受到箝制,小人亂政,忠臣無法報效國家。

30 離:<u>鵲笑鳩舞,來遺我酒,大喜在後。授吾龜紐</u>,龍喜張口,起拜福祉。

喜鵲歡笑,鳩鳥飛舞,來贈送美酒,大喜事還在後頭。皇帝歡喜的開口,授予龜形官印,起身拜謝福澤和恩惠。

註釋:法治且相附著。賢良一起歡樂共行,美事連連,還被君主授於高官,獲得尊榮與福祿。

鵲:象徵喜事。**鳩**:象徵忠貞。**遺**:饋也,贈送。**龜紐**:亦做龜鈕,龜形的高級官印。

31 咸:<u>搖尾逐災,雲沉孽除。洿泥生粱,下為田主</u>。

搖手招喚尾隨者一起驅逐災害,雲氣沉沉,防治蟲害。汙泥生出黃粱,下等田成為旺盛的田。

註釋:法治且相感應。齊心努力,驅逐災害,改善環境,生產變豐盛。

搖:搖手以招喚,招搖。**沉**:水氣厚多,累積雨量。**孽除**:預防及撲滅蟲害。**洿**:污也。
主:旺也。

32 恆:<u>白鶴啣珠,夜食為明。膏潤優渥,國歲年豐</u>。

白鶴啣著明珠,夜間覓食仍然明亮。有滋潤的雨水和養料,

土地優美肥沃，國家歲收年年豐盛。

註釋：法治且能持恆。秉持德行，不畏黑暗，天時地利人和，豐
　　　收富足。

膏潤：滋潤的雨露和養料，象徵恩惠。

33 遯：**內執柔德，止訟以默。宗邑賴德，禍災不作**。

　　朝廷秉持柔和的德性，以和睦平息爭訟。宗廟所在的城邑有福澤仁德，禍亂和災害都不發生。

註釋：法治隱遁，轉為無為而治。以德行仁，不爭不訟，國家法
　　　統延續，有福無災。

內：朝廷，如大內。**默**：穆也，和睦。**宗邑**：宗廟所在的城邑。**賴**：幸，福。

34 大壯：**犬吠驚駭，公拔戈起。玄冥厭火，消散瓦解**。

　　狗兒吠叫，引起驚嚇，公卿拔出武器起身。黑暗厭惡火光，消失潰散並且解體。

註釋：法治而壯大。有弊端警示大人馬上剷除，光明戰勝黑暗，
　　　惡勢力崩解。

駭：驚嚇。**戈**：泛指武器。**玄、冥**：黑暗。**瓦解**：瓦片碎裂，復散為土。

35 晉：**公悅嫗喜，孫子俱在。榮譽日登，福祿來處**。

　　老父欣悅，老母歡喜，子孫全在一起。光榮聲譽日日登升，福澤和利祿同來會處。

註釋：法治且前進。尊上安康，子孫團聚，地位益升，福祿綿長。

嫗：音玉，母親。

36 明夷：**鳥鳴捕鷇，長欲飛去。循枝上下，適與風遇。顛**

隕樹根，命不可救。

　　捕捉雛鳥鳥兒鳴叫，想要遠遠飛走。循著樹枝上上下下，恰巧遇到了風，跌落到樹根，生命無法救回。

註釋：法治已瘡痍。原本生長繁衍，但惡人來侵犯，倉皇逃避遇到折難，因而覆滅。

鷇：音夠，初生的小鳥。**適**：恰巧。**顛、隕**：墜落。

37 家人：析薪熾酒，使媒求婦。和合齊宋，姜子悅喜。

　　劈柴釀酒，請媒人尋找媳婦。跟齊國跟宋國和諧好合，姜姓和子姓的女子欣悅歡喜。

註釋：法治且親如家人。遵行禮儀，與美好的對象親密結盟繁衍，大家歡樂。

析薪：劈柴，象徵媒人。**熾**：饎也，釀酒。**齊宋**：分別姜姓、子姓，象徵美眷。
*《詩經‧南山》：「析薪如之何？匪斧不克；取妻如之何？匪媒不得。」劈柴需要斧頭，象徵結婚需要媒人。

38 睽：鄰不可顧，而求玉女。身多疾癩，誰當媚者。

　　見隨之豐。

註釋：法治已睽離。有諸多缺憾，被周遭嫌惡，人們喜歡光潔的人。

39 蹇：遠視無明，不知青黃。尪纊塞耳，使君闇聾。

　　向遠方探視但眼睛不明，無法分辨青色或黃色。懸於冠冕的小綿球塞住耳朵，使君主遮蔽耳聾。

註釋：法治已塞堵。上位昏聵，不能分辨賢奸；又被蒙蔽，聽不進忠言。

青黃：新禾色青、舊禾色黃，亦比喻人的賢奸；見註。**尪纊**：尪音頭三聲、纊音況，

懸於冠冕的小綿球，垂於兩耳旁，以示正聽。闇：遮蔽。
*《論衡‧別通》：「人目不見青黃曰盲，耳不聞宮商曰聾。」

40 解：剋身已整，逢禹巡狩。賜我玄珪，蒙受福祉。

見屯之大畜。

註釋：法治並解決問題。自身約束整治，時機來臨君主提拔重用，
　　　因而有大福澤。

己整：自我整治。

41 損：遠望千里，不見黑子。離婁之明，無益於光。

見履之小過。

註釋：法治受到損害。有卓越能力卻不能明察，損害了光明。

42 益：斧斤所砟，瘡痏不息。鍼石不施，下即空室。

被斧頭砍成塊狀，創傷沒有停息。針石無法解危，下放到空蕩的墓穴。

註釋：法治才能益增。惡人凶狠攻擊，百姓一直受創傷，沒有遏
　　　止與整治，體制崩潰。

斤：砍樹的器具，似斧。砟：音眨，塊狀物。瘡痏：痏音偉，瘡傷。鍼：針也，用針刺人的經絡來治病。石：砭石，石針、尖石片，剖開膿包及放血的療具。施：弛也，解除。下：放。室：墓穴。

43 夬：齊侯少子，才略美好。求我長女，賤薄不與。反得醜陋，後乃大悔。

見比之漸。

註釋：法治已斷決。有貴族王孫來請求結合，但心態傲慢而拒絕，

後來只能與小人結合，後悔莫及。
齊侯：比喻良好的國家。

44 姤：失儷後旅。天門地戶，不知所在。安止無咎。

　　失去配偶，落後旅程，上天和大地的門戶，不知所在何處。安心居止沒有災禍。

註釋：應法治且邂逅。失去親密伴侶，延誤行程，天地雖大不知
　　　何往，先停下休養才能安好。

儷：配偶。

45 萃：烏孫氏女，深目黑醜。嗜欲不同，過時無偶。

　　烏孫國的女子，眼睛深陷，黝黑醜陋。嗜好和喜愛大不相同，過了年紀還沒有配偶。

註釋：法治才能相薈萃。野蠻醜惡，行為怪異，長期無人理會，
　　　不能孳生。

烏孫氏：於敦煌、祁連一帶的游牧民俗，與漢朝經常通婚維和。

46 升：叔駕純騮，南至東萊。求索駒馬，道悅中止。

　　青年駕著美好的紅色駿馬，向南要到東萊，尋找索求良馬，欣悅於道，行為中正，達到而後安止。

註釋：法治的上升。俊才到遠方追求美好，一路都樂道中正，達
　　　到目的才停止。

叔：對青年的美稱。**純**：美好的、大的。**騮**：紅色的駿馬。**南**：象徵光明的方向。**東萊**：象徵遙遠的美好之地。**駒**：良馬。**止**：達到而後安住；《禮記·大學》：「止於至善。」

47 困：二女寶珠，誤鄭大夫。君父無禮，自為作笑。

二個妖女用寶珠，迷惑鄭國大夫。君主沒有禮節，自顧取樂嬉笑。

註釋：法治已受困。大臣被奸人迷惑，上位也失去禮節，沉迷淫樂。

誤：迷惑。**君父**：天子、君主。

*《韓詩》：「鄭交甫過漢皋，遇二女妖，服佩兩珠。」結果被其戲弄。

48 井：<u>陽城太室</u>，<u>神明所息</u>。仁智之居，<u>獨無兵革</u>。

陽城、太室，神明在此安處。仁者和智者的居所，沒有戰爭災厄。

註釋：法治且井然。國土有如仙境，人民既仁且智，內外都沒有任何紛爭。

陽城、太室：皆河南山名，險峻而能安邦的靈山。**息**：安，處。**獨**：其，語助詞。**兵革**：兵器與冑甲，象徵戰爭。

*《新序・善謀》：「四嶽三塗，陽城大室，荊山終南，九州之險也。」

49 革：大蛇為殃，使道不通。<u>歲露尟少</u>，年穀敗傷。

大蛇造成災殃，使道路無法通行。年度雨露甚少，年度種植的穀物敗壞損傷。

註釋：法治已被革除。大惡人當道，環境敗壞，人民沒有受到恩惠，生產還受到戕害。

歲露：一年內的雨露情況。**露**：象徵滋潤的恩惠。**尟**：鮮，甚少。

50 鼎：<u>三足孤烏</u>，<u>靈明為御</u>，司過罰惡。自殘其家，毀敗為憂。

太陽坐著靈明駕御的車，司察過錯懲罰惡人。但自己卻殘敗家業，毀壞失敗又有憂患。

註釋：法治已覆鼎。上位應該嚴明督察，懲奸罰惡，但卻剛烈孤僻又監守自盜，因而毀敗。

三足孤烏：孤暴的太陽，比喻上位剛烈孤僻。**靈明**：即羲和，駕御日車的神。**御**：駕車。

51 震：車雖駕，兩靷絕。馬欲步，雙輪脫。行不至，道遇害。

見同人之賁。

註釋：法治發生震盪。行進中團隊解體，不能達成目標，還中途罹難。

靷：音引，繫在車軸，拉車前進的皮帶。

52 艮：鬱怏不明，為陰所傷。眾霧集聚，共奪日光。

幽暗不明朗，被陰氣所傷害。所有的霧都聚集在一起，共同奪走陽光。

註釋：法治已停止。眾多小人聚集，破壞環境，遮蔽光明。

鬱怏：陰晦，幽暗。

53 漸：鶺鴂鴟鴞，治成禦災。周公勤勞，綏德安家。

猛禽到處為害，但治理有成防禦災禍。周公辛勤勞碌，用恩德安撫家邦。

註釋：法治且循序漸進。惡人為禍，已被朝廷整治成功，賢能努力不輟，行德政安家邦。

鶺鴂：音寧絕，鴟鴞。**鴟鴞**：音吃消，貓頭鷹，比喻惡人。**綏**：音雖，安撫、安定。
*《詩經‧序》：「鴟鴞，周公救亂也。成王未知周公之志，公乃為詩以遺。」

54 歸妹：名成德就，項領不試。景公耄老，尼父逝去。

見履之剝。

註釋：應法治且相歸依。上位老昏不勵精圖治，賢能不被任用只能凋去。

55 豐：一夫兩心，岐剌不深。所為無功，求事不成。

見豫之臨。

註釋：法治才能豐盛。三心兩意，無法深耕，凡事沒有功效，謀事不成。

56 旅：羿張烏號，彀射天狼。趙國雄勇，敗於滎陽。

后羿張開王弓，拉滿弓要射擊天狼星。在趙國表現雄壯英勇，最後戰敗於滎陽。

註釋：有法治才能旅歷。項羽戰力堅實，鬥志勃勃的出征，雖然英勇但魯莽，最後仍遭慘敗。

烏號：黃帝所用過的弓，象徵王弓。**彀**：音夠，拉滿弓。**天狼**：天狼星，象徵侵掠。
趙國：見註。**滎陽**：劉邦與項羽展開滎陽之戰，項羽魯莽剛愎戰敗從此沒落。
*秦末各國反秦，秦軍攻克趙國，後項羽破釜沉舟解救趙國成功，成為諸侯上將軍，史稱鉅鹿之戰。但項羽最終仍敗於劉邦。

57 巽：東家殺牛，污臭腥臊。神背西顧，命絕衰周。

東邊鄰家殺牛，汙穢惡臭又腥騷，神明因而背棄，去關顧西郊人家。命運衰亡，斷絕保全。

註釋：應法治且安順。君主不合法禮且行為殘暴，上天遺棄，另立新王，因而覆滅。

周：保全。
*《易經‧既濟》：「東鄰殺牛，不如西郊之禴祭。」

58 兌：火起吾後，<u>喜炙</u>我<u>鹿</u>。<u>蒼龍</u><u>喋</u>水，泉<u>喋</u>柱屋。雖憂無咎。

　　後方起火，延燒到政權。青龍口中含水，像泉水噴出灑在梁柱和屋子上。雖然憂慮但沒有災禍。
註釋：有法治因而欣悅。諸侯有難，但仍能處置，天子前來解救，
　　　平息災禍。（天子諸侯依法理相保，王朝安定）

喜：瞎也，炙。**炙**：音至，燒烤。**鹿**：象徵政權，如：逐鹿中原。**蒼龍**：東方青龍，比喻帝王。**喋**：音訓，將水含在口中噴出去。
*《六韜‧火戰》：「敵人之來，猶在吾後，見火起，必還走。」火起吾後仍有走避時間。

59 渙：桃雀竊脂，巢於小枝。搖動不安，為風所吹。寒心慄慄，常憂不殆。

　　見謙之遯。
註釋：法治已渙散。力小志小，選擇偷安，但風吹草動，還是隨
　　　時擔心危難降臨。

60 節：<u>徙</u>足去<u>域</u>，飛入<u>東國</u>。有所畏避，深藏隱匿。

　　移動兩腳離開國域，飛快地進入東方國度。有所畏懼逃避，深藏隱匿起來。
註釋：應法治且有節度。人民深感恐懼，因而迅速逃離，並遠遠
　　　躲避起來。

徙：遷徙，移動。**域**：國土。**東國**：象徵粗鄙之地。

61 中孚：<u>瓊英朱草</u>，仁政得道。<u>鳧鷖</u>在渚，福祿來下。

　　美玉和朱草俱全，實行仁政符合道義。野鴨和鷗鳥停在水中

483

的小洲，福澤利祿降臨。

註釋：法治且忠信。人才和祥瑞都具備，施行仁政和道義，虔誠遵守倫理，獲得福澤。

瓊英：美石似玉者，象徵美人、君子。**朱草**：一種紅色的草，象徵祥端。**得道**：符合正義。**鳧鷖**：音服依，野鴨和鷗鳥。**渚**：音主，水中的小洲。**來下**：降臨。

*《詩經・鳧鷖》：「鳧鷖在渚……公尸燕飲，福祿來下。」以鳧鷖當美食祭祖而獲大福。

62 小過：陳蔡之危，從者飢罷。明德上通，憂不為凶。

孔子在陳國和蔡國發生危機，隨從的人飢餓疲累。光明的德行通達上天，憂慮沒有成為凶災。

註釋：法治而小超越。初始君子有難，團隊疲累，但有德行獲得貴人援助脫困。

罷：疲也。

*《呂氏春秋・卷十七》：「孔子窮乎陳蔡之間。」

63 既濟：春桃生花，季女宜家。受福多年，男為封君。

見否之隨。

註釋：法治已形成。生機蓬勃，與尊貴的人結合繁衍，並多有福氣。

64 未濟：徑邪賊田，政惡傷民。夫婦呪詛，太上覆顛。

走歪斜的小路會破壞稻田，惡政會傷害人民。男夫女婦都詛咒，皇帝被顛覆。

註釋：法治尚未形成。政令邪惡，人民受到傷害，男女難以繁衍，咒罵君主。

徑邪：歪斜的小徑，象徵不正當的方式。**賊**：破壞。**呪**：咒也，惡罵，或祈求鬼神降禍他人。**太上**：帝王。

22 賁

22 賁：政不暴虐，鳳凰來舍。四時順節，民安其居。

　　見乾之姤。

註釋：一直整飾。國政不再暴虐，吉祥與賢良來會，天時人和，
　　　安居樂業。

1 乾：八口九頭，長舌破家。帝辛沉湎，商滅其墟。

　　八張嘴九個頭，搬弄是非破毀家園。帝辛沉溺酒色，商朝滅亡成了廢墟。

註釋：應整飾且陽健。所有奸人都在造謠生事，君主一直昏昧淫
　　　蕩，國家因而覆滅。

八：象徵四面八方。**九**：象徵極多。**頭**：比喻人。**長舌**：搬弄是非，此處象徵妲己。
帝辛：商紂，商朝最後一位君主。**沉湎**：湎音免，沉溺。

2 坤：鬼守我門，呼伯入山。去其室家，舍其兆墓。

　　鬼怪守住大門，呼喚人進入山裡。離開家人，住到墳地的墓裡。

註釋：應整飾且溫良。奸人迷惑而鬼迷心竅，捨棄親友，淪落邪道。

伯：對人的尊稱。**室家**：配偶家眷。**舍**：住宿。**兆**：墳地。

3 屯：日出阜東，山蔽其明。章甫薦屨，箕子佯狂。

　　日出在山阜的東邊，高山遮蔽了它的光明。把士子的帽子拿來墊鞋子，箕子佯裝瘋狂了。

註釋：整飾變困屯。光明要出來，卻被大奸人遮蔽，君子被小人

踩在腳下，只好裝瘋賣傻，明哲保身。

阜：土山。**章甫**：讀書人所戴的帽子。**薦**：襯、墊。**履**：音旅，鞋子。**箕子**：商紂的叔父，因商紂不聽勸諫施行暴政，因而裝瘋躲避商紂的迫害。

*《文選・弔屈原文》：「章甫薦履，漸不可久兮。」

4 蒙：戴盆望天，不見星辰。顧小失大，福逃牆外。

頭戴盆子望向天空，見不到星星。只看到小利，失去大利，福澤逃到牆壁之外。

註釋：應整飾卻蒙昧。自我蒙蔽，不能看見大局和光明，短視近利，福澤遠離。

5 需：兩輪並轉，南上大阪。四馬共轅，無有重難，與語笑言。

見小畜家人。

註釋：整飾且耐心等待，之後前進。一起努力，挑戰重任，沒有嚴重困難，談笑著前進。

6 訟：羊驚狼虎，悚耳群聚。行旅稽難，留連愁苦。

羊兒畏懼野狼老虎，聳起耳朵聆聽並群聚在一起。外出行旅卻延遲受難，接連滯留憂愁苦楚。

註釋：應整飾爭訟。惡人當道，小民聚在一起擔心害怕，無法前進發展，只能停滯哀嘆。

悚：聳也。**稽**：延遲。

7 師：櫃生荊山，命制輸班。袍衣剝脫，夏熱冬寒。立餓枯槁，眾人莫憐。

見乾之既濟。

註釋：整飾後才能出師。任務過於艱鉅，賢良奮力以赴，滿身創傷，但因沒達成任務，沒人同情。

怜：憐也。

8 比：鳥飛無翼，兔走折足。不常其德，自為羞辱。

鳥兒要飛卻沒有羽翼，兔子奔走卻折斷了腳。德行不能持恆，自取羞辱。

註釋：整飾後才能相比附。成員實力殘破，又不能堅持德性，自取其辱。

9 小畜：<u>條</u>風<u>制</u>氣，萬物生出。明<u>庶</u>長養，花葉茂榮。

春風吹來，生起氣息，萬物出生，光明繁多成長養育，花朵和枝葉都茂盛繁榮。

註釋：整飾且持續小蓄。帶來新氣息與大生機，欣欣向榮，生產茂盛。

條風：春風。**制**：製也，造作。**庶**：眾多。

10 履：坤厚地德，庶物蕃息。平康正直，以綏大福。

見泰之解。

註釋：整飾且履行。大地厚德能繁衍萬物，德行良好能有大福氣。

11 泰：<u>昴畢</u>附耳，將軍<u>求</u>怒。徑路隔塞，燕雀驚駭。

附耳星走到昂、畢星宿，天下兵起，將軍相互憤怒譴責。道路隔絕阻塞，燕子鳥雀都驚恐怖駭。

註釋：整飾才能康泰。時令大壞，天下戰亂，梟雄併起，小民困
　　　阻驚駭。

昴：二十八星宿之一，為白虎宿星，主凶惡。**畢**：二十八星宿之一，象徵兵事。**附耳**：畢宿裡的星官。**求**：譴責。
＊《占星統論》：「附耳星入畢中，天下兵起。」

12 否：東風啟戶，黔啄翻舞。各樂其類，咸得生處。

　　春風到了，蟄伏昆蟲開啟洞穴，鳥獸翻騰飛舞。各自和同類共樂，全都得到生存之處。

註釋：整飾閉塞狀態。恢復生機，門戶大開，開始活動，相聚歡
　　　樂生活，各個安居樂業。

東風：春風。**戶**：洞穴。**黔啄**：長嘴的獸或禽鳥。**咸**：全部。
＊《禮記·月令》：「是月（仲春之月）也……蟄蟲咸動，啟戶始出。」
＊《易經·說卦》：「艮為黔喙之屬。」冷氏註：鳥善以喙止物者；孔穎達疏：取其山居之獸也。

13 同人：兩足四翼，飛入家國。寧我伯姊，與母相得。

　　見同人之謙。

註釋：整飾並且同仁。成員依附前來，奉對方為尊長，成為一家。

伯姊：泛指稍長的夥伴。

14 大有：歲暮花落，陽入陰室。萬物伏匿，藏不可得。

　　年歲將盡，花朵凋落，陽氣進入祭室。萬物潛伏隱匿，躲藏起來無法尋得。

註釋：整飾才能大有。局勢已盡，陽氣覆滅，萬物藏匿，凡事已
　　　不可成了。

歲暮：一年將盡的時候。**陰室**：太廟中祭祀未成年而死的宗子之處。

15 謙：**釋然遠咎**，避患害早。田獲三狐，以貝為寶。

見泰之漸。

註釋：整飾且能謙恭。消除並遠離過錯，避開禍患，保存發育，
　　　收穫珍貴豐富。

釋然：消除。

16 豫：**鵲延卻縮，不見頭目。日以困急，不能自復**。

喜鵲延伸脖子探望又退卻縮回，不見頭和眼睛。日愈窮困急難，無法自行返復。

註釋：整飾才能安育。退縮畏怯，喜事不見眉目，態勢日益嚴重，
　　　無法自救。

鵲：象徵喜兆。**復**：返。

17 隨：秋**隼**冬翔，數**被**嚴霜。雞犬夜鳴，家擾不寧。

隼鳥在秋冬裡飛翔，數次遭受嚴寒的冷霜。雞犬在夜裡鳴吠，家戶被擾亂不能安寧。

註釋：整飾才能隨理。環境一直惡劣，豪傑前進受挫，百姓居家
　　　也不得安寧。

隼：音準，一種猛禽。**被**：遭受。

18 蠱：班馬還師，以息勞罷。役夫嘉喜，入戶見妻。

見觀之既濟。

註釋：整飾且整治蠱敗。停止所有躁進作為，返回休息團圓，開
　　　始生產繁衍。

19 臨：老楊日衰，條多枯枝。爵級不進，逐下摧隤。

　　見蒙之訟。

註釋：整飾才能臨政。體制日益衰弱，政務諸多蕭條，不能升官還被貶抑。

20 觀：順風吹火，牽騎驥尾。易為功力，因懼受福。

　　見泰之旅。

註釋：整飾且觀省。跟著情勢和賢能行進，輕易且快速的獲得卓著功效，又能慎戒恐懼，蒙受福澤。

21 噬嗑：<u>六人俱行，各遺其囊</u>。<u>黃鶴失珠，無以為明</u>。

　　六人一起行進，各個都遺失了行囊。黃鶴失去了明珠，無法照亮光明。

註釋：應整飾且法治。成員一起同行，但散漫疏失又敗壞德行，失去吉祥與光明。

六：象徵齊全。**黃**：象徵中正。**鶴**：象徵君子。

23 剝：依叔墻隅，志下勞苦。<u>楚相辰食，韓子低頭</u>。

　　見同人之震。

註釋：應整飾剝落狀態。寄人籬下，心志落魄，夥伴給予刁難，英雄氣短。

楚相：協助治理者皆曰相，此處指楚亭長。**辰**：晨也。

24 復：三牛生狗，以戌為母。荊夷上侵，姬伯出走。

　　見需之訟。

註釋：整飾才能恢復。醜惡之徒生出妖孽，還以妖孽為母，內憂引發外患，君主覆滅。

三：比喻多。

25 無妄：鶴盜我珠，逃於東都。鵠怒追求，郭氏之墟。不見蹤跡，反為患災。

見豫之明夷。

註釋：整飾遭無妄之災。吉祥德行已沉淪逃匿，君子想要挽回卻不可得，還身受其害。

鵠：音胡，天鵝，象徵君子。

26 大畜：升輿中退，舉事不遂。哺糜毀齒，失其道理。

登上車子卻中途退回，發起行動但未完成。吃粥毀傷了牙齒，這違反天道常理。

註釋：整飾才能大蓄積。半途而廢，做事不成，理所當然的事也弄得一身傷。

升輿：上車。**舉事**：發起行動。**遂**：完成。**哺**：吃食。**糜**：通「糜」，粥。

27 頤：鴻鵠高飛，鳴求其雌。雌來在戶，雄哺嘻嘻。甚獨勞苦，炰鱉膾鯉。

大天鵝高高飛起，鳴叫找尋母鳥。母鳥來到門戶，雄鳥喜笑的餵食牠。獨自甚為勞苦的烹煮鱉和鯉魚等美食。

註釋：整飾才能頤養。前進與人親密結盟，自己滿心歡喜的辛勞付出一切，對方卻只坐享其成，反而更為勞苦。

鴻：大。**鵠**：鵠音胡，天鵝。**雌**：母鳥。**哺**：餵食。**嘻嘻**：喜笑自得。**炰**：庖也，以火燒烤食物。**膾**：細切的肉，象徵烹飪。

*《詩經‧六月》：「飲御諸友，炰鱉膾鯉。」

28 大過：裼衣涉河，水深漬衣。幸賴舟子，濟脫無他。

見訟之萃。

註釋：整飭才能大超越。沒有準備就去涉歷，還好危險尚輕，被人救助而脫險。

漬衣：浸濕衣服。

29 坎：虎齧龍指，太山之崖。天命不佑，不見其雌。

老虎啃咬，青龍豎身，在泰山的斷崖。天生命運不受保佑，沒見到雌鳥。

註釋：整飭已落陷。豪傑不相整合，反而彼此廝殺，後來相繼滅亡，無法繁衍。

齧：音孽，啃、咬。**指**：豎起，如令人髮指。**太山**：泰山，象徵政權。**崖**：山邊，比喻絕處與險境。**天命**：天神所主宰的命運。**雌**：比喻繁衍。

30 離：明不處暗，智不履危。終日卒歲，樂以笑歌。

光明的人不處在暗處，有智慧的人不處於危險中。一整天一整年，都快樂的歡笑唱歌。

註釋：整飭且相附著。不做暗黑之事，不與奸人為伍，恆久歡樂無憂。

履危：置身險境。**終、卒**：結束。

31 咸：三足俱行，傾危善僵。六指不使，恩累弟兄。樹柱閡車，失其正當。

三隻腳一起行動，傾倒危險容易跌倒。六根指頭不聽使喚，

擾亂拖累了兄弟。大樹的柱幹阻擋車子，使其失去正確適當的去路。

註釋：應整飾且相感應。多一隻腳、一隻手指，成員多雜，團隊累贅，遇到阻礙便難以前進。

三足：人兩足，三足為贅。**善**：容易，如善感。**僵**：跌倒。**六指**：人五指，六指為贅。**恩**：音混四聲，擾亂。**闃**：阻隔。

32 恆：舍車而徒，亡其駁牛。雖喪白頭，酒以療憂。

捨棄車子而徒步（見註），也失去了牛匹。喪失了恩愛終老的配偶，以酒來療治憂愁。

註釋：應整飾且持恆。以苦行的方式求賢，但沒有求得，老戰友也離開了，無人偕同，只能藉酒澆愁。（因為沉苛嚴重，老臣新才都不願協助）

舍：捨也。**駁**：駁，顏色不純的牛或馬，如斑駁，比喻人才。**雖**：唯，語助詞。**白頭**：比喻終老的夫婦。

*《韓詩外傳》：「司馬子期舍車徒求之。」以苦行的方式求賢。

33 遯：析薪熾酒，使媒求婦。和合齊宋，姜子悅喜。

見噬嗑之家人。

註釋：整飾隱遁狀態，改為合作經營。透過正當程序與人結合繁衍，君子彼此都非常美好喜悅。

34 大壯：夜視無明，不利買商。子反笑歡，與市為仇。

夜間視線不明，不利於買賣行商。小子反而嘻笑歡樂，因而與市利敵對。

註釋：整飾才能壯大。環境隱晦不明，不宜前進發展，幼稚者卻

自我陶醉，因而與利益相背。
賈：音古，買賣。**子**：小兒，比喻幼稚。**為仇**：敵對。

35 晉：徒行離車，不冒泥塗。利以休居。

離開車子徒步行走（見註），不衝撞泥濘的道路。安順的休息安居。

註釋：整飾之後才能前進。環境惡劣，君子不再當官，不與惡人衝突，只求明哲保身。

冒：冒犯。**塗**：道路。**利**：安順。

*《論語‧先進》：「以吾從大夫之後，不可徒行也。」本條反面陳述，比喻不再為官。

36 明夷：作室山根，人以為安。一昔崩顛，破我壺飧。

建築房室在山腳下，人們以為安全。一夕之間崩毀顛覆，打破了水壺和飯食。

註釋：應整飾瘡痍。環境危險卻無危機意識，一夕崩毀，無以維生。

山根：山腳。**昔**：夕，夜晚。**飧**：音孫，飯菜。

37 家人：山東山西，各自言安。雖相登望，意未同堂。

山東方和山西方的人家，各自安頓。雖然相互登高眺望，但沒有意願同處一堂。

註釋：應整飾且親如家人。分隔兩地，各自為政，相互觀望，不願和同。

言：語助詞，無義。

38 睽：君子在朝，凶言去消。驚駭逐狼，不見英雄。

大人在朝廷中，說要去消滅凶厄。驚怖駭人的驅狼之事，不

見英雄挺身而出。
註釋：整飾變睽離。朝臣大言不慚說要懲奸除惡，卻沒人實際去執行。

39 蹇：輾輾墥墥，火燒山根。不潤我鄰，獨不蒙恩。

車子發出大的轉動聲，因為火在山腳燃燒。鄰人不相互幫助，大家都沒蒙受到恩澤。
註釋：應整飾卻蹇跛。發生災難之初，不思搶救保全，反而各自大肆逃難，也未互相協助，最後都失去恩澤。

輾：音引，車子轉動與聲音。**墥**：大。**山根**：山腳，尚未燃及整座山。**潤**：幫助。**獨**：其，語助詞。

40 解：南山之蹊，真人所在。德配唐虞，天命為子。保佑歆享，身受大慶。

見否之豫。
註釋：整飾且解決問題。天子崇尚仙道，無為而治，德性浩大虔誠，上天授予帝位，國家平安吉慶。

南山：南嶽衡山，象徵永恆。**蹊**：小路。**歆享**：神靈享受供物。

41 損：龍蛇所聚，大水來處。泱泱濡濡，瀺瀺礚礚。使我無賴。

龍與蛇所聚之處，是大水所來之處。水流深廣淤積，迴旋又撞擊石頭發出巨大聲響。人民失去依賴。
註釋：應整飾損害狀態。眾多大惡人聚集，製造浩大災難，又無法排除，百姓難以生存。

虵：蛇也。**決決**：水深廣。**濡**：音儒，滯留。**淡淡**：音螢，水流迴旋。**礚礚**：音磕，水石轟擊聲。

42 益：**旃裘苫蓋**，慕德獻服。**邊鄙不聳**，以安王國。

穿皮衣的北狄，穿茅衣的西戎，愛慕漢族德性因而進獻歸服。邊疆蠻荒不驚悚動盪，王國安定。

註釋：整飾且受益。蠻荒之人受教化歸服，不再興亂，國家因而安定。

旃：音詹，氈，毛織品。**裘**：皮衣。**旃裘**：象徵北方民族，見註一。**苫蓋**：苫音山，茅草編的覆蓋物，見註二。**邊鄙**：邊疆蠻荒之地。**聳**：悚也，驚駭。

* 《漢書・揚雄傳上》：「是以旃裘之王，胡貉之長，移珍來享，抗手稱臣。」
* 《左傳・襄公十四年》：「（姜戎氏）乃祖吾離被苫蓋，蒙荊棘，以來歸我先君。」

43 夬：**光體春成**，陳倉雞鳴。**陽明失道，不能自守，消亡為咎。**

神明的光體降臨，春祭已完成，陳倉的雄雞鳴叫。光明失去正道，不能自我守持，消失滅亡成為災禍。

註釋：整飾已斷決。原本虔誠守法禮，天神加以保佑，後來失去光明的操守，自取滅亡。

光體：此處指神明降臨時，其形體光輝若流星。**春**：春祭。**陽明**：光明。

* 《漢書・郊祀志》載，秦文公獲若石（隕石）雲，于陳倉北阪城祠之。其神來也常以夜，光輝若流星，若雄雞，其聲殷雲，野雞夜雊。以一牢祠，命曰陳寶。

44 姤：**下泉苞稂，十年無王。荀伯遇時，憂念周京。**

見蠱之歸妹。

註釋：應整飾且相邂逅。君王暴虐，民間災害無人整治，懷念朝廷有賢良治國，四方安治的時代。

45 萃：仁德不暴，五精就舍。四牧允釐，民安其居。

有仁德不會殘暴，五方之星各自就位。四方的牧令治理得當，人民安定居住。

註釋：整飾且相薈萃。人間實行仁政，人倫與天時安定，賢能們治理良好，天下安定。

五精：木金火水土五星，亦為仁義禮智信五德。**牧**：牧令，地方長官。**允釐**：治理得當。

46 升：隨和重寶，眾多貪有。相如睨柱，趙王危殆。

隨侯珠與和氏璧都是重要寶貝，眾多人貪婪地想占有。趙王危險之時，藺相如用計加以勇敢保護。

註釋：整飾且上升。眾多惡人覬覦美好資產想要掠奪，能運用智慧與勇氣，因而嚇退保全。

隨和：隨侯珠與和氏璧。**睨**：斜視。**睨柱**：斜眼看著柱子，在此比喻用計勇敢保護；見註。

*《史記‧廉頗藺相如列傳》載完璧歸趙：「相如持其璧睨柱，欲以擊柱。秦王恐其破璧，乃辭謝固請。」

47 困：鳳生五雛，長於南郭。君子康寧，悅樂身榮。

鳳凰生了五隻雛鳥，生長在南邊的外城牆。君子康泰祥寧，喜悅歡樂，身有榮耀。

註釋：整飾受困的狀況。君子有光明德行且有幽人之貞，因而繁衍眾多且美好，幸福快樂，聲譽卓著。

五：象徵全部。**南**：象徵光明的方向。**郭**：外城牆，比喻郊區。

48 井：二人為侶，俱歸北海。入門上堂，拜謁王母。勞賜我酒，女功悅喜。

497

見乾之復。

註釋：整飾且井然。與夥伴虔誠追求聖道，獲得神明保佑，民生事業安好。

二：比喻左右周邊的人。**女功**：指婦女所做的紡織、刺繡、縫紉等工作，為萬業之始。

49 革：逐憂去殃，洿泥生粱，下田為王。

驅逐憂患去除災殃，汙泥生出黃粱，下等田成長旺盛。

註釋：整飾且革新。消除災禍，努力整建，環境從低劣變得美好豐收。

洿：污也。**下田**：下等田（田分上中下三等）。**王**：旺也。

50 鼎：東門之壇，茹蘆在坂。禮義不行，與我心反。

站在東城門的平地，看著茹蘆長在山坡上（見註）。禮儀沒被執行，令人心生反感。

註釋：整飾才能鼎立。猶如女人窺視男人，心態邪佞，禮儀淪喪，令人厭惡。

壇：墠也，經過整治的郊野平地。**茹蘆**：音如綠，可作絳紅色染料的草，象徵心態妖豔。**坂**：山坡。**禮義**：禮儀；禮節儀式稱為禮，合於禮的行為稱為義（儀）。

＊《詩經・東門之墠》：「東門之墠，茹藘在阪。」描寫女人窺視男人。

51 震：鳧遇稻廬，甘樂趨鰌。雖驅不去。

野鴨遇見穀倉，還歡樂的趨向泥鰍，雖然驅逐但仍不離去。

註釋：應整飾震盪狀態。小人遇到美好的事物便貪婪不能自拔，無法遏止。

鳧：音服，野鴨。**稻廬**：貯藏稻穀的屋舍。**甘樂**：歡樂。**鰌**：鰍也。

52 艮：清人高子，久屯外野。逍遙不歸，思我君母。公子奉請，王孫嘉許。

　　清白高雅的君子，長久困頓於野外。徬徨徘徊無法歸家，思念妻子。後來大家都來恭敬迎請他，並給予嘉譽稱許。

註釋：整飾完成之後停止。原本君子受難離開，一直於野外屯居徘徊，無法返家團聚，後來大家去恭請他回來出仕。

逍遙：徬徨、徘徊。**君母**：正妻。**公子、王孫**：貴族後代，對人的尊稱。**奉請**：恭敬邀請。

53 漸：讒人所言，語不成全。虎狼之患，不為我殘。

　　說讒言的人所說的話，一句都不會實現。說老虎和野狼為患，但都沒有造成殘害。

註釋：整飾才能漸進。小人讒語都不足為信，還危言聳聽，應加以整肅，才能進步。

讒：中傷、陷害別人的壞話。**成全**：實現。

54 歸妹：張羅捕鳩，鳥麗其災。雌雄俱得，為罔所賊。

　　張開羅網捕捉斑鳩，鳥兒配偶遭受災害。雌鳥與雄鳥都被捕得，被網羅所傷害。

註釋：整飾才能相歸依。小人為害，君子同時遇害，團隊無法再繁衍。

鳩：象徵忠貞。**麗**：儷也，配偶。**罔**：網也。

55 豐：安仁尚德，東鄰慕義，來安吾國。

　　心懷仁義，崇尚德行，東夷鄰國仰慕禮義，前來我國安定順服。

註釋：整飾且豐盛。充滿仁德，鄰國都來學習，大家安穩平定。
安：心裡懷著。**安**：安順。

56 旅：猾醜如誠，前後相違。言如鱉咳，語不可知。

狡猾醜惡卻好像有誠心，前後相互違背。說話好像鱉魚咳嗽聽不清楚，話語不得而知。
註釋：整飾之後才能旅歷。醜惡卻慣於矯飾，總是前後矛盾，語焉不詳，不能取信於人。
鱉咳：象徵言語不清。

57 巽：懷璧越鄉，不可遠行。蔡侯兩裘，久苦流離。

懷藏著美玉遠離故鄉，但不要遠行為宜！蔡昭侯有兩件皮裘，因而招致長久流離之苦。
註釋：整飾之後才能安順。雖有資產但環境險惡，前進會遭受小
　　　人覬覦陷害而流離，不要外出。
越鄉：遠離故鄉。
＊《左傳‧定公三年》載，蔡昭侯有兩佩與兩裘，獻一佩一裘於楚昭王，楚國相國求取另一佩一裘，蔡昭侯不與，楚相於是拘禁蔡昭侯三年。

58 兌：伯氏歸國，多所恨惑。車傾蓋亡，身常驚惶。乃得其願，雌雄相從。

君王要返國，遭遇許多悔恨疑惑。車子傾倒車篷遺失，身命經常驚慌惶恐。最後得以如願，男男女女都來追隨。
註釋：整飾之後欣悅。初始君王失格，前進時資產與身心都損傷
　　　嚴重，但能誠心整治，最後追隨者眾多並且繁衍。
伯：《易林》會以伯稱呼失格皇上，如姬伯（周幽王）。**蓋**：車篷。

* 周幽王失國,周平王東遷延續國運。

59 渙:**火石相得**,乾無潤澤。利少**囊**縮,**羝益促迫**。

　　打火石相遇,乾燥不濕潤。利潤少,錢袋縮小,禍患益加急促逼近。

註釋:應整飾渙散。成員剛烈火爆,無法產生功效,不但利益減
　　　少而且禍患逼進。

得:遇到。**囊**:袋子。**羝**:禍患。**迫**:逼近。

60 節:君知聖哲,嗚呼其友。**鎮德之徒**,可以禮仕。

　　君主知道至高聖賢在哪裡,嗚叫呼喚他為朋友。有安定國家德行的那些人,可以禮拜請其出仕。

註釋:整飾並能節度。君主能夠知人善任,禮賢下士,因而國家
　　　安治。

聖哲:才德與修養達到最高境界的聖賢。**鎮**:安定國家的力量。**徒**:同類或同派的人。

61 中孚:騎**豚**逐羊,不見所望。經涉虎廬,亡**羝**失羊。

　　見乾之蹇。

註釋:應整飾且忠信。騎豬追羊,方法不確實,沒有績效又遭遇
　　　　危險,並失去重要資產。

豚:小豬。**羝**:音低,公羊。

62 小過:**玄黃瘣隤**,行者勞**罷**。役夫憔悴,**處子**畏哀。

　　馬匹傷病墜落,行進的人勞累疲乏。服役的男人憔悴病瘦,未出嫁的女子畏懼哀傷。

註釋:整飾才能小超越。君王好戰又興徭役,男丁遠行人馬疲憊,

501

女子在家無法婚配，不能繁衍。
玄黃：有病的馬。**瘣**：音會，傷病。**隤**：音頹，墜落。**罷**：疲也。**處子**：未出嫁的女子。
＊《蔡中郎集・述行賦》：「僕夫疲而劬瘁兮，我馬虺隤以玄黃。」

63 既濟：**右手掩目，不見長叔。失其所得，悔吝相仍**。

　　右手掩住眼睛，見不到年長的叔叔。失去得到的財物，頻仍悔恨遺憾。
註釋：整飾已結束。真相被卑賤小人蒙蔽，老練幹部離去，也失
　　　去了資產，只能頻頻懊悔。
右：射箭時睜右眼，掩之則不能見；見註。**吝**：遺憾。**仍**：頻仍，連續發生。
＊《太玄經・晦》：「視非其直，夷其右目，滅國喪家。」

64 未濟：**免冠進賢，步出朝門。儀體不正，賊孽為患**。

　　見否之兌。
註釋：整飾尚未完成。小人狂妄並不遵守禮節，導致禮儀體制裡
　　　外敗壞，釀成賊禍。
儀體：禮儀和體制。

23 剝

23 剝：行觸大忌，與司命悟。執囚束縛，拘制於吏。幽人有喜。

  見訟之巽。
註釋：剝落又剝落。行動觸犯大忌，犯下牢獄之災，生命岌岌可危，
    低調沉潛可以避開患難。

1 乾：穿胸狗邦，僵離旁春。天地易紀，日月更始。

  見師之謙。
註釋：剝落轉為陽健。原本蠻荒落後，後來徹底改變，重新開始
    新紀元。

2 坤：從風縱火，荻芝俱死。三害集房，十子中傷。

  見乾之小過。
註釋：剝落的溫良。小人順勢作亂，不分俗賢全都不能倖免，朝
    廷充滿危害，大夫們都受傷，陷入危機。

十：象徵滿數。**子**：士大夫的通稱。

3 屯：北山有棗，橘柚於聚。荷囊載香，盈我筐筥。

  北山有甜棗，橘子和柚子也在此聚生。扛著行囊載著芬香的五穀，籠筐也滿盈了。

  註釋：剝落轉為屯聚。找到好地方經營，資源多元美好而且豐收。

北山：比喻美好之地。**荷**：音賀，扛著。**囊**：袋子。**香**：本義為五穀的香味。**筐筥**：方形和圓形的竹器，泛指竹器。

4 蒙：齎貝贖狸，不聽我辭。繫於虎鬚，牽不得來。

見否之革。

註釋：剝落的啟蒙。勸告回心轉意，但還是違反正道去跟小人合謀，結果反被牽制，無法返回。

5 需：上下惟邪，戻其元夫。歡心隔塞，君子離居。

朝廷上下都邪惡，暴戾的對待善良之士。歡喜的心被隔離阻塞，君子離開居所。

註釋：剝落又等待停滯，不去整治。團隊全都心術不正，一起陷害忠良。君子不再眷愛團體，黯然離去。

惟：語助詞，無義。**元夫**：善士。

6 訟：二人輂車，徙去其家。井沸釜鳴，不可安居。

兩人搭乘車子，遷徙離開家舍。井水沸騰，鍋子鳴叫，無法安定居住。

註釋：剝落又爭訟。左右的人緊急黯然離開，讒人沸騰叫囂，無法安居。

二人：象徵左右親密的人。**輂**：音捲，車子、搭乘。**釜**：一種鍋子。

*《楚辭・卜居》：「瓦釜雷鳴，讒人高張。」

7 師：蹇驢不才，俊驥失時。罷於沙丘，筋力勞盡。

跛腳的驢子沒有才能，傑出的千里馬沒有時機。停止在沙丘上，筋肉體力勞累殆盡。

504

註釋：剝落的出師。蠢材無用，人才不用，強要前進，困乏至極
　　　而停止。
蹇：跛腳、行動不便。**驥**：音記，千里馬。**罷**：終了。**沙丘**：象徵死亡之地。

8 比：明傷之初，為穆出交。以讒復歸，名曰豎牛。剝亂叔孫，餒於空丘。

　　光明受到傷害之初，叔孫穆出逃國外。後來帶著一位讒人返復歸來，名叫豎牛。豎牛擾亂叔孫穆，飢餓他在空蕩的墳墓裡。
註釋：剝落比附而來。狀況紛亂，君子出逃，後來君子回歸依然
　　　不能制止小人孳生作亂，法統終被竊據。
初：起初。**穆、叔孫**：叔孫豹，諡穆，有戰功賢名，立德、立功、立言即其所說。**交**：國外。**讒**：中傷、陷害別人的壞話。**豎牛**：叔孫穆之庶子。**剝亂**：擾亂。**餒**：饑餓。
丘：墳墓。
*《左傳‧昭公四年》載，魯國叔孫穆原本避難到齊國，後來回國接任公卿之職。他在齊國的庶子豎牛一起回魯後想霸佔家業，殺了兄長，還將病危的叔孫穆餓死。

9 小畜：天火大起，飛鳥驚駭。作事不時，自為身咎。

　　由上天降下的火災大為燃起，飛翔的鳥兒受到驚嚇怖駭。經營事業不依照時令，因而造成身命禍害。
註釋：剝落又更蓄小勢弱。天災突降，眾人驚怖逃散，不依照倫
　　　理天時，所以自取其咎。
天火：由閃電而引起的大火。**自**：因而。

10 履：土與山連，共保歲寒。終無災患，萬世長安。

　　土地與山丘連接在一起（沒有地塌山崩，見註），共同保護一年中最寒凍的季節。終究沒有災殃禍患，萬世常保安康。

註釋：剝落但仍履行正道。彼此謙和連結，沒有裂解，相互守護，度過最艱難時刻，最後不但沒有災難，還長保安康。

*土地為低位者、人民；山為高位者、大人；上下相連，沒有斷裂。又土為坤，山為艮，坤艮為謙。

11 泰：日出阜東，山蔽其明。章甫薦屨，箕子佯狂。

見賁之屯。

註釋：剝落的康泰。要升起的光明被嚴重遮蔽，君子被小人踐踏，只能裝瘋賣傻明哲保身。

12 否：龍馬上山，絕無水泉。喉燋唇乾，口不能言。

見豫之乾。

註釋：剝落而閉塞。雖然實力優秀，但環境惡劣，陷入困境，備受煎熬。

13 同人：雄處弱水，雌在海濱。別將持食，悲哀於心。

雄鳥在西山的弱水，雌鳥在東岸的海邊，分別去覓食，悲傷哀悽在心裡。

註釋：剝落的同仁。伴侶分隔遙遠兩地，各自謀生，不能繁衍。

弱水：因在西方崑崙山，象徵遙遠。**將**：行進某事。**持**：治理。

14 大有：庭燎夜明，追嗣日光。陽軟不制，陰雄坐戾。

庭中的火炬在夜裡照明，接續白天的日光。陽氣軟弱不振作，陰氣稱雄，坐位暴戾。

註釋：剝落的大富有。原本光明夜以繼日，後來君子不再陽健，小人於是掌權作亂。

庭燎：庭中照明的火炬。**追嗣**：接續。**制**：振作。**坐**：坐上大位。

15 謙：三婦同夫，忽不相思。志恆悲愁，顏色不怡。

　　三個婦人同一個丈夫，相互輕忽不包容。心志總是悲傷愁苦，顏面臉色不愉悅。

註釋：剝落的謙恭。眾多小人共事一主，互相怠慢排擠，大家總是鬱鬱寡歡，彼此不悅。

三：比喻多。**婦**：比喻小人。**思**：《說文》：「思，容也。」

16 豫：鵠盜我珠，逃於東都。鶬怒追求，郭氏之墟。不見武跡，反為患災。

　　見豫之明夷。

註釋：剝落的安育。吉祥德行已沉淪逃匿，君子想要挽回卻不可得，還身受其害。

鵠：音胡，天鵝。**武**：《爾雅・釋訓》：「武，跡也。」

17 隨：獼猴冠帶，盜載非位。眾犬共吠，麇走蹶足。

　　獼猴穿戴帽子和腰帶，這是盜來的穿戴，並非真在其位。所有的狗兒共同吠叫，像獐鹿一樣驚慌奔走，且腳部跌倒。

註釋：剝落變隨理。肖小竊取名位，名不正，言不順，正義人士群而攻之，肖小驚荒而逃。

載：戴也。**麇**：音軍，《說文》：「麇也。似鹿。麇性驚。」**蹶**：跌倒。

18 蠱：黍稷禾稻，垂畝方好。中旱不雨，傷風病燋。

　　五穀稻禾，垂掛在田畝正當美好。期中卻乾旱沒有下雨，還被風所傷害、被烈火損害。

註釋：剝落的整治蠱敗。原本可望豐收，但遭逢種種打擊，希望破滅。

黍稷：小米和黃米，象徵五穀。**禾**：穀類植物的總稱。**病**：損害。**熇**：音赫，火勢猛烈。

19 臨：雄聖伏名，人匿麟遠。走鳳麟遠，亂禍未息。

英雄聖賢隱伏姓名，賢人藏匿麒麟遠離，鳳凰也奔走而去，災亂禍患尚未平息。

註釋：剝落的臨政。賢能全都藏匿，吉祥也遠離了，禍亂未獲控制。

20 觀：王母多福，天祿所伏。居之寵光，君子有福。

王母娘娘賜予許多福澤，天賜的福祿都蒙受了。處在榮寵光耀之位，君子有福澤。

註釋：剝落但能觀省。因為有德行，接受天賜的大福，地位尊寵安定。

伏：承受。

21 噬嗑：班馬還師，以息勞疲。役夫忻喜，入戶見妻。

見觀之既濟。

註釋：剝落轉為法治。停止征伐耗損，開始休生養息，男女團圓繁衍。

忻：欣也。

22 賁：蹇裳涉河，流深漬衣。賴幸舟子，濟脫無他。

見訟之萃。

註釋：剝落應該整飾。實力不足卻想涉險因而遇到阻難，幸有協力來助，因而脫險，應該檢討整備。

騫：同褰，提起；《楚辭・九章》：「憚褰裳而濡足。」

24 復：被服文德，升入大麓。四門雍肅，登受大福。

　　見隨之大壯。

註釋：剝落之後恢復，剝極必復。以身作則，實行教化，被領袖提拔近身重用，尊貴且有福澤。

25 無妄：東鄰嫁女，為王妃后。莊公築館，以尊王母。歸于京師，季姜悅喜。

　　見屯之觀。

註釋：剝落但能不虛妄，終可發達。溫良美好，並能與人親密結盟，歡喜的獲得尊貴的好歸宿。

26 大畜：百足俱行，相輔為強。三聖翼事，王室寵光。

　　見屯之履。

註釋：剝落轉為大積蓄。百業啟動，任用許多賢能任事而興盛，領袖地位崇高且尊貴。

27 頤：危坐至暮，請求不得。膏澤不降，政戾民忒。

　　見需之頤。

註釋：剝落的頤養。百姓懇切的請求一直未能獲准，君主沒施予恩惠，依然暴政虐民。

28 大過：百川朝海，流行不止。路雖遼遠，無不到者。

　　見謙之無妄。

註釋：剝落轉為大超越。有浩大的包容德行，四方追隨者不辭千里滾滾而來。

29 坎：乘騮駕驪，東至于齊。遭遇仁友，送我以資，厚得利歸。

搭乘駕馭著紅色和黑色駿馬，到東方的齊國去。遇到仁德的朋友，贈送物資，得到豐厚的利祿歸返。

註釋：剝落狀態已落陷，剝極必復。人才遠行到美好之地外交，有仁人君子奧援，得到大利祿並安全返回。

騮：紅色的駿馬。**驪**：黑色的駿馬。**東、齊**：齊國地處中土之東，象徵遙遠、強盛。

*《春秋‧文公元年》：「穆伯如齊，始聘焉，禮也。」

30 離：禮壞樂崩，成子傲慢。欲求致理，力疲心爛，陰陽不調。成子驕傲，為簡生殃。

禮樂制度崩壞，田成子驕傲輕慢。齊簡公希望達成治理，但卻身力疲乏，心識紊亂，因為陰陽不協調（左右相不合）。後更因田成子驕縱高傲，齊簡公生出災殃。

註釋：剝落的相附著。權臣傲慢破壞禮制與合作，君主無法整飭調和，心力憔悴，最後還被權臣所弒。

爛：紊亂沒頭緒，如焦頭爛額。

*《史記‧齊太公世家》載，齊簡公任命田成子和闞止為左右相，兩人不合鬥爭，齊簡公支持闞止，於是田成子誅殺齊簡公和闞止。

31 咸：三人輦車，乘入虎家。王母貪叨，盜我犁牛。

三人搭乘車子，駛進了老虎巢穴。女酋長貪心，盜走犁田的牛。

註釋：剝落的感應。眾人一起前進，卻都毫無防範意識，因而涉
　　　入險境，還被惡人掠去生產資源。
三：象徵多。**輂**：音捻，車子、搭乘。**乘**：駕駛。**王母**：女酋長。**叨**：音掏，貪。

32 恆：羊頭兔足，少肉不飽。漏囊敗粟，利無所得。

　　羊的頭，兔的腳，少肉無法飽足。破漏的袋子減損了粟米，利益無所可得。

註釋：剝落已成恆長。資源稀少無法滿足，又有漏洞造成損失，
　　　結果一無所得。
囊：袋子。

33 遯：新田宜粟，上農得穀。君子惟好，以紆百福。

　　新墾的田種植粟米豐收，上等的農夫獲得穀物。君子美好，圍繞各種福澤。

註釋：剝落狀態隱遯，恢復生產。經過開墾開始生產，優秀勤勞
　　　因而豐收，並且惕勵德行，有各種大福澤。
新田：開墾滿二年的田。**宜**：豐收。**惟**：語助詞。**紆**：音迂，圍繞。

34 大壯：夷羿所射，發輒有獲。雙鳧俱得，利以伐國。

　　東夷后羿射箭，發射總是會有收穫，兩隻野鴨一起獲得，順利的征伐別國。

註釋：剝落轉為壯大。雖處邊地但實力堅強，戰無不勝，雙倍獲
　　　利，出征順利。
夷羿：東夷后羿，見註。**輒**：總是。**鳧**：音服，野鴨。

* 史上羿有兩位，一為堯時射下九個太陽的射師大羿；一為夏時東夷部落首領后羿
　（夷羿）。一般常將兩人搞混，本條即混用。

35 晉：鳧舞鼓翼，嘉樂堯德。虞夏美功，要荒賓服。

　　野鴨飛舞鼓動羽翼前來，讚譽喜愛堯帝的德政。虞舜和夏禹有美好功業，極遠的荒國也來臣服。

註釋：剝落轉為前進。人民熱烈遷徙而來，聖人有德行和功業，
　　　荒遠之國也歡欣歸附。

鳧：音服，野鴨，候鳥。**嘉**：讚譽。**樂**：音要，喜愛。**要荒**：極遠的偏荒之國。**賓服**：臣服。

36 明夷：登丘上山，對酒道觀。終年卒歲，優福無患。

　　攀登丘陵爬上山頂，面對美酒，聊天觀賞景物。一年到頭，優渥福澤沒有災患。

註釋：剝落狀態痍傷，恢復安定。避開紛擾，怡然自得，始終趨
　　　吉避凶，美好有福氣。

優：富饒。

37 家人：歲暮花落，陽入陰室。萬物伏匿，藏不可得。

　　見賁之大有。

註釋：剝落的家人。局勢已盡，陽氣覆滅，萬物藏匿，凡事已不
　　　可成了。

38 睽：螟蟲為賊，害我禾穀。箪瓶空虛，飢無所食。

　　需之明夷。

註釋：剝落且睽離。惡人群起為害，生產崩壞，民不聊生。

39 蹇：陽虎脅主，使得不通。火離為殃，年穀病傷。

陽虎脅持君主，使得政務不通。盛陽火熱造為災殃，年度種植的穀物損害毀傷。

註釋：剝落且蹇跛。惡人箝制君主，國政凋蔽，環境峻惡，生產受到重創。

陽虎：魯國人，亦名陽貨。**火**：《傳》：「炎火，盛陽也。」**離**：火。**病**：損害。
*《左傳・定公八年》載，陽虎為季孫氏家臣，卻囚禁主公三年，進而掌握魯國朝政，最後政變失敗逃亡。

40 解：<u>四馬</u>共<u>轅</u>，東上泰山。<u>騂騵</u>同力，無有重難。與君笑言。

四匹馬共用轅木，要到東方泰山。良好的駿馬同心協力，沒有重大困難。與諸君歡笑言談。

註釋：剝落已解決，剝極必復。眾多優秀的人才同心協力，一起追求美好目標，彼此歡樂相處，沒有艱難。

四馬：四馬的車為駟。**轅**：音元，套住拉車牲畜的直木。**騂**：音星，紅色毛的馬。**騵**：後右足白色的馬。

41 損：牧羊稻園，聞虎喧嚾。懼畏悚息，終無禍患。

見屯之復。

註釋：剝落狀態已折損，停損了。經營家業，但有惡人覬覦，能慎戒恐懼，所以化險為夷。

嚾：音歡，喧鬧。**悚**：恐懼。

42 益：<u>揚花不時，冬實生危。憂多橫賊，生不能服</u>。<u>崑崙之玉</u>，所求必得。

開花與受粉的時令不對，冬天的果實會有危機。有很多蠻橫

513

盜賊的憂患，生活不能安順。崑崙山的美玉，所求必定得到。

註釋：剝落轉為益增。時令不順，生產停滯，惡人掠奪，難以安居。因有神聖的美德，後來心想事成。

揚花：農作物開花，花粉隨風飛揚。**服**：順服。**崑崙**：象徵神聖之地。**玉**：比喻美德、君子。

43 夬：高阜所在，陰氣不臨。洪水不處，為家利寶。

高的土山所在之處，陰氣不會降臨（註），洪水也淹不到這地方，是家族吉利的寶地。

註釋：剝落已斷決，剝極必復。道德清高，小人與厄運不會來到，家族平安吉祥。

阜：土山。

＊陽升陰降，故陰不處高阜。

44 姤：釋然遠咎，辟患害早。田獲三狐，以貝為寶。君子所在，安寧不殆。

見泰之漸。

註釋：剝落轉為邂逅。消除並遠離災難，避開禍患災害提早實施，行動獲得許多寶貴的財富，跟隨君子而居，不會有危險。

釋然：消除。**辟**：避也。

45 萃：兩目不明，日奪無光。脛足跛曳，不可以行，頓於丘旁。亡妾莫逐，鬼然獨宿。

兩個眼睛不明亮，日光消失沒有光明（見註）。小腿跛腳走路搖曳，無法前行，停頓在山丘旁邊。妾子逃走不去追逐，毫無動作的單獨住宿。

註釋：剝落時應相薈萃。為人蒙昧，失去光明，行動力受創無法
　　　前進，年輕成員離去也不尋回，無法孳生延續。
奪：削除。**脛足**：小腿。**曳**：搖晃。**丘**：亦作墳墓，故影射滅亡。**嵬然**：不動。
*《淮南子・說山訓》：「月望，日奪其光。」

46 升：<u>鴻飛循陸，公出不復，伯氏客宿</u>。

　　鴻鳥循著水岸飛翔，父親出去沒有返復回來，兄長也在外留宿。

註釋：剝落態勢上升。就像候鳥一去不回，親密有為長輩也都離
　　　開了。
鴻：大雁子，候鳥，比喻遷徙。**循**：沿著。**陸**：高出水面的土地。
*《詩經・九罭》：「鴻飛遵陸，公歸不復。」

47 困：<u>桑芳</u>將落，<u>隕</u>其黃葉。失勢傾<u>側</u>，<u>如</u>無所得。

　　桑花即將凋落，黃葉墜落下來。失去情勢傾倒歪斜，因而一無所得。

註釋：剝落且困阻。環境蕭條，民生凋蔽，情勢已逝，無可再得。
桑：比喻衣食民生。**芳**：花卉。**隕**：墜落。**側**：歪斜。**如**：而。

48 井：<u>載</u>船渡海，<u>雖</u>深難咎。孫子俱在，不失其<u>所</u>。

　　搭乘船度過海洋，深浚艱難又險惡。子孫全部都在，沒有失去安宜。

註釋：剝落但能井然。冒險前進，充斥危險，但團結一致，自身
　　　和後代都能保持安全。
載：搭乘。**雖**：語助詞。**所**：合宜的。

49 革：鵠求魚食，道遇射弋。繒加我頸，繳縛羽翼。欲飛不能，為羿所得。

天鵝尋找魚類為食，中途遇到射獵的繩箭。射鳥的箭加諸頸子上，羽翼也被纏繞緊縛。想要飛離卻不能夠，被后羿所擒得。

註釋：剝落而被革除。外出發展，但疏於防備，中途遭惡人偷襲，重重加害無法解脫，最後被制伏。

鵠：音胡，天鵝。**弋**：音亦，用帶有繩子的箭射獵。**繒**：音贈，矰，古代射鳥用的箭。
繳：纏繞。**縛**：捆綁。

50 鼎：泥面亂頭，忍恥少羞。日以削消，凶其自搯。

沾汙的臉，散亂的頭，忍受恥辱，少有羞愧心。每日削弱消耗，凶事都是自找的。

註釋：剝落的鼎立。不能潔身自愛，沒有羞恥心，實力日益削減，全是咎由自取。

泥：沾汙。**搯**：掏也，探取。

51 震：佩玉纍蕊，無以繫之。孤悲獨處，愁哀相憂。

佩在身上的玉珮和繫在身上的花蕊，我都沒得繫上。孤苦悲傷獨自居處，愁苦哀傷而且憂慮。

註釋：剝落且震盪。窮苦潦倒，沒人理會支援，只能獨自哀愁。

纍、繫：綁。

*《左傳・哀十三年傳》：「申叔儀，乞糧於公孫有山氏，曰，佩玉纍兮，余無所繫之。」

52 艮：巨虵大鱔，戰於國郊。上下隔塞，逐君走逃。

見噬嗑之訟。

註釋：剝落且停止。大梟雄奪權內戰，國家不安，上下離心離德，
　　　君主被驅逐逃亡。

53 漸：<u>已動死連</u>，<u>商子揚沙</u>，<u>石流狐狢</u>。擾軍鼓振，<u>吏士恐落</u>。

　　　停止動靜，死亡連連，商紂遇到飛揚的沙塵。土石流淹沒狐狸，周國人擾亂軍心的鼓聲大振，官兵驚恐墜落。
註釋：剝落漸漸形成。周國人討伐殘暴的商紂，威力好像沙塵暴
　　　和土石流，商國軍隊傷亡連連，最後被殲滅。
已：停止。**商子**：商朝子姓，此處指商紂。**石流**：沿著斜坡移動的碎石群。**狐狢**：惡兆；
《史記‧龜策列傳》：「此狐狢，以卜有求不得、病死、難起。」狐狸渡河滅頂。
吏士：官兵。

54 歸妹：<u>二人俱行，別離特食</u>。一身五心，亂無所得。

　　　見師之大畜。
註釋：剝落的相歸依。原本兩人同行，如今分開單獨進食。三心
　　　兩意，思緒混亂，一無所得。
二人：象徵左右的人。**特**：獨，單一。

55 豐：<u>三聖相輔，鳥獸喜舞。安樂富有，三人借偶</u>。

　　　三位聖人輔政，連鳥獸都歡喜舞蹈。安定和樂，富饒大有，三人一起配合。
註釋：剝落轉為豐盛。有眾多賢能輔助，天下太平富足安樂，大
　　　家親密共事共好。
三聖：指周文王、周武王、周公建立周朝。**借偶**：配合。

56 旅：三奇六耦，相隨俱市。王孫善賈，先得利寶。居止不安，洪水為咎。

　　全部男女相互跟隨一起到市集。公子善於買賣，搶先得到有利潤的寶物。起居行止不平安，洪水成為災患。

註釋：剝落的旅歷。眾人一起追求利益與繁衍，並且占得先機與厚利，但富極必腐，後來開始生亂不安。

三、六：象徵齊全。奇：奇數，為陽，為男。耦：偶也，偶數，為陰，為女。王孫：王室子孫，對人尊稱。賈：音古，交易。

*《孔子家語 · 本命解》：「一陽一陰，奇偶相配，然後道合化成。」

57 巽：三人俱行，二人言北。伯仲欲南，少叔不得。中路分爭，道鬬相賊。

　　三個人一起行動，兩個人說要向北方。大哥二哥要往南，年少的三弟不同意。中途產生紛爭，道路上就爭鬥傷害。

註釋：剝落的安順。團隊前進經營但成員意見不合，中途就開始互鬥傷害。

伯仲叔：兄弟排行的老大、老二、老三。

58 兌：播天舞，光地乳。神所守，樂無咎。言不信誤。

　　在天下播遷飛舞，光耀岐山，為神明所守護，安樂沒有災禍。說話沒有失去信任。

註釋：剝落轉為欣悅。賢良光明誠信，有神明保佑，建立根基，並往四方發展。

播：遷徙，指人口散佈繁衍。地乳：地母的乳房，指岐山，周國的發祥地；見註一。
誤：失。

*《太平御覽 · 敘山》：「岐山在昆侖東南，為地乳，上為天縻星。」

＊古公亶父為避狄人，帶領族人遷至岐山，追封為周國第一位君王。

59 渙：坐爭立訟，紛紛匆匆。卒成禍亂，災及家公。

　　坐著站著都要爭訟，繁雜紛亂而急迫。最後釀成禍害戰亂，災殃波即到父親。

註釋：剝落且渙散。無時不刻都在爭鬥，環境紛亂緊迫，最後災
　　　難爆發，宗族法統受到危害。

紛紛：多而雜亂。**匆匆**：急遽。**卒**：最後。**家公**：父親或祖父，比喻宗族法統。

60 節：虵行蜿蜒，不能上阪。履節安居，可以無憂。

　　蛇爬行彎曲延伸，不能登上山坡。履行節操安定居住，可以沒有憂患。

註釋：剝落但能節度。行動不利，停止前進提升，安分安居，保
　　　得平安。

虵：蛇也。**蜿蜒**：彎曲延伸。**阪**：山坡。

61 中孚：邰大牆壞，蠹眾木折。狼虎為政，天降罪伐。

　　孔隙過大牆壁損壞，蛀蟲眾多樹木折損。野狼和老虎治理政務，上天降罪加以征伐。

註釋：剝落的忠信。弊端與小人太多，體制敗壞嚴重，奸臣當權
　　　施行暴政，遭受天譴。

邰：隙也。**蠹**：音杜，蛀蟲。**為**：治理，如為政以德。

62 小過：陽不違德，高山多澤。顏子逐兔，未有所得。

　　太陽不違背自然的德性，高山上有很多沼澤。顏回追逐兔子，卻未有所獲得。

註釋：剝落又持續小過錯。大環境安好，君子追求光明卻沒有所得。（君子時運不濟）

顏子：顏回，世稱復聖，未仕，早夭。**兔**：象徵光明。

63 既濟：心多畏惡，時愁自懼。雖有小咎，終無大悔。

心裡有很多畏懼厭惡，時常憂愁自尋恐懼。雖然有小過失，但終究沒有大悔恨。

註釋：剝落已結束。慎戒恐懼，自尋煩惱，雖然是小過失，但反而不會有大過失。

64 未濟：眾神集聚，相與議語。南國虐亂，百姓愁苦。興師征伐，更立賢主。

見屯之節。

註釋：剝落尚未形成。美好的國度被暴君肆虐，天祐百姓加以殲滅，新立仁君賢政。

24 復

24 復：周師伐紂，剋於牧野。甲子平旦，天下悅喜。

　　見謙之噬嗑。

註釋：復之又復，一元復始。仁王擊敗暴君，建立新國家，一切
　　　從新開始，天下歡騰。

剋：戰勝對方。

1 乾：任重負力，東征不伏。陷泥履塗，雄師敗覆。

　　擔任重務卻自負力量壯大，東征不服從的夷人。踩踏並陷入
泥濘，壯大的軍隊失敗覆滅。

註釋：應復返到陽健，不可陽亢。任重道遠卻自恃壯大，因而陷
　　　入險境，驕兵必敗。

負力：自恃其力。**不伏**：不服。**履**：踩、踏。**塗**：泥。
*《詩經・漸漸之石》：「武人東征，不遑出矣。」將士向東遠行，只顧進入無暇
顧及出來。周幽王時戎狄叛之，東征勞苦。

2 坤：義不勝情，以欲自營。覬利危寵，折角摧頸。

　　見坤之豐。

註釋：應復返到溫良。正義沒有戰勝情慾，因慾望而自我迷亂。
　　　覬覦利益偏頗貪愛，因而受到重創。

覬：覬覦，貪圖。

3 屯：懸狘素飡，食非其任。失輿剝廬，休坐徙居，室家何憂。

不去狩獵,卻有獵物(狟)可以懸吊晾乾,平白的進餐,食祿非由任職而來。失去車子,剝奪去房子,只能坐下休息無業閒居,家人也承擔憂患。

註釋:復返到困屯。尸位素餐,空享俸祿,最後被剝奪資產,並被免官去職,家人也受到波及。

懸:繫。**狟**:音環,貛。**素**:平白的。**飧**:餐也。**素飧**:無功勞而空享俸祿。**食**:俸祿。**輿**:車子。**徒居**:無業閒居。**室家**:配偶家眷。**何**:荷也,擔。

*《詩經‧伐檀》:「不狩不獵,胡瞻爾庭有縣狟兮?彼君子兮,不素餐兮!」

4 蒙:鷃鳰娶婦,深目窈身。折腰不媚,與伯相背。

鷃鷹娶新婦,深陷的眼睛,身材又陰晦。腰身彎曲不可愛,還與夫兄背離。

註釋:復返到蒙昧。惡人與惡人結合,彼此相背,更加紛亂。

鷃:音要,似鷹而小,比喻惡人。**鳰**:音吃,鷃鷹。**窈**:杳也,陰晦。**媚**:可愛美好。

5 需:東風解凍,河川流通。西門子產,升擢有功。

春風融解凍冰,河川流動通順。西門豹和子產,提升拔擢有功人員。

註釋:復返且等待,進行整備。萬象復甦,阻礙變暢通,賢能執政,提拔有功人員。

西門:西門豹,魏國政治家,被譽為「名聞天下,澤流後世」。**子產**:鄭國相國,被譽為「春秋第一人」

*《史記‧滑稽列傳褚少孫論》載,子產治鄭,民不能欺;西門豹治鄴,民不敢欺。

6 訟:三足俱行,傾危善僵。六指不便,恩累弟兄。樹柱關中,失其正當。

見賁之咸。

註釋：復返到爭訟狀態。成員多雜，團隊累贅，遇到阻礙便難以前進。

恩：因而；《徐曰》：「因也。」**關**：關口。

7 師：京庾積倉，黍稷以興。已極行疾，至以饜飽。

京城的穀倉積存很多，將穀物加以暢通，已達極限的迅速行動，所至之處都能飽足。

註釋：復返到王師狀態。積存豐盛，加以流通，行動迅速，人人飽足。

庾：露天的穀倉。**黍稷**：黃米和小米，象徵五穀。**興**：流行、盛行。**疾**：迅速。**饜**：飽。

8 比：南山之跡，真人所遊。德配唐虞，天命為子。保佑歆享，身受大慶。

見否之豫。

註釋：復返到相比附。國家猶如仙境，君主德行卓著且虔誠，上天保佑，有大吉慶。

歆享：神靈享受供物。

9 小畜：車馳人趍，卷甲相仇。齊魯寇戰，敗於犬丘。

見坤之兌。

註釋：復返到蓄小勢弱狀態。相互激烈的仇殺，終至國家敗亡。

10 履：十五許室，溫良有德。霜降既嫁，文以為合。先王日至，不利出域。

十五歲時許配成婚,溫良有女德。霜降時完成婚嫁,依禮節結合。接著,依先王規定冬至關閉關口,商旅不再外出(見註二)。
註釋:復返之後再履行。長成又有德行,遵守禮儀,依序繁衍安
　　　居,先不要外出。

十五:《穀梁傳》:「女子十五而許嫁。」**室**:結婚。**霜降**:二十四節氣之一,秋末,開始嫁娶;見註。**文**:禮節。**先王**:古代聖王,如堯舜禹湯文武。**日至**:夏至或冬至,此處指冬至。**域**:居住。

*《荀子・大略》:「霜降逆女。」霜降開始迎娶女子。
*《象》:「先王以至日閉關,商旅不行,後不省方。」

11 泰:任力劣薄,遠<u>托</u>邦國。轉車不<u>彊</u>,為<u>癰</u>所傷。

　　任事能力低劣薄弱,卻要托身到遠方的國家。轉動的車子不夠堅強,身體也因惡瘡而損傷。
註釋:復返才能康泰。能力不足卻想向外謀生,途中資產與身命
　　　也都受到嚴重傷害。

托:寄托以安身。**彊**:強也。**癰**:惡瘡。

12 否:千歲舊室,將有困急。荷糧負囊,出門<u>直北</u>。

　　千年的老舊房室,將會困厄危急。揹負糧食和行囊,出門往正北而去。
註釋:復返到閉塞狀態,去留都不安。原地老舊腐朽,註定崩毀。
　　　另某發展又直向陰晦之地。

囊:袋子。**直北**:正北方,象徵最陰晦之地。

13 同人:惡災<u>殆</u>盈,日益彰明。禍不可救,三郤夷傷。

　　見需之復。

註釋：應復返到同人狀態。強大卻猖狂，災難日益明顯，禍患無
　　　法挽回，最後覆滅。
盈：滿盈。

14 大有：冠危戴患，身驚不安。與福馳逐，凶來入門。

戴高的帽會有患難，身命驚恐不安。奔馳追逐福澤，凶禍進來家門。
註釋：復返才能大富有。趾高氣昂，會有禍患，想要前進追求福澤，
　　　禍害卻來臨。
冠危：高的帽子，象徵趾高氣昂。

15 謙：虎狼並處，不可以仕。忠謀轉政，禍必及己。退隱深山，身乃不殆。

老虎和野狼一起共處，不可以出來當官。忠心謀劃想要運轉政務，災禍必然波及己身。退隱到深山，身命才能沒有災害。
註釋：應復返到謙退不出。惡人集團當道，雖然有報效的忠心，
　　　但必會遭受陷害，隱退才能平安。

16 豫：卵與石鬥，糜碎無處。挈瓶之使，不為憂懼。

蛋與石頭相鬥，身上沒有地方不碎爛。雖然挈瓶的作用小，但守好它便沒有憂慮恐懼。
註釋：復返才能安育。毫無能力，卻要以卵擊石，因而體無完膚。
　　　能力雖小但能守禮，就可平安。
糜碎：碎爛。**挈瓶**：挈音妾，汲水用的瓶，沒價值的東西。**使**：用。
*《左傳‧昭公七年》：「雖有挈瓶之知，守不假器，禮也。」汲水用的瓶，裝不了多少水，但仍守護不外借，這是禮。

17 隨：<u>五心六意</u>，<u>岐道多怪</u>。非君本志，生我恨悔。

　　五六個心意，分歧的道路又多怪異。不是本來的心志，因而生出悔恨。

註釋：應復返並隨理。三心二意，前途又迷亂難測，沒有初衷，所以一直後悔怨恨。

五、六：象徵齊全。**岐**：歧也，分歧。

18 蠱：雨雪<u>載塗</u>，<u>東行</u>破車。旅人無家，利益<u>咨嗟</u>。

　　雨和雪充滿了道路，向東行進車子還破損了。行旅的人無家可回，又為利益嘆息。

註釋：應復返並整治蠱敗。前進受到重重阻礙與傷害，外出經營卻淪落飄蕩，望利興嘆。

載：充滿。**塗**：路途。**東行**：象徵行進陰晦。**咨嗟**：音姿接，歎息。

19 臨：尚刑懷義，<u>月出</u>平地。國亂天常，<u>咎徵</u>滅亡。

　　崇尚典範，心懷仁義，月亮從平地升起。國家亂了天道常理，天災的徵兆顯現滅亡。

註釋：應復返臨政狀態。初始施行仁政大地光明，後來卻罔顧天理，因而國家紊亂，即將毀滅。

刑：型，典範，榜樣。**月出**：比喻光明；〈月賦〉：「月出皪兮，君子之光。」**咎徵**：天災的徵驗。

20 觀：<u>東行破車</u>，步入危家。<u>衡門穿射</u>，無以為<u>主</u>。賣袍續食，糟糠不飽。

　　向東行駛卻毀壞了車子，步行進入危險的家，當門的橫木已穿破透光，沒法居住。賣掉袍子以持續飲食，連粗食也無法吃飽。

註釋：應復返到觀省。外出經營遇難，返回家裡也殘破危險，進
　　　退不得，變賣衣物仍無法溫飽。
東行：象徵行進陰晦。**衡門**：以橫木為門，象徵簡陋的住所。**射**：光線映照而出。**主**：住也。**糟**：釀酒後濾下的渣滓。**糠**：穀粒的外皮。**糟糠**：象徵粗食。

21 噬嗑：<u>逐禽出門，并失玉丸。往來井上，破甑缺盆</u>。

出門追逐禽鳥，卻一併失去了玉石做的彈丸。來到水井，只有破掉的蒸鍋和殘缺的水盆。

註釋：應復返且法治。想要追逐利益，卻血本無歸，落得潦倒窮困，
　　　喝水都有問題。

甑：音贈，瓦做的蒸鍋。

22 賁：<u>孟春醴酒，使君壽考，南山多福。宜行賈市，稻梁雌雉，所至利喜</u>。

初春準備甜酒，祝賀長者壽比南山並且多福。安順的行進到市場買賣，稻田土梁上有母的雉雞，所至之處都獲利歡喜。

註釋：復返到整飾狀態。有完備的禮節和倫理，所以有眾多福澤
　　　和安康，審時度勢，不莽撞，四處賺取利益。

孟：每季的第一個月。**醴酒**：甜酒。**使君**：官吏、長者的尊稱。**考**：長壽。**南山**：山南水北為陽，象徵光明。**宜**：安順。**賈**：交易。**梁**：物體隆起的部分。**雌**：比喻能孳生。**雉**：音至，長尾野雞，象徵尊貴。

*《論語‧鄉黨》：「山梁雌雉，時哉時哉！」雌雉不若雄雉強壯，但能識時務。

23 剝：<u>持刀操肉，對酒不食。夫亡從軍，少子入獄，抱膝獨宿</u>。

見坤之既濟。

註釋：復返到剝落狀態。食不知味，老小都出事，團隊崩解。

25 無妄：跛牛傷暑，不能成畝。草萊不墾，年歲無有。

跛腳的牛中暑了，不能完成田畝工作。蔓草叢生的田沒開墾，年度一無所有。

註釋：應復返到不虛妄。實力殘破受創又荒廢宕延，沒有生產，
　　　一貧如洗。

跛：跛。傷暑：中暑。萊：蔓草叢生的田。

26 大畜：南邦大國，鬼魅滿室。譁聲相逐，為我行賊。

南方的蠻邦大國，鬼怪充滿了房室。大聲喧鬧相互追隨，橫行為害。

註釋：復返才能大蓄。所至之地雖大但野蠻，充滿怪誕的行為，
　　　到處惹事生災。

南邦：象徵南蠻。魅：鬼怪。譁：音歡，喧鬧。相逐：相隨。

27 頤：噂噂所言，莫如我恆。歡樂堅固，可以長安。

嘈雜的聚集發言，不如持之以恆，如此便能歡喜又堅固，可以長住久安。

註釋：復返才能頤養。眾人議論紛紛，不如持恆不變，來得歡樂
　　　安好。

噂噂：音尊三聲，聚語貌、嘈雜聲。

28 大過：堯舜禹湯，四聖敦仁。允施德音，民安無窮。旅人相望，未同朝卿。

堯舜禹湯,這四位聖人敦厚仁慈。信實的施行仁德的教令,人民安樂無窮。行旅的人互相觀望,沒有一同去朝拜四聖。
註釋:復返才能大超越。有仁德教化,可以長久安居樂業。後來政務荒廢,人民不再安居效忠。

允:信,實。**德音**:仁德的教令。**卿**:對人的尊稱,此指四聖。

29 坎:<u>桎梏拘獲</u>,身入牢獄。<u>髡刑</u>受法,終不得釋。耳閉道塞,求事不得。

拘捕逮獲上了腳鐐手銬,身陷牢獄。受到剃去髮鬚的刑罰,始終不能開釋。耳內閉塞,道路也阻塞,謀事不可得。
註釋:復返到落陷狀態。陷入困逆受到羞辱,無法擺脫箝制的厄運。自己蒙昧,環境閉塞,無法發展。

桎:腳鐐。**梏**:音故,手銬。**髡刑**:髡音坤,剃光犯人的頭髮和鬍鬚,作為羞辱懲罰。

30 離:桀跖並處,民困愁苦。行旅遲遲,留連齊魯。

見乾之大過。
註釋:應復返到相附狀態。惡人併起作亂,在地人民困厄,遊子也在鄰國連留無法返回。

31 咸:求雞獲雛,買鱉失魚。<u>出入鈞敵</u>,利得無饒。<u>齊姜宋子</u>,婚姻孔嘉。

尋找雞隻只獲得雛雞,買到鱉卻丟失了魚。彼此往來勢鈞力敵,都沒有得到富饒的利益。齊國姜氏、宋國子氏,都是貴族的良婦,婚姻大為美好。
註釋:復返到相感應。原本勢均力敵互不相讓,所以都不能獲得

預期的滿足。後來親密聯盟,彼此都美好。
出入:往來。**鈞**:相同。**齊姜宋子**:比喻美好的貴族婦女。**孔**:大。

32 恆:雨師駕駟,風伯吹雲。秦楚爭強,施不得行。

　　雨神駕著四馬車(見註一),風神吹動雲氣。秦國和楚國彼此爭奪霸位,施政無法推行。
註釋:應復返到守恆。原本國家風調雨順,四時安好(見註二)。
　　　後來君王爭霸,無法再如實施政。
雨師、風伯:風雨之神。**駟**:由四匹馬拉駛的車。**秦楚**:戰國中期最強的兩個大國,因爭霸且相鄰故經常征戰。
＊《淮南子・覽冥訓》:「乘雷車。」一般言雷神駕車,此處「雨師駕駟」,比喻雷雨並行,有大雷雨。
＊《論衡・祭意》:「群神謂風伯、雨師、雷公之屬……四時生成,寒暑變化。」

33 遯:仲冬無秋,鳥鵲飢憂。困於米食,數驚鸇鵰。

　　冬季兩二個月接續一無所有的秋天,鳥鵲飢餓憂愁。沒有米食,還數度被猛禽驚嚇。
註釋:復返到遁逃狀態。環境一直蕭瑟,百姓生活困苦交迫,還
　　　有惡人驚擾。
仲:每季的第二個月。**困**:窮盡。**鸇鵰**:音沾凋,泛指猛禽。

34 大壯:三羝上山,俱至陰安。遂到南陽,見其芝香。兩崖相望,未同枕床。

　　三隻公羊上山,一起到了陰安。接著又到了南陽,見到了靈芝和芬香的五穀。在山崖兩邊相互遙望,沒有同床共枕。
註釋:復返才能壯大。眾多豪傑一起打拼,一路陰陽協調,獲得

530

美好成果與豐收。但成功後卻分道揚鑣。
三：象徵多。**羝**：音低，公羊。**陰安**：漢朝侯國名，此處象徵陰氣安定，相對於南陽。
南陽：西漢時為全國六大都會之一，此處象徵陽氣豐沛。**香**：本義為五穀的香味。

35 晉：飛至<u>日南</u>，還歸<u>遼東</u>。雌雄相從，和鳴<u>雍雍</u>，<u>解</u>我<u>迴</u>春。

飛到日南，又歸返遼東。雌鳥和雄鳥相互追從，和諧的共鳴，邂逅在光明的春天。（本句倒裝：飛到日南，在光明的春天邂逅，雌鳥和雄鳥相互追從，和諧的鳴，又歸返遼東。）

註釋：復返的前進狀態，前進之後復返。不辭千里尋找，找到美好伴侶，相愛相隨，又一起返回。

日南：漢郡名，今越南順化，遙遠的南方。**遼東**：漢郡名，今遼河以東，象徵遙遠的東方。**雍雍**：和諧。**解**：邂也，不期而會。**迴**：炯也，《廣韻》：「迴，光也，輝也。」

* 以南、東象徵光明的地方。

36 明夷：堯飲舜舞，禹拜上酒。禮樂所豐，可以安處，保我淑女。

堯與舜在飲食跳舞，禹拜謝獻上美酒。因為禮樂所以豐足，可以安定居處，保有美好的女子。

註釋：復返到創傷狀態。遵行聖王的生活休閒、禮樂規範，就可以美好的繁衍。

37 家人：<u>太乙</u>置酒，<u>樂正</u>起舞。萬福<u>攸</u>同，可以安處，綏我<u>齯齒</u>。

皇帝擺置酒宴，大家隨著樂官起舞。各種福澤同聚，可以安

心居處,長壽安好。

註釋:復返到親如家人。君王聚集萬民同樂,大家都獲得福祿,且長壽安康。

太乙:天帝,比喻皇帝。**樂正**:宮廷中管理音樂的官名。**攸**:語助詞。**同**:聚集。**綏**:安好。**齯齒**:齯音尼,老人牙齒落盡又生細齒,象徵高壽。

38 睽:<u>白馬騑騮,生乳不休。富我商人,得利饒優</u>。

各種良好的駿馬,生產繁殖不曾休止。商人因而富有,得到利益富饒優渥。

註釋:復返狀態睽離,開始前進。不斷繁衍優良的資產並交易經營,獲得巨大利潤。

白馬:商朝尚色,以白馬駕車,比喻人才或珍財。**騑**:音瓜,黑嘴的黃馬。**騮**:紅色的駿馬。**乳**:繁殖。

39 蹇:<u>宛馬疾步,盲師坐御。目不見路,中止不到</u>。

大宛的天馬迅速的步行,卻是由盲人馬師來坐騎駕馭。眼睛看不到道路,中間停止沒有到達。

註釋:復返到蹇跛。人才優越,但領導人蒙昧,看不清目標,以致沒達成目標。

宛馬:《史記・大宛列傳》:「大宛馬曰天馬。」**疾**:迅速。**御**:駕馭車馬。

40 解:<u>春桃萌生,萬物華榮。邦君所居,國樂無憂</u>。

春天的桃樹萌芽生長,萬物繁華昌榮。國君安居大位,國家安樂無憂。

註釋:復返並解決問題。春回大地,萬物重生茂盛,國家安定歡樂。

41 損：把珠入口，蓄為玉寶。得吾所有，欣然嘉喜。

見否之履。

註釋：復返到損己益人。擁有德行是最好的資產，可以歡欣的得
　　　其所願。

42 益：襦燒袴燔，臝剝飢寒，病瘧凍孿。

衣服袴子都被燒到，衣服剝落成為裸體，還飢寒交迫，重病
和受凍，雙雙生成。

註釋：復返到益己損民。遭受災害，連衣服都沒有了，飢寒與貧
　　　病交相而來。

襦：音儒，短的厚上衣。**燔**：音凡，焚燒。**臝**：裸也，沒穿衣服。**瘧**：虐也，殘暴。
孿：音戀，雙生的，比喻成雙。

43 夬：水沫沉浮，沮濕不居，為心疾憂。

水中泡沫沉沉浮浮，潮濕不能居住，心裡疾苦憂慮。

註釋：復返到斷決。環境動盪，生存艱難，整日痛苦害怕。

沮：音句，濕潤。

44 姤：行如桀紂，雖禱不祥。命衰絕周，文王乏祀。

行為有如夏桀和商紂，雖然祈禱也不會吉祥。天命衰敗，斷
絕周朝，周文王乏人祭祀。

註釋：應復返且相邂逅。惡劣殘暴，上天不佑，遭受天譴，法統
　　　斷絕。

* 此為獨立並提之兩例，並無直接相關。

45 萃：蜱蜉戴盆，不能上山。腳推跛蹶，頓傷其顏。

蜘蛛和螞蟻戴著盆子，不能上山。兩腳推進，卻跛瘸跌倒，傷到顏臉。

註釋：應復返到相薈萃。全是無用之人，又自我蒙蔽，無法提升，前進受損。

蚍：音皮，一種蜘蛛。**蜉**：音浮，大蟻。**蹶、頓**：跌倒。**顏**：象徵前進，如顏行。

46 升：長子入獄，婦饋母哭。霜降愈甚，鄉晦伏法。

年長的兒子被捕入獄，媳婦送食，老母啼哭。降霜愈來愈多，傍晚就要執行死刑。

註釋：復返才能上升。年輕主力，為求發展犯罪入獄，家人無力營救，最後被制裁，家庭陷入絕境。

饋：飲食。**霜降**：二十四節氣之一，秋末，執行秋決之時。**鄉晦**：傍晚。**伏法**：執行死刑。

47 困：求犬得兔，請新遇故。雖不當路，踰吾舊舍。

想尋找獵犬但直接得到兔子，想聘請新夥伴但遇到故友。雖然沒上路，但勢力超出舊屋範圍。

註釋：以復返克服困阻。雖然沒有前進，只在原地活動，但靠著老資源依然有新的收穫。

當路：在路上。**踰**：超過。

48 井：鳥鳴葭端，一呼三顛。搖動東西，危而不安。靈祝禱祉，疾病無患。

鳥兒在蘆葦頂端鳴叫，呼喚一次顛頗三次。東西來回搖動，危險不安全。事靈的巫祝祈禱福祉，禍害沒造成災患。

註釋：復返到井然。環境非常動盪，但能夠虔誠面對，幸得貴人

與神明相助，災厄消解。
葭：音家，蘆葦。**三**：象徵多。**祝**：能通鬼神的人。**祉**：福。**疾、病**：禍害。

49 革：天厭禹德，命興湯國。祓社釁鼓，以除民疾。

上天厭惡夏朝的德業，命令商國興兵。祭祀土地神祈福，用牲血塗抹戰鼓，消除人民的疾患。

註釋：復返到革新。已腐敗到遭受天譴，被新興勢力展開革命。

厭：憎惡。**禹**：夏禹，此處象徵夏朝。**興**：派遣，如興兵。**湯**：商湯，滅夏建商者，此處象徵商朝。**祓**：音福，除災求福的祭祀。**社**：土地神。**釁鼓**：釁音信，戰爭時用牲血塗鼓，以祭祀神靈。

50 鼎：陰霧作匿，不見白日。邪徑迷道，使君亂惑。

陰晦的濃霧使萬物隱匿，不能見到太陽。歪斜的小徑，迷亂的道路，使人錯亂迷惑。

註釋：復返到覆鼎狀態。小人作祟，不見光明，盡是邪門歪道，世道紊亂。

邪：斜也。

51 震：猿墮高木，不蹉手足。握珠懷玉，還歸我室。

見蒙之隨。

註釋：復返才能震奮。追求高遠以致墜落，還好並未釀成災禍，安居便能保有美好的資產。

52 艮：三驪負衡，南取芝香。秋蘭芬馥，盛滿匣匱。利我少姜。

三匹黑色駿馬背負橫木，到南方採取靈芝和芬香的五穀。秋

蘭芬芳濃郁，盛滿小箱和櫃子，適宜美好的婦人。

註釋：復返狀態已停止，轉為前進。大家齊心協力光明前進，追
　　　求美好和富足，一路充滿德行，有利孳生發展。

三：象徵多。**驪**：純黑色的馬。**衡**：套住拉車牲畜的橫木。**南**：象徵光明的方向。**香**：本義為五穀的香味。**秋蘭**：中原蘭草秋天開花，香味正濃；比喻君子。**馥**：香味濃郁。**匪**：小箱子。**匱**：櫃也，箱櫥。**少姜**：齊景公女兒，嫁給晉平公；此處比喻美好的婦人。

53 漸：春生夏乳，羽毛成就。舉不失宜，君臣相好。盜走奔北，終無有晦。

　　春天出生，夏天哺乳，羽毛成長完成。舉止沒有失去禮儀，君臣相處良好。盜賊奔走敗北，國家至終都沒有晦暗。

註釋：復返轉為循序漸進。開始繁衍，發育完成，舉止合宜，上
　　　下和諧，惡人退去，一切安康。

就：完成。**宜**：儀也，法度，標準。

54 歸妹：東行破車，遠反室家。天命訖終，無所禱凶。

　　往東前進，車子卻破損了，遠遠的背離家人。上天註定的命運已終止，因為不祈禱所以凶厄。

註釋：應復返到相歸依。前進失利，遠離家人，毫不虔誠反省，
　　　所以覆滅。

東行：象徵行進陰晦。**反**：背，離。**室家**：配偶家眷。**訖**：結束。

55 豐：九雁列陳，雌獨不群。為罾所牽，死於庖人。

　　九隻雁子依序陳列，有一隻雌鳥單獨不合群。為魚網所牽縛，死在廚師之手。

註釋：復返才能豐盛。團隊整齊前進，有人陰晦孤僻離群，因而

招致禍害而覆滅。
九：象徵最多。**雁**：候鳥，比喻遷徙。**雌**：陰，比喻小人。**罾**：音增，四邊有支架的方形魚網。**庖人**：廚師。

56 旅：二人輦車，徙去其家。井沸釜鳴，不可以居。

見剝之訟。

註釋：復返到旅歷狀態。左右的人緊急黯然離開，讒人沸騰叫囂，無法安居。

57 巽：閉塞復通，與善相逢。甘棠之人，解我憂凶。

封閉阻塞又恢復暢通，與善人相逢。有仁德的官吏，解決憂慮凶厄。

註釋：復返到安順。重展新局，秉持善道，賢吏執政百姓不再憂慮。
甘棠：一種梨樹，象徵有仁德的官吏。

58 兌：賦斂重數，政為民賊。杼軸空虛，去其家室。

見否之豐。

註釋：應復返到相悅狀態。一再橫賦暴斂，搜刮百姓，人民一貧如洗因而逃離。

59 渙：怒非其怨，貪垢腐鼠，而呼鵲鴟。自分失餌，致被殃患。

憤怒的非議與抱怨，貪圖污穢腐敗的老鼠，因而呼叫鵲鳥和老鷹，結果分散失去食物，也導致遭受災殃禍患。

註釋：復返到渙散狀態。為人躁怒又愛責怪，而且貪圖汙穢

小利,召喚惡人來同謀,導致利益被瓜分又遭殃。
非、怨:不滿而責怪。**垢**:污穢。**鵲**:為肉食,性猛。**鴟**:音吃,貓頭鷹,猛禽。**自**:因而。**餌**:食物的泛稱。**被**:遭受。

60 節:**簪跌帶長,幽思窮苦。瘠貌小瘦,以病疾降。**

　　髮簪掉落,衣帶寬長,幽悔的思慮窮盡苦楚。形貌枯瘠瘦小,疾病降臨下來。

註釋:應復返且節度。頭髮變稀,身形變小,無限憂鬱,身心都受到疾病侵襲。

簪:音讚一聲,固定頭髮或冠帽的髮叉。**瘠**:瘦弱。

61 中孚:**三人俱行,各別採桑。蘊其筐芋,留我嘉旅。得歸無咎,四月來處。**

　　三人一同行進,各別採取桑葉,籮筐積滿芋頭,可以停止美好的行旅了,沒有危險的歸來,四月春天也來到了。

註釋:復返且忠信。一起出發各自努力謀生,每個人都豐收,然後成功歸返,正值春天大為繁衍。

三:象徵多。**桑**:象徵衣食民生。**蘊**:積聚。**芋**:芋頭,比喻成果。**四月**:《論衡·明雩》:「春謂四月也。」

62 小過:**逐鳩南飛,與喜相隨,并獲鹿子。多得利歸,雖憂不危。**

　　追隨鳩鳥向南飛去,與喜慶相互跟隨,並且獲得小鹿。得到許多利祿歸返,雖然憂慮但不危險。

註釋:復返並有小超越。光明貞潔的追逐君子發展,喜祿雙收、繁衍子嗣。最後成功返回,雖有波折但仍安好。

逐：跟隨。**鳩**：象徵貞潔。**南**：象徵光明的方向。**鹿**：象徵福祿。**子**：象徵子嗣。

63 既濟：驅羊<u>南行</u>，與禍相逢。狼驚吾馬，虎盜我子。悲恨自咎。

　　驅趕著羊向南方行進，卻逢到禍患。野狼驚嚇了馬匹，老虎搶走了羊子。悲傷悔恨的自責。
註釋：復返到結束狀態。帶著資產前進發展，中途接連遇到惡人
　　　加害，失去資產和孳息，只能悔恨。
南行：比喻朝不利方向前進。

64 未濟：東鄰西國，福喜同樂。出得<u>隋珠</u>，留獲<u>和玉</u>。俱利有喜。

　　和東西邊的鄰國，同享福祿喜樂。外出得到隋侯珠，留佇獲得和氏璧，都有利祿和喜慶。
註釋：復返到尚未結束的狀態。與眾人和同共好，前進或在家都
　　　能獲得珍貴的資產與喜慶。
隋珠、和玉：隋侯珠與和氏璧，指珍寶的極品。

25 無妄

25 無妄：夏臺羑里，湯文厄處，皋陶聽理。岐人悅喜，西望華夏，東歸無咎。

商湯被夏桀拘禁於夏臺，周文王被商紂困於羑里，湯文處境困厄，後因皋陶治理刑法獲得釋放（見註）。不同國的人民欣悅歡喜，仰望西方華夏，東夷人來歸順，沒有災厄。

註釋：一直不虛妄。忠良之前受惡人迫害，但賢能整治平反，國家因而安順，連外國人也很喜愛，蠻族都來歸順，一切安好。

湯：商湯，以革命推翻夏朝。**文**：周文王。**皋陶**：堯舜任命的理官（刑法首長），漢族司法鼻祖。**聽**：音聽四聲，治理，如聽政。**理**：刑法。**岐**：歧也，不同的。**華夏**：指中國；《前漢紀・序》：「有華夏之事焉。有四夷之事焉。」

＊ 三人不同朝代，此句僅比喻賢吏還忠良清白。

1 乾：儋耳穿胸，僵離旁春。天地易紀，日月更始。蝮蟅我手，痛為吾毒。

南方八蠻重獲新生，天地改變紀元，日月也重新開始。毒蛇叮咬我的手，疼痛並造成毒害。

註釋：應不虛妄且陽健。蠻荒落後，後來徹底改變，重新開始新紀元，但蠻性仍未除盡。

蝮：一種毒蛇。**蟅**：音遮，被蛇蟲的牙刺所叮。

＊ 南方八蠻：見導讀。

2 坤：慈母之恩，長大無孫。消息襐褓，害不入門。

慈母有恩澤，孩子長大後沒有變差。嬰幼兒休養又生息，禍害不會入門。

註釋：不虛妄而且溫良。慈祥養育，成長良好，一邊休養，一邊生息，生育良好，一切安然。

孫：遜也，差勁。**消息**：休養及生息。**襁褓**：象徵嬰幼兒。

3 屯：偽言妄語，傳相註誤。道左失跡，不知鄉處。

　　見履之革。

註釋：應不虛妄的屯聚。謠言流傳，以訛傳訛，聽信之後迷路失蹤，不知去處。

鄉：嚮也，趨前。

4 蒙：鬱怏不明，陰積無光。日在北陸，萬物彫藏。

　　鬱悶失意不明朗，陰氣堆積沒有光明。太陽走到北陸時令已冬，萬物凋蔽隱藏。

註釋：不虛妄變蒙昧。失去光明，環境變陰晦又大蕭瑟，萬物難以活存。

怏：音樣，失意。**北陸**：北方陸地，比喻冬天。**彫**：凋也。

5 需：王母多福，天祿所伏。居之寵光，君子有昌。

　　見剝之觀。

註釋：不虛妄的耐心等待，必有福臨。因為有德行，接受天賜的大福，地位尊寵昌盛。

6 訟：不耕而獲，家食不給。中女無良，長子徒足。踈齒善市，商人有息。

541

不耕種就想有收穫，家裡食物不充裕。中女不優良，長子打赤腳。口才良好，善於交易，商人有孳息。

註釋：不虛妄的面對爭訟。想要不勞而獲因而團隊貧窮，幹部拙劣落魄。後來經過整治，善於經營，得到獲利。

給：充裕。**中女、長子**：比喻家裡最有用的兩個子嗣。**徒足**：徒腳，打赤腳。**疎**：疏，寬大，如草木扶疏。**疏齒**：牙齒寬大，如大口宣舌、方喙廣口，表示口才好。

7 師：火起<u>上門</u>，不為我殘。跳脫<u>東西</u>，<u>獨</u>得生完。不利出鄰，病疾憂患。

　　火災生起，拴上門閂，沒造成殘害。蹦跳逃脫到到處，得以生命完整。不利於走出鄰里，有疾病與憂患。

註釋：不虛妄才能出師。出現危難，經過防衛與重重波折才脫險，但弊端還在，不能前進經營。

上門：上門閂。**東西**：象徵四方。**獨**：語助詞，其。

8 比：持刀操肉，對酒不食。夫亡從軍，長子入獄。抱膝獨宿。

　　見坤之既濟。

註釋：不虛妄才能比附。心情惡劣，食不知味，有能力的伴侶都折損，孤獨無助。

9 小畜：<u>鯔鰕</u>去海，遊於枯里。街巷迫狹，不得自在。<u>南北四極</u>，渴餒成疾。

　　海鯔和雌鯨離開大海，遊蕩在乾枯的鄉里。街道巷弄緊迫狹小，無法自在活動。到了四方極遠的地方，口渴飢餓成為疾患。

註釋：不虛妄變蓄小勢弱。人才離開原本可以大加發揮之處，到
　　　小地方發展因而陷入困境，最後四處飄盪到了荒遠之地，
　　　而且貧病交加。

鰭：露脊鯨，海上最巨大的魚。**鯢**：雌鯨。**去**：離開。**南北**：象徵四方。**四極**：四方極遠的地方。**餒**：飢餓。

10 履：啞啞笑喜，與歡飲酒。長樂行觴，千秋起舞。拜受大福。

見訟之大過。
註釋：不虛妄且履行。歡樂愉悅，一起共享，長久擁有大福氣。

11 泰：登高上山，賓于四門。吾士得懽，福為我根。

登上高處爬上山頂，在明堂四門招待賓客。士大夫歡悅，是國家福澤的根本。
註釋：不虛妄而康泰。登峰造極，禮賢下士，四方賢良歡喜任事，
　　　國家穩固有福。

四門：天子舉行大典的宮殿（明堂）四方之門。**懽**：歡也。

12 否：天厭周德，命我南國。以禮靜民，兵革休息。

上天厭惡周朝的德業，命令南方國家取而代之。用禮義安定民心，戰爭休止停息。
註釋：不虛妄已閉塞。因喪失仁德，被神選的聖君取代，改為文
　　　教仁政，休生養息。

南國：比喻光明的國度。**靜民**：安定民心。**兵革**：兵器和戰甲，比喻戰爭。

13 同人：壅遏隄防，水不得行。火光盛陽，陰蜺伏匿。走

歸其鄉。

見比之大畜。

註釋：不虛妄才能同仁。小人太過昌盛，像水火一樣泛濫成災，只能退回，不要前進。

14 大有：**海河都市，國之奧府。商人受福，少子玉食。**

海洋河川的都市，是國家物產聚藏之地。商人蒙受福澤，年幼的兒子享受美好的食物。

註釋：不虛妄而大富有。環境美好，物資豐富，經營獲利，子嗣受到良好的照顧，可以繁衍。

奧府：物產聚藏之地。

15 謙：**東行避兵，南去不祥。西逐凶惡，北迎福生，與喜相逢。**

向東行進躲避兵禍，南向而去也不吉祥。往西驅逐凶惡，向北迎接福澤生起，並與喜事逢到。

註釋：不虛妄且謙恭。初始紛亂凶危，四處經歷波折，後來驅逐惡人迎接福澤，歡樂連連。

東、南、西、北：象徵四處奔波。

16 豫：**東家中女，嫫母冣醜。三十無室，媒伯勞苦。**

東鄰的中女，像嫫母一樣是最醜的。三十歲還沒成婚，媒人伯勞碌辛苦。

註釋：不虛妄才能安育。沒有德行，雖該與人結合，但長久不被接納，媒人奔波也枉然。

東家：東邊的人家，比喻不良的鄰居。**中女**：婚配繁衍年齡適中之女。**嫫母**：嫫音模，以醜聞名。**冣**：最也。**三十**：女子已加倍超過婚齡；見註。**室**：成婚。
* 《穀梁傳》：「女子十五而許嫁。」

17 隨：破亡之國，天所不福。難以止息。

　　破敗衰亡的國家，上天不賜予福澤。很難居止休息。
註釋：應不虛妄且隨理。身敗名裂，福澤盡失，只能一直奔波勞苦。

18 蠱：驂駕蹇驢，日暮失時。居者無憂，保我樂娛。

　　駕御跛腳驢子，日暮時錯失了時間。居止的人沒有憂患，保有快樂愉悅。
註釋：應不虛妄的整治蠱敗。團隊低劣又敗壞，行動無成。先停
　　　下來培養才能保有歡愉。
驂：音參，駕御。**蹇**：跛腳。**驢**：馬為人才，驢為庸才。

19 臨：螮蝀充側，佞幸傾惑。女謁橫行，正道壅塞。

　　失德女子充斥身旁，被諂媚獲寵的人傾倒迷惑。得勢嬪妃的進言所向無阻，正道阻塞不通。
註釋：不虛妄才能臨政。君主寵愛身邊小人，被他們迷惑，小人
　　　的讒言橫行無阻，正義閉塞。
螮蝀：音地東，彩虹，比喻私奔的女子；在此比喻小人；見註。**側**：旁邊。**佞幸**：以諂媚而獲得寵愛。**女謁**：宮中得勢嬪妃的進言。**橫行**：所向無阻。**壅**：阻塞。
* 《詩經・螮蝀》：「螮蝀在東，莫之敢指。」對私奔女子的諷刺。
* 螮蝀、佞幸、女謁，皆象徵淫亂的小人。
* 充側、傾惑、橫行，皆象徵充滿而且亂政。

20 觀：三羖五羘，相隨俱行。迷入空澤，循谷直北。經涉

六駁，為所傷賊。

見同人之蒙。

註釋：應不虛妄且觀省。全體一起行動，卻缺乏清明意識，進入
　　　險惡之地，被眾多惡人所傷害。

直北：正北方，象徵最陰晦之地。

21 噬嗑：**戴喜抱子**，**與利為友**。**天之所命，不憂危殆**。**苟伯勞苦，未來王母**。

充滿喜慶，孩子圍繞，與利益為友。上天所任命，不用憂慮有危險傷害。苟伯勞碌辛苦，沒空去探望母后。

註釋：不虛妄且法治。百姓充滿喜慶子嗣利祿，因為上天任命賢
　　　良，大家平安無憂，賢良也辛勞任事，因公忘私。

戴：載也，充滿。**抱**：環抱。**苟伯**：郇（苟）國首任君主，文王之子苟躒，周初四大輔佐諸侯之一，深得民心。**來**：睞也，看、眷顧。

*《詩經·下泉》：「四國有王，郇伯勞之。」四方諸侯朝見天子，郇伯辛勤的慰勞。

22 賁：**織縷未就**，**勝折無後**。**女工多能，亂我政事**。

織布沒有完成，織布機的軸折損無法後繼。女工太多心念，搗亂了政令事務。

註釋：應不虛妄的整飾。小人執事思紊亂，不能完成任務，致使
　　　政務紛亂。

織縷：織布。**就**：完成。**勝**：織布機上持經線的軸。**女工**：從事女紅的女性，此處比喻小人執事。**能**：態也，《說文》：「態，意也。」

23 剝：**行露之訟，貞女不行**。**君子無食，使道壅塞**。

行道都是露水，貞節女子無法行進逃跑，被提起訟訴。君子

沒有食物,道路阻塞不通。

註釋:不虛妄狀態已剝落。惡人霸道欺凌,貞女君子不從也無法逃走,反而被控訴,難以生存,世道已經閉塞。

行:《說文》:「行,道也。」**壅**:阻塞。

*《詩經・行露》:「厭浥行露,豈不夙夜,謂行多露。」男子強娶民女,女不從逃走,但行路多露潮濕難以前進因而被抓回,還被控訴悔婚,召伯因而聽訟。

24 復:羿張烏號,彀射天狼。鐘鼓不鳴,將軍振旅。趙國雄勇,鬬死滎陽。

后羿張開王弓,拉滿弓射擊天狼星。但戰鼓戰鐘不鳴響,於是將軍整頓軍隊。在趙國表現雄壯英勇,還是戰鬥死在滎陽。

註釋:應不虛妄的返復回來。項羽戰力堅實,鬥志勃勃的出征,但各路諸侯軍怯戰不出,項羽於是整頓軍隊,可是雖然英勇但魯莽,最後仍遭慘敗。

烏號:黃帝所用過的弓,象徵王弓。**彀**:音夠,拉滿弓,準備射箭。**天狼**:天狼星,侵掠的象徵。**鐘鼓**:古代作戰士兵撤退、進攻之信號。**將軍**:指項羽,其為諸侯上將軍。**振旅**:整頓軍隊。**趙國**:見註。**滎陽**:劉邦與項羽展開滎陽之戰,項羽剛愎魯莽戰敗從此沒落。

* 秦末各國反秦,秦軍攻克趙國,項羽會同各路諸侯反擊,但諸侯膽怯不出,後項羽破釜沉舟解救趙國成功,諸侯方敢參戰,項羽因而成為諸侯上將軍,史稱鉅鹿之戰。但項羽最終仍敗於劉邦。

26 大畜:延頸望酒,不入我口。商人勞苦,利得無有。夏臺羑里,雖危復喜。

延伸頸子望著美酒,酒還是沒有進入口中。商人勞碌辛苦,利潤卻一無所得。夏桀將商湯囚於夏臺,商紂把周文王囚禁在羑里,雖然危險,後來都返復到喜樂。

547

註釋：不虛妄才能大蓄積。貪婪的人，雖然辛勞，還是一無所得。君子有仁德，最後都能化險為夷，獲得喜慶。

27 頤：**冠帶南遊**，與喜相期。**邀於嘉國**，拜為逢時。

穿戴好頂冠與腰帶至南方遊歷，與人喜樂的約定。受邀到美好的國家，拜會並遇到好時機。

註釋：不虛妄而頤養。有禮儀教化被人青睞邀請，赴約並得到發展良機。

冠帶：頂冠與腰帶，象徵有禮儀教化。**南**：象徵光明的方向。**期**：約定。

28 大過：**東西觸垣**，不利出門。**魚藏深水**，無以樂賓。爵級摧頹，光威減衰。

東行西進都觸碰到牆壁，不利於出門。魚躲藏在深水裡，沒有佳餚讓賓客享樂。爵位等級被摧折毀壞，光耀和威勢都衰弱減退。

註釋：不虛妄才能大超越。四處碰壁，無法發展，君子躲藏，不願效勞，結果地位被摧毀，光芒退色。

東西：象徵四處。**垣**：矮牆。

29 坎：**兩母十子**，轉息無已。**五乳百雛**，騂駁驪駒。

兩個母親十個孩子，運轉生息沒有停止，生了五隻幼獸和百隻雛鳥，以及眾多優秀的駿馬。

註釋：不虛妄克服落陷。夥伴努力增加生產，因而孳生不息，後代眾多而且都是菁英。

兩：象徵週邊親密的人。**十、五、百**：象徵全部。**已**：停止。**乳**：初生的幼獸或幼雛。
騂：音星，紅色毛的馬。**駁**：駁，顏色不純的牛或馬。**驪駒**：純黑色的馬。

30 離：重黎祖後，司馬太史。陸氏之災，雛害悲苦。

　　司馬遷是上古時代重氏和黎氏祖先的後代。因李陵案受災，凋落損害，悲傷苦楚。

註釋：不虛妄的相附著。君子為夥伴情義相挺，卻遭受波及惹禍
　　　上身。

太史：司馬遷官職，掌管史事、文書和天文曆法等。**陸氏**：李陵，陸或為陵之誤，見漸之遯。**雛**：凋也。

*《史記‧太史公自序》載，司馬遷自稱先祖是顓頊時期的重氏與黎氏。因替李陵兵敗降胡辯護，被處以宮刑。

31 咸：內執柔德，止訟以默。宗邑賴福，禍災不作。

　　見噬嗑之遯。

註釋：不虛妄的相感應。實行仁政，不爭不訟，國家法統延續，
　　　不生災禍。

32 恆：采唐沬鄉，要期桑中。失信不會，憂思約帶。

　　見師之噬嗑。

註釋：不虛妄才能恆久。與人約定結盟但不合倫理，失信又毀約，
　　　黯然無成。

期：約定。

33 遯：宮成立政，衣就缺袂。恭謙為衛，終無禍尤。

　　皇宮築成了，要成立政務，但做好的衣服，卻缺少袖子。恭讓謙虛的防衛，終究沒有禍害怨尤。

註釋：應不虛妄且隱遁沉潛。雖然政體已建立，但文教制度還未
　　　完備，此時謙恭自持，才會一切平安。

衣：衣裳，比喻文教制度。**就**：完成。**袂**：音妹，衣袖。

34 大壯：<u>麒麟鳳凰，子孫盛昌。少齊在門，利以合婚。招衣彈冠，貴人所歡</u>。

麒麟和鳳凰的子孫茂盛昌隆。少齊就在門裡，安順的結合成婚。振動衣服，彈撥冠帽，保持清潔，貴人是好伴侶。

註釋：不虛妄而壯大。子孫賢良眾多，在內齊家好和，在外潔身自愛，與君子和同。

少齊：齊景公女兒，嫁給晉平公，此處象徵良婦。**利**：安順。**招**：搖動。**彈冠**：彈帽子去灰塵使其清潔。**所歡**：伴侶。

＊《韓詩外傳‧卷一》：「君子潔其身而同者合焉……故新沐者必彈冠，新浴者必振衣。」

35 晉：<u>亂危之國，不可涉域。機發身頓，遂至僵覆</u>。

紛亂危險的國家，不要涉入它的領域。機弩發射利箭，身體被射中毀壞，終至倒下覆滅。

註釋：不虛妄才能前進。環境險惡，不應貿然前進，否則災難降臨，身命不保。

機：機弩，以機械射箭的強弓。**頓**：毀壞。**僵覆**：倒下死亡。

＊《論語‧泰伯》：「危邦不入，亂邦不居。」

36 明夷：<u>千雀萬鳩，與鷂為仇。威摯不敵，雖眾無益。為鷹所擊</u>。

千萬隻雀鳥和斑鳩，與老鷹敵對。威力缺乏不能披敵，雖然眾多但沒有益處。還是被老鷹痛擊。

註釋：不虛妄已瘡痍。一群烏合之眾卻自以為強大，與大敵對決，

但威力不夠，多而無用，依然被擊潰。

千、萬：象徵極多。**鷂**：音要，小的老鷹。**為仇**：敵對。**挈**：缺，絕。

37 家人：<u>眾神集聚</u>，相與議語。南國虐亂，百姓愁苦。興師征討，更立聖主。

見屯之節。

註釋：不虛妄才能親如家人。上位暴虐無道，天怒人怨，上天厭棄，另立新主，恢復秩序。

38 睽：<u>顏淵閔騫</u>，<u>以禮自閑</u>。君子所居，禍災不存。

顏回和閔子騫，以禮節來悠閒自得。君子安居，禍害災難不會存在。

註釋：以不虛妄克服睽離。德行良好，遵守禮節，逍遙自在，安居沒有災禍。

顏淵：顏回，世稱復聖。**閔騫**：閔子騫，德行與顏回齊名，兩人皆雖貧而賢，終身未仕。
自閑：悠閒自得。

39 蹇：<u>三桓子孫</u>，<u>世秉國權</u>。爵世<u>上卿</u>，富於周公。

三桓的子孫，世代都掌握魯國政權。爵位世襲上卿，財富勝過周公。

註釋：不虛妄已蹇跛。奸人集團長期專權，不斷衍生傳承，財富史上空前。

三桓：三桓把持魯國朝政兩百多年，孔子曾以「墮三都」抵制。**秉**：掌握。**上卿**：諸侯國的相國。

40 解：鶴鳴九皋，<u>處子失時</u>。<u>載土販鹽</u>，難為功巧。

鶴在水澤深處鳴叫,隱居的君子失去天時。將土偽裝成鹽去賣,難以達成美好的功業。

註釋:不虛妄已解離。世道式微,隱士深藏不出,官府偽裝作假,難成功業。

九皋:水澤深處。**處子**:隱居不做官的人。**載**:飾也,偽裝。**鹽**:古時鹽為國家管制的貴重物資。**巧**:美好的。

41 損:方軸圓輪,<u>東行</u>不前。<u>組囊以錐</u>,失其事<u>便</u>。<u>還師振旅</u>,<u>兵革</u>休止。

方形的車軸和圓形的輪子無法搭配,向東行駛無法前進。編織行囊卻用錐子(要用針),失去做事的便給性。整頓軍隊班師回朝,戰爭停止。

註釋:不虛妄狀態已減少。團隊不協調,無法前進,方法不對,難以作為。放棄前進,休生養息,這是正確的。

東行:象徵行進陰晦。**組**:編織。**囊**:袋子。**錐**:尖銳鑽器。**便**:便給,靈巧。**振旅**:整頓軍隊。**兵革**:兵器和戰甲,比喻戰爭。

42 益:魚擾水濁,桀亂我國。駕龍出遊,東<u>之</u>樂邑。天賜我祿,與生為福。

魚兒騷動水質混濁,夏桀擾亂國家。駕著龍出遊,到東海歡樂的國度。上天賜予福祿,天生就有福澤。

註釋:不虛妄而獲益。受到擾亂和危害,外出尋找美好的樂土,上天保佑,福澤深厚大為豐收。

之:至。

43 夬:<u>白虎黑狼</u>,伏司亦長。<u>遮遏</u>牛羊,病我商人。

白色的老虎和黑色的狼，埋伏窺伺已很長久。遏止牛羊前進，商人受到損害。

註釋：不虛妄已斷決。眾多惡煞打算行搶，無法謀生與經營，大家都受到損失。

白虎：凶神。**黑**：與白相對匹配。**司**：伺也，暗中偵察。**亦**：已。**遮遏**：阻止。

44 妀：<u>履危不安</u>，<u>跌頓我顏</u>，傷踵為癲。

經歷危險不安全，俯趴跌倒傷到顏面，受傷的腳後跟也損壞了。

註釋：不虛妄才能相邂逅。行進輕忽，經歷險境時招致傷害，前進受損。

履：經歷。**跌**：俯也，趴伏。**頓**：跌倒、毀壞。**顏**：象徵前進，如顏行。**踵**：腳後跟。
癲：惡、壞。

45 萃：<u>三人輂車</u>，<u>乘入旁家</u>。<u>王母貪叩</u>，盜我資財。亡失犁牛。

三人搭乘車子，駛進路旁的別人家裡。女酋長貪心，盜走了物資財寶，失去了犁田的牛隻。

註釋：應不虛妄的相薈萃。大家同行卻都漫不經心，以致行徑偏差，遭受奸人算計，失去謀生的寶貴器具。

三：象徵多。**輂**：音捲，車子、搭乘。**乘**：駕駛。**王母**：女酋長。**叩**：音掏，貪。

46 升：<u>三雁南飛</u>，<u>俱就井地</u>。<u>鰕鰌饒有</u>，利得過倍。

三隻雁子向南方飛去，一起到達田地。蝦子和泥鰍富饒多有，利益得到多過一倍。

註釋：不虛妄的上升。大家一起光明行事，來到富庶的地方，收

553

穫美好且眾多。

三：象徵多。**雁**：候鳥，依季節而去來。**南**：象徵候鳥到溫暖之地生活。**井地**：井田，泛指田地。**鰕**：蝦也。**鱛**：鰌也。

47 困：鷹栖茂樹，猴雀往來。一擊獲兩，伏不枝梧。

老鷹棲息在茂密的樹木，猴子和雀鳥往往來來。一次出擊獲得兩隻，獵物降伏沒有抗拒。

註釋：以不虛妄克服困阻。不躁進，耐心隱匿，時機一到，一舉突破，輕鬆雙倍獲利。

栖：棲也。**枝梧**：抗拒。

48 井：堯舜欽明，禹稷股肱。伊尹往來，進禮登堂。顯德之徒，可以輔王。

堯和舜恭敬明察，以大禹和后稷當輔政大臣。伊尹來往奔忙，進呈禮物後登上大堂。德性彰顯的那些人，可以輔佐君主。

註釋：不虛妄且井然。聖明的上位能夠審慎明察，提攜賢良們輔佐大業，賢良們也德行卓著，努力輔政。

欽明：恭敬明察。**禹稷**：舜命令禹、后稷與益一起治水。**股肱**：大腿和胳膊，象徵輔君大臣。**伊尹**：助商湯滅夏的賢相。**徒**：同類或同派的人。

49 革：枯旱三年，草葉不生。粢盛空乏，無以供靈。

枯焦乾旱三年，草木和樹葉都不生長。祭祀的器皿空蕩貧乏，沒有東西供養神靈。

註釋：應不虛妄的革新。環境已嚴重破敗許久，窮困到連祭祀都無法進行。

三：象徵多。**粢盛**：粢音姿，祭祀時將黍稷放在祭器裡。

50 鼎：口方緩唇，為和樞門。解釋鉤帶，商旅以歡。

　　口腔方正，嘴唇柔軟，是諧和之門。解除釋去綑綁的鉤子和帶子，行旅的商人歡欣。
註釋：不虛妄而鼎立。講話方正柔軟，是人和的門道，解除了束
　　　縛限制，外出經營歡喜獲利。

緩：柔軟。**樞門**：有轉軸的門，門與嘴皆能開闔，此處以門象徵嘴。

51 震：鳧鷖池水，高陸為海。江河橫流，魚鱉成市。千里無墻，鴛鳳游行。

　　野鴨和鷗鳥置身海水，高聳的陸地變成海洋。江河瀰漫流動，魚鱉眾多。千里之內都沒有牆壁，鴛鴦和鳳凰無止境的游水滑行。
註釋：不虛妄發生震盪。災難如洪水瀰漫高漲，環境崩壞，小人
　　　到處充斥，君子持續流浪。

鳧：音伏，野鴨。**鷖**：音衣，鷗鳥。**鳧鷖**：泛指水鳥。**池**：大地氾濫如潮汐池，海也；見註。**橫**：瀰漫。**成市**：像市場一樣，比喻眾多。**千里**：比喻遙遠遼闊。**鴛鳳**：皆珍禽瑞鳥，比喻有識之士。
*《枚乘諫吳王書》：「遊曲臺臨上路，不如潮汐之池。」

52 艮：烹魚失刀，駕馬車亡。鉛刀不及，魴鯉腥臊。

　　要烹飪魚卻沒有刀子，要乘駕馬匹車子卻遺失了。鉛刀沒有到來，鯉魚無法處理而腥臊無比。
註釋：不虛妄已停止。重要工具（德行）都遺失了，進行不順利，
　　　原本的好事久之便變壞了。

魴：音防，鯉科魚類，象徵吉祥。**臊**：音搔，肉的臭味。

53 漸：戎狄蹲踞，無禮貪叨。非吾族類，君子攸去。

西戎和北狄只會蹲著（沒有中原坐床），沒有禮節又十分貪心。不是我們的族群屬類，君子於是離去。
註釋：應不虛妄且循序漸進。不懂禮節、貪得無厭，彷彿異類，君子棄之而去。

踞：蹲。叨：音掏，貪。

54 歸妹：渡河踰水，濡洿其尾，不為禍憂。捕魚遇蟹，利得無幾。

渡過河川穿越水流，沾濕弄汙了尾巴，雖沒有災禍憂患，但捕魚卻得到毛蟹，利潤所得沒多少。
註釋：應不虛妄的相歸依。冒險貿進，遭受波折，卻不危急，但也無利可圖。

踰：越。濡：音儒，沾濕。洿：污也。遇：得。蟹：未如魚肉多而堅實；見註。
*《釋名・釋飲食》：「取蟹藏之，使骨肉解之，胥胥然（鬆散）也。」

55 豐：河水小魚，不宜勞煩。苛政苦民，君受其患。

河水裡只有小魚（大海才有大魚），無法豐收且操勞煩心。嚴苛的政令讓人民受苦，君主也蒙受其害。
註釋：不虛妄才能豐盛。不做遠大發展，只榨取小民的小利，苛刻的暴政，使百姓受難，君王自己也會遭殃。

宜：豐收。

56 旅：偃武修文，兵革休安。清人逍遙，未歸空閑。

停止武裝，修治文教，兵器和戰甲停用安置。清修的人逍遙自在，沒有歸返，十分悠閒。
註釋：不虛妄的旅歷。放下爭戰，崇尚禮教，進而無為而治，百姓逍遙自在。

偃：音眼，停止。空：悠閒。

57 巽：<u>九疑鬱林</u>，<u>沮濕不中</u>。<u>鸞鳥所去</u>，君子不安。

　　九疑山和鬱林郡，潮濕不適宜居住（見註）。鸞鳥離去，君子不安於此。

註釋：應不虛妄且安順。環境蠻荒又惡劣，吉祥和君子都離開了。
九疑：蒼梧山，漢時為南蠻之地。**鬱林**：位於今廣西壯族一帶，漢時為南蠻之地。**沮**：潮濕。**不中**：不適宜。**鸞**：鳳凰的一種。
*《淮南子‧原道訓》：「九疑之南，陸事寡而水事眾。」故曰沮濕不中。

58 兌：<u>持猬逢虎</u>，患厭不起。遂至<u>懽</u>國，與福笑語，君主樂喜。

　　拿著刺蝟，逢到老虎，災患和厭惡之事都不會生起（老虎懼怕刺蝟的刺不敢行動）。最後到了歡欣的國度，有福澤而歡笑共語，君主也歡樂喜悅。

註釋：不虛妄而欣悅。確實防備，惡人不敢輕舉妄動，能夠歡樂
　　　前進，最後獲得福祉和上位賞識。
持：成蝟約一尺長，故可執於手中。**猬**：刺蝟。**懽**：歡也。

59 渙：<u>狗生龍馬</u>，公勞嫗苦。家無善駒，折悔為吝。

　　狗生出龍馬（見註），老翁辛勞老婦艱苦。家中沒有良馬，折損怨恨又恥辱。

註釋：不虛妄才能煥發。賤人孳生壯大的妖孽，上位備感艱辛，
　　　朝中沒有賢良，遭受危難與羞辱。
狗：比喻卑賤。**龍**：馬八尺為龍。**嫗**：音玉，老婦。**悔**：恨。
* 狗為戌屬土，馬為午屬火，土生火，故曰狗生龍馬；但凡不同種而生則為妖孽，

557

故為生出妖孽。

60 節：嬰孩求乳，慈母歸子。黃麛悅喜，得其甘餌。

見履之同人。

註釋：不虛妄且有節度。君子尚未長成但品行中正，所求得到慈祥貴人的照護而獲得滿足。

61 中孚：有<u>兩</u>赤<u>鷂</u>，從<u>五隼</u>噪。操<u>矢</u>無<u>括</u>，<u>趣釋</u>爾財。<u>扶伏</u>聽命，不敢動搖。

有兩隻赤色鷂鷹，跟從五隻隼鷹一起鼓譟。拿起箭要射，卻沒有箭尾，財富因而失去消散。伏地爬行，聽從命令，不敢擺動搖晃。

註釋：應不虛妄且忠信。身邊殘酷的奸人追隨眾多惡人作怪，想要整治卻實力破敗，不但失去資產，還伏地聽命，不敢稍加反抗。

兩：象徵左右的人。**赤**：比喻鮮血、誅殺。**鷂**：音要，小的老鷹。**五**：象徵全部。**隼**：音準，老鷹的一種。**矢**：箭。**括**：箭末端搭扣弦的部分。**趣**：去也。**釋**：消散。**扶伏**：匍匐，伏地爬行。

62 小過：<u>伊尹</u>智士，<u>去</u>桀耕野。執順以強，<u>文</u>和無咎。

伊尹是才智之士，離開夏桀去郊野耕種。商湯執政順良因而強大，兩人美好的合作，沒有過失。

註釋：不虛妄才能小超越。賢良離開暴君，轉與賢良的聖君合作無間。

伊尹：成湯的宰相。**去**：離開。**文**：美，善。**和**：合也。

*《孟子‧萬章上》：「伊尹耕於有莘之野，而樂堯舜之道焉。」伊尹曾事夏桀，

夏桀無道不用,轉事商湯,並偕同滅夏。

63 既濟：<u>逐鹿西山</u>，利入我門。陰陽和調，國無災殃。<u>長子東遊，須其三仇</u>。

　　追逐鹿到西山，利祿進入家門。陰氣和陽氣和合調節，國家沒有災殃。長子要到東海遊歷，和三個伴侶被任用。

註釋：不虛妄已完成，卓然成家。前進經營獲得財祿，時令和國家都和諧安定。後繼者也都外出成為能人。

鹿：象徵祿。**西山**：王母娘娘的住處，比喻福澤之地。**長子**：象徵繼承者。**東**：東海，相對於西山，比喻福祿之地。**須**：用；《論衡・自紀》：「事有所不須。」**三**：比喻多。**仇**：音球，同伴或配偶。

64 未濟：<u>龍興</u>之德，周武受福。長女<u>宜家</u>，與君相保。<u>長股</u>遠行，<u>狸</u>且善藏。

　　有龍飛騰上天的德性，周武王蒙受了福澤。已長成的女子出嫁，與夫君相互保護。遠行到長股國，像狸貓行動機靈又善於躲藏。

註釋：不虛妄尚未結束，還有福澤。成立大功業，家國美滿繁衍，行止能節度，還可以長久遠大的經營。

龍興：龍飛騰上天，比喻王者興起。**宜家**：女子出嫁。**長股**：南方八蠻之一，象徵善於遠行。**狸**：貍也，山貓，行止善於度量。

26 大畜

26 大畜：朝鮮之地，箕伯所保。宜人宜家，業處子孫，求事大喜。

　　朝鮮這個地方，為箕子所守護。安順人民與家庭，子孫在此立業安處，謀求事情都大有喜慶。

註釋：一直擴大積蓄。有德行，向外拓展領地頗有成就，自己、
　　　人民和子孫都能安居樂業，大為吉利。

箕伯：箕子，紂王叔父，因勤諫紂王被囚，商被滅後被武王釋放，並封於朝鮮。**保**：守護。**宜**：安順。**業處**：使人安居並有謀生之業。

*《尚書大傳・卷二》：「武王釋箕子之囚，箕子不忍周之釋，走之朝鮮。武王聞之，因以朝鮮封之箕子。」

1 乾：金柱鐵關，堅固衛災。君子居之，安無憂危。

　　金屬的柱子，鐵做的門閂，堅固無比的防衛災害。君子居住在此，安全沒有憂患危險。

註釋：大積蓄且陽健。重重防備，堅牢守護，又能安於德行，安
　　　全無憂。

關：門閂。

2 坤：轉禍為福，喜來入屋。春成夏屯，可以飲食。保全家室。

　　轉變災禍成為福澤，喜慶進入屋內。春天長成夏天屯積，可以飲食無缺。保護家眷安全。

註釋：大積蓄且溫良。能禮賢下士，所以轉禍為福，喜氣盈門，

依節令與倫理行事，全家飽足安然。
家室：配偶眷屬。
＊《孔子家語・辯政》：「而能禮賢以活其身，聖人轉禍為福。」

3 屯：水暴橫行，緣屋壞牆。泱泱溢溢，市師驚惶。居止不殆，與母相保。

洪水暴發瀰漫流行，圍繞房屋沖壞牆壁。洪水深廣滿溢，管理市場的官吏驚惶不已。起居行止沒有危險，與母親相互保護。
註釋：大積蓄變困屯。災難氾濫，基業毀壞，政務紛亂，不能經營。
　　　停止行動，與祖業相互守持便能平安。
橫：瀰漫。**緣**：圍繞。**泱泱**：水深廣。**市師**：管理市場的官吏。

4 蒙：虎豹熊羆，遊戲山隅。得其所欲，君子無憂。旅人失利，市空無人。

虎豹和熊，在山邊遊樂戲耍，得其所願，君子沒有憂慮。商旅失去利益，市集空無一人。
註釋：大積蓄變蒙昧。有大實力，可以悠哉自在；有德性，能如
　　　願以償。但日久生腐，後來失去經營的利益。
羆：音皮，大熊。**隅**：音於，邊或角。

5 需：躬體履仁，尚德止訟。宗邑以安，三百無患。

親自身體履行仁義，崇尚德性停止訴訟。宗廟所在的城邑安定，食邑內三百戶人家都沒有禍患。
註釋：大積蓄且能耐心等待，不躁進。以身作則，施行教化，停
　　　止爭訟，國家和封地都安居樂業。
躬：親自。**宗邑**：天子或諸侯宗廟所在的城邑。**三百**：士大夫食邑為三百戶，可收

其地租賦稅作為俸祿。

6 訟：**江淮易服**，**玄黃朱飾**。靈公夏徵，**哀**相無極。高位崩顛，失其寵室。

　　長江和淮水改朝換代，天地改以朱紅色為服飾。陳靈公和夏徵舒，醜陋之相沒極限。高尚地位崩毀顛覆，失去尊寵的王室。
註釋：大積蓄變爭訟。原本富庶，但富極必腐，君臣都喪失德行，
　　　醜惡至極，最後被推翻取代。
江淮：象徵環境富庶。**易服**：改朝換代，變更衣服制度。**玄黃**：天玄地黃，象徵天地。
朱：周朝屬火，紅色，此處象徵歸依周德。**哀**：醜陋。
*《左傳・宣公九年》載，陳靈公等三人，與夏姬公然集體通姦，後被夏姬子所弒。

7 師：**不虞之患**，禍至無門。**奄忽**暴卒，痛傷我心。

　　料想不到的災患發生，沒有門路災禍卻來到。突然暴斃卒命，令人痛心哀傷。
註釋：大積蓄招致戰亂。意外災難突然降臨，身命毀於一旦。
不虞：料想不到的事。**奄忽**：忽然。

8 比：**三塗五岳**，去危入室，凶禍不作。桀盜堯**服**，失其寵福，貴人有疾。

　　三塗、五岳是能安邦的靈山，離開危險進入屋室，凶惡的災禍不會發生。夏桀盜取堯帝的服制，君主失去尊寵和福澤，顯貴的人有了疾患。
註釋：大積蓄應相比附。原本吉祥堅固，但過於安定，疏於防範，
　　　惡人因而崛起篡位，原先團隊顛覆。
三塗：河南三座險要大山，大行、轘轅、崤澠。**五岳**：五嶽。**服**：象徵政權，易服

即改朝換代。
* 《左傳・昭公四年》：「四獄三塗……九州之險也。」後配合五行增為五獄。

9 小畜：配合相迎，利心四鄉。昏以為期，明星熠熠。欣喜君奭，所言得當。

相互配合迎接，以和順之心趨向四方。以黃昏為婚期，明亮的星辰閃亮光耀。姬奭欣悅歡喜，周公所言得體適當。
註釋：大積蓄又持續小蓄。與人搭配交往，所以四方無往不利並都親密結盟，大臣誠意溝通解開心結，一起用心輔助。
利：和順。**鄉**：嚮也，趨向。**昏**：黃昏，亦為婚也，古人於黃昏時迎娶。**熠熠**：閃亮光耀的樣子。**君奭**：周召公，姬奭（音是），與周公不合，周公作〈君奭〉化解兩人誤會；見註二。
* 《詩經・東門之楊》：「昏以為期，明星煌煌。」
* 《尚書・君奭》：「召公為保，周公為師，相成王為左右。召公不說，周公作〈君奭〉。」

10 履：三手六身，莫適所閑。更相搖動，失事便安。箕子佯狂，國乃不昌。

三隻手卻有六個身體（配備不足），無法適從規範，進而搖晃動盪，失去行事的便給安穩。箕子佯裝發狂，國家無法昌盛。
註釋：大蓄積後才能履行。尚未整備充分，資源嚴重不足，難以調度支配，因而動搖不安，無法順利行事。上位一意孤行，賢良不願輔佐，團隊敗壞。
閑：規範。**更相**：相繼。**便**：靈活。**箕子**：紂王叔父，因屢諫紂王而被囚禁，後裝瘋而躲過一劫。

11 泰：虎臥山隅，鹿過後胸。弓矢設張，會為功曹，伏不

敢起。遂全其軀，得我美草。

  老虎伏臥在山邊，鹿要過去後面的朐草原。弓箭已擺設張開了，也會聚了官長，老虎伏趴著不敢起身。鹿最後保全牠的身軀，得到甘美的鮮草。

註釋：大積蓄且康泰。雖然有惡人覬覦，但官府警備森嚴，惡人
    不敢妄動，百姓安居飽足。

隅：音於，邊或角。**朐**：音取二聲，草名，苧熒，蒟蒻。**矢**：箭。**功曹**：掌管人事並參議政務的郡官，需為眾吏表率。

12 否：麟鳳執獲，陰雄失職。自衛反魯，猥昧不起，祿福訖已。

  麒麟與鳳凰被執拿擒獲，陰氣稱雄違背職分。孔子自衛國返回魯國端正樂風，猥褻蒙昧之風不再興起，但利祿與福澤已結束了。

註釋：大積蓄已閉塞。君子受難，奸人掌權，雖然賢人致力端正
    禮樂，但世道已盡，福澤結束了。

失：違背。**猥**：音偉，淫穢。**訖**：音企，結束。

* 《左傳・哀公十四年》：「叔孫氏之車子鉏商獲麟。」麒麟被捕，孔子因而了悟世道已盡。
* 《論語・子罕》：「吾自衛反魯，然後樂正，雅頌各得其所。」

13 同人：欒子作殃，伯氏誅傷。州犁奔楚，失其寵光。

  欒弗忌作亂，伯宗也被誅殺傷害。伯宗的兒子伯州犁奔走楚國，失去尊寵光耀。

註釋：要大積蓄應同仁。奸人作亂，君子被無辜波及傷害，個人
    與國家都無法強大。

伯氏：伯宗，晉國大夫，賢而直言，被波及受害。
*《國語 · 卷十一》：「及欒弗忌之難，諸大夫害伯宗，將謀而殺之。畢陽實送州犁於荊。」

14 大有：黃帝出遊，駕龍騎馬。東至太山，南過齊魯。王良御左，文武何咎？不利市賈。

黃帝外出遊歷，駕乘著駿馬，向東登上泰山，向南經過齊魯聖人之邦。有王良輔佐駕駛，文治武功有何過錯？此時不適宜交易買賣。

註釋：大積蓄且大富有。上位賢良，四處巡察，任用賢能，文治武功沒有過失。此時應致力維持康泰，不要進行牟利。

龍：馬八尺稱為龍。**太山**：東嶽泰山，象徵尊貴吉祥。**南**：象徵光明的方向。**齊魯**：象徵禮義之鄉。**王良**：趙國駕馭能手，後以其名命驛馬星，此處比喻人才。**左**：佐也。
賈：音古，買賣。

15 謙：齊魯爭言，戰於龍門。遘怨致禍，三世不安。

見坤之離。

註釋：要大積蓄應謙恭。相鄰不合且反目成仇，征戰不已，世代都不安。

遘：構也，製造。

16 豫：道禮和德，仁不相賊。君子往之，樂有其利。

有道義禮節與和諧德行，仁愛不相互侵犯。君子前往，歡樂又吉利。

註釋：大積蓄且安育。有德行且仁和，不相互陷害，君子無往不利。

有：又。

17 隨：嫗妒公姥，毀益亂賴。使我家憒，利得不遂。

婦人嫉妒公公與婆婆，進而毀壞搗亂他們的福澤。家裡昏亂不明，利益獲得不順遂。

註釋：要大積蓄應相隨。下位小人忌妒上位的福利因而大肆對其搗亂，致使團隊混亂不再能獲利。

嫗：音玉，婦女。**公姥**：公公與婆婆。**益**：更加。**賴**：幸，福。**憒**：音愧，昏亂不明。
遂：順利。

18 蠱：一巢九子，同公共母。溫良利貞，出入不殆。福祿所在。

一個窩巢生了九個孩子，同父親母親共住。溫和善良，和諧貞正，外出入內都沒危險，處處都福祿。

註釋：大積蓄又整治蠱敗。繁衍眾多且溫情共處，有德行所以出入平安，常保福祿。

九：象徵最多。**利貞**：和諧貞正。**所在**：處處。

19 臨：崔嵬北岳，天神貴客。溫仁正直，主布恩德。閔哀不已，蒙受大福。

見屯之家人。

註釋：大積蓄且臨政。國家有如仙境，君主施仁布恩，體恤百姓，人民深受福澤。

20 觀：三雎逐蠅，陷墮釜中。灌沸拿殪，與母長決。

三隻雎鳩驅逐蒼蠅，墜落陷入鍋子裡。鍋水沸騰一同死亡，與母親永遠訣別。

註釋：要大積蓄應觀省。眾人一起行動，不諳門道因而去追逐蠅頭小利，還全體覆滅。

三：象徵多。**雎**：音居，雎鳩，水鳥，善捕魚，不擅捕蟲。**釜**：鍋子。**灌沸**：沸騰。
弇：音掩，一同。**殪**：音亦，死亡。**決**：訣也，離別。

21 噬嗑：東山西陵，高峻難升。滅夷掘壘，使道不通。商旅無功，復反其邦。

東方的高山，西邊的山陵，高聳險峻難以登升。破壞平地去製造窟窿和堡壘（建構防禦工事），致使道路不能通暢。商人行旅徒勞無功，又返復邦國。

註釋：要大積蓄應有法治。環境重重阻礙，局勢又戰亂不安定，無法前進營利。

東、西：象徵四面八方。**夷**：平。**掘**：窟也。**壘**：土堆、石堆等。

22 賁：常得自如，不逢禍災。福祿自來。

總是舒適又自在如意，沒有遭逢禍患災殃。福澤利祿自己來到。

註釋：大積蓄又能整飾。一切自在如意，平安無恙，福祿不求自來。

得：舒服、適意。

23 剝：范子妙材，戮辱傷膚。然後相國，封為應侯。

見師之井。

註釋：以大蓄克服剝落。人才雖飽受欺凌壓迫，但不放棄經營，轉進之後也是成立大事業。

24 復：狼虎結集，相聚為保。伺嚙牛羊，道絕不通。病我

商人。

　　見比之困。

註釋：人積蓄已返復。惡人成群結黨相互掩護，百姓被欺凌掠奪，環境閉塞，無法營利。

25 無妄：不直杜公，與我爭訟。媒伯無禮，自令塞壅。

　　不正直又閉塞的齊後莊公，與人發生爭訟。媒人不依禮節，因而導致阻塞壅閉。

註釋：要大積蓄應不虛妄。心術不正，與人發生爭訟。想與人結盟又不依禮進行，導致阻塞壅閉。

杜：閉塞，如杜絕；或為莊之誤。**伯**：對人的尊稱。**自**：因而。**令**：致使。

* 齊後莊公好色，與大臣崔杼之妻棠姜有染（故後曰媒伯無禮），被聯合誅殺。見小過之家人。

27 頤：上天樓臺，登降受福，喜慶自來。

　　登上天空的大樓高臺，靈魂登到天上，並降到上帝的左右，蒙受福澤，喜樂歡慶自己來到。

註釋：大積蓄且頤養。承接天意，蒙受天帝恩賜，福澤喜慶滾滾自來。

登降：升降，見註。**福**：祭祀用的酒肉。

* 《詩經・文王》：「文王陟降，在帝左右。」比喻承天帝之志而成周朝德業。

28 大過：三羊上山，東至平原。黃龍服箱，南至魯陽。貌其佩囊，執綏車中，行人無功。

　　三隻羊上山，向東要到平原。用上好黃馬駕駛馬車，向南到魯陽。看不清裝玉珮的袋子，只能拿著沒玉珮的綏帶待在車中（沒

配戴好玉珮和綬帶又沒下車站立,皆與禮不符,見註),行進的人沒有功績。

註釋:大積蓄又大超越,富極生腐。尊貴盛大的前進,要追求平
　　　安光明,實力雖強但疏失又沒有禮節,因而徒勞無功。

三:象徵多。**羊**:象徵吉祥。**東、南**:比喻光明的方向。**黃**:象徵尊貴。**龍**:馬八尺為龍。
服箱:負載車廂,比喻駕駛馬車(非騎馬)。**魯陽**:侯國名,取其字義文教光明。**貌**:
邈也,邈茫,看不清楚。**佩**:珮也。**囊**:袋子。**綬**:繫玉珮或官印的帶子。此處指珮綬。
*《春秋繁露・匈奴》:「出則服衣佩綬,貴人而立於前。」

29 坎:天地閉塞,仁智隱伏。商旅不行,利深難得。

天地封閉阻塞,仁者和智者隱遁潛伏。行旅的商人無法通行,利潤深藏難以獲得。

註釋:大積蓄已落陷。環境和時令都已閉塞,倫理不再,難以前
　　　進去經營獲利。

30 離:延陵適魯,觀樂太史。車轔白顛,知秦興起。卒兼其國,一統為主。

延陵季子到達魯國,觀賞音樂,並充當太史做出評論。白額毛的馬拉車發出聲音,知道秦國將要興盛,最後兼併其他國家,統一成為皇帝。

註釋:大積蓄且相附著。賢能從徵兆知曉,新興霸國已出現,並
　　　終將一統江山成為盟主。(局勢強大且統一)

延陵:吳國公子季札,以賢明聞名,封於延陵,故稱延陵季子。**適**:至。**太史**:掌
管史事、文書和天文曆法之官員。**轔**:車行的聲音。**白顛**:額頭上有白毛;秦為金德,
屬白;見註一。
*《詩經・車鄰》:「有車鄰鄰,有馬白顛。」
*《左傳・季札觀周樂》載,吳國季札出使魯國時觀賞周樂,為之歌〈秦〉,曰:「此

之謂夏（大）聲。夫能夏則大,大之至也,其周之舊乎?」預言秦將壯大滅周。

31 咸：櫜戢甲兵,歸放馬牛。徑路開通,國無凶憂。朽牆不鑿,疾病難治。

兵袋中收藏著鎧甲兵器,歸放軍用馬牛於山林。小徑與道路開通,國家沒有凶惡憂患。腐朽的牆壁不鑿除,禍害難以醫治。

註釋：要大積蓄應相感應。休兵停戰,基本建設,可以去除災厄,但還需要整飭體制,根治弊端。

櫜：音高,收藏兵器的囊袋。戢：音及,將兵器收聚而藏。疾、病：禍害。

*《尚書・武成》：「歸馬於華山之陽,放牛於桃林之野,示天下弗服（不用）。」

32 恆：牛驥同堂,郭氏以亡。國破為墟,君奔走逃。

見小畜之晉。

註釋：要大積蓄應持恆經營。人才庸才一視同仁,最後團體敗亡,領導人落荒而逃。

33 遯：大尾小腰,重不可搖。棟撓榱壞,臣為君憂。陽大之言,消不為患,使我復安。

大大的尾巴只有小小的腰,過重而不能擺動。棟樑彎曲,屋頂支木損壞,臣子成為君主的憂患。大假話消退沒成為禍患,恢復平安。

註釋：大積蓄已隱遁,變耗損。組織太過龐大難以活動與支撐,臣子朝綱已毀壞,製造出禍患。剷除小人妄語,便能恢復安定。

撓：彎曲。榱：音催,做屋頂支架的木頭。陽：佯也,佯裝。陽言：佯言,假話。

34 大壯：太一置酒，樂正起舞。萬福攸同，可以安處，綏我齯齒。指空無餌，不利為旅。

　　皇帝擺置酒宴，並隨著樂官的音樂起舞。各種福澤聚集，可以安心居處，長壽安好。手指裡空空的沒有食物，不利外出行旅。
註釋：大積蓄且壯大，富極必腐。生活尊貴而且享樂，福澤俱全，
　　　安住於家，健康長壽。最後資源耗盡，無法再前進經營。
太一：帝星，比喻皇帝。樂正：樂官首長。綏：安好。齯齒：齯音尼，老人牙齒落盡又生細齒，象徵高壽又健康。餌：泛指各種食品或藥品。

35 晉：飲酒醉酗，跳起爭鬪。伯傷叔僵，東家治喪。

　　見比之鼎。
註釋：大積蓄後才能前進。放縱魯莽生起紛爭，成員互鬥重傷，
　　　領導只能收拾善後。

36 明夷：山險難登，渭中多石。車馳�материalistic擊，重載傷軸。載擔善躓，跌蹉右足。

　　見乾之謙。
註釋：大積蓄已瘡痍。前途艱困，又多小人阻擾，想要強行前進，
　　　產資和人員都受到嚴重損失。
渭：渭河，水濁，象徵小人多。

37 家人：爭訟不已，更相咨詢。張事弱口，被髮北走。耳順從心，躬行至仁。不須以兵，天下太平。

　　爭鬥訴訟不停，更是相互齜牙查問。張姓大夫口才較弱，披著頭髮敗北而走。能聽進逆耳忠言，也能隨心所欲，親自實行至

高的仁義。不使用兵力，便天下太平。

註釋：要大積蓄應親如家人。大夫與人爭鬥落敗而逃，如能修身
　　　養性，實踐仁義，不需爭鬥，便能與大家相安。

呰：齜也，露出牙齒，比喻凶狠。**詢**：查問。**張**：《易林》慣以張氏為戰爭、失利之象徵。
事：古假借為士，士大夫。**耳順**：聽得進逆耳忠言。**躬**：親自。**須**：用。

*《論語‧為政》：「六十而耳順，七十而從心所欲，不踰矩。」

38 睽：心志無良，傷破妄行。觸牆觝壁，不見戶房。先王閉關，商旅委棄。

　　心念意志不良，毀損破壞胡妄行為。衝撞牆壁，住戶房子不見了。冬至已至，依先王之例關閉關口，行旅的商人丟失利益。

註釋：大積蓄已睽離。心念邪惡，胡作非為，破壞基業，難以生存，
　　　時令已惡劣無法發展，利益無著。

觸、觝：撞。**委**：棄。

*《象》：「先王以至日閉關，商旅不行，後不省方。」先王冬至閉關以養息。

39 蹇：寧夬鴟鴞，治成御災。綏德安家，周公勤勞。

　　暴政已治理成功，也抵禦了災患。以安好的德行安定家邦，周公勤勞不懈。

註釋：以擴大積蓄克服蹇跛。暴政導致的破敗，經過整治恢復平
　　　安和安定，賢良有德性又勤政愛民。

寧夬：鶉鴥，即鴟鴞。**鴟鴞**：音吃消，貓頭鷹；亦為《詩經‧鴟鴞》，象徵暴政、
民不聊生。**御**：禦也。**綏**：安好。

40 解：清人高子，久在外野。逍遙不歸，思我慈母。

　　見師之睽。

註釋：大積蓄已解離。世道轉為惡劣，清白高雅的君子，長久困頓於野外。百姓徬徨徘徊無法歸家，只能思親。

逍遙：徬徨、徘徊。

41 損：兩虎爭鬭，服創無處。不成仇讎，行解卻去。

兩隻老虎相互爭鬥，沒有地方披覆創傷。沒有結成仇恨，行動解除退後離去。

註釋：大積蓄應損己益人。兩強爭霸，暫無傷害，放下對立，才能安好。

兩虎：指戰國秦楚二強。**服**：覆。**讎**：仇也。**卻**：退。

*《戰國策・張儀為秦破從連橫》：「楚王大怒，興師襲秦，戰於藍田，又郤，此所謂兩虎相搏者也。」

42 益：天女推床，不成文章。南箕無舌，飯多沙糖。虛象盜名，雄雞折頸。

織女在天床移動，但沒有完成彩燦的花紋。南方的箕星沒有火舌，飯裡很多砂子。以虛妄的表象盜取聲名，雄雞折了頸子斃命。

註釋：要大積蓄需益民。百姓辛苦工作卻沒有成果，也失去工具難以維生，君主欺世盜名喜好征戰，使雄壯男丁折損，無法繁衍。

天女：織女星；《史記》：「織女，天女孫也。」**推**：移動，如推移。**床**：天床，喻天為床，眾星所棲。**文章**：紋彰也，紋彩燦美。**箕**：箕星，簸箕為揚米去糠之物，故後曰「南箕無舌（簸箕失去效用），飯多沙糖」。**舌**：星光閃爍如火舌。**沙糖**：沙像糖一樣粗顆粒，砂也。或為沙糠之誤，見小過之比。

*《詩經・大東》，被周公征服的東方臣民怨刺周朝統治。

「跂彼織女，終日七襄。雖則七襄，不成報章。」織女星一天移動了七次，卻始終

沒有織出好紋彰。
「維南有箕，載翕其舌。」南方箕星開闊，吐著火舌。

43 夬：太子扶蘇，<u>走出</u>遠郊。佞幸成邪，改命生憂。慈母之恩，無路致之。

太子扶蘇離開去到遠方的邊郊。以諂媚而獲得寵幸的趙高成了邪魔，更改始皇的詔命，因而生出憂患。慈母有恩惠，卻沒有路到達。

註釋：大積蓄已斷決。昏君驅逐賢良，奸人諂媚專權後又加以陷害，國家混亂，百姓無法蒙受恩澤。

走：往、去。**出**：離開。

*《史記‧李斯列傳》載，秦始皇下放扶蘇到北方邊疆監軍，後趙高把持國政，竄改始皇遺詔，賜死扶蘇，並導致秦國滅亡。

44 姤：寒暑相推，一明一微。<u>赫赫</u>宗周，光榮滅衰。

季節寒暑交替相互推進，一個明亮，一個就衰微。顯赫的周朝宗室，光明榮耀轉為衰退滅亡。

註釋：大積蓄需相邂逅。陰陽交替，此消彼長，輝煌的王朝最後也腐敗衰亡了，唯有陰陽協調才能長存。

寒暑：季節的交替。**赫赫**：音賀，顯盛。

45 萃：雞狗相望，仁道篤行。不吠昏明，各安其鄉。周<u>鼎和餌</u>，國富民有，八極蒙祐。

彼此的雞與狗相互對看，仁義之道篤實履行，昏暗或明亮狗都不吠叫，各自安居在鄉里。周朝的鼎都調和各種食物（見註二），國家和人民都很富有，天下八方至遠之地也都蒙受庇祐。

註釋：要大積蓄應相薈萃。無為而治，小國寡民，只能各自獨安小康。包納各種人才，國家人民富有，才能無遠弗屆都蒙受恩惠。

鼎：借指國家政權。**和**：攪拌混合。**餌**：食物泛稱。
* 《道德經》：「（小國寡民）雞犬之聲相聞，民至老死，不相往來。」
* 《呂氏春秋・先識》：「周鼎著饕餮。」

46 升：窗牖戶旁，道利明光。賢智輔聖，仁施大行。家給人足，海內殷昌。

靠近窗子和大門，道路通暢明亮光輝。賢能的智者輔佐聖王，仁政大大的實行。每戶人家充裕富足，國內富足昌隆。

註釋：大積蓄且上升。打開封閉，道路暢通光明，君聖臣賢，大行仁政，家戶豐盛，國家昌盛。

牖：音有，窗，比喻開啟閉塞，放入光明。**戶**：一扇曰戶，兩扇曰門，比喻同前。**旁**：傍也，靠近。**給**：充裕。**殷**：富足。

47 困：雨雪三日，鳥獸飢乏。旅人失宜，利不可得。幾言解患，以療紛難，危者復安。

雨和雪下了三日，鳥獸都飢餓困乏。行旅的人失去安順，利益無法得到。機智獻言解決災患，解除紛擾危難，危險又恢復平安。

註釋：以擴大積蓄克服困阻。環境長久惡劣貧乏，無法經營獲利，賢良機智獻計，解決問題，反危為安。

三：象徵多。**宜**：安順。**幾**：機也。**療**：解除。

48 井：白鵠銜珠，夜食為明。膏潤渥優，國歲年豐。中子

來同，見惡不凶。

白天鵝啣著夜明珠，夜間覓食仍然明亮。雨露滋潤，潮濕美好，國家年度收穫豐盛。中正的君子前來會同，遇見壞事也不凶險。

註釋：大積蓄且井然。秉持德行經營，環境陰晦也不危險，獲得良好的恩澤，國泰民安，君子都來會聚，沒有凶惡。

鵠：音胡，天鵝。**膏潤**：滋潤的雨露，象徵恩惠。

49 革：從豕牽羊，與虎相逢，雖驚不凶。

牽著豬和羊，與老虎相逢，雖然驚險但沒有凶災。

註釋：大積蓄且能革新。用正確的方式引導經營，遇到險惡，也會有驚無險。

從：牽。

*《淮南子‧氾論》：「禽獸，可羈而從也。」在前面牽引，動物就會跟從。

50 鼎：鳧雁啞啞，以水為宅。雌雄相和，心志娛樂。得其所欲，絕其患惡。

見師之萃。

註釋：大積蓄且鼎立。安居樂業，眾人親密的繁衍，不但歡樂如願，而且沒有禍患。

51 震：逐狐平原，水遏我前。深不可涉，暮無所得。

見蒙之蠱。

註釋：大積蓄已震盪。原本平坦順利的獲利，但卻遇到阻礙與險難而無法前進，以致一無所得。

狐：象徵珍貴。**平原**：象徵平順。

52 艮：窟室蓬戶，寒賤所處。十里望烟，散渙四方。形體滅亡，下入深淵，終不見君。

　　掘地為室，逢草為戶，貧寒低賤的處所。看著十里內的烟，都已飄散四方。人的形貌身體消失了，下墜到深淵裡去。最後見不到了。

註釋：大積蓄已停止。一片破敗凄慘，最後鄉里杳無煙火，百姓
　　　也不成人形，相繼死亡。

窟室：掘地為室。**十里**：比喻鄉里。**望**：惘，罔，沒有。**渙**：渙散。

53 漸：桀紂之主，悖不可輔。貪榮為人，必定其咎，聚毇積實。野在鄙邑，未得入室。

　　夏桀跟商紂這樣的君主，悖離無法輔佐。為人貪慕榮華，必定有過失，只會聚集器物，累積果實。君子沒有出仕，待在邊城，沒進入王室為官。

註釋：要大積蓄應循序漸進。領導者躁進暴虐，無法輔佐，貪慕
　　　虛榮又貪財造成過錯。君子不願協助他，在遠處隱居。

毇：音役，器。**實**：熟成的瓜、果、穀穗。**野**：沒有出仕。**鄙邑**：邊城。**室**：朝廷。

54 歸妹：倉庫盈億，年歲有息。商人留連，雖久有得。陰多陽少，因地就力。

　　倉庫滿盈安全，年年有孳息。商人接連滯留，雖然久留但有所得。陰氣多，陽氣少，只能順應著在原地勞作。

註釋：有大積蓄還要歸依君子。起初豐收安穩；後來雖然獲利但

577

有宕延;最後只在就地出力。每況愈下都是小人多君子少的緣故。

億:安全。**因**:順應。**就力**:出力勞作。

55 豐:**火山不然,釣鯉失綸。魚不可得,利去我北。三人同福,以興周國,君子安息。**

火山不適合釣鯉魚,還失去魚線。魚無法獲得,利祿背離而去(見註一)。三人同享福澤,因而興盛周國,君子安心養息。

註釋:大蓄積又豐盛。暴虐的人,無法獲得賢良,資產敗壞。重用賢良,同心共好的人,國民有德又安居樂業。

火山:《神異經》:「南荒之外有火山,晝夜火燃。」**然**:合適。**鯉**:比喻吉祥。**綸**:釣魚用的絲線。**北**:背也。**三人**:指周初三公,呂尚、召公,周公。

* 姜太公(呂尚)釣魚,周文王願者上鉤,暴虐的紂王不會理會還加以破壞(太公在商朝當過小官)。
* 後三句見《春秋繁露・郊語》:「周國子多賢……此天之所以興周國也。」

56 旅:**童女無媒,不宜動搖。安其居廬,傅母何憂?**

幼女沒有媒人說親,不安順而心念動搖。但能安住在家裡,保姆何必憂慮?

註釋:大積蓄後才能旅歷。尚未長大不能有所作為,稍安勿躁,耐心等待,這樣大家都可安心。

宜:安順。**傅母**:保姆。

57 巽:**載風雲母,遊觀東海。鼓翼千里,見吾愛子。**

母親乘著風和雲,旅遊參觀到了東海。鼓起羽翼飛行千里,見到心愛的孩子。

註釋：大積蓄且安順。以溫良的德性順勢行動尋找福地，千里之
　　　遠也繁衍了子孫。
載：搭乘。**母**：呼應後面之子。**東海**：象徵福澤之地。

58 兌：鴻盜我襦，逃於山隅。不見武迹，使伯心憂。

大雁盜走衣服，逃到山邊去。不見踪跡，使人憂心。

註釋：大積蓄又歡悅，富極必腐。財富與享樂使人才失去德性，
　　　無法挽回，令人憂心。

鴻：大雁子，比喻人才。**襦**：音儒，短的厚上衣。**隅**：音於，邊或角。**武**：《爾雅·
釋訓》：「武，跡也。」**迹**：跡也。**使伯**：對人的尊稱。

59 渙：視夜無明，不利遠鄉。閉門塞牖，福為我母。

夜裡視線不明，不適宜遠離家鄉。關閉大門，塞住窗戶，與
母親同在是福氣。

註釋：大積蓄已渙散。態勢不佳，不宜外出經營，安分防備，家
　　　人相互保護。

牖：音有，窗。

60 節：三狗逐兔，子東北路。利以進取，商人有得。

三隻狗追逐兔子，他們在動身北方的路上。順利的前進獲取，
商人有所利得。

註釋：大積蓄且節度。俊才結夥尋找歸宿，過程順利，頗有所獲。

三：象徵多。**狗**：指韓子盧；見註。**兔**：指東郭逡；見註。**子**：對人的美稱。**東**：《說
文》：「東，動也。」**北**：侯鳥還鄉的方向，比喻尋找歸宿。

*《戰國策·齊策三》：「韓子盧者，天下之疾犬也。東郭逡者，海內之狡兔也。
韓子盧逐東郭逡。」

61 中孚：武王不豫，周公禱謝。載璧秉珪，安寧如故。

周武王不安適，周公祈禱免去災難。配戴璧玉，手持玉器，安詳康寧與往常一樣。（本句倒裝：周武王不安適，周公配戴璧玉，手持玉器，祈禱免去災難，武王又安詳康寧與往常一樣。）

註釋：大積蓄且忠信。雖有不順，但上下能忠信虔誠，功業依然
　　　穩健如昔。

豫：安育。**禱謝**：祈禱鬼神請免去災難。**載**：戴也。**珪**：諸侯在大典時所持的玉器。
＊《史記‧魯周公世家》：「武王有疾，不豫，……周公北面立，戴璧秉圭，告于太王、王季、文王……卜人皆曰吉。」

62 小過：同載共車，中道別去。爵級不進，君子不興。

共同搭乘車子，中途分別離去。爵位等級沒有晉升，大人不高興。

註釋：大積蓄之後小過錯，富極必腐。原本同心經營，但後來失
　　　去中正之道，不進則退，陷入慘澹。

載：搭乘。**中道**：象徵中正之道。

63 既濟：六雁俱飛，遊戲稻池。大飲多食，食飽無患。舉事不遂，商旅作憒。

六隻雁子一起飛翔，悠遊在稻田和魚池。有很多的飲食，飽食沒有憂患。發起行動不順遂，行旅的商人心煩意亂。

註釋：大積蓄已結束。原本大家豐衣足食，悠遊自在，轉而大舉
　　　進取，卻發展受挫。

六：象徵齊全。**雁**：候鳥，比喻遷徙。**戲**：嬉，遊。**舉事**：發起行動。**憒**：心亂。

64 未濟：符左契右，相與虐亂。乾坤利貞，幸生六子，長

大成就。颯然如母，不利為咎。

　　賊人彼此契合，相互參與暴虐作亂。百姓男女和諧貞正，幸運的生了六個孩子，都成長壯大完成發育，趕快回到母親身邊，不然會不安順且有災禍。

註釋：大積蓄未形成。百姓雖已生養完畢，但賊人開始合夥作亂，
　　　人民只能趕緊返鄉避難，不能向外發展。

符：憑證。**契**：契約。**乾坤**：乾坤兩卦，比喻男女。**利貞**：和諧貞正。**六**：如乾坤生六爻，生出所有子嗣。**就**：完成。**颯然**：迅疾、倏忽。**如**：至。**利**：安順。**咎**：《說文》：「咎，災也。」

* 前兩句，各執憑證之半，左右憑證如能對合，則為契合。

27 頤

27 頤：家給人足，頌聲並作。四夷賓服，干戈卷閣。

每戶人家充裕富足，歌頌的聲音一併興起。四方蠻夷臣服，干戈兵器收藏在樓閣裡。

註釋：頤養又頤養。國內富足安樂，人民稱頌，四方鄰國也前來歸順，天下太平。

給：充裕。**賓服**：臣服。**卷**：捲也，收藏。

1 乾：思初道古，哀吟無輔。陽明不制，上失其所。

思念當初話說從前，悲哀吟詠，沒有輔佐。光明不振作，上位失去合宜。

註釋：頤養需要陽健。昔日榮景與夥伴不再，獨自哀傷，團隊失去光明，領導失去行誼。

陽明：光明。**制**：振作。**其所**：合宜的。

2 坤：江河淮海，天之奧府。眾利所聚，賓服饒有。樂我君子。

見否之乾。

註釋：頤養又溫良。環境富庶，有如天府，聚集各種利祿，很多外人也來歸順，有德行而且安樂。

賓服：臣服。

3 屯：三雁俱行，避暑就涼。適與矰遇，為繳所傷。

三隻雁子一起飛行，避開酷暑去涼爽的地方。恰巧與繫有絲

繩的箭遇到，被箭尾的絲繩所傷害。
註釋：頤養已困屯。一起尋求舒適的環境，結果被惡人傷害。
三：象徵多。**雁**：候鳥，比喻遷徙。**適**：恰巧。**矰**：音增，繫有絲繩，用以射鳥的箭。
繳：音卓，繫在箭尾的絲繩。

4 蒙：秋南春北，隨時休息。處和履中，安無憂凶。

春夏秋冬，隨著時令休生養息。相處和諧履行中道，安定沒有憂慮凶災。
註釋：頤養又啟蒙。依時而行，順天應人，溫良有德行，平安生養。
南：象徵夏天。**北**：象徵冬天。

5 需：履危無患，跳脫獨全。不利出門，傷我左踝。疾病不食，鬼哭其室。

置身險境但沒有災患，跳開脫離便能安全。不適宜出門，傷到左腳踝，身有禍害無法進食，鬼在房室裡哭號。
註釋：應頤養且耐心等待，不要躁進。雖居處險境但尚能躲避存活，如外出前進夥伴就會受損，無法醫治，死神降臨。
履危：置身險境。**獨**：其，語助詞。**左**：佐也，輔佐的人。**疾、病**：禍害。

6 訟：東家凶婦，怒其公姑。毀桮破盆，棄其飯飧，使吾困貧。

當家的凶悍媳婦，氣勢熾盛的對待公婆。毀壞盤子，打破盆子，丟棄他們的飯食，使他們困苦貧窮。
註釋：頤養發生爭訟。凶悍的晚輩，迫害尊長，使他們無法安養。
東家：主人，當家的。**婦**：比喻小人。**怒**：氣勢熾盛。**桮**：盤也。**飧**：音孫，煮熟的飯菜。

7 師：泥滓洿辱，棄捐溝瀆。眾所笑哭，終不顯祿。

　　泥濘殘渣污穢混濁，丟棄在水溝裡。被眾人所譏笑或悲憫，終身不會顯揚富貴。

註釋：頤養後才能出師。殘敗低賤，被大眾摒棄與嘲笑同情，終
　　　身不會成功。

滓：音紫，殘渣。**洿**：污也。**辱**：混濁。**捐**：棄。**瀆**：音讀，水溝。**哭**：弔，悲憫。

8 比：旦往暮還，各與相存，身無凶患。

　　早上前往，日暮返還，個個相互依存，身命沒有凶惡禍患。

註釋：頤養且相比附。安定經營不擴張躁進，合作團結，安居樂業。

9 小畜：六翮長翼，夜過射國。高飛冥冥，羿氏無得。

　　六隻翅膀（三隻鳥），長長的羽翼，夜間飛過姑射國。暗中高高的飛翔，后羿沒有所得。

註釋：頤養且持續小蓄。眾人一起前進，雖然歷險，但謹慎低調，
　　　惡人不能傷害。

六：象徵齊全。**翮**：音和，翅膀。**射國**：《山海經‧海內北經》：「姑射國在海中。」取其射獵的國度之意。**冥冥**：暗中。

10 履：蜂蠆之門，難以止息。嘉媚之士，為王所食，從去其室。

　　黃蜂和蠍子的門戶，難以居止休息。善於諂媚的人，被君主供養，君子從王室離去。

註釋：頤養才能履行。惡人眾多難以休生養息，小人被領導重用，
　　　君子只能離開。

蠆：音柴四聲，一種像蠍的毒蟲。**食**：供養、食祿。**室**：朝廷。

11 泰：<u>放狐乘龍</u>，為王<u>道東</u>。過時不及，使我憂<u>聾</u>。

　　騎乘龍馬將狐狸驅逐到遠方，並為君主到東方宣播王道。過了時間還沒到來，憂慮沒聽到訊息。
註釋：頤養又康泰，養尊處優失去實戰力。尊貴的向外驅逐惡人
　　　並執行王命，但遲遲沒有音訊。
放：驅逐到遠方去。**狐**：象徵狡猾。**龍**：馬八尺為龍。**道東**：向東方傳播。**聾**：《說文》：「無聞也。」

12 否：雹梅零墮，心思情憤，亂我魂氣。

　　冰雹襲擊，梅花飄零墜落，心裡掛念，情緒氣憤，擾亂了魂魄氣息。
註釋：頤養已閉塞。環境崩壞，生產受到重創，心煩意亂，躁怒
　　　失神。

13 同人：長女<u>三</u>嫁，進退多<u>態</u>。<u>牝</u>狐作妖，夜行<u>離</u>憂。

　　年長的女子嫁了三次，應對進退多所忸怩作態。母狐狸化作妖怪，夜間行動的人罹患憂禍。
註釋：要頤養應該誠心同仁。忸怩作態多次與人親密結盟，好像
　　　狐狸精，喜歡暗中迷惑作亂使人受害。
三：象徵多。**態**：動詞，作態。**牝**：音聘，雌性動物。**離**：罹也，遭受。

14 大有：<u>轟轟軥軥</u>，<u>驅</u>車東西。盛盈必毀，高位崩顛。

　　許多車子發出行走聲，駕馭車子東西奔波。盛裝滿盈必會傾倒毀滅，上位因而崩壞顛覆。

585

註釋：頤養且大富有，富極生腐。汲汲營營四處牟利，但過滿必然傾覆，於是從高位跌落。

轟轟：群車並行的聲音。**軥軥**：音田，車輛發出的聲音。**驅**：駕馭。

15 謙：<u>乘船道濟，載水逢火。賴得無患，蒙我生全</u>。

乘船渡過水道（不涉險渡河），搭舟水上逢到火災，幸而沒有災患，蒙受生命安全。

註釋：頤養且能謙恭。準備與防範完善，逢凶化吉，一切安好。

濟：渡河。**載**：搭乘。**賴**：幸而。**蒙**：承受，表示感敬。

16 豫：<u>至德之君，政仁且溫。伊呂股肱，國富民安</u>。

見蒙之遯。

註釋：頤養且安育。聖王良相，實施仁德，國泰民安。

17 隨：<u>生不逢時，困且多憂。無有冬夏，心常悲愁</u>。

出生沒有逢到好時機，困阻而且多憂患。君王沒有威德，心中經常悲傷哀愁。

註釋：要頤養應隨理。時代敗壞，百姓生不逢時，君王又無能，只能悲嘆。

冬夏：《春秋繁露·威德所生》：「為人主者……威德當冬夏。」

18 蠱：<u>南歷玉山，東入生門</u>。登福上堂，飲萬歲漿。

向南經過玉山，向東入內回到生門。登上福澤的廳堂，飲用能夠長壽的汁液。

註釋：頤養且能革新。追求光明聖道然後返回，充滿福澤，永遠

安康。

南、東：象徵光明方向。**玉山**：神話傳說中西王母所居住的山。**生門**：迎納東方陽氣之門；見註。

* 《風俗通義》：「蓋天子之城十有二門，東方三門，生氣之門也。」

19 臨：大斧破木，<u>讒</u>人敗國。東關二五，禍及三子。晉人亂危，懷公出走。

　　大斧頭砍破木頭，好像說讒言的小人敗壞國家。東關嬖五和梁五二人作亂，災禍波及三位公子。晉國紛亂危急，晉懷公出奔逃走。

註釋：頤養才能臨政。奸人們迷惑上位，國家破敗，災禍波及眾
　　　多賢良，局勢因而危難，領導人落荒而逃。

讒：中傷、陷害別人的壞話。

* 典故見比之履。

20 觀：一室百孫，公悅婦歡。相與笑言，家樂以安。

　　一個妻室有百位子孫，丈夫愉悅，媳婦歡喜。共相歡笑言語，家庭歡樂平安。

註釋：頤養且能觀省。夫妻繁衍眾多子孫，全家歡樂安康。

室：妻子。**百**：象徵極多。

21 噬嗑：隨陽轉行，不失其常。君安於鄉，國無咎殃。

　　隨著太陽運轉行動，沒有失去常理。君子安居於鄉里，國家沒有禍難災殃。

註釋：頤養並能法治。隨順天理，光明不踰矩，人民安居，國家
　　　安定。

22 賁：群虎入邑，求索肉食。大人禦守，君不失國。

一群老虎進入國都，尋找索取肉類食物。官員防禦守衛，君主沒有失去國家。

註釋：頤養且能整飭。惡人群起入侵掠奪，幹部加以防衛抵禦，團隊守護了資財和平安。

邑：國都。

23 剝：弱足刖跟，不利出門。商賈無贏，折明為患。湯火之憂，轉解喜來。

被砍去足跟而跛腳，不適宜出門。行商買賣沒有盈餘，光明折損造成憂患！熱湯烈火的憂患，獲得轉變解決，喜事來臨。

註釋：頤養克服剝落。遭遇毀損，無法前進獲利，失去光明也招來災難，後來休生養息，轉危為安。

弱足：跛足。**刖**：音月，砍去腳部。**賈**：音古，買賣。**贏**：盈餘。**湯火**：比喻極端危險的事物或環境。

24 復：夏臺幽戶，文君厄處。鬼侯飲食，岐人悅喜。

夏桀將商湯囚於夏臺，商紂把周文王關在羑里這個災難之處。後來鬼侯被殺來當作飲食，周國人民歡悅欣喜。

註釋：頤養又返復回來。原本上位不仁迫害忠良，後來小人被除，君子也重新安好。

幽戶：監獄。**文君**：周文王。**厄**：災難。**鬼侯**：和周文王同為紂王三公之一。**岐人**：周文王是周岐（今陝西岐山）人氏，比喻周國人民。

*《戰國‧策趙策三》：「鬼侯有子（女）而好，故入之於紂，紂以為惡，醢（將人剁成肉醬）鬼侯。」後兩句僅為譬喻法。

25 無妄：棟橈榱壞，廊屋大敗。宮闋空廊，如冬枯樹。

棟樑彎曲，屋頂支木毀壞，廊屋大為敗壞。宮殿和宮殿走廊空蕩，好像冬天的枯樹。
註釋：要頤養應不虛妄。體制毀損，團隊崩散，一片死寂。
橈：音撓，彎曲。**榱**：音催，做屋頂支架的木頭。**廊屋**：有牆壁的走廊。**闋**：音卻，空。**廊**：《廣韻》：「殿下外屋也。」

26 大畜：說以內安，不離其國，室家相懽。幽囚重閉，疾病多求，罪亂憒憒。

內部安定而喜悅，不離開國家，家眷相互喜歡。拘禁且重重關閉，禍害都來會聚，過錯紛亂，心智不明。
註釋：頤養且有大積蓄，富極生腐。原本團隊和諧歡欣，大家定居。
　　　後來昏聵出生禍害，被重重限制，弊端與災禍叢生。
說：悅也。**室家**：配偶家眷。**懽**：歡也。**幽囚**：拘禁。**疾、病**：禍害。**求**：逑也，聚合。
憒：音愧，心智昏亂不明。

28 大過：六龍俱怒，戰於阪下。倉黃不勝，旅人難苦。

各路英雄豪傑氣勢熾盛，決戰在山坡下。倉促惶恐無法承受，行旅的人受難痛苦。
註釋：頤養變大過錯，天下合久必分。群雄爭霸，天下混戰，百姓動盪受難，無法前進經營。
六：比喻齊全。**龍**：比喻爭奪天下的豪傑。**怒**：氣勢熾盛。**阪下**：山坡下，比喻危險的地方。**倉黃**：倉惶。**不勝**：承受不了。

29 坎：天下雷行，塵起不明，市空無羊。疾人憂凶，三木不辜，脫歸家邦。

天空下方雷電連續貫穿，塵土揚起視線不明，市場空蕩沒有羊隻。犯人憂患凶惡，卻沒背負枷鎖，脫罪歸返家國。
註釋：頤養轉為落陷。天下巨大變動，局勢混濁，物資缺乏，惡
　　　人沒受到囚禁，還返回家鄉。
行：連續貫穿。**羊**：象徵吉祥。**疾人**：傷害人的人。**三木**：枷鎖犯人頸項及手足的刑具。
辜：背負。

30 離：一指食肉，口無所得。染其鼎䵻，舌饞於腹。

見需之解。
註釋：要頤養應相附著。染指但無實質收穫，做出失節的行為只
　　　因一己貪念，並非真有需求。

31 咸：喜笑不常，失其福慶。口辟言㾕，行者畏忌。

不常喜樂歡笑，失去福祿喜慶。口出惡言，好像毒瘡，行進的人都畏懼忌恨。
註釋：要頤養應相感應。個性鬱悶，說話惡毒，連路人都厭惡，
　　　失去喜樂和福分。
辟：邪惡。**㾕**：原字「疒＋斤」，音信，瘡。

32 恆：毛生毫背，國樂民富，侯王有德。

獸類出生有毫毛的背部（即刺蝟），國家安樂，人民富有，侯國君王有德行。
註釋：頤養且能持恆。像刺蝟一樣長刺，老虎不敢靠近，並且實
　　　施德政，國富民安。
毛：泛指獸類。**毫**：細而尖的毛。

33 遯：豶豕童牛，童傷不來。三女同堂，生我福人。

被閹割的豬和未長成的小牛，牠們的傷害都沒會來到。三個女人同處一堂，生了有福之人。

註釋：頤養宜隱遁，不出頭。過剛易折，柔軟便不會折傷，眾人一起溫良繁衍，福澤和子嗣滿堂。

豶：音焚，閹割過的豬。**豕**：音史，豬。**童牛**：小牛。**童**：幼小的，指豶豕和童牛。
三：比喻眾多。**女**：比喻溫良、有繁衍力。

34 大壯：江河淮海，盈溢為害。邑被其瀨，年困無歲。

長江、黃河、淮海，滿盈外溢釀成災害。國都被急流沖刷，年度困苦，沒有歲收。

註釋：頤養又壯大，富極必腐。富裕太過，釀為災難，國家陷入衝擊與貧困。

淮海：淮河以北的近海地區，為富庶地區。**邑**：國都。**瀨**：從沙石上流過的急水。

35 晉：兩虎爭鬭，股瘡無處。不成仇讎，行解欲去。

兩隻老虎相互爭鬥，大腿沒有地方創傷。沒有結成仇恨，行動解除，打算離去。

註釋：頤養才能前進。有實力卻與人爭鬥，勢均力敵，幸而沒有受傷，也沒結下仇恨，退回安處。

兩虎：指戰國秦楚二強。**股**：大腿。**瘡**：創傷。**讎**：仇也。
*《戰國策・張儀為秦破從連橫》：「楚王大怒，興師襲秦，戰於藍田，又郤，此所謂兩虎相搏者也。」

36 明夷：五嶽四瀆，潤洽為德。行不失理，民賴恩福。

五嶽和四瀆，有潤澤萬物的德行。行為不失倫理，人民有福

分恩澤。

註釋：以頤養克服瘡痍。像聖山聖河保護百姓一樣，遵行法理，賜福百姓。

四瀆：江、河、淮、濟四大河，比喻富庶之地。**瀆**：音讀，注海的大河。**潤洽**：潤澤。
賴：福分。

37 家人：<u>載</u>車乘馬，<u>南</u>逢君子。<u>與</u>我嘉喜，雖憂無咎。

搭車乘馬，向南與君子相逢。給予嘉譽和喜樂，雖然憂慮，但沒有災禍。

註釋：頤養且親如家人。光明的前進，與君子往來，獲得名聲和喜悅，雖有波折，但能平安。（本句強調合群，未強調獲利）

載：搭乘。**南**：象徵光明的方向。**與**：給予。

38 睽：缺<u>囊</u>破<u>筐</u>，空無<u>黍稷</u>。不<u>媚</u>如公，棄於<u>糞牆</u>。

殘缺的行囊，破損的籮筐，空乏沒有五穀。不可愛美好，到了夫家，被丟棄於髒土臭泥的牆下。

註釋：頤養已睽離。殘破困苦，空無一物，又沒德行，想投靠親密盟友卻被棄之如糞土。

囊：袋子。**筐**：盛物的方形竹器。**黍稷**：黃米和小米，象徵五穀。**媚**：可愛美好。**如**：至。**公**：通翁，丈夫的父親。**糞牆**：髒土臭泥做的牆。

39 蹇：殺行桃園，見虎東西。螳螂之敵，使我無患。

殺害行動在桃樹林園展開（見註一），四處都見到老虎。敵人就像螳螂擋車，沒構成災患。

註釋：頤養克服蹇滯。惡人設計陷害，殺機四伏，但惡人只是不

自量力，不能為害。

桃園：晉國園囿之名，比喻設下殺人計謀。
*《左傳‧宣公二年》：「趙穿攻靈公於桃園。」
*《淮南子‧人間訓》：「此所謂螳螂者也，其為蟲也，知進而不知卻，不量力而輕。」

40 解：飢人入室，政衰弊極。抱其彝器，奔於他國，因禍受福。

　　饑餓的人衝入王室，政務衰敗，敗壞至極。抱著宗廟祭器，投奔到其他國家。因災禍反而蒙受福澤。

註釋：頤養而解決問題。政治腐敗，人民飢餓造反，君子懷抱大才另謀出路，因行善天下，而離禍納福（見註）。

彝器：宗廟祭器的總稱，比喻治國之器。
*《新書‧銅布》：「故善為天下者，因禍而為福。」

41 損：庭燎夜明，追古傷今。陽弱不制，陰雄坐戾。

　　庭中的火器通夜明亮，追念往昔感傷現今。陽氣衰弱不振，陰氣稱雄，坐位暴戾。

註釋：頤養已損傷。光明只剩虛有其表，一切都已不復往昔。君子不思振作，小人掌權作亂。

庭燎：庭中照明的火炬。**制**：振作。**坐**：坐上大位。

42 益：懸狟素飡，食非其任。失輿剝廬，休坐從居。

　　不去狩獵，卻有獵物（狟）可以懸吊晾乾，平白的進餐，食祿非由任職而來。最後失去車子，剝奪房子，只能坐下休息跟他人同住一處。

註釋：頤養卻益己損民。尸位素餐，空享成果，最後被剝奪資產，

並被免官去職，寄人籬下。

懸：繫。狟：音環，貆。素：平白的。飡：餐也。素飡：無功勞而空享俸祿。食：俸祿。
輿：車子。從居：同住一處。
* 《詩經・伐檀》：「不狩不獵，胡瞻爾庭有縣狟兮？彼君子兮，不素餐兮！」諷刺無功而受祿者。

43 夬：喜門福善，繒帛盛熾。日就為得，財寶敵國。

　　喜慶的門戶積福行善，錦帛豐富豐盛。每日完成因而有得，財富寶藏可與國家披敵。

註釋：頤養且能解決問題。行善積福、勤奮有恆，得到許多喜慶和福祿，最後富可敵國。

繒帛：絲織品的總稱，當時為貴重之物，可當皇家賞賜、貢品；見註。熾：茂盛。就：完成。敵：相等。
* 《管子・地數》：「武王以巨橋之粟二什倍而市繒帛。」

44 姤：執綏登車，驂乘東遊。說齊解燕，霸國以安。

　　握著繩索登上車子，乘著馬匹向東方諸國遊說。向齊燕兩國解說，使得國家強盛安定。

註釋：要頤養應相邂逅。互相結盟，放棄間隙，共同合作，大家富強安定。

綏：上車時用以拉引的繩索。驂：四馬馬車中旁邊的兩匹，泛指馬匹、乘駕。東：秦國以東諸國。齊燕：兩國相鄰互伐，為世仇。霸國：使國家強盛。
* 公孫衍等人倡導合縱政策，六國聯合抗秦。
* 後兩句，燕、齊是離秦國最遠的國家，故比喻連最遠的國家都結盟了。

45 萃：水深無桴，蹇難何游？商伯失利，庶人愁憂。

　　水很深卻沒有木筏，困難重重如何游過？商人先生失去利潤，

百姓哀愁憂慮。

註釋：要頤養應相薈萃。環境艱難，又沒有人才輔佐，局勢無法改善，民間難以經營與安居。

桴：音浮，竹筏或木筏。**蹇**：音檢，艱難。**伯**：對人的尊稱。**庶人**：百姓。

46 升：<u>三</u>鳥<u>鴛鴦</u>，相隨俱行。<u>南</u>到饒澤，食魚與粱。君子樂長，見惡不傷。

三隻鴛鴦，互相追隨一起行動。到南方富饒的沼澤，吃魚和稻粱。君子長久歡樂，遇見惡事也沒有傷害。

註釋：頤養且上升。眾多親密夥伴成群前進，追求到美好的環境和生活，持恆保持德行和歡喜，所以逢凶化吉。

三：象徵多。**鴛鴦**：象徵親密夥伴。**南**：象徵光明的地方。

47 困：遠視目<u>盻</u>，臨深苦<u>眩</u>。不離越都，旅人留連。

眼睛向遠方探視，面臨深淵，痛苦目眩。沒有離開超越國都，行旅的人接連滯留。

註釋：頤養已困阻。探視前程一片險惡，因而痛苦茫然，不能離開發展，只能困坐愁城。

盻：音系，看、瞪。**眩**：音炫，眼睛昏花。

48 井：<u>終風</u>東西，散<u>澳</u>四方。終日至暮，不見<u>子懽</u>。

終日颱風東西飄零，渙散飄往四方。整天下來到了日暮，沒有見到歡喜的人。

註釋：要頤養需井然。環境惡劣、人民四處飄零，一直不能改善，伴侶都不見了。

終風：終日颱風。**渙**：渙散。**子懽**：比喻美好的人。

595

49 革：言無要約，不成券契。殷叔季姬，公孫爭之。彊入委禽，不悅於心。

口說沒有契約，不能成為有憑證的契約。深情的年輕男子喜歡少女，公孫氏人展開爭奪。強行進入以大雁下聘，令人於心不悅。

註釋：頤養被革除。言而無信，喜歡的便去搶奪，導致家族生變。

要：約定。**要約**：契約。**券契**：契券，契約的憑證。**殷**：情意深厚。**季姬**：季者幼，姬者女之美稱，故指少女。**公孫**：此處指公孫楚與公孫黑。**彊**：強也。**委禽**：用雁作為聘禮。

*《左傳・昭元年》：鄭徐吾犯之妹美，公孫楚先下聘，但族人公孫黑也強行下聘，因而衍生一連串氏族之爭的風波。

50 鼎：牛馬聾聵，不知聲味。遠賢賤仁，自合亂憒。疾病無患，生福在門。

牛跟馬都耳聾，不能知曉分辨聲音。遠離賢良，輕賤仁人，自然合該心智昏亂。沒有禍害災患，門戶生出福澤。

註釋：頤養才能鼎立。辛苦勞動，卻魯鈍蒙昧，不明事理，遠離君子，自該貧困。如能明理安養，就能去凶納福。

牛馬：比喻做苦工的人。**聵**：音潰，耳聾。**味**：辨別、體會，如品味。**自合**：本該。**憒**：音潰，心智昏亂不明。**疾、病**：禍害。

51 震：從商近游，飽食無憂。囹圄之困，中子見囚。

從事商賈，膚淺遊蕩，飽食終日沒有憂患。被困在牢獄，中正的君子被囚禁。

註釋：頤養發生震盪。買空賣空遊手好閒者富足無憂，君子反而有牢獄之災。

從商：漢初重農抑商，故有本條用語。**近**：淺薄。**囹圄**：音凌宇，監獄。**見**：被。

52 艮：據斗運樞，順天無憂。與樂並居。

見乾之小畜。
註釋：以頤養克服受阻。依順天道行止，便能安居樂業。

53 漸：姬奭姜望，為武守邦。藩屏燕齊，周室以彊，子孫億昌。

召公奭、姜太公，為周武王守護邦國，在齊國和燕國保護屏障王室，周朝王室因而強大，子孫安寧昌盛。
註釋：頤養又循序漸進。賢能受到重用並成為保護屏障，中央和封國都康泰壯大，繁衍子孫眾多又安寧。

姬奭：召公奭（音是），姬姓，封於燕國。**姜望**：姜太公，也稱呂望，封於齊國。**藩屏**：保護屏障。**彊**：強也。**億**：安寧。
*《史記・周本紀》載：周武王駕崩，其子周成王年幼，周公旦、姜太公、召公奭為三公輔政。

54 歸妹：亡羊東澤，循隄直北。子思其母，復返其所。

逃亡的羊走在東邊的沼澤，循著河堤往正北走。孩子思念母親，又返復住所。
註釋：要頤養應相歸依。原本險惡的一再前進，但能迷途知返，又返回故鄉團聚。

東：象徵粗鄙之地。**澤**：羊為陸生動物，故有危險。**隄**：堤也，同前。**直北**：正北方，象徵最陰晦之地。

55 豐：張鳥關口，舌直距齒。然諾不行，政亂無緒。

張網捕鳥在關口，鳥用舌頭和喙齒抵抗。承諾了卻不履行，政務紛亂沒有頭緒。

註釋：頤養才能豐盛，不可使暴。大加逮捕要離開的百姓，百姓也極力反抗，君王失信於民，政務也混亂。

張：張網以捕捉鳥獸。**關口**：來往必經的要道。**直、距**：抵抗。**齒**：指鳥喙內側兩旁的鋸齒。**然**：承諾。

56 旅：<u>載</u>船逢火，憂不為禍。家在<u>山東</u>，入門見公。

搭乘船隻遭逢火災，憂慮沒有成為禍患（河水可滅火）。家在的山的東邊，入門拜見父親。

註釋：為了頤養去旅歷，本末倒置。途中遇到危險，還好化解了，雖然家鄉偏遠，但返回故鄉才是上策。

載：搭乘。**山東**：象徵遙遠之地。

57 巽：絕言異路，心不相慕。<u>虵</u>子兩角，使我心惡。

斷絕交談，分開道路，心裡不相互愛慕。蛇的孩子有兩隻角，令人心生厭惡。

註釋：要頤養應安順。成員反目，不再同路同心，致使惡人繁衍且更加壯大，令人驚懼。

虵：蛇也，象徵惡人。**子**：象徵孳生後代。**兩角**：蛇無角，龍兩角，比喻蛇進化為龍，惡人更為壯大。

58 兌：鼻頂移<u>徙</u>，君不安<u>坐</u>。枯竹復生，失其寵榮。

鼻子和頭頂轉移位置，君主不能安穩坐位。枯的竹子恢復生長，但已失去尊寵榮耀。

註釋：頤養又歡悅，樂極生悲。下上易位，君主不能安政，後來

王權雖然失而復得,但已失去尊榮。

移徙:轉移。**坐**:坐位,執政。

59 渙:**殷商**以**亡**,火**息**無光。年歲不長,**殷湯**光明。

商國已經滅亡,火種熄滅沒有光芒,年年沒有長成,當年殷商成湯德性光明。

註釋:頤養才能煥發。當初賢良光明,後來失德失明,百姓荼苦,因而滅亡。

殷商:商國。**以**:已也。**亡**:消滅。**息**:熄也。**殷湯**:商的開國君主成湯。

60 節:文王四乳,仁愛篤厚。子畜十男,無有折夭。

見訟之乾。

註釋:頤養且有節度。像聖人一樣慈愛敦厚,子孫繁衍眾多且健全。

61 中孚:熊**羆**豺狼,在山**陰陽**。**伺**鹿取**獐**,道**候**畏難。

大熊和豺狼,在山的南方和北方,窺探鹿隻並想獵取獐,道路狀況可畏難行。

註釋:要頤養應該忠信。大惡人結夥到處躲藏窺探,想要偷襲掠奪財富,前進經營凶險。

羆:音皮,大熊。**陰陽**:山南為陽,山北為陰,比喻四處。**伺**:窺探。**鹿、獐**:皆象徵祿。
候:徵候,情況。

62 小過:**彫**葉被霜,**獨蔽**不傷。駕入喜門,與福為**婚**。

凋萎的樹葉又遭受寒霜,幸好凋蔽但沒有全傷。後來駕駛進入喜樂的門戶,與人成婚並孳生福澤。

599

註釋：為頤養而小超越。受環境惡劣影響，雖有傷害但未全傷，積極與人結盟孳生福澤，脫離困境。

彫：凋也，枯萎；《說文》：「半傷也。」**被**：遭受。**獨**：語助詞。**蔽**：障礙，亦未全傷。
婚：比喻與人親密結合並。

63 既濟：黃離白日，照我四國。元首昭明，民賴恩福。漢有游女，人不可得。

中正光明的太陽，照亮四方國家。領袖德行顯耀光明，人民幸福有恩澤。漢水有出遊的女子，人們無法得到她。

註釋：頤養已完成。領袖和國家光明彰顯，人民和各國都有大福澤。有貞節，所以不被侵犯。

黃離：日旁的雲彩；象徵中正光明、太子。**賴**：幸，福。
*《詩經・漢廣》：「漢有游女，不可求思。」有女出游漢水，因其貞賢，不要妄想接近。

64 未濟：順風直北，與歡相得。歲熟年樂，邑無寇賊。長女行嫁，子孫不昌，係疾為殃。

順著風勢，向正北方而去，歡樂又互相契合。歲收成熟年度歡樂，國家沒有盜賊。年長的女子出嫁，子孫不昌盛，接續的疾惡釀成災禍。

註釋：頤養尚未完成。初始順勢而為追求美好，人民與國家都獲得安全和豐收。但經過長時間良機已過後才與人結盟，繁衍稀少，災難重重。

直北：正北方，象徵最陰晦之地；此處預埋下半句的疾殃。**相得**：互相契合。**邑**：國家。
行嫁：女子出嫁。**係**：接續。

28 大過

28 大過：典冊法書，藏閣蘭臺。雖遭亂潰，獨不遇災。

　　見坤之大畜。

註釋：太過多又太過多但無妨。堅守制度和法治，爭亂來臨，也不會有災害。

1 乾：日在北陸，陰蔽陽目。萬物空虛，不見長育。

　　太陽走到了冬天，陰氣遮蔽太陽。萬物空蕩虛無，不見成長發育。

註釋：太過多陽健無妨。光明衰落到極點，小人一手遮天，大地陷入絕境，無法繁衍。

北陸：北方陸地，比喻冬天。**目**：《說卦傳》：「離為目。」離，火也；火亦為陽。

2 坤：鬼泣哭社，悲商無後。甲子昧爽，殷人絕祀。

　　鬼魂在亳社哭泣，悲痛商朝沒了後代。甲子日的黎明時刻，商朝人斷絕了祭祀。

註釋：太過多陰晦。商紂無道被周武王推翻，商朝滅亡，法統斷絕。

社：亳社，商朝的宗廟。**昧爽**：黎明。**殷**：商朝。**絕祀**：商朝被滅後成立宋國繼續供奉殷商亳社，並未斷絕，本句僅為借喻。

＊《尚書・牧誓》：「時甲子昧爽，王朝至于商郊牧野。」

3 屯：涉塗履危，不利有為。安坐垂裳，乃無災殃。門戶自開，君憂不昌。

　　涉過泥濘，經歷危險，不利於有所作為。安心端坐，垂掛衣

裳，沒有禍害災殃。門戶擅自打開，人有憂患且不昌盛。

註釋：太過多屯聚無妨。前進不順，應該休養生息、不要作為，才能無災，擅自外出，會不吉利。

塗：泥。**履**：經歷。**垂裳**：將衣裳垂掛起來，比喻無為而治。**君**：美稱任何人，如諸君。

4 蒙：陽失其紀，枯木復起。秋葉冬華，君不得息。

太陽失去紀律，草木枯萎反復發生。秋天的葉子和冬天的花都凋落，君子不能養息。

註釋：太過多蒙昧。天理與人倫失序，環境蕭條，君子蒙受其害。

5 需：大樹之子，百條共母。當夏六月，枝葉盛茂。鸑鳥以庇，召伯避暑。翩翩偃仰，甚得其所。

大樹生了枝條，所有枝條都拱抱著母親。正當盛夏六月，枝葉旺盛茂密，鸑鳥用來掩護，並召喚兄長來避暑。輕快飛翔，生活自得，甚為安宜。

註釋：太過多但能繁衍等待，不妄進。以宗族為中心相互親愛圍繞，極為茂盛壯大，君子貴人相互召喚都來依附安住，人人自在，各得其所。

子：比喻大樹所生之枝條。**條**：植物的細長枝。**共**：拱也，環抱。**六月**：盛夏；《管子‧五行》：「六月日至（夏至）。」**鸑**：鳳凰的一種。**庇**：掩護。**翩翩**：鳥輕飛的樣子。**偃仰**：俯仰，比喻生活悠然自得。**其所**：合宜的。

6 訟：秉鉞執殳，挑戰先驅。不從元帥，敗破為憂。

持著大斧和短殳，召引敵人的先鋒部隊出戰。不服從元帥指揮，失敗破損造成憂患。

註釋：太過多爭訟。好強不服領導，主動挑釁出擊，結果戰敗。

秉、執：拿、握。**鉞**：大斧頭。**殳**：音書，似矛而短的武器。**挑戰**：召引敵軍出兵。
＊典故見困之恆。

7 師：啟室開關，逃得釋冤。夏臺羑里，湯文悅喜。

開啟關人的屋室，逃離解脫冤屈。商湯被夏桀囚於夏臺，周文王被商紂囚於羑里，兩人欣悅喜樂。（本句倒裝：商湯被夏桀囚於夏臺，周文王被商紂囚於羑里，他們開啟關人的屋室，逃離解脫冤屈，兩人欣悅喜樂。）

註釋：太過多出師，暴政必亡。暴君陷害賢良執行暴政，聖人生聚教訓革命成功，獲得解放。

釋：解脫。

8 比：衰滅無成，淵溺在傾。狗吠夜驚，家乃不寧。枯者復華，幽人無憂。

衰弱滅失沒有成就，在深淵溺水傾覆。狗的吠叫令黑夜驚駭，家宅因而不得安寧。枯萎的恢復開花，幽隱山林的人沒有憂患。

註釋：太過多的比附，應該精減。衰弱無成，即將滅頂，晦暗驚心，團隊不安。經過整飾恢復生機，簡單清淨即可無憂。

乃：於是。**華**：花也。

9 小畜：西鄰少女，未有所許。志如委衣，不出房戶。心無所處，傅母何咎？

西鄰的少女，還沒有許配婚嫁。心志好像垂下來的衣服，不出房間的門戶。心思沒有放置在哪個地方，保母何需憂慮？

註釋：太過多的蓄小勢弱。尚未長成，所以無法匹配，但能心靜

如水，無念無欲，大家都不用憂慮。

西鄰：好的鄰居。**委衣**：垂掛衣服，比喻無為；見註。**所處**：所駐之地。**傅母**：保姆。
*《春秋繁露‧立元神》：「志如死灰，形如委衣，安精養神，寂寞無為。」

10 履：狗吠夜驚，履鬼頭頸。危者弗傾，患滅不成。

　　狗的吠叫使黑夜驚怖，遇到鬼魅的頭和頸子（鬼探頭未現全身）。危險的事物因去災求福而傾覆，患難消滅沒有形成。
註釋：太過多的履行無妨。環境險惡，遭遇奸人禍害，但能趁早
　　　用力將其消滅，所以平安。

履：經歷某種景況。**弗**：祓也，去災求福。

11 泰：當年少寡，獨與孤處。雞鳴犬吠，無敢誰者。我生不辰，獨嬰寒苦。

　　過去早早成為年少寡婦，獨自孤單居住。住在雞鳴犬吠的小偏鄉，沒有誰敢來探訪（見註）。出生時辰不好，孤獨的嬰兒忍受寒苦。（本句倒裝：出生時辰不好，孤獨的嬰兒忍受寒苦。後來又早早成為年少寡婦，獨自孤單居住。現於住在雞鳴犬吠的鄉野，沒人敢來探訪。）
註釋：給予太過多的安泰無妨。出生是孤兒，長大是寡婦，現在
　　　還是孤苦一人。

當年：過去某一時期。**獨**：獨自一人，比喻無父母、無家人養育。
*《道德經》：「雞犬之聲相聞，民至老死，不相往來。」

12 否：無道之君，鬼哭其門。命與下國，絕得不食。

　　暴虐的國君，鬼怪在他門戶哭嚎。天命要他離開國家，斷絕得不到食物。

註釋：太過多閉塞。暴君無道，王室已出現滅亡的妖象，遭受天
　　　譴並斷絕活路。
無道：暴虐，沒有為君之道。**下**：離去。
*《論衡‧訂鬼》：「紂之時，夜郊鬼哭。」

13 同人：乘龍南遊，夜過糟丘，脫厄無憂。矰絕弩傷，羿不得羹。

　　乘著龍馬向南遊歷，夜裡經過酒糟堆成的小丘，擺脫困厄沒有憂慮。繩箭已用完，弓弩也損壞，后羿沒有獵得肉食。
註釋：有太過多的同仁無妨。前途太過險惡，但能光明的前進，
　　　日夜美好歡樂，惡人彈盡糧絕，無法加害，不再有困厄與
　　　憂慮。
南：象徵光明的方向。**糟丘**：做酒剩下的渣子堆成的小丘，象徵釀酒極多。**矰**：音增，繫有絲繩，用以射鳥的箭。**弩**：用機械力量發射的硬弓。**羹**：《爾雅‧釋器》：「肉謂之羹。」

14 大有：馬躓車傷，長舌破家。東關二五，晉君出走。

　　馬跌倒，車毀傷。長舌搬弄破壞家國。東關嬖五和梁五兩人作怪，晉懷公出奔逃走。
註釋：太過多大富有，富極生腐。小人搬弄是非，致使君子受害、
　　　團隊崩壞，最後君主也逃難。
躓：音至，遇阻礙而跌倒。
* 典故見比之履。

15 謙：瓜苞苞實，百女同室。苦醶不熟，未有妃合。

　　瓠瓜開花結實，一百個女子同在一室。醋味苦澀沒釀成熟，

605

沒有婚配。

註釋：有太過多的謙恭無妨。有大量子嗣，卻沒有教養成功，以致沒有媒合對象。

瓜：指瓠瓜，象徵包容養育。**葩**：花。**匏**：音袍，瓠瓜，葫蘆。**實**：熟成的瓜、果、穀穗。**百**：象徵眾多又齊全。**醯**：音西，醋。**妃合**：婚配。

16 豫：晨風文翰，大舉就溫。昧過我邑，羿無所得。

見小畜之革。

註釋：太過多人才能安樂。敵人強大，能不分彼此積極謹慎前進，因而沒有損傷。

17 隨：瀺瀺泿泿，塗泥至轂。馬濘不進，虎齧我足。

被水流浸濕，泥巴淹到車輪中心的圓木。馬匹陷入泥濘無法前進，還被老虎啃咬了腳。

註釋：太過多的隨理無妨，不要躁進。前途充滿困境，陷入危險無法脫身，還被惡人加害。

瀺瀺：音禪，水流聲。**泿泿**：音卓，浸濕。**塗**：泥巴。**轂**：音古，車輪中心的圓木。
齧：齧，啃、咬。

18 蠱：膠車駕東，與雨相逢。故革懈惰，頹輪獨坐。憂不為禍。

駕著用膠黏合的車往東行駛，卻遭逢下雨。事故危急卻懈怠懶惰，在傾頹的輪子上獨自坐著。憂患敗壞釀為禍害。

註釋：太過多的整治蠱敗無妨。準備敷衍，就要出發，前進遭逢變故，又各自懶散不思解決。整治才能轉危為安。

膠車：遇雨會解體；見註。**東**：象徵粗鄙的方向。**故**：事故。**革**：亟也，危急。**不**：

否也，壞，惡。
* 《鹽鐵論‧大論》：「膠車倏逢雨，請與諸生解。」

19 臨：<u>六家作權</u>，公室剖分。陰制其陽，<u>唐叔</u>失明。

六個氏族興起掌權，王室遭到切剖分割。陰氣制伏陽氣，唐國君主失去光明。

註釋：太過多人臨政。眾多奸人崛起擅權，最後進行分割篡位，領導人失國。

六家：晉國發明六卿軍政制度（非原本之三公六卿），分屬六氏族，後被六家壟斷。
作：興起。**唐**：唐國後改名為晉，故此處稱晉為唐。**叔**：對小諸侯的稱呼。
* 《史記‧晉世家》載，周成王封其弟唐叔虞於唐，其子改國名晉。後晉國六卿實力凌駕晉君，又演變成韓、趙、魏三家分晉。

20 觀：去室離家，來奔大都。火<u>息</u>復明，<u>姬伯</u>以昌，商人失功。

離開房室家庭，奔赴來到大都市，火熄滅後恢復明亮，周文王昌盛，商朝失去功業。

註釋：太過多的觀省無妨。現況不良，外出追求光明前途，因而重燃生機，賢良興起，惡人覆滅。

息：熄也。**姬**：周朝姬姓。**伯**：周文王被紂封為西伯。

21 噬嗑：牧羊稻園，聞虎喧<u>讙</u>。危懼喘息，終無禍患。

見屯之復。
註釋：太過多的法治無妨。經營家業，但有惡人覬覦，能慎戒恐懼，所以化險為夷。

讙：音歡，喧鬧。

22 賁：嬰孩求乳，母歸其子，黃羆懽喜。

見履之同人。

註釋：太過多的整飾無妨。君子尚未長成但品行中正，所求得到慈祥貴人的照護而獲得滿足。

23 剝：廓落失業，跨禍度福，利無所得。

孤寂又失去基業，跨越度過福福禍禍，利祿一無所得。

註釋：太過多的剝落。孤寂潦倒，沉沉浮浮，最終一無所得。

廓落：孤寂的樣子。

24 復：出入無時，憂禍為災。行人失牛，利去不來。老馬少駒，勿與久居。

出入沒依照時令，憂慮禍患造成災害。行進的人失去牛隻，利潤離去不來。老馬和小馬，也不無法久居就失去。

註釋：太過多的返復無妨，不要一直貿進。沒有依據準則行動，因而發生災禍，前進經營沒有獲利，還失去好的資產，剩下的老舊資產，也跟著失去。

駒：幼獸。

25 無妄：風怒漂水，女惑生疾。陽失其服，陰孽為賊。

風吹強勁，水面漂動，女色誘惑，生出疾患。陽氣失去承擔，陰氣作孽賊害大眾。

註釋：太過多的不虛妄無妨。荒淫以致生起強大的動盪禍患，正道失能，妖孽為害。

怒：強勁。**服**：承擔。

26 大畜：車馬病傷，不利越鄉。幽人元亨，去晦就明。

　　車子和馬匹損害受傷，不利於遠離故鄉。幽隱的人大為亨通，離開晦暗趨向光明。

註釋：太過多的大蓄積無妨。前進不利，備受災難，低調的休生養息，就能趨吉避凶。

病：損害。**越鄉**：遠離故鄉。**元**：大。**就**：趨往。

27 頤：三奇六耦，各有所主。周南召南，聖人所在。德義流行，民悅以喜。

　　所有的陰陽，各有所職掌（見註）。正風的禮樂，聖人處處。仁德道義流通盛行，人民喜悅歡喜。

註釋：太過多的頤養無妨。陰陽就位，天地形成，實行禮樂與倫理，處處都有聖人，人民安樂。

三、六：象徵齊全。**奇**：奇數，為陽。**耦**：偶也，偶數，為陰。**主**：主持、掌管。**周南、召南**：《詩經》中的兩篇，象徵音樂正風的典型。**所在**：處處。

＊ 三爻成八卦、六爻成六十四卦，陰陽就位，天地成焉。

29 坎：坐爭立訟，紛紛忽忽。卒成禍亂，災及家公。

　　見剝之渙。

註釋：太過多的落陷。動輒爭訟不休，造成動盪災禍，宗族法統受到危害。

30 離：憂凶為殘，使我不安。從之南國，以除心疾。

　　憂患凶惡造成殘害，人民不能安寧。跟從到南方國度，因而消除心中疾患。

註釋：太過多的相附著，無妨。環境凶惡不安，相偕離開去追求光明，便可得到安詳。

之：至。**南國**：象徵光明的地方。**心疾**：勞思、憂憤等引起的疾病。

31 咸：愛我嬰女，牽引不與。冀幸高貴，反得不興。

見屯之未濟。

註釋：太過多的相感應無妨。幼輩不接受長輩提攜，因而沉淪不高貴興盛。

32 恆：應行賈市，所聚必倍。載喜抱子，與利為市。

相互應和的行進到市集買賣，積聚的利潤必定過倍。承載歡喜，孳息環繞，交易獲利。

註釋：太過多的持恆無妨。經營諧和有序，聚財加倍，獲得喜樂、孳息和子嗣，大發利市。

賈：音古，買賣。**抱**：環抱。**子**：比喻繁衍的利息。**為市**：交易。

33 遯：坐席未溫，憂來扣門。踰墻北走，兵交我後。脫於虎口。

坐的蓆子尚未溫暖，憂患就來敲門。越過牆壁向北跑走，戰爭就在背後。終於脫離危險的地方。

註釋：太過多的隱遯無妨。來不及安歇，憂患就來臨，逃跑時背後禍事不斷發生，最後低調隱遁，遠離災禍。

踰：音於，越過。**北**：象徵陰晦的方向。**兵交**：戰爭。**虎口**：象徵吞噬之險地。

34 大壯：赤帝懸車，廢職不朝。叔帶之災，居于氾廬。

周襄王將車子懸吊起來，曠廢職守不上朝。王子帶製造災禍，周襄王避居於鄭國氾邑的草屋。
註釋：太過多的壯大無妨。荒廢怠惰，招致小人作亂，因而衰敗。
赤：比喻周朝；《禮‧曲禮》：「周人尚赤。」**赤帝**：此處指周襄王。**懸車**：隱居不仕或不出勤務。**叔帶**：王子帶，周襄王異母弟。**氾**：鄭國國都之名。**廬**：草屋。
* 周襄王無能，期間宋襄公、晉文公、秦穆公相繼稱霸，晉文公甚至召見周襄王。
* 王子帶引犬戎之兵圍攻襄王，為子帶之亂，襄王投奔至鄭國。

35 晉：子畏於匡，厄困陳蔡。明德不危，竟自免害。

見師之鼎。

註釋：太過多的前進無妨。路途雖驚駭困厄，但有德性，最終自能化險為夷。

* 孔子解除陳蔡之厄後，仍繼續周遊列國。

36 明夷：逐雁南飛，馬疾牛罷。不見魚池，失利憂危。牢戶之冤，脫免無患。

追隨雁子向南方飛行，馬匹患疾，牛隻疲憊。沒有見到魚池，失去利益，憂慮危險。牢獄之災的冤屈，解脫免除而無災患。
註釋：太過多瘡痍，之後否極泰來。前進追求歸宿但方向錯誤，因而兵疲馬困沒有收穫，更被人陷害囚禁，還好最後化險為夷。
雁：候鳥，比喻遷徙。**南**：雁故鄉在北方，南飛方向錯誤。**罷**：疲也。**魚池**：雁食水中之魚。**牢戶**：監獄。

37 家人：推輦上山，高仰重難。終日至暮，不見阜巔。

見觀之節。

註釋：有太過多的家人無妨。任務太過艱難，獨力始終無法完成。
輦：音捻，車子。

38 睽：憂不為患，福在堂門。使吾偃安。

憂慮沒成為禍患，福澤就在廳堂與門戶裡，可以倒臥安歇。
註釋：太過多睽離，之後否極泰來。雖險無危，後來福澤來到，開始休養生息。

偃：音眼，倒臥。

39 蹇：春桃始華，季女宜家。受福多年，男為邦君。

見否之隨。
註釋：太過多蹇跛，之後否極泰來。時機轉好，和順的與人親密結盟，對方尊貴，福澤長久。

40 解：高山之巔，去谷億千。雖有兵寇，足以自守。

高山的山巔，距離山谷有千億里。每有盜匪賊兵，都足夠自我防守。
註釋：有太過多的解決之道。本身防衛條件極為優異，能完全抵禦敵人而自保。

去：距離。**億千**：言數之極多。**雖**：每有。

41 損：過時歷月，役夫顇頷。處子嘆室，思我伯叔。

經歷了許多時間歲月，勞役的男丁憔悴瘦弱。未婚嫁的女子在室內嘆息，思念伯父叔父。
註釋：太過多損失。王事行動太過長久，壯夫在外奔波疲病，家鄉只剩婦孺等待親人回家，也無法孳生。

顦顇：憔悴也。

42 益：<u>太微復明，說升傅巖，乃稱高室</u>。疾在頭頸，<u>和不能生，滅其令名</u>。

　　太微垣恢復明亮，傅說在傅巖被提升，高宗的王室舉薦他。疾病就在頭頸，醫和也不能使之生存，滅失了美好的聲譽。
註釋：太過多利益，富極生腐。明君大膽啟用賢良，王室再度光輝。
　　　但之後發生致命弊端，無法拯救，還身敗名裂。

太微：上垣太微，象徵天上天庭與人間政府。**說**：傅說，商高宗的賢相。**傅巖**：地名，傅說築牆之地。**稱**：舉薦。**高室**：此處指商朝武丁，被周朝譽為商高宗。**頭頸**：比喻要害。**和**：醫和，秦國著名醫家。**令名**：美好的聲譽。
*《商書》：「高宗夢得說，使百工夐求，得之傅巖。」
* 醫和典故見需之巽。

43 夬：<u>旁多小星，三五在東</u>。<u>早夜晨行，勞苦無功</u>。

　　旁邊有許多藐小的星星，三五成群的陳列在東方。天亮前就晨起行動，辛勞艱苦卻沒有功效。
註釋：太過多斷決。身邊有一群小人進讒，雖然勤奮勞動也是徒勞無功。

小星：小而無名的星星，原象徵小妾，本處象徵小人。**三五**：成群但為數不多且零散。
早夜：天亮前。
*《詩經‧小星》：「嘒彼小星，三五在東。」比喻妾隨夫人以次序進御於君。

44 姤：<u>東鄉煩煩，相與笑言</u>。<u>子般鞭犖，圉人作患</u>。

　　向東方行進紛擾雜亂，還互相說笑。子般鞭打圉人犖，圉人犖因而作亂弒君。
註釋：太過多邂逅，多而失紀。進行隊伍紛亂，眾人卻毫無紀律，

還上下交相賊。

東鄉：東嚮，向東方行進，東為粗鄙的方向。**煩煩**：紛擾雜亂。**子般**：魯國一個傀儡君主，被立兩個月即被弒殺，帝號、年號、諡號皆無。**犖**：人名。**圉人**：圉音語，負責養馬芻牧的小官。

*《史記‧魯周公世家》載，魯公子般祭天求雨時，圉人犖見一女子貌美便出言挑逗，公子般怒鞭圉人犖，後圉人犖弒公子般。

45 萃：**鼻移在頭，枯葦復生。下朽上榮，家乃不寧，其金不成。**

鼻子移到頭頂，枯萎的蘆葦恢復生長。下面腐朽，上面繁榮，國家不會康寧，金城不會建成。

註釋：太過多的薈萃人才無妨。生機氣息往上提升，組織便能起死回生。但如果提升太過導致下位太弱、上位太強（人才空蕩，上位獨大），組織也不會康寧，不能固若金湯。（權力上移，仍需積極招募人才）

鼻：氣息與魂魄出入之處，比喻生機氣息，見註。**金**：堅固，如金城、金湯。

*《老子河上公章句‧成象》：「魂者雄也，主出入於人鼻，與天通。」今鼻移於頭，氣息與魂魄上升更能與天通，故枯葦復生。相對革之臨：「鼻移在項，枯葉傷生。」

46 升：**蝦蟆群聚，從天請雨。雲雷疾聚，應時輒下，得其願所。**

蟾蜍成群聚集，相從著向天請求雨水。雲雷很快聚集，立即忽然就下了雨，願望得以實現。

註釋：太過多的上升無妨。大家一起虔誠的共事，請求的願望立即就實現了。

應時：立刻。**輒**：忽然。

*《春秋繁露‧求雨》載有，取五蝦蟆求雨的方法。

47 困：大步上車，南到喜家。送我貂裘，與福載來。

邁大步伐登上車子，向南到達喜慶之家。送我貂製的皮衣，並載來了福澤。

註釋：太過多困阻，之後否極泰來。積極且光明的前進，得到珍貴的財富和福祿。

南：象徵光明的方向。**裘**：皮衣，象徵珍貴。

48 井：賊仁傷德，天怒不福。斬刈宗社，失其宇守。

賊害仁義傷害道德，上天憤怒不賜予福澤。被砍伐了宗廟與社稷，失去了疆土。

註釋：太過多的的井然無妨。德行敗壞，遭受天譴，從此滅絕傳承，並失去所有。

斬刈：砍伐。**刈**：音益，割取。**宗社**：宗廟與社稷，比喻國家。**宇守**：疆土。

49 革：從猬見虎，雖危不殆，終已無咎。

跟從刺蝟遇見老虎，雖然危險但沒有災害，最終沒有過失。

註釋：太過多革新無妨。跟隨法治前進，不怕遇到惡人，最終都不會有傷害。

猬：刺蝟；刺蝟雖小但有刺，老虎不敢行動，比喻法治。

50 鼎：履素行德，卒蒙祐福。與堯侑食，君子有息。

行事樸素坦白並實行仁德，最後蒙受保佑與福澤。陪伴堯帝一起用餐，君子能夠孳息。

註釋：太過多鼎立無妨。真誠的履行德性，受上位喜愛，蒙受福祿，富有且能繁衍。

履素：行事樸素坦白。**卒**：最後。**侑食**：陪伴尊長或賓客而食。**息**：有利錢、子嗣二意。

51 震：利在北陸，寒苦難得，憂危之患。福為道門，商叔生存。

利潤進入嚴冬，清寒貧苦難有所得，還有憂慮危險的災患。積福是正道之門，商人得以生存。

註釋：太過多震盪，之後否極泰來。原本蕭條危險難以謀生，但行善積福後，開始生利。

北陸：北方陸地，比喻冬天。**叔**：對年輕人的尊稱。

52 艮：四蹇六盲，足痛難行。終日至暮，不離其鄉。

四個跛腳，六個瞎子，腳痛難以行走。整日下來到了日暮，還沒離開家鄉。

註釋：太過多阻止。成員全都傷殘愚昧，雖然行動，但始終無法走出去。

四、六：偶數為陰數，比喻柔弱；又四加六為十，比喻滿數。**蹇**：音撿，跛腳。

53 漸：臺駘昧子，明知地理。障澤宣流，封君河水。

臺駘是昧的兒子，明白知曉地理。遮擋沼澤，宣洩流水，封邑於汾川。

註釋：太過多的循序漸進無妨。繼承家業又有才學，正確的解決問題，建立大功業。

障：遮擋。**封君**：受有封邑的貴族。

*《史記・鄭世家》載，上古金天氏少皞的後裔昧，生子臺駘。臺駘承襲祖業為治水首長，疏通汾洮二水，封於汾川，成為汾水之神，是第一位治水成功者，早於大禹。

54 歸妹：畜水得時，以備火災。柱車絆馬，郊行出旅，可以無咎。

適時的蓄水,用來防備火災。擋住車子,纏住馬匹,外出旅歷只行到郊外,可以沒有過失。

註釋:太過多的相歸依無妨。適時做好防範,按兵不動,只在近處活動,不離開家園,可以平安無失。

柱:擋住。**絆**:纏住。

55 豐:<u>歲暮</u>花落,君衰於德。勞寵損墜,陰奪其室。

年末花朵凋落,君子德行衰敗。功勞恩寵都毀損墜落,陰氣佔奪了屋室。

註釋:太過多豐盛,富極必腐。興盛已過,榮景和德行都衰敗,失去功勳恩寵,小人占奪了地位。

歲暮:年末。

56 旅:夏販<u>蔡</u>悲,千里<u>為市</u>。黃葉<u>殪鬱</u>,利得無有。

到負夏行販因流放而悲傷,千里進行交易。樹葉枯黃,心情憂悶,利潤沒有得到。

註釋:太過多旅歷,變羈旅。遠方四處經營都不如意,環境蕭條,一無所獲。

蔡:流放,比喻遷徙。**為市**:交易。**殪鬱**:殪音益,憂悶。

*《尚書大傳》:「(舜)販於頓丘,就時負夏。」比喻辛苦遷徙買賣。

57 巽:<u>仲春巡狩</u>,<u>東見群后</u>。昭德允明,不失<u>其所</u>。

春季的第二個月天子巡行諸國,東巡會見公卿諸侯。昭明的德性公允光明,沒有失去合宜。

註釋:太過多的安順無妨。天子巡狩天下,統領四方諸侯,又德行彰顯。

617

仲：每季的第二個月。**巡狩**：天子巡行諸國。**東**：西周京都豐鎬偏西，故東巡。**群后**：公卿諸侯。**其所**：合宜的。

*《尚書‧舜典》：「望秩于山川，肆覲東后。」

58 兌：枈潔縲縲，結締難解。嫫母衒嫁，媒不得坐，自為身禍。

　　見坤之晉。

註釋：太過多歡悅，樂極生悲。眾多弊端盤根錯節，難以解決，又醜陋無恥，主動失禮的想與人結盟，被拒絕無法繁衍。

縲縲：纏繞。

59 渙：鳥鳴庭中，以戒災凶。重門擊柝，備憂暴客。

　　見師之頤。

註釋：太過多渙散。凶險已出現了，應該雙重加強警惕與戒備。

60 節：朝霽暮霞。濺我衣襦，退無得牛。

　　早上晴朗，日暮時有彩霞。過河時浸濕衣服，往後退回沒得到牛。

註釋：太過多的節度無妨。時令安順，所以前進，但遇到波折，退回時資產也失去了，當初留駐即可安好。

霽：音記，晴朗的。**濺**：音間，浸濕。**襦**：音儒，短的厚上衣。

61 中孚：抱璞懷玉，與桀相觸。詘坐不中，道無良人。

　　懷抱著未經琢磨的玉石，和夏桀相遇。未能請客人居上座行為不適當，道路上沒有賢良的人。

註釋：太過多的忠信無妨。美好純樸的君子，遇到殘暴不知禮賢

下士的昏君，世道裡都是小人。
璞：未經琢磨加工的玉石，比喻才華、德行。**觸**：遇到。**詘**：屈也。**詘坐**：未能請客人居上座。**不中**：不適當。

62 小過：<u>兩</u>心相悅，共其<u>柔筋</u>。<u>夙</u>夜在公，不離房中。得君子意。

兩顆心相互欣悅，彼此揉搓筋肉。早晨夜晚都在辦公，沒有離開房中。大人得其心意。

註釋：太過多的小超越，成為大超越。彼此相親相愛，和諧柔軟，為了公事日夜操勞不曾暫停，共同達成了願望。

兩：象徵左右的人。**柔筋**：《黃帝內經・官能》：「緩節柔筋而心和調者。」**夙**：早晨。

63 既濟：載<u>餽</u>如田，破<u>鉏</u>失食。<u>苗穢不闢</u>，<u>獨</u>飢於年。

要到田裡運載食物，但鋤頭破了沒耕種所以沒食物。田中雜草都不摒除，整年都飢餓。

註釋：太過多已結束。雖有田園卻不耕種維護，以致資產破敗，一直窮困。

餽：饋，食物。**如**：至。**鉏**：鋤也。**苗**：《說文》：「苗，草生於田者。」**穢**：田中的雜草。**闢**：摒除。**獨**：其，語助詞。

64 未濟：甘露醴泉，太平機關。仁德咸應，歲樂民安。

見屯之謙

註釋：太過多尚未結束。天下太平，瑞兆一一出現，行仁德而安樂，一切豐盛美好。

29 坎

29 坎：有黃鳥足，<u>歸</u>呼<u>季玉</u>。從我<u>睢陽</u>，可<u>辟</u>刀兵。與福俱行，有命久長。

飛黃有像鳥一樣輕盈的腳，前去呼叫子季。跟從我到睢陽，可以躲避兵災。與福澤一起行動，性命久久長長。

註釋：落陷狀態已落限，否極泰來。有貴人前來引導，保持君子
　　　美德，趕緊遠離是非之地，便能避過災禍，長久平安。

黃：飛黃，傳說中的神馬，與青龍並稱。**歸**：趨往，如歸趨。**季**：孔子弟子商澤，字子季，正直好學。**玉**：比喻美德、君子。**睢陽**：子季後封睢陽伯。**辟**：避也。

*《通典・孔子祠》：「商澤（子季）贈睢陽伯。」

1 乾：<u>太王為父</u>，<u>季歷</u>孝友。文武聖明，仁德興起。弘張四國，載福綏厚。

周太王亶父奠基，季歷孝順友愛。文王和武王都聖能賢明，因為仁德而興起，弘揚彰顯於四鄰之國，安定承載深厚的福德。

註釋：落陷轉為陽健。原先遷徙避難，後經歷代傳承美好的德行，
　　　施行仁政，興盛邦國，聲名遠播且福澤深厚。

太王、父：周文王的祖父，又稱亶父，為避戎狄之禍，遷徙到岐山，追封為周國第一代君王。**季歷**：太王的第三子，周文王的父親。**綏**：安定。

*本句見《史記・周世家》。

2 坤：猿墮高木，不跋手足。保我金玉，還歸其室。

見蒙之隨。

註釋：落陷但能溫良。自高位墜落，還好沒有受傷，回家安居又

保全了家產。

3 屯：重耳恭敏，<u>遇讒出處</u>。北奔狄戎，<u>經涉齊楚</u>。以秦代懷，誅殺子圉。身為霸主。

晉文公重耳恭敬聰敏，未登基前遭遇讒言而出離處所。向北奔逃到狄戎，並經過了齊、楚。後來秦國以重耳替代晉懷公，並殺了晉王子圉。重耳最終成為春秋霸主。

註釋：落陷後屯聚，生聚教訓。賢良之前受到小人陷害而顛沛流離，後獲得重大貴人相助，反敗為勝且登峰造極。

遇：受。**讒**：中傷、陷害別人的壞話。**經涉**：經歷。

* 本句見《史記・晉世家》。

4 蒙：<u>倚鋒據戟</u>，<u>傷我胸臆</u>。拜折不息。

靠著鋒銳兵器和長戟（未拿起行動），被傷害胸膛。跪拜折服沒停息。

註釋：落陷又蒙昧。有戰力卻不發揮，被人致命打擊，不停跪拜求饒。

倚、據：靠著。**戟**：音己，戈和矛合體的武器。**臆**：胸，比喻要害。

5 需：<u>狗冠雛步</u>，君失其居。出門抵山，行者憂難。<u>水灌我園，高陸為泉</u>。

狗戴著禮冠，小雞邊走邊鼓瑟，君子失去居處。出門抵撞到山丘，行旅的人憂慮難行。洪水灌進家園，高的陸地變成水的源頭。

註釋：落陷又只能等待停滯。小人掌權亂舞，君子無法安處，轉

進也遇到大困阻,環境顛倒又氾濫成災。

狗冠:比喻小人為官做禍;見註。**冠**:方山冠,禮帽。**步**:《爾雅・釋樂》:「徒鼓瑟謂之步。」**泉**:水的源頭。

*《漢書・五行志中之上》:「又見大白狗冠方山冠而無尾,此服妖,亦犬禍也。」

6 訟:眾鳥所翔,中有大壯。爪牙長頭,為我驚憂。

眾多的鳥一起飛翔,其中有強大壯碩者。有著爪牙和長頭,讓人驚駭憂慮。

註釋:落陷又爭訟。惡人成群橫行無阻,頭目力量和智慧都頗為壯大,令人驚慌失措。

7 師:雷行相逐,無有休息。戰於平陸,為夷所覆。

見坤之泰。

註釋:落陷的出師。雷厲風行,過度疲乏,對決時被痍平覆滅。

8 比:禹鑿龍門,通利水泉。同注滄海,民得安土。

見乾之豫。

註釋:落陷但能相比附。君民一心,排除險困,致力建設,環境平安暢通,人民安居樂業。

9 小畜:堯舜仁德,養賢致福。眾英積聚,國無寇賊。商人失利,來爭寶貨。

堯和舜有仁德,供養賢才招來福澤。眾多菁英累積聚集,國家沒有土匪盜賊。商人失去利益,前來爭奪寶貴貨物。

註釋:落陷又蓄小勢弱。原本賢君良臣,著重仁德,國家安定。

後來轉為經營牟利，結果失敗又導致紛爭。

10 履：陸居少泉，山高無雲。車行千里，塗不污輪。渴為我怨，佳思廣得。

居住在陸地卻少有泉水，山的高處也沒有雲層。車子前行千里，泥濘沒有沾汙車輪（乾旱無雨故無泥濘）。因口渴而埋怨，好的構思空無所得。

註釋：落陷的履行。環境乾旱貧乏，前進沒有一點滋潤，困乏痛苦，集思廣益才能解決問題。

塗：泥濘。**廣**：曠也，空缺如曠課。

11 泰：朝視不明，夜不見光，皆抵空床。季女奔亡，愴焉心傷。

早晨視線不明，夜晚也不見光亮，早晚都撞到空蕩的床。少女奔走逃亡，悲愴心傷。

註釋：落陷的康泰。環境蒙昧黑暗，百姓孤獨，行動牴觸，毫無去路，新血難過的逃亡，無法再繁衍。

皆：全、都。**抵**：撞。**空床**：比喻無偶獨居。**季女**：少女。**愴**：哀傷。

12 否：齊魯求國，仁聖輔德。進禮雅言，定公以安。

齊魯兩國聚會，有仁聖的孔子輔佐德政。孔子進呈禮制與勸言，魯定公因而安泰。

註釋：落陷狀態閉塞，轉為開治。面對霸權，有賢良依禮獻言輔佐，政權因而安定。

求：逑也，聚合。**雅言**：規勸使美好的言論。**定公**：魯定公，任用孔子為大司寇。

*《孔子家語‧相魯》：「（魯）定公與齊侯會于夾谷。」孔子運用謀略與禮制，使齊國道歉並歸還侵奪魯國的土地。

13 同人：束帛玄圭，君以布德。伊呂百里，應聘輔國。

賞賜束帛和黑色圭玉，君主藉以發布恩德。伊尹、呂尚、百里奚，都接受聘用輔佐國政。

註釋：落陷但能同仁。賜以卿相之禮，表現君主恩德，賢能因而前來輔政。

束帛：五匹帛捆成一束的禮物。**帛**：絲織品總稱，因珍貴被當成贈禮。**玄圭**：黑色玉器。
伊呂：伊尹和呂尚（姜子牙），商和周兩大開國名相。**百里**：百里奚，原為奴隸，被秦穆公用五張黑羊皮贖回當相國，奠定秦國富強之基。

*《史記‧孟子荀卿列傳》：「欲以卿相位待之……束帛加璧，黃金百鎰。」

14 大有：棘鉤我襦，為絆所拘。靈巫拜禱，禍不成災。東山之邑，中有土服，可以饒飽。

荊棘勾住衣服，被絆住而受拘束。與靈溝通的巫師拜求祈禱，禍患沒有構成災害。遠方的城鎮中有蘿蔔，可以富饒飽足。

註釋：落陷轉為大富有。初始受到困阻，因為虔誠受到天佑未釀成災禍，後來遠遊他方謀生，獲得飽足。

襦：音儒，短的厚上衣。**東山**：象徵遠征或遠行之地。**邑**：城鎮。**土服**：蘆菔，紫蘿蔔，普遍且碩大的平民食物，能飽食與滋補；見註。

*《太平廣記‧王旻》：「食蘆菔根葉，云久食功多力甚，養生之物也。」

15 謙：門燒屋燔，為下所殘，西行出戶。順其道理，虎臥不起，牛羊歡喜。

門戶和房屋被焚燒，被下賤的人所殘害，只能向西行走步出

門戶。順著大道走,老虎躺臥著沒起來,牛羊歡欣喜悅。
註釋:落陷但能謙恭。奸人陷害,基業被破壞,只能落荒逃難。
　　　一路行為中正,惡人沒來相害,安順的帶著資產遷徙。
燔:音凡,焚燒。**西**:象徵福澤不降之地。**理**:《玉篇》:「道也。」比喻正當的路。

16 豫:墙高蔽日,<u>崑崙翳</u>月。遠行無明,不見<u>懽叔</u>。

高牆遮蔽太陽,崑崙山遮掩月亮。向遠方行旅卻沒有光明,沒見到歡喜的人。
註釋:落陷的安育。巨大的障礙遮蔽了天下的光明,遠行遷徙也
　　　遇不到光明和君子。
崑崙:漢族最高的山脈(非山峰)。**翳**:音亦,遮蔽。**懽**:歡也。**叔**:對人的尊稱。
*《史記‧禹本紀》:「河出崑崙,其高三千五百餘里,日月所於辟隱為光明也。」

17 隨:天地際會,不見內外。祖辭<u>遣送</u>,與世長<u>決</u>。

棺蓋與棺板遇合,從此見不到裡面和外面。和祖先辭別並送葬,與世間永遠訣別。
註釋:落陷時應隨理,不要勉強。猶如生命已盡,只能入殮送葬,
　　　無法挽回。
天地:棺蓋與棺板;見註。**際會**:遇合。**見**:現也。**遣送**:送葬。**決**:訣也,離別。
*《莊子‧列御寇》:「吾以天地為棺槨。」後以棺蓋為天,棺板為地,四片為四方。

18 蠱:深水難涉,<u>塗難</u>至<u>轂</u>。牛罷不進,濘陷我疾。

深浚的河水難以徒步涉過,泥濘陷到車的輪軸。牛隻疲憊不能前進,泥濘陷落憂患不已。
註釋:落陷需整治蠱敗。行進陷入困境,人仰馬翻,憂禍叢生。
涉:徒步渡水。**塗**:泥濘。**難**:陷。**轂**:音古,車輪中心的圓木。**罷**:疲也。**疾**:憂患。

19 臨：羊驚狼虎，獼猴群走。無益於僵，為齒所傷。

羊隻害怕狼虎，獼猴也成群逃走。沒有協助於是跌倒，被狼虎牙齒所傷害。

註釋：落陷的臨政。大惡人出現，君子人才成群驚嚇逃跑，無人救援，還是被其所傷。

羊：比喻吉祥。**獼猴**：最聰明的猴類，象徵人才。**益**：幫助。**僵**：跌倒。

20 履虵躄虺，與鬼相視。驚哭失氣，如騎虎尾。

踩到大毒蛇，又和鬼相互凝視。驚嚇的哭嚎失去勇氣，好像騎到老虎尾巴上面。

註釋：落陷的觀省。行為不察，與大惡人交鋒，嚇得尖叫哀號，魂魄盡失，陷入險境。

履：踩踏。**虵**：蛇也。**躄**：音孼，踩踏。**虺**：音悔，一種大毒蛇。**虎尾**：比喻險境。

21 噬嗑：車驚人墮，兩輪脫去。行者不至，主人憂懼。結締復解，夜明為喜。

車子震動人墜落，兩個輪子都脫落了。行進的人沒有來到，主人憂慮恐懼。打結的又被解開了，黑夜變為光明而歡喜。

註釋：落陷但能法治。行進遇難，損傷嚴重，無法到達目的，令人憂懼。後來一一解決問題，轉憂為喜。

驚：震動。**締**：結。

22 賁：南販北賈，與怨為市，利得自治。

南北奔波販售買賣，因交易而結怨，要獲利需要自我整治。

註釋：落陷的整飾。雖然四處奔波經營，卻與人結怨，需自我改進。

南、北：象徵四方。**賈**：音古，買賣。**為市**：交易。

23 剝：延陵適魯，觀樂太史。車轔白顛，知秦興起。卒兼其國，一統為主。

見大畜之離。

註釋：落陷狀態已剝落，開始興起。賢能觀察事物的現象，發現轉變與興起的徵兆，預見壯大富足的未來。

24 復：出門逢患，與禍為怨。更相擊刺，傷我手端。

見乾之巽。

註釋：落陷返復回來。外出經營，逢到禍患並與人結怨，因爭鬥而受傷，無法執行。

25 無妄：獐鹿同走，自燕嘉喜。公子好遊，他人多有。

獐和鹿一同行走，自在燕好，美好歡樂。公子喜好交遊，和其他許多人交往。

註釋：落陷的不虛妄。結交朋友看似是好事，但親密、廣闊的和其他人交遊，實者失去德行分寸（見註）。

獐鹿：獐、鹿相似卻不同科。**燕**：燕好，親近。**他人**：非親非故之人。
*《禮記・內則》：「他人無事不往。」又《孝經・聖治》：「故不愛其親而愛他人者，謂之悖德。」古人輕疏有別，且應嚴守分際。

26 大畜：恭寬相信，履福不殆。從其邦域，與喜相得。

恭敬寬厚相互信任，福祿不會衰敗。跟從到他的國土，歡喜並互相契合。

註釋：落陷轉為大積蓄。有德行所以保有福澤，追隨君子發展得到喜樂。

履：福祿。**邦域**：國土。**相得**：互相契合。

27 頤：欲飛無翼，鼎重折足。失其喜利，苞羞為賊。上妻之家，喜除我憂，解吾思愁。

想要飛卻沒有羽翼，鼎太重折斷了腳。失去喜樂利祿，包容羞辱，遭受危害。有高尚妻子的家庭，喜樂的除去憂患（見註），解除了相思愁懷。

註釋：落陷轉為頤養。實力破敗無法經營與承擔，失去利樂，只能忍受羞辱與傷害。後來與溫良君子親密結盟，除去憂慮，並能繁衍。

苞羞：包羞，忍受全部羞辱。

*《象傳》：「包羞，位不當也。」故應改以上妻除憂。

28 大過：府藏之富，王以振貸。捕魚河海，罟網多得。

見比之臨。

註釋：落陷之後大超越，否極泰來。將美好的物資拿出來救濟，發展獲得大財富。

罟網：罟音古，捕捉鳥獸魚蝦的網子。

30 離：陰生麋鹿，鼠舞鬼哭。靈龜陸蒙，釜甑草土。仁智盤桓，國亂無緒。

陰氣生出獐鹿，老鼠舞蹈鬼怪哭號。深淵的靈龜在陸上蒙難，鍋子和蒸籠覆滿草和土。仁智者徘徊不定，國家紛亂沒有頭緒。

註釋：落陷的相附著。奸人偽裝賢良還繁衍後代，並且群魔亂舞。

君子蒙難，人才被拋棄，國家政務紛亂。
麏：音軍，獐，被誤以為是仁獸麒麟；見註。**釜**：鍋。**甑**：音贈，蒸籠。**盤桓**：徘徊。
*《論衡‧講瑞》：「或時以有鳳皇、騏驎，亂於鵠鵲、麏鹿。」

31 咸：風塵瞑迷，不見南北。行人失路，復反其室。

風沙塵土昏暗迷離，見不到東西南北。行旅的人迷失路途，又返復屋室。

註釋：落陷的感應。處在昏昧不明的狀況，行動失利，只能返回蝸居。

瞑：昏暗。**南北**：象徵四方。

32 恆：金革白黃，宜利戒市。嫁娶有息，商人悅喜。

用金鈴和皮韁裝飾白駒和飛黃，安順的出發到市集。結盟買賣有孳息，商人欣悅歡喜。

註釋：落陷但能持恆。君子與人才秉持禮節行動經營，安順的與人結盟交易，獲利孳息。

金革：馬車的飾物；《荀子‧禮論》：「金革轡靷。」**白**：白駒，比喻賢人；《詩經‧白駒》：「皎皎白駒。」**黃**：飛黃，傳說中的神馬，與青龍並稱。**宜、利**：安順。**戒**：出發。**嫁娶**：賣出與收取，比喻結盟式的買賣。

33 遯：匏瓜之德，宜繫不食。君子失與，官政懷憂。

有匏瓜的德性，安順的懸掛著不食用。君子不參與，國家政事存有憂患。

註釋：落陷且隱遁。有才華者隱遁不出，君子不參與政務，國家有難。

匏：音袍，瓠瓜，葫蘆，象徵有才華。**宜**：安順。**繫**：懸掛。**官政**：國家的政事。**懷**：存有。

*《論語‧陽貨》：「吾豈匏瓜也哉？焉能繫而不食。」

34 大壯：乘船渡濟，載冰逢火。賴得免患，蒙我所恃。

見需之大有。

註釋：落陷但仍壯大。雖然有危險，但行動時能有備無患，因而化險為夷。

所恃：有所依仗。

35 晉：道途多石，傷車折軸。與市為仇，不利客宿。

道路上很多石頭，傷害車子折損輪軸。因利益與人敵對，不利於在外住宿。

註釋：落陷的前進。前進險惡，慘遭毀損，經營失利，應該返回。

途：道路。**為仇**：敵對。**客宿**：在外住宿。

36 明夷：託寄之徒，不利請求。結衿無言，乃有悔患。

託付寄居的人，不方便提出請求。出嫁時父母沒有說教，所以有怨恨憂患。

註釋：落陷且瘡痍。沒有良好教養，無法與人和同結盟，只能寄人籬下，處處受限。

徒：地位低的人。**結衿**：女子出嫁，母親將五彩絲繩和佩巾結於其身，象徵父母對子女的教誨。**悔**：恨。

37 家人：三羊爭妻，相逐奔馳。終日不食，精氣竭罷。

三隻公羊爭奪妻子，相互追逐快速奔馳。整天下來沒有進食，精神氣力衰竭疲憊。

註釋：落陷的家人。成員都彼此惡性競爭，只想獨佔，最終都精

疲力竭。

三：象徵多。罷：疲也。

38 睽：退惡防患，見在心苗。日中之恩，解釋倒懸。

退去凶惡，防範災患，主見就在內心裡。有浩大光明的恩澤，解除釋放了苦危。

註釋：落陷狀態已睽離，轉危為安。消除並防範災厄，心有定見。
　　　上天大有光明恩澤，百姓脫離艱苦困境。

心苗：內心。**日中**：正午，比喻大光明。**倒懸**：倒著懸吊，象徵苦危。

39 蹇：兩足四翼，飛入嘉國。寧我伯姊，與母相得。

見同人之謙。

註釋：落陷狀態已塞堵，轉為安好。成員依附前來，到達美好國度，
　　　奉對方為尊長，成為一家。

伯、姊、母：長輩，象徵親密貴人。

40 解：寒露所降，凌制堅冰。草木瘡傷，花落葉亡。

寒露所降的陰氣，造成堅硬的積冰。草木創傷，花朵凋落，樹葉衰亡。

註釋：落陷且震盪。世道衰竭，陰氣使大地結凍，萬物全面衰敗。

寒露：二十四節氣之一，深秋的節令。**凌**：積冰。**制**：製也，造。**瘡**：創傷。

41 損：后稷農功，富利我國。南畝治理，一室百子。

后稷治理農事，國家富強順利。在向南的田畝上整治處理，一個妻室生出百位孩子。

註釋：落陷但能損己益人。賢良任事，國家富強，百姓也勤奮工作，

631

繁衍眾多子孫。

后稷：周朝的先祖后稷，為堯舜的農師。**農功**：農事。**南畝**：南面向陽，利植物生長，故田地多向南開墾。**室**：妻子。
*《史記・周本紀》：「帝堯聞之，舉棄（后稷之名）為農師。」

42 益：設網張羅，捕魚園池。網罟自決，雖得復失。危訴之患，受其低懽。

設置並張開羅網，在有池塘的園林捕魚。網子自己決裂，雖然捕得卻又失去。險惡的訛毀造成災患，忍受而少有歡樂。

註釋：落陷狀況益增。展開行動想獲得好處，但遭遇無妄之災得而復失，還遭受他人訴訟傷害，心情更加低落。

罟：音古，網的總稱。**決**：裂開。**訴**：訛毀。**懽**：歡也。

43 夬：路輿縣休，侯伯恣驕。上失其盛，周室衰微。

天子的車乘懸掛休止，諸侯的霸主恣意驕縱。上位失去興盛，周朝王室衰弱式微。

註釋：落陷且斷決。天子荒廢，霸主驕橫，君王將要失去大位。

路輿：路輿，天子所乘的車。**縣**：懸也；又懸車，告老引退或不出勤務。**伯**：霸也。

44 姤：逐走追亡，相及扶桑。復見其鄉，使我悔喪。

追逐敗走逃亡的敵人，到達扶桑。後來又趨回故鄉，心情悔恨懊喪。

註釋：落陷的邂逅。追逐成功一切順利直到遠方，但因孤遠無伴又悔喪的返回。

相及：到達。**扶桑**：東方日出的地方，象徵光明的遠方。**見**：趨向，如日見好轉。

45 萃：<u>履</u>祿綏厚，載福受<u>祉</u>。衰微復起，繼世長久。疾病獻麥，晉人<u>赴告</u>。

　　福祿安定深厚，承載福澤蒙受福氣。衰弱式微的又恢復興起，繼續在世上長久生存。晉景公疾病中，有人獻上新麥，還未食用就猝死，晉國人奔赴告喪。
註釋：落陷的相薈萃。初始有深厚的福祿，把衰敗的復興起來，
　　　長命久安。後來昏庸迫害忠良，就覆滅了。
履：祿。**綏**：音雖，安定。**祉**：幸福。**赴告**：以崩薨及禍福之事相告。
*《左傳・成十年》載，晉景公無辜殺忠良之後，因而夢見厲鬼而生病，不久農官獻麥，將食，腹漲如廁，陷而卒。

46 升：**鰥寡孤獨**，**祿命**苦薄。入宮無妻，**武子**哀悲。

　　死去妻子、死去丈夫、死去父親、死去母親的人，天生命運孤苦福薄。進入宮中卻失去妻子，崔武子哀痛悲傷。
註釋：落陷態勢上升。貧賤無依，孤苦伶仃，因為沒有德行，所
　　　以薄命又家破人亡。
祿命：天生註定命運。**武子**：崔杼，崔武子，不倫戀娶東郭姜為妻，後因宮鬥，東郭姜、崔武子先後自殺。

47 困：山沒丘浮，陸為水魚。燕雀無巢，民無室廬。

　　淹大水，高山沉沒，丘陵漂浮，陸地都是水中的魚。燕和雀沒有了巢，人民沒了屋室。
註釋：落陷又困阻。災難氾濫、環境敗壞，所有生靈都流離失所。

48 井：冠帶南遊，與福喜期。徵于嘉國，拜為逢時。

　　見無妄之頤。

註釋：落陷但能井然。遵行禮儀，光明行動，與福氣歡喜有約，後來果然逢到美好的時機。

徼：邀也。

49 革：東行亡羊，失其羝羘。少婦無夫，獨坐空廬。

向東行進時羊逃亡了，失去公羊和母羊。年少的婦人沒有丈夫，獨自坐在空蕩的房屋。

註釋：落陷的革新。想要前進卻失去所有可以孳息的資產，孤苦伶仃無法繁衍。

東行：象徵行進陰晦。**羝**：音低，公羊。**羘**：音髒，母羊。

50 鼎：探巢捕魚，耕田捕鰌。費日無功，右手空虛。

探索鳥巢、捕捉魚類，耕種農田，捕捉泥鰍。耗費時日卻沒有功效，右手空蕩無物。

註釋：落陷的鼎立。努力從事各種經營，雖努力經營，最終卻徒勞無功。

鰌：鰍也。**右手**：先秦以右尊左卑，比喻主力。

51 震：東行飲酒，與喜相抱。福吾家利，來從父母。水澤之徒，望邑而處。

向東順行飲得美酒，喜慶環繞。家裡有福氣和利祿，並來歸從父母。在山林水澤貧居的人，也往國都居住。

註釋：落陷轉為震奮。依理行進獲得美好與喜樂，家戶有福祿並且團圓，貧困野居的人，也開始回流。

東行：如江河大地順行。**抱**：環抱。**來**：襯字，無義。**水澤**：不適人居的濕髒環境；見註。**徒**：地位低的人。**望**：往。**邑**：國都。

*《漢書・溝洫志》:「稍去其城郭,排水澤而居之。」

52 艮:**妄怒失精,自令畏悔。忪忪之懼,君子無咎。**

　　胡妄憤怒,失去精神,因而導致畏懼悔恨。驚恐不安充滿恐懼,君子沒有過錯。

註釋:落陷狀態已停止。面對令人害怕的失控惡人,能慎戒恐懼,
　　　遵守德行,所以沒有災禍。

失精:精神萎靡不振。**自**:因而。**令**:致使。**忪忪**:驚恐不安。

53 漸:**白雲如帶,往往旗處,飛風送迎。大雹將下,擊我禾稼,僵死不起。**

　　白雲綿延有如帶子,每每都有旗幟存在,在飛揚的風中送往迎來(見註)。大冰雹即將落下,接著襲擊稻禾莊稼,傾倒死亡無法起立。

註釋:落陷狀態漸漸發生。原本風調雨順,總是時令安好,但災
　　　難接續發生,遭受巨禍摧殘。

雲:雲能結雨,故比喻福澤。**如帶**:比喻延伸不絕,如:綠水如帶。**往往**:每每。**將**:進行、做。**稼**:泛指農作物。**僵**:傾倒。

*《禮記・月令》載,天子需於不同節氣懸掛青、赤、黃、白、玄顏色之的旗幟。比喻時令安好。

54 歸妹:**南至之日,陽消不息。北風烈寒,萬物藏伏。**

　　冬至的太陽,陽氣消失不再生息。北風強烈寒凍,萬物隱藏潛伏。

註釋:落陷的相歸依。世道陽氣消滅,小人當道為惡,環境蕭條,
　　　萬物不生。

南至：冬至；《左傳正義》：「日南至者，冬至日也。」

55 豐：火中仲夏，鴻雁來舍。體重難移，未能高舞。君子顯名，不失其譽。

五月時，大雁子要回來安居。身體笨重難以移動，不能高飛起舞。君子有顯赫的名聲，沒有失去聲譽。

註釋：落陷的豐盛。時機已到，應該返回，可是腦滿腸肥無法成行，徒有名聲美譽。

火中：《大戴禮記‧夏小正》：「五月大火中。」**仲夏**：夏季的第二個月，即五月。
鴻：大。**雁**：為候鳥。**來舍**：回歸而有所定止。

56 旅：北行出門，履陷躓顛。踒足據塗，污我襦袴。

出門向北行進，步履落陷，跌倒墜落。腳部骨折，蹲在路上，弄汙了衣服和袴子。

註釋：落陷的旅歷。一路顛簸受挫，並傷害了身體和資產。

北：象徵陰晦的方向。**履**：腳步。**躓**：音至，跌倒。**顛**：墜落。**踒**：音威，骨折。**據**：蹲。**塗**：道路。**襦**：音儒，短的厚上衣。

57 巽：輕車醊祖，焱風暴起。促亂祭器，飛揚錯華。明神降佑，道無害寇。

搭輕快的車子去祭祖獻酒，熾熱的風暴烈颳起，急促的打亂祭器，花朵飛揚錯亂。靈明的神祇降福保佑，道路上沒有害人的盜賊。

註釋：落陷但能安順。虔誠的遵行倫理禮儀，雖然遇到凶厄與紛亂，但有神明保佑，一切平安。

醊：音綽，祭祀時把酒潑在地上。**焱**：焰也。**華**：花也。

58 兌：酒為歡伯，除憂來樂。福喜入門，與君相索，使我有德。

歡樂飲酒，消除憂慮來了歡樂。福祿喜慶進入家門，君子緊緊相繫，彼此維護德行。

註釋：落陷轉為欣悅。災患已除，飲酒作樂，一直與君子緊密交好，所以福樂入門。

歡伯：酒的別名。**索**：捻繩使緊。

59 渙：三足孤烏，靈明督郵，司過罰惡。自賊其家，毀敗為憂。

見噬嗑之鼎。

註釋：落陷而且渙散。上位應該嚴明督察，懲奸罰惡，但卻剛烈孤僻又監守自盜。

督郵：督察職務的地方官。

60 節：三河俱合，水怒踴躍。壞我王屋，民飢於食。

見蠱之頤。

註釋：落陷的節度。所有惡人禍事一起爆發，事態慘烈，環境大為崩壞，民不聊生。

王：大。

61 中孚：南行棗園，惡虎畏班。執火銷金，使我無患。

向南行進到棗園，有凶惡令人畏懼的老虎。拿火銷鎔金屬（見註），沒有災患。

註釋：陷落但能忠信。追求光明美好，途中有可怕的敵人，但秉

持光明，將其剋制。

南：象徵光明的方向。**棗**：象徵甜美的果實。**班**：虎的別稱。
* 五行中火剋金，比喻剋制之。亦可解釋為，以光明消除兵亂。

62 小過：求鹿過山，與利為怨。<u>瘖聾不言，誰知其懽</u>。

尋找鹿隻越過山丘，因利祿與人結怨。啞巴耳聾不能說話，誰能知道他喜歡甚麼。

註釋：落陷又持續小過錯。過度追求利祿，因而與人結怨，又昏昧自閉，不與人溝通。

瘖：瘖也，啞巴。**懽**：歡也。

63 既濟：行旅困蹶，失明守宿。<u>囹圄之憂，啟執出遊</u>。

行旅疲憊不安，失去光明守在房舍裡。牢獄之災的憂患，已開啟拘禁，外出遊歷。

註釋：落陷已結束。初始行進受到困阻和陷害，最終脫險而出，再度前進。

困蹶：蹶音促，疲憊不安。**囹圄**：音凌餘，監獄。**執**：拘禁。

64 未濟：<u>據棘履危，跌刺為憂</u>。夫婦不和，亂我良家。

蹲在荊棘裡，處在危險中，跌到刺裡釀成憂患。夫婦不和睦，擾亂美好的家庭。

註釋：落陷尚未結束。身陷重重危機，受到傷害。親密夥伴內亂，團隊不再美好。

據：蹲。**履危**：置身險境。

30 離

30 離：時乘六龍，為帝使東。達命宣旨，無所不通。

帝王即位乘著六條龍，成為皇帝後派遣使者到東海。達成使命宣傳聖旨，沒有不通暢的。

註釋：相附著又相附著。皇帝尊崇的即位，並開展敦睦諧和，大
　　　使都完成任務，四海同心。

時乘：皇帝即位。**六龍**：六條龍，亦為天子駕馭六匹馬的車。**東**：東海，比喻極遠之地。
* 《象傳‧乾》：「時乘六龍以御天。」

1 乾：執轡四驪，王以為師。陰陽之明，載受東齊。

手執韁繩控制四匹黑馬的馬車，武王以姜子牙為老師。日月明亮，承載著姜子牙到東方齊國。

註釋：相附著的陽氣。君主以賢良為師，賢良輔佐有成，天地光明，
　　　陰陽和諧，彼此都開創大業。

轡：音配，控制牛馬等牲口的韁繩。**驪**：純黑色的馬。**陰陽**：月亮與太陽。**受**：承受，承載。
* 周武王封國師呂尚（姜子牙）於東方的齊國。

2 坤：春秋禱祝，解過除憂，君子無咎。

春天和秋天都有祈禱祭祀，解除過錯，消除憂患，君子沒有過失。

註釋：相附著且溫良。恪行禮節，心態虔誠，有德行所以無憂慮。

祝：祭祀。

3 屯：坐車乘軒，據國子民。虞叔受命，和合六親。

乘坐篷車，去安定邦國和子民。虞叔接受皇命，和諧的結合親族。

註釋：相附著且屯聚。派遣賢良前往安定人心國境，百姓和國家和諧安好。

軒：有篷的車子，比喻豪車。**據**：《方言》：「據，定也。」**六親**：此處泛指近親。
＊《史記‧周本紀》載，周成王時，古唐國叛變，平定後封其弟叔虞於唐國，以為綏靖，並招撫邊夷，治理良好。

4 蒙：開戶下堂，與福相迎。祿于公室，曾孫以昌。

打開門戶進入廳堂，迎接福澤到來。有功祿於王室，後代子孫因而昌盛。

註釋：相附著且啟蒙。開啟門戶大廳迎納福澤。為君王建立功業，連子孫都昌隆。

下：進入。**公室**：王室。**曾孫**：統稱孫子以下的後代子孫。

5 需：高木腐巢，漏濕難居。不去甘棠，使我無憂。

高高樹木上腐敗的窩巢，漏水潮濕難以居住。沒有離開梨樹，所以沒有憂慮。

註釋：相附著且耐心等待。環境危險又破敗，難以安居，但能和仁德的上位相守，所以沒有憂患。（但尚無法完全康泰）

去：離開。**甘棠**：一種梨樹，象徵有仁德的官吏。

6 訟：三女為姦，俱遊高園。倍室夜行，與伯笑言。不忍主母，為設歡酒，冤尤誰禱？

見履之既濟。

註釋：相附著一起興訟。很多奸人開始為惡，背地做出違反禮節和倫常的事，連上位都沉迷酒色，冤屈還可向誰求告呢？

歡：歡伯，酒。**尤**：怨。**禱**：請求。

7 師：<u>漏卮盛酒，無以養老。春貸黍稷，年歲實有。履道坦坦</u>，平安何咎？

用有漏管的瀝酒器盛酒，無法奉養老人。春天時施予五穀播種，年年充實富有。行走的道路平坦（履行正道），一切平安有何災禍呢？

註釋：相附著才能出師。原本環境缺漏，無法養護老人家，後來政府獎勵農耕，豐收充實，並且依理而行，一切平安。

漏卮：卮音之，有漏管的瀝酒器；比喻會漏失。**貸**：施予。**黍稷**：高粱；象徵五穀稱。
坦坦：平定而泰然。

8 比：松柏枝葉，常茂不落。君子<u>惟體</u>，日富安樂。

松柏的枝葉，長久茂盛不會凋落。君子因為身體力行，每日都富足安樂。

註釋：相附著且比附。履行光明德行，如松伯長青，總是安樂富足。

惟：因為。**體**：實行。

9 小畜：夫婦不諧，為<u>燕攻齊</u>。良弓不張，騎<u>馴</u>憂凶。

夫婦不和諧，好比燕國和齊國相互攻擊。良好的弓箭無法張開，四匹馬拉的座騎憂患凶惡。

註釋：相附著變蓄小勢弱。親密盟友反目並相互交戰，導致戰力崩壞、行動險惡。

為：謂也，好比說。**燕、齊**：兩國相鄰為世仇，比喻相互爭鬥。**駟**：由四匹馬拉駛

的車子。

10 履：出令不勝，反為大災。強不克弱，君受其憂。

發出的命令不能施行，反而成為大災禍。強者不能克服弱者，君主飽受憂慮。

註釋：相附著才能履行。上位被下位玩弄，不能覺知革除，恩澤不能下達，還造成災禍。

勝：施行。

11 泰：奔牛相錯，敗亂緒業，民不得作。

奔跑的牛相互交錯，敗亂了事業，人民無法從事工作。

註釋：相附著才能康泰。成員莽撞，團隊紊亂，因而事業敗壞，無法生產。

錯：比喻無序、紊亂。**緒業**：事業。

12 否：載璧秉珪，請命于河。周公克敏，沖人瘳愈。

見需之無妄。

註釋：相附著克服閉塞。上位有難，賢良虔誠地幫他承擔，團隊化解難關。

克敏：敏捷。

13 同人：素車偽馬，不任重負。王侯出征，憂危為咎。

喪車和假馬，不能勝任重責大任。王侯出兵征戰，憂患危難釀為災禍。

註釋：應相附著且同仁。烏合之眾無法成就大事，卻還大肆行動，招致危險過失。

素車：遇喪事或凶事時，用白土塗飾或沒有紋飾的車子。

14 大有：大樹之<u>子</u>，同<u>條</u><u>共</u>母。<u>比</u>至<u>火中</u>，枝葉盛茂。

　　大樹生了枝條，枝條共同拱抱著母親。相互依附到了五月，枝葉旺盛茂密。

註釋：相附著而大富有。共同依附於一個宗祖，時機已至，旺盛繁榮。

子：比喻大樹所生之枝條。**條**：植物的細長枝。**共**：拱也，環抱。**比**：相互依附。**火中**：《大戴禮記‧夏小正》：「五月大火中。」

15 謙：<u>壅過隄防，水不得行。火盛陽光，陰蜺伏藏</u>。<u>走婦其歸</u>。

　　見比之大畜。

註釋：應相附且謙退。環境又澇又旱，無法前進，退回好好一起繁衍為宜。

走：離開的。**婦**：比喻能孳生。

16 豫：<u>五岳四瀆，合潤為德。行不失理，民賴恩福</u>。

　　見頤之明夷。

註釋：相附著且安育。像聖山聖河保護百姓一樣，保持和合德行，賜福百姓。

17 隨：<u>駕駿南遊，虎驚我羊，陰不奉陽</u>。其光顯揚，言之<u>謙謙</u>，奉義解患。

　　駕著駿馬向南方遊歷，老虎驚嚇了羊隻，陰氣不遵從陽氣。

光明顯耀彰揚，語言卑遜，奉行義理解除憂患。
註釋：相附著且隨理。追求美好的途中，惡人騷擾，下位不遵從
　　　上位。但能言行光明謙恭，以仁義化解了內憂外患。

南：象徵光明的方向。**陰**：比喻低下者。**奉**：遵從，如奉公守法。**陽**：比喻高位者。
謙謙：卑遜的樣子。

18 蠱：早霜晚雪，傷害禾麥。損功棄力，飢無所食。

見需之咸。

註釋：應相附著整治蠱敗。環境蕭條，資源損壞，前功盡棄，無
　　　以維生。

19 臨：岐周海隅，有樂無憂。可以避難，全身保財。

周國興盛，海邊的人都來歸順，有歡樂沒有憂患，可以躲避
災難，保全身命與財產。

註釋：相附著且臨政。聖君賢相，國家強盛，遠方之人都來歸順，
　　　因而無憂無慮，身家安全。

岐周：岐是周朝肇基之處，此處比喻周國。**海隅**：海邊，比喻遙遠的地方。
*《尚書・君奭》：「我（周公）咸成文王功於不怠，丕冒，海隅出日，罔不率俾。」

20 觀：陰蔽其陽，目暗不明，君憂其國。求騂得黃，駒犢從行。

陰氣遮蔽陽氣，眼睛昏暗不明，君主憂慮國家。尋求良馬得
到了神馬飛黃，還有小馬小牛跟從行來。

註釋：相附著且能觀省。初始小人蒙蔽，國運堪憂，後來君主招
　　　攬人才勵精圖治，成果出乎預期且不斷孳生。

騂：音星，紅色毛的馬，比喻人才。**黃**：飛黃，傳說中的神馬，與青龍並稱。**駒犢**：

犢音讀，小馬與小牛，泛指幼畜。

21 噬嗑：金城鐵郭，上下仝力。政平民歡，寇不敢賊。

　　金屬的城堡，鐵做的城牆，上下同心協力。政治平定人民歡欣，盜賊不敢為害。
註釋：相附著且能法治。團隊堅牢無比，團結一致。治理良好，
　　　人民安樂，惡人不敢來犯。
郭：外城牆。**仝**：同也。

22 賁：平公有疾，迎醫秦國。和不能知，晉人赴國。

　　晉平公有疾病，迎來秦國醫師。醫和不能治癒，晉國人訃告國喪。
註釋：應相附著且整飾。領導不良，病入膏肓，神仙罔救，最後
　　　覆滅。
和：醫和，秦國名醫。**知**：《揚子・方言》：「愈（癒）也。」**赴**：訃，訃告，報喪的文書。
* 典故見臨之益。

23 剝：戴堯扶禹，從喬彭祖。西過王母，道里夷易，無敢難者。

　　見訟之家人。
註釋：相附著克服剝落。擁護聖人和仙人之道，虔誠共進，常保
　　　康泰，一帆風順。（非主可大肆行動或冒險犯難）

24 復：羔羊皮革，君子朝服。輔政天德，以合萬國。

　　見謙之離。

645

註釋：相附著狀態返復存在。士大夫遵行禮儀，輔佐天子政務。
　　　　國家大行仁政，四海都來歸順。

25 無妄：據鐘鼓翼，將軍受福，安帖之家。虎狼與憂，履危不強，師行何咎？

依據晨鐘鼓動羽翼（沒怠惰偷懶），將軍接受祭祀的酒肉，安定百姓之家。有虎狼的憂患，經歷危險但沒有使用強力，出師行動有何災禍？

註釋：相附著且不虛妄。士兵有紀律且勇健，將軍得到獎賞，也
　　　　安定了百姓，雖有敵人威脅，但不急躁強攻，沒有過失。

鐘：比喻早晨；「鐘鳴漏盡」，晨鐘已鳴，夜漏已盡，五更寅時。**福**：祭祀用的酒肉。
安帖：安定。**履**：經歷。**強**：使用強力，如勉強。

26 大畜：嫡庶不明，孽亂生殃。陳失其邦。

正房與偏房的後代不分明，庶子便會擾亂生出災殃。陳國亡失了邦國。

註釋：相附著才能大蓄。倫常混亂，生出災殃，終而覆滅。

嫡：正房的後代。**庶**：偏房的後代。**孽**：庶子。

*《左傳‧襄公二十五年》載：陳桓公去世後，一直上演王弟殺王兄上位之醜劇，歷經四代方止。

27 頤：鳥驚狐鴻，國亂不寧。上弱下強，為陰所刑。

小鳥被狐狸和大雁驚嚇，國家紛亂不安寧。上位勢弱，下位勢強，被陰氣所刑傷。

註釋：相附著才能頤養。大惡人交相加害，人民與國家不安，上
　　　　位不能整治下位，還被凌駕傷害。

鴻：大雁，比喻大號人物。

28 大過：六月采芑，征伐無道。張仲方叔，克勝飲酒。

　　周宣王武功卓越，出征討伐無道蠻族。張仲、方叔克敵制勝，飲酒勞軍。

註釋：相附著且大超越。君臣一心，撥亂反正，戰無不克，共同
　　　慶功。

六月、采芑：芑音起，皆為《詩經》中的篇名，歌頌周宣王征討獫狁的功績。**張仲、方叔**：周宣王的臣將。

*《太平御覽・皇王部・卷八十五》：「（節錄）王於是進用賢良，南仲方叔、張仲之屬。征定獫狁，復先王境土。」

29 坎：被綉夜行，不見文章。安坐玉堂，乃無咎殃。長子帥師，得其正常。

　　披著刺繡衣服在夜間行走，無法見到紋彩燦美。安穩端坐在宮殿上，因而沒有過錯災殃。長子統率軍隊，符合正當的倫常（見註）。

註釋：相附著克服落陷。環境昏晦無法彰顯美好，不高調炫耀，
　　　先安定以對避開災禍，接著符合倫常行動，變得安康。

被：披也。**文章**：紋彰也，紋彩燦美。**玉堂**：宮殿。**帥**：率領。

*《漢書・陳勝項籍傳》：「（項羽）曰富貴不歸故鄉，如衣錦夜行。」人勸不可，剛愎不聽，後失敗。

*《象》：「長子帥師，以中行也。」

31 咸：昧暮乘車，東至伯家。踰梁越河，濟脫無他。

　　昏暗日暮時搭乘車子，向東來到兄長家。越過橋梁和河川，獲得救濟而脫困，安全無恙。

647

註釋：應相附著且相感應。原本環境不昏暗，向外尋找光明與親密貴人，歷經辛勤終獲救助而安好。

東：象徵日升的方向。**踰**：越過。**無他**：無恙。

32 恆：東風解凍，和氣兆升，年歲豐登。

春風融解凍冰，陰陽交合之氣大量上升，年年豐富成熟。

註釋：相附著且能持恆。猶如春風帶來生機，天時旺盛，人倫諧和，收穫眾多且美好。

東風：春風。**和氣**：陰氣與陽氣交合而成之氣。**兆**：眾多的。**登**：成熟。

33 遯：三貍搏鼠，遮過前後。無於圜域，不得脫走。

三隻狸貓捕捉老鼠，遮蔽阻擋前後路口。沒有轉圜區域，無法脫離逃走。

註釋：能相附著且隱遁沉潛。協同攻擊，不躁進，節度配合，面面俱到沒有遺漏，獵物手到擒來。

三：象徵多數。**貍**：山貓，行止善於度量。**搏**：捕捉。**過**：音俄，阻止。**圜**：環也，繞。

34 大壯：綏德孔明，履祿久長。貴且有光，疾病憂傷。

安定的德性，碩大的光明，福祿長長久久，尊貴且正大光明，但因禍害而憂慮感傷。

註釋：相附著且壯大。有光明德行，能常保富貴和地位，但富極必腐，小人也孳生壯大。

綏：音雖，安定。**孔**：大。**履**：祿。**有**：大。**疾、病**：禍害。

35 晉：三虎搏狼，力不相當。如摧壅祐，一擊破亡。

三隻老虎跟狼搏鬥，力量不相當。摧毀時猶如有累積助力，

一出擊就消滅。

註釋：相附著的前進。實力非常強大又團結，不斷累積偕同作戰力，進攻時敵人不堪一擊。

三：象徵多。**壅**：堆積。**祐**：助也。

36 明夷：使伯東乘，恨不肯行。與叔爭訟，更相毀傷。

兄長要乘車到東方，弟弟心裡懷恨又不肯行動。與弟弟發生爭訟，繼而互相搗毀傷害。

註釋：相附著狀態已瘡痍。夥伴協調分工失靈，團隊行動受挫，還發生內鬨與互傷。

使：對人的尊稱。**東**：象徵粗鄙的方向。**更相**：相繼。

37 家人：抱空握虛，鴞驚我雛，利去不來。

懷抱和掌握的都空無虛幻，貓頭鷹驚嚇雛鳥，利祿離去不來。

註釋：應相附著且家人。弱小沒有資源，又面對大惡人威嚇，無法獲利，不如與家人一起留守。

鴞：音消，貓頭鷹，猛禽。

38 睽：李花再實，鴻升降集。仁哲以興，隆國無賊。

李花再度結成果實，大雁子飛升來降臨聚集。仁慈明智因而興盛，國家昌隆沒有盜賊。

註釋：相附著克服睽離。猶如春天來臨，生機再現，優秀人才都來聚會，實行仁政，興隆安定。

鴻：大雁子，比喻候鳥遷徙。**哲**：賢能明智的人。

39 蹇：東山皋洛，勇捍不服。金玦玩好，衣為身賊。

649

東山的皋洛族，英勇捍衛不肯降服。晉獻公給太子申銅製玉玦當喪禮，並讓他身穿二色衣傷害法禮。

註釋：相附著已塞堵。上位寵愛佞人，用計剷除自己親密的君子夥伴，使其受到傷害與滅亡。

玦：半環狀的玉佩，比喻訣別。**玩好**：贈送喪家貴重物資；見註二。

＊《左傳‧閔公二年》：「晉侯使太子申生伐東山皋落氏。」晉獻公讓太子申伐東山皋落氏，但讓他穿非純色的兩色衣，佩帶青銅製的玉玦。二色衣不合禮節、銅玦表示訣，象徵晉獻公希望太子申戰死。最後，申生不願作亂而自害身亡。

＊《荀子‧大略》：「衣服曰襚，玩好曰贈……贈襚，所以送死也。」

40 解：飛文污身，為邪所牽。青蠅分白，貞孝放逐。

匿名的黑函玷污了身命，被邪事所拘牽。蒼蠅擾亂了白絹，貞節孝廉者遭到放逐。

註釋：相附著已解除。君子被小人暗中陷害而受拘制，身敗名裂還被驅逐。

飛文：匿名的黑函。**分**：紛也，擾亂。

＊〈厲志賦〉：「疾青蠅之染白。」指小人用讒言誣害好人。

41 損：南山大木，文身其目。制命出令，東里田畝。尊主安居，鄭國無患。

南山的巨大樹木，看起來有斑爛花紋的身軀。君主下達命令到東里的農村請子產出仕。尊奉君主人民安居，鄭國沒有憂患。

註釋：相附著且能損己益人。君子光明，燦爛奪目，受到君主重用執政，君主與人民安樂，國家太平。

南山：山南向日，植物易成長良好，並象徵光明。**大木**：象徵子產，亦名公孫僑，僑（喬）即高大的樹木；見井之大壯「喬子相國」。**文**：紋也。**目**：觀看。**制命、出令**：君主下達命令。**東里**：地名，子產居東里。**田畝**：農村。**鄭國**：子產執政時，

鄭國由盛轉敗，出現安定繁榮。
* 本句見《史記・鄭世家》。

42 益：<u>泉起崑崙</u>，東出玉門。流為九河，無有憂患。

　　水的源頭起自崑崙山，向東流出玉門關。水流分為九條河，沒有憂慮災患。

註釋：相附著且受益。恩澤聖明，源遠流長，分布中原，及至塞外，
　　　天下沒有憂患。

泉：水的源頭。**崑崙**：天下江河總源頭，為西王母居所。**玉門**：往西域最重要的關塞。
九河：九條水流，各有其名，或比喻天下的河流。

*《論衡・異虛》：「河源出於崑崙，其流播於九河。」

43 夬：命短不長，<u>中年夭傷</u>。鬼泣哭堂，哀其子亡。

　　生命短暫不長久，中途就夭折傷亡。鬼怪在廳堂哭泣，悲哀孩子死了。

註釋：相附著狀態已斷決。子嗣不久就死了，無法延續，神鬼哀戚。

中年：中期。

44 姤：君臣不和，上下失宜，<u>宗子哭歌</u>。

　　君主和臣子不和睦，上位和下位失去和順，皇室子弟既哭且歌。

註釋：應相附著且邂逅。上下不能諧和，團隊斷絕，無法延續。

宗子：嫡長子或皇族子弟。**哭歌**：既哭且歌，古人表示哀戚的方式。

45 萃：苛政日作，<u>螟食華葉</u>。<u>割下噉上</u>，民被其賊。秋無所得。

651

苛刻的暴政日愈興起，螟蟲也吃掉花和葉子，上下都被損害啃食，人民被危害。秋天時一無所得。

註釋：應相附著且相薈萃。暴政就像蟲災，環境滿目瘡痍，無法生產收穫，人民受危害而貧苦。

螟：蛀食農作物的害蟲。**華**：花也。**割**：損害。**啖**：吃。

46 升：**南行戴鎧**，**登場九魁**。**車傷牛罷，日暮咨嗟**。

戴著鎧甲向南方行進，登上考場奪得九個榜首。車子損傷，牛隻疲憊，日暮時嘆息。

註釋：相附著才能上升。原本堅強光明，一直所向披靡，但沒有後續支援，後來破敗疲累，沒完成目標。

南：比喻光明的方向。**登場**：臨考場。**九**：象徵最多。**魁**：榜首。**罷**：疲也。**咨嗟**：音資接，嘆息。

47 困：**春東夏南，隨陽有功，與利相逢**。

陽氣春季在東方，夏季在南方，隨著陽氣運行便有功效，逢到利祿。

註釋：以相附著克服受困。隨著時令運行，保持光明陽健，就會有成效與利益。

48 井：**頭尾顛倒，不知緒處。君失其國**。

頭尾互相顛倒，不知道線頭在何處，君主失去國家。

註釋：應相附著且井然。顛倒失序，亂無頭緒，因而滅亡。

緒：由繭抽絲的端頭。

49 革：**言無要約，不成券契。殷叔季姬，公孫爭之。強入**

委禽，不悅子南。

見頤之革。

註釋：相附著狀態已革除。言而無信，蠻橫搶奪，招人憎恨。

子南：公孫楚，字子南。

50 鼎：缺破不成，胎卵不生，不見其形。

缺失殘破不能成事，畜胎和禽卵都不能生成，連樣子都沒見到。

註釋：相附著才能鼎立。殘缺不全，一點繁衍養息的機會也沒有。

51 震：見虵交悟，惜蚖畏惡，心乃無悔。

見到蛇並和牠交會相對，害怕毒蛇，心有畏懼凶惡，沒有悔恨之事發生。

註釋：相附著已震盪。和險惡小人交會相對，能慎戒恐懼就沒有災禍。

虵：蛇也。**交**：接觸。**悟**：晤也，相對；或牾也，抵觸。**惜**：害怕。**蚖**：音玩，毒蛇。

52 艮：河水孔穴，壞敗我室。水深無涯，魚鱉傾倒。

見需之觀。

註釋：相附著已停止。災難發生，環境大壞，災難不止，惡人盡出。

傾倒：全部倒出。

53 漸：五嶽四瀆，地得以安。高而不危，敬慎避患。

五嶽和四瀆，大地得以安居。居高處因而不危險，恭敬謹慎因而避開患難。

註釋：相附著且循序漸進。山河大地安定，居於安全之處且慎戒恐懼，不躁進。

四瀆：江、河、淮、濟的總稱。**瀆**：音讀，注海的大河。

54 歸妹：南至之日，陽消不息，北風烈寒，萬物伏藏。

見坎之歸妹。

註釋：應相附著且相歸依。陽氣消失，陰氣蓬勃，君子隱匿，萬物死沉。

55 豐：五利四福，俱佃居邑。黍稷盛茂，多獲高積。

有齊全的利祿和四方的福祉，人民都來耕種並屯居於城邑之中。五穀豐盛茂密，多有收穫，高高堆積。

註釋：相附著且豐盛。大家都前來聚集，共同創造利潤，收穫豐盛，積蓄眾多。

五：象徵全部。**四**：象徵四方。**佃**：音田，耕種。**居邑**：屯居于城邑之中。**黍稷**：黃米和小米，象徵五穀。

56 旅：公孫駕車，載遊東齊。延陵子產，遺季紵衣。疾病哀悲。

前四句見乾之益。

註釋：相附著已去旅歷。為加強合作而奔波，與人和好共享，大家互蒙其利。後來結盟瓦解，以致貧病哀戚。

57 巽：交亂當道，民困愁苦。望羊置群，長子在門。

小人共同作亂並掌權，人民困苦悲愁痛苦。聖人被置於人群

中不用,長成的男子被關在門戶裡。
註釋:應相附著且安順。小人作亂掌權,百姓塗炭,賢良被罷黜,
　　　壯丁無法發展孳生。
交亂:共亂。**當道**:在路中間,比喻小人掌權。**望羊**:眼睛看起來像羊眼,為帝王或聖人之相;見註。
*《史記 · 孔子世家》:「丘得其為人……眼如望羊,如王四國。」

58 兌:金玉滿室,忠直乘危。三老凍餓,鬼奪其室。求魚河海,網舉必得。

　　金玉堆滿了房室,冒險時能忠厚正直。老人家都挨餓受凍,鬼怪奪佔了房室。在河川海洋裡捕魚,舉起網子就必有所得。(本句倒裝:老人家都挨餓受凍,鬼怪奪佔了房室。後來忠厚正直的去冒險,在河川海洋裡捕魚,舉起網子就必有所得,金玉堆滿了房室。)
註釋:相附著而欣悅。雖然開始時環境險惡飢貧,但家人能誠信
　　　的向外發展,因而大有收穫,儲存珍貴豐富。)
乘危:冒險。**三老**:上壽、中壽、下壽,皆八十以上的老人;見註。
*《左傳 · 昭公三年》:「公聚朽蠹,而三老凍餒。」

59 渙:日入幽慝,陽明隱伏。小人勞心,求事不得。

　　太陽落山,幽暗陰邪,光明隱藏潛伏。小民勞碌心力,謀求事利而不可得。
註釋:相附著已渙散。局勢轉為陰晦,光明不再,卑賤百姓勞心
　　　經營,還是無法收穫。
日入:日出之反義。**慝**:音特,邪惡、陰氣。**陽明**:光明。**小人**:大人之對比,小民。

60 節：<u>頻逢社飲</u>，失利後福。不如<u>子息</u>，舊居故處。申請必與，乃無大悔。

頻頻遇到在祭祀時的聚眾飲酒，失去利祿，延誤福澤。不如好好孳生養息，在舊居安處。如向神明陳述請求，必然都給予，因而沒有大的悔恨。

註釋：相附著需有節度。每每藉祭祀聚眾飲酒作樂，因而喪失時機和利益，不如好好安居養息，虔誠懺悔，這樣自當有求必應，沒有憾事。

社飲：在祭祀土地神的日子聚眾飲酒。**子**：孳也。**息**：利息或子嗣。

61 中孚：<u>南有嘉魚</u>，駕<u>黃</u>取遊。<u>魴鱮</u>詡詡，利來無憂。

南方有美好的魚，駕著神馬飛黃去遊歷取得。魴魚和鱮魚遍處又肥大，利祿來到，沒有憂慮。

註釋：相附著且忠信。光明迅速的前進經營，獲得豐盛美好，一切順利和樂。

南：象徵光明的方向。**黃**：飛黃，傳說中的神馬，與青龍並稱。**魴**：音防，鯉科魚類，象徵吉祥。**鱮**：音旭，鰱魚。魴鱮常並稱；見註。**詡**：音許，《廣韻》：「詡，和也，普也，遍也，大也。」

*《詩經‧韓奕》：「魴鱮甫甫。」魴與鱮肥大。

62 小過：<u>黃裳建元</u>，<u>文德在身</u>。祿祐洋溢，封為齊君。<u>買市無門</u>，<u>股肱多根</u>。

周武王穿著黃色的下衣，建立新的國家，禮樂教化身體力行；姜太公也福祿豐盛滿溢，封為齊君。買賣的市集沒有門路，輔助的人多有痼疾。

註釋：相附著之後持續小過錯。聖王賢相共同開創文教制度和大

功業,並有滿滿的福澤。後來人才大多凋零,國家衰敗。
黃裳:黃色的下衣,比喻中正謙卑。**建元**:開國後第一次建立年號,泛指建國。**文德**:禮樂教化。**祐**:福祉。**洋**:眾多,豐盛。**齊君**:姜太公被封為齊國第一任君主。**賈**:音古,賣賣。**股肱**:大腿和胳膊,象徵輔助的人。**根**:痼疾,如:病根。
* 前四句見《史記・齊太公世家》。

63 既濟:口不從心,欲東反西。與意乖戾,動舉失使。

嘴巴不跟從心識,想去東方反說要去西方。和意念違背,行動舉止失去指使。
註釋:相附著已結束。彼此意念不合,行動相反,團隊因而失去指揮無法動作。
乖、戾:違背。

64 未濟:虎狼之鄉,日爭凶訟。叨爾為長,不能定從。

老虎和野狼之家,每日都在凶惡的爭訟。貪婪增長,不能安定的相從。
註釋:相附著尚未形成。每日都在凶狠的互鬥,日愈貪婪,始終不能偕同。
叨:饕也,貪婪。**爾**:語助詞。

31 咸

31 咸：雌單獨居，歸其本巢。毛羽憔悴，志如死灰。

母鳥孤單獨自居住，歸返原本的窩巢。羽毛憔悴枯萎，心志好像熄滅的灰燼。

註釋：應相應又相應。孤僻而獨居獨活，身心俱疲，也無法繁衍。

雌：母鳥。

1 乾：十窗多明，道里通利。仁智君子，國安不僵。

十個窗戶非常明亮，旅程通暢順利。有仁德與智慧的君子，國家安強不會傾倒。

註釋：相感應且陽健。打開封閉，道路暢通光明。重用君子，國家安康。

十：象徵滿數。**窗**：比喻開啟閉塞，放入光明。**道里**：旅程。**僵**：跌倒。

2 坤：心惡來怪，衝衝何懼？顏伯子騫，尼父聖母。

心裡有惡念來作怪，心神不定承受著恐懼。顏回和閔子騫，以孔子聖人為父母。

註釋：應該感應溫良。惡念使人憂心忡忡又懼怕，應學習君子皈依聖人。

衝衝：心神不定。**何**：荷也，承受。**顏伯**：顏回，世稱復聖。**子騫**：閔子騫，德行與顏回齊名。**尼父**：魯哀公封賜孔子的諡號。

3 屯：鳥鳴呼子，哺以酒脯。高樓水處，來歸其母。

鳥兒鳴叫，呼喚孩子，用酒宴哺育牠。孩子從高的樓臺和低

的水處，回來歸附母親。
註釋：相感應且屯聚。像慈母召喚孩子，給予最好的照護，子民
　　　從各地前來歸附。

酒脯：酒宴。**脯**：醣也，酒宴。

4 蒙：**國馬生角，陰孽萌作。變易常服，君失于宅。**

　　國家的上品之馬生出犄角，陰氣的災禍萌生發起。變更規定的衣服，君主失去了皇宮。

註釋：感應到蒙昧。國家賢士不足，妖孽崛起壯大，興起災難。
　　　改朝換代，君主覆滅。

國馬：一國中上品之馬。**易**：更改。**易服**：改朝換代，變更衣服制度。**常**：規定。
＊《漢書・五行志下之上》：「厥妖馬生角，茲謂賢士不足。」

5 需：**入宇多悔，耕石不富。衡門屢空，使士失意。**

　　進入屋宇有很多怨恨，耕耘石頭不富有。木門屢屢空閒著（見註），士子失意不得志。

註釋：相感到只能等待。入內返回有很多怨氣、外出工作徒勞無
　　　功，無人青睞來訪，前途無望。

悔：恨。**衡門**：以木頭簡易搭建的外門。**使士**：對仕子尊稱。
＊ 相對於門可羅雀。

6 訟：**情懦行賈，遠涉山阻。與旅為市，不危不殆，利得十倍。**

　　意識懦弱的去行商買賣，涉歷遠方還有阻擋的山陵。行旅進行交易，沒有危險和災難，利益得到十倍。

註釋：感應並面對爭訟。遙遠且有很多阻礙，所以行進初始態度

659

怯弱，但能面對處理，獲利變得十分美好。

為市：交易。**十**：象徵滿數。

7 師：梁破橋壞，水深多畏。陳鄭之間，絕不得前。

橋梁破損毀壞，水勢深浚多有畏懼。陳國和鄭國之間的通路，斷絕無法前進。

註釋：感應到戰亂。環境敗壞而且險惡，彼此相鄰卻無法聯繫通行。

陳鄭：陳國、鄭國在同一個分野，比喻鄰國。

8 比：雙梟俱飛，欲歸稻池。經涉萑澤，為矢所射，傷我胸臆。

見屯之旅

註釋：應相感應的比附。相偕而行尋求美好，卻都沒有警覺，因而遭遇埋伏遇害重傷。

9 小畜：謾誕不成，倍梁滅文。許人賣牛，三失爭之。失利後時，公孫懷憂。

浮誇荒誕不能成事，加倍掠奪，毀滅禮儀。應許他人要賣牛，卻三次失約造成爭奪。失去利益延誤時機，公子心懷憂患。

註釋：感應到蓄小勢弱。行為荒誕，斂財又破壞禮節，一物多賣最後一無成交，造成紛爭還失去利益時機。

謾誕：浮誇虛妄。**梁**：掠也，如強梁。**文**：禮節儀式。**三**：比喻多。**失**：違背。**公孫**：對人的尊稱。

10 履：南國凶飢，民食糟糠。少子困捕，利無所得。

南國發生凶惡的飢荒，人民只能食用酒糟和粗糠。小兒子去圍困捕抓獵物，利益一無所得。
註釋：應相感應的去履行。環境凶惡，民不聊生，實力弱小單獨
　　　 行動，沒有成效。

南國：比喻南方蠻國。**糟**：釀酒後濾下的渣滓。**糠**：穀粒的外皮。**糟糠**：象徵粗食。

11 泰：狗吠非主，狼虎夜擾。驚我東西，不為家咎。

　　狗吠不是主人的人，狼虎在夜裡擾亂。驚動東西四鄰，但家戶沒有危害。
註釋：相感應而康泰。惡人暗中侵擾，大家都受到驚嚇，但能相
　　　 互警戒，各家都沒有災害。

12 否：望龍無目，不見手足。入水求玉，失其所欲。

　　望見龍但沒有見到眼睛，也沒看見手和腳。潛入水裡尋求寶玉（玉藏於土），失去所愛。
註釋：感應到閉塞。雖有壯志，但沒有視野和實踐力，冒險行動
　　　 卻方法不對，沒有收穫。

13 同人：以鹿為馬，欺誤其主。聞言不信，三口為咎。黃龍三子，中樂不殆。

　　趙高以鹿為馬，欺騙誤導君主。聽聞的傳言不能採信，三張嘴釀成災禍。黃龍有三個孩子，中正喜樂沒有危險。
註釋：應相感應且同仁君子。皇帝被奸臣欺瞞，而且謠言瀰漫，
　　　 造成災難。後來明辨是非，親近君子，於是繁衍許多皇子，
　　　 歡樂有德行。

三：象徵多。**黃龍**：比喻真命天子。

14 大有：養幼新婚，未能出門。登宋望齊，不見太師。

剛新婚生子（見註），未能出門發展。登基的宋襄公盼望跟齊桓公一樣稱霸，但沒見到太師。

註釋：感應賢良才能大富有。剛剛聯合執政，實力不足以外出發
　　　展。齊桓公有管仲輔佐，宋襄公卻沒有能相。

養幼：生子。**太師**：三公之首。

* 比喻剛聯合執政。宋襄公即位之初以其庶兄為左太師，國力雖有增強，但兩人才能不足，無法爭霸。

15 謙：王孫季子，相與為友。明允篤誠，升擢薦舉。

見師之訟。

註釋：相感應且謙恭。君子達人相互扶持，有德行因而獲得拔升。

16 豫：山水暴怒，壞梁折柱。稽難行旅，留連愁苦。

山上流下來的水暴烈浩大，破壞折損樑柱。行旅拖延多難，接連滯留憂愁苦楚。

註釋：相感應才能頤養。環境敗壞，基業毀損，無法前進，只能
　　　一直滯留。

怒：氣勢浩大。**稽**：拖延。

17 隨：鶺鳩徙巢，西至平州。遭逢雷電，破我葦廬。室家飢寒，思吾故初。

見謙之革。

註釋：相感應才能安順。結夥前進共謀發展，但彼此都疏於防範

因而遭逢劫難，資產破敗，悔不當初。

18 蠱：登高傷軸，上阪棄粟。販鹽不利，買牛折角。

登上高山卻損傷了輪軸，上了山坡卻忘了粟子。販賣鹽不順利，買的牛也折了犄角。

註釋：相感應才能整治蠱敗。行進備感艱辛還一再折傷耗損，想經營得利也重重失利。

阪：山坡。棄：《爾雅・釋言》：「忘也。」鹽：古時鹽為國家管制的貴重物資。

19 臨：祝鮀王孫，能事鬼神。節用綏民，衛國以存。饗我旨酒，眉壽多年。

祝鮀和王孫賈，能服侍鬼神。節省花用安定人民，衛國因而生存。用美酒盛宴款待，人民長壽延年。

註釋：相感應而臨政。態度虔誠，重用賢能實行廉政，國家和人民長保歡樂安康。

綏：安寧。衛國：祝鮀、王孫都是衛國人。饗：盛宴款待。旨酒：美酒。眉壽：老人眉毛會長出特別長的毫毛，為長壽的象徵。

*《論語・憲問第十四》：「祝鮀治宗廟，王孫賈治軍旅。」

20 觀：九里十山，道卻峻難。牛馬不前，復反來還。

九里路中有十座山，道路退卻又高峻難行。牛馬不能前進，一直返復來回。

註釋：應相感應且觀省。前途極度艱難，無法前進，一直倒退回來。

九：象徵最多。十：象徵滿數。卻：因路陡而欲行進卻倒退。

21 噬嗑：枯樹不花，空淵無魚。蕉鳥飛翔，利棄我去。

663

枯樹不會開花，空乏的深淵沒有魚。鷦鷯飛翔而過，利祿棄我而去。
註釋：應相感應且法治。環境蕭條，資源空乏，連非常小型的鳥都無法築巢而離去，利益遠離。
蕉鳥：鷦鷯，非常小型的鳥。

22 賁：雄狐唯唯，登上山嵬。昭告顯功，大福允興。

　　雄狐狸恭敬應諾的登上高峻大山，明白的公告顯赫的功績，浩大的福澤信實興隆。
註釋：相感應且整飾。原本不良，但能恭謙改過，最後成就大業，誠信的創造福澤與興盛。
雄狐：諷刺淫邪的君臣；見註。**唯唯**：恭敬應諾。**嵬**：高峻。**允**：信，實。
＊《詩經‧南山》：「南山崔崔，雄狐綏綏。」譏刺齊襄公和文姜兄妹私通。此處象徵雄狐已改過，登山成功。

23 剝：啞啞笑喜，相與飲酒。長樂行觴，千秋起舞，拜受大福。

　　見訟之大過。
註釋：相感應克服剝落。能歡樂相處，相互共好，就可以世代樂活，享受福祿。

24 復：大椎破轂，長舌亂國。床笫之言，三世不安。

　　大椎擊破車子，讒言擾亂國家。男女床上的妖言，使三個世代都不安定。
註釋：相感應已返復回去。君主昏昧聽信小人與妖女的讒言，國家敗壞，多世不安。

椎：槌。轂：音古，車輪中心的圓木，比喻車。床笫：笫音紫，床上的竹席，象徵男女房中之事。三：象徵多。
*《孔叢子・答問》：「故凡若晉侯驪姬床笫之私、房中之事，不得掩焉。」典故見比之履。

25 無妄：男女合**室**，二姓同食。婚姻**孔云**，**宜**我孝孫。

男女和合成婚，兩個姓氏的人共同用食。婚姻大為恩愛纏綿，安順的繁衍孝順的子孫。
註釋：相感應且不虛妄。與人親密結盟，關係美好，繁衍眾多。
室：成婚。**孔**：大。**云**：旋也，往復的狎暱，一般人不宜，但夫妻如此表示恩愛纏綿。
宜：安順。
*《詩經・正月》：「洽比其鄰，昏姻孔云。」

26 大畜：千**仞**之墻，禍不入門。金籠**銕䟽**，利以**辟**兵。欲**南**上**阪**，**轉**萬不**轉**，還車復反。

有千仞的高牆，災禍不能進門。金屬的籠子和鐵的窗戶，順利的避開兵禍。想要登上南方的山坡，有千萬個轉彎以致無法運轉，只好駕車返回。
註釋：應該感應大蓄。堅強的防備，雖能避禍，但無法飽足，向
　　　外進取就會困難重重，無法前進。
仞：音任，八尺為一仞。**銕**：鐵也。**䟽**：疏也，窗。**辟**：避也。**南**：象徵光明的方向。
阪：山坡。**轉**：運輸。

27 頤：華言風語，**自相詿誤**。終無凶事，安寧如故。

浮華之言和風傳的流語，因而被蒙蔽犯錯。最終沒有凶惡的事故，安詳康寧一如往昔。
註釋：相感應才能頤養。起先相信流言流語而發生過錯，後來改

665

過，再度安居無事。

華言：華而不實的浮誇之言。**自**：因而。**相**：此為單方面的動作，如相瞞。**註誤**：詿音掛，因蒙蔽而犯了過失。

28 大過：汎汎柏舟，流行不休。耿耿寤寐，公懷大憂。仁不遇時，退隱窮居。

見屯之乾。

註釋：感應到大過錯。仁者時時憂國憂民，想要出仕改變亂局，但時不我予，只好退回隱居。

29 坎：大尾小頭，重不可搖。上弱下強，陰制其雄。

大大的尾巴，卻小小的頭，沉重而不能擺動。上位衰弱，下位壯大，陰險奸人制伏領袖。

註釋：感應到落陷。下位強，上位弱，體制不能運作，最終小人控制領袖。

30 離：一身三口，語無所主。東西南北，迷惑失道。

一個身體卻有三張嘴，語言沒有主旨。東西南北，四處迷惘困惑而迷路。

註釋：應相感應且相附著。一個團隊，人多嘴雜（一心多念，沒有主見），因而疑惑不定，迷失方向。

三：象徵多。

32 恆：南行求福，與喜相得。封受上賞，鼎足輔國。

向南行進尋求福祉，遇到喜慶。接受皇帝最高的封地和賞賜，

身列三公輔佐國家。

註釋：相感應且能持恆。光明行動，歡喜的得到君王最高賞賜和提拔，成為國家重臣。

南：象徵光明的方向。**得**：遇。**封**受：諸侯接受天子分封爵祿領地。**上賞**：最高的賞賜。
鼎足：鼎三足以象三公。

33 遯：過時不歸，苦悲雄惟。徘徊外國，與母分離。

見比之隨。

註釋：應相感應卻遁逃。男子遠行未返，心情悲苦，在外瀕臨危險，不能歸返繁衍與奉老。

雄：雄性動物。**惟**：思量、情懷。

34 大壯：堯舜在國，陰陽和得。涿聚衣常，晉人無殃。

堯舜在國家親政，陰陽（君臣）調和契合（見註一）。顏庚（涿聚）的朝服由兒子顏晉繼承而持恆存在，顏晉也安好無殃。

註釋：相感應而壯大。聖王親政，君臣和合，忠臣捨命盡忠，國家和後代都永續平安。

得：契合。**涿聚**：顏庚，字涿聚，孔子弟子，曾為盜，後為齊大夫，死於齊晉犁丘之役，後世稱其為齊之忠臣。**衣**：朝服，象徵職位。**晉人**：顏晉，顏庚（涿聚）的兒子。
*《說苑‧辨物》：「（陰陽）其在國則君為陽，而臣為陰。」
*《左傳‧哀公二十三年》載，晉伐齊，齊師敗績，顏庚被俘失訊。後其子顏晉奉命穿著朝服去接受齊王的加封。

35 晉：周城之降，越裳夷通。疾病多祟，鬼哭其公。鳥子野心，宿客不同。

京城以下一直到越裳，都平坦通暢。禍害多來作祟，鬼怪為

君主哭號。幼鳥能自食後便放縱不馴，變成投宿之客，其心各不相同。

註釋：相感應才能前進。周朝原本壯大昌盛，勢力遠播，後來弊端叢生，君主岌岌可危，各諸侯已能獨立，不再安順，蠢蠢欲動。

周城：天子之城，周圍城垣迴繞，故稱。**越裳**：古代傳說中的國家，位於交趾之南，象徵遠方蠻族。**夷**：平。**疾、病**：禍害。**鳥子**：《爾雅》：「生而須哺曰鷇，自食曰雛。」見註。**野**：放縱不馴。

* 後兩句意味，雛鳥能自食不需哺育後，便各自野心勃勃。

36 明夷：申酉脫服，牛馬休息。君子以安，勞者得懽。

申酉交會時，脫除衣服，牛馬休息。大人安居，勞動者也歡欣。

註釋：相感應克服瘡痍。日出而作，日落而息，大人和百姓都歡喜安居。

申酉：分別是下午三到五點、五到七點，申酉交會為下午五點。

* 《晏子春秋》：「脫服就燕。」景公脫去巨冠長衣休息，作息有度，不再勞碌操煩，以導民奉生。

37 家人：凱風無母，何恃何怙？幼孤弱子，為人所咎。

南風吹來卻沒有母親，何處有父母可以依靠呢？年幼喪失父母的柔弱孩子，被人所憎惡。

註釋：應相感應如同家人。無父無母的幼小孤兒，沒有依靠又被人嫌惡。

凱風：南風、夏天的風，象徵母愛。**恃、怙**：倚靠，分別比喻母親、父親。**孤**：幼年死去父親或父母雙亡。

* 《詩經·凱風》：「凱風自南，吹彼棘薪。母氏聖善，我無令人。」

38 睽：出門上堂，從容牖房，不失其常。天牢北戶，勞者憂苦。

走出家門登上公堂，從容生活在有窗戶的房子，沒失去常禮。形勢險峻的北戶蠻國，勞碌而且憂愁苦楚。

註釋：感應到睽離。行事如儀，自在光明，卻被流放到險惡偏遠的邊荒受苦。

牖：音有，窗戶。**牖房**：比喻起居光明磊落。**天牢**：天險有如牢獄，比喻形勢險峻。
北戶：古國名，為四荒之一。

39 蹇：天厭周德，命與南國。以禮靜民，兵革休息。

見無妄之否。

註釋：感應到蹇跛。德行敗壞遭受天譴，因而被推翻，新政權禮教安民，停止戰亂。

40 解：常葉折衝，佐鬭者傷。暴臣失國，良臣破殃。

用平常的葉子抵禦敵人，輔佐戰鬥的人受了傷。殘暴的奸臣顛亡國家，良好的忠臣損害遭殃。

註釋：相感應已解除。用蠢材與人對戰，以致損兵折將，奸人搞垮團隊，忠者反受迫害。

折衝：使敵方的衝鋒折返，意謂抵禦、擊退。

41 損：合歡之國，嘉喜我福。東岳西山，朝齊成恩。

和合歡樂的國家，美好喜樂有福祉。東山和西山，朝拜會合，成就恩澤。

註釋：相感應且能損己利人。團隊和睦歡樂有福祉，不分彼此齊

聚協合，共創福澤。

東、西：比喻四方。**齊**：會合。

42 益：耕石不生，棄禮無名。縫衣失針，襦袴不成。

耕耘石頭不會生產，背棄禮義沒有名譽。要縫衣服遺失了針，衣服跟袴子不能製成。

註釋：相感應卻益己損民。方式不對，不顧禮義，失去協力夥伴，無法成事。

襦：音儒，短的厚上衣。

43 夬：聾聵闇瘖，跛倚不行。坐尸爭骸，身被火災，因其多憂。

耳聾、目茫、啞巴、蒙昧，跛腳歪斜不能行走。代表受祭的活人和屍骸起爭執（見註），身體被火燒傷，因而多有憂患。

註釋：相感應已斷決。蒙昧癡迷，無法行動，罔顧倫理，狂妄爭奪，蒙受重大傷害和災禍。

瞢：音蒙，瞎也，看不清楚。**闇**：瘖也，啞巴。**瞢**：蒙昧。**倚**：歪斜。**坐尸**：古時祭禮中代表死者坐於壇前受祭的活人。

* 坐尸為屍骸之擬化替代，不能妄想取而代之。

44 姤：長生太平，仁政流行。四方歸德，社稷康榮。

人民長壽，國家太平，仁政流布施行。四方鄰國歸附德君，國家康泰繁榮。

註釋：相感應且邂逅。廣行仁德，人民康泰，四海歸心，國家富強。

社稷：土神和穀神，象徵國家。

45 萃：桀跖並處，民之愁苦。擁兵荷糧，戰於齊魯。合巹同牢，姬姜並居。

夏桀和柳下跖群居，人民為之愁苦。聚集兵馬揹荷糧食，齊魯兩國大戰。新婚夫妻交杯共飲，同用祭祀牲禮，兩姓合婚共同居住。

註釋：應相感應且相薈萃。惡人聚會，糾結黨羽大掀戰亂，百姓
　　　遭殃。後來結合成親密團隊，和樂共居並繁衍子息。

桀跖：夏桀和柳下跖（音直），暴君和惡盜，泛指惡人。**並處**：群居。**擁**：聚集。**齊魯**：齊魯兩國相鄰，比喻為鄰國。**合巹**：巹音僅，新郎新娘交杯共飲。**牢**：祭祀的牲禮。
姬姜：象徵兩姓合婚，亦為婦女的美稱。

46 升：南與凶俱，破車失襦。西行無袴，亡其寶賂。

一起相隨到凶惡的南方，破損了車子，失去了衣服。向西行走也沒了袴子，失去寶貴的財物。

註釋：相感應才能上升。前途險惡，同行不能同心，到哪裡都會
　　　蒙受災害與損失。

南、西：象徵四方。**與**：跟隨。**俱**：一起。**襦**：音儒，短的厚上衣。**賂**：財物。

47 困：空槽注器，豚觬不至。長弓祝雞，雄父飛去。

見師之旅。

註釋：相感應有困阻。沒有資源，無法利誘，徒具空想的行動，
　　　無法聚集人才。

器：人才，如大器，此處比喻大豬。**豚**：小豬，也泛指豬。

48 井：望尚阿衡，太宰周公。藩屏湯武，立為王侯。

見坤之鼎。

671

註釋：相感應且井然。一群賢能輔佐聖君，保衛國家，被封為諸侯。

49 革：朝鮮之地，箕子所保。宜家宜人，業處子孫。

見大畜之大畜。

註釋：相感應且能革新。仁人向外創建功業，家族安居樂業，子孫承續發展。

50 鼎：昔憂解笑，故貪今富。載策履善，與福俱遇。

昔日憂患解除而歡笑，舊時探求今日富有。蒙受策封，履行善道，和福澤都相遇了。

註釋：相感應而鼎立。努力發展擺脫昔日困境，蒙受大貴人重用，行仁善積大福。

貪：探也。**載**：承受。

51 震：叔迎伯兄，遇卷在陽。君子季姬，並坐鼓簧。

弟弟迎接兄長，眷屬會合在山南。君子和少女並坐著吹笙。

註釋：相感應而震奮。兄弟相會，家族光明；兩姓合婚，琴瑟和鳴。

遇：會合。**卷**：眷也，眷屬。**陽**：山南水北，比喻光明。**季姬**：季者幼，姬者女之美稱，故指少女。**鼓**：吹奏。**簧**：管樂器中振動發聲的薄片，借指笙。**鼓簧**：吹笙，比喻和鳴。
* 後兩句見《詩經・車鄰》：「既見君子，並坐鼓簧。」

52 艮：順風縱火，芝艾俱死。三官集房，十子中傷。

順著風勢縱火，芝草和艾草都死了，三位高官聚集在廟堂，夥同所有公子都受到傷害。

註釋：相感應已停止。小人趁勢蔓延災禍，不分賢愚無一倖免，重臣和新進都遭受傷害。

芝艾：比喻貴賤、賢愚。**三官**：三種中央大官，歷代略有不同。**房**：廟宇、祠堂。**十**：象徵滿數。

*《淮南子‧俶真訓》：「巫山之上，順風縱火，膏夏紫芝與蕭艾俱死。」

53 漸：駕車入里，求鮮魴鯉。非其肆居，自令失市。君子所在，安無危咎。

駕著車進入鄉里，求取新鮮的魴魚和鯉魚，但鄉里不是店鋪的處所，因而導致失去交易。君子所在之處，安全沒有危險災害。

註釋：相感應便會漸漸完成。前進尋求美好，但沒有去到正確的地方，所以沒有達成目的，只要依理而行，便能安全無虞。

魴：音防，鯉科魚類，象徵吉祥。**肆**：店鋪。**自**：因而。**令**：致使。

54 歸妹：拔劍傷手，見敵不起。良臣無佐，困辱為咎。

拔劍傷到手，見到敵人不敢起身。沒有良好的忠臣輔佐，受困屈辱並造成災禍。

註釋：應相感應且相歸依。笨拙而自傷，見到敵人不敢起身對抗，也沒有忠臣，招致困境羞辱。

55 豐：亂君之門，佐鬬傷跟。營私貪祿，身為悔殘。東下泰山，見我所歡。

在暴虐君主的門下，輔佐戰鬥傷了腳跟。營謀私利、貪圖利祿，身軀傷殘而悔恨。向東進入泰山，見到了伴侶。

註釋：感應君子才能豐盛。跟隨惡霸妄作非為，因而受到傷害，也無法立足，後來改過向善，與君子交歡，獲得吉祥。

跟：腳跟，比喻立足。**下**：進入。**所歡**：伴侶。

56 旅：慈母望子，遙思不已。久客外野，使我心苦。

慈母盼望孩子，遙遠的思念不能停止。長久寄旅在野外，心裡悲苦。

註釋：相感應去旅歷了，不再相應。身心漂泊，與至親兩地相思，深感辛酸。

客：寄旅於外。

57 巽：魴生淮郤，一轉為百。周流四海，無有患惡。

魴魚生長在淮河的孔穴，一次轉化百隻。周遍流行四方大海，沒有禍患凶惡。

註釋：相感應且安順。原本在小地方居住，但環境美好，很快就繁衍昌盛，遍布四海，安好無恙。

魴：音防，鯉科魚類，象徵吉祥。**淮**：中國四瀆之一。**郤**：隙也，孔穴。**轉**：情況轉變。
周：遍。

58 兌：甘露醴泉，太平機關。仁德感應，歲樂民安。

見屯之謙

註釋：相感應且欣悅。天下太平，瑞兆一一出現，行仁德而安樂，一切豐盛美好。

59 渙：采薇出車，魚麗思初。上下從急，君子免憂。

派遣的士卒戰勝歸來，宴饗中想起當初的情況。上下緊急的相互跟從，君子沒有憂患。

註釋：相感應而渙發。冒險犯難有成，光耀的慶賀，當初雖然危急但眾人能緊密相隨，遵循德行，所以一切安好。

采薇：《詩經·小雅》篇品，象徵調遣士卒。**出車**：同上篇名，象徵戰勝歸營。**魚**

麗：同上篇名，宴饗之樂歌。

*《毛詩‧序》：「文王之時，西有昆夷之患，北有玁狁之難，以天子之命，將率遣戍役以守衛漢族。故歌〈采薇〉以遣之，〈出車〉以勞還，〈杕杜〉以勤歸也。」

60 節：豕生魚魴，鼠舞庭堂。雄佞施毒，上下昏荒，君失其邦。

見蒙之比。

註釋：應感應於節度。小人繁衍崛起，群魔亂舞，強大惡毒，上下一起蒙昧，國家因而覆滅。

61 中孚：三頭六目，道畏難宿。寒苦之國，利不可得。

有三顆頭、六隻眼睛（三人同行），但旅途可畏難以休宿。寒峻貧苦的國家，利益無法獲得。

註釋：應相感應且忠信。眾人一起前進，但前途危險艱辛，目的地又寒苦，難以求利，應更同仁同心。

三、六：象徵多。

62 小過：驚雀銜茅，以生孚乳。昆弟六人，姣好悌孝。各同心願，和悅相樂。

見小畜之巽。

註釋：相感應並小超越。警戒工作養育下一代，兄弟眾多且美好團結，大家心願一致，歡喜與共。

驚：警，警戒。昆：兄。

63 既濟：文君之德，仁義致福。年無胎夭，國富民實。君

子在室，曾累益恩。

　　周文王有德行，仁義招致福祉。穀物成熟沒有胎兒夭折，國家富有人民充實。君子在家遵行倫理（見註），增加累積利益和恩澤。

註釋：相感應已完成。實行德政，有仁義因而有福澤。收成與繁衍良好，家國壯大。百姓也有德行，安居樂業，福澤延綿。（不主外出發展）

文君：指周文王。**年**：《說文》：「穀熟也。」**曾**：增也。

*《禮記・坊記》：「醴酒在室，醍酒在堂，澄酒在下，示民不淫也。」

64 未濟：秋梁未成，無以至陳。水深難涉，使我不前。

　　秋天了橋梁尚未築成，無法到陳國。水勢又深浚難以渡過，無法前進。

註釋：相感應尚未完成。怠惰逸樂不守法制，一直延宕進度，無法前進去會合發展。

陳：陳國；比喻墮落之國。

*《國語・周語中》：「今陳國道路不可知，田在草間，功成而不收，民罷于逸樂，是棄先王之法制也。」

32 恆

32 恆：黃帝所生，伏羲之宗。兵刀不至，利以居止。

　　見屯之萃。

註釋：持恆又持恆。傳承聖人道統，生活在文明國度，沒有戰亂，
　　　生活安定。

宗：宗族。

1 乾：登墀蹉足，南行折角。長夜之室，不逢忠直。

　　登上臺階腳卻骨折，向南行進卻折了牛角。處在漫長黑夜的暗室裡，沒遇到忠信正直的人（見註）。

註釋：應持恆的陽健。想前進上升卻遭受傷害和損毀，因為自我
　　　蒙昧，遇不到君子。

墀：音持，臺階上的平地。**蹉**：音威，骨折。**南行**：比喻朝不利方向前進。

*《毛傳》：「夜暴雨至而室壞，婦人趨而至，顏叔子納之而使執燭，放乎旦而蒸盡，縮屋而繼之。」本條用反喻。

2 坤：燕雀衰老，悲鴻入海。憂不在鄉，差池其羽。頡頏上下，在位獨處。

　　燕雀衰老了，和悲傷的大雁都掉入海裡。因不在故鄉而憂慮，羽毛參差不齊。飛舞卻忽上忽下，只能獨自處在位置上。

註釋：應持恆的溫良。向外發展卻一直不如意而落陷，到老都落
　　　魄徘徊，孤自過活。

燕雀：一種小鳥。**鴻**：大雁子。**差池**：差音雌，參差不齊。**頡頏**：音協航，鳥飛舞跳躍。

3 屯：開門除憂，伯自外來。切切無患，我之得歡。

打開大門消除憂慮，兄長自外面回來。情意懇切沒有憂患，大家都得以歡欣。

註釋：持恆的屯聚。打開門戶歡迎老成員歸來，大家感情濃密，沒有間隙，一起樂活。

切切：情意懇切。

4 蒙：效耕釋秬，有所疑止，空虛無子。

致力耕耘卻捨去好的黑黍，有所質疑而停止，以致空乏虛無，沒有孳生。

註釋：應持恆的啟蒙。努力工作卻捨棄好方法，而且一再遲疑停止，以致無法收成。

效：效力於。**釋**：捨去。**秬**：音巨，黑黍，古人視為嘉穀。**子**：孳也。

5 需：張牙切齒，斷怒相及。咎起蕭牆，牽引吾子。患不可解，憂驚吾母。

張開牙齒接著又咬緊摩擦，絕斷憤怒並互相干犯。災亂起自家裡，牽扯連累孩子。憂患無法解除，憂慮驚嚇了母親。

註釋：持恆的等待停滯，衰極必亡。兄弟凶惡痛恨的反目成仇，暴烈相鬥，演變成災禍，宗族老小也受到波及。

張牙：形容凶惡之相。**切齒**：咬緊並摩擦牙齒，形容十分痛恨。**斷**：絕斷，比喻以死相拚。**相及**：互相干犯。**蕭牆**：大門內的屏風或屏牆，象徵家裡。

6 訟：履不容足，南山多棘。毋出房闥，乃無疾病。

鞋子容不下腳，南山多有荊棘。不要走出房門，就不會有禍害。

註釋：有恆常的爭訟。資材不良，路途又險難，不要前進，沉潛
　　　才能平安。
履：鞋。**南山**：比喻高山。**闒**：音踏，門。**疾、病**：禍害。

7 師：牛騂亡子，鳴於大野。申後陰徵，罡歸其母。

赤色的牛遺失孩子，在廣大的原野鳴叫。呻吟後又瘖啞的召喚，最後孩子從山崗返回母親身旁。
註釋：持恆克服戰亂。母子（上位與下位）雖然離散，但不斷尋
　　　找對方，又再度團聚。
牛騂：騂音星，赤色牛。**亡**：遺失。**申**：呻也，牛鳴聲如呻吟聲。**陰**：瘖，聲音沙啞。
徵：召。**罡**：崗也。

8 比：龍生于淵，因風身天。章虎炳文，為凶敗軒。發輗溫谷，暮宿崑崙。終身無患，充精照耀，不被禍難。

龍生於深淵，藉著風力身體上了天空。彩燦的老虎有明亮的條紋，厲害到可以毀壞堅固豪車。從溫谷發車，日暮時住宿崑崙山。終其一生都沒患難，充滿精力光彩奪目，不遭受禍害災難。
註釋：持恆且能相比附。豪傑都養成了，一飛衝天，怒勢洶洶，
　　　一起追求光明神聖，一生都光耀康泰。
因：憑藉。**章**：彰也，色彩燦爛。**炳**：光彩明亮。**文**：紋也。**凶**：厲害。**敗**：毀壞。**軒**：
有圍棚或帷幕的車，比喻堅固豪車。**輗**：音泥，車轅與橫木相連接的插銷，比喻大車。
溫谷：溫源谷，古代傳說日出之處；在此象徵皇宮。**崑崙**：相傳為西王母與眾神居
住之處。**照耀**：光彩奪目。**被**：遭受。

9 小畜：既嫁宜吉，出入無憂。三聖並居，國安無災。

已經嫁人而且和順吉祥，外出入內都沒有憂患。三位聖人一

679

起居住，國家平安沒有災難。

註釋：持恆的小蓄。與人親密結盟，安順的生活和經營，並且與
　　　君子共居，大家平安無災。

宜：和順。三聖：指周文王、周武王、周公建立周朝。

10 履：北陸陽伏，不知白黑。君子傷讒，正害善人。

　　冬天時太陽潛伏，無法分辨黑白。君子被讒言中傷，官長迫害善人。

註釋：要持恆需履行正道。陽氣耗盡，是非不分，小人傷害君子，
　　　官府逼壓善人。

北陸：北方陸地，比喻冬天。讒：中傷、陷害別人的壞話。正：官長；《爾雅》：「正，長也。」

11 泰：一身兩頭，近適二家，亂不可治。

　　一個身體有兩個頭，近乎同時嫁給兩戶人家，紛亂無法救治。

註釋：持恆才能康泰。心性不定，一物兩賣，造成混亂無法收拾。

頭：比喻理智。近：幾乎一樣。適：女子出嫁。

12 否：牝馬牝駒，歲字不休。君子衣服，利得有餘。

　　良好的母馬們，年年懷孕不曾停止。君子穿著衣裳，利祿所得大有盈餘。

註釋：持恆克服閉塞。本質良好又一直繁衍孳生，並且遵守禮節，
　　　大為富足。

牝：音聘，雌性動物。駒：駿馬。歲：年。字：孕也。衣：穿著。服：上衣與下裳，為正式服制，比喻禮制。

13 同人：南行懷憂，破其金輿。安坐故廬，乃無災患。

向南行進但心懷憂慮，還毀壞了金屬的車子。安定的坐在原來的房屋，就沒有災害患難。

註釋：應持恆的同仁在一起。獨自前進憂慮不利，美好的資產也受損，維持原樣和大家在一起，才能平安。

南行：比喻獨行。**輿**：車或轎。

14 大有：憂人之患，履傷浮願，為身禍殘。篤心自守，與喜相抱。

憂患之人製造災患，操守傷敗，慾念輕浮，身體有災禍殘缺。用篤實的心念自我守護，喜慶環繞。

註釋：持恆才能大富有。操守、行為與心智敗壞，因而招來禍患，保持德行才能擁有喜樂。

履：行為操守。**願**：欲思。**抱**：環抱。

15 謙：咸陽辰巳，長安戌亥。丘陵生上，非魚鱓市。可以避不，終無凶咎。

秦朝咸陽在東南方，漢朝長安在西北方。雖然在丘陵生長良好，但不是海魚市集的商品。可以避開惡劣環境，最終就沒有災禍。

註釋：應持恆的謙恭。已改朝換代，彼此截然不同，人才不再適用（秦重法，漢重儒），低調隱遁，終能平安。

辰巳：《論衡‧言毒》：「辰、巳之位在東南。」**戌亥**：《後漢書‧祭祀中》：「西北戌亥之地。」**上**：等級和質量高的。**鱓**：露脊鯨，海上最巨大的魚。**不**：否也，惡劣的。

* 秦朝於今西安市東方建都稱咸陽，漢朝於西安市西北方建都稱長安。

＊又或，咸陽是秦都，長安是漢都；東南是地戶的方向，西北是天門的方向。比喻截然不同。

16 豫：不知何孫，夜來扣門。我慎外寢，兵戎且來。

不知三桓的哪一氏，夜晚來扣門。君主慎重的在治事的宮室理事，戰爭即將來到。

註釋：持恆才能安育。敵人已經叩關，戰爭即將爆發，應該一直
　　　慎戒恐懼的守護處理。

孫：見註。**外寢**：君主治事的宮室。**兵戎**：軍事相關的泛稱，象徵戰爭。**且**：即將。
＊《韓非子・內儲說下》：「三桓（孟孫、叔孫、季孫）攻昭公。」

17 隨：昧旦不明，暗我無光。喪滅失常，使我心傷。

凌晨時天色不明晰，陰暗沒有光亮。光明淪喪滅亡，失去倫常，使人心傷。

註釋：應持恆的隨理。環境隱晦不明，光明與倫常都喪失了。

昧旦：天將明未明之時。

18 蠱：江陰水側，舟楫破乏。孤不得南，豹無以北。雖欲會盟，河水絕梁。

江的南邊水岸旁，船隻破損缺乏。孤獨無法向南行，王豹也無法向北行。雖然想要會合同盟，但河水已超過了橋梁。

註釋：恆久的蠱敗。河川陰晦，船破橋斷，住於淇水善於謳吟的
　　　王豹，無法過江到河西與善謳的百姓會合。（環境殘破。
　　　君子無法會合）

江：此處指淇水。**陰**：陰為山北或水南，比喻陰氣之地。**舟楫**：船隻。**南、北**：比喻南來北往。**豹**：衛國王豹，有「韻吟王豹」美譽。**絕**：超過，如絕色。

682

*《孟子・滕文公下》：「昔者王豹處於淇，而河西善謳。」此處採反喻。

19 臨：<u>神</u>之在丑，逆破為咎。不利<u>西南</u>，人休止後。

大歲星神在丑宮的年度，橫逆破敗釀為災禍。不利到西南方，人要休止後面行動。

註釋：持恆才能臨政。環境轉為惡劣，有橫逆和災害，外面沒有
　　　光明，按兵不動以策安全。

神：見註。**西南**：比喻缺陽又將陽盡之處。

*《爾雅・釋天》：「（大歲）在丑曰赤奮若。」又《淮南子・天文訓》：「赤奮若之歲，歲有小兵，早水，蠶不出，稻疾，菽不為。」

20 觀：然諾不行，欺天誤人。使我靈宿，夜歸溫室。神怒不直，鬼擊<u>無目</u>。欲求福利，<u>適反自賊</u>。

答應允諾了卻不履行，欺騙上天耽誤人民。讓神靈露宿，自己半夜返回溫暖的房室。神明憤怒他不正直，鬼魂擊瞎他的眼睛。想要謀求福祉利益，剛好反而自我傷害。（靈巫怠惰自私，未履行答應的祭祀工作，還怠慢神明，因而非但沒得到報酬，還被鬼神所傷。）

註釋：應持恆的觀省。毫無誠信，欺天瞞人，怠忽職責，鬼神共憤，
　　　想要私心求利，反而得到懲罰與傷害。

然、諾：答應。**無目**：眼瞎。**適**：剛好。**自賊**：自己傷害自己。

21 噬嗑：攘臂極肘，怒不可止。狼戾復<u>很</u>，無與為市。

捲袖露出手臂，手肘舉到最高，憤怒無法停止。像狼一樣暴戾又凶狠，無人跟他交易。

註釋：應持恆的法治。暴戾好鬥，凶狠歹毒，無法與人相處經營。

攘臂：捲袖露出手臂。**極**：達到頂點。**很**：狠也。**為市**：交易。

22 賁：販馬賣牛，會值虛空。利得尟少，留連為憂。

販賣馬跟牛，計算數值卻虛無空乏。利益得到甚少，接連滯留且憂慮。

註釋：應持恆的整飭。雖有善加經營，卻一直沒有獲利與進展。

會：音快，計算。**尟**：鮮，少。

23 剝：高樓陸處，以避風雨。深堂邃宇，君安其所。牝雞之晨，為我利弗，求得弗得。

高樓蓋在陸地處（非低窪處），可以躲避風雨。深邃的廳堂和屋宇，君子安住於此處所。母雞鳴叫報曉，並不吉利，謀求有所得卻無所得。

註釋：持恆已剝落。原本安全美好又有德行，穩固的安居樂業。後來牝雞司晨，小人掌權，便有求必失。

陸：高出水面的土地。**深、邃**：從外面到裏面距離大，如房子很深。**牝**：音聘，雌性動物，比喻小人。**晨**：雞鳴報曉。**弗**：不。

24 復：阿衡服箱，太乙載行。逃時歷舍，所之吉昌。

宰相駕車載著皇帝前行，經過時都會赦盡罪刑，所到之處都吉祥昌隆。

註釋：恆常狀返復回來。君臣諧和共事奔波，所至之處，對人民寬赦，無不昌隆。

阿衡：原為輔弼帝王、教導王室的大官，後引申為宰相。**服箱**：負載車廂，比喻駕駛馬車（非騎馬）。**太乙**：天帝，比喻皇帝。**逃**：《集韻》：「跳與逃通。」謂走，經過。**歷**：遍、盡。**舍**：赦也，捨其罪。**之**：到。

25 無妄：飛來之福，入我嘉室，以安吾國。

飛來的福祉，進入美好的家室，安定國家。

註釋：持恆的不虛妄。福氣自來，家國福泰安定。

26 大畜：不孝之患，子為母殘。老耄莫養，獨坐空垣。

不孝的禍患，孩子為母親帶來殘害。老人無人奉養，獨自坐在空蕩的矮牆下。

註釋：持恆才能大蓄。不肖子孫，敗壞祖業，害得老人家只能孤獨在牆角苟活，無人奉養。

耄：音茂，年老。**垣**：矮牆。

27 頤：南過棘門，鉤裂我冠。鬭之傷襦，使君恨憂。

向南經過君主住宿的守衛處，戟鉤鉤裂了帽冠。相鬥傷了衣服，使人懷恨憂患。

註釋：恆常才能頤養。共事一主卻生間隙，相互鬥爭，造成損傷，各自心懷怨恨。

南：南門，君主住宿之處。**棘門**：帝王住宿門口插戟守衛處。**襦**：短厚上衣。**使君**：對人的尊稱。

28 大過：重或射卒，不知所定。質疑蓍龜，孰可避大？明神報荅，告以肌如。

重複無目標的倉猝射箭，不知鎖定的對象為誰。心有質疑，以蓍卜與龜占請示，甚麼方法可以躲開大災難？神明告訴回答，應強力以對。

註釋：持恆才能大超越。發生大凶事，不知如何處置，只能漫無

目標胡亂攻擊。應該虔誠請教方法,並強力執行。

或:不特定的。**卒**:猝也,倉猝。**蓍**:音詩,用蓍草卜卦。**大**:性質重大的,如出大事。**報**:告訴。**荅**:答也。**肌**:慎也,強力;《釋名》:「肌,慎也。」

29 坎:**騹麏鳳稚,安樂無憂。捕魚河海,利踰從居。**

麒麟、獅子、鳳凰等的幼子,安樂生活沒有憂患。在河川海洋捕魚,獲利超越,同住一處。

註釋:持恆克服落陷。君子們吉祥的團居、繁衍,一起經營,獲利超倍。

騹:麟也。**麏**:猊也,獅子。**踰**:超越。**從居**:同住一處。

30 離:**新田宜粟,上農得穀。君子推德,千百以福。**

見剝之遯。

註釋:持恆的相附著。一起開創新局,獲得大利,又推動德性,福澤眾多。

31 咸:**簪短帶長,幽思苦窮。瘠蠹小瘦,以病之隆。**

頭髮稀疏只需短簪,身體消瘦衣帶變長,幽晦思念,愁苦至極。疾疫腐朽,弱小體瘦,多病疲勞。

註釋:要持恆應相感應。孤獨無侶,鬱悶氣結,身心健康都極為不佳。

簪:音讚一聲,固定頭髮或冠帽的髮叉。**瘠**:疾疫。**蠹**:音離,剝落腐蝕。**隆**:癃也,《說文》:「罷(疲)病也。」

33 遯:**爭訟之門,不可與鄰。出入為憂,生我心患。**

爭鬥訴訟的門戶,無法與人為鄰。出門入門都有憂慮,生出

心理疾患。

註釋：要持恆應隱遁低調。好與人鬥，無法與人相處，出入都有爭亂，心病為患。

34 大壯：朽根枯株，不生肌膚。病在心腹，日以焦勞。

腐朽的根部，焦枯的樹幹，不能生出肌膚。疾病生在要害處，每天都焦慮勞苦。

註釋：持恆才能壯大。從根本與主幹致命毀壞，無法復生，日益憔悴。

肌膚：亦指身命。**心腹**：象徵要害。

35 晉：雨師娶婦，黃巖季子。成禮就昏，相呼南上。膏我下土，歲年大茂。

雨神娶妻，是黃巖的少女。完成典禮結婚了，相互呼喚到南方去。恩澤施給大地，歲歲年年都大為茂盛。

註釋：持恆的前進。個性神聖又與君子親密結合，之後結伴發展，散播恩澤，大家都昌盛。

黃巖：原屬越國之縣郡，取其黃色、土性之意；見註。**季子**：此處指季女，少女。**就**：完成。**昏**：婚也。**南**：黃巖位於南方。**上**：到。**膏**：油脂，象徵恩澤。**下土**：大地。
*《風俗通義・雨師》：「丑之神為雨師，故以己丑日祀雨師於東北，土勝水為火相也。」於東北方祭祀雨師，東北為土，屬黃，以平衡水性，故曰「雨師娶婦，黃巖季子」。

36 明夷：冬採薇蘭，地凍堅難。利走失北，暮無所得。

在冬季要摘採薇菜和澤蘭，但大地冰凍，堅硬難行。追求利祿，但迷失背離，到了日暮仍無所得。

註釋：恆常的瘡痍。先前沒有積蓄，等蕭條至極才想行動求取，環境已敗壞，註定徒勞無功。

微：薇也，野豌豆，平民常摘食。**蘭**：古時多指澤蘭，有藥效。**利走**：走利，追逐利益。
北：背也。

37 家人：昧之東域，誤過虎邑。失我熊胔，飢無所食。

清晨還未明亮時要到東方國域，錯誤的經過老虎的領土。失去大肉骨，飢餓沒有食物可吃。

註釋：要持恆應家人，離家則凶。蒙昧的出發，誤入惡人地盤失去大資材，窮苦潦倒。

昧：清晨還未明亮時，比喻蒙昧。**之**：至。**東**：象徵粗鄙之地。**熊**：巨大，如熊熊烈火。
胔：音字，帶有肉的骨頭。

38 睽：日莫閉目，隨陽休息。箕子以之，乃受其福。舉首多言，必為悔殘。

日暮時閉上眼睛，隨著太陽下山休息，箕子因為這樣，才蒙受福澤。舉起頭來多說話，必定會悔恨殘敗。

註釋：恆常已睽離。日出而作日落而息，明哲保身能享福澤。如出頭表現必然惹禍上身。

莫：暮也。**箕子**：紂王無道，太師箕子屢諫被囚禁，假裝發瘋貶為奴隸。**以**：因為。

39 蹇：蓼蕭瀼瀼，君子龍光。鳴鸞雝雝，福祿來同。

天子宴請諸侯恩惠濃重，君子接受皇帝給予的榮光。出巡帝車上的銅鈴和諧鳴響，福祿同時來到。

註釋：持恆克服蹇跛。皇帝出巡，善待諸侯、尊崇賢達，一路和諧共鳴，福祿都來到。

蓼蕭：《詩經・小雅》篇名，天子宴請諸侯。**瀼瀼**：音讓二聲，露水很濃，象徵恩重。
龍光：皇帝給予的恩寵榮光。**鳴鸞**：即鳴鑾，裝在車上的銅鈴，借指皇帝或貴族出行。
雍雍：和諧。
*《詩經・蓼蕭》：「蓼彼蕭斯，零露瀼瀼。」
*《蔡中郎集・祖餞祝文》：「鸞鳴雍雍，四牡彭彭。」

40 解：<u>鳥飛無翼，兔走折足。雖不會同，未得醫工</u>。

鳥要飛沒有羽翼，兔子要奔走卻折斷了腳。每每不能共同會合，也沒有巫醫診治。

註釋：應持恆的解決問題。實力破敗，總是不能跟上眾人，也沒尋求整治。

雖：每有。**工**：與巫同意，古時巫醫同稱。

41 損：<u>五勝相賊，火得水息。精光消滅，絕不長續</u>。

五行相勝是相剋的，火遇到水就熄滅。精亮的光芒消失覆滅，斷絕不再生長持續。

註釋：持恆轉為損害。萬物循環相剋，遇到天敵就消滅，不再生續。

五勝：五行相勝說，水勝火、火勝金、金勝木、木勝土、土勝水。**勝**：《爾雅》：「勝，克也。」**賊**：剋制。

42 益：<u>東資齊魯，得駿犬馬。便辟能言，巧賈善市。八鄰併戶，請火不與。人道閉塞，鬼守其宇</u>。

向東取用資材到了齊魯，得到駿馬和良犬。擅於迎合，能言善道，靈巧的買賣交易。八方鄰居家戶併在一起，請借火苗卻不給予。人倫之道壅閉阻塞，鬼怪守住屋宇。

註釋：持恆的增益，富極必腐。為人機靈，善於對外貿易獲取大利，但對親密共存的鄰居，卻吝於無損的支援，因為沒有為

人的情理，家道開始轉衰。

東：齊魯在中土東邊的山東。**資**：取用、資材。**齊魯**：兩國相鄰，比喻鄰國。**騂**：音星，紅色馬。**便辟**：善於迎合他人。**八**：象徵八方。**請火**：借火，轉燃無損本身薪火。

43 夬：爭雞失羊，亡其金囊，利不得長。陳蔡之患，賴楚以安。

　　爭奪雞隻卻失去羊隻，還遺失了裝黃金的袋子，利益沒有增長。孔子有陳蔡之患，仰賴楚國才得平安。

註釋：持恆已斷決。爭小失大，得不償失，應該秉持德行，才有
　　　貴人相助。

囊：袋子。

＊《荀子‧宥坐》：「孔子南適楚，厄於陳蔡之間。」後由楚國救助脫困。

44 姤：九登十陟，馬趺不前。管子佐之，乃能上山。

　　不斷往上登高，馬匹跌倒不能前進。有管仲輔佐，才能到達山上。

註釋：要持恆應相邂逅。長久艱辛奮鬥，卻無法上升，還人仰馬翻，
　　　有賢人相助才能成功。

九：象徵最多。**十**：象徵滿數。**陟**：音至，登高。**管子**：管仲，齊桓公相國，大賢相。

45 萃：東鄰愁苦，君亂天紀。甘貪祿寵，必受其咎。意合志同，自外相從，見吾伯公。

　　人才憂愁痛苦，君主擾亂國家綱紀。喜好貪圖利祿榮寵，必定遭受災難。心意相合，志趣相同，自外面來跟從，拜見霸主。

註釋：要持恆應相薈萃。俊才愁苦，因為君主擾亂法紀，一直貪
　　　取富貴榮華，必會受到災難。後來遇到志同道合的大人物，

於是前往投靠。

東鄰：比喻美女，此處指人才。**天紀**：國家的綱紀。**甘**：酣也，嗜好、愛好。**伯**：霸也，諸侯盟主。

46 升：<u>三狸</u>捕鼠，遮<u>遏</u>前後。死於壞城，不得脫走。

　　三隻山貓捕捉老鼠，遮住遏止了前面與後面。死在毀壞的城裡，無法脫離出走。

註釋：持恆的上升。眾人都善於度量，協同攻擊，面面俱到沒有遺漏，敵人被圍困，城池毀壞，最後覆滅。

三：比喻多。**狸**：貍也，山貓，行止善於度量。**遏**：音俄，阻止。

47 困：狼虎爭強，禮義不行。兼吞其國，齊晉無主。

　　見比之艮。

註釋：持恆的受困。中央衰敗，強國為爭霸，不顧倫理相互征戰，因而同歸於盡。

48 井：五岳四瀆，合潤為德。行不失理，民賴<u>息</u>福。

　　見頤之明夷。

註釋：持恆的井然。江山和合，朝廷有德，百姓獲得滋潤，生息養福。

息：繁衍。

49 革：<u>六</u>月種黍，歲<u>晚</u>無雨。秋不<u>宿</u>酒，神<u>失</u>其所。先困後通，與福相逢。

　　六月種植黍米，到了歲末卻沒有雨。秋天時沒有存酒祭祀，神明離開處所。先是困厄後來通達，逢到了福祉。

691

註釋：持恆的革新。雖有經營，但天時不利，以致無法收穫祭祀，失去神祐。後來解決問題，開始有福祿。

六月：盛夏；《管子・五行》：「六月日至（夏至）。」**晚**：暮。**宿**：堆積，如宿怨。**失**：佚也，散失。

50 鼎：騋牝龍身，日取三千。南上蒼梧，與福為婚。道里夷易，身安無患。

　　見小畜之無妄。

註釋：持恆的鼎盛。積極進取，向遠方富庶之地求取發展，並與人親密結合，一路順利平安。

取：趨也，疾走。

51 震：出入休居，安止相憂。上室之權，虎為季殘。

　　出門入門休息居住，想安心休止卻交相憂患。為了王室的權力，陽虎殘害主公季桓子。

註釋：持恆的震盪。想安定生活卻交相患難，奸人害主奪權。

上：君主。

＊《史記・魯周公世家》載：陽虎囚禁季桓子，藉機執掌魯政達三年之久。

52 艮：南山昊天，剌政關身。疾病無辜，背增為仇。

　　見乾之臨

註釋：持恆的停止。政令暴虐又嚴酷，百姓無辜被入罪折磨，心中充滿怨恨敵對。

增：憎也。

53 漸：蒼耳東從，道頓跋踦。日辰不良，病為祟禍。

馬匹向東奔馳，道路毀壞又分歧崎嶇。日月星辰運行不正常，產生損害災禍。

註釋：要持恆應漸進，不能躁進。加速前進，但無法掌握方向又
　　　天時不良，因而病禍交加。

蒼耳：馬的別稱。**東**：象徵粗鄙之地。**從**：縱也，馳騁。**頓**：毀壞。**跂**：歧也，分岔。
踦：崎也，傾斜不平。**日辰**：日月星辰，比喻時令。**不良**：不正常。**病**：損害。**祟**：災禍。

54 歸妹：兄征東燕，弟伐遼西。大**克**勝還，封君**河間**。

兄長征討東邊的燕國，弟弟攻伐遼西。作戰大勝還朝，封為河間王。

註釋：持恆的相歸依。兄弟合力東征西討，大獲全勝，都建立大
　　　功業。

克：勝利。**河間**：侯國名。

*《史記．孝景帝本紀》載，因平諸呂之亂有功，漢文帝即位後先封劉遂為趙王，後又封其弟劉辟疆為河間王。兩兄弟雖都因功封王，但不曾東征西討，僅表兄弟同心。

55 豐：播輸折輻，馬不得行。豎牛之**讒**，賊其父兄。**布裘**不傷，終身無殘。

播遷運輸時折損了車輪，馬匹無法行進。豎牛進讒，賊害自己的父親兄長。穿著布衣沒有傷害，終其一生都不會毀敗。

註釋：持恆才能豐盛。前進時人馬遭受災害，下位又加害上位篡
　　　奪產業。能夠一直保持樸實，就可一生平安。

播：遷移。**輻**：輪輪中的直木。**讒**：中傷、陷害別人的壞話。**布裘**：布製的綿衣，相對皮裘，比喻樸實。

*《左傳．昭公四年》載，魯國叔孫穆原本避難到齊國，後來回國接任公卿之職。

他在齊國的庶子豎牛一起回魯後想霸佔家業，殺了兄長，還將病危的叔孫穆餓死。

56 旅：駕之南海，晨夜不止。君子勞疲，僕使燋苦。

駕車到南海，早晨夜晚都不停止。大人勞碌疲憊，供使喚的僕人也憔悴痛苦。

註釋：持恆的旅歷。一直前進，目標遙遠，不曾休止，團隊上下都無法承受。

之：至。**南海**：象徵遙遠或險惡之地。**燋**：憔也。

57 巽：怨蝨燒被，忿怒生禍。偏心作難，意如為亂。

怨恨蟲子而燒了被子，忿恨憤怒生出災禍。偏邪的心念發生災難，季平子作亂。

註釋：應持恆的安順。個性暴烈偏執，動輒破壞洩恨製造禍端，最後造反作亂。

忿：憤怒、怨恨。**意如**：魯國權臣季平子，名意如。

*《左傳・昭二十五年》載，魯昭公討伐權臣季平子，昭公失敗逃亡。

58 兌：張狂妄行，竊食盜糧。狗吠非主，齧傷我足。

囂張瘋狂胡妄行動，偷竊盜取糧食。狗對不是主人的來者吠叫，咬傷他的腳。

註釋：應持恆的保持欣悅。囂張跋扈，為非作歹，被反擊而受傷，無法再行動。

齧：音孽，齧，咬。

59 渙：警蹕戒道，先驅除害。王后親桑，以率群功。安我祖宗。

帝王上路，展開警戒清道，先行開路部隊清除障礙。王后親自參加祭蠶典禮，作為群體工作表率，安定祖宗神靈。
註釋：持恆的渙發。帝王勤政巡行，掃除障礙，安定國境；王后身為表率，帶動生產，祖靈安心，宗族安康。

警蹕：蹕音畢，帝王出入時，於所經路途侍衛警戒，清道止行。**戒道**：出發上路。**親桑**：皇后親自參加祭祀蠶神的典禮。
*《白虎通德論．耕桑》：「以率天下農蠶也，天子親耕以供郊廟之祭，后之親桑以供祭服。」

60 節：<u>門戶</u>乏食，困無誰告。對門不通，莫所<u>歸</u>急。種藏五穀，<u>一</u>花<u>百葉</u>。

家裡缺乏食物，貧困無法向誰求告。正對著門卻不互通，急難時無法前往。想播種收藏五穀，卻開出一枝花和百片葉子。

註釋：應持恆的節度。家裡貧窮卻沒人可以求助，與親近的人也都不往來，無法救急，耕種長出許多冗葉，少有花朵可以結果。

門戶：家庭，如自立門戶。**歸**：趨往，如歸趨。**一**：象徵統一不再破碎。**百葉**：葉多搶奪花朵營養，應除葉長花。

61 中孚：<u>被</u>蔽復貌，危者得安。<u>鄉</u>善無患，商人有息，利來入門。

披覆遮蔽的恢復原貌，危險的得到安全。向善的人沒有憂患，商人有孳息，利祿進入門裡。

註釋：持恆的忠信。困阨都離去，恢復安好。向善積德，營運平安有利得。

被：披也。**鄉**：嚮也，向。

62 小過：疊疊壘壘，如其之室。一身十子，古公治邑。

人口重重累積相疊，從隨著他的家族。一個身命生出十個孩子，古公治理城邑。

註釋：持恆的小超越。成員眾多稠密且相互追隨，全面繁衍，開創基業。

疊疊、壘壘：重重累積相疊。**如**：從隨。**室**：家、家族。**十**：象徵滿數。**古公**：古公亶父率族人遷徙至岐山，追封為周國第一位君王。

63 既濟：三嫗治民，不勝其任。兩馬爭車，敗壞室家。

三個婦女治理人民，不能勝任職務。兩匹馬爭奪車子，又敗壞房舍。

註釋：持恆已結束。眾多小人執政，但無法治理。親人爭奪資產，家族破敗。

三：象徵多。**嫗**：音玉，婦女。**兩**：象徵左右的人。**室家**：房舍、家族。

64 未濟：蔽鏡無光，不見文章。少女不市，棄其邔王。

壞掉的鏡子沒有光亮，見不到華麗的花紋。少女無法交易（賣掉壞鏡），將它丟棄在大洞裡。

註釋：持恆尚未完成。光明被遮蔽無法繁華，新成員無法接續事業，只能捨棄，團隊無法繁衍。

蔽：弊也，壞的。**文章**：紋彰也，紋彩燦美。**市**：交易。**邔**：隙也，孔穴。**王**：大。

33 遯

33 遯：三塗五岳，陽城太室。神明所保，獨無兵革。

　　見需之蒙。
註釋：隱遁又隱遁。加強守護，虔誠聖道，神明庇佑，一切平安。

1 乾：軟弱無輔，不能自理，意在外<u>野</u>。心懷勞苦，雖憂無殆。

　　軟弱又沒有輔佐，不能自己治理，因而希望到外面的民間。心裡懷著勞碌痛苦，雖然憂慮但沒危險。
註釋：隱遁的陽氣。自己能力不足又沒人才輔佐，因而退隱，雖然心裡勞累，但沒有災禍。

野：民間，與朝廷相對。

2 坤：周成之隆，刑<u>措</u>無凶。<u>太宰讚佑</u>，君子作仁。

　　周成王時國家興隆，刑罰廢置沒有凶事。有太宰輔助，大人施作仁政。
註釋：隱遁又溫良，無為而治。君主實行仁政去除嚴刑，大臣誠心輔助，幹部努力任事，國家興隆。

措：廢置。**太宰**：統理百官之長，周公兼任成王太宰。**讚**：贊也，佐助。**佑**：輔助。
*《史記‧周本紀》：「故成康之際，天下安寧，刑錯四十餘年不用。」史稱成康之治。

3 屯：穴有孤烏，坎生蝦蟆。象出萬里，不可得捕。

　　洞穴裡有一隻烏鴉，坑洞生活著蟾蜍。大象出走萬里之遠，無法捕捉獲得。

註釋：隱遁又困屯。光明躲藏起來，珍貴人才遠走，無法尋獲。
孤烏：象徵太陽，比喻光明。**坎**：坑洞。**蝦蟆**：象徵月亮，比喻光明。
＊《淮南子‧精神訓》：「日中有踆烏，而月中有蟾蜍。」

4 蒙：俱為<u>天民</u>，雲過吾<u>西</u>。<u>伯氏</u>嫉妬，與我無恩。

都是老天的子民，雲朵卻只飄過我的西邊。封主心性憎惡，不施予恩澤。

註釋：隱遁的啟蒙。百姓生活困苦，統治者卻自私邪惡，不肯施予恩澤。

天民：人民。**西**：象徵福澤不降之地。**伯氏**：統有封土的諸侯、封主。**嫉、妬**：憎惡。
＊《易經‧小畜卦》：「密雲不雨，自我西郊。」

5 需：三手六目，政多煩惑。<u>皋陶</u><u>瘖</u>聾，亂不可從。

三隻手、六隻眼睛（見註），政務眾多又煩雜迷亂。皋陶又啞又聾，紛亂無所適從。

註釋：應隱遁且耐心等待。官員怠惰，繁雜的政務難以順理，刑官又無能維安，世道慌亂，隱遁為宜。

皋陶：堯舜任命的刑法首長，漢族司法鼻祖。**瘖**：音因，嗓子沙啞不能出聲。
＊三人應有六手六目，但只出三手，比喻不出手，瞪眼看。

6 訟：德積不輕，辭王<u>釣耕</u>。<u>三</u>媒不已，大福<u>來成</u>。

福德累積不輕，辭別君王去釣魚耕種。三個媒人來撮合不停，大福祉雙重來成就。

註釋：隱遁爭訟。已有大成就，於是辭官歸隱，但福氣仍重重前來，還能結合孳生。

釣耕：漁人和農夫，泛指平民。**三**：象徵多。**來成**：《詩經‧通釋》：「來成，猶言來崇，成亦重也。」

7 師:堅固相親,曰篤無患。六體不易,執以安全。雨師駕西,濡我轂輪。張伯李季,各坐關門。

堅定牢固的相互親愛,篤實沒有憂患。六個爻都沒有改變(註一),執事安全無虞。雨神駛向西方(註二),沾濕了車輪。張兄李弟,各自坐在關門口沒有外出。

註釋:隱遁逃避戰亂。原本親愛誠信,各就各位,安居樂業。後來災難發生,產生波折,無法前進,大家各自閉門不出。

曰:語助詞,無義。**六體**:卦體的六爻。**易**:改變。**西**:象徵福澤不降之地。**濡**:音儒,沾濕。**轂**:音古,車輪中心的圓木。**張伯、李季**:如張三、李四之泛稱。

* 占卦有爻變表示有事發生(吉凶另論),且爻變處即發生事故之處。
*《淮南子・覽冥訓》:「乘雷車。」一般言雷神駕車,故此處「雨師駕西」,比喻雷雨並行,為大雷雨。

8 比:方內不行,輻摧輪傷。馬楚踶甚,受子閔時。

四方之內不能通行,車輪被摧毀損傷。馬匹受到鞭楚劇烈踢腿,憂心迎娶的時辰。

註釋:隱遁的相比附狀態。環境到處阻塞,前進受損,想快馬加鞭,卻適得其反,難以會合。

方內:四方之內,即國內。**輻**:車輪中的直木。**楚**:鞭打。**踶**:音地,踢。**受**:接納。**子**:女子專稱。**閔**:憫也,憂愁,煩悶。

9 小畜:畜牝無駒,養雞不雛。群羊三歲,不生兩頭。

畜養母馬卻沒生出小馬,養雞沒生出幼雞。一群羊過了三年,沒生出兩頭。

註釋:隱遁的小蓄。繁衍不順,孳息微薄,連小積蓄都沒有。

牝:音聘,雌性動物。**駒**:幼獸。**三**:象徵多。**兩頭**:象徵不多。

10 履：老耄罷極，無取中直。懸輿致仕，得歸鄉里。

年齡已老，極其疲憊，朝廷不任用，辭官退休，歸返到家鄉故里。

註釋：隱遁的履行。能力衰敗到極點，不再受任用，只好退休安居。
耄：音茂，年老。**罷**：疲也。**取**：採用。**中直**：中央直屬機關。**懸輿、致仕**：辭官退休。

11 泰：縮緒亂絲，手與為哭。越畝逐兔，斷其襌襦。

線頭縮了回去，絲線都亂了，手因而哭泣。翻越田畝追逐兔子，扯斷了衣服。

註釋：隱遁的康泰。在內織布、在外打獵都受挫損害，無一可成。
緒：由繭抽絲的端頭。**襌襦**：有袖而無衿的短厚上衣。

12 否：海老水乾，魚鱉盡索。藁落無潤，獨有沙石。

大海荒壞，海水乾涸，魚鱉被索取殆盡。莖稈掉落不濕潤，只有沙石。

註釋：隱遁且閉塞。生機已盡，萬物滅絕，一片空荒。
老：《釋名》：「老，朽也。」**藁**：稿也，草本植物的莖稈。

13 同人：入市求鹿，不見頭足。終日至夜，竟無所得。

進入市集尋求鹿隻，卻沒見到頭和腳。終日下來到夜晚，最後一無所得。

註釋：隱遁的同仁。想要經營獲得福祿，卻始終沒人，最後一無所得。
頭足：從頭到腳，比喻從頭到尾。

14 大有：築門壅戶，虎臥當道。驚我騅驪，不利出處。

築起大門堵塞門戶，有老虎擋在道路上。駿馬受到驚嚇，出仕及隱處都不適宜。

註釋：隱遁態勢大大有之。惡人當道只能嚴加自我防護，人才備
　　　受恐嚇，官場進退兩難。

壅：阻塞。**當道**：在路中間，比喻小人掌權。**驊騮**：音華流，周穆王八匹駿馬之一。

15 謙：陶朱白圭，善賈息資。公子王孫，富貴不貧。

陶朱公性如白珪，善於買賣孳生財物，貴族的後代富貴不貧窮。

註釋：隱遁且謙恭。個性清白且善於經營，能急流勇退，棄政從商，
　　　富留子孫。

陶朱：范蠡，助句踐復國後隱歸從商，三次贈財遷徙，都成為巨富。**白圭**：喻清白之身，象其完全隱歸。**賈**：音古，買賣。**息**：孳生。**資**：財物。**公子、王孫**：貴族後代的尊稱。

＊《史記‧越王句踐世家》載：「（節）范蠡浮海出齊，父子治產，則致貲累巨萬，天下稱陶朱公。」

16 豫：王良善御，伯樂知馬。周旋步驟，行中規矩。止息有節，延命壽考。

王良善於駕車，伯樂能知曉千里馬。進退揖讓有步驟，行為中正符合規矩。居止休息有節度，延年益壽。

註釋：隱遁而安育。雖有專長才華，但恭良有禮、行為合度、生
　　　活有節，所以長久安康。

王良：趙國駕馭能手，後以其名命驛馬星。**周旋**：進退揖讓的禮節動作。**考**：長壽。

17 隨：堯問伊舜，聖德益增。使民不懼，安無悚惕。

堯要求舜，聖明德性要增益。讓人民沒有畏懼，安心不必驚

悚害怕。

註釋：隱遁但隨理。託付賢能，自己引退，延續並增加仁政，人民安心無憂。

問：要求，如反躬自問。**伊**：語助詞。**悚、惕**：恐懼。

18 蠱：昭公失常，季氏悖狂。遜齊處鄆，喪其寵身。

魯昭公失去倫常，季平子離背猖狂。魯昭公出居於鄆後逃到齊國，喪失尊寵和身家。

註釋：隱遁的整治盡敗。整治失敗，招致叛變，君主躲藏逃亡，失去地位榮耀。

遜：逃避。**鄆**：音運，魯國的邑地。

*《史記》：「公欲誅季氏，三桓氏攻公，公出居鄆。」又《左傳‧昭公二十五年》：「公孫于齊。」

19 臨：昏暮不行，候待旦明。從住止後，未得相從。

黃昏日暮不能行進，要守候等待天亮。留住腳步，停止延誤，沒有跟從。

註釋：隱遁的臨政。情勢變陰晦，止步等待時機，但從此就墮落不再跟大家一起作為了。

旦明：天明的時候。**從**：蹤也，足跡。

20 觀：安上宜官，一日九遷。升擢超等，牧養常山。

見履之節。

註釋：隱遁且觀省。低調隱藏，安穩經營，仕途反而安順，一再越級提拔，快速晉升到永固的高位。

21 噬嗑：去惡就凶，東西多訟，行者無功。

離開惡人卻靠近凶人，東西四方都有很多爭訟，行進的人沒有功效。
註釋：隱遁的法治。脫離不了惡人，到處都有紛爭，因而徒勞無功。
就：靠近。**東西**：象徵四方。

22 賁：老馬垂耳，不見百里。君子<u>弗</u>恃，商人莫取，無與<u>為市</u>。

老馬垂著耳朵，不再顯現日行百里的風範。大人不依賴牠，商人不選取牠，沒人交易牠。
註釋：隱遁的整飾。衰老無能，活力不再，沒有任何人選用。
弗：音服，不。**為市**：交易。

23 剝：蝸螺生子，深目黑醜，似類其母。雖<u>或</u>相就，眾人莫取。

見需之恆。
註釋：隱遁又剝落。延續陋習，大小成員都鄙陋不堪，稍微想和
　　　人靠近，便被大家排斥。
或：稍微，如或缺。

24 復：百足俱行，相輔為強。三聖翼事，王室寵光。

見屯之履。
註釋：隱遁狀態返復回去，開始前進。百業啟動，眾多賢能相輔
　　　相成，團隊建立功業和榮耀。

25 無妄：容民畜眾，履德有信，大人受福。童蒙憂惑，利

無所得。

　　接納百姓，畜養大眾，履行德政並且有誠信，大臣蒙受福澤。像兒童一樣蒙昧，憂慮疑惑，利祿一無所得。

註釋：應隱遁且不虛妄。君子包容大眾且有德行，因而有福氣；
　　　小人昏昧，所以一無所得。

*《易經‧師》：「君子以容民畜眾。」

26 大畜：左跌右僵，前躓觸桑。其指據石，傷其弟兄。老蠶不作，家無織帛。貴貨賤身，久留連客。

　　向左向右都跌倒，前進也跌倒碰撞到額頭。手指拿著石頭，傷害兄弟。老蠶不能工作，家裡無法編織布帛。市集看重物品看輕身分，只能長久滯留在外客宿。

註釋：隱遁的大畜。四處前進都受到損傷，還發生內鬥傷害了夥
　　　伴。沒有生產力和好商品，就身分卑賤，只能在外落魄流
　　　浪。

僵、躓：音至，跌倒。**觸**：碰撞。**桑**：顙也，額頭，比喻前行主力。**蠶**：蠶也。**客**：寄旅於外。

27 頤：昏人宜明，賣食老昌。國祚東表，號稱太公。

　　昏晦的人變安順光明，販賣飯食老來也變昌盛。國家的福澤到達東方邊界之外，名號稱為太公。

註釋：隱遁沉潛終能頤養。雖然初始昏晦，但遵行道德、安於勞作，
　　　後來便昌盛立業。

昏人：此處指姜太公未得志時。**宜**：安順。**國祚**：國家的福運。**東表**：東方邊界之外。

*《史記‧齊太公世家》載，姜太公未得志時曾屠牛於朝歌，賣飯於孟津，八十歲拜相，建國後被分封於最東邊的齊國。

28 大過：敝笱在梁，魴逸不禁。漁父勞苦，藏空乾口。

損壞的捕魚竹籠吊在橋梁下，魴魚不由得逃逸了（魚兒從破洞溜走）。漁夫勞累苦楚，收藏空乏口舌乾燥。

註釋：隱遁且大過錯。生產器具殘破，徒勞無功，身體勞苦。

敝：損壞的。**笱**：形似籠子的竹製捕魚器具。**不禁**：不由得。

*《詩經・敝笱》：「敝笱在梁，其魚魴鰥。」魴鰥比喻難以管教。

29 坎：盛中後跌，衰老復掇。盈滿減毀，疾羸肥腯。鄭昭失國，重耳興立。

興盛到中央後開始跌落，衰老了又被取用。充盈滿溢後消減毀損，患疾瘦弱的又變肥胖。鄭昭公失去國家，重耳建立霸權。

註釋：隱遁狀況落陷，轉為前進。興衰都是循環，之前由盛轉衰，
　　　現在要由衰轉盛了。

掇：取用。**羸**：音雷，瘦弱。**腯**：音圖，肥胖。

* 鄭昭公，先被其弟篡位，復位後又被暗殺；重耳，晉文公，開創晉國長達百餘年的中原霸權。兩者並無關聯，此處僅借喻為衰與盛。

* 此三段，第一句都是由盛而衰，第二句都是由衰而盛。

30 離：折亡破甕，使我困貧。與母生分，別離異門。

折損衰亡，也破了甕，生活困苦貧窮。與母親生時分離，不能同居。

註釋：隱遁的相附著。資產敗壞，生活貧困，至親也分離，各自
　　　為生。

異：分開。如離異。**門**：家庭，如自立門戶。

31 咸：野有積庾，穡人駕取。不逢虎狼，暮歸其宇。

見大有之升。

註釋：隱遁且相感應。雖然外面有豐厚利益，前往也沒有惡人，還是每日準時返回。

32 恆：襁褓孩呱，冠帶成家。出門如賓，父母何憂？

嬰兒時期啼哭的小孩，如今穿戴頂冠與腰帶成立家室。出門在外順從禮敬，父母何需憂慮呢？

註釋：隱遁沉潛且能持恆。歷經禮儀的培養教化，終於成長、茁壯、成家，行為符合禮節，無需擔憂。

襁褓：背負嬰幼兒的布條和小被，借指嬰兒時期。**呱**：小孩子的啼哭聲。**冠帶**：比喻有禮制。**如**：順從，如：如願。**賓**：《廣雅》：「賓，敬也。」

34 大壯：陳力就列，官職並廢。手不勝盆，失其寵門。

為施展能力而就任，官職卻一併都被廢除。手不能拿起盆子，失去了尊寵的門第身分。

註釋：應隱遁的態勢壯大。想任職一展抱負，但能力太過薄弱，因而被辭去所有職務，失去榮耀地位。

陳：施展。**列**：職位。**勝**：升也。

*《論語・季氏》：「陳力就列，不能者止。」

35 晉：積雪大寒，萬物不生。陰制庶士，時本冬貧。

積雪的大寒，萬物都不生長。陰氣制伏諸君，時令原本就酷冬貧窮。

註釋：隱遁的前進狀態，變困頓。環境變蕭條，寸草不生，陰氣籠罩，萬物蟄伏，惡況無法改變，君子受制於小人。

大寒：二十四節氣之一，冬季的最後一個節氣，象徵窮冬。**庶士**：眾士，比喻諸位君子。

36 明夷：龍鬭時門，失理傷賢。內畔生賊，自為心疾。

見坤之節。

註釋：隱遁且瘡痍。龍在時門爭鬭，失去理法，傷害賢良。內部叛亂，生出賊寇，令人憂苦。

心疾：勞思、憂憤等引起的疾病。

37 家人：狗畏猛虎，依人為輔。三夫執戟，伏不敢趨。身安無咎。

狗畏懼凶猛的老虎，依靠人類做為輔助。三個壯夫拿著戟，猛虎趴伏不敢趨前。因而身命安全沒有災禍。

註釋：隱遁低調且與人家人。面對大惡人無法自保，轉去依附強者，惡人不敢來犯，一切平安。

三：象徵多。**戟**：音己，戈和矛合體的武器。

38 睽：南山高罡，回隤難登。道里遼遠，行者無功。憂不成凶，惡亦消去。

南山上的高崗，迴繞陡峭難以攀登。旅程遙遠，行進的人沒有成效。憂患沒有成為凶災，惡事也消失去除。

註釋：隱遁狀態已睽離。前途極為艱難遙遠，無法前進，後來惡運過去，沒有釀成災厄。

南山：比喻高山。**罡**：崗也。**回隤**：山勢曲折陡峭。**道里**：旅程。**遼**：遙遠。

39 蹇：逢時陽遂，富且尊貴。

逢到時令，陽氣通達，富有而且尊貴。

註釋：隱遁狀態已蹇跛，轉為前進。時來運轉，光明順暢，獲得

財富與地位。

遂：達。

40 解：求我所欲，得其利福。終身不辱，盈盛之門。高屋先覆，君失邦國。

追求所愛，得到利祿福祉。終其一生沒有屈辱，滿盈豐盛的門第。高聳的房屋先顛覆，君主失去了邦國。

註釋：隱遁沉潛才能解決問題。心想事成，家門充滿財富地位和榮耀，但過高必顛，又失去一切。

41 損：安坐至暮，禍災不到。利詰奸妖，罪人弗赦。

安詳的坐到日暮，禍害災殃沒有到來。迅速的問罪奸人和妖孽，犯罪的人不予赦免。

註釋：隱遁狀態減少。因為能積極迅速的整肅宵小，生活始終安詳無恙。

利：迅速。**詰**：音結，問罪。**弗**：音伏，不。

42 益：膠車駕東，與雨相逢，五楘解墮。頓輈獨宿，憂為身禍。

駕著用膠黏合的車子向東行進，逢到下雨，五條綁定車轅的皮帶解開墜落，停頓馬車獨自過夜，身命有憂患災禍。

註釋：應隱遁的態勢益增。前進但資材敷衍，遇到波折就發生困頓，陷入險境並孤立無援。

東：象徵粗鄙的方向。**五楘**：楘音木，用五束皮革牢固車軒並紮成裝飾；見註二。**輈**：音舟，馬車上駕駛座居中一根彎起的木頭，自此比喻馬車。

＊《鹽鐵論・大論》：「膠車倏逢雨，請與諸生解。」

*《詩經‧小戎》:「五楘梁輈。」

43 夬:擇日高飛,遂至東齊。見孔聖師,使我和諧。

　　選擇吉日展翅高飛,最後到達東邊的齊國。也見到孔子聖師,歡喜和諧。

註釋:隱遁轉為明決。時機已至,蓬勃出發,追求富強與聖人之道,
　　　大家和諧。

東齊:齊國於中土東方,象徵富強之地。

44 姤:陳媯敬仲,兆興齊姜。乃適營丘,八世大昌。

　　見屯之噬嗑。

註釋:隱遁轉為邂逅。遇到美好伴侶並相互結盟,建立良好基業,
　　　將來必會大為昌盛。

45 萃:缺埒無墠,難從東西。毀破我盆,泛棄酒食。

　　山上缺少水流,郊外無法整治土地,東西四方都難以適從。盆子毀壞破損,翻覆耗費了酒和食物。

註釋:隱遁的薈萃狀態,變崩離。環境困乏無法開拓,四處都難
　　　以前去,原本的居處也殘破不堪,沒有飲食。

埒:音勒,山上的水流。**墠**:音善,整治過的郊外土地。**東西**:象徵四方。**泛**:翻也。
棄:耗費。

46 升:中夜狗吠,盜在廬外。神光祐助,消散解去。

　　見乾之比。

註釋:隱遁轉為上升。有惡人虎視眈眈,但有防備和神明保佑,
　　　所以災禍解除。

709

47 困：雷車不藏，隱隱西行。霖雨三旬，流為河江，使國憂凶。

雷神的車子沒有收藏，盛大的向西前行。甘雨下了三十天，水流也變為江河，使國家憂患凶惡。

註釋：隱遁又受困。時令反常，災難長期肆虐蔓延，全國都險惡。

隱隱：盛大的樣子。**西**：象徵福澤不降之地。**霖雨**：甘雨。**旬**：十天或十年。

*《呂氏春秋‧三月紀》：「甘雨至三旬，季春行冬令，則寒氣時發，草木皆肅，國有大恐。」氣候反常所致。

48 井：老河虛空，舊井無魚，利得不饒。避患東鄰，禍入我門，使我悔存。

荒壞的河川虛無空乏，老舊的井裡沒有魚（已淤積乾涸），利益所得不富饒。到東邊鄰家躲避災患，禍難卻進入門裡，使人心存怨恨。

註釋：應隱遁且井然。環境已老壞，難以經營獲利，連借道避難都有禍害上門，應釋然去隱遁。

老：《釋名》：「老，朽也。」**東鄰**：象徵不好的鄰居。**悔**：恨。

49 革：福德之士，歡悅日喜。夷吾相國，三歸為臣，賞流子孫。

有福德的人，歡喜欣悅每日都喜樂。管仲輔佐國家，為臣者（管仲）修築三歸臺，賞賜並流傳給子孫。

註釋：隱遁轉為革新。齊桓公原本就有福德，美好快樂的生活，後來任用管仲成就霸業，並對他和子孫大為封賞。

夷吾：管仲，名夷吾，助齊桓公成就霸業。**相**：輔佐；此處非指擔任相國，管仲職位為下卿。**三歸**：桓公賞賜給管仲營建的臺觀。

*《晏子春秋・雜下》:「桓公有管仲,恤勞齊國、身老,賞之以三歸,澤及子孫。」又《說苑・善說》:「管仲故築三歸之臺。」

50 鼎:清人高子,久屯外野。逍遙不歸,思我慈母。

　　　　見師之睽。

註釋:隱遁的鼎立狀態。君子被迫離開,一直於野外屯居,徘徊
　　　無法返回,只能思念故鄉。

逍遙:徬徨、徘徊。

51 震:驄騢黑尾,東歸高鄉。白虎推輪,蒼龍把衡,朱雀導引。虛烏載遊,逐扣天門,入見真君,馬安人全。

　　　　青白相交的駿馬奔走,黑色尾巴搖晃,趨往山東的高鄉。白虎推動車輪,青龍掌握衡木,朱雀導路指引。孤烏(太陽)載著遊歷,逐次敲扣天庭的大門,進入晉見天帝,人馬都很平安。

註釋:隱遁轉為震奮。眾人一起通力合作到四方發展,天道運行
　　　順暢,天下光明,終於平安有序達到聖界。

驄:毛色青白相交的馬,象徵駿馬。**騢**:音格,馬奔走。**黑**:見註。**尾**:原字為「上彡下忽」(音活一聲),獸尾搖晃。**歸**:趨往,如歸趨。**高鄉**:山東侯國名,象徵高貴之地。**衡**:套住拉車牲畜的橫木。**虛烏**:孤烏,太陽,象徵光明。**真君**:主宰者。
*《祖餞祝文・獨斷》:「倉龍夾轂,白虎扶行。朱雀道引,玄武作侶。」天空四象為東方青龍,南方朱雀,西方白虎,北方玄武(黑色龜蛇,此處以黑鬃替代),以象徵四方、四眾與四時。此條並加入中天虛烏(太陽)為中方。

52 艮:路多枳棘,步刺我足。不利旅客,為心作毒。

　　　　見屯之賁。

註釋:隱遁且停止。路途充滿災害,舉步維艱,心中生起怨念。

53 漸：端坐生患，憂來入門，使我不安。

端坐沒有行動還是生出災患，憂禍進入家門，使人不安。

註釋：隱遁態勢逐漸形成。人在家中坐，禍從天上來，應該遠離隱遁。

54 歸妹：小陬之市，利不足喜。二世積仁，蒙其祖先。匪躬之言，狂悖為患。

小又偏遠的市集，獲利不足以歡喜。上兩代都聚積仁德，因而蒙受祖先福祉。不顧自身的言論，猖狂背離成為憂患。

註釋：遁逃的歸依狀態。蠅頭小利難以發展，但依賴近祖餘蔭仍可存活，最後卻因言行囂張而惹出災患。

陬：音鄒，偏遠的地方。**匪躬**：不顧自身，原指誓死效忠，本處指魯莽不計後果。

55 豐：登高望時，見樂無憂。求利南國，與寶相得。

登上高處探望時局，見到天下安樂沒有憂慮，於是尋求利益到了南方國度，得到寶物。

註釋：隱遁轉為豐盛。審時度勢不妄為，時局變好開始前進，收穫珍貴美好。

南國：象徵光明的國度。

*《荀子‧天論》：「望時而待之，孰與應時而使之！」

56 旅：跣足息肩，有所忌難。金城鐵廓，以銅為關。藩屏自衛，安上無患。

想舒放兩腳、讓肩膀休息，但有所顧忌為難。金屬的城堡、鐵的城牆，用銅做的關口。保衛屏障自我防衛，安居上位沒有禍患。

註釋：隱遁的旅歷，轉為屯守。慎戒恐懼，不敢放鬆，做好固若金湯的重重防衛，資產地位安全無虞。

疏：疏也，使通暢。**息肩**：比喻卸除任務。**廓**：郭，外城牆。**藩、屏**：保衛、屏障。

57 巽：江水沱汜，思附君子。伯仲受歸，不我肯顧，姪娣悔恨。

江水的分支回流，想要回去依附家人。兄弟前來托付歸依，不肯給予照顧，姪子和弟媳感到怨恨。

註釋：遁逃的安順狀態。想要返回求活，但手足不搭理，家人懊喪。

沱：河川支流。**汜**：又流回主幹的分流。**君子**：對人尊稱。**伯仲**：大哥二哥，比喻兄弟。
受：相付。**娣**：弟媳。**悔**：恨。

*《詩經・江有汜》：「江有汜……江有沱，之子歸，不我過。」大江有分支且回流，同宗分出歸來卻不相見。

58 兌：牙櫱生達，陽倡於外。左手執籥，公言錫爵。

見小畜之睽。

註釋：隱遁轉為欣悅。終於由劣等茁壯成優等，並在外顯貴，受君主任用，成就大業。

59 渙：雲夢苑囿，萬物蕃熾。犀象玳瑁，荊人以富。

雲夢的皇宮花園，萬物繁衍熾盛。犀牛、大象、玳瑁等珍奇異寶，楚國人因而富有。

註釋：隱遁變渙發。資源美好豐盛，發展繁榮，南蠻因而致富。

雲夢：古楚國的大沼澤地，為天下富；見註一。**苑囿**：皇宮的花園。**蕃**：繁衍。**玳瑁**：海龜動物，光澤美麗。**荊**：楚國，與舊交阯皆位於南國，就近貿易；見註二。

*《孔叢子・公孫龍》：「（楚王）以射蛟兕於雲夢之囿。」
*《後漢書》：「舊交阯土多珍產……犀象玳瑁。」

60 節：渠戎萬里，晝夜愁苦。囊甲戎服，雖荷不賊。鷹鸇之殘，害不能傷。

　　義渠戎陳兵萬里，日夜憂愁悲苦。兵袋、鎧甲和軍裝，每每擔荷著因而沒有危害。像老鷹那樣殘暴，但禍害不能造成傷亡。

註釋：隱遁但有節度，不出但備戰。惡人大肆來犯，隨時艱辛的
　　　　做好萬全防範，面對凶殘威脅也沒有傷害。

渠戎：義渠戎，商末周初建立的河北遊牧蠻國，後被秦所滅。**囊**：音高，收藏盔甲、弓箭的囊袋，非橐字。**戎服**：軍裝。**雖**：每有。**鸇**：音沾，一種猛禽。

*《史記‧六國年表》：「（秦十三年）義渠伐秦，侵至渭陽。」後《史記‧匈奴列傳》：「（秦）宣太后詐而殺義渠戎王於甘泉，遂起兵伐殘義渠。」秦先用計殺渠戎王，再進攻消滅渠戎。

61 中孚：鎡基逢時，稷契皋陶。貞良願得，微子解囚。市空無虎，譾誕妄語。

　　逢到時令拿起鋤頭動工，有稷、契、皋陶等賢人相助。貞節賢良如願以得，微子解脫囚禁。市集空蕩，沒有老虎，但欺騙荒誕的虛妄流言充斥。

註釋：隱遁的忠信。原本時令大好，百姓開工，人才出仕，賢良
　　　　也都獲得解放。但之後，傷害的流言風行，造成恐慌蕭條。

鎡基：鋤頭。**稷**：堯舜時的農業大臣。**契**：舜的教育大臣。**皋陶**：舜時禹、稷、契和皋陶，為四大輔臣。**微子**：紂之庶兄，勸紂不聽逃到微縣，周立朝後封其於宋。

*《孟子‧公孫丑上》：「雖有鎡基，不如待時。」
*《新序‧雜事二》：「夫市之無虎明矣，三人言而成虎。」

62 小過：騎騅與蒼，南賈太行。逢駭猛虎，為所吞殘，葬於渭陽。

騎著駿馬，到南方的太行山做買賣。逢到食虎豹和猛虎，被牠們所吞噬傷害，埋葬於渭陽。

註釋：隱遁的小超越。本身實力良好，因而做冒險挑戰，但被眾多大惡人襲擊，死於惡人之地。

騅：音椎，馬蒼黑雜毛。**蒼**：蒼耳，馬的別稱。**太行**：比喻險山；見註一。**駁**：《山海經》：「駁，是食虎豹。」**殞**：傷也。**渭陽**：比喻秦國、惡人地盤；見註二。
*《史記 · 齊太公世家》：「束馬懸車登太行。」
*《漢書 · 五行志》：「秦居渭陽。」

63 既濟：出門東行，日利時良。步騎與駟，經歷宗邦。暮宿北燕，與樂相逢。

出門向東行進，日子適宜時辰美好。步兵、騎兵和馬車，經過了國都。日暮後夜宿北燕國，遇到喜樂之事。

註釋：隱遁已結束，大為發展。時辰已到，外出行進，團隊齊全，服從領導，終於達成任務，被論功行賞。

東：指周朝東伐紂王。**駟**：由四匹馬拉駛的車子。**宗邦**：國都。
*《史記 · 燕召公世家》：「周武王滅紂，封召公於北燕。」

64 未濟：酒為歡伯，除憂來樂。福善入門，與君相索，使我有得。

見坎之兌。

註釋：隱遁狀態尚未形成，仍有可為。解除憂患，歡樂逍遙，行善植福，與人共好。

34 大壯

34 大壯：左有噬熊，右有嚙虎。前觸銕矛，後躓強弩。無可抵者。

　　左邊有吃人的熊，右邊有咬人的老虎。向前觸及鐵矛，向後碰到強大的弩箭而跌倒。沒有抵抗的餘地。
註釋：應壯大又壯大。四方都有強悍的敵人攻擊，毫無招架之力。
噬：咬、吃。**嚙**：齧，咬。**銕**：鐵也。**躓**：音至，遇阻礙而跌倒。**弩**：用機械力量發射的硬弓。

1 乾：金齒鐵牙，壽考宜家。年歲有儲，貪利者得，離其咎憂。

　　牙齒像金屬和鐵一樣堅固，高壽且安順家庭。年年有儲藏，探求利祿的人得到了，並遠離了災禍和憂患。
註釋：壯大又陽健。康壽而且和樂安居，年年有餘，有求必得，沒有憂患。
考：高壽。**宜**：安順。**貪**：探也。

2 坤：家給人足，頌聲並作。四夷賓服，干戈囊閣。

　　見否之大有。
註釋：壯大但溫良。國內富足，人民讚揚，外族歸順，穩定和平。

3 屯：獼猴冠帶，盜載非位。眾犬嘈吠，狂走厥足。

　　見剝之隨。
註釋：壯大變困屯。小人竊取權位，法理不合，激起公憤而傾倒

　　　　逃亡。

嘈：喧鬧。

4 蒙：**心患其身，不念安存。忠臣孝子，為國除患。**

　　　心裡憂患身命安全，意念不能安歇。忠心的臣子和孝順的孩子，為國家除去禍患。

註釋：壯大且啟蒙。環境憂患，無法片刻安居，有志之士起而剷
　　　奸除惡。

安存：安歇。

5 需：**君不明德，臣亂為惑。丞相命馬，胡亥失所。**

　　　君主沒有光明德行，臣子作亂迷惑。丞相指鹿為馬，胡亥失去住所。

註釋：壯大之後等待停滯，富極必腐。上位昏昧，下位僭越，最
　　　後弒君。

丞相：宦官趙高處死丞相李斯後，自任丞相。**命**：指定。**胡亥**：秦二世。
*《後漢書 ‧ 孝靈帝紀》：「趙高譎二世，指鹿為馬。」

6 訟：**東行西窮，南北無功。張伯賣鹿，從者失羊。**

　　　東西方行進都窮困，南北方也沒有功效。張伯要去賣鹿，跟著就失去羊。

註釋：壯大變爭訟。四處發展都碰壁，謀事未成，卻有損失。

張：《易林》慣以張氏為戰爭、失利之象徵。**伯**：對人的尊稱。**鹿**：象徵福祿。**羊**：象徵吉祥。

7 師：**鹿下西山，欲歸其群。逢羿箭鋒，死於矢端。**

鹿從西山下來，想要返歸鹿群。遭逢后羿鋒銳的利箭，死於箭頭之下。

註釋：壯大變戰亂。經營有成要開始團聚，但惡人作亂，遭致不幸。

鹿：象徵祿。**西山**：王母娘娘的住處，比喻福澤之地。**矢**：箭。

8 比：<u>明夷</u>兆初，<u>三日</u>為災。以<u>譖</u>後歸，名曰<u>豎牛</u>。<u>剝亂</u>叔孫，<u>餒卒虛丘</u>。

鴟鵙鳴叫是初始徵兆，三天後便會有災禍（見註一）。叔孫穆帶著陷害別人的後人歸來，名叫豎牛。豎牛擾亂叔孫穆，將他餓死在虛空的墳墓裡。

註釋：要壯大應比附君子。凶兆已經發生，上位引狼入室，惡人逞凶作怪，反害上位。

明夷：鳴鵙，鴟鵙鳴叫。**三日**：象徵沒多久。**譖**：陷害別人。**豎牛**：叔孫慕子之庶子。
剝亂：擾亂。**餒**：飢餓。**丘**：墳墓。
* 《易‧明夷》：「明夷于飛，垂其翼，君子于行，三日不食。」
* 《左傳‧昭公四年》載，魯國叔孫穆原本避難到齊國，後來回國接任公卿之職。他在齊國的庶子豎牛一起回魯後想霸佔家業，殺了兄長，還將病危的叔孫穆餓死。

9 小畜：秦<u>失</u>嘉居，河伯為怪。還其<u>御</u>璧，神怒不祐。<u>織組</u>無<u>文</u>，燒香<u>弗</u>芬。

秦始皇消滅美好的地方，河神因而怪罪。歸還始皇的璧玉，神明憤怒不肯保祐。織布與編織沒有花紋，燒香也不芬芳。

註釋：壯大變蓄小勢弱。雖然壯盛，但殘暴猖獗，因而激怒神明，有求不應，做事不成。

失：消滅。**御**：皇帝。**織組**：織布與編織。**文**：紋也。**弗**：不。
* 《論衡‧紀妖》載，秦始皇遊湘江，有隕石降下惡兆，始皇因而燒石燬地殺人，並投璧入江祈福。八年後使者經過舊地，有人持璧奉還（不接受祈福），說祖龍（指

秦始皇）明年將斃，果如其然。

10 履：德至之君，禍不過鄰。使我世存，身無患災。

德行至高的君子，災禍不會轉移到鄰家。因而世代生存，身命沒有禍患災難。

註釋：壯大且履行德行。德性極為高潔，自己承擔並排除災難，不會轉嫁蔓延，大家因而都長久平安。

過：轉移。

11 泰：眾惡之堂，相聚為歼。出毒良人，使道不通。

眾多惡人在廳堂，相聚為非作歹。生出毒計謀害善良的人，世道因而不通暢。

註釋：壯大又康泰，富極必腐。小人們開始掌握權力，一起計畫為惡，謀害君子，阻塞正道。

12 否：三痴六狂，欲之平鄉。迷惑失道，不知昏明。

見大有之遯。

註釋：壯大變閉塞。眾人想一起尋求美好，但因集體昏昧，一直迷失，不辨是非。

六：象徵齊全。

13 同人：老弱無子，不能自理。郭氏雖憂，終不離咎。管子治國，侯伯之服。乘輿八百，尊祀祖德。

年老衰弱又沒有王子，不能自己治理國家。郭國君主每每憂慮，最終還是沒有脫離過失。管仲治理國家，侯爵和伯爵都順服。

719

有馬車八百輛，尊敬的祭祀祖宗的功德。

註釋：要壯大需要同仁。孤老沒有繼承人、不能用善逐惡，國家便會衰敗；任用賢良理政，諸侯服從，國家便會稱霸，祖上有榮光。

郭氏：郭君不能用善逐惡而亡國。**雖**：每有。**乘輿**：馬車。**祖德**：祖宗的功德。

＊《國語・齊語》：「（齊桓公）有革車八百乘，擇天下之甚淫亂者而先征之。」

14 大有：褒后生蛇，經老皆微。追跌衰光，酒滅黃離。

褒姒生出蛇（見註一），謀劃治理的老臣都消失了（見註二）。追逐跌倒，光芒衰弱，酒色毀滅了中正光明。

註釋：壯大又大富有，富極必腐。奸人又生出妖孽，重臣都被消滅，光明求不可得，淫逸消滅正道。

褒后：褒姒，誘惑周幽王亡國的妖女。**經**：經營、謀劃、治理。**微**：無，沒有。**黃離**：日旁的雲彩；象徵中正光明、太子。

＊《史記・周本紀》載，褒姒相傳為龍漦（龍的吐沫）所化生，故其所生曰蛇。又，凡不同種而生則為妖孽。

＊同上書，「幽王以虢石父為卿……又廢申后，去太子也。」

15 謙：驄騔黑尾，東歸高鄉。白虎推輪，蒼龍把衡。遂至夷傷，不離咎殃。

青白相交的駿馬奔走，黑色尾巴搖晃，趨往山東的高鄉。白虎推動車輪，青龍掌控衡木。最後招致創傷，沒有脫離禍害災殃。

註釋：壯大應該謙恭，不宜一直勇往直前。英勇非凡，追求成就，所有成員都四處奔馳，最後卻招致傷害過失。

驄：毛色青白相交的馬。**騔**：音格，馬奔走。**尾**：原字為「上髟下忽」（音活一聲），獸尾搖晃。**歸**：趨往，如歸趨。**高鄉**：山東侯國名，象徵高貴之地。**衡**：套住拉車牲畜的橫木。**夷**：痍也，創傷。

＊此條有東（蒼龍）、西（白虎）、北（黑），象徵四方。

16 豫：信譎龍且，塞水上流。半涉決囊，楚師覆凶。

　　韓信欺騙龍且，塞住濰水的上流，待其涉河到半途，使沙包堆的隄防潰決，楚國軍隊因而凶厄的覆滅。

註釋：壯大且安樂。英雄消滅敵人，天下安定。

譎：欺騙。**決**：隄防潰壞。**囊**：袋子。

＊《史記‧淮陰侯列傳》載，韓信與楚將龍且於濰水對陣，信決囊以摧敵，楚漢相爭態勢從此扭轉。

17 隨：有莘季女，為王妃后。貴夫壽子，母字四海。

　　見蒙之晉。

註釋：壯大且能隨理。身分地位尊榮提升，安順宗族，子孫繁衍
　　　四海。

18 蠱：德被八表，蠻夷率服。螟賊不作，道無苛慝。

　　德政披覆到八方之外，野蠻的夷人都來順服。作惡的壞人沒產生，世道不會殘暴凶惡。

註釋：壯大且能整治蠱敗。仁君德披八方，偏遠的蠻族都來歸順，
　　　壓制惡人，局勢安定。

被：披也。**八表**：八方以外，指極遠的地方。**率**：皆，都。**螟賊**：螟音矛，食禾稼的兩種害蟲，比喻危害國家人民的壞人。**苛慝**：慝音特，殘暴凶惡。

19 臨：載日精光，驂駕六龍。祿命徹天，封為燕王。

　　見乾之否。

註釋：壯大且臨政。光明蓬勃，尊榮前進，有天大的福祿，成就

721

王侯之業。

20 觀：纓急縮頸，行不得前。五石示象，襄霸不成。

繫緊帽帶卻縮著脖子，行動卻沒前進。五顆隕石展示跡象，宋襄公稱霸不能成功。

註釋：要壯大應觀省。作戰在即卻怯戰畏縮，行而不前，徵兆顯示，謀事不成。

纓：音嬰，繫上帽帶。急：緊。

*《左傳·僖公十六年》：「隕石於宋五。」後來宋襄公號召諸侯對抗夷人，還沒築完城各國就各自回去了。

21 噬嗑：蛇失其公，載麻當喪。哀悲哭泣，送死離鄉。

國君失去三公，穿戴麻衣，主持喪事。哀傷悲戚的哭泣，送死者離開家鄉。

註釋：要壯大需要法治。國家失去重臣，無法治理安國，哀痛異常。

蛇：象徵國君。載：戴也。當喪：主持喪事。

22 賁：回隤不安，兵革為患。掠我妻子，客屬飢寒。

山勢迴繞陡峭不安穩，戰爭也造成禍患。被掠奪了妻子，遷徙在外接連的飢餓寒凍。

註釋：要壯大必須整飾。環境艱困，四處戰亂，眷屬離散，顛沛飢寒。

回隤：隤音頹，山勢曲折陡峭。客：外出、寄居、遷徙。屬：連接，如冠蓋相屬。

23 剝：乘風雨橋，與鳥飛俱。一舉千里，見吾愛母。

搭乘風和雨，與鳥一起飛翔。一次行動了一千里，見到心愛

的母親。

註釋：以壯大克服剝落。在風雨中一起勇往直前，經過長途跋涉，
　　　　一舉與領導會合。

橋：音蹺，輦，人力車、乘坐；見註。**一舉**：一次行動。

*《史記・河渠書》：「山行乘橋。」註：橋，一作輦。

24 復：<u>雷霆所擊，誅者五逆</u>。磨滅無迹，<u>有</u>懼方息。

　　　被疾雷所擊中，誅殺了犯五逆罪者（見註）。惡人全被磨毀消滅沒有痕跡，恐懼正在停息。

註釋：壯大又返復回來。發動霹靂攻擊，將罪大惡極之人消滅殆
　　　　盡，大家不再恐懼。

雷霆：疾雷。**有**：語助詞。

*《大戴禮記・本命》載，大罪有五：逆天地者、誣文武者、逆人倫者、誣鬼神者、殺人者。

25 無妄：<u>張氏揖酒，請謁左右</u>。王叔枯槁，<u>獨</u>不蒙<u>所</u>。

　　　張先生拱手行禮敬酒，向左右的人請求拜見。王叔形容憔悴，唯獨沒有受到邀請。

註釋：要壯大應不虛妄。正常健實他人自會來邀友，否則會被不
　　　　屑一顧。

張氏、王叔：如張三、李四、王五，無特定對象的泛指。**揖**：拱手行禮。**謁**：拜見。
獨：語助詞。**蒙**：蒙受。**所**：被指涉的對象，如所知、所指。

26 大畜：<u>坐爭立訟，紛紛匈匈</u>。卒成禍亂，災及家公。

　　　見剝之漁。

註釋：壯大又有大蓄積，富極必腐。動輒與人激烈爭執，導致嚴

重紛亂,最後釀成災禍,長老也受波及。

匈匈:動亂不安。

27 頤:霜降閉戶,蟄虫隱處。不見日月,與死為伍。

見坤之需。

註釋:壯大才能頤養。時令大壞,沒有光明,和冬蟲一樣蟄伏,這樣只能等死。

28 大過:鼠聚生怪,為我患悔。道絕不通,商旅失意。

老鼠聚集生出怪物,成為憂患怨恨。道路阻絕不能通行,行商的旅人失意不順。

註釋:壯大才能大超越。小人聚集又生出更奸惡的人,因而釀成災禍,敗壞環境,無法前進經營。

悔:恨。

29 坎:寒暑不當,軌度失常。一前一後,年歲鮮有。

季節寒暑交替不當時,季節運行的軌道和角度失去正常。一個提前,一個延後,年度歲收稀少。

註釋:壯大轉為落陷。天時失常,最終歉收;人倫不當,因而破敗。

寒暑:季節的交替。**鮮**:少。

30 離:築室水上,危於一齒。丑寅不徙,辰卯有咎。

建築房室在水面上,一開始子時就有危險。丑寅時不遷徙,辰卯時便會有災禍。

註釋:要壯大應附著正道。基礎空蕩,初始就有危險,不合力整治,接著災難就發生。

齒：始，比喻子時。**丑寅、卯辰**：子時之後是丑寅時，然後是卯辰時。

31 咸：畜雞養狗，長息有儲。耕田得黍，王母喜舞。

　　畜養雞和狗，長出孳息並有儲蓄。耕田穫得黍米，祖母歡欣鼓舞。

註釋：壯大且相感應。大家合作，安定蓄耕，豐收繁衍，家族安樂。

32 恆：東壁餘光，數暗不明。主母嫉妒，亂我業事。

　　見謙之屯。

註釋：要壯大應該持恆。上位心態嫉妒，不給予下位偕同和資源，
　　　還加以阻擾。

33 遯：剛柔相傷，火爛銷金。鵰鷹制兔，伐楚有功。

　　剛者傷害柔者，火焰燒灼銷鎔黃金，大雕和老鷹制伏兔子，高宗征伐楚國有功勛。

註釋：壯大轉為隱遁，已完成不用再出師。實力壯大輕易制伏敵
　　　人，因而完成功業。

相：此為單方面的動作，如相瞞。**爛**：燒灼，如焦頭爛額。**鵰**：一種猛禽。
*《詩經精義 ‧ 卷四》：「高宗伐楚有功，克纘成湯之緒。」

35 晉：鄭國讒多，數被楚憂。商人愁苦，民困無聊。

　　鄭國顛倒是非的小人眾多（註一），且數次被楚國憂擾（註二）。商人憂愁悲苦，人民困厄無以聊賴。

註釋：壯大才能前進。內部小人眾多，外部強敵侵擾，經濟停頓，
　　　民不聊生。

讒：顛倒是非。**聊**：依賴。

* 《春秋經傳集解・襄公二十六年》載,鄭穆公有十一子,最後由七子(七穆)長期輪流把持鄭國軍政大權,架空君權。

* 楚國不尊周王,數度伐鄭以圖覬覦中原,春秋時共歷五次。

36 明夷:弓矢其張,把彈弦折。九發不至,道過害患。

見乾之明夷。

註釋:壯大變瘡痍。大張旗鼓卻出師不利,前進每每受挫,反而在路上遇害。

九:象徵最多。

37 家人:舉觴飲酒,未得至口。側弁醉酗,拔劍相怒。武侯作悔。(原本缺,取自四庫全書版)

舉起酒杯飲酒,還沒到嘴巴,就已帽子偏斜酒醉發酒瘋,拔起劍相互怒斥。衛武侯使之懺悔。

註釋:壯大應該親如家人。雖有福澤,卻荒誕享樂還相互大起爭鬥,應該接受君子警惕而反省。

觴:酒杯。側:傾斜。弁:音便,帽子。酗:發酒瘋。怒:譴責。

* 《詩經・賓之初筵》:「賓既醉止,載號載呶……側弁之俄,屢舞傞傞。」周幽王荒淫享樂,衛武公假裝醉酒鬧事醜態百出來警惕幽王。

38 睽:蒼鷹群行,相得旅前。王孫申公,驚奪我雄。北天門開,神火飛災。如不敬信,事入塵埃。(原本缺,取四庫全書版)

蒼鷹群體飛行,互相契合的行旅前進。申公巫臣驚擾壓制強盛的楚國(見註)。北天門打開,雷電火焰飛來釀災。如果不恭敬誠信,萬事萬物將變成塵埃。

註釋：壯大已睽離。大惡人結夥而行，並且奪得主導權，天帝已
　　　至怒並降下災難，再不改過必將災變覆滅。
蒼鷹：一種猛禽。**相得**：互相契合。**王孫**：貴族後代，對人的尊稱。**申公**：楚國奸
臣申公巫臣。**奪**：壓倒。**北天門**：謂北極紫微宮，比喻天帝住處。**神**：申也，電之
象形字。**事**：人為及自然的一切現象。
* 申公巫臣與夏姬私奔，致家族被誅滅，巫臣本人則成為晉國大夫，並教導晉國與
吳國戰技夾擊楚國，使楚國衰敗，自己則事業愛情兩得意。

39 蹇：穿空相宜，利倍我北。循邪詭道，逃不可得。南北望邑，遂歸入室。

　　拿破敝之物祭祀土地神，利祿加倍背離。依循偏邪的詭詐之道，無法行進。在南方和北方都遙望國都，最後進入墓穴。
註釋：壯大變蹇跛。法禮敗壞，利祿遠離，又不循正道，以致無
　　　法超越，四處流浪懷念故鄉，最後滅亡。
穿空：穿孔，形容破敝。**宜**：祭祀土地神。**北**：背也。**詭道**：捷徑，象徵不正之道。
逃：《集韻》：跳與逃通，謂走也。**邑**：國都。**室**：墓穴。

40 解：壽如松喬，與日月俱。常安康樂，不離禍憂。

　　高壽有如赤松子、王子喬，與日月同在。長久康泰安樂，沒罹患災禍憂患。
註釋：壯大並解除問題。永恆的長壽光明，安居樂業，憂慮不生。
松喬：仙人赤松子和王子喬，高壽象徵。**離**：罹也，遭受。

41 損：出門望東，伯仲不來。疾病為患，使母憂歎。

　　出門望向東山，大哥和二哥沒有回來，小弟又生病為患，母親憂慮嘆息！

727

註釋：壯大變受損。壯丁都被徵召遠去不回，家裡只剩老弱病殘，
　　　　家族堪憂。
東：東山，象徵遠征或遠行之地。伯仲：大哥和二哥。

42 益：太姒之孫，周文九子。咸遂受成，寵貴富有。

　　　　太姒生性謙遜，和周文王有九個孩子，全都順遂的承接成果，
榮寵尊貴且富有。
註釋：壯大且益增。賢良繁衍眾多，開創功業，子孫也都繼承祖業，
　　　　保有尊貴。
太姒：周文王的正妻，周武王之母。孫：遜也，太姒以女德母儀天下。九：象徵最多，
史載為十名。咸：全。遂：順利。受成：接受已成或已定之事。

43 夬：桃李花實，累累日息。長大成熟，甘美可食，為我利福。

　　　　見泰之小過。
註釋：壯大且明決。繁衍眾多美好，且有大成就，享受福澤。

44 姤：婚禮不明，男女失常。行露反言，出爭我訟。

　　　　成婚的禮儀不光明，男女失去倫常。在滿是露珠的行道逃走，
反悔承諾，出現爭辯訴訟。
註釋：要壯大應正當邂逅。結合不符禮儀，因而生出紛亂訴訟。
*《詩經‧行露》：「厭浥行露，豈不夙夜，謂行多露。」男子強娶民女，禮儀不合，
女不從，不分日夜逃走，但行道多露潮濕難行。後女子被抓回，還被控訴悔婚，召
伯因而聽訟。

45 萃：空穿漏敝，破椟殘缺。陰弗能完，瓦碎不全。

破孔穿洞，滲漏毀壞，破損的木筏殘缺不全。陰晦所以不能完成，瓦片破碎不全（製瓦需太陽曬乾）。
註釋：要壯大需相薈萃。資材殘破，無法前進，環境都是小人，事業不成。

空：孔也。**桴**：木筏或竹筏。**弗**：不。

46 升：**數窮廓落，困於歷室。往登玉堂，與堯侑食。**

見訟之否。
註釋：壯大的上升。原本氣數已盡，面臨覆滅，後來用聖人之道，重新復興。

47 困：**道濕為坑，轉陷躓疆。南國作諱，使我多畏。**

道路潮濕變成水坑，車輪轉動落陷，跌倒力竭。前往南蠻國度產生忌諱，使人多所畏縮。
註釋：壯大變受困。路途惡劣，前進受阻，目的地又令人畏懼，因而遲疑退縮。

躓：音至，跌倒。**疆**：力竭。**南國**：比喻南方蠻國。**諱**：畏懼而隱避。

48 井：**鰥寡孤獨，福祿苦薄。入室無妻，武子哀悲。**

見坎之升。
註釋：要壯大應井然。孤苦無依，沒有福澤與伴侶，應重新整治。

49 革：**舉袂覆目，不見日月。衣衾杖机，就其夜室。**

舉起袖子覆蓋眼睛，見不到日月。和陪葬的衣服和單被、手杖和靠几，放到墓穴裡。

註釋：要壯大需要革新。自我蒙昧，失去光明，最後滅亡。
袂：袖子。衣衾：衾音今，裝殮死者的衣服與單被。杖机：老人使用的手杖和靠几。
夜室：墓穴。

50 鼎：長尾踒虵，畫地為河。深不可涉，絕無以北，惆然憤息。

見師之咸。

註釋：壯大才能鼎立。大惡人阻礙，險峻不能越過，斷絕無路，轉背離開，滿是憤怒嘆息。

踒：逶也、委也，彎曲。虵：蛇也。北：背也。

51 震：晨風文翰，大舉就溫。昧過我邑，羿無所得。

見小畜之革。

註釋：壯大且震奮。不分彼此一起前進，尋求美好環境，因能慎戒恐懼，敵人無機可趁。

52 艮：出入節時，南北無憂。行者亟至，在外歸來。

外出入門都按照節氣時令，南來北往沒有憂慮。行旅的人每每來到，在外的人都歸返回來。

註釋：以壯大克服阻止。前進後退合於節度，四方無往不利，旅人都來休憩，遊子也都返鄉。

節時：按照一定的時間行動。亟：音企，每每。

53 漸：陽氏狂惑，季孫亂憒。陪臣執政，平子拘折，我心不快。

陽虎猖狂迷惑，季孫氏族紛亂昏憒。家臣把執掌政權，季平子綁架損害體制，人人心生不快。（本句倒裝：陪臣執政，先有平子拘折，後有陽氏狂惑。）

註釋：壯大已漸行漸遠。奸人猖獗，先後以下犯上奪權專政，民
　　　心不安。

陽氏：陽虎，季平子的家宰。**憒**：心智昏亂不明。**陪臣**：家臣，諸侯為天子之陪臣，大夫爲諸侯之陪臣，大夫又有其下之陪臣。**平子**：掌控魯昭公，昭公征討平子，失敗後公逃至齊國，魯國未立新君。**拘**：綁架。**折**：損害。
*1) 季平子為魯國三桓之季孫氏，把持魯政。2) 季平子的家宰陽虎，在季平子死後囚禁繼位者並控制三桓，進而把持魯政。以上皆本條所稱之「陪臣執國命」。

54 歸妹：五烏六鴎，相對蹲跂。禮讓不興，虞芮爭訟。

　　五隻烏鴉六隻鴎鵲，或蹲或跂相互對立。禮讓之道不興盛，虞芮兩國發生爭訟。

註釋：要壯大需要相歸依。勢均力敵彼此對立，因互不相讓而產
　　　生紛亂。

五、六：象徵齊全。**鴎**：音吃，一種猛禽。**跂**：音企，踮腳而立；與蹲動作對立。**虞芮**：周初二小國，曾因爭地興訟，求周文王評斷；見註。
*《孔子家語‧好生第十》：「虞、芮二國爭田而訟，連年不決，乃相謂曰：西伯仁人也，盍往質之。」

55 豐：顧念所生，隔在東平。遭離滿沸，河川決潰。幸得無恙，復歸相室。

　　眷顧思念父母和子女，他們被隔絕在東平。遭受分離，滿溢洶湧，河川決堤崩潰。幸好得以沒有禍患，管家又都歸返。

註釋：壯大才能豐盛。災害氾濫嚴峻，至親彼此遙遙分離。還好
　　　度過難關，成員都返回團聚。

所生：出生地、父母或子女。**東平**：地名，在今山東，比喻遙遠。**沸**：波湧的樣子。
相室：為大人管理家務的人，男家臣、女傅母。

56 旅：追獵東走，兔逃我後。吾銳不利，獨空無有。

追逐獵物向要東山奔走，兔子隨後逃走。鋒銳的兵器不夠鋒利，空乏一無所有。
註釋：壯大才能去旅歷。想要遠行追求，但敵人狡猾，實力不足，一無所獲。

東：東山，象徵遠征或遠行之地。**獨**：語助詞，其。

57 巽：犬吠非主，上下膠擾。敵人襲戰，閔王逃走。

狗兒吠叫不是主人的來者，全家上下都糾纏紛擾。敵人襲擊開戰，齊閔王逃難奔走。
註釋：壯大應該安順。敵人來犯，全體糾纏不安，因為君主自大驕悍，被敵人侵襲重創。

膠：糾纏，如膠著無法分開。**閔王**：齊閔王，自恃齊國壯大而驕悍，後五國攻齊，將其剝皮抽筋後吊死。

58 兌：嵩高岱宗，峻直且神。觸石膚寸，千里蒙恩。

高聳的嵩山和泰山，險峻挺直而且有神靈。雲氣出現與山岩碰觸，雲氣雖然細微但凝聚成雨，千里之地都蒙受恩澤。
註釋：壯大且和悅。君王神聖正直，高貴受人擁護，人才出來輔佐創造眾多福澤，恩惠施予廣大國民。

嵩：嵩音松，高聳的。**岱宗**：泰山的別名。**觸石**：山中雲氣與山岩碰觸。**膚寸**：一指寬為寸，四寸為一膚，比喻極小。**千里**：天子國之內，比喻中國之天下。

* 《禮記・孔子閒居》：「嵩高惟岳，峻極于天。惟岳降神，生甫及申。」
* 《公羊傳・僖公三十一年》：「觸石而出，膚寸而合，不崇朝而徧雨乎天下者，

唯泰山爾。」

59 渙：陳魚觀社，佷荒踰矩。為民開緒，亡其祖考。

　　魯隱公到棠國陳列捕魚器具來玩賞，魯莊公參觀齊國祭祀土地神的地方，都極為荒誕逾越規矩，為百姓帶頭，遺忘祖先禮制。

註釋：壯大而渙散。得意忘形，因而行為違反禮節倫理，乃至數
　　　典忘祖。

社：祭祀土地神的地方。**佷**：很也。**開緒**：開啟。**亡**：忘也。**祖考**：祖先。
*《左傳・隱公五年》：「公將如棠觀魚者……遂往陳魚而觀之……非禮也。」
*《左傳・莊公二十三年》：「公如齊觀社，非禮也。」

60 節：四壁無戶，三步一止。東西南北，利不可得。

　　四面牆壁上都沒有門，走三步就停止了。東西南北，利祿都無法得到。

註釋：要壯大應有節度。無禮則在內閉塞完全走不出去，在外四
　　　面八方都無法獲利。

三步：象徵極短的距離。

61 中孚：求君衣裳，情不可當。觸諱西行，為伯生殃。君之上歡，得其安存。

　　楚相子常謀求蔡昭侯衣裳的意念無法抵擋。觸犯忌諱向西行進，因而蔡昭侯生出災殃。後來蔡昭侯送上子常喜歡之物，才得以安然生存。

註釋：應壯大且忠信。強者欺凌弱者，想要無理強取，弱者不予
　　　因而被加害，最後只能妥協偷生。

西：象徵福澤不降之地。

*《左傳‧定公三年》載，蔡昭侯帶兩佩與兩裘至楚，獻一佩一裘於楚王，楚相子常亦欲之，弗與，箝制蔡三年。後蔡請而獻佩于子常，蔡侯歸。

62 小過：春鴻飛東，以馬貿金，利可得深。

　　春天的鴻鳥飛向東海，以馬去交易黃金，可以得到深厚的利益。

註釋：壯大且小超越。朝氣蓬勃的前進經營，以寶物交易寶物，
　　　創造優渥的利潤。

貿：交易。

63 既濟：禾生虸蠹，還自剋賊，使我無得。

　　稻禾生出蚌蟲，蚌蟲還自相傷害，使得一無所得。

註釋：壯大已結束。資源美好但生出小人作亂，小人又互相爭鬥，
　　　最後環境完全敗壞。

虸：同虫（音毀），蟲。蠹：音杜，蚌蟲。

64 未濟：桀亂無道，民散不聚。倍室棄家，逃遁出走。

　　夏桀淫亂失去正道，人民離散無法團聚。背離房室遺棄家庭，逃跑隱遁出離奔走。

註釋：壯大尚未形成。上位失德又多行不義，成員因而潰散離去。

倍：背也。

35 晉

35 晉：銷鋒鑄耜，休牛放馬。甲兵解散，夫婦相保。

銷毀鋒利兵器來鑄造掘土的農具，停用並歸放軍用馬牛於山林。軍人士兵都解散返家，夫婦相互保護。

註釋：前進又進前，終於完成返回。銷毀兵器，解散軍隊，百姓歸田，家庭團圓。

鋒：指刀、劍等兵器。**耜**：音四，掘土用的農具。**休**：停止。

*《尚書・武成》：「歸馬於華山之陽，放牛於桃林之野，示天下弗服（不用）。」

1 乾：一衣三冠，無所加元。衣服不來，為我災患。

一件衣服配三頂帽冠（少兩件衣服），無法舉辦加冠禮。衣服沒有來，成為災殃禍患。

註釋：前進需要陽健。準備不足又未能及時補強，沒有禮儀，不能成事還釀成災害。

加元：貴族男子二十歲行加冠禮。

2 坤：百足俱行，相輔為強。三聖翼事，王室寵光。

見屯之履。

註釋：前進且溫良，不躁進。百業俱興，用眾多賢能輔政，成就尊貴的大功業。

3 屯：魚蛇之怪，大人憂懼。梁君好城，失其安居。

魚和蛇作怪，官員憂慮恐懼。梁國君主喜好築城，反而失去安居之所。

註釋：前進轉為困屯。大惡人做怪，官員畏怯，君主又好大喜功，百姓不堪，最後國家敗亡。

＊《左傳・僖公十九年》：「梁伯好土功，亟城而弗處，民罷而弗堪。」後秦國趁虛攻陷梁國。

4 蒙：少無強輔，長不見母。勞心遠思，自傷憂苦。

兒少時沒有強力的輔佐，長年沒見到母親。心裡勞苦，思慮悠遠，因而感傷，憂慮勞苦。

註釋：想前進卻蒙昧。自來都沒人輔助親愛，茫然憂苦，不知何往。

自：因而。

5 需：前涉溽暑，解不可取，離河三里。敗我利市，老牛病馬，去之何悔？

前進經歷潮濕悶熱之地，懈怠無法進取，距離河川還有三里遠。敗壞交易利益，老的牛，病的馬，將之捨棄有何懊悔？

註釋：要前進應停下等待整理。前途多難、支援困難，成員疲憊難行，去蕪存菁，才能再前進。

溽暑：潮濕悶熱。**解**：懈也。**三**：象徵多。

6 訟：君明有德，登天大祿。布政施惠，以感恩福。中子南遊，翱翔未復。

君主聖明有德行，登上帝位有大福祿。頒布政令，施予恩惠，人民感謝恩惠與福祉。中正的君子向南方遊歷，翱遊飛翔沒有返復。

註釋：以前進克服爭訟。君主有德行，所以有登上大位的福氣，

大行仁政，人民感恩，君子因而能光明自由發展，沒有受挫返回。

登天：登上帝位。**南**：象徵光明的方向。

7 師：**曉然唯諾，敬上尊客。執恭除患，禦侮致福。**

慎戒的應答，尊敬上位和客人。秉持恭敬消除災患，抵禦外侮招來福祉。

註釋：前進遇到戰亂，應慎戒。態度慎戒恭敬，待人如同對待大人和貴賓，因此消除災患與欺凌，招來福分。

曉然：曉音消，懼怕的樣子。**唯諾**：卑恭的應答。

8 比：**黍稷禾稻，垂秀方造。中旱不雨，傷風病藁。**

見需之艮。

註釋：前進應該相比附。本來有展望，但中途局勢轉惡，未能克服，最終功敗垂成。

藁：稿也，草本植物的莖。

9 小畜：**三贏六罷，不能越跪。東賈失馬，往反勞苦。**

三個人背著六個疲憊者，腳步不能超越。往東做買賣失去了馬，前往返回都疲勞痛苦。

註釋：前進但蓄小勢弱。負擔加倍，難以前進，經營失利，進退都勞累。

三：比喻多。**贏**：背負、承擔。**六**：比喻齊全。**罷**：疲也。**跪**：腳；《荀子・勸學》：「蟹六跪而二螯。」**東**：象徵粗鄙之地。

10 履：**倚立相望，引衣欲莊。陰雲蔽日，暴雨祈集。降我**

歡會，使道不通。

　　站立著相互對望，拿來衣服想要上路。陰晦的雲遮蔽日光，暴烈的雨大大的聚集，降臨在歡樂的聚會上，也使得道路阻塞不通暢。

註釋：要前進去履行，應做好整備。相互觀察後上路會合，但局
　　　勢變壞，會合狼狽，也難以返回。

倚：立。**引**：拿來。**莊**：通達的大道，如康莊大道；此處做動詞。**祈**：祁也，大。

11 泰：高腳疾步，受肩善趣。日走千里，買市有得。

　　高長的腳快速步行，肩膀能承受，又善於趕路。每日走一千里，在市集買賣有所利得。

註釋：前進且康泰。速度與承擔都優越，積極行動到遠方經營，
　　　大有所得。

疾：快速的。**趣**：趕著向前走。

12 否：北風寒涼，雨雪益冰。憂思不樂，哀悲傷心。

　　北風寒凍淒涼，雨雪和冰益加增多。憂愁的思緒悶悶不樂，哀痛悲愴心懷傷苦。

註釋：前進變閉塞。環境蕭瑟敗壞，阻礙越來越多，無法施展，
　　　只能哀傷。

13 同人：貞鳥鳴鳩，執一無尤。寢門治理，君子悅喜。

　　貞節的雎鳩啼鳴，執著於一，沒有怨尤。家裡治理良好，君子欣悅歡喜。

註釋：前進且同仁。君子與人親密結盟，忠貞不二，團隊治理井然，

大家和樂。

貞鳥、鳩：睢鳩，有固定伴侶，被視為貞節。**寢門**：內室的門，引申家裡。

14 大有：蓼蕭露瀼，君子龍光。鳴鸞雍和，福祿來同。

見恆之蹇。

註釋：前進且大富有。皇帝出巡，善待諸侯、尊崇賢達，一路和諧共鳴，福祿都來到。

15 謙：南行求福，與喜相得。封受上賞，鼎足輔國。

見咸之恆。

註釋：前進但能謙恭。前進順利喜樂，接受崇高的職務與賞賜，成為國家棟樑。

16 豫：桑華腐蠹，衣弊如絡。女功不成，絲布為玉。

見訟之蠱。

註釋：前進才能安育。腐敗不堪，無法生產，民生凋蔽，物質稀缺，價格飛漲。

17 隨：左服易，右王良。心歡嘉，利從己。

左邊有易牙服侍飲食，右邊有王良駕駛。內心歡欣美好，利祿跟從著自己。

註釋：前進又隨理。左右都是最優秀的輔助能手，心裡喜樂，利益相繼而來。

易：易牙，齊國第一御廚。**王良**：趙國駕馭能手，後以其名命驛馬星，比喻人才。

18 蠱：壽考不忘，駕駩東行。之適陳宋，南賈楚荊，得利息長。旅自多罷，畏晝喜夜。

　　高壽之齡仍不怠忽，駕著紅馬向東行進。先到陳宋，再到南方楚國交易，得到財利又孳長利息。因為旅程多有疲勞，所以畏懼白天（需要奔波），喜歡晚上（可以休息）。

註釋：前進轉為蠱敗。長年勇健的前進經營，由近而遠，由小而大，獲得利益的成長。但年久疲憊，開始怠惰。

壽考：高壽。**忘**：怠忽。**駩**：音星，紅色毛的馬。**東行**：如江河大地順行。**之、適**：到。
陳宋：春秋兩個相鄰小諸侯國，常共提，位於華中，對比後之南楚大國。**荊**：楚國。
自：因為。**罷**：疲也。

19 臨：羔羊皮弁，君子朝服。輔政扶德，以合萬福。

　　見謙之離。

註釋：前進去臨政。士大夫遵行禮節，輔佐上位實行仁政，萬福俱至。

弁：音辨，帽子。

20 觀：鶪鳩徙巢，西至平州。遭逢雷電，破我葦蘆。室家飢寒，思吾故初。

　　見謙之革。

註釋：前進應該觀省。想要變得更好而行進，但中途遭逢變故，失去資產而且貧困，悔不當初。

21 噬嗑：大尾小頭，重不可搖。上弱下強，陰制其雄。

　　見咸之坎。

註釋：要前進應該法治。下位太強大，上位無法控制，結果反被
　　　小人箝制。

22 賁：跛足息肩，有所忌難。金城銅郭，以鐵為關。藩屏自衛，安止無患。

　　見邂之旅。
註釋：要前進應整飾。想放鬆但慎戒恐懼，做好萬全防衛，安心
　　　駐紮，沒有憂患。

23 剝：天命玄鳥，下生大商。造定四表，享國久長。

　　上天命令燕子，生下大商朝。造就安定功業直到四方之外，國家的祭祀長長久久。
註釋：以前進克服剝落。天命所歸，註定將會成就浩大與長久的
　　　功業。

玄鳥：燕子。**四表**：四方之外。**享**：祭祀。**享國**：國家的祭祀，比喻國家存在期間。
＊《詩經·玄鳥》：「天命玄鳥，降而生商。」帝嚳的妻子在河邊吞下一顆燕蛋因而生下商人的祖先契。

24 復：賦斂重數，政為民賊。杼軸空虛，家去其室。

　　見否之豐。
註釋：前進狀態返復存在。一再橫征暴斂，搜刮百姓，人民一貧
　　　如洗因而逃離。

25 無妄：陰陽隔塞，許嫁不荅。宛丘新臺，悔往歎息。

　　陰氣與陽氣阻隔閉塞，應許前往了卻沒人答理。大夫和君主

淫蕩無道，後悔前往，嘆息不止。

註釋：要前進應不虛妄。陰陽阻隔，誠信閉塞，君主大臣都無道，不該前去。

嫁：至。**荅**：答也，答理。**宛丘**：陳都；見註一。**新臺**：新的樓臺；見註二。

*《詩經‧宛丘》：「子之湯兮，宛丘之上兮。」盪舞在宛丘之上，陳人譏其大夫之詩。
*《詩經‧新臺》，衛宣公為兒子娶女，因女貌美反欲自娶，遂於河邊築新臺將女截留。

26 大畜：願望登虛，意常欲逃。賈辛醜惡，妻不安夫。

希望登上太虛，意念裡常常想要逃離。賈辛長得醜陋厭惡，妻子不安順於丈夫。

註釋：前進應有大蓄。為人醜惡，連伴侶也不安分，總是想要逃到太空。

*《左傳‧昭二十八年》：「昔賈大夫惡，娶妻而美，三年不言不笑。」

27 頤：踧行竊視，有所畏避。蔽目伏藏，以夜為利。

放輕慢行，偷偷窺視，有所畏懼躲避。遮蔽眼睛潛伏躲藏，在夜間才能安順。

註釋：前進才能頤養。偷偷摸摸，舉止不安，愚昧躲藏，不敢光明正大的前進。

踧行：踧音促，放輕慢行。

28 大過：信敏恭謙，敬鬼尊神，五岳四瀆。克厭帝心，受福宜年。

忠信敏捷恭敬謙虛，尊敬鬼神與山河大地。滿足天帝的心意，蒙受福澤，年度豐收。

註釋：前進且大超越。有德行並且謙卑，對鬼神與大地都充滿虔
　　　誠。上天肯定，賜福良多。
五岳：五嶽。**四瀆**：江、淮、河、濟的總稱。**瀆**：音讀，注海的大河。**克厭**：符合或滿足。
宜年：豐收之年。

29 坎：<u>懸懸南海</u>，<u>去</u>家萬里。<u>飛兔腰褭</u>，一日見母，除我憂悔。

　　遙遠的南海，距離家裡有一萬里。飛兔和腰褭奔馳，一天就見到母親，消除憂慮和悔恨。
註釋：以前進克服落陷。路途非常遙遠險惡，但本身敏捷且通力
　　　合作，很快就找到歸宿。
懸懸：遙遠。**南海**：象徵遙遠或險惡之地。**去**：距離。**飛兔、腰褭**：駿馬名；見註。
褭：俗裊字。
*《呂氏春秋．離俗》：「飛兔、要裹，古之駿馬也。」

30 離：<u>雖污不辱，因何洗足</u>。<u>童子褰衣</u>，<u>五年平復</u>。

　　雖然骯髒但沒被玷汙，因為多洗腳。孩子提起衣服涉河外出，五年平安返復。
註釋：前進且附著正道。環境敗壞但總是潔身自愛，秉持德行外
　　　出歷險，完成後平安返回。
何：甚多，如：何其雄偉。**童子**：比喻心性無邪。**褰**：音千，提起。**褰衣**：《易林》褰衣之後都接涉河或外出，有歷險之意。**五年**：《禮記．王制》：「天子五年一巡守。」比喻經過一個治理週期。

31 咸：宮城立見，<u>衣就袂裙</u>。恭謙自衛，終無禍尤。

　　圍繞皇宮的城牆已經建立，衣服裙子也完成了。恭敬謙卑且

自我防衛，終究沒有禍患災殃。

註釋：前進且相感應，終於達成。朝廷已建立，禮制已完備，恭敬慎戒，一切平安。

立見：建立。**衣**：衣裳，比喻禮制。**就**：成就，完成。**袂裙**：裙子的下擺。**禍尤**：禍殃。

32 恆：**敝笱在梁，不能得魚。望貧千里，所至空虛。**

損壞的捕魚竹籠吊在橋梁下，不能得到漁獲（魚兒從破洞溜走）。遠望千里都貧苦，所到之處空乏虛無。

註釋：要前進應持恆正道。經營錯誤不改善，一直無法收穫，長久深遠的貧困空乏。

敝：損壞的。**笱**：形似籠子的竹製捕漁器具。

*《詩經‧敝笱》：「敝笱在梁，其魚魴鰥。」魴鰥比喻難以管教。

33 遯：**千里騂駒，為王服車。嘉其驪榮，君子有成。**

可以日行千里的紅色良駒，為君王的駕車服侍。嘉勉牠們併駕的榮耀，君子有所成就。

註釋：前進又能隱遁，進退有據。有才能又可協力，為君主所重用，領受殊榮，創造成就。

騂駒：騂音星，紅色良馬。**服車**：服侍君主的車。**驪**：併駕的馬。

34 大壯：**鼎足承德，嘉謀生福。為王開庭，得心所欲。**

鼎的三足（見註）承載德業，美好的謀求生民的福祉。為君主建國，得到心裡所想的。

註釋：前進而且壯大。重臣扛起造福百姓之責，開國立功，自己也如願以償。

鼎：立國的重器，象徵政權。**開庭**：建國。

*《象》:「鼎三足,象三公。」周初三公周為公、召公、姜太公。

36 明夷:**右手無合,獨折左指。禹湯失佐,事功弗立。**

　　右手掌不能合攏,左手指也折斷了。大禹和商湯失去輔佐,事業功蹟無法成就。
註釋:前進轉為瘡痍。左右人才折損,無法發揮輔助功能,上位
　　　賢良也不能成就功業。
獨:語助詞,其。**弗**:不。

37 家人:**憂凶憎累,患近不解。心意西東,事無成功。**

　　憂患凶惡憎恨一直累積,禍患近了卻無法解決。心意分成東與西,行事不能成功。
註釋:前進應親如家人。怨恨一直累積,造成眼前無法解決的禍
　　　端,兩人心意相反,一事無成。

38 睽:**東行食榆,困於枯株。失妻無家,志窮為憂。**

　　行進到東方還是只能吃榆樹皮,被困於乾枯的樹幹中。失去妻子沒了家室,志向窮盡憂愁。
註釋:前進狀態已睽離。前進追求美好卻陷入困境,失去親密伙
　　　伴和根據地,心志已死。
東行:象徵前進陰晦。**榆**:《漢書・天文志》:「熒惑與歲星鬥,有病君飢歲……民食榆皮。」

39 蹇:**五經六紀,仁道所在。正月繁霜,獨不離咎。**

　　有五經和六紀,處處仁義道德。正月有繁重的寒霜,沒有罹患災禍。

745

註釋：以前進克服蹇跛。秉持正道，事事順理，縱使環境惡劣，也沒有災禍。

五經：《易》、《書》、《詩》、《禮》、《春秋》。**六紀**：指諸父（伯叔父）、兄弟、族人、諸舅、師長、朋友之道。**所在**：處處。**獨**：其，語助詞。**離**：罹也，遭受。
*《詩經・正月》：「正月繁霜，我心憂傷。」

40 解：解緩不前，惛怠失便。二至之戎，家無禍凶。刻水象形，聞言不信。

　　鬆懈遲緩不前進，怠惰而失去有利時機。二度兵災來到，卻說國家沒有禍害凶難。刻畫水面來摹擬形貌（刻畫於木或土上才能象形），聽聞言說的人都不相信。
註釋：前進已解除。怠惰鬆散失去時機，大禍接連來臨卻說沒有災殃，這樣空口白話，沒人會相信。

解：懈也。**惛**：音掏，怠惰。**便**：有利的機會。**之**：至。**戎**：軍隊。**象**：摹擬。

41 損：仁愛篤厚，不以所忿。害其所子，從我舊都，日益富有。

　　仁德慈愛又篤實寬厚，不會有所忿恨。何不和親密弟子，相從回到舊時國都，會日益富有。
註釋：前進受到損害。保持君子德行與和諧，遇到挫折不抱怨，與親密晚輩返回原處，也會日益富有。

害：曷也，何不。**所子**：養以為子，此處比喻親如兒子的弟子。
*《漢書・揚雄傳上》：「昔仲尼之去魯兮，斐斐遲遲而周邁，終回復於舊都兮。」

42 益：缺破不成，胎卵未生，弗見兆形。

　　殘缺破損沒有完成，獸胎和禽蛋並未誕生，也沒見到開始成

形。

註釋：前進卻想益己損民。人格道德殘破，無法孳生與繁衍，連
　　　個影子也沒見到。

弗：不。**兆形**：開始成形。

43 夬：摧角不傷，雖折復長。秉德無騫，老賴榮光。

　　摧毀了角但沒有重傷，雖然折損又恢復長成。秉持德行沒有過錯，長壽幸福榮耀光明。

註釋：前進且能明決。秉持仁德，所以遭遇損傷又能恢復，最終
　　　安康美好。

騫：過錯。**老**：長壽。**賴**：幸，福。

44 姤：乘桴渡海，免脫厄中，雖困無咎。

　　搭乘木筏渡過海洋，免禍脫險於困厄之中，雖然受困但沒有災殃。

註釋：前進時能相邂逅。環境險惡，陷入災禍，終於脫困，免除
　　　禍害。

桴：音浮，木筏或竹筏。

45 萃：孔鸞鴛雛，鳿鵝鵜鶘，翱翔紫淵。嘉禾之囿，君子以娛。

　　大鸞鳥、鴛鴦幼鳥、鳿鵝、天鵝、鵜鶘、鷗鶘，遨遊飛翔在紫淵。生長奇異稻禾的園囿，君子祥瑞歡愉。

註釋：前進並相薈萃。不分老少、類群，聚集各種有德行的人才
　　　自由發揮，環境與資源美好，歡樂相處。

孔：大。**鸞**：鳳凰的一種。**鳿鵝鵜鶘**：皆水鳥名。**紫淵**：水名，於長安北方，象徵

吉祥之地。**嘉禾**：生長奇異的禾，長於太平時代。

46 升：眾來得願，甘露溫潤。樂易君子，不逢禍亂。

眾人前來都如願得到甘美露水的溫暖滋潤。和樂平易的君子，不會遭遇禍患紛亂。

註釋：前進且上升。樂善好施，滋潤眾生，眾人都來依附，有德行且親切和諧，安居無憂。

47 困：東騎墮落，千里獨宿。高岸為谷，陽失其室。

騎馬東去墜落下來，千里路途獨自居宿。高的岸邊變成低谷，陽氣失去家室。

註釋：前進但受困。遠行失利，艱辛獨行，態勢顛倒反轉，不再光明陽健。

東：象徵粗鄙的方向。

48 井：八才既登，以成善功。尨降庭堅，國無憂凶。

八位才子已登位，成就美好的功業。有尨降、庭堅輔佐，國家沒有憂患凶災。

註釋：前進且井然。有眾多賢能輔佐，成就大業，安全無虞。

*《左傳‧文公十八年》：「昔高陽氏有才子八人……舜臣堯，舉八愷。」其中有龍（尨／厖）降、庭堅等人。

49 革：邯鄲反言，父兄生患。竟涉憂恨，卒死不還。

見坤之睽。

註釋：前進狀態已被革除。親人失信而決裂鬥爭，最後親信憂恨，也一去不回。

竟：最後。

50 鼎：**五銳**鐵頤，倉庫空虛。買市無盈，與利為仇。

見比之夬。
註釋：前進變覆鼎。好戰而民生資源耗盡，無法交易經營，利祿不來。
銳：鋒銳的兵器。

51 震：白鳥銜餌，鳴呼其子。**施技**張翅，來從其母。

見小畜之小畜。
註釋：前進發生震盪，改為回歸。能力弱小無法前行，至親溫情召喚，遊子返回追隨。
施技：施展（飛行）技能。

52 艮：學**靈三**年，聖且明神。先**見**善祥，嘉吉福慶。**餌吉**知來，告我無咎。

學習仙術已三年，神聖而且精神明亮。祖先顯現慈善祥和之兆，有美好吉祥而且福澤喜慶。用食物祭祀，鬼神前來知會，告知沒有災禍。
註釋：前進受阻，隱遁可安然。長久修習聖道，虔誠禮事，一切都會吉祥無恙。
靈：關於神仙的。三：象徵多。見：現也。餌：泛指食物。吉：古代祭祀鬼神的禮儀。

53 漸：雲**孽**蒸起，失其道理。傷害年穀，**神君之精**。

雲一樣多的妖孽生起，失去天道倫理，傷害年度種植穀物的，

749

是修練成仙的妖精。

註釋：前進應循序漸進，不可殘暴征戰。各路豪傑像妖孽一樣生出，毀滅倫常，傷害生產，最後還變成霸王。

烝：烝也，衆多。**神君**：對神靈的尊稱。**精**：妖怪。

54 歸妹：春耕有息，秋入利福。獻豜大豭，以樂成功。

春天耕種有孳生，秋天有收入的利祿與福澤。向神明獻上大豬，因成就功業而欣樂。

註釋：前進去相歸依。春耕秋收，心意虔誠，獲得成功而且愉悅。

豜：音間，三歲的豬，亦泛指大豬。**豭**：音縱：泛指豬。

55 豐：羸豕躑躅，虎入都邑。遮遏左右，國門勑至。

瘦弱的豬徘徊不前，因為老虎已進入國都。左右都被遮蔽遏止，帝王的詔書只能到國都城門。

註釋：前進又豐盛，富極成腐。惡人已兵臨城下，但實力衰弱不敢迎戰，政務被親信把持，王令不出京城。

羸：音雷，瘦弱。**豕**：音使，豬。**躑躅**：音擲燭，徘徊不前。**邑**：國都。**遏**：音餓，阻止。**國門**：國都的城門。**勑**：敕，音赤，帝王的詔書。

56 旅：東行西維，南北善迷。逐旅失群，亡我襦衣。

東西行進都遭受綑綁，南北行進都容易迷路。跟隨商旅卻和群體失聯，還遺失了衣服。

註釋：前進又行旅，變成羈旅。四方都無法順利前行，陷入迷路失聯，還丟了資材。

維：拴，綑綁。**善**：容易，如善感。**逐**：跟隨，如隨波逐流。**襦衣**：短衣，亦泛指衣服。

57 巽：居室之倫，夫婦和親。小人乘車，碩果失豢。

同屋居住有倫理，夫婦和諧親密。身分低下的人乘坐車輛，碩大的果實遺失了被拿去餵養家畜。

註釋：前進應安順。安順法禮，便能彼此恩愛和諧；倫常顛倒，
　　　便小人掌權，龐大成果也會失去。

居室：同屋居住。**豢**：飼養家畜。
* 《易經‧剝》：「碩果不食（蝕），君子得輿，小人剝廬。」此句為反向表述。

58 兌：東方孟春，乘冰戴盆。懼危不安，終身所歡。

東方已經初春，順應冰勢前進（見註）頭戴著盆子（雖簡陋亦能保護頭部）。懼怕危險不安，終其一生都能歡欣。

註釋：前進且欣悅。環境已轉好，順應時機前進，且能慎戒恐懼，
　　　一直歡欣。

孟春：春季的第一個月。**乘**：順應。如乘風破浪。
* 初春冰河融解，冰塊沿著河川流動。

59 渙：風吹塵起，十里無所。南國年傷，不可安處。

風吹來塵土揚起，十里之內一無所有。南方國度歲收損傷，不能安心居住。

註釋：前進轉為渙散。災禍生起，鄉里貧無，原本美好但再也無
　　　法安穩。

十里：比喻鄉里。**南國**：比喻美好的地方。

60 節：重載傷車，婦失無夫。三十不室，獨坐空廬。

沉重負載毀傷車子，婦女失度所以沒有丈夫。三十歲還沒成婚，獨自坐在空蕩的屋裡。

註釋：前進應有節度。剛強過度以致造成傷害、失去節度，時機已加倍超過，還是未能結合，無法孳息。

三十：女子已加倍超過婚齡；見註。**室**：成婚。

*《穀梁傳》：「女子十五而許嫁。」

61 中孚：敗牛羸馬，與利為市，不我嘉喜。

凋殘的牛，病瘦的馬，想要交易獲利，但沒人讚譽喜歡。

註釋：前進應該忠信。條件拙劣，雖想與人合作，但未獲眾人青睞。

敗：凋殘的。**羸**：音雷，瘦弱。**為市**：交易。

62 小過：日出阜東，山蔽其明。章甫薦履，箕子佯狂。

見賁之屯。

註釋：前進卻持續小過。小人勢力龐大，遮蔽光明，君子被踐踏，只能明哲保身。

63 既濟：出入門所，與道開通。杞梁之信，不失日中。少季渡江，來歸其邦，疾病危亡。

出入處所門戶，連接道路，開闊通暢。杞梁有誠信，不失日中之約（見註一）。杞梁之妻遇到渡江歸國的齊侯，之後便自殺殉夫（見註二）。

註釋：前進已結束。四通八達外出去開發，臣子們都很忠信，但都為國捨身了，無法再前進。

與：相連。**杞梁**：齊國大夫，名殖。在伐莒的戰爭中殉國，其妻後自殺，此處指杞梁之妻，史未載其名。**疾、病**：禍害。**少季**：少女。

*《左傳・襄公二十三年》載，齊侯使杞殖、華周伐莒，莒子賄賂華周，華周說：「昏而受命，日未中而棄之，何以事君？」莒子全力反攻，杞殖被擄而死。

* 杞殖死後,其妻因家中有老者故至郊外弔唁其夫,遇到歸來的齊侯,齊侯便為杞殖舉辦家祭,之後其妻自殺殉夫。

64 未濟:<u>邑兵</u>衛師,如<u>轉蓬</u>時,居之危凶。

　　封地的士兵是保衛的軍隊,卻如同時常轉向的蓬草,居住在此危險凶惡。

註釋:前進尚未完成。守衛的成員隨時會變節,組織危險不安。

邑兵:封地的士兵。**轉蓬**:隨風轉向的蓬草。

36 明夷

36 明夷：他山之儲，與璆為仇。來攻吾城，傷我肌膚，邦家騷憂。

　　他山諸多石頭，要與美玉相敵（見註）。來攻打我國邊城，人民損傷了肌膚，家國擾亂憂患。
註釋：瘡痍又瘡痍。外敵準備好了來進攻，人民身命受到傷害，
　　　國家受到騷擾。

儲：諸多；《釋名》：「諸，儲也。」**璆**：音求，美玉。**為仇**：敵對。**肌膚**：亦指身命。
邦：諸侯國大曰邦，小曰國。
＊《詩經・鶴鳴》：「它山之石，可以攻玉。」

1 乾：踐履寒冰，十步九尋。雖有苦痛，不為憂病。

　　踩踏著嚴寒的堅冰，十步裡有九次攀爬。雖然有痛苦，但沒成為憂患損害。
註釋：瘡痍但能陽健。前途十分惡劣艱辛，但仍然堅持行進，雖
　　　然痛苦但沒傷害。

尋：攀爬。

2 坤：太公避紂，七十隱處。卒逢聖文，為王室輔。

　　姜太公躲避商紂暴政，七十歲時隱遁而處。最後逢到聖明的周文王，為王室輔佐霸業。
註釋：瘡痍但能溫良。初始遇難而隱遁，最終時來運轉，遇貴人
　　　提拔，成就大功業。

＊前兩句見《尉繚子・武議》：「（太公望）過七十餘而主不聽，人人謂之狂夫也。」

＊後兩句見《史記‧齊太公世家》載，呂尚（太公望）以漁釣奸周西伯，為霸王之輔，立為師。

3 屯：日月之塗，所行必到，無有患悔。

　　日月的軌道，所當行經的必定到達，沒有憂患怨恨。
註釋：瘡痍時應屯聚。天道與光明不會消失，可安心而處。
塗：途也，道路。**悔**：恨。

4 蒙：諷德訟功，美周盛隆。旦輔成周，光濟沖人。

　　朗誦仁德、歌頌功業，美好的周朝昌盛興隆。周公旦輔佐成王興盛周朝，光大的助濟幼帝成王。
註釋：瘡痍但能啟蒙。上位弱小，賢良光大的救濟輔助，建立百
　　　姓都歌頌的盛世。
諷：朗誦，比喻將話以韻文方式說出。**訟**：《韻會》：「通作頌。」**旦**：周公，姓姬名旦。
成周：周公輔成王的興盛時代。**光濟**：光大助益。**沖人**：年幼帝王的自稱。
＊《史記‧周本紀》：「周公行政七年，成王長，周公反政成王，北面就群臣之位。」
　武王之子成王繼位時年幼，先由叔父周公輔政。

5 需：童女無室，未有配合，空坐獨宿。

　　女童未成為人妻，還沒有配偶，空虛坐著獨自過夜。
註釋：瘡痍又等待停滯。軟弱又沒有結盟的伴侶，無法繁衍，只
　　　　能孤獨自處。
室：妻子。**配**、**合**：配偶。

6 訟：穿鼻繫株，為虎所拘。王母祝祠，禍不成災，遂然脫來。

見謙之節。

註釋：瘡痍被爭訟，轉為平坦。被惡人控制，但保持虔誠並求助貴人，最後獲得神佑脫困返回。

祝祠：祭祀鬼神的祠廟。**遂然**：安然。

7 師：黃帝神明，八子聖聰。佚受大福，天下平康。

見豫之無妄。

註釋：瘡痍被出師，轉為安定。實行聖道，繁衍眾多，後代優秀，安樂有福，天下泰平。

佚：安逸的。

8 比：深谷為陵，衰者復興。亂傾之國，民得安息。中婦病困，遂入冥室。

幽深的山谷成為丘陵，衰敗的恢復興盛。紛亂傾倒的國家，人民得到安心養息。非嫡傳的小人被傷害圍困，最後進入冥暗的墓穴。

註釋：瘡痍但能相比附。局勢向上，獲得復興，原本的紛亂停止，人民安居，想謀權的小人被整肅消滅。

中婦：次子之妻，比喻非嫡傳的小人；《易林》裡中女亦為不良比喻。**病**：傷害。**室**：墓穴。

9 小畜：道遠遼絕，路宿多悔。頑嚚相聚，生我畏惡。

道路遙遠斷絕，路邊休宿頗多怨恨。頑劣囂張者相互聚集，令人生起畏懼厭惡。

註釋：瘡痍且蓄小勢弱。前進艱辛，餐風露宿，無法安穩，惡人又聚集危害，令人生畏。

遼：遙遠。悔：恨。

10 履：且樹菽豆，暮成藿羹。心之所樂，志快心歡。

早上種植豆子，日暮時做成豆羹。從事心裡所喜愛的，意志愉快內心歡樂。

註釋：瘡痍但仍履行。雖然地貧窮苦，但安貧樂道，平靜愉悅。

菽豆：豆類的總稱，比喻粗食。**藿**：音霍，豆葉。**樂**：音要，喜愛。

*《史記‧張儀列傳》：「民之所食，大抵菽飯藿羹。」

11 泰：切切之患，凶憂不成。虎不敢齰，利當我身。

禍患令人憂傷，但凶惡的憂患沒有形成。老虎不敢咬，因為有利器在身上。

註釋：瘡痍但能康泰。雖然有憂患但沒有成真，因為防備堅實，惡人不敢真的來犯。

切切：憂怨哀傷。**齰**：音則，咬。**當**：在。

12 否：王伯遠宿，長婦在室。異袍恃食，所求不得。

大伯遠遊外宿，他的妻子在室內。不是同袍卻要依賴人家給食，所求沒得如願。

註釋：瘡痍且閉塞。親密夥伴分離，無法相護，非人族類，也不受支援。

王伯：大伯。**長婦**：長子之妻。**異袍**：同袍象徵摯友，異袍非同摯友。**恃**：依賴。

13 同人：寒燠失時，陽旱為災，雖耗無憂。

季節寒暑交替失去時令，乾旱釀為災害，雖然有耗損但不用憂慮。

註釋：瘡痍但能同仁。時令反常，引發災難，一起面對，不用憂慮。
寒燠：季節的交替。**燠**：音奧，熾熱。**陽旱**：乾旱。

14 大有：雖窮復通，履危不凶，保其明功。

雖然窮盡但恢復通暢，經歷危險但沒凶惡，保有光明功業。
註釋：瘡痍之後大富有。柳暗花明，化險為夷，保全了榮耀和地位。
履：經歷。

15 謙：狼虎所宅，不可以居，為我患憂。

野狼與老虎的住處，不可以居住，有禍患憂慮。
註釋：瘡痍時應謙遜退讓。惡人佔地為王，應該遠離。

16 豫：喋囁處耀，昧冥相傳。多言少實，語無成事。

私下耳語，停止光明，蒙昧陰晦的傳播訛語。多話說，少真實，終究一事無成。
註釋：瘡痍的安育狀態。愛挑撥使環境昏暗，為人陰晦長舌，浮誇不實，無法成事。
喋囁：耳語，私語。**處**：《說文》：「止也。」**耀**：光耀。**相**：此為單方面的動作，如相瞞。

17 隨：履冰蹈凌，雖困不窮。播雀登巖，卒無憂凶。

踩著積冰，雖然艱困卻未窮絕。播遷跳躍，登上高崖，最後沒有憂患凶惡。
註釋：瘡痍但能隨理。險境並非絕境，經過努力奮鬥後轉換到安全的環境，掃除憂患。
履、蹈：踩。**凌**：積冰。**播**：遷徙。**雀**：跳躍，如雀躍。**巖**：高峻的山崖。

18 蠱：<u>文文墨墨</u>，憂禍相雜。南北失志，東西不得。

　　昏暗不明，憂患與災禍交相混雜。南行北進不得志，東西奔跑無所得。
註釋：瘡痍而且蠱敗。局勢昏暗，禍患交錯，徒勞奔波，四處碰壁。
文文墨墨：昏暗不明。

19 臨：爭訟不已，<u>更相談詢</u>。<u>張季弱日</u>，被髮北走。

　　爭訟不休，繼而相互嘲罵。張家小弟時運衰弱，披著頭髮敗北逃走。
註釋：瘡痍已來臨。惡鬥不止，實力與時運不佳而敗走。
更相：相繼。**談詢**：嘲罵。**張**：《易林》慣以張氏為戰爭、失利之象徵。**季**：泛指年幼者，比喻能力尚不足。**弱日**：時運衰弱。
* 張季非指漢張釋之（字季），曾彈劾太子過司馬門不下車，為忠臣。

20 觀：德積逢時，<u>宜</u>其美才。相明輔聖，拜受福<u>休</u>。長女不嫁，後為大悔。

　　累積福德並逢到時運，安順的嫁給美好的才子。首相賢明輔佐聖王，禮拜接受福祉。長成的女子不嫁人，後來成為大悔恨。
註釋：瘡痍的觀省。原本累積福德，時運來臨，與人親密結盟，
　　　並獲得貴人提攜而大展鴻圖。後來志得意滿，長期傲慢不
　　　與人合作，因而無法發展孳生，徒留悔恨。
宜：安順，比喻出嫁，如宜室宜家。**休**：庥也，福。

21 噬嗑：江水沱汜，思附君子。伯仲<u>爰</u>歸，不我肯顧，姪娣恨悔。

見邇之巽。

註釋：瘡痍的法治。想要返回求活，但手足不搭理，家人懊喪。

爰：音援，於是。

22 賁：光禮春成，陳寶雞鳴。陽明失道，不能自守，消亡為咎。

神明發光來臨，春祭典禮已完成，陳寶祠的野雞鳴叫。光明失去正道，不能自我守持，消失滅亡成為災禍。

註釋：瘡痍應整飾。原本光明有禮，神明也來保佑，後來失道，不能繼續守持，因而覆滅。

光：此處指神明來臨，光輝若流星。禮：祭。春：春祭。陽明：光明。

*《漢書・郊祀志》載，秦文公獲若石（隕石）雲，于陳倉北阪城祠之。其神來也常以夜，光輝若流星，若雄雞，其聲殷雲，野雞夜雛。以一牢祠，命曰陳寶。

23 剝：驚虎無患，虞為我言，賴得以安。

驚人的老虎沒有造成禍患，但流言令人憂慮，幸而得以平安。

註釋：瘡痍已剝落，態勢轉好。惡人出沒，流言四起，但能慎戒恐懼，因而平安。

虞：憂慮。賴：幸而。

24 復：偽言妄語，轉相註誤，不知狼處。

邪偽虛妄的言語，輾轉相互擾亂耽誤，卻不知道狼在何處。

註釋：瘡痍返復存在。憑空捏造的謠言，輾轉相傳，導致人心不安。

註：擾亂。

25 無妄：履悖自敵，凶憂來到，痛不能笑。

步履相背，自相為敵，凶惡憂患來到，痛楚無法歡笑。
註釋：瘡痍時應不虛妄。內鬨相鬥，導致禍患，苦不堪言。
悖：音背，違背。

26 大畜：牽尾不前，逆理失臣，惠朔以奔。

見比之恆。
註釋：瘡痍態勢大為蓄積。手段不正確，倒行逆施，臣子離去，
　　　最後君主倒臺逃亡。

27 頤：三狸搏鼠，遮遏前後。死於環城，不得脫走。

見恆之升。
註釋：瘡痍轉為頤養。眾人齊心合作，展開全面圍堵，奸人沒有
　　　活路，最後被消滅。
環城：環繞的城牆，在此比喻重重包圍。

28 大過：言笑未卒，憂來暴卒。身墨丹索，檻囚裝束。

說笑還沒完畢，憂患就強大而突然降臨。身體被綑綁，繩索被血染紅，在牢籠裡穿上囚服。
註釋：瘡痍的太過。沉溺歡樂，大災難突然就降臨，綑綁收押，
　　　變成囚犯，飽受摧殘。
暴：強大而突然。**卒**：猝也，突然。**墨**：纆也；《說文解字注》：「按從黑者，所謂黑索拘攣罪人也。」**丹**：塗染成紅色。**檻**：音見，牢籠。**裝束**：穿著。

29 坎：陰積不已，雲作淫雨。傷害平陸，民無室屋。

陰氣堆積不停，雲層產生長久的雨勢。傷害了平坦的陸地，
人民沒有房屋。

註釋：瘡痍且落陷。小人（弊病）一直累積，引發長久的災禍，國土和人民都遭殃。

淫雨：久雨。

30 離：山林麓藪，非人所處。鳥獸無禮，使我心苦。

見蒙之未濟。

註釋：瘡痍附著而來。好像在深山荒野，沒有文明與秩序，一直悲苦。

31 咸：新作初陵，踴蹈難登。三駒推車，跌頓傷頤。

皇帝新建第一個陵墓，行進遙遠難以攀登。三匹良駒推著車子，跌倒停頓，傷了下頜。

註釋：瘡痍的感應。皇帝開始濫用民力，百姓無法承擔，原本生活良好，現在一起遭受傷害，無法安養。

陵：帝王的墳墓。**踴**：《集韻》：「與遙同。」**蹈**：行進。**三**：象徵多。**駒**：比喻原本良好。**頤**：下巴，比喻頤養。

＊《漢書・楚元王傳》載，高祖即位，始營初陵，及徙昌陵，功費不萬，死者恨於下，生者愁於上。

32 恆：魂微惙惙，行纊聽絕。曠然大通，復更生活。

魂魄幽微令人憂愁，將棉絮置於口鼻，判斷是否氣絕。氣息大為開闊通達，更又活了過來。

註釋：瘡痍轉為恆長。原本即將滅亡，但又恢復氣息，獲得重生。

惙惙：音綽，非常憂愁。**行纊**：人臨終將棉絮置其口鼻上，以觀察是否尚有氣息。**聽**：判斷，如聽案。**曠然**：開闊通達。

33 遯：欒子作殃，伯氏誅傷。州犁奔楚，去其邑鄉。

見大畜之同人。
註釋：瘖痍且隱遁。奸人作亂，君子先後被無辜波及受傷，因而
　　　逃離。

34 大壯：驕胡犬形，造惡作凶。無所能成，還自滅身。

　　自命為天之驕子的胡人，卻是狗的表現，製造災厄與凶禍。
沒有能夠成就的，還因而毀滅身命。
註釋：瘖痍的壯大。並不強大，卻自命不凡，行為猥褻，作惡多端，
　　　因而沒能成功，還導致毀滅。

形：表現，如：形之於外。**自**：因而。
*《漢書‧匈奴傳上》：「胡者，天之驕子也……單于身殺其父代立，常妻後母，
禽獸行也！」

35 晉：陳辭達城，使安不傾。增榮益譽，以成功名。

　　陳述的言辭已到達京城，因而安定不再傾倒。增益了榮耀和
聲譽，成就功業和名望。
註釋：瘖痍但能前進。軍王接受民意，體恤民情，因而轉危為安，
　　　最後成就聲望和事業。

37 家人：三杞無棗，家無積莠。使鳩求婦，頑不我許。

　　三棵枸杞樹都沒長出棗子，家裡空無，堆積雜草。鳩鳥求娶
媳婦，對方堅定的不予許諾。

　　註釋：瘖痍的家人。全面欠收，家裡荒蕪，想要與人親密結盟，
被悍然拒絕。

三：象徵多。**杞**：枸杞。**棗**：《埤雅》：「大者棗，小者棘。」**杞、棗**：兩者經常共生，
故合稱；見註。**莠**：音又，像稻的雜草。**使**：對人的尊稱。**鳩**：比喻求偶，如關關雎鳩。
*《詩經‧湛露》：「南山有杞，在彼杞棘（棗）。」

38 睽：慎禍重病，顏子為友，乃能安存。牢戶繫羊，乃能受慶。

　　慎戒災禍，重視弊病，與顏回成為朋友，才能安心生存。在牲圈和洞穴把羊綁好，才能蒙受吉慶。

註釋：瘡痍已睽離，轉為安好。慎戒的防止弊端災禍，並與君子交往，安居不出。小心防護，因而有吉祥。

顏子：顏回，世稱復聖，安貧樂道，不仕。**牢**：養牲畜的圈。**戶**：洞穴。**羊**：比喻祥。

39 蹇：鹿得美草，鳴呼其友。九族和穆，不憂飢乏。

　　見同人之蹇。

註釋：瘡痍已蹇跛，轉為安居。溫良共好，與團隊親密和諧，生活豐足。

40 解：亡玉失鹿，不知所伏。利以避危，全我生福。甘雨時降，年歲有得。

　　丟失了玉和鹿，不知它們藏伏的所在。順利的避開危險，保全生命福澤。及時雨適時降下，年年有所得。

註釋：瘡痍已解除，轉為坦順。初始運勢背離，遺失福澤；後來避開危險，保有安全；最後時來運轉獲得救助，開始收穫。

玉：象徵美好。**鹿**：象徵福祿。**甘雨**：及時雨。

41 損：逢時得當，身受福慶。

　　逢到時機一切合宜，身命蒙受福祿吉慶。

註釋：瘡痍已受損，轉為安好。天時已至，一切順當，有福祉與喜慶。

得當：合宜。

42 益：鵠思其雄，欲隨鳳東。順理羽翼，出次須日。中留北邑，復反其室。

見需之離。

註釋：瘡痍態勢增益。想要追隨賢人前進，與人結合繁衍，雖準備好了，但條件不足，走走停停，只能返回。

43 夬：環堵倚鉏，升升屬口。貧賤所處，心寒昨苦。

在狹小土屋裡倚靠著鋤頭，只有很少的米糧可以進入嘴巴。貧窮卑賤的處境，心裡淒寒又辛酸苦楚。

註釋：瘡痍又斷決。家徒四壁又無法耕種，因而挨餓，貧賤難以存活，滿是憂苦。

環堵：四面圍繞土牆的狹屋。**鉏**：鋤也。**升升**：「一升一合、一升一勺」，皆比喻數量很少。**屬**：通注，傾注；《儀禮・士昏禮》：「三屬於尊。」**昨**：同酢，酸味。

44 姤：孤獨特處，莫依為輔，心勞志苦。

孤獨一人單處，沒有依靠可以輔佐，心志勞苦。

註釋：瘡痍的邂逅狀態，未能相遇。無伴無侶，人孤心慌。

特：獨，單一。

45 萃：稷為堯使，西見王母。拜請百福，賜我喜子，長樂富有。

見坤之噬嗑。

註釋：瘡痍但能相薈萃。君主任用人才追求聖道，上天賜予豐富的福澤與子嗣，長久的歡樂和財富。

46 升：鳴條之郊，北奔犬胡。左衽為長，國號匈奴。王君旄頭，立尊單于。

見屯之無妄。

註釋：瘡痍後上升。初始失敗而逃，外出另謀發展後，後來成為一方之霸。

47 困：絕而復通，雖達不窮。終得其願，姬姜相從。

斷絕的恢復暢通，每每暢達沒有窮盡。最終得其所願，兩姓合婚相互跟從。

註釋：瘡痍狀態受阻，轉為通達。峰迴路轉，前途坦蕩，最後如願以償，與人親密結盟。

雖：每有。**姬姜**：象徵兩姓合婚，亦為婦女的美稱。

48 井：陽并悖狂，拔劍自傷，為身坐殃。

詐偽又背離狂妄，拔劍卻傷到自己，身命處於災殃之中。

註釋：瘡痍的井然。虛偽又悖理囂張，害人反害己，招致禍害。

陽：佯也，詐偽。**坐**：處。

49 革：方圓不同，剛柔異鄉。掘井得石，勞而無功。

方跟圓不能和同，剛與柔不同方向。開掘水井卻得到石頭，辛勞卻沒有功效。

註釋：瘡痍而被革除。與人格格不入，無法得力偕同，以致徒勞無功。

鄉：向也。

50 鼎：乘風雨會，與飛鳥俱。動舉千里，見我愛母。

見同人之泰。

註釋：瘡痍之後鼎立。在風雨中一起勇往直前，經過長途跋涉，一舉與領導會合。

51 震：三塗五岳，陽城太室。神明所扶，獨無兵革。

見需之蒙。

註釋：瘡痍轉為震奮。加強守護，虔誠聖道，神明庇佑，一切平安。

52 艮：鴟鴞取婦，深目窈身。折腰不媚，與伯相背。

見復之蒙。

註釋：瘡痍又停止。惡人與惡人結合，彼此相背，更加紛亂。

鴟鴞：皆猛禽。**取**：娶也。

53 漸：轉行軏軏，行近不遠。旦夕入門，與君笑言。

運轉行進依循軌道，只行至近處不遠離，很快就返入家門，和人說笑。

註釋：瘡痍但能循序漸進。行動都遵循法理，不做遠行，就近經營，與人和樂相處。

軏軏：依循軌跡。**旦夕**：象徵時間短促。

54 歸妹：求利難國，逃去我北。復歸其城，不為吾賊。

要追求利祿的國家有災難，因而逃向北方。最後又返回城裡，沒有受傷。

註釋：瘡痍時應相歸依。想要前進經營，但歷經災難，返回原處

方才平安。

北：比喻陰晦。

55 豐：日月之途，所行必到。無凶無咎，安寧不殆。

見明夷之屯。

註釋：瘡痍轉為豐盛。行徑必定遵循光明和天理，所以安詳康寧。

56 旅：管仲遇桓，得其願歡。膠目啟牢，振冠無憂。笑戲不止，空言妄行。

管仲遇到齊桓公，得以達成歡喜的願望，齊桓公把被膠黏住眼睛的管仲從大牢裡釋放出來（見註一），自己退到幕後沒有憂慮。嬉笑遊戲不曾停止，言論空泛，行為狂妄。（齊桓公生活糜爛，見註二）

註釋：瘡痍的旅歷。大膽啟用賢能理政，自己得以退居幕後去遊樂，卻變成輕佻嬉鬧，言行不實。

膠目：用膠黏住眼睛。**振冠**：把官帽拿起來揮動不再戴著，比喻隱居。

*《呂氏春秋・贊能》：「魯送管仲于齊，鞭其拳，膠其目。」
*《新語・無為篇》：「齊桓公好婦人之色，妻姑姊妹，而國中多淫於骨肉。」並親近小人，吃人肉。

57 巽：出入蹈踐，動順天時。俯仰有節，禍災不來。

外出入門都循規蹈矩，行動順應上天的時令。行為舉止有禮節，禍難災害不來臨。

註釋：瘡痍轉為安順。符合人倫與天時，行為遵行禮儀，所以消災去厄。

蹈、踐：遵行。**俯仰**：低頭與抬頭，象徵行為舉止。

58 兌：內崩傷中，上亂無恆。雖有美粟，我不得食。

　　內部崩壞傷害中道，上位淫亂沒有倫常。雖然有美好的粟米，卻無法食用。

註釋：瘡痍的欣悅，荒誕淫樂。組織和領導失去倫理綱常而崩壞，雖有資財也無法享用。

恆：規律、法則。**粟**：象徵五穀。

59 渙：逐禍除患，道德神仙。遏惡萬里，福常在前，身樂以安。

　　見觀之履。

註釋：瘡痍轉為渙發。驅逐禍害，實行聖道，全國都防治禍端，樂福常在。

60 節：牛驚馬走，上下渾擾。鼓音不絕，頃公奔敗。

　　牛隻驚慌馬匹奔走，全體上下都混雜紛擾。戰鼓聲音不絕，齊頃公戰敗奔亡。

註釋：瘡痍的節度。戰鬥潰敗，團隊散亂，敵人滾滾而來，領袖戰敗逃亡。

頃公：《穀梁傳》：「齊之患，必自此始矣！」
*《史記‧齊太公世家第二》：「（晉）與齊侯兵合靡笄下。癸酉，陳於鞍。」晉齊鞍之戰，齊大敗，齊頃公脫逃。

61 中孚：西上九陂，往來留連。止須時日，虛與有德。

　　向西登上九個山坡，來來往往接連滯留。停止等待一段時間，謙虛的相從有德行的人。

註釋：瘡痍時應忠信。前進極度艱難，只能一直滯留，應先停止

腳步，謙恭的等候君子來同行。

西：象徵福澤不降之地。**九**：象徵最多。**陂**：音皮，山坡。**須**：等待。**與**：相從。

62 小過：虎怒捕羊，猬不能攘。

老虎氣勢熾盛的捕羊，對刺蝟卻無法侵犯。

註釋：瘡痍時要小超越。惡人只會殘害弱者，如能堅實防備便可遏止。

怒：氣勢熾盛。**猬**：刺蝟，有刺虎不敢近。**攘**：侵奪。

63 既濟：湧泉滈滈，南流不絕。卒為江海，敗壞邑里，家無所處。將帥襲戰，獲其醜虜。

湧出的泉水泛著白光，向南流去不停絕（見註）。最後成為江河大海，損害破壞鄉里，沒有家可安處。司令官襲擊出戰，擄獲敵人。

註釋：瘡痍已結束。惡勢力洶湧不絕，並釀成災禍，人民流離失所。後來將軍出擊，制伏惡人。

滈滈：音浩，水泛白光。**卒**：最後。**將帥**：司令官。**醜虜**：對敵人的蔑稱。

＊《漢書・外戚傳下》：「北宮井溢，南流逆理數郡。」水應向東，向南即為決堤。

64 未濟：桃弓葦戟，除殘去惡，敵人執服。

用桃木弓箭和葦草長戟，去除殘暴和凶惡的妖祟，敵人懾服。

註釋：瘡痍尚未形成。虔誠並正確準備去消滅，敵人畏懼而降伏。

桃、葦：古代用來製作驅邪法器的材料。**戟**：音己，戈和矛合體的武器。**執服**：懾服。

＊《漢舊儀》：「以桃弧葦矢且射之……以除疾殃。」又《後漢書・禮儀中》：「謂之逐疫……葦戟、桃杖。」

37 家人

37 家人：天命赤烏，與君徼期。征伐無道，誅其君傲，居止何憂？

　　天帝命令太陽，和周武王在邊界會合。征討攻伐無道的朝廷，誅滅傲慢的國君，起居行止有何憂患呢？

註釋：一直親如家人。上天給予聖人天命，並協助其撥亂反正，
　　　人民因而安居樂業。

赤烏：金烏，太陽。**徼**：音教，邊界，此處指孟津。**期**：會合。
＊《尚書・大傳・卷二》：「武王伐紂，觀兵于孟津，有火流于王屋，化為赤烏，三足。」

1 乾：千歲槐根，身多斧癍。傷癰擣理，枝葉不出。

　　千年的槐樹根，身上有很多斧頭的疤痕。創傷與毒瘡已破壞肌理，枝葉無法再長出。

註釋：應親如家人且陽健，不可剛愎。元老大臣為國之根本，卻
　　　受到嚴重襲擊創傷，傷勢已破壞國家體質，無法再復原。

槐：周代朝廷種三槐以象三公。**癍**：音斑，疤痕。**癰**：音庸，毒瘡。**擣**：搗也，破壞。
理：《增韻》：「膚肉之閒為湊理。」

2 坤：嗒嗒諤諤，虎豹相齚。懼畏悚息，終無難惡。

　　凶猛強悍直言爭辯，老虎和花豹相互啃咬。畏懼的驚悚喘息，最後沒有凶難險惡。

註釋：應親如家人且溫良。彼此都很暴戾，互相爭論搏鬥，但因
　　　相互忌憚而稍歇，最終沒釀成災禍。

嗒嗒：音彥，凶悍。**諤諤**：音惡，直言爭辯。**齚**：音則，咬。

3 屯：娶於姜呂，駕迎新婦。少齊在門，夫子歡喜。

見否之渙。

註釋：親如家人的屯聚。君子親密結盟，彼此互愛，和諧共居，開始繁衍。

4 蒙：膏壤肥澤，民人孔樂。宜利居止，長安富有。

見蒙之大過。

註釋：親如家人且能啟蒙。天府之國，人民歡樂，安順的起居行止，富足平安。

膏壤：美好的土壤。**肥澤**：肥沃的沼澤。

5 需：主有聖德，上配大極。皇靈建中，授我以福。

君主有聖明的德性，向上匹配至高之道。天帝建立中正之道，並授予福祉。

註釋：親如家人且等待，無為而治不躁進。君王聖潔，遵從天道，上帝也依天理賜予大福澤。

大極：太極，象徵至高之道。**皇靈**：天帝。

*《蔡中郎集．外集卷一》：「君資天地之正氣，含太極之純精。」

6 訟：耄老蒙鈍，不見東西。少者弗慕，君不與謀。懸輿致仕，退歸里居。

年老蒙昧又遲鈍，不能見到東方和西方。少年不仰慕，大人不來同謀。辭官返回鄉里居住。

註釋：親如家人變成爭訟。陳年老腐，不明大局，新人舊識都不願意共事，只好黯然退休。

耄：音茂，年老。**弗**：不。**懸輿、致仕**：辭官家居。

7 師：三狂北行，道逢大狼。暮宿患澤，為禍堪傷。

　　三個狂人向北行走，在道路遭逢大野狼。日暮時夜宿有災患的沼澤，被禍所害，蒙受傷亡。

註釋：家人一起出師，有恃無恐，掉以輕心。愚昧痴狂的一起行進，
　　　中途遇到惡人和險境，身命遭受危害。

三：象徵多。**北**：象徵陰晦的方向。**堪**：承受。

8 比：更旦初歲，振除禍敗。新衣元服，拜受利福。

　　元旦時整治禍害衰敗。穿新衣裳行加冠禮，禮拜接受利祿福澤。

註釋：親如家人的相比附。展現新機，去惡存善，施行文教，蒙
　　　受大福祉。

更旦、初歲：元旦。**振除**：救治。**元服**：行加冠禮，象徵文教。

9 小畜：杲杲白日，為月所食。損上毀下，鄭昭出走。

　　見比之萃。

註釋：親如家人變蓄小勢弱。上位原本光潔，久之反被小人侵害，
　　　組織全部崩毀，君主逃亡。

杲杲：音搞，日光明亮。

10 履：君子失意，小人得志。亂擾並作，姦邪充塞。雖有百堯，顛不可救。

　　君子不如意，小人得志。紛亂煩擾一併產生，奸詐邪惡充滿

773

阻塞。雖然有一百個堯帝，顛覆依然不可挽救。

註釋：家人之道應去履行。失去倫常所以君子道消，小人道長，災害氾濫，惡人充斥，縱使有眾多聖人，也無法挽救。

百：象徵極多。

11 泰：仁德履洽，恩及異域，澤被殊方。福慶隱伏，作蠶不織，寒無所得。

仁義德政普遍分霑，恩惠遍及外國，福澤披覆異鄉。福澤吉慶隱藏潛伏，養蠶無法織布，寒凍時得不到衣被。

註釋：親如家人才能康泰。實行仁德，福澤及於國內外，大為康泰。私藏福澤，便無法生產收穫，陷入貧乏。

履洽：普遍分霑。**被**：披也。**殊方**：異鄉。**作**：作育，培養。**蠶**：蠶也。

12 否：東求金玉，反得弊石。名曰無宜，字曰醜惡，眾所賤薄。

向東方尋求黃金玉石，反而得到壞石頭。名叫不宜，字叫醜惡，被大眾所輕賤輕薄。

註釋：應親如家人卻閉塞。想追求美好，卻適得其反，為人無禮醜惡，被眾人嫌惡。

東：象徵粗鄙的方向。**宜**：誼也，言行思想合誼。

13 同人：擊鼓合戰，士怯叛亡。威令不行，敗我成功。

敲擊戰鼓兩軍交戰，士兵卻膽怯背叛逃亡。軍令不能執行，敗壞要成就的功業。

註釋：應親如家人且同仁。戰鬥開始，成員卻畏怯逃脫，紀律瓦解，

功敗垂成。

合戰：交戰。**威令**：政令、軍令。

14 大有：仲春孟夏，和氣所舍。生我嘉福，國無殘賊。

　　春季的第二個月到夏季第一個月，陰陽交合之氣安佇。生出美好的福澤，國家沒有殘留的賊寇。

註釋：親如家人而大富有。天地得時，人倫和諧，有大福氣且國
　　　泰民安。

和氣：陰氣與陽氣交合而成之氣。**舍**：住宿。

*《淮南子‧天文訓》載，仲春二月，長百穀禽鳥草木；孟夏之月，以熟穀禾，雄鳩長鳴，為帝候歲。

15 謙：尹氏伯奇，父子生離。無罪被辜，長舌為災。

　　見訟之大有。

註釋：家人應相謙。親如父子卻被小人挑撥，君子因而被無辜陷
　　　害。

16 豫：三穀不熟，民苦困極。駕之新邑，嘉樂有德。

　　大多穀物都不成熟，人民勞苦貧困至極。皇帝搬到新的國都，美好歡樂有德行。（盤庚遷都，殷道復興）

註釋：家人應一起安育。原本極度貧困，轉換環境重新經營，有
　　　德行而安樂。

三：象徵多。**駕**：古時對皇帝的尊稱，此處指盤庚。**之**：至。

*《尚書‧盤庚上》：「天其永我命于茲新邑，紹復先王之大業，厎綏四方。」

17 隨：登虛望貧，暮食無食。長子南戍，與我生分。

775

登上太虛一眼望去都貧窮，到處都沒有食物。長子在南海戍守，與家人生時分離。

註釋：家人應相隨。壯丁被徵召遠征，國內一片貧窮，家人又活生生被拆散。

暮：莫也，沒有。南：南海，象徵遙遠或險惡之地。

18 蠱：東市齊魯，南賈荊楚。羽毛齒革，為吾利寶。

到東方的齊魯去交易，也到南方的楚國去買賣。羽毛、象牙、皮革，大家得到有利益的寶物。

註釋：親如家人且整治蠱敗。四處去經營，團結勤奮，獲得珍貴的財寶。

東：齊魯位於東方。南：荊（楚國）位於南方。東、南：比喻四方。荊：楚國。

*《左傳・僖公二十三年》：「羽毛齒革，則楚地之所產。」

19 臨：節情省欲，賊斂有度。家給人足，公劉以富。

減少私情與慾望，害民的徵收有節度。每戶人家都豐足，公劉因而康富。

註釋：親如家人的臨政。君主能克服私慾，輕徭薄賦，人民充裕，國家富足。

節、省：減少。賊：作亂叛國、危害人民的。斂：徵收。給：充裕。公劉：周部落第一位宗主。

20 觀：恭寬信敏，功加四海。辟去不祥，喜來從母。

見謙之家人。

註釋：親如家人且觀省。有德行而且造福天下，整頓弊端，大家都來歸順。

21 噬嗑：張狂妄作，與惡相逢。不得所欲，生我獨凶。

張揚狂妄，妄作非為，逢到惡事。沒得到想要的，還生出凶難。

註釋：應親如家人且法治。不遵禮法，為非作歹，因而遭逢惡難，所求不得，還生出災厄。

獨：其，語助詞。

22 賁：畫龍頭頸，文章不成。甘言美語，詭辭無名。

見蒙之噬嗑。

註釋：親如家人也應整飾。虛有其表，實無才華，只會甜言蜜語，卻都空口白話。

23 剝：騎龍乘風，上見神公。彭祖受刺，王喬讚通。巫咸就位，拜壽無窮。

騎著龍乘著風，到天上拜見神明。彭祖接受謁見的手札，王喬稟報通知。巫咸登上位置，拜禱壽命無窮無盡。

註釋：以親如家人克服剝落。虔誠追求仙道，被接納並有收穫，成員都心靈虔誠而長命安康。

神公：神仙的敬稱。**彭祖、王喬**：都是長壽的傳說人物。**刺**：謁見時的手札。**讚通**：稟報通知。**巫咸**：人名，黃帝時的神巫。

24 復：溫仁君子，忠孝所在。八國為鄰，禍災不處。

大人溫良仁慈，處處忠孝。與八方鄰國，不存在禍害災難。

註釋：親如家人的狀態返復存在。上位修身齊家治國，與鄰國也和睦相處，國家無恙。

所在：處處。

25 無妄：威權分離，烏夜徘徊。群蔽目光，大人誅傷。

威勢和權力已分散離去，烏鴉在夜裡徘徊。烏群遮蔽視線，官員被殺害傷亡。

註釋：要親如家人應不虛妄。上位失勢，小人群起，環境陰晦，遮蔽正道，上位又被迫害。

26 大畜：學靈三年，聖且明神。先知善祥，吉喜福慶。神烏來見，告我無憂。

見小畜之漸。

註釋：親如家人且大積蓄。長久修習仙德有成，神明預示了光明福泰，一切吉祥安好。

神烏：神靈的金烏，太陽。

27 頤：東山家辭，處婦思夫。伊威盈室，長股贏戶。歎我君子，役日未已。

到東山服役與家人辭別，處在家裡的婦人思念夫君。蚜威蟲充滿房室，長股蟲長在貧窮的家中。大家都在感歎，服役的日子尚未結束。

註釋：家人應被頤養。被召遠征，伴侶分離，家裡落拓空乏，只有害蟲充斥，回來遙遙無期。

伊威：蚜威，生於壁根、瓮底、土中的小白蟲。**長股**：蠨蛸，類似蜘蛛略大的蟲。**贏**：音雷，瘦弱。**君子**：對人的尊稱。

*《詩經・東山》：「我徂東山，慆慆不歸……伊威在室、蠨蛸在戶。」

28 大過：張頷開口，舌直距齒。然諾不行，政亂無緒。

像鳥一樣，張大下頷打開嘴，用舌頭和牙齒抵抗（見註）。

承諾卻不履行，政務紛亂沒有頭緒。

註釋：要親如家人才能大超越。君主言而無信，政務紛亂，百姓憤怒的加以抵抗。

頷：音汗，下巴。**直、距**：抵抗。**然**：應答。

* 見頤之豐：張鳥關口，舌直距齒。

29 坎：吹角高邦，有夫失羊。眾民驚惶，警慎避咎，勑不行殃。

在高地吹響號角示警，有男子遺失了羊。民眾驚慌惶恐，警戒慎重的避開災禍，因能謹慎災殃沒流傳。

註釋：親如家人克服落陷。發生危難，趕緊發布警訊，全體慎戒恐懼，所以災禍沒有發生。

邦：泛指地方。**羊**：吉祥之意。**勑**：謹慎。

30 離：南行出城，世得福祉。王姬歸齊，賴其所欲。

向南行走出城裡，世代都得到福澤。王姬嫁到齊國，得到想要的幸福。

註釋：親如家人且相附著。外出追求光明，世代都有福祉，與人親密結盟，心想事成。

南：象徵光明的方向。**王姬**：周天子嫁予齊桓公的女兒。**歸**：女子出嫁。**賴**：幸福。

*《左傳‧莊公十一年》：「王姬歸於齊。」

31 咸：心狂老悖，視聽聳類。政令無常，下民多孽。

心智狂亂年老背離，視覺和聽覺失靈都來纏身。政務命令混亂無常，人民多有災禍。

註釋：應親如家人且相感應。昏庸蒙昧，行為偏斜，無法視聽百

姓心聲，導致政令紛亂，人民遭殃。
聾：聽覺不靈敏。類：比附。

32 恆：安上宜官，一日九遷。踰群超等，牧養恆山。

見履之節。

註釋：親如家人且能持恆。安居上位，仕途安順，超過同儕快速拔擢越級，獲得持恆的高位。

33 遯：東鄰嫁女，為王妃后。莊公築館，以尊王母。歸于京師，季姜悅喜。

見屯之觀。

註釋：親如家人且隱遯。溫良和善，與貴人親密結合，身分地位尊榮，獲得喜樂和美的好歸宿。

34 大壯：六甲無子，己喪其戊。五丁不親，庚失曾孫，癸走出門。

起初少男們都沒有生子，己沒有戊所以無法出生（見註一）。男丁們都不成親，中老年時沒有子孫，終老時出門遺失了。

註釋：應親如家人才能壯大。沒有繁衍子嗣，又不與人親密結盟，後來沒有後代，最終迷路未歸。

六甲：1) 十天干配十二地支，有六個以甲開頭的干支；甲象徵少男。2) 甲為十天干之首，亦象徵起初。**五**：取五丁力士之喻；見註二。**丁**：象徵男丁，成年男子。**庚**：時序秋天，象徵中老年。**曾孫**：統稱孫子以下的後代子孫。**癸**：十天干最後一個，象徵終老。**走**：失去。

* 己喪其戊：戊接下來是己，象徵衍生，故戊為父，己為子，喪戊父故己子不能生出。
* 《蜀王本紀》：「天為蜀王生五丁力士。」

＊本條以十天干甲、乙、丙、丁、戊、己、庚、辛、壬、癸順序譬喻敘事。

35 晉：<u>陰霧不清，濁政亂民。孟秋季夏</u>，水壞我居。

　　陰晦的霧靄看不清晰，汙濁的暴政擾亂人民。夏季第三個月和秋季第一個月（夏季轉為秋季時，由陽轉陰），洪水破壞居所。
註釋：應親如家人才能前進。環境晦亂，暴政擾民。奸人崛起，
　　　百姓生存遭受破壞。

孟、季：每季的第一和第三個月。

36 明夷：騎豚逐羊，不見所望。經涉虎廬，亡身失羔。

　　見乾之蹇。
註釋：家人受瘡傷。團隊前進但方法不對，無法達成目標，後來
　　　經過惡人之地，失去身命和資產。

38 睽：安床厚褥，不歸久宿。棄我喜宴，困於南國。投杼之憂，弗成禍災。

　　安適的床，厚厚的床墊，卻不歸來留宿。捨棄歡樂的宴會，受困在南方蠻國。曾母聽信謠言引起憂慮投杼而逃，但其實並沒有災禍。
註釋：家人已睽離。有美好的歸宿卻不回來，反去在外淪落；不
　　　信任親人，反而聽信無中生有的謠言。

褥：墊子。**久**：留。**投杼**：扔下機杼（織布機上用來持理緯線的梭子）；見註。**弗**：不。
＊《戰國策・秦策二》：「（有三人）告之曰曾參殺人。其母懼，投杼逾牆而走。」

39 蹇：<u>五方四維</u>，平安不危。<u>利以居止</u>，保有玉女。

四方到處都平安沒有危險。安順的起居行止，保有純潔溫良。

註釋：親如家人克服蹇跛。保持良德，安順的在家生活，天下便安定。

五方：東、西、南、北、中五個方位，泛指到處。**四維**：東西南北四個正方。**利**：安順。
玉女：如玉般的女子，比喻純潔的女德。

40 解：**西賈巴蜀，寒雪至轂。欲前不得，復反其室。**

向西到巴蜀進行買賣，寒凍的雪堆積到車輪。想要前進卻不可得，又返復房室。

註釋：親如家人才能解決問題。路途艱辛難行，前進經營受挫，只能返回原地。（應一起前進）

巴蜀：比喻艱難之地。**轂**：音古，車輪中心的圓木。
*《史記‧項羽本紀》：「巴蜀道險。」

41 損：**剛柔相呼，二姓為家。霜降既同，惠我以仁。**

陰陽相互呼應，兩姓結為一家，霜降時已經在一起，也施予仁惠。

註釋：親如家人且能損己益人。陰陽諧和結為夫妻，親愛共好，互施恩澤。

剛柔：陰陽。**霜降**：節氣之一，秋末。**同**：在一起，比喻成婚。
*《荀子‧大略》：「霜降逆女。」霜降時迎娶女子。

42 益：**天馬五道，炎火分處。往來上下，住又駒亡。衣柔巾麻，相隨哭歌，凶惡如何。**

駿馬向五方道路奔行，烈火分別處在各路上。返復來回上下移動，最後停住，良馬也死了。衣裳雜亂，披覆喪服，跟隨著邊

哭邊歌，多麼凶惡啊。

註釋：親如家人的態勢需增益。前途分歧又險難，無一安全之路，所有成員各自慌亂的來回亂竄，最後力盡停止，夥伴也傷亡了，結果造成覆滅，悲傷哀號，充滿兇惡！

天馬：駿馬的美稱，亦指大宛馬。**五道**：東西南北中五路，象徵齊全。**炎火**：烈火，亦指火焰山，相對前面之大宛馬。**柔**：糅也，雜亂。**巾**：覆蓋或纏繞。**麻**：喪服。**哭歌**：既哭又歌，古人表達強烈感情的方式。**如何**：多麼。

43 夬：出門懷憂，東上禍丘。與凶相遇，自為災患。

懷著憂患出了家門，向東上了充滿禍害的墳墓。與凶事相遇，因而導致災難禍患。

註釋：家人已斷決。獨自外出，充滿憂患，前進到險惡之處而遇害，都是咎由自取。

東：象徵粗鄙的方向。**丘**：墳墓。**自**：因而。

44 姤：西行求玉，冀得隋璞。反見凶惡，使我驚惑。

向西行進求取美玉，翼盼得到隋候珠和和氏璧。反而遇見凶神惡煞，使人驚惶迷惑。

註釋：要親如家人應邂逅君子。想前進追求美好，反而遇到壞人，令人驚駭。

西：象徵福澤不降之地。**璞**：未經琢磨加工的玉石。

＊《淮南子・說山訓》：「和氏之璧，隨侯之珠。」

45 萃：出門無妄，動作失利。啣憂懷禍，使我多悴。

出門遇到無妄之災，行動作為失去順利。含著憂慮懷著災禍，令人多有憔悴。

註釋：應親如家人且相薈萃。獨自前進遭遇不測，引來災厄，身心俱疲。

唧：用嘴含著。

46 升：高樓無柱，顛僵不久。紂失三仁，身死牧野。

高聳的樓房沒有柱子，顛覆傾倒不能居留。商紂失去三位仁臣，戰敗身亡於牧野。

註釋：親如家人才能上升。沒有棟梁高樓就會顛覆，失去忠良君王就會滅亡。

僵：倒下。**久**：留。**三仁**：紂王的兩位庶兄微子、箕子，和叔叔比干。

*《淮南子‧本經訓》：「武王甲卒三千，破紂牧野，殺之于宣室。」

47 困：避禍逃殃，身外不傷。高貴疾顛，華落墜凶。

逃避禍難災殃，財物沒有損傷。高雅尊貴快速顛覆，繁華落盡下墜凶惡。

註釋：親如家人的態勢已困阻。處高位以傷人，因而遭遇災難而逃亡，雖然保存了錢財，但地位和身分已喪失了，不再受人拱持。

身外：指財物。**疾**：快速。

*《周易本義》：「始則處高位以傷人，人之明，終必至於自傷而墜其命。」

48 井：張牙反目，怒齗作怒。狂馬燒犬，道驚傷軫。

張開牙齒反目成仇，氣勢熾盛的嘶咬發怒。瘋狂的馬匹，激動發熱的大狗，驚擾了道路，傷害了車子。

註釋：家人應井然。成員憤恨地互鬥，瘋狂失控，團隊損傷，前進受阻。

怒：氣勢熾盛。齚：音則，咬。燒：因激動而體溫上升。軫：音診，車箱底部的橫木。

49 革：泉涸龍憂，箕子為奴。干叔隕命，殷破其家。

見泰之剝。

註釋：親如家人狀態被革除。上位倒行逆施國家資源已耗盡，賢
　　　能也都被陷害，團隊崩解滅亡。

干叔：紂王叔叔比干。

50 鼎：向食飲酒，嘉賓聚會。牂羊大豬，君子饒有。

享受飲食醇酒，美好的賓客聚集會合。有母羊和大豬，君子
富饒大有。

註釋：親如家人而鼎立。聚集君子，共享美好，吉祥又大為富足
　　　繁衍。

向：嚮也，享受。**牂**：音髒，母羊。

51 震：黃牛騂犢，東行折角。冀得百牂，反亡我囊。

黃牛帶著小牛，向東行進折損了犄角。冀盼得到一百隻母羊，
反而遺失了行囊。

註釋：親如家人狀態發生震盪。美好的團隊前進卻失利，未能如
　　　願以償還蒙受損失。

黃牛：象徵中正、忠實。**騂犢**：赤色的小牛，祭祀所用。**東行**：象徵前進陰晦。**百**：
象徵極多。**牂**：音髒，母羊。**囊**：袋子。

52 艮：路多枳棘，步刺我足。不利旅客，為心作毒。

見屯之貫。

註釋：親如家人狀態停止。前途艱辛，舉步維艱，不能發展，因

而心生怨恨。

53 漸：**執斧破薪，使媒求婦。和合二姓，親御斯酒。居比鄰里，姑公悅喜。**

手執斧頭劈開大木柴（見註），讓媒人去求娶媳婦。和諧結合兩姓人家，恩愛的侍候這杯美酒。和鄰居鄉里相並居住，婆婆和公公都欣悅歡喜。

註釋：親如家人且循序漸進。依循正當程序謀求結盟，因而諧和的親密結合，同居共住，相處融洽。

御：侍奉。**斯**：此。**比**：音必，相並。**姑**：丈夫的母親。

*《詩經・伐柯》：「伐柯如何？匪斧不克。取妻如何？匪媒不得。」象徵請媒人去說親。

54 歸妹：**駕車出門，順時宜西。福佑我身，安寧無患。**

駕著車出門，順應時節，安順的向西出發。保佑身命福祿，安詳康寧沒有災禍患。

註釋：親如家人且相歸依。遵守時令，與人安順，外出經商，平安康泰。

宜：安順。

*《潛夫論・卜列》：「商家之宅，宜西出門。」

55 豐：**日新東從，魁杓為禍。僕臺為秦，使我久坐。**

新的一天，要相從到東方，但北斗七星預測有災禍。我（荊軻）為了（刺殺）秦王，所以滯留等候（秦舞陽）。

註釋：親如家人才能豐盛。為了鏟奸除惡，開創美好將來，等待生死之交前來會合起事。

東：象徵粗鄙之地。**魁杓**：北斗七星，一至四星為魁，五至七星為杓，並以杓子指向來預測禍福。**僕、臺**：我。**久、坐**：滯留。
*《戰國策・燕策三》：「今提一匕首入不測之強秦，僕所以留者，待吾客（秦舞陽）與俱。」

56 旅：山陵丘墓，魂魄室屋。精光竭盡，長臥無覺。

　　山陵上的墳墓，是鬼魂的房室屋舍。精氣靈光都已竭盡，永遠躺臥無法覺醒。
註釋：家人已去羈旅。人已死，魄已散，永不復存在了。
丘：墳墓。**魂魄**：附於人體的精神靈氣，人死則為鬼魂。

57 巽：孩子貪餌，為利所悅。探把釜甑，爛其臂手。

　　孩子貪圖食物，為了利益而欣悅。探手抓住鍋子和蒸籠，潰爛了手臂。
註釋：應親如家人且安順。就像孩子被眼前利益迷惑一樣，求取過程反被傷害。
餌：泛指食物。**把**：拿，抓住。**釜**：鍋。**甑**：音贈，瓦蒸籠。

58 兌：何材待時，閉戶獨愁。蚯蚓冬行，解我無憂。桑蚕不得，女功弗成。

　　荷著資材等待時機，關閉門戶獨自憂愁。蚯蚓在冬天行動，無法解除憂患（見註）。種桑養蠶都無所得，婦女的針線工作無法完成。
註釋：應親如家人才能欣悅。時令蕭條，空有資財無法外出經營，一直躁進也於事無補，萬物空乏，一無所成。（應寬心在家休生養息）

何：荷也，擔。**蚕**：蠶也。**女功**：女子所做的針線、刺繡、縫紉等工作。**弗**：不。
*《禮記・月令》：「（立夏）蚯蚓出。」蚯蚓冬天應蟄伏。

59 渙：解商驚惶，散我衣裝，君不安邦。

解體的商旅驚慌惶恐，散亂了衣服裝備，君主不能安定邦國。

註釋：親如家人轉為渙散。群體崩散，不能經營，動盪不安，領導已失能。

60 節：害政養賊，背主入愆。跛行不安，國危為患。

傷害政務養賊為患，背叛主人，入罪於人。跛腳而行不安穩，國家危難成為禍患。

註釋：親如家人應節度。縱容小人，小人作亂又背叛主人、陷害君子。團隊顛跛難以運作，有重大災難。

愆：音千，罪過。

61 中孚：禍走患伏，喜為我福。凶惡消亡，災害不作。

見噬嗑之觀。

註釋：親如家人的忠信。禍患遠走潛伏，喜福來臨，不再有災禍。

62 小過：老馬無駒，病雞不雛。三雌獨宿，利在山北。

老馬生不出小馬，病雞生不出小雞。三隻母鳥獨自住宿，只利於活在山北陰地。

註釋：家人持續小過錯。成員衰弱，無法繁衍擴大團隊，一群弱者不能孳生，只能活在陰晦中。

駒：幼獸。**三**：象徵多。**雌**：母鳥。**利**：《廣韻》：「宜也。」**山北**：山北水南為陰。

63 既濟：播天舞地，嘵亂神所，居樂無咎。

在天地之間播遷飛舞，雖吵嚷紛亂，但有神明在，安居樂業沒有過失。

註釋：家人已完成。努力求生發展，雖然紛擾不安，但能虔誠有神佑，所以平安。

播：播遷，遷徙，指人口散佈繁衍。**嘵**：音囂，吵嚷。**所**：處。

64 未濟：異國殊俗，情不相得。金木為仇，酉賊檀穀。

不同的國家，不同的習俗，情意不互相契合。金木相剋，酉時陰氣興起毀壞檀樹和穀子。

註釋：親如家人尚未完成。彼此處處迥異，不相契合而敵對，因而充滿陰晦，損壞了家園和生產。

相得：互相契合。**為仇**：敵對、相剋。**酉**：下午五至七時，月亮上升象徵小人興起。
賊：音則，毀壞。**檀**：象徵家園。**穀**：比喻稻田。

38 睽

38 睽：倉盈庾億，宜稼黍稷，年歲有息。

　　見坤之恆。

註釋：睽離狀態已睽離，轉為團聚。豐收富足，努力生產，年年有餘。

1 乾：被服文衣，遊觀酒池。上堂見觴，喜為吾兄，使我憂亡。

　　披覆有花紋的衣服，遊覽觀賞以酒注滿的水池。登上廳堂進獻美酒，為兄長歡喜，憂愁也消失了。

註釋：睽離轉為陽健。華麗而富足，上下歡聚，不再心憂。

被：披也。**文**：紋也。**見**：進獻。**觴**：酒杯。

2 坤：邑姜叔子，天文在手。實沉參墟，封為晉侯。

　　見隨之恆。

註釋：睽離轉為溫良。上天註定的福祿，將會成為一方霸主。

邑姜：即齊姜。**晉侯**：叔子封於虞國，其子改國號為晉。

3 屯：改柯易葉，飯溫不食。豪雄爭強，先者受福。

　　枝葉（法制和世代）改變了，溫熱的飯還沒食用，豪傑英雄就去爭奪霸位，先到者可接受祭祀的酒肉。

註釋：睽離的屯聚狀態。舊世代崩壞更替，各路豪傑立刻廢寢忘食競相逐鹿，以求捷足先登。

柯：比喻法制；《爾雅・釋詁》：「柯，法也。」**葉**：比喻世代，如末葉。**福**：祭祀用的酒肉。

4 蒙：<u>馨</u>香<u>陟</u>降，明德上登。<u>社神</u>佑顧，命予<u>大</u>鄰。

芳香的味道上下飄揚，光明德性者登上大位。大地之神保佑眷顧，天命賜予安泰四方鄰國。

註釋：睽離轉為啟蒙。德行光明，受薦為王，神明賜福，萬邦康泰。

馨：香。**陟**：音至，爬上。**社神**：后土，大地之神。**大**：泰也。

*《申鑒・政體》：「天道在爾，惟帝茂止，陟降廧止，萬國康止。」

5 需：老狼<u>白</u>驢，<u>長尾</u>大狐。前顛<u>卻</u>躓，進退遇祟。

蒼老的狼，白毛的驢，長尾巴的大狐狸。向前向後都跌倒，前進後退都遇到災禍。

註釋：睽離狀態只能等待，進退都不得。已經衰老無能，尾大不掉，前進後退都險難。

白：喻衰老毛色變白。**長尾**：比喻大隻而尾大不掉，尾大不易掉頭。**卻**：退後。**顛、躓**：跌倒。

6 訟：山沒丘浮，陸為水魚，燕雀無廬。

見觀之大有。

註釋：睽離又爭訟。環境顛倒，小人充斥，百姓流離失所。

7 師：懿公淺愚，不深受謀。無援失國，為狄所賊。

見比之家人。

註釋：睽離的出師。無智無謀，不聽勸言，無人支援，被人所滅。

8 比：鼎煬其耳，熱不可舉。大塗塞壅，旅人心苦。

見觀之中孚。

註釋：睽離狀態比附而來。改變原本的德政，變得窒礙嚴酷，寬大的道路，變得壅塞難行，無法經營。

煬：炎熱的。**塗**：道路。

9 小畜：凶聲醜言，惡不可聞。君子舍之，往恨我心。

凶暴的聲音、醜陋的語言，嫉惡不可聽聞。君子捨棄他，轉往而去憎恨在心裡。

註釋：睽離且蓄小勢弱。對人惡言惡狀，君子棄而遠之，恨之在心。

舍：捨也。

10 履：昧暮乘車，履危蹈溝。亡失群物，摧折兩軸。

昏暗的日暮，搭乘車子，經過危地和溝渠。遺失了眾多的物資，摧毀折損了兩個輪軸。

註釋：睽離的履行狀態。局勢昏暗不光明，前進發生危險，遭受嚴重損失，無法再繼續。

履、蹈：經歷。**群**：眾多的。

11 泰：南有嘉魚，駕黃取鱢。魴鱮詡詡，利來毋憂。

南方有美好的魚，駕著飛黃去抓取鱢魚。魴魚和鱧魚乖乖來聚集，利祿來了不用憂慮。

註釋：睽離轉為康泰。不辭千里去追求光明美好，順利獲得眾多利益。

南：象徵光明的方向。**黃**：飛黃，傳說中的神馬，與青龍並稱。**鱢**：原字遊改為魚字旁，即鱢，祭祀之魚，象徵吉祥。**魴**：音防，鯉科魚類，象徵吉祥。**鱮**：音續，鱧魚。**詡詡**：

和集。

*《詩經‧韓奕》：「魴鱮甫甫。」

12 否：隔在九山，往來勞難。心結不通，失其所歡。

被九州的大山阻擋，往來勞累艱難。心情糾結不通暢，因為失去伴侶。

註釋：睽離又閉塞。到處都阻隔，前進艱辛，失去親密夥伴，心
　　　情鬱悶。

九山：九州的大山，可為泛指，亦可為專指九座名山。**所歡**：伴侶。

13 同人：下流難居，狂夫多罷。貞良溫良，年歲不富。

地位卑微難以安居，人也很疲倦了。貞節忠良溫柔善良，年度歲收卻不富足。

註釋：睽離的同仁。君子受難，地位低賤屢遭糟蹋，雖然有德行，
　　　但卻沒有好結果。

下流：地位卑微的。**狂夫**：自謙之詞，此處指司馬遷自述。**罷**：疲也。

*《報任安書》：「（我司馬遷）負下未易居，下流多謗議，僕以口語遇遭此禍。」

14 大有：狐狸雉兔，畏人逃去。分走竄匿，不知所處。

狐狸、雉雞、兔子，畏懼人類而逃開。分別走避逃竄藏匿，不知所在之處。

註釋：睽離的大富有。珍貴的獵物畏懼獵人（君子忌憚惡人），
　　　各自逃離不知所終，一無所獲。

* 狐狸、雉、兔分別象徵珍貴、榮耀、光明。

15 謙：異體殊俗，各有所屬。西鄰孤嫗，欲寄我室。主母

罵詈，終不可得。

相異的體統、不同的習俗，各自有所歸屬。西鄰孤獨的婦人，想來家裡寄宿。女主人加以責罵，最後未得如願。

註釋：睽離的恭謙。對非我族類者，不予救援，還加以凶惡的責罵。（未以王道精神包容）

西鄰：比喻西戎。**嫗**：音玉，婦女。**主母**：女主人。**詈**：音立，責罵。

16 豫：怒非怨妬，貪得腐鼠。而呼鵠鷂，自令失餌，致被困患。

見復之渙。

註釋：睽離的安育。為人躁怒又愛責怪，而且貪圖汙穢小利，召喚惡人來同謀，導致利益被瓜分又遭殃。

妬：嫉，憎惡。**鷂**：一種猛禽。

17 隨：五心六意，岐道多怪。非君本志，生我恨悔。

見復之隨。

註釋：睽離的隨理狀態。思緒紛雜，前進路線也分歧怪異，失去初衷，必會悔恨。

18 蠱：三班六黑，同室共食。日長月息，我家有德。

三隻斑馬，六隻黑馬，同在一室共同進食。每日成長，每月繁殖，家門有福德。

註釋：睽離但能整治蠱敗。雖有差異，但能和諧共生，日積月累的繁衍，增加孳息與德行。

三、六：象徵齊全。**班**：斑也，顏色不純的馬。**息**：繁殖。

19 臨：<u>方船備水，旁河燃火，終身無禍</u>。

見泰之履。

註釋：睽離但能臨政。因為有準備，所以雖然有危險，但一直平安無虞。

方船：并船，泛指大船。

20 觀：<u>翳屏獨語，不聞朝市</u>。<u>以利居服，兔跛後聞</u>。

遮蔽屏風獨自言語，不聽聞朝廷與市集的事，安順的居家，跛腳的兔子後來有聲望。

註釋：睽離但能觀省。閉關獨處，不理世俗名利，安順居家，雖不通達，後來卻有賢名。

翳：音億，遮蔽。**朝市**：朝廷與市集，泛指紅塵。**利**：安順。**服**：順服。**聞**：名聲。

21 噬嗑：以處不安，從反觸患。

在居處不安寧，追從返回都抵觸患難。

註釋：睽離的法治。不動、前進、退回都有犯難，無一安好。

22 賁：<u>剠刖髡劓</u>，人所賤棄。批捍之言，我心不快。

遭受臉上刺字、把腳砍掉、剃去頭髮、割掉鼻子等酷刑，被人所輕賤遺棄。批判抨擊的語言，讓人心情不快。

註釋：睽離還應整飾。得到眾多嚴厲的刑罰，且遭受眾人歧視批評，不知悔改還自我糾結。

剠：黥也，在人臉上刺字並塗墨之刑。**刖**：音月，把腳砍掉的酷刑。**髡**：剃去頭髮的刑罰。**劓**：音亦，割掉鼻子的酷刑。**捍**：抨擊。

23 剝：皋田禾黍，搥壞麻阜。衣食我躬，室家饒有。

　　田地長出稻禾和黍米，整治土壤麻樹豐盛。衣服和飲食親自治理，家室富饒大有。

註釋：睽離狀態已剝落，恢復平順。努力經營，開始生成，自給
　　　自足，全家富有。

皋田：田地。**搥**：《正韻》：「擊也。」擊，整治。**麻**：比喻衣食；《玉篇》：「皮績爲布，子可食。」**阜**：豐盛。**躬**：親自。

24 復：兩目失明，日奪無光。脛足跛踦，不可以行，頓於丘傍。

　　兩個眼睛瞎了，太陽消失沒有了光明。小腿和腳已跛了，無法行走。停頓在墳墓旁邊。

註釋：睽離狀態返復存在。蒙昧如同瞎子，處境黑暗，身體也不
　　　良於行，只能等死。

奪：喪失；見註。**脛**：小腿。**踦**：音奇，跛。**丘**：墳墓。

*《淮南子‧說山訓》：「月望，日奪其光。」

25 無妄：金城朔方，外國多羊。履霜不時，去復為憂。

　　金城和朔方是塞外之國，有很多羊隻。無時不刻都踩到冰霜，前去返復都有憂患。

註釋：睽離又遭無妄之災。冒險遠遊，追求利祿，但時令不佳，
　　　往返都充滿憂患。

金城：郡名，近西域。**朔方**：郡名，在今內蒙古。

*《論衡‧恢國》：「金城塞外羌良。」

26 大畜：匿病不醫，亂政傷災。紂作淫虐，商破其墟。

蔡桓公隱匿病情不就醫，擾亂政局傷病成災。紂王製造淫亂暴虐，商朝殘破成為廢墟。

註釋：睽離之勢已大為蓄積。粉飾太平，以致危亂；倒行逆施，終遭滅亡。

*《韓非子 · 喻老》載「匿病不醫」，扁鵲多次告訴蔡桓公有病，王皆不理，最後要治已來不及因而駕崩。

27 頤：鬼泣哭枉，悲傷無後。甲子昧爽，殷人絕祀。

見大過之坤。

註釋：睽離的頤養。紂王無道被武王推翻，商朝滅亡，法統斷絕。

枉：冤枉。

28 大過：焱風卒起，車馳袍褐。棄古追亡，失其和節，心憂愸愸。

火焰般的風突然颳起，駕車快速逃離，穿著粗布外衣。拋棄故人去追逐逃亡，這樣不合節度，令人擔憂。

註釋：睽離的太過。有凶兆發生，不停下來處理搶救，卻只顧獨自倉皇逃離，註定要貧賤離散。

焱：焰也。**卒**：猝也，突然。**袍褐**：粗布長外衣，為貧賤之物。**古**：故也。**和節**：合適。
愸愸：憂愁。

29 坎：耄老失明，聞善不從。自令顛沛，敗為咎殃。

年老眼睛瞎了，聽聞善言卻不遵從。因而導致顛沛流離，失敗且過錯災殃。

註釋：睽離且落陷。昏昧至極，不聽規勸，因而失敗，顛沛流離。

耄：音茂，年老。**自**：因而。**令**：致使。

30 離：<u>隨</u>風騎<u>龍</u>，與利相逢，<u>田</u>獲<u>三</u>狐。商<u>伯</u>有功，<u>衝衝</u><u>之邑</u>，長安<u>無他</u>。

　　隨著風，騎著龍馬，逢到利益，打獵獲得三隻狐狸。商人經營有績效，往來不絕來到城市，長久安定無恙。

註釋：睽離轉為相附著。隨著局勢英勇前進，收穫豐足珍貴的資
　　　源，更加經營有成，大家絡繹不絕來聚集，長久安康。

隨：順著，沿著。**龍**：馬八尺稱為龍。**田**：畋也，打獵。**三**：象徵多。**狐**：象徵珍貴。
伯：對人尊稱。**衝衝**：往來不絕貌。**之**：至。**邑**：城市。**無他**：無恙。

31 咸：<u>三</u>牛<u>五</u><u>牂</u>，<u>重明</u>作福，使我有得。<u>疾人</u>官獄，<u>憂</u>在<u>心腹</u>。

　　三隻牛，五隻母羊，日月光明有福祉，大家有所獲得。犯人關在官府牢獄裡，而且要害有疾患。

註釋：睽離轉為相感應。眾人都獲得福澤與光明，可以繁衍，歹
　　　徒已被制伏而且命在旦夕，可以安心。

三：象徵多。**五**：象徵全部。**牂**：音臧，母羊。**重明**：日月之光。**疾人**：傷害人的人。
憂：疾病。**心腹**：心臟和腹部，象徵要害。

32 恆：<u>孟巳乙丑</u>，哀呼<u>尼父</u>。明德<u>訖</u>終，亂害滋起。

　　孟夏巳月，時序相剋，於呼哀哉，孔子過世！昭明的德性終止，禍亂災害孳生興起。

註釋：睽離已成持恆。聖人殞落，世道衰敗，道德淪喪，災害迭起。

孟：每季第一個月。**巳**：寅為元月，巳為四月，也是夏天的孟月。**乙丑**：乙屬陰木，
丑屬陰土，陰木剋陰土。**尼父**：魯哀公封賜孔子的諡號。**訖**：終止。

*《左傳‧哀十六年》：「夏，四月，己丑，孔丘卒。」

33 遯：華燈百枝，消暗衰微。精光訖盡，奄如灰麋。

　　見隨之大有。

註釋：睽離且隱遁。榮景已盡，不再光輝，生命殞落，有如灰燼。
麋：靡也。

34 大壯：鷹飛雉退，兔伏不起。弧張狼鳴，雉雞飛驚。

　　老鷹飛翔，雉雞退卻，兔子潛伏不起身。弓箭張開，野狼嚎鳴，雉雞飛奔驚逃。

註釋：睽離態勢壯大。惡人來襲，大眾隱匿，戰端開啟，小民逃難。
弧：弓。

35 晉：鬪戰天門，身有何患？室家具在，不失其歡。

　　鼻孔能夠開合、通徹（修身養命），身命有何憂患？家人都安在，沒有失去伴侶。

註釋：睽離前進狀態，改為休生養息。無為的修道，自己和家人
　　　都安好。
鬪：鬥也，拼合。**戰**：通顫；《莊子・外物篇》：「鼻徹為顫。」**天門**：鼻孔；見註。**室家**：配偶家眷。**其歡**：伴侶。
*《老子河上公章句・能為》：「天門，謂鼻孔開，謂喘息闔，謂呼吸也。」

36 明夷：東家殺牛，行逆腥臊，神背西顧。命衰絕周，亳社災燒，宋人夷誅。

　　東邊鄰家殺牛，行為違逆，腥臊惡臭，神明因而背棄，去關注西郊人家。命運衰亡，斷絕保全，商朝的宗社有火燒之災，宋國人也被夷平誅殺了。

註釋：睽離又瘡痍。行為不合法禮且殘暴，上天遺棄，另覓新主，

因而覆滅，也斷絕了祭祀。

臊：音騷，牛羊的腥味。周：保全。亳社：商朝所立的宗社。宋：商朝滅亡後宋國繼續供奉亳社。夷、誅：殺。

*《易經‧既濟》：「東鄰殺牛，不如西郊之禴祭。」

*《春秋‧哀公四年》：「六月辛丑，亳社災……亡國也。」宋國內亂，後被齊國所滅。

37 家人：陰陽辨舒，二姓相合。婚姻孔云，生我利福。

　　陽氣與陰氣分明舒通，兩個姓氏結合成一家。婚姻大為恩愛纏綿，生出利祿和福澤。

註釋：睽離轉為家人。陰陽分立清明，續而調和，親密結盟，經
　　　營順暢發達，繁衍福祉。

辨：分別、判別。孔：大。云：旋也，往復的狎暱，一般人不宜，但夫妻如此表示恩愛纏綿。

*《詩經‧正月》：「洽比其鄰，昏姻孔云。」

39 蹇：東入海口，循流北走。一高一下，五邑無主。十日六夜，死於水涘。

　　向東要到大海出口，卻循著河流向北行走。一會兒高，一會兒低，五官氣色悒悶，失了主魂。經過十天六夜，死於河流岸邊。

註釋：睽離且蹇跛。前進卻路途錯誤又坎坷，以致疲累又六神無
　　　主，長途跋涉後終於覆滅。

東、北：海口在東，卻向北行，方向不對。五：五色，五官氣色。邑：悒，憂愁不安。
主：三魂七魄中的那條主魂，如六神無主。十、六：象徵齊全。涘：音四，岸邊。

40 解：孤竹之墟，失婦無夫。傷於蒺藜，不見其妻。東郭棠姜，武子以亡。

見乾之夬。

註釋：睽離且解離。賢人不在了，國家滅亡，人民流亡受創，無法再繁衍，都是因為敗德所致。

41 損：天戶東墟，盡既為災。跰踜黯聾，秦伯受殃。

皇宮門戶的東方廢墟，已完全遭受災害。急速奔走，口啞耳聾，秦王遭受災殃。

註釋：睽離又受損。秦始皇暴躁蒙昧，將東方六國夷為廢墟，自己也十五年就亡國。

天戶：天門，指皇宮的門。**東**：指原本的東方六國。**跰**：迸也，奔走。**踜**：音奏，急速走。**黯聾**：闇聾，口啞耳聾，比喻昏昧。**秦伯**：秦始皇。**伯**：《易林》會以伯稱呼失格皇上，如姬伯（周幽王）。

42 益：賴先休光，受福之祉。雖遭亂潰，獨不危殆。

仰賴先前的吉慶光耀，蒙受福祉。雖然遭遇紛亂崩潰，但不危亂。

註釋：睽離但仍有利祿。之前有積德，所以雖然遇到危險，幸而沒有災害。

休：庥也，吉慶。**獨**：其，語助詞。

43 夬：折若閉目，不見稚叔。三足孤烏，遠去家室。

見師之蒙。

註釋：睽離而斷決。傷害君子，昏昧不省，招募不到新人，光明也離而遠去。

若：香草，比喻君子。

44 姤：二人同室，兄弟合食。和樂相好，各得所敬。

　　兩人同處一室，兄弟和同進食。和諧歡樂互相共好，各別都得到敬獻的禮物。

註釋：睽離轉為邂逅。親密的同居共好，歡樂且相互敬獻。

二人：象徵左右親密的人。**敬**：表示敬意的禮物。

45 萃：繼體守藩，縱欲廢賢。君臣淫遊，夏氏失身。側室之門，福祿來存。

　　嫡子繼承帝位守衛藩屬，卻放縱慾望廢除賢能。君臣淫蕩遊戲，夏姬失去身分倫理。偏房的門戶，福祿前來並保存。

註釋：睽離時應相薈萃。長子繼位不守衛國家，反與不倫的奸人大行淫樂陷害忠良。次子守法禮，因而獲得福分。

繼體：嫡子繼承帝位。**藩**：屬地。**側室**：非正妻的偏房。

＊《史記・陳杞世家第六》載，陳靈公和兩位臣子去和守寡的夏姬四人一起亂倫，後被夏姬之子所殺。陳靈公死後經歷動亂，之後由其太子（非成弟）登位，本條僅為借喻。

46 升：老狐屈尾，東西為鬼。病我長女，坐涕詘指。或西或東，大華易誘。

　　老練的狐狸捲曲尾巴偽裝為人，東西到處裝神弄鬼，已成長的女子被迷惑因而生病，跪著哭泣，毀壞禮節。一會兒到東，一會兒到西，大好年華容易受到妖惑。

註釋：睽離態勢上升。老奸巨猾的人像狐狸精一樣到處偽裝誘惑，慾念旺盛的人便被迷惑而錯亂妄行，身心不得安寧。

老：冠在動物上的飾詞，如老虎、老鼠，喻其老奸能為害。**坐**：《禮記・玉藻》正義：「坐，跪也。」**詘**：屈也。**詘指**：拗屈意旨，猶言折節。

802

*《莊子・庚桑楚》：「孽狐為（偽）之祥。」

47 困：大樹之子，百條共母。當夏六月，枝葉盛茂。鸞鳳以庇，召伯避暑。稊稊卬甚，各得其所。

見大過之需。
註釋：睽離狀態被困阻，轉為聚合。繁衍眾多，都能聚合，時令大好，發展旺盛，君子相互召喚來依附，長草甚多我拿來火爐煮食，各各得到安順。
鸞：鳳凰的一種。**稊**：音提，一種隨處可生的草。**卬**：音瓊，卬之異字，我。**甚**：煁也，可以移動的火爐。
*《詩經・白華》：「樵彼桑薪，卬烘于煁。」樵夫取了桑枝，我拿來在移動的火爐煮食。

48 井：井堙木刊，國多暴殘。秦王失戍，壞其太壇。

水井填塞，樹木砍除，國家多有暴政殘害。秦王失去戍守，祭天的圓壇毀壞了。
註釋：睽離時應該井然。倒行逆施，環境殘敗，暴君失守因而覆滅。
堙：音因，填塞。**刊**：砍除。**太壇**：祭天的圓形高壇。

49 革：駕黃買蒼，與利相迎。心獲所守，不累弟兄。

駕著飛黃去買綠耳，迎接利祿。獲得心裡所追求的，不拖累兄弟（見註）。
註釋：睽離轉為革新。資質良好，前進經營又獲得珍寶，心想事成，是負責任的君子。
黃：飛黃，傳說中的神馬，與青龍並稱。**蒼**：綠耳，周穆王八駿之一。**守**：狩也，比喻追求。

*《禮記‧儒行》：「不累長上，不閔有司，故曰儒。」

50 鼎：庾億倉盈，年歲安寧，稼穡熟成。

　　穀倉安全，倉庫滿盈，年年平安康寧，播種都成熟收成。
註釋：睽離轉為鼎立。生產順利年度豐收，富足又康寧。
庾：音與，露天穀倉。**億**：安全。**稼穡**：音架色，播種與收穀，泛指農事。

51 震：人生馬淵，壽老且神。飛騰上天，舍宿軒轅，居常樂安。

　　人生長在大淵，壽命長久而且明靈。後來像龍一樣飛翔升騰登上天空，居住在軒轅星座，恆久居住，歡樂平安。
註釋：睽離轉為震奮。初始潛龍在淵，但資質良好，健康明靈，後來飛龍上天，德行優異，身居帝位，長久歡樂安居。
馬：大。**淵**：深潭，比喻沉潛。**馬淵**：人生馬淵，象徵龍躍在淵，尚未飛天。**軒轅**：星座名，比喻德行優異而居帝位；見註。
*《論衡‧驗符》：「皇帝聖人……軒轅德優。」

52 艮：思顧所之，乃令逢時。洗我故憂，拜我歡來。

　　想要到所想之處，時令也逢到吉時。清除既有的憂慮，拜謝歡喜來到。
註釋：睽離狀態已停止，轉為合聚。心有所念，想要前進，時機美好而成真，一掃憂慮，歡喜團聚。
思、顧：想。**之**：至。**洗**：清除。

53 漸：魁罡所當，初為敗殃。君子留連，困於水漿。求金東山，利在代鄉。買市有息，子載母行。

北斗星座所對的方向，開始要衰敗遭殃。後來人們接連滯留，困於洪水和泥漿。於是轉向東山謀求金寶，利益在代戎之鄉。買賣交易有孳息，子錢滿載，母錢暢行。

註釋：睽離時能循序漸進，也可轉危為安。初始時令違逆而失敗，因而受困滯留。後來到遠地開發經營，將本求利大有收穫。

魁：北斗七星前四星，為勺。**罡**：北斗七星後三星，為柄。**魁罡**：象徵北斗星座，古人以其柄指向來判斷時令與吉凶。**當**：對著，向著。**初**：開始。**君子**：對人的尊稱。**東山**：象徵遠征或遠行之地。**代**：代戎建立代國，後設代郡，象徵遠方蠻荒之地。**子**：孳也。**載**：充滿。

54 歸妹：鉛刀攻玉，無不鑽鑿。龍體其舉，魯般為輔。三仁翼事，所求必喜。

　　　用鉛刀銼磨玉石，沒有不鑽透穿鑿的。皇帝推舉魯般為輔臣。有三位仁臣輔佐政事，所求必能歡喜達成。

註釋：睽離但能相歸依。勵精圖治，因而政務有成，上位提拔諸多賢能輔佐，所求都能歡喜如願。

攻：銼磨玉石。**龍體**：象徵皇帝。**魯般**：土木工匠的巧聖。**三仁**：紂王的兩位庶兄微子、箕子，和叔叔比干。**翼**：輔佐。

55 豐：喜來如雲，舉家蒙歡。眾才君子，駕福盈門。

　　　喜慶來臨就如同雲一樣多，全家都蒙受歡慶。眾多有才華的君子，載來的福祉充盈門戶。

註釋：睽離轉為豐盛。君子合作發揮才能，招來眾多的福祿和喜慶。

駕：用牲畜拉車。

56 旅：響像無形，骨體不成。微行衰索，消滅無名。

聲響和影像不再有形體，骨架軀體也不成形。沒有活動，衰弱竭盡，最後消滅了，無法形容描述。

註釋：睽離的旅歷，變羈旅。猶如陰魂虛無飄渺，最後精氣竭盡，完全消失無蹤。

響像：即音容；常指死者。**微**：無，非。**衰索**：衰弱竭盡。**名**：形容、描述。

57 巽：積水不溫，北陸苦寒。露宿多風，君子傷心。

聚積的水沒有溫度，冬天時苦楚寒凍。露天休宿多有寒風，君子傷痛心扉。

註釋：睽離的安順。環境蕭條、時令惡劣，落魄飄浪，滿懷苦楚。

北陸：北方陸地，比喻冬天。

58 兌：黃馬綠車，駕之大都。讚達才能，使我無憂。

飛黃和綠耳拉的馬車，駕駛到了大都市。才能被讚揚宣達，沒有憂慮。

註釋：睽離之後欣悅。到繁華之地尋求發展，因才能卓越，被肯定彰揚，不再憂慮。

黃：飛黃，傳說中的神馬，與青龍並稱。**綠**：綠耳，周穆王八駿之一。**之**：至。

59 渙：從風放火，艾芝俱死。三害集聚，十子患傷。

見乾之小過。

註釋：睽離且渙散。小人趁機作亂，不分愚賢都被陷害。朝廷大患聚集，所有人都受害。

艾芝：艾草和靈芝，比喻賤貴、愚賢。**十**：象徵滿數。**子**：對人尊稱。

60 節：一身三手，無益於輔。兩足共節，不能克敏。

一個身體有三隻手，多餘而無益輔助。兩隻腳共用一個關節，缺少不能敏捷。

註釋：睽離的節度。過與不及都不能協力共事，要適當。

克敏：敏捷。

61 中孚：南向一室，風雨並入。塵埃積濕，主毋盲痺。偏枯心疾，亂我家資。

面向南方的一間房室，風和雨一併進入。塵埃和溼氣累積，主人虛無、眼盲、麻痺。半身不遂、心悶生病，打亂家裡的資材。

註釋：睽離的忠信。原本光明但災難一併降臨，環境變惡劣且一直累積，生心理都罹病，不再完好。

南：象徵光明的方向。**毋**：無也。**偏枯**：半身不遂。**心疾**：心情引起的疾病。

62 小過：采薇出車，魚麗思初。上下促急，君子懷憂。

戍邊將士艱辛但英勇作戰，在美食宴會上想起當初情況：全體上下都緊促急迫，大人心懷憂慮。

註釋：睽離之後小超越。當初情勢緊迫，人人緊張憂慮，如今英勇完成任務，接受美好的犒賞。

采薇：《詩經‧小雅》篇品，描述戍邊的艱辛與思鄉。**出車**：同上，象徵英勇作戰。
魚麗：同上，象徵饗宴豐盛美好。

63 既濟：先易後否，告我利市。騷蘇自苦，思吾故止。

起先容易後來閉塞，告別交易利潤。自我愁苦不已，思念原本停留之處。

註釋：睽離已形成。開始順利後來阻塞，獲利遭牴觸，煩憂異常，悔不當初。

騷蘇：愁苦。

64 未濟：<u>生宜</u>地乳，上皇大喜。隆我祉福，貴壽無極。

見泰之大有。

註釋：睽離狀態尚未形成。君主有仁德，百姓安順繁衍，上天也賜予無限的富貴和平安。

生宜：生育安順。

39 蹇

39 蹇：同載共輿，中道別去。喪我元夫，獨與孤居。

　　見比之革。

註釋：蹇跛又蹇跛。原本結夥同行，但中途分別，失去好夥伴，只能獨居無法前進。

1 乾：叔盻拘冤，祁子自邑，乘遽解患。羊舌免脫，賴得全生。

　　向叔勤苦不止卻被冤枉拘押，祁奚自封地乘驛車來解除憂患。向叔因而免罪脫困，幸而得以保全生命。

註釋：蹇跛但能陽健。被無辜波及，但因賢能，有貴人來相助，因而全身而退。

叔、羊舌：叔向，姬姓，羊舌氏，晉國忠臣。**盻**：音系，勤苦不止。**祁子**：祁奚，與叔向同時的忠臣，即「外舉不避仇，內舉不避親」的主人翁。**邑**：封地。**遽**：驛車，傳送公文或官員的馬車。**賴**：幸而。

*《左傳‧襄公二十一年》載，叔向的父親和庶弟造反，向叔並未參與卻被波及，祁奚向晉王請求赦免方才脫罪。

2 坤：兔聚東郭，眾犬俱獵。圍缺不成，無所能獲。

　　兔子聚集在東邊的外城牆，眾多惡犬一起去獵取。圍堵缺口沒完成，沒能有所收穫。

註釋：蹇跛的溫良。軟弱的獵物聚集在破敗之地，自恃力量強大而不團結，結果一無所獲。

東：象徵粗鄙的方向。**郭**：外城牆，象徵偏僻。

3 屯：作室山根，人以為安。一旦崩頹，敗我盤飱。

　　建築房室在山腳下，以為很安全。有一天忽然崩毀傾頹，毀壞盤子和食物。

註釋：蹇跛且困屯。蒙昧的自以為是，災難突然爆發，斷糧絕食。

山根：山腳。**飱**：餐也，食物。

4 蒙：疾風塵起，亂擾崩始。壯大并小，先否後喜。

　　急促的風使塵土揚起，動亂紛擾而開始崩毀。壯大的合併弱小的，起先閉塞後來歡喜。

註釋：蹇跛轉為啟蒙。災禍降臨，局勢紛擾，經過強行兼併而整合，否極泰來。

否：音匹，閉塞。

5 需：潔齊沐浴，思明君德。哀公怯弱，風氏復北。

　　洗澡使之清潔整齊，思慮明曉有君主有德性。魯哀公怯弱，魯夫人風氏的賢風又失去了。

註釋：蹇跛又等待停滯。先人保持清明，為君明德，後世卻怯弱無能，前人的賢風蕩然無存。

哀公：魯哀公，政權被三桓把持，復權失敗後逃亡。**風氏**：魯莊公的妾夫人，號成風，尊為母親的典範，象徵賢風；見註。**北**：背也，背者亡也。

＊《左傳・文公九年》：「成風尊也。」

6 訟：土瘠瘦薄，培塿無柏，使我不樂。

　　土地貧瘠不肥沃，小土山長不出柏樹，使人不歡樂。

註釋：蹇跛的爭訟。實力太弱，無法培育成員，只能任人欺負。

瘦、薄：土地不肥沃。**培塿**：小土山。

* 《左傳・襄公二十四年》：「大國之人，不可與也……部婁無松柏。」

7 師：褰衣涉河，水深漬罷。賴幸舟子，濟脫無他。

見訟之萃。

註釋：蹇跛的出師。沒準備就去歷險，陷入險境，幸有貴人幫忙才得以脫險。

漬：沾濕。**罷**：疲也。

8 比：送我季女，至于蕩道。齊子旦夕，留連久處。

見屯之大過。

註釋：蹇跛的相比附。小人一起淪喪淫逸，早晚都在沉溺留連。

9 小畜：三孫六子，安無所苦。中歲發殆，亡我所使。

三個孫子六個孩子，安然沒有受苦。期間發生危險，死了差使的人。

註釋：因蹇跛變成蓄小勢弱。原本繁衍眾多，安然度日，但中途發生變故，下屬折損。

三、六：象徵齊全。**中歲**：中年，期間。

10 履：揚風偃草，塵埃俱起。清濁溷散，忠直隱處。

風揚起，草倒伏，塵埃都飛起來。清氣與濁氣混雜散亂，忠信正直的人都去隱居。

註釋：蹇跛的履行。小人興風作亂，世道黑白不分，無法前進，君子隱退。

偃：音演，倒伏。**溷**：混也。

811

11 泰：歷險登危，道遠勞疲。玄豕自歸，困涉大波。

　　經歷攀登危險，道路遙遠勞苦疲憊。黑豬自己歸來，艱困的涉過浩大的波浪（豬不畏水波，見註）。

註釋：蹇跛轉為康泰。路途危險又遙遠，歷盡艱辛，但無折難，
　　　最後安然歸來。

玄：黑色，屬水。**豕**：豬，屬亥，亥屬水、屬黑。**玄豕**：豬好水，象徵相合。

*《康熙字典》：「豕喜雨，故天將久雨，則豕進涉水波。」

12 否：六藝之門，仁義俱存。鎡基逢時，堯舜為君。傷寒熱溫，下至黃泉。

　　學習六藝的科門，仁義都存在。鋤頭逢到時令可以耕種，正當堯和舜為君。後來一直發燒，去到黃泉地府。

註釋：蹇跛而閉塞。原先學習孔門之道，培養德行，又等到聖君
　　　臨政受到重用。後來卻弊端重重而覆滅。

六藝：禮、樂、射、御、書、數。**鎡基**：鎡音茲，大鋤頭。**傷寒**：《黃帝內經‧熱論》：「今夫熱病者，皆傷寒之類也。」**熱**：熱病，急性發燒疾病。**溫**：溫病，風寒而引起的熱病。**下**：到。**黃泉**：人死後所居住的地方。

*《孟子‧公孫丑上》：「雖有鎡基，不如待時。」

13 同人：被服文衣，遊觀酒池。上堂見觴，喜為吾兄，使我憂亡。

　　見睽之乾。

註釋：蹇跛但能同仁。整飾美好，與人共享，親如家人，憂慮消失。

14 大有：生時不利，天命災至。制於斧瘢，晝夜苦勤。

　　出生的時辰不吉利，天生命運有災禍來到。被斧頭殺害，留

下傷痕，日夜都勞苦勤奮。
註釋：蹇跛之事大大有之。天生命運乖舛，後天又被殘虐傷害，只能日夜辛勞。

制：裁，殺害，如自裁。**瘢**：音斑，疤痕。

15 謙：天門開關，牢戶寥廓。桎梏解脫，拘囚縱釋。

見小畜之泰。

註釋：蹇跛但能謙恭。朝廷開明，不再亂世用重典，百姓解脫，開始生養。

16 豫：川淵難遊，水為我憂。多言少實，<u>命</u>鹿為駒。建德開基，君子逢時，<u>利</u>以仲疑。

河川和深淵難以游渡，大水是為憂患。多話說，少真實，指著鹿說是良馬。建立德政開創基業，君子逢到時令，安順的仲裁疑惑（指前面的命鹿為駒）。

註釋：蹇跛轉為安育。犯難太多，無法前進，奸臣掌權，指鹿為馬。後來仁德的新朝成立，君子得以恢復正義。

命：指定。**利**：安順。**仲**：仲裁，公正第三者執行裁斷。

＊《後漢書‧孝靈帝紀》：「趙高譎二世，指鹿為馬。」

17 隨：<u>鄉</u>歲逢時，<u>與</u>生為期。枝葉盛茂，君子無憂。

嚮往歲收逢到時令，期待一起生活。後來枝葉繁盛茂密，君子沒有憂慮。

註釋：蹇跛但能隨理。期待時令良好，大家不要分離，後來果然生長茂盛，一掃憂慮。

鄉：嚮也，嚮往，熱切期盼得到。**歲**：年景，一年的農事收成。**與**：一起。

18 蠱：六鷁退飛，為衰敗祥。陳師合戰，左股夷傷。遂崩不起，霸功不成。

　　六隻水鳥退飛回去，是為衰亡敗壞的徵兆。陳列軍隊交戰時，左大腿受到創傷。最後駕崩無法興起，霸業功績沒有完成。

註釋：蹇跛的鼎立。與人合力作戰，夥伴卻半途跑走；自己獨立作戰，卻受到創傷；最後一蹶不振，功敗垂成。

鷁：音益，一種水鳥。**祥**：吉凶的預兆。**合戰**：交戰。**左**：錯誤的，如左道，比喻襄公戰術錯誤。**夷**：痍也，創傷。

* 前兩句，《左傳·僖公十六年》：「六鷁退飛，過宋都。」象徵宋襄公將得諸侯擁戴但不得終之兆。後襄公會諸侯抵抗淮夷，不待築城完畢皆返。
* 三四句，《史記·宋微子世家》載，宋襄公與楚戰於泓，因誤解仁義，楚人渡河中、已渡未陣，皆不出擊，待陣成，大敗宋師，襄公傷股，隔年傷亡。

19 臨：雷君出裝，隱隱西行。霖雨不止，流為巨江，南國以傷。

　　雷神出動裝備，車群大聲向西行駛。大雨不止，流水成為大江，南方國度因而受創。

　　註釋：蹇跛狀態已降臨。時令惡劣，大禍害轟然而至，連續大災難，美好家園受創。

隱隱：群車聲。**西**：象徵福澤不降之地。**霖雨**：大雨。**南國**：象徵光明的國度。

20 觀：牙櫱生齒，室蟠啟戶。幽人利貞，鼓翼起舞。

　　見比之節。

　　註釋：蹇跛但能觀省。開始重生與成長，開大門走大路，潛修的君子，也出世發揮。

櫱：蘗也。**室蟠**：盤結的屋室。

21 噬嗑：火起上門，不為我殘。跳脫東西，獨得生完。不利出鄰，病疾憂患。

　　　見無妄之師。

註釋：蹇跛時應該法治。危難出現，經過防衛與重重波折才脫險，
　　　但弊端未解除，不宜外出經營。

22 賁：舉事無成，不利出征。言不可用，眾莫能平。

　　　發起行動沒有成功，出征不順利。說話沒有效用，眾人不能被撫平。

註釋：蹇跛應該整飾。行動失敗，應該整頓，滿口廢言，難平眾怒。
舉事：發起行動。

23 剝：老狼白驢，長尾大狐。前顛卻躓，進退遇祟。

　　　見睽之需。

註釋：蹇跛又剝落。衰老不敏捷，又尾大不掉，前進留住都遇難。

24 復：日入道極，勞者休息。班馬還師，復我燕室。

　　　太陽下山，道路到盡頭，勞苦的人需要休息。還回兵馬和軍隊，返復家國。

註釋：蹇跛之後復返。已沒有時令與去路，人馬也疲憊了，所以班師回朝，不再前進。
日入：日出之反意。**班**：還回。**燕室**：燕巢，燕子每年回巢，故象徵家國。

25 無妄：林麓山藪，非人所處。鳥獸無禮，使我心苦。

　　　見明夷之離。

註釋：蹇跛又逢無妄之災。荒郊野外，沒有人煙，又有野獸侵犯，勞苦驚慌。

26 大畜：蓄利積福，日新其德。高氏飲食，憂不為患。

儲蓄利祿累積福祉，每日更新德行。有居屋和飲食，沒有憂患。

註釋：蹇跛轉為大蓄積。經常自省而累積財富，居住飲食都沒有憂患。

高氏：「高」為樓臺重疊之象形，象徵房屋；見註。

*《呂氏春秋・勿躬篇》：「高元作室。」遠古時代的高氏，首先製作屋室，擺脫穴居。

27 頤：張羅百目，鳥不得北。縮頸掛翼，困於窘國。君子治德，獲譽受福。

張開網子有一百個篩孔（網大篩孔亦多），鳥兒無法奔逃。頸子緊縮，羽翼懸掛，被困於窘迫的地方（羅網）。君子整治德行，獲得美譽，蒙受福澤。

註釋：蹇跛轉為頤養。惡人設下天羅地網，無法逃脫而落難，但能修身養德，之後又獲得聲譽和福祿。

羅：網子。**百**：象徵極多。**目**：網子的篩孔。**北**：《廣韻》：「奔也。」**國**：地方，如澤國。

28 大過：伯虎仲熊，德義淵弘。使布五教，陰陽順序。

見泰之隨。

註釋：蹇跛之後大超越。賢能們合力教化宏德，人倫彰顯，天時調和。

五教：父義、母慈、兄友、弟恭、子孝等五倫的教化。

29 坎：跛踦相隨，日暮牛罷。陵遲後旅，失利亡雌。

見乾之渙。

註釋：蹇跛又落陷。團隊成員傷病，又歷經折難延誤，最後失去利益和繁衍機會。

30 離：嬴氏違良，使孟尋兵。師老不已，敗於齊卿。

秦穆公違背良言，派遣孟明對鄭國動兵。軍隊衰竭不已，敗於晉國齊心的公卿。

註釋：蹇跛的相附狀態。不聽善言，一意孤行，敵人卻同心合力，因而力盡而敗。

嬴氏：秦穆公，秦國嬴姓。**尋**：動用。**老**：衰竭。**齊**：此非齊國。
*《左傳‧僖三十二年》載，秦穆公想襲擊鄭國，蹇叔哭師反對，秦穆公不理會仍派孟明等人出征，但出征未果，回程時（故曰師老不已）與晉國交戰，晉國上下團結，並結合姜戎兵力（故曰齊卿），敗秦於崤山。

31 咸：日月並居，常暗且微。高山萌顛，丘陵為谿。

日月處在一起（日蝕），長久的晦暗和不明。高山發生顛覆，丘陵變成山溪。

註釋：蹇跛的相感應。人間長久昏暗，環境傾覆，體制顛倒。

微：昏暗不明。**萌**：發生。**谿**：山間的溪流。

32 恆：烏鵲食穀，張口受哺。蒙被恩德，長大成就。溫良利貞，君臣合好。

鳥兒和喜鵲食用穀粒，張開嘴巴接受餵食。蒙受披覆恩澤與仁德，成長壯大完成發育。溫柔善良和諧貞正，君臣和諧美好。

註釋：蹇跛轉為持恆。君王頤養百姓，百姓接受皇恩而成長茁壯，

國家社會和諧，君臣一心。

鵲：比喻撫養下一代。**哺**：餵食。**被**：披也。**就**：完成。**利貞**：和諧貞正。

33 遘：雖躓復起，不毀牙齒。克免平復，憂除無疾。

雖然跌倒但又爬起來，沒有毀傷牙齒。能夠剋己勤勉，平息復原，憂患去除沒有疾厄。

註釋：蹇跛已隱遁，恢復通行。雖然有波折，但未受到傷害，所以再度爬起，克勤克儉，恢復太平，不再有憂患。

躓：音至，跌倒。**牙齒**：象徵年齡、壽命。**克**：剋也，約束。**免**：勉也，努力。

34 大壯：草木黃落，歲暮無室。虐政為賊，大人失福。

草木枯黃凋落，歲末沒有屋室。暴虐的政治造成傷害，大人也失去福澤。

註釋：蹇跛狀態壯大。暴政危害，環境蕭條，人民流離失所，連官員也不能自保。

35 晉：避凶東走，反入禍口。制於牙爪，骨為灰土。

避開凶惡向東逃走，反而進入災禍關口。被野獸的牙齒和爪子制伏，骨頭也化為灰土。

註釋：蹇跛的前進。發生災禍而逃難，路上卻反被惡徒制伏因而滅亡。

東：象徵粗鄙之地。

36 明夷：欲飛不能，志苦心勞，福不我求。

想要飛卻不能，意志苦楚，心識勞累，無法追求福祉。

註釋：蹇跛且瘖痺。無法前進，心志勞苦，只能困坐愁城。

37 家人：<u>羔裘豹袪</u>，東與福遇。駕迎吾兄，送我鸝黃。

　　穿著小羊皮衣，有豹皮裝飾的衣袖，到東海與福祉相遇。駕車迎接兄長，他送我黃鶯。

註釋：蹇跛但能親如家人。君子穿著得體合禮，前去尋找福澤，
　　　和親密伴侶相遇，一起和諧共鳴。

羔：小羊。**裘**：皮衣。**袪**：音區，衣袖；見註一。**鸝黃**：黃鶯，比喻和鳴；見註二。
* 《禮記‧玉藻》：「（君子）羔裘豹飾。」
* 《高唐賦》：「王鴡鸝黃……其鳴喈喈。」

38 睽：<u>東耕破犂</u>，<u>西失良妻</u>。災害不避，家貧無資。

　　在東方的田裡耕種時破損了犂具，西方家裡的賢妻子也不見了。災難和禍害無法躲避，家貧沒有資財。

註釋：蹇跛又睽離。工作和家庭都受難，四處遭殃，無法逃避，
　　　失去資產和伴侶。

東、西：象徵到處。

40 解：魚陸失所，<u>鳧黽</u>困苦。澤無<u>萑蒲</u>，<u>晉國</u>以虛。

　　魚在陸地失去住所，野鴨和青蛙也受困苦楚。沼澤沒有水草，晉國成為廢墟。

註釋：蹇跛又解離。水源乾涸，水生動植物受難（環境惡劣，百
　　　姓疾苦），國家也被眾小人瓜分滅亡了。

鳧：音浮，野鴨。**黽**：蛙也。**萑蒲**：音灌僕，蘆葦和蒲草，泛指水草。**晉國**：遭韓、
　趙、魏三氏瓜分而亡國。

41 損：脫兔無蹄，三步五罷。南行不進，後市身苦。

　　脫逃的兔子腳沒有蹄（只有肉墊），跑三五步就疲憊了。想到南方但無法前進，延遲到市集，身軀勞苦。

註釋：蹇跛且損失。慌張逃難，實力不足，前進無力，徒勞無功。

罷：疲也。**南行**：比喻朝不利方向前進。

42 益：行役未已，新事復起。姬姜勞苦，不得休止。

　　見小畜之困。

註釋：蹇跛狀態益增。暴政一波接著一波，無得終止，男女離別勞苦，無法繁衍。

43 夬：向日揚光，火為正王，消金厭兵。雷車避藏，陰雨不行，民安其鄉。

　　向太陽發出光芒，火星促使君王出征，銷毀金屬，滿足兵器所需。雷神的車子躲避隱藏，陰雨沒有發生，人民止居於家鄉。

註釋：蹇跛又斷決。火星出現搶奪太陽的光明又使君王興兵，天時也不利而乾旱，百姓只能躲在家裡不出。

揚光：星體發出光芒。**火**：火星，熒惑，出現則有兵災。**正**：征也。**消**：銷毀。**厭**：滿足。**安**：《廣韻》：「徐也，止也。」

*《論衡‧訂鬼》：「熒惑火星，火有毒熒，故當熒惑守宿，國有禍敗。」

44 姤：放銜垂轡，奔馬不制。棄法作奸，君失其位。

　　放下馬匹含的銜木，垂下控制牠的韁繩，奔馳的馬匹因而不受控制。拋棄法紀作奸犯科，君主失去他的王位。

註釋：蹇跛的邂逅。鬆懈法紀，小人因而狂妄，違法亂紀，君主終而自失其位。

銜：裝在馬口用來控制馬匹的用具。轡：音配，控制牲口的韁繩。

45 萃：司命下游，喜解我憂。皇母緩帶，嬰子笑喜。

　　生命之神下凡遊歷，歡喜的解除了憂患。母親鬆緩襁褓的帶子，嬰兒沒有束縛喜笑歡樂。

註釋：蹇跛但能相薈萃。雖然有憂慮，但得到上天和親密大貴人的庇護，因而平安自在的生長。

司命：掌管人生命的神。**皇**：王也，大，對尊長的尊呼。

46 升：黃帝出遊，駕龍乘馬。東上泰山，南過齊魯，郡國咸喜。

　　見同人之需。

註釋：蹇跛轉為上升。依循聖道前進經營，天下四處都安定歡樂。

47 困：既往不說，憂來禍結。北戶為患，無所申雪。

　　過往都不歡悅，憂患禍害一直來糾結。北戶國製造災患，沒有地方申訴雪恨。

註釋：蹇跛且受困。一直被禍患糾纏，好像被蠻人侵害，無處申冤追討。

說：悅也。**北戶**：古時四荒國之一。

48 井：荷蕢隱名，以避亂傾。終身不仕，遂其潔清。

　　扛著簸箕隱瞞名字，好躲避戰亂和傾覆。終其一生都不出仕當官，始終保持潔淨清白。

註釋：蹇跛但能井然。亂世隱遁，隱姓埋名，永不為官，保持高

821

潔德行。

荷：音賀，扛著。**蕢**：音愧，簸箕。**荷蕢**：比喻隱士。

*《論語・憲問》：「子擊磬於衛，有荷蕢而過孔氏之門者。」

49 革：<u>折挺舂稷</u>，<u>君</u>不得食。頭<u>痒</u>搔跟，無益於疾。

　　折斷了舂穀的木杖，沒有食物可吃。頭癢卻去搔腳跟，對疾病沒助益。

註釋：蹇跛且被革除。器具毀損，生產停頓，不能對症下藥，無
　　　法更正錯誤。

挺：《孔叢子・廣服》：「杖，謂之挺。」**舂**：音充，把穀物以杵臼搗去皮殼。**稷**：穀類的泛稱。**君**：美稱任何人，如諸君。**痒**：癢也。

50 鼎：<u>植根</u>不固，華葉落去，<u>便</u>為枯樹。

　　紮根不牢固，花和葉子都零落凋去，於是成為乾枯的樹木。

註釋：蹇跛而覆鼎。奠基不穩，衰敗病弱，接著覆滅。

植根：紮根。**便**：於是。

51 震：<u>凶門</u>生患，<u>牢戶</u>多冤。<u>沙池</u>秃<u>齒</u>，<u>使叔</u>困貧。

　　喪家又生出禍患，監獄多出冤屈。牙齒參差不齊又掉盡，人也貧困。

註釋：蹇跛又震盪。雪上加霜，冤曲不斷，健康不良又貧困，難
　　　以謀生。

凶門：喪家在門外用白絹扎成的門形。**牢戶**：監獄。**沙池**：參差也，不齊。**秃**：落盡或未生。**齒**：比喻壽命、健康。**使叔**：對人的尊稱。

52 艮：登山履谷，與虎相<u>觸</u>。<u>猬</u>為功曹，班叔奔北，脫之

喜國。

　　登上山頂經過谷地,都與老虎相遇。刺蝟擔任官長,老虎害怕牠的刺所以向北方奔逃。脫險來到歡喜的國度。

註釋:蹇跛已停止,轉為通行。上山下海都遭逢惡人,幸有官府
　　　維持法治,惡人忌憚而遠去,最終達成目標。

履:經歷。**觸**:遇到。**猬**:刺蝟。**功曹**:掌管人事並參議政務的郡官,需為眾吏表率。
班叔:班為虎的異名。**北**:象徵敗北。**之**:至。

53 漸:麟鳳所翔,國無咎殃。買市十倍,復歸惠里。

　　麒麟居住,鳳凰飛翔,國家沒有過失災殃。買賣交易獲利十倍,又歸返美好的鄉里。

註釋:蹇跛轉為循序漸進。有德行和才能所以安居沒有災殃,後
　　　來開始經營,獲得全部的利祿,榮返故里。(進退有據,
　　　見好即收)

十:象徵滿數。

54 歸妹:路險道難,水遏我前。進往不利,回車復還。

　　道路險阻難行,大水遏止前進。前往進取不順利,調返車子還復回來。

註釋:蹇跛時應相歸依。前途險阻,難以發展,返回大家同居為宜。
遏:音俄,阻止。

55 豐:延頸望邑,恩歸其室。臺榭不成,未得安息。

　　延長頸子望向封地,恩准歸返回家。亭臺樓榭沒有完成,無法安心養息。

註釋:蹇跛態勢盛大。已辭官返鄉,但居處尚未完成,返回停留

823

都兩難。

臺：方形且高的建築物。**樹**：臺上有屋。

56 旅：蒙生株罜，棘掛我須。小人妬嫉，使恩不遂。

　　猜疑生起，在樹上驚恐四顧，荊棘鉤住了鬍鬚。小人心性憎惡，使得恩愛不順遂。

註釋：蹇跛的旅歷。環境險惡，隨時害怕提防，但還是被牽絆了，小人壞心破壞，因而不能前往團聚。

蒙：猜疑。**罜**：懼怕而四顧。**掛**：鉤住。**須**：鬚也。**嫉、妬**：憎惡。**遂**：順利。

57 巽：南至隱域，深潛處匿。聰明閉塞，與死為伍。

　　南行到隱密的地方，去深深潛藏，隱匿居處。好的耳力和聽力都已封閉阻塞，只能與死神為伍。

註釋：蹇跛的安順狀態。原本聰明優秀，如今都已完全喪失，只能深遠的隱藏等死。

南至：比喻朝不利方向前進。**聰**：聽力良好。**明**：眼力良好。

58 兌：機餌設張，司暴子良。范叔不廉，凶害及身。

　　布下機關誘餌，設下張開的羅網，斗子良是殘暴的司馬。該成為模範的臣子卻不廉政，以致凶惡災害到了身上。

註釋：蹇跛的欣悅狀態。位高權重卻要武裝造反，因為殘暴不貞最後自己禍患上身。

張：張開羅網或弓箭捕取鳥獸。**子良**：楚國第一任司馬斗子良，壟斷國政。**范**：範也。
叔：對侯國臣子的稱呼。

＊ 斗子良之子斗椒被稱為狼子野心，因造反致家族被滅。

59 渙：從騎出門，遊戲空城。阪高不進，利無所得。

馳騁座騎出到門外，悠遊於空蕩的城市。山坡太高無法前進，利益一無所得。

註釋：蹇跛且渙散。想前進但漫不經心，又不能克服困難，因而無法獲得利益。

從：縱也，馳騁。**戲**：嬉，遊。**阪**：山坡。

60 節：西國彊梁，為虎作狼。東吞楚齊，并有其王。

西方的秦國強暴掠奪，是為虎狼一般。向東併吞楚國和齊國，兼併他們的王位。

註釋：蹇跛的節度。壯大但不知節制，凶殘的四處併吞，一統天下，成為暴政。

彊：彊也，強也；《爾雅》：「彊，暴也。」**梁**：掠也。**楚齊**：六國中最強的兩個國家。

61 中孚：登山代輻，虎在我側。王孫無懼，仁見不賊。

登越高山，砍伐檀木來做車，雖然老虎在身旁，但沒有畏懼，仁德顯現，沒有禍患。

註釋：蹇跛時能忠信。在困境中清廉踏實前進，遇到大惡人也無畏懼，因為仁者無敵。

代輻：應為伐輻之誤，見註。**輻**：車輪中連接車轂和輪圈的直木，比喻車子。**王孫**：貴族後代，對人的尊稱。**見**：現也。

*《詩經‧伐檀》：「坎坎伐檀兮……坎坎伐輻兮……彼君子兮，不素餐兮。」

62 小過：六月睽睽，各欲有望。後來未壯，俟時旦明。

六月時人心都睽離，每個人都有欲念望渴。後來沒有壯大，只能等待天明再行動。

註釋：蹇跛的小超越狀態。環境正盛，眾人卻不同心念，後來並

未如願成長，只能等候下個機會。

六月：盛夏。**睽**：睽離，乖離。**俟**：音四，等待。**旦明**：天明的時候。

＊《六月》：「六月棲棲。」六月時忙碌不安。

63 既濟：道涉多阪，牛馬蜿蟺。車不麗載，請求不得。

　　道路經歷許多山坡，牛馬蜷縮不前進。車子不肯結伴載運，請求他也不可得。

註釋：蹇跛已形成。路途太過艱辛，人馬疲憊無法再行動，也沒
　　　人支援，無法與人會合。

涉：經歷。**阪**：山坡。**蜿蟺**：動物屈曲盤旋貌。**麗**：結伴而行。

64 未濟：一口三舌，相妨無益。群羊百牂，不為威強。亡馬失駒，家耗於財。

　　一張嘴巴有三條舌頭，相互妨礙沒有益處。一群羊中有百隻母羊，不能威勢強大。失去了良馬，家裡耗損了資財。

註釋：蹇跛尚未結束。人多口雜相互妨礙，烏合之眾不能成事，
　　　還耗損了美好資源。

三：象徵多。**群、百**：象徵極多。**牂**：音臧，母羊。

40 解

40 解：駕行出遊，鳥鬬車前，更相捽滅。兵寇旦來，回車亟還，可以無憂。

　　駕車行進外出遊歷，鳥在車子前面爭鬥，更相互毆鬥而死（見註）。天亮時賊兵來到，調回車子急切返回，可以沒有憂慮。
註釋：一直在解決問題，不如返回。行進時出現前途凶惡死絕的徵兆，不久果然發生兵災，趕快返回可得平安。

捽：音卒，抵觸、碰撞。**捽滅**：毆鬥而死。**亟**：音極，急切。
* 鳥來（鵲、烏、鶹），在《易林》象徵徵兆。

1 乾：大都之居，無物不具。抱布貿絲，所求必得。

　　大都市的居所，沒有物品不具備。抱著布去交易絲綢，所求的必然得到。
註釋：解決問題且陽健。環境繁華，物資豐盛，用心經營，因而交易獲利，心想事成。

貿：交易。

2 坤：膠著木連，不出牢關，家室相安。

　　用膠黏著使木頭相連，不離開牢固的關口，家眷都相安無事。
註釋：解決問題且溫良。堅強防守不外出，家人就地安居。

膠著：比喻黏得牢固。**家室**：配偶眷屬。

3 屯：孟伯食長，懼其畏王。賴四蒙五，抱福歸房。

　　長兄接受饋贈給長者的飲食，並敬服君主。仰賴四方眾人，

蒙受五方福澤，抱著福祉歸回家族。

註釋：解決問題並屯聚。大家安居，遵守王法，接受君主與國家的恩澤，平安長壽，並與家人團聚。

孟：最長的兄或姐。**食長**：賜予長者食物。**懼、畏**：敬服。**五**：象徵全部。**房**：家族。

4 蒙：<u>防輿疲馴</u>，不任銜轡。君子服之，談何容易？

　　堵塞的車子，疲憊的馬，不能勝任啣木和韁繩（無法駕馭奔行）。大人要馴服牠，談何容易呢？

註釋：要解決問題卻蒙昧。已衰老毀傷，不堪任用，無法再訓練加強。

防：堵塞，如防微杜漸。**輿**：車子。**馴**：馬。**銜**：牲畜口中用來控制的銜木。**轡**：音配，控制牲口的韁繩。

5 需：許嫁既婚，利福在身。<u>適</u>惠生桓，為我魯君。

　　許配嫁人也已成婚，身命有利祿福祉。嫁給魯惠公，生了魯桓公，成為魯國的君主。

註釋：解決等待的問題。與人親密結合，本身有利祿，也孳生了福澤。

適：女子嫁人。

*《史記‧魯周公世家》：「宋女至而好，惠公奪而自妻之。生子允（桓公）。」魯惠公為長庶子娶妻，女子到後見其貌美，便自己迎娶，並生下後代立為王子。

6 訟：入門大喜，上堂見母。妻子俱在，兄弟饒友。

　　進入門裡有大喜慶，上到廳堂拜見母親。妻子孩子都安在，兄弟富饒友愛。

註釋：解決爭訟。返回團隊便有喜慶，親密夥伴們都平安而且親愛富足。

7 師：推車上山，力不能任。顛蹶蹉跌，傷我中心。

推著車子登越山頂，力量不能勝任。顛簸跌倒，傷害了內心。

註釋：解決問題才能出師。不自量力執意挑戰前進，受到挫折，意識重創。

蹶、蹉：跌倒。**中心**：心中。

8 比：鴈飛退去，不食其雛。禽尚如此，何況人與？

雁子退飛回來，無法去避冬，也不吃自己的幼鳥。禽鳥尚且如此，何況是人呢？

註釋：解決問題應相比附。無法前進而返回，此時應該相互保護，不可互相殘害。

鴈：雁也，候鳥，故會飛返。**與**：歟（音於）也，感嘆詞。

9 小畜：福棄我走，利不可得。幽人利貞，終無怨慝。

福澤棄我離走，利祿無法得到。幽隱的人諧和貞節，終究沒有怨恨災害。

註釋：解決問題後可小蓄。雖然不能獲利，但也沒災厄，沉潛修德可以無恙。

利貞：諧和貞節。**慝**：音特，災害。

10 履：夫妻反目，不能正室。翁云于南，姬言還北。並后匹嫡，二政亂國。

夫妻反目不合，不能端正家室。丈夫說去南方，妻子說要返回北方。妃子與皇后並列、庶子與嫡子同地位，兩個政權，國家紛亂。

註釋：解決問題應履行倫理。成員反目成仇，因而分裂，強臣與正統並列，政權分立，國家危難。

于：去。**並后**：妃與王后並列。**匹嫡**：庶子地位同於嫡子。**二政**：權力不統一。

*《左傳・桓公十八年》：「並后、匹嫡、兩政、耦國，亂之本也。」

11 泰：陽衰伏匿，陰淫為賊。賴幸王孫，遂至喜國。

陽氣衰弱潛伏藏匿，陰氣壯大危害。幸好有貴人幫助，終於到達歡喜國度。

註釋：解決問題之後康泰。小人壯大為害，君子衰弱隱遁。幸有貴人相助，轉換環境後轉為美好。

淫：大。**賴**：幸好。**王孫**：貴族後代，比喻貴人。

12 否：入山求玉，不見和璞。終日至暮，勞無所得。

進入山裡探求美玉，沒見到和氏璧的原玉。終日下來直到日暮，勞苦卻一無所得。

註釋：解決問題遇到閉塞。想要追求美好卻一無所得，最後只是徒勞無功。

和璞：和氏璧的原玉，比喻珍寶。

*《潛夫論・論榮》：「和氏之璧，出於璞石。」

13 同人：鳴鸞四牡，駕出行狩。合格有獲，獻公飲酒。

皇帝車上的銅鈴和諧鳴響，四匹公馬拉車，駕車外出舉行狩獵。合乎法式有所獵獲，秦獻公飲酒祝賀。

註釋：解決問題且能同仁。君主與賢能一同和諧前往進取，合乎禮節，創造大業，歡喜慶功。

鳴鸞：即鳴鑾，裝在車上的銅鈴作響，借指皇帝或貴族出行；亦指鑾音和諧。**四牡**：四匹雄馬成一駟，象徵人才協力。**牡**：音母，雄性的禽獸。**格**：法式，標準。**獻公**：

秦獻公，為治國之君，見註二。
* 《蔡中郎集 ‧ 祖餞祝文》：「鸞鳴雍雍，四牡彭彭。」
* 《史記 ‧ 周本紀》：「顯王五年，賀秦獻公，獻公稱伯。」秦獻公實施改革、廢除人殉、制定工商制度，文治武功皆盛，六國皆禮，周顯王派使者祝賀其稱霸。

14 大有：<u>覆手舉牘</u>，易為功力。月正元日，<u>平飲</u>致福。

　　翻過手掌、舉起木牘，都是容易的功夫和力量。正月元旦，秦昭王和平原君飲酒，招致福祉。

註釋：解決問題且大富有。君臣同心同樂，輕易的開創新局，並
　　　獲得福澤。

覆手：手掌向下翻；比喻事情容易辦成。**牘**：書寫文字的木片。**平飲**：平原十日飲，象徵君臣同心同樂；見註。
* 《史記 ‧ 范睢蔡澤傳》：「寡人（秦昭王）願與君（平原君）為十日之飲。」

15 謙：<u>三火高明，雨滅其光</u>。高位疾顛，驕恣誅傷。

　　三枝火把高高照明，雨澆滅了它的光芒。上位者急速的顛覆，驕傲恣意者受到誅討傷害。

註釋：解決問題應謙恭。原本大為榮耀，之後光明被毀之殆盡，
　　　地位尊榮但驕橫，因而受到討伐而迅速失位傷亡。

三：象徵多。**疾**：急速。
* 《周易本義》：「始則處高位以傷人，人之明，終必至於自傷而墜其命。」

16 豫：裹糗荷糧，與利相逢。高飛有德，君大獲福。

　　攜帶乾糧，荷著糧食，逢到利益。展翅高飛保有德行，君子獲得碩大的福祉。

註釋：解決問題且安育。準備充分且辛勤前進，有德行，所以宏
　　　圖大展，獲得大利。

裹：裹也，攜帶。糗：乾糧。

17 隨：道理和得，人不相賊。君子往之，榮有利福。

天道和倫理都和諧契合，人民不相互侵害。君子前往來到，有利祿和福澤而歡樂。

註釋：解決問題且能隨理。天時人和，吸引君子前來安居並獲得福祿。

得：契合。**之**：至。

18 蠱：水土相得，萬物蕃殖。膏澤優渥，君子有德。

自然環境契合，萬物繁殖。雨水滋潤，土地優美肥沃，君子有德性。

註釋：解決問題且整治蠱敗。天時地利人和，萬物生生不息，營造了美好環境。

水土：一地的自然環境。**相得**：契合。**蕃**：繁衍。**膏澤**：滋潤土壤的雨水，比喻恩惠。

19 臨：天孫帝子，與日月處。光榮於世，福祿繁祉。

天子與日月同在一起。光明榮耀存活於世間，福祿浩繁。

註釋：解決問題且臨政。天子代天臨政，天下光明，無限尊寵，國家繁榮。

天孫帝子：天子，天子為天帝之子與子孫。

20 觀：陪依在位，乘非其器。折足覆餗，毀傷寶玉。

陪侍者居君主之位，乘坐的並非他的天下。鼎折斷了腳（見註），翻覆了佳餚，毀壞傷害了寶貴的美玉。

註釋：解決問題應該觀省。下位篡位，因名不副實，棟樑折損，

國家受到嚴重傷害。

陪依：陪伴依傍者，陪侍者。**在位**：居君主之位。**器**：天下；《道德經》：「天下神器。」
鯈：音速，佳餚。
*《論衡・語增》：「夫三公，鼎足之臣。」鼎三足以象三公。

21 噬嗑：鶂飛中退，舉事不遂。且守仁德，猶免失墜。

　　鶂鳥飛到中途退返，發起行動卻不順遂。只要守持仁義道德，還可以免於失敗墜落。

註釋：解決問題應該法治。半途而廢，進取不成。秉持德性，可
　　　以免於災難。

鶂：音益，一種水鳥。**舉事**：發起行動。**且**：只。**猶**：尚且。
*《左傳・僖公十六年》：「六鶂退飛，過宋都。」象徵宋襄公將得諸侯擁戴但不得終之兆。後襄公會諸侯抵抗淮夷，不待築城完畢皆返。

22 賁：經棘正冠，意盈不廉。桀紂迷惑，讒佞傷賢，使國亂煩。

　　經過棗樹時端正冠帽，私念滿盈不廉潔。夏桀和商紂迷失受惑，讒言諂媚傷害了賢人，使國家紛亂繁雜。

註釋：解決問題應該整飾。圖謀不軌，心念不正。暴君被小人迷
　　　惑因而加害君子，國政陷入混亂。

棘：《埤雅》：「大者棗，小者棘。」**意**：私念。**讒**：中傷、陷害別人的壞話。**佞**：音濘，諂媚。
*《列女傳・齊威虞姬》：「過李園不正冠。」

23 剝：申酉退跌，陰慝前作。柯條花枝，復泥不白。

　　申酉交會時，太陽退去下降，陰氣邪惡前進興起。樹枝和花朵，覆蓋了汙泥不再潔白。

註釋：解決問題轉為剝落。陽氣已衰，陰氣興起，君子蒙塵，世道汙濁。

申酉：分別是下午三到五點、五到七點；申酉交會時為下午五點。**慝**：音特，邪惡。
柯：樹枝。**條**：細長的樹枝。**復**：覆也。

24 復：平正賤使，主服苦事。

公平正直者成為低賤的差使，主人從事辛苦的差事。

註釋：解決問題才能返復正常。君子與上位落難，德性與倫理敗壞。

服：從事。

25 無妄：釣魴河湄，水長無涯，振手徒歸。上下昏迷，屬公孫齊。

垂釣魴魚在河的岸邊，流水長遠沒有邊際，擺動手臂徒然而歸。全體上下都昏亂迷惘，跟著魯昭公逃難到齊國。

註釋：解決問題應該不虛妄。環境大為美好卻沒有作為，朝廷上下都昏昧，君臣相偕逃亡。

魴：音防，鯉科魚類，象徵吉祥。**湄**：岸邊。**涯**：邊際。**振手**：手無提物，故自然擺動。
屬：跟隨。**公**：此處指魯昭公。**孫**：遜也，逃避。

*《左傳・昭公二十五年》：「公孫于齊。」魯昭公為權臣所敗，逃往齊國。

26 大畜：胎養萌生，始見兆形。遭逢雷電，摧角折頸。采虵山頭，終安不傾。

胚胎開始發生，開始見到顯現的形狀。但遭逢雷電，摧毀了犄角，折斷了頸子。在山頭採集蛇蟲，終於平安沒有傾倒。

註釋：解決問題而大蓄積。培育才剛現出頭緒，就遭到意外被摧

毀，為人善良包容、行事合誼，終於安全無虞。
胎養：即胎息，有氣息的胚胎。**萌生**：開始發生。**兆**：顯現。**采**：採也。**茧**：音萌，虻蟲，可做藥材。**采茧**：比喻善良包容、行事合誼；見註。
*《詩經 · 載馳》：「陟彼阿丘，言采其蝱，女子善懷，亦各有行。」

27 頤：<u>陽春枯槁</u>，夏多水潦。霜雹俱擊，傷我禾黍，年歲困苦。

溫暖的春天草木卻枯萎乾癟，夏天則雨多成災。秋天嚴霜和冰雹一起襲擊，傷害稻禾黍米，冬天時年度歲收貧困勞苦。

註釋：解決問題才能頤養。一年四季都無寧日，遇難重重，貧困一無所獲。

陽春：溫暖的春天。**槁**：乾癟枯瘦。**潦**：澇，雨多成災。

28 大過：<u>三身六齒</u>，痛疾不已。**齲病蠱缺**，墜落其宅。

全部的身體和牙齒，都疼痛患病不已。牙齒被蛀，腐蝕缺損，最後墜落到墓穴裡。

註釋：應解決大過錯的問題。組織各部門都病得太重，沒有醫治，最後團隊因腐敗而崩解。

三、六：象徵齊全。**齒**：比喻健康、壽命。**齲病**：齲音取，蛀牙。**蠱**：音杜，腐蝕。**宅**：墓穴。

29 坎：<u>失恃無友</u>，嘉耦出走，**儽如喪狗**。

失去母親，沒有相愛的兄弟，美好的配偶也出離遠走，頹喪的好像喪家之犬。

註釋：應解決落陷的問題。至親伴侶都離而遠去，落魄沒有依靠。

失恃：喪母。**友**：相親的兄弟。**耦**：偶也，伴侶。**儽**：音累，頹喪。

*《論衡 · 骨相》：「（孔子）儽儽若喪家之狗。」

30 離：**寅重微民**，**歲樂年息**。有國無咎，君子安喜。

敬重人民百姓，年度豐收年年孳息。國家沒有災禍，大人安樂歡喜。

註釋：解決問題且相附著。謙卑愛民，始終豐收生長，國家安定康泰。

寅：《爾雅》：「寅，敬也。」**微民**：小民，普通老百姓。**歲樂**：豐年。

31 咸：登几上車，駕駟南遊。合散從橫，燕秦以強。

見泰之晉。

註釋：解決問題且相感應。拓展國際關係，以團結破解強權分化計謀，一起與惡勢力抗衡。

32 恆：鳥集茂木，順柔利貞。心樂願得，感戴慈母。

鳥兒聚集在茂密的樹木上，安順溫柔和諧貞正。心裡歡樂，願望已得，感謝愛戴慈祥的母親。

註釋：解決問題且能持恆。仁和貞潔，聚集大眾，歡樂的達成願望，如慈母般的獲得愛戴。

利貞：和諧貞正。

33 遯：**啟蟄始生**，萬物美榮。祉祿未成，**市買無贏**。

驚蟄一到，開始生長，萬物美好繁榮。福祉利祿未成就，交易買賣沒盈餘。

註釋：應解決問題卻遁逃。困境已過，萬物開始繁衍，一片欣欣向榮，但未能勇敢積極，以致沒有獲得利潤。

啟蟄：驚蟄，節氣名，此日蟄居的動物驚醒，開始活動。**贏**：有剩餘的。

34 大壯：驕胡大形，造惡作凶。無所能成，還自滅身。

　　見明夷之大壯。

註釋：解決問題才能壯大。並不強大，卻自命不凡，行為猥褻，
　　　作惡多端，因而沒能成功，還導致毀滅。

35 晉：異國他土，出良駿馬。去如奔䗽，害不能傷。

　　異國他鄉出產良好的駿馬，牠們前進有如奔馳的虻蠅一樣快，
災害不能傷害到。

註釋：要解決問題應前進。外地有美好的資源，趕快去追尋方能
　　　獲得。

去：趨向。**䗽**：音萌，馬蠅，飛行迅速的雙翅蠅。

36 明夷：恪敬竟職，心不作慝。君明臣忠，民賴其福。

　　謹慎誠敬完成職務，心裡未產生惡念。君主聖明臣子忠心，
人民仰賴他們的福祉。

註釋：解決瘡痍的問題。保持德行盡忠職守，沒有怨尤，上下賢
　　　明團結，百姓安康。

恪：謹慎誠敬。**慝**：音特，邪惡。

37 家人：三女求夫，伺候山隅。不見復關，長思憂歎。

　　見乾之家人。

註釋：解決問題應該親如家人。團隊都是小人，沒有大人來調節
　　　領導，因而無法前進發展與孳生繁衍。

38 睽：駕福乘喜，東至嘉國。戴慶南行，離我室居。

見小畜之賁。

註釋：解決睽離的問題。朝美好之地追求喜慶福澤，找到光明歸宿。

39 蹇：四姦為殘，齊魯道難。前驅執殳，戒守無患。

四種惡行殘虐為害，到齊國和魯國的道路難行。在前引導的人手持木殳，戒備守護沒有災患。

註釋：解決蹇跛的問題。各種惡人為害，無法達成禮義之邦。後來驅逐戒備惡人，因而沒有災患。

四姦：聾、昧、頑、嚚（音淫，奸詐）四惡。**齊魯**：比喻禮義之鄉。**前驅**：前導或先鋒。
殳：音書，用於驅趕的木杖，做為兵車的先驅。

41 損：下擾上煩，蟊蠹為患，歲飢無年。

全體上下都紛擾憂煩，蛀蟲和蠹蟲成為憂患，成為飢荒之年。

註釋：應解決受損的問題。小人一起危害，團隊上下都紛擾凶厄，沒有績效而貧乏。

蟊：音杜，蛀蟲。**蠹**：音古，毒害人的小蟲。**歲飢、無年**：飢荒之年。

42 益：雞雉失雛，常畏狐狸。黃池要盟，越國以昌。

雉雞失去幼鳥，因而經常畏懼狐狸出現（越王被吳王打敗因而慎戒恐懼）。吳晉黃池之盟時，越國趁機偷襲吳國成功因而昌盛。

註釋：解決問題之後益增。初始經被襲擊而團隊瓦解，因而慎戒恐懼，生聚教訓，後來趁機反攻，轉敗為勝並開始興旺。

要：盟約。

*《孔子家語‧屈節解》：「吳晉遂遇於黃池，越王襲吳之國。」越王勾踐因而復國。

43 夬：堅冰黃鳥，終日悲號。不見白粒，但觀蓬蒿。數驚鷙鳥，孰為我憂？

　　見乾之噬嗑。
註釋：應解決斷決的問題。環境窮絕，小民悲傷，充滿內憂外患，
　　　沒人援助。
粒：米食曰粒。

44 姤：王銑鐵頤，倉庫空虛。市賈無盈，與我為仇。

　　見比之夬。
註釋：解決問題需要相邂逅，不要對立。為了擴充軍備，造成府
　　　庫空乏，無法經營獲利，還彼此敵對。
王：大。

45 萃：竊名盜位，居非其家。霜隕不實，為陰所賊。

　　偷竊名號，盜取爵位，居住的並非他的采地。寒霜隕落，農
作不生果實，被陰氣所傷害。
註釋：解決問題應相薈萃。奸臣篡位，佔據屬地，小人危害，民
　　　生不成。
家：貴族的采地、食邑。

46 升：賊仁傷德，天怒不福。斬刈宗社，失其本域。

　　見坤之蠱。
註釋：解決問題才能上升。仁德被嚴重傷害，上天不再降福，還
　　　斷其國家命脈，喪失原本的領域。

47 困：萬物初生，蟄虫振起。益壽增福，日受其喜。

萬物剛剛出生，蟄伏的蟲子振翅飛起。益增壽命和福祉，每日都蒙受喜慶。

註釋：解決了困境。時機轉好，萬物復甦，每日茁壯，充滿福澤和喜慶。

虫：音毀，蟲。

48 井：和氣所在，物皆不朽。聖賢居位，國無凶咎。

陰陽交合之氣所在之處，萬物都不腐朽。聖賢居於官位，國家沒有凶惡災難。

註釋：解決問題且井然。國家祥和，沒有弊端，任用賢能，一切平安。

和氣：陰氣與陽氣交合而成之氣。

49 革：麟游鳳舞，歲樂民喜。

麒麟遨遊鳳凰飛舞，豐收之年人民喜樂。

註釋：解決問題且革新。賢能大為發揮，人民豐收又歡欣。

歲樂：豐年。

50 鼎：行行窘步，次宿方舍。居安不懼，姬姜何憂？

走走停停，步履艱難，只好休宿在房舍裡。居住安全沒有恐懼，夫婦有何憂慮呢？

註釋：解決覆鼎的問題。前進困難，因而留守，但這樣反而平安，還可以繁衍。

行行：走走停停。**窘步**：步履艱難。**次**：休宿。**方**：房也。**姬姜**：象徵合婚。

51 震：水深難遊，霜寒難涉。商伯失利，旅人稽留。

　　水流深浚難以游渡，嚴霜寒凍難以跋涉。商人失去利益，行旅的人停留不前。

註釋：應解決震盪的問題。環境極端惡劣，無法行進，不能牟利，只能原地滯留。

伯：對人的尊稱。**稽**：停留。

52 艮：跋踦相隨，日莫牛罷。陵遲後旅，失利亡雌。

　　見乾之渙。

註釋：解決問題受阻。團隊成員傷病，又歷經折難延誤，最後失去利益和繁衍機會。

53 漸：一年九鎖，更相牽挐。案明如市，不得東西。請讞得報，日中被刑。

　　一年來都被長久幽禁，更被拘押綑綁。案情已明，押往市集（見註一），東西都無逃脫。請示審判定罪已得到回覆（見註二），日到中天時要被行刑（見註三）。

註釋：解決問題且循序漸進。犯人經年嚴加關押，查明案情後，上級判決死刑確定，押往市集示眾，準備行刑。（判罪行刑／除弊，依程序處理）

九：久也。**鎖**：幽禁。**挐**：拘束。**挐**：音鸞，繫、綁。**如**：至。**市**：古代於市集刑罰、處死。**讞**：審判定罪。**報**：答覆。

* 《孔子家語・刑政》：「刑人必於市，與眾棄之也。」
* 漢朝起，死刑判決都需經皇帝批准才可執行，謂之「報囚」。
* 《潛夫論・五德志》：「日中為市。」又刑人於市，故曰中被刑，非民間午時三刻之說。

841

54 歸妹：春桃生花，季女宜家。受福多年，男為邦君。

見否之隨。

註釋：解決問題且親如家人。回到重生狀態，並與人親密結合，對方條件優越，有大福澤。

55 豐：雷鼓東行，稼穡凋傷。大夫執政，君替其明。

雷聲宏亮如鼓向東方行進，農事凋零損傷。大夫執掌政務，君主更替了名號。

註釋：解決問題才能豐盛。下位坐大囂張篡位，致使環境敗壞，無法生產。

東行：象徵行進陰晦。**稼穡**：音架色，播種與收穀，泛指農事。**大夫**：國君底下的世襲輔臣階級。**明**：名也。

* 鄭國七穆、魯國三桓都是大夫擅權；晉國三家、齊國田氏更進行篡位。

56 旅：季世多憂，亂國淫遊。殃禍立至，民無以休。

末世多有憂患，亂國之君淫樂遊蕩。災殃禍害立刻來到，人民無法休息。

註釋：解決問題狀態已羈旅。國家將亡，必多禍患，君主淫樂無度，不斷壓榨人民。

季世：末世。

57 巽：發輗溫湯，過角宿房。宜時布和，無所不通。

見訟之蒙。

註釋：解決問題且安順。陽氣開始運轉，從此一路吉星高照，政通人和，四海安順。

輗：車轅與橫木相連接的插銷，象徵車。

58 兌：水中大賈，求利食子。商人至市，空無所有。

水中幻影的大商人，想追求利益，吞食孳生的利潤。商人到市集，卻空盪一無所有。

註釋：解決問題才能欣悅。實無一物卻大做白日夢，想要致富，卻連方法路徑都不知道。

水中：比喻虛幻；見註一。**大賈**：大商人。**子**：母錢孳生的利潤。
*《文始真經・二柱》：「夢中、鑑中、水中，皆有天地存焉。」

59 渙：春草萌生，萬物敷榮。陰陽和調，國樂無憂。

春天的草萌芽生長，萬物生長繁榮。陰氣陽氣和諧調理，國家歡樂沒有憂愁。

註釋：解決問題而煥發。環境復甦，萬物繁衍，天時及倫理良好，歡樂安定。

敷：生長。

60 節：左眇右盲，目視不明。下民多孽，君失其常。

左眼和右眼都瞎了，眼睛看東西不清晰。百姓有很多災禍，因為君主失去倫常。

註釋：要解決問題應有節度。上位已完全昏昧，無法辨別是非，百姓因而多災多難。

眇：音秒，瞎。

61 中孚：悅以內安，不利出門。憂除禍消，公孫何尤？

欣悅的在家內安居，不適宜出門。憂患災禍可消除，公子何須怨尤？

註釋：解決問題應忠信。不能外出發展，反而可以安居，不會有

災禍,要欣然穩定。

公孫:公子王孫,貴族後代,對人的尊稱。**尤**:怨。

62 小過:丹書之信,言不負語。易我騏驥,君子有德。

頒給功臣契券做為憑信,所言不會背棄。君子有德性,變成麒麟和千里馬。

註釋:解決問題且小有超過。上位注重承諾,給予重賞,下位也遵守德性,致力發揮才能。

丹書:頒給功臣的契券。**易**:變更。**騏**:麒麟。**驥**:千里馬。

*《漢書‧高惠高后文功臣表》:「(項羽)於是申以丹書之信,重以白馬之盟。」

63 既濟:上政搖擾,螟蚩並起。害我嘉穀,年歲無稷。

聖上政務騷亂紛擾,害蟲同時興起,傷害美好的穀物,年度沒有糧食。

註釋:解決問題才能終結問題。上位昏昧無能,導致紛亂與盜賊四起,傷害生產,無法收穫。

搖:騷也。**螟**:蛀食水稻的害蟲。**蚩**:同虫(音毀),蟲。**稷**:粟或黍,泛指糧食。

64 未濟:干旄旌旗,執職在郊。雖有寶珠,無路致之。

見師之隨。

註釋:解決問題尚未完成。一切準備就緒等待出發,但卻沒有到達目的的門徑。

職:幟也。

41 損

41 損:路多梡棘,步刺我足。不利孤客,為心作毒。

　　見屯之賁。

註釋:受損又受損。前途多災,動輒受傷,孤獨又不順,心生怨念。

1 乾:<u>鯉鮒鮪鰕</u>,<u>勖</u>福多魚。<u>資</u>所<u>有無</u>,富我邦家。

　　鯉魚鯽魚鮪魚蝦子,因為積福所以有很多魚獲。蓄積所有收穫,家園邦國富有。

註釋:受損但能陽健。行善積福因而收穫美好,並能全部積儲起來,變得大富有。

鮒:音付,鯽魚,象徵吉祥。**鰕**:蝦也。**勖**:音旭,積。**資**:蓄積。**有無**:有的或沒有的,亦即所有。

2 坤:<u>景星</u>照堂,麟遊鳳翔。仁施大行,頌聲作興。征者無<u>明</u>,失其寵光。

　　景星臨照廳堂,麒麟悠遊鳳凰飛翔。施行仁政,大力推動,讚頌之聲興起。出征卻沒有名義,失去榮寵光耀。

註釋:受損的溫良。賢君執政,一片祥瑞,大力施行仁政,獲得人民的讚譽。後來師出無名,失去敬愛和聲望。

景星:象徵吉祥的星曜。**明**:名也。

3 屯:羊腸九縈,相推<u>稍</u>前。止須王孫,<u>迺</u>能上天。

　　見履之師。

註釋:受損時應屯守。路途太過狹隘曲折,前進壅塞勉強,先停

845

止等候，疏通好了才能登升。

稍：稍微。**迺**：乃，才。

4 蒙：四手共身，莫失所閑。更相放接，動失事便。

　　四隻手共用一個身體，失去沒了嫻熟。更是相互不接續，動作失去行事的合宜性。

註釋：受損且蒙昧。人多手雜，難以控制，失去原本的調和性，妨礙事情順利進行。

莫：沒有。**閑**：嫻也，熟練。**放**：不要，如放棄。**便**：合宜。

5 需：水流趨下，逯至東來。求我所有，買魴與鯉。

　　見訟之比。

註釋：受損時等待，之後順勢而為。順著流水而下便能來到海濱，如願的獲得所需的美好物資。

逯：音錄，走路謹慎。**東來**：東萊，位於海濱。

6 訟：春栗夏棗，少鮮希有。斗千石萬，貴不可販。

　　春天的栗子（秋季結果）、夏天的棗子（春季結果），稀罕少有（見註一），堪比千斗萬石的錢（見註二），珍貴還沒人販售。

註釋：受損而爭訟。物質奇缺，無法購得，民生困苦。

鮮、希：稀少。**石**：音但，十斗。

* 《韓非子・外儲說右下》：「秦大饑……棗栗足以活民，請發之。」棗栗為一般民生糧食。

* 《後漢書・李陳龐陳橋列傳》：「湟中諸縣粟石萬錢，百姓死亡不可勝數。」

7 師：且往暮還，相佑與聚，無有凶患。

早上去，日暮返回，相互保護聚集，沒有凶惡患難。
註釋：受損的出師。日出而做，日落而息，大家團聚相守，沒有
　　　災禍。（外出會有危險）
佑：保護。

8 比：**大虵當路，使季畏懼。湯火之災，切直我膚。賴其天幸，歸于生廬。**

見屯之井。
註釋：受損但能相依附。惡人當道，面對切身之禍，幸有老天保
　　　佑，返回與家人生活。
虵：蛇也。**直**：當，面對。**廬**：房舍。

9 小畜：**從足去域，飛入陳國。有所畏避，深藏邃匿。**

　急遽的邁足離開邦國，飛奔進入陳國。有所畏懼逃避，深深的藏匿不出。
註釋：受損且蓄小勢弱。環境艱險，匆促離開，但去處也不平安，
　　　最後只能躲藏起來。
從：縱也，急遽的樣子。**去**：離開。**域**：邦國。**陳國**：象徵邪惡之地。**邃**：深遠。

10 履：**海為水宗，聰明且聖。百流歸德，無有叛逆，常饒優足。**

　大海是所有河流的本源，聰慧光明並且神聖。所有的河流都歸向它的德性，沒有背叛逆行的，長久富饒美好豐足。
註釋：受損時能履行倫理。好像大海有大德，所以萬水朝宗，沒
　　　有背離的，總是安好富足。
水宗：萬水朝宗，大海。**宗**：本源。

11 泰：夏麥麩麴，霜擊其芒。病君敗國，使年大傷。

見泰之賁。

註釋：受損的康泰。領袖腐朽，團隊衰敗，國家正當茁壯卻蒙受打擊而重傷。

12 否：秋隼冬翔，數被嚴霜。雄父夜鳴，家憂不寧。

鷲鷹在秋冬裡飛翔，數度遭受嚴寒的冷霜。雄雞在夜裡鳴叫，家裡憂患不得安寧。

註釋：受損且閉塞。環境一直惡劣，豪傑前進受挫，百姓居家也不得安寧。

隼：音準，鷲鷹類猛禽。**被**：遭受。**雄父**：雄雞。

13 同人：樂仁上德，東鄰慕義，來安吾國。

見賁之豐。

註釋：受損時能同仁。仁慈有德行，他人因而來歸順。

14 大有：遂憂除殃，污泥生梁，下田為汪。

終止憂患去除災殃，汙泥生出稻梁，下等田也大收成。

註釋：受損轉為大富有。禍患終止，惡劣的環境經過經營變得美好，並開始收成。

遂：終止。**梁**：粱也。**汪**：大，如汪洋。

*《漢書‧溝洫志》：「若有渠溉……高田五倍，下田十倍。」

15 謙：暗昧冥語，轉相詿誤。鬼魅所居，誰知臥處。

見乾之解。

註釋：受損的謙恭狀態，環境變陰晦。鬼（小人）的話不能相信，卻到處流傳錯誤的謠言，但又沒人知道鬼（小人）藏在哪裡。

居：居處。

16 豫：南歷玉山，東入玉關。登上福堂，飲萬歲漿。

見頤之蠱。

註釋：受損轉為安育。追求光明聖道然後返回，充滿福澤，永遠安康。

玉關：玉門關，指入關返回。

17 隨：比目四翼，來安我國。福善上堂，與我同床。

見比之離。

註釋：受損時能相隨。相偕而來依附，大家親如伴侶，獲得美善的福澤。

18 蠱：乘牛逐驥，日暮不至。路宿多畏，亡其騂騅。

乘坐牛追逐千里馬，日暮時還沒到達。路上休宿多有畏懼，遺失了馬匹。

註釋：受損應整治蠱敗。資質不良，卻要追求美好，前途險難滯留，失去資產。

驥：音記，千里馬。**騂**：紅色馬。**騅**：音椎，青白相間的馬。

19 臨：元吉無咎，安寧不殆。

大吉祥沒有災禍，安泰祥寧沒有危難。

註釋：受損但能持續臨政。能勵精圖治，沒有危害且大吉祥。
元：大。

20 觀：奮翅鼓翼，翱翔外國。逍遙徙倚，來歸溫室。

　　振動翅膀，鼓動羽翼，遨遊飛翔到外國。但卻徬徨後退，歸回溫暖的房室。
註釋：受損時能觀省。興致勃勃的到外地發展，行程不利，但能
　　　迷途知返。
奮：鳥振動翅膀。逍遙：徬徨、徘徊。徙倚：徘徊、後退。

21 噬嗑：河伯娶婦，東山氏女。新婚三日，浮雲洒雨。露我菅茅，萬家之祐。

　　河神娶新婦，是東山的婦女。新婚才三日，浮雲開始潑灑雨水。露水沾濕了茅草，萬戶人家受到保佑。
註釋：受損時能法治。君子虔誠的親密結合，很快就有好的轉變，
　　　大地與眾人都得到恩澤的滋潤。
東山：此處指魯國，象徵有禮教。氏：婦人的例稱。三日：象徵沒多久。洒：灑也。
菅：音間，茅草的統稱；見註二。
*《史記‧滑稽列傳》：「河伯娶婦。」民間常見習俗，盼河伯能興水利、息水災。
*《詩經‧白華》：「英英白雲，露彼菅茅。」比喻雨露均霑。

22 賁：嬰兒求乳，慈母歸子。黃麑悅喜，得見甘飽。

　　見履之同人。
註釋：受損時能整飾。君子中正，所以所求得慈祥貴人的照護而
　　　獲得滿足。

23 剝：貧鬼守門，日破我盆。毀罌傷瓶，空虛無子。

使人貧窮的鬼守在門戶裡，每日都打破盆子。毀壞大小瓶子，空乏虛無，一顆種子也沒有。

註釋：受損且剝落。陰氣（奸人）籠罩，破壞連連，一盆如洗，無法餬口與生產。

罌：小口大肚的瓶子。

24 復：多載重負，損棄於野。予無稚子，但自勞苦。

見屯之恆。

註釋：受損返復存在。無法承受重擔，只能放棄。無法孳生繁衍，獨自勞苦。

25 無妄：雄狐綏綏，登山崔嵬。昭告顯功，大福允興。

雄狐狸腳步安定，登上高峻的南山。明白的公告顯赫的功勳，浩大的福澤信實又興隆。

註釋：受損但能不虛妄。原本不良，但能安定整治，因而成就大業，誠信的創造福澤與榮耀。

雄狐：諷刺淫邪的君臣；見註。**綏**：緩慢、安定。**崔嵬**：音催為，高峻。**允**：信，實。
＊《詩經．南山》：「南山崔崔，雄狐綏綏。」譏刺齊襄公和文姜兄妹私通。此處象徵雄狐已改過，登山成功。

26 大畜：嬰兒孩笑，未有所識。彼童而爭，亂我政事。

嬰孩嘻笑，並非有所見識。那些孩童爭奪，擾亂政令事務。

註釋：受損態勢大為蓄積。沒有見識的小人自得其樂，相互爭奪，導致國家紛亂。

嬰、兒：象徵沒見識、小人。**孩笑**：嬰孩笑。

27 頤：十丸同投，為雉所維。獨得跳脫，完全不虧。

十個彈丸同時投擲，但雉雞依然保全。跳離脫逃，完全沒有虧損。

註釋：受損但能頤養。惡人全面攻擊，君子脫離危險，毫髮無傷。

十：象徵滿數。**雉**：長尾野雞，象徵尊貴。**維**：保全。**獨**：其，語助詞。

28 大過：狐濟濡尾，求橘得枳。季姒懷悔，鮑舍魚臭。

狐狸渡河沾濕尾巴，尋求橘子卻得到枳。父親的小妾心懷恨意，鹹魚庫房裡的魚更臭了。

註釋：受損得太過。冒險行動，只獲得小利，有靠山的小人懷恨阻擾，腐敗的環境又更加腥臭。

濟：渡河。**濡**：音儒，沾濕。**枳**：音只，像橘子但小而酸。**季**：排行最小的。**姒**：母親（後稱亡母）。**季姒**：最小的母親，指父親最小的妾。**悔**：恨。**鮑**：鹽醃的鹹魚，味腥臭。

29 坎：跕足息肩，所忌不難。金城銅郭，以鐵為關。藩屏周衛，安止無患。

跕足鬆腳、讓肩膀休息，忌憚之事沒構成患難。有金屬城堡、銅的城牆，鐵的關口，防備周全，安心止住沒有災患。

註釋：受損狀態已落陷，轉為保全。擔心的災禍沒發生，稍微放鬆休息，但仍固若金湯，防衛森嚴，可安心居住。

跕足：踩腳，讓腳氣通順。**息肩**：比喻卸除任務。**郭**：外城。**鐵**：鐵也。**藩、屏**：保衛、屏障。**周衛**：周密的防衛。

30 離：戴堯扶禹，松喬彭祖。西過王母，道路夷易，無敢難者。

見訟之家人。
註釋：受損仍能相附著。擁護聖人和仙人之道，常保康泰，一帆風順。

過：拜訪。

31 咸：京庾積聚，黍稷以極。行者疾至，可以厭飽。

京城的穀倉堆積聚集，五穀已經極多。行旅的人急速到來，可以滿足飽食。

註釋：與受損者相感應。累積眾多資糧，讓漂泊的人都能速來食用。

庾：音宇，露天的穀倉。**黍稷**：黃米和小米，象徵五穀。**疾**：急速。**厭**：滿足。

32 恆：良夫孔姬，脅悝登臺。樂季不扶，叔輒走逃。

渾良夫私通孔悝的母親，並脅持孔悝登上樓臺進行政變。高柴和季路不扶持政變，衛出公姬輒敗走逃亡。

註釋：損害成為持恆。小人失倫失德，相互勾結篡位，君子不服從罹難，上位也逃竄了。

良：渾良夫，衛國大夫的家臣。**夫**：應為夫；夫，天也。**孔**：孔悝，衛出公的掌權之卿。
登臺：「伯姬劫悝於廁，彊盟之，遂劫以登臺。」**樂**：應為柴，高柴，孔子弟子子羔，見註。**季**：季路，孔子弟子子路。**叔**：對小諸侯的稱呼。**輒**：衛出公，名姬輒。

*《史記・衛康叔世家》載，衛後莊公未即位時與其子衛出公爭奪王位（史稱「父子爭國」），故收買渾良夫政變，渾良夫與孔悝的母親私通，並脅持孔悝到樓臺上一起政變，其時，孔悝的家臣高柴出逃，子路為保護孔悝被殺。後衛出公敗走齊國。

33 遯：天之所予，福祿常在，不憂危殆。

見小畜之遯。

註釋：受損但能隱遁。有天賜的福澤，不會有危險。

34 大壯：行觸天綱，馬死車傷。身無憯賴，困窮乏糧。

行為牴觸國家綱紀，馬死了，車子毀壞。身命沒有依靠，困苦貧窮缺乏糧食。

註釋：受損狀態壯大。不循法紀導致資產與身命毀傷，失去依靠，貧窮至極。

天綱：國家的綱紀。**憯、賴**：憯音療，依靠。

35 晉：鉛刀攻玉，堅不可得。盡我筋力，胝蠒為疾。

見坤之豫。

註釋：受損的前進。實力不足，難以扛責，胼手胝足只落得筋疲力竭。

胝：磨擦所產生的厚皮。**蠒**：繭也。

36 明夷：穆違百里，使孟奮武。將軍師戰，敗於殽口。

見蹇之離。

註釋：受損且瘡痍。不聽善言，剛愎好戰，強行進攻，招致失敗。

37 家人：有人追亡，鳥言所匿，不旅日得。

追逐逃脫的人，鳥兒說出他藏匿所在，不用出行當日便擒得。

註釋：受損但能親如家人。追逐破壞者，有人出擊，有人偵察，分工團結，迅速擒獲。

有：語助詞。**旅**：出行。

38 睽：府藏之富，王以賑貸。捕魚河海，苟罔多得。

見比之臨。

註釋：受損狀態已睽離，轉為收益。努力經營，獲利眾多，豐足且能布施。

苟：乃，語助詞。**罔**：網也。

39 蹇：鴻飛遵陸，公歸不復，伯氏客宿。

鴻鳥沿著水岸飛翔，父親沒有歸返回來，伯父也在外夜宿。

註釋：受損且蹇跛。就像候鳥遷徙無法抑止，重要親人都一去不回。

鴻：大雁子，比喻遷徙。**遵**：沿著。**陸**：高出水面的土地。

*《詩經‧九罭》：「鴻飛遵陸，公歸不復。」

40 解：鳧過稻廬，甘樂廣鰌。雖驚不去，田畯懷憂。

野鴨飛過稻草屋，歡喜有盛多泥鰍。雖然驚嚇牠卻不離去，農民心懷憂慮。

註釋：受損又解離。小人群來歡鬧奪取，卻無法將之驅離。

鳧：音浮，野鴨。**甘樂**：快意。**廣**：盛多。**鰌**：鰍也。**田畯**：畯音俊，掌農事的官，後泛指農民。

42 益：雨師娶婦，黃岩季子。成禮既婚，相呼面南。膏澤應時，年豐大喜。

見恆之晉。

註釋：受損轉為收益。個性神聖又與君子親密結合，之後結伴四處發展，散播恩澤，大家都一直昌盛。

膏澤：滋潤土壤的雨水，比喻恩惠。

43 夬：蓄積有餘，糞土不居。美哉輪奐，出有高車。

積蓄盈餘，穢濁泥土搭的房子不再居住。美輪美奐的豪宅，出門有壯盛的車馬。

註釋：受損狀態已斷決。有盈餘並積蓄起來，並改變貧窮生活為豪華。

糞土：穢濁的泥土。**輪奐**：建築物的高大華美。**高車**：壯盛的車馬。

44 姤：重門擊柝，介士守護。終有他道，雖驚不懼。

重重的門戶，還有敲梆子巡夜和武士守護。最後還有其他通道，雖然驚擾卻不憂懼。

註釋：受損時應相邂逅。團結合作做最完善、多重的守備，還有避災之道，縱有驚擾也不用畏懼。

擊柝：敲梆子巡夜。**柝**：打更所敲擊的木梆。**介士**：武士。

45 萃：大都王市，稠人多寶。公孫宜賈，其貣萬倍。

大都市人口稠密有許多寶物。公子王孫安順交易，收入款項有一萬倍。

註釋：受損但能相薈萃。繁華的地方，人口和寶物聚集，人們在這裡正派經營，都一本萬利。

王：大。**公孫**：公子和王孫，貴族後代，對人的尊稱。**宜**：安順。**貣**：收入款項。

46 升：秋隼冬翔，數被嚴霜。甲兵當庭，萬物不生。雄犬夜鳴，民擾以驚。

隼鳥在秋冬裡飛翔，數度遭受嚴寒的冷霜。軍人掌管朝廷，萬物無法生長。公狗夜間鳴叫，人民受騷擾而驚嚇。

註釋：受損狀況上升。時令一直蕭條嚴酷，豪傑前進受挫，朝廷

武夫當政,大地荒蕪,人心惶惶。

隼:音準,鷙鷹類猛禽。**被**:遭受。**甲兵**:鎧甲和兵器,比喻軍人。**當**:主持。

47 困:招禍致凶,來螫我邦。痛在手足,不得安息。

見乾之坤。

註釋:受損又困阻。招致凶禍,傷害家園,行事前進受災害,不能安心養息。

48 井:秦失其鹿,疾走先得。勇夫慕義,君子變服。

秦國失去政權,快速奔走的人先得到。勇敢的男子仰慕正義,大人變更服裝。

註釋:受損轉為井然。舊朝敗亡,群雄並起,勇者先馳得點,安定天下,武夫和官吏都向他歸順。

鹿:象徵政權。**疾**:急速。**變服**:改朝換代而改變服裝樣式。

*《史記・淮陰侯列傳》:「秦失其鹿,天下共逐之。」

49 革:山陵四塞,過我邅路。欲前不得,復還故處。

見同人之革。

註釋:受損的革新。充滿危難,無法創舉,只能原地不動。

50 鼎:一指食肉,口無所得。舌噬於腹。

見需之解。

註釋:受損且鼎覆。並無真正需求,只是為了滿足慾望而做出猥碎的動作,因而惹災。

噬:饞也。

51 震：晨夜驚駭，不知所止。皇母相佑，卒得安處。

早晨夜晚都驚慌害怕，不知在哪休止。有母親保護，最後得到安全處所。

註釋：受損轉為振奮。日夜都驚慌無法安息，還好有尊上保護，最後獲得平安。

所止：所居之地。**皇**：王也，大，對尊長的尊呼。**佑**：保護。

52 艮：豺狼所言，語無成全。誤我白馬，使乾口來。

豺狼所說的話，沒有一句實現。耽誤了白馬，致使乾著嘴巴來著（無水可喝）。

註釋：受損而停止。奸人語言不實，俊才誤信，結果陷入困境。

成全：實現。**白馬**：商朝尚色，以白馬駕車，比喻人才。**來**：語助詞。

53 漸：呼精靈來，魄生無憂。疾病愈瘳，解我患愁。

呼叫靈魂前來，精氣生起沒有憂禍。疾病已痊癒，解除災患憂愁。

註釋：受損轉為循序漸進。虔誠呼求，恢復精神元氣，災難都已解決，沒有憂患。

精靈：靈魂。**魄**：人的精氣。**愈**：癒也。**瘳**：音抽，病癒。

54 歸妹：牧羊逐兔，使魚相捕。任非其人，卒歲無功，不免辛苦。

支使羊去追逐兔子，讓魚相互補抓。任用不對的人，一整年都沒功績，不免辛勞苦楚。

註釋：受損的相歸依。所託非人，無法完成任務，始終徒勞無功。

牧：《廣韻》：「使也。」**卒歲**：一整年。

55 豐：堂祥上樓，與福俱居。席地妃治，國安無憂。

廳堂吉祥，樓房高大，和福澤一齊居住。安坐一起治理，國家安全沒有憂患。

註釋：受損轉為豐盛。登升美好福澤之地，大家和諧共事，配合良好，康泰無憂。

上：《說文》：「上，高也。」**席地**：古人席地而坐，象徵安坐。**妃**：匹配、結合。

56 旅：禹召諸神，會稽南山。執玉萬國，天下康安。

大禹召集諸位神明，在會稽山南方聚會。手執玉器，統領萬國，天下康泰安定。

註釋：受損狀態已羈旅，轉為安穩。天下已安定，大會諸侯，秉持德行統領，天下泰平。

會稽：禹帝東巡，大會諸侯於會稽。**南山**：山南水北為陽，象徵光明。**玉**：比喻美德。
*《論衡・書虛》：「夏禹巡守，會計於此山，因以名郡，故曰會稽。」

57 巽：太姒文母，乃生聖子。昌發受命，為天下主。

太姒生了聖明的兒子，文王姬昌和武王姬發接受天命，成為天下共主。

註釋：受損轉為安順。有女德又能繁衍優秀子嗣，輔助家族承接天命，創立大功業。

太姒：周文王的正妻。**文母**：專指太姒。**昌**：姬昌，周文王。**發**：姬發，周武王。
*《列女傳・周室三母》：「太姒號曰文母，文王治外，文母治內。太姒生十男。」

58 兌：兩置同室，兔無誰告。與狂相觸，蒙我以惡。

859

兩個獵網同置一室,但沒人告訴兔子。兔子前往與獵網碰觸,結果蒙受惡事。

註釋:受損的欣悅狀態。原本光明,但內部生出奸人重重加害,君子蒙受災難。

兩:比喻雙重。**置**:音居,捕捉兔子的網。**兔**:比喻光明。**狂**:往也。

59 渙:**桃雀竊脂,巢於小枝。動搖不安,為風所吹。寒恐慄慄,常憂殆危。**

見謙之遯。

註釋:受損又渙散。資質不良又根基不穩,時時都處在飄搖的險境。

慄:驚悚。

60 節:**陽春長日,萬物華實,樂有利福。**

溫暖的春天有長長的日光,萬物開花結實,有利祿福澤而歡樂。

註釋:受損但能節度。環境開始好轉,萬物繁衍豐富,大有福利和歡樂。

陽春:溫暖的春天。**華**:花也。**實**:熟成的瓜、果、穀穗。

61 中孚:**鄰不我顧,而望玉女。身疾瘡癩,誰肯媚者?**

見師之小過。

註釋:受損的忠信。行為敗壞,被眾人排斥,大家喜歡清白的君子。

瘡:創傷。

62 小過:**涸旱不雨,澤竭無流。魚鱉乾口,皇天不憂。**

乾枯的旱災不下雨,沼澤乾竭沒有水流。魚鱉乾著嘴巴,上天卻不憂慮。
註釋:受損且持續小過錯。環境惡劣,難以生存,生民痛苦,上天(皇帝)卻不賜予恩澤。

涸:音何,乾枯。**竭**:乾枯。**皇天**:上天或皇帝。

63 既濟:狼虎之鄉,日爭凶訟。<u>受性貪饕</u>,不能容<u>縱</u>。

野狼與老虎的鄉里,每日爭執凶惡訴訟。天性極為貪婪,不能彼此包容讓步。

註釋:受損態勢已形成。團隊成為惡人之家,每日都在爭鬥,生性貪婪,無法包容團結。

受性:天性。**饕**:音掏,嗜吃,比喻極為貪婪。**縱**:讓步。

64 未濟:陰注陽疾,水<u>離</u>其室。<u>舟楫</u>大作,傷害<u>黍稷</u>。民<u>飢</u>於食,亦病<u>心腹</u>。

陰氣灌注,陽氣患疾,洪水侵犯房室,船隻高漲震盪,傷害了五穀。人民的糧食沒收成,要害處也生病了。

註釋:受損尚未結束。陰氣興起,陽氣衰敗,禍亂大作,流離失所,民不聊生,情勢已病入膏肓。

離:罹也,觸犯。**舟楫**:泛指船隻。**楫**:音及,槳。**黍稷**:高粱象徵五穀。**飢**:五穀無收。
心腹:心臟和腹部,象徵要害。

42 益

42 益：文王四乳，仁愛篤厚。子畜十男，無有折夭。

　　見訟之乾。

註釋：益增又益增。像聖人一樣慈愛仁厚，繁衍繁多，國族安康。

1 乾：下堂出門，東至九山。逢福值喜，得其安閑。

　　離開廳堂走出門戶，要到東方的九州名山。逢到福祿和喜慶，得到安詳悠閑。

註釋：益增的陽氣。追求遠大和美好，結果富足喜慶又安詳自在。
　　　（因為初得，故只曰得其安閑，未曰建功）

下：離開。**東**：比喻日出的光明方向。**九山**：九州的名山，可為泛指，亦可為專指九座名山。**值**：遇到，逢著。

2 坤：城上有烏，自名破家。招呼鴆毒，為國患災。

　　城上有烏鴉，因而明白顯示會破敗家園。招喚呼叫毒鳥進來，為國家製造患難和災禍。

註釋：益增的陰氣。破敗徵兆已現，還去引狼入室，為團隊帶來災禍。

自：因而。**名**：明也。**鴆**：音鎮，一種毒鳥，引申為惡毒奸人。

3 屯：伯虎仲熊，德義淵聞。使敷五教，陰陽順序。

　　伯虎與仲熊，道德仁義，淵博多聞。命令他們散布五教，陰陽順序調和。

註釋：益增且屯聚。賢良都有德性與學養，命令他們推行教化，

因而天時人和。

使敷：使之傳播。**五教**：父義、母慈、兄友、弟恭、子孝，五種倫常教化。
*《左傳・文公十八年》：「舉八元，使布五教于四方。」八元包括伯虎、仲熊。

4 蒙：飲酒醉酣，跳起爭鬪。手足紛挐，伯傷仲僵，東家治喪。

　　見比之鼎。

註釋：益增的蒙昧。放縱魯莽生起紛爭，成員互鬥重傷，領導只
　　　能處理善後。

紛挐：挐音如，紛亂。

5 需：四目相視，稍近同機。日昳之後，見吾伯姊。

　　兩個人四隻眼睛相互對視，頗為靠近，心意相同。未時之後，見到了兄長和姊姊。

註釋：益增且能等待。夥伴同體同心，一起歷練後返回，與親密
　　　貴人會合，不再外出。（該進則進，該退則退）

四目：兩人，比喻周邊的人。**稍**：頗。**機**：心意。**日昳**：昳音跌，未時的別稱，下午一至三點。古人日中為市，此時已完市，準備返回之時。

6 訟：隨時逐便，不失利門。多獲得福，富於封君。

　　隨順時勢追逐機會，沒有失去獲利的門路。獲得許多福祉，富有猶如有封邑的貴族。

註釋：益增且能面對爭訟。能審時度勢，因此多方獲利，成為一
　　　方富豪。

便：有利的機會。**封君**：受有封邑的貴族。

7 師：隴西冀北，多見駿馬。去如焱颰，害不能傷。

　　隴山以西和冀州北部，可見到很多良馬。牠們前進就如火花和風吹，災害不能傷害到。

註釋：要益增應出師。遠方有很多寶物，去追尋方能獲得。

去：趨向。**焱**：火花。**颰**：風吹。

*《論衡・山圖》：「隴西人也，少好乘馬。」又，《太平廣記・王融》：「秦西冀北，實多駿驥。」

8 比：白龍黑虎，起伏俱怒。蚩尤敗走，死於魯首。

　　見同人之比。

註釋：益增的相比附。黃帝先克炎帝，再敗蚩尤，中土族群成立統一聯盟。

9 小畜：鴻飛戾天，避害紫淵。雖有鋒門，不能危身。

　　大雁飛翔，在天上高聲鳴叫，要避開禍害去紫淵。雖然有刀鋒般的城門，但不能危害的身命。

註釋：益增的持續小蓄。遠走高飛要到美好之地避難，雖然前途險惡，但最終安全無虞。

鴻：大雁子，比喻遷徙。**戾**：唳也，鳥類高聲鳴叫。**紫淵**：水名，於長安北方，象徵吉祥之地。

10 履：平國不君，夏氏作亂。烏號竊發，靈公隕命。

　　見臨之晉。

註釋：應益增履行倫理。領袖沒有倫理法度，又殘害百姓，因而自取滅亡。

11 泰：江漢上遊，政逆民憂。陰伐其陽，雄受其殃。

在長江和漢水上面遊蕩，倒行逆施，人民憂患。陰氣征伐陽氣，陽氣受到災殃。

註釋：應益增康泰的狀態。不顧國安，只顧自己遊蕩，政務顛倒，民間紛亂，小人興起，君子受害。

*《詩經・江漢》：「江漢浮浮，武夫滔滔。匪安匪遊，淮夷來求。」今昏君卻江漢上遊。

12 否：東家殺牛，聞臭腥臊。神怒不顧，命衰絕周。亳社災燒，妄夷誅愁。

見睽之明夷。

註釋：益增的閉塞。手段不合禮法而且殘暴，遭受天譴，斷絕了命脈與香火，下場悽慘。

妄夷誅愁：因虛妄暴虐而被誅殺。**愁**：使痛苦。

13 同人：西誅不服，恃強負力。倍道趣敵，師走敗覆。

見需之屯。

註釋：應益增同仁狀態。自恃實力壯大，剛愎的討伐不服之人，加倍力道趨向敵軍，結果失敗覆滅。

趣：趨也，快步前進。

14 大有：一婦六夫，亂擾不治。張王季疾，莫適為公。政道壅塞，周君失邦。

一位婦人有六位丈夫，動亂紛擾無法治理。張王和劉邦因為忌惡秦政，不適應擔任公職。施政之道阻塞，統一王朝的君王失

去邦國。

註釋：益增正道才能大富有。秦王無法治理六國，天下動盪，豪
　　　傑紛紛棄職起義，施政失靈，王朝覆滅。

一、六：指秦和六國。**張王**：張耳，封王，早年與劉邦抗秦，後附項羽，之後又歸劉邦。
季：劉邦，本名季。**公**：張耳與劉邦都曾任秦朝小吏，後棄職抗秦。**壅**：阻塞。**周**：
完整的。**周君**：指統一王朝的君王。

15 謙：配合相迎，利之四鄉。昏以為期，明星煌煌。欣喜爽澤，所言得當。

　　　　見大畜之小畜。

註釋：益增且能謙恭。與四方都和順交往，並親密結盟，大臣誠
　　　意溝通解開心結，一起用心輔助。

煌煌：光明的樣子。**爽澤**：舒爽又潤澤。

16 豫：猿墮高木，不踒手足。握金懷玉，還歸其室。

　　　　見蒙之隨。

註釋：要益增應安育，不可躁進。好高鶩遠因而墜落，還好未造
　　　成傷害，返回保守，能保全資產。

17 隨：卷領遁世，仁德不害。三聖攸同，周國茂興。

　　　　見需之震。

註釋：益增且能隨理。無為而治並保有德性，賢良共同任事，國
　　　家興盛。

18 蠱：去患脫厄，安無怵惕。上福喜堂，見我懂悅。

離開禍患脫離災厄，安全沒有恐懼。登上福澤喜樂的廳堂，見到欣悅喜歡的人。

註釋：益增的鼎立。去除禍患，安全無恙，到達喜福之地，並與同志相聚。

忧：音觸，恐懼。**惕**：懼。**懽**：歡也。

19 臨：帶<u>季</u>兒良，明知<u>權</u>兵。<u>將</u>師合戰，敵不能<u>當</u>，<u>趙魏</u>以強。

帶佗和兒良，明白知曉帶兵之道。率領軍隊合力作戰，敵人（秦國）不能匹敵，趙魏因而堅強。

註釋：益增且臨政。賢良們聰明善政，合作出擊，抵禦外侮，國家得以存續。

季：同輩但年少者的稱呼。**權**：支配指揮。**將**：率領。**當**：擋也，匹敵。**趙魏**：當時最弱的兩個國家；見註二。比喻連最弱的國家都能堅強。

* 《史記・秦始皇本紀》載，六國有帶佗、兒良等諸多名將制衡秦軍。
* 《呂氏春秋・無義》：「去秦將，入趙魏，天下所賤之無不以也。」

20 觀：鵠思其雄，欲隨鳳東。順理羽翼，出次須日。中留北邑，復反其室。

見需之離。

註釋：要益增應觀省。想要追隨賢人前進，與人結合繁衍，雖準備好了，但條件不足，走走停停，只能返回。

21 噬嗑：耳如驚鹿，不能定足。室家分散，各走匿竄。

耳朵有如受驚的鹿聳起來，不能穩定雙足。家人分別離散，各自奔走藏匿逃竄。

註釋：應益增法治。成員驚慌懦弱，團隊潰散，各自倉皇躲避。
室家：配偶家眷。

22 賁：<u>甲乙丙丁</u>，俱位我庭。<u>三丑六子</u>，入門見母。

十天干都依序和合的列位於前庭。十二地支也依序和合的入門拜見母親。

註釋：益增且整飾。長幼和合有序，齊聚不紊亂，遵行孝悌，母慈子孝。

甲乙、丙丁：十天干的前四個，象徵天道有序；又甲乙合木，丙丁合火，木火相生，比喻和合。**三、六**：象徵三爻、六爻，即齊全。**丑、子**：十二地支的前兩個，象徵地道；又子丑合土，比喻和合。

23 剝：<u>躡</u>華顛，觀浮雲。風不搖，雨不<u>薄</u>。心安吉，無患咎。

登上華山巔峰，觀賞飄浮雲朵。風不搖動，雨不逼近。內心安寧吉祥，沒有禍患過失。

註釋：以益增克服剝落狀態。崇尚仙道，無為而治，國家不會風雨飄搖，人民安心無憂。

躡：音鎳，登上。**華**：西嶽華山也，比喻神居之處；見註。**薄**：逼近。
*《史記‧孝武本紀》：「中國華山……，此五山黃帝之所常遊，與神會。」

24 復：德施流行，<u>利之四鄉</u>。雨師<u>洒</u>道，風伯逐殃。<u>巡狩封禪</u>，以告成功。

德政被施作並流傳實行，安順的去到四方他鄉。雨神洗滌道路，風神驅逐災禍。天子巡行諸國祭祀天地，宣告成就功業。

註釋：益增狀態返復存在。廣施仁政天下都受惠，天神保佑天子

出巡風調雨順,四方安定統一,完成大功業。

利:安順。**之**:至。**洒**:洗也。**巡狩**:天子巡行諸國。**封禪**:祭天與祭地。
*《論衡‧紀妖》:「黃帝駕象車,⋯⋯風伯進掃,雨師灑道。」

25 無妄:水流趨下,遂成東海。求我所有,買鱨與鯉。

　　見訟之比。

註釋:益增且不虛妄。順從法理去追求,到達美好的地方,如願的獲得財富和吉祥。

鱨:音沾,黃魚,象徵珍貴。

26 大畜:和氣相薄,膏潤津澤,生我嘉穀。

　　陰陽交合之氣靠近,滋潤的雨露使植物液汁飽滿,生長美好的五穀。

註釋:益增的大積蓄。陰陽調節和合,天時人和,潤澤豐收。

和氣:陰氣與陽氣交合而成之氣。**薄**:近。**膏潤**:滋潤的雨露,象徵恩惠。**津澤**:植物中含的液汁。

27 頤:憂驚以除,禍不成災,安全以來。

　　憂慮和驚慌已去除,禍患沒釀成災難,安全已來臨。

註釋:益增的頤養。已化險為夷,接下來都是平安無虞。

以:已也。

28 大過:堅冰黃鳥,常哀悲愁。不見白粒,但覘藜蒿。數驚鷺鳥,飄為我憂。

　　見乾之噬嗑。

註釋:益增的大過錯。環境蕭瑟,百姓淒涼,食物不足,還有惡

人驚擾,難以活動。

黃鳥:黃鶯,比喻哀戚的弱者。**粒**:米食曰粒。**飄**:鳥兒飛過。

29 坎:翕翕駒駒,實墜崩顛。滅其命身。

見泰之謙。

註釋:益增的落陷。躁動不安,財物毀壞,身命覆滅。

實:財富與物資。

30 離:因禍致福,喜盈其室。

因為禍患反而招致福澤,喜慶充滿屋室。

註釋:益增的相附著。因行善天下,所以因禍得福,滿滿的福分和喜慶。

*《新書‧銅布》:「故善為天下者,因禍而為福。」

31 咸:佳居千里,不見河海,無有魚市。

美好的居所在千里之外,這裡見不到河川和大海,沒有漁獲的交易。

註釋:應增益感應。此地蕭條,應順從感應,不辭千里去追求,才能獲得美好和利潤。

32 恆:鹿得美草,鳴呼其友。九族和睦,不憂飢乏。

見同人之蹇。

註釋:益增已成持恆。成員如族人,彼此和睦且相互分享,不會匱乏。

鹿:象徵利祿。

33 遯：出門得堂，不逢禍殃。入戶自若，不見矛戟。

出門到公堂辦公，沒有遭逢禍患災殃。進入門戶鎮靜自如，沒見到武器相向。

註釋：益增的隱遁態勢。外出居家都嚴正鎮靜，不張揚顯擺，所以沒有災害。

得：到；抵達。**自若**：鎮靜自如。**戟**：音己，戈和矛合體的武器。

34 大壯：罍尊重席，命我嘉客。福祐久長，不見禍殃。

茶壺、酒器和兩重墊子，給予美好的賓客。福祿持恆長久，不會出現禍患災殃。

註釋：益增且壯大。與人分享眾多美好的資源，福澤綿長，不生惡事。

罍：音雷，有耳的壺。**尊**：酒器。**席**：墊子。**命**：給予。**祐**：福祉。**見**：現也。

35 晉：鳴鴻俱飛，北就魚池。鱣鮪鯤鯉，多饒所有。一筍獲兩，利之過倍。

見比之觀。

註釋：益增且前進。一起振奮前進尋求利益，獲得豐富珍貴的財富，有加倍的利得。

筍：形似籠子的竹製捕漁器具。

36 明夷：當風奮翼，與鳥飛北。入我嘉國，見吾慶室。

面對著風振奮羽翼，和鳥一起飛到北方。進入美好的國家，見到吉慶的家室。

註釋：以益增克服瘡痍。現況不宜，大家一起整裝出發遠行，來

到美好的地方成立家園。

當：面對。**北**：候鳥返鄉的方向。**慶室**：吉宅。

37 家人：麒麟鳳凰，善政得祥。陰陽和調，國無災殃。

見大有之旅。

註釋：益增且親如家人。賢能會聚，合力共謀，施政完善有績效，天時人倫都調和，一切平安。

38 睽：逐狐東山，水遏我前。深不可涉，失其後便。

見蒙之蠱。

註釋：增益態勢已睽離。追逐利益受阻，無法再前進，失去之後有利的機會。

39 蹇：丑戌亥子，飢饉前生。陰陽暴客，水絕我食。

天時持續相剋，飢荒煎熬生靈。陰陽變化好像盜賊，洪水斷絕了糧食。

註釋：益增轉為蹇跛。時令連續違逆，產生大飢荒，氣候變遷，民不聊生。

丑戌：俱屬土。**亥子**：俱屬水；與前面之丑戌土形成水土相剋。**前**：煎也，折磨。**陰陽**：天氣的變化。**暴客**：強盜。

* 丑戌亥子：戌亥最後兩個時辰，接子丑最前兩個時辰，亦比喻循環不斷。

40 解：狐狸雉兔，畏人逃去。分走竄匿，不知所處。

見睽之大有。

註釋：益增已解離。小人危害，君子各自逃難躲藏，再也無法覓得。

41 損：桀跖惡人，使德不通。炎旱為殃，年穀大傷。

夏桀和柳下跖，使德義無法通行。炎熱乾旱釀為災殃，年度種植的穀物大受傷害。

註釋：益增已毀損。惡人併起，世道淪喪，環境艱惡，民不聊生。

桀跖：夏桀和柳下跖（音直），暴君和惡盜，泛指惡人。

43 夬：兔乳在室，行來雀食。虎懼我子，長號不已。

兔子在屋室哺乳，麻雀卻跑來食用。老虎驚嚇到孩子，使他長久哭號不止。

註釋：益增已斷決。原本安定的繁衍，但小人前來侵占，惡人也出現掠奪，孳生養育出現問題。

兔：兔擅生殖繁衍。**乳**：哺育。

44 姤：土階明堂，禮讓益興。雄二相得，使民無疾。

站在明堂的土階上，依禮相讓，逐次上升。兩個豪雄互相契合，人民沒有疾苦。

註釋：益增需相邂逅。依照禮節逐次上升，豪傑成為夥伴，天下太平。

明堂：帝王宣明政教的地方。**益**：漸漸。**興**：起。**二**：比喻周邊的夥伴。**相得**：互相契合。

＊《大戴禮記・明堂》：「明堂者，所以明諸侯尊卑。」君臣內外依等級各有所位。

45 萃：送金出門，并失玉丸。往來井上，破甕壞盆。

出門遺失金子，也一併遺失了玉環。前往來到井邊，只剩破甕和壞盆。

註釋：要益增需相薈萃。獨自外出經營，損失珍貴資材，家裡破敗，喝水都困難。

送：遺失，如斷送。**丸**：環；《說文》：「丸，圜也。」**上**：邊，畔。
*《易經・井》：「往來井井，汔至，亦未繘井，羸其瓶，凶。」

46 升：諷德誦功，美周盛隆。加其旦輔，光濟沖人。

　　　見明夷之蒙。

註釋：益增又上升。仁政贏得民心又成就大業，賢能光明，輔佐
　　　上位，國家興盛。

47 困：盜竊滅身，**貳**母不親。王**后**無**黨**，毀其**寶靈**。

　　　盜取偷竊而毀滅身命，背叛母親，不相親愛。君主沒有自己的團隊，毀損了威勢。

註釋：益增的受困狀態。臣子不義自斃，不忠不孝，無法依賴。
　　　君主沒有輔助的賢能，威望盡失。

貳：背叛。**后**：君主；《易・姤》：「后以施命誥四方。」**黨**：志同道合的人組成的團體。**寶靈**：帝王的靈威。

48 井：六目騤騤，各欲有至。專止未裝，俟侍旦明。

　　　三個人六隻眼睛，馬匹也都強壯，但各有想到的地方。專斷停止行動，未加整裝，等候天亮。

註釋：要益增應該井然。雖然兵強馬壯，但成員目標不一致，各
　　　自停止行動與準備，停下來觀望。

六：象徵齊全。**騤騤**：馬強壯的樣子。**俟**：等待。**侍**：伺候，暗中等候。**旦明**：天明的時候，比喻等待好時機行事。

49 革：雀行求粒，誤入罟罬。賴仁君子，復脫歸室。

　　　麻雀前來謀求米粒，誤入了網子。幸而有仁德的君子，才又

脫逃歸返屋室。

註釋：要益增需革新。沒有危機意識，落入他人圈套，幸有貴人相助才化險為夷。

粒：米食曰粒。**罟**：音古，網子。**罭**：音域，魚網。**賴**：幸而。

50 鼎：仁德孔明，患禍不傷。期誓不至，室人銜恤。

　　仁義道德大為昭明，患難災禍不能傷害。約定誓盟卻沒到，家人心懷憂慮。

註釋：益增已鼎覆。原本德性昭然而安然，後來背信族人，令人擔憂憤怒。

孔：大。**期**：約定。**誓**：《正韻》：「約信也。」**室人**：家人。**銜恤**：懷憂。

51 震：龜厭江海，陸行不止，自令枯槁。失其都市，雖憂無咎。

　　見泰之節。

註釋：益增轉為震盪。原本美好但不滿現狀，貿然前進改變，陷入憔悴困頓，找不到好的棲處，雖然災害尚未發生，但很是憂慮。

52 艮：孤獨特處，莫依為輔，心勞志苦。

　　見明夷之姤。

註釋：益增狀態已停止。孤苦無依，沒有依靠輔助，心神勞苦。

53 漸：伯仲言留，叔子云去。雖自無咎，主母大喜。

　　大哥二哥說要停留，老三說要前進。雖然各自行動但沒有過

失,母親大為歡喜。

註釋:益增需漸進。不能全部停留,也不能全部前進,有人守有人進,對團隊是好的。

伯仲叔:兄弟中的老大、老二、老三。

54 歸妹:初憂不安,後得笑懽,雖懼無患。

初始憂慮不安,後來得以歡笑,雖然恐懼但沒有禍患。

註釋:益增應該相歸依。因有憂患意識而慎戒團結,所以無患。

懽:歡也。

55 豐:好戰亡國,師不以律,稱上殞墜,齊侯狠戾,其被災祟。

喜好戰爭而亡國,出師不按紀律,稱兵進攻卻殞落下墜。齊頃公凶狠暴戾,遭受災禍。

註釋:益增又豐盛,滿必招損。自以為壯大但德行敗壞,妄想稱霸而興戰,結果招致禍害。

稱:興起、發動,如稱兵。**上**:前進,如北上。**被**:遭受。**祟**:災禍。

*《春秋穀梁傳‧成公元年》:「齊之患,必自此始矣!」齊頃公跋扈,欲爭霸主,親征魯國並威脅諸國,後五國伐齊,在鞍之戰大敗而逃,齊國開始沒落。

56 旅:鹿在澤陂,豺傷其麑,泣血獨哀。

鹿陷在沼澤,豺傷害了牠的小鹿,悲慟異常哀傷。

註釋:益增狀態已去旅歷,變損害。原本美好孳生,但陷入困境,惡人又出現攻擊,斷絕繁衍,痛不欲生。

鹿:比喻祿。**澤陂**:沼澤。**陂**:音皮,沼澤。**麑**:音倪,小鹿。**泣血**:哭到流出血淚,比喻非常悲慟。**獨**:獨特。

57 巽：天地閉塞，仁智隱伏。商旅不行，利潤難得。

　　見大畜之坎。

註釋：要益增應該安順。天時地利人和皆不再，無法再經營獲利。

58 兌：福德之士，欣悅日喜。夷吾相桓，三歸為臣，賞流子孫。

　　有福祿德性的君子，每天都欣悅歡喜。管仲輔佐齊桓公，君王（桓公）為臣子（管仲）建造三歸臺，賞賜並可流傳給子孫。

註釋：益增而且欣悅。有德行且每日吉祥如意，輔佐君主成就霸
　　　業，自己和子孫都受到福祿。

夷吾：管仲，名夷吾。**相**：輔佐；此處非指擔任相國，管仲職位為下卿。**三歸**：桓公賞賜給管仲營建的臺觀。
*《晏子春秋・雜下》：「桓公有管仲，恤勞齊國、身老，賞之以三歸，澤及子孫。」
又《說苑・善說》：「管仲故築三歸之臺。」

59 渙：上無飛鳥，下乏走獸。亂擾未治，民勞於事。

　　天上沒有飛翔的鳥，地下缺乏奔走的獸類。紛亂騷擾並未治理，人民勞累於各種役事。

註釋：益增的渙散態勢。全面蕭條，萬物空乏，治安敗壞，還有
　　　暴政擾民。

60 節：據斗運樞，順天無憂，與樂並居。

　　見乾之小畜。

註釋：益增且能節度。順天時而行，大家一起安居樂業。

61 中孚：戴瓶望天，不見星辰。顧小失大，福逃廬外。

見隨之蹇。

註釋：要益增應忠信。自我蒙蔽，不能大局和光明，短視近利，福澤遠離。

62 小過：月削日衰，工女下機。宇宙滅明，不見三光。

每月都在削減，每日都在衰敗，做女紅的婦女下了機臺。宇宙滅失了光明，不見日月星辰的光芒。

註釋：益增的小過錯。持續衰敗，無法生產收穫，天地完全失去光明。

三光：日、月、星。

63 既濟：操戟刺魚，被髮立憂。虎脫我衣，狼取我袍，亡馬失財。

拿起長戟刺魚，披散頭髮憂愁呆立。老虎脫去我的衣裳，野狼奪取外袍，失去了馬匹和財物。

註釋：益增已結束。有武器卻不敢拚搏，苟且偷生失魂落魄，只能任人宰割掠奪。

戟：音己，戈和矛合體的武器。被：披也。

64 未濟：兩人俱醉，相與悖戾。心乖不同，爭訟匈匈。

兩人都喝醉，相互違逆對待。心意相背不相同，爭執訴訟吵嚷不安。

註釋：益增尚未完成。夥伴昏昧乖戾，相互異心，團隊爭執不安寧。

兩人：象徵左右的人。悖戾：違逆。乖：違背。匈匈：吵嚷不安。

43 夬

43 夬：戴堯扶禹，松喬彭祖。西過王母，道里夷易，無敢難者。

　　見訟之家人。

註釋：斷決態勢已斷決，變為連結。擁護聖人和仙人之道，虔誠共進，常保康泰，一帆風順。

1 乾：狼戾美謀，無言不殊。允厭帝心，悅以獲佑。

　　野狼暴戾擅長計謀，沒有一句不致人於死。信實的滿足天帝的心意，欣悅的獲得保佑。

註釋：斷決的陽健。惡人口蜜腹劍只會致人於死，虔誠的依天道而行才能獲得保佑。

美：擅長。**殊**：《說文》：「死也。」**允**：信，實。**厭**：滿足。

2 坤：歲暮花落，陽入陰室。萬物伏匿，絕不可得。

　　見賁之大有。

註釋：斷決的溫良。局勢已盡，陽氣覆滅，萬物藏匿，凡事已不可成了。

3 屯：雞鳴失時，君騷相憂。犬吠不休，行者稽留。

　　雞啼報曉失去時序，君王搔擾百姓憂患。狗吠不停，行旅的人停滯不前。

註釋：斷決且困屯。天時與國政混亂，百姓騷亂，不能安居，也

不能前進，只能滯留。

騷：搔也。**相**：此為單方面的動作，如相瞞。**稽**：停留。

4 蒙：鳧鷖遊涇，君子以寧。履德不怨，福祿來成。

見大有之離。

註釋：斷決但能啟蒙。能清白行進，所以安寧。履行仁德沒有怨言，福祿重重來到。

5 需：薄為藩蔽，勁風吹卻。欲上不得，復歸其宅。

薄薄的藩蔽，強勁的風將它吹得往後退。想前進卻不可得，又歸還住宅。

註釋：斷決只能等待。實力薄弱，遇到阻逆便退卻，不能前進，只能滯留。

藩：藩車，四周有遮蔽物的車子。**藩蔽**：藩車四周的遮蔽物。**卻**：退。

6 訟：東行破車，步入危家。衡門垂倒，無以為主。賣袍續食，糟糠不飽。

見復之觀。

註釋：斷決且爭訟。外出經營遇難，返回家裡也殘破危險，進退不得，缺衣缺食。

垂倒：垂落倒塌。

7 師：青牛白咽，呼我俱田。歷山之下，可以多耕。歲稔時節，民人安寧。

見訟之小過。

註釋：斷決了出師，轉為休生養息。呼喚大家聚集，一起勤奮經營，努力開發美好園地，最後豐收且安寧。
歲稔：歲收豐熟。

8 比：異國殊俗，情不相得。金木為仇，百賊擅殺。

不同的國家，不同的習俗，情意不互相投合。金木五行相剋，賊人都擅自濫殺。
註釋：斷決了相比附。非我族類，對立為敵，相互出征，彼此濫殺。
相得：互相投合。**為仇**：敵對、相剋。**擅殺**：未經批准而擅自誅殺。

9 小畜：陰陽精液，高熟晚拆。治卵成鬼，肇生頭目，日有大喜。

女人和男人含有精魄的體液相遇，神液成熟之後胚胎分裂。安定的卵子，形成有靈性的陰氣，開始生出頭部與眼睛，每日都有大的喜悅。
註釋：斷決轉為持續小蓄。男女媾合，胚胎漸進成長，生出靈性，長出頭和眼睛，每日都有大喜悅。（從無至有，依序穩定生成）
精液：含有精魄的體液。**高**：膏也；《春秋‧玄命苞》：「膏也，神之液也。」**晚**：後來。**拆**：裂。**治**：安定的，如治世。**鬼**：指有靈性的陰氣。**肇**：開始。

10 履：飢蠱作害，偏多亂纏，緒不可得。

飢餓的害蟲製造災害，有遍地之多又胡亂糾纏，事功不能獲得。
註釋：斷決了履行之道。奸人群起作惡，環境全面敗亂，一事無成。
蠱：音古，毒害人的小蟲。**偏**：遍也。**緒**：事功，如功緒。

881

11 泰：**清泠**如雲，為兵**導先**。民人冤急，不知西東。

青蛉像雲一樣多（見註），軍隊的前導部隊逼近。人民怨恨急促，不知該往東或西逃跑。

註釋：斷決了安泰。敵軍先鋒排山倒海而來，人民憤怒倉皇，不知逃往何處。

清泠：應為「青蛉」之誤，蜻蜓，習成群飛行；見臨之夬「青蛉如雲」。**導先**：前導。
*《呂氏春秋・精諭》：「蜻之至者，百數而不止，前後左右盡蜻也。」

12 否：班馬旋師，以息勞疲。役夫嘉喜，入戶見妻。

見觀之既濟。

註釋：斷決了閉塞，否極泰來。停止征戰返回故鄉，開始休生養息，人民團圓繁衍。

13 同人：坐爭立訟，紛紛**匈匈**。卒成禍亂，災及家公。

見剝之渙。

註釋：斷決了同仁狀態。成員無時不在爭吵，團隊動亂不安。最後釀成災禍，危急法統。

匈匈：動亂不安。

14 大有：鹿食美草，逍遙求飽。日暮**後門**，過期乃還，**肥澤且厭**。

鹿食用甘美的草，逍遙自在的追求飽足。日暮時延誤沒趕上關門，過了期限才還回，肥碩豐潤而且飽足。

註釋：斷決了大富有。生活太過自在豐足，無憂無慮，以致紀律開始鬆懈。

後門：延誤沒趕上關門。**肥澤**：形體肥碩豐潤。**厭**：飽足。

15 謙：田鼠野雛，意常欲去。拘制籠檻，不得搖動。

　　田鼠和野生的幼禽，天性不受拘束，經常想要離去。拘禁管制在籠子和欄柵裡，依然不能動搖牠的意念。

註釋：斷決的謙恭狀態。好像野生動物野性難馴，雖然嚴密拘禁，
　　　仍不順服。

雛：幼禽。**檻**：音見，關野獸的柵欄。

16 豫：月趍日步，周遍次舍。歷險致遠，無有難處。

　　每月每日都在快步向前，到處駐紮住宿。經歷危險到達遠方，沒有艱難之處。

註釋：斷決之後安育。雖然艱辛危險，仍持續積極四處行動，最
　　　後走完全程，安全達到目的地。

趍：趨也，快步向前。**周遍**：遍及，到處。**次**：駐紮。

17 隨：天孫帝子，與日月處。光榮於世，福祿祉祉。

　　見解之臨。

註釋：斷決但能隨理。君王遵行天道，如日月光明，所以尊貴榮耀，
　　　福榮綿長。

祉：福祿。

18 蠱：晨風文翰，大舉就溫。昧過我邑，羿無所得。

　　見小畜之革。

註釋：斷決蠱敗，轉為明決。不分彼此一起向美好前進，低調沉潛，
　　　敵人不能察覺加害。

19 臨：旦生夕死，名曰嬰鬼，不可得視。

見小畜之萃。

註釋：斷決來臨。生命極其短暫，很快就覆滅，沒留下痕跡。

20 觀：疾貧望仕，使伯南販。開牢擇羊，多得大牂。

見訟之遯。

註釋：斷決轉為觀省。要斷絕貧困，尋找光明事業，開啟經營，獲得大吉祥。

仕：事，工作。**南**：象徵光明的方向。

21 噬嗑：長城驪山，生我大殘。涉叔發難，唐叔為患。

秦始皇築長城、建驪山陵墓，生出巨大殘害。陳勝和吳廣首先發難起義，劉邦成為致命的災患。

註釋：斷決的法治。暴君無道，國政大亂，英雄豪傑，群起革命，推翻暴政。

驪山：秦始皇陵墓之處。**涉**：陳勝，字涉。**叔**：吳廣，字叔。**發難**：起兵革命。**唐叔**：此處指劉邦；《新唐書・宰相世系表》載，漢高祖祖先為帝堯陶唐氏。

22 賁：娶於姜呂，駕迎新婦。少齊在門，夫子歡喜。

見否之渙。

註釋：斷決轉為整飾。親密結合展開新生活，倫常諧和，歡喜繁衍。

23 剝：隨時春草，舊枝葉起。扶踈條桃，長大美盛，華沃鑠舒。

隨著時序，春天的草木成長，舊的樹枝又生起葉子。枝葉繁

茂的桃樹，成長壯大，美麗旺盛，花朵豐美而且燦爛舒展。
註釋：斷決狀態剝落，剝極必復。時運回轉，恢復生機，重新成
　　　長茁壯且欣欣向榮，一切美好展開。
扶疎：扶疏，枝葉繁茂。**條**：細長的樹枝。**華**：花也。**沃**：豐美。**鑠**：美好光明。

24 復：<u>姬姜既歡，二姓為婚</u>。<u>霜降合好</u>，<u>西施在前</u>。

　　兩姓合婚都很歡欣。霜降時男女結合，西施走在最前頭。
註釋：斷決狀態已返復回去。時機已到，條件良好，很快與人歡
　　　喜結盟，開始繁衍。
姬姜：象徵兩姓合婚，亦為婦女的美稱。**霜降**：節氣之一，秋末。**合好**：男女結合。
西施：句踐復國的關鍵奇女子，在此比喻美好的女人。
*《荀子·大略》：「霜降逆（迎）女。」秋末開始迎納女子。

25 無妄：<u>戴笠獨宿</u>，晝不見日。勤苦無代，長勞悲思。

　　戴著斗笠獨自住宿，白晝見不到日光。辛勤勞苦沒人替代，
長久勞碌，心思悲苦。
註釋：斷決了不虛妄。自我蒙蔽又孤僻，不能見到大局和光明，
　　　備極辛勞又沒有同伴，只有悲苦。
戴笠：用以遮蔽陽光。

26 大畜：<u>始加元服</u>，二十<u>繫室</u>。新婚<u>既</u>樂，<u>伯季</u>有得。

　　剛行完加冠禮，二十歲便聯繫成婚。新婚完成心情歡樂，兄
弟們都有家室。
註釋：斷決轉為大積蓄。時機成熟，都已遵從倫理完成婚配，家
　　　族繁衍。
加元服：貴族男子二十歲行加冠禮。**室**：成婚。**既**：完成。**伯季**：兄弟輩分為伯仲叔季，

885

老大和老么,象徵全部兄弟。

27 頤:二室靈臺,文所止遊。雲物備故,長樂無憂。

太室山和少室山中的靈臺,周文王在此休止和人民同遊。雲彩完備的緣故,恆長的歡樂沒有憂慮。

註釋:斷決轉為頤養。聖君和百姓相偕到靈地悠遊,皇恩浩蕩,國家歡樂無憂。

二室:中嶽嵩山的太室、少室二山。**靈臺**:樓臺名。**雲物**:雲彩,比喻恩澤。

*《孟子‧梁惠王》載,文王以民力為靈臺,古之人與民偕樂,故能樂也。
*《中論‧曆數》:「人君親登觀臺以望氣,而書雲物為備者也。」

28 大過:久陰霖雨,塗行泥潦。商人依山,市空無有。

見謙之恆。

註釋:斷決又大過錯。一直環境陰晦,前途艱辛,無法經營,只能停滯。

依山:依止於山,山象徵停止。

29 坎:城壞壓境,數為齊病。侵伐不休,君臣擾憂。上下屈竭,士民無財。

城牆損壞,敵軍逼近國界,頻頻造成邊界損害。侵犯征伐不休止,君臣紛擾憂慮。全國上下都枯竭,人民沒有資財。

註釋:斷決而且落陷。外患不斷,國界受難,君主與朝臣無法應付,百姓陷入災難與飢貧。

壓境:敵軍逼近國界。**數**:頻頻。**齊**:界限。**病**:損害。**屈竭**:枯竭。**士民**:人民。

30 離:南國盛茂,黍稷醴酒。可以饗養,樂我嘉友。

見大有之同人。

註釋：斷決轉為相附著。光明且豐收美好，並與貴人、君子友好共享。

饗養：款待上賓。

31 咸：憂在心腹，內崩為疾。禍起蕭牆，意如制國。

憂患在於親信的人，內部崩壞成為疾患。災禍起於自家內部，季平子控制了國家。

註釋：斷決了相感應。親信作亂，從內部崩解，最後奸人掌權。

心腹：親信。**蕭牆**：室內作為屏障的矮牆，象徵室內。**意如**：魯國權臣季平子，名意如。
*《左傳・昭二十五年》載，魯昭公討伐季平子等權臣氏族失敗逃亡，季平子掌國權，未立新君。

32 恆：朽根刖樹，花葉落去。卒逢火焱，隨風僵仆。

見屯之坎。

註釋：斷決已成恆長。從根本毀壞，難以存活，又突然遭逢災難，徹底傾倒。

刖：音月，砍斷腳部。**僵**：跌倒。

33 遯：樹表為壇，相與期言。午中不會，寵名棄廢。

樹立表率在拜將的高壇，相互約定諾言，到了中午不來相會，尊寵名望都毀棄失去。

註釋：斷決且遁逃。出兵應該紀律嚴明，否則會敗亡蒙羞。

壇：盟誓及封拜大將所設的高臺。**期**：約定。
*《史記・田穰苴傳》載，田穰苴新任大將軍，與寵臣莊賈約定明日正午共商出兵事宜，結果莊賈飲酒遲到，田穰苴不顧皇命斬莊賈樹立軍威。

34 大壯：四足俱走，奴疲在後。德戰不勝，敗於東楚。

　　牛馬奔走，奴隸疲憊的跟在後面。揚德之戰沒有獲勝，敗於楚國東邊。

註釋：斷決了壯大狀態。對方兵荒馬亂，不趁機進擊，還在講仁義，結果反而被擊敗，斷送前程。

四足：《墨子・經下》：「謂四足獸，與牛馬與。」
*《史記・宋微子世家》載，宋襄公與楚戰於泓，因誤解仁義，楚人渡河中、已渡未陣，皆不出擊，待楚陣成，大敗宋師，因而無法稱霸。

35 晉：執轡西朝，回還故處。麥秀傷心，叔父無憂。

　　箕子手執韁繩西行朝見周武王，返回故國之處時，見到麥子吐穗開花卻令人傷心，但暴政已除，箕子也沒有憂慮了。

註釋：斷決轉為前進。故國已亡，遺臣晉見新王時想起過往，雖景物已非，傷心依舊，但一切已新生，不會再有災禍。

轡：音配，控制牲口的韁繩，比喻騎馬。**西**：周國在商國西邊。**秀**：穀類吐穗開花。
叔父：指處指箕子，為商紂叔父，屢諫紂王不聽，反被囚禁，商滅後歸順周朝。
*《史記・宋微子世家》：「箕子朝周，過故殷虛，感宮室毀壞，生禾黍，……乃作〈麥秀之詩〉以歌詠之。」

36 明夷：長夜短日，陰為陽賊。萬物空枯，藏於北陸。

　　見謙之漸。

註釋：斷決且瘡痍。小人道長，君子道消，陰氣迫害陽氣，萬物枯萎，隱藏空蕩。

37 家人：鳴鳩七子，均而不殆。長大成就，棄而合好。

　　鳴叫的雎鳩有七個孩子，調和而沒有危險。成長壯大完成發

育，離開父母去完成婚配。
註釋：斷決家人，創立門戶。父母貞節，養育調教的孩子也陽健中正，子嗣平安長大，獨立再去成立新家室。

鳩：雎鳩，有固定配偶。**七**：《說文》：「七，陽之正也。」**均**：均勻調和。**就**：完成。
棄：離開。**合好**：完婚。
*《詩經・曹風》：「鳲鳩在桑，其子七兮。」

38 睽：<u>三</u>羊上山，馳至大原。黃龍負舟，遂到<u>夷</u>傷，<u>究</u>其玉<u>囊</u>。

　　三隻羊上山，奔馳到大草原。渡江時黃龍揹負著船因而震盪，遭到創傷，玉囊也空盡了。
註釋：斷決又睽離。為追求更高成就，要到美好的地方發展，但
　　　途中有大惡人來襲，身受重傷也喪盡資財。

三：象徵多。**夷**：痍也，創傷。**究**：窮、極、盡。**囊**：袋子。
*《呂氏春秋・知分》：「禹南省，方濟乎江，黃龍負舟。舟中之人，五色無主。」

39 蹇：手足易處，頭尾顛倒。公為雌<u>嫗</u>，亂其<u>蠶</u>織。

　　手和腳變易位置，頭和尾相互顛倒。男人變成雌性的婦女，擾亂了養蠶和織布。
註釋：斷決且蹇跛。體制與倫常顛倒，混亂而無法正常生產。

嫗：音玉，婦女。**蚕**：蠶也。

40 解：登高望家，役事未休。王政靡鹽，不得逍遙。

　　登上高處遙望家鄉，勞役差事還沒停止。君主暴政沒有停止，無法逍遙自在。
註釋：斷決且解離。君主暴虐，百姓離鄉背井從事無止境的苦役，

還被禁錮。

靡：沒有。**鹽**：音鼓，停止（此字非鹽）。

41 損：畏昏不行，候待<u>旦明</u>。<u>燎獵受福</u>，<u>老賴其慶</u>。

畏懼昏暗不敢行動，只能等待天亮。夜間舉火炬狩獵，接受祭祀的酒肉，長壽幸福又吉慶。

註釋：斷決損失狀態。起先受阻，只能等待時機，但能秉持光明在黑暗中行動，所以得到平安和福澤喜慶。

旦明：天明的時候，比喻等待好時機行事。**燎**：音廖，火炬。**燎獵**：夜間舉火炬狩獵，比喻黑暗中光明行動。**福**：祭祀用的酒肉。**老**：長壽。**賴**：幸，福。

42 益：孤獨特處，莫依無輔，心勞志苦。

見明夷之姤。

註釋：斷決狀態益增。獨自一人，無依無助，心志苦楚。

44 姤：山石朽破，消崩墮墜。上下離心，君受其祟。

山巖敗壞破裂，消滅崩塌墜落而下。上下離心離德，君主蒙受災難。

註釋：斷決的邂逅狀態。成員都離心離德，團隊完全崩解，領導人也遭受災難。

山石：石質的山地，即岩、巖。**朽**：敗壞。**墮**：落。**祟**：災難。

45 萃：文母聖子，無疆壽考。為天下主，人受其福。

文母生下神聖的兒子周武王，他有無限的壽命。成為天下共主，人民蒙受他的福祉。

註釋：斷決轉為相薈萃。賢能衍生賢能，組織無限發展，建立大

功業，造福百姓。
文母：太姒，周文王的正妻，周武王之母。**疆**：極限。**考**：長壽。

46 升：倔傀加俄，前後相違。言如鱉咳，語不可知。

見賁之旅。

註釋：斷決狀態上升。詭異又傾斜，前後反覆，說話語意含糊，隱瞞欺騙。

倔傀：倔佹，詭異。**俄**：傾斜。

47 困：五龍俱超，強者敢走。露我苗稼，年歲大有。

五條龍都很超拔，強壯且勇敢奔走。露水滋潤種莊稼的幼苗，年年大有所得。

註釋：斷決態勢已受困，轉為明決。天地行氣盛壯，領袖勇往直前，開發有成，大為富足。

五龍：五行之神，比喻五行之氣充沛；又為遠古五大部落的首領，比喻聖王。**稼**：種植的穀物。

48 井：虎除善猛，難為功醫。驥疲鹽車，困於銜箠。

殘暴的去除善人和勇猛之士，難以治理政務。千里馬疲憊的拖著鹽車，受困於啣木和馬鞭。

註釋：斷決了井然狀態。殘暴的剷除忠臣和勇士，國家不治；人才落難，被當成奴才使役鞭打。

虎：比喻殘酷兇暴；見註一。**功、醫**：治理。**驥**：音記，千里馬，象徵人才。**鹽車**：象徵懷才不遇；見註二。**銜**：牲畜口中用來控制的啣木。**箠**：馬鞭。

* 《法言》：「虎哉！虎哉！角而翼者也！」
* 《戰國策‧楚策四》：「夫驥之齒至矣，服鹽車而上大行。」

891

49 革：江南多蝮，螫於手足。冤煩詰屈，痛徹心腹。

見師之無妄。

註釋：斷決了革新。歹徒成群作亂的惡地，傷害百姓，人民無處申訴，痛苦且垂危。

50 鼎：心無所據，射鹿不得。多言少實，語成無事。

心裡不安定，射鹿無法得到。多話說，少真實，只憑說話無法成事。

註釋：斷決了鼎立。沒有紀律和目標，無法求得利祿。說話沒有誠信，無法成就事業。

據：依據、定安。**鹿**：比喻祿。

51 震：君明主賢，鳴求其友。顯德之政，可以履事。

君主聖明賢能，鳴叫尋找朋友。彰顯德性的政務，可以履行從事。

註釋：斷決轉為震奮。明君大舉選賢與能，開始施行德政。

52 艮：安上宜官，一日九遷。踊群越等，牧在常山。

見履之節。

註釋：斷決狀況停止，轉為上升。安居上位，仕途安順，超越眾人快速升遷，長久安居於高貴的官位。

踊群：超越眾人。

53 漸：俊辭解謝，除去垢污。驚之成患，嬰氏醳殘。

用美好的禱詞祭祀神明消解災禍，清除去掉不潔的髒汙。驚

擾成為禍患，子嬰留下殘餘的醇酒。

註釋：斷決漸漸形成。祈求神明消除惡況，卻無實際作為，最後
　　　災難依然發生，國家覆滅。

解謝：祭祀神明消解災禍。**嬰氏**：子嬰，秦朝最後一位皇帝，為項羽所殺。**醳**：音亦，醇酒。

54 歸妹：翁狂嫗盲，相牽北行。欲歸高邑，迷惑不得。

老父發狂，老母眼盲，互相牽著向北行進。想要去到高邑，迷路困惑而不可得。

註釋：斷決的相歸依。張狂蒙昧的成員一起行動，想要去到好的
　　　地方，但因全都癡愚而迷路。

翁：《廣雅‧釋親》：「翁，父也。」**嫗**：音玉，《說文》：「嫗，母也。」**北**：象徵陰晦的方向。**歸**：趨往，如歸趨。**高邑**：侯國名，象徵高貴。

55 豐：醉臥道傍，迷旦失明，不全我生。

酒醉臥倒在道路旁邊，到了早晨還在昏迷，失去清明意識，生命無法完全。

註釋：斷決的豐足。背禮亂紀，蒙昧不省，因而殘破不全。

旦：早晨。

56 旅：北登鬼丘，駕龍東遊。王叔御后，文武何憂。

向北登上有奇鬼的黎丘，駕駛著龍馬向東方遊歷。有王良為君主駕馭馬車，文武百官也承擔憂慮。

註釋：斷決的旅歷，更需相隨。君主冒著險惡到處開發，眾多能
　　　人一起承擔憂禍。

北、東：比喻四處。**鬼丘**：比喻險惡之地；見註。**龍**：馬八尺稱為龍。**王叔**：王良，

893

晉國的駕馭能手。**御**：駕馭車馬。**后**：君主；《易‧姤》：「后以施命誥四方。」**何**：荷也。

*《呂氏春秋‧疑似》：「梁北有黎丘部，有奇鬼焉。」或曰鬼方國的山丘。

57 巽：恬淡無患，遊戲道門。與神往來，長樂以安。

恬靜淡泊沒有憂患，悠遊於道學的法門。與神仙往來，長久安樂平安。

註釋：斷決轉為安順。斷絕俗世，追求道術，與神仙為友，長樂久安。

恬：音甜，清靜。**戲**：嬉，遊。

58 兌：以繻易絲，抱布自媒。棄禮急情，卒罹悔憂。

要以絲繩交易絲綢，抱著布疋來自我做媒。因為心急背棄禮儀，最後罹患悔恨與憂慮。

註釋：斷決了欣悅狀態。想要與人交易，因操之過急，沒有禮節，被拒絕而悔恨。

繻：音民，絲繩。**罹**：音離，遭受。

*《詩經‧氓》：「氓之蚩蚩，抱布貿絲。匪來貿絲，來即我謀。」蚩蚩，敦厚老實。

59 渙：被服大冠，遊戲道門。以禮相終，身無殃患。

披上衣服戴上高帽，悠遊於道學的法門。以禮節終身守持，身命沒有災殃禍患。

註釋：斷決轉為渙發。學道行道，堅守倫理，一生安詳。

被：披也。**戲**：嬉，遊。

60 節：大麓魚池，陸為海涯。君子失行，小人相攜。

廣大的山林變成魚池，陸地變成海邊（大地被水淹沒）。君子失去行蹤，小人相互提攜。

註釋：斷決的節度。體制崩潰，倫理失序，君子失去蹤跡，小人
　　　成群結黨。

大麓：山腳下的大林。**涯**：邊際。

61 中孚：<u>淵泉</u>溢出，為我邑崇。道路不通，<u>孩子</u>心<u>憒</u>。

　　深泉滿溢出來，成為國家的災難。道路不能通行，孩童心智昏亂。

註釋：斷決的忠信。災難滿溢，國家危難，幼稚蒙昧，不能解除
　　　問題。

淵泉：深泉。**孩子**：象徵幼稚。**憒**：心智昏亂。

62 小過：十里望烟，散渙四分。形體滅亡，<u>可</u>入深淵。終不見君。

　　見豫之觀。

註釋：斷決又持續小過。鄉里杳無煙火，百姓也不成人形，相繼
　　　死亡。

可：語助詞，無義。

63 既濟：傳言<u>相</u>誤，<u>非奸</u>徑路。鳴鼓逐狼，不知<u>迹</u>處。

　　被流傳的謠言耽誤，走到不對錯亂的道路。擊鼓追逐野狼，不知牠的蹤跡和處所。

註釋：斷決已形成。聽信流言，走錯路徑，又大肆喧鬧，獵物逃
　　　逸無蹤。

相：此為單方面的動作，如相瞞。**非**：不對。**奸**：《玉篇》：「奸，亂也。」**迹**：跡也。

64 未濟：東失大珠，西行棄襦。時多不利，使我後起。

東行失去大明珠，西行忘了衣服。時令大多不順利，延後起身。

註釋：斷決尚未結束。四處行進財物都遭受損失，時運一直不佳，延誤時機。

東、西：表示四處。棄：忘。襦：音儒，短的厚上衣。

44 姤

44 姤：河伯大呼，津不可渡。往復爾故，乃無大悔。

　　河神大聲呼喊，渡口不能渡河。前往又返復原處，因而沒有大的悔恨。

註釋：應邂逅又邂逅，不能獨行。不能再前進了，會有危險，立
　　　即返回，可以平安。

津：渡口。**爾**：耳，語助詞。

1 乾：蒙被恩德，長大成就。溫良利貞，君臣合好。

　　蒙受披覆恩惠德澤，成長壯大完成發育。溫柔賢良和諧貞節，君臣和合安好。

註釋：邂逅且陽健。蒙受皇恩而長成，生性賢良，之後又上下諧
　　　和團結，鞏固邦國。

被：披也。**就**：完成。**利貞**：和諧貞節。

2 坤：東山西山，各自止安。心雖相望，意不同堂。

　　在東山和西山，各自駐止安頓。心裡雖然相互探望，意念卻沒有同處一堂。

註釋：要邂逅需溫良。彼此不合，遠離分居，雖然偷偷觀望，但
　　　不願成伙。

3 屯：登山上谷，與虎相觸。猲為功曹，班叔奔北，脫之嘉國。

見解之艮。

註釋：邂逅之後屯聚。行進卻遇到惡人，幸有官長相助，惡人遠離，到達美好的目的地。

4 蒙：躓跋未起，失利後市。

跌倒跛腳沒有爬起來，延後到市集失去利益。

註釋：邂逅了蒙昧。不能克服挫折，無法經營獲利。

躓：音至，跌倒。

5 需：結珠懷履，卑斯以鬼，為君奴婢。

身懷結珠的鞋子（門客身懷謀略），將他當成鬼一樣卑賤，只當為卿君的奴才和婢女。

註釋：要邂逅還需等待。才華不受青睞還被鄙視，只能成為權貴的奴才。

珠履：象徵有謀略的門客；見註。斯：廝也，卑賤。君：古代的封號，如孟嘗君。

*《史記‧春申君列傳》：「其上客皆躡珠履以見趙使。」先秦卿君好養門客。

6 訟：雞鳴失時，民僑勞苦。厖吠有威，行者留止。

公雞晨鳴錯失時辰，人民寄居在外，勞累悲苦。狗吠聲威嚇，行進的人滯留停止。

註釋：邂逅了爭訟。環境錯亂行進錯過時機，又被惡人威嚇，無法前進，只能在外滯留。

僑：寄居在外地。厖：音忙，長毛的狗，泛指犬。

7 師：陳媯敬仲，示兆興姜。乃寓營丘，八世大昌。

見屯之噬嗑。

註釋：邂逅之後出師。遇到美好伴侶並相互結盟，積極作為，將會成就傳世的大功業。

示兆：顯示預兆。**寓**：居住。

8 比：鹿畏人匿，俱入深谷。短命不長，為虎所得，死於牙腹。

鹿畏懼，人藏匿，都躲入深邃的山谷。短命不長壽，被老虎所捕得，死於牠的牙齒和腹內。

註釋：應邂逅且相比附。遠遠的躲避，不知團結對抗，結果還是馬上被惡人加害而喪命。

鹿：象徵祿。

9 小畜：言無約結，不成契劵。殷叔季女，公孫爭之。強入委禽，不悅於心。乃適子南。

見頤之革。

註釋：邂逅態勢不足。對人言而無信，還要強取豪奪，霸佔別人家室，惹人厭惡，最後對方還是保全資產。

適：女子嫁人。

10 履：鼓瑟歌舞，懽遺於酒。龍喜張口，大喜在後。

彈奏琴瑟唱歌舞蹈，歡欣的飲用美酒。皇帝開口歡笑，大喜事還在後頭。

註釋：邂逅且一起履行。歡聚慶祝，喜樂融融，還被君主賞賜，喜事不絕。

鼓：彈奏。**懽**：歡也。**遺**：饋也，飲食。**龍**：象徵帝王。

11 泰：凶憂災殃，日益章明。禍不可救，三郤夷傷。

見需之復。

註釋：相邂逅才能安泰。強大卻猖狂，災難日益明顯，不再有福澤，最後覆滅。

章：彰也。

12 否：水流趍下，遂成東海。求我所有，買鱣與鯉。

見訟之比。

註釋：邂逅克服閉塞。大家順從法理去追求，到達遠方美好的地方，如願的獲得財富和尊榮。

鱣：音沾，黃魚，象徵珍貴。

13 同人：陰為陽賊，君不能尅。舉動失常，利無所得。

陰氣賊害陽氣，君子無法克制。舉止行動失去倫常，利祿無法獲得。

註釋：應邂逅且同仁。小人危害正道，君子無法反制，團隊失去倫常，因而無法收穫。

尅：克也。

14 大有：離床失案，龜喪其願。都市無會，叔季懷恨。

缺了床也丟失案几，靈龜喪失希望。來到都市未與兄長相會，弟弟們懷恨在心。

註釋：邂逅才能大富有。生活困乏，懷憂喪志，外出求發展也未逢貴人相助，心懷憂恨。

離：缺少。**案**：桌。**龜**：《易林》以龜至都市或陸處象徵落難。**叔季**：兄弟輩分為伯仲叔季，叔季為弟輩。

15 謙：甕遏隄防，水不得行。火慎陽光，陰霓伏藏。走歸其鄉。

見比之大畜。

註釋：要邂逅變謙退。環境重重敗壞，無法前進，只能退回原處。

慎：古文為上火下日，比喻日烈如火。

16 豫：蹩屈復伸，本乘浮雲，貴寵毋前。

腳跛彎曲又恢復伸展，但身體好像乘在浮雲上，雖有尊貴榮寵但不要前往。

註釋：已邂逅了安育，不要再冒險。才剛復原，體質不穩定，前面雖有榮華富貴，但不可追求。

蹩：音壁，腳跛難行。**本**：身體。**浮雲**：比喻飄忽不定。

17 隨：實沉參虛，以義斷割。次陸服薪，成我霸功。

分野在實沉參虛的唐國，以義理進行裁決。駐紮在水岸邊，躺臥在木柴上，成就了霸業功績。

註釋：邂逅且追隨正理。君主秉持義理決策與行動，經歷千辛萬苦，終於成就霸業。

實沉參虛：見導讀，二十、天象、星曜。**斷割**：裁決。**次**：駐紮。**陸**：高出水面的平地。**服**：伏也。**薪**：木柴。

*《左傳・昭公十五年》：「唐叔受之，以處參虛。」叔虞受封於唐，安撫治理四周的戎狄功勞甚大。

18 蠱：金泉黃寶，宜與我市。娶嫁有息，利得過母。

金錢、黃金和寶藏，交易豐收。結盟買賣有孳息，得到利益勝過母錢。

註釋：邂逅且整治蠱敗。交易獲得珍貴寶物，與人親密結盟，彼此都孳生盈餘。

金泉：金錢。**宜**：豐收。**嫁娶**：賣出與收取，比喻結盟式的買賣。

19 臨：禹召諸侯，會稽南山。執玉萬國，天下康寧。

見損之旅。

註釋：邂逅且臨政。天下已安定，大會諸侯，依禮法光明統領，天下泰平。

20 觀：三虫作蠱，踐跡無與。勝母盜泉，君子不處。

見觀之困。

註釋：邂逅但能觀省。作怪的小人，不與之同行；盜名欺世的，也都不與之相處。

虫：同虫（音毀），蟲。**踐跡**：踩著前面的足跡。

21 噬嗑：花葉墮落，公歸嫗宅。夷子失民，潔白不食。

花和葉子都墜落，男子歸返到女人的住宅。伯夷離開人民隱居，光潔清白的絕食。

註釋：邂逅應該法治。生機不再，陽氣歸順陰氣，世間失去義理，君子不願苟活。

墮：落。**嫗**：音玉，婦女。**夷子**：伯夷，商朝賢人，認為武王滅紂不合禮法，不食周粟而餓死。**失**：離開。

22 賁：履機懼毀，身王子廢。終得所欲，無有凶害。

順應時機，懼怕毀敗，親身效勞王室，只有些微休止，終於得到所願，沒有凶惡禍害。

註釋：邂逅且能整飾。順應時勢且慎戒恐懼，親自輔佐王室，不
　　　敢怠惰，最後實現願望。
履機：隨應時機。**身**：勤，親自。**身王**：勤王也。**子**：只、小。**廢**：《爾雅‧釋詁》：
「廢，止也。」
*《後漢書‧杜欒劉李劉謝列傳》：「勤身王室，夙夜匪懈。」

23 剝：道理和德，仁不相賊。君子攸往，樂有利福。

　　正道義理，德行和諧，仁愛不相互侵害。君子往前進，歡樂
的擁有利祿福祉。
註釋：邂逅克服剝落。有德行及仁愛，君子相偕而行，歡樂得到
　　　大福澤。
攸：語助詞，無義。

24 復：合匏同牢，姬姜並居。

　　夫妻合匏共飲，同食牲禮，兩姓合婚一起居住。
註釋：邂逅並一起返復回來。親密結合，同心同好，開始繁衍。
合匏：匏音袍，葫蘆。一匏剖為兩瓢，成婚時夫婦各執一瓢並交手飲酒；象徵成婚。
牢：祭祀的牲禮。**姬姜**：象徵兩姓合婚，亦為婦女的美稱。

25 無妄：關雎淑女，賢妃聖偶。宜家壽母，福祿長久。

　　見履之無妄。
註釋：邂逅且不虛妄。美好的君子親密結合，家族和諧康泰，繁
　　　衍後代而且繁榮久遠。
關：鳥叫聲。**壽母**：安奉母親使其長壽。
*《詩經‧關雎》：「關關雎鳩，在河之洲。窈窕淑女，君子好逑。」

26 大畜：騏驥晚乳，不知子處。旋動悲鳴，痛傷我心。

麒麟和千里馬要哺乳後代，卻不知孩子的去處。旋轉著悲傷鳴叫，心裡痛楚悲傷。

註釋：邂逅才能大蓄。沒有接班人，無法延續。

騏：麒麟。**驥**：音記，千里馬。**晚**：後代，如晚輩。

27 頤：智嵒絕理，陰孼謀生。十日不食，困於申亥。

心智荒誕，斷絕常理，陰氣作怪，生出亂謀。十天沒進食，困於芋尹申亥家裡。

註釋：應邂逅且頤養。暴君喪心病狂，奸人謀劃叛變，暴君經歷長久困阨，終於走入絕境。

嵒：音嚴，荒誕。**十**：象徵滿數。**申亥**：楚國大臣芋尹申亥。

*《左傳 · 昭公十三年》載，楚靈王無道被推翻，逃到臣子芋尹申亥家中躲藏，後自縊。

28 大過：監諸攻玉，無不穿鑿。麟鳳成形，德象君子。三仁翼事，所求必喜。

率領眾人琢磨玉石，沒有不穿鑿的。麒麟與鳳凰已形成，德性象徵君子。有三位仁者輔助政事，所求之事必然歡喜達成。

註釋：邂逅而大超越。眾人合作，金石為開，有成就且有仁德。用眾多賢良輔佐政事，人民有求必應。

監：率領。**諸**：眾人。**攻玉**：琢磨玉石，比喻匡正過錯。**三仁**：紂王的兩位庶兄微子、箕子，和叔叔比干。**翼**：輔佐。

29 坎：昧暮乘車，以至伯家。踰梁渡河，濟脫無他。

見離之咸。

註釋：邂逅克服落陷。環境陰晦，前往尋求貴人幫忙，歷經困阻，
　　　轉危為安。

30 離：吾有黍粱，委積外塲。有用服箱，運致我藏，富於喜糧。

　　見大有之夬。
註釋：邂逅且相附著。齊心努力，大豐收且能加以蓄積管理，歡
　　　喜的擁有資財。

塲：收打穀物、翻曬糧食的平坦場地。

31 咸：喜笑且語，不能掩口。官爵並至，慶賀盈戶。

　　一邊歡笑一邊講話，無法掩閉嘴巴。官職和爵位都來到，慶賀的人充滿門戶。
註釋：邂逅且相感應。歡喜之至，笑得合不攏嘴，事業大有所成，
　　　賀客盈門。

32 恆：霧露雪霜，日暗不明。陰孽生疾，年穀大傷。

　　大霧寒露酷雪嚴霜，太陽陰暗不明亮。陰氣作怪生出疾患，年度種植的穀物大為損傷。
註釋：邂逅才能持恆。小人叢生，環境陰晦，生出弊端，無法改善，
　　　致使蒙受災難。

33 遯：伯去我東，髮擾如蓬。寤寐長歎，展轉空床。內懷悵恨，摧我肝腸。

　　伯父去到東方，頭髮紛亂有如蓬草。醒來或睡覺都在長長的

嘆息，輾轉反覆在空蕩的床上。內心懷著惆悵悲恨，好似肝腸被摧毀。

註釋：邂逅轉為遁逃。兄長不如意而離去，弟弟也落魄不安，兩人都孤獨悲傷至極，痛不欲生。

東：象徵粗鄙的方向。**擾**：紛亂。**寤**：睡醒。**寐**：就寢。**空床**：比喻無偶獨居。**肝腸**：經常連結到人的負面心緒，如肝腸寸斷。

34 大壯：亡羊補牢，毋損於憂。

逃跑了羊趕緊修補獸牢，不要因為損失而憂傷。

註釋：邂逅才能壯大。成員離去，立即進行補救，不要只會哀傷。

牢：飼養牲畜的圈欄。**毋**：不要。

35 晉：販鼠賣卜，利少無謀，難以得家。

販賣鼠肉、幫人占卦，利潤少無法謀生，難以成家。

註釋：邂逅才能進行。低劣的工作和利潤，無法找到夥伴成立團隊。

販鼠：古有販鼠肉者，見註。**賣卜**：以占卦謀生。**得**：完成。

*《呂氏春秋·大道下》載：周人謂鼠未臘者為璞，賈之，出其璞視之，乃鼠也，因謝不取。

36 明夷：西戎為疾，幽君去室。陳子發難，項伯成就。

西夷犬戎製造禍患，周幽王去到了墓穴。陳勝起兵革命，項羽成就了霸業。

註釋：邂逅了瘡痍。君主昏庸引來災難因而滅亡，天下英雄趁機崛起稱霸。

疾：禍患。**幽君**：周幽王，寵幸妲己，犬戎攻入，西周滅亡。**室**：墓穴。**陳子**：陳勝，第一個起兵抗秦者。**發難**：起兵革命。**項**：此處指項羽，成十八路諸侯之霸王。**伯**：

霸也。

37 家人：秋風生哀，花落生悲。公室多難，羊舌氏衰。

　　秋風使人生起哀愁，花落使人生起悲傷。王室的家族多災多難，羊舌氏衰亡。

註釋：應邂逅且親如家人，局勢變亂。環境變亂，興衰起伏，貴
　　　族兼併，權力更迭。

公室：王室的家族成員。**羊舌氏**：晉國公室，世代為輔政大夫，後六卿把持朝政，羊舌氏亦被六卿所滅。

38 睽：持福厭患，去除天殘。日長夜盡，喜世蒙恩。

　　秉持福祉，顛覆禍患，去除上天的殘暴。白天漫長黑夜已盡，世界喜樂蒙受恩澤。

註釋：邂逅克服睽離。同心改革，保持福澤，去除不變的沉痾，
　　　呈現光明景象，天下歡欣。

厭：壓也，覆。**殘**：暴戾。

39 蹇：新授大喜，福復重來。樂且日富，是惟豐財。

　　剛剛被授予大喜慶，福祉又再來到。歡樂而且日漸富有，有豐富的財富。

註釋：邂逅克服蹇跛。好事重生，恢復繁榮，日益歡樂富足。

惟：語助詞，無義。

40 解：前頓卻躓，左跌右逆。登高安梯，復反來歸。

　　向前停頓，向後跌倒；向左跌倒，向右被逆襲。安置梯子登上高處，又歸返回來。

註釋：邂逅而解決問題。原本四處發展都受挫，之後找來賢良輔助，因而脫困，恢復安然。

卻：退。**躓**：音至，跌倒。**逆**：抵觸。

41 損：夢飯不飽，酒未入口。嬰女雖好，媒鴈不許。

夢裡的飯食不會飽足，酒未曾入口。年幼女孩雖然美好，但去提親不被應許。

註釋：邂逅狀態減損。一切都只是想像，不能成真。

嬰：《集韻》：「關中謂孩子曰嬰。」**媒鴈**：新郎到女家迎親，獻雁為見面禮。**鴈**：雁也。

42 益：大都王市，稠人多寶。公孫宜賈，資貨萬倍。

見損之萃。

註釋：邂逅而益增。到美好之處經營，那裡人多物美，達官貴人相互交易，因而一本萬利。

資：財貨。

43 夬：兩人俱醉，相與悖戾。心乖不同，爭訟匈匈。

見益之未濟。

註釋：邂逅狀態已斷決。夥伴失去理智相互爭鬥，不再同心，轉而激烈敵對互控。

45 萃：身無頭足，超蹠空乖。不能遠之，中道廢休，失利後時。

只有身體沒有頭和腳，跳躍踩踏都空蕩不順。不能到遠方去，

中途荒廢休止，失去利益延誤時機。

註釋：邂逅應相薈萃。沒有完好組織，無法順利行事，半途而廢，錯失良機。

頭足：比喻理智和行動力。**超**：跳。**蹠**：音執，踩、踏。**乖**：不順。**之**：至。

46 升：三人俱行，六目光明。道逢淑女，與我驪子。

見師之泰。

註釋：邂逅且上升。眾人結夥前進，見識光明，更與君子結，合因而繁衍良好。

六目：三個人有六個眼睛。**目**：比喻見解、視野。

47 困：進仕為官，不若復田，獲壽保年。

進身為官，不如返復田園，可獲得長壽保有歲數。

註釋：邂逅遇到困阻。前進經營不如低調隱遁，如此可保持生命安康。

進仕：進身為官。**不若**：比不上。**壽**：長命。**年**：歲數。

48 井：先易後否，失我所市。騷蘇自苦，思吾故土。

見睽之既濟。

註釋：應邂逅且井然。美好的狀況已轉壞，無法再獲利，悲苦的想要回轉。

49 革：蘇氏發言，韓魏無患。張子馳說，燕齊以安。

蘇秦發言，韓魏因而沒有憂患。張儀遊說，燕齊因而安定。

註釋：邂逅且能革新。賢良們奔走獻策，天下因而安定。

蘇氏：蘇秦，提合縱政策，聯合六國抗秦。**張子**：張儀，提連橫政策，秦國破壞六

國團結，再逐一攻破。**馳說**：遊說。
* 蘇氏、張子：僅象徵賢良奔走獻策，無政見之指涉。
* 韓魏，與秦接壤的二國；燕齊，離秦最遠的兩國。此處僅象徵六國，無特定事件之指涉。

50 鼎：武庫軍府，甲兵所聚。非里邑居，不可舍止。

見師之蹇。

註釋：邂逅已覆鼎。開始備戰，嚴厲而肅殺。

51 震：一身三口，莫適所與。為孺子牛，田氏主咎。

一個身體有三張嘴巴，無法安適的相從。齊景公讓孩子當成牛來騎，田氏成為主要禍患。

註釋：邂逅發生震盪。人多口雜，團隊無法安順，又過度寵愛小人，招致奸人篡位。

三：象徵多。與：相從。孺子：幼童。
*《左傳·哀公六年》載，齊景公扮成牛讓庶子姜荼騎，故稱孺子牛。齊景公傳位給姜荼後，大臣田乞謀反，殺姜荼，自立為首相，後其子篡齊。

52 艮：西山東山，各自止安。心雖相望，竟未上堂。

見姤之坤。

註釋：邂逅受阻。各自分立安居，雖然彼此觀望，但還是沒有會合。

53 漸：不改柯葉，和氣中適。君子所在，安無怵惕。

好像松柏從不變換枝葉，陰陽之氣交合且中正適當。君子所在之處，平安沒有恐懼。

註釋：邂逅且漸進。堅守品節不變遷，氛圍融洽中正，大家都有

德行，一切安然。

柯：枝。**和氣**：陰氣與陽氣交合而成之氣。**怵、惕**：恐懼。
*《禮記・禮器》：「（松柏）貫四時而不改柯易葉。」松柏長青不凋，故無更換枝葉。

54 歸妹：**將戌擊亥，陽藏不起。君子散亂，太山危殆。**

　　陰氣進行攻擊，陽氣藏匿不興起。大人潰散紛亂，泰山危急不安。

註釋：應邂逅且相歸依。小人發動攻擊，正氣衰敗，官吏潰散，
　　　政權告急。

將：進行。**戌、亥**：十二地支最末兩支，比喻陰氣最盛。**太山**：東嶽泰山，象徵政權與康泰。

55 豐：**天官列宿，五神舍室。宮關完堅，君安其居。**

　　見屯之剝。

註釋：邂逅且豐盛。天道運行良好，諸神都在其位。人間的宮殿
　　　和關口也完整堅強，君主安在。

56 旅：**左手把水，右手把火。如光與鬼，不可得從。**

　　左手拿水，右手拿火（水與火無法以手拿，故不可得），就如光和鬼，無法得知它們的蹤跡。

註釋：邂逅已去旅歷。無法掌握行蹤，所以也無法為伍。

把：拿。**從**：蹤也。

57 巽：**逐狐東山，水遏我前。深不可涉，失利後便。**

　　見蒙之蠱。

註釋：邂逅才能安順。獨自前進追求，遇到險阻無法克服，失去

利潤延誤有利的機會。

58 兌：水瀆魚室，來灌吾邑。衝沒我家，與狗俱遊。

大河和大海的水，來灌入我的鄉里。衝擊淹沒家園，和狗一起飄游。

註釋：邂逅才能欣悅，應一起克難。禍患發生，環境毀壞，大家一起卑賤的飄流。

瀆：音讀，注海的大河。**魚室**：魚兒的家，比喻大海。**狗**：象徵卑賤。**遊**：游。

59 渙：山險難登，澗中多石。車馳轊擊，重載傷軸。擔負善躓，跌蹊右足。

見乾之謙。

註釋：邂逅變為渙散。前途多災多難，強進造成資產與夥伴損傷。

轊：音位，套在車軸末端的金屬筒狀防套，比喻輪子。

60 節：槽空無實，豚彘不食。庶民屈竭，離其居室。

豬槽空蕩不充實，小豬大豬都沒有食物。人民空乏枯竭，離開居住的房室。

註釋：應邂逅且節度，要一起發展。團隊環境蕭條，沒有物資，不能克服逆境，成員四散。

槽：放飼料餵牲畜的器具。**豚**：小豬。**彘**：音至，豬。**庶民**：平民。**屈竭**：枯竭，空乏。

61 中孚：執熱爛手，火為災咎。公孫無賴，敗我玉寶。

拿灼熱之物手因而潰爛，火造成災難禍患。公子王孫蠻橫，損害玉璽。

註釋：應邂逅且忠信。貴族不顧危險，剛愎妄為，因而災禍上身，也導致政權敗壞。

公孫：公子王孫。**無賴**：蠻橫。**玉璽**：玉璽，比喻皇權。

62 小過：三虎上山，更相噬嚙。心志不親，如仇與怨。

三隻老虎一起上山，繼而相互啃噬。心願志向不親近，好像有怨恨的仇人。

註釋：邂逅卻持續小過。同行的團員變得相互爭鬥，不能同心共好，更互為仇敵。

三：象徵多。**更相**：相繼。**噬**：音是，咬。**嚙**：齧，音鎳，咬。

63 既濟：西家嫁子，借鄰送女。嘉我淑姬，賓主俱喜。

西鄰人家嫁女兒，借助鄰里幫忙送親。夫家讚譽她是賢淑婦女，賓客和主人都很歡喜。

註釋：邂逅已完成。本身條件良好，眾人也鼎力相助，與人親密結合，皆大歡喜。

西家：西鄰，比喻好的鄰居。**嫁子**：嫁女兒。**送女**：結婚時女家親屬送新娘到男家。
姬：對婦女的美稱。

64 未濟：克身潔己，逢禹巡狩。錫我玄圭，拜受福祉。

見屯之大畜。

註釋：邂逅狀態尚未結束。堅持德行，遇到貴人提拔，成就功業，擁有大福澤。

45 萃

45 萃：蒙慶受福，有所獲得。不利出城，病人困棘。

蒙受吉慶和福澤，有所收穫利得。不利於出城，病人被困在荊棘裡。

註釋：一直薈萃，最後過多。初始蒙受很大益處，後來問題叢生，受到阻難，無法行動。

1 乾：碩鼠四足，飛不上屋。顏氏淵德，未有爵祿。

碩大的田鼠有四隻腳，但飛不過屋頂。顏回有深厚的德性，但未曾有爵位和俸祿。

註釋：應薈萃陽氣。雖有能力和品德，但陽健不足，因而懷才不遇。

顏氏：顏回，世稱復聖，未仕，早夭。

＊《說文解字》：「（鼮）能飛，不能過屋。」

2 坤：新受大喜，福履重職，樂且日富。

第一次接受賞賜大為喜慶，有福祿官祿和重要職務，歡樂且日益富有。

註釋：相薈萃且溫良。人才被尊寵重用以及賞賜，團隊也會日益壯大。

新受：第一次接受賞賜。**福履**：福祿與官祿。

3 屯：尅身整己，逢禹巡狩。錫我玄圭，拜受福祉。

見屯之大畜。

註釋：相薈萃且能屯聚。安定的修身養性，後來遇到貴人賞識提

拔，擁有大功名和福祿。

圭：珪，諸侯在大典時所持的玉器。

4 蒙：置筐失筥，輪破無輔。家伯為政，病我下土。

放置竹器卻遺失了，車子輪子破了，車旁也沒有夾木。家伯主持政事，大地患病。

註釋：相薈萃轉為蒙蔽。體制遺失殘缺，也沒有輔佐的人才，奸人掌權，遍地災難。

筐：方的竹器。**筥**：圓形竹器。**輔**：車兩旁的夾木。**家伯**：周幽王的冢宰（太宰），為寵臣。**下土**：大地。

*《詩經・十月之交》：「家伯維宰。」家伯擔任周幽王冢宰，天災發生時，君臣還在享樂。

5 需：機言不發，頑不能達。齊魯為仇，亡我葵丘。

機智言論沒有發表，頑劣的人沒有通達。齊魯相互敵對，使葵丘霸業衰亡。

註釋：應相薈萃且耐心等待。兩個多才的國家不發揮智能合作，卻相互愚昧的敵對，因而失去了功業。

為仇：敵對。**葵丘**：齊桓公在葵丘大會諸侯並得到周天子認可，成為天下共主，比喻霸業。

*《列子・仲尼》：「大夫不聞齊魯之多機乎？……群才備也。」後兩句僅為借喻，並無歷史事件。

6 訟：亡錐失斧，公輸無輔。抱其彝器，適君子處。

失去了錐子和斧頭，公輸般沒有輔具。抱著祭祀的禮器，到大人的住處。

註釋：應相薈萃卻爭訟。人才被架空無法發揮能力，只好懷才到

他處求發展。

錐：尖銳鑽器。**公輸**：公輸般，巧聖魯班。**彝**：音宜，祭祀的禮器。**適**：至。

7 師：家在海隅，橈短深流。伯氏難行，無目以趨。

　　家在海邊，船槳很短，水流卻很深。兄長難以行動，因為眼睛無法趨往。

註釋：相薈萃才能出師。環境艱鉅凶險，本身拙劣又愚昧，隻身難以行動。

隅：音於，邊或角。**橈**：音撓，船槳。

8 比：德施流行，利之四鄉。雨師洒道，風伯逐殃。巡狩封禪，以告成功。

　　見益之復。

註釋：相薈萃且相比附。大行德政，惠及四海，賢良合作開發並掃除障礙，成就大功業。

9 小畜：筐傾筥覆，喪我公粒。簡伯無禮，太師正食。

　　籮筐傾倒竹筥翻覆，太師喪失了米粒。秦簡公不顧法禮，那是太師徵收的糧食。

註釋：相薈萃的態勢不足。上位不顧法禮，奪取原屬幹部的福利權益。

筐：方的竹器。**筥**：盛米飯的圓形竹器。**公**：三公，太師、太傅、太保，此處指太師。
粒：米食曰粒。**太師**：人臣中最高的官位。**正**：徵也。
*《史記‧六國年表》：「（秦簡公七年）初租禾。」原本土地為封主所有，百姓向封主繳納賦稅，後秦簡公首開中國先例，由朝廷直接向人民按畝徵收稻稅。

10 履：泥滓污辱，棄捐溝瀆。為眾所笑，終不顯祿。

見頤之師。
註釋：薈萃菁英去行履。卑賤低劣者，只會被遺棄嘲笑，永不錄用。

11 泰：<u>獮猴</u><u>兔</u>走，<u>腥臊</u>少肉。漏<u>卮</u>承酒，利無所得。

獮猴和兔子逃走，魚和肉缺乏又充滿腥臭味。以破漏的酒器承接美酒，利祿沒有獲得。
註釋：相薈萃才能康泰。人才君子都逃離，只有腐敗沒有利益，使用蠢材，不能成事。

獮猴：獼猴，最聰明的猴類，象徵人才。**兔**：象徵光明。**腥臊**：魚，肉的腥臭味。**卮**：音之，盛酒的器具。

12 否：鹿畏人藏，俱入深谷。命短不長，為虎所得，死於牙腹。

見姤之比。
註釋：相薈萃已閉塞。人才遠逃躲匿，沒多久還是被惡人殺害。

13 同人：<u>南山</u><u>蘭芝</u>，君子所有。<u>東家</u>淑女，生我<u>玉寶</u>。

南山上的蘭花和靈芝，為君子所擁有。東鄰的淑女，成為王妃。
註釋：相薈萃且能同仁。君子光明的薈萃在一起，品格高潔，美好的人備受寵愛重用。

南山：山南水北為陽，象徵光明。**蘭芝**：兩種香草象徵君子。**東家**：比喻美女。**玉寶**：天子或后妃的玉印。

14 大有：<u>左指右揮</u>，<u>邪佞</u>侈靡。<u>執節無良</u>，<u>靈君</u>以亡。

任由左右親信指揮號令，花言巧語奢侈靡爛。親信卻拿著符節調兵違法亂紀，楚靈王因而喪命。

註釋：薈萃君子才能大富有。聽信讒言，放縱淫逸，寵幸親信掌握兵權，親信卻違法亂紀，弒君篡位。

左右：象徵周邊的人。**邪佞**：花言巧語。**執節**：拿著符節，朝廷派遣使者或調兵的憑證。**良**：遵守法紀，如良民。**靈君**：楚靈王，命二弟滅陳蔡二國，自己卻建臺選美，後二弟兵變弒君篡位。

15 謙：鬱怏不明，為濕所傷。眾陰群聚，共奪日光。

見噬嗑之艮。

註釋：應薈萃謙謙君子。光明不再，小人聚集作亂破壞，篡奪王位。

濕、陰：象徵小人。

16 豫：穿鼻繫棘，為虎所拘。王母祝禱，禍不成災，突然脫來。

見謙之節。

註釋：薈萃君子才能安育。原先被惡人拘禁，後來請託貴人相助才脫險歸來。

17 隨：貧鬼守門，日破我盆。毀甖傷釭，空虛無子。

見損之剝。

註釋：應薈萃君子且隨理。惡人每天上門，大肆破壞，一盆如洗，無法餬口與生產。

甖：罌也。**釭**：油燈。

18 蠱：襄王叔帶，鄭人是賴。莊公卿士，皇母憂苦。

周襄王即位，王子叔帶作亂，於是周襄王逃亡去依賴鄭國。鄭莊公是周平王的卿士，為了母后造反而憂慮苦惱。
註釋：相薈萃狀態已蠱敗。內部（兄弟）為了爭奪而紛亂造反，
　　　令人擔憂。
* 《史記‧周本紀》載，周襄王登基後，其弟王子叔帶以狄人攻周，周襄王逃到鄭國。
* 《史記‧鄭世家》載，鄭莊公是周平王的卿士，他的母后和弟弟合謀要叛亂篡位被其弭平，皆放逐。
* 兩例獨立併舉，並無連結關係。

19 臨：<u>昭君死國</u>，<u>諸夏蒙德</u>。異類既同，<u>宗</u>我王室。

　　漢昭帝為國家鞠躬盡瘁，漢族的諸侯國都蒙受德澤。異族也都和同，來朝見皇室。
註釋：相薈萃且臨政。領袖致力治理，國內諸侯和外國異族都來
　　　歸順均霑恩澤。
昭君：漢昭帝，在位時休生養息，境內富裕，四夷來朝，死時只有二十一歲。**諸夏**：漢族境內的眾諸侯國。**宗**：諸侯朝見天子。
* 《漢書‧霍光金日磾傳》：「昭帝既冠……百姓充實，四夷賓服。」

20 觀：<u>冬藪枯腐</u>，<u>常風於道</u>。蒙被塵埃，<u>左右</u>勞苦。

　　冬天沼澤乾枯腐臭，道路上長期刮風。蒙受披覆了塵埃，向左向右都艱辛勞苦。
註釋：應相薈萃且觀省。環境長期蕭條紛亂，飽受風吹塵埃，獨
　　　自四處發展都備感艱辛。
藪：密生雜草的沼澤。**常風**：長期刮風。**被**：披也。**埃**：塵土。**左右**：東西，象徵四處。

21 噬嗑：<u>六爻既立</u>，神明喜告。<u>文定吉祥</u>，康叔受福。

　　六個爻都已成立，神明歡喜的宣告，手紋註定了吉祥，康強

的諸侯，蒙受福分。

註釋：相薈萃且能法治。建構都已完成，得到上天的祝福，與人親密結合，吉祥又成立大功業。

文：紋也，指手紋；見註。**康叔**：比喻康強的諸侯（康叔原為周武王親弟，封於康，稱康侯）。

*《左傳‧魯昭公元年》載：唐叔將生時，周武王夢見上帝命令他將孩子取名虞，等到孩子生下時，手紋果然為「虞」字。

22 賁：泣涕長訣，我心不快。遠送衛野，歸寧無子。

哭泣流淚的長久辭別，心裡不快活。遠送到衛國的野外，回娘家向父母請安，國中沒了太子。

註釋：應相薈萃且整飭。小人作亂，君子長遠離散，不捨而悲傷，團隊也沒接班人。

涕：眼淚。**訣**：辭別。**歸寧**：女子回娘家向父母請安。

*《詩經‧燕燕》：「之子於歸，遠送於野。瞻望弗及，泣涕如雨。」衛國皇后莊姜雖賢但沒有子嗣，與妾戴媯情同姊妹，並將其子視為己出，後亦繼位。此詩描寫衛國政變，莊姜送戴媯和她的孩子回母國避難的情景。

23 剝：三宿無主，南行勞苦。東里失利，喪其珍寶。

三日三夜沒有住宿休息，向南行進勞碌苦楚。去東方鄉里也失去利潤，喪失了珍貴的寶物。

註釋：應相薈萃卻剝落。長期獨自四處勞碌奔波，不得休息還喪失了利機和財富。

三宿：三日三夜，喻時間較久。**主**：住也。**南、東**：象徵四方。

24 復：大斧破木，讒佞敗國。東間梁王，禍及三子。晉人亂邑，懷公出走。

大斧頭擊破樹木，毀謗和花言巧語敗壞國家。東關嬖五和梁五離間君王，禍害危及三位公子。後來晉人作亂，晉懷公出走逃難。

註釋：薈萃君子才能返復回來。小人妖惑上位，破壞團結，陷害忠良，致使國家敗壞，後來人民革命，昏君逃亡。

讒：中傷、陷害別人的壞話。**東**：東關嬖五。**梁**：梁五。**三**：象徵多。

* 典故見比之履。

25 無妄：乘風上天，為時服軒。周旋萬里，無有患難。

乘著風升上天空，同時駕駛大車，以禮節交際到萬里之外，沒有患難災害。

註釋：相薈萃且不虛妄。一起行動，多路出發，向外拓展邦交，一切平安美好。

為時：從時機上來看。**服**：負也，駕駛。**軒**：有帷幕的大車。**周旋**：行禮時進退揖讓，象徵以禮節交際。

26 大畜：大樹百根，北與山連。文君作人，受福萬年。

大樹有百條根柢，加倍和山相連（見註）。周文王培育人才，萬年都蒙受福澤。

註釋：相薈萃且大積蓄。基礎宏大穩健，穩如泰山，仁君培養人才，國運綿長不絕。

百、萬：象徵極多。**北**：倍也。

* 樹根能抓緊土壤，故曰倍與山連。

27 頤：陽伏在下，陰制祐福。生不逢時，潛龍隱處。

陽氣趴伏在底下，陰氣控制福澤。出生沒有逢到時令，沉潛的龍隱居獨處。

註釋：君子相薈萃才能頤養百姓。君子不振作，小人掌握資源，人才生不逢時，只能沉潛不出。

祐：福祉。

28 大過：亂頭多憂，搔蝨生愁。膳夫仲尹，使我無聊。

頭部昏亂多有憂疾，搔抓蝨子心生憂愁（頭部有蝨子因而昏亂多有憂疾，用手搔抓，心生憂愁）。仲允擔任膳官拼命張羅鋪張的美食，人民失去依靠。

註釋：薈萃君子才能大超越。小人聚集擾亂朝廷，國家令人憂慮，佞臣奉承，君主淫逸，人民百無聊賴。

膳夫：掌管帝王膳食的官員。**仲**：仲允（人名），掌管周幽王飲食的官員。**尹**：長官。
聊：依賴。

＊《詩經・十月之交》：「仲允膳夫。」天災發生，周幽王君臣還在享樂。

29 坎：江河淮海，天之都市。商人受福，國家富有。

見謙之小畜。

註釋：相薈萃克服落陷。環境富庶，地方繁榮，貿易發達，國家大為富有。

30 離：泰山幽谷，鳳凰游宿。威儀有序，可以來福。

泰山幽深的山谷，有鳳凰在悠遊住宿。儀態威嚴且行為有序，可以招來福澤。

註釋：相薈萃且相附著。美好的地方聚會賢良共居，自由發揮，舉止端正，符合禮儀，招致許多福澤。

31 咸：山水暴怒，壞梁折柱。稽難行旅，留連愁苦。

見咸之豫。

註釋：應相薈萃且相感應。環境大為損壞，險惡無法前進，只能
　　　獨自悲苦的接連留滯。

32 恆：阿衡服箱，太一載行。巡時歷舍，所之吉昌。

　　宰相駕車，載著皇帝前行。巡狩時赦盡罪刑，所到之處都吉祥昌隆。

　　註釋：相薈萃且持恆。君臣諧和共事奔波，所至之處，對人民寬赦，無不昌隆。

阿衡：原為輔弼帝王、教導王室的大官，後引申為宰相。**服箱**：負載車廂，比喻駕駛馬車（非騎馬）。**太一**：天帝，比喻皇帝。**巡**：巡狩，天子巡行諸國。**歷**：遍、盡。**舍**：赦也，捨其罪。**之**：到。

33 遯：三宿無主，南行勞苦。東里失利，喪其珍寶。

　　見萃之剝。

　　註釋：相薈萃狀態已遁逃。長期獨自四處勞碌奔波，不得休息還
　　　　　喪失了利機和財富。

34 大壯：生無父母，出門不喜。買菽失粟，亡我大乘。

　　出生就沒有父母，出門不受疼喜。買了粗鄙的豆子卻失去美好的粟米，還遺失了大車。

　　註釋：相薈萃才能壯大。自始沒有親密伴侶，外出也沒人同伴，
　　　　　總是得小失大，也喪失前進的大機會。

菽：豆類的總稱，比喻粗食。**粟**：《說文》：「粟，嘉谷實也。」**乘**：車。

35 晉：安坐玉堂，聽樂行觴。飲福萬歲，日受無疆。

923

見鼎之升。

註釋：相薈萃而前進。安樂尊貴，生活歡樂，每天都享受無盡的福祿。

玉堂：豪貴的廳堂或宮殿。

36 明夷：登危入厄，四時變易。春霜變雪，物皆凋落。

登上危險進入險厄，四季變易交替。春霜變成冬雪，萬物都凋零墜落。

註釋：相薈萃狀態轉為瘡痍，不再薈萃。局勢變險惡，事物都產生變化，好事變壞事，蕭條不生。

37 家人：衣穴履穿，無以禦寒。細小貧窶，不能自存。

衣服破洞，鞋子穿透，沒有東西可以禦寒。體型微小又貧陋，無法自己生存。

註釋：應相薈萃且家人。貧窮至極，沒人應援，軟弱困乏，無法自己維生。

穴：洞。**履**：鞋子。**細**：微小的。**窶**：音句，貧陋。

38 睽：目不可合，憂來搔足。悚惕恐懼，去其邦域。

眼睛不敢闔上，憂慮有人來搔癢小腳阻礙休止。驚悚又恐怖畏懼，離開邦國領土。

註釋：相薈萃狀態已睽離。小人趁隙擾亂，無法片刻安歇，因而驚慌逃到他處。

足：《廣韻》：「止也。」**悚、惕**：恐懼。**去**：離開。

39 蹇：齎貝贖貍，不聽我辭。繫於虎鬚，牽不得來。

見否之革。

註釋：相薈萃狀態已蹇跛。勸告回心轉意，但還是違反正道去跟小人合謀，結果反被牽制，無法返回。

40 解：伯夷叔齊，貞廉之師。以德防患，憂禍不存，聲芳後時。

見比之剝。

註釋：相薈萃且解決問題。以君子為師，以德行防範禍端，沒有災患，美好的聲譽流傳後世。

41 損：張王子季，爭財相制。商君頑嚚，不知所申。

張三王五的兒子小弟，爭奪財產相互切割。商鞅冥頑不靈，不知加以申誡。

註釋：相薈萃狀態已受損。商鞅為了強國，強制父子兄弟必須分家，導致每戶人家手足骨肉爭產紛爭嚴重，卻不導正。

張王：張三、王五，泛稱人。**季**：小弟。**制**：切割。**商君**：商鞅。**嚚**：音吟，愚蠢而頑固不變。
*《新書・時變》：「商君違禮義，棄倫理……秦人有子，家富子壯則出分，家貧子壯則出贅……其慈子嗜利，而輕簡父母也。」

42 益：長城既立，四夷賓服。交和結好，昭君受福。

長城已建立，四方蠻夷臣服。邦交和諧締結美好，漢昭帝蒙受福澤。

註釋：相薈萃而益增。本身堅強厚實，接受四方來歸附，與他們結交友好，國家蒙受大福。

賓服：臣服。**昭君**：漢昭帝，在位時休生養息，境內富裕，四夷來朝。

*《漢書‧霍光金日磾傳》：「昭帝既冠……百姓充實，四夷賓服。」

43 夬：千歡萬悅，舉事為決。獲受嘉慶，動作有得。

千萬人都歡喜欣悅，舉用人才任事明決。獲得嘉譽蒙受吉慶，行動都有所得。

註釋：相薈萃且能明決。明智果決的選賢與能進行政務，大眾歡欣擁護，每個人都有喜慶和收穫。

舉事：舉用人才來任事。**動作**：活動或行動。

44 姤：種一得十，日益有息。仁政獲民，四國睦親。

種植一個卻得到十個，每日都益增孳息。仁政獲得民心，四方鄰國都和睦親密。

註釋：相薈萃又相邂逅。實行仁政，內部外部都美好和睦，一本萬利，日日孳生。

十：象徵滿數。

46 升：安子富有，東國不殃。齊鄭和親，顯比以喜。

安定子孫而且富有，東鄰夷國沒製造災殃。齊鄭和好通親，臣子以光明之道輔佐君主，因而喜慶。

註釋：相薈萃且上升。內部康富繁衍，四方安定，與外人親密結合，任用賢良行光明之道，大為喜樂。

和親：王室通婚以維護兩國和好，比喻親密結盟。**顯比**：臣子以光明之道輔佐其君。
*《左傳‧隱公三年》：「冬，齊鄭盟於石門，尋盧之盟也。」

47 困：九里十山，道仰峻難。牛馬不前，復反來還。

見咸之觀。

註釋：以相薈萃克服困阻。前進極為艱難，成員無法前進，於是
　　　退回相守。
仰：向上。

48 井：鳩杖扶老，衣食百口。增添壽考，凶惡不起。

用刻有鳩鳥的手杖扶持老人，衣食可以養育眾多人口。增添壽命而長壽，凶災惡事不興起。

註釋：相薈萃且井然。國家富足，老人都受到照護，人人安詳康泰，
　　　沒有禍事。

鳩杖：相傳鳩不會被食物噎到，故以鳩杖賜年高之人。**百口**：眾多人口。**考**：長壽。

49 革：霧露雪霜，日暗不明。陰孽為疾，年穀大傷。

見姤之恒。

註釋：相薈萃狀態被革除。小人叢生作惡，環境毀壞，是非不明，
　　　飢荒貧困。

50 鼎：迷行數邪，不知東西。陰強暴逆，道理不通。

迷失行路，頻頻偏斜，不知東西方向。陰氣強大殘暴橫逆，正道義理不能暢通。

註釋：相薈萃狀態覆鼎。蒙昧茫然因而迷失方向，小人稱霸為禍，
　　　義理無法伸張。

數：頻頻。**邪**：斜也。

51 震：登高上山，見王自言。信理我冤，得職蒙恩。

見需之未濟。

註釋：相薈萃而震奮。積極爭取申覆，獲得大貴人相助，洗刷冤屈，

也得到任用與恩惠。

信理：知曉處理。

52 艮：<u>三世為德，**天祚以國**。**封建少昊**，魯侯之福</u>。

三個世代都行德政，天子維繫國家。黃帝分封土地給少昊，成為魯侯有福澤。

註釋：相薈萃克服受阻。歷代都行德施恩，得到天賜的福氣，受到貴人提攜，成立大功業。

三：象徵多。**天祚**：上天賜福的天子。**封建**：天子分封領土給諸侯。**少昊**：黃帝長子，建都曲阜，後之魯國。

53 漸：<u>**喬木無息**，漢女難得。**橘柚請佩**，**反手難悔**</u>。

巨木無法棲息，漢江的淑女難以娶得。以橘柚請求玉珮，先應允但反手之間便厭惡後悔。

註釋：相薈萃應漸進。賢良難求，無禮的請求和同，很容易會被厭惡戲弄。

喬木：枝幹高大而有主幹的樹木。**反手**：如反掌，比喻輕易。**難**：厭惡。

*《詩經‧漢廣》注：「喬木無息，漢女難得。橘柚請佩，反手離汝。」周朝鄭交甫見漢江旁有二位美麗女子於是前往示愛：「橘是柚也，我盛之以笝（音苔，圓形竹器）。」以橘柚同笝象徵同室。女子「遂手解佩與交甫」象徵接受愛意，但「趨去數十步，空懷無佩」，被戲弄了。

54 歸妹：<u>**東鄰西家**，**來即我謀**。**中告吉誠**，使君安寧</u>。

東邊和西邊的鄰家，前來和我謀合。他們都中正明潔吉祥誠信，使人安定康寧。

註釋：相薈萃且相歸依。四方都來偕同，都是中正的君子，所以安寧吉祥。

即：至。告：皓也，光亮，潔白。

55 豐：襄衣出戶，心欲北走。王孫毋驚，使我長生。

　　提起衣服出了門戶，心裡想要向北方行走。公子不要騷動，這樣就會長命百歲。

註釋：相薈萃才能豐盛。前途陰晦多難，不要貿進，留在原地相守，
　　　便有大平安。

襄：音牽，提起。北：象徵陰晦之地。王孫：貴族後代，對人的尊稱。驚：動。

56 旅：三日不飲，遠水無酒。晝夜焦喉，傷鬼為咎。

　　三日沒有飲水，水在遠處也沒有甘露。白天晚上喉嚨都乾焦，使人受傷的鬼也來作惡。

註釋：應相薈萃再去旅歷。旅途長期困乏，又沒有支援，始終艱
　　　苦難當，招致凶險。

三：象徵多。酒：天酒，甘露。傷鬼：使人受傷的鬼。

57 巽：眾口銷金，愆言不驗。腐臭敗兔，入市不售。

　　眾人的嘴巴可以銷鎔黃金，過失的語言不會應驗。腐敗發臭的兔子，進入市集無法售出。

註釋：要相薈萃應該安順。眾口鑠金，信口雌黃，光明已敗壞，
　　　無法發展謀利。

愆：過失。兔：象徵光明。

58 兌：姬冠應門，與伯爭言。東家失狗，意我不存。爭亂忘因，絕其所歡。

　　婦女戴著冠帽應接叩門，和伯父起了語言爭執。東邊鄰家遺

失了狗，猜臆我不存好心。爭執紛亂已經忘了原因，但還是斷絕伴侶。

註釋：相薈萃才能欣悅。不當攬權，與人爭亂，大家相互猜忌，怨恨始終不去，於是絕交。

姬：婦女。**冠**：古時男人行冠禮，象徵接續法統；女人行及笄禮，不戴冠。**伯**：比喻自家長輩。**東家**：東鄰比喻不好的鄰居。**意**：臆也。**所歡**：伴侶。

59 渙：<u>祚加明德</u>，<u>與我周國</u>。<u>公劉文母</u>，福流子孫。

福祉增加，彰明德行，大家跟隨著周國。公劉和太姒，福氣流傳給子孫。

註釋：相薈萃而渙發。有福澤且德行光明，眾人來追隨，領袖接繼努力創業，後代都受蔭。

祚：音作，福。**與**：跟隨。**公劉**：周部落第一位宗主。**文母**：文王正妻太姒，生武王創立周朝。

60 節：<u>針頭刺手</u>，<u>百病瘳愈</u>。<u>抑按捫灸</u>，死人復起。

針頭刺入手臂，百病都痊癒了。按摩揉壓並執行針灸，死人復活起來。

註釋：相薈萃且有節度。施以整治，弊端全都清除，團隊死而復活。

瘳、愈：癒。**抑按**：按壓。**捫**：音門，持、執。**灸**：音久，針灸。

61 中孚：<u>元龜象齒</u>，大賂為寶。<u>稽疑當否</u>，衰微復起。

大龜和象牙，是大的財物和寶貝。考察疑事是否正當，衰弱式微的恢復興起。

註釋：相薈萃而且忠信。君子和人才是最大的寶藏，遇到問題能慎決明斷，因而復興起來。

元：大。**賂**：財物。**稽**：考察。**稽疑**：用卜筮決疑，泛指考察疑事。
*《詩經・泮水》：「元龜象齒，大賂南金。」

62 小過：故室舊廬，消散無餘。不如新創，可以樂居。

舊的房室和屋廬，消失離散沒有餘留。不如重新創立，可以歡樂居住。

註釋：相薈萃才能小超越。組織破敗，已經潰散，不如一起另起爐灶，可以安居樂業。

63 既濟：老狐多態，行為蠱怪。驚我主母，終無咎悔。

老練的狐狸化成多種樣態，行為妖惑古怪。驚動女酋長，最終沒有過錯悔恨。

註釋：相薈萃才能完成。奸人老練多變，又愛作惡，上位警覺聚眾嚴加防範，所以平安。

老：冠在動物上的飾詞，如老虎、老鼠、老鷹，喻其老奸能為害。**蠱**：迷惑。**主母**：女酋長。
*《莊子・庚桑楚》：「孼狐為（偽）之祥。」

64 未濟：愛子多材，起迹空虛。避害如神，水不能濡。

愛護子民，多有才能，起建功績從空蕩虛無中。避開禍害有如神人，水無法將其沾濕（見註）。

註釋：以相薈萃克服結束。領袖博愛多能，帶領大家從無到有建設，上天保佑避開災難，一點災厄也沒有。

材：才也。**迹**：績也，功勞。
*《易經》與《易林》以狐狸渡河濡其尾比喻前進遇險，故此處反曰水不能濡。

46 升

46 升：禹鑿龍門，通利水泉。東注滄海，民得安全。

　　見乾之豫。
註釋：上升又上升。排除險困，致力建設，環境平安暢通，人民安居樂業。

泉：水的源頭。

1 乾：白鹿鳴呦，呼其老小。喜彼茂草，樂我君子。

　　白鹿鳴叫著，呼喚牠的家眷。喜歡那片茂盛的草原，和君子安樂。
註釋：上升且陽健。君子與人共享，一如家人，環境祥瑞美好，眾人歡樂有德行。

白鹿：象徵有德行且祥瑞；見註。呦：音悠，鹿鳴聲。老小：家眷。
＊《白虎通德論‧封禪》：「德至……白鹿見。」

2 坤：百里南行，雖微得明。去虞適秦，為穆國卿。

　　見同人之解。
註釋：要上升應溫良。雖然遇到阻礙，但能另謀發展，獲得上位提拔，一起成立大功業。

微：卑微。

3 屯：王宜孫喜，張名益有。龍子善行，西得大壽。

　　帝王安順，子孫喜慶，張顯美名，增益所有。皇帝子孫多行善事，西行得到高壽。

註釋：上升之後屯聚。自己與子孫都已安樂，有聲望又有財富。
後代接續行善，追求聖道與久安。
宜：安順。**龍**：比喻皇帝。**西**：王母娘娘住於崑崙山西方。

4 蒙：**畫龍頭頸，文章不成。所求不得，失利後時。**

畫了龍的頭和頸部，斑斕的花紋沒有完成。所求未能得到，失去利益，延誤時機。
註釋：想上升卻蒙昧。虛有其表，實無才華，沒有得利也失去機會。
畫龍：比喻虛有其表而無其實的事物。**文章**：紋彰也，紋彩燦美。

5 需：**商子無良，相怨一方。引剛交爭，咎自以當。**

商紂目無法紀，引起一片怨恨。拉開強力的弓箭，交相爭鬥，災禍要自己擔當。
註釋：要上升應等待，不可躁進。急功好利，引發戰亂，各方反擊，
因而自食惡果。
商子：商朝子姓，此處指商紂。**良**：遵守法紀，如良民。**一方**：一片。**引**：開弓。**剛**：《說文解字》注：「剛，彊也；彊者，弓有力也。」

6 訟：**衰老困極，無齒不食。痔病痟瘵，就陰為室。**

衰弱病老困苦至極，沒有牙齒無法進食。因痔瘡和疼痛的疾病，進入陰晦的墓穴。
註釋：上升的爭訟。窮途末路，毫無能力又惡疾纏身，終而覆滅。
痔：古時視為潰爛難癒之病，堪比外刑；見註。**痟**：音消，疼痛。**瘵**：音債，疾病。
就：進入。**室**：墓穴。
*《韓非子‧解老》：「夫內無痤疽癉痔之害，而外無刑罰法誅之禍者。」

7 師：鳶生會稽，稍巨能飛。翱翔桂林，為眾鳥雄。

　　老鷹生長於會稽山，逐漸長大能夠飛翔。翱遊飛翔到桂木，成為眾鳥的霸主。

註釋：上升的王師。英雄誕生，成長茁壯後，遷往富庶之地經營，成為眾人領袖。

鳶：老鷹。**會稽**：屬華中；《論衡・書虛》：「會稽，眾鳥所居。」**稍**：逐漸。**桂林**：屬華南，比喻富庶之地；見註。
*《鹽鐵論・通有》：「荊揚南有桂林之饒。」

8 比：安平不傾，載福長生，君子以寧。

　　安定太平沒有傾倒，承載福德生命長久，君子因而康寧。

註釋：上升且能比附。安定又太平，福澤又長壽，有德行所以康泰詳寧。

9 小畜：牛驥同槽，郭氏以亡。國破為墟，君奔走逃。

　　見小畜之晉。

註釋：想上升但蓄小勢弱。不能識人用賢，國家未能發展，因而被攻破覆滅，領袖逃難。

10 履：日中明德，盛興兩國。仁聖會遇，君受其福，臣多榮祿。

　　日正當中德行光明，本國和外國都旺盛興隆。仁者和聖者相會相遇，君主蒙受福澤，臣子多有光榮利祿。

註釋：上升且履行。德行大為光明，內政外交都興盛，明君和賢良會聚，君臣互蒙其利。

11 泰：公劉之居，太王所業。可以長生，拜受福爵。

　　公劉居住的地方，是太王的基業之處。可以長久生存，拜謝蒙受福祿和爵位。

註釋：上升且康泰。聖人相互傳承，開創長久康泰的功業。

公劉：周部落第一位宗主。**太王**：古公亶父，追封為周國第一位君王。

12 否：時凋歲霜，君子疾病。宗女無辜，鄭受其殃。

　　時令凋謝，年歲到了降霜，君子有禍害。雍氏宗女沒有罪過，鄭國卻蒙受了災殃。

註釋：上升的閉塞態勢。世道轉為敗壞，奸人圖謀亂政，君子受到牽連，國家深受其害。

疾、病：禍害。**宗女**：宗族之女。**辜**：過錯。

*《左傳‧桓公十一年》：「宋雍氏女於鄭莊公，曰雍姞，生厲公（名突，為公子，並非世子）。」雍姞本身為人所尊重，無亂政之心，但宋國與雍氏欲立公子突登位，故勾結權臣亂政，引發多次王位爭奪，鄭國因而由盛而衰。

13 同人：濟河踰阨，脫母怵惕。四叔為衛，使惠不廢。

　　渡過河流，越過險地，脫離母親而恐懼。有商山四皓守衛，使得惠帝不被廢黜。

註釋：要上升應同仁。離開故地，外出歷險，路途充滿凶惡。但能與眾多賢良偕同，因而安然無恙。

濟：渡河。**踰**：越。**阨**：險要的地方。**怵、惕**：恐懼。**四叔**：商山四皓，四位賢人。

*《史記‧留侯世家》載，劉邦欲換太子，呂后要太子請出商山四皓為佐，劉邦知太子羽翼已成，打消念頭，太子登機為漢惠帝。

14 大有：缺破不完，殘瘵側偏。公孫幽遏，跛踦後門。

935

殘缺破損不完全，殘廢患病而且偏斜。公子因昏暗而停止，跛腳延誤沒趕上關門。

註釋：要上升必須大有。資財破損，身體殘缺，環境又昏暗，顛簸延誤時機，在外滯留。

瘵：音債，疾病。側：偏斜。公孫：公子王孫，對人的尊稱。幽：昏暗不明。遏：止。
踦：音己，跛。後門：延誤沒趕上關門。

15 謙：延頸遠望，昧為目病。不見叔姬，使伯憂心。

見坤之無妄。

註釋：要上升應謙恭。引頸眺望，但心志蒙昧，看不清楚，以致沒人偕同，心生憂慮。

昧：昏暗不明。

16 豫：上無飛鳥，下無走獸。擾亂未清，民勞於事。

天上沒有飛鳥，地下沒有奔走的野獸。騷擾紛亂尚未清除，人民為役事勞碌。

註釋：要上升應頤養。環境肅殺，蕭瑟空乏。君主一直興事，人民疲憊不堪。

17 隨：久陰霖雨，塗行泥潦。商人休止，市空無有。

見謙之恆。

註釋：要上升應隨理。環境一直惡劣，前途艱困難行，前進經營，無法獲利。（應等待時機來到）

18 蠱：盲者張目，跛踦起行。瞻望日月，與王相迎。

眼盲的人張開眼睛，跛腳的人起立而行。遠望太陽和月亮，

與君王相互迎接。

註釋：上升且整治蠱敗。振衰起敝，重新鼎立，前途光明，君臣諧和共事。

跂：音己，腳。**瞻望**：遠望。

19 臨：據斗運樞，高步六虛。權既在手，寰宇可驅。國大無憂，與樂並居。

根據北斗星座樞星的運轉，抬高步伐走向世界。權力全部在手上，全宇宙都可以前往。國家壯大沒有憂患，大家福樂共居。

註釋：上升而且臨政。順從天道，邁向世界。大權在握，無地不至。國家壯大，百姓歡樂。

樞：北斗星座的第一顆星。古時以北斗星座指向來判斷時令和吉凶。**六虛**：上下與四方，比喻世界。**寰宇**：全宇宙。**驅**：前進。

20 觀：稼穡不偏，重過不傾。巧言賊忠，傷我申生。

農作沒有偏斜，重複全面檢視沒有傾倒。花言巧語賊害忠良，傷害太子申生。

註釋：要上升應觀省。謹守忠實便不會偏斜，聽信小人惡語，賢良便受到傷害。

稼穡：音架色，播種與收穀，泛指農作之事。**過**：從頭到尾重新審視。**申生**：晉獻公愛妾驪姬誣賴太子申生，申生因而自殺。

21 噬嗑：金城銕郭，上下同力。政平民親，寇不敢賊。

金屬的城池，鐵鑄的城牆，上下同心協力。政治平和人民相親，匪寇不敢做亂。

註釋：上升並能法治。固若金湯，君臣同心協力。政治安定，人

937

民團結，局勢安定。

銕：鐵也。**郭**：外城牆。

22 賁：目鏡不明，冬災大傷。盜花失實，十年消亡。

　　目視鏡子卻不明晰，冬天的寒災造成大傷害。花朵被侵害，失去果實，十年積蓄都消耗衰亡。

註釋：要上升應整飾。蒙昧不清，導致災禍，失去繁衍的資產和
　　　機會，長久敗亡。

盜：侵害。**實**：熟成的瓜、果、穀穗。**十年**：象徵一個執政期間。

*《新書‧無蓄》：「禹有十年之蓄，故免九年之水；湯有十年之積，故勝七歲之旱。」本條為反喻。

23 剝：鰥寡孤獨，命祿苦薄。入室無妻，武子悲哀。

　　見坎之升。

註釋：上升的剝落狀態。孑然一身，悲傷疾苦，無法繁衍，因沒
　　　德行而面臨絕境。

24 復：飲酒醉飽，跳起爭鬭。伯喪叔僵，東家治喪。

　　見比之鼎。

註釋：上升狀態返復回去。放縱魯莽生起紛爭，成員互鬥重傷，
　　　領導只能收拾善後。

25 無妄：介紹微子，使君不殆。二國合歡，燕齊以安。

　　引薦隱匿的君子，君王使者沒有懈怠。兩國和合交歡，燕齊因而安定。

註釋：上升且不虛妄。廣為努力尋找隱士賢良來任用，並與鄰國

和好,四海安定。

介紹:引入,推薦。**微**:隱匿。**燕齊**:兩國為世仇,此處僅借喻為化敵為友。

26 大畜:牽牛繫尾,詘折幾死。彫世無仁,不知所在。

牽牛卻拉著尾巴(應拉著鼻繩),強迫折騰幾近死亡。凋落的世代沒有仁政,不知存身所在之處。

註釋:上升才有大蓄積。手段不對又蠻橫殘暴,君主暴虐無道,
　　　人民流離失所。

繫:牽。**詘**:屈也,強迫。**彫**:凋也。

27 頤:東龍冤獨,不知所觸。南北困窮,王子危急。

東方蒼龍獨自怨恨,不知抵觸到何物?南邊北邊都困阻窮絕,王子也危險急迫。

註釋:上升才能頤養。君主獨自一籌莫展,四面碰壁,王室延續
　　　有危機。

東、南、北:象徵四方。**龍**:比喻帝王。

28 大過:疾貧王孫,北陸無襌。祿命苦薄,兩事孤門。

疾病貧窮的公子,冬天一件單衣都沒有。食祿與命運苦楚單薄,因事不專一而成為寒門。

註釋:要上升應大超越。貧病交迫,衣食無著,命運變得乖舛,
　　　皆因不能專一經營,以致破敗。

王孫:對人的尊稱。**北陸**:北方陸地,比喻冬天。**襌**:單衣,只有一層的衣服。**兩事**:即二事,不能專心一致。**孤門**:寒門。

29 坎:公孫駕驪,載遊東齊。延陵說產,遺季紵衣。

見乾之益。

註釋：以上升克服落陷。為加強合作而奔波，與人和好共享，大家互蒙其利。

30 離：**王良善御**，伯樂知馬。文王**東獵**，獲喜聖事。開福**佑賢**，**周發興起**。

　　王良善於駕馭，伯樂能識千里馬。周文王在東海巡狩，歡喜的獲得聖人姜子牙來任事。開創福澤賢能協助，周武王興起霸業。
註釋：上升且相附著。人才濟濟各有專長，聖君加以尋找任用，開創福澤，後代續建大功業。

王良：趙國駕馭能手，後以其名命驛馬星。**御**：駕馭。**東**：姜子牙為東海人氏。**獵**：狩，帝王視察諸侯所守的地方。**事**：任用。**佑**：協助。**周發**：周武王姬發。
* 姜子牙先後輔佐周文王、周武王，協助開創周朝。

31 咸：日月不居，**重耳趍舍**。遊燕入秦，晉國是霸。

　　太陽月亮不在居處，重耳快步離開。遊歷進入秦國並與之燕好，得到秦王幫助，晉國成為霸主。
註釋：上升且相感應。一開始失去全部光明，君子倉皇逃難，歷經劫難，後來獲得大貴人相助，重建大霸業。

重耳：為後母所害流離各國，最後在秦國支持下回國登基成為晉文公，春秋五霸之一。**趍**：趨也，快步前進。**舍**：捨也，離開。**燕**：燕好，親密和好（重耳未至燕國）。

32 恆：假文翰翼，隨風偕北。至虞夏國，興愛相得。年歲大樂，邑無盜賊。

　　藉著紋彩又堅硬的羽翼，隨風一起到北方。到達虞國和夏國，興盛親愛互相契合。年年大為歡樂，國家沒有強盜竊賊。

註釋：上升且能持恆。亮麗又堅強的一起高飛，到達仁君的國度，
　　　人民相愛國家興盛，豐收而且安定。
假：藉也。**文**：紋也。**翰**：長而堅硬的羽毛。**北**：侯鳥遷徙的方向。**虞夏**：分別為舜、禹的國家，象徵聖人之國。**相得**：互相契合。

33 遯：<u>南行無遯，延頸後食。舉止失利，累為子孫。</u>

向南方行進沒有遁逃，伸長頸子期盼，卻延誤得到食物。行動失去順利，拖累了子孫。

註釋：上升狀態隱遁。勇敢前進尋找光明，熱切期望，卻不如預期，
　　　最後還行動失利，延誤後代與繁衍。
南：比喻光明的方向。**遯**：遁逃。**延**：伸長。**舉止**：行動。

34 大壯：<u>開元作喜，建造利事。平準貨寶，海內殷富。</u>

開創新朝代露出喜色，興建營造有利事物。平穩財貨珍寶的價格，四海之內都殷實富足。

註釋：上升而且壯大。開創新紀元，營造利多環境，並且穩定物價，
　　　國家大為富足。
開元：開創新朝代。**作喜**：露出喜色。**平準**：平穩物價，使其合於標準。**海內**：四海之內，國境。**殷**：充實富足。

35 晉：<u>三犬俱走，鬭於谷口。白鷰不勝，死於坂下。</u>

三隻狗一起奔走，在山谷出入口發起戰鬥。白色燕子無法制伏牠們，死於山坡之下。

註釋：上升又前進，淪於躁進。全面發動險惡的爭鬥，君子被消滅。
三：象徵多。**谷口**：比喻凶險之地。**白**：象徵純潔。**鷰**：燕也，象徵燕好。**勝**：制伏。
坂下：山坡下，比喻危險的地方。

36 明夷：驕胡犬形，造惡作凶。無所能成，還自滅身。

見明夷之大壯。

註釋：上升狀態已痀瘏。像蠻人一樣惡行惡狀，製造禍端，一事無成又自取滅亡。

37 家人：拜跪贊辭，無益於尤。大夫頑嚚，使我生憂。

禮拜叩跪獻上祝禱之辭，但沒有特別的助益。朝廷大官頑固愚蠢，生起憂患。

註釋：要上升應親如家人。百姓虔誠請求卻沒有用，大奸臣冥頑不靈的造孽，國家堪憂。

贊辭：祝禱之辭。**尤**：特別的。**嚚**：音吟，愚蠢而頑固不變。

38 睽：辰以降婁，王駕巡狩。廣佑施惠，萬國咸喜。

見小畜之大畜。

註釋：以上升克服睽離。時令大好，帝王四方巡察，廣施恩惠，天下大喜。

巡狩：天子巡行諸國。

39 蹇：牽羭上樓，與福俱居。勞躬治國，安樂無憂。

牽母羊上樓，與福澤一起居住。辛勞的親自治理國家，安樂沒有憂慮。

註釋：以上升克服蹇跛。更上層樓，保持繁衍與福澤，親力親為不鬆懈，團隊安樂無患。

羭：音瑜，母羊，象徵能繁衍的吉祥。**躬**：親自。

40 解：白鳥銜餌，鳴呼其子。挾施張翅，來從其母。

見小畜之小畜。

註釋：上升狀態解除，轉為安頓。尊上慈愛，召喚孩子回家團圓，不再前進求。

挾施：閉合與展開。

41 損：盲瞽獨宿，莫與共食。老窮於人，病在心腹。

眼瞎的人獨自住宿，不與人共同進食。人已老弱貧窮，要害生了病。

註釋：上升的折損狀態。蒙昧而孤僻，不與人共生，已衰弱至極，性命將至。

瞽：音鼓，瞎子。**心腹**：象徵要害。

42 益：登木出淵，稍上升天。明德孔聖，白日載榮。

太陽登上高木走出深淵，漸漸上升到天空。光明的德行與碩大的聖潔，太陽充滿榮光。

註釋：上升且益增。慢慢由底部升到最頂端，有大德行所以大為光明繁榮。

稍：漸。**孔**：大。**白日**：太陽。**載**：充滿。**榮**：光耀。

43 夬：彭離濟東，遷廢上庸。狠戾無節，失其寵功。

劉彭離是濟東王，被廢除封國，遷徙到上庸。凶狠暴戾沒有節度，失去尊寵功業。

註釋：上升狀態已斷決。身分尊貴，卻蠻橫掠奪，被貶抑遷徙，除去榮耀和事業。

*《史記．孝王世家》載，濟東王無人君禮，昏暮私與其奴、亡命少年數十人行剽

殺人，取財物以為好，漢武帝廢以為庶人，遷上庸。

44 姤：讚陽上舞，神明生氣。拜禹受福，君施我德。

　　幫助陽氣發生獻上舞蹈，神靈聖明充滿生機與朝氣。拜見大禹接受福澤，君主施予德澤。

註釋：上升且邂逅。虔誠執行禮節，獲得神佑與蓬勃生機，又有
　　　大貴人提攜，深獲福澤。

讚陽：幫助陽氣發生，使百物繁殖。

45 萃：從首至足，部分為六。室家離散，逐南乞食。

　　身體從頭到腳，被分成六部分。家人解離分散，奔走到南方乞食。

註釋：應上升且相薈萃。團隊上下分崩離析，成員都離散了，各
　　　自艱難謀生。

六：頭、身、四肢。**室家**：配偶家眷。**逐南**：比喻朝不利方向前進。

47 困：民迷失道，亂我統紀。空使乾革，賓無所有。

　　人民迷惑，失去正道，擾亂綱統法紀。枉然出使犂靬國，臣服的人一無所有。

註釋：上升已受困。對內紀律敗壞，朝廷紛亂。對外關係失能，
　　　沒人歸順。

乾革：漢代西域的犂靬國，後設驪靬縣；《說文解字》：「靬，乾革也。武威有麗靬縣。」
賓：臣服。

48 井：刻畫為飾，嫫母無鹽。毛嬙西施，求事必得。

　　嫫母和無鹽貌醜（見註一），因而一再描繪裝飾，但沒有成

效（見註二）。美麗的毛嬙和西施，請求事物必然立即得到。

註釋：要上升應該井然。條件低劣應該進行整飾，資質美好，就有求必應。

刻畫：描繪。**嫫母**：嫫音模，以醜聞名。**無鹽**：齊宣王的皇后鍾離春，無鹽人，驍勇善戰為國建功，但因貌醜平時備受君主冷落。**毛嬙**：越王受寵幸的姬妾，與西施並稱。**西施**：越國美女，獻予吳王使之迷惑。

* 《論衡‧逢遇》：「或以醜面惡色，稱媚於上，嫫母、無鹽是也。」
* 《鹽鐵論‧殊路》：「故良師不能飾戚施，香澤不能化嫫母也。」

49 革：居諸日月，遇暗不明。長夜喪中，絕其紀綱。

太陽月亮並居（日蝕），遇到昏暗不光明。長夜漫漫朝廷淪喪，斷絕了紀律綱常。

註釋：要上升需革新。被完全蒙蔽，環境陰晦。朝廷淪喪已久，綱紀蕩然無存。

中：中央，朝廷。

50 鼎：衣裳顛倒，為王來呼。成就東國，封受大休。

衣裳穿顛倒，因為君主突來召喚。建立完成東方諸國，冊封並蒙受大福祉。

註釋：上升且鼎立。臣子誠惶的輔助，致力國政，建立大功業，獲得大福澤。

東：象徵粗鄙之地。**休**：庥也，福祿。

* 《詩經‧東方未明》：「東方未明，顛倒衣裳，顛之倒之，自公召之。」
* 周公勤於輔王，並東征平定三監之亂、向東開拓疆土。

51 震：當變立權，擿解患難。渙然冰釋，六國以寧。

面對災變能做出權衡，揭發並解除禍患災難。災患消散，像

冰融解，六國因而安寧。

註釋：上升且震奮。面對災難，權變處置，發現並清除禍患，天
　　　　下太平。

立：做出。**權**：變通衡量。**摘**：揭發。**渙然**：消散。

*《春秋繁露・考功名》：「量勢立權，因事制義。」

52 艮：<u>西戎獫鬻，病於我國。扶陝之岐，以保乾德</u>。

　　　西戎和獫鬻，危害國家，古公亶父護送百姓到陝西岐山，保持陽健的德行。

註釋：以上升克服受阻。惡人大舉來犯，造成危害，轉進安全之地，
　　　　繼續安居發開。

獫鬻：音薰玉，古匈奴名。**病**：危害。**扶**：護送，如扶棺。**陝**：岐山位於陝西。**之**：至。**岐**：岐山，周國發祥地。**乾**：陽健的。

*《史記・周本紀》載，古公亶父躲避西戎和獫鬻，遷入岐山，尊為周國第一位君王。

53 漸：<u>南行逐羊，予利喜亡。陰孽為病，復返其邦</u>。

　　　向南行進追逐羊隻，但利祿和喜慶都失去了。陰氣作怪成為禍患，又返復邦國。

註釋：要上升需循序漸進。想追求福祿，卻失去喜利。時令（小人）
　　　　擾亂成災，無法前進，只能先返回。

南行：比喻朝不利方向前進。**羊**：象徵吉祥。**予**：我。

54 歸妹：<u>遊戲仁德，日益有福。凶言不至，妖孽滅息</u>。

　　　人民悠遊，君主仁德，每日益增福澤。悖逆倫理的言論沒來到，妖怪凶孽也消滅平息。

註釋：上升且親如家人。君主有仁德，百姓自由發展，因而日益

壯大，凶邪的謠言沒發生，壞人惡事也都消滅了。
戲：嬉，遊。**凶言**：指悖逆五倫之言。

55 豐：春日新婚，就陽日溫。喜樂萬歲，獲福有年。

春天新人結婚，靠近溫暖的太陽。喜慶福樂長命百歲，年年都獲得福祉。
註釋：上升且豐盛。時令大好，親密結合，年年獲利，福祿綿長。
就：靠近。**日**：語助詞，無義。

56 旅：陰升陽伏，舜失其室。相飾不食，安巢如棘。

陰氣上升，陽氣潛伏，俊才失去他的居室。相互掩飾沒有食物的事實（見註），到荊棘去安置窩巢。
註釋：上升的旅歷，變羈旅。小人崛起，君子和人才失位，只會結黨營私粉飾太平，使環境更加險惡。
舜：《說文解字註》：「舜者，俊之同音假借字。」**如**：至。
*《戰國策‧張儀為秦連橫說韓王》：「食之寡，而聽從人之甘言好辭，比周（結黨）以相飾也。」

57 巽：臣尊主卑，威權日衰。侵奪無光，三家逐公。

臣子尊貴君主卑下，威勢權力日益衰弱。王位被侵占篡奪失去光明，三桓合謀逐魯昭公。
註釋：要上升需安順。下強上弱，君權日益衰弱，最後君主被奸臣聯合驅逐。
*《韓非子‧內儲說下》：「三桓攻昭公。」又《史記‧魏世家第十四》：「魏趙韓列為諸侯。」（三家分晉）

58 兌：反言為賊，戎女生患。亂吾家國，父子相賊。

反逆的語言造成危害，驪姬生出禍患，擾亂家國，父親迫害兒子。

註釋：上升才能欣悅，不要沉淪。上位昏昧，聽信小人，製造禍端，團隊紛亂，上下互鬥。

戎女：驪姬為驪戎公主。

*《左傳・魯莊公二十八年》載，晉獻公愛妾驪姬進讒言太子申生調戲，致申生上吊自殺，公子重耳逃亡。

59 渙：迎福開戶，喜隨我後。康伯愷悌，治民以禮。

打開大門迎接福澤，喜慶跟隨在後面。康強的諸侯和樂孝悌，以禮樂治理人民。

註釋：上升且渙發。福祿臨門，喜慶隨之而來。君主遵行倫理、實行教化而康強。

康伯：意味康強的諸侯（康侯原為周武王的親弟，封於康國。）**愷**：和樂。

60 節：日就月將，昭明有功。靈臺歡賞，膠鼓作人。

每日有成就，每月都在行進，昭彰明亮有功績。與人民在靈臺觀光遊賞，振興學校作育人才。

註釋：上升且有節度。明君時時都在經營並有功效，與民同樂，並實行教化。

將：進行。**靈臺**：樓臺名，見註。**膠**：太學，亦泛指學校。**鼓**：振作。

*《孟子・梁惠王》：「謂其臺曰靈臺……古之人（文王）與民偕樂，故能樂也。」

61 中孚：百草嘉卉，萌芽將出。昆蟲扶戶，陽明得所。

各種青草和美好的花卉，萌芽將要生出。眾多蟲子移出洞穴，

得到光明的處所。

註釋：上升且能忠信。時令大好，萬物萌生，繁衍眾多，光明安居。
昆：眾多。**虺**：同虫（音毀），蟲。**扶**：浮也，移動，超過。**戶**：洞穴。**陽明**：光明。
*《禮記》：「仲春之月……螙蟲咸動，啓戶始出。」

62 小過：天所佑助，萬國日有。福至禍去，壽命長久。

　　上天保佑幫助，各國都日益富有。福澤來，災禍去。壽命恆長久遠。

註釋：上升並小超越。上天保佑，天下富有，安全無恙，永遠安康。

63 既濟：窮夫失居，<u>惟</u>守弊廬。初憂中懼，終日<u>兢兢</u>，無悔無<u>虞</u>。

　　貧窮男子失去居所（見註），獨自守著毀壞的草廬。初始憂慮，中途恐懼，整日強烈謹慎，沒有悔恨和憂慮。

註釋：上升已經完成。貧窮無依，資產殘破，歷經憂慮害怕，但
　　　能慎戒自強，終於一切安好。
惟：獨。**兢**：謹慎。**競**：強、盛。**虞**：憂慮。
*《易經‧序卦》：「窮大者必失其居。」

64 未濟：買玉得石，失其所欲。<u>荷蕢擊磬</u>，隱世無聲。

　　買玉卻得到石頭，失去所愛。扛著簸箕敲著磬，遁隱避世無聲無跡。

註釋：上升尚未完成。願望落空，蒙受損失，心灰意冷，隱匿不出。
荷：音賀，肩膀扛著。**蕢**：音愧，簸箕。**磬**：中空形狀像缽的樂器。
*《論語‧憲問》：「子擊磬於衛。有荷蕢而過孔氏之門者。」擊磬、荷蕢者，隱士也。

47 困

47 困：<u>席</u>多針刺，不可以臥。動而有悔，言行俱過。

　　墊席有很多針和刺，無法躺臥。動作就有悔恨，言行舉止都有過錯。

　　註釋：受困又受困。環境痛苦，無法安憩，也不能行動，動輒得咎。

席：墊子。

1 乾：烏鵲食穀，張口受哺。蒙被恩德，長大成就。溫良利貞，君臣合好。

　　見履之咸。

註釋：受困但能陽健。目前雖然弱小，但蒙受貴人恩澤而茁壯長
　　　大。之後溫良忠貞，與上位和諧搭配。

2 坤：六鷁退飛，為<u>襄</u>敗祥。陳師合戰，<u>右股</u>夷傷。遂以<u>薨崩</u>，霸功不終。

　　見蹇之蠱。

註釋：受困的溫良。過度溫良，與人合力作戰，夥伴卻半途跑走；
　　　自己獨力作戰，主力受到創傷。最後一蹶不振，功敗垂成。

襄：宋襄公，因誤解仁義錯失先機而失敗；見夬之壯大註釋。**右股**：先秦以右尊左卑，比喻主力。**薨**：音轟，諸侯或大官去世。**崩**：天子過世。

3 屯：匍匐出走，驚惶悼恐。<u>白虎王孫</u>，<u>孳收</u>在後。居中無咎。

伏地爬行出離奔走，驚惶而且悲傷恐懼。公子遇到白虎星，蓐收神又在後面。居止中正便沒有禍害。

註釋：受困應該屯守。驚魂失魄的奔逃，前有災，後有難，處處
　　　驚心，中正自處，便沒災厄。

匍匐：手足伏地爬行。**悼**：傷感。**白虎**：西方的凶神。**王孫**：貴族後代，對他人的尊稱。
蓐收：西方之神，掌管秋天，主刑傷。
＊《白虎通德論・五行》載，西方其神蓐收，其精白虎。

4 蒙：庇廬不明，使孔德妨。女孽亂國，虐政傷仁。

遮蔽房屋因而不明亮，使得大德行有妨礙。預兆不祥的女子擾亂國家，暴虐的政令傷害仁德。

註釋：受困且蒙蔽。自我蒙蔽，妨害德行，小人趁機亂國，暴政
　　　傷害人民。

庇：遮蔽。**廬**：房屋。**孔**：大。**女孽**：預兆不祥的女子。

5 需：石鼠四足，不能上屋。顏氏淑德，未有爵祿。

見萃之乾。

註釋：受困只能耐心等待。實力、德行都良好，但環境窒礙不能
　　　發達。

石鼠：鼫鼠，一種田鼠。

6 訟：襄送季女，至於蕩道。齊子旦夕，留連久處。

見屯之大過。

註釋：受困且爭訟。小人夥同，無法前進，只能日夜都接連滯留。

7 師：麋鹿逐牧，飽歸其居。還反次舍，樂得自如。

見屯之比。

註釋：受困的出師狀態。不要遠遊，就近謀生，安守家園，能安樂自在。

麇鹿：麝，有香味，象徵珍貴。

8 比：望尚阿衡，太宰周公。藩屏湯武，立為侯王。

見坤之鼎。

註釋：受困但能相比附。眾多賢良一起保衛君主，最後建立功業。

湯武：商湯，商朝的創建者，又稱武湯。

9 小畜：開廓洪緒，王迹所基。報以八子，功得俟時。

開拓擴展世代相傳的大業，帝王的功跡因而奠基。得到八個子嗣，等待時機便能獲得功績。

註釋：受困但能蓄小成大。戮力開創大業且基礎已穩固，繁衍眾多，時機成熟即可成功。

開廓：開拓擴展。**洪緒**：世代相傳的大業。**王迹**：帝王的功業。**迹**：跡也。**報**：由前因而得的結果。**八子**：廣喻為八方子民。**俟**：音四，等待。

10 履：八會大都，饒富有餘。安民利國，可以長居。

八方人士會集在大都市，豐饒富足頗有盈餘。人民安定國家順利，可以長久安居。

註釋：受困轉為履行。八方人才來吉地相會，因而富足豐饒，長久的國泰民安。

11 泰：陰雲四方，日在中央。人雖昏霧，我獨昭明。

陰雲在四方，太陽在正中央。人們雖然昏晦，我獨自昭彰光

明。
註釋：受困但能保持泰然。四方充斥昏昧的小人，但能保持光明，獨立光潔。

霧：昏晦。

12 否：<u>薄</u>為災虐，風吹雲卻。欲上不得，復歸其宅。

見小畜之中孚。
註釋：受困且閉塞。凶險逼迫而來，好事煙消雲散，無法前進，只能原地等待。

薄：逼進。

13 同人：<u>昭昭略略</u>，非忠信<u>客</u>。言語反覆，以黑為白。

時而清楚明白，時而忽略草率，沒有忠實誠信的以禮接待。說話反覆無常，將黑的當成白的。
註釋：受困的同仁態勢。態度陰晴不定，沒有真誠待人，言詞反覆，以錯為對。

昭：清楚、明白。**略**：《廣韻》：「用功少者皆曰略。」**客**：以禮接待。

14 大有：三女為姦，俱遊高園。背室夜行，與伯笑言。禍及乃身，冤死誰禱？

見履之既濟。
註釋：受困態勢大大有之。小人群聚，行為違背，不守禮節，與上位勾搭，惹禍上身，無人同情。

15 謙：<u>涉尸留鬼</u>，大斧所視。<u>文昌司過</u>，簡公亂死。

行走的屍體（疑為殭屍，見註一），留佇不去的鬼魂，拿著大斧頭注視著。文昌星宮糾正過失，燕前簡公被亂臣殺死。

註釋：受困的謙恭。行為不檢，濫殺無辜，因而被受害人和神明懲罰，自作孽不可活。

涉：行走。**尸**：屍也。**鬼**：死後的魂魄。**文昌**：《周禮》鄭玄注：「司命，文昌宮星。」
司過：糾正過失。

*《潛夫論‧忠貴》：「文昌奠功，司命舉過……『殭』屍破家，覆宗滅族。」
*《墨子‧明鬼下》載，燕前簡公無故殺莊子儀，莊死後拿著紅杖將簡公斃在車上。

16 豫：<u>大足長股</u>，<u>利出行道</u>。<u>困倉充盈</u>，<u>疏齒善市</u>。<u>宜錢富家</u>，事得萬倍。

有大腳和長腿，利於外出往來。穀倉充實滿盈，牙齒茂盛善於交易。錢財豐收家業富足，工作得到萬倍利潤。

註釋：受困轉為安育。行動迅速能夠遠行發展，口才便給善於交易，獲得滿盈的財富，一本萬利。

大足：邊荒國名，亦象徵善於行走。**長股**：邊荒國名，亦象徵行進迅速。**行道**：往來。
困：音君，圓形的穀倉。**疏**：疏也，茂盛，如扶疏。**疏齒**：大齒，象徵口才好。**宜**：豐收。

17 隨：<u>筐筥錡釜</u>，可活百口。<u>伊氏</u>鼎<u>俎</u>，大福所起。

筐筥盛具鍋子雖是粗俗的器具，卻可養活眾多人口。伊尹雖是操弄庖鼎和砧板的廚師，卻能起造大福澤。

註釋：受困時能隨理，終有大用。看似粗俗之物，卻是大眾活命之具；看似底層之人，日後卻是英雄豪傑。

筐筥：方形和圓形的竹器，泛指竹器。**錡**：盛物的器具，底有三足。**釜**：鍋。**百口**：眾多人口。**伊氏**：伊尹，一開始為商湯的廚師，利用進食機會向商湯獻策獲賞識，取消奴隸身分提拔為宰相。**俎**：音組，砧板，切剉食物的墊具。

* 前兩句出自《左傳・隱公三年》：「筐筥錡釜之器，潢汙行潦之水，可薦於鬼神，可羞於王公。」
* 後兩句出自《韓詩外傳・卷七》：「伊尹故有莘氏僮也，負鼎操俎，調五味而立為相。」

18 蠱：升高登虛，欲有望候。駕之北邑，與喜相扶。

升上高處，登上太虛，想要前去探望問候。出發到北方的城市，和喜祿相扶持。

註釋：受困但能整治蠱敗。進行提升，出發探詢，終於到達遠方目的地，彼此喜樂融融。

有：語助詞。**駕**：出發。**之**：至。**北邑**：以候鳥北返為喻。

19 臨：用彼嘉賓，政平且均。螟䖝不作，民得安寧。

任用那些有才能的門客，政務平穩且調和。稻禾的害蟲不興起，人民得到安詳康寧。

註釋：受困但能臨政。用人唯賢，政務調和，消彌弊端，人人安居。

彼：比喻不會用人唯親。**賓**：門客。**均**：均勻，調和。**螟**：蛀食稻莖的害蟲。**䖝**：同虫（音毀），蟲。

20 觀：桃夭少葉，婚悅宜家。君子樂胥，長利止居。

桃花茂盛，葉子新嫩，成婚欣悅，家庭安順。君子相互喜愛，長久安順的停止下來定居。

註釋：受困但能觀省。時令轉好，景氣重生，與人親密結合，仁德互愛，長久安居繁衍。

夭：茂盛。**少**：新嫩。**宜**：安順。**樂**：喜愛。**胥**：相。**利**：安順。
* 《詩經・桃夭》：「桃之夭夭，其葉蓁蓁。之子于歸，宜其家人。」

21 噬嗑：東行失旅，不知所處。西歸無妃，莫與笑語。

向東行進，迷失旅途，不知所處何地。向西歸返沒有嘉偶，沒人一起說笑聊天。

註釋：受困時應法治。外出迷路，回家沒伴侶，無法繁衍，應做整治。

東、西：表示四處。妃：嘉耦。

22 賁：玩好亂目，巧聲迷耳。賊敗貞良，君受其咎。

玩物美好迷亂眼睛，美妙的聲音迷亂耳朵。它們敗壞了貞節良善，君主受到災禍。

註釋：受困時應整飾。被面前的聲色迷惑，以致傷害德行，受到災禍。

玩：音萬，供玩賞的東西。

23 剝：明德孔嘉，萬歲無虧。駕龍巡狩，王得安所。

光明的德性，碩大的讚譽，萬年的壽命沒有減少。天子駕著龍馬巡行諸國，君王車駕所到之處都安定。

註釋：受困狀態剝落，剝極必復。德行光明，備受愛戴，長治久安。帝王四海巡察督政，所經之處都安定。

孔：大。龍：馬八尺稱為龍。巡狩：天子巡行諸國。所：《漢制》：「（天子）車駕所在曰行在所。」

24 復：同本異葉，樂仁尚德。東鄰慕義，來興吾國。

見泰之中孚。

註釋：受困狀態已返復回去。逐次修為完成，施仁佈德，外族都來學習敦睦。

25 無妄：戴山崔嵬，曰高無頹。君主好德，賜以家國。

承載著高峻大山，高聳但不傾頹。君主有美好德行，上天賜予家和國。

註釋：受困但不虛妄。承擔艱鉅重任，但不傾倒，領袖有德行，天佑王室和國家。

戴：載也。**崔嵬**：音催為，高峻。**曰**：語助詞，無義。

26 大畜：築室合歡，千里無患。周公萬年，佑我二人。

建築房室一同歡樂，千里之內都沒有禍患。周公恩澤流傳萬年，並有父母保佑。

註釋：受困轉為大積蓄。同心和諧共同奮鬥，國家都沒有災禍，聖人功績傳予萬世，又有歷代祖先保佑。（守成開發大吉，不宜前進）

二人：父母；見註。

*《詩經・小宛》：「念昔先人，明發不寐，有懷二人。」

27 頤：養雞生雛，畜馬得駒。明堂太學，君子所居。

養雞生了小雞，養馬得了小馬。帝王宣明政教的地方和京城的最高學府，君子在此聚集。

註釋：受困轉為頤養。努力繁衍，作育英才，加以任用，國家貞節安定。

雛：小雞。**駒**：幼獸。**明堂**：帝王宣明政教的地方。**太學**：設於京城的最高學府。**居**：聚。

28 大過：雷行相逐，無有休息。戰于平陸，為夷所覆。

見坤之泰。

註釋：受困且大過錯。雷厲風行，過度疲乏，結果被夷平覆滅。

29 坎：<u>委蛇</u>循河，<u>北</u>至海<u>涯</u>。涉歷<u>要荒</u>，<u>君世</u>無他。

　　蜿蜒曲折的循著河流，向北要到海邊。歷經跋涉到了荒遠之國，國家延續安然無恙。

註釋：受困狀態落陷，開始解困。前途波折，且極為遙遠，歷經
　　　艱辛終於到達，國境依然安好。

委蛇：逶迤也，蜿蜒曲折。**北**：北海，泛指北方最遠僻之地。**涯**：邊。**要荒**：荒遠之國。
君世：君位世代相傳；見註。**無他**：無恙。
＊《蔡中郎集・明堂月令論》：「聖帝明君世有紹襲。」

30 離：<u>鴻</u>聲<u>大視</u>，<u>高舉</u>神化。背昧向明，以道福功。

　　宏亮的鳴聲，雄視四方，舉翅高飛，神妙變化。背棄昏昧迎向光明，以聖道獲得福澤功績。

註釋：受困但能附著聖道。豪傑大舉出發，日益精妙，學習聖道，
　　　擺脫昏昧邁向光明，獲得福澤功績。

鴻：大。**大視**：雄視。**高舉**：舉翅高飛。

31 咸：比目四翼，來安吾國。福喜上堂，與我同床。

　　見比之離。

註釋：受困但能相感應。聚集團結，安定家邦，福澤來到，大家
　　　親愛共好。

32 恆：先<u>縠</u><u>虢</u>季，反謀桓子。不從元帥，遂行挑戰，為<u>荊</u>所敗。

先縠和㪍季兩位將領，違反荀桓子的計謀。不服從元帥，就自行挑起戰端，被楚國所擊敗。
註釋：受困已成恆久。幹部蒙昧又不遵守紀律，魯莽挑起禍端，團隊慘敗。

縠：音胡。**遂**：就。**荊**：楚國。
*《左傳‧宣公十二年》載，楚國攻鄭，晉國派荀桓子前往救援，先縠不聽軍令擅自出兵，為楚國所敗。又《左傳‧襄公十一年》載，秦國伐晉，㪍季輕敵出擊，大敗。兩件事並不相連，此處僅為借喻蒙昧行事。

33 遯：三頭六足，欲盜東國。顏子在邇，禍滅不成。

　　三個人（三頭六腳），想逃到東方國度。顏回就在眼前，禍患被消滅沒有形成。
註釋：受困狀態已遁逃，轉為通達。眾人原本想逃避困厄，但因親近聖道德行，災害沒有釀成。

三、六：象徵齊全。**盜**：逃避。**東**：象徵粗鄙的方向。**顏子**：顏回，德行第一，世稱復聖。**邇**：近處、眼前。

34 大壯：緣山升木，中墮於谷。子輿失勞，黃鳥哀作。

　　攀爬山丘，登上高木，中途墜落到谷底。失去子車三雄而傷感，人民作〈黃鳥〉哀悼。
註釋：受困狀況壯大。冒險前進，中途殞落，賢能們都失去了，眾人哀傷。

緣：攀爬。**子輿**：子車三雄，皆豪傑。**勞**：勞勞，惆悵傷感。**黃鳥**：《詩經》篇名。
*《左傳‧文公六年》載，秦穆公好卒，一次喝醉酒對眾大臣說：「生共此樂，死共此哀。」後秦穆公卒，便以子車三雄及百七七人為殉，皆秦之良也。國人哀之，為之賦〈黃鳥〉。

35 晉：南有嘉魚，駕黃取鱗。魴鯉瀰瀰，利來無憂。

南方有美好的魚，駕著飛黃去取魚。魴魚和鯉魚都盛滿了，利祿來臨沒有憂患。

註釋：受困轉為前進。迅速地外出尋求光明美好，得到許多福祿和利祿。

南：象徵光明。**黃**：傳說中的神馬，與青龍並稱。**鱗**：魚類的總稱。**魴**：音防，鯉科魚類，象徵吉祥。**瀰瀰**：盛滿。

36 明夷：邃氣作雲，蒙覆大君。塞聰閉明，殷人買傷。

濃密的霧氣化作雲層，覆蓋著天子。阻塞封閉了原本良好的聽覺和視覺，商人的買賣遭受損傷。

註釋：受困且瘡痍。小人群聚，蒙蔽君主。失去辨別是非的能力，國家無法再生利。

邃氣：濃密的霧氣。**蒙覆**：覆蓋。**聰**：聽覺好。**明**：視覺好。**殷人**：商人。

37 家人：舉翅攄翼，跂望南國。延頸卻縮，未有所得。

舉起翅膀舒展羽翼，踮腳望向南方的國度。伸長脖子又退縮回去，沒有任何所得。

註釋：受困的家人狀態。企圖要到美好的地方，但卻退縮了，因而無法會合獲得。

攄：舒。**跂**：音企，踮腳。**南國**：象徵光明的國度。**延**：伸長。**卻**：退。

38 睽：坎中蝦蟆，乍盈乍虛。三夕二朝，形消無餘。

凹陷處裡的蛤蟆，忽而盈肥，忽而消虛。三天兩頭之後，形體就消失沒有剩餘。

註釋：受困且睽離。落難只能苟延殘喘，不久之後便衰亡了。

坎：地面凹陷處。**蝦蟆**：蟾蜍，吸氣時身體鼓脹，呼氣時又變小。**乍**：突然。

39 蹇：<u>僮子</u>射御，不知所定。<u>質疑</u>蓍龜，<u>孰</u>知所避。國安土樂，<u>宜利</u>止居。兵寇不至，民無騷擾。

　　孩童射箭駕馭，還不知如何穩定。心有所疑想求得解答，因而使用占卦，好知道要避開甚麼。國家平安疆土和樂，安順的停止下來定居。亂兵賊寇不來，人民沒有騷動擾亂。

註釋：受困狀態已蹇跛，不再受困。實力尚不成熟穩定，但能去理解禍端何在並加以規避。因而家園安定，災難消彌。（應先安止籌謀，尚不能前進）

僮子：未成年的孩童。**質疑**：心有所疑，提出以求得解答。**蓍龜**：卜筮用的蓍（音師）草與大龜，象徵占卦。**孰**：甚麼。**宜、利**：安順。

40 解：陰淫寒疾，水離其室。舟楫大作，傷害黍稷。民飢於食，不無病厄。

　　見損之未濟

註釋：受困且解離。小人大發淫威，國家震盪又重創，人民難以維生，且無不損傷困厄。

淫：大。**寒疾**：寒凍又患病。

41 損：離友絕朋，巧言<u>讒匿</u>。覆白污玉，<u>顏叔</u>哀哭。

　　朋友都離開斷絕，因為花言巧語又讒言隱瞞。打翻白絹、弄污美玉，顏叔子哀傷的哭泣。

註釋：受困且受損。語言惡劣不實因而失去夥伴，還破壞君子貞潔，令人傷痛。

讒：中傷、陷害別人的壞話。**匿**：隱瞞。**顏叔**：顏叔子，坐懷不亂，象徵貞節。

42 益：童女無媒，不宜動搖。安其室廬，傅母何憂？

少女沒有媒人，不應該心念動搖。能安居在屋室裡，保姆何須憂慮？

註釋：受困的益增狀態。尚未長大不能有所作為，稍安勿躁，安心等待即可安好。

童女：少女。**傅母**：保姆。

43 夬：作凶作患，北檄困貧。東與禍連，傷我老根。

興起凶惡和禍患，北方因征伐而困苦貧窮。東邊與災禍相連，傷害了老朽的根基。

註釋：受困且斷決。四處都興起災厄戰亂，貧困且禍事連連，殘破的基業也被摧毀。

作：興起。**北、東**：象徵四方。**檄**：音席，征討的公告文書，比喻征討。

44 姤：東南其戶，風雨不處。曀晲仁人，父子相保。

東南方的門戶，風雨不會來這地方。溫暖光明的仁愛之士，如父子相互保護。

註釋：受困時能邂逅。厚德所以沒有災禍，還如父子般相互愛護。

東南：比喻厚德；見註。**曀**：音燕，暖。**晲**：音逆，明。

*《禮記・鄉飲酒義》：「天地溫厚之氣，始於東北，而盛於東南。」

45 萃：被髮獸心，難與比鄰。來如飄風，去似絕絃。為狼所殘。

披頭散髮人面獸心，難以相鄰為伍。來時有如飄過的風，去時好似絕響的斷弦。最後被野狼所殘害。

註釋：受困應相薈萃。好像野人無法共處，行跡飄渺無蹤，最後
　　　被惡人殘害。
被：披也。**比**：音必，相鄰。

46 升：**天覆地載，日月運照。陰陽<u>允</u>作，<u>方內</u>四富。**

　　上有青天覆罩，下有大地承載，日月運行照耀。陰氣和陽氣得當的運作，四方之內都富足。
註釋：受困轉為上升。天地安然，日月光明，陰陽調和，四海富足。
允：得當。**方內**：四方之內，國內。

48 井：**桀亂無道，民散不聚。背室棄家，君孤出走。**

　　見大壯之未濟。
註釋：受困的井然。君主暴虐無道，人民離家逃亡。

49 革：**<u>申酉</u>稷射，陰<u>慝</u>萌作。<u>柯葭載牧</u>，泥<u>塗</u>不白。**

　　申時和酉時的時候，太陽偏西照射，邪惡的陰氣萌生興起。草木枝莖和蘆葦充滿牧場，道路又泥濘汙穢。
註釋：受困且被革除。時令轉惡，小人開始崛起作惡，生產環境
　　　被破壞汙損。
申酉：分別是下午三到五點、五到七點，太陽正在偏斜與落下。**稷**：昃，太陽偏西。
慝：音特，邪惡。**柯**：草木的枝莖。**葭**：音加，蘆葦。**載**：充滿。**塗**：道路。

50 鼎：**踝踵足傷，<u>右指病瘍</u>。失旅後時，利走不來。**

　　見蒙之履。
註釋：受困的鼎立。身體和夥伴都傷病無法前進執行，延誤時機，
　　　利益離去不再。

右：佑也，協助。瘍：潰爛。

51 震：四足俱走，駑疲在後。戰既不勝，敗於東野。

　　馬的四隻腳都在行進，劣馬疲憊的跟在後面。戰鬥已不能勝任，敗在東野國。

註釋：受困且震盪。疲於奔命，成員實力不一，因而落敗。

四足：《墨子・經下》：「謂四足獸，與牛馬與。」駑：劣馬。東野：古侯國名，象徵粗鄙之地。

52 艮：塗行破車，醜女無媒。莫適為耦，孤困獨居。

　　在泥上行駛破車，醜女沒人來說媒，沒有出嫁結為佳偶，孤獨困苦的獨自居住。

註釋：受困且停止。環境、資源、本質都惡劣，無法尋求結盟，因而獨自受困。

塗：泥。適：女子出嫁。耦：偶也，伴侶。

53 漸：搏髀大笑，不知憂懼。開立大路，為主所召。

　　拍擊大腿哈哈大笑，不知道憂慮恐懼。開闢設立大道路，被君主所召喚。

註釋：受困但能漸進。保持樂活，不懷憂喪志，持續經營建設，終受貴人賞識提拔。

髀：音必，大腿。

54 歸妹：伯圭東行，與利相逢。出既遭昧，孰不相知？憂不成凶。

　　伯爵拿著玉圭向東行進，逢到利祿。外出隨即遭遇冒犯，但

誰不認識他呢？憂患沒有成為凶災。
註釋：受困但能相歸依。依禮前進尋求利祿，上路就遇到阻礙，但平時孚負眾望，得到大家協助，化險為夷。

圭：帝王或諸侯在舉行典禮時拿的一種玉器。**東行**：如江河大地順行。**昧**：冒犯。

55 豐：<u>東行賊家，鄭伯失辭</u>。國無貞良，居受其殃。

向東行進到盜賊之家，鄭國君主沒有掌握王命。國家沒有貞節良善，居住會受到災殃。

註釋：受困的態勢盛大。領袖疏於法治，百姓前進遇劫，國家都是惡人，無法安居。

東行：象徵前進陰晦。**辭**：王命。
*《左傳・昭公二十年》：「鄭國多盜，取人於萑苻之澤。」子產死後繼任者鬆懈法治，導致萑苻之亂。

56 旅：前屈後曲，形體飭急。<u>絞黑大索，困於清室</u>。

前後都彎曲了，形貌體態都急需整頓。被黑色大繩索扭結捆綁，困在監獄裡。

註釋：受困的旅歷，變拘禁。為人顛倒扭曲，急需整治，於是被殘酷的羈押囚禁。

飭：整頓。**絞**：扭轉糾結在一起。**黑**：《說文解字注》：「纆，按從黑者，所謂黑索拘攣罪人也。」**清室**：監獄。

57 巽：鼓腋大喜，行婚飲酒。<u>嘉彼諸姜，樂我皇考</u>。

鼓動手臂大為歡喜，舉行婚禮飲酒慶祝。諸位婦女都非常美好，祖先歡樂。

註釋：受困但能安順。歡樂的與人親密結合，對象都很美好，宗

族大吉。

腋：《說文解字注》：「人之臂亦也。」**嘉**：美好。**姜**：象徵賢良貴族婦女。**皇考**：亡祖的尊稱，象徵祖先。

58 兌：國將有事，狐嘈向城。三日悲鳴，邑主大驚。

國家將要有事，狐狸向城中嘈雜喧鬧。悲傷鳴叫了三天，縣邑長官大為驚駭。

註釋：受困的欣悅狀態。奸人持續喧鬧不止，禍害將要發生，上位也驚動了，無法再安樂。

狐：性狡猾，比喻奸人。**三**：象徵多。**邑主**：縣邑的長官。

59 渙：明德克敏，重華貢舉。放勳徵用，公哲蒙佑。

德行光明又敏捷，舜帝向朝廷薦舉人才，堯帝徵召任用，國家的賢良蒙受保護。

註釋：受困轉為渙發。有德行的賢良為國舉才，君主加以任用，並加以照護。

克敏：敏捷。**重華**：舜有雙瞳，故美稱之。**貢舉**：向朝廷薦舉人才。**放勳**：堯帝，名放勳。
公：國家的。**哲**：賢能明智的人。**佑**：保護。

60 節：秋隼冬翔，數被嚴霜。甲兵充庭，萬物不生。雄父夜鳴，民大擾驚。

見損之升。

註釋：受困的節度狀態。時令一直蕭條嚴酷，豪傑前進受挫，朝廷武夫當政，大地荒蕪，人心惶惶，不得安憩。

雄父：公雞。

61 中孚：**絲紵布帛，人所衣服。摻摻女手，紡績善織。南國饒足，取之有息。**

　　絲綢、麻布等各種織物，做成人民所穿的衣服。纖細的婦女之手，善於紡紗跟織布。南方國度富饒豐足，取用了還會孳生。
註釋：受困但能忠信。致力民生，溫良耕織，環境因而光明富足，
　　　不斷孳生。

紵：音住，用麻織成的布。**布帛**：織物的總稱。**摻摻**：音珊，手纖細。**紡、績**：將植物纖維抽成線紗，一般稱紡紗。**南國**：象徵光明的國度。**息**：繁衍。

62 小過：**鳳有十子，同巢共母。仁聖在位，懽以相保。興彼周魯。**

　　鳳凰有十個孩子，同一個窩巢和母親共居。仁德的聖人居於君主之位，和人民歡樂的相互保護。周室魯國因而興盛。
註釋：受困轉為小超越。君子繁衍了齊全的後代，並且親密團結。
　　　仁君執政，和人民歡樂共好，國家興盛。

十：象徵滿數。**在位**：居於君主之位。**懽**：歡也。**周魯**：周公長子封於魯國。

63 既濟：**雄雞不晨，雌雞且伸。志庇心離，三旅出哀。**

　　公雞早晨不鳴啼，母雞卻大為伸揚。意志被遮蔽，心念已背離，三個人哀傷的外出離走。
註釋：受困狀態已形成。君子失能，小人掌權，成員離心離德，
　　　成群出走。

庇：遮蔽。**三**：象徵多。**旅**：外出。

64 未濟：**光祀春成，陳寶雞鳴。陽鳥失道，不能自守。消**

亡無咎，舉事不成，自取凶咎。

　　光明潔淨的春祭已完成，陳寶祠的雄雞都鳴叫了。鴻雁迷失道路，不能自我守護。消失、滅亡、虛無、過錯，發起行動不成功，咎由自取。

註釋：受困尚未結束。原本虔誠遵守禮儀，所以神明保佑。後來
　　　不能自持而迷失，德行都已敗壞，一無所成，咎由自取。

光祀：光明潔淨的祭祀。**春**：春祭。**陽鳥**：鴻雁之類的候鳥。**舉事**：發起行動。
＊《漢書‧郊祀志》載，秦文公獲若石（隕石）雲，于陳倉北阪城祠之。其神來也常以夜，光輝若流星，若雄雞，其聲殷雲，野雞夜雊。以一牢祠，命曰陳寶。

48 井

48 井：躓跛未起，失利後市，不得鹿子。

　　跛腳跌倒沒有爬起來，失去利祿延誤交易，沒有得到小鹿。
註釋：應井然又井然。無法克服挫折，失去時機，也無法獲利繁衍。
躓：音至，跌倒。**鹿**：象徵祿。**子**：象徵繁衍。

1 乾：左輔右弼，金玉滿堂。常盈不亡，富如敖倉。

　　見師之歸妹。
註釋：井然且陽健。左右都有輔助，獲得珍貴大利，庫藏充沛不絕。
敖倉：河南縣名，為重要穀作產地，後為糧倉之意。

2 坤：雨師娶婦，黃岩季子。成禮既婚，相呼而歸，潤澤田里。

　　見恆之晉。
註釋：井然且溫良。個性神聖又與君子親密結合，之後結伴四處發展，散播恩澤，造福大眾。
既：完成。

3 屯：螟䘉為賊，害我稼穡。盡禾殫麥，秋無所得。

　　見同人之節。
註釋：井然狀態已困屯。小人作亂，破壞生產，資源耗盡，最後一無所得。
殫：音單，竭盡。

969

4 蒙：<u>跛躄</u>難步，遲不及舍。露宿<u>澤陂</u>，亡其<u>襦</u>袴。

　　跛腳瘸腿難以走行，遲到來不及住宿。露天外宿在沼澤，還遺失了衣服和袴子。

註釋：應井然卻蒙昧。實力殘敗還要前進，結果落魄荒野，連基本生計都無法維持。

躄：音必，瘸腿。**澤陂**：沼澤。**襦**：音儒，短厚上衣。

5 需：<u>大夫行父</u>，無地不涉。為吾<u>相</u>土，莫如韓樂。可以居止，長安富有。

　　大夫蹶父奔走，沒有地方沒走過。親自察看很多地方，沒有比韓國更安樂。可以起居行止，長久安定而富有。

註釋：井然的等待，不再前進。四處尋找，發現樂土，當成歸宿，在此安居，長久富足。

大夫：朝廷官員，指處指蹶父，周的卿士。**行**：走。**父**：蹶父。**相**：察看。
*《詩經‧韓奕》：「蹶父孔武，靡國不到。為韓姞相攸，莫如韓樂。」周室卿士蹶父為他的女兒韓姞奔走察看夫家，認為韓國最佳。

6 訟：少<u>孤</u>無父，長失慈母。<u>悖悖</u><u>煢煢</u>，莫與為福。

　　年少喪父，及長失去慈母。惶恐迷惑而且孤苦伶仃，沒人給予福澤。

註釋：應井然卻爭訟。自始至終都孤獨無依而且驚慌，沒人與他共好。

孤：幼年喪父。**悖悖**：音背，惶恐迷惑。**煢煢**：孤苦伶仃。

7 師：側<u>弁</u>醉客，<u>重舌</u>作凶。披髮夜行，迷亂相誤，亡失居止。

喝醉的客人帽子傾斜一側，多話而產生凶禍。披散頭髮在夜裡行走，被迷路與紛亂所誤，失去了起居行止的地方。
註釋：應井然卻出師。魯莽非為，愛說是非，結果橫生禍端，狼狽逃走，又因迷亂而流離失所。

弁：音變，男子所戴的帽子。**重舌**：舌下血脈腫脹，好似又多了一條小舌；比喻多說是非，如兩舌。**相**：此為單方面的動作，如相瞞。

8 比：馬驚破處，<u>王孫</u>沉溝。身死魂去，<u>自</u>為患害。

馬匹驚慌撞破住處，公子沉落到深溝。身命已死魂魄離去，因而造成患難禍害。
註釋：應井然的相比附。獨自躁進，發生災禍，喪命黃泉，都是咎由自取。

王孫：貴族後代，對青年的尊稱。**自**：因而。

9 小畜：<u>東行述職</u>，征討不服。<u>侵齊伐陳</u>，銜璧為臣，大得意還。

向東行軍，也向長官敘述職務狀況，出征討伐不臣服的國家。進攻田齊，君王啣著璧玉投降歸順為臣，大為得意的還回。
註釋：井然的持續小蓄，終有大成。秦國最初為西方小國，但持續茁壯，最後消滅東方六國與齊國，統一中原。

東：見註。**述職**：向長官敘述職務狀況。**侵**：進攻。**齊**：分為原本的姜齊和後來的田齊兩個時代。**陳**：陳國滅亡後，其子孫進入齊國並改姓田（陳田古音同），後篡齊。
齊陳：指田齊，田的祖姓為陳。齊為戰國最強，且最後被秦滅亡者。（史上無侵齊又伐陳的國家。）**銜**：啣也，叼著。**銜璧**：國君投降時，縛手於後跪行，口銜王璧為禮。

*《白虎通德論‧巡狩》：「（周公）東征述職。」本條套用本句型，象徵西秦向東統一六國。

10 履：**百足俱行，相輔為強。三聖翼事，王室寵光。**

見屯之履。

註釋：井然的履行。任用眾多賢良，協力推動所有政務，團隊尊崇光榮。

11 泰：**本根不固，華葉落去，更為孤嫗。**

根部不穩固，花和葉子零落凋去，更成為孤獨的婦人。

註釋：井然才能康泰。沒有穩固扎好基業，只會凋落孤零，無法繁衍。

本：根。**嫗**：音玉，婦女。

12 否：**牧羊稻園，聞虎喧喧。畏懼休息，終無禍焉。**

見屯之復。

註釋：井然克服閉塞。經營家業，但有惡人覬覦，能慎戒恐懼，所以化險為夷。

喧喧：聲音喧鬧。

13 同人：**履位乘勢，靡有絕蔽。為隸所圖，與眾庶位。**

登基為帝，駕馭權勢，但奢靡又斷絕蒙蔽。被隨從所圖謀，成為普通的百官。

註釋：應井然且同仁。掌握至高權力卻極度奢靡無道，因而被下位篡奪貶抑。

履位：登基。**乘**：駕馭。**靡有**：浪費所有的資源。**隸**：跟從、附屬。**眾**：普通。**庶位**：眾官。

* 典故見井之小畜，齊康公繼位後沉溺酒色，因而遭田氏篡齊，並將他放逐海島上，食一城，以奉其先祀，後來食邑也被收回，只能挖洞為灶。

14 大有：大輿多塵，小人傷賢。皇甫司徒，使君失家。

大車停駛因而很多灰塵，小人傷害賢良。皇父和番姓司徒，使君主失去家國。

註釋：井然才能大有。不理朝政累積弊端，奸臣聚集加害賢良，寵臣讓君主失去王位。

輿：車。**皇甫**：皇父為周幽王時的卿士、寵臣。亦為複姓，後其子孫改姓皇甫。**司徒**：掌理教化的卿臣。

* 《詩經‧無將大車》：「無將大車，祇自塵兮。」車子不運作自然會有塵埃。
* 《詩經‧十月之交》：「皇父卿士，番維司徒。」皇父和番姓司徒都是寵臣，使周幽王無道。

15 謙：安和泰山，福祐屢臻。雖有狼虎，不能危身。

安詳平和的泰山，福祉經常來到。雖然有野狼老虎，不能危及身命。

註釋：井然且謙恭。穩如泰山，福如東海，雖有眾多惡人，不能危害。

福祐：福祉。**臻**：至。

16 豫：同氣異門，各別東西。南與凶遇，北傷其孫。

同胞兄弟卻不同門戶，各自分別東西。向南遇到凶惡，向北傷害了子孫。

註釋：井然才能安育。兄弟分家，四處離散，因而不管到哪裡，都遭遇險惡，無法繁衍。

同氣：同胞兄弟。**東西南北**：象徵到處、四方。

17 隨：蜆見不祥，禍起我鄉。行人畏亡，使命不通。

看見繈蟲不吉祥，鄉里會生起災禍。外出行旅的人畏懼死亡，使命無法通達。

註釋：應井然且安順。凶兆顯現，害怕災難發生，因而害怕退縮，不能完成任務。（應先井然安順的處理問題，而非害怕躲藏）

蜆：一種蝶類的幼蟲，吐絲自懸於枝葉或簷壁間，也稱為繈蟲、繈女，故象徵不祥。

18 蠱：無事招禍，自取災殃。畜狼養虎，必見賊傷。

沒有事由卻招來禍端，自己招取災禍。畜養野狼和老虎，必見殘殺傷害。

註釋：井然轉為蠱敗。原本安好但咎由自取，畜養惡人，必然造成危害。

19 臨：順風吹火，牽騎驪尾。易為功力，因權受福。

見泰之旅。

註釋：井然的臨政。順著情勢和賢能行進，輕易的獲得卓著功效，懂得支配指揮因而蒙受福澤。

權：支配指揮。

20 觀：五岳四瀆，沾濡為德。行不失理，民賴恩福。

見頤之明夷。

註釋：井然且能觀省。普天之下，浸潤君主的德政，君主遵行倫理，百姓有福祉。

五岳：五嶽。

21 噬嗑：延陵聰敏，樂聽太史。雞鳴大國，姜氏受福。

延陵季子聰明敏捷,聽賞音樂並權充太史評史(見註)。夫婦恩愛,國家壯大,美好的婦人蒙受福澤。
註釋:井然且法治。官員聰慧,通曉禮樂之道,百姓夫婦恩愛,
　　　國家因而壯大,繁衍有福澤。

延陵:吳國公子季札,封於延陵,故稱延陵季子。**太史**:史官官名。**雞鳴**:《詩經‧女曰雞鳴》,描寫夫婦的恩愛。**姜氏**:齊國姜氏之女,為美良賢婦代表。
*《左傳‧襄公二十九年》:「請觀於周樂。」對各國的音樂、國風都做了一番評論,史稱「季札觀樂」。

22 賁:神鳥五色,鳳凰為主。集於王谷,使君得所。

　　神鳥有五種顏色,以鳳凰有五彩為主。集中於大山谷,君子得到安居之所。
註釋:井然且整飾。德行完整的君主聚集所有賢良,倫理井然,
　　　朝廷安定。

王:大。**谷**:比喻約束低調。**使君**:對人的尊稱。
*《山海經‧南次三經》:「五采而文,名曰鳳皇。」

23 剝:媒妁先明,雖期不得。齊女長子,亂其紀綱。

　　媒人有事先明定,但雖有約定卻不契合,原本匹配的男女雙方,因而擾亂了綱紀。
註釋:井然已剝落。原本雙方匹配且約定結合,但意見分歧生亂,
　　　壞了法紀。

妁:女方家的媒人。**期**:約定。**得**:契合。**齊女**:比喻適宜迎娶的婦女。**長子**:比喻已長成的男子。

24 復:明月作晝,大人失居。眾星宵亂,不知所據。

　　明月太亮,晚上成為白晝,大人失去官位。所有星星在夜裡

紛亂，不知依據所在（古人以星星位置與指向做為方向與行事依據）。

註釋：井然已返復回去。小人威勢如日中天，領導人被竊位，綱紀混亂，凡事失據。

失居：失去官居之位。**宵**：夜晚。

25 無妄：少康興起，誅澆復祖。微滅復明，大禹享祀。

少康興盛崛起，誅殺了寒澆恢復祖國。式微滅絕又恢復光明，大禹享受祭祀。

註釋：井然且不虛妄。奮發圖強殲滅惡人光復祖業，道統起死回生，恢復延續。

*《左傳‧哀公元年》載，夏朝第五代君主被篡位，其子少康討伐權臣寒浞和他的兒子寒澆、寒豷復國，史稱「少康中興」。

26 大畜：千門萬戶，大福所處。黃屋左纛，龍德獨有。

所有家庭都有碩大的福澤，帝車有黃繒車蓋，左邊也豎起大旗，帝王有其德行。

註釋：井然且大積蓄。人民富足康泰，君主德行與尊榮大為彰顯樹立。

黃屋：帝王專用的黃繒車蓋，比喻帝車。**纛**：音到或毒，顯示尊榮的大旗。**龍德**：帝王之德。**獨**：語助詞，其。

*《獨斷‧卷下》：「天子出……黃屋左纛。」

27 頤：乾作聖男，坤為智女。配合既成，長生得所。

陽氣化做聖明的男子，陰氣化作智慧的女子。相配和合已完成，恆長的生養並得到安居之所。

註釋：井然且頤養。天地有法則，男女有倫常，和諧匹配，恆長的繁衍安居。

乾：陽。**坤**：陰。

28 大過：羿張烏號，彀射驚狼。鐘鼓夜鳴，將軍壯心。趙國雄勇，鬭死滎陽。

　　后羿張開王弓，拉滿弓射擊驚駭的天狼星。戰鼓戰鐘在夜裡鳴響，將軍壯大軍心。在趙國表現雄壯英勇，最後還是戰死在滎陽。

註釋：井然才能大超越。項羽實力堅實，鬥志勃勃的出征，在黑暗時刻振奮軍心，雖然英勇但魯莽，最後仍遭慘敗。

烏號：黃帝所用過的弓，象徵王弓。**彀**：音夠，拉滿弓，準備射箭。**狼**：指天狼星，主侵掠。**鐘鼓**：古代作戰士兵撤退、進攻之信號。**將軍**：指項羽，其為諸侯大將軍。
趙國：見註。**滎陽**：劉邦與項羽展開滎陽之戰，項羽剛愎魯莽戰敗於此沒落。
* 秦末各國反秦，秦軍攻克趙國，項羽會同各路諸侯反擊，但諸侯膽怯不敢戰，後項羽破釜沉舟解救趙國成功，諸侯方敢參戰，項羽成為諸侯上將軍，史稱鉅鹿之戰。但項羽最終仍敗於劉邦。

29 坎：炙魚銅斗，張伺夜鼠。不忍香味，機發為祟。祟在頭頸，笮不得去。

　　擺放烤魚和銅製酒器，張網伺機等待夜間的老鼠。忍受不住香味，機關啟動，成為災禍。災禍在頭和頸部，被壓迫無法逃脫。

註釋：井然克服落陷。執行計謀，肅清小人。小人因貪念而上當被捕，要害被箝制無法逃脫。

炙魚：烘烤的魚。**斗**：酒器。**笮**：音昨，迫。

30 離：高飛不視，貪叨所在。臭腐為患，自害躬身。

高高飛翔卻不能遠視，處處貪婪。發臭腐敗成為禍患，自己殘害了自己的身體。

註釋：應井然且相附著。有能力卻短視近利，處處貪心因而腐敗生禍，咎由自取。

叨：音掏，貪。**所在**：處處。**躬**：親自。

31 咸：鉛刀攻玉，堅不可得。單盡我力，齒為疾賊。

用鉛刀銼磨玉石，堅硬無法完成。竭盡自我力氣，疾病開始侵害。

註釋：應井然且相感應。目標太過艱鉅個人無法達成，耗盡心力，積勞成疾。

攻：銼磨玉石。**單**：殫也，竭盡。**齒**：始。

32 恆：方啄宣口，聖智仁厚。釋解倒懸，家國大安。

見小畜之噬嗑。

註釋：井然且持恆。善於宣說教化，又仁厚聖明，釋放解除百姓的危難顛倒，國家太平。

宣：寬大。

33 遯：跙躅南北，誤入喪國。杜季利兵，傷我心腹。

向南向北都徘徊猶豫，還誤入滅亡的國家。杜伯銳利的兵器，重傷周宣王的要害。

註釋：井然已遁逃。茫然無知而走入絕境；暴虐無道而被復仇亡身。

跙躅：音持除，徘徊不前。**杜**：周朝杜伯；見註。**季**：對同輩年輕者的稱呼。**心腹**：心臟和腹部，象徵要害。

*《論衡‧死偽》:「周宣王殺其臣杜伯而不辜,宣王將田於圃,杜伯起於道左,執彤弓而射宣王,宣王伏韔而死。」

34 大壯:公孫之政,惠而不煩。喬子相國,終身無患。

　　公孫僑的政令,施予恩惠而不擾民。有他輔助國家,終其一生沒有禍患。

註釋:井然且壯大。賢良執政,仁惠養民,省刑薄賦,國家始終
　　　康泰。

公孫、喬子:鄭國子產,又稱公孫僑,被譽為相國的典範。
*《論語‧公冶長》:「子謂子產……其養民也惠,其使民也義。」

35 晉:弧矢大張,道絕不通。小人寇賊,君子壅塞。

　　弓和箭都已大大的張開,道路斷絕不能通行。小人賊寇充斥,君子阻塞不通達。

註釋:井然才能前進。國家戰亂,無法通行,惡人製造災禍,君
　　　子受困。

弧:木弓。**矢**:箭。**壅**:阻塞。

36 明夷:藏戟之室,封豕受福。充澤肥腯,子孫蕃息。

　　收藏兵戟到庫室裡,接受祭祀的大豬肉。土地豐潤,牲畜肥大,子孫繁殖。

註釋:井然克服瘡痍。不再征戰,分封行賞,實行農牧,大為豐收,
　　　繁衍後代。

戟:音己,戈和矛合體的武器。**之**:至。**封**:厚大。**豕**:豕音史,大豬。**福**:祭祀用的酒肉。**充澤**:豐潤。**肥腯**:牲畜肥大。**腯**:音圖,肥胖。**蕃、息**:繁殖。

37 家人：<u>八子同巢</u>，心勞相思，雖苦無憂。

　　八個兒子同在一巢，心志勞煩但能相互掛念，雖然苦累但沒有憂患。

註釋：井然的家人。子嗣都團聚，煩苦但相眷戀，雖然辛勞但沒有憂患。

八子：八為子嗣之數。**思**：掛念。

38 睽：<u>循理舉手</u>，舉求相予。<u>六休相磨</u>，終無殃咎。

　　沿循法理舉用人才，徵求並獲得給予。大家溫煦的相互磨礪，終究沒有災殃禍害。

註釋：井然中有睽離，同中求異。依法選拔人才，並使他們良性的相互砥礪，沒有不對。

手：有優異技能的人，如棋手、國手。**六**：比喻全部。**休**：煦也，溫和。

39 蹇：王子公孫，<u>把絃攝丸</u>。發軌有獲，家室饒足。

　　見比之小畜。

註釋：井然克服蹇跛。小但多次的經營每有斬獲，因而家室富足。（尚不能擴大或前進）

把絃攝丸：持著弓絃，拿起彈丸。

40 解：井者有悔，渴蜺為怪。<u>不亟徙鄉</u>，家受其殃。

　　水井有怨恨，口渴的霓虹來做怪（見註）。不緊急遷徙鄉里，家園蒙受災殃。

註釋：井然已解離。小人作怪，耗敗資源，未積極應變，因而蒙受災害。

悔：恨。**蜺**：霓虹。**亟**：音極，緊急。**徙**：遷移。

*《漢書・燕刺王劉旦傳》:「是時天雨,虹下屬宮中飲井水,井水竭。」古人以為霓虹會就水而飲,使之乾涸。

41 損:鄭會細聲,國亂失項。弘明早見,止樂不聽。

　　鄭國和鄶國的音樂太過細瑣,國家紛亂失道傾斜。弘大聰明者有先見之明,停止音樂不再評斷。

註釋:井然已損減。太過注重享樂,國家失德衰敗,應該有智慧
　　　的及早停止。

會:鄶也,國名。**聲**:音樂。**項**:傾也。**聽**:評斷,如聽案。
*《左傳・襄二十九年》:「請(季札)觀於周樂。」「為之歌鄭,曰:『美哉!其細已甚,民弗堪也,是其先亡乎?』」「自鄶以下無譏(評論)焉。」本條將鄭、鄶兩樂並提。

42 益:穿室鑿牆,不直生訟。褰衣涉露,雖勞無功。

　　穿透房室,鑿破牆壁,不正直發生爭訟。提起衣服涉過晨露,雖然勞苦但沒有功蹟。

註釋:應井然才能益增。悖逆行為引發破壞和糾紛,縱使一早就
　　　辛勤行動,也是枉然。

褰:音牽,提起。

43 夬:脫卵免乳,長大成就。君子萬年,動有利得。

　　擺脫孵育,不用再哺乳,成長壯大完成發育。君子萬年不變,行動就有利祿可得。

註釋:井然且明決。成長茁壯,卓然成人,永遠保持德行,行動
　　　都能獲利。

卵:孵也。**就**:完成。

44 姤：**五心乖離，各引是非。莫適為主，道路塞壅**。

　　五顆心違背分離，各自引述是非依據。沒有可適從的主見，道路阻塞不通。

註釋：應井然的邂逅。眾人離心離德，全都自以為是，沒有共識，無法前進。

五：象徵全部。**乖**：違背。**壅**：阻塞。

45 萃：**百柱載梁，千歲不僵。大願輔福，文武以昌**。

　　有百根柱子承載著樑，千年都不會傾倒。以宏大的願望來輔助，文治武功都昌盛。

註釋：井然的薈萃。有眾多賢良拱著上位，朝廷永遠鞏固。人人都抱著宏願來輔政，內政外交都興盛。

僵：傾倒。**福**：佑助。

46 升：**營城洛邑，周公所作。世逮三十，年歷七百。福佑封實，堅固不落**。

　　營造城都洛邑，是周公所興建，周朝達到三十世，歷經七百年。幸福保佑，實際封賞諸侯土地，堅固不墜落。

註釋：井然的上升。賢能打下鞏固的基業，流傳百代萬世，家族與團隊功業堅實不墜。

洛邑：原名雒邑，西周東都，於今洛陽市。**逮**：達到。**封實**：諸侯實際封賞的土地。
*《史記‧魯周公世家》：「周公往營成周雒邑。」周朝共歷三十七王，七百餘年。

47 困：**牛耳聾蔽，不曉聲味。委以鼎俎，方始亂潰**。

　　牛的耳朵被遮蓋而聾了，無法知曉聲音的感覺。託付禮器，

開始紛亂潰散。

註釋：井然已受困。領導人昏昧，不能辨別是非，託付他政權，團隊開始潰亂。

牛耳：象徵領袖；見註。**味**：感覺，如趣味。**鼎俎**：盛置美食或祭品的禮器，此處比喻法統。

*《前漢紀・孝成皇帝紀二》：「百姓喪其君，若亡牛耳。」

49 革：從叔行旅，食於東昌。嘉伯悅喜，與我芝香。

跟從叔叔去行旅，在東昌謀食。伯父嘉許並欣悅歡喜，給我靈芝和芳香的五穀。

註釋：井然且能革新。晚輩們另謀發展，長輩欣悅認同，叮嚀要保持德行。

東昌：侯國名，象徵日出東方昌明。**香**：本義為五穀的香味。

50 鼎：詧娍開門，鶴鳴彈冠。文章進用，舞韶和鸞。三仁翼政，國無災殃。

見坤之明夷。

註釋：井然且鼎立。新春重啟政事，進用隱士與才子，政通人和，賢能用事，國家安定。

文章：紋彰也，文才燦美，比喻有才華之人。

51 震：遊魂六子，百木所起。三男從父，三女隨母。至巳而反，各得其所。

六爻變化好像遊魂，使萬物生起（為遊魂卦，見註二）。三個陽爻跟從乾卦，三個陰爻追隨坤卦。到了盡頭返回（為歸魂卦，見註三），各自得到安居處所。

983

註釋：井然且震奮。宇宙有生成與變化的法則，萬物因而生起，
　　　陰陽、男女各有歸屬，發展到最後，人事物都得到歸處。
遊魂：遊魂卦，卦變之後遊離不定。**六子**：一卦有六爻。**百**：比喻所有。**木**：木為春，萬物出生。
* 本條以京氏用八個純卦推演遊魂卦與歸魂卦產生六十四卦，象徵天地與人倫的發生。
* 遊魂卦，《京氏易傳・大過》：「精氣為物，遊魂為變。」為變化之所在。
* 歸魂卦，《京氏易傳・同人》：「八卦巡迴，歸魂復本。」推演到最後又回到純卦，故名。

52 艮：南山蘭茝，使君媚好。皇女長婦，多孫眾子。

　　　南山的香草，使君子美好。大女兒和長媳，生了眾多子孫。
註釋：井然克服受阻。修身養性，充滿光明與美好，成長茁壯，
　　　繁衍眾多。
南山：山南水北為陽，象徵光明。**蘭茝**：茝音柴三聲，一種香草。**媚**：美好。**皇**：大，如堂皇。

53 漸：黃虹之野，賢君在位。榮叚為相，國無災殃。

　　　黃帝時大星星像彩虹到了田野，賢君居於皇位。尊崇叚干木為輔佐，國家沒有災殃。
註釋：井然且漸進。徵兆祥瑞，聖君在位，又有賢良輔佐，國家
　　　安康。
之：至。**在位**：居於君主之位。**叚**：音瑕，叚干木，魏文侯國政顧問，終生不仕。**相**：輔佐，非宰相。
* 前兩句見《史記・帝王世紀》：「黃帝時有大星如虹……生少昊。」
* 後兩句見《史記・魏世家》載，魏文侯欲以叚干木為太師，堅辭不受，魏文侯每次路過他家都起身致敬。後來叚干木答應求見，魏文侯經常向他垂詢治國之道。

54 歸妹：穿鑿道路，為君除舍。開闢福門，喜在我鄰。

挖穿鑿通道路，為人修治房舍。開拓闢建納福之門，福喜來到鄰里。

註釋：井然的相歸依。一起開通障礙，營造房屋，建設開發，廣納福澤，大家都有吉慶。

君：美稱任何人，如諸君。**除**：修治。**鄰**：古代五家為一鄰，比喻密切在一起生活的人。

55 豐：商風數起，天下昏晦。旱魃為虐，九土兵作。

秋風頻頻吹起，天下昏暗陰晦。旱神造成虐害，九州的土地兵亂大作。

註釋：井然才能豐足。時令敗壞，天下頻頻出現混亂，全國天災人禍不斷。

商風：秋風。**數**：音碩，頻頻。**旱魃**：魃音拔，旱神。

56 旅：自衛歸魯，時不我與。冰炭異室，仁道隔塞。

見坤之頤。

註釋：井然才能旅歷。時局敗壞賢良無法前進，仁義無法救助亂世，世道衰微。

57 巽：春陽生草，夏長條枝。萬物蕃滋，充實益有。（原本缺，取四庫全書版）。

春天的太陽生出草木，夏天長出枝條。萬物繁衍孳生，充滿果實利祿多有。

註釋：井然且安順。時序安好，萬物成長，繁衍眾多，富足昌隆。

條：細長的樹枝。**蕃**：繁衍。**滋**：孳也。

58 兌：六虵奔走，俱入茂草。驚於長注，畏懼啄口。

六條蛇出奔逃走，一起躲入茂密的草叢。驚怖且長期關注，畏懼牠們咬人的嘴。

註釋：井然才能欣悅。小人全都逃走隱匿，但沒有被消滅，要一直慎戒恐懼，防止危害。

六：象徵齊全。虵：蛇也。長：強大。啄：咬。

59 渙：明月照夜，使暗為晝。國有仁賢，君尊如故。（原本缺，取四庫全書版）

明月照耀夜空，使暗夜成為白晝。國家有仁人賢良，國君尊貴如昔。

註釋：井然且渙發。光明坦蕩，黑暗消失了，賢良輔政，朝廷安定。

60 節：避虵東走，反入虎口。制於爪牙，骨為灰土。

躲避蛇向東奔走，反而進入老虎的嘴巴。被利爪和尖牙所制伏，骨頭化為灰土。

註釋：應井然又節度。到處都是惡人無法前進，只會招致毀滅，應躲藏起來。

虵：蛇也。東：象徵粗鄙方向。虎口：象徵吞噬之險地。

61 中孚：填迾不行，弱足善僵。孟縶無良，失其寵光。

傾倒停止不能行進，跛足容易跌倒。公孟縶不良於行卻殘暴，失去尊寵和光榮。

註釋：應井然又忠信。體質殘敗，不能作為，卻又殘暴成性，招致敗亡。

頃：傾也,傾倒。**迭**：止。**弱足**：跛足。**善**：容易,如善感。**僵**：跌倒。**孟縶**：公孟縶（音執）,衛國公子,跛腳但殘暴,後為政敵所殺。
*《左傳‧昭公七年》：「孟縶之足不良。」又〈昭公二十年〉：「孟縶之賊,女何弔焉。」

62 小過：<u>十羊俱見</u>,<u>黃頭為首</u>。歲美民安,國樂無咎。

　　十隻羊一起出現,以黃頭羊為首。年歲美好人民平安,國家安樂沒有災禍。
註釋：井然且小超越。團隊大合成,領袖有德行,國泰民安,歲月美好。
十：象徵滿數。**羊**：象徵吉祥。**見**：現也。**黃**：比喻中正。**頭**：比喻首領。

63 既濟：望風入門,來到我鄰,<u>餔吾養均</u>。

　　聽到風吹入家門,風也來到鄰里,人人全都被哺餵養育。
註釋：井然已完成。福澤如春風來到家裡和鄉里,人人都得到恩惠和安養。
望風：聽到風聲。**風**：象徵福澤。**餔**：音不一聲,哺。**均**：全部、都。

64 未濟：登高車反,視天彌遠。<u>虎口不張</u>,害賊消亡。

　　登到高處,車子卻翻覆,看天空更加遙遠。老虎的嘴巴沒有張開,危險傷害消失了。
註釋：井然便不會結束。艱辛前進遭逢挫敗,前途更加渺茫,還好沒有發生險惡,整治後還可前進。
彌：更加。**虎口**：象徵吞噬之險惡。

49 革

49 革：馬服長股，宜行善市。蒙祐諧偶，獲金五倍。

　　馬服君到長股國，安順的行進，善於賣賣。承蒙庇佑伴侶和諧，獲得五倍的利潤。

註釋：革新又革新。全副武裝積極到遠方安順的經營，善於交誼與貿易，與君子和諧結盟，獲得全部利潤。

馬服：地名也是人號，趙國名將趙奢封為馬服君，此處比喻全副武裝。**長股**：邊荒之國，象徵善於奔行、遠行。**宜**：安順。**偶**：伴侶。**五**：象徵全部。

1 乾：高原峻山，陸土少泉。草木林麓，嘉得所蓄。

　　只有高原和險峻山嶺，陸地又缺少水源。草木和山林，得到美好的蓄藏。

註釋：革新且陽健。原本環境惡劣，物質缺乏，經過整治成為美好的地方，獲得大積蓄。

陸土：陸地。**林麓**：山林。

2 坤：一門二關，結緝不便。峻道異路，日暮不到。

　　一道門有兩個門閂，連結會合不便利。高峻歧異的道路，日暮時還無法到達。

註釋：應革新且溫良，不要限制嚴酷。限制重重，難以行動，任務艱難，無法達成。

關：門閂。**緝**：會合。

3 屯：憂禍解除，喜至慶來。坐立懂門，與樂為鄰。

見蒙之咸。

註釋：革新並屯聚。災禍被解除，接著喜慶歡樂來安住為伍。
懽：歡也。

4 蒙：殊類異路，心不相慕。牝牛牡猳，鰥無室家。

見師之屯。

註釋：應革新且啟蒙。離心離德，如同異族，孤僻自處，無法繁衍。
鰥：音官，死去妻子的男人。

5 需：太王為父，王季孝友。文武聖明，仁政興起。旦隆四國，載福綏厚。

見坎之乾。

註釋：革新並耐心等待，不躁進。以聖人之道齊家，治國的文治武功都很聖明，也執行教化和仁政，天下昇平，有大福澤。
王季：太王的第三子，周文王的父親。**旦隆**：光明興隆。

6 訟：臨河求鯉，燕婉失餌。屏氣攝息，不得鯉子。

來到河裡求取鯉魚，遺失美女了和釣餌。屏住並抑制氣息，還是沒有得到小鯉魚。

註釋：想革新但有爭訟。想經營獲得好收穫，卻損失了美好資產。雖然專注慎重，仍沒孳生好結果。

燕婉：儀態安詳溫順，借指美女。**攝**：抑制。**鯉子**：象徵繁衍好的結果。
*《詩經・新臺》：「魚網之設，鴻（大）則離之。燕婉之求，得此戚施（蟾蜍）。」設網捕魚，大魚卻逃離了；想求得美女，卻得到駝背者。

7 師：買利求福，莫如南國。仁德所在，金玉為寶。

求取利祿和福澤,沒比南方國度更適合。那裡是仁德所在之處,有金玉和寶物。

註釋:革新後出師。前進到美好的地方求取利祿,有德行便能成功。

買:求取。**南國**:象徵光明的國度。

8 比:<u>白虎赤憤</u>,<u>闚觀王庭</u>,<u>宮闕被甲</u>。大小出征,天地<u>煩憤</u>,育不能嬰。

白虎凶神充滿誅殺的憤慨,窺視朝廷,宮殿遭受兵甲。大大小小的出征,使天地忿爭昏亂,嬰兒無法養育。

註釋:應革新且相比附。惡人肅殺的覬覦政權,朝廷陷入兵災。征戰不止,天地潰亂,人民無法繁衍後代。

白虎:象徵凶神。**赤**:誅滅。**闚**:窺也。**宮闕**:宮殿。**被**:遭受。**煩**:忿爭。**憤**:昏亂。

9 小畜:子車鍼虎,善人危<u>殆</u>。黃鳥悲鳴,傷國無輔。

子車氏的鍼虎,美善的人才卻陷入危險。用〈黃鳥〉來悲戚哀鳴,感傷國家沒有輔佐人才了。

註釋:想革新但蓄小勢弱。人才都為君主陪葬了,國家因而加速衰敗,人民哀傷。

殆:危。

*《左傳・文公六年》:「秦伯任好卒,以子車氏三子奄息、仲行、鍼虎為殉,皆秦之良也,國人哀之,為之賦〈黃鳥〉。」

10 履:兩目失明,日暮無光。<u>脛足跛步</u>,不可以行,頓於<u>丘傍</u>。

兩眼失明,日暮時沒有光亮。瘸腿跛行,無法行進,停頓在

墳墓旁。

註釋：革新才能行履。本身昏昧，環境又陰晦，體質病弱，無法
　　　前進，只能坐以待斃。

脛：小腿。**丘**：墳墓。

11 泰：<u>羅網四張，鳥無所翔。伐征困極，飢窮不食。</u>

網子四面都張開，鳥兒無法飛翔。討伐征戰受困至極，飢餓貧窮沒有食物。

註釋：革新才能康泰。趕盡殺絕，窮兵黷武，最後自己也貧困至極。

羅：網。

12 否：<u>伯夷叔齊，貞廉之師。以德防患，憂禍不存。</u>

見比之剝。

註釋：改革閉塞狀態。以君子為師，以德行防範禍端，憂患便被
　　　消滅。

13 同人：<u>疾貧望幸，使伯行販。開牢擇羊，多得大牂。</u>

疾病又貧窮，希望得到幸福，於是讓兄長去從事商販。打開牢籠選擇羊隻，得到很多大母羊。

註釋：革新且能同仁。為擺脫困境讓才幹者去經營，所有人都給
　　　予最好的資源協助。

14 大有：<u>南山之陽</u>，<u>華葉鏘鏘</u>。<u>嘉樂君子，為國寵光。</u>

南山的南邊，花和葉子高聳茂盛。美好喜樂的君子，成為國家的尊寵與光榮。

註釋：革新且大富有。生機蓬勃,蓬勃發展,有德行得到重用與尊寵。

南山：山南水北為陽,象徵光明。**陽**：同前。**鏘鏘**：音槍,高聳巍峨。

15 謙：東壁餘光,數暗不明。主母嫉妬,亂我業事。

見謙之屯。

註釋：應革新且恭謙。上位心態嫉妬,不給予下位偕同和資源,還加以阻擾。

東壁：同東璧。

16 豫：迷行晨夜,道多湛露。瀸我袴襦,重不可涉。

早晨和夜晚都在迷路行走,道路有濃重的露水。浸濕了袴子和衣服,迷霧重重無法越過。

註釋：革新才能安育。環境蒙昧不明所以一直迷失,重重阻礙無法行動。

湛露：濃重的露水。**瀸**：音間,浸濕。**襦**：音儒,短的厚上衣。

17 隨：目瞤足動,喜如其願,舉家蒙寵。

見乾之需。

註釋：革新且隨理。眼光所及立即行動,心想事成,全體都受惠。

18 蠱：鷹鷂欲食,雉兔困急。逃頭見尾,為害所賊。

老鷹想要捕食,雉雞和兔子困險急迫。頭逃過了但還是見到尾巴,被加以殘害。

註釋：應革新蠱敗。大惡人侵犯,君子躲避不全現出蹤跡,難逃

厄運。

鷂：音要，老鷹。**雉兔**：分別象徵尊貴與光明。

19 臨：<u>鼻移在項</u>，枯葉傷生。下朽上榮，家擾不寧，失其金城。

　　鼻子移到脖子，葉子乾枯，傷害生起。下位腐朽，上位榮華，國家擾亂不安寧，失去了堅固的城池。

註釋：革新才能臨政。生機氣息往下移，會造成體制傷害，不宜。
　　　但如果都不往下移，導致下位太弱、上位太強，組織一樣
　　　也不會康寧牢固。（上下需均勢平衡）

鼻：氣息與魂魄出入之處，比喻生機氣息，見註。**項**：脖子。**金城**：堅固的城池。
＊《老子河上公章句・成象》：「魂者雄也，主出入於人鼻，與天通。」今鼻移於項，氣息與魂魄下沉與難天通，故枯葉傷生。相對大過之萃：「鼻移在頭，枯葦復生。」

20 觀：飛不遠去，法為<u>罔待</u>，<u>祿養</u>未富。

　　飛行無法遠去，法理不能依靠，養親的俸祿不富足。

註釋：應革新且觀省。無法開展經營，法理不彰，官員俸祿不足，
　　　國家停頓。

罔：不能。**待**：依靠。**祿養**：古人認為官俸本為養親之資，故亦為俸祿。

21 噬嗑：倒基敗宮，<u>重舌作凶</u>。<u>被</u>髮長夜，迷亂相誤，深亡吉居。

　　根基傾倒宮殿敗壞，是非之語太多而產生凶禍。在長夜裡披著散髮，迷路紛亂而耽誤，深深的遠離吉祥的居所。

註釋：革新需要法治。謠言氾濫摧毀根基和事業，瘋狂迷亂一直
　　　延誤，最後遠離原本美好之處。

993

重舌：舌下血脈腫脹，好似又多了一條小舌；比喻多說是非，如兩舌。**被**：披也。**相**：此為單方面的動作，如相瞞。

22 賁：亥午相錯，敗亂緒業，民不得作。

深夜和正午相互錯置，敗壞擾亂事業，人民無法勞作。

註釋：革新需要整飾。陰陽反置，體制顛倒，事業敗亂，人民無法生產。

亥：一天最後的時辰，象徵深夜，陰。**午**：一天日正當中的個時辰，象徵正午，陽。
緒業：事業。

23 剝：野麋畏人，俱入山谷。命短不長，為虎所得，死於牙腹。

野生麋鹿畏懼人類，一起躲入山谷。短命不長壽，被老虎所捕得，死於虎牙葬身虎腹。

註釋：應革新剝落狀態。君子被迫害一起逃亡，不久即被惡人發現而殺害，福祿不再。

麋：音迷，大的鹿種，比喻祿。

24 復：秋冬探巢，不得鵲鷃。銜指北去，愧我少姬。

見訟之睽。

註釋：革新才能返復回去。局勢破敗，工作無法收穫，拋下力弱的成員獨自飢渴逃去，無法繁衍。

25 無妄：雙梟俱飛，欲歸稻池。經涉菫澤，為矢所射，傷我胸臆。

見屯之旅。

註釋：革新應該不虛妄。相偕而行尋求美好，卻都沒有警覺，因而遭遇埋伏受到重傷。

雚：音還，荻類植物。

26 大畜：天門開闢，牢戶寥廓。桎梏解脫，拘囚縱釋。

見小畜之泰。

註釋：革新而大蓄積。天地與人間所有的閉塞都已開脫，得以重新發展。

27 頤：<u>尼父孔丘</u>，善釣<u>鯉</u>魚。<u>羅</u>釣一舉，得獲萬頭，富我家居。

孔子善於垂釣鯉魚，網子和釣鉤一舉起，便獲得上萬條，家裡富足。

註釋：革新且頤養。以聖人之道教化，輕易得到龐大的富足、祥瑞和繁衍。

尼父：魯哀公封賜孔子的諡號。**孔丘**：孔子，名丘。**鯉**：比喻吉祥；孔子兒子名鯉，故亦比喻繁衍。**羅**：網。

28 大過：<u>彭君</u>為妖，暴龍作災。盜堯衣裳，聚跖荷兵。青禽照夜，三日夷亡。

見比之蒙。

註釋：應革新大過錯。下位像妖魅和怪物做亂，毀壞倫理，興兵作亂，死神來臨，不久就覆滅了。

彭君：彭生。

29 坎：華言風語，亂相狂誤。終無凶事，安寧如故。

　　花言巧語和風聲流言，狂亂的妨害。最終沒有凶惡之事，安寧如昔。

註釋：革新克服落陷。流言四起，破壞安定，經過整治，恢復安寧。

相：此為單方面的動作，如相瞞。

30 離：逃頸見足，身困不辱。欲隱避仇，為害所賊。

　　頸子已逃離但還見到腳，身命受困，敗壞屈辱。想要隱遁躲避仇家，還是被傷害。

註釋：革新需相附著。結成冤仇被追殺，身陷險惡困境，逃匿不周全，還是被發現而遇害。

不：否也，敗壞。

31 咸：無足斷跟，居處不安，凶惡為殘。

　　沒有一腳另腳又斷了腳跟，居處不安全，凶惡造成殘害。

註釋：要革新應相感應。殘敗無助，無法前進，也無法安居，只有惡人來迫害。

32 恆：三人俱行，北求大牂。長孟病足，倩李負囊。柳下之貞，不失我糧。

　　三人一起行動，到北海去尋求大母羊。長兄腳生病，請兄弟背負行囊。有柳下惠的貞節，不會失去糧食。

註釋：革新且能持恆。眾人積極行動尋找美好資源，途中長輩患病，晚輩接續任務，因為有貞節，不會困乏。

三：象徵多。北：北海，象徵極遠之地。牂：音髒，雌性動物。孟：最長的兄或姐。

倩：請人做事。**李**：桃李原比喻共患難的兄弟，如李代桃僵。**囊**：袋。**柳下**：柳下惠，坐懷不亂，孟子稱為「聖之和者」。

33 遯：退飛見祥，傷敗毀墜。守小失大，功名不遂。

　　六鷁退飛見到徵兆，傷亡覆敗毀壞墜落。守小處卻失去大處，功名不順遂。

註釋：革新已遁逃。想要作為，但凶兆出現，接著一敗塗地。格
　　　局太小，失去宏觀，不能成功。

祥：徵兆。
* 前兩句，《左傳・僖公十六年》：「六鷁退飛，過宋都。」象徵宋襄公將得諸侯擁戴但不終。後襄公會諸侯抵抗淮夷，不待築城完畢皆返。
* 後兩句，《史記・宋微子世家》載，宋襄公與楚戰於泓。楚人渡河中、已渡未陣，皆不出擊，待陣成，大敗宋師。因拘於小義，而不能稱霸。

34 大壯：持心懼怒，善數搖動，不安其處。散災府藏，無有利得。

　　處事心態疑懼憤怒，容易經常動搖，不能安於住處，貯藏的財物有消散之災，沒有利祿可得。

註釋：革新才能壯大。暴躁多疑，心意不定卻不安於室，無法獲
　　　利還敗壞家產。

持心：處事的態度。**善**：容易，如善感。**數**：音碩，頻頻。**府藏**：貯藏的財物。

35 晉：牽尾不前，逆理失臣。惠朔以奔。

　　見比之恆。

註釋：革新才能前進。方法不對，無法前進，違逆倫常，臣子離
　　　去，最後失敗而逃。

36 明夷：祿如周公，父子俱封。

福祿有如周公，父子都封爵。

註釋：改革瘡痍狀態。賢良協助掃除障礙，統一國家，家族世代都受蔭。

* 周公有八子，除一位襲周公位，其餘皆封國。

37 家人：吾有八人，信允篤誠，為堯所舉。

國家有才子八人，都忠信公允篤實誠心，被堯帝推舉重用。

註釋：革新且親如家人。團隊成員都有才華與德行，上位器重任用，一起勵精圖治。

八人：《史記‧五帝本紀》：「昔高陽氏有才子八人。」堯未舉，而舜舉之。**允**：信、實。

38 睽：久陰霖雨，泥塗行潦。商人休止，市空無寶。

見謙之恆。

註釋：應革新睽離狀態。環境陰晦，路途波折，無法前進經營，喪失利潤。

39 蹇：無足斷跟，居處不安，凶惡為殘。

沒有一腳另腳又斷了腳跟，居住的處所不安寧，凶惡造成殘害。

註釋：應革新蹇跛狀態。無法前進也無法安居，只有災禍殘害。

40 解：馬蹄躓車，婦惡破家。青蠅污白，恭子離居。

馬匹蹄踢，車子絆倒，婦人惡毒破壞家庭，蒼蠅玷汙了白絹，

恭世子離開居處。

註釋：革新已解離。前進卻傾覆，惡毒小人破壞團隊，並敗壞德行，君子受難逃亡。

蹄：踶，蹄踢。**躓**：絆倒。**恭子**：晉國恭世子，申生，晉獻公愛妾驪姬要立自己的兒子為太子，誣賴恭世子非禮她，恭世子因而上吊自殺。

*〈厲志賦〉：「疾青蠅之染白。」

41 損：噂噂所言，莫如我垣。懽樂堅固，可以長安。

見乾之困。

註釋：應革新損失狀態。議論紛紛不如築牆守護，才能常固久安。

懽：歡也。

42 益：懿公淺愚，不深受謀。無援失國，為狄所賊。

見比之家人。

註釋：應革新的態勢益增。目光短淺不做長久經營，以致沒人援助，被敵人消滅。

43 夬：騏驥綠耳，章明造父。伯夙奉獻，襄續厥緒。佐文成伯，為晉元輔。

獻上麒麟、千里馬和綠耳，造父因而昭彰顯赫；後人趙夙也奉獻心力，襄助延續晉獻公事業。子孫又輔佐晉文公成就霸業，成為晉國的大輔臣。

註釋：革新且明決。祖先奠下顯赫基礎，子孫持續努力，輔佐君主成為霸主，宗族也成為世家。

騏：麒麟。**驥**：音記，千里馬。**綠耳**：周穆王八匹駿馬之一。**章明**：昭彰顯赫。**造父**：曾載周穆王巡狩，見西王母，並載王日馳千里，破叛賊。**伯**：對人的尊稱。**襄**：幫助。

999

厥：語助辭。緒：事業。伯：霸也。元輔：重臣。
*《史記・太史公自序》：「維驥騄耳，乃章造父。趙夙事獻，衰續厥緒。佐文尊王，卒為晉輔。」造父將綠耳等千里馬獻給周穆王，周穆王封其於趙城，為趙姓始祖。後世有趙夙輔佐晉獻公，又有趙衰、趙成子輔佐晉文公成春秋五霸。

44 姤：駕車入里，求鮮魴鯉。非其肆居，自令後市。

　　駕車進入鄉里，尋求新鮮的魴魚和鯉魚。但鄉里不是市集所在，因而導致延誤交易。

註釋：應革新且邂逅。想要前進發展美好事業，但方法不對，錯
　　　失人事物，延誤利機。

魴：音防，鯉科魚類，象徵吉祥。肆：市集、店鋪。自：因而。令：致使。

45 萃：求麎嘉鄉，惡地不行。道止中遷，復反其床。

　　到美好的鄉里尋求獐鹿，地方惡劣無法通行。道路終止，中途遷移，又返復回床上休息。

註釋：革新應相薈萃。想要獨自前進，發展美好事業，但環境惡劣，
　　　道路中斷，只能中途改道，掉頭返回。

麎：獐鹿，麝，有香味，象徵珍貴。

46 升：仗鳩負裝，醉臥道傍。不知何公，竊我錦囊。

　　依靠著鳩杖，背負著裝備，酒醉倒臥在路旁。不知哪位老者，偷竊了我的錦緞囊袋。

註釋：革新才能上升。德高望重承擔重任，卻昏昧滯止，還竊取
　　　他人資材買醉。

仗：依靠；又，杖也。鳩：鳩杖，刻有鳩鳥的手杖，彰顯老者尊寵的地位。公：對年長者尊稱，指本條的主角。

47 困：登崑崙，入天門。過糟丘，宿玉泉。同惠歡，見欣君。

見比之姤。

註釋：革新克服困阻。追求聖道，路途雖然遙遠但美好，並同歡共行，最後見到君王。

48 井：水為火壯，患<u>厭</u>不起。<u>季伯</u>夜行，與喜相逢。

水比火還要壯大，禍患被壓制不興起。劉邦夜間行走，逢到喜祿。

註釋：革新且能井然。準備充分，克服禍害，環境陰晦，但警戒行動，因而得到喜慶。

厭：壓也，壓制。**季**：指劉邦，本名季。**伯**：對人的尊稱。

* 本條相應屯之井：「大蛇當路，使季畏懼。湯火之災，切近我膚。賴其天幸，趨於王廬。」

50 鼎：烏孫氏女，深目黑醜。嗜欲不同，過時無<u>耦</u>。

見噬嗑之萃。

註釋：革新才能鼎立。野蠻醜陋，喜好又與人不相同，錯過時機，沒與人和同。

耦：偶也，伴侶。

51 震：子鉏執麟，春秋作元。陰聖將終，尼父悲心。

見訟之同人。

註釋：革新狀態已震盪。聖人無法挽回破敗的局勢，最後聖人也滅亡了。

52 艮：<u>灼</u>火泉<u>原</u>，釣<u>魴</u>山巔。魚不可得，炭不可燃。

在泉水源頭燒火，在山巔垂釣魴魚。魚沒有得到，炭也無法燃燒。

註釋：革新受阻。方法逆常，行動無法生效，也無所收穫。

灼：燃燒。**原**：根源。**魴**：音防，鯉科魚類，象徵吉祥。

53 漸：<u>天馬</u>五道，<u>炎火</u>久處。往來上下，<u>非文</u>釣<u>已</u>。衣<u>衰</u>絲麻。相隨在<u>歌</u>，凶惡<u>如何</u>！

駿馬向五方道路奔行，遇到烈火長久滯留下來，來來往往上上下下卻不前進，只會飾非紋過，大為沽名釣譽。穿著喪服，相互伴隨，既哭且歌，多麼凶惡啊。

註釋：應革新且循序漸進。成員應往各方前進，遇到凶險卻都一直徘徊停滯。危險未排除，只會虛偽的爭名諉過，充滿兇惡和死亡。

天馬：駿馬的美稱，亦指大宛馬。**五道**：東西南北中五路，象徵齊全。**炎火**：烈火，亦指火焰山，相對前面之大宛馬。**非**：過錯。**文**：紋也，紋飾。**釣**：騙取，如釣譽。**已**：太、甚。**衰**：喪服。**絲麻**：緦麻，喪服之一，關係最淺的親屬所穿著。**歌**：古人既哭且歌，表達憂傷情緒。**如何**：多麼。

54 歸妹：鴟鴞破斧，<u>沖人</u>危殆。賴旦忠德，轉禍為福，傾危復立。

見坤之遯。

註釋：革新且相歸依。原本實行暴政，發動戰爭，小人皇帝自己也岌岌可危，後來修身養德，轉危為安，獲得重建。

沖人：年幼帝王的自稱。

55 豐：杜飛門啟，憂患大解，不為身禍。

見需之兌。
註釋：革新而豐盛。閉塞與憂患都大為解除，一切平安。

56 旅：石門晨開，荷蕢疾貧。遁世隱居，竟不逢時。

石門被守衛開啟，扛著簸箕的隱士患病貧窮的走出。遁逃世間去隱居，都沒逢到時機。

註釋：革新才能旅歷。君子無法發揮而且落魄貧困，只能黯然隱遁。

石門：春秋魯國城外門；比喻賢者。**晨**：晨門，掌管城門開閉的人。**荷**：音賀，肩膀扛著。**蕢**：音愧，簸箕。**荷蕢**：隱士。

*《論語・憲問》：「子路宿於石門。晨門曰：奚自？子路曰：自孔氏。」「有荷蕢而過孔氏之門者。」

57 巽：兔聚東廊，眾犬俱獵。圍缺不成，無所能獲。

見蹇之坤。
註釋：革新才能安順。行動有如探囊取物，卻因彼此不能協和而失敗。

兔：比喻獵物。**東**：象徵粗鄙的方向。

58 兌：三羊群走，雉兔驚駭。非所畏懼，自令勞苦。

三隻羊群體逃走，雉雞和兔子驚慌怖駭。不是應該畏懼的，自使奔勞辛苦。

註釋：應革新且欣悅。許多仁人君子因恐懼而集體走避，不要害怕，自尋煩惱，應該勇於面對處置。

三：象徵多。**羊**：象徵吉祥。**雉**：長尾野雞，象徵尊貴。**兔**：象徵光明。**令**：致使。

59 渙：羽翮病傷，無以為強。宋公德薄，敗於水泓。

　　羽翼損害受傷，無法強大。宋襄公福德薄弱。在泓水之戰大敗。

註釋：革新已渙散。主力已損壞，沒戰鬥力了，又不理解德行的真義，終於大敗。

翮：音禾，翅膀。**病**：損害。

*《史記‧宋微子世家》載，宋襄公與楚戰於泓。楚人渡河中，已渡未陣，皆不出擊，待陣成，大敗宋師。

60 節：姬姜雅叔，三人偶食。論仁義福，以安王室。

　　王室貴族和高雅公子，三人作伴同食。討論仁義和福德，用以安定朝廷。

註釋：革新且節度。大家同心同德，共謀仁義之策，國家安定。

姬姜：象徵王室貴族或聯姻。**叔**：對年輕的尊稱。**三**：象徵多。**偶**：同伴。**王室**：朝廷。

61 中孚：精誠所在，神為人輔。德教之中，彌世長久。三聖乃興，多受福祉。

　　至誠精神有所存在，神明幫助人們。仁德教化的中道，久遠傳世。三位聖人興起，人民蒙受許多福祿。

註釋：革新且忠信。精誠所至，天佑蒼生，使用教化所以長治久安，人才濟濟，國家蒙受大福。

彌：久遠。**三聖**：此處此周文王、周武王、周公，三位創立周朝。

62 小過：岐周海隅，獨樂不憂。可以避難，全身保才。

　　見離之臨。

註釋：革新且小超越。聖君賢相，國家強盛，遠方之人都來歸順，

因而無憂無慮,身家安全。

才:材也,資材。

63 既濟:孤獨特處,莫依為輔,心勞志苦。

　　見明夷之姤。

註釋:革新才能完成。孤僻自處,沒有依靠和輔助,心志勞苦。

64 未濟:顧望登臺,意常欲逃。賈辛醜惡,妻不安夫。

　　見晉之大畜。

註釋:革新尚未完成。登高張望,時常想逃脫。為人醜惡,連妻
　　　子都不願依順。

50 鼎

50 鼎：積德之至，君政且溫。伊呂股肱，國富民安。

見蒙之遯。

註釋：鼎立又鼎立。積德至深，王政溫良，重用賢人，國泰民安。

1 乾：頃筐卷耳，憂不得傷。心思故人，悲慕失母。

採裝卷耳的籮筐傾倒了，憂傷不能有所收穫。心裡思念離開的至親友人，悲傷思慕失去的母親。

註釋：要鼎立應陽健，不可剛愎。遠征一直在進行，連官員都與至親生離死別。

頃：傾也。**筐**：方形竹器。**卷耳**：一年生草本植物，嫩葉可食。**故人**：離開的至親友人。
*《詩經‧卷耳》：「采采卷耳，不盈頃筐。嗟我懷人，置彼周行。」岐周大夫役於中原，其妻思念之而作。

2 坤：郤叔買貸，行祿多悔，利無所得。

充滿怨隙的人做買賣，行商求祿多有悔恨，利潤一無所得。

註釋：要鼎立應該溫良。好與人結怨，必有悔恨，也無法獲利，應和氣生財。

郤：怨隙。**叔**：對人的尊稱。**買貸**：買賣。

3 屯：蹙狂跛衽，僻坐不行。棄損平人，名字無中。

憂愁狂躁又跛腳的睡臥，在偏僻處坐著不行動。被廢除貶抑為平民，名字不在朝廷之中。

註釋：鼎立變困屯。心智瘋狂又無行動力，孤僻不去經營，從大

臣貶為庶民。

蹙：音促，憂愁。**衽**：睡臥。**辟**：僻也。**平人**：平民百姓，指大眾。**中**：禁宮之中，指朝廷。

4 蒙：文王四乳，仁愛篤厚。子畜十男，無有夭折。

見訟之乾。

註釋：鼎立且啟蒙。聖王實行仁政厚愛人民，全面繁衍且健康完整。

5 需：容民畜眾，不離其居。

收容人民，培育大眾，大家都不離開居地。

註釋：鼎立且耐心等待，不躁進。百姓獲得良好收容與養育，因而不願離開。

畜：培養育成。

6 訟：三推相逐，蠅墜釜中。灌沸淹殪，與母長決。

三隻蒼蠅推擠著相互追逐，墜落到鍋子裡。水沸騰因而淹死，和母親永遠訣別。

註釋：應鼎立卻爭訟。成員們不遵守紀律的躁進，結果遇到危險一起覆滅，無法再返回團隊。

三：象徵多。**釜**：鍋。**灌沸**：沸騰。**殪**：音亦，死亡。**決**：訣也，別離。

7 師：所望在外，鼎令方來。拭爵澡罍，炊食待之，不為季憂。

超乎期望之外，帝王的命令剛剛來到。擦拭酒爵，清洗圓壺，烹煮食物，在家停留，不必為後面的生活憂慮。

1007

註釋：鼎立才能出師。百姓喜出望外，君王下令開始好好休生養息，不用再為以後擔憂。

所：語助詞。**鼎**：帝王的，如鼎命。**方**：剛剛。**爵**：有三隻腳的小酒器。**澡**：清洗。**罍**：音纍，有兩個小把手的圓壺。**炊**：烹煮食物。**待**：停留。**季**：前中後的後期，如季春。

8 比：陸居少泉，高山無雲。車行千里，塗污爾輪，亦為我患。

陸地居住缺少泉水，高山又沒有雲雨。車子行駛千里，泥土弄汙了輪子，也成為災禍。

註釋：要鼎立應相比附。沒有資源與協力，難以居住，外出發展也備受波折和禍患。

塗：泥。

9 小畜：東家殺牛，聞臭腥臊。神背不顧，命衰絕周。亳社災燒，宋人夷誅。

見睽之明夷。

註釋：鼎立變蓄小勢弱。手段不合禮法而且殘暴，遭受天譴，斷絕了命脈與香火。

10 履：長子入獄，婦饋母哭。霜降旬日，嚮晦伏法。

見復之升。

註釋：要鼎立應履行正道。主力幹部不法，遭制伏並很快處死，軟弱的成員只能慟哭，無法再擴大繁衍。

旬日：十天，指較短的時日；《周禮・地官司徒》：「祭祀無過旬日。」

11 泰：溫山松柏，常茂不落。鳳凰以庇，得其歡樂。

見需之坤。

註釋：鼎立且康泰。秉持聖道，長青茂盛，賢良庇蔭，祥瑞歡樂。

12 否：大屋之下，朝多君子。德施博育，宋受其福。

高大屋宇底下，朝廷有很多士大夫。施以仁德，廣為教育，百姓之家蒙受福澤。

註釋：鼎立克服閉塞。國家堅固，棟樑濟濟，廣行仁政與教化，百姓蒙受福澤。

宋：木造之家，在此相對句首的大屋，比喻百姓之家。

13 同人：羅張目決，圍合耦缺，魚鳥生脫。

網子張開，篩孔卻裂開，需合力圍捕，卻缺少伴侶，魚和鳥活生生的脫逃。

註釋：鼎立需要同仁。組織殘破不全，同心成員又不足，無法協力生產，利益從眼前溜走。

羅：網。**目**：網子的篩孔。**決**：裂開。**耦**：偶也，伴侶。

14 大有：羔裘豹袪，高易我宇，君子維好。

穿著小羊皮衣、豹皮袖襯，就變得高傲神態。君子顧念舊情，還是與之維持和好。

註釋：鼎立才能大富有。一得志便貢高我慢，故友只是與之表面和諧，如此難以再壯大。

羔：小羊。**裘**：皮衣。**袪**：音區，衣袖。**易**：變易。**我**：虛詞。**宇**：器宇。

*《詩經‧羔裘》：「羔裘豹袪，自我人居居。豈無他人？維子之故。」羔裘豹袖為士大夫的服飾；晉身士大夫就對我們高倨，我不是沒有朋友，只因與你是故交而已。

15 謙：大頭明目，載受喜福。三雀飛來，與祿相得。

見履之中孚。

註釋：鼎立且恭謙。有智慧且能明辨，君子都來附，大家都有福祿。

16 豫：消鋒鑄刃，縱牛牧馬。甲兵解散，夫婦相保。

晉之晉。

註釋：鼎立且安育。消弭戰爭，改為從事農牧。解甲歸田後，夫妻團聚繁衍。

17 隨：吉日舉釣，田弋獵禽。反行飲至，以告喜功。

吉祥的日子舉行釣魚、狩獵禽鳥（見註）。獵畢返至並飲酒，宣告歡喜的成果。

註釋：鼎立且隨理。天下安定，舉辦慶功活動，並歡慶一切圓滿。

田：畋也，打獵。**弋**：射獲禽類。

* 古人尚武，故以此為慶功活動，並分享獵肉。

18 蠱：商人行旅，資無所有。貪貝逐利，留連玉帛。馭轅內安，公子何咎？

商人到處行旅，資金沒有了，但貪愛錢財追逐利益，還連續停留於玉器和絲帛之中。駕馭車子返回，入內平安，公子有何災禍？

註釋：要鼎立需整治蠱敗。四處行商虧損，但因愛財不肯放棄，應返回重新整治才會安好。

貝：貨幣。**轅**：音元，套住拉車牲畜的直木。象徵車。**內**：入，返回入內。**公子**：對人的尊稱。

19 臨：**火**井暘谷，揚芒生角。犯歷天門，闚見太微。登上玉床，家易共公。

火星到達井宿和太陽住處，飛揚光芒好似生了角。冒犯經過天宮大門，窺視天庭。最後登上皇位，朝廷改變了共主。

註釋：鼎立才能臨政。惡人張揚的進攻，破壞民間和京師安定，還進犯朝廷，最後推翻帝王，改朝換代。

火：火星，一名熒惑，象徵凶惡、災禍。**井**：井宿，象徵民生井然。**暘谷**：或名湯谷，日出的地方；太陽亦為帝星。**角**：星辰的光芒如角；《前漢・律歷志》：「戴芒角也。」**闚**：窺也。**太微**：上垣太微，象徵天上天庭與人間政府。**玉床**：天床星，象徵帝位。**家**：朝廷。**易**：變更。**共公**：共主。

20 觀：秋隼冬翔，數被嚴霜。甲兵充庭，萬物不生。雞**釜**夜鳴，民擾大驚。

見損之升。

註釋：要鼎立需要觀省。時令一直蕭條嚴酷，豪傑前進受挫，朝廷武夫當政，大地荒蕪，人心惶惶。

釜：鍋。

21 噬嗑：東行西步，失其次舍。乾侯野井，昭君喪居。

東西來回步行，失去休息之所。魯昭公死於乾侯，齊侯到野井弔唁他，漢昭帝也喪命在居所。

註釋：要鼎立應法治。魯莽的四處奔波，無法安止（不知施政方向而一直迷亂不止），最後步入險境而滅亡。

次舍：止息之所。**昭君**：漢昭帝，年僅二十一歲時於未央宮暴病而崩。

*《左傳・昭三十二年》：「公薨于乾侯。」魯召公不敵三桓逃至乾侯，後薨。又《左傳・昭公二十四年》：「齊侯唁公於野井。」故乾侯、野井比喻死亡之地。

22 賁：腫脛病腹，陷廁污辱。命短時極，孤子哀哭。

　　小腿腫脹，腹部患病，掉入茅廁污穢羞辱。壽命短暫，時辰已盡，喪父的孩子哀傷啼哭。

註釋：要鼎立應該整飾。病入膏肓，陷入羞惡，很快就覆滅，團
　　　隊喪失領導。

脛：小腿。孤：喪父。

23 剝：切膚近火，虎絕我鬚。小人橫暴，君復何之？

　　火勢靠近皮膚，老虎扯斷鬍鬚。小人橫行暴虐，君子又能何處去呢？

註釋：鼎立已剝落。大災難已臨身，小人橫行，破壞安好，君子
　　　無處躲避。

切：靠近。切膚：即切身。鬚：象徵茂盛美好；《釋名》：「鬚，秀也。」之：至。

24 復：女室作毒，為我心疾。和不能治，晉人赴告。

　　女色危害，內心迷惑有疾。醫和不能醫治，晉國人奔赴告知君主過世。

註釋：鼎立已返復回去。大為淫亂迷惑，名醫也無法醫治，因而
　　　覆滅了。

女室：女色。心疾：內心迷惑之疾。和：秦國名醫醫和。赴告：以崩薨及禍福之事相告。
*《左傳‧魯昭公元年》載，晉平公好色，名醫醫和往診說：「疾不可為也，是謂近女室⋯⋯惑以喪志。」不聽，後縱慾而亡。

25 無妄：兵征大宛，北出玉門。與胡寇戰，平城道西。七月無糧，身幾不全。

　　見屯之屯。

註釋：鼎立變瘡痍。貿然前進，與人爭戰，結果陷入絕境，幾乎覆滅。

七：一個週期之數。

26 大畜：九子十夫，莫適與居。貞心不壹，自令老孤。

九個孩子十個男子，不適合一起居住。貞節的心不專一，因而導致老來孤獨。

註釋：鼎立且大蓄積，富極必腐。陽氣多到滿溢，因而剛愎孤僻，不能守住德行，導致衰老孤獨。

九：象徵極多。**十**：象徵滿數。**不壹**：不專一。**自**：因而。**令**：致使。

27 頤：東行稻麥，遂至家國。樂土無災，君父何憂？

帶著稻麥向東行進，最後到達家園和國度。歡樂的土地沒有災禍，君主何必憂慮？

註釋：鼎立且頤養。收穫滿滿的從西域東返，所經之處都安定歡樂，君主毋須憂慮。

東行：從西域返回。**君父**：君主。

＊《史記・大宛列傳》載：大宛在漢正西，去漢萬里，其俗土著耕田，種稻麥。

28 大過：作室山根，所以為安。一夕崩巔，破我饔飧。

見賁之明夷。

註釋：要鼎立應該大超越，不可苟安。居於危難卻自以為安全，突然崩毀，無以為食。

饔：音雍，熟食。**飧**：餐也。

29 坎：六人俱行，各遺其囊。黃鵠失珠，無以為明。

1013

見賁之噬嗑。

註釋：鼎立已落陷。所有人一起前進發展，中途卻都失去持守，君子沒了德行，就不再光明。

鵠：音湖，天鵝。

30 離：伯蹇叔盲，莫為守裝。失我衣裘，我是陰鄉。

見屯之睽。

註釋：要鼎立需相附著。成員都行動癱瘓，視而不見，無法守護，失去了資材，團體充滿陰晦。

裝：裝備。**陰鄉**：縣名，比喻充滿陰氣的地方。

31 咸：褒寵洒尤，敗政傾家。覆我宗國，秦滅周室。

褒姒被寵愛過甚，敗壞政務傾覆家邦。祖國覆滅，秦朝消滅周朝王室。

註釋：要鼎立應感應正道。過度寵信小人，導致政務紛亂，團體傾覆，最後被敵人消滅。

褒：褒姒；周幽王的寵妃，西周因而滅亡。**洒尤**：過甚。**宗國**：祖國。

＊周幽王寵褒姒，犬戎入侵，西周亡；秦滅周室，東周亡。兩事獨立，僅相提並論。

32 恆：該言譯語，仇禍相得。冰入炭室，消滅不息。

本國語言和北夷語言不通，仇恨與災禍因而相遇。冰放入燒炭的屋室，消失滅亡沒有生息。

註釋：要鼎立應該持恆。各執其是，如異國人無法溝通，因而擴大禍端，水火不容最後相俱滅亡。

該：本。**譯語**：北夷的語言。**得**：遇到。**炭室**：燒炭的屋室。

33 遯：彭名為妖，暴龍作災。盜堯衣裳，聚跊荷兵。青禽照夜，三旦夷亡。

見比之蒙。
註釋：鼎立已遁逃。奸人如妖魅和怪物製造禍端，毀壞倫理，興兵作亂，國家很快就覆滅。

34 大壯：朝露白日，四馬過隙。歲短期促，時難再得。

早晨的露水遇到白日就蒸發，四馬拉的車跑過間隙剎那而過。歲月短暫，期間急促，時光難再得到。
註釋：要鼎立需壯大。時間瞬間而過，如不把握，時機短暫一去不回。
四馬：駟，四匹馬拉的車。
*《莊子‧知北游》：「人生天地之間，若白駒之過隙，忽然而已。」

35 晉：耳闕道衰，所為不成，求事匪得。

鼎缺少耳朵，正道衰亡，所做的事不能成，所求的事不能得到。
註釋：鼎立才能前進。不行德政，正道淪喪，凡事不成。
耳：鼎耳，抬起鼎的地方，比喻德政。**闕**：缺少。**匪**：非。

36 明夷：申公患楚，危不自安。重耳出奔，側喪其魂。

申公巫臣禍害楚國，楚國危險不能自保。重耳出逃奔走，傾斜顛倒喪失了魂魄。
註釋：鼎立變瘡痍。奸人作亂，團隊危急。君子被陷害，驚惶的出逃。

申公：楚國奸臣申公巫臣，與夏姬私奔國外，並教導晉國與吳國戰技夾擊楚國，導致楚國衰弱。**重耳**：未成為晉文公前被繼母陷害逃亡。**側**：傾斜。

37 家人：南上泰山，困於此桑。左砂右石，牛馬無食。

　　向南要登上泰山，卻受困在這個空桑中。左右都是砂石，牛馬沒有糧草可食。

註釋：要鼎立需要家人。要進取卻受困，環顧四處都沒有資源與
　　　支援，無力再行動。

南：象徵光明的方向。**桑**：空桑，地名，象徵空心桑樹。**左、右**：象徵四周。

38 睽：海隅遼右，福祿所在。柔嘉蒙禮，九夷何咎？

　　海邊和遼西，是福祿所在之處。溫良美好蒙受佳禮，九夷有何災禍？

註釋：鼎立克服睽離。邊疆充滿資源，和他們和順往來，互贈佳禮，
　　　大家和睦共處。

隅：音於，邊或角。**遼右**：即遼西，遼河以西的地區，象徵邊處。**九夷**：居於東北沿海地區的九個夷族，象徵邊族。

39 蹇：陽春生長，萬物茂壯。垂枝布葉，君子比德。

　　溫暖的春天開始生長，萬物茂盛壯大。枝條垂掛綠葉散布，君子同心同德。

註釋：鼎立克服蹇跛。好像春天來臨，萬物生長旺盛，君子同心
　　　一起茁壯。

陽春：溫暖的春天。**垂**：枝葉茂密而下垂。**比德**：以德性相比附。

40 解：低頭窺視，有所畏避。行伯不利，酒酸魚敗，眾若

貪嗜。

　　低下頭眼睛偷看，有所畏懼逃避。行進的人不順利，酒酸了，魚也腐敗了，眾人還是如此貪愛。

註釋：鼎立狀態已解離。怯弱不敢正面迎對，喪失前進的利機，只能留戀殘敗的物質。

伯：對人的尊稱。**若**：如此。**嗜**：貪愛。

41 損：左輔右弼，金玉滿櫃。常盈不亡，富于敖倉。

　　見師之歸妹。

註釋：鼎立且能損己益人，更能長久。獲得左右賢良的輔佐，因而長久的珍貴富足。

敖倉：河南縣名，為重要穀作產地，後世以敖倉喻為糧倉。

42 益：坐朝乘軒，據德宰民。虞舜受命，六合和親。

　　君主朝中聽政，也乘車外出巡察，依據仁德治理人民。虞國的舜帝蒙受天命，六方都和睦親愛。

註釋：鼎立且益增於人。君主勤政愛民，實行仁政，聖人承接天命統治，四海昇平。

坐朝：君主臨朝聽政。**軒**：帝王的車駕。**宰**：治理。**六合**：六方，東南西北和上下，比喻宇宙。

43 夬：東行西坐，喪其犬馬。南求驊騮，失車林下。

　　向東方行進，到西方就坐臥，喪失了珍奇的狗和馬。向南方求取驊騮神馬，卻在樹林底下遺失了車子。

註釋：鼎立已斷決。原本資材豐富，要四處發展拓張，卻懶散疏忽，反而喪失珍寶。

1017

犬馬：象徵美好的財貨；《說苑・至公》：「以犬馬珍幣，而伐不止。」**騄驪**：周穆王八匹駿馬之一。**林下**：象徵幽僻之境。
* 本條以東、西、南象徵四方。

44 姤：砥德礪材，果當成周。拜受大命，封為齊侯。

　　姜子牙磨練德行和才能，果然成立了周朝。禮拜接受君命，封為齊國諸侯。

註釋：鼎立且相邂逅。不斷自我勵精圖治，終於遇到貴人受重用，
　　　成就大功業。

砥、礪：都是磨刀石；引申為磨鍊。**當**：乃。**大命**：君命。**齊侯**：周武王封姜太公於齊國。

45 萃：西逢王母，慈我九子。相對歡喜，王孫萬戶，家蒙福祉。

　　到西山迎接王母娘娘，祂疼愛我們九位孩子（神明視民為子）。大家面對面非常歡喜，繁衍了萬戶子民，家戶都蒙受福祉。

註釋：鼎立且相薈萃。大家一起虔誠向道，獲得神佑，歡喜團結，
　　　繁衍眾多優秀子嗣，家家都充滿福澤。

西：王母的住處。**逢**：迎接。**慈**：疼愛。**九**：最高之數。**相對**：面對面。**王孫**：貴族後代，對人的尊稱。

46 升：安坐玉床，聽韶行觴。飲福萬歲，日受無疆。

　　安坐在帝位上，聽著韶樂，依次敬酒。祭畢後飲用供神的酒，長命百歲，每日蒙受無盡的福澤。

註釋：鼎立且上升。君主實行禮樂，依禮虔誠行事，康泰且福祿
　　　無窮。

玉床：天床星，象徵帝位。**韶**：音勺，古樂的通稱。**行觴**：依次敬酒。**觴**：酒杯。**飲福**：

祭畢飲用供神的酒,接受神明庇佑。**疆**:邊界、止境。

47 困:登高望家,役事未休。王政靡鹽,不得逍遙。

見夬之解。

註釋:鼎立已受困。徭役遙遙無期,無法歸返,也深受禁錮。

48 井:擊鼓陷陔,不得相踰。章甫文德,福厭禍涓。

擊鼓聲響,由高而下依宮殿臺階次序站立,沒有相互踰越。仕子接受禮樂教化,福澤滿足,禍患清除。

註釋:鼎立且井然。遵行規矩,長幼有序,沒有爭亂,普及文教,福澤滿盈,災禍全無。

陷:由高自下。**陔**:音該,殿階次序。**章甫**:讀書人所戴的帽子,比喻仕子。**文德**:禮樂教化。**厭**:滿足。**涓**:清除。

49 革:追亡逐北,呼還幼叔。至止而復,得反其室。

見需之渙。

註釋:鼎立且革新。擊退小人,直到盡頭,並帶著青年新血返回培育。

51 震:老狷大偷,東行盜敖。因於噬敖,幾不得去。

老奸的狷獸是大盜賊,向東行進竊入糧倉。接著就在糧倉內啃食,危險無法離去。

註釋:鼎立發生震盪。大惡人老練的竊取公產,因肆無忌憚而被逮捕。

老:冠在動物上的飾詞,如老虎、老鼠、老鷹,喻其老奸能為害。**狷**:像野人的狡猾怪獸。**東行**:象徵行進陰晦。**敖**:廒,糧倉。**因**:延續某種狀態。**噬**:音是,咬、

吃。**幾**：危險。

52 艮：禹召諸侯，會稽南山。執玉萬國，天下康安。

見損之旅。

註釋：鼎立克服受阻。天下已安定，大會諸侯，依禮法光明統領，天下泰平。

53 漸：忉怛忉怛，如將不活。黍稷之恩，靈輒以存，獲生保年。

見蒙之損。

註釋：鼎立應漸進，不能躁進。局勢危急，但因之前有行善積福，所以獲得回報而存活。

54 歸妹：侯叔興起，季子富有。照臨楚國，蠻荊是安。

諸侯興盛崛起，季連富饒多有。恩澤照耀降臨楚國，野蠻的荊州因而安定。

註釋：鼎立且相歸依。創立大功業，獲得鉅富，也成為一方之霸，並且邦國安定。

叔：對小諸侯的稱呼。**照臨**：上級對下級的照顧。**荊**：荊州，也指楚國。

＊《史記‧楚世家》載，季連是商王盤庚的孫女婿，其子孫被周成王封為楚國諸侯，追季連為楚國先祖。

55 豐：白馬騮駮，更生不休。富我商人，利得如丘。

見隨之噬嗑。

註釋：鼎立且豐盛。優良的人才和資財不斷增生，經營獲得鉅富。

1020

56 旅：灼火泉原，釣魴山巔。魚不可得，炭不可燃。

見革之艮。

註釋：鼎立去旅歷了。方法和途徑不對，凡事一無所成。

57 巽：避患東西，反入禍門。糟糠不足，憂動我心。

見訟之未濟。

註釋：要鼎立應安順。到處避禍還是陷入危險，貧窮飢餓，憂心忡忡。

58 兌：成王多寵，商人惶恐。生其禍心，使君危殆。

楚成王過分寵溺庶子，太子商臣驚惶恐懼，生起為禍之心，君主因而危險。

註釋：要鼎立應相欣悅。主上腐敗寵溺小人，危害到既得利益者，促使其造反篡位。

商人：指商臣，楚成王太子。

*《史記・楚世家》載，楚成王和妹妹亂倫又想廢太子立庶子，因此被太子所弒。

59 渙：虎飲欲食，見蝟而伏。禹通龍門，避咎除患，元醜以安。

老虎想要飲食，見到刺蝟卻只能伏趴著。大禹鑿通龍門，防避災難除掉禍患，首惡也被招安。

註釋：鼎立且渙發。惡人顧忌官曹而隱伏，君王展開大革新，消除災厄，元凶也被招安。

元醜：首惡。

*《淮南子・人間訓》：「水為民害，禹鑿龍門。」

60 節：**安民**呼池，**玉柸**大按。泉如**白**蜜，**一色**獲願。

　　安民縣的呼池，玉杯已經大為安置。泉水有如潔白的蜜，願望一樣都獲得實現。

註釋：鼎立且能節度。依禮祭祀，人民安康，享用美好資源，人人都如願以償。

安民：縣名，見註一。**呼池**：滹沱河，亦名惡池；見註二。**玉杯**：玉杯，比喻要朵頤珍貴美食，即後面所指的蜜泉；見註三。**按**：安置。**白**：潔淨的。**一色**：全部一樣。

* 《太平御覽‧居處部二十四》：「罷安定呼池苑以為安民縣。」
* 《禮記‧禮器》：「晉人將有事（祭）於河，必先有事于惡池。」
* 《論衡‧龍虛》：「玉杯所盈，象箸所挾，則必龍肝豹胎。」

61 中孚：**雙**鳧鴛鴦，相隨君行。**南**至饒澤，食魚與**梁**。君子**與**長。

　　成雙的野鴨和鴛鴦，隨著君子行動。向南到達富饒的沼澤，食用魚和粱。和君子長久相隨。

註釋：鼎立且忠信。親密夥伴都跟隨君子行動，到達富庶之地，享受美好，並與君子常相左右。

雙：比喻親密夥伴。**鳧**：音浮，野鴨。**南**：象徵光明的方向。**梁**：粱也。**與**：隨從。

62 小過：蔡侯朝楚，留連江**渚**。踰時歷月，思其君后。

　　見泰之恆。

註釋：要鼎立需小超越。前進卻被小人陷害而長久接連滯留，無法返回團圓。

渚：音主，水中小洲。

63 既濟：膠車駕東，與雨相逢。五粢解墮，**頓陁**獨坐，憂

為身禍。

　　　見遯之益。

註釋：鼎立已結束。實力不足卻前進,遇到波折團隊就崩解,孤
　　　獨又沒救援,恐將招禍。

頓阤：停頓困厄。

64 未濟：螟䘉為賊,害我稼穡。盡禾單麥,利無所得。

　　　見同人之節。

註釋：鼎立尚未完成。奸人侵占,環境敗壞,掠奪一空,無法營生。

51 震

51 震：枯瓠不朽，利以濟舟。渡踰河海，無有溺憂。

　　乾枯的匏瓜不會腐朽，適宜做成渡河的船舟。渡過河流和大海，沒有溺水的憂患。

註釋：震奮又震奮。已準備就緒，遠行歷險都沒有憂患。

瓠：音戶,葫蘆,乾的葫蘆可以漂浮且不易腐爛。**利**：《廣韻》：「宜也。」**濟**：渡河。
踰：越過。

1 乾：陷塗溺水，火燒我履，憂患重累。

　　陷入泥濘，溺在水中，火燒到鞋子，憂患重重疊疊。

註釋：要震奮需陽健。前進時陷入困境，危險逼身，患難一直來到。

塗：泥。**履**：比喻前進。**累**：重疊。

2 坤：旦生夕死，名曰嬰鬼，不可得視。

　　見小畜之萃。

註釋：應震奮卻陰晦。才一開始便即刻滅亡，消散無痕。

3 屯：揚水潛鑿，使君潔白。衣素附珠，遊戲皋沃。得其所願，心志娛樂。

　　見否之師。

註釋：震奮且屯聚。領袖清白如水花，符合禮節，百姓追隨其生活，從容自在，達成心願，歡樂喜悅。

附珠：配戴明珠，象徵光明。

4 蒙：眾鳥所翔，中有大怪，九身無頭。魂驚魄去，不可以居。

眾多鳥隻一起飛翔，其中有大怪物，九個身體卻沒有頭。驚嚇到魂飛魄散，這裡不可以居住。

註釋：應震奮卻蒙昧。惡人成群，有力量極大但沒智慧的惡人帶頭，眾人不敢面對，驚駭潰散。

九：象徵最多之數。

5 需：刖根枯株，不生肌膚。病在於心，日以燋枯。

見恆之大壯。

註釋：應震奮卻等待，坐以待斃。從根被斬斷，無法生存，傷到要害，日漸衰亡。

刖：月，砍斷腳部。**刖根**：象徵砍掉樹根。**燋**：焦也。

6 訟：府藏之富，王以賑貸。捕魚河海，笱網多得。

見比之臨。

註釋：震奮且面對爭訟。君主將豐富的庫藏拿來賑災，國家恢復生產並且豐收。

笱：形似籠子的竹製捕漁器具。

7 師：一莖九纏，更相牽攣。宿明俯仰，不得東西。請獻當報，日中被刑。

一根莖被纏繞了九圈，更是被重重拘繫，從夜晚到天明，時間很快過去，無法逃到東方或西方。請求判決已定罪，日正當中時要被行刑。

註釋：震奮又出師，過度躁進鋌而走險。被重重綑綁，無法逃脫，
　　　時間飛逝，明天就要行刑了。

莖：此處比喻身體。**九**：象徵極多。**牽、攣**：拘繫。**宿**：音朽，夜晚。**俯仰**：低頭與擡頭，比喻很短的時間。**獻**：讞也，審判定罪。**當報**：判罪。

* 典故見解之漸。

8 比：鮐老鮐背，齒牙動搖。近地遠天，下入黃泉。

　　　八十老人，背斑有如鮐魚，牙齒動搖。接近土地，遠離青天（下葬），最後到黃泉地府。

註釋：震奮應相比附。衰敗的有如老人，健康損害，最後死亡入土，
　　　魂歸地府。

鮐：音跆，八十老人。**鮐背**：老人背上生斑如鮐魚之紋，象徵老年。**下**：到。**黃泉**：地府。

9 小畜：羊舌叔虎，野心善怒。黷貨無厭，以滅其身。

　　　羊舌虎，心性狂野，容易動怒。貪求財貨無法滿足，以致毀滅身命。

註釋：震奮的態勢蓄小勢弱，一直震盪。依仗權勢，暴虐掠奪，
　　　最後覆滅。

羊舌叔虎：晉國羊舌虎，因涉及謀反被殺，家族也受到牽連。**善**：容易，如善感。**黷**：音讀，貪求。**厭**：滿足。

10 履：謀疑八子，更相欺紿。管叔善止，不見邪期。

　　　八個孩子圖謀猜忌，更相互欺騙。管仲高明的阻止，沒出現邪惡的人會合。

註釋：要震奮應履行正道。各方明爭暗鬥，但有能人高明阻止，
　　　尚未見到紛亂，但已埋下禍根。

疑：猜忌。**八**：八為子嗣之數。**紿**：音怠，欺騙。**善**：高明的。**期**：會合。
*《史記・齊太公世家》：管仲執政時，齊桓公五位公子不敢表露野心。（管仲死後桓公亦病死，五公子各樹黨爭立，致桓公無人入殮，蟲爬出。）

11 泰：伴跳不遠，心與言反。尼丘顧家，茅蕈朱葦。

　　伴同跳躍，卻跳不遠，因為心想跟嘴說的相反。孔子回望家園，已滿是茅草、蕈菇、朱葦。

註釋：震奮才能康泰。想一同超越，但君王心口不一，以致行動
　　　困難。賢良無法發揮，只能黯然離去，環境已經紛亂。

尼丘：孔子名丘，字仲尼。**顧**：回頭看。**蕈**：音訓，蘑菇。**朱葦**：葦音玉，一種普通的蔓生藜。

12 否：蚍蜉載盆，不能上山。搖推跌跋，頓傷其顏。

　　大螞蟻載著盆子，無法上山。搖晃推扯，跌倒而相互踐踏，跌倒傷害了顏面。

註釋：應震奮卻閉塞。自不量力又自我蒙蔽，想前進挑戰，結果
　　　跌倒相互踐踏，前進受損。

蚍蜉：音皮浮，一種大蟻，比喻自不量力的人。**跋**：踐踏。**頓**：跌倒。**顏**：象徵前進，如顏行。

13 同人：朝露不久，為恩惠少。膏潤欲盡，咎在枯槁。

　　早晨的露水不長久，創造的恩惠稀少。滋潤的雨露即將竭盡，乾枯憔悴成災。

註釋：要震奮需同仁。君王給予的恩澤很少，資源快要耗盡，已
　　　經破敗。

露：比喻皇恩。**為**：創造。**膏潤**：滋潤的雨露，象徵恩惠。

14 大有：河伯之功，九州攸同。載祀六百，光烈無窮。

　　仰賴河神功蹟（見註一），九州全都安在。承載祭祀六百年，偉大的功業無窮無限。

註釋：震奮並大富有。歷代持續努力，天下太平，國家福澤綿長，功業永續。

九州：夏禹分天下為九州，後象徵中原國土。**攸**：語助詞，無義。**同**：共，在一起。
六百：商朝的國祚五五四年，近六百；見註二。**光烈**：偉大績業。

＊《竹書紀年・帝泄》：「殷侯微以河伯之師伐有易。」上甲微借河伯的軍隊攻克有易氏。

＊《大戴禮記・禮察》：「（殷商）歷年久五六百歲。」

15 謙：三人北行，大見光明。道逢淑女，與我驥子。

　　見師之泰。

註釋：震奮且能謙恭。眾人合作前進，見到大光明，中途遇到君子，結盟繁衍。

16 豫：金精耀怒，帶鈞通午。徘徊高庫，宿於木下。兩虎相拒，弓弩滿野。

　　太陽光耀且氣勢熾盛，帶著劍通過午門。來回走動在高大軍庫間，住宿在林木之下。兩隻老虎相對抗，弓弩布滿了原野。

註釋：要震奮應安育，不要好戰。氣勢如日中天，帶著精兵要奪取天下，整備完成戰爭一觸即發。兩強爭霸，雙方劍拔弩張。

金精：太陽。**怒**：氣勢熾盛。**鈞**：古劍名。**午**：午宮，日正當中的宮位。**徘徊**：來回走動。**庫**：收藏兵器的地方。**兩虎**：比喻戰國中期秦楚爭霸；見註。**拒**：對抗。**弩**：用機械力量發射的硬弓。

＊《新序・善謀》：「天下莫強於秦楚……此猶兩虎相與鬥。」

17 隨：**江河淮海，天之奧府。眾利所聚，可以富有，好樂喜友。**

　　見否之乾。
註釋：震奮並隨理。環境富庶，都市繁榮，各種利祿聚集，大為富有，並與他人共享。

18 蠱：**不虞之患，禍生無門。奄然暴卒，病傷我心。**

　　意料不到的災患，沒有門路進來禍害卻發生。忽然暴斃，損害到要心臟。
註釋：應震奮卻蠱敗。災禍自己意外降臨，因為沒有防範，立即重傷而覆滅。

不虞：意料不到。**奄然**：忽然。**病**：損害。

19 臨：**畫龍頭頸，文章未成。甘言美語，說辭無名。**

　　見蒙之噬嗑。
註釋：震奮才能臨政。虛有其表，實無才華，只會甜言蜜語，卻都空口白話。

20 觀：**缺破不成，胎卵不生，不見兆形。**

　　見離之鼎。
　　註釋：應震奮且觀省。殘破不全，無法繁衍，毫無生成徵兆。

21 噬嗑：**旁行不遠，三里復反。心多畏惡，日中止舍。**

　　歪斜行走無法走遠，才三里就返復回來。心裡多有畏懼厭惡，日正當中就停止在房舍裡。

1029

註釋：應震奮且法治。行為不正無法遠行，心有恐懼，大白天就駐足不前。

旁行：步履歪斜。三里：十里為一亭，喻仍在鄰里之內。

22 賁：四隤不安，兵革為患。掠我妻子，家履飢寒。

四方潰散不安，兵甲作亂為患。妻子被掠奪，在家和行履都飢寒。

註釋：應震奮且整飾。四處都是戰禍災亂，伴侶被俘虜，進退都不安，無法繁衍。

隤：潰也，敗壞。

23 剝：喜來如雲，嘉福盈門。眾才君子，舉家蒙懽。

喜慶來臨如同雲一樣多，美好的福祿充滿門庭。有眾多才華的君子，全家都蒙受歡樂。

註釋：震奮克服剝落。喜氣開始大量累積，福祿滿門，君子有才德，全家受惠。

懽：歡也。

24 復：載金販狗，利棄我走。藏匿淵底，折晦為咎。

見訟之旅。

註釋：震奮狀況返復回去。劣物偽裝珍品，欺騙經營，蒙受損失，只能深藏，陰晦折損。

25 無妄：日中為市，各抱所有。交易貲賄，函珠懷寶，心悅歡喜。

見泰之升。

註釋：震奮且不虛妄。光明經營，眾人都來交易，各得所需，獲
　　　得寶利，滿心歡喜。

貲：音資，財貨。**賄**：財貨。**函**：用盒子盛裝，比喻收藏。

26 大畜：月步日趀，周遍次舍。經歷致遠，無有難處。

見夬之豫。

註釋：震奮而大積蓄。經年累月跑遍各地經營，雖然奔波但經營
　　　廣遠，沒有波折。

趀：趨也，快步前進。

27 頤：陽明失時，陰凝為憂。主君哀泣，喪其元侯。

光明失去時勢，陰氣凝聚成為憂患。君主哀傷哭泣，喪失了重臣大吏。

註釋：震奮才能頤養。君子失勢，小人崛起，團隊失去棟樑，領
　　　導軟弱，只會憂傷。

陽明：光明。**元侯**：重臣大吏。

28 大過：年衰歲暮，精魂遊去。形容消枯，喪子恩呼。

年紀衰老，精神魂魄出遊離去。形態容貌消毀枯萎，喪失了孩子，呼號恩愛的人。

註釋：震奮變成大過錯。氣數已盡，衰竭滅亡，也喪失了子嗣，
　　　只能哀嚎。

歲暮：年末之時，比喻年老。

29 坎：少無功績，老困失福。跂行徙倚，不知所立。

年少時沒有功勞績效，老來困苦失去福澤。行走緩慢徘徊流

1031

連，不知哪裡立身。
註釋：應震奮卻落陷。之前沒有作為，後來更加衰敗，無法行動與自立。
跂：音奇，慢走。**徙倚**：徘徊。

30 離：持心瞿目，善數搖動。自東徂西，不安其處。散逸府藏，無有利得。

提心吊膽，嚇大眼睛，容易經常動搖。從東邊去到西邊，不能安定於處所。散失貯藏的財物，沒有利祿可得。
註釋：要震奮需相附著。恐懼受驚且心意不定，到處都不能安定下來，最後散盡資材，一無所有。
持心：心一直握著。**瞿目**：驚嚇而眼睛睜大。**善**：容易，如善感。**數**：音碩，經常。
徂：音處二聲，去。**逸**：散。**府藏**：貯藏的財物。

31 咸：齎貝贖狸，不聽我辭。繫於虎鬚，牽不得來。

見否之革。
註釋：要震奮需感應君子。勸告回心轉意，但還是違反正道去跟小人合謀，結果反被牽制，無法返回。

32 恆：老狼白獹，長尾大胡。前顛卻躓，無有利得。

年老的野狼和良犬，有長的尾巴和大把鬍子。前進後退都跌倒，沒有利益可獲得。
註釋：要震奮應持恆。曾經優異今已老大不掉，行動失利，無法生產收穫。
白：象徵年老而白毛。**獹**：一種優良的狗。**長尾**：比喻尾大不掉，尾大不易掉頭。**顛**：跌落。**躓**：音至，跌倒。

33 遯：背地相憎，心志不同，如火與金。君猛臣慢，虎行兔伏。

面不相對，相互憎恨，心志不相同，好像火和金相剋。君主剛猛，臣子怠慢，好像老虎要行動，兔子要藏伏。

註釋：震奮已遁逃。成員相互對立憎惡，水火不容，下位始終唱上位反調。

背地：不當面。

* 火與金、君猛與臣慢、虎行與兔伏，都是相憎對立。

34 大壯：夏臺羑里，湯文阨處。鬼侯歡醢，岐人悅喜。

成湯被夏桀關在夏臺，周文王被商紂關在羑里，兩人處境凶厄。鬼侯被做成羹湯和肉醬，奸臣被殺，周國人歡欣。

註釋：震奮之後壯大。之前賢良遭受迫害，後來奸人被消滅，百姓喜樂不已。

湯：商湯，以革命推翻夏朝。**文**：周文王。**阨**：厄也。**鬼侯**：殷時之諸侯，與周文王同為三公。**歡**：音輟，羹湯。**醢**：音海，肉醬。**岐**：周文王為周岐（今陝西岐山）人氏，此處象徵當時周國。

*《戰國‧策趙策三》：「鬼侯有子（女）而好，故入之於紂，紂以為惡，醢鬼侯。」本條後兩句僅為借喻。

35 晉：牙蘖生齒，螳蜋啟戶。幽人利貞，鼓翼起舞。

草木新生枝芽，萬物開始生長，螳螂開啟洞穴。幽隱山林的人和諧貞正，鼓動羽翼起飛舞動。

註釋：震奮且前進。時機大好，開始新生，重啟活動，隱遁的君子再度出世發揮。

牙蘖：牙櫱也，草木新生的枝芽。**齒**：始。**螳蜋**：螳螂；見註。**戶**：洞穴。**利貞**：和諧貞正。

*《淮南子‧時則訓》：「小暑至，螳螂生。」

36 明夷：列女無夫，悶思苦憂。齊子無良，使我心愁。

　　見豫之遯。

註釋：應震奮卻瘡痍。不相依靠，家庭破裂，沒有貞潔，造成悲苦。

列：裂也，離開。

37 家人：踐履危難，脫阨去患。入福喜門，見悔大君。

　　見泰之革。

註釋：震奮之後親如家人。經歷危難但脫困返回，之後有福祉並向尊上表現懺悔。

阨：困厄。見悔：表現悔悟。

38 睽：折臂接手，不能進酒。祈祀閑曠，神怒不喜。

　　手臂互疊，兩手相交（見註），這樣不能勸進飲酒。祈禱祭祀漫不經心又荒廢，神明憤怒不悅。

註釋：震奮已睽離。祭祀時態度怠惰，又散漫不虔誠，鬼神已經發怒。

折：摺也，疊。接：《說文》：「交也。」閑：不經心。曠：荒廢。

*將兩手掌相交置於身前，呈折臂接手狀，沒有採取動作。

39 蹇：蟻封戶穴，大雨將集，鵲起數鳴。牝雞嘆室，相甍雄父，未到在道。

　　螞蟻封住洞穴，大雨即將聚集，鵲鳥驚起頻頻鳴叫。母雞在窩巢裡哀嘆，公雞尚未到達在途中時便去世。

註釋：震奮變蹇跛。大難將至，大家不安而躲藏喧嘩，領袖未及

返回整治便覆滅了，成員哀號。

戶：洞穴。數：音碩，頻頻。牝：音聘，雌性動物。相：此為單方面的動作，如相瞞。
薨：音轟，諸侯或大官去世。雄父：公雞。

40 解：胡俗戎狄，太陰所積。固冰冱寒，君子不存。

　　胡人習俗的西戎、北狄，積聚極盛的陰氣。冷極而結成堅固的冰，君子已經不存在。

註釋：震奮已解離。野蠻小人累聚，形成堅實的陰晦力量，君子無法生存。

太陰：極盛的陰氣。冱寒：冷極而結冰。

41 損：翕翕駒駒，稍頹崩顛。減其令名，身不得全。

　　見泰之謙。

註釋：應震奮卻受損。躁動不安，凌亂前進，從高處墜毀，身敗名裂。

42 益：災蟲為賊，害我稼穡。盡禾殫麥，秋無所得。

　　見同人之節。

註釋：震奮才能益增。惡人橫行，資材被掠奪殆盡，百姓無法生產收穫。

殫：音單，竭盡。

43 夬：三幸飛來，自我逢時。俱行先至，多得大利。

　　見同人之大有。

註釋：震奮且明決。時令良好，眾多福分自動來臨，領先群倫，捷足先登，獲得大利祿。

幸：福氣。

44 姤：龍馬上山，焦無水泉。喉燋唇乾，渴不能言。

見豫之乾。

註釋：要震奮需邂逅。本質優秀，積極挑戰，但環境惡劣，沒人支援陷入困境。

45 萃：春生孳乳，萬物繁熾。君子所集，禍災不至。

春天出生孳生哺乳，萬物繁榮茂盛。君子聚集，災禍沒有來到。

註釋：震奮且相薈萃。時令大好，興盛繁衍，賢能會聚，平安吉祥。

熾：音赤，強盛。

46 升：王孫季子，相與為友。明允篤誠，升擢薦舉。

見師之訟。

註釋：震奮且上升。青年才俊彼此誠信交往，德行良好，都獲得貴人賞識提拔。

47 困：六明並照，政紀有統。秦楚戰國，民受其咎。

六方光明一起照耀，政務綱紀有所統領。秦楚征戰彼國，人民受到災禍。

註釋：震奮變受困。原本天下光明，治理有序，後來為了爭霸而互伐，百姓身受其害。

六：四方加上下，象徵宇宙。秦楚：戰國中期最強的兩個大國，因爭霸且相鄰故經常征戰。

48 井：蝃蝀充側，佞人所惑。女謁橫行，正道壅塞。

見革之復。

註釋：要震奮應井然。君主旁邊充斥小人，聽信迷惑之言，世道
　　　閉塞。

蝃蝀：音地東，彩虹，在此比喻小人。

*《詩經‧蝃蝀》：「蝃蝀在東，莫之敢指。」

49 革：登崑崙，入天門。過糟丘，宿玉泉。問惠歡，見欣君。

見比之姤。

註釋：震奮且革新。追求聖道，過程順利美好，最後朝見君主，
　　　獲得恩惠和歡喜。

50 鼎：體重飛難，未能越關。不啻留垣，上下墟塞，心不遑安。

身體沉重難以飛翔，無法逾越關口。不僅留在矮牆之內，上
上下下都是廢墟阻塞，心裡惶恐不安。

註釋：震奮才能鼎立。沉痾已深，負擔沉重，無法前進超越，只
　　　能留在狹隘又破敗的原處，心中惶恐。

啻：音斥，僅。**垣**：矮牆。**遑**：惶也。

52 艮：玄黃虺隤，行者勞罷。役夫憔悴，踰時不歸。

見乾之革。

註釋：震奮已停止。君王好戰又興徭役，遠行人馬憔悴不堪，沒
　　　有歸期。

1037

罷：疲也。

53 漸：孔德如玉，出於幽谷。飛上高木，鼓其羽翼，輝光照國。

見坤之比。

註釋：震奮且能循序漸進。有碩大又清白的德行，由低而高的經營，終於登峰造極，造福百姓。

54 歸妹：火雖熾，在吾後。寇雖眾，出我右。身安吉，不危殆。

火雖然熾熱，但在身後。盜賊雖多，卻在右邊。身命平安吉祥，沒有危險過失。

註釋：震奮且能親如家人。雖然危險但不構成直接災難，也有人可輔助，平安吉祥。

後：象徵不重要的位置。**右**：輔佑的，有人可以幫忙。

55 豐：旃裘羶國，文禮不飾。跨馬控弦，伐我都邑。

北方蠻族，文教禮樂都不整飾。跨上馬，拉著弓，征伐我國京城。

註釋：震奮才能盛大。敵人野蠻魯莽，沒有文明禮節，並掠奪霸佔。

旃裘：音詹球，北方民族所穿的氈毛衣服，象徵北方蠻族。**羶**：音山，羊騷味，象徵北方蠻族。**控弦**：拉弓。

56 旅：被髮八十，慕德獻服。邊鄙不聳，以安王國。

披頭散髮的蠻族男女，都仰慕我國德行前來貢獻臣服。邊境

不驚駭，王國得以安定。

註釋：震奮且旅歷。全部蠻族都仰慕我國德性前來歸順，邊境和
　　　諧，國家安好。

被：披也。**八十**：男與女；見註。**邊鄙**：邊境。**聳**：驚駭、驚動。

*《大戴禮記・本命》：「古男五十而室，女三十而嫁，備於三五，合於八十也。」

57 巽：心得所好，口常為笑。公孫蛾眉，雞鳴樂夜。

　　得到心裡所喜好的，經常笑口常開。公子和美人恩愛，凌晨夜晚都行閨房之樂。

註釋：震奮且能安順。心想事成，開懷無憂，男女恩愛，進行繁衍。

公孫：公子王孫，對年輕人的尊稱。**蛾眉**：象徵美人。**雞鳴**：《詩經・女曰雞鳴》，描寫夫婦的閨房恩愛。

58 兌：馬能負乘，見邑之野。并獲粢稻，喜悅無咎。

　　馬匹能夠負重乘載，出現在國都田野。一併獲得穀稻，歡喜欣悅沒有災禍。

註釋：震奮且欣悅。五穀豐收，並加以運輸傳送，大家喜樂。

粢：音姿，六穀的總稱。

59 渙：高飛視下，貪叼所在。腐臭為患，害於躬身。

　　見井之離。

註釋：應震奮卻渙散。高高在上，但眼光卑下，被貪心蒙蔽，德
　　　行腐敗，危害身命。

60 節：東行西步，失其次舍。乾侯野井，昭君喪居。

　　見鼎之噬嗑。

註釋：應震奮且節度。魯莽的四處奔波，不能安止，最後步入險境而覆滅。

61 中孚：神鳥五彩，鳳凰為主。集於山谷，使年歲育。

見井之賁。

註釋：震奮且忠信。賢君號召各方菁英來聚合，倫理井然，年年發展。

62 小過：石門晨啟，荷蕢疾貧。遁世隱居，竟不逢時。

見革之旅。

註釋：震奮才能小超越。時運不濟，窮困患疾，因而出世隱居。

63 既濟：齟間齟間齠齠，貧鬼相責。無有懽怡，一日九結。

邪惡的啃咬著，使人貧窮的鬼來索取。沒有歡樂愉悅，一日九次鬱結。

註釋：震奮已結束。奸人索求無度，破壞掠奪，因而一直完全糾結，無法作為。

齟：奸也，邪惡。**齠**：啃咬。**貧鬼**：使人貧窮的鬼。**相**：此為單方面的動作，如相瞞。**責**：索取。**懽**：歡也。**九**：象徵最多。

64 未濟：白日揚光，雷車避藏。雲雨不行，各止其鄉。

見否之困。

註釋：震奮尚未形成。驕陽烈焰，沒有雷聲，雲層和雨水不流動，造成乾旱，只能各自停留在家鄉。

揚光：光芒飛揚。

52 艮

52 艮：君孤獨處，單弱無輔，名曰困苦。

孤自獨處，勢單力薄又沒輔助者，這就叫做「困苦」
註釋：受阻又受阻。獨自一人，沒有資源與助力，受困又貧苦。
君：美稱任何人，如諸君。

1 乾：憂驚已除，禍不為災，安全以來。

憂患驚慌已消除，禍患不再成為災難，安全已到來。
註釋：受阻但能陽健。障礙已消除，不再有災患，安全無虞。
以：已也。

2 坤：穿匏挹水，籌銕燃火。勞疲力竭，飢渴為禍。

用穿破的匏瓜舀水，以竹籠盛鐵燃燒生火（見註）。疲勞而力量竭盡，飢餓和乾渴成為災禍。
註釋：受阻且陰晦。資產殘破、方法不對，無法有效經營，最後筋疲力竭，飢渴不止。
匏：音袍，葫蘆，可做水勺。**挹**：舀取。**籌**：音溝，竹籠，以竹籠盛裝。**銕**：鐵也。
* 以竹籠盛斷木燃燒稱為籌火，盛鐵無法燃燒。

3 屯：蹇牛折角，不能載粟。災害不避，年歲無穀。

牛跛了腳，又折了角，不能運載粟米。災害無法躲避，年度沒有穀物。
註釋：受阻的屯聚。行動力和攻擊力損傷，無法生產經營，遭受災害因而破敗。
蹇：音檢，跛腳。

1041

4 蒙：邑將為虛，居之憂危。

地方即將成為廢墟，居住非常憂患危險。

註釋：受阻又蒙昧。即將崩毀，不宜停留。

5 需：根刖殘樹，花葉落去。卒逢火焱，隨風僵仆。

見屯之坎。

註釋：受阻卻只能等待，坐以待斃。從根本被摧毀而零落凋去，突然遭逢變故，隨之撲倒滅亡。

根刖：砍去根部。**刖**：砍去腳部。**僵**：跌倒。

6 訟：元后貪欲，窮極民力。執政乖互，為夷所偪。

帝王充滿貪婪的慾望，窮盡極限使用民力。執行政務相互違背，最後被夷人所逼害。

註釋：受阻還在爭訟。倒施逆行，無窮無盡，民不聊生，最後被敵人擊敗。

元后：帝王；《易‧姤》：「后以施命誥四方。」。**乖**：違背。**偪**：逼也。

*《史記‧周本紀》載，周幽王失德暴虐，導致西夷犬戎入侵，西周滅亡。

7 師：北山有棗，使叔壽考。東領多栗，宜行賈市。陸梁雌雉，所至利害？

見師之豫。

註釋：受阻但能出師。四方都有美好豐富的資源，雖有山嶺阻礙，但審時度勢，何處不獲利？

領：嶺也。**害**：曷也，何不。

8 比：高原峻山，陸土少泉。草木林麓，嘉禾所炎。

　　　間革之乾。

註釋：受阻但能相比附。原本環境惡劣，之後變得美好，吉祥豐收。

炎：興盛。

9 小畜：辰次降婁，王駕巡時。廣祐德惠，國安無憂。

　　　見小畜之大畜。

註釋：受阻但能持續小蓄。時令大好，君主四處巡行廣施恩澤，
　　　國家安定。

10 履：軥軥輴輴，歲暮偏弊。寵名損棄，君衰於位。

　　　見蠱之坤。

註釋：受阻的履行。時機不安，卻大肆出發，因而身敗名裂，失
　　　去權位。

11 泰：放銜委轡，奔亂不制。法度無恆，君失其位。

　　　馬放掉啣木，也除去韁繩，胡奔亂跑不受約制。法紀制度不
能持恆，君主失去王位。

註釋：受阻的康泰。治理鬆散，成員不受約束而胡作非為，不能
　　　堅持紀律，領導因而失位。

銜：啣木，放在馬嘴以控制馬匹的小橫木。委：捨棄。轡：控制牲口的韁繩。

12 否：獨坐西垣，莫與言笑。秋風多哀，使我心悲。

　　　獨自坐在西邊的短牆下，不與人說笑。秋風很是哀戚，令人
心情悲傷。

註釋：受阻且閉塞。一人自閉於角落，心中滿是蕭瑟哀傷。
西：象徵福澤不降之地。**垣**：短牆。

13 同人：脛急股攣，不可出門。暮速歸旅，必為身患。

小腿肌肉緊縮，大腿痙攣，無法出門。日暮時部隊從戰場急速歸回，必定有身命災患。

註釋：受阻的同仁狀態。成員都有損傷，無法偕同前進，導致團
　　　隊危機，只能急速返回。

脛：小腿。**急**：緊縮。**歸旅**：從戰場歸來的部隊。

14 大有：情偽難知，使我偏頗。小人在位，雖聖何咎。

情感虛偽難知真心，又偏袒不公。小人居於君主之位，雖然稱聖但承受過失。

註釋：受阻之事大大有之。心思難以捉摸，又處事不公，小人當
　　　領袖，充滿過失。

偏頗：不公平。**在位**：居於君主之位。**何**：荷也。

15 謙：黍稷醇醴，敬奉山宗。神嗜飲食，甘雨嘉降。庶物蕃廡，時無災咎。

見比之需。

註釋：受阻但能謙恭。虔誠遵行儀禮，蒙受神明保佑，富足豐富
　　　沒有災厄。

醴：音濃，酒味醇厚。**庶物**：萬物。**蕃廡**：茂盛。

16 豫：公子王孫，把彈攝丸。發輒有獲，室家饒足。

見比之小畜。

1044

註釋：受阻但能安育。不張網拉弓，以彈弓精確射獵（小方式經營），百發百中，家計富足。

攝：捉、拿。

17 隨：陰升陽伏，舜失其室。慈母赤子，相餒不食。

陰氣上升，陽氣潛伏，俊才去了居室。慈祥的母親和赤誠的孩子，相互餵養卻沒有食物。

註釋：受阻的隨理狀態。小人得志，君子失居，百姓無辜，不能奉老養幼。

舜：俊。**餒**：餵。

18 蠱：七竅龍身，造易八元。法則天地，順時施恩，利以長存。

見謙之升。

註釋：受阻但能整治蠱敗。聖人伏羲製造八卦，天地有其法則，順著時令施展仁惠，安順又長壽。

利：安順。

19 臨：逐狐東山，水遏我前。深不可涉，失利後便。

見蒙之蠱。

註釋：受阻狀態降臨。前進謀利，環境險惡無法前進，延誤有利的機會。

20 觀：銜命辱使，不堪其事。中墜落去，更為負載。

奉命卻辱負了使命，不能勝任用事。中途墜落下去，背負更加沉重。

註釋：受阻時應觀省。能力無法承擔使命，半途傾倒，負擔更加嚴峻。

銜命：啣命，奉命。**辱**：辜負。**堪**：勝任。

21 噬嗑：溫仁君子，忠孝所在。入閨為儀，禍災不處。

溫良仁慈的君子，處處忠孝。進入宮中的小門行禮如儀，禍害災難不存在。

註釋：受阻但能法治。君子隨時保持德行，雖未能大為發展，居於小位一樣循規蹈矩，一切安好。

所在：處處。**閨**：宮中小門，小官走小門。

22 賁：春多膏澤，夏潤優渥。稼穡成熟，畝獲百斛。師行失律，霸功不遂。

春天有許多滋潤的雨水，夏天潤澤優美肥沃。秋天農事成熟，冬天田畝獲得百斛穀物。出師行動失去紀律，霸主功業未完成。

註釋：受阻的整飾。原本四季美好，耕耘豐收，後來妄想爭霸，但行動凌亂，功敗垂成。

膏澤：滋潤土壤的雨水，比喻恩惠。**稼穡**：音架色，播種與收穀，泛指農事。**百**：象徵極多。**斛**：音胡，五斗為一斛。**遂**：完成。

23 剝：二女共室，心不聊食。首髮如蓬，憂常在中。

兩個女人共處一室，心情惡劣、食物稀少。頭髮好像蓬草凌亂，憂慮常在心中。

註釋：受阻又剝落。小人同夥但不同心，相互嫌惡，因而貧窮頹廢，總是憂傷。

二：比喻周邊的人。**不**：痞，惡劣的。**聊**：少。

24 復：築關石巔，立本泉源。疾病不安，老狐為鄰。

修築關口在石頭頂端，設立根基在水源之上。有禍害不安康，與老奸的狐狸當鄰居。

註釋：受阻狀態返復回來。做事方式錯誤顛倒，招致禍害，又跟狡猾奸詐的人同夥。

泉：水源。**疾、病**：禍害。**老**：冠在動物上的飾詞，如老虎、老鼠、老鷹，喻其老奸能為害。

25 無妄：欲避凶門，反與禍鄰。顛覆不制，痛薰我心。

想要避開凶煞，反而去跟災禍為鄰。顛墜覆敗無法剋制，痛楚就如火燒心頭。

註釋：受阻且瘡痍。原處凶惡，逃離也糟，不能改變衰敗，只有椎心刺痛。

凶門：喪家在門外用白絹扎成的門形，比喻凶煞。**薰**：以火灼燒。

26 大畜：跐行竊視，有所畏避。狸首伏藏，以夜為利。

放輕慢行，眼睛偷看，有所畏懼逃避。不可強進，潛伏隱藏，在夜晚有利。

註釋：受阻態勢大為蓄積。慎戒恐懼，沉潛低調，隱藏於暗中方能安然。

跐行：跐音促，放輕慢行。**狸首**：諸侯射禮時，歌〈狸首〉提醒不可強弩趨發。

27 頤：八面九口，長舌為斧。劈破瑚璉，殷商絕後。

見否之謙。

註釋：受阻的頤養。四面八方極多的小人，全在搬弄口舌是非，殺傷力強大，國家法統斷絕。

八：比喻八方。**九**：最多之數。

28 大過：和氣相薄，膏澤津液，生我嘉穀。

　　陰陽交合之氣接近，滋潤土壤的雨水，生出美好的五穀。

註釋：受阻但能大超越。天時與人倫調和，帶來潤澤，萬物繁衍，眾多又美好。

和氣：陰氣與陽氣交合而成之氣。**相**：此為單方面的動作，如相瞞。**薄**：接近。**膏澤**：滋潤土壤的雨水，比喻恩惠。**津**：滋潤。

29 坎：消金猒兵，雷車不行，民安其鄉。

　　消鎔並掩埋兵器，發出雷鳴的車隊不再行進，人民安居於家鄉。

註釋：受阻狀態已落陷，開始通順。結束征戰，不再興兵，人民安居。

金：比喻兵器。**猒**：掩也，蓋覆。**雷車**：車聲有如雷鳴。

30 離：秦儀機言，解其國患。一說燕下，齊襄以權。

　　秦相張儀機智獻言，解除國家患難。一遊說燕國便投降，齊國也被權謀的掃除。

註釋：受阻的相附著。奸人利用計謀威脅，挑撥盟友反目，使之屈服。

下：投降。**襄**：攘也，掃除。

＊《史記‧張儀列傳》載，秦國張儀提連橫政策，破壞六國團結抗秦的合縱政策。他挑撥燕趙的矛盾，並威脅攻打燕國好讓趙國趁機侵燕，燕國轉而與秦國修好。也向齊王說，各國都已向秦國示好，如果齊國不從，秦國攻齊，周邊的魏趙韓就會趁機攻齊，齊國因而屈服。

＊後兩句另解，燕、齊是離秦國最遠的國家，故比喻連最遠的敵國都投降了。

31 咸：旦奭王輔，周德孔明。越裳獻雉，萬國咸康。

周公旦與召公奭是成王的輔臣，使周朝的德業宏大聖明。越裳國獻上雉雞稱臣，萬國都安康太平。

註釋：受阻但能相感應。賢能一起同心輔政，國家仁德強大。遠邦都來歸順，天下太平。

旦：周公旦。**奭**：音是，召公奭，與周公並稱旦奭。**孔**：大。**越裳**：交趾之南的古國。
咸：都。

* 《尚書‧君奭》：「召公為保，周公為師，相成王為左右。」
* 《尚書‧歸禾》：「交趾之南，有越裳國，周公居攝六年……獻白雉。」

32 恆：弱足刖跟，不利出門。賈市無盈，折亡為患。

見乾之鼎。

註釋：受阻已成恆常。實力殘缺，無法前進，不但不能獲利，還會折亡。

33 遯：堅冰黃鳥，帝哀悲愁。不見白粒，但覩藜蒿。數驚鷙鳥，為我心憂。

見乾之噬嗑。

註釋：受阻且遁逃。環境蕭條，沒有資材，無法維生，還有惡人環伺，令人心驚。

帝：啼也。**粒**：米食曰粒。**覩**：睹也。

34 大壯：魂微惙惙，屬纊聽絕。曠然大通，復更生活。

見明夷之恆。

註釋：受阻變壯大。原本即將滅亡，但又恢復氣息，獲得重生。

屬纊：人臨終前，將棉絮置於口鼻前，以觀察是否還有氣息。

35 晉：陰生麏鹿，鼠舞鬼谷，靈龜陸處。

陰氣生出獐鹿，老鼠在鬼谷亂舞，海上靈龜在陸地居住，難以生存。

註釋：受阻的前進狀態。奸人偽裝賢良還繁衍後代，並且群魔亂舞，失去世道，君子難以生存。

麏鹿：被誤以為是仁壽麒麟；見註。**鬼谷**：眾鬼所聚之地。

*《論衡・講瑞》：「或時以有鳳皇、騏驎，亂於鵠鵲、麏鹿。」

36 明夷：諸石攻玉，無不穿鑿。龍體吾舉，魯班為輔。麟鳳成形，德象君子。

見睽之歸妹。

註釋：受阻狀態已瘡痍，轉為亨通。勵精圖治，攻無不克，人才受貴人提拔，輔佐任事，成就功業和德行。

37 家人：山作天時，陸為海口，民不安處。

高山隆起是自然時序，陸地也成為海口，人民不能安居。

註釋：受阻的家人。天時走到不利，環境顛倒險惡，人民無法安居。

山：比喻阻礙。**作**：興起。**天時**：自然運行的時序。**海口**：象徵吞噬之險地。

38 睽：東風啟戶，隱伏懽喜。萌庶蒙恩，復得我子。

春風來了開啟洞穴，隱藏蟄伏的蟲子歡喜。百姓蒙受恩澤，又得到了孩子。

註釋：受阻狀態睽離。新生時機已到，萬物歡欣鼓舞，百姓獲得恩澤又開始繁衍。

東風：春風。**戶**：洞穴。**懽**：歡也。**萌庶**：百姓。

*《禮記・月令》：「仲春之月……蟄蟲咸動，啟戶始出。」

39 蹇：華燈百杖，稍暗衰微。精光欲盡，奄如灰靡。

見隨之大有。

註釋：受阻又蹇跛。非凡的榮景已過，光明黯淡，最後生命將盡，一如灰燼。

杖：棍棒之類的量詞單位。

40 解：三十無室，寄宿桑中。上宮長女，不得來同，使我失期。

三十歲仍無配偶家眷，寄居住宿在桑田之中。在樓館和已長成的女子約會，但她無法前來會同，失去了約定。

註釋：受阻又解離。應當謀合之時，卻孤獨沒伴，約定結合的人又爽約，無法如願。

室：家室，配偶家眷。**上宮**：樓館。**期**：約定。
* 《禮記・曲禮》：「（男）三十曰壯，有室。」
* 《詩經・桑中》：「期我乎桑中，要我乎上宮。」

41 損：卵與石鬪，糜碎無疑。動而有悔，出不得時。

蛋與石頭爭鬥，毀壞破碎無庸置疑。動作就有悔恨，出生沒有得到天時。

註釋：受阻且受損。力量太過薄弱註定無法與人對抗，動輒得咎，只能感嘆生不逢時。

糜：毀傷。

42 益：秦兵爭強，失其貞良，敗於鄀鄉。

秦王用兵爭強好勝，失去貞德溫良，在鄀山鄉野被打敗。

註釋：受阻狀態益加。剛愎強爭，驕兵必敗。

＊《左傳‧僖公三十二年》載，秦穆公不聽勸告強行出兵，與晉於殽山會戰，秦大敗，精銳喪失殆盡。

43 夬：虐除善猛，難為攻醫。驥窮鹽車，困於銜箠。

暴虐的除去善人和勇猛之士，難以治理政務。千里馬窮途在拉鹽車，受困於啣木和馬鞭。

註釋：受阻且斷決。善人勇士被拔除，團隊無法運作；人才落難，被當成奴才拘禁奴役。

攻、醫：治理。**驥**：千里馬。**銜**：牲口口中用來控制的啣木。**箠**：音垂，馬鞭。
＊《戰國策‧楚策六》：「夫驥之齒至矣，服鹽車而上大行。」

44 姤：操笱搏狸，荷弓射魚。非其器用，自令心勞。

拿著捕魚竹籠去捕捉狐狸，背著弓箭去射魚（兩者顛倒）。不對的器具使用，因而導致心力勞碌。

註釋：受阻的邂逅。方法和人才配置顛倒，勢必徒勞無功。

笱：形似籠子的竹製捕漁器具。**自**：因而。**令**：致使。

45 萃：葵丘之盟，晉獻會行。見太宰辭，復為還輿。

齊桓公在葵丘大會諸侯，晉獻公前來會合。聽見太宰宰孔的說辭，車子又返復回去。

註釋：受阻的相薈萃。會聚人才共創大局，但受奸人挑撥而受阻。

見：遇到。**輿**：車。
＊《左傳‧僖公九年》載，齊桓公在葵丘大會諸侯，周天子派太宰宰孔祝賀，盟會未結束，宰孔因不滿桓公故作謙虛先行回國，途中遇到前來的晉獻公，便加以挑撥，晉獻公便返回，未去大會。

46 升：膍詐龐子，夷竈盡毀。兵伏卒發，矢至如雨。魏師

驚亂，將獲為虜，涓死樹下。

孫臏欺騙龐涓，把竈填平而且悉盡搗毀。埋伏士兵突然發動，飛箭來到有如下雨。魏國軍隊驚慌動亂，將軍被擒獲成為俘虜，龐涓死在樹下。

註釋：受阻之後上升。以退為進，誘敵深入，之後再埋伏將之消滅。

夷：平。**卒**：猝也，突然。**矢**：箭。

*《史記‧孫子吳起列傳》載，齊將孫臏詐逃，並逐天將竈減少，讓追趕的魏將龐涓以為齊兵逃走大半，因而長驅直入。到了馬陵已是夜晚，龐涓點火視察，此時孫臏埋伏的部隊萬箭齊發，龐涓中箭身亡，魏軍大亂而敗。

47 困：南行出城，世得天福。王姬歸齊，賴其所欲。

向南出了王城，世代得到上天的福澤。周天子將女兒嫁給齊桓公，得到想要的幸福。

註釋：受阻的狀況受困，變為通行。光明的外出行動，與貴人親
　　　密結合，世代都有福氣，心想事成。

南：象徵光明的方向。**王姬**：周天子嫁予齊桓公的女兒。**歸**：女子出嫁。**賴**：幸福。

*《左傳‧莊公十一年》：「王姬歸於齊。」

48 井：冬采微蘭，地凍堅難。利走室北，暮無所得。

見恆之明夷。

註釋：受阻的井然。先前沒有積蓄，如今蕭條至極才想行動，註
　　　定徒勞無功。

采：採也。

49 革：王喬無病，狗頭不痛。亡屐失履，乏我送從。

王喬沒有生病，頭也不疼痛了。遺失了鞋子，迷失了腳步，

缺乏護送的隨從。

註釋：受阻的革新。原本身體健康，精神良好，但卻迷亂失步，因而沒人跟隨。

王喬：王子喬，與赤松子合為長壽的代表。**狗**：苟也，語助詞；《埤雅》：「狗從苟。」**頭**：比喻精神。**亡**：遺失。**屐**：音機，鞋子。**履**：腳步。**送從**：護送隨從。

50 鼎：宛馬疾步，盲師坐御。目不見路，中宵弗到。

大宛的馬快速步行，卻是由眼盲的馬師坐騎駕馭。眼睛看不到路，中夜還沒到。

註釋：受阻的鼎立。有賢良的人才，但上位昏昧，盲目指揮，一直無法完成目標，還陷入黑暗。

宛：大宛，漢時為西域諸國，以產馬聞名。**疾**：快速。**弗**：不。

51 震：求利難國，亡去我北。憂歸其城，反為吾賊。

要追求利祿的國家有難，逃亡去到北方。因為憂患歸回城裡，返回時遇到賊寇。

註釋：受阻且震盪。前進遇難於是轉向，但還是一片憂患，於是轉身返回，回程又遇到凶惡。

北：比喻陰晦的方向。

53 漸：比目四翼，安我邦國。上下無患，為吾喜福。

見比之離。

註釋：受阻但能漸進。君子同心協力，團隊上下安定都沒有憂患，充滿喜樂福澤。

54 歸妹：八材既登，以成股肱。厖降庭堅，國無災凶。

見晉之井。
註釋：受阻時應相歸依。八方人才都被舉用，構成龐大助力，國家因而安定。

材：才也。**股肱**：大腿和胳膊；比喻強力輔助者。

55 豐：<u>稍</u>弊穿空，家莫為宗。奴婢逃走，子西父東，為身作凶。

頗為毀損穿透鏤空，家戶沒形成宗族。奴婢逃走了，父子各分東西，身命產生凶難。

註釋：受阻態勢盛大。破敗至極，團隊崩解，下位與親密夥伴各自逃離，身命凶危。

稍：頗、甚。

56 旅：鳥舞國城，邑懼<u>卒</u>驚。仁德不<u>脩</u>，為下所傾。

鳥群飛舞在京城上，國都驚駭倉猝。不修習仁德，被下位所傾覆。

註釋：受阻的旅歷，變羈旅。叛兵攻城，城鳥驚飛，京都驚惶，因為不行仁德，所以被下位推翻。

卒：猝也，倉猝。**脩**：修也。

57 巽：五穀不熟，民苦困急。<u>亟之南國</u>，嘉樂有得。

五穀都沒成熟，人民困苦急迫。趕緊到南方國度，美好歡樂有所獲得。

註釋：受阻但能安順。局勢貧困急迫，但立即尋求光明之道，得到美好結果。

亟：音極，急切。**之**：到。**南國**：象徵光明的國度。

58 兌：黃裳建元，福德在身。祿祐洋溢，封為齊君。賈市無門，富寶多飧。

　　見離之小過。

註釋：受阻變欣悅。因為有福德，所以從新開始，多有福祿而且建立大功業，市集不分門第，人人富有飽足。

飧：音孫，煮熟的飯菜。

59 渙：齊東郭盧，嫁於洛都。驪婦美好，利得過倍。

　　見坤之坎。

註釋：受阻變渙發。俊才前進且守護美德，與人親密結盟，獲利加倍且能繁衍。

驪：純黑色的馬，比喻良馬。**婦**：比喻能孳生。

60 節：安床厚褥，不得久宿。棄我嘉宴，困於南國。投杼之憂，不成禍災。

　　安適的床，厚厚的褥子，卻不留宿。捨棄美好的宴席，受困於南方蠻國。曾母聽信謠言引起憂慮投杼而逃，但其實並沒有災禍。

註釋：受阻的節度。不在家裡享福，反而到外落難，因為不信任親人，反而聽信無中生有的謠言。

褥：墊子。**得**：動詞語助詞。**久**：滯留。**南國**：南方蠻國。**投杼**：扔下機杼；見註。
杼：音住，織布器上的梭子。

＊《戰國策・秦策二》：「（有三人）告之曰曾參殺人。其母懼，投杼逾牆而走。」

61 中孚：內崩身傷，中亂無常。雖有美粟，不我食得。

體內崩壞身命重傷，內臟功能凌亂不正常。雖然有美好的粟子，卻無法食用。

註釋：受阻的忠信。體制和功能已崩壞，食物當前卻無法食用，即將餓死。

內、中：臟腑、朝廷。**粟**：《說文》：「粟，嘉谷實也。」

62 小過：出門逢患，與禍為怨。更相擊刺，傷我指端。

見乾之巽。

註釋：受阻且持續小過錯。外出發展遇到凶事，因而結怨生禍，更發生爭鬥，受損無法執事。

63 既濟：出入節時，南北無憂。行者函至，在外歸來。

出入符合節令時間，南來北往沒有憂患。行旅的人像水澤一樣多的來到，外出遊子也都歸來。

註釋：受阻已結束，開始亨通。遵行禮節，四處行進順利，旅人與遊子都大量來歸。

函：涵也，水澤多。

* 前兩句為外出，後兩句為歸來，比喻往來。

64 未濟：公孫駕驪，載遊東齊。延陵說產，遺季紵衣。

見乾之益。

註釋：受阻狀態尚未形成。為加強合作而奔波，與人和好共享，大家互蒙其利。

53 漸

53 漸：別離分散，長子從軍，稚叔就賊。寡老獨居，莫為種瓜。

家人離別分散，長子去從軍，小叔投靠盜賊。寡婦老人獨自居住，無法種植匏瓜。

註釋：應一直漸進，不要躁進。年輕成員或善或惡各去發展，團隊分崩離析，僅剩老弱孤苦無依，無法有大的種植與收成。

稚叔：年幼弟弟或青少年，比喻新血。**瓜**：果之大者。

1 乾：且種菽荳，暮成藿羹。心之所願，志快意愜。

白天種植豆子，日暮時做豆羹湯。心願達到，心志快活，意念舒適。

註釋：漸進且陽健。按部就班，生產有成，安樂於道，達成心願，心意快活。

菽：音叔，豆類的總稱。**荳**：豆也。**藿**：豆葉。**之**：至。**愜**：舒適滿足。

2 坤：杜飛門啟，憂患大解，不為身禍。

見需之兌。

註釋：漸進且溫良。閉塞與憂患都大為解除，一切平安。

3 屯：東山西山，各自止安。雖相登望，竟未同堂。

見姤之坤。

註釋：應漸進卻屯聚。各自偏安，相互觀望，一直沒有合作經營。

竟：終究

4 蒙：眾鳥所翔，中有大怪，九身無頭。魂驚魄去，不可以居。

見震之蒙。

註釋：應漸進卻蒙昧。路上出現惡人集團，有力量極大但沒智慧的惡人帶頭，眾人不敢面對，驚駭潰散。

5 需：交侵如亂，民無聊賴。追我濟西，敵人破陣。

交相侵犯前去擾亂，人民沒有依靠。一直被追到濟水西邊，敵人攻破陣營。

註釋：應漸進且耐心等待，不可躁進。為了兼併展開爭伐，百姓深受其害，後來眾人聯合反擊，反將其擊潰。

如：至。**聊**：依賴。

*《史記・樂毅列傳》載，齊宣王攻打燕國，大肆燒殺搶掠，燕國樂毅率五國聯軍反攻，齊國只剩莒和即墨兩城，差點滅國，史稱「濟西之戰」。

6 訟：麟鳳所翔，國無咎殃。賈市十倍，復歸惠鄉。

見蹇之漸。

註釋：漸進並面對爭訟。賢良能夠自在發揮，國家沒有災厄。前進經營大有斬獲，滿載而歸。（有為有守，獲利返回，未一直前進）

7 師：鑿井求玉，非卞氏室。身困名辱，勞無所得。

見蒙之臨。

註釋：漸進之後才能出師。想追求美境但作為疏懶，方法不對，未達成目標，徒勞無功還身敗名裂。

室：應為「寶」之誤，古時兩字極為相似。

8 比：文山鴻豹，肥腯多脂。王孫獲願，載福巍巍。

見豫之旅。

註釋：漸進且相比附。一起行動，如願獲得美好的資財和大福氣。
鴻豹：鴇，善食鴻，故名。

9 小畜：周成之隆，刑錯除凶。太宰費石，君子作人。

周成王之時國運昌隆，刑罰措置不用，消除爭訟。首相廣用禮樂，作育人民成為君子（見註二）。

註釋：漸進且蓄小成大。聖王賢臣同心，國家大治，擱置刑罰，
　　　消除爭訟，並且頒定度量、制禮作樂、教化百姓。

錯：措也，棄置。凶：訩也，爭訟。太宰：首相，周公兼任周成王太宰。費：《朱傳》：「費，用之廣也。」石：石磬，為禮器的象徵。
*《史記‧周本紀》：「故成康之際，天下安寧，刑錯四十餘年不用。」合稱成康之治。
*《禮記‧明堂位》：「（周公）制禮作樂，頒度量，而天下大服。」

10 履：珪璧琮璜，執贄見王。百里甯戚，應聘齊秦。

見需之井。

註釋：漸進的履行。秉持禮節前進，晉見天子，賢良獲得提拔任用。
璜：半璧形的玉石。

11 泰：穿空漏徹，破壞我缺。陶弗能治，瓦甓不墼。

穿孔鏤空滴漏貫穿，而且破損毀壞殘缺。陶器不能治理好，瓦磚也不堅實。

註釋：漸進才能康泰。體制已殘破不堪，不去治理，無法完成任

何任務。

弗：不。**甓**：音譬,有花紋的磚。**鑿**：確實,如確鑿。

12 否：鴻飛循陸,公出不復,伯氏客宿。

見剝之升。

註釋：應漸進卻閉塞。領導和幹部像飛走的候鳥一樣沒回來,組織無法運作。

13 同人：蝦蟆群聚,從天請雨。雲雷運集,應時輒下,得其所願。

見大過之升。

註釋：漸進且同仁。眾人虔誠的偕同發展,很快便升起聲勢和功效,如願以償。

14 大有：老弱無子,不能自理。為民所憂,終不離咎。管子治國,侯伯賓服。乘輿八百,尊我桓德。

年老衰弱沒有孩子,不能自己打理,人民憂患,始終沒脫離災禍。後來管仲治理國家,侯爵和伯爵都臣服,有馬車八百輛,人人尊敬齊桓公的德業。

註釋：漸進之後大富有。一開始老弱沒有繼承人,無法治國,人民哀苦,後來任用賢良輔佐,終於勢力壯大,成為霸主。

賓服：臣服。**乘輿**：馬車。
* 《史記・齊太公世家》載：齊國朝廷混亂,政爭連連,桓公在鬥爭中即位後重用管仲,內王外霸,成為春秋第一位霸主。
* 《說苑・尊賢》：「昔我先君桓公,長轂八百乘以霸諸侯。」

1061

15 謙：蟠梅折枝，與母別離，絕不相知。

見大有之坤。

註釋：應漸進且謙恭。冒險行動，遇難遭殃，從此與團隊失聯。
蟠：盤也；又，盤者攀也。

16 豫：盛中不絕，衰者復掇。盈滿減虧，瘵蠱腯肥。鄭昭失國，重耳興立。

盛大的中道沒有斷絕，衰敗的又掉轉回來。充盈滿溢減少虧損，罹病又恢復肥壯。鄭昭公失去國家，重耳興盛晉國。

註釋：漸進而安育。德行盛大，得到整治，轉虧為盈，恢復安泰，最後起死回生，再度中興。

掇：音奪，掉轉。瘵：音梨，癬疥，比喻小病。蠱：原稿為「疒＋蠱」（音裸），兩字通用，意同瘵；見註。腯：音突，肥壯。
*《左傳‧桓六年》：「謂其不疾瘵蠱也，謂其備腯咸有也。」
* 鄭昭公，先被其弟篡位，復位後又被暗殺；重耳，晉文公，開創晉國長達百餘年的中原霸權。兩者並無關聯，此處僅為借喻一敗一興。

17 隨：聞虎入邑，必欲逃匿，無據易德。不見霍叔，終無憂慝。

聽聞老虎進入城市，必定想要逃跑藏匿，失去依據，變了德行。霍叔不見了，終於沒有憂患凶惡。

註釋：應漸進且隨理，不能退縮變節。惡人做亂，眾人逃命變節。只要惡人被去除，災禍也會消除。

易：改變。霍叔：周公之弟，發動三監之亂，平亂後被貶為平民。慝：音特，災害。

18 蠱：隨時逐便，不失利門。多獲得福，富於封君。

見益之訟。

註釋：漸進且整治蠱敗。能審時度勢的前進，因此多方獲利，成為一方富豪。

19 臨：禹作神鼎，伯益銜指，斧斤既折。撞立獨倚，賣萬不售，枯槁為禍。

大禹鑄造九個神鼎，伯益奉旨將戰斧全部折毀。站立會跌倒，只能獨自斜靠著，賣價萬金不能售出，最後乾枯憔悴釀為災禍。（天下統一，不再戰爭，傷殘的武夫仍自視甚高，因而沒有活路。）

註釋：漸進才能來臨。時代已經轉變，也須跟著改變才能生存，不能固步自封。

伯益：禹的繼承人。**銜指**：奉旨。**斤**：斧。**既**：全部。**撞**：跌倒。**倚**：斜靠。

* 《史記・孝武本紀》：「禹收九牧之金，鑄九鼎。」象徵統一九州王權
* 《史記・夏本紀》：「（帝禹）以天下授益。」

20 觀：春鴻飛東，以馬貿金。利得十倍，重載歸鄉。

見大壯之小過。

註釋：漸進且能觀省。時令良好，外出經營，以寶易寶，獲得全部利潤，衣錦還鄉。（有為有守，不一直前進）

21 噬嗑：金齒銕牙，壽考宜家。年歲有儲，貪利者得，雖憂無咎。

見大壯之乾。

註釋：漸進且能法治。康壽而且安居，年年有餘，君子愛財取之有道，雖憂於工作但並無過錯。

銕：鐵也。

22 賁：膏澤沐浴，洗去污辱。振除災咎，更與福處。

　　用雨水沐浴，清除污穢和屈辱。救治災難和禍害，終於與福祿同處。

註釋：漸進並整飾。施予恩澤，消除弊端，拯救危難，人民獲福。
膏澤：滋潤土壤的雨水，比喻恩惠。**沐浴**：比喻領受恩惠。**振除**：救治。**更**：終於。

23 剝：履階登墀，高升峻巍。福祿洋溢，依天之威。

　　踩著階梯，登上梯面，上升到高處。福祿盛大滿溢，依附天帝的神威。

註釋：漸進克服剝落。循序漸進，步步高升，最後受天庇佑，有盛大的地位與福澤。
履：踩。**墀**：音持，臺階上的平地。**峻**：高的。**巍**：音為，高大。**洋**：大。
*《詩經・文王》：「文王陟降，在帝左右。」文王的靈魂上升到天上，並降到上帝的左右，比喻承天帝之志而成周朝德業。

24 復：坤厚地德，庶物蕃息。平康正直，以綏大福。

　　見泰之解。

註釋：漸進並恢復。像大地厚德能繁衍萬物。有德行，所以有大福澤。

25 無妄：絕域異路，多所畏惡。使我驚懼，思吾故處。

　　斷絕的地域，歧異的道路，令人多所畏懼厭惡。驚慌畏懼，思念原來之處。

註釋：應漸進且不虛妄。目的地斷絕偏荒，前路又紛歧，因而心生憂懼，想要返回。
絕域：斷絕不通的邊遠地方。

26 大畜：襁褓孩幼，冠帶成家。出門如賓，父母何憂？

從嬰兒到幼小的孩童，如今已成年要成立家室。出外待人有如對待貴賓，父母何需憂慮？

註釋：漸進並有大積蓄。循序漸進，長成茁壯並獨立成家，待人接物恭敬有禮，長上可以安心放手。

襁褓：背負幼兒的布條和小被，比喻嬰兒。**冠帶**：男女年滿二十歲的成年禮；又，指禮冠和腰帶，比喻有禮教。**如賓**：比喻恭敬。

27 頤：一尋百節，綢繆相結。其指詰屈，不能解脫。

一尋長度就有一百個節，纏繞束縛相互打結。手指頭曲折，不能解開。

註釋：要漸進應頤養。眼前到處糾纏打結，無法解開去做長遠的圖謀。

尋：《說文解字》：「伸臂一尋，八尺。」比喻不長。**綢繆**：纏縛。**詰屈**：詰音節，曲折。

28 大過：鷹鸇獵食，雉兔困極。逃頭見尾，為害所賊。

見革之蠱。

註釋：應漸進卻大過錯。惡人殘暴凶猛，君子躲避不全而受害。

鸇：音詹，一種像鷹的猛禽。

29 坎：危坐至暮，請求不得。膏澤不降，政戾民惑。

見需之頤。

註釋：漸進狀態已落陷。君主始終不理會百姓哀求，沒有恩澤只有暴政，人民迷亂。

30 離：剛柔相呼，二姓為家。霜降既同，惠我以仁。

見歸妹之損。

註釋：漸進且相附著。彼此和諧互補並親密結合，以仁愛互惠，可以繁衍。

31 咸：慈母念子，**饗**賜**得士**。蠻夷來服，以安王國。

像慈母思念孩子，以盛宴款待並賞賜來歸附的士人。蠻邦四夷來歸服，因而安定王國。

註釋：漸進又相感應。對內以慈愛與禮賢下士，對外也四海歸順，國家安定。

饗：以盛宴款待。**得士**：得到來歸附的士人。**士**：讀書人或官吏。

32 恆：良夫孔姬，脅悝登臺。欒季不扶，**衛輒**走逃。

見損之恆。

註釋：應漸進且持恆。不能有效治理，以致小人相互勾結謀篡，君子抵抗遇難，主子也竄逃。

衛輒：叔輒，衛出公。

33 遯：**子長**忠直，李氏為賊。禍及無嗣，**司馬**失福。

司馬遷忠信正直，因為李陵而被傷害。災禍所及被處閹刑因而沒有子嗣，司馬遷失去了福澤。

註釋：漸進態勢已遁逃。君子仗義聲援夥伴，反而受害，團隊再無中正之人。

子長、司馬：司馬遷，字子長。

*《史記．李將軍列傳》載，漢武帝時李陵自請出兵攻擊匈奴，雖以寡擊眾，但因救援不至而兵敗投降，司馬遷因為李陵辯護而遭受閹刑。

34 大壯：節度之德，不涉亂國。雖昧無光，後大受慶。

　　有節度的德行，不涉入紛亂之國。雖然凌晨尚無光明，日後必蒙受大吉慶。

註釋：漸進的壯大。行事有節制，不到危亂之處，初期雖然看似
　　　黯淡，但日後必然大吉。

昧：初曉尚暗之時。

*《論語・泰伯》：「危邦不入，亂邦不居。」

35 晉：驅羊南行，與禍相逢。狼驚我馬，虎盜我子，悲恨自咎。

　　驅趕羊群向南行走，卻遭逢了災禍。野狼驚嚇了馬匹，老虎盜走孩子，悲傷悔恨自我責備。

註釋：應漸進卻一直前進。想要前進求祿卻遭遇災禍，被惡人驚
　　　嚇且掠奪資產，無法再孳生，悔不當初。

南行：比喻朝不利方向前進。

36 明夷：尼父孔丘，善釣鯉魚。羅網一舉，得獲萬頭。富我家居。

　　見革之頤。

註釋：漸進克服瘡痍。以聖道行事，保有吉祥，接著再擴大經營，
　　　大為豐收，居家富足。（先釣後網，由小而大，初始不宜
　　　大進）

37 家人：大根不固，華葉落去，更為孤嫗。

　　碩大的根部不穩固，花和葉子零落凋去，更會成為孤單的婦

人。

註釋：要漸進應該親如家人。宗族根本動搖，家人飄零，只會獨老，無法繁衍。

華：花也。**嫮**：音玉，婦女。

38 睽：設罝捕魚，反得居諸。員困竭忠，伍氏夷誅。

設下網子捕捉魚隻，反而困於網子裡。伍員受困但能竭盡忠心，卻被鏟平誅殺。

註釋：漸進狀態已睽離。設法進取，反而身陷其中；君子忠貞，反而遭遇迫害。

罝：音古，網子。**得**：助動詞。**居**：據也，受困。**諸**：之於。**員、伍**：伍員，字子胥。**夷**：鏟平。

· 典故見臨之泰。

39 蹇：敏捷極疾，如猿集木。彤弓雖調，終不能獲。

靈敏快捷極為迅速，猿猴到樹上聚集。天子賜予的弓雖已調整好，終究沒有獵獲。

註釋：漸進狀態已蹇跛。獵物齊聚但狡猾敏捷，雖然資材優異也準備充分，還是沒有斬獲。

疾：迅速。**如**：到。**彤弓**：天子賜予有功諸侯的弓，比喻良弓。

40 解：冠帶南遊，與福相期。邀於嘉國，拜為逢時。

見無妄之頤。

註釋：漸進並解決問題。有禮節的追求光明與喜福，逢到時運，與人結盟並協助達到美好境界。

41 損：年豐歲熟，政仁民樂，祿人獲福。

　　年度作物成熟豐收，政治仁德人民安樂，人民獲得利祿與福祉。

註釋：漸進且能損己益人。施行仁政，嘉惠百姓，年度豐收，人
　　　民福祿安樂。

42 益：築闕石巔，立基泉源。疾病不安，老孤無鄰。

　　見艮之復。

註釋：漸進才能益增。奠基方式錯誤，極不穩固，導致禍端不斷，
　　　成員老弱稀少，也沒外在協力。

闕：皇宮。

43 夬：逐狐東山，水遏我前。深不可涉，失利後便。

　　見蒙之蠱。

註釋：漸進態勢已斷決。遇到險阻無法再前進謀利，失去利益，
　　　延誤良機。

東：象徵粗鄙之地。

44 姤：麟子鳳雛，生長嘉國。和氣所居，康樂溫仁，邦多聖人。

　　見比之坤。

註釋：漸進且相邂逅。環境良好又衍生優秀的後代，彼此和諧，
　　　團隊安康歡樂，人才聚集。

45 萃：西行求玉，冀得瑜璞。反得凶惡，使我驚惑。

西行尋求玉石，冀望得到天生的美玉。但反而遇到凶惡之事，令人驚怖困惑。

註釋：漸進應相薈萃。前進希望獲得美好，但沒遇到和同君子，反而遇到驚駭惡人。

西：比喻福澤不降之地。**瑜**：美玉，亦比喻君子。**璞**：未雕琢過的玉石。**得**：會合。

46 升：心狂老悖，聽視聾盲。正命無常，下民多孽。

喪心病狂，老朽背離，聽覺聾了，視覺盲了。注定的天命變得無常，人民飽受災禍。

註釋：漸進才能上升，不能躁進。君主狂亂昏昧，不辨是非，人民枉死，飽受虐待。

老：《釋名》：「老，朽也。」**悖**：音背，違背。**正命**：天命，上天注定的命運。**下民**：百姓。

47 困：南國少子，才略美好。求我長女，賤薄不與。反得醜惡，後乃大悔。

見比之漸。

註釋：漸進受困。原本有好機會，人才主動來謀求結盟，但自以為高貴，加以鄙視，後來卻所託非人，後悔莫及。

48 井：逶迤高原，家伯妄施，亂其五官。

彎曲迴旋的高原變成深谷（見註），家伯妄加施政，擾亂了五官的政務。

註釋：應漸進且井然。奸臣跋扈專政，造成體制顛倒，各部政務紛亂。

逶迤：音威夷，彎曲迴旋。**家伯**：周幽王的冢宰（太宰），為寵臣。**五官**：商周時

的五個部長級官職。
*《詩經‧十月之交》：「高岸為谷，深谷為陵⋯⋯家伯維宰。」

49 革：謝恩拜德，東歸吾國，歡樂有福。

　　拜謝恩澤和仁德，向東回到祖國，歡樂且有福澤。
註釋：漸進且革新。東夷向中原學習並獲得資助，滿懷感恩返回。
東：從中原返回東夷。

50 鼎：雞鳴同舉，思配無家。執佩持鳧，無所致之。

　　雞隻鳴叫同時張口，想要交配卻沒有配偶。手持玉佩和野鴨，卻沒有致贈的對象。
註釋：漸進已鼎覆。想要親密結合卻沒有對象，準備了禮物仍沒人理睬。
舉：張口。**家**：家室，配偶。**鳧**：音服，野鴨。
*《詩經‧女曰雞鳴》：「女曰雞鳴，士曰昧旦⋯⋯弋鳧與鴈⋯⋯雜佩以贈之。」男歡女愛之詩。

51 震：凶重憂累，身受誅罪，神不能解。

　　凶惡重重，憂患積累，身命有罪受到誅殺，連神明也無法解救。
註釋：應漸進卻大震盪。太過凶狠躁進，凶患連連因而被誅殺，神仙也罔救。
誅罪：討伐有罪者。

52 艮：虎豹熊羆，遊戲山谷。仁賢君子，得其所欲。

　　見謙之中孚。

註釋：漸進克服受阻。眾多人才聚集，先在底層自在發揮（未一步登頂），有德行所以都如願以償。

54 歸妹：海隅遼右，福祿所至。柔嘉蒙祉，九夷何咎？

見鼎之睽。

註釋：漸進且相歸依。無遠弗屆，福祿都能到達。溫良美好，東方蠻夷都維穩安定。

55 豐：華首之山，仙道所遊。利以居止，長無咎憂。

見謙之井。

註釋：漸進才能豐盛。先無為而治，修行聖道，安順的起居行止，常保安康。

56 旅：<u>甲乙戊庚</u>，隨時轉行。不失常節，萌芽律<u>屈</u>。<u>咸達</u>生出，各樂其類。

從春季到夏季至秋季，隨著時令而轉動運行。不違失恆常的節令，萌生芽苗，隨著節律長高。全都完成生出子嗣，各個喜樂的追從他的群類。

註釋：漸進的旅歷。依序運作，符合時令常理，萬物出生發育，茁壯繁衍，歡樂成群。

甲乙：春也；《史記・天官書》：「日東方木，主春，日甲乙。」**戊**：夏也；同前書：「日中央土，主季夏，日戊己。」**庚**：秋也；同前書：「日西方金，秋，日庚辛。」**屈**：崛也，高起。**咸**：全都。**達**：完成，如達成。

57 巽：跋躓未起，失利後市，不得鹿子。

見屯之困。
註釋：應漸進且安順。無法克服挫折，失去利機，也無法孳生。

58 兌：怙恃自負，不去於下。血從地出，誅罰失理。

有所憑藉自命不凡，不退却投降。血從地上冒出（見註），誅殺懲罰違失事理者。

註釋：漸進才能欣悅。剛愎自負，導致兵戎相向，血流成河，結果被征討誅殺。

怙恃：音戶市，憑藉。**去**：却。**下**：退讓、投降，如：爭執不下。
*《黃帝內經．靈樞集注》：「經水流行，皆從地而出。」今水變血，比喻殺戮極重。

59 渙：江河淮海，天之都市。商人受福，國家饒有。

見謙之小畜。

註釋：漸進且渙發。環境富庶，都市繁榮，貿易發達，國家大為富有。

饒：富饒，富足。

60 節：節情省慾，賦斂有度。家給人足，利以富貴。

歸妹之臨。

註釋：漸進且節度。君主的私慾與賦稅都有節度，人民家給自足，豐收富貴。

賦：稅賦。

61 中孚：牝馬鳴呴，呼求其潦。雲雨大會，流成河海。

母馬鳴叫喧嚷，呼告求救（見註），大雨已經成災。雲雨巨大會聚，流成了河川和大海。

註釋：應漸進且忠信。災難嚴重，百姓呼救，無人理會，造成大
　　　災難，難以繁衍。
牝：音聘，雌性動物，象徵繁衍。**呴**：音匈，喧嚷的聲音。**潦**：音勞四聲，雨多成災。
* 馬會頭露出水面划水但不擅泳游，不會潛水，水流湍急時，會被水流捲走。

62 小過：日月之塗，所行必到，無有患故。

見明夷之屯。

註釋：漸進且小超越。像日月運行的路徑，一定會如期而至，沒
　　　有意外。

63 既濟：乘風而<u>舉</u>，與飛鳥俱。一舉千里，見吾愛母。

見大壯之剝。

註釋：漸進且完成。眾人一起英勇出發，千里跋涉，完成目標，
　　　得到歸宿。

舉：舉翅飛翔。

64 未濟：陰配陽爭，臥木反立。君子<u>攸</u>行，喪其官職。

　　陰氣相配合，陽氣卻相爭，臥倒的樹木反而豎立起來。君子
所為所行，讓他喪失官職。

註釋：漸進尚未完成。小人團結，君子相爭，傾倒腐朽的逆勢矗立，
　　　君子失德失位。

攸：所。

54 歸妹

54 歸妹：堅冰黃裳,鳥哀悲愁。不見白粒,但覩藜蒿。數驚鷲鳥,為我心憂。

　　見乾之噬嗑。
註釋：應持續相歸依,團結面對。君子處於逆境,難以存活,惡
　　　人成群橫行,環境險惡。
黃裳：黃色的下衣（裙）,象徵有內德之美、君子。**粒**：米食曰粒。

1 乾：荊木冬生,司寇緩刑。威權在下,國亂且傾。

　　荊棘做的刑杖終止生成,刑獄首長放緩刑罰。威權被置於下方,國家紛亂且傾倒。
註釋：應相歸依且陽健。法紀不彰,公權力低落,國家紛亂頹敗。
荊木：荊棘做的刑杖。**冬**：《前漢‧律歷志》：「冬,終也。」**司寇**：掌理刑獄的首長。

2 坤：喘牛傷暑,弗能成畝。草萊不闢,年歲無有。

　　喘息的牛已中暑,不能完成田畝工作。雜草不闢除,年度一無所有。
註釋：應相歸依且溫良。環境惡劣,強迫勞動,造成傷病,結果
　　　一事無成,應和諧團結以對。
傷暑：中暑。**弗**：不。**萊**：雜草。**闢**：摒除。

3 屯：魚欲負流,眾不同心。至德安樂。

　　魚兒想要遊水前進,但眾人心志不同。至高的德性是安居樂

業。

註釋：應相歸依且屯聚。想要前進發展，但眾人不同心，應先秉持德行團結安聚再說。

負流：遊水。

4 蒙：春耕有息，秋入利福。獻豻大豛，以樂成功。

晉之歸妹。

註釋：相歸依且啟蒙。依天時與禮法虔誠行動，歡樂成功大豐收。

5 需：生有聖德，上配太極。皇靈建中，授我以福。

見家人之需。

註釋：相歸依且耐心等待，一起休生養息。宇宙太極有好生之德，天帝建立中正之道，人民蒙受大福。

6 訟：右撫琴頭，左手援帶。凶訟不已，相與爭戾，失利而歸。

右手撫摸琴頭，左手拉著琴帶。凶惡的爭訟沒有停止，互相暴戾的爭奪，失去利祿而歸返。

註釋：應相歸依卻爭訟。彼此都沒有禮節，凶惡的爭吵搶奪，雙雙失利而返。

琴：象徵禮樂，撫琴頭、援琴帶但不彈奏，乃禮樂不彰。**戾**：凶狠暴烈。

7 師：炙魚枯斗，張伺夜鼠。舌不忍味，機發為祟，笮不得去。

見井之坎。

註釋：相歸依一起出師。設計誘捕敵人，敵人貪婪，中計就擒，無法脫身。

笮：笮，困迫。

8 比：申酉說服，牛馬休息。君子以安，勞者得懽。

見咸之明夷。

註釋：相歸依且相比附。日出而作，日落而息，上位安心，下位歡喜。

說：脫也。

9 小畜：堯門尹爵，聖德益增。使民不疲，安無怵惕。

堯帝宮門內有尹壽擔任官爵，聖明德性益加增多。人民不會疲乏，安心不必驚悚害怕。

註釋：相歸依且持續小蓄。聖君任用賢能，增添聖德，人民休生養息，不必擔心受怕。

怵：音觸，驚悚。

*《新序‧雜事五》：「堯學乎尹壽。」

10 履：孤公寡婦，獨宿悲苦。目張耳鳴，莫與笑語。

沒有伴侶的男子和婦人，獨自住宿悲哀苦楚。眼睛張大、耳朵鳴叫，沒人與他談笑。

註釋：相歸依才能履行。彼此都失去伴侶，卻都孤僻獨處，心情警戒，不相理會。

11 泰：外得好畜，相與嫁娶。仁賢集聚，諮詢厥事。傾奪我城，使家不寧。

1077

從外國得到好牲畜（見註），因為相互買賣交易。仁人和賢人聚集，一起相互探詢。搶奪城邑，使得家園不得安寧。

註釋：相歸依才能泰然。異族聚集貿易，秉持德行，親密結合，大家都創造利潤。不然就會變成搶奪，家園不得安寧。

嫁娶：賣出與收取，比喻結盟式的買賣。**諮詢**：打聽。**厥**：其，語助詞。**傾奪**：爭奪。
* 蠻夷盛產牛羊，漢族盛產米麥。

12 否：煎砂盛暑，鮮有不朽，去河三里。敗我利市，老牛盲馬，去之何悔？

砂子被煎熬的盛夏，萬物少有不衰弱的，但距離河川還有三里。敗壞交易利益的老牛和盲馬，丟棄牠們有何懊悔？

註釋：相歸依狀態已閉塞。環境極度煎熬敗壞，又無法立即得到支援，因而遭受損害，只好捨棄老弱殘兵。

鮮：少。**三**：比喻多。

13 同人：甲乙戊庚，隨時轉行。不失常節，萌芽律屈。咸達出生，各樂其類。

見漸之旅。

註釋：相歸依且同仁。依序運作，符合時令常理，萬物出生發育，茁壯長成，歡樂成群。

14 大有：依宵夜遊，與君相遭。除解煩惑，使心不憂。

託身在夜色裡遊歷，與君主相遇。解除煩悶迷惑，心情不再憂慮。

註釋：相歸依而大富有。環境隱晦，暗中遊歷尋找，與大貴人相遇，

煩惱得以解決。

依：託身。**宵**：夜晚。

15 謙：死友絕朋，巧言為讒。覆白污玉，顏叔哀喑。

斷絕朋友，花言巧語到處讒言。毀損白絹，玷汙美玉，顏叔哀傷而瘖啞。

註釋：應相歸依且謙恭。因為花言巧語、中傷別人，朋友都斷絕來往。純美的德行被毀壞，君子黯然哭泣。

死：斷絕，如死心。**讒**：中傷、陷害別人的壞話。**覆**：毀壞。**顏叔**：顏叔子，坐懷不亂，象徵貞節。**喑**：瘖也，啞不能出聲。

16 豫：逐利三年，利走如神。輾轉東西，如鳥避丸。

追逐利祿已三年，利祿走避有如閃電迅速。東西遷移不定，好像鳥兒躲避彈丸。

註釋：相歸依才能安育。長期經營，不曾獲利，東西漂泊，處處驚駭，應該返家團聚為宜。

三：象徵多數。**神**：申也，電的象形字。**輾轉**：遷移不定。**如**：順從。

17 隨：隄防壞決，河水放逸。傷害稼穡，居孤獨宿，沒溺我邑。

堤防損壞崩決，河水放散四逸。傷害了農事，孤單的獨居，鄉邑被淹沒了。

註釋：應相歸依且安順。環境氾濫成災，不能生產，孤家寡人，無家可歸。

稼穡：音架色，播種與收穀，泛指農事。**溺**：淹沒。

1079

18 蠱：陰陽隔塞，許嫁不荅。<u>旄丘</u>新臺，悔往嘆息。

　　　　見晉之無妄。

註釋：應相歸依卻蠱敗。阻斷和合，推翻盟約，被荒淫的夥伴拋棄，後悔莫及。

旄丘：前高後低之丘；《詩經・旄丘》，哀嘆被兄弟拋棄。

19 臨：伯夷叔齊，貞廉之師。以德防患，憂禍不存。

　　　　見比之剝。

註釋：相歸依一起蒞臨。君子們以道德自持並相互砥礪，所以防範了災禍發生。

20 觀：陽為狂悖，拔劍自傷，為身生殃。

　　　　見明夷之井。

註釋：應相歸依且觀省。虛偽狂妄，耀武揚威，結果自招禍害。

21 噬嗑：進士為官，不若<u>服田</u>，獲壽保年。

　　　　見姤之困。

註釋：要相歸依應有法治。官道不彰，不如歸去，田園生活，可保安康。

服田：從事田耕。

22 賁：耕石不生，棄禮無名。縫衣失針，襦袴<u>弗</u>成。

　　　　咸之益。

註釋：應相歸依且整飾。經營方式不對，失去禮節和名望，沒有協力，無法成事。

弗：不。

23 剝：靈龜陸處，一旦失所。伊子復耕，桀亂無輔。

海上靈龜到陸地居住，突然失去住所。伊尹返回耕種，夏桀淫亂無人輔助。

註釋：相歸依態勢剝落。賢能無法適應環境而離開，暴君更加無人輔佐。

*《孟子‧萬章上》：「伊尹耕於有莘之野，而樂堯舜之道焉。」伊尹曾事夏桀，夏桀無道不用，轉事商湯，並偕同滅夏。

24 復：室當源口，溺漂為海。財產殫盡，衣食無有。

屋室正當水源出口，溺水漂流成為海洋。財產竭盡，衣服食物一無所有。

註釋：相歸依狀態已返復回去。災難直接衝擊基地，又氾濫成災，終致家財散盡，貧寒交迫。

殫：音單，竭盡。

25 無妄：雞方啄粟，為狐所逐。走不得食，惶懼喘息。

雞隻方要啄食粟米，就為狐狸所追逐。奔走沒有得到食物，驚惶恐懼的喘息。

註釋：應相歸依且不虛妄。利益即將到手，此時卻被奸人追殺，沒有獲得還驚恐逃難。

26 大畜：家在海隅，繞旋深流。豈敢憚行，無木以趣。

家住在海邊，洋流環繞旋轉，深浚流長。怎敢畏懼的行動，又沒有木船可以前行。

註釋：相歸依才能大蓄積。環境極為險峻難行，自己無能又沒有
　　　協力，無法前進。
隅：音於，邊或角。憚：畏懼。趨：快速前行。

27 頤：他山之儲，與環為仇。來攻吾城，傷我肌膚，國家騷憂。

　　　見明夷之明夷。

註釋：相歸依才能頤養。外敵準備好了來進攻，人民身命受到傷
　　　害，國家也受到騷擾。
環：玉環，比喻美玉。

28 大過：弊鏡無光，不見文章。少女不嫁，棄於其公。

　　　損壞的鏡子沒有光澤，不見華麗的花紋。年少的女子無法將
破鏡賣出，將它丟棄在公共場所。
註釋：相歸依狀態發生大過錯。光明被遮蔽無法繁華，新成員無
　　　法接續事業，只能公然捨棄，團隊無法繁衍。
文章：紋彰也，華麗的花紋。嫁：賣。
＊後兩句參恆之未濟。

29 坎：大蛇巨魚，相搏于郊。君臣隔塞，戴公出廬。

　　　大蛇和巨魚，在國郊搏鬥。君臣之間阻隔閉塞，召戴公逃出
了屋室。
註釋：相歸依狀態落陷。兩強爭奪政權而互鬥，君臣不合相悖，
　　　上位被驅逐。
郊：國都周圍百里之地。戴公：召戴公，君臣為敵，後被權臣所殺，權臣並另立新君。

30 離：絕世無嗣，福祿不存。精神渙散，離其躬身。

　　斷絕世系，沒有子嗣，福祿都不存在。精氣心神渙散，離開了自己的身體。

註釋：應相歸依且相附著。孤獨無後，無福無祿，心神喪失，失魂落魄。

躬身：親身。

31 咸：文君之德，養仁致福。年無胎夭，國富民實。憂者之望，憎參盜息。

　　周文王有德行，養民仁愛招致福祉。執政年間沒有胎兒夭折，國家富有人民殷實。憂慮者有遠見，憎惡曾參變殺人者的訊息謠傳。

註釋：相歸依還要相感應。聖君實行仁政，國家富強，人民繁衍。但也要慎戒防範，小人散播謠言來破壞。

文君：此處指周文王。**望**：往遠處看，比喻有遠見。**參**：曾參。**盜**：殺人者、刺客。
*《戰國策·秦策二》：「（有三人）告之曰曾參殺人。其母懼，投杼逾牆而走。」故此處曰「憎參盜息」。

32 恆：合歡之國，喜為我福。東岳南山，朝隮成息。

　　見咸之損。

註釋：相歸依且持恆。結盟同歡，充滿福喜，四方的恩澤很早就像雲積聚繁衍。

東、南：比喻四方。**朝隮**：隮音機，早晨的雲霞；比喻恩澤。**息**：繁殖。

33 遯：憂人之患，履悖易顏，為身禍殘。率身自守，與喜相抱。長子成老，封受福祉。

令人憂患之人，腳步背離，臉色輕慢，身命禍患殘缺。以身作則自我守持，喜慶環繞。長子成為上公，受封官爵且有福祉。

註釋：應相歸依且隱遁低調。傲慢不群會有災禍，堅守道德本分就吉祥，後來更能繁衍優秀子嗣與富貴。

履：腳步。**悖**：音背，違反。**易**：輕慢。**率身**：自身作出榜樣。**抱**：環抱。**老**：三公又出封者。

34 大壯：太公避紂，七十隱處。卒受聖文，為王室輔。

見明夷之坤。

註釋：相歸依而壯大。初始時賢良因災禍而長期隱遁，後來受聖王提拔，君臣慶會，開創大局。

35 晉：江漢上流，政逆民憂。陰伐其陽，雌為雄公。

在長江和漢水上面遊蕩，政務背逆人民憂患。陰氣征伐陽氣，雌性成為雄性的王公。

註釋：歸依正道才能前進。不顧國安，只顧自己遊蕩，又倒行逆施，百姓受難，小人興起，反叛篡位。

流：遊蕩。

＊《詩經‧江漢》：「江漢浮浮，武夫滔滔。匪安匪遊，淮夷來求。」今昏君卻江漢上遊。

36 明夷：縮緒亂絲，舉手為災。越畝逐兔，喪其衣袴。

縮回去的線頭，凌亂的絲線，一舉手處理就有災患。越過田畝追逐兔子，卻喪失了衣服和袴子。

註釋：相歸依變瘡痍。團隊問題千頭萬緒，無法釐清，動輒得咎。想要外出爭取成就，卻連基本物資都失去了。

緒：由繭抽絲的端頭。**舉手**：象徵任事；《漢書‧元后傳》：「政事大小皆自鳳出，天子曾不一舉手。」**兔**：象徵光明。

37 家人：臭彘腐水，與狼相輔。亡夫失子，憂及父母。

惡臭的豬、腐敗的水，和野狼相輔助。失去了丈夫和孩子，憂患還波及父母親。

註釋：應相歸依且親如家人。本身腐敗，還與惡人共事，最後波及法統受難。

彘：音至，豬。

38 睽：刲羊不當，女執空筐。兔跛鹿踦，緣山墜墮。讒佞亂作。

宰殺羊隻不正當所以沒出血，婦人拿著空空的籮筐沒收獲。兔子和鹿都已跛腳，爬山時墜落。全都是讒言和花言巧語生出禍亂。

註釋：相歸依已睽離。聽信讒言，以致法禮不合，結盟沒有成果，雙方落空，喪失光明和福澤。

刲：音虧，宰殺。**兔**：比喻光明。**鹿**：比喻祿。**踦**：音其，跛。**緣**：向上爬，攀援。
讒：中傷、陷害別人的壞話。**佞**：偽善的。
*《易‧歸妹》：「女承筐，無實；士刲羊，無血。」因法禮不合。

39 蹇：拔劍傷手，見敵不善。良臣無佐，國憂為咎。

見咸之歸妹。

註釋：相歸依已蹇跛。見到敵人卻拙於應付，要自衛還傷到自己，也沒有賢良輔佐，團隊危急。

不善：笨拙。

40 解：三羖五牂，相隨俱行。迷入空澤，循谷直北。經涉六駁，為所傷敗。

　　見同人之蒙。

註釋：相歸依已解離。眾人一起行動，因為昏昧而迷路，還往壞的方向前進，後來被惡人群起攻擊而傷亡。

牂：牂（音髒），母羊。**谷**：象徵低下。**直北**：正北方，象徵最陰晦之地。

41 損：爭雞失羊，亡其金囊，利得不長。陳蔡之患，賴楚以安。

　　見恆之夬。

註釋：相歸依克服受損。因小失大，失去資材和利潤，還被惡人圍困，後來遇到貴人，終於脫困平安。

42 益：三驪負衡，南芷取香。秋蘭芬馥，盈滿神匱，利我仲季。

　　三匹黑色駿馬背負橫木，到南方採取芳香的芷草。秋蘭的芬芳濃郁，韻味充滿匣櫃，兄弟都獲利。

註釋：相歸依而益增。齊心協力光明前進，追求幸福，一路有德行又虔誠，伙伴都獲得利祿。

三：象徵多。**驪**：純黑色的馬。**衡**：套住拉車牲畜的橫木。**南**：象徵光明的方向。**芷**：一種香草。**馥**：香味濃郁。**神**：韻味，如神韻。**仲季**：兄弟為伯仲叔季，此處比喻兄弟。

43 夬：孟夏已丑，哀呼尼父。明德訖終，亂虐滋起。

　　見睽之恆。

註釋：相歸依已斷決。聖人已死，德行不再，動亂開始興起。

孟夏己丑：《左傳‧哀十六年》：「夏，四月，己丑，孔丘卒。」夏四月為夏季第一個月分，即孟夏。

44 姤：履不容足，南山多草。家有芳蘭，乃無病疾。

鞋子容納不下腳，南山有很多雜草。家裡有芬芳的蘭花，而且沒有疾病。

註釋：應相歸依且邂逅。資材不良，路途又險峻紛雜，家鄉都是君子，留下相聚安好。

履：鞋子。**南山**：比喻高山，險境。**乃**：其。

45 萃：三足無頭，弗知所之。心強睛傷，莫使為明，不見月光。

三隻腳卻沒有頭，不知道往哪裡去。內心好強，眼睛毀壞，因而不光明，連月光也見不到。

註釋：應相歸依且相薈萃。行動力強但沒頭腦，個性強悍卻不辨黑白，因而失沒有絲毫光明。

三：象徵多。**弗**：不。**之**：至。

46 升：戴堯扶禹，松喬彭祖。西過王母，道里夷易，無敢難者。

見訟之家人。

註釋：相歸依一起上升。擁護聖人和仙人之道，虔誠共進，常保康泰，一帆風順。

47 困：式微式微，憂禍相絆。隔以巖山，室家分散。

見小畜之謙。

註釋：相歸依態勢受阻。態勢轉為衰敗，憂患禍害都來糾纏，團隊被重重阻隔，無法會合。

48 井：靈龜陸處，一旦失所。伊子復耕，桀亂無輔。

見歸妹之剝。

註釋：應相歸依且井然。賢能無法適應環境而離開，暴君更加無人輔佐。

49 革：仁德覆洽，恩及異域。澤被殊方，禍災隱伏。蚤不作室，寒無所得。

見家人之泰。

註釋：相歸依已被革除。以仁德與大家分享，海內外一切安好。後來卻怠惰沉淪，變得一貧如洗。

50 鼎：夏麥麩麴，霜擊其芒。疾君敗國，使年夭傷。

見泰之賁。

註釋：相歸依已鼎覆。原本發展的生機遭受嚴重破壞，領導失德失能，團隊毀傷。

51 震：火雖熾，在吾後。寇雖多，出我右。身安吉，不危殆。

見大有之需。

註釋：相歸依克服震盪。雖然危險但不構成直接災難，也有人可輔助，平安吉祥。

52 艮：遼遠絕路，客宿多悔。頑嚚相聚，生我畏惡。

　　路途遙遠斷絕，在外住宿多有懊悔。頑劣囂張者互相聚集，使人生起畏懼厭惡。

註釋：相歸依狀態停止。前途斷絕，在遠方流離，又遇到一群可
　　　怖惡徒阻擾，無法前進會合。

遼：遠。

53 漸：懸懸南海，去家萬里。飛兔裹駿，一日見母，除我憂悔。

　　見晉之坎。

註釋：相歸依且循序漸進。美好的目標雖然遙遠，但質能良好，
　　　很快便到達會合。

裹駿：即腰褱，神馬名。

55 豐：困而後通，雖危不窮。終得其願，姬姜相從。

　　見明夷之困。

註釋：相歸依而豐盛。雖困危但未斷絕，依然致力前進，最後如
　　　願以償，與夥伴會合。

56 旅：西賈巴蜀，寒雪至轂。欲前不得，還反空屋。

　　見家人之解。

註釋：相歸依才能旅歷。外出經營，遇到惡劣蕭條，無法前進，
　　　只能退回空蕩的原處。（應先充備出發的條件與人手）

57 巽：作新初陵，爛陷難登。三駒推車，躓頓傷頤。

皇帝新建第一個陵墓，爛泥崩陷難以攀登。三匹駿馬拉的車子摧毀了，馬匹損傷跌落，也傷了臉頰。

註釋：應相歸依且安順。上位自私，勞民無度，任務艱鉅，難以
　　　完成。人才損傷，百姓無法安養。

陵：皇帝的大墓。**三**：象徵多。**駒**：良馬。**斲**：音卓，傷耗。**頓**：跌倒。**頤**：面頰，比喻頤養。

* 古皇帝好做浩大陵墓，且多有數個。《漢書・楚元王傳》載，陛下（高祖）即位，始營初陵，及徙昌陵，功費大萬百餘，死者恨於下，生者愁於上。

58 兌：延頸望酒，不入我口。深目自苦，利得無有。幽人悅喜。

伸長脖子看著美酒，但沒進入口中。看到眼睛深陷自討苦吃，利益一無所得。幽隱的人歡欣喜悅。

註釋：應歸依於欣悅。貪心妄想，只有痛苦沒有一點收穫；沉潛
　　　低調，能歡喜過日。

延：伸長。

59 渙：仲春孟夏，和氣所舍。生我喜福，國無殘賊。

見家人之大有。

註釋：相歸依且渙發。時令大好，陰陽調和，大家和睦共居，惡
　　　人都已清除，團隊充滿喜福。

60 節：張羅捕鳩，兔離其災。雌雄俱得，為罝所賊。

見賁之歸妹。

註釋：應相歸依且有節度。進行全面拘捕，不分種類一網打盡，
　　　君子都被捕獲，團隊無法再繁衍。

兔：象徵光明。離：罹也，遭受。罝：音居，獵網。

61 中孚：三人俱行，一人言北。伯仲欲南，少叔不得。中路分爭，道鬩相賊。

見剝之巽。

註釋：應相歸依且忠信。團隊一起行動，但部分成員意見歧異，後來中途分裂，並且相互爭鬥。

一：象徵一部分。

62 小過：然諾不行，欺紿誤人。使我露宿，夜歸溫室。神怒不直，鬼欲求獨。刺擊其目，反言自賊。

允諾了卻不履行，欺騙而耽誤別人，使人露宿在外，自己卻半夜返回溫暖的房室。神明怒叱他沒履職，鬼魂要責備他，因而攻擊刺傷他的眼睛，反悔食言而自取傷害。

註釋：相歸依卻持續小過錯。說好要合作，卻用欺騙的方式貽害別人，自己卻安然自得，最後神鬼共憤，施以懲戒，因為食言反悔而自食惡果。

然、諾：答應。紿：音怠，欺騙。直：值也，擔任職務。求：責備。獨：其。自賊：自己傷害自己。

63 既濟：陳辭達誠，使安不傾。增祿益壽，以成功名。

發布命令表達誠意，使之安定不傾斜。增益福祿和壽命，成就功業名聲。

註釋：相歸依已完成。公告政令，開誠布公，安定團隊，因而愈加增福添壽，成就功業聲望。

陳辭：發布命令。

64 未濟：火燒公床，破家滅亡。然得安昌，先憂重喪。

　　火燒到爺爺的床，家族殘破滅亡。也燒了安定昌盛，祖先憂患，家屬相繼死亡。

註釋：相歸依尚未形成。災難生起，法統、團隊、繁榮都毀滅，成員也相繼失去。

床：供人坐臥的器具，比喻安住。**然**：燃也，燒。**得**：動詞語助詞，無義。**重喪**：家屬有兩人相繼死亡。

55 豐

55 豐：諸孺行賈，經涉大阻。與杖為市，不憂危殆，利得十倍。

　　眾多幼童行旅經商，經歷重大阻礙。相與倚仗一起行商，不憂慮有危險，利潤得到十倍。

註釋：豐盛又豐盛。經歷尚淺一起前進經營，雖遇到重重阻礙，但能相互扶持，所以安全又全面獲利。

諸：眾多。**孺**：幼童。**涉**：經歷。**杖**：仗也，倚靠。**為市**：交易。**十**：比喻滿數。

1 乾：鼎足承德，嘉謀生福。為王開庭，得心所欲。

　　見晉之大壯。

註釋：豐盛且陽健。政權鼎立且有德行，能為生民謀求大福。為領袖開國建功，事業如願以償。

2 坤：曳綸河海，釣魴與鯉。王孫利得，以饗仲友。

　　見需之損。

註釋：豐盛且溫良。小心經營但收穫美好，並跟親密朋友分享。

饗：以盛宴款待賓客。

3 屯：東山皋落，叛逆不服。興師征討，恭子敗覆。

　　東山的皋落族，背叛違逆不肯臣服。興兵出征討伐，恭子失敗覆滅。

註釋：豐盛變困屯。敵人叛逆不服從，團隊內鬨，征討失利，團隊難以為續。

東山皋落：北狄的一支。恭子：晉國太子申。
*《左傳‧閔公二年》：「晉侯使大子申生伐東山皋落氏。」晉獻公原欲申生死於戰場，但申生凱旋歸來，後申生仍被晉獻公愛妾驪姬陷害而自殺。此處僅為借喻。

4 蒙：千里騏駒，為王服車。嘉其麗榮，君子有成。

　　見晉之遯。

註釋：豐盛且啟蒙。美好的人才為君主所重用，有德行獲得榮耀並卓然大成。

5 需：三龍北行，道逢六狼。暮宿中澤，為禍所傷。

　　三條龍向北方行進，路途中遭逢六匹野狼。晚上露宿沼澤之中，被災禍所傷。

註釋：要豐盛需耐心等待，不可躁進。君主大力向外拓展，但遭遇惡敵全面包圍，因在外失去地利，損傷慘重。

三：比喻多。北：象徵陰晦的方向。六：比喻全部；比三更多。中澤：比喻困境；龍居於淵，澤過小無法發揮。

6 訟：天災所遊，凶不可居。轉徙獲福，留止危憂。

　　天降的災禍所經之處，凶惡不可居住。轉換遷徙獲得福祉，滯留停止則會危險憂患。

註釋：豐盛變爭訟。無法防範的災難已迫臨，另某他道為上策，否則只能坐以待斃。

7 師：狐狸雉兔，畏人逃去。分走竄匿，不如所處。

　　見睽之大有。

註釋：豐盛變戰亂。惡人興風作亂，繁華和君子都逃匿無蹤。

8 比:雨師娶婦,黃巖季女。成禮既婚,相呼南去。膏潤下土,年歲大有。

見恆之晉。

註釋:豐盛且相比附。個性神聖又與君子親密結合,結伴四處發展,散播恩澤,大家都一直昌盛。

膏潤:滋潤的雨露,比喻恩惠。

9 小畜:外棲野鼠,與雞為伍。瘡痍不息,即去其室。

在郊外棲息,和野鼠、山雞為伍,創傷沒有停息,很快就去到墓穴。

註釋:豐盛變蓄小勢弱。在外與各種山野小人為伍,因而創傷不止,很快就覆滅了。

瘡痍:創傷。**室**:墓穴。

10 履:天命絕後,孤傷無主。彷徨兩社,獨不得酒。

天生命運要斷絕後代,孤苦哀傷沒了主魂(魂失身死)。靈魂在祖祠彷徨徘徊,但沒有得到獻酒。

註釋:要豐盛應去履行。墮落沉淪,註定要血脈斷絕,死無人祀,孤魂徘徊。

主:三魂七魄中的那條主魂,如六神無主。**兩社**:魯國的周社和亳社,見註;比喻祖祠。
獨:其,語助詞。**酒**:以酒薦祖廟。

*魯國封地為殷民六族所在,故祭祀亳社;後周成王賦權魯國祭文王,故又祭祀周社。秦滅周室後,商與周皆無人祭祀了。

11 泰:鵠思其雄,欲隨鳳東。順理羽翼,出次須日。中留北邑,復反其室。

1095

見需之離。

註釋：豐盛又康泰，變怠惰。想要跟隨君子前進，與人結合繁衍，雖準備好了，但走走停停，最後又折返回來。

12 否：螣虵九子，長尾不殆。均明光澤，燕自受福。

螣蛇生了九條孩子，長長的尾巴沒有危險。均勻明亮有光澤，與人和好，因而蒙受福澤。

註釋：豐盛克服閉塞。繁衍眾多後代，個個優秀康泰，大家和諧相處，多有福澤。

螣虵：螣蛇，比喻君主、大臣。**九**：象徵最多。**長尾**：比喻大隻。**燕**：燕好，和好。**自**：因而。

13 同人：日走月步，趨不同舍。夫妻反目，君主失國。

見小畜之同人。

註釋：要豐盛應該同仁。長久同行卻各自休憩，最後親密夥伴反目成仇，團隊崩解無法孳生。

趨：前進。

14 大有：宣房戶室，枯期除毒。文德淵府，害不能賊。

建築宣房宮，黃河乾涸，去除危害。有禮樂教化，並且集聚財物和文書，禍害不能作亂。

註釋：豐盛且大富有。君主親躬政務，為人民解除災厄，也實施禮教與制度，國家安定。

宣房、戶室：指宣房宮；見註。**枯**：乾涸。**期**：其也，指黃河。**文德**：禮樂教化。**淵府**：財物或文書等集聚的地方。

＊《史記‧河渠書》載，黃河於瓠子決口，二十餘年不能治，漢武帝親臨，發動數

萬士兵，並命群臣負薪塞河，功成之後，在其上築宣房宮。

15 謙：**齊東郭廬，嫁于洛都。<u>駿良</u>美好，謀利過倍。**

見艮之渙。

註釋：豐盛且恭謙。俊才前進經營且溫良美好，大有獲利。

駿良：良馬，比喻好美的人才。

16 豫：**病篤難醫，和不能治。命終期訖，下即<u>蒿里</u>。**

見臨之益。

註釋：豐盛又安育，淪於放逸。放縱淫逸，病入膏肓，神醫難治，
　　　終於覆滅。

蒿里：墓地。

17 隨：**<u>開郭緒業</u>，<u>王迹</u>所起。<u>姬</u>德七百，<u>報</u>以<u>八</u>子。**

開拓事業，帝王功業興起。周朝德政有七百餘年，並得到八個子嗣。

註釋：豐盛且隨理。開闢擴展，創立大業，並且實行德政，國運
　　　綿長，繁衍眾多。

開郭：開廓，開拓。**緒業**：事業。**王迹**：帝王的功業。**姬**：周朝姓姬。**報**：由前因而得的結果。**八**：八為子嗣之數。

18 蠱：**豐年多儲，江海饒魚。商客善賈，大國富有。**

豐收的年度有很多儲存，大江大海有富饒的魚類。商人和賓客都善於買賣，國家壯大富有。

註釋：豐盛且整治蠱敗。時令大好，豐收且多積蓄，更加善於買
　　　賣經營，國家壯盛。

19 臨：鵠求魚食，過彼射邑。繒加我頭，繳挂羽翼。欲飛不能，為羿所得。

見剝之革。

註釋：豐盛才能臨政。為求發展而涉險，惡人壯大，我方不抵，被襲擊而受困就擒。

射邑：射箭捕獵的地方。**挂**：掛也。

20 觀：望城抱子，見邑不殆。公孫上堂，大君悅喜。

公子圍繞著觀察城池，見到封地沒有危險。公子王孫登上公堂，君主欣悅歡喜。

註釋：豐盛且能觀省。一起觀察戒備，一切安全無虞，俊才用心參政，上位無憂歡喜。

抱：環抱。**公孫**：公子王孫，貴族後裔。**大君**：君主。

21 噬嗑：左指右麾，邪淫侈靡。執節無良，靈公以亡。

見萃之大有。

註釋：要豐盛應該法治。聽信讒言，放縱淫逸，寵幸親信掌握兵權，親信卻違法亂紀，弒君篡位。

麾：指揮。

22 賁：日中為市，各持所有。交易資賄，函珠懷寶。

見泰之升。

註釋：豐盛且整飾。依規定光明交易，互通有無，每個人都收藏了珍貴的財物。

賄：財貨。**函**：用盒子盛裝起來，比喻收藏。

23 剝：山沒丘浮，陸為水魚，燕雀無廬。

見觀之大有。

註釋：豐盛變剝落。發生大水，陸地淹沒，小人充斥，人民失所。

24 復：馬服長股，宜行善市。蒙祐諧偶，獲利五倍。終日在市，詰朝獲利。既享嘉福，得之以義。

馬服君到長股國，安順前進，善於交易。承蒙庇佑有和諧的伴侶，獲得五倍利益。終日都在市集裡，清晨就開始獲利。享有全部美好的福祉，都是用道義所獲得。

註釋：豐盛狀況恢復。全副武裝積極到遠方安順的經營，與君子
和諧結盟，一開始就全程獲利，因有信義所以有福澤。

馬服：地名也是人號，趙國名將趙奢封為馬服君，此處比喻全副武裝。**長股**：邊荒之國，象徵善於奔行、遠行。**宜**：安順。**五**：比喻五行全。**詰朝**：清晨。**既**：全部。

25 無妄：三狸捕鼠，遮遏前後。死於環域，不得脫走。

見恆之升。

註釋：豐盛且不虛妄。眾人協力進行包夾，獵物走投無路，只能
等死。

環：環繞、包圍。

26 大畜：鬼舞國社，歲樂民喜。臣忠於君，子孝於父。

戴著面具的巫師在祭祀的地方舞蹈，年度豐收人民歡喜。臣子忠於君主，孩子孝順父親。

註釋：豐盛且大積蓄。虔誠的依禮行事，人民豐收喜樂，忠孝倫
理盛行。

鬼：戴著面具的巫師。國社：諸侯祭祀土地神之處。歲樂：豐年。

27 頤：慈母望子，遙思不已。久客外野，我心悲苦。

　　見咸之旅。

註釋：豐盛才能頤養。孩子外出發展卻變在外長久流浪，母親深深思念，彼此都悲苦不已。

28 大過：雨師娶婦，黃巖季子。成禮既婚，相呼南去。<u>膏潤下土</u>，年歲大有。

　　見恆之晉。

註釋：豐盛而大超越。個性神聖又與君子親密結合，之後結伴四處發展，散播恩澤，大家都一直昌盛。

膏潤：滋潤的雨露，比喻恩惠。

29 坎：<u>百狗</u>同室，相<u>嚙</u>爭食。<u>枉矢</u>西流，射我暴國。高宗鬼方，三年乃服。

　　一百隻狗同在一室，相互啃咬爭奪食物。枉矢向西方流竄，射殺殘暴的秦國。商高宗征伐鬼方，三年收服。

註釋：豐盛克服落陷。王室裡小人奪權鬥爭，豪傑群起征討，最後平息內憂外患。

百：比喻極多。**狗**：象徵卑賤。**嚙**：音鎳，啃、咬。**枉矢**：火流星。

＊《史記・天官書》：「枉矢西流……西坑秦人，誅屠咸陽。」

＊《易經・既濟》：「高宗伐鬼方，三年克之。」

30 離：早霜晚雪，傷害禾麥。損功棄力，飢無可食。

　　見需之咸。

註釋：要豐盛應該相附著。接連災禍，傷害生產，勞而無獲，無以為生。

31 咸：腐臭所在，青蠅集聚，變白為黑。敗亂邦國，君為臣逐，失其寵祿。

腐敗腥臭所在之處，蒼蠅聚集，將白的染為黑的。敗壞擾亂邦國，君主為臣子所驅逐，失去榮寵與祿位。

註釋：要豐盛應該感應君子。朝廷腐敗，小人聚集，顛倒是非，敗亂國政，最後上位被奸人驅逐。

*〈厲志賦〉：「疾青蠅之染白。」

32 恆：牽羊不與，與心戾旋。聞言不信，誤紿丈人。

牽羊卻不來靠近，因為心意不相合。聽聞了卻不相信，還引領大人犯錯。

註釋：要豐盛應持以恆心。不同心所以吉祥不來到，不聽規勸還引誘領袖犯錯，使團隊受災。

羊：象徵吉祥。**與**：靠近。**戾旋**：不合。**誤紿**：引領他人犯錯。**丈人**：德高望重之人。

33 遯：甘忍利害，還相克敵。商子酷刑，鞅喪厥身。

喜好利益，殘忍相害（見註），還相互敵對。商鞅制定殘酷的刑罰，喪失了自己的生命。

註釋：豐盛已遁逃。酷吏以惡法對百姓利誘威脅，最後作法自斃。

甘：酣也，喜愛。**忍**：殘忍。**還**：更加。**克**：剋，敵對。**商子、鞅**：商鞅，變法嚴厲，最後死於自己制訂的法令。**厥**：其。

*「甘忍利害」為「甘利忍害」倒裝，商鞅實施連坐與舉報，故人民相互監視、謀害。

34 大壯：刲羊不當，女執空筐。兔跋鹿踦，緣山墜墮。

見歸妹之睽。

註釋：豐盛又壯大，富極必腐。男女都不遵守法禮，所以沒有收穫，前進失去光明福祿，還遭受災難。

35 晉：齗齗齘齘齬齬，貧鬼相責。無有歡怡，一日九結。

見震之既濟。

註釋：想豐盛必須前進。貧鬼上身不斷破壞，無法拔離痛苦，終日糾纏。

齬：齘，啃、咬。

36 明夷：兩足四翼，飛入嘉國。寧我伯姊，與母相得。

見同人之謙。

註釋：豐盛克服瘡痍。兩鳥相揩齊飛，一起進入美好的地方，與貴人親密結合。

37 家人：天山紫芝，雍梁朱草，長生和氣。王以為寶，公尸侑食，福祿來處。

天山長出紫芝，雍梁長出朱草，整個國境恆常生長且陰陽之氣交合。天子把公卿當成珍寶，祭祀時將他們當成祖靈助興勸食，福祿來臨。

註釋：豐盛且親如家人。君聖臣賢，國土從頭至尾祥瑞又陰陽和合，君主視臣為寶，對他們虔誠的執行禮儀，國家福祿滾滾而來。

天山：位於中國最西北，為王母娘娘居住的山，王母為漢時最高神祇，故比喻國土

之首。**紫芝**：祥瑞之物，紫象徵帝王。**雍梁**：天下九州的末兩州，後為邊秦之地，比喻國土之尾。**朱草**：祥瑞之物，朱象徵大臣。**和氣**：陰氣與陽氣交合而成之氣。
公尸：天子祭祀，以公卿替代被祭的神靈受祭。**侑食**：祭祀中為先人助興勸食。
*《論衡・初稟》：「朱草之莖如鍼，紫芝之栽如豆，成為瑞矣。」
*《詩經・鳧鷖》：「公尸燕飲、福祿來成。」

38 睽：絕世遊魂，福祿不存。精神渙散，離其躬身。

　　　見歸之離。

註釋：豐盛已睽離。荒野到處遊蕩，陷於貧困絕境，行屍走肉，
　　　最後一命嗚呼，魂魄離身而去。

遊魂：無人祭祀而遊蕩的鬼魂。

39 蹇：北辰紫宮，衣冠立中。含弘建德，常受大福。

　　　見坤之觀。

註釋：豐盛克服蹇跛。建立國家禮制與德政，上天賜予浩大福澤。

含弘：包含寬弘。

40 解：伯蹇叔瘖，莫與守株。失我裘衣，代爾陰鄉。

　　　哥哥跛腳，弟弟啞巴，又不一起駐守，結果遺失裘衣，只能
更換到陰森的地方。

註釋：豐盛已解離。成員能力都殘缺，又不知相互守護，結果資
　　　產遭致損失，變得淒涼。

蹇：跛。**瘖**：啞不能言。**株**：《釋名》：「駐，株也。」**裘**：皮衣。**代**：更換。**爾**：
語助詞，無義。**陰鄉**：縣名，比喻充滿陰氣的地方。

41 損：兩女共室，心不聊食。首髮如蓬，憂常在中。

　　　見艮之剝。

1103

註釋：豐盛變受損。小人共處不共事，心意相悖，因而貧困落魄，憂慮不已。

42 益：去辛就蓼，毒愈苦甚。避穽遇坑，憂患日主。

離開辛味蔬菜又趨往蓼草，苦毒更加嚴重。避開陷阱又遇到坑穴，憂患每天都注入。

註釋：要豐盛應益增。有困苦不去解決只會逃避，就會陷入更大的困苦，每天都充滿憂患。

辛：如蔥薑蒜等帶辛味的蔬菜。**就**：趨往。**蓼**：音路，味極辛的草，只能調味入藥，不能當菜。**主**：注也。

43 夬：初病終凶，季為死喪，不見光明。

初始生病後來凶惡，後來死亡喪命，見不到光明。

註釋：豐盛已斷決。有弊端不處理，結果禍害越深，最後滅亡。

季：末了。

44 姤：三鳥飛來，自到逢時。俱行先至，多得大利。

見同人之大有。

註釋：豐盛的邂逅。時機已到，眾人來會，領先群倫，奪得大利。

45 萃：鹿食山草，不思邑里，雖久無咎。

鹿在食用山上的草，不思念家鄉故里，雖然滯留但沒有過失。

註釋：豐盛應相薈萃。到美好的地方生活，不返回雖無妨，但宜招呼同伴前往。

久：滯留。**無咎**：沒有過失，但不美好。

46 升：羊腸九縈，相推稍前。止須王孫，乃能上天。

見履之師。

註釋：豐盛才能上升。路途太過狹隘曲折，前進壅塞勉強，先停止等候，疏通好了才能登升。

稍：稍微，少少的。

47 困：管仲遇桓，得其願歡。膠牢振冠，冠帶無憂。笑戲不莊，空言妄行。（三四句應為：「膠牢冠帶。振冠無憂」，見明夷之旅）

見明夷之旅

註釋：豐盛已受困。君主大膽任用人才，雖然治理良好，自己卻放逸，種下禍端。

膠牢：用膠黏住眼睛關在牢裡。**冠帶**：頂冠與腰帶，比喻官爵。

48 井：桀跖並處，民困愁苦。行旅遲遲，留連齊魯。

見乾之大過。

註釋：要豐盛應該井然。惡人併起作亂，在地人民困厄，遊子也在鄰國連留無法返回

齊魯：齊魯兩國相鄰，比喻鄰國。

49 革：魂孤無室，街指不食。盜張民餌，見敵失福。

孤魂無家可歸，啣著指頭吸吮沒有食物。盜匪張狂奪取人民食物，敵人出現，失去福澤。

註釋：豐盛已被革除。百姓猶如孤魂野鬼肌餓流離，又有強盜外敵，福澤全失。

衘指：比喻飢餓。餌：泛指各種食品。見：現也。

50 鼎：讒言亂國，覆是為非。伯奇乖難，恭子憂哀。

見豐之鼎。

註釋：豐盛已鼎覆。小人造謠亂政，顛倒是非，君子們都被違背刁離，哀傷不已。

51 震：衛侯東遊，惑於少姬。亡我考妣，久迷不來。

見乾之升。

註釋：豐盛已震盪。外出發展卻被小人妖惑而長久迷失，連親情、倫理都置之不顧。

52 艮：雞鳴同興，思邪無家。執佩持鳧，莫使致之。

見漸之鼎。

註釋：豐盛已受阻。想要親密結合卻沒有對象，準備了禮物仍沒人理睬。

邪：《正韻》：「姦思。」家：家室，妻子或配偶

53 漸：義不勝情，以欲自熒。覬利危寵，摧角折頸。

見坤之豐。

註釋：要豐盛應循序漸進。正義沒有戰勝情慾，因慾望而自我迷亂。覬覦利益偏頗貪愛，因而受到重創。

熒：營也，迷惑。

54 歸妹：臣尊主卑，擁力日衰。侵奪無光，三家逐公。

見升之巽。

註釋：要豐盛需相歸依。下位日壯，上位日衰，不再擁護朝廷，還剝奪光明，聯合驅逐君主。

擁力：擁護的力量。

56 旅：<u>叔仲</u>善賈，與喜<u>為市</u>。不憂危殆，利得<u>十</u>倍。

兄弟善於買賣，歡喜的交易。不用憂慮危險，獲利有十倍。

註釋：豐盛的旅歷。齊心經營，歡喜平安，獲得所有利益。

叔仲：兄弟為伯仲叔季，比喻兄弟們。**為市**：交易。**十**：象徵滿數。

57 巽：六虵奔走，俱入茂草。驚於長路，畏懼啄口。

見井之兌。

註釋：要豐盛應該安順。所有的惡人都已逃匿，但還要提防再度出現危害。

58 兌：水壞我里，東流為海。鼀黽讙嚻，不得安居。

見泰之兌。

註釋：豐盛又欣悅，富極必腐。災禍興起，毀壞家鄉，而且蔓延廣大。小人囂張作怪，人民不得安寧。

鼀：蛙也。

59 渙：飛不遠去，卑<u>斯內侍</u>，<u>祿養</u>未富。

飛翔卻不能遠去，卑賤的在宮中侍奉他人，俸給不富足。

註釋：豐盛已渙散。無法再發展，只能委身低就，收入微薄。

斯：廝也，卑賤。**內侍**：在宮中的侍者。**祿、養**：俸給。

60 節：陰變為陽，女化為男。治道大通，君臣相承。

見屯之離。

註釋：豐盛且節度。小人變成君子，政務大為通暢，君臣諧和相通。

61 中孚：踐履危難，脫厄去患。入福喜門，見誨大君。

見泰之革。

註釋：要豐盛需忠信。歷經艱難危險，終於擺脫禍患返回，還蒙受上位青睞，並獲得教誨。

厄：凶惡。

62 小過：罟密網縮，動益蹶急，困不得息。

網孔綿密，網子緊縮，一動就益加急速跌倒，受困沒有氣息。

註釋：盛大的持續小過錯。掉入羅網，越掙扎縮越緊，無法脫離。

罟：音古，網。蹶：跌倒。

63 既濟：負牛上山，力劣行難。烈風雨雪，遮遏我前，中道復還。

見訟之剝。

註釋：豐盛已結束。無法負荷重任，前進艱難，又前後遭遇各種困阻，只能半途而廢。

64 未濟：喁喁嘉草，思降甘雨。景風升上，沾洽時澍，生我禾稼。

仰慕美好的青草，希望降下甘美的雨水。和風上升，及時的雨水充足，生長莊稼。

註釋：豐盛尚未結束。用心開墾期待收成，時令美好，天降甘霖，因而生產順暢。

喁喁：音雍二聲，仰慕。**景風**：和風。**沾洽**：雨水充足。**時澍**：及時的雨。**澍**：音樹，及時雨。**稼**：泛指農作物。

56 旅

56 旅：羅網四張，鳥無所翔。征伐困極，飢窮不食。

　　羅網四面張開，鳥兒無處飛翔逃脫。征伐過度受困至極，飢餓貧窮沒有食物。

註釋：旅歷又旅歷，不曾停息。一路趕盡殺絕，但窮兵黷武也使自己陷入困厄。

1 乾：寄生無根，如過浮雲。立本不固，斯須落去，更為枯樹。

　　寄附他人沒有根基，有如過往浮雲。建立的根本不牢固，短暫的時間就零落凋去，更成為枯樹。

註釋：應去旅歷且要陽健。寄生他人就如浮雲無根，應勇敢去尋找並建立自己的根據地。

斯須：須臾，短暫的時間。

2 坤：人無定法，綬降牛出。虵雄走趨，陽不制陰。宜其家國。

　　人民沒有定規成法，官職被貶降，君子出走。蛇王奔走來任職，陽氣不能制伏陰氣。應安順國家。

註釋：要旅歷應溫良。法治紛亂，忠吏被罷黜，改派惡霸上任，正義不能克服邪惡。應該好好順理國政。

綬：音受，繫在印信上的絲帶，比喻官職。**牛**：比喻正直。**虵**：蛇也，比喻惡人。**走趨**：奔走去任職。**宜**：安順。

3 屯：**眾鳥所聚，中有大怪，九身無頭。魂驚魄去，不可以居。**

　　見震之蒙。

註釋：旅歷變困屯。路上出現惡人集團，有力量極大但沒智慧的惡人帶頭，眾人沒有面對，驚駭潰散。

4 蒙：**封豕溝瀆，灌潰國邑。火宿口中，民多疾病。**

　　大豬遷到溝瀆（見註），洪水灌注沖潰國都。火星停宿在口中（亢宿），人民多有禍害。

註釋：旅歷遇到蒙昧。時令逢凶，遭受大水肆虐，國都與各處都遭禍。

封豕：豕音史，大豬。**火**：火星，熒惑，凶惡之兆。**口中**：二十八星宿的亢，象徵青龍的咽喉，亮則平安，暗則旱瘟，見註二。**疾、病**：禍害。

*《史記・天官書》：「奎曰封豕，為溝瀆。」大豬喜水，如徙於溝瀆，則為天雨之兆。

*《後漢書・天文下》：「熒惑入東井口中，為大臣有誅者。」

5 需：**奮翅鼓翼，翱翔外國。逍遙徙倚，來歸溫室。**

　　見損之觀。

註釋：要旅歷還需等待。打算遠遊旅歷，但路途波折，歷經徘徊，最後返回平安的原處。

6 訟：**秋蠶不成，冬種不生。殷王逆理，棄其寵榮。**

　　秋天時蠶沒長成，冬天時種植沒生成。殷商紂王違逆倫理，失去了尊寵和榮耀。

註釋：應旅歷卻爭訟。百姓衣食歉收，君王依然倒行逆施，因而

被推翻。

蚕：蠶也。

7 師：衛侯東遊，惑於少姬。忘我考妣，久迷不來。

　　見乾之升。

註釋：旅歷變出師。外出發展卻被小人妖惑而長久迷失，連親情、倫理都置之不顧。

8 比：烏合卒會，與惡相得。鷗鶂相酬，為心所賊。

　　烏鴉會合完畢，並與惡人相遇。猛禽相互唱和，心靈已被殘害。

註釋：旅歷應該比附君子。小人結合之後又與惡人勾搭，已無良心覺知。

卒：完畢。**得**：遇。**鷗鶂**：音吃消，小的猛禽。**酬**：唱和。

9 小畜：鳴雞無距，與鵲格鬪。翅折目盲，為仇所傷。

　　見乾之遯。

註釋：旅歷但蓄小勢弱。虛張聲勢沒有實力，被弱小的仇敵擊敗並且重傷。

鵲：比雞小，但肉食性猛。

10 履：木生內蠹，上下相賊，禍亂我國。

　　樹木裡面生了蛀蟲，上位和下位相互侵犯，禍患擾亂國家。

註釋：應旅歷且履行正道。不動則腐，組織內部生出小人，上下相互侵害，團隊發生災禍。

蠹：音杜，蛀蟲。

11 泰：延陵適魯，觀樂太史。車轔白顛，知秦興起。卒兼其國，一統為主。

見大畜之離。

註釋：旅歷且康泰。考察風情，增廣見聞，明察善析，有知往鑑來的大智慧。

12 否：輔相之好，無有休息。時行雲集，所在遇福。

輔佐的宰相賢好，沒有休息。順時而行風雲會集，處處都遇到福澤。

註釋：旅歷克服閉塞。賢良不眠不休的輔佐，順天而行會聚眾多恩澤，所至之處都有福澤。

所在：處處。

13 同人：床傾簀折，屋漏垣缺，季姬不愜。

臥床傾倒，蓆子折損，屋子破漏牆壁殘缺，少女不舒適。

註釋：要旅歷應該同仁。資源殘破不堪，成員年幼體弱，無法經營孳生。

簀：音責，席子。**垣**：短牆。**季姬**：季者幼，姬者女之美稱，故指少女。**愜**：舒適。

14 大有：東入海口，循流北走。一高一下，五色無主。七日六夜，死於水浦。

向東流入海口，循著河流向北行走。船隻忽高忽下，五官氣色失去主魂而蒼白。經過七天六夜，死於水邊。

註釋：要旅歷應大富有，才能準備周全。路途險惡，又起伏顛簸，無法應付，驚魂失魄，多日之後終於覆滅。

東：象徵粗鄙的方向。海口：象徵吞噬之險地。北：象徵陰晦的方向。主：三魂七魄中的那條主魂，如六神無主。七：象徵一個週期。六：象徵齊全。浦：水邊。

15 謙：群虎入邑，求索肉食。大人禦守，君不失國。

　　成群的老虎進入國都，尋求探索肉類食物。官員們防禦守護，君主沒失去國家。

註釋：旅歷轉為謙退，先固防。惡人成群來掠劫，官員合力守護，
　　　國家安好。

16 豫：四亂不安，東西為患。退身止足，無出邦域。乃得完全，賴其生福。

　　見泰之鼎。

註釋：旅歷轉為安育。四處都動亂不安，停止行動返回，因而保
　　　住生命和福祿。

17 隨：叔眇抱冤，祁子自邑。乘遽解患，羊舌以免，賴其福全。

　　見蹇之乾。

註釋：旅歷應該跟隨貴人。原本受冤而有劫難，但貴人立即來解
　　　圍，得以保全完整。

18 蠱：延頸望酒，不入我口。深目自苦，利得無有。

　　訟之益。

註釋：應去旅歷卻蠱敗。想要得到美物，卻只會苦苦妄想，終而
　　　一無所得。

19 臨：仁政之德，恭恭日息。成都就邑，人受厥福。

　　有仁政的功德，態度恭敬每日都有生息。國都興建成完，人民蒙受這福澤。

註釋：旅歷之後臨政。有德性且每日踏實生產，功業終於完成，
　　　大家都蒙受福澤。

恭恭：恭敬。**息**：繁衍。**就**：完成。**厥**：其。

20 觀：牽頭繫尾，屈折幾死。周世無人，不知所歸。

　　牲口被牽著頭又拉著尾巴，身體曲折幾乎死亡。整個世代已沒人了，靈魂不知歸向何處。

註釋：要旅歷應該觀省。方法不對又暴戾，團隊全軍覆沒，只剩
　　　孤魂飄盪。

周：遍。

21 噬嗑：教羊逐兔，使魚相捕。任非其人，費日無功。

　　教導羊追逐兔子，使弄魚相互捕捉。任用不對的人，耗費時日無有功效。

註釋：旅歷需要法治。任用不對的人、使用不對的方法，終究徒
　　　勞無功。

22 賁：生角有尾，張孽制家，排羊逐狐。張氏易公，憂禍重凶。

　　星曜光芒像生出角而且拖著尾巴，張家的孽子控制家族，擯斥羊隻去追求狐狸。張家氏族變換族長，憂禍凶厄重重。

註釋：要旅歷應整飾。凶兆重重，下位造反控制團隊，還捨善就惡。

最後正式易主，災禍更是接連不斷。

角：星曜光芒像生角，為凶兆。**尾**：星曜前進光芒拖出尾巴，為凶兆。**張**：《易林》慣以張氏為戰爭、失利之象徵。**孽**：庶子，比喻以偏奪正。**羊**：象徵吉祥。**狐**：象徵狡猾。

23 剝：去安就危，墜陷井池，破我玉珮。

離開安全去和危險在一起，墜落陷入井旁的小池裡，摔破了玉珮。

註釋：要旅歷卻剝落。不安居而去冒險，陷入險境，毀壞了珍貴資產（德性）。

就：前去在一起。**井池**：井口旁儲水的小池。**珮**：玉佩。

24 復：茹芝餌黃，塗飲玉英。與神流通，長無憂凶。

見豫之蠱。

註釋：旅歷後返復。虔誠追求仙道，成功之後長久安泰。

塗飲：飲用並塗在身上。

25 無妄：體重飛難，未能越關。

身體沉重飛翔困難，不能越過關口。

註釋：要旅歷應該不虛妄。負擔與沉痾太多，無法穿越關卡前進。

26 大畜：巢成樹折，傷我彝器。伯蹉叔跌，亡羊乃追。

窩巢築成了樹木卻折斷，損害了祭器。哥哥腳部骨折弟弟跌倒，羊逃走了才要去追回。

註釋：去旅歷的大積蓄。安住發生災難，族脈毀損，成員都已創傷了，才要亡羊補牢。

彝：音宜，青銅祭器的總稱，比喻法統。跂：音威，腳骨折。乃：才。

27 頤：六人俱行，各遺其囊。黃鵠失珠，無以為明。

見賁之噬嗑。

註釋：去旅歷的頤養。團體行動但各有所失，失去光明的德性，前途黯淡。

鵠：音胡，天鵝，比喻光潔。

28 大過：蟠梅折枝，與母分離，絕不相知。

見大有之坤。

註釋：旅歷發生大過錯。行動失誤，造成災難，成員傷亡，與團隊失聯。

29 坎：迎福開戶，喜隨我後。曹伯愷悌，為宋國主。

打開門戶迎接福祿，喜慶隨後而來。胞兄（微子啟）和樂孝悌，成為宋國君主。

註釋：旅歷克服落陷。轉為喜樂安居，多有福澤，因有德性，團隊建立，生活安好。

曹：同類的，如吾曹。伯：長兄，指微子啟，宋國始君。曹伯：微子為商紂之同父同母兄，但微子生時母為妾，商紂生時母為后，故以紂為王。愷：和樂。

*《史記・宋微子世家》載，紂王不仁，微子離去不事，周成立後封微子於宋。

30 離：既痴且狂，兩目又盲。箕踞喑啞，名為無中。

既愚痴又張狂，兩眼又瞎了，伸腿而坐又嗓啞，聲響邪惡。

註釋：要旅歷應該附著。蒙昧張狂，不辨黑白，態度怠慢醜惡，聲譽敗壞。

箕踞：兩腿伸直而坐，身如畚箕，是輕慢傲視的坐法（古以盤坐、跪坐為禮儀）。**喑**：音陰，嗓啞不能出聲。**名**：聲譽。**無中**：斜，邪。

31 咸：金梁銕柱，千年牢固。完全不腐，聖人安處。

　　金屬的樑，鐵的柱，千年的牢靠堅固。完整保全不腐壞，聖人安心居處。

註釋：要旅歷應相感應。堅強共構，固若金湯，始終不受侵害，
　　　有德行可以安心在團隊裡安處。

銕：鐵也。

32 恆：裹糗荷糧，與跖相逢。欲飛不得，為網所獲。

　　攜帶乾糧，扛著糧食，路上與盜跖相逢。想要飛卻不可得，被網子所捕獲。

註釋：旅歷要恆久，應整備周全。沒有結伴與攜帶武器就外出，
　　　遇到大惡人，無法逃脫因而被逮捕。

裹：裏也，攜帶。**糗**：乾糧。**荷**：肩扛。**跖**：盜跖（音直），古代的大盜。

33 遯：彭名為妖，暴龍作災。盜堯衣裳，聚跖荷兵。青禽照夜，三旦夷亡。

　　見比之蒙。

註釋：旅歷變遁逃。奸人如妖魅和怪物製造禍端，毀壞倫理，興
　　　兵作亂，國家很快就滅亡了。

彭名：此處指彭生。**名**：人的名號。

34 大壯：獨夫老婦，不能生子，鰥寡俱處。

　　孤獨的男子和衰老的婦人，不能生出孩子，死去伴侶的男子

和婦人應該在一起繁衍。

註釋：要旅歷應該壯大。老弱殘兵聚在一起不能有所發展，應重新孳生繁衍。

35 晉：鶋鶋竊脂，巢於小枝。搖動不安，為風所吹。心寒飄搖，常憂危殆。

見謙之遯。

註釋：應去旅歷前進，尋找新宿。資質不良又根基不穩，時時都處在飄搖的險境。

36 明夷：素車木馬，不任負重。王子出征，憂危為咎。

喪車和木做的馬，不能負擔重任。帝王的兒子出兵征伐，憂患危難並有災禍。

註釋：旅歷受到瘡痍。裝備虛假根本不能任事，卻要對外興戰，王室有斷後的危機。

素車：遇凶事或喪事所用的車。**木馬**：《說苑：談叢》：「木馬不能行。」

37 家人：土陷四維，安平不危。利以居止，保有玉女。

土地四個角落塌陷（但中央沒有塌陷），平安沒有危險。安順的起居行止，保有純潔德性。

註釋：旅歷變親如家人。大地四方險難，不能外出，但家園仍然安好，維持溫良，可安順生活。

四維：東西南北，四個正角落。**利**：安順。**玉女**：如玉般的女子，比喻純潔的女德。

38 睽：負牛上山，力劣行難。烈風雨雪，遮遏我前。中道

復還。

　　見訟之剝。

註釋：旅歷狀態已睽離。能力不足，難以負任前進，前途又險惡多難，因而半途而返。

39 蹇：金城銕郭，上下同力。政平民親，寇不敢賊。

　　見離之噬嗑。

註釋：旅歷遇到蹇跛，應轉為鞏固內部。堅強共構，固若金湯，內部安定，外敵不敢進犯。

銕：鐵也。

40 解：清潔淵塞，為人所言。證訊詰問，繫於枳溫。甘棠聽斷，昭然蒙恩。

　　見師之蠱。

註釋：要旅歷應解決問題。君子清白卻遭人誣陷，被定罪即將行刑，幸好賢吏明察，沉冤得雪，可重新開展。

昭然：天道彰顯。

41 損：皋陶聽理，岐伯悅喜。西登華道，東歸無咎。

　　皋陶治理刑法，周文王欣悅歡喜。登上西嶽華山山道，之後東歸，沒有災禍。

註釋：旅歷且能損己益人。實施法治和仁政，也四方追求聖道，完成之後天下太平。

皋陶：堯舜任命的刑法首長，稱為理官，漢族司法鼻祖。**聽**：音聽四聲，治理，如聽政。
理：刑法。**岐伯**：周文王，周岐（今陝西岐山）人氏。**西、東**：比喻四方。

* 皋陶非為周朝之官，此處僅象徵臣賢君聖。

42 益：低頭竊視，有所畏避。行作未利，酒酸魚敗，重莫貪嗜。

低著頭偷看，有所畏懼與逃避。行動作為沒獲利，酸的酒，腐敗的魚，眾人不要貪心。

註釋：旅歷才能益增。畏懼不敢面對，所以勞而無獲，只能貪圖敗壞的殘食。

重：眾也，如重兵。**嗜**：貪愛。

43 夬：十雉百雛，常與母俱。抱雞搏虎，誰肯為侶？

十隻雉雞生了百隻雛雞，長久與母親在一起。雞群圍繞在一起搏鬥老虎，誰人肯為伴？只能自我群體守護。

註釋：旅歷已斷決，變為屯聚。繁衍眾多且優秀，始終遵行倫理團聚在一起。大惡人出現危害，無人救緩，但能團結相聚對抗。

十、百：象徵多。**雉**：音至，長尾野雞，象徵尊貴。**抱**：環抱。

44 姤：高阜山陵，陂陁顛崩。為國妖祥，元后以薨。

高的土山丘陵，不平整而顛覆崩壞，是國家不祥的徵兆，帝王過世了。

註釋：旅歷應該相邂逅。君王不正義，國家不安穩，他也因而覆滅。

高阜：高的土山。**陂陁**：音坡陀，不平的樣子。**妖**：不祥。**祥**：吉凶的徵兆。**元后**：帝王；《易・姤》：「后以施命誥四方。」**薨**：音轟，諸侯或大官去世。

45 萃：六鶂退飛，為衰敗祥。陳師合戰，左股疾傷。遂以薨崩，霸功不成。

見蹇之蠱。

註釋：旅歷應相薈萃。與人合力作戰，夥伴卻半途跑走；自己獨立作戰，卻受到創傷；最後一蹶不振，功敗垂成。

薨、崩：君王死亡。

46 升：異國殊俗，情不相得。金木為仇，<u>百戰檀穀</u>。

見家人之未濟。

註釋：旅歷應該上升，而非沉淪。非我族類，難以相親，始終互相仇恨，不斷征伐彼此的家園和作物。

百：象徵極多。戰：征伐。

47 困：鴉噪庭中，以戒災凶。重門擊柝，<u>備憂暴客</u>。

見師之頤。

註釋：旅歷受困，轉為守備。有不祥跡兆因而嚴加戒備，做好重重防護以備敵人來襲。

備：防備。暴客：盜賊。

48 井：慈母赤子，<u>享</u>賜<u>得士</u>。<u>獲夷服除</u>，以安王家，<u>側陋</u>逢時。

好像慈母愛赤子，以盛宴款待並賞賜來歸附的士人。壯士獲夷已守喪期滿，出來維安王室，微賤的人逢到時機。

註釋：旅歷且井然。好像慈母般的禮賢下士，眾人來依附，時機成熟了，能人出仕為國家效力，連卑微的人都獲得任用。

享：饗也，以盛宴款待賓客。得士：得到來歸附的士人。士：讀書人或官吏。獲夷：古代的一位壯士，意為能俘獲夷狄。服除：守喪期滿而脫除喪服。側陋：微賤的人。

49 革：剗迹惡人，使德不通。炎旱為災，年穀大傷。

剗滅足跡的惡人，使德政不通暢。炎熱和乾旱造成災難，年度種植的穀物大為損傷。

註釋：要旅歷應該革新。惡人善於隱匿不被發現，德政因而窒礙
　　　不通，國家發生大災害，生產嚴重受損。

剗：剷也，削平。**剗迹**：剗滅足跡使之不被發現，比喻故意隱匿。

50 鼎：躬履孔德，以待束帶。文君燎獵，呂尚獲福。號稱太師，封建齊國。

親自履行碩大德性，等待為官的時機。周文王在夜間舉火炬狩獵，呂尚獲得祭祀的酒肉。被尊為太師，分封建立齊國。

註釋：旅歷變鼎立。自我修持等待時機，終於協助賢君建國立業，
　　　自己也尊崇受封。

躬：親自。**孔**：大。**束帶**：束上腰帶，比喻做官；《論語・公冶長》：「束帶立於朝。」
燎獵：夜間舉火炬狩獵；比喻黑暗中光明行動。**呂尚**：姜子牙。**福**：祭祀用的酒肉。
太師：周文王拜太公為師。

51 震：征將止惡，鼓鞞除賊。慶仲奔莒，子般獲福。

進行出征阻止罪惡，敲擊戰鼓，除掉賊寇。慶仲出奔到莒國，子般獲得福澤。

註釋：旅歷且震奮。發動整肅，進行討伐，最終惡人出逃，君子
　　　獲得福澤。

將：進行。**鼓**：敲擊。**鞞**：音皮，古代軍隊用來發號進攻的大鼓和小鼓。**慶仲**：慶父，又名共仲，魯莊公之子。**子般**：慶仲之弟。

*《史記・魯周公世家》載，魯莊公歿，子般繼位，慶仲殺子般及新君欲自立，魯人於是叛變，慶仲逃到莒國，後自殺。子般並未獲福，本條僅為借喻。

52 艮：良夫淑女，配合相保。多孫眾子，懽樂長久。

美好的男子和賢淑的女子，相互配合保護。有眾多子孫，歡樂恆長久遠。

註釋：旅歷停止，開始安居。君子親密結合，安居樂業，繁衍眾多，快樂長久。

懽：歡也。

53 漸：螏蛇四壯，恩念父母。王事靡盬，不我安處。

蜿蜒曲折的到四方擴張，思念恩愛的父母。君王的差事沒有停息，無法安心居處。

註釋：要旅歷應循序漸進。君主四方拓展勢力，人民被差役因而生離死別。國家的徵召從未停止，人民無法安憩。

螏蛇：逶迤也，蜿蜒曲折。壯：擴張。靡：沒有。盬：音鼓，停止（此字非鹽）。

54 歸妹：水壞我里，東流為海。鳧龜讙囂，不得安居。

見泰之兌。

註釋：應去旅歷且相歸依。災難氾濫並廣大蔓延，小人充斥，無法安居，宜一起遷徙。

55 豐：束帛戔戔，賻我孟宣。徵召送君，變號易字。

一束束的布帛眾多，要資助趙孟宣，徵募召集人民斷送君權，變易國家字號。

註釋：旅歷之後豐盛。君主無道，人民一起協助流亡的忠臣返回推翻朝廷，建立新政權。

束帛：捆成一束的布帛，用作禮物。戔戔：音間，多。賻：音付，助。孟宣：趙盾，死後諡號孟宣。送：了結、斷送。

*《左傳・宣公二年》載，晉靈公無道，趙盾多次直諫，公派人殺之未果，趙盾逃亡，後晉靈公被大臣所殺，趙盾返國並迎立新君。

57 巽：**乾行大德，覆贍六合。嘔煦成熟，使我福德。**

　　上天履行浩大的德性，包覆養育宇宙萬物。生養撫育使之成熟，生靈有福澤德行。

註釋：旅歷且能安順。天道有運行的德性，因而生成宇宙，並包
　　　納生養萬物，賜予生靈福澤。

乾：天。**贍**：養育。**六合**：上下和四方，指天地、宇宙。**嘔煦**：生養撫育。

58 兌：**秦晉大國，更相克賊。獲惠質圉，鄭被其咎。**

　　秦晉是相鄰的大國，更是互相克制傷害。擄獲晉惠公，並將太子子圉當人質，慶鄭被究責。

註釋：旅歷應欣悅，不應樹敵。為了爭霸與人敵對互伐，最後慘敗，
　　　團隊裂解。

質：當人質。**圉**：子圉（音與），晉惠公之子。
*《史記・晉世家第九》載，晉惠公不聽大臣慶鄭將糧食賣給秦國的建議，秦因而伐晉，戰役時惠公有難，慶鄭不救，致惠公被俘。惠公返國後殺慶鄭，後來又將太子子圉送到秦國當人質。

59 渙：**晦昧昏明，君無紀綱。甲子成亂，簡公喪亡。**

　　陰晦蒙昧，光明黯淡，君主沒有紀律綱常。歲月錯亂，齊簡公喪命身亡。

註釋：應旅歷卻渙散。君主昏昧，國家黯淡無光，下位作亂篡位，
　　　上位滅亡。

甲子：歲月。或為甲午之誤，見註釋。
*《左傳・哀公十四年》：「甲午，齊陳恆弒其君壬于舒州。」即《論語・憲問》：

「陳成子弒齊簡公。」

60 節：三足無頭，弗知所之。心狂精傷，莫使為明，不見月光。

　　　見小畜之復。

註釋：旅歷應有節度。有行動力卻沒智慧，不知去向，心神狂亂，見不到絲毫光明。

弗：不。

61 中孚：長夜短日，陰為陽賊。萬物空枯，藏在北陸。

　　　見謙之漸。

註釋：旅歷應該忠信。陰長陽消，小人迫害君子，環境極度蕭條，毫無生機。

62 小過：依宵夜遊，與大君俱。除解煩惑，使我無憂。

　　　見歸妹之大有。

註釋：旅歷且小超越。環境隱晦，暗中遊歷尋找，與大貴人相遇，煩惱得以解決。

63 既濟：逐鹿南山，利入我門。陰陽和調，國無災殘。長子出遊，須其仁君。

　　　追逐鹿隻到達南山，利祿進入家門。陰氣陽氣和諧調理，國家沒有災禍殘害。長子出去遊歷，被仁君拔用。

註釋：旅歷完成，卓然成家。前進經營卓然有成，天時與倫理良好，一切安定，繼承人也茁壯成器，去做國家棟樑。

鹿：象徵祿。**南山**：山南水北為陽，象徵光明。**長子**：象徵繼承人。**須**：用；《論衡‧自紀》：「事有所不須。」

64 未濟：請冀<u>左耳</u>，<u>嗇</u>不我驅，<u>與</u>我父母。

　　請求冀盼能輔佐上位，但慳吝不予還將我驅逐，只能跟隨父母。

註釋：旅歷尚未形成。想托身為門客輔助上位，但被拒絕驅逐，
　　　只好返回依親。

左：佐也，輔佐。**耳**：語助詞。**嗇**：慳吝。**與**：跟隨。

* 春秋戰國時，仕子四處托身為門客，翼盼日後受到重用。

57 巽

57 巽：溫山松柏,常茂不落。鸞鳳以庇,得其歡樂。
　　見需之坤。
註釋：安順又安順。秉持聖道,長青茂盛,保佑吉祥,保有歡樂。

1 乾：采唐沫卿,要期桑中。失信不會,憂思約帶。
　　見師之噬嗑。
註釋：應安順且陽健。與人約定但不合倫理,所以無法達成結合。
卿：鄉也;見註。**期**：約定。
＊《金文編》：「公卿之卿,鄉黨之鄉,饗食之饗,皆為一字。」

2 坤：有鳥飛來,集于宮樹。鳴聲可畏,主將出去。
　　見屯之夬。
註釋：應安順且溫良。小人聚集眾多形成喧賓奪主,因而被主人驅散。

3 屯：仁政之德,參參日息。成都就邑,入受厥福。
　　仁政的恩德,綿長的每日生息,國都已興建完成,入住蒙受福澤。
註釋：安順的屯聚。行仁政,繁衍綿延,國政有序,大有福澤。
參參：音涔一聲,長。**息**：孳生。**就**：完成。**厥**：其。

4 蒙：他山之儲,與璆為仇。來攻吾城,傷我肌膚,邦家

搔憂。

　　見明夷之明夷。
註釋：安順變蒙昧。外邦準備充足前來進攻，人民身命受到傷害，
　　　國家受到騷擾。

5 需：齎貝贖狸，不聽我辭。繫於虎鬚，牽不得來。

　　見否之革。
註釋：應安順的等待，不要妄進。勸告回心轉意，但還是違反正
　　　道去跟小人合謀，結果反被牽制，無法返回。

6 訟：一簧兩舌，妄言陷語。三奸惑虛，曾母投杼。

　　見坤之夬。
註釋：應安順卻爭訟。喉舌（人言）可畏，到處都是小人造謠生事，
　　　連至親也聽信遠離。
惑虛：被迷惑而心虛害怕。

7 師：薄行搔尾，逐雲除水。污泥為陸，下田宜稷。

　　緊靠而行，拉著尾隨的人。追逐雲雨，整治水利。汙泥變成
陸地，下等田也五穀豐收。
註釋：安順的出師。眾人同心協力，興利除弊，從荒蕪中建立安
　　　居之地。
薄：緊靠。**搔**：拉。**尾**：尾隨，在後跟隨。**除**：整治。**宜**：豐收。**稷**：象徵五穀。
*《漢書・溝洫志》：「若有渠溉……高田五倍，下田十倍。」

8 比：天門九重，深內難通。明坐至暮，不見神公。

1129

天宮的門有九重，高遠隱蔽難以通達。天明跪到日暮，還是沒見到神仙。

註釋：安順才能比附。貴人遠在天邊，想遇見比登天還難。（應按禮依序請託拜會）

九重：古人以九重為最高之層、階，並比喻天庭、朝廷。**深**：距離長。**內**：不形於外。
坐：《禮記‧玉藻》正義：「坐，跪也。」**神公**：神仙。

9 小畜：闇目不明，耳閼聽聰。陷入深淵，滅頂憂凶。

蒙蔽的眼睛不明亮，耳朵的聽覺阻塞。陷入深水，造成溺死的憂患凶惡。

註釋：應安順卻蓄小勢弱。昏昧不能認清事實，陷入災患而覆滅。

闇：蒙蔽。**閼**：音厄，阻塞。**聰**：聽覺。**淵**：深水。**滅頂**：溺死。

10 履：霧露早霜，日暗不明。陰陽孽疾，年穀大傷。

秋末降下霧露和寒霜，太陽又昏暗不明。天氣變化造成禍患，年度種植的穀物大為損傷。

註釋：要安順應履行，不要拖延。時節已變壞，環境昏晦，天候惡劣，無法再耕種收成。

早霜：秋末所降的霜。**陰陽**：天氣的變化。**孽、疾**：禍患。

11 泰：三譜土廊，德義明堂。交讓往來，享燕相承。箕伯朝王，錫我玄黃。

臣子依序站在正殿三層臺階和廊道的土地上，仁德義理充滿天子的大典。相互禮讓往來交際，饗宴上相互承讓。冊封箕子為朝鮮君王，賜予彩色絲帛。

註釋：安順且康泰。上下都遵行禮節，朝廷充滿仁義倫理，相互

交流承歡,大臣也受到封賞。

三詣:正殿前有三階,依官階而立。**明堂**:天子舉行大典的地方。**交**:互相。**往來**:交際。**享**:饗也,設宴請客。**燕**:宴也,以酒食款待賓客。**箕伯**:箕子,曾勸諫紂王,反被囚禁,周立國後獲釋並遷徙朝鮮;見註。**錫**:賜也。**玄黃**:彩色的絲織物。

*《尚書大傳・卷二》:「(箕子)走之朝鮮,武王聞之,因以朝鮮封之箕子。」

12 否:爭雞失羊,利得不長。陳蔡之患,賴楚以安。

見恆之夬。

註釋:以安順克服閉塞。爭小失大,利益獲得不長久,面臨凶厄,如能保持德性,就有貴人相助。

13 同人:天旱水涸,枯槁無澤,未有所獲。

天候乾旱,水源乾涸,枯瘦乾瘪沒有潤澤,沒有收穫。

註釋:要安順應該同仁。環境惡劣,作物憔悴,沒有支援,一無所獲。

涸:水乾竭。**槁**:乾瘪枯瘦。

14 大有:陶朱白圭,善賈息貲。公子王孫,富利不貧。

見同人之大畜。

註釋:安順而大富有。雖然位居公侯,但能急流勇退,棄政從商,富留子孫。

圭:珪也。**貲**:資也。

15 謙:龜厭江海,陸行不止,自令枯槁。失其都市,憂悔為咎。

見泰之節。

註釋：應安順且謙恭。原本美好但貿然前進改變，因而陷入憔悴困頓，後悔難過。

16 豫：黃鳥採蓄，既稼不荅。念吾父兄，思復邦國。

黃鶯要採集貯存，但雖已耕作卻長不出豆子。因為思念父兄，想要返復祖國。

註釋：安順才能育養。離鄉發展，際運不如意沒有收穫，應返回團聚。

稼：音嫁，耕作。荅：音搭，小豆。

*《詩經・黃鳥》：「黃鳥黃鳥，無集於栩，無啄我黍。此邦之人，不可與處。言旋言歸，復我諸父。」描寫人民背井離鄉而夢碎。

17 隨：田鼠野雛，意常欲逃。拘制籠檻，不得動搖。

見需之隨。

註釋：應安順且隨理。好像野生動物天生的野性難馴，想要逃離，雖然嚴密拘禁，仍然不順服。

雛：幼禽，幼禽保有其類之天性。

18 蠱：平國不君，夏氏作亂。烏號竊發，靈公殞命。

見臨之晉。

註釋：安順已蠱敗。君主失去法禮，與小人淫亂作惡，又殘害百姓，最後覆滅。

19 臨：巨虵大鱃，戰於國郊。上下閉塞，君道走逃。

見噬嗑之訟。

註釋：安順才能臨政。大梟雄奪權內戰，國家不安，上下離心離德，

為君之道蕩然無存。

虵：蛇也。**鰌**：露脊鯨，海上最巨大的魚。**君道**：為君之道。

20 觀：讒言亂國，覆是為非。伯奇流離，恭子憂哀。

見豐之鼎。

註釋：應安順且觀省。小人妖言亂國，顛倒是非，君子們被迫害哀傷逃亡。

21 噬嗑：鬱怏不明，為陰所傷。眾霧集聚，共奪日光。

見噬嗑之艮。

註釋：應安順且法治。局勢陰晦，被奸人傷害，眾多肖小聚集，天下無光。

22 賁：望城抱子，見邑不殆。公孫上堂，大君歡喜。

豐之觀。

註釋：安順且整飾。一起觀察戒備，一切安全無虞，俊才用心參政，上位無憂歡喜。

23 剝：三虫作蠱，<u>剗迹</u>無與。勝母盜泉，君子<u>弗</u>處。

見觀之困。

註釋：安順克服剝落。遇到作怪小人，要隱匿不與之同行；盜名欺世的，也都不與之相處。

剗：剷也，削平。**剗迹**：剷滅足跡使之不被發現，比喻故意隱匿。**弗**：不。

24 復：車馳人<u>趨</u>，卷甲相求。齊魯寇戎，<u>敗於大丘</u>。

車子與人都快速奔馳，捲起鎧甲聚合在一起。齊魯兩國相互侵犯，在大墳場兩敗俱傷。

註釋：安順狀態返復回去。雙方雷厲風行相互出征，展開決戰，兩敗俱傷。

趨：快步前進。**卷甲**：捲起鎧甲，輕裝利於軍事行動。**求**：述也，聚合。**齊魯**：兩國相鄰，比喻鄰國。**寇戎**：敵軍來犯。**敗**：毀壞；軍自敗曰敗，破人軍亦曰敗，不言自敗敗人之別，雙方俱毀。**丘**：墳墓，比喻滅亡。

25 無妄：欲訪子車，善相欺紿。桓叔相迎，不見所期。

　　秦穆公想拜訪子車三兄弟，卻是大為欺騙。桓叔出來迎接，沒見到約定的人。

註釋：安順卻遭遇無妄之災。賢良的人被惡人欺騙，甚至加害。

子車：秦國子車氏三兄弟為良將，秦穆公卻以之殉葬。**善**：大。**相**：此為單方面的動作，如相瞞。**紿**：音殆，欺騙。**桓叔**：曲沃的君主桓叔得民心，後晉國政變要迎桓叔做晉王，桓叔已出發後，晉國內部又反悔反而出兵攻擊。**期**：約定。

＊《左傳・文公六年》：「秦伯任好卒，以子車氏之三子，奄息、仲行、鍼虎，為殉。」

＊《史記・晉世家》：「迎曲沃桓叔，桓叔欲入晉，晉人發兵攻桓叔。桓叔敗，還歸曲沃。」

26 大畜：爭雞失羊，亡其金囊，利得不長。陳蔡之患，賴楚以安。

　　見恆之夬。

註釋：安順才能大積蓄。爭小失大，損失慘重，經營短暫，如果有德行，就有貴人來相助，脫離困境。

27 頤：歲暮花落，陽入陰室。萬物伏藏，匿不可得。

　　見賁之大有。

註釋：安順才能頤養。時令已壞，陽氣凋亡，萬物隱匿，無有所得。
（應提前好好準備）

28 大過：晨風文翩，大舉就溫。過我成邑，羿無所得。

鸇鷹展開花紋的羽翼，大規模的趨往溫暖的地方。拜訪新城市，連后羿沒有獵獲。

註釋：安順的大超越。豪傑大舉追求美好發展，到達目的地，沒有災禍。

晨風：鸇，類似老鷹的猛禽，象徵遷徙。**文**：紋也。**翩**：音禾，翅膀。**大舉**：大規模的行動。**就**：趨向。**過**：拜訪。**成邑**：已建造一或兩年的都市。**羿**：后羿，善射箭，曾射下九個太陽。

29 坎：時鵠抱子，見蛇何咎？室家俱在，不失其所。

見否之鼎。

註釋：安順克服落陷。君子時常圍繞保護子嗣，不怕惡人侵害，團隊安全，保有資產。

時：時常。**鵠**：音胡，天鵝。

30 離：隱隱大雷，霧霈為雨。有女癡狂，驚駭鄰里。

嘈雜的大雷聲，磅礡的雨勢，有女子癡顛發狂，驚嚇到鄰里。

註釋：要安順應附著君子。局勢大為惡劣，奸人（女嬖）喪心病狂騷亂，人民惶惶。

隱隱：群車聲，比喻雷聲嘈雜。**霧霈**：豐盛，大雨。**女**：比喻奸人、女嬖（受君王寵愛的女人）。

31 咸：無足斷跟，居處不安，凶惡為患。

沒有一腳另腳又斷了腳跟，居住的處所不安全，凶惡造成患難。

註釋：要安順應相感應。實力殘缺無法獨自前進，住止也不安全，只有災禍危害。

32 恆：破筐敝笞，棄捐於道，不復為寶。

見否之萃。

註釋：應安順應該持恆。已經殘敗，無法再任事，被遠遠拋棄，不再有昔日風光。

33 遯：三雞啄粟，十雛從食。飢鳶卒擊，亡其兩叔。

三隻雞啄食粟米，十隻雛鳥也跟從進食。飢餓的老鷹突然襲擊，喪失了兩位叔叔。

註釋：安順狀態已遁逃。眾人安居樂業，繁衍眾多，不料大惡人突然前來襲擊，並殺害親密的夥伴。

三：象徵多。**十**：象徵滿數。**鳶**：老鷹。**卒**：猝也，突然。**兩**：象徵左右的人。**叔**：對人的尊稱。

34 大壯：乘車七百，以明文德。踐土葵丘，齊晉受福。

有七百輛戰車的大國，宏明禮樂教化。晉文公在踐土、齊桓公在葵丘大會諸侯成為霸主，齊晉蒙受福澤。

註釋：安順且壯大。富強並且弘揚禮教，成為天下共主，蒙受福澤。

乘：車輛的單位。**七百**：晉楚城濮之戰，晉國有七百乘；見註。**文德**：禮樂教化。**踐土**：晉文公在踐土大會諸侯，周天子也到會參加。**葵丘**：齊桓公在葵丘大會諸侯並得到周天子認可，成為天下共主。

*《左傳・成公二年》：「晉侯許之七百乘。」又《史記・燕召公世家》：「晉文

公為踐土之會,稱伯。」
* 《史記‧秦本紀》:「九年,齊桓公會諸侯於葵丘。」

35 晉:百足俱行,相輔為強。三聖翼事,王室寵光。

見屯之履。

註釋:安順且前進。所有政務順暢運行,任用眾多賢能,國家興盛。

36 明夷:典策法書,藏閣蘭臺。雖遭潰亂,獨不逢災。

見坤之大畜。

註釋:安順克服瘡痍。堅持遵行法禮,雖有紛亂也不會有災害。

策:冊也。**獨**:其,語助詞。

37 家人:四誅不服,恃強負力。倍道趨敵,師徒敗覆。

見需之屯。

註釋:安順才能家人。四處討伐不服者,依仗自己強而有力,加倍力道趨向敵軍,軍隊戰敗覆滅。

38 睽:春陽生草,夏長條枝。萬物蕃滋,充實益有。(原本缺,取四庫全書版)

見井之巽。

註釋:安順克服睽離。時機一到,便能春生夏長,繁衍旺盛,豐收飽藏。

39 蹇:磽磽禿白,不生黍稷。無以供祭,祇靈乏祀。

山丘多有小石,沒有草木,一無所有,無法生長五穀。沒有

物品供奉祭祀，神靈乏人祭祀。

註釋：安順變蹇跛。環境貧瘠，沒有任何生機，無法從事生產和供奉神靈，也失去福澤。

磝磝：音，敖，山多小石。**禿**：山無草木。**白**：一無所有。**黍稷**：黃米和小米，象徵五穀。**祇**：音其，地神。

40 解：褰衣涉河，水深漬罷。賴幸舟子，濟脫無他。

見訟之萃。

註釋：安順的解決問題。狀況險惡，前進遇到災難，幸獲貴人相助，轉危為安。

漬罷：全都沾濕了。

41 損：應行賈市，所求必倍。戴喜抱子，與利為友。

見大過之恆。

註釋：安順且能損己為人。經營有序，聚財加倍，獲得喜樂、孳息和子嗣，大發利市。

戴：載也。

42 益：兄征東夷，弟伐遼西。大克勝還，封君河間。

見恆之歸妹。

註釋：安順且益增。家裡壯丁都遠行開拓，最後大勝而返，建立大功業。

43 夬：初雖驚惶，後乃無傷，受其福慶。

初始雖然驚恐倉皇，之後卻沒有損傷，蒙受福澤吉慶。

註釋：安順且明決。有驚無險，處理得宜，全身而退，還獲得福澤。

乃：卻。

44 姤：隨風乘龍，與利相逢。田獲三倍，商旅有功。憧憧之邑，長安無他。

見睽之離。

註釋：安順且相邂逅。光耀的外出經營，與人和氣生財，收獲數倍，市利興旺不絕，安康無恙。

憧憧：往來不斷。

45 萃：魚擾水濁，寇圍吾邑。城危不安，驚恐狂惑。

魚兒擾動，河水混濁，匪寇圍攻都市。城池危險不安，百姓驚慌恐懼並且癲狂迷亂。

註釋：應安順且相薈萃。外敵來攻掠，環境混亂，國土岌岌可危，百姓驚慌失措。（應沉著的團結以對）

46 升：雖窮復通，履危不凶，保其明公。

雖然窮盡但又恢復暢通，經歷危險但無凶患，保全了名位。

註釋：安順就能上升。柳暗花明，逢凶化吉，地位名望都沒折損。

履：經歷。**明公**：對有名位者的敬稱。

47 困：坤厚地德，庶物蕃息。平康正直，以綏大福。

見泰之解。

註釋：安順克服困阻。有大地溫良化育的仁德，所以大為繁衍，平安康泰又品格正直，所以有大福氣。

48 井：山水暴怒，壞梁折柱。稽難行旅，留連愁苦。

見咸之豫。

註釋：應安順且井然。局勢危急，造成災難，前進不得，只能愁苦的徘徊。

49 革：使燕築室，身不庇宿。家無聊賴，殲我衣服。

見隨之損。

註釋：安順已被革除。燕子在築巢，人的身體卻沒有庇護的處所。沒有家可以依靠，衣服也被剝奪殆盡。

聊、賴：依靠。**殲**：滅、盡。

50 鼎：矢石所射，襄公痾劇。吳子巢門，傷病不治。

被飛箭和投石所射中，宋襄公的病害加劇。吳王諸樊攻打巢國都門，受傷病重不治。

註釋：安順才能鼎立。躁進行動，心態與方法錯誤，反受重創，最後覆滅。

矢：箭。**石**：壘石，投擊敵人的巨石。**痾**：瘋也，疫疾。**吳子**：吳王，輕蔑之，故稱子。**巢**：介於楚國、吳國之間的小國，先附楚後為吳所滅。

*《史記‧宋微子世家》載，宋襄公與楚戰於泓。楚人渡河中、已渡未陣，皆不出擊，待陣成，大敗宋師，襄公大腿被射中一箭，隔年亡。

*《春秋‧襄公二十五年》：「吳子遏伐楚，門於巢，卒。」吳王諸樊攻打巢國都門，輕敵中計，在城門裡被射中，死於途中。

51 震：日月運行，一寒一暑。榮寵赫赫，不可得保。顛隕墜墮，更為土伍。

日月運行，寒暑交替。榮華恩寵和顯赫，都無法保住。身分

跌落，變更到士兵的隊伍。

註釋：安順變震盪。運勢與榮辱交替是天之常理，榮華富貴不能永保，將領也變成小兵。

赫赫：彰顯。**顛**、**隕**、**墜**、**墮**：落下。**士伍**：兵卒的行列。

*《史記‧白起王翦列傳》載，白起稱病違抗秦昭襄王出戰之命，致秦國大敗，秦王因而免去白起官爵，貶為普通士卒，後並殺之。

52 艮：宮門愁鳴，臣圍其君，不得東西。

在皇宮門口悲愁嚎叫，臣子包圍住君主，君主東西方都去不得。

註釋：安順已停止。君王被叛臣包圍，君王受困無法逃脫。

鳴：發出聲音，比喻嚎叫。**東西**：比喻四方。

53 漸：戴盆望天，不見星辰。顧小失大，福逃墻外。

見隨之蹇。

註釋：應安順且循序漸進。自我蒙蔽，看不到大局和光明，貪小利而失大義，福祿從家裡離開。

54 歸妹：天之所明，禍不遇家。反自相逐，終得和鳴。

天道所至都光明，家裡不會遭受災禍。返回自家相互追隨，終於得到和諧共鳴。

註釋：安順的相歸依。秉持光明，降禍不會降臨，不遠離追求，在家互相追隨，便可一起和諧生活。

之：至。**遇**：遭受。**相逐**：相隨。

55 豐：天陰霖雨，塗行泥濘。商人休止，市無所有。

見謙之恆。

註釋：應安順的態勢盛大。時令與環境惡劣，無法前進經營，就應當好好留守。

56 旅：嘉門福喜，增累盛熾。日就有德，宜民宜國。

美好的門第有福祿喜慶，增加累積而強盛興旺。每日成就德業，安順人民和國家。

註釋：安順的旅歷。積福之家日益昌盛。君主實施仁政，國泰民安。

熾：旺盛。**宜**：安順。

58 兌：南山之陽，華葉將將。嘉樂君子，為國寵光。

革之大有。

註釋：安順且欣悅。充滿陽氣而繁榮昌榮，有德行的君子，被國家尊寵而光耀。

將將：鏘鏘也，茂盛。

59 渙：畫龍頭頸，文章未成。甘言美語，說辭無名。

見蒙之噬嗑。

註釋：安順已渙散。虛有其表，實無才華，只會甜言蜜語，卻都空口白話。

60 節：嬰兒孩子，未有所識。彼童而角，亂我政事。

嬰兒孩童，尚未有所見識。那些孩童相互角力，擾亂了政令事務。

註釋：應安順且節度。小人如孩子般沒有見識，相互鬥爭，擾亂

政務。

角：較量。

61 中孚：陰作大奸，欲君勿言。鴻鵠利口，發患禍端。荊季懷憂，張伯被患。

　　陰險小人做出大奸之事，還要君子不可議論。大天鵝有銳利的嘴喙，成為發生災禍的根源。小弟被荊棘杖刑而懷憂喪志，大哥被張網捕獲遭受禍患。

註釋：應安順且忠信。奸人作惡還要杜絕輿論，敢諍的君子都惹
　　　禍上身，大小成員都被害，團隊陷入危機。

鴻：大。**鵠**：鵠音胡，天鵝，比喻君子。**利口**：此處比喻能言敢言。**禍端**：災禍發生的根源。**荊**：用荊棘杖刑。**季、伯**：兄弟輩分為伯仲叔季。**張**：張網獵捕。**被**：遭受。

62 小過：德之流行，利之四鄉。雨師洒道，風伯逐殃。巡狩封禪，以告成功。

　　見益之復。

註釋：安順的持續小超越。傳播仁德所以無往不利，天神保佑而
　　　風調雨順，最後成立大功業。

63 既濟：禹將為君，裝入崑崙。稍進陽光，登見溫湯。功德昭明。

　　大禹奉行為君之道，整裝進入崑崙山。陽光已照射進來，登山見到溫源湯谷，功業與德行昭彰光明。

註釋：安順已完成。聖王克盡職責，虔誠的追求聖道，天地和人

間都普施恩澤,德業顯赫。

將:奉行。**崑崙**:西王母所住的仙山。**稍**:已。**溫湯**:溫源谷,又名湯谷,古代傳說日出之處;在此象徵皇宮。

64 未濟:五岳四瀆,含潤為德。行不失理,民賴恩福。

見頤之明夷。

註釋:安順尚未結束。天下充滿仁德與潤澤,依理法而行,百姓幸福。

58 兌

58 兌：班馬還師，以息勞疲。後夫嘉喜，入戶見妻。
　　見觀之既濟。
註釋：欣悅又欣悅。班師回朝，不再傷耗，人民歸鄉，團圓繁衍。
　　　後夫：延後回來的丈夫。

1 乾：踐履危難，脫危去患。入福喜門，見悔大君。
　　見震之家人。
註釋：欣悅且陽健。經歷危難但脫困返回，之後大有福祉並懺悔
　　　改過。

2 坤：子鉏執麟，春秋作元。陰聖將終，尼父悲心。
　　見訟之同人。
註釋：欣悅變陰晦。世道中落，君子堅持正道，最終還是覆滅了。

3 屯：夾河為婚，期至無船。搖心失望，不見所歡。
　　屯之小畜。
註釋：欣悅變困屯。本已約定，但對方失信，因而無法前進與繁衍。
搖心：心念騷亂。

4 蒙：天孫帝子，與日月處。光榮於世，福祿繁祉。
　　見解之臨。
註釋：欣悅且啟蒙。君王遵行天道，如日月光明，所以尊貴榮耀，

福榮綿長。

5 需：三年人妻，相隨奔馳。終日不食，精氣勞疲。

做了三年人家的妻子，跟隨丈夫奔波驅馳。終其一日沒有進食，精神力氣辛勞疲憊。

註釋：要欣悅還需等待。長年忠誠追隨奔波，卻總是貧窮勞苦，無法繁衍。

三：象徵多。人妻：已婚的女子，象徵輔佐、下位。

6 訟：禹召諸侯，會稽南山。執玉萬國，天下康寧。

見損之旅。

註釋：欣悅的面對爭訟，大和解。天下安定，大會諸侯，依禮法光明統領，天下泰平。

7 師：早霜晚雪，傷害禾麥。損功棄力，飢無所食。

見需之咸。

註釋：欣悅變戰亂。環境變破敗，無法生產收穫，徒勞無功，只有飢寒。

8 比：嵩融持戟，杜伯荷弩。降觀下國，誅逐無道。夏商之季，失埶外走。

嵩山的祝融持著長戟，杜伯扛著弓弩，他們降臨觀察天下，誅殺驅逐無道的君主。夏商朝末葉，暴君失勢向外逃走（見註三）。

註釋：欣悅的相比附。賢良一起出來反抗暴政，為天下驅逐暴君，

最後暴君失勢逃亡。

融：祝融,是火神也是懲惡之神;見註一。**戟**：音幾,戈和矛的合體。**杜伯**：比喻忠魂;見註二。**荷**：扛。**弩**：機械弓箭。**下國**：天下。**季**：末了的。**埶**：勢也。

* 《說苑・辨物》：「祝融降于崇(嵩)山。」
* 《墨子・明鬼下》載,杜伯勸諫周宣王不要殘殺婦女與女嬰反被處死,後杜伯鬼魂持箭射殺周宣王。另見大畜之无妄。
* 《淮南子・道應訓》：「昔夏、商之臣反仇桀、紂……民皆自攻其君。」

9 小畜：生有聖德,上配大極。皇靈建中,受我以福。

見家人之需。

註釋：欣悅的持續小蓄。上天有好生之德,宇宙生成,建立中正之道,生靈蒙受福澤。

10 履：下田陸黍,萬華生齒。大雨霖集,波病潰腐。

灌溉下等田和高地來種植黍米,所有的花朵都開始生長。大雨連續又密集,擴散疾病造成潰爛腐敗。

註釋：欣悅的去履行,卻忘了防備。辛勤經營,可望豐收,但天候持續惡化,生產損毀。

陸：高平地。**萬**：象徵全部。**華**：花也。**齒**：始。**霖**：連續下三天以上的雨。**波**：擴散。

* 《漢書・溝洫志》：「若有渠溉……高田五倍,下田十倍。」

11 泰：子畏於匡,困厄陳蔡。明德不危,竟克免害。

見師之鼎。

註釋：欣悅才能康泰。君子雖然遇到驚駭困厄,但能保持德行,所以最後度過難關。

竟克：最後克服障礙。

第三篇　《易林》4096條卦辭註釋與翻譯

12 否：有兩赤頭，從五岳來。謠言無祐，趍爾之林。俯伏聽命，不敢動搖。

　　有兩個赤頭妖怪，從五嶽而來。民間傳說遇到他們，神明也無法保佑。趕緊向前跑到森林躲藏。伏趴在地上聽從命令，身體不敢動搖。

註釋：欣悅已閉塞。親信的三公變成妖孽造反，勢無法擋，只能
　　　逃跑，最後驚悚的伏趴聽令。（親信大臣作亂，君王驚怖
　　　投降）

兩：象徵左右的人。**赤頭**：天沖星化變的蒼衣赤頭妖怪，見則臣殺主。**五岳**：《禮記‧王制》：「五岳視三公。」**謠**：民間的傳說。**祐**：神明護助。**趍**：趨也，趕著向前走。**爾**：語助詞，無義。**之**：至。**俯伏**：趴在地上。

13 同人：當得自如，不逢凶災。衰者復興，終無禍來。

　　順當得意，自在如意，沒有遭逢凶惡災難。衰敗的恢復興盛，最終沒有禍害來到。

註釋：欣悅且同仁。保持正當與喜樂，一切安好，東山再起，沒
　　　有禍患。

14 大有：朽根刖樹，華葉落去。卒逢大焱，隨風僵仆。

　　見屯之坎。

註釋：欣悅又大富有，樂極生悲。團隊從根本腐敗，成員零落，
　　　突然遇到災難便完全覆滅。

刖：砍去腳部。**華**：花也。

15 謙：葛生衍蔓，綌紛為願。家道篤厚，父兄悅喜。

葛草生出漫衍的藤蔓，如願的做成粗衣。家庭的規範篤實忠厚，父兄欣悅歡喜。
註釋：欣悅且謙恭。安貧樂道，家族有德，長輩安康，全家喜樂。
葛：多年生蔓草。**絺綌**：音吃細，夏天穿的葛衣，象徵粗衣。**家道**：維持家庭的規範。
篤：誠實。
*《詩經‧葛覃》：「葛之覃兮……為絺為綌，服之無斁。」歌頌有女德。

16 豫：東行求玉，反得弊石。名曰<u>無直</u>，字曰醜惡。眾所賤薄。

見家人之否。

註釋：應欣悅的安育，不要貪求。想前進獲利卻適得其反，德行敗壞名聲醜惡，被眾人嫌棄。

無直：不正直。

17 隨：<u>瞻白因弦</u>，<u>駑孱</u>恐怯，任力墮劣。如蝟見鵲，<u>偃</u>視恐伏，不敢<u>拒</u>格。

仰望白日，靠著弓弩，能力低劣孱弱畏怯，任事的能力低落拙劣。好像刺蝟見到鵲鳥，只能仰臥在地上注視（見註二），恐懼的趴伏著，不敢抵抗格鬥。

註釋：應欣悅的追隨。大白天卻躲起來觀望，依靠著武器不敢行動，能力與膽量極小，好像看到天敵嚇得癱趴了。應歸順追隨有能力者。

瞻：仰望。**因**：相就、靠近。**弦**：弓弩。**駑**：能力低劣。**孱**：音禪，虛弱。**偃**：仰臥。
拒：抵抗。

*《易林》慣以待旦、俟時旦明比喻等候、不敢行動。
*《集解》：「蝟能制虎，見鵲仰地。」鵲好鬥，蝟怕鵲啄其眼，故懼之。

18 蠱：**瘡痍多病，宋公危殆。吳子巢門，無命失所。**

　　　見巽之鼎。

註釋：欣悅變蠱敗。因為迂腐而病傷，強要前進因而覆滅。

瘡痍：創傷、傷痕。**宋公**：宋襄公。

19 臨：**東山西岳，會合俱食。百喜送從，以成恩福。**

　　　見乾之恆。

註釋：相悅而臨政。四方眾人都來聚集，和諧共生，喜福恩澤都相隨而來。

20 觀：**舞非其處，節度多悔，不合我意。**

　　　賣弄才華在不對的處所，禮節法度多有過失，不符合眾人心意。

註釋：要欣悅應該觀省。不看場合恣意班門弄斧，無禮又令人厭惡。

舞：耍弄、賣弄。**悔**：過失。

21 噬嗑：**南循汝水，茂樹斬枝。過時不遇，怒如周飢。**

　　　循著汝水南岸前進，樹木茂密需斬斷枝葉。過了時間還未相遇，憂思就如早晨腹饑渴望食物。

註釋：要欣悅應法治。王事過度傷民，妻子辛苦尋找卻不見夫君，心急如焚。

南：山南水北為陽，故水南為陰，比喻陰晦。**汝水**：淮河左岸的一條支流。**怒**：音逆，憂思。**周**：調也，《韻會》：「朝也。」**周飢**：調饑，早晨的腹餓。

*《詩經‧汝墳》：「遵彼汝墳（岸邊），伐其條枚。未見君子，怒如調飢。」

22 賁：公孫駕驪，載遊東齊。延陵說產，遺我紵衣。

見乾之益。

註釋：欣悅且能整飾。為加強合作而奔波，與人和好共享，大家
　　　互蒙其利。

23 剝：乘輿八百，以明文德。踐土葵丘，齊晉受福。

見巽之大壯。

註釋：相悅克服剝落。壯大而且有德行，會合四方諸侯，成為霸主。

八百：見註。

*《說苑・尊賢》：「昔我先君桓公，長轂八百乘以霸諸侯。」

24 復：雄處弱水，雌在海邊。別離將食，哀悲於心。

見剝之同人。

註釋：相悅狀態已返復回去。伴侶遙遠分隔東西，各自謀生也無
　　　法繁衍，心裡哀戚。

25 無妄：結網得解，受福安坐，終無患禍。

打結的網得以解開，蒙受福澤，安心休息，終究沒有患難災禍。

註釋：欣悅且不虛妄。問題都迎刃而解，安居有福氣，一切平安。

坐：停留，休息，如席地而坐。

26 大畜：秋南春北，隨時休息。處和履中，安無憂凶。

見頤之蒙。

註釋：欣悅且大積蓄。順著天道行動，隨著時令休養生息，德行

良好，沒有災患。

27 頤：啟戶開門，巡狩釋冤。夏臺羑里，湯文悅喜。

見訟之臨。

註釋：欣悅且頤養。君主賢明，四處巡察洗刷民冤，君子歡喜的獲釋，展開新生。

28 大過：符左契右，相與合齒。乾坤利貞，乳生六子。長大成就，風言如母。

就像左右兩片契約相契合，也像牙齒能相互咬合。男女和諧貞潔，哺育生出六個孩子。成長壯大完成發育，大家都歌頌宣揚他們的母親。

註釋：相悅且大超越。伴侶相互投合，和諧貞潔，哺育繁衍齊全，孩子長大成人，父母獲得讚揚。

符：憑證。契：契約。乾坤：比喻男女。利貞：和諧貞潔。乳：哺育。六：像乾坤生六爻，也生出齊全的子嗣。就：完成。風：《說文》：「誦也」。言：《釋名》：「言，宣也。」如：乎，於。

＊前兩句，各執憑證之半，左右憑證如能對合，則為契合。

29 坎：飢蠶作室，絲多亂緒，端不可得。

見豫之同人。

註釋：欣悅已落陷。貧困無法順利生產，事務紛亂千頭萬緒，理不出頭緒。

緒：由繭抽絲的端頭。端：開端。

30 離：東壁飾光，數暗不明。主母嫉妒，亂我業事。

見謙之屯。

註釋：應欣悅的相附著。上位憎惡部屬因而進行破壞，環境變得黯淡無光。

東壁：東壁之原詞。**飾**：《禮‧曲禮》：「飾，覆也。」

31 咸：白茅縮酒，靈巫拜禱。神嗜飲食，使君壽考。

見臨之蒙。

註釋：欣悅的相感應。虔誠的禮敬，對方歡喜，也會還以支助。

縮酒：縮音宿，把酒去掉渣滓濾清。

32 恆：范公陶夷，巧賈貨資。東之營丘，易字子皮。抱珠載金，多得利歸。

見蒙之需。

註釋：欣悅且能持恆。善於經營，遠離是非，外出另謀發展，獲得龐大財富，衣錦環鄉。

33 遯：三羖五牂，相隨俱行。迷入空澤，循谷宜北。經涉六駁，為所傷賊。

見同人之蒙。

註釋：相悅狀態已遁逃。大家同心同行，但迷路而涉入險境，被眾多惡人傷害。

牂：音臧，母羊。**谷**：象徵低迷。**宜**：事，進行工作。**北**：象徵陰暗的方向。

34 大壯：雄鵠延頸，欲飛入關。雨師洒道，濺我袍裘。重車難前，侍者稽止。

雄天鵝伸長頸子，想要飛入關內。雨神灑水在道路上，弄濕了外袍和皮衣。裝載衣食的車子難以前進，服侍的人停住不動。

註釋：欣悅的太多，變嬌生慣養。準備豐富的出發，往外發展，但天時不利，遭遇一點波折，成員就停工。

鵠：音胡，天鵝，候鳥，欲從北方飛來中原。**延**：伸。**洒**：灑也。**灖**：音間，弄濕。
裘：皮衣。**重車**：裝載衣食的車子。**稽**：停留。

35 晉：<u>中年蒙慶，今歲受福</u>。<u>必有所得，榮寵受祿</u>。

年中蒙受喜慶，今年接受祭祀的酒肉。果真得到榮華恩寵，蒙受福祿。

註釋：欣悅的前進。途中一帆風順，後來又受到賞賜，最後獲得地位和福祿。

中年：期間。**福**：祭祀用的酒肉。**必**：果真。

36 明夷：<u>祿如周公，建國洛東，父子俱封</u>。

有福祿者如周公，建立東都雒邑，父子都受封。

註釋：欣悅的克服瘡痍。平定戰亂，健全體制，世代都蒙受福澤。
洛東：周公在三監之亂戰後，建造東都雒邑。
* 《史記・魯周公世家》：「周公往營成周雒邑。」
* 周公子嗣八人，除一人襲周公官祿外，其餘皆封國。

37 家人：<u>安床厚褥，不得久宿。棄我嘉讌，困於東國</u>。投<u>杼之憂，不成災福</u>。

見家人之睽。

註釋：應相悅且親如家人。不在家裡享福，反而在外落難，因為不信任親人，反而聽信無中生有的謠言。

東國：東夷蠻國。**災福**：福禍。

38 睽：蓄積有餘，糞土不居。

積蓄豐盛,汙泥房子不再居住。

註釋:欣悅的睽離。富有了,離開原來貧賤的地方。

餘:豐盛。**糞土**:穢濁的泥土。

39 蹇：心願所喜，乃今逢時。得我利福，不離兵革。

喜歡的心願,今日終於逢到時機實現。得到利祿福澤,不會罹患兵亂。

註釋:欣悅面對蹇跛,終於否極泰來。時令大好,終於如願以償,得到福澤,沒有災禍。

離:罹也,遭受。

40 解：目不可合，憂來搔足。怵惕危懼，去其邦族。

見萃之睽。

註釋:欣悅已解除。小人趁隙擾亂,無法片刻安歇,因而驚慌逃到他處。

41 損：福德之士，懽悅日喜。夷吾相桓，三歸為臣，賞流子孫。

見益之兌。

註釋:欣悅的損己為人。有福德,每日都歡喜,能人被賢君重用,獲得大富貴,並遺留給子孫。

懽:歡也。

42 益：夏姬附耳，心聽悅喜，利以傳取。

夏姬附在耳邊私語，內心聽從且喜悅，利益相互傳送獲取。

註釋：欣悅的益己損人。小人諂媚獻計，上位歡喜聽從，一起利益輸送。

夏姬：妖女的象徵。

43 夬：叔迎兄弟，遇恭在陽。君子季姬，並坐鼓簧。

弟弟迎接兄弟，恭敬的會合在山之南邊。君子和少女並坐吹笙，和諧共鳴。

註釋：相悅且明決。光明恭敬的與人親密會合結盟，同心共又繁衍。

遇：會合。**陽**：山南水北，比喻光明。**季姬**：季者幼，姬者女之美稱，故指少女。**鼓**：吹奏。**簧**：管樂器中振動發聲的薄片，借指笙。**鼓簧**：吹笙，比喻君子和鳴。

* 後兩句見《詩經‧車鄰》：「既見君子，並坐鼓簧。」

44 姤：徙巢去家，南遇白烏。東西受福，與喜相得。

離開窩巢和家裡，在南方遇到白色烏鴉。四處都蒙受福澤，歡喜的互相契合。

註釋：欣悅的相邂逅。外出尋求發展，在光明的地方遇到美好的人，到處都得到福祿喜慶。

徙、去：離開。**南**：象徵光明的方向。**白烏**：古時以為瑞物。**東西**：比喻四方。**相得**：互相契合。

45 萃：舜登大禹，石夷之野。徵詣玉闕，拜治水土。

見乾之中孚。

註釋：欣悅的相薈萃。聖君進用賢良來承擔朝廷大任，一起建設

國家。

登：進用。**玉闕**：皇宮。**拜**：授職。

46 升：江河淮海，天之都市。商人受福，國家富有。

　　見謙之小畜。

註釋：欣悅的上升。環境富庶，都市繁榮，貿易發達，國家大為富有。

47 困：隱隱填填，火燒山根。不潤我鄰，獨不蒙恩。

　　見賁之蹇。

註釋：相悅變困厄。發生災難，各自大肆逃離，並未互相協助，失去恩澤。

隱隱：車聲。**填填**：聲音大。

48 井：闇昧不明，耳聾不聰。陷入深淵，滅頂憂凶。

　　見巽之小畜。

註釋：要欣悅應該井然。蒙昧不明事理，不能分辨事實，陷入絕境而覆滅。

闇昧：昏暗不明。

49 革：鳥鳴喈喈，天火將下。燔我館舍，災及妃后。

　　見屯之晉。

註釋：欣悅狀態被革除。皇宮發生意外災難，皇后不懂變通逃跑，因而遇害。

喈喈：音皆，鳥鳴聲。

50 鼎：十雉百雛，常與母俱。抱雞搏虎，誰敢難者？

　　　　見謙之賁。

註釋：相悅而鼎立。繁衍眾多且遵守倫理共居，遇到惡敵能團結對外，誰人敢欺凌？

51 震：營城洛邑，周公所作。世建三十，年歷七百。福祐<u>盟執</u>，堅固不落。

　　　　見井之升。

註釋：欣悅且震奮。賢能勤政，建立世代相傳的大功業，領導有方，各方擁戴，團隊堅實有福澤。

盟執：充當盟主執行領導之責。

52 艮：三人俱行，別離<u>將食</u>。一身五心，反復迷惑。

　　　　見師之大畜。

註釋：欣悅已停止。眾人同行，但各自分別生活。不同心齊力，前途一直迷惘困惑。

將：用。**將食**：用餐。

53 漸：三虎搏狼，力不相當。如鷹<u>格</u>雉，一發破亡。

　　　　見離之晉。

註釋：相悅的漸進。力量壯大且團結，敵人微不足道，一出手便擊破。

格：格鬥。

54 歸妹：養虎畜狼，還自賊傷。年歲息長，<u>疾</u>君拜禱，雖

危不凶。

豢養老虎和野狼,反過來自己被傷害。年度繁衍成長,憂患的君主拜神祈禱,雖然危險但沒有凶災。
註釋:應欣悅的歸依君子。與惡人共謀,終於反受其害。後來誠心悔改,因而化險為夷,並有收成。

息:繁衍。**疾**:憂患。

55 豐:後時失利,不得所欲。

延誤時機失去利益,沒得到想要的。
註釋:欣悅又豐足,滿遭損。延誤時機,未有所獲。

56 旅:雉兔之東,以理為傷。見鷹驚走,死於谷口。

雉雞和兔子跑到東邊,因為義理已毀傷。見到老鷹驚慌逃走,還是死於山谷出入口。
註釋:欣悅已去旅歷,變悲傷。正義毀損,君子逃亡,惡人繼續來襲,最後遇害。

雉:長尾野雞,象徵尊貴。**兔**:象徵光明。**之**:至。**東**:象徵粗鄙的方向。**以**:因為。
谷口:比喻凶險之地。

57 巽:秋蛇向穴,不失其節。夫人姜氏,自齊復入。

見豫之兌。
註釋:欣悅且安順。隱遁並不失理節,君子符合倫常而保有尊貴。

59 渙:鳥鳴巢端,一呼三顛。搖動東西,危魂不安。

鳥兒在窩巢頂端鳴叫,呼叫一次顛簸三次。四方搖晃動盪,

魂魄驚嚇不安。

　　註釋：欣悅狀態已渙散。危在旦夕，無法求救、脫身，時時驚心。

三：象徵多。東西：象徵四方。危：驚嚇，如：危言聳聽。

60 節：命夭不遂，死多鬼祟。妻子啼瘖，早失其雄。

　　少壯夭折沒有生長，死後大多成為鬼怪為害。妻子啼哭到嗓啞，哀嘆早年就失去丈夫。

註釋：欣悅應該節度，不能放逸。很快就失去生命，沒有繁衍，
　　　還餘孽未了。

夭：少壯而死。遂：生長。祟：為害。瘖：音音，嗓啞不能出聲。

61 中孚：茆屋結席，崇我文德。三辰旂旗，家受行福。

　　用茅草搭屋、編織席墊，蠻人崇尚中原禮樂教化。三辰旗飄揚，家戶蒙受施行的福澤。

註釋：相悅且忠信。敵人放棄野蠻，來學習文明，光明飛揚，人
　　　民蒙受福澤。

茆：茅也。結：用繩或線相鉤連。席：墊子。文德：禮樂教化。三辰：日月星，比喻光明。旂旗：泛指各種旗幟，比喻飄揚。

62 小過：羅網四張，鳥無所翔。征伐困極，飢窮不食。

　　見革之泰。

註釋：欣悅的持續小過錯。沒有網開一面，全部一網打盡，望似
　　　豐收，實則最後自己也會貧困至極。

63 既濟：天成地安，積石為山。潤洽萬里，人賴其歡。

蒼天已成，大地安穩，石頭堆積成為山丘。雨水滋潤到極遠之處，人民幸福而歡樂。
註釋：欣悅已形成。天下大勢底定而且穩固，施惠到達邊地，人
　　　民都歡樂無比。
潤洽：濕潤，象徵恩澤。**萬里**：形容極遠。**賴**：幸，福。

64 未濟：銅人銕柱，暴露勞苦。終日卒歲，無有休止。

　　銅人和鐵柱，暴露野外又辛勞疲苦。一天到晚，一年到尾，都沒有休憩歇息。
註釋：欣悅尚未形成。雖然壯大，但始終日曬雨淋，辛勞不止。
銕：鐵也。
* 銅人鐵柱，暴露則鏽之，亦比喻耗損。

59 渙

59 渙：望幸不到，文章未就。王子逐兔，犬踦不得。

　　見謙之既濟。

註釋：渙發應更渙發。雖然尊寵，但沒更大的貴人支援，也無法完成功蹟，獨自追逐也會失利。

1 乾：<u>焱</u>風阻越，車馳<u>揭揭</u>。棄<u>古</u>追思，失其和節，心憂<u>愗愗</u>。

　　火焰般的風阻擋越過，車子疾馳動搖不定。拋棄故人，去追求想要的，這樣不合節度，也充滿憂慮。

註釋：要渙發應陽健。遇到危險阻礙，便拋棄老友獨自去追逐，行徑堪憂。

焱：焰也。**揭揭**：動搖不定。**古**：故也。**愗愗**：憂愁。

2 坤：蛇得澤草，不憂危殆。

　　蛇得到沼澤和草原，不用擔憂有危險。

註釋：渙發而且溫良。豪傑適得其所，安然生存，天下也安定。

蛇：比喻亂世豪傑。

3 屯：兩<u>犬</u>爭鬭，股瘡無處。不成仇讎，行解邪去。

　　兩隻大狗相互鬥爭，大腿沒有地方創傷。沒有結成仇恨，行動解除慢慢離去。

註釋：渙發轉為屯守。兩雄相爭暫時都還沒有受到傷害，達成和解各自退去方能安好。

犬：大的狗，比喻力量強大者。**瘡**：創傷。**雛**：仇也。**行解**：消解。**邪**：徐也，緩慢。

4 蒙：因禍受福，喜盈其室，求事皆得。

因為災禍而蒙受福澤，喜慶充盈房室，求取的事都能得到。

註釋：要渙發需啟蒙。遭遇災禍，因而體悟需先為善天下，之後便開始得福，心想事成。

*《新書．銅布》：「故善為天下者，因禍而為福。」

5 需：江多寶珠，海多大魚。疾行亟至，可以得財。

江河有很多寶貴的珍珠，海洋多有大魚。迅速行進很快到達，可以得到財富。

註釋：以渙發克服等待不前。迅速積極的前往富饒之地經營，可望大有收穫。

疾、亟：急。**至**：到。

6 訟：二牛生狗，以戌為母。荊夷上侵，姬伯出走。

見需之訟。

註釋：渙發變爭訟。久之周邊的醜惡之徒生出妖孽，還以妖孽為母，內憂引發外患，君主覆滅。

7 師：安息康居，異國穹廬。非吾習俗，使我心憂。

見蒙之屯。

註釋：渙發變戰亂。非我族類難以諧和共處，局勢變不穩定。

8 比：行觸天罡，馬死車傷。身無聊賴，困窮乞糧。

行進牴觸北斗星的指引,馬匹死亡車輛毀傷。身命沒有依靠,窮困向人乞討糧食。

註釋:要渙發應比附正道。不遵行天時貿然行動而毀傷,結果流離乞討。

天罡:北斗七星的柄,古人以其指向判斷節令和吉凶。**聊、賴**:依靠。

9 小畜:裸裎逐狐,為人觀笑。牝雞司晨,主作亂門。

見大有之咸。

註釋:渙發變蓄小勢弱。敗壞倫理,追求名利,被眾人恥笑。奸人掌權,團隊大亂。

裸:音羅三聲,光著身體。**裎**:音成,光著身體。

10 履:為季求婦,家在東海。水長無船,不見所觀。

見屯之蹇。

註釋:要渙發應去履行,不要坐等。想要與人結盟準備繁衍,但一直等待,對方毫無訊息。

11 泰:男女合室,二姓同食。婚姻孔云,宜我多孫。

見咸之無妄。

註釋:渙發且康泰。與人親密結合,恩愛共好,創造大福澤,繁衍眾多。

12 否:太微帝室,黃帝所直。藩屏周衛,不可得入。常安常存,終無禍患。

見乾之豐。

註釋：渙發克服閉塞。遵行天理與聖道行事，因而固若金湯，惡
　　　人不能侵擾，長安無憂。
直：值也，執行勤務之處。

13 同人：<u>齎</u>金觀市，欲買<u>騮</u>子。<u>猾</u>偷<u>竊發</u>，盜我黃寶。

　　拿著金子遍觀市場，想要買幼小的良馬。但猾獸偷偷暗中發動，偷走了黃金和寶物。
註釋：要渙發需要同仁。擁有美好資產想要投資衍生富利，但沒
　　　有防患，資產被小人竊去。
齎：音機，拿。**騮**：驊騮（音留），周穆王八匹駿馬之一，比喻良馬。**猾**：像野人的狡猾怪獸。**竊發**：暗中發動。

14 大有：<u>三</u>人俱行，欲歸故鄉。望邑入門，拜見家<u>懽</u>。

　　三個人一起行進，想要歸回故鄉。見到邑里進入家門，拜見家人充滿歡喜。
註釋：渙發又大富有。大家在外發展，然後一起歡欣的衣錦還鄉。
三：象徵多。**懽**：歡也。

15 謙：娶於姜呂，駕迎新婦。少齊在門，夫子悅喜。

　　見否之渙。
註釋：渙發且能恭謙。與人親密結合，彼此和諧共處，開始繁衍。

16 豫：伯仲行旅，南求大牂。長孟病足，<u>倩</u>季負囊。柳下之貞，不失驪黃。

　　見同人之豐。

註釋：渙發且安育。親密夥伴外出追求大利，有幹部傷病，成員
　　　　就接續，有貞節德行，所以沒失去良財和伙伴。
倩：聘請。

17 隨：潔身<u>白</u>齒，衰老復起。多孫眾子，<u>宜</u>利姑舅。

　　　潔淨身體和牙齒，衰老的恢復興起。繁衍眾多子孫，安順公婆。

註釋：渙發且隨理。潔身自愛，振衰起弊，子孫眾多，尊上也都
　　　　奉養良好。
白：使潔白。宜、利：安順。姑舅：古語指公婆。

18 蠱：獨宿憎夜，嫫母畏晝。平王逐建，荊子憂懼。

　　　獨自住宿，憎惡夜晚，嫫母也畏懼白晝（嫫母獨自住宿，憎惡夜晚，也畏懼白晝）。楚平王驅逐太子建，楚國太子憂慮恐懼。

註釋：渙發變蠱敗。上位耽於淫樂傷害賢德的下位，下位因而日
　　　　夜恐懼躲藏。
嫫母：嫫音模，雖醜但賢德。荊：楚國的別稱。
*《史記‧伍子胥列傳》載，楚平王為太子建娶妻，因女子貌美，便占為己有，之後又打算殺太子，太子出奔。

19 臨：追亡逐北，呼還幼叔。<u>至止</u>而得，復歸其室。

　　　追逐逃亡的敗北者，並呼喚小叔還回，到達並獲得，又返回屋室。

註釋：渙發的臨政。擊退小人，招募新血，最後達成目的，安然
　　　　而返。
止：到達。

20 觀：鳥飛無翼，兔走折足。雖欲會同，未得毉功。

　　鳥要飛但沒有羽翼，兔子要奔走卻折斷腳。雖然想要會合一同，但沒有醫師治療，未能如願。

註釋：要渙發應觀省。成員都實力殘缺，缺乏整治，團隊無法會合。

毉：醫也，古時醫巫同稱。**功**：工也，治理。

21 噬嗑：抱空握虛，鳴教我賈，利去不來。

　　懷抱著空蕩，手握著虛無，稱說要去做賣賣，利益離去不來。

註釋：要渙發需法治。一無所有，只會空喊，無法謀利。

鳴：稱說。**教**：使，令。

22 賁：山作天池，陸地為海。

　　高山化作冥海，陸地也變為海。

註釋：要渙發應整飾。環境都翻覆了，體制崩壞。

天池：冥海，傳說中的大海；《莊子·逍遙遊》：「有冥海者，天池也。」

23 剝：為虎所齧，太山之陽。眾多從者，莫敢救藏。

　　有人被老虎嚙咬，在泰山的南邊。老虎有眾多跟從者，沒人敢拯救藏匿。

註釋：渙發已剝落。王權被大奸臣殘害，惡人勢力龐大無人敢拯救。

虎：陽虎，見註一。**齧**：齧（音鎳），嚙咬。**太山之陽**：指魯國；見註二。

＊《孔叢子·詰墨》：「陽虎亂魯。」陽虎囚禁主公季桓子，進而掌握魯國實權。

＊《史記·貨殖列傳》：「泰山之陽則魯。」

24 復：逶迤四牡，思歸念母。王事靡盬，不得安處。

四隻公羊彎曲迴繞,思念母親想要歸返。君主的差事沒有停息,無法安心居處。

註釋:渙發狀況已返復回去。百姓都奔波勞苦,無法繁衍也無法奉親,暴虐傜役不止,有家歸不得。

逶迤:彎曲迴旋。**四**:比喻四方。**牡**:音母,雄性的鳥獸。**靡**:沒有。**盬**:音鼓,停止(此字非鹽)。

25 無妄:獼猴所言,語無成全。誤我白烏,使乾口來。

獼猴所說的話,沒有一句實現。耽誤了白烏鴉,使牠乾著嘴巴來著。

註釋:渙發卻遭無妄之災。被狡猾小人所騙,君子陷入艱困。

成全:實現。**白烏**:古代以為祥瑞。**來**:語助詞。

26 大畜:飛不遠去,卑斯內侍,祿養未富。

飛翔卻不能遠去,卑賤的在宮中侍奉他人,俸給不富足。

註釋:要渙發需有大積蓄。無法遠大發展,因為卑賤,無法積累資財。

斯:廝也,卑賤。**內侍**:在宮中侍奉,供使喚的人。**祿、養**:俸給。

27 頤:大尾細腰,重不可搖。陰權制國,平子逐昭。

大大的尾巴卻是細細的腰,過重而無法動搖。陰氣得權控制國家,權臣季平子驅逐魯昭公。

註釋:渙發又頤養,富極必腐。體制已經尾大不掉,下屬勢力強大到上位無法動搖,權臣還控制國政,最後進行奪位。

* 《左傳・昭公二十五年》載,魯昭公圍剿執政的季平子未成,逃到齊國。

28 大過：旦生夕死，名曰嬰鬼，不可得視。

見小畜之萃。
註釋：渙發變大過錯。才剛新生，卻當天就死亡，變成嬰鬼飄走。

29 坎：子畏於匡，困於陳蔡。明德不危，竟免厄害。

見師之鼎。
註釋：渙發克服落陷。處於驚駭困厄狀態，但能保持陽健德行，最後轉危為安。

30 離：畏昏潛處，候時朗昭。卒逢白日，為世榮主。

畏懼昏晦因而潛藏隱處，等候時令晴朗光明。最後逢到光明的太陽，英君治理的世代。
註釋：渙發且附著正道。環境陰晦時能韜光養晦，終於等到時運轉變，天下光明，明君當政。

卒：最後。**為**：治理，如為政。**榮主**：榮耀榮華的君主，即英君。

31 咸：白鳥銜餌，鳴呼其子。施翼張翅，來從其母。

見小畜之小畜。
註釋：渙發且能相感應。上位賜予恩惠，召喚子民前來親密結合，眾多人都前來歸附。

白鳥：象徵祥瑞。

32 恆：宮商角徵，五音和起。君臣父子，弟順有序。唐虞襲德，國無災咎。

宮商角徵羽，五聲音階和諧揚起。君臣父子，友愛安順，長

幼有序。唐堯和虞舜相互承襲德業，國家沒有災禍。

註釋：渙發並能持恆。天道順時運轉和諧共鳴，人倫也都安順，國家德業，和平傳承，無災無禍。

五音：象徵五行、天律。**弟**：悌也，友愛。**唐**：堯建立的國家。**虞**：舜建立的國家。

33 遯：季姬踟躕，望孟城隅。終日至暮，不見齊侯。

見謙之巽。

註釋：渙發變隱遁。因不合倫理，只能一直冒失的原地翹盼，無法相隨前進。

孟：孟浪，冒失。

34 大壯：鬼哭於社，悲傷無後。甲子昧爽，殷人絕祀。

見大過之坤。

註釋：要渙發需壯大。紂王無道被武王推翻，商朝滅亡，法統斷絕。

35 晉：天子所予，福祿常在，不憂危殆。

天子所賜予的福祿長久存在，不用憂慮有危險凶禍。

註釋：渙發又前進。有大貴人相助，尊貴有福澤，不用憂慮。

36 明夷：比目附翼，相恃為福。姜氏季女，與君合德。

眼睛和羽翼都相比附，相互依靠創造福氣。齊國姜氏的少女，與夫君合心同德。

註釋：渙發克服瘡痍。大家相依相附，親密結盟，共創福祉與繁衍。

比：比附。**恃**：依靠。**為**：創制。**姜氏**：齊國姜氏是貴族良婦的象徵。**季女**：少女。

37 家人：翕翕駒駒，稍崩墜顛，滅其令名。

見泰之謙。

註釋：要渙發需親如家人。團隊躁動不安，前進凌亂，以致從高處墜落，身敗名裂。

38 睽：折若蔽目，不見稚叔。三足孤烏，遠去家室。

見師之萌。

註釋：渙發已睽離。傷害君子，自我蒙蔽，沒有新生員，光明已遠離團隊。

若：一種香草，象徵君子。

39 蹇：羊腸九縈，相推稍前。止須王孫，乃能上天。

見履之師。

註釋：想渙發卻蹇跛。路途太過狹隘曲折，前進壅塞勉強，先停止等候，疏通好了才能登升。

稍：稍微。

40 解：坤厚地德，庶物蕃息。平康正直，以綏大福。

見泰之解。

註釋：渙發且解決問題。像大地一樣能包容化育，所以繁衍眾多；有德性，所以有大福澤。

41 損：有莘外野，不逢堯主。復居窮處，心勞志苦。

有伊尹的才智，但沒遇到像堯一樣的聖主。返復回居所窮困獨處，心志勞苦。

註釋：想渙發卻減損。人才沒有逢到明君，只能一再孤獨，勞苦貧窮。

*《孟子・萬章上》：「伊尹耕於有莘之野，而樂堯舜之道焉。」伊尹曾事夏桀，夏桀無道不用，轉事商湯，並偕同滅夏。

42 益：胸長景行，來觀桑柘。上伯曰喜，都叔允藏。

穿胸國和長股國景仰德行，前來觀摩養蠶之事。聖上皇兄每日歡喜，全部諸侯皇弟都確實儲藏。

註釋：渙發又益增。王室親愛勤政，民生生產豐富並儲存良好，遠方蠻族都景仰來學習。

胸：穿胸國，南方八蠻之一。**長**：長股國，邊荒之國。**桑柘**：指養蠶取絲之事。**柘**：音這，樹名，葉子可餵蠶。**都**：全部。**叔**：對同姓小諸侯的稱呼。**允**：確實。

43 夬：周師伐紂，勝于牧野。甲子平旦，天下大喜。

見謙之噬嗑。

註釋：渙發又明決。新君推翻暴君，開始新紀元，天下太平歡樂。

44 姤：踰江求橘，并得大栗。烹羊食炙，飲酒歌笑。

見履之大過。

註釋：渙發且邂逅。遠行經營，獲得多項大利，並與人共好共歡。

炙：烤熟的肉食。

45 萃：敝笱在梁，魴逸不禁。漁父勞苦，筐筥乾口，空虛無有。

見遯之大過。

註釋：要渙發應薈萃菁英。方法不對，不見成效，徒勞無功，一

無所有。

筐筥：方形和圓形的竹器，泛指竹籬筐。**乾口**：筐筥沒沾到河水，導致筐口乾燥。

46 升：生有陰孽，制家非陽。<u>遂</u>送<u>還</u>床，<u>張氏易</u>公，憂禍重凶。

　　生出陰氣的災孽，控制家宅的並非陽氣。最後主人被送返到床上停屍，張家氏族更換主公，憂禍重重凶厄。

註釋：要渙發應上升，不能沉淪。陰氣發生沒有治理，尊上喪命，
　　　家族更換族長，凶難重重。

遂：最後。**床**：停床，死者入棺以前停屍在床上；見註。**張氏**：《易林》慣以張氏為戰爭、失利之象徵。**易**：變易。

＊《說文解字註》：「牀可坐，故居下曰處也，從屍得幾而止。」

47 困：絕域異路，多有怪惡。使我驚懼，思我故處。

　　見漸之無妄。

註釋：渙發變受困。行進但前路斷絕紛歧，處處都有妖虐，畏懼
　　　而想要退回。

48 井：迷行失道，不得牛馬。<u>百</u>賈<u>逃亡</u>，市空無有。

　　迷失了行進的道路，又失去了牛馬。所有的商賈都離開了，市集空無一人。

註釋：要渙發應井然。前途迷亂又無資材，延誤市利，一無所獲。

百：象徵所有。**逃、亡**：離開。

49 革：雌鷔生雛，祥異興起。束雲龍騰，民戴為父。

　　雌鳳凰生了雛鳥，祥瑞的異象興起。聚集雲層，天龍飛騰，

人民愛戴猶如父親。

註釋：渙發且革新。展現新生且祥瑞的力量，明君興起，人民愛戴如同父親。

鷟：音月，鳳凰。束：聚集成束。

50 鼎：壘壘纍纍，如岐之室。畜一息十，古公始邑。

重重累積相疊，有如岐山的家室。畜養一個生出十個，古公開始建城。

註釋：渙發且鼎立。美好的地方，充滿配偶家眷，全面繁衍，創立基業。

壘壘、纍纍：重重累積相疊。岐：岐山，周國發祥地。室：家室，配偶家眷。十：象徵滿數。古公：周文王的祖父，為躲避薰育和戎狄進攻，與族人遷徙至岐山開墾，追封為周國第一位君王。

51 震：瘡瘍疥搔，孝婦不省。君多疣贅，四牡作去。

尊上皮膚生瘡潰爛騷癢，奉養的婦人卻沒有省察到。君主身上有很多小肉瘤，四方雄性鳥獸逕行離去。

註釋：渙發變震盪。上位發生弊端，佐臣卻沒警覺處理，後來上位弊端嚴重成疾，諸位俊才全都離開。

瘡瘍：皮膚生瘡而潰爛。疥：疥瘡，寄生蟲引起的有傳染性皮膚病。搔：騷也。孝：奉養尊上；《禮・祭統》：「孝者，畜也。」省：察覺。疣：音尤，皮膚上突起的小肉瘤。贅：皮膚上的肉疙瘩。四：象徵四方。牡：音母，雄性的鳥獸，比喻人才。作：進行。

52 艮：羊頭兔足，贏瘦少肉。漏囊敗粟，利無所得。

羊的頭，兔的腳，瘦小很少有肉。漏的袋子遺失了粟米，利益沒有得到。

註釋：渙發狀態停止。資源不足無法滿足，又有漏洞造成損失，
　　　結果一無所得。

羸：音雷，瘦弱。
*《詩經‧苕之華》：「牂羊墳首，三星在罶。人可以食，鮮（少）可以飽！」

53 漸：薛篾從靡，空無誰是。言季子明，樂減少解。

　　簑衣和竹篾相續毀壞，閒置著無人喜愛。神仙子明告訴王子，淫樂應減少解除。

註釋：應渙發且循序漸進。民間衰敗，生產荒廢，王室卻依然頹靡，
　　　應該振作起來。

薛：簑，用莎草編制的雨衣。**篾**：音滅，指竹子或草皮做成的長條物，可以編織為簍和席等。**從**：相續。**靡**：毀壞。**是**：喜愛；《釋名》：「是，嗜也。」**季**：年幼者，此處指王子。**子明**：神仙名，善醫；見註。

*《韓詩外傳‧卷十》載，（趙）王太子暴疾而死，扁鵲遂為診之，子容擣藥，子明吹耳，太子遂得復生。

54 歸妹：妹為貌熟，敗君正色。作事不成，自為心賊。

　　妹嬉相貌精妙，敗害君主嚴正的態度。做事情不能成功，被自己的心志所敗壞。

註釋：要渙發應歸依君子。與討喜的小人親密，正道蕩然無存，
　　　因為心術敗壞，無法成事。

妹：指妹嬉，夏桀因她而荒淫失道導致亡國。**熟**：精妙。**正色**：嚴正的態度。**心賊**：敗壞心志的念頭。

55 豐：四馬共轅，東上太山。驊驪同力，無有重難，與君笑言。

　　見剝之解。

註釋：渙發且豐盛。同心協力，共創美好，團結一致，順利成功，一起同歡共好。

太山：泰山，象徵吉祥。**驪**：黑色的駿馬，比喻良馬。

56 旅：陰變為陽，女化作男。治道得通，君臣相承。

見屯之離。

註釋：渙發且旅歷。陽氣大盛，小人變君子，政通人和，上下協力。

57 巽：南國少子，材略美好。求我長女，賤薄不與。反得醜惡，後乃天悔。

見比之漸。

註釋：要渙發應安順。原本有美好的結盟機緣，可以美好繁衍，但心態傲慢錯失良機，最後只能捨優擇劣，後悔莫及。

58 兌：昭公失常，季女悖狂。遜齊處野，喪其寵光。

魯昭公失去倫常，季平子陰險又離背猖狂。魯昭公逃到齊國處於野外，喪失恩寵光耀。

註釋：渙發又欣悅，富極必腐。上位沒有倫常，下位陰狠張狂，被篡位驅逐而身敗名裂。

女：《博雅》：「陰曰女。」**遜**：逃避。

*《左傳‧昭公二十五年》載，魯昭公討伐擅權執政的季平子，未成逃到齊國。

60 節：天山紫芝，雍梁朱草。長生和氣，王以為寶。公尸宵食，福祿來處。

見豐之家人。

註釋：渙發且節度。君聖臣賢，國土從頭至尾祥瑞又陰陽和合，君主視臣為寶，對他們虔誠的執行禮儀，國家福祿滾滾而來。

宥：侑也。

61 中孚：牽羊不前，與心戾旋。聞言不信，誤給大人。

見豐之恆。

註釋：要渙發應忠信。不同心所以吉祥不來到，不聽規勸還貽害他人。

62 小過：東山西山，各自止安。心雖相望，竟未同堂。

見姤之坤。

註釋：要渙發應小超越。成員分離，各自為政，雖然還在觀望，最後還是沒有同處。

竟：最後。

63 既濟：鹿求其子，虎廬之里。唐伯季耳，貧不我許。

見隨之否。

註釋：渙發已結束。到惡人之地尋找繁衍機會，到處是惡人，無法如願。

64 未濟：三虎上山，更相喧喚。志心不親，如仇與怨。

見姤之小過。

註釋：渙發尚未形成。成員同行，但個個剛愎好鬥，不能親密同心，還結怨成仇。

喧喚：喧鬧、喊叫。

60 節

60 節：海為水王，聰聖且明。百流歸德，無有叛逆，常饒優足。

見蒙之乾。

註釋：節度又節度。有容乃大，聰明聖潔，四方都來歸順，和平豐足。

1 乾：虎呴怒咆，慎戒外憂。上下俱搖，士民無聊。

老虎吼叫咆嘯氣勢熾盛，應該警慎戒備外面的憂患。但朝廷上下卻都騷動不安，人民沒有依靠。

註釋：應節度且陽健。惡徒在外叫囂，中央不思防備卻焦躁不安，百姓驚慌失措。

呴：吼。**怒**：氣勢熾盛。**搖**：騷也。**士民**：人民。**聊**：依靠。

2 坤：探巢得雛，仇鵲俱來，使我心憂。

探查窩巢想要獲得雛鳥，深深怨恨的鵲鳥來攻擊，使人憂慮

註釋：應節度且溫良。想要獲利但損人利己，引發反擊。

鵲：善築巢，故常曰鵲巢，肉食、性猛。

3 屯：日望一食，常恐不足，祿命寡薄。

每日盼望有一餐，經常恐懼無法飽足，天生的福分稀少又單薄。

註釋：應節度且屯聚。資源不足，只會憂慮，始終貧困度日。

祿命：天生的命運。

4 蒙:良馬疾走,千里一宿。逃難它鄉,誰能追復?

　　駿馬快速奔走,一千里才休息一次。過於勞苦而逃難他鄉,誰能把牠追回來?

註釋:應節度且啟蒙。人才努力任事,卻備受折磨而逃離,難再
　　　尋回。

疾:快速的。

5 需:鵲巢烏城,上下不親。內外乖畔,子走矢頑。

　　黃鵲的巢、烏鴉的城堡,全體上下不親密。內外部都違背叛離,孩子走離,箭也變鈍了。

註釋:應節度且耐心等待,宜先整合。同隊共處卻成員好鬥,上
　　　下不合,造成內外相逼,新血脫離,戰力損傷。

鵲、烏:烏鵲同科,屬大型雀鳥、肉食、性猛,故烏鵲同稱。**乖**:違背。**畔**:叛也。
矢:箭。**頑**:鈍。

6 訟:雲龍集會,征討西戎。招邊定眾,誰敢當鋒?

　　雲中的龍聚集會合,出征討伐西戎。招降邊境,安定民眾,誰敢抵擋他的鋒芒?

註釋:節度的面對爭訟。豪傑會集,大舉前進,敵人敗逃,國境
　　　安定。

當:擋也。
*《史記‧秦本紀》載,周宣王即位,命秦仲、秦莊公伐西戎,破之。

7 師:春多膏澤,夏潤優渥。稼穡成熟,畝獲百斛。

　　見臨之明夷。

註釋:節度之後才能出師,先行養息。四季都能依照天時而行,

豐收且大積蓄。

8 比：童妾獨宿，長女未室，利無所得。

見豫之益。

註釋：應節度的相比附。全家大小都無法與人親密結合，不能繁衍獲利。

9 小畜：四亂不安，東西為患。退止我足，無出邦域。乃得全完，賴其生福。

見泰之鼎。

註釋：應節度且小蓄。四處都很動亂，無法前進，不要外出經營，留駐反能保有福分。

10 履：長寧履福，安我百國。嘉賓上堂，與季同床。

長久的康寧、官祿與幸福，安定所有國家。美好的賓客登上廳堂，和季札同床。

註釋：節度的履行。國家各地都長久安康，並與賢人親密同處共議。

履福：官祿與幸福。**百**：象徵所有。**季**：季札，三次推辭王位，春秋賢人的表徵。

11 泰：騏驥綠耳，章明造父。伯夙成季，共成霸功，為晉元輔。

見革之夬。

註釋：節度且康泰。祖先奠下顯赫基礎，子孫持續努力，輔佐君主成為霸主，宗族也成為世家。

成季：趙成子，曾跟隨公子重耳流亡。

12 否：**張陳嘉謀，贊成漢都。主歡民喜，其樂休休。**

　　張良陳述美好的計謀，贊成漢朝定都長安。君主和人民都歡喜，歡樂自在的生活。

註釋：節度克服閉塞。不再征戰，無為而治，定居養息，上下共喜，
　　　安然生活。

休休：悠閒的樣子。

*《前漢紀 ‧ 高祖皇帝紀三》載，張良贊成婁敬之見，定都關中長安優於洛陽，劉邦從之。

13 同人：**大面長頸，未解君憂。**

　　大大的臉，長長的頸子，未能解決他人的憂慮。

註釋：應節度且同仁。自己吃得臉圓滾滾，卻個性陰險自私，這
　　　種人不能共事。

大面：比喻營養過剩而肥胖；見註一。**長頸**：四處瞻望，自私之相；見註二。**君**：美稱任何人，如諸君。

*《淮南子 ‧ 墜形訓》：「其人大面短頤，美須惡肥。」
*《史記 ‧ 越王勾踐世家》：「越王為人長頸鳥喙，可與共患難，不可與共樂。」

14 大有：**畏昏不行，待旦昭明。燎獵受福，老賴其慶。**

　　見夬之損。

註釋：節度而大富有。不莽撞，伺機而動，後來大為光明，福澤
　　　又有吉慶。

15 謙：**伯去我東，首髮如蓬。長夜不寐，憂繫心胸。**

兄長離開去到東邊，頭髮如蓬草散亂。弟弟漫漫長夜無法入睡，憂慮繫於心胸。

註釋：應節度又恭謙。彼此不合拆夥，雙方都失魂落魄，不能解決問題而憂苦。

東：象徵粗鄙方向。**寐**：睡。

16 豫：朽條腐索，不堪施用。安靜候時，以待親知。

腐朽的繩索，不堪施展使用。安靜地等候時機，以便等待親人與知己。

註釋：節度才能安育。資材已腐敗無法再經營，只能靜候親密夥伴來救援。

條：《康熙字典》：「繩也。」**堪**：勝任。

17 隨：比目四翼，相倚為福。姜氏季氏，與君合德。

見渙之明夷。

註釋：節度且隨理。夥伴相互依附因而有福澤，與人親密和合，共同繁衍。

季：年幼的。**氏**：稱已婚婦女。**季氏**：少婦。

18 蠱：履階升埤，高登崔嵬。福祿洋溢，依天之威。

見漸之剝。

註釋：節度且鼎立。循序漸進，登上高峰，上天賜予滿溢的福祿。

崔嵬：泛指高山。

19 臨：奢淫愛嗇，神所不福。靈祇憑怒，鬼障其室。

奢侈淫逸卻貪愛吝嗇，神明因此不賜福。神靈大怒，鬼怪也

在房室製造孽障。

註釋：節度才能臨政。淫逸不仁，上天不佑，鬼神也憤怒給予阻礙。

愛、嗇：吝。**祇**：音支，恭敬的；應為祇（音其），地神。**憑**：大。**障**：毛病，如故障。

20 觀：大步小車，南到喜家。送我豹裘，與福載來。

踩著大步，推著小車，向南來到喜慶之家，送我豹皮大衣，福祉滿載而來。

註釋：節度且觀省。奮力但自謙，追求光明和喜慶，得到了地位和福澤。

小：比喻自謙，如小兒。**南**：象徵光明的方向。**豹裘**：袖口有豹皮裝飾的皮衣，士大夫的服裝。

21 噬嗑：東行西步，失次後舍。與彼作期，不覺至夜。乾侯野井，昭君失居。

東西步行（沒乘車馬），失去旅舍延誤住宿。與他人已做了約定，但不知不覺已至深夜。魯昭公死於乾侯，齊侯到野井弔唁他（見註），漢昭帝也失去居所。

註釋：應節度且法治。實力不足卻四處奔波，不能安止也延誤會合，最後不知不覺步入滅亡。

東、西：象徵四方。**次**：外出居住的地方。**期**：約定。**昭君**：漢昭帝，年僅二十一歲時於未央宮暴病而崩。

* 魯召公不敵三桓而逃，後薨。《左傳・昭三十二年》：「公薨于乾侯。」又《左傳・昭公二十四年》：「齊侯唁公於野井。」故乾侯、野井比喻死亡之地。

22 賁：喜樂抃躍，來迎名家。鵲巢百兩，獲利養福。

歡喜快樂的鼓掌跳躍，歡迎前來成家。結婚的禮車有一百輛，

獲得利祿與頤養的福祉。

註釋：節度且整飾。歡迎盟友，親密結合，繁衍而且獲得大福。

抃：音便，鼓掌。名：《春秋‧說題》：「名，成也。」鵲巢：比喻共築愛巢。兩：輛。

*《詩經‧鵲巢》：「維鵲有巢，維鳩居之，之子于歸，百兩御之。」

23 剝：非理後來，誰肯相與？往而不獲，徒勞道路。

不正當理由延後來到，誰肯跟他為伍？去而沒有獲得，徒有道路奔波的勞苦。

註釋：節度已剝落。沒有法禮，多所延宕，無人理會，徒勞無功。

與：朋黨。

24 復：北虜匈奴，數侵邊境。

北方蠻族匈奴，數度侵犯我國邊境。

註釋：節度已返復回去。敵人多次野蠻進犯，難再克制容忍。

虜：對北方外族的貶稱。

25 無妄：征不以禮，辭乃無名。縱獲臣子，伯功不成。

征伐不依禮義，說辭無法形成。縱使獲得臣子輔佐，霸業功績也沒有完成。

註釋：應節度且不虛妄。不依據法禮出戰便師出無名，縱使有能人相助，也不會有成就。

名：《春秋‧說題》：「名，成也。」伯：霸也。

26 大畜：景星照堂，麟遊鳳翔。仁施大行，頌聲作興。

見豫之節。

註釋：節度且大積蓄。局勢吉祥，人才自由發揮，君主實行仁政，

人民頌揚。

作：興起。

27 頤：**文明之世，銷鋒鑄耜。以道順民，百王不易**。

文教昌明的世代，銷毀鋒刃去鑄造農具。用正道順服人民，百代君主都不會變更。

註釋：節度且頤養。文明世代，消彌戰爭，實施農耕，執行教化，王權永固。

耜：音四，掘土用的農具。**百**：象徵所有的。**易**：變更。

28 大過：**鳥飛無羽，雞鬥折距。徒自長嗟，誰肯為侶**？

鳥要飛卻無羽毛，公雞要戰鬥後爪已折斷。徒然自己長長哀嘆，誰肯與我成為伴侶？

註釋：應節度才能大超越。實力殘破無法前進爭奪，應好好休生養息再說。

距：雞爪子後面突出像腳趾的部分。**嗟**：音階，感傷哀痛的語氣。

29 坎：**群隊虎狼，齧彼牛羊。道路不通，妨農害商**。

成群結隊的老虎和野狼，啃咬那些牛羊。道路不暢通，妨害農業和商賈。

註釋：節度已落陷。惡人群起作亂加害百姓，世道閉塞，生產和經營不振。

齧：音鎳，啃咬。

30 離：**商伯沉醉，庶兄奔走。淫女蕩夫，仁德並孤**。

商紂王沉淪昏憒，他的庶兄微子奔走他鄉。淫蕩的女子和男

子，仁義道德都一併背棄。

註釋：應節度且附著正道。荒淫無道，親人都遠離；小人相互勾搭，背棄倫理苟合。

商：此處指商紂。**伯**：《易林》會以伯稱呼失格皇上，如姬伯（周幽王）。**醉**：昏憒。
庶兄：庶出之兄，此處指微子；見註。**孤**：背棄。

＊《史記・宋微子世家》：「微子開者，殷帝乙之首子，而帝紂之庶兄也。」微子不滿商紂暴政，屢勸不聽，因而叛商降周。

31 咸：三貍搏鼠，遮遏前後。當此之時，不能脫走。

三隻山貓捕獵老鼠，前後都遮蔽阻攔，就此當時，老鼠無法脫身逃走。

註釋：節度且相感應。眾人都善於度量，合力圍捕獵物，目標都成囊中之物。

貍：貍也，山貓，行止善於度量。**遏**：阻攔。

32 恆：陶叔孔圉，不處亂國。初雖未萌，後受福慶。

陶叔和孔圉，不處在紛亂的國家。初期雖然還未萌發，但後來會蒙受福澤喜慶。

註釋：節度且持恆。賢良不參與混亂，潔身自愛，開始雖不彰顯，後來會大有發展收穫。

陶：皋陶，堯舜的重臣。**叔**：對侯國臣子的稱呼。**孔圉**：衛國執政大臣，有賢名，孔子稱讚他敏而好學。

＊《論語・泰伯》：「危邦不入，亂邦不居。」

33 遯：奮翅鼓翼，翱翔外國。逍遙北域，不入溫室。

振動翅膀，鼓動羽翼，遨遊飛翔到外國。徬徨徘徊在北方國域，無法進入溫暖的房室。

註釋：節度狀態已遁逃。原本想向外發展，但漂流徘徊，無法安好。
奮：鳥振動翅膀。**逍遙**：徬徨、徘徊。**北域**：比喻陰晦的國度。

34 大壯：**德音孔博，升在王室。八極蒙祐，受其福祿。**

好名聲浩大眾多，在朝廷升揚。天下至遠之地都蒙受保佑，蒙受福祿。

註釋：節度且壯大。朝廷德行浩瀚，受到盛大讚揚，百姓無遠弗屆的蒙受福祿。

德音：好名聲。**孔**：大。**博**：眾多。**王室**：朝廷。**八極**：八方（天下）至遠之地。

35 晉：**當變立權，擿解患難。霍然冰釋，大國以安。**

見升之震。

註釋：節度的前進。審時度勢，解決患難，問題立即迎刃而解，一切大為安康。

霍然：突然。

36 明夷：**羽動角，甘雨續。草木茂，年歲熟。**

羽音觸動角音，解旱的雨水連續落下，草木茂盛，年年豐熟。

註釋：節度克服瘡痍。時令轉好，陰陽調和，久旱逢甘霖，最後大豐收。

羽、角：五音之二，羽屬水，角屬木，水生木，兩者相合；又，羽為冬，角為春，冬後為春。**甘雨**：解除旱象的雨水。

37 家人：**天所佑助，福來禍去，君主何憂？**

上天有所保佑幫助，福澤來到，災禍離去，君主有何憂慮？

註釋：節度且親如家人。上天保佑，禍去福來，國家安康。

38 睽：方啄宣口，聖智仁厚。釋解倒懸，唐國大安。

　　見小畜之噬嗑。

註釋：節度克服睽離。善於宣說教化，又仁厚聖明，釋放解除百
　　　姓的危難顛，國家太平。

宣：寬大。

39 蹇：葛藟蒙棘，華不得實。讒佞亂政，使恩壅塞。

　　見師之中孚。

註釋：節度狀態蹇跛。君子被惡人箝制，政務沒有成效；小人諂
　　　言亂政，皇恩不能通達。

40 解：皇母多恩，字養孝孫。脫於襁褓，成就為君。

　　母親多有恩澤，孕育撫養了孝順的子孫。孩子脫離嬰孩階段，成長完成後成為君子。

註釋：節度且解決問題。慈祥親愛，孳生有德行的子孫，長大後
　　　也都卓然有成。

皇：王也，大，對尊長的尊呼。　**字**：孕也。　**襁褓**：背負幼兒的布條和小被，比喻嬰孩。
就：完成。

41 損：積冰不溫，北陸苦寒。露宿多風，君子傷心。

　　見睽之巽。

註釋：節度狀態已損壞。環境變蕭條，生活艱辛，世道衰落。

42 益：伯夷叔齊，貞廉之師。以德防患，憂禍不存。

　　見比之剝。

註釋：節度而益增。以君子為師，以德行防範禍端，沒有憂患。

43 夬：一雌二雄，子不知公。亂我族類，使吾心憤。

一女勾搭兩男，孩子不知誰是父親。擾亂了宗族，使人心生憤怒。

註釋：節度已斷決。小人勾搭夥伴淫亂，導致團隊敗壞。

族類：同族同類。

44 姤：主安多福，天祿所伏。居之寵昌，君子有光。

君主平安多有福澤，承擔帝王之位。位居尊寵榮昌職位，君子正大光明。

註釋：有節度且邂逅。君主保有福安，承擔天職，也提拔賢良，給予尊寵和職位。

天祿：天所授與的祿位，指帝位。**伏**：服，承受。**有**：大。

45 萃：千歲槐根，利多斧瘢。樹維枯屈，枝葉不出。

千年的槐樹根，遭利器襲擊有很多斧頭的疤痕。樹木乾枯捲曲，枝葉無法長出。

註釋：應節度又相薈萃。元老大臣是國之根本，卻遭受嚴重迫害，組織枯萎，無法發展。

槐：周代朝廷種三槐以象三公。**利**：遭利器襲擊。**瘢**：音斑，疤痕。**維**：語助詞，無義。
屈：捲曲。

46 升：周師伐紂，勝殷牧野。甲子平旦，天下大喜。

見謙之噬嗑。

註釋：有節度且上升。周國征伐無道的商紂獲得勝利，開啟新紀

1189

元,天下光明太平。

殷:商朝。

47 困:日走月步,**趍**不同舍。夫妻反目,主君失居。

見小畜之同人。

註釋:節度狀態受困。長久一起同行,卻不共處,親密夥伴反目成仇,領導下臺。

趍:趨也,快速向前。

48 井:宣髮龍叔,為王主國。安土成稷,天下蒙福。

頭髮黑白相雜的皇叔周公,為周成王主持國政。國土安定穀物熟成,天下蒙受福澤。

註釋:節度且井然。老成的忠臣,戮力的輔佐君主,天下安定豐盛。

宣髮:黑白相雜的頭髮,比喻老成、勞累。**龍**:比喻皇上。**龍叔**:指周公,為姪子周成王攝政。**稷**:比喻五穀。

*《史記‧周本紀》:「周公行政七年,成王長,周公反政成王,北面就群臣之位。」

49 革:諷德誦功,周美盛隆。惠旦輔成,光濟沖人。

見明夷之蒙。

註釋:節度且革新。仁政贏得民心又成就大業,賢能光明,輔佐上位,國家興盛。

惠旦:有惠德的周公旦。

50 鼎:三夜不寢,憂來益甚。戒以危懼,棄其安居。

三個夜晚沒就寢,憂患越來越增益盛大,因為危險恐懼而警戒,最後離棄安好的居所。

註釋：應節度才能鼎立。憂患越來越嚴重，長期難以休憩，最後
　　　過於恐懼而棄守逃離，喪失駐處。

三：象徵多。**寢**：睡。**甚**：盛，大。

51 震：恩願所之，乃今逢時。洗濯故憂，拜其懽來。

　　恩澤和心願都來到，終於今日逢到時令。洗淨過去的憂慮，祝賀歡喜來到。

註釋：節度而震奮。時來運轉，終於如願以償，一掃陰霾，苦盡
　　　甘來。

之：至。**濯**：音卓，清洗。**拜**：祝賀。**懽**：歡也。

52 艮：噂噂囁囁，夜行晝伏。謀議我資，來竊吾室。

　　賊人聚集含糊的說話，夜間行走白晝潛伏。商議圖謀他人資產，要來房裡盜竊。

註釋：節度態勢已停止。惡人們暗中密謀，要展開偷盜行動。

噂噂：音尊三聲，聚語貌、嘈雜聲。**囁囁**：囁嚅，說話含糊不清。

53 漸：騂牛亡子，鳴於大野，申復陰徵。還歸其母，說以除悔。

　　紅色的牛遺失了孩子，在廣大的野外鳴叫，反復呻吟，瘖啞召喚。最後孩子返回母親身邊，喜悅的消除悔恨。

註釋：應節度且循序漸進。環境茫然，下屬離散，經不斷召喚，
　　　才再度團聚。

騂：音興，紅色的。**申**：呻也，牛鳴聲如呻吟聲。**陰**：瘖也，聲音沙啞。**徵**：召。**說**：悅也。

54 歸妹：王良善御，伯樂知馬。周旋步趨，行中規矩。止息有節，延命壽考。

見遯之豫。

註釋：節度且相歸依。賢良相互附和，前進活動時都中規中矩，符合時令理節，因而長久安康。

55 豐：釋然遠咎，避患害早。田獲三狐，以貝為寶。

見泰之漸。

註釋：節度而豐盛。消除並遠離災難，提早避開禍患災害，行動獲得許多珍貴的財富。

釋然：消除。

56 旅：仁獸所處，國無凶咎。市賈十倍，復歸惠里。

麒麟所在之處，國家沒有凶災。市集買賣獲利十倍，又歸回美好的鄉里。

註釋：節度的旅歷，不羈旅。君王施行仁政，環境吉祥安定，外出經營獲得全數利益，之後嘉惠鄉里。

仁獸：指麒麟；見註。**十**：象徵滿數。

*《左傳‧哀公十四年》：「麟者仁獸也，有王者則至。」

57 巽：六目俱視，各欲有志。心意不同，乖戾生訟。

三個人有六個眼睛一起觀看，但各有所想的志向。心念意識不同，相互違背產生爭訟。

註釋：應節度且安順。眾人目標相同，但想法各異，最後相互背離爭訟。

六：象徵齊全。**乖、戾**：違背。

58 兌：**傅說王良**，**驂御四龍**。**周徑萬里**，**無有危凶**。

　　傅說和王良，駕駛四馬馬車。方圓萬里，都沒有危險凶惡。

註釋：節度且相悅。文臣武將合乎禮節的合作經營，經歷長遠，
　　　天下平安美好。

傅說：商王武丁的丞相，在此比喻在內的文臣。**王良**：趙國駕馭能手，在此比喻外出的武將。**驂**：音餐，駕。**四**：《王度記》：「卿駕四。」**龍**：馬八尺稱為龍。**周**：圓圈。**徑**：直的長度。**萬**：象徵極多，幾不可數。

59 渙：仲伯季叔，日暮寢寐。**醉醒失明**，喪其貝囊，臥**拜**道旁。

　　見隨之大畜。

註釋：節度才能渙發。全部成員都散漫懶惰，整日昏沉黯淡因而
　　　資產被霸占，人也被歪斜的丟到路邊。

醉醒：宿醉醒來依然昏沉。**拜**：屈，身體彎曲。

61 中孚：江有寶珠，海多大魚。亟行疾至，所以得財。

　　見渙之需。

註釋：節度且忠信。遠方環境美好，有珍貴大財富，以極限的速
　　　度行動，收穫良多。

62 小過：遠視千里，不見所持。離婁之明，無益於耳。

　　見履之小過。

註釋：節度才能持續小超越。雖然才能極高，但也有相對不能之
　　　處，不可驕傲。

所持：手上所持之物，比喻近物。

63 既濟：弱足刖跟，不利出門。市賈無贏，折亡為患。

見乾之鼎。

註釋：節度才能完全。體制損害，無法前進經營與牟利，還有傾
　　　覆之虞。

贏：盈餘。

64 未濟：利盡得媒，時不我來。鳴雌深涉，寡宿獨居。

利益盡了，才得到媒人，時機來的不對。母獸鳴叫著涉過深水，單獨一個人居住。

註釋：應節度變未完成。利益已盡，時機才來到，無法會合繁衍。

61 中孚

61 中孚：烏鳥譆譆，天火將下。燔我屋室，災及妃后。

見屯之晉。

註釋：忠信又忠信，變愚忠。意外災難發生，卻不懂變通逃跑，因而遇害。

譆：嘻，鳥叫聲。

1 乾：黃虹之野，賢君所在。管仲為相，國無災咎。

見井之漸。

註釋：忠信且陽健。徵兆祥瑞，聖君在位，又有賢良輔佐，國家安康。

管仲：輔佐齊桓公成為春秋五霸的良相。

2 坤：符左契右，梁叔有若，相與合齒。乾坤利貞，乳生六子。長大成就，抛吾如母。

見兌之大過。

註釋：忠信且溫良。夥伴相互契合，就像牙齒緊密咬合。男女和諧貞潔，哺育繁衍齊全，擁抱和順從自己的母親。

梁叔：叔梁紇，孔子父親。**有若**：孔子弟子，貌極似孔子，孔子卒後，弟子共立有若為師並侍之。**梁叔有若**：比喻頗為神似契合。**抛**：《正韻》：「或作抱。」

3 屯：蝗蝻我稻，驅不可去。實穗無有，但見空藁。

見小畜之大壯。

註釋：忠信已困屯。小人聚集危害卻無法處理，生產被掠奪，空

無所有。

齩：啃、咬。

4 蒙：嬰孩求乳，母歸其子，黃麑悅喜。

見履之同人。

註釋：忠信且啟蒙。君子尚未長成但品行中正，所求得到慈祥貴人的照護而獲得滿足。

5 需：折若蔽目，不見稚叔。失旅亡民，遠去家室。

摘折香草、遮蔽眼睛，沒見到年幼的叔叔。跟失了旅團，成為流亡的人，遠離配偶家眷。

註釋：要忠信的等待。傷害君子，掩蓋真相，沒有新血加入，又獨自癡愚的前進，結果迷路失聯而流離失所。

若：一種香草。**稚叔**：年幼弟弟或青少年，比喻新血。**家室**：配偶家眷。

6 訟：牂羊肥首，君子不飽。年飢孔荒，士民危殆。

母羊的頭雖大但沒有肉，大人不能飽足。飢荒之年大為荒蕪，百姓危險不安。

註釋：忠信變爭訟。凶災之年，資源不足，大人都不飽足，人民更岌岌可危。

牂：音臧，母羊。**肥**：寬大，如心寬體胖。**孔**：大。**士民**：百姓。

*《詩經‧苕之華》：「牂羊墳首（大頭），三星在罶。人可以食，鮮（少）可以飽！」

7 師：靈龜陸處，盤桓失所。伊子退耕，桀亂無輔。

見歸妹之剝。

註釋：忠信變戰亂。君子被流放，無法安身。沒有賢能輔佐，暴

君更加淫亂。

盤桓：徘徊。**退耕**：退休回鄉耕種。

8 比：威約拘囚，為人所誣。皋陶平理，幾得脫免。

　　威勢被約束，也被拘押囚禁，被人所誣陷。皋陶公平的審理，危險得以解脫免除。

註釋：應忠信的比附正道。被陷入獄，喪失權位，但自身清白，
　　　所以獲得首長明察而平反。

皋陶：堯舜任命的刑法首長（理官），漢族司法鼻祖。**幾**：危險。

9 小畜：烏升鵲舉，照臨東海。尨降庭堅，為陶叔後。封於英六，福履綏厚。

　　見需之大畜。

註釋：忠信的持續小蓄。光明與喜事升起，並廣為散播。賢能輔政，
　　　成就功業，福德滿盈並世代相傳。

烏、鵲：古時烏鵲並稱。**尨**：龍也。**福履**：幸福與官祿。

10 履：四目相視，稍近同軌。日昳之後，見吾伯姊。

　　兩個人四眼相互對視，甚為親近且同路而行。未時之後，見到兄長和姐姐。

註釋：忠信的履行。夥伴同體同行，一起歷練後返回，與親密貴
　　　人會合。（該進則進，該退則退）

稍：甚。**同軌**：同路而行。**日昳**：昳音跌，未時的別稱，下午一至三點。古人日中為市，此時已完市，準備返回之時。

11 泰：大步上車，南到喜家。送我狐裘，與福載來。

見大過之困。

註釋：忠信且康泰。積極光明的追求美好，得到珍貴的利祿和福澤。

狐：貂裘與狐裘，皆為珍貴之物。

12 否：<u>卒</u>都<u>和合</u>，未敢面見。媒<u>妁</u>無良，使我不<u>香</u>。

最後都要結婚了，卻不敢見面。媒人不善，使人沒有女眷。

註釋：忠信已閉塞。結婚在即，惡劣的媒人卻避不見面，使人無法和合孳生。

卒：最後。**和合**：結婚。**妁**：女方家的媒人。**香**：比喻女子，如憐香惜玉。

13 同人：鴻飛循陸，公出不復，伯氏客宿。

見剝之升。

註釋：應忠信且同仁。像候鳥飛走不回，親密有為的夥伴都離開了。

14 大有：<u>代</u>戍失期，患生無<u>聊</u>。懼以<u>發難</u>，為我開基。邦國憂愁。

一去不還的戍守錯失期限，生命患難沒有依靠。因為懼怕所以舉兵起事，開創新的基業。國君憂患悲愁。

註釋：忠信才能大富有。暴政嚴苛，人民失去活路因而反抗，政權陷入憂患。

代：《康熙字典》：「不還曰代。」**聊**：依靠。**發難**：舉兵起事。

＊《史記‧陳涉世家》載，陳勝和吳廣帶領九百名戍卒戍邊，遇雨誤期，按律當斬，於是二人便發兵起義，是第一起反秦革命。

15 謙：齊魯爭言，戰於龍門。構怨結禍，三世不安。

見坤之離。

註釋：應忠信且謙恭。相鄰不合還反目成仇，征戰不已，世代都不安。

16 豫：周政養賤，背生人足。陸行不安，國危為患。

周代德政已隱蔽廢棄，背部生出人腳（見註），在陸地行走不安穩，國家危難有災患。

註釋：忠信才能安育。德業已經衰敗，體制顛倒，政務無法運行，人民與國家危險不安。

養：隱蔽，如養晦。**賤**：廢棄。

* 足應生於股，生於背無法行走，故後曰陸行不安。

17 隨：蜩螗歡翹，草木嘉茂。百果蕃生，日益多有。

見謙之解。

註釋：忠信且能隨理。環境旺盛繁榮，萬物歡喜繁衍，日愈富足。

翹：高舉。

18 蠱：薄災暴虐，風吹雲卻。欲上不得，復歸其宅。

災難逼迫，殘暴凶虐，狂風吹起雲層倒退。想向上卻不可得，又歸返屋宅。

註釋：忠信已蠱敗。大災難降臨，環境險惡無法前進，只能返回困守。

薄：迫也，強勢壓制。**卻**：倒退。

19 臨：乘騮駕驪，遊至東齊。遭遇行旅，逆我以資，厚得

利歸。

見剝之坎。

註釋：忠信的蒞臨。光明的外出開發，遇到貴人們相迎相助，衣錦還鄉。

行旅：外行的商隊。**逆**：迎；反面走來，故相迎。

20 觀：鳳生七子，同巢共乳，欣悅相保。

鳳凰生了七個孩子，同一個窩巢一起哺育，歡喜欣悅的相互保護。

註釋：忠信且能觀省。君子繁衍陽健中正的子嗣，全家在一起和樂相護。

七：《說文》：「七，陽之正也。」**乳**：哺育。

*《詩經‧曹風》：「鳲鳩在桑，其子七兮；淑人君子，其儀一兮。」

21 噬嗑：桃雀竊脂，巢於小枝。搖動不安，為風所吹。心寒漂搖，常憂殆危。

見謙之遯。

註釋：應忠信且法治。資質不良又根基不穩，時時都處在飄搖的險境。

漂搖：漂浮動搖。

22 賁：東山西山，各自止安。雖相登望，竟未同堂。

見姤之坤。

註釋：應忠信的整飭。彼此不合而分隔兩地，相互觀望但始終沒合作。

竟：最後。

23 剝：<u>匍伏走出，驚懼皇恐。白虎生孫，蓐收在後</u>。

用爬行的奔走出逃，驚嚇畏懼而且惶恐。白虎凶神生了子孫，蓐收惡煞也在後頭。

註釋：忠信已剝落。驚恐萬分的狼狽逃離，凶災不斷孳生，後頭災難緊隨。

匍伏：匍音葡，爬行。**白虎**：西方的凶神。**蓐收**：西方之神，掌管秋天，主刑傷。
＊《白虎通德論・五行》載，西方其神蓐收，其精白虎。

24 復：<u>重弋射隼，不知所定。質疑蓍龜，明神祭報。告以肥牡，宜利止居</u>。

有很多繩箭可以射鳥，卻不知鎖定誰。有所質疑進行蓍卦與龜卜，向神明祭祀稟報，並回報祂肥碩的公牛，安順的駐止定居。

註釋：應忠信的返復回去。雖然實力充足，但目標渺茫，多所疑惑，此時不要前進發展，虔誠的安居可以安好。

重：數量多，如重兵。**弋**：帶有繩子的箭。**隼**：音準，鳥類。**蓍**：音師，古時易占時用的草。**告**：《廣韻》：「報也。」**牡**：音母，雄性的鳥獸。**宜、利**：安順。

25 無妄：<u>開門內福，喜至我側。嘉門善祥，為吾室宅。宮城洛邑，以招文德</u>。

打開門納進福氣，喜慶來到身旁。美好的門戶善良吉祥，是我們的屋宅（我們的屋宅是美好又善良吉祥的門戶）。城牆保護洛邑的皇宮，舉行禮樂教化。

註釋：忠信且不虛妄。君子開化有喜慶，家族善良吉祥，國家禮樂教化。

內：納也。**宮城**：圍繞皇宮院落的城垣。**洛邑**：洛陽，周公東征後建東都於洛陽，後東周、秦、漢初皆定都洛陽，比喻國都。**招**：舉。**文德**：禮樂教化。

26 大畜：烏飛狐鳴，國亂不寧。下強上弱，為陰所刑。

烏鴉飛旋，狐狸鳴叫，國家紛亂不安寧。下位勢強，上位勢弱，被陰氣所刑傷。

註釋：忠信才能大蓄。惡人和奸人群魔亂舞，國政紛亂不安，上位衰弱，被強大的下位制伏。

27 頤：三雞啄粟，八雛從食。飢鳶卒擊，失亡兩叔。

見巽之遯。

註釋：忠信才能頤養。眾人安居繁衍，但卻疏於防範，大惡人突然入侵，喪失親密夥伴。

八：象徵八方。

28 大過：歎息不悅，憂從中出。喪我金罌，無妄失位。

嘆氣不愉悅，憂慮從心中而來。喪失了黃罌，也意外的失去職位。

註釋：忠信卻發生大過錯。憂愁哀嘆，無端失去了珍貴資產和地位。

罌：罍也，小口大肚的大缶。**無妄**：意外。

29 坎：剛柔相呼，三姓為家。霜降既同，惠我以仁。

見家人之損。

註釋：忠信克服落陷。協調互補，大家親密結合，成為伴侶，互相仁愛施惠。

三：象徵多。

30 離:送我季女,至於蕩道。齊子旦夕,留連久處。

見屯之大過。

註釋:應忠信的附著。倫理敗壞,貪圖淫逸,危在旦夕,還接連留滯。

31 咸:低頭竊視,有所遇避。行作不利,酒酸魚餒,眾莫貪嗜。

低下頭偷偷瞥視,眼光相遇而迴避。行動作為不順利,酒酸了,魚也腐爛了,眾人不要貪求了。

註釋:應忠信的相感應。害怕面對,心虛逃避,無法成事,只能一起奢求敗壞食物解飢。

餒:腐爛。**嗜**:貪求。

32 恆:典策法書,藏閣蘭臺。雖遭亂潰,獨不遇災。

見坤之大畜。

註釋:忠信且能持恆。秉持法理不動搖,雖然環境紛亂,也不會有災禍。

策:冊也。

33 遯:旦醉病酒,暮多瘳愈,不反為咎。

白天時因嗜酒引來病痛,到日暮時大多已痊癒,不返回還去為惡。

註釋:忠信已遁逃。渾噩蒙昧,日夜反復如此,不知迷途知返。

病酒:因嗜酒引來病痛。**瘳**:音抽,病癒。**愈**:癒也。

34 大壯：畫龍頭頸，文章未成。甘言美語，說辭無名。

見蒙之噬嗑。

註釋：忠信才能壯大。虛有其表，實無才華，只會甜言蜜語，卻都空口白話。

35 晉：日月運行，一寒一暑。榮寵赫赫，不可得保。顛躓殞墜，更為士伍。

見巽之震。

註釋：忠信才能進行。天道運行有起有伏，不會一直居於榮華恩寵，將軍也會淪為小兵。

躓：音至，跌倒。殞：墜落。

36 明夷：爭利王市，朝多君子。蘇氏六國，獲其榮寵。

在王都裡辯論，朝廷有許多士大夫（見註）。蘇秦提出六國合縱，獲得榮華恩寵。

註釋：忠信克服瘡痍。眾人競逐功名，君子因學養兼具，最後獲得拔用與尊寵。

爭、利：辯論。王市：王都。

* 春秋戰國無科舉制度，文人多透過在國都的文人聚集處（如齊國之稷下學宮）辯論，獲得注目與拔用。

37 家人：六蛇奔走，俱入茂草。驚於長塗，畏懼啄口。

見井之兌。

註釋：要忠信且親如家人。所有的惡人都已逃匿，但要一直提防他們再度出現危害。

塗：路。

38 睽：懸狟素餐，食非其任。失轝剝廬，休坐徙居。

見乾之震。

註釋：忠信已睽離。尸位素餐，空享成果，最後被剝奪資產，並免官下放。

轝：輿，車。

39 蹇：歡欣九子，俱見大喜。攜提福善，王孫是富。

歡樂欣慰九個孩子都見到了，大為喜悅。攜手行善植福，公子富足。

註釋：忠信克服蹇跛。老小一起攜手，大家行善積善，人人都獲得富足。

九：象徵最多。**攜**：牽挽。**提**：攜。**王孫**：貴族後代，對人的尊稱。

40 解：伯夷叔齊，貞廉之師。以德防患，憂禍不存。

見比之剝。

註釋：忠信而解決問題。以君子為師，以德行防範禍端，沒有憂患存在。

41 損：雄聖伏名，人匿麟驚。走鳳飛北，亂潰未息。

見否之大過。

註釋：忠信已受損。世道已敗壞，君子都逃離隱匿，環境紛亂無法停止。

42 益：久鰥無偶，思配織女。求其非望，自令寡處。

妻死已久沒有配偶，想要與織女婚配。請求非其所能期望，

因而導致孤寡獨處。

註釋：忠信才能益增。條件低劣卻癡心妄想，不可實現，一直孤苦。

鰥：音關，妻亡的男子。**織女**：《史記‧天官書》：「織女，天女孫也。」**自**：因而。**令**：致使。

43 夬：破亡之國，天所不福，難以止息。

破敗滅亡的國家，上天不予賜福，難以居止休息。

註釋：忠信已斷決。身敗名裂，老天也不保佑，難以存活。

44 姤：老慵多郤，弊政為賊。阿房驪山，子嬰失國。

趙高老弱慵懶又多怨恨，敗壞政務製造傷害。阿房宮變成驪山，子嬰亡國。

註釋：應忠信的邂逅君子。奸人無能卻亂政殘暴，君王終於敗壞滅亡。

郤：隙也，間隙、怨恨。**阿房**：秦代最大的宮殿，後被項羽放火焚盡。**驪山**：秦始皇葬於驪山。**子嬰**：秦朝第三任也是最後一任皇帝。

45 萃：三殺六牂，相隨俱行。迷入空澤，遙涉虎廬。為所傷賊，死於牙腹。

見同人之蒙。

註釋：應忠信的相薈萃。全體一起行動，卻缺乏清明意識，進入險惡之地，被眾多惡人所傷害。

六：比喻齊全。

46 升：囁囁處懼，昧冥相搏。多言少實，語無成事。

說話吞吞吐吐，處境恐懼，昏昧的聚在一起。多話說，少真

實，只憑說話無法成事。
註釋：忠信才能上升。愚昧的人聚在一起，害怕而講話含糊，語多不實，無法實現。

囁囁：說話吞吞吐吐。**昧、冥**：幽暗。**摶**：音團，集聚。

47 困：<u>武陽漸離</u>，擊筑善歌。慕<u>丹</u>之義，為燕助<u>軻</u>。陰謀不遂，<u>霍</u>自死亡，<u>功名賈</u>施。

秦舞陽和高漸離，善於擊筑唱歌。仰慕太子丹的仁義，為了燕國而幫助荊軻刺殺秦王。陰謀沒有成功，雖然自己立即死亡，但被施予名聲和價值。

註釋：忠信面對困阻，忠貞可頌。眾多忠義之士，慷慨成仁取義，雖然功敗垂成，但也名留青史。

武陽：秦舞陽之別稱，荊軻刺秦王的副手。**漸離**：高漸離，為荊軻擊筑唱歌送行。**丹**：燕國太子丹，主導刺秦王。**軻**：荊軻，刺秦王的主手。**霍**：快速。**功名**：名聲。**賈**：價也，價值。

* 見《史記・刺客列傳》。

48 井：<u>尹氏伯奇</u>，父子分離。無罪被辜，長舌為災。

見訟之大有。

註釋：應該忠信且井然。親如父子卻被小人挑撥，君子因而被無辜陷害。

49 革：<u>五精亂行，政逆皇恩。湯武赫怒</u>，共伐我域。

五方之星紊亂運行，施政違逆皇天的恩德。商湯與周武王大怒，共同征伐暴君的國域。

註釋：忠信已被革除。小人群起亂政，逆天背恩，有志之士一起

革命,推翻暴政。

五精:五方之星。**赫**:發怒。

50 鼎:<u>西</u>歷玉山,<u>東</u>入<u>玉門</u>。登上福堂,飲萬歲漿。

見頤之蠱。

註釋:忠信且鼎立。四處追求聖道然後返回,充滿福澤,永遠安康。

西、東:比喻四處。**玉門**:玉門關,指入關返回。

51 震:行觸<u>夫</u>忌,與司命牾。執囚束縛,拘制於吏。幽人有喜。

見訟之巽。

註釋:忠信已震盪。行為牴觸志節和禁忌,陷入牢獄之災並有生命危險。如能低調隱遁便沒有災患。

夫:大丈夫,象徵莊重的志節。

52 艮:機<u>父</u>不賢,朝多<u>讒</u>臣。君失其政,保家久貧。

心機的太師不賢良,朝中多有進讒的臣子。君主迷失政務,應保護家國,卻長久貧困。

註釋:忠信已停止。大老與幹部都不良,團隊相互中傷,上位因而失位,組織也敗壞。

父:父師,即太師。**讒**:中傷、陷害別人的壞話。

53 漸:三人俱行,北求大牂。長孟病足,請季負囊。柳下之貞,不失我糧。

見同人之豐。

註釋：忠信的漸進。一起外出謀求大福，長者有恙，幼者承擔，因為有德性，未遭受損失，還可繼續前進。

54 歸妹：鵲思其雄，欲隨鳳東。順理羽翼，出次須日。中留北邑，復歸其室。

見需之離。
註釋：應忠信的相歸依。想要追隨能人前進與人結合繁衍，雖準備好了出發，但走走停停，最後又折返回來。
鵲：比鳳小許多，不能吃苦堅持，故不能隨之。

55 豐：常得自如，不逢禍災。

經常自在如意，便不會遭逢災禍。
註釋：忠信而豐足。知足常樂，穩定安居。

56 旅：白鵠遊望，君子以寧。履德不怨，福祿來成。

見大有之離。
註釋：忠信的旅歷。君子能清白行進，所以安寧。履行仁德沒有怨言，福祿重重來到。
鵠：音胡，天鵝，比喻君子。

57 巽：膚敏之德，發憤晨食。虜豹擒說，為王得福。

見師之觀。
註釋：忠信且安順。敏捷有德行，又勵精圖治，擊敗敵人，建立功勳。
晨食：天剛亮便進食準備工作。

58 兌：百足俱行，相輔為強。三聖翼事，國富民康。

見屯之履。

註釋：忠信且欣悅。百業俱興，同心同力，有眾多賢良輔佐，國家富強，人民安康。

59 渙：生不逢時，困且多憂。年衰老極，中心悲愁。

見頤之隨。

註釋：忠信狀態已渙散。生不逢時，困阻難行，能力衰盡，只能悲傷。

60 節：出門蹉跌，看道後旅。買羊逸亡，取物逃走。空手握拳，坐恨相咎。

出門失足跌倒，只能看著道路卻延誤旅程。買的羊逃逸丟失，取得的牛也逃走了。空著手握著拳頭，坐著悔恨自責。

註釋：必須忠信且節度。一開始就行動不利，接著又延誤時機，喪失到手的利益，最後兩手空空，只能困坐愁城。（初始即應停止不前）

蹉跌：失足跌倒。**物**：雜色牛。

62 小過：牧羊稻田，聞虎喧謹。畏懼惕息，終無禍患。

見屯之復。

註釋：忠信克服小過錯。經營家業，但有惡人覬覦，能慎戒恐懼，所以化險為夷。

喧、謹：謹音歡，喧譁。

63 既濟：龍潛鳳北，其子變服，陰孽萌作。

龍潛伏，鳳離開，牠們的孩子變更服制，陰氣的禍害發生興起。

註釋：忠信已結束。時局變壞，君子躲避藏匿，後人被迫改朝換代，小人興起作亂。

北：背也，離開。**變服**：改朝換代而改變服裝樣式。**萌**：發生。**作**：興起。

64 未濟：國無比鄰，相與爭強。紛紛匈匈，天下擾憂。

國家之間不相附親近，反而互相爭勝好強。禍害多而雜亂、動亂不安，天下擾攘堪憂。

註釋：忠信尚未形成。彼此不講信修睦還相互鬥爭，因而一直大為動亂不安。

比：附和。**鄰**：接近。**紛紛**：多而雜亂。**匈匈**：動亂不安。

62 小過

62 小過：初雖驚惶，後反無傷，受其福慶。

初始每每驚嚇倉惶，後來返回沒有受傷，蒙受福澤喜慶。
註釋：一再小超越，應停止。前進每每驚慌，應該返回，保持安好。
雖：每有。**反**：返也。

1 乾：積德累仁，靈祐順信，福祉日增。

累積德行和仁義，神靈保佑，安順誠信，福祉每日增益。
註釋：小超越且陽健。虔誠安順的累積仁德、誠信，福報每日俱增。

2 坤：謹慎重言，不幸遭患。周邵述職，脫免牢開。

行為謹慎，慎重說話，還是不幸遭逢禍患。周公旦和召公奭向天子報告，開脫免罪，牢門開啟。
註釋：小超越且溫良。原本嚴刑峻法，人民無辜遭殃，後來朝廷實施仁政，人民獲得開脫。
周邵：亦做周召，周公旦和召公奭兩位賢人的並稱。**述職**：諸侯朝天子陳述職務狀況。
*《白虎通德論‧巡狩》載，周召二人，分別向成王述職。

3 屯：鳥飛鼓翼，喜樂堯德。虞夏美功，要荒賓服。

鳥兒飛翔，鼓動羽翼，喜愛堯帝的德政。虞舜和夏禹有美好的功績，荒遠之國都來臣服。
註釋：小超越且能屯聚成果，變大超越。實行仁政，人民歡欣鼓舞，聖人功績卓著，蠻人都來歸順。
樂：音要，喜愛。**要荒**：荒遠之國。**賓服**：臣服。

4 蒙：牙孽生齒，室堂啟戶。幽人利貞，鼓翼起舞。

　　見比之節。

註釋：小超越且啟蒙。開始重生與成長，開大門走大路，潛修的
　　　君子，也出世發揮。

孽：蘖也，樹木再生的枝節。

5 需：使伯東求，拒不肯行。與叔爭訟，更相毀傷。

　　兄長要向東尋求發展，弟弟抗拒不肯行動。於是與弟弟發生爭執，更加相互毀損傷害。

註釋：要小超越還要等待。夥伴協調分工失靈，團隊行動受挫，
　　　還發生內鬨與互傷。

使：對人的尊稱。**東**：象徵粗鄙的方向。

6 訟：手足易處，頭尾顛倒。公為雌嫗，亂其蠶織。

　　手腳更換位置，頭和尾巴也顛倒。男性變成雌性婦人，擾亂了養蠶織布。

註釋：應小超越卻爭訟。體制、倫理、陰陽都顛倒，民生生產也
　　　紊亂了。

易：更換。**嫗**：音玉，婦女。**蚕**：蠶也。

7 師：匠卿操斧，豫章危殆。袍衣脫剝，祿命訖已。

　　工匠先生操起斧頭，豫章神木便有危險。工匠把外袍和衣服脫去動工，神木的天命便結束。

註釋：小超越變出師。本身實力強大，敵人雖堅實，也被擊敗。

卿：對人敬稱，如荀卿。**豫章**：傳說的神木。**剝**：脫。**祿命**：天生的命運。**訖、已**：終了。

8 比：<u>天女踞床</u>，不成<u>文章</u>。南<u>箕</u>無<u>舌</u>，飯多砂糠。虛象盜名，<u>雌雄</u>折頸。

　　織女盤據在天床上，卻沒有完成彩燦的花紋。南方的箕星沒有火舌，飯裡有很多砂和糠。以虛妄表象盜取聲名，雌雞和雄雞都折了頸子。

註釋：要小超越應相比附。百姓無法工作沒有成果，也失去工具難以維生，因為君主欺世盜名喜好征戰，使男女都折損，無法繁衍。

天女：織女星；《史記》：「織女，天女孫也。」**踞**：據也。**床**：天床，喻天為床，眾星所棲。**文章**：紋彰也，紋彩燦美。**箕**：箕星，簸箕為揚米去糠之物，故後曰「南箕無舌（簸箕失去效用），飯多砂糠」。**舌**：星光閃爍如火舌。**雌雄**：男男女女，指眾人。

*《詩經・大東》，被周公征服的東方臣民怨刺周朝統治。

「跂彼織女，終日七襄。雖則七襄，不成報章。」織女星一天移動了七次，卻始終沒有織出好紋彰。

「維南有箕，載翕其舌。」南方箕星開闢，吐著火舌。

9 小畜：<u>大椎破轂</u>，<u>長舌</u>亂國。<u>墻茨</u>之言，<u>三</u>世不安。

　　大槌子擊破車子，長舌擾亂國家。宮廷淫亂的言語，讓三個世代都不安寧。

註釋：小超越變蓄小勢弱。惡人摧毀體制，奸人妖言亂政，朝廷倫理敗壞，國家長久混亂。

椎：音追，槌也。**轂**：音古，車輪中心的圓木。**長舌**：搬弄是非。**墻茨**：牆壁沒清理生出蒺藜，比喻宮廷淫亂。**茨**：音慈，蒺藜，比喻女禍。**三**：象徵多。

*《詩經・牆有茨》：「牆有茨，不可埽也。中冓（內室）之言，不可道也。」諷刺衛國公子頑與宣公夫人宣姜私通。

1214

10 履：銜命辱使，不堪厥事。中墜落去，更為負載。

見艮之觀。

註釋：要小超越應去履行。能力不足，無法勝任，但未補強，中途便告失敗，更加重負擔。

厥：其。

11 泰：三虵共室，同類相得。甘露時降，生我百穀。

三條蛇共處一室，同類互相投合。甘美的雨露時時降下，生出各種穀物。

註釋：小超越且康泰。豪傑們相互親密偕同，時令也非常美好，因而生產茂盛。

三：象徵多。**虵**：蛇也，比喻豪傑。**相得**：互相投合。**百**：象徵全部。

12 否：衣繡夜遊，與君相逢。除患解惑，使我不憂。

穿著繡衣在夜裡遊歷，與君主相遇。解除憂患迷惑，使人不再憂慮。

註釋：小超越克服閉塞。晦暗中仍保持美德，並持續行進，後來遇到大貴人，從此解除憂患。

13 同人：被髮獸心，難與為鄰。來如風雲，去如絕絃。為狼所殘。

披散頭髮，又有著野獸的心靈，難以與人比鄰而居。來時就像風雲一樣飄忽，去時就像斷掉的琴弦沒有聲響。最後被野狼所殘害。

註釋：應小超越且同仁。野蠻邪惡難以相處，來無影去無蹤，最

後被惡人加害。

被：披也。

14 大有：剛柔相呼，二姓為家。霜降既同，惠我以仁。

　　見家人之損。

註釋：小超越且大富有。陰陽協調，親密結合繁衍，並且仁愛互惠。

15 謙：牛耳聾聵，不曉齊味。委以鼎俎，治亂憒憒。

　　牛耳朵聾了（領袖愚昧無知），不曉得調和味道。委託炊具給他，治理紛亂。

註釋：要小超越應謙恭。愚昧無法治理政務，卻掌握權位，胡亂
　　　作為，國家大亂。

牛耳：居領袖地位者。**聵**：音潰，耳聾，比喻愚昧無知。**齊**：劑也，調和。**鼎俎**：烹煮與切割的器具，比喻政權。**俎**：音組，砧板。**憒憒**：紛亂。

＊《道德經》：「治大國若烹小鮮。」本條以烹飪比喻治國。

16 豫：低頭窺視，有所畏避。行作不利，酒酢魚餒。眾莫貪嗜。

　　見鼎之解。

註釋：小超越才能安育。害怕面對，心虛逃避，難以成事，只能
　　　奢求敗壞的食物解飢。

行作：行動勞作。**酢**：醋，發酸。**餒**：腐敗。

17 隨：雨師娶婦，黃巖季子。成禮既婚，相呼南上。膏我下土，年歲大有。

見恆之晉。

註釋：小超越且隨理。個性神聖又與君子親密結合，之後結伴四處發展，散播恩澤，大家都一直昌盛。

18 蠱：戴盆望天，不見星辰。顧小失大，遁逃墻外。

見隨之蹇。

註釋：要小超越應整治蠱敗。自我蒙蔽，不見大局和光明，短視近利，因而失敗逃亡。

遁：逃走。**墻**：牆也。

19 臨：二人輦車，徙去其家。井沸釜鳴，不可以居。

見剝之訟。

註釋：小超越才能臨政。左右的人都離去了，因為環境險惡不可停留。

20 觀：攘臂反肘，怒不可二。很戾腹心，無以為市。

捲袖露出手臂，以肘關節敲擊，氣勢熾盛無比。凶狠暴戾的肚量和心胸，無法與人交易。

註釋：要小超越應觀省。為人一直凶殘好鬥且心性歹毒，無人與他來往經營。

攘臂：捲袖露出手臂。**反肘**：弓回手肘以肘關節敲擊。**怒**：氣勢熾盛。**二**：雙，比。
很：狠也。**腹心**：比喻肚量和心胸。**為市**：交易。

21 噬嗑：盪世之憂，轉解喜來。

動盪世代的憂患，已經轉換解除，喜慶來到。

註釋：小超越且法治。解除亂世的憂患，終於轉為喜樂。
湯：蕩也。**轉解**：轉相押送。

22 賁：忠信輔成，王政不傾。公劉肇舉，文武綏之。

忠信的輔佐成效，王朝國政不傾倒。公劉開始興起，文王和武王繼續維安。

註釋：小超越且整飾。上下同心致力政務，奠基之後持續安定進步。

公劉：周部落第一位宗主。**肇**：開端。**舉**：興起。**綏**：安定。

23 剝：登高斬木，頓躓陷險。車傾馬疲，伯叔吁嗟。

登上高處斬伐樹木，跌倒陷入危險。車子傾覆馬匹疲累，兄弟都嘆息。

註釋：小超越變剝落。挑戰過度艱難任務，失敗而陷入險境，資產與夥伴都受傷。

頓躓：跌倒。**吁嗟**：音噓皆，嘆息。

24 復：桑方隕落，黃敗其葉。失勢傾側，如無所立。

桑樹正在零落，葉子枯黃殘敗。失去情勢傾倒在一側，那哪裡都無所立足。

註釋：小超越已返復回去。環境變得凋零，衣食停止生產，因而傾倒，無處可去。

桑：比喻衣食民生。**方**：正在。**隕**：落。**如**：至。

25 無妄：鸞鳳翱翔，集于喜國。念我伯姊，與母相得。

鸞鳥和鳳凰遨遊飛翔，會集在歡喜的國度。與兄姊相憐惜，

也與母親相投合。

註釋：小超越且不虛妄。賢能會合，彼此互為貴人，相互疼惜契合。

鸑：鳳凰的一種。**念**：愛憐。**相得**：互相投合。

26 大畜：陰淫所居，盈溢過度，傷害禾稼。

陰氣大量聚積，充盈外溢過多，傷害了稻禾和農作物。

註釋：小超越才能大蓄。小人聚集過多沒有整治，邪惡氾濫蔓延，無法生產收穫。

淫：大。**居**：積聚。**稼**：草本植物的穗和果實，泛指農作物。

27 頤：霄冥高山，道險峻難。王孫罷極，困於阪間。

太空高的山，道路險峻難行。公子疲憊至極，困於山坡之間。

註釋：要小超越需頤養。路途艱辛險峻，陷入困境無法前進，應先養好實力。

霄冥：太空。**王孫**：貴族後代，對人的尊稱。**罷**：疲也。**阪**：山坡。

28 大過：和璧隋珠，為火所燒。冥昧失明，奪精無光，棄於道傍。

和氏璧和隋侯珠，被火焚燒，幽暗失去明亮，被奪去精華而黯淡無光，丟棄在道路旁。

註釋：小超越又大超越，富極必腐。絕世之才，遭受奸人迫害，奪去尊寵，棄如敝履，團隊盛況不再。

冥昧：幽暗。

29 坎：虞君好神，惠我老親，恭承宗廟。雖慍不去，復我內事。

1219

虞國舜帝敬愛神明，嘉惠長老和宗親，並恭敬承奉祖廟。排除怨怒沒有離去，履行祭祀宗親內神之事。

註釋：小超越克服落陷。雖有折難，但以聖潔德行，虔誠堅守法統，香火因而延續。

虞：舜建立的國家。**好**：親愛。**承**：侍奉。**宗廟**：奉祀祖先的宮室。**雖**：推也，排除。
慍：怨、怒。**復**：履也。**內事**：祭祀宗親內神的事。

30 離：爪牙之夫，怨毒祈父。轉憂與己，傷不及母。

見謙之歸妹。

註釋：要小超越應相附著。長久遠征，無法奉養父母，役夫心生怨恨。（應早日相互和解，使親人團圓）

31 咸：倉盈庾億，宜稼黍稷，年歲有息。

穀倉滿盈安全，種植的五穀豐收，年年有生息。

註釋：小超越且相感應。大豐收又大積蓄，農作和人口都孳生繁衍。

庾：音與，露天穀倉。**億**：安定。**宜**：豐收。**稼**：草本植物的穗和果實，泛指農作物。
黍稷：黃米和小米，象徵五穀。**息**：孳生。

32 恆：窗牖戶房，通利光明。賢智輔聖，仁德大行。家給人足，海內殷昌。

見大畜之升。

註釋：小超越且能持恆。執行文教開化，道路暢通光明，君聖臣賢，大行仁政，家戶豐盛，國家昌盛。

33 遯：切切之患，凶重憂荐，為虎所吞。

深切的災患，凶惡重重，憂患連續不斷，最後被老虎所吞噬。
註釋：應小超越卻遁逃。災難一波接一波，只會逃避沒有處理，
　　　終被消滅。
切切：深切的。**荐**：連續不斷。

34 大壯：水無魚池，陸為海涯。君子失居，小人相攜。

魚池沒有水，陸地卻變成海岸。君子失去居所，小人相互攜手。
註釋：小超越才能壯大。世道錯亂，環境顛倒，君子落難，小人
　　　同歡。
涯：岸。

35 晉：九疑鬱林，沮濕不中。鸞鳳所惡，君子攸去。

見無妄之巽。
註釋：應小超越又前進。環境野蠻又惡劣，沒有治理，仙人和君
　　　子都離開了。

36 明夷：六翮況飛，走歸不及。脫歸王室，亡其騂特。

三隻鳥（六隻翅膀）加速飛翔，奔走歸返唯恐不及。最後脫身逃歸朝廷，失去紅馬和公牛。
註釋：應小超越卻瘡痍。眾人快馬加鞭卻是拚命逃回，最後雖脫
　　　困歸返，但還失去美好的資產。
六：象徵齊全。**翮**：音和，翅膀。**況**：更加。**王室**：朝廷。**騂**：紅色毛的馬。**特**：公牛、雄性牲畜。

37 家人：不直莊公，與我爭訟。媒伯無禮，自令塞壅。

不正直的齊後莊公，與人發生爭訟。沒有依照媒人的禮節，因而導致阻塞壅閉。註釋：要小超越應親如家人。心術不正，與人發生爭訟。想與人結盟又不依禮進行，導致阻塞壅閉。
伯：對人的尊稱。**自**：因而。**令**：致使。
* 齊後莊公好色，與大臣崔杼之妻棠姜有染（故後曰媒伯無禮），被聯合誅殺。典故見乾之夬。

38 睽：倉庾多億，宋公危殆。吳子巢門，殞命失所。

雖然穀倉眾多又安全，宋襄公還是陷入危險。吳王諸樊攻打巢國都門，遭受重傷不治。
註釋：小超越變睽離。準備充分但心態與方法不對，出師不利，最後覆滅。
庾：音與，露天的穀倉。**億**：安定。**吳子**：吳王，輕蔑之，故不稱王。
* 兩個典故見巽之鼎。

39 蹇：失羊捕牛，無損無憂。

失去羊但捕捉到牛，沒有損失也沒有憂慮。
註釋：小超越克服蹇跋。雖有損失但更加努力，反而得到更多。

40 解：夏麥麩麪，霜擊其芒。疾君敗國，使我誅傷。

見泰之賁。
註釋：小超越變解離。正在成長卻受到摧殘，敗德的上位使國家危難，人民都遭殃。

41 損：昧昧暗暗，不知白黑。風雨亂擾，光明伏匿。幽王失國。

昏昧黑暗，不知是白天黑夜。風雨來擾亂，光明潛伏隱匿，周幽王失去了國家。
註釋：應小超越卻損人益己。君王昏昧且黑白不分，暴虐無道，環境陰晦，國家滅亡。
幽王：西周最後一任君王。

42 益：**執斧破薪，使媒求婦。和合二姓，親迎斯須。色比毛嬙，姑翁悅喜。**

好像手執斧頭劈開大木柴，敦請媒人去尋求媳婦。和諧結合兩個姓氏，很快就迎親了。新娘美色可比毛嬙，婆婆跟公公欣悅歡喜。
註釋：小超越且益增。主動遵循禮節的與人結盟，很快就親密和合，對方條件良好，尊上頗為歡喜。
斯須：須臾，短暫的時間。**毛嬙**：越國美女，與西施同期，排名在西施之前。
*《詩經·伐柯》：「伐柯如何？匪斧不克。取妻如何？匪媒不得。」

43 夬：**六疾生狂，癡走妄行。北入患門，與禍為鄰。**

六人生出狂病，癡癲的奔走行進。向北進入災患之門，與禍害相鄰為伍。
註釋：應小超越卻斷決。一起癡心妄想，胡亂行進，因而陷入災患重重的險境。
六：象徵齊全。**北**：象徵陰晦之地。

44 姤：**驅羊就群，佷不肯前。慶季愎諫，子之被患。**

驅趕羊去跟群體在一起，但凶狠剛戾不肯前往。慶封拒絕諫言，兒子慶舍也遭受禍患。

1223

註釋：要小超越應邂逅君子。孤僻剛烈不合群，造亂且不聽勸告，導致連親人都罹難。

就：前往在一起。**佷**：凶狠剛戾。**慶**：慶封。**季**：小弟，在此貶為小人。**愎**：拒絕。**之**：又。**被**：遭受。

＊《左傳・襄二十八年》載，齊國權臣慶封將大權交由兒子慶舍管理，自己去花天酒地。仇人要趁祭祀時暗殺慶舍，他接獲通報卻不聽勸諫依然前往，因而當場喪命。後慶封亦被政敵圍剿逃難，後亡。

45 萃：二人異路，東趑西步。十里之外，不相知處。

見比之損。

註釋：要小超越應相薈萃。路線相異，各自行動，出了鄉里，就互不相知。

十里：比喻鄉里。

46 升：義不勝情，以欲自營。覦利危躬，折角摧頸。

見坤之豐。

註釋：小超越才能上升。正義沒有戰勝情慾，因慾望而自我迷亂。覬覦利益親身履險，因而受到重創。

躬：自身。

47 困：騷騷擾擾，不安其類。疾在頸項，凶危為憂。

不斷的騷動擾亂，不能安定於族類，疾病生在脖子，凶惡危險成為憂患。

註釋：應小超越卻被困。小人作亂，破壞團隊，病在要害，至為危險。

項：頸。

48 井：三河俱合，水怒湧躍。壞我王屋，民困於食。

見蠱之頤。

註釋：要小超越應該井然。小人集體大肆作亂，環境大為崩壞，民不聊生。

王：大。**困**：窮盡。

49 革：陽曜旱疾，傷病稼穡，農人無食。

陽光太炫引發旱災疾患，損毀了農事，農民沒有食物。

註釋：要小超越必須革新。一直不能解決危害，導致民不聊生。

曜：炫耀。**疾、傷、病**：損害。**稼穡**：音架色，播種與收穀，泛指農事。

50 鼎：流浮出食，載券入屋。釋鞍繫馬，西南廡下。

漂流外出覓食，載著票券進入屋室（見註）。脫下馬鞍繫好馬匹，回到房屋裡的西南方下榻。

註釋：小超越而鼎立。雖然不穩定但仍前進發展，大有利得，衣錦還鄉，返回當家安居。

浮：漂浮。**券**：券也，票據或憑證。**釋**：脫下。**西南**：主人坐處的方向，又《彖‧蹇》：「利西南。」**廡**：泛指房屋。

＊ 錢財眾多或為屋宅田地，故攜券不攜實物。

51 震：門戶之居，可以止舍。進仕不殆，安樂相保。

家裡的居所，可供休止住宿。進入仕途不怠惰，安樂的相互守護。

註釋：小超越且震奮。原本在家安居不出，後來出仕，和大家安樂相護。

門戶：家門，比喻家庭。**仕**：當官。**殆**：怠也。

52 艮：過時不歸，雌雄苦悲。徘徊外國，與母分離。

見比之隨。

註釋：小超越已停止。男子遠行未返，女子在家悲愁，在外瀕臨危險，不能歸返繁衍與奉老。

53 漸：中田有廬，疆埸有瓜。獻進皇祖，曾孫壽考。

田的中央有屋舍，田的邊界有匏瓜，將它進獻給祖先，子孫因而長壽。

註釋：小超越且漸進。內有田宅，外有美果，虔誠有倫理，繁衍眾多且安康。

疆埸：疆場，田界。**瓜**：指匏瓜，象徵福祿。**皇祖**：遠祖。**曾孫**：孫子的兒子，也統稱孫子以下的後代。**考**：長壽。

*《詩經・信南山》：「中田有廬、疆埸有瓜。是剝是菹、獻之皇祖。曾孫壽考、受天之祜。」祭祖祈福的樂歌。

54 歸妹：失恃無友，嘉福出走，儽如喪狗。

見解之坎。

註釋：要小超越應相歸依。至親都離而遠去，福氣都離開了，落魄有如喪家之犬。

55 豐：反鼻岐頭，三寡獨居。

有蝮蛇和兩頭蛇，三個寡婦獨自居住。

註釋：小超越才能豐盛。惡人群聚當道，眾人不敢面對，只能孤單的躲藏，無法繁衍。

反鼻：《康熙字典》：「反鼻，蝮蛇別名。」**岐頭**：《康熙字典》：「北方有軹首蛇。」《註》：岐頭蛇也。**三**：象徵多。

56 旅：衣裳顛倒，為王來呼。成就東周，封受大福。

同人之中孚。

註釋：小超越的旅歷。臣子誠惶輔助，致力國政，建立大功業，
　　　獲得大福澤。

57 巽：飛不遠去，還歸故處，興事多悔。

飛翔但無法遠去，返回原來住處，興起事端多有懊悔。

註釋：要小超越必須安順。實力不足，無法前進，返回又多事端。
　　　（安定生息後才能前進）

58 兌：含血走禽，不曉五音。鮑巴鼓瑟，不悅於心。

吮血的飛禽走獸，不曉得五音韻律。鮑巴彈奏琴瑟，心裡不欣悅。

註釋：小超越才能欣悅。殘暴的惡人不懂禮節，難以教化，能人
　　　憂慮不已。

含血：吮血。**五音**：宮、商、角、徵、羽。**鮑巴**：古代善於彈琴的人。**鼓**：彈奏。

59 渙：求玉獲石，非心所欲，祝願不得。

尋求美玉卻獲得石頭，不是心中想要的，祈求的願望沒有得到。

註釋：小超越變渙散。積極行動，但沒有達到目的。

祝：祈求。

60 節：山崩谷絕，大福盡歇。涇渭失紀，玉石既已。

山谷崩坍斷絕，大福氣已竭盡。涇水和渭水失去法紀，玉和

石一起結束。

註釋：應小超越且節度。環境崩毀，福氣不再，失去法統紀律，君子和小人一起玉石俱焚。

歇：竭也。**涇渭**：涇水和渭水，一濁一清，向來涇渭分明。**玉石**：比喻好與壞。**已**：結束。

61 中孚：雜目懼怒，不安其居。散渙府藏，無有利得。

眼花撩亂，恐懼憤怒，不能安居。貯藏的財物渙散了，沒有利益可得。

註釋：應小超越且忠信。心神混亂恐慌，無法安心居住，資財也散失了，最後一無所有。

雜：混亂。**府藏**：貯藏的財物。

63 既濟：眾邪充側，鳳凰折翼。微子復北，去其邦國。

眾多邪惡小人充斥身旁，鳳凰折斷羽翼。微子實行背離，離開了國家。

註釋：小超越已結束。小人充斥君主身邊，賢良折損，忠臣都背棄遠離。

側：旁邊。**微子**：紂王的庶兄，勸紂不聽因而出逃。**復**：履也，實行。**北**：背也。

64 未濟：六月采芑，征伐無道。張仲方叔，剋敵飲酒。

見離之大過。

註釋：小超越尚未結束。君臣一心，撥亂反正，戰無不克，共同慶功。

剋敵：克敵致勝。

63 既濟

63 既濟：玄兔指掌，與足相恃。謹訊詰問，誣情自直。冤死誰告，口為身禍。

黑兔的腳趾和腳掌，和四足相互依仗（光明的行動，穩健敏捷）。謹慎的訊問究辦，被誣陷的事情因而伸雪。含恨而死要向誰申告？自己口舌造成身命災禍。

註釋：完成又完成。光明穩健的迅速審查冤案，被誣陷的獲得平反，自己口舌生非的，咎由自取。（國家獲得治理，法紀分明而安定）

玄兔：月亮，比喻光明。**指**：趾也。**恃**：依仗。**訊**：審問。**詰**：究辦。**自**：因而。**直**：伸雪。**冤**：怨恨。

1 乾：游駒石門，騄耳安全。受福西鄰，歸邑玉泉。

騎著駿馬到石門遊歷，人馬都平安健全。接受西方鄰國的福澤，然後歸返玉泉。

註釋：已完成陽健德行。人才準備周全，遠遊尋求發展，一切平安，蒙受鄰國的福祉，美好的還回。

駒：良馬。**石門**：比喻遙遠京庶之地。**騄耳**：綠耳，周穆王八駿馬之一。**西鄰**：比喻好的鄰居。**玉泉**：崑崙山上的泉名，比喻美好滋潤之地。

2 坤：陽春生草，萬物盛興。君子所居，災禍不到。

溫暖的春天生出草木，萬物茂盛興旺。君子聚集，災禍不來到。

註釋：已完成溫良德行。溫良的包容養育萬物，充滿德性所以沒

有災禍。

陽春：溫暖的春天。**居**：積聚。

3 屯：<u>人無足法，緩除才出</u>。<u>雄走羊驚</u>，<u>不失其家</u>。

　　人民沒有安定的法令，怠慢任命官員，人才出離。英雄逃走，羊群恐慌，閉塞因而逃離家園。

註釋：要完成應屯聚。法令不彰，治理延宕，國家敗壞，人才與百姓都逃離。

足：常，定。**緩**：怠慢。**除**：任命官職。**羊**：比喻吉祥。**不**：否也，閉塞。**失**：逸也，逃亡。

4 蒙：<u>太山止奔</u>，<u>變見太微</u>。<u>陳吳廢忽</u>，<u>作為禍患</u>。

　　停止前往泰山祭祀，太微垣出現變異現象。陳勝吳廣荒廢怠忽職守，製造禍患。

註釋：應完成卻蒙昧。君主怠忽職守，朝廷出現變異，豪傑帶頭反抗，政權產生危難。

太山：泰山，比喻政權。**止奔**：停止前往。**變見**：出現變異現象。**太微**：上垣太微，象徵天上天庭與人間政府。**陳吳**：陳勝和吳廣，第一個反秦者。

*《史記‧陳涉世家》載，陳勝和吳廣帶領九百名戍卒戍邊，遇雨誤期，按律當斬，於是二人便發兵起義，是第一起反秦革命。

5 需：乘龍吐光，<u>使暗後明</u>。燎獵大得，六師以昌。

　　見否之小過。

註釋：已完成等待，大有可為。積極光明，一掃陰霾，昌盛豐收，國家壯大。

使暗後明：使黑暗的後來變為光明。

6 訟：羊頭兔足，羸瘦少肉。漏囊貯粟，利無所得。

見渙之艮。

註釋：應完成卻爭訟。資材貧乏又一直漏失，沒有修補，一無所得。

7 師：因禍受福，喜盈其室。螟虫不作，君無可得。

因為災禍反而蒙受福澤，喜慶充滿房室，蛀食稻莖的害蟲不興起，君主無惡人可抓。

註釋：已完成出師。先前為善天下，後來因禍得福，小人被殲滅，壞人絕跡。

螟：蛀食稻莖的害蟲。**作**：興起。

*《新書 · 銅布》：「故善為天下者，因禍而為福。」

8 比：舜升大禹，石夷之野。徵詣王闕，拜治水土。

見乾之中孚。

註釋：已完成比附。聖君任用賢良，委以重任，一起建設國家。

王闕：皇宮。**拜**：授職。

9 小畜：烏子鵲雛，常與母俱。顧類群族，不離其巢。

見履之旅。

註釋：已完成並持續小蓄。有如家人相愛，眷愛團隊，不離不棄。

顧：眷顧。

10 履：夷羿所射，發輒有獲。矰加鵲鷹，雙鳥俱得。

見剝之大壯。

註釋：已完成履行。實力卓越，行動都有斬獲，而且加倍獲利。

矰：繫有絲繩用以射鳥的箭。**加**：益增。

11 泰：晨風文翰，大舉就溫。昧過我邑，羿無所得。

見小畜之革。

註釋：已完成康泰。不分彼此一起追求美好環境，低調恭謙，惡人無法加害。

12 否：六喜三福，南至歡國。與喜忻樂，珪我潔德。

多喜多福，向南到達歡樂的國度。與喜樂和歡欣同在，純潔的德性好像玉圭。

註釋：以完成克服閉塞。眾人追求光明與喜福，最後得到巨大成就且德行美好。

六、三：象徵多。**南**：象徵光明方向。**忻**：欣也。**珪**：帝王諸侯在大典時所持的玉器。

13 同人：鬭龍股折，日遂不明。自外為主，弟伐其兄。

打鬥的龍大腿折斷，太陽墜落不再明亮。弟弟在外自立為君主，又攻伐兄長。

註釋：要完成需要同仁。兄弟相互鬥爭因而損傷陰晦，為了稱王，已喪失倫常。

遂：墜。

＊《史記‧鄭世家》載，鄭莊公一再縱容母親與弟弟奪權，以致兩人合謀叛亂，最後不得不討伐之。又，鄭莊公去世後，太子繼位，太子弟亦稱王並伐而逐之。

14 大有：蒙慶受福，有所獲得，不利出門。

蒙受喜慶與福澤，有所獲取利得，但不利於出門。

註釋：已完成大富有。有很多吉慶福祿財富，但現階段應守住財富，不要外出發展。

15 謙：蠻戎夷狄，太陰所積。涸冰沍寒，君子不存。

見震之解。

註釋：要完成應謙恭。小人盤據四方，環境陰晦已久，已沒有謙謙君子。

涸冰：乾涸的冰。

16 豫：畏昏潛處，候時昭明。卒遭白日，為榮祿主。

見渙之離。

註釋：已完成安育。環境陰晦時能韜光養晦，終於等到時運轉變，天下光明，明君當政。

昭明：光明。

17 隨：水流趨下，欲至東海。求我所有，買魴與鯉。

見訟之比。

註釋：已完成且隨理。順從法理去追求，到達美好的地方，如願的獲得財富和尊榮。

18 蠱：冠帶南遊，與福喜期。徼於嘉國，拜為逢時。

見無妄之頤。

註釋：已完成整治蠱敗。有禮節的追求光明與喜福，時運適時，與人結盟並助予達到美好境界。

徼：邀也。

19 臨：莎雞振羽，為季門戶。新沐彈冠，仲公悅喜。

蟋蟀振動羽翼，六月到了打開門戶。齊桓公更新沐浴，整理

帽冠去迎接，管仲欣悅歡喜。

註釋：已完成臨政。君子羽翼已豐，開始準備任事，賢君禮賢下士，人才欣悅的發揮。

莎雞：蟈蟈，和蟋蟀類似的昆蟲。**季**：農曆三、六、九、十二月。**彈冠**：彈帽子去灰塵使其清潔。

* 《詩經・七月》：「六月莎雞振羽。」莎雞翼成而振訊之，比喻長成待發。
* 《韓詩外傳・卷一》：「君子潔其身而同者合焉……故新沐者必彈冠。」
* 《國語・齊語》「（管仲）比至，三釁（熏）三浴之，桓公親逆（迎）之于郊。」

20 觀：結衿流粥，遭讒桎梏。周召述職，身受大福。

女子要去出嫁，卻遭到讒言中傷而入獄。周公旦和召公奭向周成王報告職務，身命蒙受大福澤。

註釋：已完成觀省。百姓被草率治罪而蒙冤，不能結合繁衍，後來賢良任事，還予清白，並施予福祿。

結衿：施衿結褵，女子出嫁。**流**：走，去。**粥**：音玉，出嫁。**讒**：中傷、陷害別人的壞話。**桎梏**：音至顧，腳鐐和手銬，比喻入獄。**周召**：周公旦和召公奭於周成王時共輔朝政，合稱周召。**述職**：向長官報告所任職務的狀況。

* 《白虎通德論・巡狩》載，周召二人，分別向成王述職。

21 噬嗑：田鼠雉雞，意常欲逃。拘制籠檻，不得動搖。

見需之隨。

註釋：要完成應該法治。好像野生動物野性難馴，雖然嚴密拘禁，仍不順服。

22 賁：居華巔，觀浮雲。風不搖，雨不濡。心平安，無咎憂。

見益之剝。

註釋：已完成整飾。無為而治，休養生息，國家不會風雨飄搖，人民安心無憂。

濡：音儒，沾濕。

23 剝：**傾倚**將顛，不能得存。英雄作**業**，家困無**年**。

傾倒歪斜將要顛覆，無法獲得生存。英雄勞作於事業，家裡依然貧困沒有收成。

註釋：要完成卻剝落。局勢傾倒，無法存活，英雄雖努力，家國還是末路。

倚：歪斜。**業**：各種工作職務。**年**：收成。

24 復：心願所喜，今乃逢時。保我利福，不離兵革。

見兌之蹇。

註釋：已完成且返復回來。時令好轉，得其所願，保有利潤和福澤，沒有戰亂。

25 無妄：靈龜陸處，**盤桓**失所。**阿衡**退耕，夏**封**於國。

海上的靈龜在陸上居處，徘徊運留失去住所。伊尹退休去耕種，夏國變為墳場。

註釋：要完成應不虛妄。賢良被流放而落難，忠臣也離開了，最終國家滅亡。

盤桓：徘徊。**阿衡**：宰相，慣指伊尹。**封**：聚土做墳。

*《孟子・萬章上》：「伊尹耕於有莘之野，而樂堯舜之道焉。」伊尹曾事夏桀，夏桀無道不用，轉事商湯，並偕同滅夏。

26 大畜：弱水之**右**，有西王母。生不知老，與天相保。不

利行旅。

　　　見臨之臨。

註釋：已完成大積蓄。蒙上天保佑而安康長壽，但應安居行聖道，先不要外出發展。

右：左東右西。

27 頤：抱瓌求金，日暮坐吟。終月卒歲，竟無成功。

　　　抱著瑰玉，穿著黃金皮衣，到日暮還坐著呻吟。一個月一年過了，最後沒有成完功效。

註釋：完成才能頤養。雖有珍奇才華，也外表俊美，卻一直怠惰哀嘆，最後一事無成。

瓌：瑰玉，比喻珍奇才華。**求**：裘也，穿上皮衣。**終、卒**：結束。**竟**：最後。

28 大過：言笑未畢，憂來暴卒。身加柙檻，囚繫縛束。

　　　談笑還沒結束，憂患就突然來臨，身體更加被抓到柵欄裡，囚禁並綑綁起來。

註釋：應完成卻大過錯。得意洋洋，沒有憂患意識，災難突然降臨，成為階下囚。

暴、卒：突然。**柙**：《說文》：「捉也。」**檻**：音見，柵欄。**繫、縛、束**：綑綁。

29 坎：望幸不到，文章未成。王子逐兔，犬踦不得。

　　　見謙之既濟。

註釋：想完成但落陷。雖然尊寵，但沒更大的貴人支援，無法完成功蹟，獨自去追逐也失利。

30 離：震慄恐懼，多所畏惡。行道留難，不可以步。

見蒙之渙。

註釋：要完成應相附著。內心恐懼，很是害怕，前途又多難，獨自無法行進。

31 咸：雄狐綏綏，登山崔嵬。昭告顯功，大福允興。

見損之無妄。

註釋：已完成相感應。原本不良，但能安定整治，因而成就大業，創造榮耀與福澤。

32 恆：火起吾後，喜炙倉廡。龍銜水深，潠注屋柱。雖憂無咎。

身後起火（非身上），熾熱燒灼到倉庫的廊屋（非主要區域）。龍口中含了很多水，噴灑灌注房屋和梁柱。雖然憂慮但沒有災禍。

註釋：要完成需持恆，不可怠慢。雖然災禍並不致命，也有大貴人相助，得以平復，但仍應加強防備。

喜：熹也，熾熱。**炙**：音至，燒灼。**廡**：音舞，廊屋，有牆壁的走廊。**銜**：口中含著。
深：茂盛。**潠**：音孫四聲，將口中含的液體噴出。

33 遯：危坐至暮，請求不得。膏澤不降，政戾民忒。

見需之頤。

註釋：應完成卻遯退。人民一直懇切的請求，君主依然不行仁政，以暴政荼毒人民。

34 大壯：孟春和氣。鷹隼搏鷲，眾雀憂慎。

初春時陰陽之氣交合，猛禽卻互相搏鬥，所有鳥雀都憂慮心亂。

註釋：應完成壯大。時令轉為美好，豪傑不思經營，卻互相爭鬥奪取，百姓人心惶惶。

孟：每季的第一個月。**和氣**：陰氣與陽氣交合而成之氣。**隼**：音準，一種猛禽。**鷙**：音至，一種猛禽。**憒**：音潰，心智昏亂。

35 晉：<u>緩法長奸，不肯理冤</u>。浮沉節度，君受其患。

寬鬆的法令長出奸惡，不可以審理冤情。隨波逐流的節操法度，君子蒙受災患。

註釋：應完成前進，不可鬆散。法令不彰，百姓蒙冤，節操沉淪，君子蒙難。

緩：寬鬆。**肯**：可。**浮沉**：隨波逐流。

36 明夷：魚鱉貪餌，死於網釣。受危國寵，為身殃咎。

魚和鱉貪食誘餌，死於網子和釣鉤。接受危急國家的恩寵，身命有災殃禍害。

註釋：應完成卻瘖痍。因為貪婪而萬劫不復，接受末路者的賄賂引發災禍。

37 家人：金精輝怒，帶劍過午。徘徊高庫，宿於山谷。兩虎相拒，弓矢滿野。

見震之豫。

註釋：要完成應該親如家人，而非武力。氣勢如日中天，帶著精兵前進，整備完成將要開戰，與人爭霸對抗，雙方劍拔弩張。

矢：箭。

38 睽：四目相望，稍近同光，並坐鼓簧。

兩人四眼相互對望，甚為親近，同享恩澤，一起並坐吹笙。

註釋：以完成克服睽離。彼此身體與心意契合，好處以共，和諧共歡。

稍：甚。**光**：恩惠。**鼓**：吹奏。**簧**：管樂器中振動發聲的薄片象徵管樂。**鼓簧**：吹笙，比喻君子和鳴。

39 蹇：茹芝餌黃，飲酒玉英。與神流通，長無憂凶。

見豫之蠱。

註釋：以完成克服蹇跛。養護身體，潛心聖道，恆久沒有憂患凶災。

40 解：求璋嘉鄉，惡虵不行。道出岐口，還復其床。

要到美好的鄉里尋求美玉，遇到惡蛇無法通行。道路出現分歧的路口，返回床上休息。

註釋：想完成卻解離。想外出尋求美好資材與光明，卻遭遇惡人阻擋，前途也紛亂，只得返回安居。

璋：直刀狀玉器，象徵男，故主陽。**虵**：蛇也。**岐**：歧也，分岔。

41 損：天門地戶，幽冥不覩，不知所在。

上天和大地的門戶，幽暗陰晦無法看見，不知所在之處。

註釋：想完成卻損壞。天下環境陰晦至極，想前進卻不知身在何方。

42 益：跌足息肩，有所忌難。金城鐵郭，以銅為關。藩屏

自衛，安止無患。

　　　　見遯之旅。

註釋：已完成且益增。不敢鬆懈，慎戒恐懼，嚴加防範，固若金湯，能自我防護而安居。

跌足：跺腳，讓腳的氣血流通。**郭**：外城牆。

43 夬：三雁俱飛，欲歸稻池。先涉萑澤，為矢所射，傷我胸臆。

　　　　見屯之旅。

註釋：想完成卻斷決。眾人一起追求美好，行至險地被惡人埋伏襲擊，受到致命重傷。

三：象徵多。**先**：前進。**萑**：萑也，荻類植物。

44 姤：濟流難渡，濡我衣袴。五子善權，脫無他故。

　　　　見泰之坤。

註釋：已完成邂逅。前途艱難屢生波折，但眾人親密合作，團隊安然無恙。

濟：渡。

45 萃：飲酒醉酗，跳起爭鬥。伯傷叔僵，東家治喪。

　　　　見比之鼎。

註釋：要完成應相薈萃。放縱魯莽，生起紛爭，成員互鬥重傷，領導只能收拾善後。

46 升：跌躓未起，後失利市，蒙被咎殃。

跌倒沒有爬起,延遲而失去交易利潤,還遭受禍害災殃。
註釋:要完成應上升,不能沉淪。遭遇挫折不能振作,因而失去
利機,也招來災難。
躓:音至,跌倒。**蒙、被**:遭受。

47 困:<u>辰次降婁</u>,<u>建星中堅</u>。子無遠行,外顛<u>霄</u>陷,<u>遂命訖終</u>。

辰次走到降婁(秋天了),建星在其中不動搖,公子不要遠行,外面顛覆,天空落陷,最後生命也會結束了。
註釋:已形成困阻態勢。時令轉惡,大家不要外出前進,外面天
下破壞險惡,將會喪命。
辰、次:見導讀,二十、天象、星曜。**降婁**:十二星次之一,為九月,秋天。**建星**:星曜名;見註。**堅**:不動搖。**霄**:天空。**遂、訖、終**:最後、結束。
*《月令》:「孟秋之月,日在翼,昏建星中,旦畢中。」

48 井:商風召寇,來呼外盜。間諜內應,與我爭鬪。<u>殫已</u>寶藏,主人不勝。

秋風召喚寇賊,叫來外面的盜匪。間諜在內部相應,和主人爭鬥。寶藏被掠奪殆盡,主人無法制伏惡徒。
註釋:要完成必須井然。不肖家賊與盜匪裡應外合掠奪家產,爭
鬥之後主人不敵,被搶奪一空。
商風:秋風,象徵小人。**殫、已**:竭盡。**不勝**:無法制伏。

49 革:甘露醴泉,太平機關。仁德感應,歲樂民安。

見屯之謙。
註釋:已完成革新。天下太平,瑞兆一一出現,行仁德而安樂,

一切豐盛美好。

50 鼎：祭仲子突，要門逐忽，禍起子商。弟伐其兄，鄭久不昌。

祭仲和子突，被要脅挾持要驅逐太子忽，災禍起於宋國，於是弟弟子突攻伐兄長太子忽，鄭國長久不昌盛。

註釋：要完成應鼎立。奸人作祟，惡人操弄，兄弟鬩牆，團隊永遠衰敗。

祭仲：鄭國權臣，左右立君大權。**要**：要脅。**門**：捫也，持、執。**子商**：宋國；周公封商國微子啟於商丘，國號宋，子姓。

*《左傳‧桓公十一年》：「宋人執鄭祭仲，突歸于鄭，鄭忽出奔衛。」鄭莊公去世，太子忽繼位，但宋莊公想擁立二子子突（宋國經常介入鄭國君王之廢立），於是威脅祭仲共謀，因此子突回到鄭國，而太子忽則逃亡到衛國。

51 震：反孽難步，留不反舍。露宿澤陂，亡其襦袴。

違逆的災禍，寸步難行，中途停留也無法返回宿舍。露天外宿在沼澤，失去了衣服和袴子。

註釋：要完成應震奮。中途遇難，進退不得，餐風露宿，連最後的資產也遺失。

澤陂：沼澤。**襦**：音儒，短外套。

52 艮：狼虎結謀，相聚為保。伺候牛羊，病我商人。

見比之困。

註釋：要完成卻受阻。惡人狼狽為奸、成群結黨，伺機襲擊，資產和利潤受損。

伺候：伺機等候。

53 漸：明德克敏，重華貢舉。放勳徵用，八哲蒙佑。

　　　見困之渙。

註釋：已完成且循序漸進。有德行的賢良為國舉才，君主加以任
　　　用，並加以照護。

八哲：昔高陽氏有才子八人。

54 歸妹：貧鬼守門，日破我盆。毀罌傷瓶，空虛無子。

　　　見損之剝。

註釋：要完成需歸依君子。宵小就在裡面，每天破壞，連飲食都
　　　難以維持，無法繁衍。

55 豐：天命赤烏，與兵徵期。征伐無道，箕子遊遨。

　　　見家人之家人。

註釋：已完成且豐盛。上天給予聖人天命，並協助其撥亂反正，
　　　君子因而逍遙自在。

箕子：商紂的叔父，商紂不聽勸諫行暴政，因而裝瘋躲避迫害，周立國後移居朝鮮。

56 旅：威約拘囚，為人所誣。皋陶平理，剖械出牢，脫歸家閭。

　　　見中孚之比。

註釋：已完成旅歷，返回安居。原本美好，卻被陷入獄，還好首
　　　長明察平反，歷劫返回。

剖：剖開。**械**：刑具。**家閭**：家鄉的鄰里。

57 巽：羊驚虎狼，聾耳群聚。無益威疆，為齒所傷。

羊隻懼怕老虎和野狼，聳起耳朵聚成一群，但無益於使威力加強，還是被虎齒所傷。

註釋：已形成順服態勢。大惡人結夥來襲，小民害怕的聚在一起，但力量太弱，無濟於事，還是被侵害。

聳耳：比喻因害怕而聳起耳朵聆聽動靜。**威彊**：威力。**彊**：強也。

58 兌：初雖號啼，後必慶笑。光明照耀，百喜如意。

初始時雖然號咷啼哭，後來必定喜慶歡笑。光明照耀，所有的事都喜樂如意。

註釋：已完成欣悅。流淚播種，必歡笑收割，後繼光明又如意。

百：象徵所有。

59 渙：馬服長股，宜行善市。蒙祐諧耦，獲金五倍。

見革之革。

註釋：已完成且渙發。積極向外經營牟利，夥伴和諧，獲得全部的利潤。

耦：偶也，伴侶。

60 節：應門內崩，誅賢殺暴。上下咸悖，景公失位。長歸無恆，望妻不來。

朝中內部崩毀，不論賢良或殘暴一律誅殺。全體上下都背離，昏君失去王位。死去魂魄不能持久，盼望妻子祭祀她卻不來。

註釋：要完成應節度。君王無道，朝廷崩解，殺戮無度，後來全體反叛，推翻暴君，死後靈魂飄渺，連親暱的人也不理會。

應門：宮廷的正門，比喻朝中。**咸**：都。**景公**：《易林》中之景公，皆比喻為昏君。
長歸：過世。

61 中孚：執斧破薪，使媒求婦。好合二姓，親御斯須。色比毛嬙，姑悅公喜。

　　　見小過之益。

註釋：已完成忠信。主動遵循禮節的與人結盟，很快就親密和合，對方條件良好，尊上頗為歡喜。

御：迎接。

62 小過：兩輪日轉，南上大阪。四馬共轅，無有險難，與禹笑言。

　　　見小畜之家人。

註釋：已完成小超越。夥伴積極光明前進，團隊同心協力，一帆風順，並獲大貴人青睞。

64 未濟：千柱百梁，終不傾僵，周宗寧康。

　　　見謙之未濟。

註釋：完成尚未完成的任務。人才濟濟，固若金湯，團隊昌盛安康。

64 未濟

64 未濟：忠慢未習，單酒糗脯。數至神前，欲求所顧，反得大患。

　　忠忱之心怠慢又不學習，單薄的酒、乾糧、乾肉。數度至神明前面，希望求得眷顧，反而得到大禍患。

註釋：一直未完成。散漫冷漠又不盡心學習打理，還癡心妄想，結果反而大難臨頭。

糗：乾糧。**脯**：音府，乾肉。

1 乾：旦生夕死，名曰嬰鬼，不可得視。

　　見小畜之萃。

註釋：尚未完成陽健。才剛新生，卻當天就死亡，變成嬰鬼飄走。

2 坤：大步上車，南到喜家。送我狐裘，與福喜來。

　　見大過之困。

註釋：尚未完成但能溫良。積極的追求光明與喜慶，與人和同，獲得珍物與福祿。

狐：象徵珍貴。

3 屯：西多小星，三五在東。早夜晨行，勞苦無功。

　　見大過之夬。

註釋：尚未完成屯聚。身邊只有一撮藐小零散的人，雖然日夜勤奮也是徒勞無功。

4 蒙：北陸藏冰，君子心悲。困於粒食，鬼驚我門。

　　冬天包藏酷冰，君子心裡悲戚。米粒食物窮盡了，鬼怪還在門戶驚擾。

註釋：尚未完成啟蒙。世道蕭條，飢貧交迫，道德淪喪，惡人作怪。

北陸：北方陸地，比喻冬天。**困**：窮盡。**粒**：米食曰粒。

5 需：山水暴怒，壞折梁柱。稽難行旅，留連愁苦。

　　見咸之豫。

註釋：尚未完成，還需等待。環境惡劣，基業毀損，難以停駐也
　　　無法前進，被迫接連滯留。

6 訟：比目四翼，來安吾國。福喜上堂，與我同床。

　　見比之離。

註釋：尚未完成但能面對爭訟。攜手合作，一起尋求歸宿，獲得
　　　福澤喜慶，並親密的同心共好。

7 師：狡兔趯趯，良犬逐咋。雄雌爰爰，為鷹所獲。

　　狡猾的兔子來回跳躍，矯健的獵犬大聲追逐。雄兔雌兔行動緩慢，被老鷹所捕獲。

註釋：未完成的出師。能人追逐獵物，但被更強的對手全部捕獲。

趯趯：音替，跳躍、往來。**咋**：音則，大聲。**爰**：緩也。

8 比：增祿益福，喜來入室，解除憂惑。

　　增加利祿和福澤，喜慶來臨進入房室，解除憂慮疑惑。

註釋：尚未完成但能相比附。原本有憂慮，現已增加福澤喜慶，

1247

解除迷亂。
益：增加。

9 小畜：騎龍乘風，上見神公。彭祖受刺，王喬贊通。巫咸就位，拜福無窮。

見家人之剝。

註釋：尚未完成但能持續小蓄。虔誠追求仙道，被接納並有收穫，成員都心靈虔誠而長命安康。

10 履：天火卒起，燒我旁里。延及吾家，空盡己財。

由閃電而引起的火災突然興起，燃燒旁邊的鄉里。延燒波及到自家，燒盡了財產。

註釋：尚未完成履行。發生無妄之災並被波及，因而失去所有。
天火：由閃電而引起的火災。**卒**：猝也，突然。

11 泰：金帛共寶，宜與我市。嫁娶有息，利得過倍。

拿黃金絲帛和寶物，安順的參與市集。買賣有孳息，得到的利益超過一倍。

註釋：尚未完成但能康泰。美好經營，結盟交易，獲得更多財富與孳息。
共：與、和。**宜**：安順。**嫁娶**：賣出與收取，比喻結盟式的買賣。

12 否：鬼魅之居，凶不可舍。

鬼怪的居所，凶惡不可以住宿。

註釋：尚未完成又閉塞。奸惡盤據，應早離開。

魅：鬼怪。

13 同人：鳥飛兔走，各有畏惡。鵰鷹為賊，亂我室舍。

　　鳥兒飛離，兔子逃走，各各畏懼厭惡。猛雕和老鷹為害，擾亂房室屋舍。
註釋：尚未完成同仁。大惡人一起侵門入戶作亂，小民都各自避
　　　難。
有：語助詞。**鵰**：像老鷹的猛禽。

14 大有：初雖驚惶，後乃無傷，受其福慶。

　　見巽之夬。
註釋：尚未完成大富有，還需強化。每有驚駭，都能有驚無險，
　　　蒙受福澤。（但不能大富有）

15 謙：兩金相擊，勇氣均敵。日月鬪戰，不破不缺。

　　見同人之噬嗑。
註釋：尚未完成謙恭狀態。兩強相爭，勢均力敵，長期爭鬥，雖
　　　未有傷，但終不宜。
均：勢力平均。

16 豫：曳綸河海，掛釣魴鯉。王孫利德，以享仲友。

　　見需之損。
註釋：尚未完成但能安育。小心經營但收穫美好，並跟親密朋友
　　　分享。

17 隨：犬畏狼虎，依人有輔。三夫執戟，伏不敢起。身安無咎。

見遘之家人。

註釋：尚未完成但能相隨。能力不大但能依附強大集團，惡人不敢起身侵犯，因而平安。

18 蠱：蜘蛛作網，以伺行旅。青蠅嚘聚，以求膏腴。觸我羅絆，為網所得。

蜘蛛編作絲網，暗中等候出行的昆蟲。蒼蠅嘴饞聚集，尋求美食。觸碰到羅網被牽絆，被網所捕獲。

註釋：尚未完成但能整治蠱敗。備妥計謀以待，小人貪婪群起行動，因而中計就擒。

伺：暗中等待。**旅**：外出行旅的。**嚘**：饞也。**膏、腴**：油脂，比喻美食。

19 臨：所望在外，鼎金方來。拭爵滌罍，炊食待之。不為季憂。

超乎期望之外，帝王的政令剛剛來到。擦拭酒爵，清洗圓壺，烹煮食物，在家停留，不必為後面的生活憂慮。

註釋：尚未完成但可臨政。百姓喜出望外，君王下令開始好好休生養息，不用再為以後擔憂。

所：語助詞。**鼎金**：鑄於鼎上的金文，比喻帝王既定不變的政令。**金**：金文，即鐘鼎文。**方**：剛剛。**爵**：有三隻腳的小酒器。**滌**：清洗。**罍**：音纍，有兩個小把手的圓壺。**炊**：烹煮食物。**待**：停留。**季**：前中後的後期，如季春。

20 觀：日月並居，常暗匪明。高山崩顛，丘陵為谿。

見蹇之咸。
註釋：尚未完成觀省。世界失去光明，人間長久昏暗，天地顛覆，
　　　　上下易位。
匪：不。

21 噬嗑：春服既成，載華復生。莖葉盛茂，實穗泥泥。

春天的衣服已完成，茂盛的花朵恢復生長。莖葉茂盛，果實和稻穗味道甘美誘人。

註釋：尚未完成但能法治。時令美好，重新工作耕耘，萬物生長
　　　　繁榮，成果美好。
載：戴也，茂盛。**泥泥**：味道甘美誘人。

22 賁：華首山頭，仙道所由。利以居止，長無咎憂。

見謙之井。
註釋：尚未完成但能整飾。推崇聖道，無為而治，安順起居行止，
　　　　無禍無災。
由：經過。

23 剝：三狐群哭，自悲孤獨。野無所遊，死於丘室。

三隻狐狸成群哭泣，各自孤獨悲傷。野外沒有遊歷處所，死在墓穴裡。

註釋：尚未完成又剝落。外面環境無處可去，雖然是一群聰明人，
　　　　也只能坐以待斃。
三：象徵多。**狐**：狡猾，聰明。**丘、室**：墓穴。

24 復：火中暑退，禾黍其食。商人不至，市空無有。

　　五月暑氣退去（將近秋天），米黍已可食用。但商人沒來到，市集空無所有。

註釋：尚未完成的狀態返復回來。耕耘有所收穫，但沒有商機，
　　　沒有市利。

火中：五月。

*《大戴禮記‧夏小正》：「五月大火中。」又《左傳，昭公三年》：「火中，寒暑乃退。」

25 無妄：獨立山巔，求鹿耕田。草木不闢，秋飢無年。

　　獨自站立在山巔，尋求鹿來耕田。草木沒有開闢，秋天飢餓沒有收成。

註釋：尚未完成不虛妄。不合群、方法不對、不勞動，必無所成。

無年：沒有收成之年。

26 大畜：火雖熾，在吾後。寇雖近，在吾右。身安吉，不危殆。

　　見大有之需。

註釋：尚未完成大蓄。災難不足為害，又有協力，能保住平安，
　　　但不能強大。

27 頤：齗齗誾誾，貪鬼相責。無有懽怡，一日九結。

　　見震之既濟。

註釋：尚未完成頤養。惡人侵犯，貧患相交，整日困坐愁城。

齗、誾：齧也，啃、咬。

28 大過：追亡逐北，呼還幼叔。至山而得，反歸其室。

見需之渙。

註釋：尚未完成但已大超越。擊退小人，招募新血，最後達成目的而停止，安然而返。

山：艮，象徵停止。

29 坎：銜命辱使，不堪厥事。遂墮落去，更為斯吏。

奉命卻辜負了使命，不能勝任此職務。最後墜落下去，更成為卑賤的小吏。

註釋：尚未完成又落陷。力有未逮，不能勝任，招致失敗，遭受貶官。

銜命：啣命，奉命。**辱**：辜負。**堪**：勝任。**厥**：其，此。**斯**：廝也，卑賤。**吏**：大曰官，小曰吏。

30 離：被珠銜玉，沐浴仁德。應聘唐國，四門穆穆。蟊賊不作，凶惡伏匿。

配上寶珠鑲嵌璧玉，蒙受恩澤與仁德。答應聘請到唐國，明堂四方的大門威儀盛大。吃稻禾的害蟲不作亂，凶惡之人藏伏隱匿。

註釋：尚未完成但已相附。有美德的君子們，蒙受皇上恩澤，應邀成為大臣受到重用，君臣一心整治弊害，國家安定。

被：配上。**銜玉**：鑲嵌璧玉。**沐浴**：蒙受恩澤。**唐**：堯建立的國家，象徵聖賢之國。**四門**：天子舉行大典的宮殿（明堂）四方之門。**穆穆**：威儀盛大。**蟊賊**：專吃禾稼的兩種害蟲，食根曰蟊（音毛），食節曰賊；比喻禍害和敗類。

31 咸：機關不便，不能出言。精成通道，為人所冤。

見小畜之蒙。

註釋：尚未完成感應。口部不便給，不能開口說話。用真摯誠心溝通，還是被冤枉。

精成：精誠。

32 恆：甕破盆缺，南行亡失。

水甕破損盆子殘缺，向南行進迷路失蹤。

註釋：尚未完成已成持恆。連基本民生都缺乏，外出發展也不知所蹤。

南行：比喻朝不利方向前進。

33 遯：唇亡齒寒，積日凌根。朽不可用，為身災患。

嘴唇沒了，牙齒也會寒凍，時日累積更會侵犯牙根。腐朽不可使用，身命有災殃禍患。

註釋：尚未完成且遁逃。不能相互依靠，彼此越來越衰敗，最後都腐敗覆滅。

積日：時間長久。**凌**：侵犯。

*《左傳．僖公五年》：「諺所謂『輔車相依，唇亡齒寒』者，其虞、虢之謂也。」虞、虢兩個小國原本相依，一日晉國欲借道虞國攻打虢國，虞國懼怕晉國壯大不敢不從，晉伐虢成功返回時，一併也將虞滅了。

34 大壯：蒙惑憧憧，不知西東。魁罡指南，告我室中。利以宜止，去國憂患。

蒙昧迷惑心神不定，不知往東或往西。北斗星座指向南方，告知那是室宿中央。適宜安順的居止，離開國家會有憂患。

註釋：尚未完成壯大。心裡茫然，不知何去何從，天象徵兆顯示，

留守家中為佳,前進會有凶險。

憧憧:音沖,心神不定。**西東**:象徵四方。**魁**:北斗七星前四星,為勺。**罡**:北斗七星後三星,為柄。**魁罡**:象徵北斗星座,古人以其柄的指向來判斷時令和吉凶。**南**:比喻溫暖之地。**室**:二十八星宿之一,比喻屋室。**利**:適宜。**宜**:安順。

35 晉:鳥鴟搏翼,以避陰賊。盜伺二女,賴厥生福。旱災為疾,君無黍稷。

鴟鳥拍擊羽翼,以避開陰氣的危害。兩個婦人伺機盜取,大家賴以維生的福澤。旱災成為疾患,君主沒有五穀。

註釋:尚未完成前進。災難來襲,強者不捍衛反而躲避自保,周遭的小人也趁機盜取公共資源,結果團隊大禍成災,難以生存。

鴟:音吃,一種猛禽。**搏**:拍擊。**二**:比喻周遭的人。**女**:比喻小人。**厥**:其。**黍稷**:黃米和小米,象徵五穀。

36 明夷:名成德就,項領不試。景公耄老,尼父逝去。

見履之剝。

註釋:尚未完成且瘡痍。上位胸無大志,不勵精圖治,賢良只能垂老死去。

37 家人:言與心詭,西行東坐。鯀湮洪水,佞賊為禍。

語言和心意都相違,一個往西走,一個在東坐。鯀堵塞洪水,洪水卻像亂賊一樣為禍。

註釋:尚未完成親如家人。說法和想法都相反,彼此截然不同調,因而任務失敗,招致碩大的災禍。

詭:違反。**鯀**:音滾,堯的治水總管,失敗被殺,其子禹。**湮**:音因,堵塞。

38 睽：獫狁匪度，治兵焦穫。伐鎬及方，與周爭疆。元戎其駕，衰及夷王。

獫狁沒有自我度量，在焦穫練兵，征伐鎬京和方地，和周朝爭奪疆域。元帥駕著戰車，削弱敵人直到夷王的根據地。

註釋：尚未形成睽離。敵人不自量力，興兵前來侵犯土地並兵臨城下，王師展開反擊，將其擊滅追到老巢。

獫狁：音險允，周朝時匈奴的名稱。**匪**：否定詞。**治兵**：練兵。**焦穫**：靠近匈奴的一個地名。**鎬**：音浩，西周初年的首都。**方**：方地，地名。**疆**：疆也。**元戎**：元帥。
*《詩經‧六月》：「獫狁匪茹，整居焦穫。侵鎬及方，至于涇陽……薄伐玁狁，至于大原。」讚美周宣王時尹吉甫北伐玁狁得勝。

39 蹇：三火起明，雨滅其光。高位疾顛，驕恣誅傷。

見解之謙。

註釋：尚未完成且蹇跛。實力雄厚的崛起，但被嚴重擊潰，雖居高位但驕傲，所以招致重傷。

40 解：承川決水，為吾之祟，使我心憒。毋樹麻枲，居止凶咎。

承受河川的堤防決口，成為災禍，百姓心情昏亂。不能種麻樹，起居行止（生活）有凶惡災禍。

註釋：尚未完成解決問題。問題發生，導致環境崩壞，釀為災難，無法生產與存活。

決水：河堤決口。**憒**：音潰，心智昏亂。**麻枲**：麻葉可食，亦可抽纖為線織布，故象徵衣食民生。**枲**：音喜，麻。

41 損：厭浥晨夜，道多湛露。沾我襦袴，重難以步。

　　見革之豫。

註釋：尚未完成且受損。早晚都有很多阻礙，嚴重到難以前進。

厭浥：音亦亦，潮濕。

42 益：應行賈市，所求必倍。載喜抱子，與利為友。

　　見大過之恆。

註釋：尚未完成但可益增。經營有序，聚財加倍，獲得喜樂、孳息和子嗣，大發利市。

43 夬：陰變為陽，女化為男。治道得通，君臣相承。

　　見屯之離。

註釋：尚未完成但能明決。小人成為君子，政通人和，上下同心。

44 姤：樹蔽牡荊，生蘙山旁。仇敵背憎，孰肯相迎？

　　樹木遮蔽牡荊，牡荊生長茂盛在山邊（牡荊吸收土地營養，有礙樹木成長）。彼此對立背離憎恨，誰人肯相迎？

註釋：尚未完成邂逅。利益衝突，不能和同，因而一直對立。

牡荊：一種矮小樹木，生於山坡路旁。**蘙**：音亦，草木茂盛。**仇、敵**：對立。

45 萃：坐茵乘軒，據德宰臣。虞叔受命，六合和親。

　　坐在墊子和車子上，是據有德性的重臣，虞叔接受皇命前去治理，天下和諧親愛。

註釋：尚未完成但能相薈萃。派遣有德行的大臣前去治理，維持天下安定和諧。

茵：車上的坐墊。**軒**：有篷的車子，比喻豪車。**宰臣**：重臣、宰相。**虞叔**：周成王時，古唐國叛變，平定後封其弟叔虞於唐國，以綏靖唐國及周邊蠻族。**六合**：上下和四方，比喻天下或宇宙。

46 升：雲興蔽日，雨集草木，年茂歲熟。

　　雲層興起遮蔽日光，雨水密集澆灌草木，年度收成茂盛豐熟。
註釋：尚未完成但已上升。日光和煦，雨水豐沛，草木茂盛，年度豐收。

雲興：雲多能避免太陽過熾並能生雨。**歲熟**：年度農作成熟。

47 困：蟠梅折枝，與母別離，絕不相知。

　　見漸之謙。
註釋：尚未完成且受困。前進追求卻遭遇折損，與團隊離散，互不相知。

48 井：天旱水涸，枯槁無澤。困於沙石，未有所獲。

　　見巽之同人。
註釋：尚未完成井然態勢。局勢惡劣，沒有滋潤與資源，只能困坐愁城，毫無所獲。

49 革：圭璧琮璜，執禮見王。百里甯戚，應聘齊秦。

　　見需之井。
註釋：尚未完成但已革新。尊貴又符合禮儀，賢能受到上位重用，將有所發展。

50 鼎：龍渴求飲，黑雲景從。河伯捧醴，跪進酒漿，流潦滂滂。

見同人之蠱。

註釋：尚未完成但能鼎立。賢良面臨弊端急欲解決，大家一起追隨愛戴，奉獻資源，於是福澤滾滾而來。

景：影也。**醴**：甜酒。

51 震：雹梅零蔕，心思憒憒，亂我靈氣。

冰雹襲擊梅樹，果蒂凋零，心思昏亂，擾亂精神和氣息。

註釋：尚未完成又震盪。災厄造成傷害，無法成長收成，以致失魂落魄。

蔕：蒂也，果實與枝莖相連的部分。**憒憒**：心智昏亂。

52 艮：鹿求其子，虎廬之里。唐伯季耳，貪不我許。

見隨之否。

註釋：尚未完成又受阻。想要履險追求福祿與孳息，但環境大小險惡不斷，因而停止。

53 漸：穿匏挹水，篝銕燃火。勞疲力竭，飢渴為禍。

見艮之坤。

註釋：尚未完成漸進。資源殘破，方法不對，無法生產收穫，最後筋疲力竭，連基本民生都有問題。

54 歸妹：龍生馬淵，壽考且神。飛騰上天，舍宿軒轅，常居樂安。

見睽之震。

註釋：尚未完成時能相歸依，日後登峰。初始潛龍在淵，但資質良好，健康明靈，後來飛龍上天，德行優異，身居帝位，長久歡樂安居。

考：長壽。

55 豐：崔嵬北岳，天神貴客。溫仁正直，主布恩德。衣冠不已，蒙受大福。

見師之豐。

註釋：尚未完成但已豐盛。虔誠聖道，仁愛施惠，並且有德性與禮節，所以有大福澤。

56 旅：鬼夜哭泣，齊失其國，為下所賊。

鬼怪在夜裡哭泣，齊王失去國家，被下位的人所賊害。

註釋：未完成旅歷，變羈旅。鬼哭神號，令人哀戚，下位造反竊國。

*《春秋‧哀公十四年》：「齊陳恆弒其君王于舒州。」陳（田）恆弒齊簡公，其子田盤篡位稱帝，齊雖未亡國但已易主。

57 巽：二政多門，君失其權。三家專制，禍起季孫。

政權不專一，令出多門，魯宣公失去政權。三桓專斷控制，禍端起於季孫氏。

註釋：尚未完成安順。權臣專擅朝政，君主失去權力，由最大的奸臣帶頭奪權。

二政：權臣專擅朝政，使皇權不統一。門：衙門，官署。三家：三桓，孟孫、叔孫、季孫，其中以季孫氏實力最強。

*《史記‧魯周公世家》：「魯由此公（宣公）室卑，三桓彊。」

58 兌：望幸不到，文章未就。王子逐兔，犬踦不得。

　　見謙之既濟。

註釋：尚未完成欣悅。雖然尊寵，但沒更大的貴人支援，無法完
　　　成功蹟，獨自去追逐也失利。

59 渙：伯虎仲熊，德義昭明。使布五教，陰陽順序。

　　見泰之隨。

註釋：尚未完成但已渙發。賢良都有光明的德性，大行教化，人
　　　倫諧和。

昭明：光明。**五教**：父義、母慈、兄友、弟共、子孝。

60 節：兩足四翼，飛入家國。寧我伯叔，與母相得。

　　見同人之謙。

註釋：尚未完成但能節度。成員依附前來，奉對方為尊長，成為
　　　一家。

伯叔：兄與弟。

61 中孚：春秋禱祀，解禍除憂，君無災咎。

　　春秋四季舉行祝禱和祭祀，解除禍患和憂慮，國君沒有災禍
過失。

註釋：尚未完成但能忠信。虔誠的依禮而行，消除過失，遵行德行，
　　　國家平安。

* 《禮記‧祭統》：「凡祭有四時……治國之本也。」

62 小過：牧羊稻園，聞虎喧譁。懼畏悚息，終無禍患。

見屯之復。

註釋：尚未形成小過錯，能及時補救。經營家業，但有惡人覬覦，能慎戒恐懼，所以化險為夷。

譁：音歡，喧鬧。**悚**：恐懼。

63 既濟：大蛇巨魚，相搏於郊。君臣隔塞，郭公出廬。

大蛇和大魚在國祭上搏鬥，君臣之間隔離阻塞，郭國君主逃難。

註釋：尚未完成該完成的事。兩強爭奪政權而互鬥，君臣不合相悖，上位被驅逐。

郊：國都周圍百里之地。**郭公**：比喻不能用善逐惡而滅亡。**出廬**：自屋中出走，比喻逃難。

國家圖書館出版品預行編目資料

易林：易經占卦標準範本 / 林金郎著.
－－第一版－－臺北市：知青頻道出版；
紅螞蟻圖書發行，2025.06
面 ； 公分－－(Easy Quick；210)
ISBN 978-986-488-258-8（精裝）

1. CST：易占

292.1　　　　　　　　　　　　114005748

Easy Quick 210

易林：易經占卦標準範本

作　　者／林金郎
發 行 人／賴秀珍
總 編 輯／何南輝
美術構成／沙海潛行
封面設計／引子設計
出　　版／知青頻道出版有限公司
發　　行／紅螞蟻圖書有限公司
地　　址／台北市內湖區舊宗路二段121巷19號（紅螞蟻資訊大樓）
網　　站／www.e-redant.com
郵撥帳號／1604621-1　紅螞蟻圖書有限公司
電　　話／(02)2795-3656（代表號）
傳　　真／(02)2795-4100
登 記 證／局版北市業字第796號
法律顧問／許晏賓律師
印 刷 廠／卡樂彩色製版印刷有限公司
出版日期／2025年7月　第一版第一刷

定價 1600 元　　港幣 535 元

敬請尊重智慧財產權，未經本社同意，請勿翻印，轉載或部分節錄。
如有破損或裝訂錯誤，請寄回本社更換。

ISBN　978-986-488-258-8　　　　　　　Printed in Taiwan